Projektmanagement

Fachmann

Band 2

9. Auflage

Verlag Wissenschaft & Praxis

Bibliografische Information der Deutschen Bibliothek

Die Deutsche Bibliothek verzeichnet diese Publikation in der Deutschen Nationalbibliografie; detaillierte bibliografische Daten sind im Internet über http://dnb.ddb.de abrufbar.

ISBN 978-3-89673-461-7

© Verlag Wissenschaft & Praxis
Dr. Brauner GmbH 2008
D-75447 Sternenfels, Nußbaumweg 6
Tel. 07045/930093 Fax 07045/930094

Alle Rechte vorbehalten

Das Werk einschließlich aller seiner Teile ist urheberrechtlich geschützt. Jede Verwertung außerhalb der engen Grenzen des Urheberrechtsgesetzes ist ohne Zustimmung des Verlages unzulässig und strafbar. Das gilt insbesondere für Vervielfältigungen, Übersetzungen, Mikroverfilmungen und die Einspeicherung und Verarbeitung in elektronischen Systemen.

Printed in Germany

Inhaltsverzeichnis

Vorwort zur vierten Auflage	XXIII
Projektorganisation	XXV
Autoren	XXIX
Hinweise für den Leser	XXXI
PM-Themenlandkarte	XXXV
Vorwort zur siebten Auflage	XLII

Band 1

1 Grundlagenkompetenz	**1**
1.1 Management	**5**
1.1.1 Management als Funktion und als Institution	7
1.1.1.1 Management und Führung	7
1.1.1.2 Management als Funktion	8
1.1.1.3 Management als Institution	8
1.1.1.4 Pragmatische Fragen zur Führung	9
1.1.2 Regelkreismodell der Führungsfunktionen	12
1.1.2.1 Regelkreis und Kybernetik	12
1.1.2.2 Führungsfunktionen im Regelkreis	13
1.1.3 Management-Ansätze und Führungskonzepte	17
1.1.4 Anforderungen an Manager	19
1.2 Projekte und Projektmanagement	**25**
1.2.1 Die Begriffe „Projekt" und „Projektmanagement"	27
1.2.1.1 Was ist ein „Projekt"?	27
1.2.1.2 Der Begriff „Projektmanagement"	30
1.2.2 Projektarten	31
1.2.3 Aufgaben des Projektmanagements, Mechanismen der Koordination und Organisationsgrad	32
1.2.4 Kurzer Abriß der Entwicklung von Projektmanagement	35
1.2.5 Projektmanagement: Beziehungen zwischen Betriebswirtschaftslehre und anderen wissenschaftlichen Disziplinen	36
1.2.5.1 Betriebswirtschaftslehre und Lehre vom Projektmanagement	36
1.2.5.2 Zum Standort einer allgemeinen Projektmanagementlehre	38
1.2.5.3 Spezielle Projektmanagementlehren	38
1.2.5.4 Beziehungen zu anderen Disziplinen	39
1.2.6 Neuere Entwicklungen	42
1.2.7 Nutzen und Kosten des Projektmanagements	46

1.3 Projektumfeld und Stakeholder — 59

1.3.1 Projekte und ihr Umfeld — 61
- 1.3.1.1 Wachsende Bedeutung des Projektumfelds — 62
- 1.3.1.2 Umfeldfaktoren — 64

1.3.2 Analyse des Projektumfeldes: Stakeholder-Analyse — 66
- 1.3.2.1 Identifikation von Stakeholdern (1) — 67
- 1.3.2.2 Informationssammlung zu potentiellen Stakeholdern (2) — 71
- 1.3.2.3 Identifikation der Stakeholderziele (2.1) — 71
- 1.3.2.4 Strategische Einordnung der Stakeholder (2.2) — 72
- 1.3.2.5 Identifikation der erwarteten Stakeholder-Strategie (3): — 73

1.3.3 Projektmarketing — 75

1.3.4 Steuerung des Projektumfeldes — 76
- 1.3.4.1 Partizipative Strategien — 76
- 1.3.4.2 Diskursive Strategien — 78
- 1.3.4.3 Repressive Strategien — 78

1.3.5 Projekte und ihr direktes Projektumfeld in der Trägerorganisation — 79
- 1.3.5.1 Anforderungen von Projekten an das Unternehmen — 80
- 1.3.5.2 Anforderungen des Unternehmens an Projekte — 81
- 1.3.5.3 Reaktionsmöglichkeiten des Projektmanagements — 81

1.4 Systemdenken und Projektmanagement — 87

1.4.1 Der Systembegriff, Systemkomponenten und ihre Darstellung — 89
- 1.4.1.1 Grundbegriffe und Systemmodell — 89
- 1.4.1.2 Charakteristika von Systemen — 90
- 1.4.1.3 Regelkreis und Rückkopplung — 94

1.4.2 Geschlossene und offene Systeme — 95

1.4.3 „Harte" und „weiche" Systemsichtweisen — 98
- 1.4.3.1 „Harte" Systemsicht — 99
- 1.4.3.2 „Weiche" Systemsicht — 100
- 1.4.3.3 „Gemischte" Systemsichten — 101
- 1.4.3.4 Mensch-Maschine-Systeme — 102

1.4.4 Systemische Projektsicht — 103
- 1.4.4.1 Projektgestaltung als „interne" Systemgestaltung — 104
- 1.4.4.2 Projektergebnisse als gewollte und ungewollte Systemgestaltung — 108

1.4.5 Projektsystem und Umfeldsysteme — 110

1.5 Projektmanagement-Einführung — 119

1.5.1 Beherrschung von Innovationsprozessen in Unternehmen durch Projektmanagement — 121
- 1.5.1.1 Wandel bedingt Innovation — 121
- 1.5.1.2 Mängelanalyse für unprofessionelle Projektarbeit — 121
- 1.5.1.3 Innovation erfordert Flexibilität — 124
- 1.5.1.4 PM unterstützt Innovation — 125

1.5.2 Unternehmensphilosophie und Projektmanagement — 126
- 1.5.2.1 Von der Unternehmensphilosophie zum Unternehmensleitbild — 126
- 1.5.2.2 Projektmanagement zur Umsetzung der Unternehmensphilosophie — 128

1.5.3 Möglichkeiten des Projektmanagement-Einsatzes — 131
- 1.5.3.1 Basisanforderungen — 131
- 1.5.3.2 Potentiale des PM-Einsatzes — 132
- 1.5.3.3 Grenzen des Projektmanagement-Einsatzes — 134

1.5.4 Einführungsprozeß — 134
- 1.5.4.1 Grundlagen zur Einführung von Projektmanagement — 135
- 1.5.4.2 Unterstützung durch interne und externe Fachkompetenz — 136
- 1.5.4.3 Faktoren für die Entscheidung zur Projektmanagement-Einführung — 136
- 1.5.4.4 Schulung zur PM-Einführung — 138
- 1.5.4.5 Vorgehensweise bei der PM-Einführung — 140

1.5.5 Projektmanagement-Handbuch und Projekt-Handbuch — 141
- 1.5.5.1 Projektmanagement-Handbuch — 141
- 1.5.5.2 Projekt-Handbuch — 144

1.6 Projektziele — 151

1.6.1 Einzelziele — 153
- 1.6.1.1 Definition des Begriffs „Ziel" — 153
- 1.6.1.2 Zielgrößen — 153
- 1.6.1.3 Zielfunktionen — 154
- 1.6.1.4 Zieleigenschaften - Anforderungen an gute Ziele — 155
- 1.6.1.5 Ergebnis- und Vorgehensziele — 157

1.6.2 Mehrfachziele — 158
- 1.6.2.1 Zielhierarchie und Bildung von Unterzielen — 158
- 1.6.2.2 Zielbeziehungen — 161

1.6.3 Zielfindung — 164
- 1.6.3.1 Projektanstoß — 164
- 1.6.3.2 Kreativität im Zielfindungsprozeß — 164
- 1.6.3.3 Zieldokumentation — 168

1.6.4 Bewertungsmethoden für Ziele — 169
- 1.6.4.1 Nutzwertanalyse — 169
- 1.6.4.2 Techniken zur Analyse singulärer Urteile — 173

1.6.5 Zusammenarbeit im Projekt — 175
- 1.6.5.1 Individuelle Ziele — 175
- 1.6.5.2 Gruppenziele im Projektteam — 177
- 1.6.5.3 Ziele aus dem Projektumfeld — 178

1.7 Projekterfolgs- und mißerfolgskriterien — 185

1.7.1 Projekterfolg und Projektzielerfüllung — 187
- 1.7.1.1 Begriffliche Abgrenzung — 187
- 1.7.1.2 Projekterfolg — 189
- 1.7.1.3 Projektzielerfüllung — 190

1.7.2 Generelle Erfolgskriterien des Projektes hinsichtlich der Projektziele — 191
- 1.7.2.1 ... in der Literatur — 192
- 1.7.2.2 ... in der Studie von Gemünden — 195
- 1.7.2.3 ... in der Studie von Selin/Selin — 198
- 1.7.2.4 Vergleich der Anteile der Kriterien — 199

1.7.3 Erfolgskriterien der Stakeholder — 200

1.7.4 Ansätze für Projekterfolgsmanagement — 201
- 1.7.4.1 Schätzung — 201
- 1.7.4.2 Erfolgsorientierte Planungsaspekte — 202
- 1.7.4.3 Controlling — 205
- 1.7.4.4 Projekt-Wissensmanagement — 206

1.8 Projektphasen und –lebenszyklus **217**

1.8.1 Das Prinzip der Phasenmodelle bei verschiedenen Projektarten **219**
- 1.8.1.1 Definition und wichtige Merkmale der Projektphase 219
- 1.8.1.2 Phasenverläufe 220

1.8.2 Phasenmodelle und ihre Beziehungen zu den Projektarten **221**
- 1.8.2.1 Typisches Phasenmodell für Investitionsprojekte 222
- 1.8.2.2 Typisches Phasenmodell für Forschungs- und Entwicklungsprojekte 223
- 1.8.2.3 Typisches Phasenmodell für Organisationsprojekte 227

1.8.3 Beispiele von Phasenmodellen in unterschiedlichen Branchen **228**
- 1.8.3.1 Beispiel Baubranche 228
- 1.8.3.2 Beispiel Wehrtechnik 232
- 1.8.3.3 Beispiel Softwareentwicklung 234

1.8.4 Kostenverteilung und Arbeitsaufwand von Phasenmodellen **235**

1.8.5 Phasenmodell und Meilensteinplanung **236**

1.8.6 Stellung des Phasenmodells in der Projektplanung **238**
- 1.8.6.1 Zusammenhang von Phasenmodell, Projektstruktur- und Ablaufplanung 238
- 1.8.6.2 Entwicklung der Projektorganisation während der Projektphasen 239
- 1.8.6.3 Projektstruktur- und Ablaufplanung in Abhängigkeit von den Projektphasen 240

1.8.7 Problematik der Phasenmodelle **241**

1.9 Normen und Richtlinien **249**

1.9.1 Normen zu Projektmanagement **251**
- 1.9.1.1 Organisation der Normung 251
- 1.9.1.2 Arbeitsweise eines Normenausschusses 251
- 1.9.1.3 Historische Entwicklung der Projektmanagement-Normen 252
- 1.9.1.4 Sammelausgaben 259
- 1.9.1.5 Zukünftige Entwicklung 259

1.9.2 Zusätzliche übergreifende Regelungen **259**
- 1.9.2.1 Project Management Body of Knowledge (PMBOK) 259
- 1.9.2.2 Wissensspeicher Projektmanagement-Fachmann 259

1.9.3 Verbandsspezifische Richtlinien und Regelungen **260**
- 1.9.3.1 Verdingungsordnung für Leistungen (VOL) und Verdingungsordnung für Bauleistungen (VOB) 260
- 1.9.3.2 Honorarordnung für Architekten und Ingenieure (HOAI) 261
- 1.9.3.3 Vorgehensmodell 262

1.9.4 Unternehmensspezifische Regelungen **262**
- 1.9.4.1 Projektmanagement-Regelungen des Bundesamtes für Wehrtechnik und Beschaffung, Koblenz 262
- 1.9.4.2 Projektmanagement-Regelungen der Deltalloyd Gruppe 263
- 1.9.4.3 Projektmanagement-Regelungen der Siemens VDO Automotive AG 263

1.9.5 Akzeptanz und Grenzen der Normenanwendung **263**

2 Soziale Kompetenz — 269

2.1 Soziale Wahrnehmung — 273

2.1.1 Wahrnehmen: Grundlegende Merkmale — 275

2.1.2 Wahrnehmung und Problemlösen — 280

2.1.3 Soziale Aspekte des Wahrnehmens — 281
2.1.3.1 Annahmen zur Erklärung des Verhaltens anderer (Kausalattribution) — 281
2.1.3.2 Stereotype und Vorurteile — 283
2.1.3.3 Einstellungen — 284
2.1.3.4 Umgang mit kognitiver Dissonanz — 285
2.1.3.5 Konformität und soziale Beeinflussung — 286
2.1.3.6 Perspektivenwechsel und soziale Rollen — 288

2.2 Kommunikation — 295

2.2.1 Das klassische „Sender-Nachricht-Empfänger"- Modell der Kommunikation — 297

2.2.2 Interpretationsbedürftigkeit von Information — 298

2.2.3 Mitteilungsebenen der Kommunikation — 299

2.2.4 Kommunikationsspielregeln im Innen- und Außenverhältnis — 300

2.2.5 Nonverbale Kommunikation — 301

2.2.6 Verbale Kommunikation — 304

2.2.7 Medial vermittelte Kommunikation — 306

2.2.8 Lösungen von Kommunikationsproblemen — 308

2.2.9 „Kommunikationstypen" und der Umgang mit ihnen — 310

2.3 Motivation — 317

2.3.1 Was ist Motivation? — 319

2.3.2 Das Motivieren von Menschen — 319

2.3.3 Menschenbilder — 321
2.3.3.1 economic man / Taylorismus — 321
2.3.3.2 social man / Human Relations — 322
2.3.3.3 selfactualizing man / intrinsische Motivation — 322
2.3.3.4 complex man — 322
2.3.3.5 Auswirkungen unterschiedlicher Menschenbilder — 322

2.3.4 Bedeutung monetärer Anreize für die Motivation — 323

2.3.5 Motivation und Aufgabenorientierung — 326
2.3.5.1 Leistungsmotivation — 327
2.3.5.2 Anschlußmotivation — 327
2.3.5.3 Machtmotivation — 328
2.3.5.4 Motivationsförderung durch Aufgabenstellung — 328

2.3.6 Motivationsförderliche Ansätze zur Arbeitsgestaltung — 329

2.3.7 Differentiell-dynamische Arbeitsgestaltung — 330

2.3.8 Motivation durch Bedürfnisbefriedigung — 331
2.3.8.1 Die Bedürfnispyramide — 331
2.3.8.2 Die Zwei-Faktoren-Theorie der Motivation — 333

2.3.9 Enttäuschungen als Demotivatoren — 334

2.4 Soziale Strukturen, Gruppen und Team — 339

2.4.1 Entwicklung von Gruppen — 341
- 2.4.1.1 Charakteristik einer Gruppe — 341
- 2.4.1.2 Typische Phasen der Gruppenentwicklung — 344

2.4.2 Gruppendynamik — 348
- 2.4.2.1 Leistungsfördernde Mechanismen der Gruppendynamik — 348
- 2.4.2.2 Leistungsgefährdende Mechanismen der Gruppendynamik — 352

2.4.3 Soziale Strukturen innerhalb der Gruppe — 354
- 2.4.3.1 Rollen in Gruppen — 354
- 2.4.3.2 Status in Gruppen — 357
- 2.4.3.3 Stereotype — 359

2.4.4 Regeln in Gruppen — 359
- 2.4.4.1 Aufstellen von eigenen Regeln — 359
- 2.4.4.2 Hinweise zur Regelbildung — 360
- 2.4.4.3 Ausgrenzung und Mobbing — 362

2.5 Lernende Organisation — 367

2.5.1 Lernsubjekte und Lerntypen — 369
- 2.5.1.1 Merkmale lernfähiger und lernender Organisationen — 369
- 2.5.1.2 Lernen im Entscheidungszyklus — 372
- 2.5.1.3 Lerntypen — 374

2.5.2 Analyse des Veränderungsbedarfs — 376

2.5.3 Suche nach Handlungsfeldern — 378
- 2.5.3.1 Aufbau von Lernfähigkeiten — 379
- 2.5.3.2 Initiieren von organisationalem Lernen — 380

2.5.4 „Change Agents" - und wie man sie erkennt — 381

2.5.5 Umgang mit Widerständen — 384

2.5.6 Möglichkeiten des Einbezugs der Mitarbeiter — 386

2.6 Selbstmanagement — 391

2.6.1 Was alles sind unsere eigenen Ressourcen? — 393

2.6.2 Veränderbarkeit eigener Ressourcen — 394

2.6.3 Zielbestimmung als wesentliches Moment des Selbstmanagements — 395

2.6.4 Selbstverständnis als Voraussetzung für ein wirksames Selbstmanagement — 396
- 2.6.4.1 Stärken- und Schwächenanalyse — 398
- 2.6.4.2 Umgang mit der Zeit — 399
- 2.6.4.3 Zeitinventur — 399

2.6.5 Angebote und Techniken der Selbstqualifizierung — 404
- 2.6.5.1 Mind Map — 406
- 2.6.5.2 Schnell lesen — 407
- 2.6.5.3 Gedächtnis trainieren — 407

2.7 Führung — 415

2.7.1 Führungsrolle, Führungstechniken und Führungsstile — 417
- 2.7.1.1 Führungstechniken — 419
- 2.7.1.2 Management by-Ansätze — 420
- 2.7.1.3 Führungsstile — 422
- 2.7.1.4 Führung und Persönlichkeit — 423

2.7.2 Umgang mit Widerständen — 429
- 2.7.2.1 Warum rufen Veränderungen Widerstände hervor? — 429
- 2.7.2.2 Positives am Widerstand — 432
- 2.7.2.3 Umgang mit Widerständen — 435

2.8 Konfliktmanagement — 441

2.8.1 Konfliktmanagement — 443
- 2.8.1.1 Symptomatische Anzeichen für einen sich ankündigenden Konflikt — 443
- 2.8.1.2 Verschiedene Konfliktarten — 444
- 2.8.1.3 Struktur und Dynamik von Konflikten — 445
- 2.8.1.4 Formale Beschreibungshilfen für Konflikte — 448
- 2.8.1.5 Organisationale Aspekte des Konfliktpotentials — 450
- 2.8.1.6 Psychologische Vielfalt des Konfliktgeschehens — 451
- 2.8.1.7 Prozeßmodell einer kooperativen Konfliktregelung — 453
- 2.8.1.8 Regeln der Themenzentrierten Interaktion — 457

2.8.2 Umgang mit Krisen — 459
- 2.8.2.1 Krisenform 1: Die sich selbst blockierende Gruppe — 459
- 2.8.2.2 Krisenform 2: Die von außen blockierte Gruppe — 460
- 2.8.2.3 Ansatzpunkte für eine Krisenbewältigung — 461
- 2.8.2.4 Wichtige Regeln für konstruktives Streiten — 462

2.9 Spezielle Kommunikationssituationen — 467

2.9.1 Moderation von Besprechungen — 469

2.9.2 Moderation und Strukturierung einer Projektgruppensitzung — 470

2.9.3 Moderation eines Workshops — 476

2.9.4 Verhandlungsführung — 478

2.9.5 Präsentation im Projekt — 479

2.9.6 Organisation und Moderation eines Brainstormings — 484

Band 2   491

3 Methodenkompetenz   491

3.1 Projektstrukturierung   493

3.1.1 Zweck und Nutzen des Projektstrukturplanes   495

3.1.2 Begriffserklärung   496

3.1.3 Aufbau von Projektstrukturplänen   498
    3.1.3.1 Grundaufbau   498
    3.1.3.2 Grundsätze und Prinzipien der Strukturierung   500
    3.1.3.3 Codierung   505
    3.1.3.4 Zweck und Beschreibung von Arbeitspaketen   507

3.1.4 Vorgehensweise zum Aufbau eines Projektstrukturplans   509

3.1.5 Verwendung von Standardstrukturplänen   514

3.2 Ablauf- und Terminmanagement   519

3.2.1 Grundlagen des Ablauf- und Terminmanagements   521
    3.2.1.1 Aufgaben und Ziele des Ablauf- und Terminmanagements   521
    3.2.1.2 Überführung des Projektstrukturplans in den Ablaufplan   524
    3.2.1.3 Methoden und Werkzeuge des Ablauf- und Terminmanagements   526

3.2.2 Netzplantechnik als Werkzeug des Ablauf- und Termin- managements   527
    3.2.2.1 Grundbegriffe der Netzplantechnik   527
    3.2.2.2 Netzplanverfahren und Netzplanmethoden   528
    3.2.2.3 Ablauf- und Terminplanung mittels Netzplantechnik (MPM)   533

3.2.3 Techniken zum Aufbau und zur Bearbeitung von Netzplänen   557
    3.2.3.1 Grundlegende Schritte bei der Netzplanerstellung   557
    3.2.3.2 Teilnetztechnik   560
    3.2.3.3 Standardnetzplantechnik   561
    3.2.3.4 Netzplanverfeinerung und Netzplanverdichtung   562
    3.2.3.5 Meilenstein-Netzplantechnik   564

3.2.4 Darstellungsformen der Ablauf- und Terminplanung (Auswahl)   565
    3.2.4.1 Netzplan   565
    3.2.4.2 Balkendiagramm (Balkenplan)   565
    3.2.4.3 Zeit-Wege-Diagramm   566

3.3 Einsatzmittelmanagement   573

3.3.1 Einführung in die Thematik   575

3.3.2 Notwendigkeit einer ressourcenoptimierten Zeitplanung   575

3.3.3 Ermitteln des Einsatzmittelbedarfs   576
    3.3.3.1 Verfahren zur Aufwandsschätzung   577
    3.3.3.2 Analytische Aufwandsschätzmethoden   579
    3.3.3.3 Expertenbefragung   582
    3.3.3.4 Kalkulationsschemata als Hilfsmittel für die Aufwandsermittlung   582

3.3.4 Ermitteln des verfügbaren Einsatzmittelbestands   584
    3.3.4.1 Zeitorientierte Bestandsbestimmung   584
    3.3.4.2 Qualifikationsorientierte Bestandsbestimmung   585

3.3.5	**Einsatzmittelplanung**	**586**
	3.3.5.1 Einplanen des Einsatzmittelbedarfs und Ermittlung der Einsatzmittelauslastung	586
	3.3.5.2 Einplanen des Einsatzmittelbedarfs bei begrenzt verfügbarem Bestand	589
	3.3.5.3 Bedarfsnivellierung bei unveränderter Projektdauer durch zeitliches Verschieben von Vorgängen mit gesamter Pufferzeit	590
	3.3.5.4 Kapazitätsabgleich bei unveränderlicher Projektdauer, aber veränderlichen Vorgangsdauern	591
	3.3.5.5 Einsatzmittelplanung für mehrere Projekte (Mehrprojektplanung)	591
3.3.6	**Aufwandskontrolle – ein Mittel zur effektiven Projektsteuerung**	**593**
	3.3.6.1 Erfassen der tatsächlichen Aufwendungen (Ist-Aufwand)	593
	3.3.6.2 Plan-Ist-Vergleich für Aufwendungen	595
	3.3.6.3 Aufwandstrendanalyse	596
3.3.7	**Berichtswesen im Rahmen der Einsatzmittelplanung**	**597**
3.3.8	**Hinweise für eine praxisorientierte Anwendung**	**598**
3.3.9	**Begriffe (Auszug aus DIN 69902)**	**599**

3.4 Kostenmanagement — 607

3.4.1	**Einführung**	**609**
	3.4.1.1 Was ist „Kostenmanagement"?	609
	3.4.1.2 Grundbegriffe der Kostenrechnung	611
	3.4.1.3 Ausgangssituation für ein Projekt	612
3.4.2	**Projektvorfeld**	**612**
	3.4.2.1 Projektbewertung	612
	3.4.2.2 Kosten-Nutzen-Vergleich	613
	3.4.2.3 Kostenschätzungen	619
3.4.3	**Projektplanung**	**624**
	3.4.3.1 Voraussetzungen und Einflußfaktoren	624
	3.4.3.2 Ergebnisse der Kostenplanung	628
	3.4.3.3 Kostenplanungstechniken in ausgewählten Projektarten	630
3.4.4	**Projektcontrolling**	**633**
	3.4.4.1 Ist-Kostenerfassung	635
	3.4.4.2 Ursachenermittlung bei Projektkostenabweichungen	639

3.5 Finanzmittelmanagement — 651

3.5.1.	**Einleitung**	**653**
3.5.2.	**Kapitalbedarf in Projekten**	**654**
	3.5.2.1 Entstehung des Kapitalbedarfs	654
	3.5.2.2 Bestimmung des Kapitalbegriffs	654
	3.5.2.3 Lebenszyklus von Projekten	656
	3.5.2.4 Projektlebenszyklus und der Bedarf an Kapital	656
3.5.3.	**Bewertung von Projekten**	**657**
	3.5.3.1 Einführung	657
	3.5.3.2 Ablauf der Bewertung und Datenbereitstellung	658
	3.5.3.3 Bewertungsverfahren	660
	3.5.3.4 Besonderheiten der Bewertung von Innovationsprojekten	664
3.5.4.	**Finanzwirtschaftliche Ziele im Projekt**	**664**
	3.5.4.1 Rentabilität des Projektes	664
	3.5.4.2 Liquidität im Projekt	666
	3.5.4.3 Cash-flow	670
	3.5.4.4 Qualitative Finanzziele	670

3.5.5. Finanzierung von Projekten   **671**

    3.5.5.1 Anforderungen an das Projektteam   671
    3.5.5.2 Systematisierung der Finanzierungsalternativen   671
    3.5.5.3 Finanzierungsarten   672
    3.5.5.4 Finanzierungsbeispiel Investitionsprojekt   678
    3.5.5.5 Finanzierungsbeispiel Innovationsprojekt   679
    3.5.5.6 Ablauf der Finanzierung   680
    3.5.5.7 Exkurs: Kreditsicherheiten   681
    3.5.5.8 Finanzierungsaspekte nach Projektgröße   682

3.5.6. Projektrechnungswesen und –controlling   **683**

3.6 Leistungsbewertung und Projektfortschritt   691

3.6.1 Grundsätzliches und Begriffsdefinitionen   693

3.6.2 Projektgliederung und Leistungsbeschreibung   697

3.6.3 Projektablauf und Leistungsplanung   699
    3.6.3.1 „Klassische" Methode   700
    3.6.3.2 „Fortschrittsorientierte" Methode   700

3.6.4 Fortschrittsmessung   703
    3.6.4.1 Statusschritt-Technik   706
    3.6.4.2 50-50-Technik   707
    3.6.4.3 0-100-Technik   708
    3.6.4.4 Mengen-Proportionalität   708
    3.6.4.5 Sekundär-Proportionalität   710
    3.6.4.6 Schätzung   710
    3.6.4.7 Zeit-Proportionalität   711

3.6.5 Berechnung des Gesamt-Fortschritts   711
    3.6.5.1 Berechnung von Gesamt-Fortschrittsgraden   711
    3.6.5.2 Berechnung von Gesamt-Fertigstellungswerten   714
    3.6.5.3 Soll-Ist-Vergleich und Prognose   714

3.7 Integrierte Projektsteuerung   723

3.7.1 Grundlagen der integrierten Projektsteuerung   725
    3.7.1.1 Projektprozesse und Projektzielgrößen   725
    3.7.1.2 Schnittstellen   728
    3.7.1.3 Integrierte Projektsteuerung im PM-Regelkreis   729
    3.7.1.4 Der Projektüberwachungs-Zyklus   730
    3.7.1.5 Rollenverteilung bei der Projektsteuerung   732
    3.7.1.6 Unterschied Integrierte Projektsteuerung und Projektcontrolling   734

3.7.2 Aufgaben der integrierten Projektsteuerung   735

3.7.3 Organisation der Rückmeldungen   736

3.7.4 Ermittlung und Darstellung des Ist-Zustandes   739
    3.7.4.1 Termine   740
    3.7.4.2 Aufwand   742
    3.7.4.3 Ist-Leistung   745

3.7.5 Methodik des Plan-Ist-Vergleiches   747
    3.7.5.1 Plan-Ist-Vergleich Leistungsergebnis   748
    3.7.5.2 Plan-Ist-Vergleich Termine   748
    3.7.5.3 Plan-Ist-Vergleich Aufwand (Stunden)   752
    3.7.5.4 Plan-Ist-Vergleich Kosten   753

3.7.6 Abweichungsanalyse   754

3.7.7 Trendanalysen — 757
- 3.7.7.1 Meilensteine (Meilenstein-Trendanalyse) — 757
- 3.7.7.2 Kosten (Kosten-Trendanalyse) — 761
- 3.7.7.3 Fertigstellungswert (EVA Earned-Value-Analyse) — 763

3.7.8 Maßnahmen zur Steuerung von Projekten — 768
- 3.7.8.1 Abweichungsanalyse und Steuerungsprozeß — 768
- 3.7.8.2 Steuerungsmaßnahmen — 769

3.8 Mehrprojektmanagement — 779

3.8.1 Unternehmensinternes Mehrprojektmanagement — 781
- 3.8.1.1 Projektübergreifende operative Aufgaben — 782
- 3.8.1.2 Projektübergreifende strategische Aufgaben — 783

3.8.2 Projektübergreifende Aufbauorganisation — 784
- 3.8.2.1 Zentraler Lenkungsausschuß — 784
- 3.8.2.2 Zentraler Projekt-Controller — 785
- 3.8.2.3 Projektmanager-Kreis — 786

3.8.3 Projektübergreifende Ablauforganisation — 787
- 3.8.3.1 Projektmanager-Ausbildung — 787
- 3.8.3.2 Projektauswahl — 788
- 3.8.3.3 Termin- und Kapazitätsplanung — 789
- 3.8.3.4 Berichtswesen — 790
- 3.8.3.5 Projektsteuerung — 790

3.8.4 Instrumente — 794
- 3.8.4.1 Projekt-Profile — 794
- 3.8.4.2 Projekt-Portfolios — 794
- 3.8.4.3 Projekt-Netzwerke und Programme — 796
- 3.8.4.4 Erfahrungsdatenbanken — 797
- 3.8.4.5 PM-Handbuch — 798

3.8.5 Unternehmensübergreifendes Mehrprojektmanagement — 799
- 3.8.5.1 Wirtschaftliche Bedeutung des Mehrprojektmanagements — 799
- 3.8.5.2 Rechtliche Vertragsformen für das Mehrprojektmanagement — 800
- 3.8.5.3 Projektorganisation für das Mehrprojektmanagement — 801
- 3.8.5.4 Projektplanung und Projektsteuerung — 802

3.9 Kreativitätstechniken — 807

3.9.1 Der Einsatz von Kreativitätstechniken — 809
- 3.9.1.1 Weshalb Kreativitätstechniken? — 809
- 3.9.1.2 Voraussetzungen für den Einsatz von Kreativitätstechniken — 809
- 3.9.1.3 Problemerkennung und generelles Vorgehen — 811
- 3.9.1.4 Problemanalyse in der Gruppe — 813

3.9.2 Intuitive Techniken — 814
- 3.9.2.1 Brainstorming — 814
- 3.9.2.2 Varianten der Brainstormingmethode — 817
- 3.9.2.3 Brainwriting — 819
- 3.9.2.4 Varianten des Brainwriting — 821
- 3.9.2.5 Pro- und Contra-Analyse — 822
- 3.9.2.6 Synektik — 822
- 3.9.2.7 Delphi-Methode — 825

3.9.3 Analytisch (diskursive) Methoden — 827
- 3.9.3.1 Attribute Listing — 827
- 3.9.3.2 Morphologische Analysen — 828
- 3.9.3.3 Problemlösungsbaum — 830

3.9.4 Szenarien	832
3.9.5 Organisation und Durchführung einer Konferenz mit Einsatz von Kreativitätstechniken	833
3.9.6 Osborn-Checkliste	834

3.10 Problemlösetechniken 839

3.10.1 Probleme in der Projektarbeit 841

3.10.2 Der Problemlösungsprozeß 844
    3.10.2.1 Sequentielle Phasenmodelle   844
    3.10.2.2 Problemlösungskreis   847
    3.10.2.3 Formularbasierte Systeme   847

3.10.3 Ausgewählte Methoden und Techniken zur Unterstützung des Problemlösungsprozesses   851
    3.10.3.1 Übersicht über Methoden und Techniken   851
    3.10.3.2 Methoden und Techniken zur Informationsgewinnung   853
    3.10.3.3 Methoden und Techniken zur Zielformulierung   866
    3.10.3.4 Methoden und Techniken zur Lösungssynthese   866
    3.10.3.5 Methoden und Techniken zur Auswahl, Bewertung und Entscheidung   867

4 Organisationskompetenz 877

4.1 Unternehmens- und Projektorganisation 881

4.1.1 Grundlagen der Organisation 883
    4.1.1.1 Der Organisationsbegriff   883
    4.1.1.2 Arbeitsteilung und Organisation   885
    4.1.1.3 Organisationen als soziale Systeme   885

4.1.2 Aufbau- und Ablauforganisation 887
    4.1.2.1 Grundsätze zur Gestaltung der Organisation   887
    4.1.2.2 Grundsätze zur Gestaltung der Aufbauorganisation   888
    4.1.2.3 Gestaltung der Aufbauorganisation - Aufgabensynthese   889
    4.1.2.4 Stellenbildung   890
    4.1.2.5 Abteilungsbildung und Linienorganisation   891
    4.1.2.6 Organisationsmodelle   892
    4.1.2.7 Organisationsformen   893
    4.1.2.8 Prozesse   894

4.1.3 Zusammenspiel von Projekt- und Unternehmensorganisation 897
    4.1.3.1 Projektbeteiligte   898
    4.1.3.2 Mögliche Projektorganisationsformen   899
    4.1.3.3 Vorgehensmodell für Organisationsprojekte   902

4.1.4 Organisationshandbuch zur Unterstützung der Projektarbeit 910
    4.1.4.1 Ziele und Inhalt   910
    4.1.4.2 Vorgehensweise zur Erstellung eines Organisationshandbuches   912

4.2 Qualitätsmanagement — 921

4.2.1 Qualitätsmanagement im Projektmanagement — 923
    4.2.1.1 Historischer Hintergrund: Q-Kontrolle - Q-Sicherung - Q-Management — 923
    4.2.1.2 Qualitätsmanagement im Unternehmen — 924
    4.2.1.3 Projektmanagement im Unternehmen — 928
    4.2.1.4 Umfassendes (Totales) Qualitätsmanagement TQM — 929

4.2.2 Aufbau eines Qualitätsmanagement-Systems im Projektmanagement — 934
    4.2.2.1 Anforderung an ein QM-System im Projektmanagement — 934
    4.2.2.2 PM-Dokumentation im PM-Handbuch — 935
    4.2.2.3 Auswahl und Einsatz von Projektpersonal — 937
    4.2.2.4 Projektdokumente und Projektdokumentation in der Projektakte — 938
    4.2.2.5 Nachweis der Qualität im Projektmanagement — 940

4.2.3 Qualität im Projekt — 944
    4.2.3.1 Regelungen und Arbeitsmittel: PM-Handbuch und Projektakte — 944
    4.2.3.2 Durchführung von Projekt-Reviews — 944
    4.2.3.3 Die Bewertung der Projektqualität mit dem GPM-Modell Project Excellence — 945
    4.2.3.4 QM-Methoden in der Projektarbeit — 947

4.2.4 Begriffsklärung — 953
    4.2.4.1 Allgemeine Begriffe — 953
    4.2.4.2 Qualitätsbezogene Begriffe — 954
    4.2.4.3 Begriffe zum Qualitätsmanagement-System — 955
    4.2.4.4 Begriffe zu Werkzeugen und Techniken des Qualitätsmanagements — 956

4.3 Vertragsinhalte und Vertragsmanagement — 963

4.3.1 Vertragsinhalte — 965
    4.3.1.1 Einführung — 965
    4.3.1.2 Juristische Grundlagen — 965
    4.3.1.3 Verschiedene Vertragstypen — 967
    4.3.1.4 Projektmanagement-Vertrag — 968
    4.3.1.5 Vertraglich relevante Zusammenhänge — 972
    4.3.1.6 Vertragsbeziehungen im Projekt — 978

4.3.2 Fallstricke aus Projektverträgen — 982

4.3.3 Vertragsmanagement — 984
    4.3.3.1 Was ist Vertragsmanagement? — 984
    4.3.3.2 Instrumente des Vertragsmanagements — 985
    4.3.3.3 Vertragsmanagement in einzelnen Projektphasen — 985

4.3.4 Nachforderungsmanagement (Claim Management) — 991
    4.3.4.1 Grundlagen — 991
    4.3.4.2 Instrumente — 992
    4.3.4.3 Nachforderungsmanagement in verschiedenen Projektphasen — 992
    4.3.4.4 Subjektive Einstellung zum Nachforderungsmanagement — 993
    4.3.4.5 Arbeitssystematik im Nachforderungsmanagement — 994
    4.3.4.6 Praktische Ausführung — 996
    4.3.4.7 Kosten des Nachforderungsmanagements — 998
    4.3.4.8 Fehler beim Nachforderungsmanagement — 998

4.3.5 Zusammenhang mit anderen Funktionen des Projektmanagements — 999
    4.3.5.1 Konfigurations- und Änderungsmanagement — 999
    4.3.5.2 Risikomanagement — 1000
    4.3.5.3 Qualitätsmanagement — 1001

4.4 Konfigurations- und Änderungsmanagement 1007

4.4.1 Bedeutung, Anlaß und Nutzen des Konfigurationsmanagements 1009

4.4.2 Methodisches Konzept des Konfigurationsmanagements 1010
    4.4.2.1 Generelles Konzept - einige Definitionen 1010
    4.4.2.2 Konfigurationsmanagement: Ziele und Teilgebiete 1011

4.4.3 Teilgebiete und Methoden des Konfigurationsmanagements 1013
    4.4.3.1 Konfigurationsidentifizierung (Konfigurationsbestimmung) 1013
    4.4.3.2 Konfigurationsüberwachung/-steuerung - Änderungsmanagement 1017
    4.4.3.3 Die Konfigurationsbuchführung (Konfigurationsverfolgung - Konfigurationsnachweis) 1022
    4.4.3.4 Die Konfigurationsauditierung (Produktauditierung) 1023
    4.4.3.5 Auditierung des Konfigurationsmanagement-Systems (Managementsystem-Auditierung) 1024
    4.4.3.6 Aufbau- und ablauforganisatorische Regelungen 1024

4.4.4 Konfigurationsmanagement im Zusammenhang mit anderen Methoden, Funktionen und Situationen 1026

4.4.5 Mittlerfunktion des Konfigurationsmanagements 1028

4.4.6 Die Besonderheiten beim Software-Konfigurationsmanagement 1028

4.5 Dokumentationsmanagement 1035

4.5.1 Begriffe und Strukturen des Dokumentationsmanagement 1037

4.5.2 Identifikation von Unterlagen 1042
    4.5.2.1 Kennzeichnung von Unterlagen 1043
    4.5.2.2 Registrierung von Unterlagen 1045
    4.5.2.3 Verwaltung von Unterlagen 1046

4.5.3 Primärdaten und Sekundärdaten 1048

4.5.4 Projektsteuerung durch Dokumentationsmanagement 1050
    4.5.4.1 Unterlagen-Bedarfsmatrix 1051
    4.5.4.2 Unterlagenverknüpfung und Projektcontrolling 1052
    4.5.4.3 Dokumentationsstelle 1053
    4.5.4.4 Trends im Dokumentationsmanagement 1054

4.6 Projektstart 1059

4.6.1 Der erfolgreiche Projektstart 1061

4.6.2 Der Prozeß des Projektstarts 1062
    4.6.2.1 Die Auswahl der Projekte 1062
    4.6.2.2 Wann beginnt und endet der Projektstart? 1063
    4.6.2.3 Typische Probleme, wenn der Projektstart nicht gut war 1063
    4.6.2.4 Ziele des Projektstarts 1064
    4.6.2.5 Typische Schwierigkeiten beim Projektstart 1065
    4.6.2.6 Voraussetzungen für eine gute Projektabwicklung 1065

4.6.3 Die Inhalte des Prozesses Projektstart 1067
    4.6.3.1 Die Projektziele und der Projektauftrag 1067
    4.6.3.2 Die Wirtschaftlichkeit des Projektes 1068
    4.6.3.3 Die inhaltliche Klärung des Projektes 1070
    4.6.3.4 Die Budgetierung und Finanzierung des Projektes 1072
    4.6.3.5 Die Organisation des Projektes 1073
    4.6.3.6 Das Projektteam 1074
    4.6.3.7 Die Planung des Projektes 1075
    4.6.3.8 Die Risiken des Projektes 1076

4.6.3.9 Die Abwicklung des Projektes	1077
4.6.3.10 Die Methodik der Projektsteuerung	1077

4.6.4 Der Projektstart-Workshop (PSW) — 1078

4.6.4.1 Ziele und Vorgehen	1078
4.6.4.2 Vorbereitung	1079
4.6.4.3 Durchführung	1080

4.7 Risikomanagement — 1087

4.7.1 Risiken und Chancen — 1089

4.7.2 Risikomanagement-Systeme — 1089

4.7.3 Begriff des Risikos — 1090

4.7.3.1 Definition von Projektrisiken	1090
4.7.3.2 Abgrenzung von der Schätzungenauigkeit	1090
4.7.3.3 Weitere Begriffe	1091
4.7.3.4 Risiken und Chancen	1091

4.7.4 Risikomanagement im Projektverlauf — 1092

4.7.4.1 Vorbereitungs-Phase des Projektes (Vor-Auftragszeit)	1094
4.7.4.2 Entscheidungs-(Angebots-) Phase	1094
4.7.4.3 Phasen der Projektabwicklung	1094
4.7.4.4 Abschlußphase	1095
4.7.4.5 Weiterführende Risikobetrachtung	1095

4.7.5 Risikoanalyse — 1096

4.7.5.1 Risiko-Checkliste	1097
4.7.5.2 Suchfelder für individuelle Projektrisiken	1097
4.7.5.3 Risikoanalyse, Dokumentation und Auswertung	1101
4.7.5.4 Risiko und Netzplantechnik	1102
4.7.5.5 Weitere Ansätze zur Risikoanalyse	1103

4.7.6 Vertraglicher Risikoausschluß — 1103

4.7.7 Risikobewertung — 1105

4.7.7.1 Charakteristik von Risiken	1105
4.7.7.2 Bewertungsmaßstäbe für Risiken	1106
4.7.7.3 Vorgehen bei der Risikobewertung	1106

4.7.8 Risikovorsorge — 1111

4.7.8.1 Maßnahmenplanung und -bewertung	1111
4.7.8.2 Aufwand-Nutzen-Analyse	1112
4.7.8.3 ABC-Analyse in der Maßnahmenplanung	1114
4.7.8.4 Maßnahmenzuordnung und -überwachung	1116

4.7.9 DV-Unterstützung für Projekt-Risikomanagement — 1116

4.7.10 Psychologische Aspekte des Risikomanagements — 1118

4.8 Informations- und Berichtswesen — 1123

4.8.1 Grundlagen des Informationswesens — 1125

4.8.1.1 Information und Informationsbedarf	1125
4.8.1.2 „Harte" und „weiche" Daten	1130
4.8.1.3 Verbreitung von Informationen	1131

4.8.2 Gestaltung des Berichtswesens — 1131

4.8.2.1 Ziele und Merkmale	1131
4.8.2.2 Zielgruppenorientierte Informationsverdichtung	1132
4.8.2.3 Gegenstand des Berichtswesens	1136
4.8.2.4 Berichtsplan	1137

4.8.3 Projektberichte im Überblick — **1140**
    4.8.3.1 Zeitorientierte Projektberichte — 1140
    4.8.3.2 Ereignisorientierte Projektberichte — 1145

4.8.4 Projektbesprechungen und Protokollierung — **1148**
    4.8.4.1 Projektbesprechungen — 1149
    4.8.4.2 Protokollführer und Protokollierung — 1149
    4.8.4.3 Kennzeichen guter Protokollierung — 1150
    4.8.4.4 EDV-Unterstützung der Protokollverwaltung — 1152

4.9 EDV-Einsatz im Projektmanagement — **1159**

4.9.1 Einsatzmöglichkeiten und Tendenzen der EDV im Projektmanagement — **1161**

4.9.2 Softwaretypen für die Projektarbeit — **1162**
    4.9.2.1 Teachware — 1162
    4.9.2.2 Arbeitsplatzsoftware — 1163
    4.9.2.3 Spezifische funktionale Software — 1164
    4.9.2.4 Projektmanagement-Software — 1164
    4.9.2.5 Kommunikationssoftware — 1165

4.9.3 Die Bearbeitung konkreter Projektfunktionen mit EDV — **1166**
    4.9.3.1 Projektstrukturierung — 1166
    4.9.3.2 Ablauf- und Terminplanung — 1167
    4.9.3.3 Einsatzmittelmanagement — 1168
    4.9.3.4 Kostenplanung und -kontrolle — 1169
    4.9.3.5 Projektsteuerung — 1169
    4.9.3.6 Berichte und Präsentationen — 1171
    4.9.3.7 Information und Kommunikation — 1172
    4.9.3.8 Work-flow — 1173
    4.9.3.9 Projektrechnungswesen — 1174
    4.9.3.10 Gruppenarbeit — 1174

4.9.4 PM-Softwareauswahl und Nutzungsorganisation — **1176**
    4.9.4.1 Kriterien zur Softwarebeurteilung — 1178
    4.9.4.2 Auswahlprozeß — 1180
    4.9.4.3 Hindernisse, Akzeptanz, Qualifikation — 1183
    4.9.4.4 Organisation der EDV-Unterstützung im Projektmanagement — 1183

4.10 Projektabschluß und –auswertung — **1191**

4.10.1 Einleitung — **1193**

4.10.2 Warum sind ein systematischer Projektabschluß und eine Auswertung der Projekterfahrungen erforderlich? — **1194**

4.10.3 Welche Aufgaben ergeben sich am Ende eines Projekts, welche Probleme können auftreten und was läßt sich dagegen tun? — **1195**
    4.10.3.1 Aufgaben und Probleme auf der Sachebene — 1195
    4.10.3.2 Aufgaben und Probleme auf der Beziehungsebene — 1197

4.10.4 Projektauswertung: „Projekte lernen schlecht" — **1198**
    4.10.4.1 Sachebene — 1198
    4.10.4.2 Beziehungsebene — 1204

4.10.5 Die Projektabschlußsitzung als organisatorisches Instrument des Projektabschlusses — **1207**

4.11 Personalwesen und Projektmanagement — **1213**

4.11.1 Besondere Rahmenbedingungen für die Arbeit im Projekt — **1215**
- 4.11.1.1 Zeitliche Befristung — 1215
- 4.11.1.2 Hoher Ergebnisdruck — 1216
- 4.11.1.3 Vielfältige Erwartungshaltungen — 1216

4.11.2 Personalauswahl und Personalbeurteilung im Projekt — **1216**
- 4.11.2.1 Projektmitglieder — 1217
- 4.11.2.2 Personalbedarfsplanung und Personalbeschaffung für die Projektarbeit — 1220
- 4.11.2.3 Anforderungen an Projektmitglieder — 1223
- 4.11.2.4 Personalbeurteilung und Projektarbeit — 1226

4.11.3 Personalentwicklung für Projektmitglieder — **1231**
- 4.11.3.1 Ziele und Funktionen betrieblicher und projektorientierter Personalentwicklung — 1231
- 4.11.3.2 Aufgabenträger der Personalentwicklung — 1233
- 4.11.3.3 Laufbahnmodelle und Zertifizierung für Projektpersonal — 1233
- 4.11.3.4 Zusammenspiel betrieblicher Personalentwicklung und Projektarbeit — 1239

4.11.4 Möglichkeiten zur Sicherung des Leistungspotentials von Projektmitgliedern — **1240**

4.11.5 Rechtlicher Handlungsrahmen für die Personalarbeit im Projekt — **1242**

Gesamtstichwortverzeichnis — i-x

3.0 Methodenkompetenz

Methoden sind das Handwerkszeug des Projektmanagers. Neben der Grundlagen- und sozialen Kompetenz sind es vor allem Kenntnisse und Fähigkeiten in der sicheren Anwendung und Beherrschung von modernen Methoden und Verfahren des Projektmanagements, die einen erfolgreichen Projektmanager auszeichnen.

Die Anwendung geeigneter Methoden versetzt ihn in die Lage

- Projekte überschaubar zu definieren, zu strukturieren und notwendige Leistungen abzugrenzen,
- Projektabläufe realistisch zu planen und termingerecht zu führen,
- die notwendigen Einsatzmittel und Kosten zu ermitteln und zu planen,
- die Projektfinanzierung zu gestalten,
- Projekte im Einklang der Zielgrößen Termine, Kosten und Leistung (Qualität und Quantität) in ihrem Zusammenwirken zu planen, zu steuern und zu überwachen.

Insofern ist die Methodenkompetenz eine der Kernkompetenzen des Projektmanagers.

Nach Vorliegen der Projektzieldefinition, der Phasenplanung und Abklärung der Umfeld- und Stakeholdereinflüsse auf das Projekt ist die **Projektstrukturierung** der nächste wichtige Schritt der Projektplanung. Dabei wird die meist komplexe Gesamtaufgabe in übersichtliche, plan- und steuerbare Teilaufgaben bis zur Ebene von Arbeitspaketen zerlegt und in einem **Projektstrukturplan** dargestellt. Der Projektstrukturplan hat eine zentrale Stellung im Projekt, da er die Basis für alle nachfolgenden Planungs- und Steuerungsschritte darstellt und die grundlegende Ordnung im Projekt schafft. *Inhalte der Kapitel*

Ausgehend vom Projektstrukturplan können in einem nächsten Schritt aus den Arbeitspaketen die Vorgänge als Ablaufeinheiten abgeleitet, mit Dauern belegt und durch Definition von Anordnungsbeziehungen zu einem **Ablaufplan** verknüpft werden. Nach Festlegung der Bearbeitungsreihenfolgen und durch eine Terminierung wichtiger Meilensteine wird der Ablaufplan zum **Terminplan** und damit zum verbindlichen Fahrplan für das Projekt. Die zur Verfügung stehende Methode der Netzplantechnik gestattet die Modellierung der Abläufe dergestalt, daß eine rechnergestützte Verarbeitung und Ausgabe entsprechender Planunterlagen möglich wird.

Liegt der terminliche Ablauf des Projektes fest, kann mit geeigneten Methoden der **Einsatzmittelbedarf** geschätzt bzw. berechnet werden. In Verbindung mit dem Terminplan entsteht die **Einsatzmittelganglinie**, die Aufschluß über die zeitliche Verteilung der Einsatzmittel im Projekt gibt. Verschiedene Bedingungen der Verfügbarkeit bzw. Eignung von Einsatzmitteln für das Projekt, z.B. begrenzte Kapazität etc., können dazu führen, daß im Ergebnis der Anwendung von Methoden zum **Einsatzmittelabgleich** nochmals der Ablauf- und Terminplan geändert werden müssen.

Im Zuge der Projektplanung und -realisierung entsteht ein Aufwand an Personal und Sachmitteln, der im allgemeinen monetär, d.h. in Kosten, bewertet wird. Es werden verschiedene Methoden zur Aufwandsschätzung bzw. -berechnung bereitgestellt. Durch Kombination mit der Terminplanung erhält der Projektleiter nicht nur die Gesamtkosten des Projektes, sondern auch deren zeitliche Verteilung über die Projektdauer hinweg in Form der **Kostengang- und Kostensummenlinie**. Diese zeitliche Verteilung wiederum ist notwendige Voraussetzung für die Ableitung des **Finanzmittelbedarfes** und die Sicherung der **Projektfinanzierung**. Darüber hinaus werden dem Projektmanager entsprechende Methoden bereitgestellt, um Projektalternativen in wirtschaftlicher und finanzieller Hinsicht beurteilen zu können.

Eine effektive Steuerung von Projekten setzt die **Bestimmung des Projektfortschrittes** zum Stichtag voraus. Dabei werden sowohl Ist-Termine wie auch Ist-Kosten und auch der Fortschrittsgrad bzw. Fortschrittswert des Projektes erfaßt und bewertet. Damit kann der Projektstatus fundiert abgebildet werden.

Methoden der **integrierten Projektsteuerung** zeigen Zusammenhänge zwischen Terminen, Kosten und wertmäßiger Projekterstellung auf und erlauben Trendaussagen zur künftigen Projektentwicklung sowie die Ableitung wirksamer Steuerungsmaßnahmen. Die integrierte Projektsteuerung ist eingebettet in alle Themenbereiche des Projektmanagements und wirkt auf alle Themenbereiche zurück.

Meistens bearbeitet eine Organisation zur gleichen Zeit mehr als ein Projekt und hat auch mehr als einen Projektmanager eingesetzt. Diese Situation der gleichzeitigen Bearbeitung mehrerer Projekte unterschiedlichen Fortschrittsgrades erfordert spezielle Organisationslösungen, Entscheidungsgremien und -regeln zum effektiven **Mehrprojektmanagement**. Die projektübergreifende Aufbau- und Ablauforganisation bedarf weitreichenderer Hilfsmittel und Methoden als das Management von Einzelprojekten. Dies betrifft insbesondere z.B. die Problematik, daß mehrere Projekte gleichzeitig auf nur begrenzt verfügbare Ressourcen zurückgreifen.

Mit wachsender Komplexität der Projekte und bei gleichzeitig stärkerem Zeitdruck hängt der Projekterfolg wesentlich davon ab, daß für die anfallenden Probleme wirksame Lösungen gefunden werden. Dazu bedient sich der Projektmanager sogenannter **Kreativitätstechniken**, die systematisch an die Lösung von Problemen in Projekten heranführen.

Darüber hinaus werden weitere **Methoden zur Problemlösung** bereitgestellt, um für die vielfältigen technischen, organisatorischen, kommunikativen und zwischenmenschlichen Probleme effektive Lösungen zu finden. Zweckmäßigerweise sollten diese Probleme unter Nutzung der unterschiedlichen Erfahrungen der Projektteammitglieder in der Gruppe gelöst werden.

Fazit **Projektmanagementmethoden sind eine notwendige, aber nicht hinreichende Bedingung für den Erfolg des Projektmanagers. Methodenkompetenz allein reicht nicht, nur in Synergie mit den anderen Kompetenzbereichen kann Projektmanagement erfolgreich sein.**

3.1 Projektstrukturierung

von

Franz Josef Heeg

Peter Michael Frieß

Relevanznachweis

Erfolgreiches Projektmanagement erfordert zur Vorbereitung der Projektbearbeitung eine Zerlegung der meist komplexen Gesamtaufgabe in übersichtliche, plan- und steuerbare Teilaufgaben. Die Ermittlung aller erforderlichen Teilaufgaben und nachfolgend die Ableitung der notwendigen Arbeitspakete ist das Ziel eines Projektstrukturplans (PSP). Für das Projektmanagement besitzt der Projektstrukturplan eine zentrale Bedeutung, da er die Basis für die nachfolgenden Planungsschritte und für die Projektsteuerung darstellt und die grundlegende Ordnung der Projektaufgaben schafft.

In diesem Kapitel werden zunächst Zweck und Bedeutung der Projektstrukturierung vorgestellt, die wichtigsten Begriffe erläutert und daran anschließend der Aufbau eines Projektstrukturplans beschrieben. Ergänzend werden Regeln und Prinzipien für die Gliederung eines Projektstrukturplans dargestellt. Ebenso wird die Durchführung der Strukturplanung behandelt, wobei auf die Vorgehensschritte eingegangen wird.

Der Prozeß der Strukturplanung dient der Entwicklung eines Handlungsmodells aller am Projekt Beteiligten mit den erforderlichen Aufgaben für die Bearbeitung eines Projektes. Ziel ist dabei der schrittweise Abbau der Transformationsbarriere zwischen einem gegebenen Anfangszustand (Projektbeginn) und einem angestrebten Zielzustand (Projektziel) (HEEG 1993). Die Projektstruktur bildet hierfür den logischen Rahmen für die systematische Darstellung aller erforderlichen Aufgaben, die Kosten verursachen, die für das Erreichen des Zielzustandes notwendig und für alle Beteiligten transparent, verständlich und akzeptiert sind. Eine Voraussetzung dafür bildet die Ableitung der Teilaufgaben und Arbeitspakete als Gemeinschaftsleistung des Projektteams.

Inhaltsverzeichnis

3.1.1 Zweck und Nutzen des Projektstrukturplanes	**495**
3.1.2 Begriffserklärung	**496**
3.1.3 Aufbau von Projektstrukturplänen	**498**
3.1.3.1 Grundaufbau	498
3.1.3.2 Grundsätze und Prinzipien der Strukturierung	500
3.1.3.2.1 Grundsätze der Strukturierung	500
3.1.3.2.2 Gliederungsprinzipien	501
3.1.3.3 Codierung	505
3.1.3.3.1 Darstellungsformen und Code-Strukturen	505
3.1.3.3.2 Identifizierende Codierung	506
3.1.3.3.3 Klassifizierende Codierung	507
3.1.3.4 Zweck und Beschreibung von Arbeitspaketen	507
3.1.3.4.1 Zweck	507
3.1.3.4.2 Aufbau einer AP-Beschreibung	508
3.1.4 Vorgehensweise zum Aufbau eines Projektstrukturplans	**509**
3.1.5 Verwendung von Standardstrukturplänen	**514**

3.1.1 Zweck und Nutzen des Projektstrukturplanes

Projekte sind ausgesprochen komplexe Vorhaben, die sich einer routinemäßigen Bearbeitung entziehen. Eine hohe Komplexität bewirkt, daß derartige Systeme schwer durchschaubar sind. Eine erfolgreiche Abwicklung von Projekten erfordert daher ihre Zerlegung in getrennte, kleine Einheiten, die überschaubar, planbar und steuerbar sind.

Reduktion von Komplexität in Projekten

Hinzu kommt der im Projektalltag oft zu beobachtende Aspekt, daß jeder der am Projekt Beteiligten eigene Vorstellungen von der Gesamtaufgabe, ihrer Umsetzung und den hierfür erforderlichen Bedingungen wie Arbeitsschritte, Zeitbedarf, Zuordnung von Aufgabenträgern etc. hat. Um ein **gemeinsames Verständnis** zu bewirken, bilden die Projektstrukturierung und der Projektstrukturplan eine unabdingbare Voraussetzung.

Somit kann sichergestellt werden, daß für die Gesamtaufgabe des Projektes ein gemeinsames Verständnis bei den Projektbeteiligten besteht, da die Zerlegung in Teilaufgaben und Arbeitspakete dies erfordert. Des weiteren können hierbei Unklarheiten in der Zieldefinition beseitigt und mögliche Risiken innerhalb der Teilaufgaben frühzeitig (d.h. vor Projekt- oder zu Projektbeginn) aufgedeckt werden. Die wichtigsten Zwecksetzungen des Projektstrukturplans zeigt Abbildung 3.1-1.

- Darstellung des Projektgegenstandes in seiner Gesamtheit
- Aufdeckung von Unklarheiten in der Zieldefinition
- Bestimmung aller operationalisierter und damit kontrollierbarer Arbeitseinheiten (Arbeitspakete, Teilaufgaben)
- Ordnen aller Arbeitspakete nach Zusammengehörigkeit
- Schaffung von Transparenz im Projekt
- Förderung einer gemeinsamen Sichtweise des Projektgegenstandes
- Förderung eines durchgängigen Ordnungsprinzips
- Verständigung im späteren Änderungsmanagement
- Vergabe von Arbeitspaketen an Unterauftragnehmer

Abbildung 3.1-1: Zwecksetzungen des Projektstrukturplans

Jede Gliederung eines komplexen Zusammenhangs beinhaltet aber auch zugleich die Gefahr der Zerstörung der Ganzheit und der Reduktion auf wenige Punkte, wobei wichtige Beziehungen verloren gehen können. Art und Güte der Zerlegung eines Projektes und damit der Projektstrukturierung bestimmen die Zuverlässigkeit der Planung und die Wirksamkeit der Steuerung eines Projektes (PLATZ, SCHMELZER 1986). Das Ergebnis der Projektstrukturierung ist eine **vollständige und strukturierte Gliederung der Aufgaben eines Projektes und dessen Aufteilung in Arbeitspakete** in Form eines **Strukturplans**. Die Arbeitspakete beschreiben Aufgaben mit eindeutigen Ergebnissen bzw. Ergebniserwartungen, die einer ausführenden Stelle zugeordnet werden. Formal werden die Arbeitspakete in Arbeitspaketbeschreibungen definiert (siehe Abschnitt 3.1.3.4.2).

Bedauerlicherweise wird die Projektstrukturierung als erster wichtiger Schritt der Projektplanung in der Praxis noch häufig vernachlässigt. Termin- und Kostenüberschreitungen oder Funktions- und Qualitätsmängel sind oft die Folge, Ursachen hierfür sind dann u.a. vergessene Arbeitspakete, die später zu Mehrarbeit führen oder das Projekt gefährden.

Projektstrukturierung wird häufig vernachlässigt

Wozu dient der PSP?

Projektstrukturplan ist zentrales Element im Projektmanagement

Der Projektstrukturplan bildet das für alle Projektbereiche und Projektbeteiligte gemeinsame Rückgrat und dient im wesentlichen folgenden Zwecken (MADAUSS 1994):

- Gliederung der technisch/administrativen Projektunterlagen:

    - Erstellung der **Projektspezifikationen** in Übereinstimmung mit dem Projektstrukturplan

    - Strukturierung der **Ablauf- und Terminpläne** auf der Basis des Projektstrukturplans

    - Gliederung der Gesamtprojektkosten pro PSP-Element, so daß die **Kosten** pro Arbeitspaket klar und eindeutig definiert sind

    - Durchführen einer **Risikoplanung** anhand der einzelnen PSP-Elemente

    - **Vorbeugende Qualitätssicherung** durch entsprechende Analysen für die einzelnen PSP-Elemente

- Die **Projekt-Fortschrittskontrolle** basiert auf den Planungsunterlagen, da anhand des Strukturplans Ist-Daten zu den einzelnen Arbeitspaketen abgefragt werden können.

- Die für die **Berichterstattung** notwendige Informationsverdichtung kann anhand des Projektstrukturplans gestaltet werden.

- Die Gliederung eines **Projektdokumentationssystems** sollte eine eindeutige Zuordnung zum Projektstrukturplan aufweisen. Weiter können anhand des Projektstrukturplans Erfahrungswerte für zukünftige Projekte festgehalten werden.

- Die Aufteilung nach ganzheitlichen Arbeitspaketen ermöglicht eine **organisationsinterne und -externe Vergabe der Arbeitsaufgaben**. Für die **Vertragsgestaltung** liefert der Projektstrukturplan klare und eindeutig definierte Angaben.

Grenzen des Projektstrukturplans

Es soll jedoch auch auf die Grenzen des Projektstrukturplans hingewiesen werden. Die Strukturplanung ist ein formales, statisches Hilfsmittel und geht zunächst von klaren Zusammenhängen der einzelnen Arbeitspakete aus. Arbeitspakete können jedoch in der Praxis vielfältige und mehrfache Verknüpfungen zu den anderen Arbeitspaketen aufweisen. Die Verknüpfungen der einzelnen Elemente können mit Hilfe der Strukturplanung nur ansatzweise erkannt und dargestellt werden. Der Projektstrukturplan ist demnach ein wesentliches Element der Projektplanung, er muß aber durch andere Methoden, die insbesondere den Aspekt der Vernetzung beschreiben, ergänzt werden.

PSP und Projektphasen

Der Projektstrukturplan kann auch als Arbeitsgliederungsstruktur angesehen werden. Er zeigt das Gesamtziel in der ersten Ebene und die Teilziele in den untergeordneten Ebenen. Entsprechend der fortschreitenden Planung und Realisierung des Projekts in den Projektphasen wird der Projektstrukturplan weiter detailliert (siehe Kapitel 1.8). Zu Beginn der Planung stehen oft noch nicht genügend Informationen bereit, um etwa eine bestimmte Teilaufgabe sehr detailliert in all ihre Arbeitspakete zu unterteilen.

3.1.2 Begriffserklärung

Nachfolgend werden wichtige Begriffe der Strukturplanung eines Projekts erläutert. Diese dürfen nicht mit scheinbar ähnlichen Begriffen der Ablauf- und Terminplanung (vgl. Kapitel 3.2) verwechselt werden. Sofern ein Begriff in der DIN-Norm geregelt ist, wird darauf speziell verwiesen.

Teilprojekt

> Teil eines Projektes, welcher mit dem gesamten Projekt strukturell in Verbindung steht.

Für größere Projekte hat es sich als sinnvoll erwiesen, Teile des Projektes separat zu behandeln, wobei die Verbindung zum Projekt bestehen bleibt.

Projektstrukturplan (PSP)

> „Darstellung einer Projektstruktur. Diese Darstellung kann nach dem Aufbau (Aufbaustruktur), nach dem Ablauf (Ablaufstruktur), nach Grundbedingungen (Grundstruktur) oder nach sonstigen Gesichtspunkten (z.B. Mischformen) erfolgen." (DIN 69901)

Der Projektstrukturplan ist eine übersichtliche, systematische und meist grafische, gelegentlich textstrukturierte Darstellung aller wesentlichen Aufgaben eines Projektes, die erforderlich sind, um den Projektgegenstand zu erstellen bzw. zu erreichen.

Der Projektstrukturplan ist zu unterscheiden von ähnlichen Darstellungsformen wie Produktstrukturplan und Projektorganisationsplan (Projektorganigramm).

Struktur

> „Gesamtheit der wesentlichen Beziehungen zwischen den Elementen eines Projektes."
> (DIN 69901)

Mit dem Begriff Struktur ist ein geordnetes Ganzes in seinem Aufbau (Gefüge) zu verstehen, wobei die Zusammenhänge und Beziehungen aller wesentlichen Teile beschrieben werden. Beispiel sind Organisationsstrukturen (Abteilungen, Personen etc.) oder Produktstrukturen (Baugruppen, Teile etc.). (nach DIN 69900 Teil 1)

Häufig wird in Projekten zwischen Aufbau- und Ablaufstruktur unterschieden. Dabei beschreibt der Projektstrukturplan den Zusammenhang aller Projektaufgaben. Ein Ablaufplan (z.B. der Netzplan oder Balkenplan) zeigt die (techno-)logische oder zeitliche Abfolge von Vorgängen, die aus den Aufgaben abgeleitet wurden (vgl. Kapitel 3.2).

Teilaufgabe

> „Teil eines Projektes, der im Projektstrukturplan weiter aufgegliedert werden kann."
> (DIN 69901)

Eine Teilaufgabe ist eine detailliertere Beschreibung notwendiger Projektaufgaben, wobei die Detaillierung noch zu grob ist, um eine plan-, steuer- und kontrollierbare Aufgabe in Form eines Arbeitspaketes zu beschreiben.

Aufgabe

Die aus dem Arbeitszweck abgeleitete Aufforderung an die Arbeitsperson(en), eine Arbeit unter gegebenen Bedingungen und nach einem vorgegebenen Verfahren auszuführen und ein bestimmtes Ergebnis anzustreben. (in Anlehnung an DIN V ENV 26385)

Arbeitspaket (AP)

> „Teil des Projektes, der im Projektstrukturplan nicht weiter aufgegliedert ist und auf einer beliebigen Gliederungsebene liegen kann." (DIN 69901)

Ein Arbeitspaket stellt das unterste Element in der Gliederung eines Projektstrukturplans dar. Es beschreibt eine klar definierte Aufgabe (Leistung) eines Projektes, das häufig einer ausführungsverantwortlichen Stelle übertragen werden kann.

3.1.3 Aufbau von Projektstrukturplänen

3.1.3.1 Grundaufbau

Aufbau eines Projektstrukturplans

Der englische Sprachgebrauch bezeichnet den **Projektstrukturplan** (PSP) als **Work Breakdown Structure** (WBS). Das Projekt wird **hierarchisch** in **Teilaufgaben und Arbeitspakete** strukturiert. Es ergeben sich Projektstrukturebenen gemäß einer Baumstruktur.

Der Projektstrukturplan stellt das vollständige Bild aller notwendigen Teilaufgaben und Arbeitspakete zur Durchführung aller Projektarbeiten (Planungs-, Durchführungs- und Steuerungsaufgaben) dar.

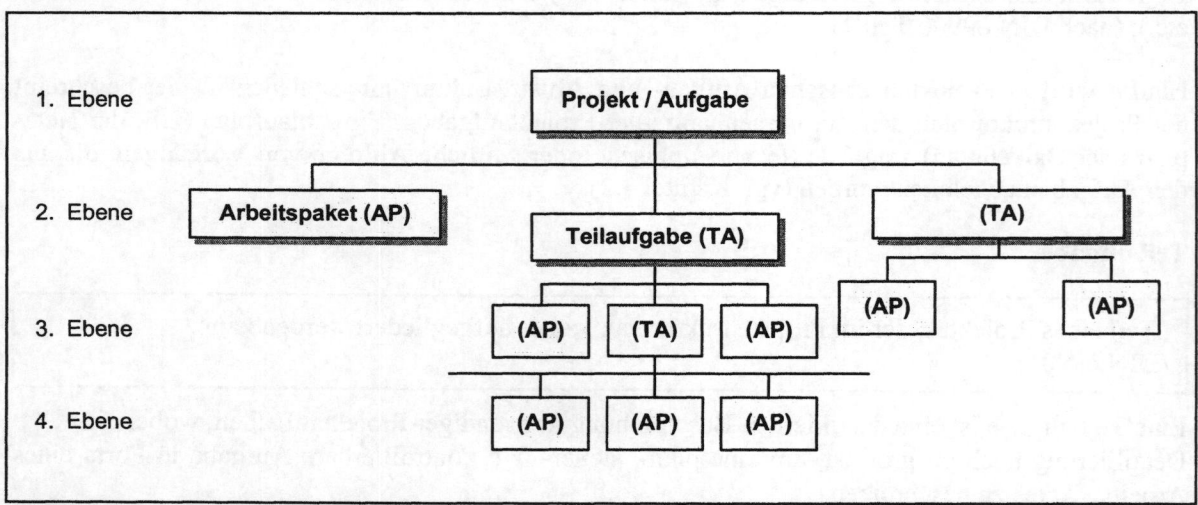

Abbildung 3.1-2: Zerlegung eines Projektes in Teilaufgaben und Arbeitspakete (nach DIN 69901)

Die Zerlegung der Gesamtaufgabe des Projektes erfolgt stufenweise in Teilaufgaben und Arbeitspakete der ersten, zweiten, ..., n-ten Strukturebene, wobei diese Teilaufgaben hierarchisch einander zugeordnet sind (siehe Abbildung 3.1-2). Damit soll sichergestellt werden, daß keine Teilaufgabe des Projekts übersehen und vergessen wird und daß jede Teilaufgabe auch nur einmal und an der logisch richtigen Stelle der Struktur erscheint; es dürfen keine funktionellen oder logischen Überschneidungen bzw. Deckungslücken vorhanden sein (HEEG 1993). Das Ergebnis der Strukturierung ist letztlich die Festlegung von Arbeitspaketen (AP) im Projektstrukturplan.

3.1 Projektstrukturierung

Abbildung 3.1-3 zeigt den Grundaufbau eines Projektstrukturplans und die wesentlichen Begriffe. In der ersten Projektstrukturebene steht das Projekt oder die **Aufgabe**, in den nachfolgenden Ebenen sind die **Teilaufgaben** und Arbeitspakete definiert.

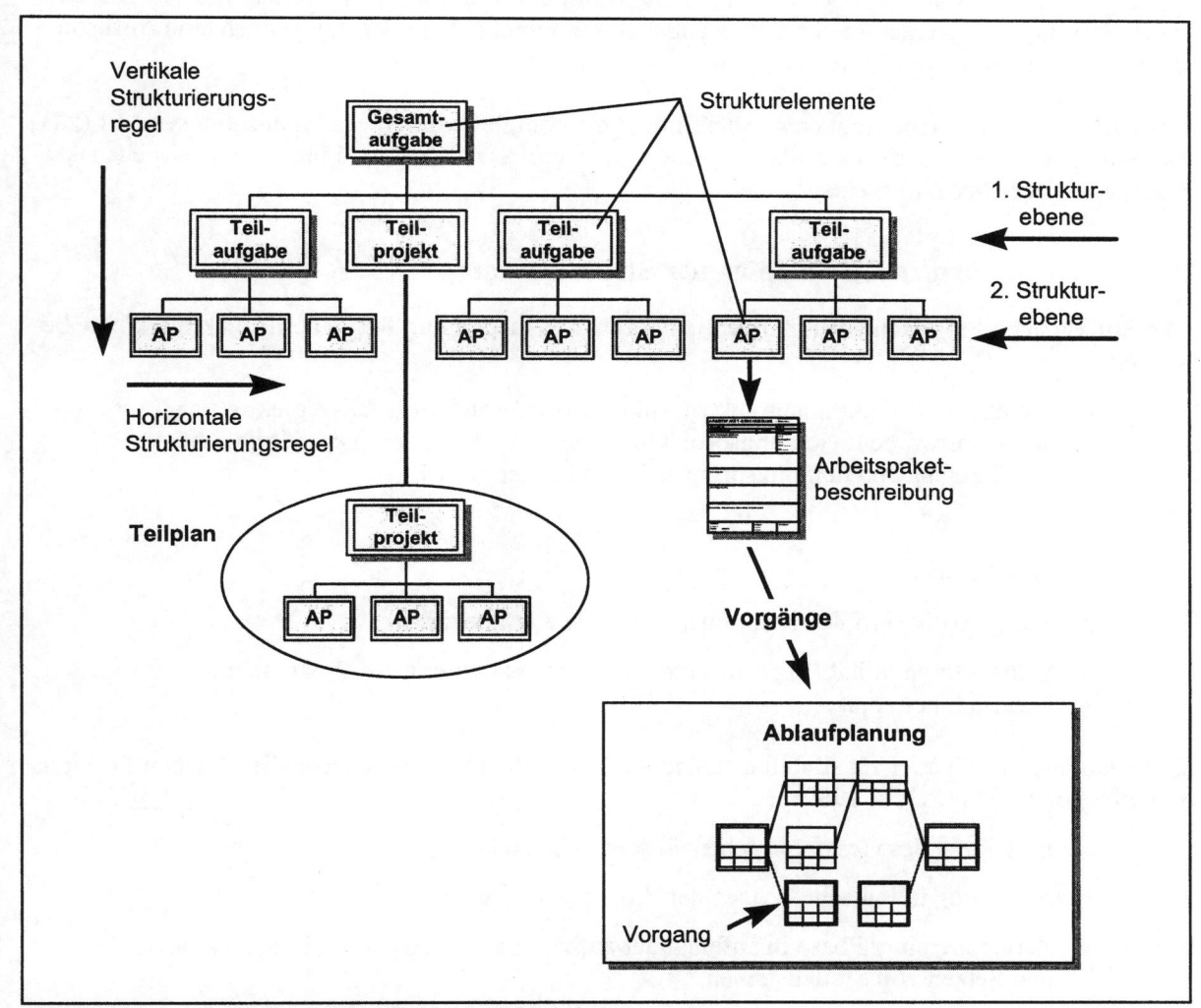

Abbildung 3.1-3: Aufbau eines Projektstrukturplans

Das Arbeitspaket ist möglichst als ein in sich geschlossenes, mit klaren **Abgrenzungen** und **Schnittstellen** zu anderen Arbeitspaketen formuliertes Element zu definieren, damit kann es zur Abarbeitung an eine **Organisationseinheit** delegiert werden.

Teilaufgaben und Arbeitspakete können in verschiedenen Gliederungsebenen eingeordnet sein. Ein Arbeitspaket ist dadurch gekennzeichnet, daß von ihm keine weitere Untergliederung mehr ausgeht (siehe Abbildung 3.1-2). Es ist somit **das letzte und unterste Element in einem Zweig des Projektstrukturplans**.

Die Summe aller Arbeitspakete ergibt das vollständige Bild aller Arbeiten, die zur Erreichung des Projektzieles erledigt werden müssen. Die Arbeitspakete umfassen als die Projektstrukturplan-Elemente auf der untersten Ebene alle Arbeiten des Projektes. Es ist erforderlich, diese schriftlich zu fixieren.

Zur weiteren feineren Planung kann das Arbeitspaket in einzelne **Vorgänge (Aktivitäten)** zerlegt werden. Diese Vorgänge sind die Planungseinheiten der Detailnetz- und Balkenpläne und werden im Projektstrukturplan nicht aufgeführt. Bei kleineren Organisationsprojekten werden gelegentlich aus Gründen der Übersicht auch die Vorgänge unter die Arbeitspakete im PSP eingetragen. Ferner gibt es durchaus Vorgehensweisen, in denen dem Arbeitspaket nur ein Vorgang im Netzplan bzw. im Balkenplan entspricht.

Werden zur Detail-Planung auch die Tätigkeiten formuliert, die zur Abarbeitung des Arbeitspaketes notwendig sind, beinhaltet die Arbeitspaket-Beschreibung (siehe 3.1.3.4.2) auch eine Auflistung der im Arbeitspaket enthaltenen Vorgänge.

Die Aufgaben eines Arbeitspaketes sollen möglichst komplett von einer Organisationseinheit (z.B. Abteilung oder Gruppe) bearbeitet werden können. Dazu sollte immer ein Arbeitspaketverantwortlicher benannt werden.

3.1.3.2 Grundsätze und Prinzipien der Strukturierung

Abhängigkeit der Projektstruktur

Die Struktur von Projekten wird maßgeblich durch die Ausprägung folgender Projektmerkmale bestimmt:

- Projektart (Investitionsprojekte (Anlagen-/Bauprojekte), F&E-Projekte (Produkt-/Softwareentwicklungsprojekte) und Organisationsprojekte (Organisations-/Personalentwicklungsprojekte); (siehe Kapitel 1.2),

- Projektgröße,

- Projektdauer,

- Komplexität (Problemkomplexität, soziale Komplexität),

- Selbstreferentialität (Ergebnisbetroffenheit, Auswirkung auf Prozesse im Unternehmen) etc.

Dennoch lassen sich aber für die unterschiedlichsten Projekte immer wieder die gleichen Struktureinteilungen finden (PLATZ 1989):

- Einteilung des Gesamtprojektes in seine Bestandteile,

- Einteilung in logische Phasen der Projektbearbeitung,

- Zerlegung einer Phase in aufeinander aufbauende, konkret definierte Aufgaben und Setzen von Meilensteinen,

- Einteilung in die in jedem Projekt durchzuführenden Projektfunktionen (Projektplanung und -steuerung, Entwicklung bzw. Erstellung des Projektgegenstandes (Produkt, Problemlösung), Qualitätssicherung).

3.1.3.2.1 Grundsätze der Strukturierung

Die Strukturierung des Projektes wird in zwei Richtungen betrieben:

- **horizontal** innerhalb einer Ebene nach den unterschiedlichsten Gesichtspunkten (z.B. nach Objekten, Funktionen, Phasen, Orten etc.).
  Die Elemente einer Ebene (Teilaufgabe, Arbeitspaket) sind eindeutig voneinander abzugrenzen. Besonderes Augenmerk ist auf die „Schnittstelle" zwischen zwei Ebenen zu legen.

- **vertikal** in verschiedenen Ebenen mit zunehmender Detaillierung. Unterstes Element sind die Arbeitspakete.
  Es ist dabei darauf zu achten, daß beim Übergang von Ebene n zur Ebene n+1 jeweils die Elemente der unteren Ebene (n+1) alle Leistungen der Ebene n komplett enthalten. Dies ist insbesondere wichtig, wenn die Arbeitspakete mit Kosten bewertet werden und anhand des Projektstrukturplanes die Projektkosten erfaßt und von unten nach oben kumuliert werden.

3.1.3.2.2 Gliederungsprinzipien

Eine objektorientierte Gliederung der Projektstruktur erzeugt einen auf den Projektgegenstand bezogenen Projektstrukturplan. Es entsteht ein **ergebnis- oder erzeugnisorientierter** Projektstrukturplan. Der Strukturplan beschreibt die Struktur (Teile, Baugruppen, Subsysteme) des zu erarbeitenden Projektgegenstandes, z.B. eines zu erstellenden (zu entwickelnden) Produktes, und je nach Projektinhalt zusätzlich alle physischen Objekte (z.B. Entwurfsdokumente, Testdaten, Voruntersuchungen etc.), die für die Erzeugung des Produktes notwendig sind. Basis der objektorientierten Projektstrukturierung ist der Projektgegenstand, der in seine Komponenten, Baugruppen und Einzelteile zerlegt wird (siehe Abbildung 3.1-4). Eine objektorientierte Gliederung empfiehlt sich auch dann, wenn die Einhaltung der Kosten im Vordergrund steht (vgl. DIN 276, Kosten im Hochbau), bzw. wenn im Bereich der stationären Fertigung eine Stücklistenstruktur im Hintergrund gegeben ist und für eine Produktkalkulation herangezogen werden kann.

Objektorientierte Projektstrukturierung

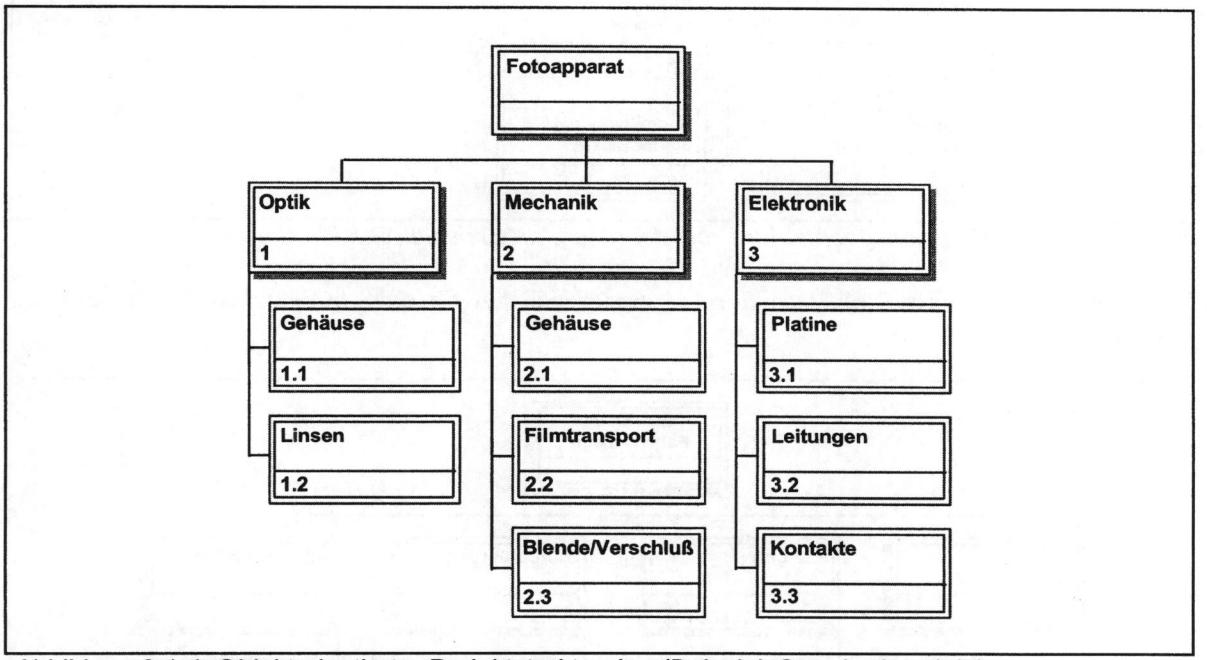

Abbildung 3.1-4: Objektorientierter Projektstrukturplan (Beispiel: Standardprodukt)

Der **funktionsorientierte** Projektstrukturplan ist eine tätigkeitsorientierte Darstellung (d.h. nach der Verrichtung) der notwendigen Teilaufgaben für die vollständige Bearbeitung des Projektgegenstandes. Für jede Teilaufgabe müssen die notwendigen Tätigkeiten erarbeitet und dokumentiert werden. Übergeordnete Tätigkeiten wie z.B. Projektmanagement-Aktivitäten und eventuell erforderliche Qualifizierungsaktivitäten sind (in einer zusätzlichen Spalte des PSP; Abbildung 3.1-8) hinzuzufügen.

Funktionsorientierte Projektstrukturierung

Ausgangspunkt für eine funktionsorientierte Projektstrukturierung ist die **funktionale Differenzierung der Gesamtaufgabe**. Im Zentrum der Betrachtung liegen die Aufgaben eines Projektes (Abbildung 3.1-5 und Abbildung 3.1-6). Demgemäß verwendet man hier auch oft Verben, um die Arbeitspakete zu benennen (siehe Abbildung 3.1-5). Es ist zu erkennen, daß bei einer weiteren Zerlegung in Teilfunktionen die Möglichkeit besteht, organisatorische Gegebenheiten zu berücksichtigen.

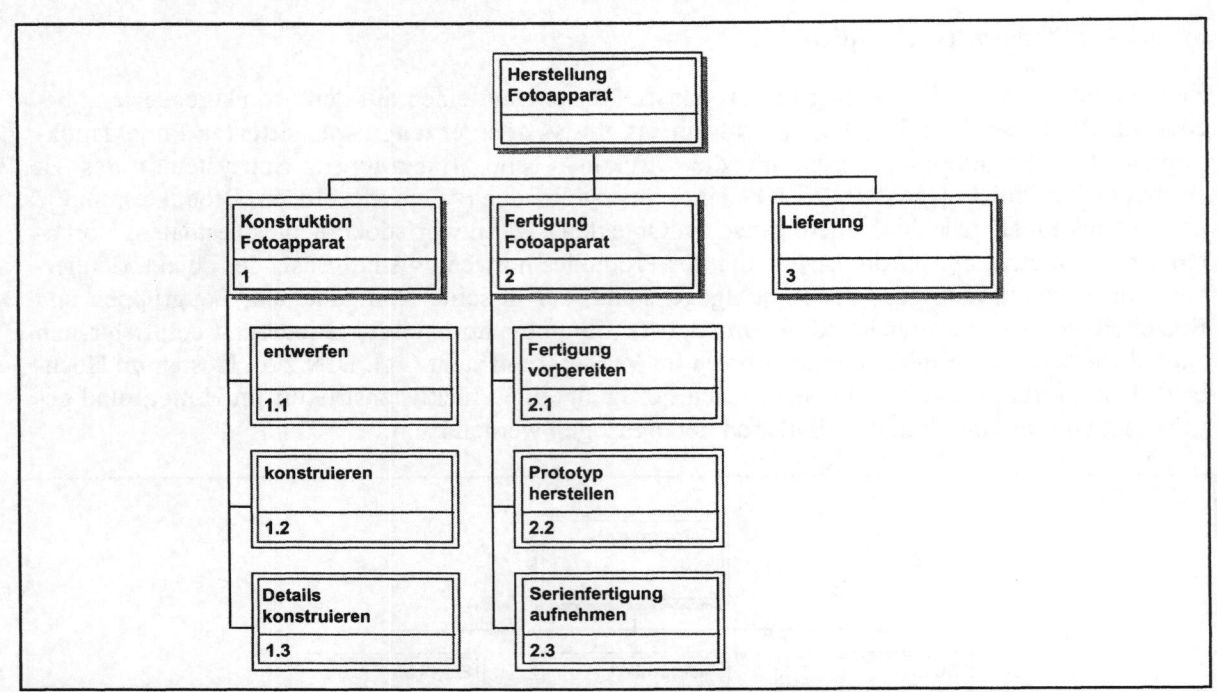

Abbildung 3.1-5: Funktionsorientierter Projektstrukturplan (Beispiel: Standardprodukt)

Der funktionsorientierte Projektstrukturplan eignet sich gut für eine Aufwandskontrolle bezogen auf das Projekt.

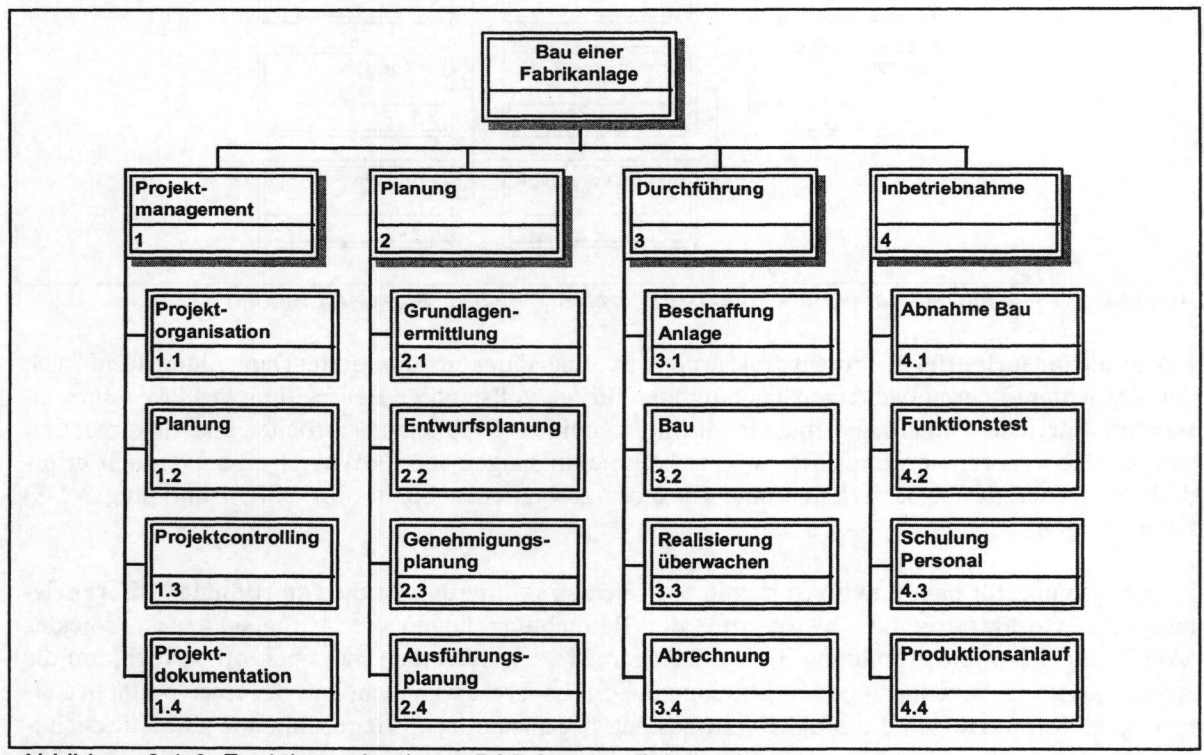

Abbildung 3.1-6: Funktionsorientierter PSP für eine Fabrikanlage

Phasenorientierte Projektstrukturierung

Können einzelne Projektphasen deutlich unterschieden werden, so bietet es sich an, auf der zweiten Gliederungsebene eine phasenorientierte Strukturierung vorzunehmen (siehe Kapitel 1.8.6.3). Der Vorteil liegt in der übersichtlicheren Darstellung des zeitlichen Verlaufs eines Projektes (siehe Abbildung 3.1-7). Eine phasenorientierte Gliederung empfiehlt sich auch, wenn die Termineinhaltung im Vordergrund steht. Bei ggf. überlappenden Phasen (z.B. Konzept des Simultaneous Engineering) oder unscharfen Phasenübergängen ist diese Gliederungsform jedoch weniger geeignet.

3.1 Projektstrukturierung

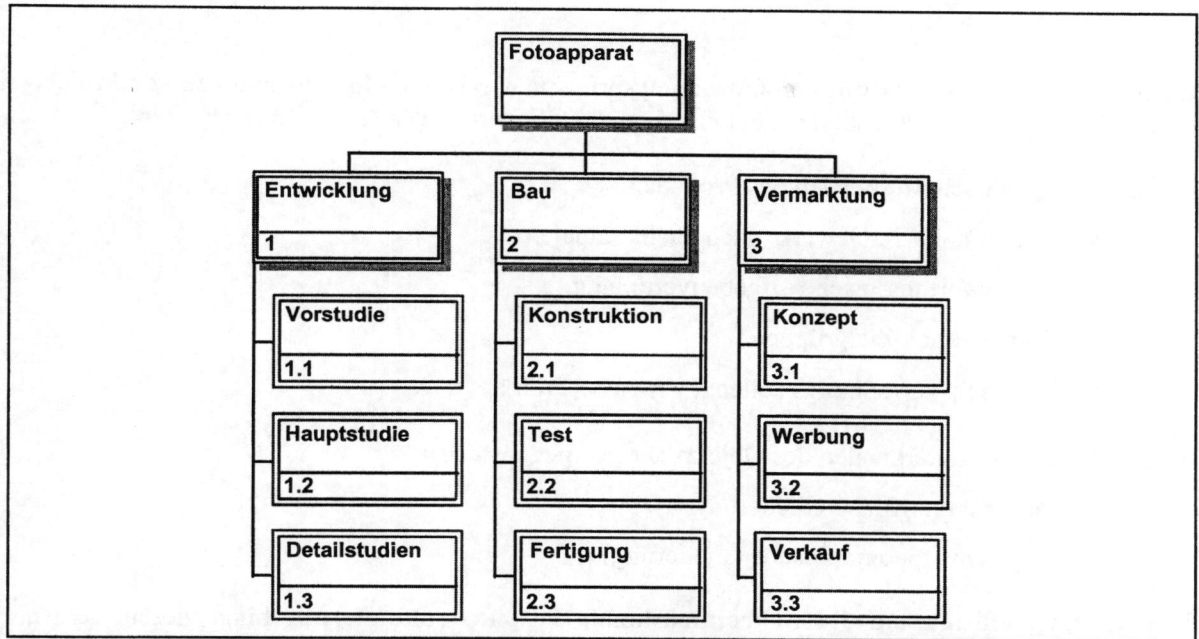

```
                        Fotoapparat
        ┌───────────────────┼───────────────────┐
   Entwicklung            Bau              Vermarktung
        1                   2                   3
        │                   │                   │
   Vorstudie           Konstruktion          Konzept
     1.1                  2.1                  3.1
        │                   │                   │
   Hauptstudie            Test               Werbung
     1.2                  2.2                  3.2
        │                   │                   │
   Detailstudien         Fertigung           Verkauf
     1.3                  2.3                  3.3
```

Abbildung 3.1-7: Phasenorientierter Projektstrukturplan (Beispiel: einfaches Entwicklungsprojekt - typisch für Arbeitsteilung in Kostenstellen)

In der Praxis wird meistens eine gemischtorientierte Gliederung verwendet. Mit welchem Prinzip **Mischformen** begonnen wird und wie die Prinzipien gewechselt werden, ist eine Frage der Zweckmäßigkeit, bei der neben technischen und organisatorischen Gesichtspunkten auch die Zieldifferenzierung, die Frage der Auftragserteilung an Unterauftragnehmer, ferner die Kostenplanung und Kostensteuerung, das Berichtswesen, die Dokumentation, Fragen des Vertrags- und Risikomanagements usw. bedacht werden müssen (HEEG 1993).

Die Abbildung 3.1-8 zeigt die Anwendung unterschiedlicher Gliederungsprinzipien auf der ersten und auf den nachfolgenden Strukturebenen.

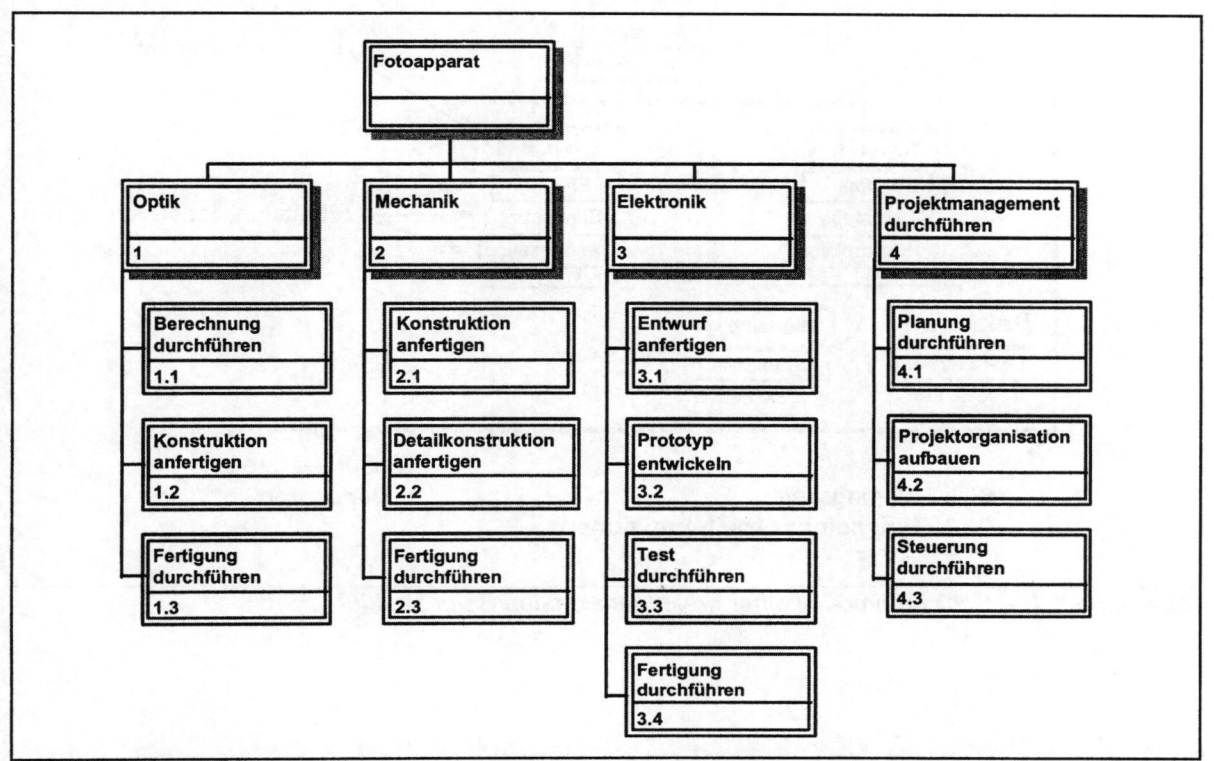

```
                              Fotoapparat
        ┌───────────────┬───────────────┬───────────────────────┐
      Optik          Mechanik        Elektronik          Projektmanagement
                                                           durchführen
        1                2                3                      4
        │                │                │                      │
   Berechnung       Konstruktion       Entwurf                Planung
   durchführen       anfertigen       anfertigen             durchführen
      1.1              2.1              3.1                    4.1
        │                │                │                      │
   Konstruktion    Detailkonstruktion   Prototyp           Projektorganisation
    anfertigen       anfertigen        entwickeln              aufbauen
      1.2              2.2              3.2                    4.2
        │                │                │                      │
    Fertigung         Fertigung           Test                Steuerung
   durchführen      durchführen        durchführen           durchführen
      1.3              2.3              3.3                    4.3
                                         │
                                      Fertigung
                                     durchführen
                                        3.4
```

Abbildung 3.1-8: Gemischtorientierter Projektstrukturplan (Beispiel: einfaches Entwicklungsprojekt)

Zusätzliche Gliederungs-prinzipien

Zu den oben genannten wichtigsten Gliederungsprinzipien existieren in Abhängigkeit von Projektart und Projektinhalt noch weitere Möglichkeiten der Gliederung (PATZAK, RATTAY 1996):

- Gliederungen nach Merkmalen des Projekts:
    - Disziplin, Fach, Gewerk: nach Fachkompetenz
    - Verantwortung: nach Aufgabenverteilung
    - Umfeld: nach Zielgruppen
    - Ort: nach Verrichtungsstellen, (Vertriebs-)Märkte

- Gliederung nach Merkmalen des Objekts (Projektgegenstand):
    - Material (stoffliche Gliederung)
    - Lage, Ort (topographische Gliederung)

In Ergänzung soll hier auf die **mehrdimensionale Projektstrukturierung** hingewiesen werden. Der Gefahr, indem möglichst viele Sachverhalte in einem Projektstrukturplan untergebracht werden, kann durch ein EDV-gestütztes Informationsmodell vorgebeugt werden (PEYLO 1996). Mit Hilfe des Schichtenmodells einer dreidimensionalen Baumstruktur wird die hierarchische Projektstruktur (z.B. eine Erzeugnisstruktur, ein Produkt) abgebildet, wobei den Elementen der Baumstruktur jeweils die erforderlichen Tätigkeiten als Verrichtungen (z.B. Bauteil B kontrollieren) oder als Funktionen (z.B. Kontrolle, siehe Abbildung 3.1-9) direkt zugeordnet werden.

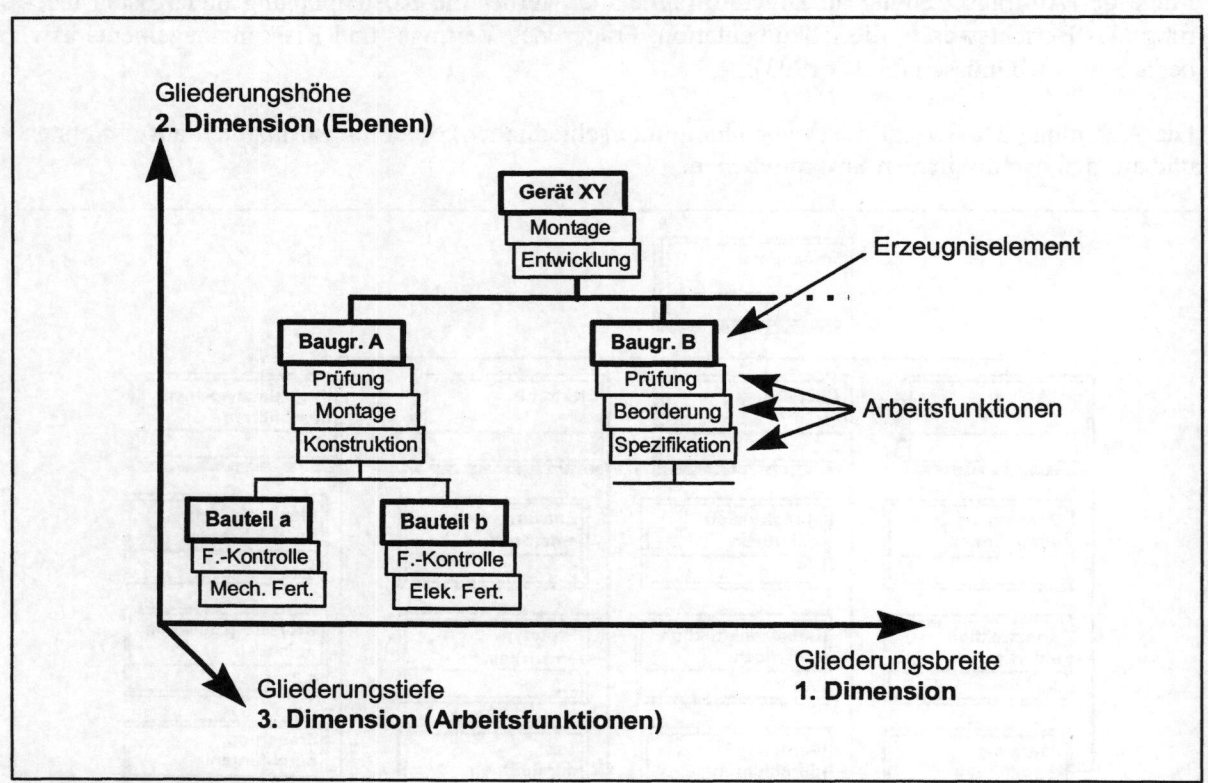

Abbildung 3.1-9: Schichtenmodell einer dreidimensionalen Baumstruktur

3.1.3.3 Codierung

3.1.3.3.1 Darstellungsformen und Code-Strukturen

Grundlegend für die Verwendung eines Projektstrukturplans ist die saubere Ausfertigung. Der PSP dient nicht nur zur Projektplanung, sondern ist auch als Kommunikationsmedium geeignet. Die Darstellung eines Projektstrukturplans kann in drei verschiedenen Formen geschehen (siehe hierzu Abbildung 3.1-10).

Strukturdarstellung

- Abbildung der Struktur in Form einer horizontalen oder vertikalen Baumstruktur (graphisch)

- Abbildung der Struktur durch Einrückungen in einer Aufgabenliste (halbgraphisch, textstrukturiert)

- Beschreibung der Struktur durch Zuordnung von entsprechenden Schlüsseln (tabellarisch codiert)

Graphische Darstellung

- Fotoapparat herstellen
  - 1 Optik herstellen
    - 1.1 Gehäuse herstellen
    - 1.2 Linsen herstellen
  - 2 Mechanik herstellen
    - 2.1 Gehäuse herstellen
    - 2.2 Filmtransport herstellen
    - 2.3 Blende/Verschluß herstellen
  - 3 Elektronik herstellen
    - 3.1 Platine herstellen
    - 3.2 Leitungen herstellen
    - 3.3 Kontakte herstellen

Halbgraphische Darstellung

Fotoapparat herstellen
- **Optik herstellen**
  - Gehäuse herstellen
  - Linsen herstellen
- **Mechanik herstellen**
  - Gehäuse herstellen
  - Filmtransport herstellen
  - Blende/Verschluß herstellen
- **Elektronik herstellen**
  - Platine herstellen
  - Leitungen herstellen
  - Kontakte herstellen

Tabellarische Darstellung

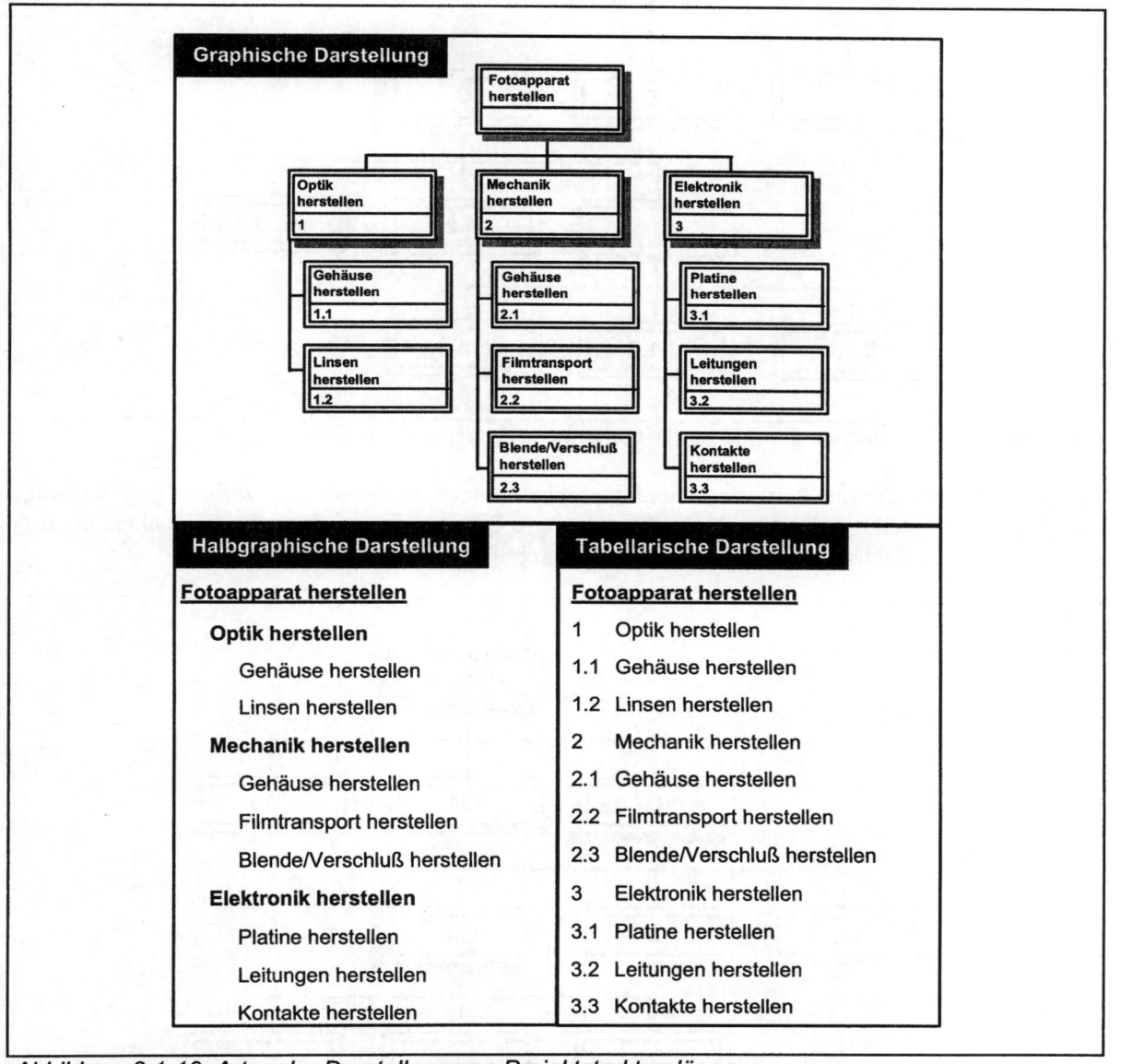

Fotoapparat herstellen
Code	Aufgabe
1	Optik herstellen
1.1	Gehäuse herstellen
1.2	Linsen herstellen
2	Mechanik herstellen
2.1	Gehäuse herstellen
2.2	Filmtransport herstellen
2.3	Blende/Verschluß herstellen
3	Elektronik herstellen
3.1	Platine herstellen
3.2	Leitungen herstellen
3.3	Kontakte herstellen

Abbildung 3.1-10: Arten der Darstellung von Projektstrukturplänen

Für die Kennzeichnung und spätere Identifizierung von Teilaufgaben und Arbeitspaketen ist es sehr nützlich, diese neben der graphischen Darstellung mit einem Projektcode zu versehen. Auf der

Basis dieses Projektcodes können EDV-gestützt Abfragen nach verschiedenen Kriterien (z.B. Leistungen, Terminen, Einsatzmitteln und Kosten) erzeugt werden. Hier werden von den am Markt erhältlichen Projektmanagement-Softwaresystemen eine Vielzahl von Funktionen für die Numerierung und Abfragen der Projektdaten angeboten.

Jedes Strukturelement des PSP muß zur Bearbeitung eindeutig durch einen identifizierenden oder klassifizierenden Schlüssel ansprechbar sein.

3.1.3.3.2 Identifizierende Codierung

Schlüsselarten Grundsätzlich lassen sich die Schlüsselarten in eine **rein numerische, rein alphabetische und gemischt alpha-numerische Codierung** (Abbildung 3.1-11) unterscheiden.

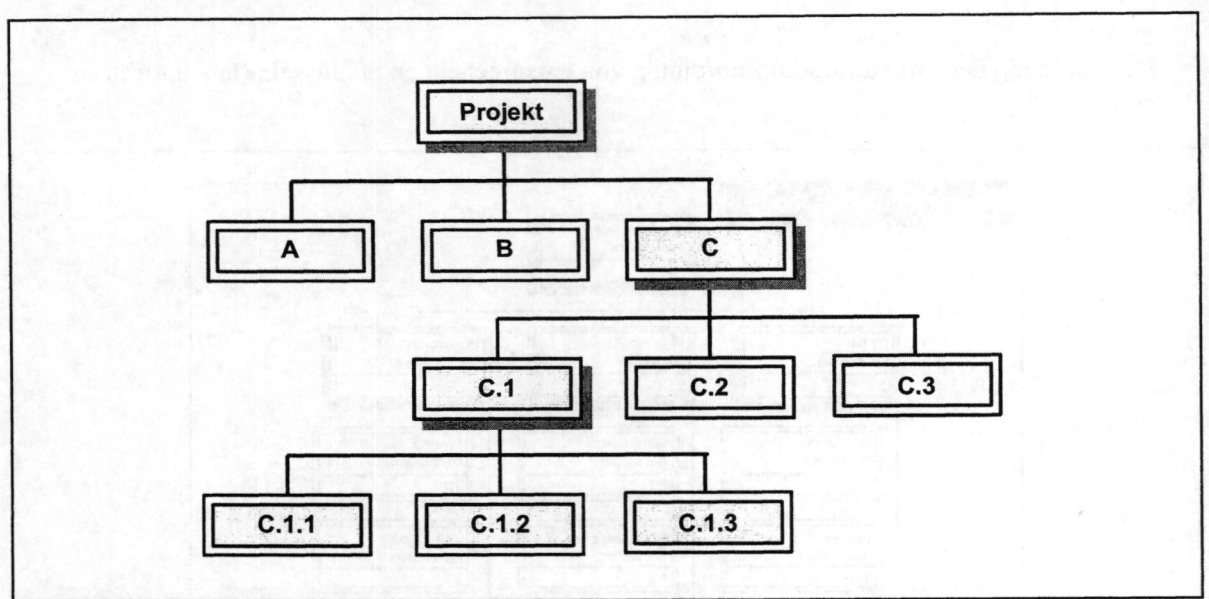

Abbildung 3.1-11: Beispiel für eine alpha-numerische Codierung mit Separatoren

In der Praxis sind die rein numerische und die alpha-numerische Gliederung vorherrschend. Häufig beschränkt man sich mit der Anzahl der Elemente pro Ebene auf neun Elemente, so daß ein einziffriger Code (dekadische Codierung) pro Ebene entsteht (Abbildung 3.1-12).

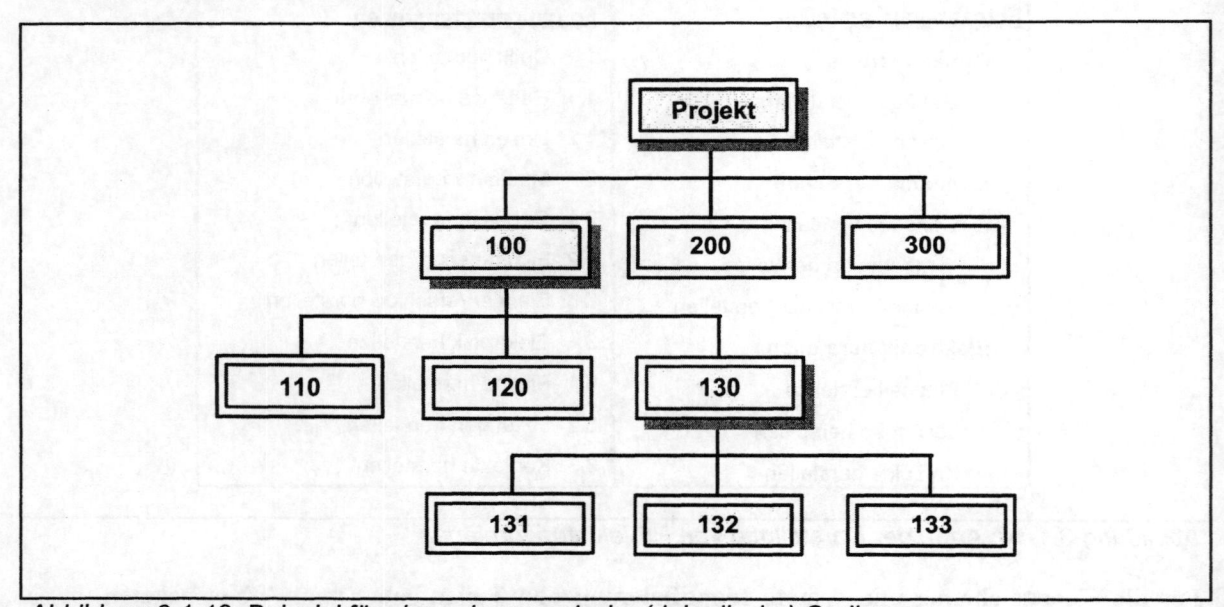

Abbildung 3.1-12: Beispiel für eine rein numerische (dekadische) Codierung

3.1 Projektstrukturierung

Bei der dekadischen Codierung gibt die Anzahl der Ziffern ungleich Null den Hinweis auf die Einordnung des PSP-Elements in der PSP-Hierarchie. Separatoren sind in diesem Fall wegen der Eindeutigkeit des Nummernschlüssels nicht erforderlich. Diese Art der Codierung eignet sich gut für große PSP, da sich jeweils drei Ebenen auf einem DIN A4 Blatt übersichtlich darstellen lassen und man so ein handliches PSP-Heft aufbaut, dessen Seitenfolge sich aus der Baumstruktur ergibt.

3.1.3.3.3 Klassifizierende Codierung

Projektcodes können neben ihrer zuordnenden Funktion von Elementen zum Strukturplan auch als Klassifizierungsinstrument für wesentliche Eigenschaften der Strukturelemente wie Zugehörigkeit zu einer Phase oder Abteilung, Auftragsvergabe, Systembestandteil oder Baugruppenzugehörigkeit, Kostenträgerzuordnung, Vertragselement etc. genutzt werden. Ergänzt wird der klassifizierende Schlüssel dann um eine laufende Arbeitspaketnummer (siehe Abbildung 3.1-13). Die Klassifikation kann z.B. an der Projektkennung, an Projektphasen, Teilprojekten und Meilensteinen, verantwortlichen Stellen oder Unterauftragnehmern orientiert sein. Eine systemorientierte Klassifikation stellt den Projektgegenstand, seine Entwicklungs- und Lebensphasen, Systembestandteile oder Änderungszustände dar (vgl. hierzu auch REFA 1991).

Klassifizierende Codierung

```
Alpha-numerischer Projektstruktur-Code

M343 - 112 - MOT - 36 - MT
                         └─ Firmenkennzeichen
                    └──── Arbeitspaket-Nummer
              └────────── Bauteil
        └──────────────── System/Subsystem/Funktion
  └────────────────────── Projektkennzeichen
```

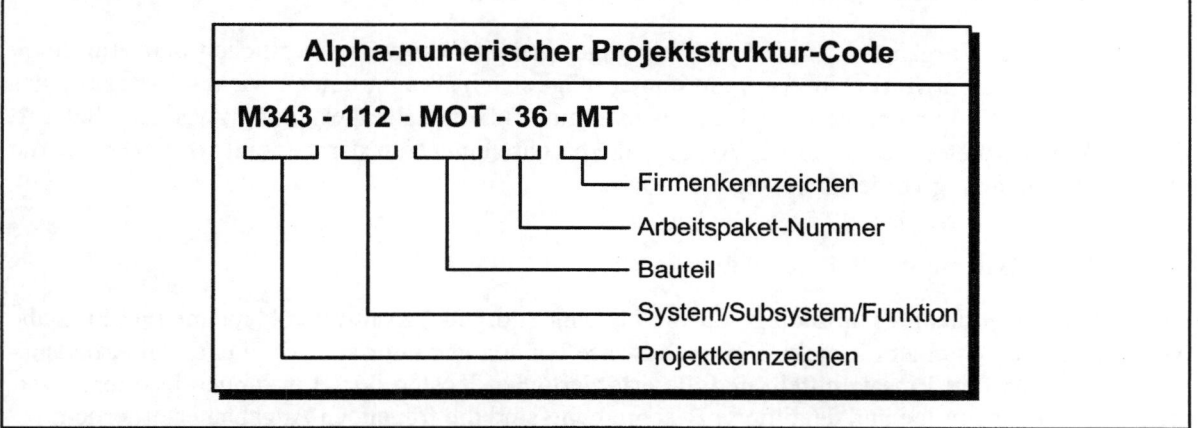

Abbildung 3.1-13: Beispiel für einen klassifizierenden Code

In Organisationen, die häufig Projekte bearbeiten, haben sich meist **Standardcodierungen** herausgebildet, die zweckmäßigerweise übernommen und nur bei Bedarf verändert werden sollen. Diese unterstützen eine einheitliche Projektabwicklung und erleichtern allen Projektbeteiligten innerhalb und außerhalb der Organisation die Orientierung.

3.1.3.4 Zweck und Beschreibung von Arbeitspaketen

3.1.3.4.1 Zweck

Ein **Arbeitspaket** stellt die kleinste Gliederungseinheit in einem Projektstrukturplan dar und beschreibt eine klar definierte Aufgabe (Leistung) eines Projektes. Die **Arbeitspaketbeschreibung** gibt an, welche Aktivitäten auszuführen und welche Ergebnisse zu welchem Zeitpunkt zu erzielen sind, aber nicht, wie die Aufgabe durchgeführt wird. Das Arbeitspaket muß in sich geschlossen sein und über klare Abgrenzungen zu anderen AP verfügen. Ein Arbeitspaket sollte möglichst komplett von einer Organisationseinheit, einer Arbeitsgruppe oder einem Einzelnen ausgeführt werden können, um eine eindeutige Verantwortungszuordnung zu erreichen. Weiter ist zu fordern, daß der verantwortlichen Stelle oder Person ein ausreichender Handlungsspielraum zugestanden wird, damit die Aktivitäten eigenverantwortlich und unter Ausnützung von Selbstorganisationsprozessen durchgeführt werden können.

Zweck von Arbeitspaketen

Die Vorteile der Bildung von Arbeitspaketen für die Projektabwicklung sind (PLATZ 1989):

- Überschaubarkeit und Planbarkeit des Arbeitsvolumens
- Unterstützung der Aufwandsschätzung
- Erhöhung der Projekttransparenz
- Sichtbarmachung des Projektfortschritts
- Vergabe von Arbeitspaketen im Zuge der Beauftragung

Die Menge aller Arbeitspakete im Projektstrukturplan bildet die Basis für die Ablauf- und Terminplanung eines Projektes. Hierzu werden aus den geforderten Aufgaben und Ergebnissen Vorgänge und Meilensteine abgeleitet und damit ein Projektablauf- und -terminplan entwickelt (siehe Kapitel 3.2). Bei der Bildung der Vorgänge sind die folgenden Varianten möglich:

- ein Arbeitspaket entspricht einem Vorgang
- ein Arbeitspaket beinhaltet mehrere Vorgänge
- mehrere Arbeitspakete werden zu einem Vorgang zusammengefaßt

Die Bildung der Vorgänge ist von dem zuständigen Arbeitspaketverantwortlichen durchzuführen, der diese eigenverantwortlich und - wenn immer möglich - in Teamarbeit entwickelt (Selbstorganisation). Alternativ können die Vorgänge für eine gute Schnittstellengestaltung zwischen den einzelnen Arbeitspaketen bereits in der Arbeitspaketbeschreibung von dem Verantwortlichen für die Projektablaufplanung vordefiniert werden.

3.1.3.4.2 Aufbau einer AP-Beschreibung

Aufbau von Arbeitspaketen

Das Arbeitspaket dient als Grundlage für die Planung, Vorgabe, Kontrolle, Abnahme und Freigabe von Ergebnissen in einem Projekt. Sinnvollerweise können auch nur auf der Ebene von Arbeitspaketen der Bedarf an Einsatzmitteln und die erforderlichen Kosten oder Leistungen bestimmt werden. Für eine eindeutige und detaillierte Beschreibung sind die folgenden Angaben erforderlich:

- Projektname
- Bezeichnung/Nummer des Arbeitspaketes (Code)
- verantwortliche Stelle oder Person
- Ziele oder Leistungsumfang
- Aufgaben und Termine
- Ergebnisse
- benötigte Einsatzmittel
- Schnittstellen
- Kosten/Leistung
- Ausgaben/Einnahmen

ergänzend:

- Statusinformationen (z.B. geplant, freigegeben, abgenommen)
- sonstige Informationen

Der Aufbau einer AP-Beschreibung kann individuell gestaltet werden. Ein typisches Beispiel zeigt Abbildung 3.1-14.

ARBEITSPAKET- BESCHREIBUNG		Blatt ....von ...
Arbeitspaket-Titel		PSP-Nr.
Teilprojekt / Projektname	Projekt-Nr.	Datum
Ziele- / Leistungsbeschreibung		Verantwortlich .... Auftraggeber .... Start .... Ende ....
Ergebnisse/Ergebniserwartung		
Schnittstellen		
Aktivitäten / Termine		
Voraussetzungen (Einsatzmittel, Dokumente etc.)		
Aufwand .... Kosten	Leistung	Anlagen	Sonstiges ....

Abbildung 3.1-14: Formular für die Arbeitspaketbeschreibung

3.1.4 Vorgehensweise zum Aufbau eines Projektstrukturplans

Bei der Erstellung von Projektstrukturplänen hat sich Teamarbeit bewährt. Dadurch werden die benötigten Know-how-Träger aktiv eingebunden und die Verbindlichkeit der Projektstrukturen für die Projektbeteiligten durch deren Mitarbeit erhöht. Somit strukturiert das Projektteam sein eigenes Projekt und entwickelt eine gemeinsame Sichtweise. Zum Aufbau des Projektstrukturplans sollten im Team neben den direkten Projektmitarbeitern alle betroffenen Fachabteilungen und wenn möglich auch der Projektauftraggeber vertreten sein.

Für die Projektstrukturierung in Teamarbeit und somit zur Erstellung eines Projektstrukturplans empfiehlt es sich, die in den letzten etwa zwanzig Jahren entwickelten Regeln zur Kommunikation in Gruppen und zur Moderation von Gruppenarbeit zu nutzen (siehe u.a. Kapitel 2.2, 2.4, 2.9). Wenn möglich, sollte ein externer Moderator für die Moderation der Workshops zur Zieldefinition, zur Definition der Gesamtaufgabe sowie zur Ableitung der Teilaufgaben und Arbeitspaketen herangezogen werden.

Vorgehensschritte

Die hier empfohlene Vorgehensweise (Abbildung 3.1-15) für die Erarbeitung eines Projektstrukturplans hat sich in der Praxis bewährt. Wichtig sind die gemeinsame Erarbeitung im Team und die Verwendung geeigneter Moderations- und Visualisierungstechniken. Der Projektstrukturplan sollte in Form einer Baumstruktur und einer begleitenden Beschreibung dokumentiert werden.

Erstellung eines Projektstrukturplans

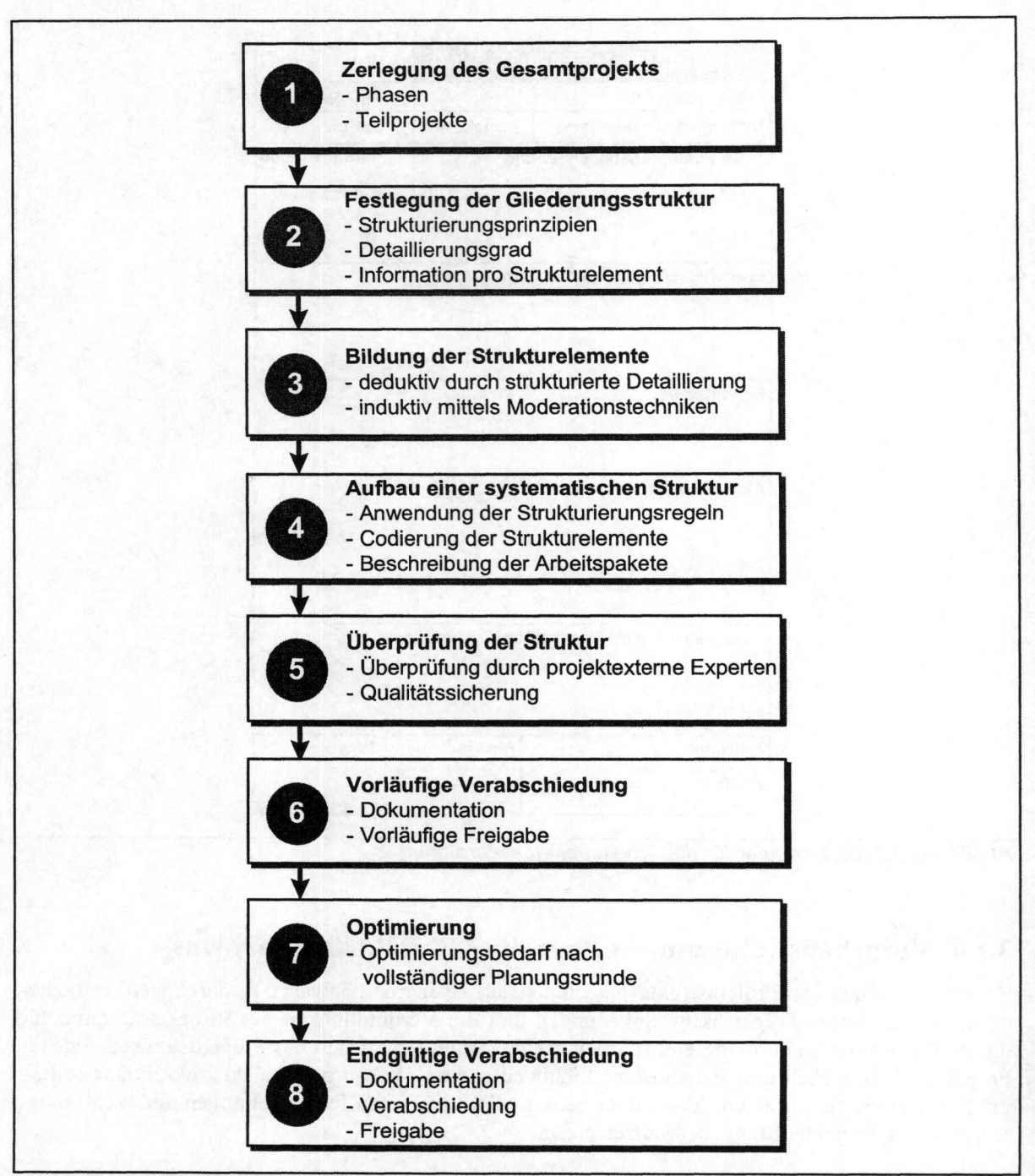

```
┌─────────────────────────────────────────────────────┐
│         ┌──┐  ┌──────────────────────────────────┐  │
│         │1 │  │ Zerlegung des Gesamtprojekts     │  │
│         └──┘  │ - Phasen                         │  │
│               │ - Teilprojekte                   │  │
│               └──────────────────────────────────┘  │
│                          │                          │
│                          ▼                          │
│         ┌──┐  ┌──────────────────────────────────┐  │
│         │2 │  │ Festlegung der Gliederungsstruktur│ │
│         └──┘  │ - Strukturierungsprinzipien      │  │
│               │ - Detaillierungsgrad             │  │
│               │ - Information pro Strukturelement│  │
│               └──────────────────────────────────┘  │
│                          │                          │
│                          ▼                          │
│         ┌──┐  ┌──────────────────────────────────┐  │
│         │3 │  │ Bildung der Strukturelemente     │  │
│         └──┘  │ - deduktiv durch strukturierte Detaillierung │
│               │ - induktiv mittels Moderationstechniken │
│               └──────────────────────────────────┘  │
│                          │                          │
│                          ▼                          │
│         ┌──┐  ┌──────────────────────────────────┐  │
│         │4 │  │ Aufbau einer systematischen Struktur │
│         └──┘  │ - Anwendung der Strukturierungsregeln │
│               │ - Codierung der Strukturelemente │  │
│               │ - Beschreibung der Arbeitspakete │  │
│               └──────────────────────────────────┘  │
│                          │                          │
│                          ▼                          │
│         ┌──┐  ┌──────────────────────────────────┐  │
│         │5 │  │ Überprüfung der Struktur         │  │
│         └──┘  │ - Überprüfung durch projektexterne Experten │
│               │ - Qualitätssicherung             │  │
│               └──────────────────────────────────┘  │
│                          │                          │
│                          ▼                          │
│         ┌──┐  ┌──────────────────────────────────┐  │
│         │6 │  │ Vorläufige Verabschiedung        │  │
│         └──┘  │ - Dokumentation                  │  │
│               │ - Vorläufige Freigabe            │  │
│               └──────────────────────────────────┘  │
│                          │                          │
│                          ▼                          │
│         ┌──┐  ┌──────────────────────────────────┐  │
│         │7 │  │ Optimierung                      │  │
│         └──┘  │ - Optimierungsbedarf nach        │  │
│               │   vollständiger Planungsrunde    │  │
│               └──────────────────────────────────┘  │
│                          │                          │
│                          ▼                          │
│         ┌──┐  ┌──────────────────────────────────┐  │
│         │8 │  │ Endgültige Verabschiedung        │  │
│         └──┘  │ - Dokumentation                  │  │
│               │ - Verabschiedung                 │  │
│               │ - Freigabe                       │  │
│               └──────────────────────────────────┘  │
└─────────────────────────────────────────────────────┘
```

Abbildung 3.1-15: Vorgehensschritte zur Erarbeitung eines Projektstrukturplans

Ausgangspunkt der Projektstrukturierung ist eine vorliegende Projektdefinition mit Projektname, Beschreibung der Ausgangssituation, Zieldefinition, zeitlicher und kostenmäßiger Abgrenzung sowie der Definition kritischer Erfolgsfaktoren. Liegt eine derartige Definition nicht oder nur in Teilen vor, so ist der Projektstrukturierung eine Zielkonkretisierung bzw. Zieldefinition vorzuschalten.

Zerlegung der Gesamtaufgabe

Zunächst empfiehlt es sich, das Projekt in einzelne, überschaubare Abschnitte oder Bereiche wie z.B. Phasen, Teilprojekte etc. zu unterteilen. Anhaltspunkte hierfür können z.B. eine lange Projektdauer, ein umfangreiches Produkt oder eine geographische Aufteilung der Projektbearbeitung sein. Der Bedarf für eine Zerlegung ist sehr stark von der Projektart und dem Projektinhalt abhängig. Im Zweifelsfall sollte man sich an bereits abgeschlossenen oder in Bearbeitung befindlichen Projekten orientieren. Bei Vorhandensein von Standardstrukturplänen sollten diese verwendet werden, da hier bereits eine Menge an Projekterfahrung eingeflossen ist. Teilweise wird die Verwendung vorliegender Projektstrukturen durch Berufsverband- oder Ausschreibungsrichtlinien oder eine unternehmensinterne Standardisierung vorgeschrieben.

Hierbei ist von besonderer Bedeutung, daß bei der Zerlegung der Gesamtaufgabe, des Gesamtprojekts in Teilaufgaben und Teilprojekte (und deren Gliederung in weitere Teilaufgaben usw.) alle im Rahmen des jeweiligen Projektes erforderlichen Tätigkeiten berücksichtigt werden. Eine Orientierung anhand von Abbildung 3.1-16 kann hierbei hilfreich sein.

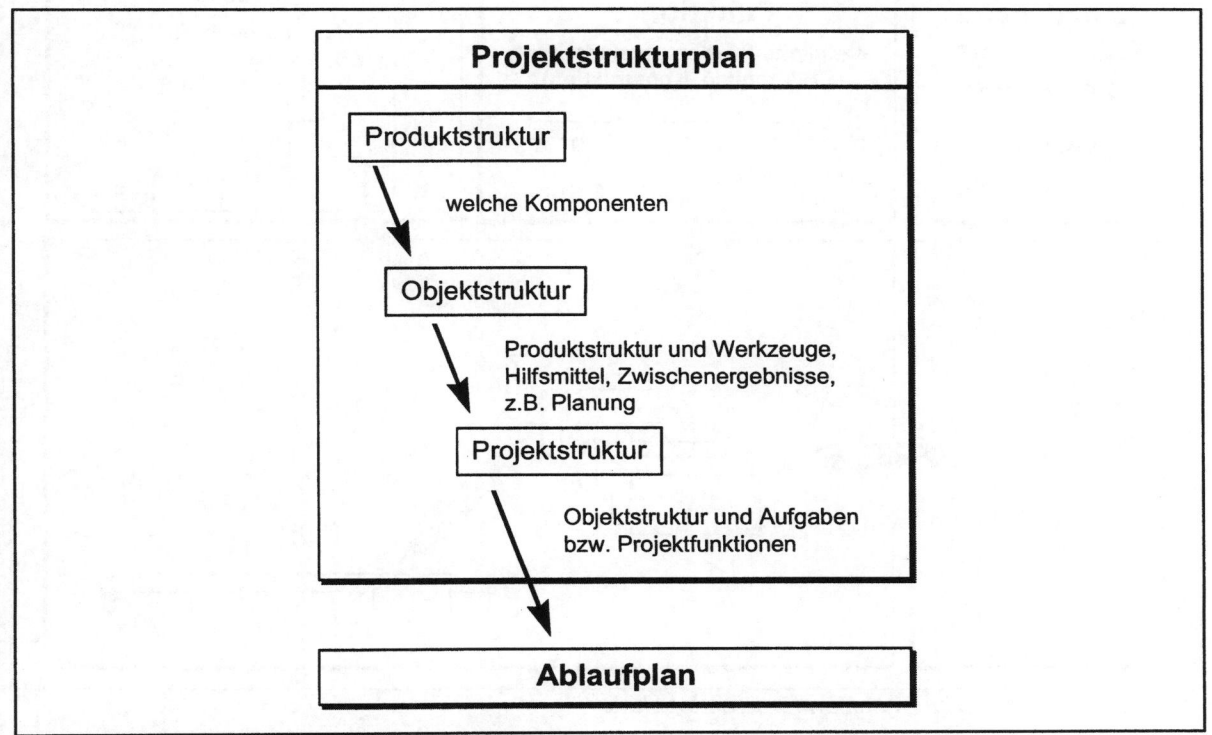

Abbildung 3.1-16: Zerlegung der Gesamtaufgabe

Festlegung der Gliederungsstruktur

Für den Projektstrukturplan sind in diesem Schritt die horizontalen und vertikalen Strukturierungsregeln je Strukturierungsebene, der Detaillierungsgrad des Plans sowie die Daten je Strukturelement festzulegen. In der Regel werden in einem Strukturplan verschiedene Strukturierungsregeln angewandt - jedoch sollten die Regeln nicht zu häufig gewechselt werden. Beispiele für horizontale Strukturierungsregeln sind die Aufteilung nach Objekten für die erste Ebene und die Aufteilung nach Funktionen in der zweiten Ebene. Die Detaillierung sollte nur soweit vorangetrieben werden, bis sich plan- und kontrollierbare Arbeitspakete ergeben. Wichtige Daten für ein Strukturelement sind der Name, der Projektstrukturplancode, gegebenenfalls Zeitangaben und Angaben zu Arbeitspaketverantwortlichen.

Bildung der erforderlichen Strukturelemente (Teilprojekte, Teilaufgaben, Arbeitspakete)

Für diesen Schritt können zwei verschiedene Ansätze zum Einsatz kommen:

- ein **deduktives** Vorgehen („aus dem allgemeinen folgernd"; zunehmende Detaillierung von oben nach unten; Top-Down-Ansatz)
- ein **induktives** Vorgehen („vom Einzelfall auf das Allgemeine schließend"; zunehmende Gruppenbildung von unten nach oben; Bottom-up-Ansatz).

Die Entscheidung für einen dieser Ansätze wird durch den Projektinhalt und die Genauigkeit der Projektzieldefinition bestimmt. Die deduktive Vorgehensweise eignet sich besser für die Planung von überschaubaren Aufgaben sowie für die Kontrolle bereits vorliegender Pläne. Ein induktives Vorgehen bietet mehr Freiraum für Kreativität und Teamentwicklung und sollte bei neuen Aufgabenstellungen eingesetzt werden. In der Praxis hat sich die Kombination beider Vorgehensweisen bewährt, wobei eine Unterstützung durch Brainstorming genutzt werden sollte. Gesichtspunkte für die Festlegung der Arbeitspakete zeigt Abbildung 3.1-17.

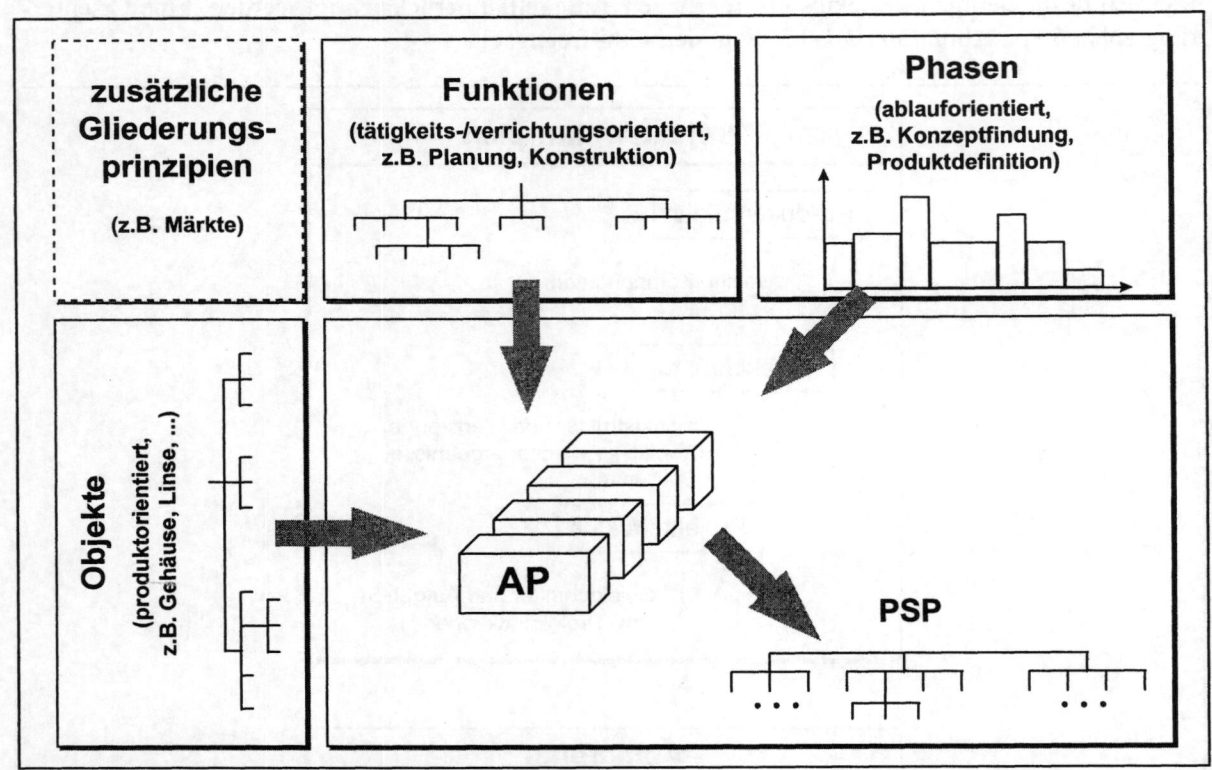

Abbildung 3.1-17: Bildungshilfen für Arbeitspakete

Aufbau einer systematischen Struktur

Mit Hilfe der vorliegenden Elemente wird unter Berücksichtigung der Strukturierungsprinzipien durch Gruppierung der einzelnen Elemente eine systematische Struktur des Projektstrukturplans gebildet. Gegebenenfalls muß die Gruppierung mehrere Male umgestellt werden, bis der Projektstrukturplan einen stimmigen Gesamteindruck aufweist. Für diesen Schritt empfiehlt es sich, mit Hilfe von Visualisierungsmitteln die einzelnen Strukturelemente für das Projektteam sichtbar zu präsentieren (z.B. Kartentechnik) und gemeinsam eine Struktur zu erarbeiten. Nach der Erzeugung des Projektstrukturplans werden die einzelnen Elemente mit einer Codierung versehen und die Arbeitspaketbeschreibungen angefertigt.

Deduktive Überprüfung der Struktur

Der nun vorliegende Projektstrukturplan kann ggf. unter Einbeziehung projektexterner Experten deduktiv auf Vollständigkeit und Homogenität überprüft werden. Zusätzlich sollte eine Qualitätssicherung des Projektstrukturplans durch die Anwendung bestehender Richtlinien und Verfahrensanweisungen (z.B. Qualitätsprüfungen) des unternehmensinternen Qualitätsmanagements durchgeführt werden.

Vorläufige Verabschiedung

Die vorliegenden Ergebnisse sind zu dokumentieren. Wurde beim Erreichen dieses Schrittes bereits eine vollständige Projektplanungsrunde durchlaufen, so kann mit Schritt 8 fortgefahren werden. Dient der Projektstrukturplan als vorläufige Arbeitsgrundlage, so ist er zu verabschieden und freizugeben, bis die Projektplanung abgeschlossen ist. Erst dann liegt eine endgültige Version vor.

Optimierung

Häufig ergeben sich durch die Planung von Abläufen, Terminen, Kosten, Einsatzmitteln usw. ein vertieftes Projektverständnis und Lernerfahrungen, die in den Projektstrukturplan einfließen sollten. So kann das Durchlaufen der einzelnen Projektplanungsschritte eine Optimierung des Projektstrukturplans hinsichtlich der Anordnung der Strukturelemente und der Arbeitspaketbeschreibungen notwendig werden lassen. Diese Änderungen sind erneut zu dokumentieren.

Endgültige Verabschiedung

Der Projektstrukturplan sollte offiziell vom Projektleiter und von internen und externen Projektauftraggebern genehmigt und in Kraft gesetzt werden.

Da das Projektgeschehen eine Modifikation des Projektstrukturplans erforderlich machen kann, sollte eine Änderungsprozedur festgelegt werden, damit immer ein eindeutiger Projektstrukturplan zur Verfügung steht (siehe Kapitel 4.4).

Zusammenfassende Hinweise:

- Für größere Projekte und Projekte mit langen Laufzeiten sollten Teilprojekte, Projektabschnitte oder Phasen gebildet und hierfür im Sinne einer realistischeren Planung eigene Strukturpläne aufgestellt werden.

- Die Gliederung eines Projektes sollte so detailliert vorgenommen werden, bis plan- und kontrollierbare Einheiten, d.h. Arbeitspakete, entstehen, die einer organisatorischen Stelle (Arbeitsgruppe, Fachabteilung oder externer Auftragnehmer) insgesamt voll verantwortlich zur Realisierung übergeben werden können.

- Arbeitspakete sollten hinsichtlich der Leistungserbringung, der Termine, der benötigten Einsatzmittel sowie der Kosten verfolgbar sein. D.h. die Ergebnisse von Teilaufgaben und Arbeitspaketen sollten so formuliert sein, daß bei deren Abschluß ein klar faßbares und überprüfbares Arbeitsergebnis vorliegt. Weiter sollte der Zeitbedarf je Arbeitspaket im Vergleich zur Projektbearbeitungszeit so gering sein, daß vom Projektmanagement noch eine wirkungsvolle Steuerung erfolgen kann; ebenso sollte das Kostenvolumen jedes Arbeitspaketes im Verhältnis zu den Projektgesamtkosten relativ gering sein.

- Für den Projektstrukturplan einer frühen Phase (z.B. Vorstudie, Marktuntersuchung, Konzeptfindung) eignet sich eher eine funktionsorientierte Gliederung. In späteren Phasen (z.B. Konstruktion) ist es dagegen oftmals besser, die Teilaufgaben auf höheren Strukturebenen objektorientiert zu gliedern und erst auf tieferen Ebenen funktionsorientiert zu strukturieren.

- Eine zu feine Detaillierung des Projektgegenstandes verringert die Übersichtlichkeit und verschlechtert das Kosten-Nutzen-Verhältnis der Projektplanung.

- Für die Durchführung der Projektstrukturierung ist der Einsatz von Teamarbeit besonders wichtig, da die gemeinsame Konstruktion vor allem für die Projektverantwortlichen eine wichtige Basis für das spätere Handeln aller Beteiligten im Rahmen des Projektes darstellt.

3.1.5 Verwendung von Standardstrukturplänen

Standardi-
sierung

Bei häufiger Projektdurchführung bietet es sich an, die bestehenden Erfahrungen und Ergebnisse zu generalisieren und zu standardisieren. Dieses gilt insbesondere für Projektstrukturpläne, für die sich bewährte Strukturen als Ausgangsbasis für neue Projekte verwenden lassen. Somit wird eine Vereinheitlichung erzielt, um Vergleiche und Bewertungen durchführen zu können. Die Entwicklung von Standards kann sich an vorgegebenen Regel- und Normwerken, Phasengliederungen, spezifischen Produktstrukturen, Unternehmensstandards etc. orientieren. In der Form von Checklisten oder Vorlagedateien können die Standardpläne auch EDV-gestützt angeboten werden.

Allerdings birgt die Verwendung von Standardstrukturplänen auch eine gewisse Gefahr. Bei neuartigen und einmaligen Projekten können wesentliche Probleme übersehen und zusätzlich erforderliche Arbeitspakete vergessen werden. Weiter kann eine zu rigide Standardisierung die Kreativität und Motivation der Projektbeteiligten beeinträchtigen. Insofern ist es wichtig, Standardstrukturpläne über mehrere Stufen durch das Aufstellen von Richtlinien, Referenzmodellen und Baukastenstrukturen zu entwickeln (Hirzel 1989). Vorgegebene Standardstrukturpläne sind immer wieder auf ihre Nützlichkeit zu überprüfen und durch projektexterne Beschreibungen auf ihre Angemessenheit zu hinterfragen.

Zum Schluß noch zwei Hinweise für die praktische Arbeit:

- Unabhängig von der gewählten Gliederungsstruktur (objekt-, funktions-, phasen- oder anders orientiert) sollte jeder PSP ein Element „Projektmanagement"
  in der zweiten Ebene enthalten, welches dann weiter zu untergliedern wäre.
  Damit wird gesichert, daß der Aufwand für das Projektmanagement nicht vergessen wird.

- Abgesehen von betriebsbedingten Regelungen sollte der Projektleiter bzw. das Projektteam die Gliederung im PSP so gestalten, daß es damit leben und arbeiten und vor allem kommunizieren kann.
  Es gibt keine „Projektstruktur an sich".

Zusammenfassung

Die Projektstrukturierung ist nach der Vorlage und Konkretisierung der Projektzieldefinition der erste wichtige Schritt einer Projektplanung. Das Resultat, der Projektstrukturplan, ist eine Gliederung der Gesamtaufgabe in plan- und kontrollierbare Teilaufgaben, die bis auf die untere Ebene als Arbeitspakete detailliert beschrieben werden können. Letztere bilden dann die Planungsgrundlage von Ablauf, Aufwand, Terminen, Einsatzmitteln, Kosten und Qualität eines Projektes. Gleichermaßen ist der Projektstrukturplan als Referenzdokument für die Projektsteuerung einzusetzen.

Der Aufbau eines Projektstrukturplans muß jeweils zu Beginn der Projektstrukturierung festgelegt werden. Hierzu werden horizontale und vertikale Strukturierungsregeln für die einzelnen Strukturebenen definiert. Die Art der Strukturierung wird dabei maßgeblich durch die Ausprägung von Projektinhalt, Projektgröße und -dauer sowie Komplexität und Selbstreferentialität eines Projektes bestimmt. In der Praxis orientiert sich die Gliederung meist an Produktkomponenten, Phasen oder Projektfunktionen. Bewährt hat sich eine gemischtorientierte Gliederung.

Die eindeutige Zuordnung einzelner Strukturelemente im Projektstrukturplan wird neben einer graphischen Darstellung durch die Verwendung einer numerischen oder alpha-numerischen Codierung unterstützt. Der Einsatz eines alpha-numerischen Schlüssels erhöht die Überschaubarkeit bei komplexen Projektstrukturen und kann zusätzlich als Klassifizierungsinstrument für wesentliche Eigenschaften der Strukturelemente genutzt werden.

Die Entwicklung eines Projektstrukturplans läuft in der Praxis in mehreren Schritten ab. Ausgehend von einer ersten Zerlegung des Projektgegenstandes in überschaubare Bereiche wird zunächst die Gliederungsstruktur festgelegt, wobei auf vorliegende Erfahrungen und Standardstrukturpläne zurückzugreifen ist. Anschließend werden in einem deduktiven oder induktiven Vorgehen die erforderlichen Strukturelemente gebildet und systematisch angeordnet. Nach einer zusätzlichen Überprüfung der Struktur und der Durchführung aller wesentlichen Projektplanungsschritte kann gegebenenfalls eine Optimierung des Projektstrukturplans erfolgen. Abschließend wird der Projektstrukturplan offiziell verabschiedet.

Die Durchführung der Projektstrukturierung sollte in Teamarbeit von Vertretern aller relevanten Gruppen für das Projekt erfolgen und stets das Kosten-Nutzen-Verhältnis der Projektplanung im Visier haben.

Literaturverzeichnis

Deutsches Institut für Normung e.V. (Hrsg.): DIN 69900; DIN 69901; DIN 69902; DIN V ENV 26385. Berlin: Beuth Verlag, 1987

HOEHNE, J.: Projektstrukturpläne. In: RKW; GPM (Hrsg.). Projektmanagement Fachmann. 2. Aufl. Eschborn: Rationalisierungs-Kuratorium der Deutschen Wirtschaft, 1994, S. 151-217

HEEG, F.J.: Projektmanagement. Grundlagen der Planung und Steuerung von betrieblichen Problemlöseprozessen. REFA, Verband für Arbeitsstudien und Betriebsorganisation e.V. 2. Aufl. München, Wien: Hanser, 1993

HIRZEL, M.: Standardisierung von Projektstrukturplänen. In: Reschke, Hasso (Hrsg.). Symposium Projektstrukturierung. Köln: TÜV Rheinland, 1989, S. 89-94

MADAUSS, B.: Handbuch Projektmanagement. 5. Aufl. Stuttgart: Schäffer-Poeschel, 1994

PATZAK, G.; Rattay, G.: Projekt Management. Leitfaden zum Management von Projekten, Projektportfolios und projektorientierten Unternehmen. Wien: Linde, 1996

PEYLO, E.: Mehrdimensionale graphische Darstellung projektbezogener Sachverhalte des Entstehungsvorgangs innovativer Erzeugnisse. In: Schulz, Armin (Hrsg.). Projektmanagement-Forum '96. München: GPM, 1996, S. 449-462

PLATZ, J.: Produkt- und Projektstrukturpläne als Basis der Projektplanung. In: Reschke, Hasso; Schelle, Heinz; Schnopp, Reinhardt (Hrsg.). Handbuch Projektmanagement. Band 1. Köln: Verlag TÜV Rheinland, 1989, S. 229-259

PLATZ, J.; Schmelzer, H.: Projektmanagement in der industriellen Praxis. Berlin: Springer, 1986

REFA, Verband für Arbeitsstudien und Betriebsorganisation e.V.: Planung und Steuerung, Teil 1. Methodenlehre der Betriebsorganisation. München: Hanser, 1991

RESCHKE, H.: Projektstrukturierung. Thematische Einführung. In: Reschke, Hasso (Hrsg.). Symposium Projektstrukturierung. Köln: Verlag TÜV Rheinland, 1989, S. 1-8

Weiterführende Literatur

DAENZER, W. F.; Huber, F.: Systems Engineering. Methodik und Praxis. 8. Aufl. Zürich: 1994

HEEG, F. J.; Meyer-Dohm, P. (Hrsg.): Methoden der Organisationsgestaltung und Personalentwicklung. München, Wien: Hanser, 1994

Autorenportrait

Professor Dr.-Ing. Franz Josef Heeg

Universitätsprofessor Dr.-Ing., Jahrgang 1950. 1971 bis 1978 Studium des Chemieingenieurwesens, der Chemie und der Betriebswirtschaft (daneben Tätigkeiten in Unternehmen, berufsbildenden Schulen und Instituten). 1978-1986 zunächst Tätigkeit als wissenschaftlicher Mitarbeiter, danach Oberingenieur (Promotion und Habilitation), 1986-1988 leitender Angestellter in Industrieunternehmen (Technische Organisation und Personalentwicklung), 1989-1992 Tätigkeiten im Bereich der Unternehmensberatung. Seit WS 1992/93 Inhaber des Lehrstuhls für Produktionstechnik, Aufgabengebiet Arbeitswissenschaft der Universität Bremen, seit 1994 Leiter des Bremer Instituts für Betriebstechnik und angewandte Arbeitswissenschaft an der Universität Bremen (BIBA). Seit 1996 Leiter des Steinbeis Transferzentrums für innovative Systemgestaltung und personale Kompetenzentwicklung an der Universität Bremen.

Schwerpunkte der Arbeiten: Arbeitsgestaltung, insbesondere arbeitsorganisatorische Gestaltung von industriellen Arbeitssystemen, Reorganisationen in Unternehmen und Verwaltungen, nutzergerechte und aufgabengerechte Software-Gestaltung, Personalentwicklung. Daneben Konzeption und Durchführung von Führungskräfteseminaren.

Dipl.-Ing Peter M. Frieß

Jahrgang 1965. 1985–1991 Studium der Luft- und Raumfahrttechnik an der Technischen Universität München (daneben Tätigkeiten in nationalen und internationalen Raumfahrtunternehmen und -organisationen). 1991-1993 Entwicklungstätigkeit im Bereich Lasersysteme. Ab Januar 1993 wissenschaftlicher Mitarbeiter am BIBA in der Abt. Industrial Engineering und Arbeitsgestaltung.

Schwerpunkte der Arbeiten: Organisationsentwicklung in Unternehmen und Verwaltungen, Einführung von EDV- und CSCW- Systemen, Qualifizierung von Führungskräften in den Bereichen Arbeitsorganisation und Projektmanagement, sozial-konstruktivistisches Projektmanagement für mittelgroße Unternehmen.

Abbildungsverzeichnis

Abbildung 3.1-1: Zwecksetzungen des Projektstrukturplans 495

Abbildung 3.1-2: Zerlegung eines Projektes in Teilaufgaben und Arbeitspakete (nach DIN 69901) 498

Abbildung 3.1-3: Aufbau eines Projektstrukturplans 499

Abbildung 3.1-4: Objektorientierter Projektstrukturplan (Beispiel: Standardprodukt) 501

Abbildung 3.1-5: Funktionsorientierter Projektstrukturplan (Beispiel: Standardprodukt) 502

Abbildung 3.1-6: Funktionsorientierter PSP für eine Fabrikanlage 502

Abbildung 3.1-7: Phasenorientierter Projektstrukturplan (Beispiel: einfaches Entwicklungsprojekt - typisch für Arbeitsteilung in Kostenstellen) 503

Abbildung 3.1-8: Gemischtorientierter Projektstrukturplan (Beispiel: einfaches Entwicklungsprojekt) 503

Abbildung 3.1-9: Schichtenmodell einer dreidimensionalen Baumstruktur 504

Abbildung 3.1-10: Arten der Darstellung von Projektstrukturplänen 505

Abbildung 3.1-11: Beispiel für eine alpha-numerische Codierung mit Separatoren 506

Abbildung 3.1-12: Beispiel für eine rein numerische (dekadische) Codierung 506

Abbildung 3.1-13: Beispiel für einen klassifizierenden Code 507

Abbildung 3.1-14: Formular für die Arbeitspaketbeschreibung 509

Abbildung 3.1-15: Vorgehensschritte zur Erarbeitung eines Projektstrukturplans 510

Abbildung 3.1-16: Zerlegung der Gesamtaufgabe 511

Abbildung 3.1-17: Bildungshilfen für Arbeitspakete 512

Lernzielbeschreibung

- Der Leser soll den Zweck und die Wichtigkeit des Projektstrukturplans aufgrund des dargestellten Einsatzes im Projektmanagement erkennen.

- Der Leser soll durch die bildliche Darstellung und die Beschreibung der verschiedenen Gliederungsprinzipien Projektstrukturpläne für die unterschiedlichen Projektarten und Projektinhalte unterscheiden und erstellen können.

- Der Leser soll den Zweck und die Gestaltung von Arbeitspaketbeschreibungen aufgrund der dargestellten Verwendung im Projektmanagement entwickeln können.

- Der Leser soll durch die Darstellung einer Vorgehensweise zum Aufbau eines Projektstrukturplans in die Lage versetzt werden, einen Projektstrukturplan erstellen und codieren zu können.

3.2 Ablauf- und Terminmanagement

von

Günter Rackelmann

Relevanznachweis

Der Projektstrukturplan gliedert die Aufgaben eines Projekts und macht sie damit anschaulich. Die Projektabwicklung erfolgt aber im Zeitablauf. Es gilt demnach ein Ablauf- und Terminmanagement sicherzustellen. Die Planung, Überwachung und Steuerung komplexer Projekte erfordert

- die schrittweise Gliederung des Projekts in überschaubare Arbeitsschritte,
- die logische Verknüpfung der Arbeitsabläufe zum Ablaufplan,
- die Ermittlung der Termine und der zeitlichen Spielräume,
- die Analyse der Ursachen und der Auswirkungen bei Abweichungen vom geplanten Verlauf,
- das Schaffen von Handlungsalternativen für die Projektleitung zur Gegensteuerung sowie
- ein auf die Bedürfnisse der Projektbeteiligten ausgerichtetes Projekt-Berichtswesen.

Zur Erfüllung dieser Aufgaben und Ziele benötigt der Ablauf- und Terminplaner einen Überblick über die zur Verfügung stehenden Methoden, Verfahren und Kenntnisse über den Einsatz der geeigneten Techniken. Als wichtigstes Werkzeug steht dabei die Netzplantechnik zur Verfügung. Moderne Softwarepakete erleichtern die Netzplanerstellung und -bearbeitung und nehmen dem Terminplaner die aufwendige Arbeit der Terminberechnungen ab. Dennoch erfordern sie vom Projektmanager die Kenntnis der elementaren Grundlagen der Netzplantechnik, z.B. die Beherrschung und richtige Anwendung der Anordnungsbeziehungen sowie die grundlegende Arbeitsweise der Berechnungsalgorithmen. Nur mit diesem Grundwissen können Ablauf- und Terminpläne erstellt, richtig interpretiert, auf Plausibilität geprüft und Änderungsalternativen simuliert werden.

Neben einfachen Techniken zum Aufbau von Ablaufplänen liefert die Netzplantechnik Hilfestellung bei der Bearbeitung von umfangreichen Projekten mit einer hohen Anzahl von Vorgängen und/oder langer Projektdauer. Der Planer sollte deshalb auch Methoden wie Teilnetztechnik, Standardnetzplantechnik oder Meilensteintechnik sowie Techniken der Netzplanverfeinerung und -verdichtung kennen und anwenden können.

Inhaltsverzeichnis

3.2.1 Grundlagen des Ablauf- und Terminmanagements — 521

    3.2.1.1 Aufgaben und Ziele des Ablauf- und Terminmanagements — 521

    3.2.1.2 Überführung des Projektstrukturplans in den Ablaufplan — 524

    3.2.1.3 Methoden und Werkzeuge des Ablauf- und Terminmanagements — 526

3.2.2 Netzplantechnik als Werkzeug des Ablauf- und Termin- managements — 527

    3.2.2.1 Grundbegriffe der Netzplantechnik — 527

    3.2.2.2 Netzplanverfahren und Netzplanmethoden — 528

        3.2.2.2.1 Ereignisknoten-Netzpläne — 529

        3.2.2.2.2 Vorgangspfeil-Netzpläne — 530

        3.2.2.2.3 Vorgangsknoten-Netzpläne — 531

        3.2.2.2.4 Entscheidungsnetzplantechnik — 531

    3.2.2.3 Ablauf- und Terminplanung mittels Netzplantechnik (MPM) — 533

        3.2.2.3.1 Graphische Darstellung und Darstellungselemente — 533

        3.2.2.3.2 Anordnungsbeziehungen ohne Berücksichtigung zeitlicher Abstände — 535

        3.2.2.3.3 Anordnungsbeziehungen unter Berücksichtigung zeitlicher Abstände — 536

        3.2.2.3.4 Mehrere Anordnungsbeziehungen zwischen Vorgänger und Nachfolger — 539

        3.2.2.3.5 Äquivalente Anordnungsbeziehungen — 540

        3.2.2.3.6 Bestimmung der Termine — 541

        3.2.2.3.7 Berechnung der zeitlichen Spielräume (Puffer) — 545

        3.2.2.3.8 Bestimmung von Zeitpunkten und Puffern bei Netzplänen mit unterschiedlichen Typen von Anordnungsbeziehungen und zeitlichen Abständen — 548

        3.2.2.3.9 Kalendrierung — 552

3.2.3 Techniken zum Aufbau und zur Bearbeitung von Netzplänen — 557

    3.2.3.1 Grundlegende Schritte bei der Netzplanerstellung — 557

        3.2.3.1.1 Schrittweise Detaillierung — 557

        3.2.3.1.2 Einfache Arbeitstechniken zur Netzplanerstellung — 558

    3.2.3.2 Teilnetztechnik — 560

    3.2.3.3 Standardnetzplantechnik — 561

    3.2.3.4 Netzplanverfeinerung und Netzplanverdichtung — 562

    3.2.3.5 Meilenstein-Netzplantechnik — 564

3.2.4 Darstellungsformen der Ablauf- und Terminplanung (Auswahl) — 565

    3.2.4.1 Netzplan — 565

    3.2.4.2 Balkendiagramm (Balkenplan) — 565

    3.2.4.3 Zeit-Wege-Diagramm — 566

3.2.1 Grundlagen des Ablauf- und Terminmanagements

Eine wesentliche **Hauptaufgabe des Projektmanagements** besteht in der Realisierung eines definierten Projekts (siehe Kapitel 1.6)

- in einer vorgegebenen Zeit (dieses Kapitel)
- mit vorgegebenen bzw. beschränkten Einsatzmitteln (Kapitel 3.3) und Kosten (Kapitel 3.4)
- unter Berücksichtigung von technischen und wirtschaftlichen Gesichtspunkten (Kapitel 1.7 und 3.5)
- unter Einhaltung von Leistungszielen (Kapitel 4.2).

Zur Erreichung dieser Ziele benötigt das Projektmanagement eine „Werkzeugkiste" zur Planung, Steuerung und Überwachung des „magischen Dreiecks" Termine - Leistung - Kosten. Die Methoden und Verfahren des Ablauf- und Terminmanagements liefern einen Schlüssel zur operativen Verfolgung dieser Ziele.

Bei oberflächlicher Betrachtung scheint der Aspekt der „Überwachung" im Vordergrund zu stehen. Tatsächlich liefert die Ablaufplanung bereits in einer frühen Phase des Projekts eine wertvolle Unterstützung bei der Projektplanung und ermöglicht das Durchspielen von Planvarianten und Alternativlösungen unter Berücksichtigung von Zeit, Einsatzmitteln und Kosten.

In diesem Kapitel liegt der Schwerpunkt neben der Ablaufplanung bei der Terminplanung, dabei nimmt die Netzplantechnik eine zentrale Rolle ein. Aus der Sicht des Autors ist der Einsatz der Netzplantechnik ab einer Projektlaufzeit von mehr als sechs Monaten und mehr als fünf Projektmitarbeitern ein „Muß". Der Ablauf- und Terminplaner sollte jedoch dieses Instrument als „Mittel zum Zweck" einsetzen und die Ergebnisse seiner Arbeit nicht als „Netzplan", sondern als „Ablauf- oder Terminplan" kundengerecht verkaufen.

In den folgenden Abschnitten werden zunächst die Grundlagen der Ablauf- und Terminplanung beschrieben. Anschließend erfolgt die Vermittlung der Grundlagen der Netzplantechnik als „Insider-Wissen" für den Ablauf- und Terminplaner. In Abschnitt 3.2.4 erhält der Leser praktische Hinweise zur Erstellung und Bearbeitung von Netzplänen. Das Zusammenspiel des gesamten Instrumentariums „Projektsteuerung" wird in Kapitel 3.7 beschrieben.

3.2.1.1 Aufgaben und Ziele des Ablauf- und Terminmanagements

In den vorausgehenden Kapiteln wurden die ersten wichtigen Schritte der systematischen Projektplanung beschrieben. Die Zerlegung eines komplexen Projektes in Phasen, Teilprojekte, Teilaufgaben und Arbeitspakete im Rahmen der Projektstrukturierung ist Voraussetzung für die Ablauf- und Terminplanung. Der Projektstrukturplan liefert Transparenz hinsichtlich der funktionalen, organisatorischen oder technisch-sachlichen Gliederung des Projekts und zeigt alle im Projekt durchzuführenden Aufgaben (als Menge aller Arbeitspakete) auf. Der PSP gibt aber keine Auskunft über

- die Reihenfolge der Bearbeitung aller Arbeitspakete
- Schnittstellen zwischen Teilprojekten/Teilaufgaben und Arbeitspaketen
- genaue zeitliche Abfolge und Durchführungszeitpunkte.

Die Ablauf- und Terminplanung geht schrittweise an die Beantwortung dieser Fragen heran:

Schritt 1: Detaillierung der Arbeitspakete

Für die Planung, Überwachung und Steuerung des Projektablaufs ist es in der Regel notwendig, die einzelnen Arbeitspakete jeweils in weiterer Arbeitsschritte, d.h. in **Vorgänge**, aufzugliedern (siehe Abschnitt 3.2.1.1, auch Abbildung 3.2-1 und Abschnitt 3.2.2.1). Durch die „Atomisierung" des zunächst „unübersehbar komplexen" Projektes entstehen überschaubare Einheiten. Somit ergibt sich die Möglichkeit, die Durchführungsdauer, den Einsatzmittelbedarf und/oder die Kosten eines Vorgangs zu schätzen. Soll zunächst nur ein grober Ablaufplan entstehen, können die Arbeitspakete als Vorgänge definiert, ggf. sogar noch zu „Sammelvorgängen" gebündelt werden.

Schritt 2: Festlegung der Abläufe und Erstellung des Ablaufplans

Im zweiten Schritt sind die Arbeitspakete/Vorgänge sachlogisch miteinander zu verknüpfen. Damit entsteht ein **Ablaufplan** (Netzplan), in dem eindeutig festgelegt wird,

- welche Abhängigkeiten zwischen den Vorgängen untereinander bestehen
- welche Vorgänge nacheinander, parallel oder unabhängig voneinander ablaufen können
- welche Zeitabstände zwischen einzelnen Vorgängen erforderlich sind.

Ein Ziel der Ablaufplanung ist es demnach, in einer frühen Phase des Projekts die Projektbeteiligten zu einer klaren Aussage über die geplanten Abläufe zu bringen, die Abläufe zu koordinieren und einen Gesamtkonsens hinsichtlich der Vorgehensweise zu erzielen. Ohne Ablaufplanung ist im Extremfall die Anzahl der Lösungswege zum Projektziel identisch mit der Anzahl der Projektbeteiligten - es kann jedoch nur einen gemeinsamen Weg geben. Der Zwang, frühzeitig im Projekt Abläufe festzulegen und Schnittstellen abzuklären, macht die Ablaufplanung zu einem wichtigen Instrument der Projektkoordination und -planung.

Das Festlegen der Vorgänge und Erarbeiten des Ablaufplans sind Voraussetzungen für die folgenden Schritte des Terminmanagements.

Schritt 3: Überführung des Ablaufplans in den Terminplan

Nach der Schätzung realistischer Durchführungsdauern für die Arbeitspakete/Vorgänge können die Frühest- und Spätesttermine für jeden Vorgang berechnet und terminkritische Abläufe sowie die zeitlichen Spielräume (Puffer) aufgezeigt werden. Damit ist der Schritt vom Ablauf- zum Terminplan (vorläufig) vollzogen.

Schritt 4: Optimierung des Ablauf- und Terminplans

Als weiterer Schritt folgt die Optimierung des Ablauf- und Terminplans.

Selbst bei sorgfältiger Definition der Abläufe und gewissenhafter Schätzung der Durchführungsdauern zeigt eine erste Terminberechnung häufig, daß ein gewünschter bzw. geforderter Projektendtermin nicht erreicht werden kann. In diesem Fall beginnt der iterative Prozeß der Ablauf- und Terminoptimierung in Zusammenarbeit mit allen verantwortlichen Projektbeteiligten. Hier kann z.B. versucht werden, durch Änderung der Ablaufstruktur (Überlappung von Vorgängen) oder durch Kürzung von Ausführungszeiten (Kapazitätserhöhung) eine Verkürzung der Projektlaufzeit zu erreichen.

Unter Berücksichtigung der Zielgrößen des Projektmanagements Termine - Leistung - Kosten (siehe Kapitel 1.6) ist jedoch davon auszugehen, daß bei diesem Optimierungsprozeß in der Regel nur ein Suboptimum in bezug auf die Termine erreicht werden kann.

3.2 Ablauf- und Terminmanagement

In diesem Stadium der Ablauf- und Terminplanung können auch alternative Handlungsabläufe simuliert und deren Auswirkungen auf den Projektendtermin oder anderer Zielfaktoren, wie z.B. Kosten oder Einsatzmittelbedarf, durchgespielt werden.

Schritt 5: Verabschiedung des Ausführungsplanes

Der nach der (Sub-)Optimierung vorliegende Ablauf- und Terminplan des Projekts ist von den für das Projekt verantwortlichen Stellen (z.B. Auftraggeber, Unternehmensleitung, Projektleitung, Lieferanten) zu verabschieden. Dieser für alle Beteiligten verbindliche Ausführungsplan enthält somit Soll-Termine und ist Basis für das Termincontrolling.

Schritt 6: Termincontrolling

Das Termincontrolling als Teil des Terminmanagements beginnt mit der Erfassung der Ist-Termine und der Überwachung des termingerechten Ablaufs. Nach der Durchführung von Soll-Ist-Vergleichen können Abweichungen vom geplanten Ablauf, insbesondere Terminverzögerungen oder Änderungen in der Ablaufstruktur, aufgezeigt und analysiert werden. Beim konsequenten Einsatz der Netzplantechnik (siehe Abschnitt 3.2.3) lassen sich dann unmittelbar die Auswirkungen von Abweichungen auf Teilbereiche des Projekts oder auf das Projektende insgesamt aufzeigen. Auch hier können - wie in der Phase der Optimierung - Alternativen durchgespielt werden, um geeignete Maßnahmen der Gegensteuerung herauszufinden. In jedem Fall liefert das terminliche Projektcontrolling rechtzeitig ein Warnsignal für die Projektleitung, daß korrektive Maßnahmen zu treffen sind.

Der Prozeß der **Terminplanaktualisierung**

1. Erfassung der Ist-Termine

2. Vergleich der Ist-Termine mit den Soll-Terminen

3. Analysieren der Abweichungen

4. Planung korrektiver Maßnahmen

5. Revision der Terminplanung

läuft nach dem Muster des Regelkreises (Kapitel 1.1) selbstverständlich nicht nur einmal im Projekt, sondern in regelmäßigen, zyklischen Intervallen ab.

Der weitergehende Begriff des Projektcontrollings umfaßt neben dem Terminmanagement auch die Bereiche Kosten-, Leistungs- und Einsatzmittelmanagement. Dementsprechend können die Ausführungen über Soll-Ist-Vergleiche und Abweichungsanalysen etc. analog auf Kosten, Leistung und Einsatzmittel übertragen werden (siehe GAREIS 1991, vgl. Kapitel 3.7).

Die wichtigsten Aufgaben und Ziele des Ablauf- und Terminmanagements sind in Abbildung 3.2-1 zusammengestellt:

Ziel	Schritt	Aufgabe	Ergebnis
Aufbrechen der Komplexität Festlegung der Aufgaben	1	**Detaillierung der Arbeitspakete**	Vorgänge
Frühzeitige Koordination Planung der Abläufe	2	**Festlegung der Abläufe** - Abhängigkeiten und Zeitabstände definieren - Schnittstellen klären	Ablaufplan (Netzplan)
Ermittlung der vorläufigen Projektdauer	3	**Überführung des Ablaufplans in den Terminplan** - Schätzung der Vorgangsdauern - 1. Terminberechnung	vorläufiger Terminplan und ggf. Balkenplan
Verkürzung der Projektlaufzeit	4	**Optimierung des Ablauf- und Terminplans** - Durchspielen alternativer Abläufe - schrittweise Optimierung	optimierter Terminplan
Verbindliche Vorgabe für alle Projektbeteiligten	5	**Verabschiedung des Ausführungsplanes**	Terminplan "SOLL"
Überwachung und Steuerung des Projektablaufs	6	**Termincontrolling** - Erfassung der IST-Termine - Vergleich SOLL-/IST-Termine - Analyse der Abweichungen - Planung korrektiver Maßnahmen - Revision der Terminplanung	aktualisierter Terminplan nach jedem Aktualisierungsstichtag

Abbildung 3.2-1: Aufgaben und Ziele des Ablauf- und Terminmanagements

3.2.1.2 Überführung des Projektstrukturplans in den Ablaufplan

Im Projektstrukturplan stellt ein Arbeitspaket die kleinste Einheit dar. Im Ablaufplan ist der Übergang vom Arbeitspaket zum Vorgang in der Praxis häufig fließend:

- Einzelne, überschaubare Arbeitspakete müssen **nicht weiter detailliert** werden und gehen als „Vorgang" in den Ablaufplan ein („1:1-Beziehung").

- In der Regel beinhaltet jedoch ein Arbeitspaket eine Reihe von untereinander abhängigen Arbeitsschritten („1:n-Beziehung"), die als Vorgänge einzeln geplant und überwacht werden müssen. In diesem Fall entsteht aus einem Arbeitspaket ein „**Teilnetz**" (siehe Abschnitt 3.2.3.2) im Ablaufplan.

- Für bestimmte Zwecke, z.B. zur **Verdichtung von Termininformationen** (Grobnetzplan, Rahmenterminplan, siehe Abschnitt 3.2.3.4), können mehrere Arbeitspakete zu einem Vorgang zusammengefaßt werden („m:1-Beziehung).

Abbildung 3.2-2 zeigt schematisch den Weg vom Projektstrukturplan zum Ablaufplan.

3.2 Ablauf- und Terminmanagement

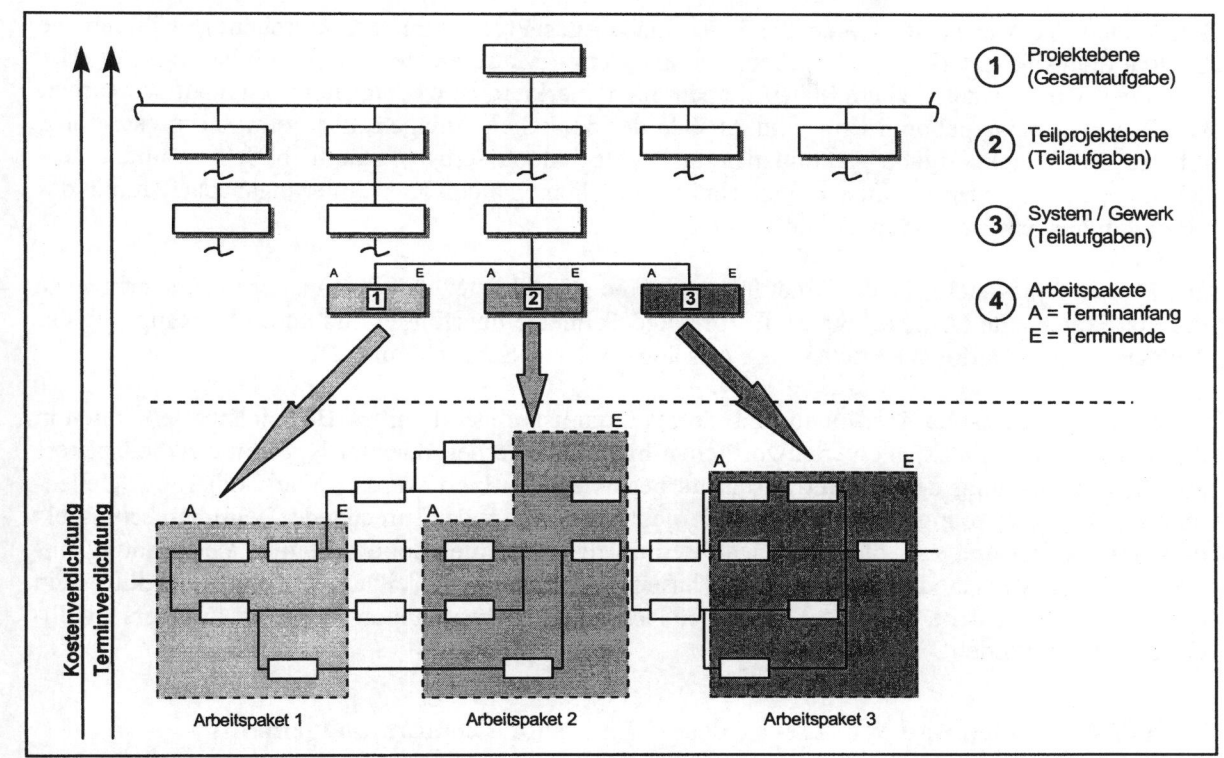

Abbildung 3.2-2: Vom Projektstrukturplan zum Ablaufplan

Die **Verknüpfung der Teilnetze** erfordert eine sorgfältige Klärung der Schnittstellen zwischen den Arbeitspaketen und ist eine wesentliche Aufgabe der Ablaufplanung. Die Vorgänge zwischen den einzelnen Teilnetzen symbolisieren z.B. notwendige Arbeitsschritte wie Koordinationsaufgaben, Teilsystemtest, Phasenabschluß-Reviews oder technisch bedingte Arbeiten wie z.B. Aufbau von Testanlagen oder Transport von Maschinen. Diese Vorgänge können u.U. aus anderen Arbeitspaketen stammen, die nicht als in sich geschlossene „Teilnetze" abgebildet werden können (z.B. Arbeitspaket „Projektmanagement").

Bei der Überführung des Projektstrukturplans in einen Ablaufplan kann die „**Projektmatrix**" *Projektmatrix* wertvolle Unterstützung liefern. Sie stellt eine Beziehung zwischen der Projektstruktur und den Projektphasen her. Abbildung 3.2-3 zeigt beispielhaft eine Projektmatrix für ein Projekt „Automatisierung eines Hochregallagers".

Teilaufgabe/ Verantwortungsbereich	Projektphase	0000 Konzepterstellung	1000 Entwurfsplanung	2000 Detailplanung	3000 Ausführ.-planung	4000 Beschaffung	5000 Fertigung	6000 Ausbau Rohbau	7000 Montage	8000 Inbetriebsetzung	9000 Übergabe Nutzung
..000	Projektmanagement										
..100	Regalanlage										
..140	Regalbediengeräte										
..200	Sprinkleranlage										
..300	Kartonfördertechnik-Versuchsaufbau										
..340	Kartonfördertechnik										
..400	Sorter/Verteilsystem mit Warteschleife										
..430	Sammelband										
..500	Elektrohängebahn										
.. ...	...	...	...	...	...	...	...	...	...	...	...
..620	Rechner Hardware und Software										
..780	Übergabe Funktionsabschnitte										
..790	Produktive Nutzung										
..810	Bautechnik Hochregallager										
..910	Bautechnik Wareneingang										

Abbildung 3.2-3: Projektmatrix „Automatisierung eines Hochregallagers" (Beispiel)

Die Zeilen der Matrix beinhalten die Teilaufgaben des Projekts (1. Strukturebene), während die Spalten die Projektphasen wiedergeben. Die markierten Matrixelemente repräsentieren die zu erledigenden Arbeitspakete. Ist ein Matrixelement nicht markiert, ist es demnach auch nicht zu bearbeiten. Beispielsweise gehören Roh- und Ausbau der baulichen Anlagen nicht zum Auftragsumfang, d.h. zu der Projektaufgabe „Automatisierung". Da jedoch selbstverständlich Schnittstellen zwischen „Bau" und „Automatisierungstechnik" bestehen, ist ein Koordinierungsbedarf durch das „Projektmanagement" zwingend notwendig.

Die Projektmatrix stellt für die Ablaufplanung eine „Checkliste" dar. Der Planer kann schrittweise die Matrixelemente (Arbeitspakete) in Vorgänge/Teilnetze überführen und durch Verknüpfung der Teilnetze den Ablaufplan erstellen (vgl. Abschnitt 3.2.1.1, Schritte 1 und 2).

Die Projektmatrix ist darüber hinaus ein ideales Organisationshilfsmittel. Beispielsweise können in den Feldern die Arbeitspaketverantwortlichen hinterlegt werden oder fertiggestellte Arbeitspakete zur Sichtbarmachung des Projektfortschritts besonders markiert werden. Die Codierung (Zeilen- und Spaltennumerierung) kann wie beim Projektstrukturplan als „sprechender Nummernschlüssel" definiert werden und z.B. als Ordnungskriterium für die Projektdokumentation Verwendung finden. Zu beachten ist, daß der zeitliche Phasenverlauf für jede Teilaufgabe unterschiedlich sein kann, d.h. verschiedene Teilaufgaben können sich zu einem bestimmten Zeitpunkt in unterschiedlichen Phasen befinden.

3.2.1.3 Methoden und Werkzeuge des Ablauf- und Terminmanagements

In den vorausgehenden Abschnitten wurden die Schritte der Ablaufplanung skizziert. Geht man davon aus, daß Projekte komplex sind, kommt man bei der Bearbeitung größerer Vorgangsmengen, bei der Verknüpfung einzelner Vorgänge oder Teilnetze und insbesondere bei der Terminierung sehr schnell an einen Punkt, bei dem die Bearbeitung „per Hand" und mit „Bleistift und Papier" an die Grenze des Möglichen stößt.

Zur praktischen Umsetzung der Aufgaben und Ziele des Ablauf- und Terminmanagements gibt es heute eine Vielzahl von Softwarewerkzeugen, die sowohl die Projektstrukturierung unterstützen als auch die Terminierung übernehmen. Diese Werkzeuge liefern die Arbeitsunterlagen und Ergebnisse in vielfältiger Form, z.B.

- Projektstrukturpläne
- Vorgangs- und Terminlisten
- Rückmeldelisten
- (vernetzte) Balkendiagramme
- Netzpläne
- Zeit-Weg-Diagramme
- Meilensteinpläne
- Soll-Ist-Vergleiche
- Meilensteintrendanalysen

Nahezu alle EDV-Programme stützen sich auf Verfahren der Netzplantechnik. Deshalb werden in Abschnitt 3.2.2 zunächst die Grundlagen der Netzplantechnik ausführlich behandelt und in Abschnitt 3.2.3 die praktische Vorgehensweise bei der Erstellung von Ablauf- und Terminplänen beschrieben. In Abschnitt 3.2.4 und im Kapitel 3.7 werden die wichtigsten Darstellungsformen, Arbeitsunterlagen und Ergebnisdarstellungen vorgestellt. Ausführungen zur PM-Software finden Sie im Kapitel 4.9.

3.2.2 Netzplantechnik als Werkzeug des Ablauf- und Terminmanagements

3.2.2.1 Grundbegriffe der Netzplantechnik

Unter dem Begriff **Netzplantechnik** werden generell „alle Verfahren zur Analyse, Planung, Steuerung und Überwachung von Abläufen auf der Grundlage der Graphentheorie bezeichnet, wobei Zeit, Kosten, Einsatzmittel und weitere Einflußgrößen berücksichtigt werden können" (DIN 69900, Teil1).

> Der **Netzplan** ist die „graphische oder tabellarische Darstellung von Abläufen und der Abhängigkeiten." (DIN 69900, Teil1)

Netzplan

Wie bereits aus der Definition hervorgeht, gibt es eine Reihe von **Netzplanverfahren**, wie z.B. Ereignisknoten-Netzplan, Vorgangspfeil-Netzplan und Vorgangsknoten-Netzplan. Um diese Verfahren genauer beschreiben zu können, sind zunächst generell die **Ablaufelemente** „Vorgang", „Ereignis" und „Anordnungsbeziehung" sowie die **Darstellungselemente** „Knoten" und „Pfeil" zu erläutern.

> „Ein **Vorgang** ist ein Ablaufelement, das ein bestimmtes Geschehen beschreibt." (DIN 69900, Teil 1)

Vorgang

In der Praxis werden synonym häufig Begriffe wie „Tätigkeit", „Aktivität", „Arbeitsschritt", „Arbeitsgang", „Job" o.ä. verwendet. Ein Vorgang besitzt einen definierten Anfang und ein definiertes Ende und somit auch eine „Vorgangsdauer".

> *Beispiel: Der Vorgang „Malerarbeiten Flur" beginnt am 07.04.97, dauert 3 Arbeitstage und endet am 09.04.97.*

> „Ein **Ereignis** ist ein Ablaufelement, daß das Eintreten eines bestimmten Zustandes beschreibt." (DIN 69900, Teil 1)

Ereignis

Ein Ereignis tritt zu einem bestimmten Zeitpunkt (**Eintrittszeitpunkt**) ein bzw. wird zu einem bestimmten Zeitpunkt erreicht, hat aber selbst **keine Dauer**. Der das Ereignis bestimmende Zustand kann jedoch über den Zeitpunkt hinaus Bestand haben.

Ereignisse von besonderer Bedeutung im Projektablauf werden „Schlüsselereignisse" oder „**Meilensteine**" genannt.

> *Beispiel 1: „Beginn der Malerarbeiten" am 02.05.97*

> *Beispiel 2: „Abschluß der Programmierung" am 31.07.98*

Sofern Projekte in Phasen abgewickelt werden (vgl. Kapitel 1.8), kann der Phasenabschluß bzw. -beginn durch einen Meilenstein markiert werden.

> „Eine **Anordnungsbeziehung** ist eine quantifizierbare Abhängigkeit zwischen Ereignissen oder Vorgängen"(DIN 69900, Teil1).

Anordnungsbeziehung (AOB)

Mit Hilfe von Anordnungsbeziehungen können die technisch/inhaltlichen Zusammenhänge zwischen Vorgängen/Ereignissen definiert werden.

Das Management stellt sich dazu z.B. folgende Fragen:

Welcher Vorgang ist Voraussetzung („Vorgänger"), ehe der nächste Vorgang („Nachfolger") beginnen kann?

Welches Ereignis muß eintreten, bevor die nächste Projektphase beginnen kann?

Welcher Zeitabstand muß zwischen zwei Vorgängen zwingend bestehen?

Können zwei oder mehrere Vorgänge (teilweise) zeitlich parallel abgearbeitet werden?

Mit Hilfe der Grundelemente „Vorgänge", „Ereignisse" und „Anordnungsbeziehungen" läßt sich der Ablauf eines Projektes in jedem beliebigen Detaillierungsgrad beschreiben.

Die Graphentheorie liefert uns noch die Elemente zur graphischen Darstellung von Netzplänen. Auf die Graphentheorie selbst wollen wir mit Ausnahme der folgenden Begriffe hier nicht weiter eingehen, da sie für den **praktischen** Einsatz der Netzplantechnik nur eine untergeordnete Rolle spielt.

Knoten — Je nach Netzplanverfahren symbolisiert der **Knoten** entweder ein Ereignis oder einen Vorgang. Knoten werden in der Regel als „Kästchen", bei bestimmten Netzplanverfahren auch als „Kreise", dargestellt.

Pfeil — Je nach Netzplanverfahren symbolisiert der **Pfeil** einen Vorgang und/oder eine Anordnungsbeziehung. Pfeile sind „gerichtet", d.h. sie beschreiben die Richtung des Ablaufs. In Netzplänen führen Wege von einem Startereignis/Startvorgang zu einem Zielereignis/Zielvorgang. Zyklen, d.h. rückkoppelnde Schleifen, sind nicht zulässig.

3.2.2.2 Netzplanverfahren und Netzplanmethoden

Die Praxis verwendet folgende bekannte **Netzplanverfahren:**

- Ereignisknoten-Netzplan (DIN-Kurzzeichen: EKN);
- Vorgangspfeil-Netzplan (DIN-Kurzzeichen: VPN);
- Vorgangsknoten-Netzplan (DIN-Kurzzeichen: VKN).

Sie verwenden die o.a. Ablauf- und Darstellungselemente in unterschiedlicher Weise. Für die einzelnen Verfahren gibt es jeweils spezielle Netzplanmethoden wie PERT (vgl. Abschnitt 3.2.2.2.1), CPM (vgl. Abschnitt 3.2.2.2.2) oder MPM (vgl. Abschnitt 3.2.2.2.3). Diese Netzplanmethoden liefern präzise Regeln hinsichtlich der Art und Weise des Vorgehens, der Darstellung und der Berechnung von Netzplänen (DIN 69900,Teil 2). Im folgenden werden die Verfahren und Methoden kurz skizziert und als Sonderfall die „Entscheidungsnetzplantechnik" angesprochen.

Im Abschnitt 3.2.2.3 wird dann das im deutschsprachigen Raum am häufigsten eingesetzte Verfahren, die „Vorgangsknoten-Netzplantechnik" auf der Basis von MPM ausführlich beschrieben.

3.2.2.2.1 Ereignisknoten-Netzpläne

Der Ereignisknoten-Netzplan (EKN) ist ein **ereignisorientierter Ablaufplan**. Er enthält nur Ereignisse und Anordnungsbeziehungen zwischen den Ereignissen, jedoch keine Vorgänge. Die Ereignisse werden als Knoten, die Anordnungsbeziehungen als Pfeile dargestellt. Der zeitliche Abstand zwischen zwei Ereignissen wird auf den Pfeil geschrieben und sollte in keinem Falle mit einer „Vorgangsdauer" gleichgesetzt werden. Abbildung 3.2-4 zeigt die DIN-gerechte Darstellung der Elemente eines EKN sowie ein einfaches Beispiel eines Ereignisknoten-Netzplans.

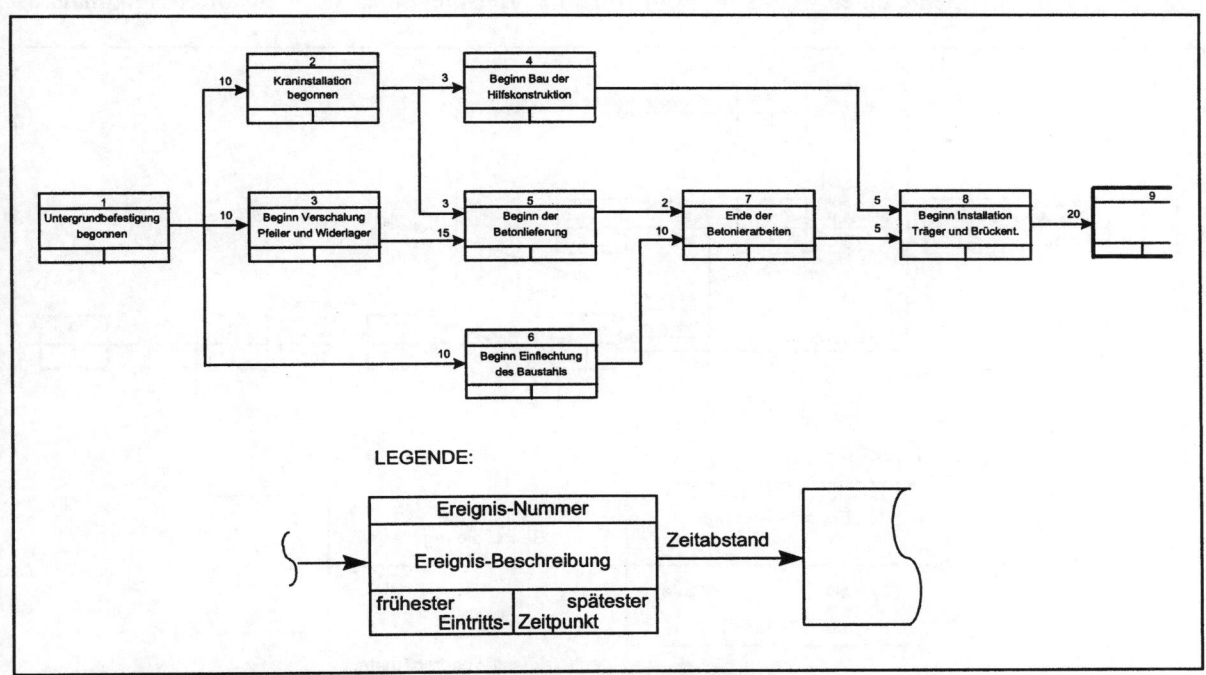

Abbildung 3.2-4: Beispiel eines Ereignisknoten-Netzplans (EKN)

Da der EKN keine Vorgänge enthält, also auszuführende Arbeitsschritte, ist dieses Verfahren für die Planung, Steuerung und Überwachung im operativen Projektcontrolling kaum geeignet. Dagegen können die in der Praxis verbreiteten „Meilensteinpläne" (siehe Abschnitt 3.2.3.5) als Führungsinformation für höhere Managementebenen bzw. Auftraggeber aus Ereignisknoten-Netzplänen „herausgefiltert" werden.

Die wohl bekannteste Netzplanmethode, die auf Ereignisknoten-Netzplänen basiert, ist die **„Program Evaluation and Review Technique" (PERT)**, die 1958 von der US-Navy zusammen mit Lockheed entwickelt und erstmals im Rahmen des Polaris-Raketen-Programms eingesetzt wurde.

3.2.2.2.2 Vorgangspfeil-Netzpläne

Der Vorgangspfeil-Netzplan (VPN) ist ein **vorgangsorientierter Ablaufplan**. Die Vorgänge werden durch Pfeile dargestellt, die gleichzeitig die Aufgabe der Anordnungsbeziehungen übernehmen. Wie beim Ereignisknoten-Netzplan repräsentieren die Knoten Ereignisse. Für Sonderfälle der Anordnungsbeziehungen braucht man einen „Scheinvorgang", der häufig zur Darstellung rein logischer Abhängigkeiten zwischen Vorgängen benötigt wird. Ein Scheinvorgang hat die „Vorgangsdauer" Null und wird als gestrichelte Pfeillinie dargestellt. Abbildung 3.2-5 zeigt die normgerechte Darstellung der Elemente eines VPN sowie ein einfaches Beispiel eines Vorgangspfeil-Netzplans.

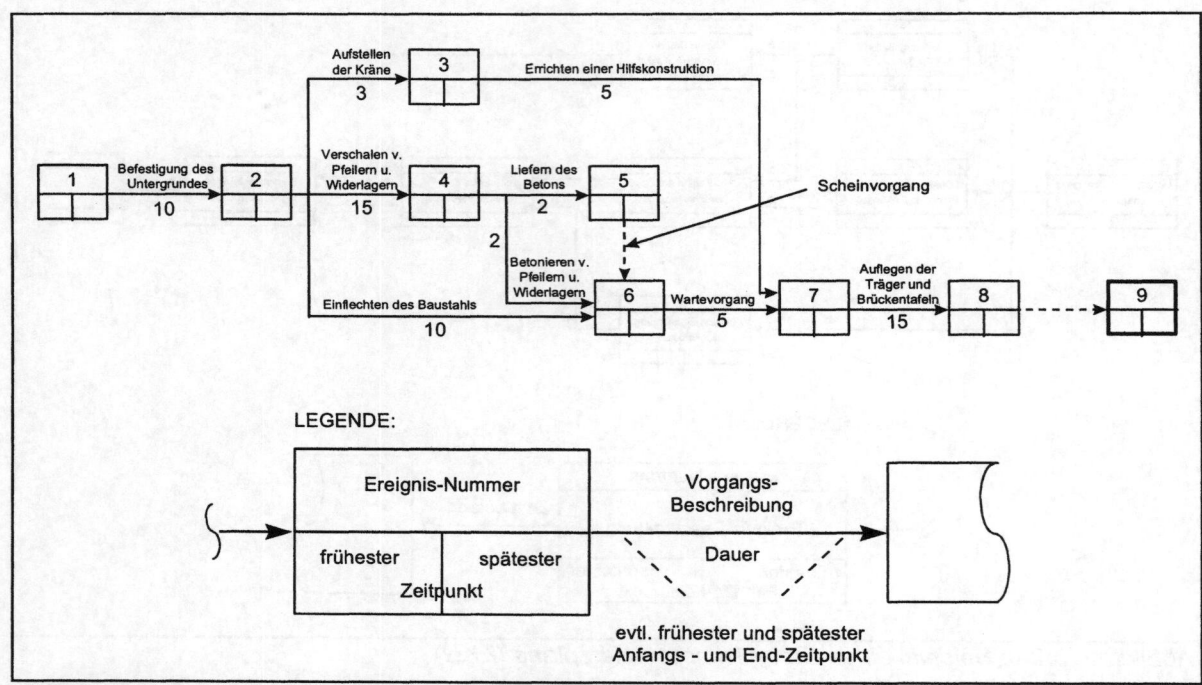

Abbildung 3.2-5: Beispiel eines Vorgangspfeil-Netzplans (VPN)

Als Netzplanmethode für VPN hat sich die **„Critical Path Method (CPM)"** durchgesetzt, die vom Chemiekonzern du Pont de Nemours in Zusammenarbeit mit der Sperry Rand Corporation in den Jahren 1956/57 entwickelt wurde und erstmalig bei der Planung und beim Bau von chemischen Fabriken eingesetzt wurde.

Die Vorgangspfeil-Netzplantechnik ist auch noch heute vor allem in den USA und in angelsächsischen Ländern stark verbreitet. Bei multinationalen Projekten wird deshalb häufig vom ausländischen Konsortialpartner gefordert, mit CPM-Netzplänen zu arbeiten. Die Überführung von Vorgangsknoten-Netzplänen/MPM (vgl. 3.2.2.3) in Vorgangspfeil-Netzpläne/CPM und umgekehrt ist relativ problemlos. Bei einigen Projektsteuerungssoftware-Systemen ist ein „Umschalten" ohne Schwierigkeiten möglich.

3.2.2.2.3 Vorgangsknoten-Netzpläne

Der Vorgangsknoten-Netzplan (VKN) ist ein **vorgangsorientierter Ablaufplan**. Die Vorgänge werden als Knoten („Kästchen") und die Anordnungsbeziehungen als Pfeile dargestellt. Abbildung 3.2-6 zeigt die DIN-gerechte Darstellung der Elemente eines VKN sowie ein einfaches Beispiel eines Vorgangsknoten-Netzplans. Wie später an einem Beispiel gezeigt wird, kann ein Knoten im VKN auch als „Ereignis" im Sinne eines „Meilensteins" definiert werden und damit ein „**gemischtorientierter Ablaufplan**" aufgebaut werden.

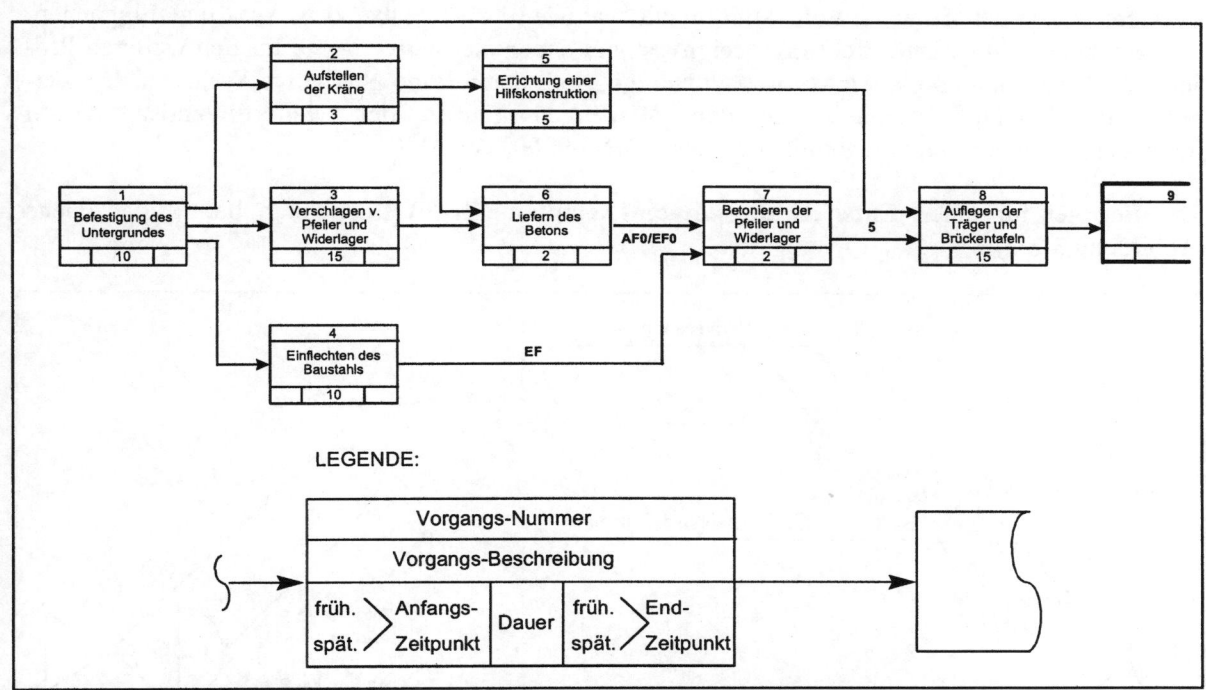

Abbildung 3.2-6: Beispiel eines Vorgangsknoten-Netzplans (VKN)

Als Netzplanmethode zur Bearbeitung von Vorgangsknoten-Netzplänen hat sich die „**Metra-Potential-Methode (MPM)**" bewährt. Sie wurde 1958 von der Fa. SEMA in Frankreich entwickelt und erstmalig für die Terminplanung von Reaktorbauten eingesetzt.

Bei MPM steht der Vorgang, d.h. die zu planende, durchzuführende und zu kontrollierende Tätigkeit, im Vordergrund. Unabhängig davon können auch Ereignisse (anlog wie Vorgänge) dargestellt und berücksichtigt werden. Darüber hinaus können mit Hilfe der noch näher zu beschreibenden Anordnungsbeziehungen (siehe Abschnitte 3.2.2.3.3 bis 3.2.2.3.4) alle in der Praxis auftretenden Abhängigkeiten zwischen den Vorgängen abgebildet werden. Die Summe dieser Eigenschaften von MPM kommt der Denk- und Vorgehensweise eines Projektplaners und -steuerers sehr entgegen und hat wohl dazu geführt, daß sich die Vorgangsknoten-Netzplantechnik und damit die „Metra-Potential-Methode" im deutschsprachigen Raum durchgesetzt hat.

3.2.2.2.4 Entscheidungsnetzplantechnik

Bei bestimmten Projekttypen, insbesondere im Bereich der Forschung und Entwicklung, herrscht häufig erhöhte Unsicherheit hinsichtlich der zu planenden Abläufe. Beispielsweise kann nur schwer eingeschätzt werden, ob und wenn ja welche Labortests zu einem Ergebnis führen, das die Fortführung des Projektes überhaupt ermöglicht. Gleichzeitig sind die Vorgangsdauern einzelner Aktivitäten ebenfalls äußerst schwer zu schätzen und höchst unsicher.

Um diese Unsicherheiten berücksichtigen zu können, wurden Methoden der **Entscheidungsnetzplantechnik** entwickelt, wie beispielsweise:

- die „Decision-Box-Methode (DB)"
- die „Generalized-Activity-Methode (GAN)"
- die „Graphical Evaluation and Review Technique (GERT)"

Diese Methoden basieren auf der Vorgangspfeil-Netzplantechnik und enthalten als stochastisches Element zusätzlich **Entscheidungsknoten** mit wahlweise zu benutzenden Aus- und Eingängen. Entsprechend gibt es **Entscheidungsereignisse**, bei denen alternative Wege für den weiteren Projektablauf bestehen und **Entscheidungsvorgänge**, nach deren Ende alternative Wege für den weiteren Projektablauf bestehen. An den Ausgängen können den weiterführenden Wegen Wahrscheinlichkeitswerte zugeordnet werden (DIN 69900, Teil 1).

Ein Beispiel für einen **Entscheidungsknoten-Netzplan (EKN)** findet sich bei Müller (siehe Abbildung 3.2-7).

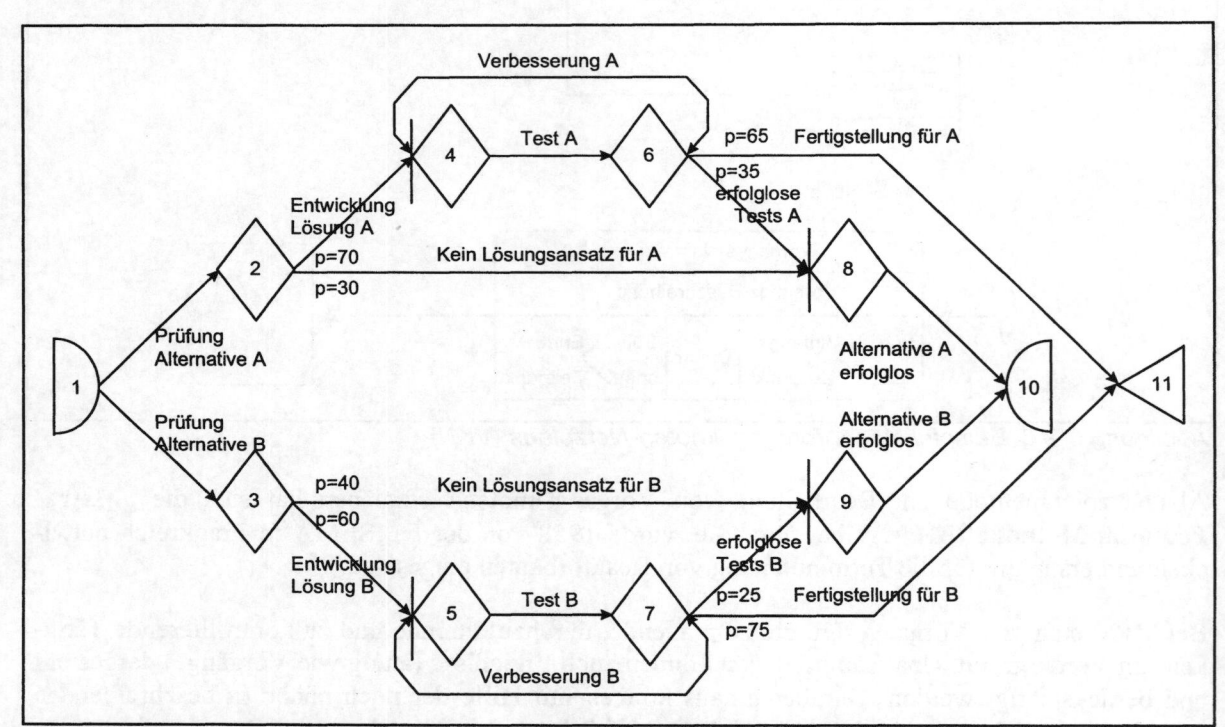

Abbildung 3.2-7: Beispiel eines Entscheidungsknoten-Netzplans (EKN)

Bei einem Entwicklungsprojekt sollen zwei Alternativen A und B geprüft werden. Mit 70%iger Wahrscheinlichkeit führt die Prüfung von A zu einer Entwicklung. Das Entwicklungsergebnis wird getestet und verbessert (Angaben über die Häufigkeit des Zyklus sind in diesem Beispiel nicht gemacht). Mit 65%iger Wahrscheinlichkeit führen Tests und Verbesserungen zu einem befriedigenden Ergebnis, so daß A fertiggestellt wird. Der Zweig B ist entsprechend zu interpretieren. In diesem Beispiel sind die für die Projektzeitanalyse erforderlichen Dauerangaben für die Vorgänge aus Gründen der Übersichtlichkeit weggelassen (MÜLLER 1994).

Eine weitere Möglichkeit, Unsicherheiten zu erfassen und bei der Terminberechnung zu berücksichtigen, liegt in der Verwendung von Schätzwerten für die Vorgangsdauern, z.B. die Angabe einer „optimistischen", „häufigsten" und „pessimistischen" Dauer sowie des daraus errechneten Erwartungswertes, der „mittleren" Dauer (DIN 69900, Teil 1).

3.2 Ablauf- und Terminmanagement

Die Einbeziehung stochastischer Werte in die Netzplantechnik scheint auf den ersten Blick verlockend, da Menschen eher bereit sind, sich innerhalb gewisser Schätzbreiten festzulegen. Andererseits ergibt sich für die praktische Handhabung zum einen ein sehr hoher Aufwand bei der Erstellung und Aktualisierung der Netzpläne. Zum andern steht „die Unsicherheit im Ergebnis" im Widerspruch zur Zielstellung des Projektplaners und -steuerers nach Planbarkeit und Kontrollierbarkeit. Die genannten Gründe haben dazu geführt, daß die Entscheidungsnetzplantechnik in der Praxis kaum eingesetzt wird. Deshalb wird auf eine weitere Vertiefung verzichtet und auf weiterführende Literatur verwiesen (ELMAGHRABY 1977).

3.2.2.3 Ablauf- und Terminplanung mittels Netzplantechnik (MPM)

In den folgenden Abschnitten werden anhand eines einfachen Beispiels, das schrittweise modifiziert wird, die Ablaufelemente und die Anordnungsbeziehungen eines Netzplans definiert und erläutert. Anschließend erfolgt die Ermittlung der frühesten und spätesten Zeitpunkte bzw. der Frühest- und Spätesttermine durch die Vorwärts- und Rückwärtsrechnung sowie die Ermittlung der zeitlichen Spielräume, der sog. „Puffer". Wie bereits erwähnt, erfolgt eine Beschränkung auf das Vorgangsknoten-Netzplanverfahren unter Verwendung der Darstellungsform und der Regeln der „Metra-Potential-Methode" (MPM).

3.2.2.3.1 Graphische Darstellung und Darstellungselemente

In Abbildung 3.2-8 ist der Beispiel-Netzplan graphisch dargestellt. Die Darstellung folgt den Vorschlägen der DIN 69900.

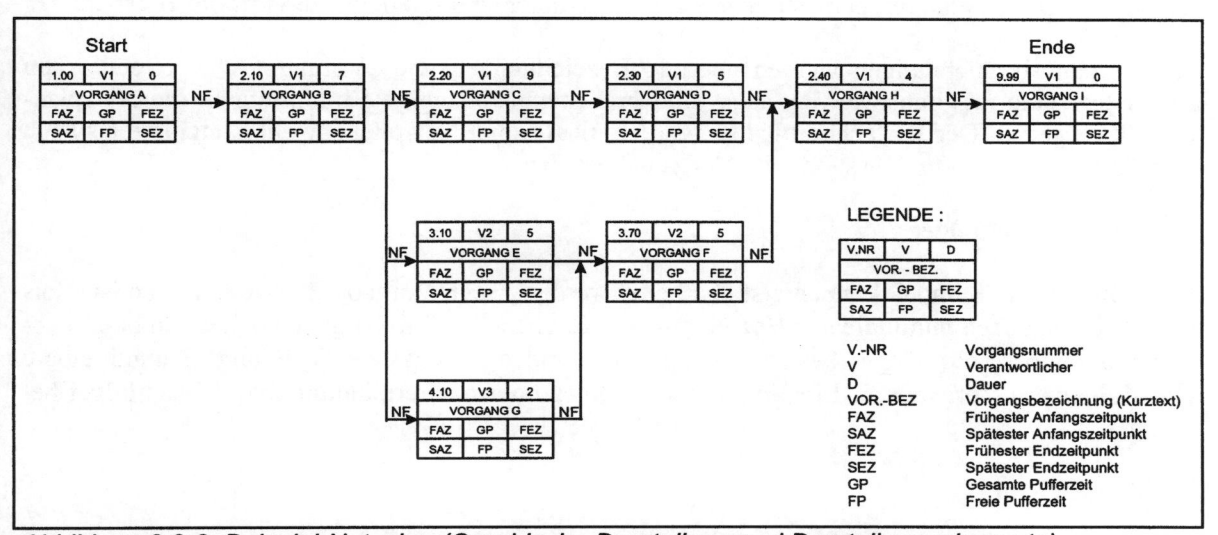

Abbildung 3.2-8: Beispiel-Netzplan (Graphische Darstellung und Darstellungselemente)

Vorgangsdarstellung

Jeder Vorgang wird durch ein Kästchen dargestellt und beinhaltet folgende Informationen:

- **Vorgangsnummer**

  Die Vorgangsnummer kann als „sprechender Schlüssel" aufgebaut werden und z.B. aus der Nummernsystematik (Codierung) des Projektstrukturplans abgeleitet werden. In jedem Fall empfiehlt es sich, Vorgangsnummern nicht fortlaufend zu vergeben, um jederzeit weitere Vorgänge einfügen zu können.

- **Verantwortlicher**

  Jeder Vorgang ist einer für die Ausführung verantwortlichen Person, Abteilung oder sonstigen Stelle zuzuordnen.

- **Vorgangsdauer**

  In Abhängigkeit vom Projekt kann die Vorgangsdauer in Zeiteinheiten wie Tagen, Wochen oder Monaten, im Einzelfall auch in Stunden oder Minuten, angegeben werden. In unserem Beispiel werden wir uns der Einfachheit halber auf „Arbeitstage" beziehen.

- **Vorgangsbezeichnung**

  Die Vorgangsbezeichnung ist der Kurztext der auszuführenden Tätigkeit. Die ausführliche Beschreibung des Inhaltes sollte in der Arbeitspaketbeschreibung bzw. Vorgangsbeschreibung erfolgen.

- **Früheste** und **späteste Zeitpunkte** bzw. Termine

- **Gesamter Puffer** und **Freier Puffer**

  Zeitpunkte bzw. Termine sowie Puffer werden bei der Netzplanberechnung ermittelt und dort erläutert (Abschnitte 3.2.2.3.6 bis 3.2.2.3.8).

Startereignis, Startvorgang, Zielereignis, Zielvorgang

Das fiktive Beispielprojekt beginnt mit einem **Startereignis** („Vorgang A") und endet in einem **Zielereignis** („Vorgang I"). Projektanfang und Projektende können als Meilensteine eines Projekts interpretiert werden. Ein „Ereignis" im Vorgangsknoten-Netzplan wird ebenfalls durch ein Kästchen dargestellt, hat aber keine „Dauer" (Dauer = 0). Sofern man auf diese „Meilensteine" verzichtet, würde der Netzplan mit dem **Startvorgang** B beginnen und mit dem **Zielvorgang** H enden.

Als Vorgangsbezeichnungen werden neutrale Bezeichnungen wie „Vorgang A" verwendet, um dem Leser eine möglichst anwendungs- und branchenunabhängige Einführung in die Netzplantechnik zu geben. Der Einfachheit halber werden im Beispiel-Netzplan sowohl Ereignisse als auch Vorgänge einheitlich im Kurztext mit „Vorgang" bezeichnet.

Vorgänger, Nachfolger

Die Vorgänge C, E und G können erst bearbeitet werden, wenn Vorgang B abgeschlossen ist. Vorgang B ist demnach unmittelbarer **Vorgänger** von C, E und G. Ein Vorgang kann einen oder mehrere unmittelbare Vorgänger besitzen. Umgekehrt sind die Vorgänge C, E und G unmittelbare **Nachfolger** des Vorgangs B. Ein Vorgang kann einen oder mehreren unmittelbaren Nachfolger besitzen.

Grundsätzlich gilt:

- mit Ausnahme des Startereignisses bzw. Startvorgangs können alle Vorgänge einen oder mehrere Vorgänger haben

- mit Ausnahme des Zielereignisses bzw. Zielvorgangs können alle Vorgänge einen oder mehrere Nachfolger besitzen

Anordnungsbeziehungen (AOB)

Die Pfeile stellen die Anordnungsbeziehungen dar. Durch die Anordnungsbeziehungen wird die sachlogische Reihenfolge der Bearbeitung der einzelnen Vorgänge festgelegt. Die Pfeilspitze gibt die Richtung des Bearbeitungsablaufs an. Nach der ausführlichen Beschreibung der Anordnungsbeziehungen wird das Beispiel in Abschnitt 3.2.2.3.6 modifiziert.

3.2 Ablauf- und Terminmanagement

Grundsätzlich gilt: in Netzplänen dürfen **keine Schleifen** („Zyklen") enthalten sein, z.B. eine Anordnungsbeziehung zurück von F nach B, ist in einem Netzplan nicht erlaubt.

Wege

Im Beispiel gibt es mehrere Wege vom Start- zum Zielereignis:

- Weg 1: A - B - C - D - H - I
- Weg 2: A - B - E - F - H - I
- Weg 3: A - B - G - F - H - I

3.2.2.3.2 Anordnungsbeziehungen ohne Berücksichtigung zeitlicher Abstände

Beim Vorgangsknoten-Netzplan gibt es vier Typen von Anordnungsbeziehungen (siehe Abbildung 3.2-9):

- Normalfolge (DIN-Kurzzeichen NF)
- Anfangsfolge (DIN-Kurzzeichen AF)
- Endfolge (DIN-Kurzzeichen EF)
- Sprungfolge (DIN-Kurzzeichen SF)

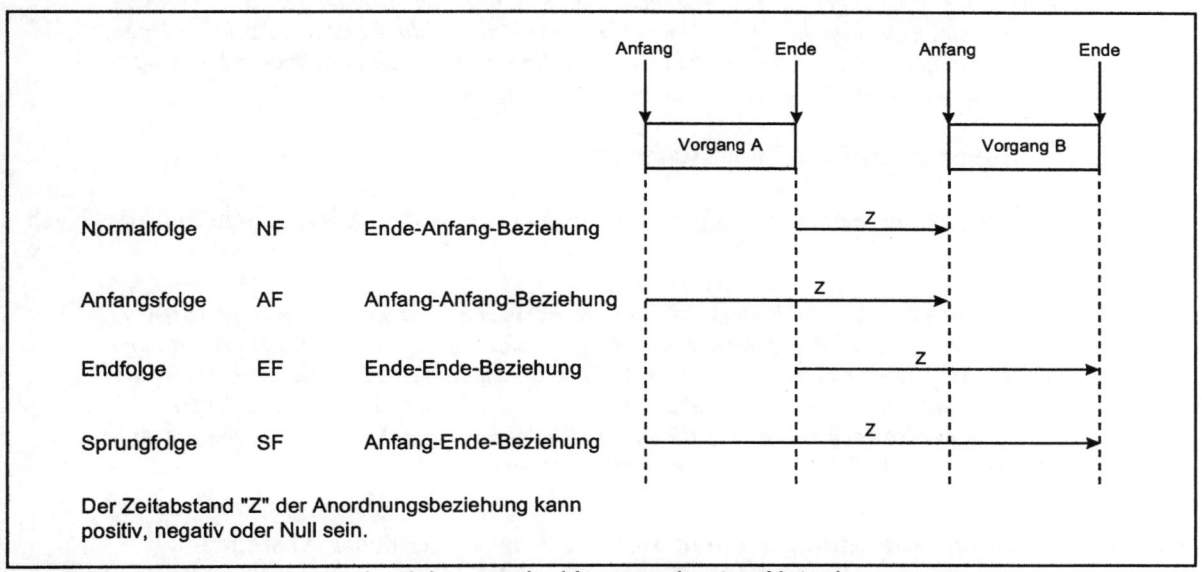

Abbildung 3.2-9: Anordnungsbeziehungen im Vorgangsknoten-Netzplan

In der DIN-gerechten Darstellung beginnt der Pfeil grundsätzlich am Ende des Vorgängers und mündet mit der Pfeilspitze in den Anfang des Nachfolgers. Der Anordnungsbeziehungs-Typ wird lediglich durch das DIN-Kurzzeichen NF, AF, EF oder SF beschrieben. Das einfache Beispiel (Abbildung 3.2-8) beinhaltet nur Normalfolgen. Bei der Normalfolge NF kann auch das Kurzzeichen weggelassen werden. Die Darstellung nach DIN ist somit nicht sehr transparent. In Abbildung 3.2-9 wurde deshalb eine freie Darstellung gewählt, um den **Bezug zwischen dem Anfangs- und Endzeitpunkt von Vorgänger und Nachfolger** deutlich zu machen. Die Berücksichtigung zeitlicher Abstände zwischen Vorgänger und Nachfolger wird in Abschnitt 3.2.2.3.3 beschrieben.

Normalfolge (NF) oder „Ende-Anfang-Beziehung"

Die Anordnungsbeziehung besteht zwischen dem Ende des Vorgängers und dem Anfang des Nachfolgers.

Beispiel: Mit dem Vorgang B („Betonieren") kann erst begonnen werden, wenn Vorgang A („Verschalung") abgeschlossen ist.

Anfangsfolge (AF) oder „Anfang-Anfang-Beziehung"

Die Anordnungsbeziehung besteht zwischen dem Anfang des Vorgängers und dem Anfang des Nachfolgers.

Beispiel: Vorgänger A („Liefern des Betons") und Nachfolger B („Betonieren") beginnen gleichzeitig. Die Lieferung des Betons ist zwar Voraussetzung, um mit dem Betonieren beginnen zu können, aber die Zeitspanne zwischen Lieferbeginn und Verarbeitung kann in der Praxis vernachlässigt werden.

Endfolge (EF) oder „Ende-Ende-Beziehung"

Die Anordnungsbeziehung besteht zwischen dem Ende des Vorgängers und dem Ende des Nachfolgers.

Beispiel: Der Vorgänger A („Elektroinstallation") und der Nachfolger B („Verputzarbeiten") enden zur gleichen Zeit. Zwar können die Kabelschlitze erst nach dem Verlegen der Kabel zugeputzt werden, jedoch können beide Handwerker in unmittelbarer Folge quasi parallel arbeiten und am gleichen Tag die Arbeiten beenden.

Sprungfolge (SF) oder „Anfang-Ende-Beziehung"

Die Anordnungsbeziehung besteht zwischen dem Anfang des Vorgängers und dem Ende des Nachfolgers.

Beispiel: Das Ende des Nachfolgers B („Auftragsvergabe") ist wegen der Bindefrist vom Beginn des Vorgängers A („Angebotseröffnung") abhängig. Nach der Angebotseröffnung („Submission") läuft z.B. eine Frist von 30 Werktagen. Nach Ablauf dieser Frist ist der Bieter nicht mehr an sein Angebot gebunden. Die auf die Submission folgende Prüfung der Angebote muß also rechtzeitig vor Ablauf der Bindefrist abgeschlossen sein, um die Auftragsvergabe innerhalb der Frist durchführen zu können.

3.2.2.3.3 Anordnungsbeziehungen unter Berücksichtigung zeitlicher Abstände

In der Praxis ist es häufig, z.B. aus technischen Gründen, erforderlich, zwischen einzelnen Tätigkeiten zeitliche Minimal- bzw. Mindestabstände oder Maximal- bzw. Höchstabstände einzuhalten. Zusätzlich wird gefordert, Vorgänge ganz oder teilweise überlappend abzuarbeiten. Zur Berücksichtigung zeitlicher Abstände zwischen den Vorgängen ergänzen wir deshalb die Anordnungsbeziehungen durch einen **Zeitabstand Z**.

In Abbildung 3.2-10 und 3.2-11 sind für alle Anordnungsbeziehungs-Typen **minimale Zeitabstände** und **maximale Zeitabstände** aufgeführt. In beiden Abbildungen wurde neben der Darstellung nach DIN 69900 eine freie Darstellung in Form eines „vernetzten Balkendiagramms" (vgl. Abschnitt 3.2.4.2) verwendet. Zu beachten ist, daß minimale Zeitabstände grundsätzlich oberhalb des Pfeils anzugeben sind, während maximale Zeitabstände unterhalb des Pfeils stehen.

3.2 Ablauf- und Terminmanagement

Minimaler Zeitabstand (MINZ)

Der minimale Zeitabstand kann null, positiv oder negativ sein und ist ein Zeitabstand, der **nicht unterschritten** werden darf.

Die Abbildung 3.2-10 zeigt Beispiele für positive und negative minimale Zeitabstände MINZ.

Darstellung nach DIN 69900 / Freie Darstellung	Positiver minimaler Zeitabstand Minimale Wartezeit	Negativer minimaler Zeitabstand Maximale Vorziehzeit / Überlappen
Normalfolge NF	MINZ = 3	MINZ = -2
Anfangsfolge AF	MINZ = 6	MINZ = -1
Endfolge EF	MINZ = 3	MINZ = -2
Sprungfolge SF	MINZ = 2	MINZ = -1

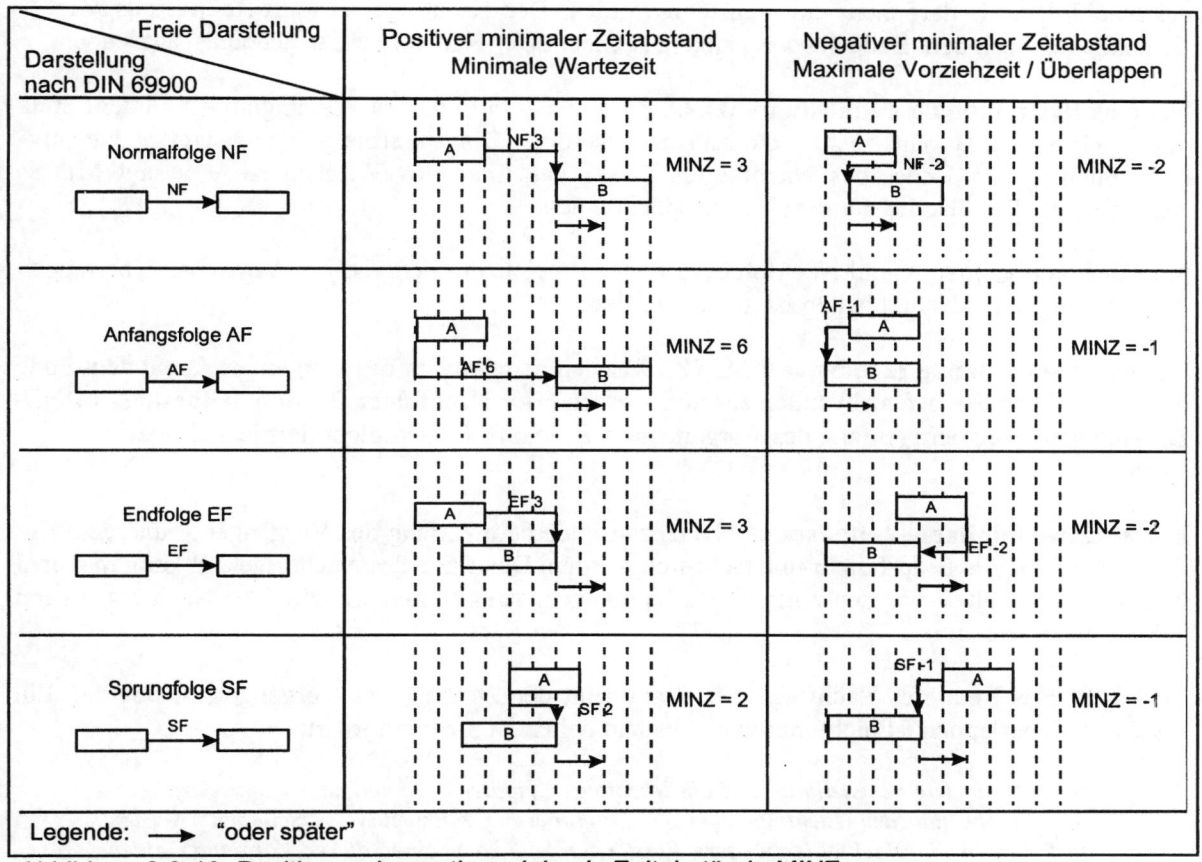

Legende: ⟶ "oder später"

Abbildung 3.2-10: Positive und negative minimale Zeitabstände MINZ

Der **positive minimale Zeitabstand MINZ** zwischen dem Ende des Vorgängers A und dem Anfang des Nachfolgers B darf nicht unterschritten werden. Der Nachfolger B kann frühestens MINZ-Zeiteinheiten nach dem Ende des Vorgängers A beginnen. Der Nachfolger kann jedoch auch später beginnen. Ein positiver MINZ gibt demnach die **minimale Wartezeit** zwischen den Vorgängen an. *Normalfolge*

Der **negative minimale Zeitabstand MINZ** zwischen dem Ende des Vorgängers A und dem Anfang des Nachfolgers B darf nicht unterschritten werden. Der Nachfolger B kann frühestens MINZ-Zeiteinheiten vor dem Ende des Vorgängers A beginnen. Der Nachfolger könnte auch später beginnen. Ein negativer MINZ gibt demnach die **maximale Vorziehzeit** („Überlappung") für den Nachfolger an.

MINZ=0: Der Nachfolger B kann unmittelbar nach dem Ende des Vorgängers A beginnen. Ein Vorziehen/Überlappen ist nicht möglich. Abstand halten ist nicht gefordert.

Der **positive minimale Zeitabstand MINZ** zwischen dem Anfang des Vorgängers A und dem Anfang des Nachfolger B darf nicht unterschritten werden. Der Nachfolger B **kann frühestens** MINZ-Zeiteinheiten nach dem Anfang des Vorgängers A beginnen. Der Nachfolger kann jedoch später beginnen. *Anfangsfolge*

Der **negative minimale Zeitabstand MINZ** zwischen dem Anfang des Vorgängers A und dem Anfang des Nachfolgers B darf nicht unterschritten werden. Der Anfang des Nachfolgers B kann

maximal um MINZ Zeiteinheiten vor den Anfang des Vorgängers **vorgezogen** werden. Der Nachfolger könnte jedoch später beginnen.

MINZ=0: Vorgänger A und Nachfolger B können gleichzeitig beginnen. Ein Vorziehen/Überlappen ist nicht möglich. Abstand halten ist nicht gefordert.

Endfolge   Der **positive minimale Zeitabstand MINZ** zwischen dem Ende des Vorgängers A und dem Ende des Nachfolgers B darf nicht unterschritten werden. Der Nachfolger B **kann frühestens** MINZ-Zeiteinheiten nach dem Ende des Vorgängers A enden. Der Nachfolger darf jedoch später enden.

Der **negative minimale Zeitabstand MINZ** zwischen dem Ende des Vorgängers A und dem Ende des Nachfolgers B darf nicht unterschritten werden. Die **maximale Vorziehzeit** („Negativüberlappung,") des Endes des Nachfolgers B vor das Ende des Vorgängers A beträgt MINZ-Zeiteinheiten. Der Nachfolger darf jedoch später enden.

MINZ=0: Vorgänger A und Nachfolger B können gleichzeitig enden. Ein Vorziehen/Überlappen ist nicht möglich. Abstand halten ist nicht gefordert.

Sprungfolge   Der **positive minimale Zeitabstand MINZ** zwischen dem Anfang des Vorganges A und dem Ende des Nachfolgers B darf nicht unterschritten werden. Der Nachfolger B **kann frühestens** MINZ-Zeiteinheiten nach dem Anfang des Vorgängers A enden. Der Nachfolger darf jedoch später enden.

Der **negative minimale Zeitabstand MINZ** zwischen dem Anfang des Vorgänger A und dem Ende des Nachfolgers B darf nicht unterschritten werden. Das Ende des Nachfolgers B kann maximal **MINZ-Zeiteinheiten** vor den Anfang des Vorgängers **vorgezogen** werden. Der Nachfolger kann jedoch später enden.

MINZ=0: Das Ende des Nachfolgers B stimmt mit dem Anfang des Vorgängers A überein. Ein Vorziehen/Überlappen ist nicht möglich. Abstand halten ist nicht gefordert.

Anmerkung: Die Feststellung, daß ein Nachfolger „später beginnen oder enden darf", bedeutet nicht, daß der Nachfolger bei der Terminierung willkürlich „verschoben" werden darf. Sofern ein Nachfolger weitere Vorgänger hat, kann einer dieser Vorgänger einen späteren Anfang bzw. ein späteres Ende „erzwingen" (siehe dazu Abschnitt 3.2.2.3.6).

Maximaler Zeitabstand (MAXZ)

Der maximale Zeitwert kann positiv oder negativ sein und ist ein Zeitabstand, der **nicht überschritten** werden darf.

Abbildung 3.2-11 zeigt Beispiele für positive und negative maximale Zeitabstände MAXZ. Zu beachten ist, daß maximale Zeitabstände grundsätzlich unterhalb des Pfeiles anzugeben sind.

Selbst weitverbreitete PM-Softwarepakete verfügen häufig nicht über die Möglichkeit, Anordnungsbeziehungen mit maximalen Zeitabständen zu definieren. Damit werden sie zwangsläufig in der Praxis selten verwendet. Wir beschränken uns deshalb exemplarisch auf die Beschreibung für die Normalfolge.

3.2 Ablauf- und Terminmanagement

Darstellung nach DIN 69900 / Freie Darstellung	Positiver maximaler Zeitabstand Maximale Wartezeit	Negativer maximaler Zeitabstand Minimale Vorziehzeit / Überlappen
Normalfolge NF	NF 3, MAXZ = 3	NF -1, MAXZ = -1
Anfangsfolge AF	AF 2, MAXZ = 2	AF -2, MAXZ = -2
Endfolge EF	EF 3, MAXZ = 3	EF -3, MAXZ = -3
Sprungfolge SF	SF 2, MAXZ = 2	SF -1, MAXZ = -1

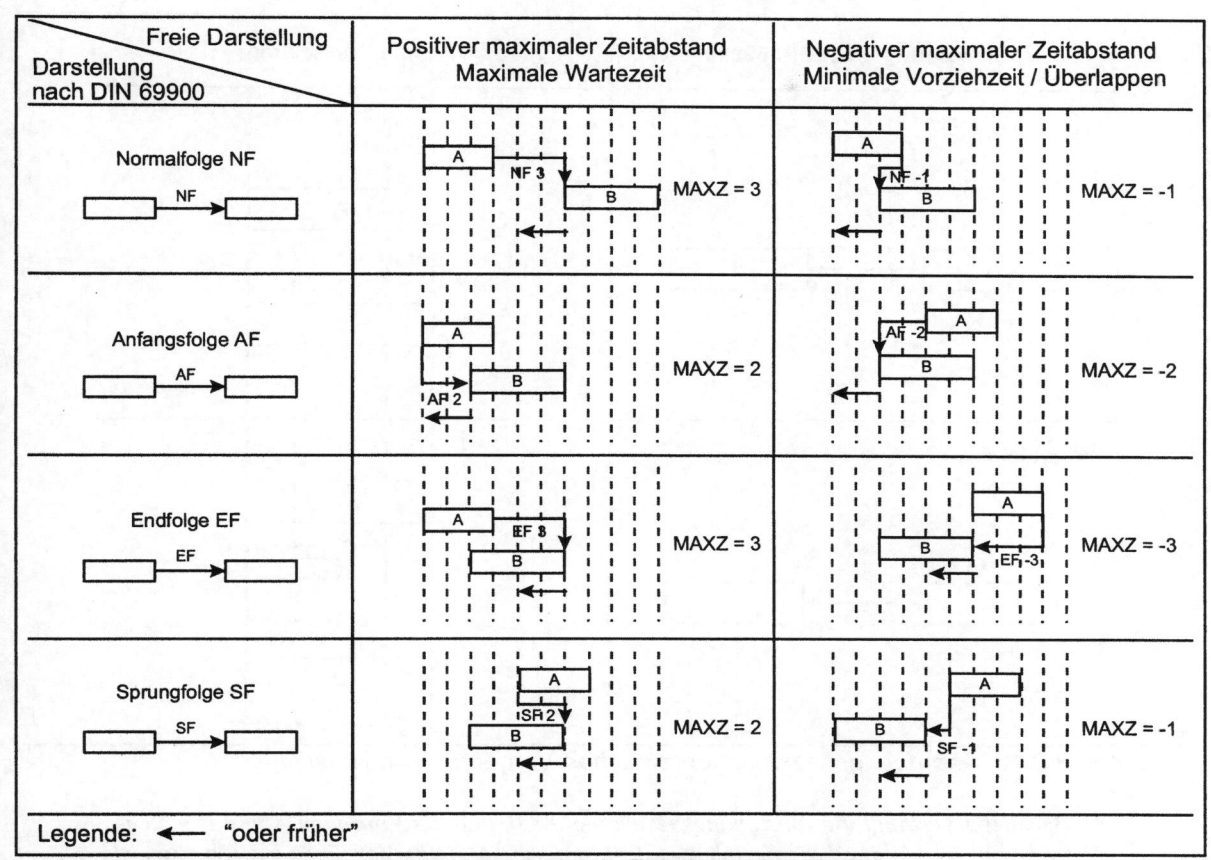

Legende: ◄— "oder früher"

Abbildung 3.2-11: Positive und negative maximale Zeitabstände MAXZ

Der **positive maximale Zeitabstand MAXZ** zwischen dem Ende des Vorgängers A und dem Anfang des Nachfolgers B darf in keinem Falle überschritten werden (**Maximale Wartezeit**). Nachfolger B muß spätestens MAXZ-Zeiteinheiten nach dem Ende des Vorgängers A beginnen. Er darf jedoch früher beginnen.

Der **negative maximale Zeitabstand MAXZ** zwischen dem Ende des Vorgängers A und dem Anfang des Nachfolgers B darf nicht überschritten werden. Der Nachfolger B muß spätestens MAXZ-Zeiteinheiten vor dem Ende des Vorgängers A beginnen (**Minimale Vorziehzeit**). Der Nachfolger kann jedoch auch früher beginnen.

Wird nur **MAXZ ohne Zeitwert unterhalb des Pfeils** angegeben, so ist MAXZ „beliebig groß", d.h. ein Vorziehen/Überlappen ist nicht gefordert. Umgekehrt gibt es keine Beschränkung hinsichtlich des Abstands zwischen Vorgänger und Nachfolger.

3.2.2.3.4 Mehrere Anordnungsbeziehungen zwischen Vorgänger und Nachfolger

In bestimmten Fällen ist es wünschenswert, Vorgänge entweder „unverrückbar" aneinander zu binden oder den Abstand innerhalb bestimmter Grenzen beweglich zu halten. Dies kann durch die Kombination mehrerer Anordnungsbeziehungen erreicht werden. Die folgenden Beispiele sind in Abbildung 3.2-12 dargestellt.

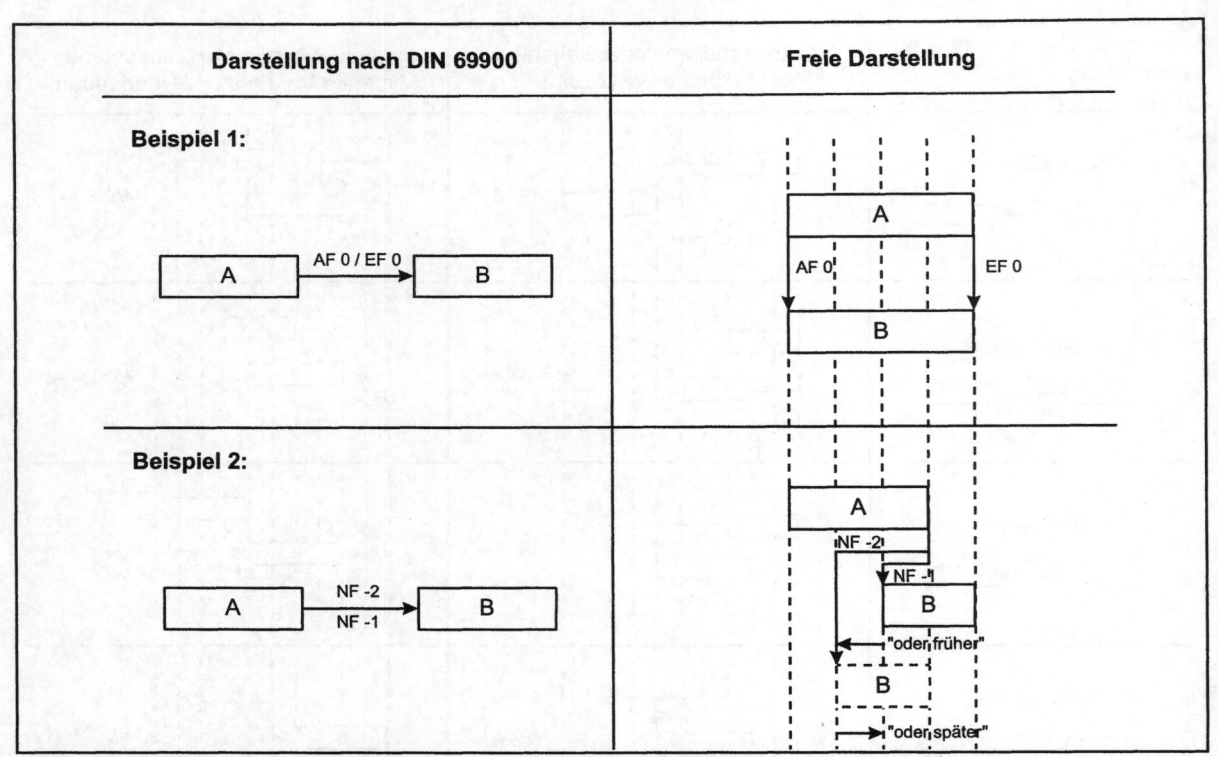

Darstellung nach DIN 69900	Freie Darstellung
Beispiel 1: A —AF 0 / EF 0→ B	(Diagramm: Vorgänge A und B mit AF 0 und EF 0)
Beispiel 2: A —NF -2 / NF -1→ B	(Diagramm: Vorgänge A und B mit NF -2, NF -1, "oder früher", "oder später")

Abbildung 3.2-12: Anordnungsbeziehungen zwischen Vorgänger und Nachfolger

*In **Beispiel 1** verlangt die Anordnungsbeziehung AF 0, daß die Vorgänge A und B gleichzeitig beginnen, während die Beziehung EF 0 fordert, daß beide Vorgänge gleichzeitig enden. Dies ist aber nur dann möglich, wenn beide Vorgänge gleiche Vorgangsdauern haben. Bei dieser Kombination wirkt das minimale Warten wie eine „**starre Stange**" zwischen Vorgänger und Nachfolger. Wird einer der beiden Vorgänge verschoben, wird der andere Vorgang unweigerlich mitgezogen.*

Wird ein maximaler Zeitabstand MAXZ angegeben, so ist es zweckmäßig, auch einen minimalen Zeitabstand anzugeben, wobei MINZ < MAXZ. Ähnlich wie der Astronaut beim Weltraumspaziergang brauchen wir eine „**Nabelschnur**", die verhindert, daß der Nachfolger bis zum Startzeitpunkt des Projekts vorgezogen werden kann, sofern keine andere Anordnungsbeziehung dies verhindert.

*In **Beispiel 2** muß der Nachfolger B spätestens eine Zeiteinheit vor dem Ende des Vorgängers A beginnen (Normalfolge NF mit MAXZ = - 1). Vorgang B könnte jedoch früher starten, ohne die Forderung nach dem (negativen) maximalen Zeitabstand zu verletzen. Andererseits bedingt die Normalfolge NF mit MINZ = - 2, daß Vorgang B frühestens zwei Zeiteinheiten vor dem Ende von A beginnen kann (zeitliche Lage von B ist gestrichelt eingezeichnet). Aufgrund beider Bedingungen bleibt für den Beginnzeitpunkt des Vorgangs B eine Zeiteinheit Spielraum. Die doppelte Anordnungsbeziehung wirkt wie ein loses Seil mit der Seillänge „Eins".*

In Abbildung 3.2-11 wurde auf diese „Rettungsleine" verzichtet.

3.2.2.3.5 Äquivalente Anordnungsbeziehungen

Mit den vier Anordnungstypen in Verbindung mit positiven oder negativen Minimal- oder Maximalabständen haben wir eine nahezu unbegrenzte Möglichkeit, sachliche und technische Beziehungen zwischen zwei Vorgängen darzustellen.

Umgekehrt kann ein und dieselbe zeitliche Lage zweier miteinander verknüpfter Vorgänge durch äquivalente Anordnungsbeziehungen dargestellt werden. Abbildung 3.2-13 zeigt zwei Beispiele:

3.2 Ablauf- und Terminmanagement

Beispiel 1: [Balkendiagramm: Vorgang A vor Vorgang B] Gleiche zeitliche Lage der Vorgänge bei:

NF 3
AF 6
EF 7
SF 10

Beispiel 2: [Balkendiagramm: Vorgang A und B überlappend] Gleiche zeitliche Lage der Vorgänge bei:

NF -2
AF +1
EF +2
SF +5

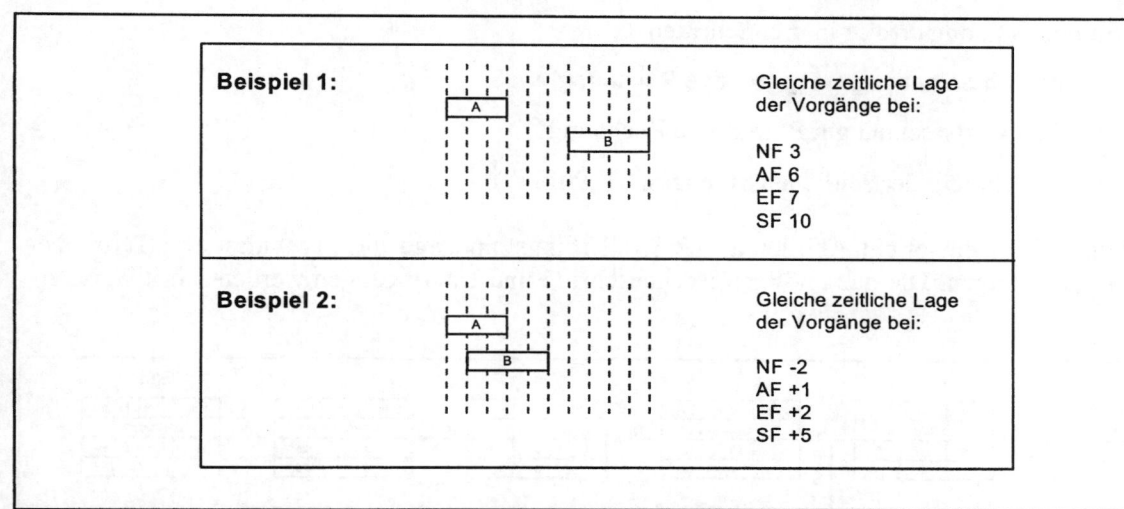

Abbildung 3.2-13: Äquivalente Anordnungsbeziehungen (Beispiele)

Grundsätzlich sollte die Anordnungsbeziehung gewählt werden, welche die Art der Beziehung inhaltlich und sachlogisch am besten ausdrückt. Komplizierte Verknüpfungen führen leicht zu Fehlern und sollten vermieden werden. Hinzu kommt, daß viele PM-Softwaresysteme nur eingeschränkte Möglichkeiten von Anordnungsbeziehungen bieten.

3.2.2.3.6 Bestimmung der Termine

Im nächsten Schritt soll der Beispiel-Netzplan (Abbildung 3.2-8) durch die Berechnung der Termine vom Ablaufplan in einen Terminplan überführt werden.

Normalerweise erfolgt diese Berechnung mit Hilfe von EDV-Programmen, die diese Arbeit dankenswerter Weise abnehmen. Hier wird jedoch anhand einiger einfacher Beispiele eine „manuelle" Berechnung vorgeführt, um die Arbeitsweise der Algorithmen kennenzulernen. Genauso wie ein Architekturstudent ein „Maurerpraktikum" absolvieren muß, sollte der Terminplaner die Grundlagen der Terminberechnung kennen, um die Ergebnisse interpretieren und auf Plausibilität prüfen zu können. „Unverständliche" Berechnungsergebnisse resultieren normalerweise nicht aus falschen EDV-Algorithmen, sondern aus nachlässig oder falsch definierten Anordnungsbeziehungen. **In keinem Fall nimmt uns auch das beste Software-Programm die Überlegungen zur Ablauflogik ab.**

Vorab benötigt man noch die Definition einiger Grundbegriffe der Terminplanung (DIN 69900):

Die **Dauer** eines Vorgangs ist die Zeitspanne zwischen Anfang und Ende eines Vorgangs. Als Zeiteinheit können Tage, Wochen, Monate, aber auch Stunden oder im Extremfall Minuten angegeben werden. *Dauer*

Ein **Zeitpunkt** ist ein festgelegter Punkt im Ablauf, dessen Lage durch Zeiteinheiten (z.B. Tage, Wochen) beschrieben und auf einen Referenzzeitpunkt (z.B. „Startzeitpunkt oder Endzeitpunkt des Projekts") bezogen wird. Bei den folgenden exemplarischen Berechnungen startet das Projekt zum Zeitpunkt „Null". *Zeitpunkt*

Ein **Termin** ist ein Zeitpunkt, der durch ein Kalenderdatum und/oder durch die Uhrzeit ausgedrückt wird. *Termin*

Sobald Ereignisse oder Vorgänge über einen (berechneten) Zeitpunkt oder Termin verfügen, stehen sie in einem zeitlichen Bezug zueinander und nehmen eine bestimmte zeitliche **Lage** in einem „Terminraster" ein. Die zeitliche Lage von Ereignissen und Vorgängen kann in einem **Balkendiagramm** dargestellt werden. Diese spezielle Art der graphischen Darstellung eines Terminplans wird später ausführlicher behandelt. *Lage*

Die Terminberechnung erfolgt in drei Schritten

- Vorwärtsrechnung („Progressive Rechnung")
- Rückwärtsrechnung („Retrograde Rechnung")
- Berechnung der zeitlichen Spielräume („Puffer")

Abbildung 3.2-14 entspricht Abbildung 3.2-8, allerdings sind nun die Ergebnisse der Terminberechnung eingetragen. Die dazu nötigen Rechenschritte und Überlegungen werden schrittweise erläutert.

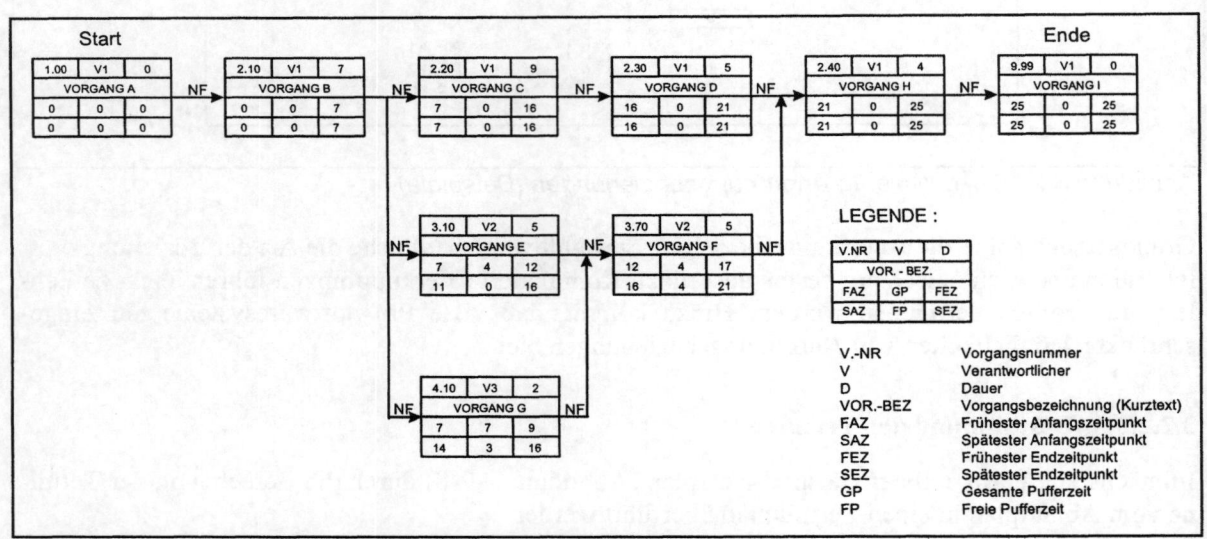

Abbildung 3.2-14: Beispiel-Netzplan 2 (Ermittlung der Zeitpunkte und zeitlichen Spielräume für Normalfolgen)

Vorab einige Anmerkungen: Für alle Vorgänge müssen die Vorgangsdauern (D) vorliegen. Wir führen unsere Berechnung mit „relativen" Terminen durch. (Zur Terminierung mit Kalenderterminen („Kalendrierung") (siehe Abschnitt 3.2.2.3.9) Unser Beispiel enthält zunächst nur Normalfolgen (NF) ohne zeitliche Abstände, d.h. MINZ=0.

Vorwärtsrechnung („Progressive Rechnung")

Die Vorwärtsrechnung beginnt beim Startereignis (Vorgang A) bzw. Startvorgang. Ziel ist die Berechnung der **Frühesten Zeitpunkte** aller Ereignisse und Vorgänge im Netzplan:

FZ	Frühester Zeitpunkt eines Ereignisses
FAZ	Frühester Anfangszeitpunkt eines Vorgangs bzw.
FAT	Frühester Anfangstermin eines Vorgangs
FEZ	Frühester Endzeitpunkt eines Vorgangs bzw.
FET	Frühester Endtermin eines Vorgangs

Für die Berechnung benötigen wir keine höhere Mathematik, sondern höchstens Übersicht, Geduld und manchmal gute Nerven.

3.2 Ablauf- und Terminmanagement

Vorgang A ist (als Start) ein Ereignis mit Dauer D=0, wird aber hinsichtlich der Rechenalgorithmen wie ein Vorgang behandelt. Deshalb bestimmen wir anstelle des FZ die Frühesten Anfangs- und Endzeitpunkte FAZ und FEZ. Die Vorwärtsrechnung startet am „Nullpunkt":

$$FAZ(A) = 0$$

$$FEZ(A) = 0 + D(A) = 0$$

Vorgang B: $\quad FAZ(B) = FEZ(A) = 0$

$$FEZ(B) = FAZ(B) + D(B) = 0 + 7 = 7$$

Vorgang C: $\quad FAZ(C) = FEZ(B) = 7$

$$FEZ(C) = FAZ(C) + D(C) = 7 + 9 = 16$$

Vorgang D: $\quad FAZ(D) = FEZ(C) = 16$

$$FEZ(D) = FAZ(D) + D(D) = 16 + 5 = 21$$

Vorgang H kann erst beginnen, wenn seine unmittelbaren Vorgänger D und F abgeschlossen sind. Wir müssen deshalb erst die Frühestzeitpunkte für E und F sowie G berechnen:

Vorgang E: $\quad FAZ(E) = FEZ(B) = 7$

$$FEZ(E) = FAZ(E) + D(E) = 7 + 5 = 12$$

Vorgang F kann erst beginnen, wenn beide Vorgänger E und G abgeschlossen sind. Wir berechnen also zunächst Vorgang G:

Vorgang G: $\quad FAZ(G) = FEZ(B) = 7$

$$FEZ(G) = FAZ(G) + D(G) = 7 + 2 = 9$$

Vorgang F: $\quad FAZ(F) = FEZ(E) = 12 \text{ oder } FAZ(F) = FEZ(G) = 9$

Der Vorgänger E ist erst zum Zeitpunkt 12 beendet, während Vorgänger G schon früher, nämlich zum Zeitpunkt 9, abgeschlossen ist. Ausschlaggebend für den Beginn von F ist demnach der Vorgang E. Sofern in einem Netzplan ein Nachfolger von mehreren Vorgängern abhängig ist, müssen wir bei der Vorwärtsrechnung das **Maximum aus allen Frühesten Endzeitpunkten aller Vorgänger** wählen:

$$FAZ(F) = Max(FEZ(E), FEZ(G)) = Max(12, 9) = 12$$

$$FEZ(F) = FAZ(F) + D(F) = 12 + 5 = 17$$

Nun können wir analog **Vorgang H** berechnen, der ja ebenfalls über zwei Vorgänger (D und F) verfügt:

$$FAZ(H) = Max(FEZ(D), FEZ(F)) = Max(21, 17) = 21$$

$$FEZ(H) = FAZ(H) + D(H) = 21 + 4 = 25$$

Vorgang I ist kein „echter Vorgang", sondern das **Zielereignis** unseres Terminplans. Rechentechnisch behandeln wir es aber wiederum als „Vorgang":

$$FAZ(I) = FEZ(H) = 25$$

$$FEZ(I) = FAZ(I) + D(I) = 25 + 0 = 25$$

Damit ist die Vorwärtsrechnung abgeschlossen. Wir haben die Frühesten Anfangszeitpunkte (FAZ) und die Frühesten Endzeitpunkte (FEZ) aller Vorgänge errechnet und erhalten als **Projektendzeitpunkt** den Zeitpunkt 25. Mit anderen Worten: das Projekt hat eine Projektdauer (Projektlaufzeit) von 25 Zeiteinheiten.

Rückwärtsrechnung („Retrograde Rechnung")

Die Rückwärtsrechnung beginnt beim Zielereignis (Vorgang I) bzw. Zielvorgang. Wir berechnen den Netzplan „vom Ende", um die **Spätesten Zeitpunkte** (bzw. Termine) aller Ereignisse und Vorgänge im Netzplan zu ermitteln:

SZ	Spätester Zeitpunkt eines Ereignisses
SAZ	Spätester Anfangszeitpunkt eines Vorgangs bzw.
SAT	Spätester Anfangstermin eines Vorgangs
SEZ	Spätester Endzeitpunkt eines Vorgangs bzw.
SET	Spätester Endtermin eines Vorgangs

Wir gehen analog wie bei der Vorwärtsrechnung vor, diesmal beginnend mit dem Zielereignis. Sie sollten die Ergebnisse unserer Rechenschritte wieder anhand von Abbildung 3.2-14 verfolgen.

Für unseren **Zielvorgang I** (der ja eigentlich ein Ereignis ist) haben wir in der Vorwärtsrechnung als Frühesten Endzeitpunkt FEZ(I) = 25 errechnet. Wir setzen nun anstelle des „Nullpunktes" als „Rückwärts-Startzeitpunkt" ein:

Vorgang I: $\quad SEZ(I) = FEZ(I) = 25$

$\quad\quad\quad\quad\quad\quad SAZ(I) = SEZ(I) - D(I) = 25 - 0 = 25$

Vorgang H: $\quad SEZ(H) = SAZ(I) = 25$

$\quad\quad\quad\quad\quad\quad SAZ(H) = SEZ(H) - D(H) = 25 - 4 = 21$

Vorgang D: $\quad SEZ(D) = SAZ(H) = 21$

$\quad\quad\quad\quad\quad\quad SAZ(D) = SEZ(D) - D(D) = 21 - 5 = 16$

Vorgang C: $\quad SEZ(C) = SAZ(D) = 16$

$\quad\quad\quad\quad\quad\quad SAZ(C) = SEZ(C) - D(C) = 16 - 9 = 7$

Für die Berechnung von **Vorgang B** benötigen wir nicht nur die Spätestzeitpunkte von C, sondern auch die Spätestzeitpunkte der unmittelbaren Nachfolger E und G sowie des „indirekten" Nachfolgers F. Wir machen deshalb mit Vorgang F weiter:

Vorgang F: $SEZ(F) = SAZ(H) = 21$

$SAZ(F) = SEZ(F) - D(F) = 21 - 5 = 16$

Vorgang E: $SEZ(E) = SAZ(F) = 16$

$SAZ(E) = SEZ(E) - D(E) = 16 - 5 = 11$

Vorgang G: $SEZ(G) = SAZ(F) = 16$

$SAZ(G) = SEZ(G) - D(G) = 16 - 2 = 14$

Nun können wir auch **Vorgang B** unter Berücksichtigung der Spätestzeitpunkte seiner Nachfolger C, E und G berechnen. Ausschlaggebend für SET(B) ist bei der Rückwärtsrechnung diesmal jedoch das **Minimum aus allen Spätesten Anfangszeitpunkten seiner Nachfolger**, also aus SAZ(C), SAZ(E) und SAZ(G).

$SEZ(B) = Min\ (SAZ(C), SAZ(E), SAZ(G)) = Min\ (7, 11, 14) = 7$

$SAZ(B) = SEZ(B) - D(B) = 7 - 7 = 0$

Vorgang A: $SEZ(A) = SAZ(B) = 0$

$SAZ(A) = SEZ(A) - D(A) = 0 - 0 = 0$

Damit ist auch die Rückwärtsrechnung abgeschlossen. Wir haben die Spätesten Anfangszeitpunkte (SAZ) und die Spätesten Endzeitpunkte (SEZ) aller Vorgänge errechnet, oder anders ausgedrückt, wir haben für jeden Vorgang die **früheste und späteste Lage** ermittelt. Als **Projektstartzeitpunkt** erhalten wir den Zeitpunkt 0.

3.2.2.3.7 Berechnung der zeitlichen Spielräume (Puffer)

Vergleichen wir (Abbildung 3.2-14) die frühesten und spätesten Zeitpunkte jedes einzelnen Vorgangs, so können wir feststellen:

- In der oberen Vorgangskette gibt es keine Differenz zwischen FAZ und SAZ bzw. FEZ und SET eines Vorgangs; eine Verzögerung, z.B. die Verlängerung eines Vorgangs, würde unweigerlich zu einer Verlängerung der gesamten Projektdauer führen.

- In der Vorgangskette E-F beträgt die Differenz zwischen den frühesten und spätesten Zeitpunkten eines jeden Vorgangs vier Zeiteinheiten; wir könnten z.B. den Vorgang F um vier Zeiteinheiten verlängern, ohne daß sich der Beginn des Vorgangs H verändern würde.

- Bei Vorgang G beträgt die Differenz zwischen FAZ und SAZ bzw. FEZ und SEZ sogar sieben Zeiteinheiten; wir haben hier einen zeitlichen Spielraum von sieben Zeiteinheiten in bezug auf den Beginn von Vorgang H.

Die aufgezeigten Spielräume können wir als „Gesamte Pufferzeit" oder „Gesamten Puffer" definieren (DIN 69900, Teil 1).

Gesamte Pufferzeit (GP)

Die **Gesamte Pufferzeit** (GP) ist die „Zeitspanne zwischen frühester und spätester Lage eines Ereignisses bzw. Vorgangs" (DIN 69900, Teil 1), d.h. Vorgänger befinden sich in frühester, Nachfolger in spätester Lage.

Allgemein gilt für einen Vorgang n:

$$GP_n = SAZ_n - FAZ_n = SEZ_n - FEZ_n$$

Für ausgewählte Vorgänge unseres Beispiels sieht das so aus:

$$GP(C) = SAZ(C) - FAZ(C) = 7 - 7 = 0$$

$$GP(C) = SEZ(C) - FEZ(C) = 16 - 16 = 0$$

Anlog errechnet sich für alle Vorgänge der oberen Kette ein GP = 0. Der Weg A-B-C-D-H-I ist der kritische Weg in unserem Netzplan. **Auf dem kritischen Weg liegen alle Vorgänge, bei denen die früheste und späteste zeitliche Lage übereinstimmen. Sie können nicht verschoben werden, ohne den Projektendtermin zu verändern.**

Für die Vorgangskette E-F erhalten wir als GP:

$$GP(E) = SAZ(E) - FAZ(E) = 11 - 7 = 4$$

$$\text{bzw.} = SEZ(E) - FEZ(E) = 16 - 12 = 4$$

$$GP(F) = SAZ(F) - FAZ(F) = 16 - 12 = 4$$

$$\text{bzw.} = SEZ(F) - FEZ(F) = 21 - 17 = 4$$

$$GP(G) = SAZ(G) - FAZ(G) = 14 - 7 = 7$$

$$\text{bzw.} = SEZ(G) - FEZ(G) = 16 - 9 = 7$$

In der Vorgangskette E-F hat jeder Vorgang einen Gesamtpuffer von vier Zeiteinheiten. Diese vier Zeiteinheiten **stehen aber als Puffer nur einmal zur Verfügung**. Werden sie z.B. von einem Vorgang in der Kette „aufgebraucht", so ist der Puffer auch für den anderen Vorgang „verbraucht". Würden wir z.B. Vorgang F um sechs Zeiteinheiten verlängern, ergäbe sich ein neuer kritischer Weg A-B-E-F-H-I und das Projektende würde um zwei Zeiteinheiten hinausgeschoben werden.

> *Mit anderen Worten: Der **Gesamtpuffer** ist die Zeitspanne, um die ein Vorgänger verschoben werden kann, bis er an die kritische Grenze „Spätester Anfangszeitpunkt des Nachfolgers" stößt. Salopp ausgedrückt: der Vorgänger kommt „gefährlich hautnah" an den Nachfolger heran. In der Projektpraxis besteht laufend die Gefahr, daß knappe Gesamtpuffer sehr schnell verbraucht werden und damit der Projektendtermin in Gefahr gerät.*

Eine weitere Pufferart, die „Freie Pufferzeit" oder „der Freie Puffer", hat angenehmere Eigenschaften für den Terminplaner:

Freie Pufferzeit (FP)

Die **Freie Pufferzeit** (FP) ist die „Zeitspanne, um die ein Ereignis bzw. Vorgang gegenüber seiner frühesten Lage verschoben werden kann, ohne die früheste Lage anderer Ereignisse bzw. Vorgänge zu beeinflussen" (DIN 69900, Teil 1).

Für Netzpläne mit Normalfolgen ohne Zeitabstände gilt vereinfacht:

$$FP(V) = FAZ(N) - FEZ(V)$$

wobei „V" den Vorgänger und „N" den Nachfolger bezeichnet.

Wir berechnen wieder den Freien Puffer für einige Vorgänge unseres Beispiel-Netzplans:

$$FP(C) = FAZ(D) - FEZ(C) = 16 - 16 = 0$$

Übrigens: Diese Berechnung hätten wir uns sparen können, da generell für alle Vorgänge auf dem kritischen Weg gilt: FP = 0.

Auf den nicht-kritischen Wegen sieht das folgendermaßen aus:

$$FP(E) = FAZ(F) - FEZ(E) = 12 - 12 = 0$$

$$FP(F) = FAZ(H) - FEZ(F) = 21 - 17 = 4$$

$$FP(G) = FAZ(F) - FEZ(G) = 12 - 9 = 3$$

Vorgang E hat einen freien Puffer FP = 0. Würden wir den Frühesten Endzeitpunkt (FEZ = 12) nur um eine Zeiteinheit hinausschieben, müßten wir auch den Frühesten Anfangszeitpunkt des Nachfolgers F um eine Zeiteinheit verschieben.

Vorgang F hat einen freien Puffer FP = 4. Wir können z.B. die Vorgangsdauer um vier Zeiteinheiten verlängern, ohne daß der Früheste Anfangszeitpunkt des Nachfolgers H betroffen ist. Allerdings sind FAZ(H) und SAZ (H) gleich, da Vorgang H auf dem kritischen Weg liegt. Eine Verlängerung der Vorgangsdauer von H um mehr als vier Zeiteinheiten würde also zu einer Verlängerung des Projekts führen.

Vorgang G hat einen freien Puffer FP = 3. Bei einer Verschiebung des Vorgangs G von drei Zeiteinheiten würden wir als neuen FEZ(G) = 12 erhalten und den Frühesten Anfangstermin des Nachfolgers FAZ(F) = 12 nicht gefährden.

*Mit anderen Worten: Der **freie Puffer** ist die Zeitspanne, um die ein Vorgang aus seiner frühesten Lage verschoben werden kann, bis er an die Grenze „Frühester Anfangszeitpunkt des Nachfolgers" stößt. Wieder salopp ausgedrückt: der Vorgänger respektiert die „Intimsphäre" des Nachfolgers. Freie Puffer können ausgenutzt werden, ohne das Projektende in Gefahr zu bringen. Zum Leidwesen des Terminplaners kommen Freie Puffer leider relativ selten vor.*

Zur Veranschaulichung des Ergebnisses bietet sich die Darstellungsform des **Balkendiagramms** (Balkenplan) an. In Abbildung 3.2-15 sind alle Vorgänge in ihrer frühesten und spätesten Lage im Zeitablauf eingetragen und über die Anordnungsbeziehungen (Pfeile) verknüpft. Zusätzlich sind die Gesamtpuffer und die Freien Puffer skizziert. Der Leser möge sich nochmals das Resultat unserer schweißtreibenden Arbeit vergegenwärtigen und insbesondere die Auswirkungen beim Verbrauch von Puffern bzw. bei der Verlängerung von Vorgangsdauern durchdenken.

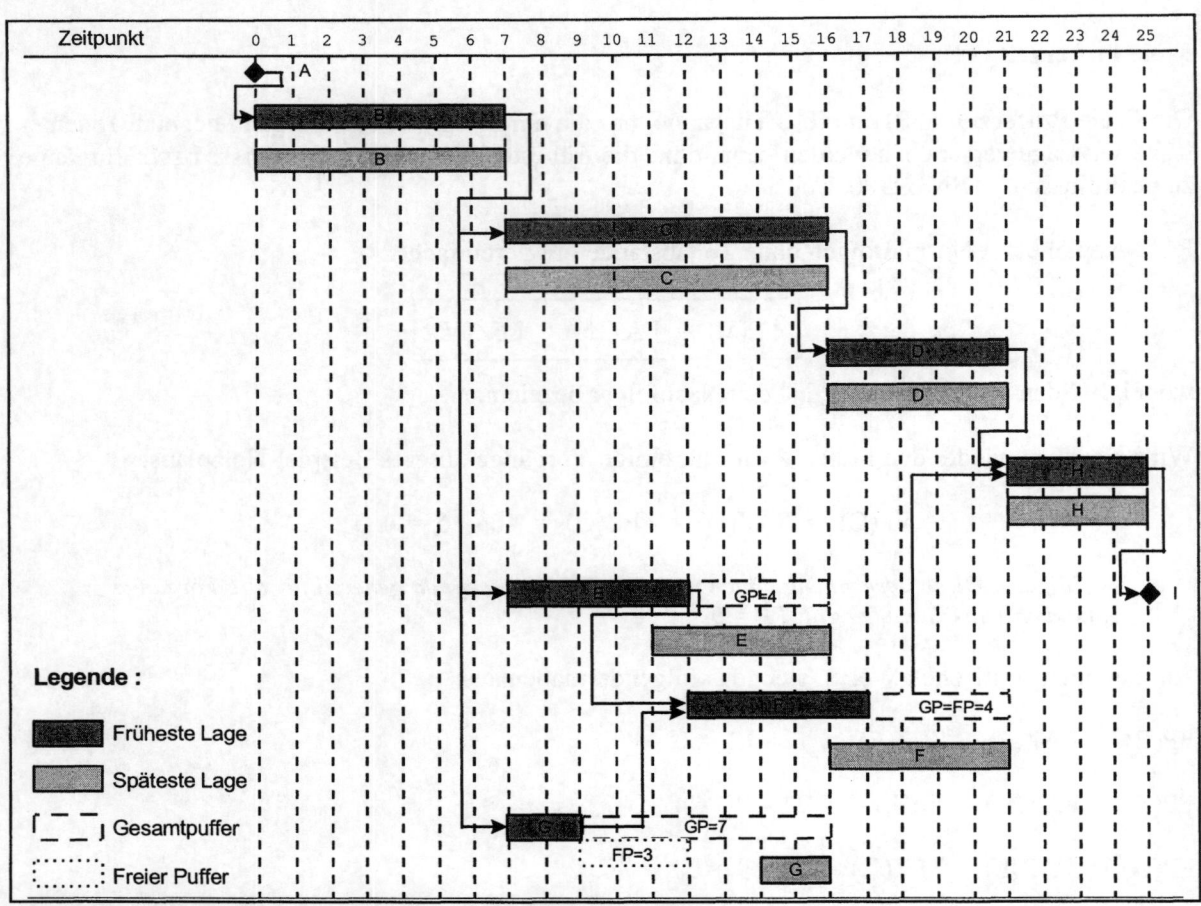

Abbildung 3.2-15: Balkendiagramm zu Netzplanbeispiel 2

3.2.2.3.8 Bestimmung von Zeitpunkten und Puffern bei Netzplänen mit unterschiedlichen Typen von Anordnungsbeziehungen und zeitlichen Abständen

Bisher haben wir in unserem Beispiel-Netzplan nur Normalfolgen, jedoch keine Anfangs- und Endfolgen oder zeitliche Abstände verwendet. Dies soll nun im folgenden modifizierten Netzplan (Abbildung 3.2-16) geschehen. Wir verzichten lediglich auf Sprungfolgen, da sie in der Praxis kaum verwendet werden.

Wir arbeiten wieder mit der Formeldarstellung, um die Rechenschritte nachvollziehbar zu machen. Der interessierte Leser sollte jedoch auch versuchen, mit gesundem Menschenverstand und dem Wissen der vorherigen Abschnitte die Berechnung mit einfachen Überlegungen durchzuführen.

Vorwärtsrechnung

Wir starten bei **Vorgang A**, der diesmal kein Ereignis, sondern ein „echter" Vorgang (mit der Dauer 3) ist:

$$FAZ(A) = 0$$

$$FEZ(A) = FAZ(A) + D(A) = 0 + 3 = 3$$

Vorgang B: AF0, Anfangsfolge mit MINZ = 0

$$FAZ(B) = FAZ(A) + MINZ = 0 + 0 = 0$$

$$FEZ(B) = FAZ(A) + D(B) = 0 + 7 = 7$$

3.2 Ablauf- und Terminmanagement

Vorgang C: NF-2, Normalfolge mit MINZ = -2

$$FAZ(C) = FEZ(B) + MINZ = 7 + (-2) = 5$$

$$FEZ(C) = FAZ(C) + D(C) = 5 + 10 = 15$$

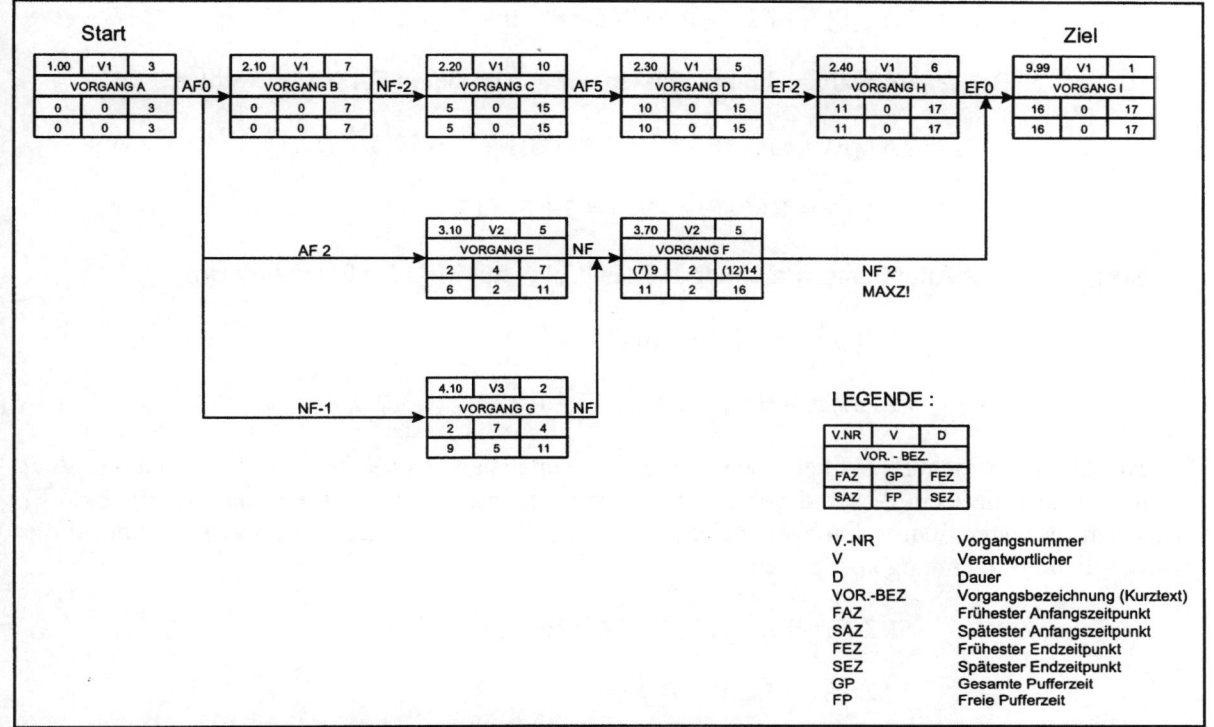

Abbildung 3.2-16: Beispiel-Netzplan 3 (Ermittlung der Zeitpunkte und der zeitlichen Spielräume für unterschiedliche Anordnungsbeziehungen)

Vorgang D: AF5, Anfangsfolge mit MINZ = 5

$$FAZ(D) = FAZ(C) + MINZ = 5 + 5 = 10$$

$$FEZ(D) = FAZ(D) + D(D) = 10 + 5 = 15$$

Vorgang H: EF2, Endfolge mit MINZ = 2

$$FEZ(H) = FEZ(D) + MINZ = 15 + 2 = 17$$

$$FAZ(H) = FEZ(H) - D(H) = 17 - 6 = 11$$

Vorgang I: Wir benötigen zuerst die frühesten Zeitpunkte aller Vorgänger:

Vorgang E: AF2, Anfangsfolge mit MINZ = 2

$$FAZ(E) = FAZ(A) + MINZ = 0 + 2 = 2$$

$$FEZ(E) = FAZ(E) + D(E) = 2 + 5 = 7$$

Vorgang G: NF-1, Normalfolge mit MINZ = -1

$$FAZ(G) = FEZ(A) + MINZ = 3 + (-1) = 2$$

$$FEZ(G) = FAZ(G) + D(G) = 2 + 2 = 4$$

Vorgang F: Aus Anordnungsbeziehung E-F (Normalfolge mit MINZ = 0) erhalten wir:

$$FAZ(F) = FEZ(E) + MINZ = 7 + 0 = 7$$

Aus Anordnungsbeziehung G-F (Normalfolge mit MINZ = 0) ergibt sich:

$$FAZ(F) = FEZ(G) + MINZ = 4 + 0 = 4$$

Bei der Vorwärtsrechnung müssen wir den größeren FAZ-Wert wählen:

$$FAZ(F) = Max\ (FAZ(E), FAZ(G)) = Max\ (7,4) = 7$$

$$FEZ(F) = FAZ(F) + D(F) = 7 + 5 = 12$$

Vorgang I: Aus Anordnungsbeziehung H-I (Endfolge mit MINZ = 0) erhalten wir:

$$FEZ(I) = FEZ(H) + MINZ = 17 + 0 = 17$$

$$FAZ(I) = FEZ(I) - D(I) = 17 - 1 = 16$$

Die Anordnungsbeziehung F-I hat einen maximalen Zeitabstand MAXZ=2, d.h. zwischen den Vorgängen I und F darf ein Abstand von zwei Zeiteinheiten nicht überschritten werden. Für FEZ(F) haben wir im ersten Schritt den Wert 12 erhalten (s.o.). Wir müssen deshalb im zweiten Schritt die ursprüngliche Berechnung korrigieren:

$$FEZ(F) = FAZ(I) - MAXZ = 16 - 2 = 14$$

$$FAZ(F) = FEZ(F) - D(F) = 14 - 5 = 9$$

Damit wurde Vorgang F an Vorgang I „herangezogen".

Sofern die Korrektur zu einem kleineren FAZ(F) als der im ersten Schritt errechnete Wert geführt hätte, müßten wir rückwirkend auch die Zeitpunkte aller Vorgänger von F überprüfen und den Netzplan neu berechnen.

Rückwärtsrechnung

Vorgang I: $SEZ(I) = FEZ(I) = 17$

$SAZ(I) = SEZ(I) - D(I) = 17 - 1 = 16$

Vorgang H: $SEZ(H) = SEZ(I) - MINZ = 17 - 0 = 17$

$SAZ(H) = SEZ(H) - D(H) = 17 - 6 = 11$

Vorgang D: $SEZ(D) = SEZ(H) - MINZ = 17 - 2 = 15$

$SAZ(D) = SEZ(D) - D(D) = 15 - 5 = 10$

Vorgang C: $SAZ(C) = SAZ(D) - MINZ = 10 - 5 = 5$

$SEZ(C) = SAZ(D) + D(C) = 5 + 10 = 15$

3.2 Ablauf- und Terminmanagement

Vorgang B: $SEZ(B) = SAZ(C) - MINZ = 5 - (-2) = 7$

$SAZ(B) = SEZ(C) - D(C) = 7 - 7 = 0$

Vorgang F: Der maximale Zeitabstand MAXZ=2 zwischen Vorgang I und F darf bei der Vorwärtsrechnung nicht überschritten werden, aber er darf unterschritten werden! Wir können SAZ(I) direkt als SEZ(F) übernehmen:

$SAZ(I) = SEZ(F) = 16$

$SAZ(F) = SEZ(F) - D(F) = 11$

Vorgang E: $SEZ(E) = SAZ(F) - MINZ = 11 - 0 = 11$

$SAZ(E) = SEZ(E) - D(E) = 11 - 5 = 6$

Vorgang G: $SEZ(G) = SAZ(F) - MINZ = 11 - 0 = 11$

$SAZ(G) = SEZ(G) - D(E) = 11 - 2 = 9$

Da offenkundig der kritische Weg über A-B-C-D-H-I verläuft, können wir uns die Untersuchung der Anordnungsbeziehungen A-E und A-G ersparen. Auf diesem Weg sind die Frühest- und Spätestzeitpunkte der Vorgänge identisch und für alle Vorgänge der Gesamtpuffer GP = 0 sowie der Freie Puffer FP=0.

Für die verbleibenden Vorgänge errechnet sich:

$GP(F) = SAZ(F) - FAZ(F) = 11 - 9 = 2$

$FP(F) = FAZ(I) - FEZ(F) = 16 - 14 = 2$

Der Vorgang F könnte sich um zwei Zeiteinheiten verzögern. Damit würde er an Vorgang I heranrücken, ohne dessen Frühesten (und gleichzeitig Spätesten) Anfangszeitpunkt zu gefährden. In diesem Falle würde der maximal erlaubte Zeitabstand zwischen F und I (MAXZ = 2) nicht über-, sondern unterschritten.

Für die Vorgänge E und G ergeben sich Gesamtpuffer und freie Puffer:

$GP(E) = SAZ(E) - FAZ(E) = 6 - 2 = 4$

$FP(E) = FAZ(F) - FEZ(E) = 9 - 7 = 2$

$GP(G) = SAZ(G) - FAZ(G) = 9 - 2 = 7$

$FP(G) = FAZ(F) - FEZ(G) = 9 - 4 = 5$

Das Rechnen mit „Zeiteinheiten" erleichtert die Darstellung der Berechnungsschritte und ist Basis für die Terminierung eines Netzplans. Normalerweise interessiert den Terminplaner nicht ein bestimmter „relativer" Zeitpunkt, sondern das genaue Kalenderdatum oder gar die Uhrzeit, wann eine Aktivität durchzuführen ist. Im folgenden Abschnitt befassen wir uns mit der Kalendrierung und den Möglichkeiten, projektspezifische Kalender zu verwenden.

3.2.2.3.9 Kalendrierung

Grundlage für die Kalendrierung ist der **Gregorianische Kalender**, der unser tägliches Leben bestimmt. Für die Projektarbeit stehen aber, von Ausnahmen abgesehen, nicht 365 bzw. 366 Tage im Jahr zur Verfügung, sondern je nach Einzelfall verwendet man

- **Betriebskalender**, meist mit fortlaufender Numerierung der Arbeitstage („Betriebstage"), beginnend am ersten Arbeitstag des Kalenderjahres,
- **Projektkalender**, die abweichend vom Betriebskalender nur „echte" Projekt-Arbeitstage enthalten,
- **Schichtkalender**, in denen zwei oder drei Arbeitsschichten pro Arbeitstag berücksichtigt werden,
- **Wochenkalender**, bei denen die Terminierung in „Kalenderwochen" erfolgt und unterstellt wird, daß eine Arbeitswoche aus fünf bzw. sechs Arbeitstagen besteht,
- **Stundenkalender**, die eine Terminierung mit Stundengenauigkeit ermöglichen,
- **Persönlicher Arbeitskalender**, der die individuellen Arbeitszeiten eines Projektmitarbeiters enthält.

Abbildung 3.2-17 zeigt beispielhaft einen Ausschnitt aus einem Projekt- und Betriebskalender (DIN 6900, Teil 1).

Wochentag	Fr	Sa	So	Mo	Di	Mi	Do	Fr	Sa	So	Mo	Di	Mi
Projekttag	1	-	-	2	3	-	4	5	-	6	7	8	9
Betriebstag	183	-	-	184	185	186	187	188	-	-	189	190	191
Kalendertag	7.12.	8.12.	9.12.	10.12.	11.12.	12.12.	13.12.	14.12.	15.12.	16.12.	17.12.	18.12.	19.12.

Abbildung 3.2-17: Projekt- und Betriebskalender (nach DIN 69900, Teil 1)

Definition des Projektkalenders

Bei den EDV-gestützten Projektplanungssystemen können individuelle Projektkalender definiert werden. Grundlage ist der Gregorianische Kalender, der alle Tage des Jahres enthält und durch Eliminierung arbeitsfreier Tage angepaßt wird. Z.B. können folgende Kalender generiert werden:

- Kalender für 5-, 6- oder 7-Tage-Woche,
- Kalender ohne Samstage und Sonntage sowie ohne gesetzliche Feiertage; dies kann dazu führen, daß der Projektkalender von Bundesland zu Bundesland differiert,
- Kalender, in dem (zusätzlich) die Werksferien oder die im Baugewerbe übliche Winterpause als Arbeitstage eliminiert werden.

Verwenden wir bei der Terminierung die Zeiteinheit „Arbeitstag", so kann der Ausführungszeitraum eines Vorgangs zwischen Beginn (Anfangsdatum) und Ende (Enddatum) in Abhängigkeit von der Kalenderdefinitition erheblich differieren. In Abbildung 3.2-18 ist dieser Sachverhalt skizziert.

3.2 Ablauf- und Terminmanagement

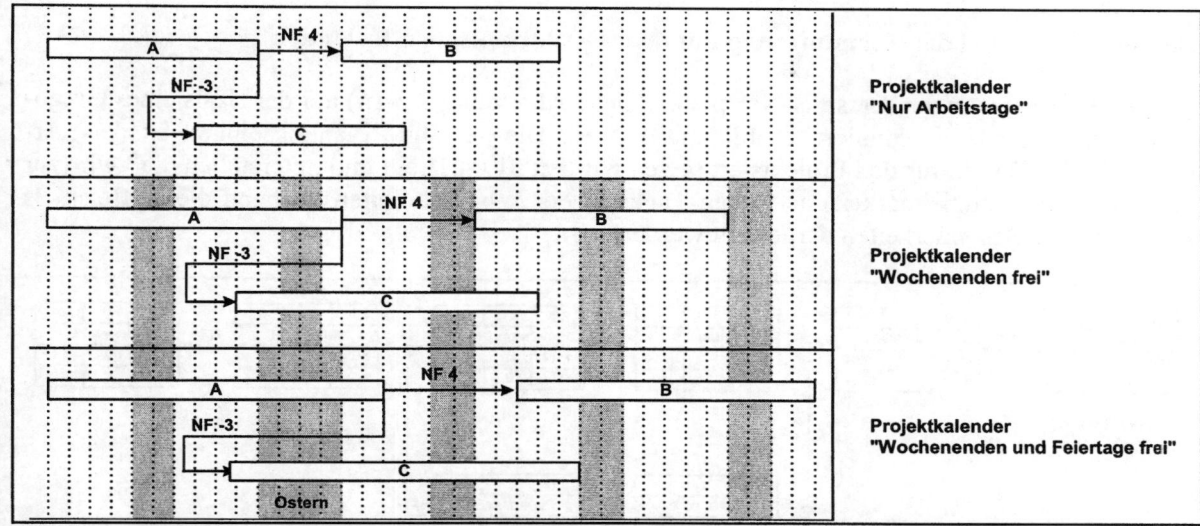

Abbildung 3.2-18: Zeitliche Ausdehnung von Vorgängen bei verschiedenen Projektkalendern

Eine generelle Problematik wird sichtbar. Durch Wochenenden oder sonstige arbeitsfreie Tage werden Vorgänge in ihrem kontinuierlichen Ablauf unterbrochen. In diesem Fall ist durch den Terminplaner zu prüfen, ob eine **Unterbrechung** technisch möglich ist. Beispielsweise wird man Betonierarbeiten nicht an einem Freitag beginnen und am Montag fortsetzen. Hier kann durch Setzen eines fixen Anfangstermins (siehe unten) Abhilfe geschaffen werden.

Bei der Zeiteinheit „Woche" unterstellen die Projektbeteiligten, wie bereits oben erwähnt, in der Regel ein Arbeitspensum von fünf Arbeitstagen. Falls die Zeitangaben im Ablaufplan im ersten Schritt in Tagen angegeben wurden, ist bei der Umrechnung in Wochen zu hinterfragen, ob es sich tatsächlich um Arbeitstage einer 5-Tage-Woche handelt.

Die Wahl der Planungseinheit „Stunde" oder „Minute" ist in der Praxis kaum gebräuchlich und birgt die Gefahr einer „Scheingenauigkeit" in Verbindung mit einem erheblichen Planungs- und Überwachungsaufwand in sich. Ein Anwendungsbeispiel, bei dem eine minutiöse Planung erforderlich ist, sind z.B. die Revisionsarbeiten bei einem Kernkraftwerk. Hier müssen unter Berücksichtigung der Strahlenbelastung Wartungsarbeiten exakt terminiert werden.

Verwendung mehrerer Kalender in einem Projekt

Sind die Arbeiten innerhalb eines Projektes auf mehrere Regionen oder Länder verteilt oder können bestimmte Projektarbeiten nur zu bestimmten Jahreszeiten durchgeführt werden, kann es erforderlich sein, mehrere Kalender in einem Netzplan zu verwenden.

Beispiel 1: Die Projektierung und Fertigung einer Anlage erfolgt im Bundesland Bayern, die Montage jedoch in Saudi Arabien.

Beispiel 2: Der Terminplan für Planung und Bau eines Bürohochhauses beinhaltet auch Pflanzarbeiten für eine Grünanlage.

Im ersten Fall wird den Vorgängen für die Projektierung und Fertigung ein „Bayerischer Kalender", für die Montagearbeiten ein „Arabischer Kalender" zugeordnet. Im zweiten Fall wird für die Pflanzarbeiten ein eigener Kalender generiert, der eine pflanzfreie Winterpause berücksichtigt.

Besonderheiten bei der Terminierung mit dem Gregorianischen Kalender

Wir haben unseren ersten Beispiel-Netzplan 2 (siehe Abbildung 3.2-14) auf der Basis eines Gregorianischen Kalenders terminiert (Abbildung 3.2-19). Die gewählte Planungseinheit ist der „Arbeitstag". Als Datum für den Projektstart setzen wir den 01.04.JJ ein und unterstellen, daß wir (zur leichteren Nachvollziehbarkeit) an sieben Tagen in der Woche arbeiten. Anhand dieses Beispiels können einige Besonderheiten dargestellt werden.

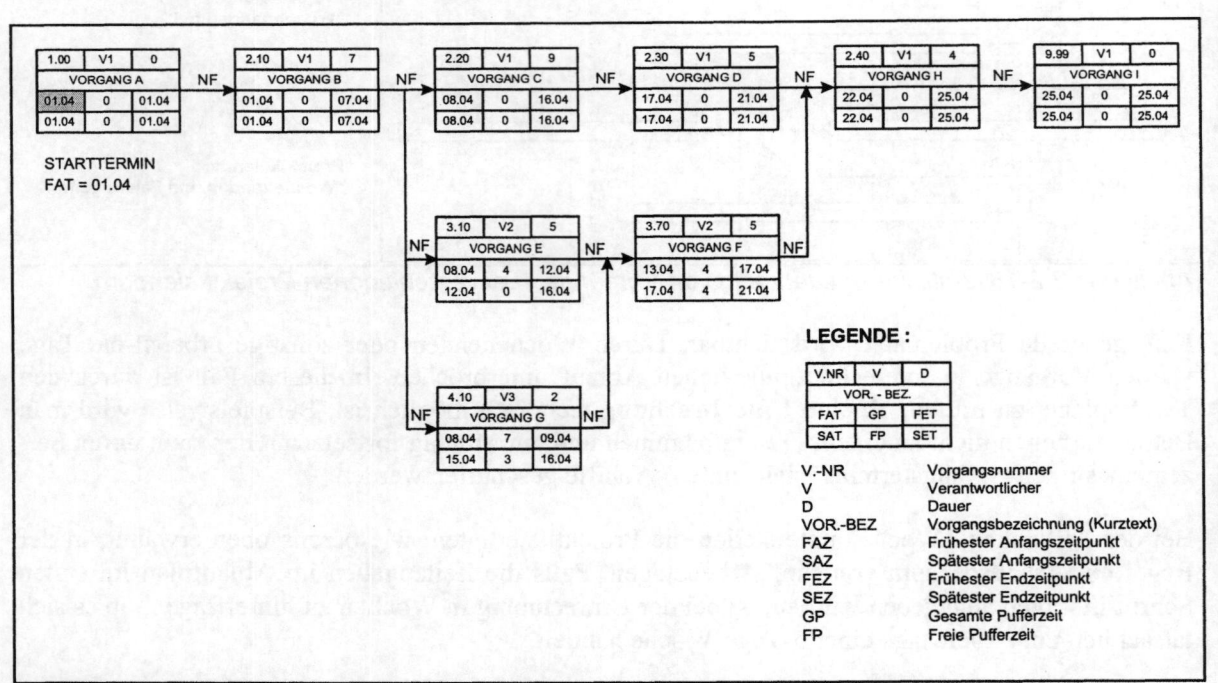

Abbildung 3.2-19: Beispiel-Netzplan 4 (Terminierung mit Gregorianischem Kalender)

Behandlung von Ereignissen

Unser Ereignis („Vorgang" A) startet am 01.04.JJ. Ein Ereignis „verbraucht" keine Zeit (Dauer = 0) und endet somit ebenfalls am 01.04.JJ. Die rechentechnische Behandlung von Ereignissen ist bei den EDV-gestützten Projektplanungssystemen uneinheitlich. Es gibt z.B. Programme (ARTEMIS), bei denen ein Ereignis um 0.00 Uhr beginnt und vor seinem Beginn um 24.00 Uhr endet (z.B. Anfangstermin 01.01.97, 0.00 Uhr, Endtermin 31.12.96, 24.00 Uhr). Diese eher kuriose Definition kann ohne Kenntnis des speziellen Systems zur Verunsicherung bei der Analyse der Terminberechnung führen.

Behandlung von Vorgängen

Da das Startereignis A keine Zeit verbraucht, beginnt die erste Tätigkeit im Projekt, Vorgang B, ebenfalls am 01.04.JJ. Ein Vorgang beginnt um 0.00 Uhr eines Tages und endet um 24.00 Uhr, unabhängig davon, ob wir z.B. implizit eine Arbeitszeit von acht Stunden pro Tag annehmen.

Demzufolge endet Vorgang B am 07.04.JJ und Vorgang C beginnt am nächsten Tag, dem 08.04.JJ.

Vorgang C dauert vom 08.04.JJ bis 16.04.JJ, also entsprechend der Vorgangsdauer neun Arbeitstage. Im Zweifel hilft hier die „Finger-Abzählmethode". Der Leser möge die weitere Terminberechnung nachvollziehen.

3.2 Ablauf- und Terminmanagement

Gesetzte Termine

In unserem letzten Beispiel (Abbildung 3.2-19) haben wir einen fixen Starttermin (01.04.JJ) gesetzt. Die einzelnen Projektplanungssysteme erlauben in unterschiedlicher Weise die Verwendung **gesetzter Termine**. Dabei wird zwischen festen Terminen und Wunschterminen differenziert:

- Für jeden Vorgang im Netzplan, also nicht nur für den Startvorgang, können feste Früheste Anfangstermine (FAT) oder feste Späteste Anfangstermine (SAT) angegeben werden. Ein fester Anfangstermin wird bei der Vorwärtsrechnung in jedem Falle berücksichtigt und ist dominant gegenüber einem Anfangstermin, der sich aufgrund der Termine seiner Vorgänger errechnet.

Fester Anfangstermin

   Beispiel zu Abbildung 3.2-20, Beispiel 1: Die Vorwärtsrechnung ergibt für Vorgang C einen FAT=11.04.JJ. Der gesetzte FAT=15.04.JJ dominiert und führt bei der Rückwärtsrechnung zu Puffern für die Vorgänge A und B.

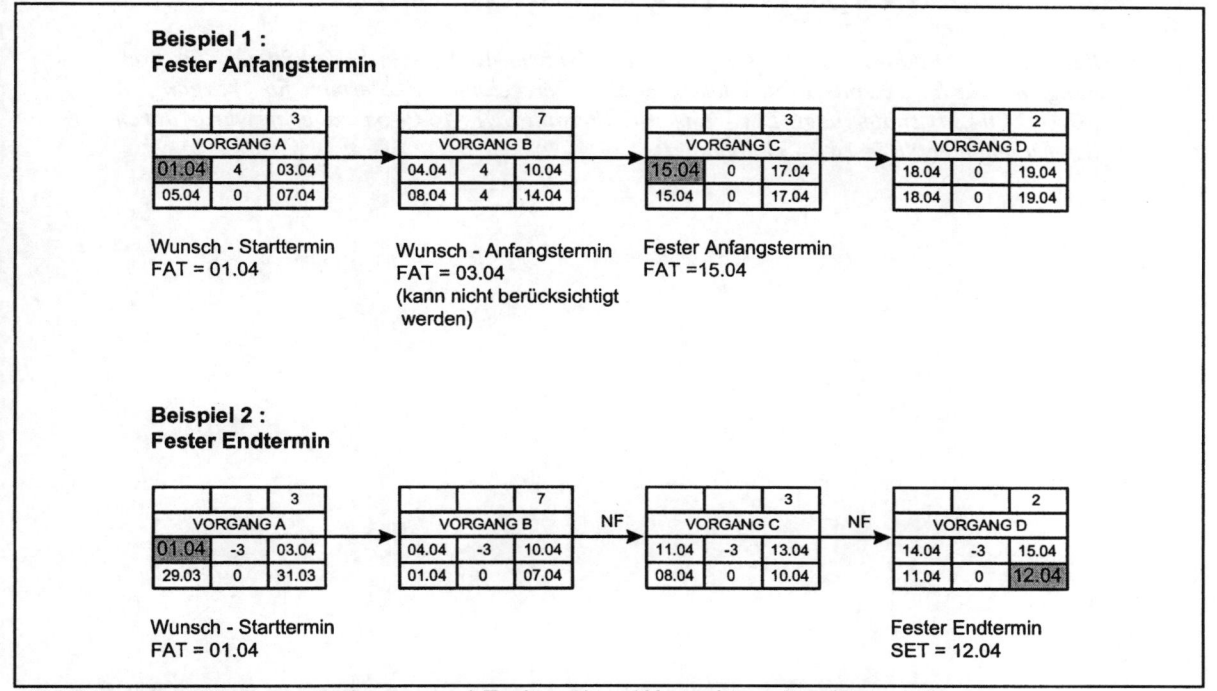

Abbildung 3.2-20: Feste Anfangs- und Endtermine, Wunschtermine (Beispiel)

- Analog kann für jeden Vorgang auch ein fester Frühester Endtermin (FET) oder ein fester Spätester Endtermin definiert werden. Der Vorgang muß an diesem Tag enden, auch wenn eine „normale" Berechnung z.B. zu einem späteren Endtermin führen würde.

Fester Endtermin

   *Beispiel zu Abbildung 3.2-20, Beispiel 2: Ein gesetzter fester Spätester Endtermin des Zielvorgangs D (SET=12.04.JJ) liegt früher als der bei der Vorwärtsrechnung errechnete Früheste Endtermin (FET=15.04.JJ). Unser Projekt müßte also früher fertig sein, als dies aufgrund der Zeitvorgaben und Anordnungsbeziehungen für die einzelnen Vorgänge möglich ist. Bei der Rückwärtsrechnung wird der feste Endtermin berücksichtigt und führt zu einem früheren Projektbeginn als ursprünglich geplant. Die „Spätesttermine" liegen vor den „Frühestterminen". Gleichzeitig erhalten wir für alle Vorgänge einen **negativen Gesamtpuffer**. Im Klartext: Wir können unser Projekt nur termingerecht abschließen, wenn wir früher als ursprünglich geplant beginnen oder wir müssen versuchen, auf dem gesamten Weg A-B-C-D mindestens drei Tage einzusparen.*

In der Praxis sind **Negativpuffer** das **absolute Warnzeichen**, um Maßnahmen zur Gegensteuerung einzuleiten, wenn die Vorgänge mit negativem Gesamtpuffer in der Vergangenheit liegen. Umgekehrt kann der Planer vor Projektbeginn durch das Setzen fester Termine die als besonders kritisch erwarteten Abläufe „abklopfen" und alternative Terminsituationen simulieren.

Wunsch-Anfangstermin

- Für jeden Vorgang im Netzplan, mit Ausnahme des Startvorgangs, kann ein Wunsch-Anfangstermin (FAT) angegeben werden. Dieser Termin wird bei der Vorwärtsrechnung berücksichtigt, wenn die Vorgänger unter Beachtung ihrer Anordnungsbeziehungen diesen Termin zulassen. Der Vorgang darf nicht früher, kann aber später anfangen.

  Beispiel zu Abbildung 3.2-20, Beispiel 1: Ein Wunsch-Anfangstermin für FAT=03.04.JJ für Vorgang B kann bei der Vorwärtsrechnung nicht berücksichtigt werden. Vorgang B kann frühestens am 04.04.JJ beginnen. Ein späterer Wunsch-Anfangstermin, z.B. der 07.04.JJ, wäre möglich. Zwischen dem Ende von A (FET=03.04.JJ) und dem Wunsch-Beginn von B (FAT=07.04.JJ) enstünde dann eine „Wartezeit" von vier Tagen, d.h. der Gesamtpuffer von Vorgang A erhöht sich nochmals um vier Tage auf insgesamt neun Tage.

Wunsch-Endtermin

- Für jeden Vorgang im Netzplan, mit Ausnahme der Start- und Zielvorgänge, kann ein Wunsch-Endtermin SET angegeben werden. Der Wunsch-Endtermin wird bei der Rückwärtsrechnung berücksichtigt, wenn die Nachfolger unter Beachtung ihrer Anordnungsbeziehungen diesen Termin zulassen. Der Vorgang darf nicht später, kann aber früher enden.

  Beispiel zu Abbildung 3.2-20, Beispiel 1: Ein Wunsch-Endtermin SET=12.04.JJ für Vorgang B würde akzeptiert, da der „regulär" errechnete Endtermin für Vorgang B (SET=14.04.JJ) später liegt. Ein Wunsch-Endtermin SET=16.04.JJ dagegen würde durch den errechneten SET=14.04.JJ dominiert.

3.2.3 Techniken zum Aufbau und zur Bearbeitung von Netzplänen

In den Abschnitten 3.2.1.1 und 3.2.1.2 wurden die einzelnen Schritte der Netzplanerstellung und die Ableitung des Ablaufplans aus dem Projektstrukturplan beschrieben. Im folgenden werden zunächst praktische Hinweise zur Erstellung „einfacher" Netzpläne gegeben und Techniken zum Aufbau und zur Bearbeitung komplexer Netzpläne beschrieben.

3.2.3.1 Grundlegende Schritte bei der Netzplanerstellung

3.2.3.1.1 Schrittweise Detaillierung

In Abschnitt 3.2.1.2 wurde der Weg vom Projektstrukturplan zum Ablaufplan beschrieben. Dabei wurde bereits deutlich, daß der Übergang vom Arbeitspaket zum Vorgang in der Praxis fließend ist („1:1-Beziehung", „1:n-Beziehung", „m:1-Beziehung") und von der Interpretation des Netzplanerstellers abhängt. Grundsätzlich gilt **„So grob wie möglich - so fein wie notwendig"**.

Als einige wesentliche Kriterien für den Detaillierungsgrad seien genannt:

- **Kenntnisstand über den Projektablauf:**

  Zu Beginn des Projekts liegen meist nur relativ grobe Informationen über den Projektablauf vor. Dementsprechend entsteht zunächst ein „Grobterminplan" (vgl. Abschnitt 3.2.3.4), der schrittweise mit zunehmendem Kenntnisstand detailliert werden kann. Eine frühzeitige Detaillierung auf der Basis unsicherer Annahmen führt zu einem erhöhten Änderungsaufwand im späteren Projektverlauf.

- **Phasenorientierte Detaillierung:**

  Bei einem Projekt mit langer Projektdauer (z.B. mehr als ein Jahr), das zudem phasenorientiert abläuft, werden zunächst nur die Abläufe der ersten Phase detailliert geplant. Kurz vor Beginn der zweiten Phase beginnt man mit der Detaillierung der zweiten Phase usw. Diese Vorgehensweise folgt, wie oben beschrieben, dem Kenntnisstand über den Projektablauf und verhindert sowohl ein frühzeitiges „Aufblähen" des Netzplans als auch unnötigen Aufwand in einer frühen Phase des Projekts (siehe Abschnitt 3.2.3.4).

- **Einfachheit und Handhabbarkeit:**

  Nach dem Prinzip „So grob wie möglich - so fein wie notwendig" ist darauf zu achten, keine unnötige Komplexität in das Projekt „hineinzuinterpretieren" und in „Detaillierungswut" zu verfallen. Ohne Selbstdisziplin des Netzplanerstellers kann die Zahl der Vorgänge und Anordnungsbeziehungen sehr schnell wachsen und die Handhabbarkeit (z.B. Aktualisierungs- und Pflegeaufwand) des Netzplans erschweren.

- **Zielbestimmung des Netzplans:**

  Grundsätzlich ist zu fragen, für wen der Netzplan bestimmt ist:
  - für die Überwachung und Steuerung von Terminen, Einsatzmitteln und Kosten im operativen Bereich ist eine hohe Detaillierung notwendig („Feinnetzplan");
  - für Projektleiter, Unternehmensleitung, Auftraggeber/Kunde genügen verdichtete Informationen („Grobnetzplan, Rahmennetzplan").

- **Zweckbestimmung des Netzplans:**

  Die Frage des Detaillierungsgrades kann auch wesentlich von der Zweckbestimmung abhängen:

  - **Zweckbestimmung „Terminplanung, -überwachung und -steuerung":** Hier gilt der Grundsatz, „Was man nicht mehr überwachen kann, braucht auch nicht weiter detailliert zu werden". Vorgänge sind inhaltlich so zu definieren, daß die Vorgangsdauer überschaubar, d.h. möglichst kurz, ist. Vorgänge, die Monate oder gar Jahre dauern, sind in kontrollierbare Abschnitte aufzusplitten.

  - **Zweckbestimmung „Ablaufplanung":** Verfolgt man das Ziel, vor allem in der Planungsphase des Projekts die exakten Abläufe zu analysieren und abzubilden, gelangt man zu einem hohen Detaillierungsgrad. Für die Terminplanung müssen dann die Abläufe in der Regel wieder verdichtet werden, um die Forderung nach Überwachbarkeit zu erfüllen (siehe oben).

  - **Zweckbestimmung „Planung, Überwachung und Steuerung von Einsatzmitteln und/oder Kosten":** Wird der Netzplan nicht nur zur Terminplanung, sondern auch für die Einsatzmittel- und Kostenplanung und -verfolgung eingesetzt (siehe Kapitel 3.3 und 3.4), so sollte sich der Detaillierungsrad an dem Prinzip „Nicht Äpfel mit Birnen vermischen" orientieren.

Ein Vorgang sollte nach Möglichkeit so definiert werden, daß

- dem Vorgang nur eine bestimmte Einsatzmittelart (z.B. Qualifikation von Mitarbeitern) zugeordnet wird; eine Einsatzmittelart kann jedoch bei Bedarf auf (theoretisch) beliebig viele Vorgänge aufgesplittet werden;

- dem Vorgang nur Kosten einer bestimmten Kostenart, Kostengruppe o.ä. zugeordnet werden; die Möglichkeit der Aufsplittung auf mehrere Vorgänge besteht analog wie bei den Einsatzmitteln;

- Vorgänge nach bestimmten Auswertungskriterien selektiert oder verdichtet werden können.

Bei der Auflistung der Kriterien zur Detaillierung wird deutlich, daß die Vorgehensweise im wesentlichen von der Zweck- und Zielbestimmung ausgeht und entsprechende Prioritätsüberlegungen vor der Festlegung der Vorgänge zu treffen sind. In Abschnitt 3.2.3.4 wird die Vorgehensweise der schrittweisen Detaillierung nochmals vertieft.

3.2.3.1.2 Einfache Arbeitstechniken zur Netzplanerstellung

Die Aufgabe, einen Ablaufplan „zu Papier" bzw. „in den Rechner" zu bringen, fällt unerfahreneren Projektmitarbeitern erfahrungsgemäß schwer. Die folgenden Hinweise sollen die Arbeit erleichtern.

Arbeitspaketbeschreibung als Grundlage
Sofern die Projektstrukturierung konsequent durchgeführt wurde (vgl. Kapitel 3.1), liegen mit den **Arbeitspaketbeschreibungen** gleichzeitig die Vorgangsbeschreibungen („1:1-Beziehung") vor. Je weiter die Projektstruktur „heruntergebrochen" wurde, um so leichter fällt die Festlegung der Vorgangsinhalte und damit die Definition der Vorgänge. Als weiteres Hilfsmittel kann die „Projektmatrix" (vgl. Abschnitt 3.2.1.2) eingesetzt werden.

Zusammenarbeit mit den Projektbeteiligten
Die Erstellung des Ablaufplanes sollte in enger **Zusammenarbeit mit den Projektbeteiligten** (Teilprojektleiter, Projektteammitglieder, Planer, Fachabteilung, Lieferanten/Subunternehmer etc.) erfolgen. Die Festlegung der Anordnungsbeziehungen erfordert die entsprechende Fachkompetenz der Ausführenden. Die Klärung der kritischen Schnittstellen zwischen Teilprojekten, Systemteilen,

3.2 Ablauf- und Terminmanagement

Gewerken o.ä. kann am besten durch Diskussion mit den Ausführungsverantwortlichen erreicht werden. Die Einbindung der projektbeteiligten internen und externen Stellen ist Grundvoraussetzung für eine realistische Ablauf- und Terminplanung und die Akzeptanz des daraus resultierenden Soll-Terminplans.

Als Vorstufe bei der Erstellung eines Ablaufplans kann die Aufstellung einer „**Vorgangssammelliste**", meist kurz „Vorgangsliste" genannt, empfohlen werden (Abbildung 3.2-21). Sie enthält die Vorgänge in sachlogischer Reihenfolge mit Bezug zu den Nachfolgern (und/oder Vorgängern) sowie die Anordnungsbeziehungen einschließlich den Zeitabständen.

Vorgangs-(sammel)liste

Vorgangs nummer	Vorgangsbeschreibung	Dauer	Vorgänger AOB / Zeitabstand	Nachfolger AOB / Zeitabstand	evtl. weitere Angaben über Kosten und Einsatzmittel
1	Grobplanung	10t	-	2	
2	Detailplanung	15t	1	3	
3	Vergabe - Verhandlungen	5t	2	4	
4	Ausführungsplanung	15t	3	5	
5	Beschaffung	10t	4	6 NF -5	
6	Fertigung Teil 1 + Teil 2	20t	15 NF -5	7 AF 10	
7	Montage Mechanik - Teil 1	20t	6 AF 10	8	
8	Montage Elektrik - Teil 1	10t	7	9	
9	Inbetriebsetzung - Teil 1	15t	8	13	
10	Montage Mechanik - Teil 2	20t	6	11 NF 5	
11	Montage Elektrik - Teil 2	10t	10 NF 5	12	
12	Inbetriebsetzung - Teil 2	15t	11	13	
13	Verbundtest Teil 1 + Teil 2	20t	12; 9	14; 15	
14	Schulung 2	15t	13	16	
15	Probebetrieb	20t	13	16	
16	Abnahme	0t	15; 14	-	

Abbildung 3.2-21: Vorgangssammelliste / Vorgangsliste

Die Vorgänge können auf (**Metaplan-)Karten** geschrieben und nach der Ablauflogik gelegt bzw. auf einer Pinwand plaziert werden. Im Verlauf einer Diskussion mit den Projektbeteiligten (siehe oben) lassen sich die Abläufe so lange variieren und neue Vorgänge einfügen, bis der endgültige Netzplan verabschiedet werden kann.

Kartentechnik

Beim Aufstellen eines Ablaufplans mit Bleistift und Papier fällt es vielen Menschen leichter, die Vorgänge als **Balken in ein Zeitraster** zu zeichnen und in logischer Abfolge aufzureihen und zu verknüpfen, anstatt die eher abstrakte Form der „Netzplankästchen-Darstellung" zu wählen. Da das Balkendiagramm ja nur eine andere Form der Netzplandarstellung ist, kann diese Vorgehensweise empfohlen werden.

Entwurf als Balkenplan

Zahlreiche **Softwarewerkzeuge** bieten bereits Unterstützung bei der Projektgliederung und bilden den oben beschriebenen Erstellungsprozeß ab. Beispielsweise kann zunächst die Vorgangsliste „als strukturierter Text" eingegeben werden. Nach Eingabe der Vorgangsdauern werden Balken mit entsprechender Länge im Zeitraster generiert, die anschließend durch „Ziehen mit der Maus" und „Mausklick" miteinander verknüpft werden können. Ausführliche Hinweise zur „Softwareunterstützung im Projekt" finden sich im Kapitel 4.9.

Softwareunterstützung

3.2.3.2 Teilnetztechnik

Bei einem Projekt mit einer geringen Zahl von Projektmitarbeitern und einer Laufzeit von wenigen Monaten kann der Ablaufplan mit einfachen Techniken, wie sie im vorausgehenden Abschnitt 3.2.3.1 skizziert wurden, zu Projektbeginn erstellt werden. Bei komplexen Projekten ist zu empfehlen, den Netzplan sinnvollerweise in **Teilnetze** zu gliedern.

Ein **Teilnetzplan** (TNP) umfaßt nur einen Teil eines Projekts und steht mit anderen Teilnetzplänen desselben Projektes strukturell in Verbindung (DIN 69900, Teil 1). Die Teilnetztechnik basiert auf zwei Schritten:

1. Separate Erstellung von Teilnetzen

2. Zusammenfügung der Teilnetze zu einem **Gesamtnetzplan** durch Verknüpfung der Teilnetze.

Die Gliederung in Teilnetze orientiert sich an den Gliederungsprinzipien der Projektstrukturierung (siehe Kapitel 3.1). Demnach sind mögliche Kriterien u.a. die. Gliederung nach:

- Teilaufgaben oder Arbeitspaketen
- Projektphasen
- Organisationseinheiten
- funktionalen Gesichtspunkten

Bei einer „gemischtorientierten" Projektstruktur können demnach auch Teilnetze eines Gesamtnetzplans nach unterschiedlichen Gliederungsaspekten gebildet werden.

Beispiel 1: Der Gesamtnetzplan für die Entwicklung eines Softwarepaketes ist phasenorientiert und enthält die Teilnetze „Analyse", „DV-Grobkonzept", „DV-Feinkonzept", „Realisierung", „Installation", „Integrationstest" usw.

*Beispiel 2: Der Gesamtnetzplan für ein Projekt „Automatisierung eines Hochregallagers" beinhaltet **pro technischer Komponente** („Regalanlage", „Fördertechnik" usw.) **je ein Teilnetz pro Phase** (... „Planung", „Beschaffung", „Montage" usw.). Dieses Beispiel wurde bereits in Abschnitt 3.2.1.2 (Abbildung 3.2-3) bei der Beschreibung der „Projektmatrix" vorgestellt.*

Die Teilnetztechnik bietet eine Reihe von Vorteilen:

- Teilnetze können (zunächst) separat und unabhängig voneinander erstellt, bearbeitet, optimiert und berechnet werden. Im Hinblick auf die Verknüpfung zu anderen Teilnetzen innerhalb des Projekts ist hier bei isolierter Betrachtung allerdings große Vorsicht geboten.

- Die Gliederung in Teilnetze erhöht die Transparenz des Gesamtprojekts.

- Teilnetze erleichtern die Selektion von Informationen. Jede (teil-) projektverantwortliche Person oder Organisationseinheit kann jeweils gezielt Informationen über **ihren** Bereich erhalten.

- Teilnetze erleichtern den Aufbau von Netzplanhierarchien (Feinnetzplan pro Teilaufgabe, Rahmennetzplan für das Gesamtprojekt) und unterstützen die Informationsverdichtung (siehe dazu Abschnitt 3.2.3.4).

- Abläufe in einzelnen Teilnetzen, die in ähnlicher Weise häufig wiederkehren, können standardisiert werden („Standardnetzpläne" siehe Abschnitt 3.2.3.3).

3.2.3.3 Standardnetzplantechnik

Nach DIN 69901 ist ein Projekt ein „Vorhaben, das im wesentlichen durch Einmaligkeit der Bedingungen... gekennzeichnet ist". In der Praxis werden jedoch in vielen Unternehmen Projekte oder bestimmte Abläufe innerhalb eines Projekts mit Wiederhol-Charakter durchgeführt. Analog zur Verwendung von Standardstrukturplänen (vgl. Kapitel 3.1) können Standardnetzpläne nach dem Projektstart neu entwickelt oder aus den Ablaufplänen abgeschlossener Projekte herausgefiltert werden. Somit können wertvolle Erfahrungen und Erkenntnisse aus der Vergangenheit für zukünftige Projekte genutzt und der Aufwand für die Ablaufplanung erheblich reduziert werden.

> *Beispiel 1: Für einen neu entwickelten Kraftwerkstyp, der künftig mehrfach verkauft und gebaut werden soll, werden pro Anlagenmodul Standardnetzpläne (Teilnetzpläne) entwickelt.*

> *Beispiel 2: In großen Bauvorhaben ist **pro** Bauabschnitt/Gewerk **ein** Ausschreibungs- und Vergabeverfahren durchzuführen. Der Prozeß der Ausschreibung und Vergabe ist in der Regel stets gleich und kann deshalb standardisiert werden.*

Abbildung 3.2-22 zeigt schematisch das Prinzip der Standardnetzplantechnik sowie der Teilnetztechnik.

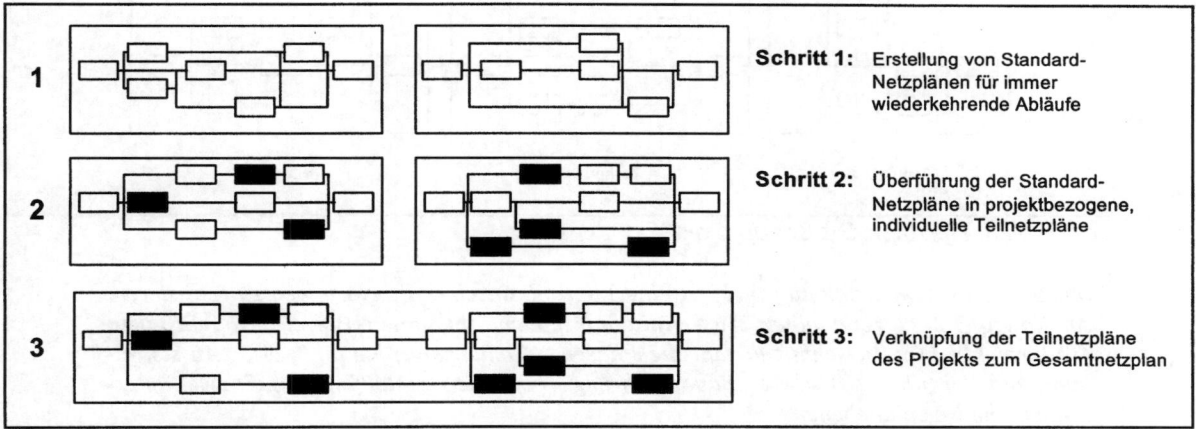

Abbildung 3.2-22: Teilnetz- und Standardnetzplantechnik

In Schritt 1 werden zunächst Standard-Teilnetzpläne entwickelt. Im zweiten Schritt erfolgt die Anpassung der Standardabläufe an die konkreten Erfordernisse des Projekts. Beispielsweise müssen einzelne Vorgänge weiter detailliert (d.h. gesplittet) oder projektspezifische Vorgänge, die nicht im Standard enthalten sind, hinzugefügt werden. Im dritten Schritt werden die projektbezogenen, individuellen Teilnetze zum Gesamtnetzplan verknüpft.

Die Vorgehensweise, durch Zusammenfügen projektspezifischer und/oder standardisierter Teilnetzpläne einen Gesamtnetzplan zu erzeugen, entspricht dem Prinzip der **„Bottom-Up-Generierung"**. Umgekehrt ist es möglich, vergleichbar mit einer „Variantenstückliste", einen Standardnetzplan aufzubauen, der eine Übermenge aller projektspezifischen Vorgänge enthält.

> *Beispiel: Für die Projektabwicklung „Airbus-Ausstattungsmontage" wurde pro Flugzeugtyp ein Ablaufplan für die Montage entwickelt, der alle möglichen Ausstattungsvarianten enthält. Für eine konkrete Bestellung durch eine Fluggesellschaft werden alle „Vorgangsketten" für Ausstattungsvarianten, die nicht gefordert sind, entfernt. Auf diese Weise kann die Arbeitsvorbereitung in kürzester Zeit einen komplexen Ablaufplan zur Verfügung stellen.*

Die Vorgehensweise, aus einer Übermenge von standarisierten Abläufen einen projektspezifischen Ablaufplan zu erzeugen, kann als **„Top-Down-Generierung"** bezeichnet werden.

3.2.3.4 Netzplanverfeinerung und Netzplanverdichtung

Grobterminplan versus Feinterminplan

Die Frage nach dem Detaillierungsgrad wurde bereits in Abschnitt 3.2.3.1.1 diskutiert. Gewöhnlich gilt der Grundsatz **„Vom Groben ins Feine"**. Andererseits werden für die Berichterstattung, insbesondere für höhere Managementebenen, verdichtete Informationen (Termindaten, Kapazitätsbedarf, Kosten) benötigt. Die dazu erforderlichen Techniken der **„Netzplanverfeinerung"** und der **„Netzplanverdichtung"** werden im folgenden anhand eines Beispiels herausgearbeitet.

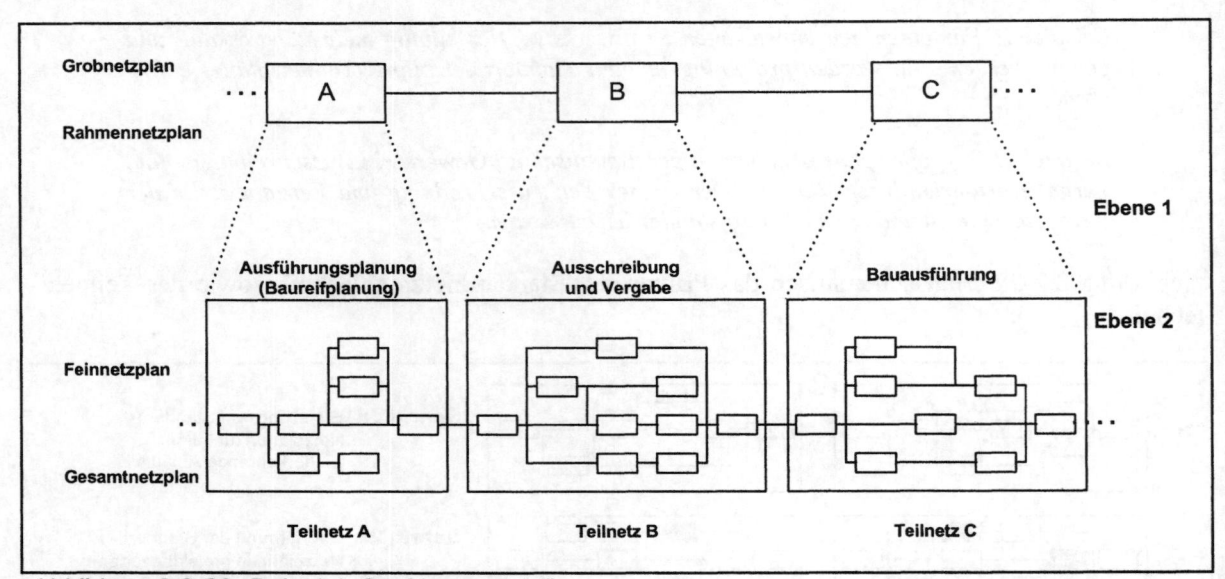

Abbildung 3.2-23: Beispiel „Großbauprojekt"

> *Beispiel: In einem Großbauprojekt ist eine Vielzahl einzelner Bauvorhaben zu realisieren. Abbildung 3.2-23 zeigt **einen Ausschnitt** aus einem Ablaufplan **für ein Bauvorhaben** (Teilprojekt). Der Ausschnitt umfaßt die Phasen „Ausführungsplanung" (A), „Ausschreibung und Vergabe" (B) sowie „Bauausführung" (C). Die Darstellung umfaßt zwei unterschiedliche Netzplanebenen:*

Obere Ebene:
Grobnetzplan /
Rahmennetzplan

Zu Beginn des Projekts liegen nur relativ grobe Informationen über den gesamten Projektablauf vor. Auf der Basis dieser Informationen wird zunächst ein **Grobnetzplan** erstellt. Bezogen auf den Ausschnitt unseres Teilprojekts enthält der Grobnetzplan nur die Vorgänge A, B und C.

Die Summe aller verknüpften Vorgänge des Gesamtprojekts in der oberen Ebene ergibt den **„Rahmennetzplan"** oder **„Rahmenterminplan"**. Er steht während der gesamten Projektlaufzeit als Steuerungs- und Überwachungsinstrument für die Projektleitung, Unternehmensleitung und/oder Projektauftraggeber zur Verfügung.

Untere Ebene:
Feinnetzplan /
Gesamtnetzplan

Die untere Ebene besteht gedanklich zu Projektbeginn ebenfalls nur aus den „Grobvorgängen" A, B und C. Rechtzeitig vor Beginn der Ausführungsplanung wird Vorgang „A" detailliert und in das Teilnetz A überführt. Während der Ausführungsplanung kann das Teilnetz B aufgebaut werden und mit den Detailkenntnissen der Phase A schließlich das Teilnetz C für die Bauausführung erstellt werden. Mit Beginn der Phase B ist die Phase A abgeschlossen. Damit wird das Teilnetz A nicht mehr benötigt und kann im **Feinnetzplan** zum ursprünglichen Grobvorgang „A" verdichtet werden. Der Vorgang „A" übernimmt somit im Feinnetzplan die Rolle eines Stellvertreters für ein abgearbeitetes Teilnetz.

Analog kann das Teilnetz B zu einem Vorgang „B" rückverdichtet werden, sobald die Auschreibung und Vergabe abgeschlossen ist usw.

3.2 Ablauf- und Terminmanagement

Die Summe aller verknüpften Teilnetze aller Bauvorhaben des Gesamtprojekts ergibt den (detaillierten) **Gesamtnetzplan**. In der Praxis ist allerdings davon auszugehen, daß die Verknüpfung zwischen den Teilnetzen nicht immer, wie in der Abbildung dargestellt, durch eine einfache Beziehung realisiert werden kann. Beispielsweise müssen logische Verbindungen zu mehreren Teilnetzen anderer Teilprojekte berücksichtigt werden, oder mehrere Vorgänge eines Teilnetzes sind mit Vorgängen eines anderen Teilnetzes zu verbinden.

Die oben skizzierte Vorgehensweise beim Aufbau eines Feinnetzplans bietet den Vorteil, daß die Zahl der Vorgänge im Gesamtnetzplan bei umfangreichen oder langlaufenden Projekten nicht ins Unermeßliche ansteigt und der Gesamtnetzplan überschaubar und bearbeitbar bleibt.

Bei sehr großen Projekten ist es denkbar, eine **Netzplanhierarchie über mehr als zwei Ebenen** aufzubauen. In der Praxis wird dies jedoch meist in Hinblick auf den enormen Pflegeaufwand vermieden.

Langfristige Sollvorgabe versus Aktualität

Im Vorgriff auf die Thematik der Terminplanaktualisierung und des Soll-Ist-Vergleichs von Terminen (Kapitel 3.7) soll hier eine Problematik angesprochen werden, die mit Hilfe der Netzplanebenen „Rahmennetzplan" und „Feinnetzplan" gelöst werden kann, nämlich die „**Dualität zwischen Stabilität und Aktualität**".

Einerseits ist es das Ziel der Projektsteuerung, vorgegebene Soll-Termine einzuhalten; andererseits gibt es im Projektgeschehen fast täglich Änderungen des geplanten Ablaufs und der Termine. Müßte dann nicht auch bei einer Aktualisierung des Terminplans innerhalb kurzer Zeitintervalle laufend das „Soll" angepaßt werden? Dies würde der Aufgabe der Projektsteuerung entgegenstehen, kurzfristig aufgetretene Störungen durch geeignete mittel- und langfristige Maßnahmen auszugleichen.

Darüber hinaus benötigen ausführende Stellen (z.B. Abteilungen, Lieferanten, Sub-Auftragnehmer), die erst in einigen Wochen oder Monaten Aufgaben im Projekt übernehmen, eine **mittel- und langfristige Planungs- und Dispositionssicherheit hinsichtlich** ihres zeitlichen Einsatzes und der benötigten Kapazitäten.

Umgekehrt besteht eine wichtige Aufgabe der Projektsteuerung darin, so schnell wie möglich aktuelle Ist-Meldungen einzuholen, zu verarbeiten und **kurzfristig** zu **reagieren**. Die Lösung des Problems liegt in der Aufgabenverteilung zwischen Rahmenterminplan und Feinnetzplan:

- **Rahmenterminplan als Sollvorgabe für Termine**

  Der Rahmenterminplan ist Träger der (verdichteten) Soll-Termine und liefert die Soll-Vorgabe für die mittel- und langfristige Disposition von Terminen. Die Fortschreibung und damit die Änderung des Soll erfolgt in möglichst großen Zeitabständen auf der Basis sicherer Informationen über die zukünftige Projektentwicklung. Sind allerdings Soll-Termine im Rahmenterminplan offenkundig unerreichbar bzw. „uneinholbar" überschritten, so ist eine Korrektur des Soll nötig, um die Glaubwürdigkeit und Akzeptanz der Terminplanung nicht zu gefährden.

- **Feinnetzplan als aktueller Ist-Zustand**

  Die Vorgänge im Feinnetzplan werden permanent oder zyklisch auf der Basis der Rückmeldungen aktualisiert. Der Feinnetzplan zeigt demnach den jeweils aktuellen Ist-Zustand des Projekts.

  Er übernimmt die Rolle einer „Soll-Vorgabe" für den kurzfristigen Zeitraum bis zur nächsten Aktualisierung.

- **Soll-Ist-Vergleich auf der Basis verdichteter Informationen**

Verwendet man, wie in Abbildung 3.2-23 dargestellt, zwei Netzplanebenen, so bietet es sich an, Soll-Ist-Vergleiche auf der oberen Ebene durchzuführen. Dazu benötigt man eine „Kopie" des Soll-Rahmennetzplans. Die Ist-Anfangs- und Endtermine eines Teilnetzes des Feinnetzplans werden in den korrespondierenden „Grobvorgang"der Rahmennetzplan-Kopie (mit Hilfe eines Softwareprogramms) verdichtet. Auf diese Weise kann ein Soll-Ist-Vergleich mit verdichteten Terminen erfolgen. Bei Abweichungen von Endterminen („Meilensteine") einzelner Teilnetze können Detailinformationen durch die Analyse der aktualisierten Vorgänge im Feinnetzplan gewonnen werden.

3.2.3.5 Meilenstein-Netzplantechnik

Meilensteine sind als „Schlüsselereignisse" (DIN 69900, Teil 2) Ereignisse von besonderer Bedeutung und markieren Eckpunkte im Projekt, z.B. der Beginn oder Abschluß eines Arbeitspaketes, einer Projektphase oder eines „Review-Punktes" für Entscheidungsgremien.

Eine spezielle Form von „Meilenstein-Netzplänen" haben wir mit dem Ereignisknoten-Netzplan EKN (Abschnitt 3.2.2) kennengelernt. Wie im Beispiel zur Netzplanberechnung (Abschnitt 3.2.2.3.6, Abbildung 3.2-14) gezeigt, können Meilensteine auch problemlos in Vorgangsknoten-Netzplänen VKN integriert werden. Wir beschränken uns im folgenden auf die Meilensteintechnik beim Einsatz von Vorgangsknoten-Netzplänen:

- **Meilenstein-Netzpläne**

Die im Vorgangsknoten-Netzplan integrierten Meilensteine können herausgelöst und zu einem „Meilenstein-Netzplan" verknüpft werden. Dabei entsteht das Problem, daß die Verknüpfungen (Anordnungsbeziehungen) die häufig komplexen sachlogischen Beziehungen im Feinnetzplan nur annähernd abbilden können. Sie sind **Ersatzanordnungsbeziehungen** „zwischen... Ereignissen, welche die bei der Netzplanverdichtung nicht mehr ausgewiesene Wege repräsentieren" (DIN 69900, Teil 1).

- **Meilenstein-Liste**

Sieht man vom Vorteil der Visualisierung der Abhängigkeiten mittels Ersatzanordnungsbeziehungen ab, gibt es keinen anderen Grund, Ersatzanordnungsbeziehungen zu verwenden. Man kann die Meilensteine (EDV-unterstützt) aus dem Gesamtnetzplan selektieren und als **Meilenstein-Liste** ausgeben. Die selektierten Meilensteine sind Basis für die **Meilenstein-Trendanalyse** (Kapitel 3.7).

3.2.4 Darstellungsformen der Ablauf- und Terminplanung (Auswahl)

Bisher haben wir als Darstellungsform für Ablauf- und Terminpläne den Netzplan sowie das Balkendiagramm gewissermaßen als „Rohform" kennengelernt. Moderne EDV-Werkzeuge bieten vielfältige Möglichkeiten der tabellarischen und grafischen Darstellung. Nun sollen die wichtigsten Formen vorgestellt werden.

3.2.4.1 Netzplan

Die Darstellungsform „Netzplan" (vgl. Abbildung 3.2-19) ist eine wichtige Arbeitsunterlage für den Ablauf- und Terminplaner. Er wird jedoch häufig bei netzplanunkundigen Projektbeteiligten (Projektleiter, Auftraggeber, Kunde, Unternehmensleitung) als „abstrakt" und „unübersichtlich" empfunden und stößt deswegen auf Ablehnung. Der Netzplan sollte deshalb im Regelfall nicht nach außen gegeben werden bzw. nicht als „Terminplan" bei Besprechungen oder Berichten eingesetzt werden.

3.2.4.2 Balkendiagramm (Balkenplan)

Die Darstellungsform „Balkendiagramm„ (Abbildung 3.2-24) kommt dem Wunsch nach Visualisierung der Abläufe und Termine sehr entgegen.

Nr.	Vorgangsname	Dauer	Früh. Anf.	Früh. End.	Spät. Anf.	Spät. End.	Vorgänger
1	Grobplanung	10t	03.02.97	14.02.97	03.02.97	14.02.97	
2	Detailplanung	15t	17.02.97	07.03.97	17.02.97	07.03.97	1
3	Vergabe - Verhandlungen	5t	10.03.97	14.03.97	10.03.97	14.03.97	2
4	Ausführungsplanung	15t	17.03.97	04.04.97	17.03.97	04.04.97	3
5	Beschaffung	10t	07.04.97	18.04.97	07.04.97	18.04.97	4
6	Fertigung Teil 1 + Teil 2	20t	14.04.97	09.05.97	14.04.97	09.05.97	5EA-5t
7	Montage Mechanik - Teil 1	20t	28.04.97	23.05.97	05.05.97	30.05.97	6AA+10t
8	Montage Elektrik - Teil 1	10t	26.05.97	06.06.97	02.06.97	13.06.97	7
9	Inbetriebsetzung - Teil 1	15t	09.06.97	27.06.97	16.06.97	04.07.97	8
10	Montage Mechanik - Teil 2	20t	12.05.97	06.06.97	12.05.97	06.06.97	6
11	Montage Elektrik - Teil 2	10t	02.06.97	13.06.97	02.06.97	13.06.97	10EA-5t
12	Inbetriebsetzung - Teil 2	15t	16.06.97	04.07.97	16.06.97	04.07.97	11
13	Verbundtest Teil 1 + Teil 2	20t	07.07.97	01.08.97	07.07.97	01.08.97	12;9
14	Schulung	15t	04.08.97	22.08.97	11.08.97	29.08.97	13
15	Probebetrieb	20t	04.08.97	29.08.97	04.08.97	29.08.97	13
16	Abnahme	0t	29.08.97	29.08.97	29.08.97	29.08.97	15;14

Abbildung 3.2-24: Darstellungsform „Vernetztes Balkendiagramm"

Balkenpläne, auch „Gantt-Diagramme" genannt, werden immer noch heute häufig „händisch", d.h. ohne Netzplantechnik im Hintergrund, gezeichnet, um die zeitliche Abfolge von Vorgängen darzustellen. In diesem Fall werden die Abhängigkeiten zwischen den Vorgängen explizit nicht berücksichtigt und auf die Vorzüge der Netzplantechnik verzichtet.

Die moderne Netzplantechnik-Software verfügt über vielfältige Möglichkeiten, die Ergebnisse der Ablauf- und Terminplanung, also die „Netzplan-Inhalte", als vernetztes Balkendiagramm darzustellen.

Beispielsweise können

- Vorgänge in frühester und spätester Lage sowie Puffer,
- Stichtagslinie zum Aktualisierungszeitpunkt,
- Vorgänge „Abgearbeitet", „In Arbeit", „Noch nicht begonnen",
- Vorgänge mit „Soll-Terminen" und „Ist-Terminen"

dargestellt werden.

Bei großen Terminplänen kann allerdings bei vernetzten Balkendiagrammen die Ausgabe sämtlicher Anordnungsbeziehungen sehr schnell zu einer unübersichtlichen, überfrachteten Darstellung führen. Es ist dann abzuwägen, ob man dann nur die wichtigsten Beziehungen sichtbar macht oder die Ausgabe vollständig unterdrückt.

Das obige Beispiel (Abbildung 3.2-24) zeigt eine Kombination von Terminliste (Vorgangsliste) und vernetztem Balkendiagramm. Die Bezeichnung der Anordnungsbeziehungen (EA = Ende-Anfang, AA = Anfang-Anfang) ist nicht DIN-gerecht.

3.2.4.3 Zeit-Wege-Diagramm

Eine spezielle Form der Darstellung von Abläufen und Terminen ist das „**Linien-Diagramm**". Für das Liniendiagramm werden auch die Bezeichnungen „Zeit-Leistungs-Diagramm" oder „Zeit-Wege-Diagramm" verwendet. Besonders geeignet ist die Darstellungsart für die Planung und Kontrolle kontinuierlicher und an eine Strecke gebundener Arbeitsvorgänge. Aufgaben also, deren Arbeitsfortschritt in einer Geschwindigkeit („Länge pro Zeiteinheit") ausgedrückt werden kann. Es findet in der Praxis bei Planung und Bau von Streckenbauwerken (z.B. Straßen- und Eisenbahnbau, Tunnelbau, Brückenbau, Pipeline-Bau) Verwendung.

3.2 Ablauf- und Terminmanagement

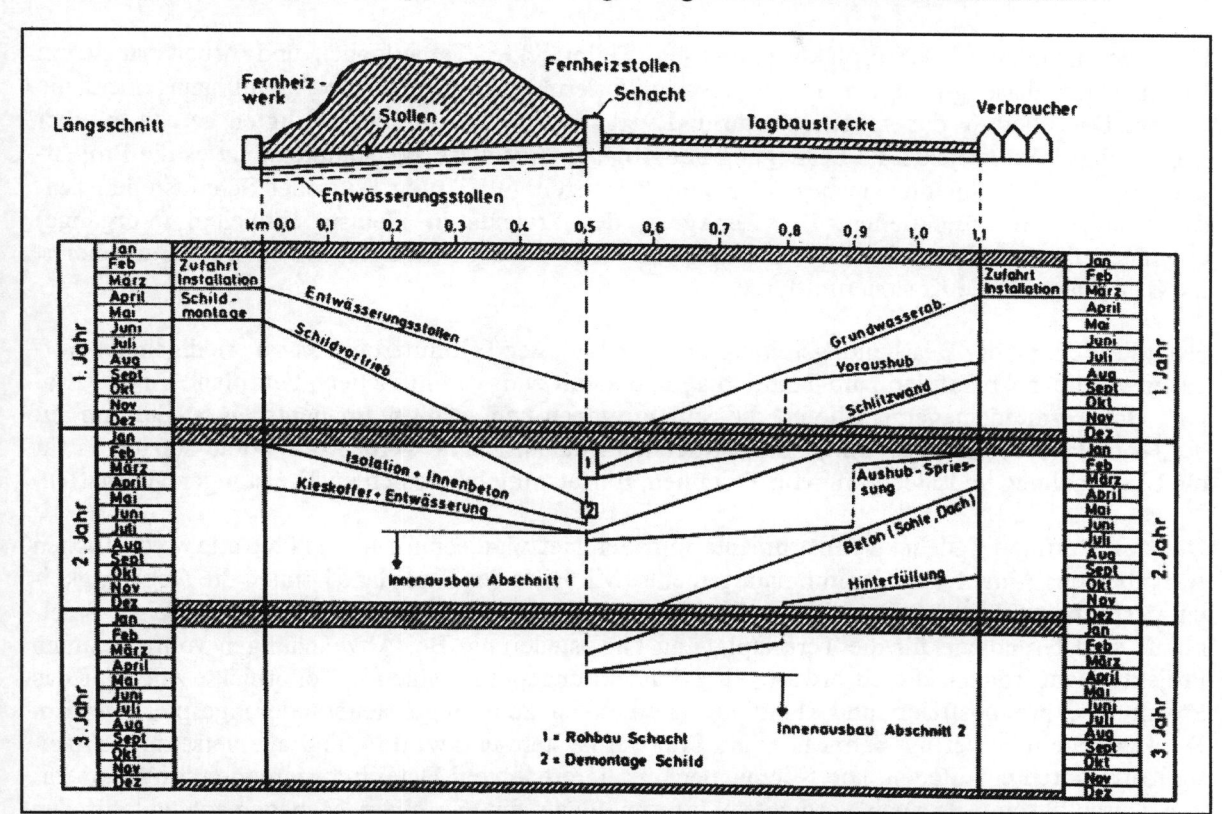

Abbildung 3.2-25 zeigt als Beispiel das Zeit-Wege-Diagramm für den Bau eines Tunnels.

Abbildung 3.2-25: Darstellungsform „Zeit-Wege-Diagramm (Fernheizprojekt)" (BRANDENBURGER 1993)

*Die **horizontale Achse** symbolisiert den Streckenverlauf („**Weg**"). Im Beispiel sind die Bereiche auf beiden Seiten des Schachts sowie der Tunnel-Ausbruch, der Stollen und die Tagbaustrecke dargestellt. Grundsätzlich können die Arbeiten von beiden Seiten gestartet werden.*

*Die **vertikale Achse** stellt die Kalenderachse mit dem **Zeit**verlauf von oben nach unten dar.*

Die Vorgänge werden durch Rechtecke und Linien dargestellt. Die Rechtecke im Streckenbereich „Voreinschnitt" stehen für Vorgänge wie „Zufahrt", „Schildmontage" oder „Installation". Die Länge eines Rechtecks in bezug auf die Kalenderachse entspricht der Vorgangsdauer.

Die Linien stellen den zeitlichen Ablauf von Vorgängen dar. Der Tunnel-Ausbruch erfolgt (von „links") in zeitversetzten Schritten. Im Diagramm wird sichtbar, zu welchem Zeitpunkt der Durchbruch („rechts") erreicht wird.

Die Steigung der Linien verdeutlicht die unterschiedliche Ablaufgeschwindigkeit der Vorgänge. So bedeutet z.B. ein senkrechter Abbruch in einer Linie, daß während dieser Zeit kein streckenmäßiger Baufortschritt erreicht wird.

Zusammenfassung

Nach der Gliederung des Projekts in Phasen, Teilprojekte, Teilaufgaben und Arbeitspakete im Rahmen der Phasengliederung und Projektstrukturierung übernimmt das Ablaufmanagement die weitere Detaillierung der Arbeitsschritte und verlangt von den Projektbeteiligten bereits in einer frühen Phase des Projekts die Festlegung der Abläufe. Auf diese Weise unterstützt es die Projektplanung und -koordination, insbesondere durch frühzeitige Klärung kritischer Schnittstellen zwischen einzelnen Projektteilen. Die Zerlegung des Projekts in kleinste Einheiten (Vorgänge) erleichtert die Schätzung der Durchführungsdauern sowie der benötigten Einsatzmittel und liefert die Grundlage für die Kostenermittlung.

Nach Festlegung der Bearbeitungsreihenfolgen und mit der Terminierung der zu erledigenden Aufgaben wird der Ablaufplan zum Terminplan und somit zum verbindlichen „Fahrplan" für das Projekt. Das Terminmanagement liefert die Soll-Vorgaben und erfaßt permanent den Ist-Zustand auf der Grundlage der zyklisch eingeholten Rückmeldedaten. Damit werden die Voraussetzungen für die Überwachung und Steuerung von Terminen, Einsatzmitteln, Kosten und Leistungen geschaffen.

Das zur Verfügung stehende Instrumentarium der Netzplantechnik unterstützt alle wesentlichen Aufgaben des Ablauf- und Terminmanagements. Mit Hilfe des Netzplans können die Abhängigkeiten der Arbeitsschritte dargestellt werden. Die Berechnung der Termine und der zeitlichen Spielräume sind Grundlage für die Terminplanung und -steuerung. Bei Abweichungen vom geplanten Projektverlauf können die zu erwartenden Auswirkungen auf folgende Teilprojekte oder auf das Projektende prognostiziert und Handlungsalternativen zum Gegensteuern durchgespielt werden. Die Projektleitung verfügt damit über ein Frühwarnsystem und wird in die Lage versetzt, rechtzeitig Korrekturen einzuleiten. Die Netzplantechnik liefert sowohl Detailinformationen für die operative Durchführung als auch verdichtete Informationen für das obere Management und für den Projektauftraggeber.

Literaturverzeichnis

DIN 69900, Teil 1, Netzplantechnik-Begriffe, August 1991

DIN 69900, Teil 2, Netzplantechnik-Darstellungstechniken, August 1987

DIN 69901, Projektmanagement, August 1987

ELMAGHRABY, S. E., Activity Networks, New-York-London-Sydney-Toronto, 1977

BRANDENBURGER, J., Ruosch, E. Ablaufplanung im Bauwesen, Baufachtagung, Dietlikon, 1993

GAREIS, R., Projektmanagement im Maschinen- und Anlagenbau, Wien, Manz, 1991

GROH, H., Gutsch R. W. (Herausgeber), Netzplantechnik, Düsseldorf, VDI-Verlag, 1982

MÜLLER, D., Netzplantechnik, in: Projektmanagement-Fachmann, Eschborn, Rationalisierungs-Kuratorium der Deutschen Wirtschaft (RKW), 1994, 2. Auflage

MÜLLER, D., Methoden der Ablauf- und Terminplanung, in: Reschke, H., Schelle H., Schnopp, R. (Herausgeber), Handbuch Projektmanagement, Band 1, Köln, Verlag TÜV Rheinland, 1994

Weiterführende Literatur

Projektmanagement-Fachmann, Band 1 und 2, Eschborn, Rationalisierungs-Kuratorium der Deutschen Wirtschaft (RKW), 1994, 2. Auflage

RESCHKE, H., Schelle H., Schnopp, R. (Herausgeber), Handbuch Projektmanagement, Band 1 und 2, Köln, Verlag TÜV Rheinland, 1989

Autorenportrait

Dipl.-Kfm. Günter Rackelmann

Jahrgang 1946, Studium der Betriebswirtschaft an der Friedrich-Alexander-Universität Erlangen/Nürnberg in Nürnberg, mehrjährige Assistententätigkeit am Lehrstuhl für Betriebs- und Wirtschaftsinformatik (Prof. Dr. P. Mertens), 1979 Mitbegründer der GCA - Gesellschaft für Computeranwendungen mbH in Nürnberg, seitdem geschäftsführender Gesellschafter in diesem Unternehmen.

Arbeitsschwerpunkte: Umfangreiche Projektarbeit und Projekterfahrung als Projektleiter, Projektsteuerer und Berater in Großprojekten der Industrie und der Öffentlichen Hand in den Bereichen Bau, Anlagenbau, Kraftwerksbau, Eisenbahn- und Straßenbau, Flugzeugindustrie, Städtebauliche Entwicklungsmaßnahmen und Software-Entwicklungsprojekte.

Persönliche Tätigigkeitsschwerpunkte: Konzeption, Aufbau und Einführung von Projektsteuerungssystemen; Termin- und Kostencontrolling in Großprojekten; Durchführung von Schulungen und Training für Führungskräfte, Projektleiter und Projektteams; zertifizierter Trainer für den Lehrgang „Projektmanagement-Fachmann (RKW/GPM)".

Abbildungsverzeichnis

Abbildung 3.2-1: Aufgaben und Ziele des Ablauf- und Terminmanagements 524

Abbildung 3.2-2: Vom Projektstrukturplan zum Ablaufplan 525

Abbildung 3.2-3: Projektmatrix „Automatisierung eines Hochregallagers" (Beispiel) 525

Abbildung 3.2-4: Beispiel eines Ereignisknoten-Netzplans (EKN) 529

Abbildung 3.2-5: Beispiel eines Vorgangspfeil-Netzplans (VPN) 530

Abbildung 3.2-6: Beispiel eines Vorgangsknoten-Netzplans (VKN) 531

Abbildung 3.2-7: Beispiel eines Entscheidungsknoten-Netzplans (EKN) 532

Abbildung 3.2-8: Beispiel-Netzplan (Graphische Darstellung und Darstellungselemente) 533

Abbildung 3.2-9: Anordnungsbeziehungen im Vorgangsknoten-Netzplan 535

Abbildung 3.2-10: Positive und negative minimale Zeitabstände MINZ 537

Abbildung 3.2-11: Positive und negative maximale Zeitabstände MAXZ 539

Abbildung 3.2-12: Anordnungsbeziehungen zwischen Vorgänger und Nachfolger 540

Abbildung 3.2-13: Äquivalente Anordnungsbeziehungen (Beispiele) 541

Abbildung 3.2-14: Beispiel-Netzplan 2 (Ermittlung der Zeitpunkte und zeitlichen Spielräume für Normalfolgen) 542

Abbildung 3.2-15: Balkendiagramm zu Netzplanbeispiel 2 548

Abbildung 3.2-16: Beispiel-Netzplan 3 (Ermittlung der Zeitpunkte und der zeitlichen Spielräume für unterschiedliche Anordnungsbeziehungen) 549

Abbildung 3.2-17: Projekt- und Betriebskalender (nach DIN 69900, Teil 1) 552

Abbildung 3.2-18: Zeitliche Ausdehnung von Vorgängen bei verschiedenen Projektkalendern 553

Abbildung 3.2-19: Beispiel-Netzplan 4 (Terminierung mit Gregorianischem Kalender) 554

Abbildung 3.2-20: Feste Anfangs- und Endtermine, Wunschtermine (Beispiel) 555

Abbildung 3.2-21: Vorgangssammelliste / Vorgangsliste 559

Abbildung 3.2-22: Teilnetz- und Standardnetzplantechnik 561

Abbildung 3.2-23: Beispiel „Großbauprojekt" 562

Abbildung 3.2-24: Darstellungsform „Vernetztes Balkendiagramm" 565

Abbildung 3.2-25: Darstellungsform „Zeit-Wege-Diagramm (Fernheizprojekt)" (BRANDENBURGER 1993) 567

Lernzielbeschreibung

Ablaufplanung

Der Leser soll

- Kenntnis erhalten über den Zweck, Aufbau und Elemente eines Ablaufplans;
- einen Überblick über Merkmale der verschiedenen Methoden und Verfahren erhalten;
- die Fertigkeit erwerben, Projektdauern zu ermitteln;
- die Fertigkeit erwerben, Ablaufpläne und speziell Netzpläne zu berechnen;
- die Fähigkeit entwickeln, selbständig Ablaufpläne anhand vorgegebener Informationen zu erstellen und zu berechnen.

Terminmanagement

Der Leser soll

- einen Überblick über Methoden erhalten, die Projektabläufe darstellen und beschreiben;
- die Fähigkeit erwerben, Arbeitsabläufe nach logischen Anforderungen darzustellen und unzulässige Überschneidungen zu erkennen;
- die Fähigkeit nachweisen, eine hierarchische Terminplanung erstellen zu können und den Ist-Stand zu erfassen. Er muß in der Lage sein, daraus Steuerungsmaßnahmen abzuleiten.

3.3 Einsatzmittelmanagement

von

Roswitha Müller-Ettrich

Relevanznachweis

Die Vorgänge eines Projektes verbrauchen außer Zeit verschiedene Arten von Einsatzmitteln (nach DIN 69903: Personal und Sachmittel). Informationen über die voraussichtliche Auslastung der immer knapper zur Verfügung stehenden Einsatzmittel bzw. einzelner Organisationseinheiten durch die vorhandenen Aufträge/Projekte haben für das Firmenmanagement einen besonderen Stellenwert. Diese Daten kann die Einsatzmittelplanung liefern. Projektleiter wie Fachabteilungsleiter brauchen Informationen über den voraussichtlich erforderlichen Bearbeitungsaufwand der einzelnen Projekte. Ferner interessiert die zeitliche Einplanung neuer Aufgaben auf der Basis der bereits erfolgten Terminplanung und bestehenden Auslastung. Schließlich liefert die Einsatzmittelplanung die Daten für jede solide Kostenplanung.

Dennoch gibt es zu wenig Literatur, die die Grundlagen zu diesem Thema und die Anwendungen systematisch beschreibt. Auch wären mehr praxisnahe Erfahrungsberichte über eine softwareunterstützte Einsatzmittelplanung von Vorteil angesichts der Bedeutung dieser Aufgaben im Kooperationsfeld zwischen Projektleitung und Linienmanagement. Dieses Kapitel zeigt die Notwendigkeit, Möglichkeiten und Grenzen der Einsatzmittelplanung in Projekten auf.

Inhaltsverzeichnis

3.3.1	Einführung in die Thematik	575
3.3.2	Notwendigkeit einer ressourcenoptimierten Zeitplanung	575
3.3.3	Ermitteln des Einsatzmittelbedarfs	576
	3.3.3.1 Verfahren zur Aufwandsschätzung	577
	3.3.3.2 Analytische Aufwandsschätzmethoden	579
	3.3.3.3 Expertenbefragung	582
	3.3.3.4 Kalkulationsschemata als Hilfsmittel für die Aufwandsermittlung	582
3.3.4	Ermitteln des verfügbaren Einsatzmittelbestands	584
	3.3.4.1 Zeitorientierte Bestandsbestimmung	584
	3.3.4.2 Qualifikationsorientierte Bestandsbestimmung	585
3.3.5	Einsatzmittelplanung	586
	3.3.5.1 Einplanen des Einsatzmittelbedarfs und Ermittlung der Einsatzmittelauslastung	586
	3.3.5.2 Einplanen des Einsatzmittelbedarfs bei begrenzt verfügbarem Bestand	589
	3.3.5.3 Bedarfsnivellierung bei unveränderter Projektdauer durch zeitliches Verschieben von Vorgängen mit gesamter Pufferzeit	590
	3.3.5.4 Kapazitätsabgleich bei unveränderlicher Projektdauer, aber veränderlichen Vorgangsdauern	591
	3.3.5.5 Einsatzmittelplanung für mehrere Projekte (Mehrprojektplanung)	591
3.3.6	Aufwandskontrolle – ein Mittel zur effektiven Projektsteuerung	593
	3.3.6.1 Erfassen der tatsächlichen Aufwendungen (Ist-Aufwand)	593
	3.3.6.2 Plan-Ist-Vergleich für Aufwendungen	595
	3.3.6.3 Aufwandstrendanalyse	596
3.3.7	Berichtswesen im Rahmen der Einsatzmittelplanung	597
3.3.8	Hinweise für eine praxisorientierte Anwendung	598
3.3.9	Begriffe (Auszug aus DIN 69902)	599

3.3.1 Einführung in die Thematik

Tiefgreifende Veränderungsprozesse im Produktions- wie Personalmanagement haben zu einer verstärkten Einführung des Projektmanagements in immer mehr Unternehmen und auch Verwaltungsorganisationen geführt. Ob in Marketing oder Vertrieb, Fertigung oder Qualitätssicherung wie auch zur Unterstützung von Managemententscheidungen kommt dem konsequenten Aufbau und der Nutzung vollständiger, aktueller, richtiger und jederzeit abrufbarer Informationen in bezug auf Termine, Einsatzmittel und Kosten eine existentielle Bedeutung zu.

Dies gilt in besonderem Maße für das Einsatzmittelmanagement, liefert es doch die Daten über die voraussichtliche Auslastung der immer knapper zur Verfügung stehenden Einsatzmittel (Personal, Sachmittel) bzw. einzelner Organisationseinheiten durch die vorhandenen Aufträge/Projekte. Projektleiter wie Fachabteilungsleiter brauchen Informationen über den voraussichtlich erforderlichen Bearbeitungsaufwand der einzelnen Projekte und die voraussichtliche zeitliche Einplanung der Bearbeitung neuer Aufgaben auf der Basis der bereits bestehenden Auslastung.

Einsatzmittelmanagement liefert Daten über die Auslastung der Einsatzmittel

Solche Informationen haben aber auch für die Unternehmensleitung einen besonderen Stellenwert. Dabei stellt die Mehrprojektplanung eine große Herausforderung dar, also die Planung der durch alle Vorhaben gebundenen Einsatzmittel (siehe Abschnitt 3.3.5.5). Die Mehrprojektplanung ist sowohl zur Gewinnung von zufriedenstellenden Durchlaufzeiten für die einzelnen Vorhaben als auch für die effiziente und wirtschaftliche Nutzung des einzusetzenden Personals und der vorhandenen Betriebsmittel einschließlich des Geldkapitals von zentraler Bedeutung. Trotzdem gibt es für diese Problematik relativ wenig praktikable Lösungen.

Dies legt die Vermutung nahe, daß im Gegensatz zur Planung und Kontrolle von Terminen, Kosten, Qualität, Konfiguration u.a.m. die Einsatzmittelplanung, obgleich Basis für jede solide Kostenplanung, nicht mit der notwendigen Systematik betrieben wird, um innerhalb der vertraglich vereinbarten Termine und der kalkulierten Kosten den Projektgegenstand/Leistung zu erbringen. Das gilt im besonderen für Festpreisverträge, die für den Unternehmer ein ungleich größeres Risiko mit sich bringen als Verträge mit Selbstkostenerstattung.

Einsatzmittelplanung ist die Basis jeder Kostenplanung

Ein Grund für die zurückhaltende Anwendung der Einsatzmittelplanung liegt darin, daß Projektmanager (DWORATSCHEK 1987) der Meinung sind, daß die Verfahren zur Einsatzmittelplanung, wie sie in Projektmanagement-Softwarepaketen implementiert sind, den Anforderungen der Praxis nur bedingt gerecht werden. Dies wurde durch eine Meinungsumfrage von der Hälfte der über 200 befragten Projektmanager bestätigt.

Ein weiterer Grund ist auch darin zu sehen, daß viele Softwarenutzer nur unzureichend über die Funktionen der Verfahren im Rahmen der Einsatzmittelplanung und -optimierung informiert sind und daher die Planungsergebnisse nicht richtig interpretieren können, da sie die Zusammenhänge, die zu diesen Ergebnissen führen, nicht kennen. Die folgenden Ausführungen sollen helfen, die Möglichkeiten und Grenzen der Verfahren zum Einsatzmittelmanagement besser verstehen und abschätzen zu können.

3.3.2 Notwendigkeit einer ressourcenoptimierten Zeitplanung

Vielfach werden bei der Ablaufplanung die Ausführungszeiten für die einzelnen Vorgänge unter dem Gesichtspunkt eines „wirtschaftlichen" Mitteleinsatzes geschätzt. Annahmen über vorhandene bzw. beschaffbare Einsatzmittel bleiben bei diesen Überlegungen zunächst häufig unberücksichtigt. Dies kann dann zu unbrauchbaren Ergebnissen führen, obgleich die Abhängigkeiten und zeitlichen Angaben des geplanten Ablaufs (Netzplan, Balkenplan) einwandfrei sind. Der Ablaufplan verliert an Aussagekraft, wenn aufgrund von Kapazitätsengpässen Tätigkeiten nicht oder nur verzögert ausgeführt werden können.

Der Ablaufplan verliert ohne Einsatzmittelplanung an Aussagekraft

Ein Beispiel hierfür sind zwei Vorgänge, die gleichzeitig geplant sind und aus technologischen Gegebenheiten auch simultan durchgeführt werden können, infolge knapper Einsatzmittel jedoch **nacheinander** ausgeführt werden müssen. Das bedeutet, daß dadurch zusätzliche Reihenfolgebeschränkungen gegeben sind, die möglicherweise eine Verlängerung des kritischen Wegs und damit der Projektdauer zur Folge haben. Diese Reihenfolgebeschränkungen aufgrund nicht ausreichend vorhandener bzw. beschaffbarer Einsatzmittel kommen bei der Mehrprojektplanung besonders zum Tragen. Die Zielsetzung der Einsatzmittelplanung besteht also darin, Arbeitspakete bzw. Vorgänge zeitlich so einzuplanen, daß bei in der Regel knappem Einsatzmittelbestand eine kürzestmögliche Projektdauer erreicht wird.

Die Ressourcenzuteilung erfolgt auf zwei Arten:

1. Zuteilung von Einsatzmitteln **für das gesamte Projekt**, d.h. zeitweilige Verfügung durch den Projektleiter. Damit wird ihm die Kapazität dieser Ressourcen als Entscheidungsrahmen vorgegeben.
Dieser Schritt wird von PM-Software nicht bzw. nur indirekt über die „Einplanung" unterstützt.

2. Zuteilung („Einplanung") der Einsatzmittel zu den **einzelnen Vorgängen im Projekt**. Dabei wird der Bedarf an Einsatzmitteln der einzelnen Vorgänge und ihre zeitliche Lage so festgelegt, daß eine möglichst kurze bzw. die vorgegebene Projektdauer erreicht wird.

Aufgabe der **Einsatzmittelplanung** ist es, erforderliche Einsatzmittel termingerecht zu disponieren. Hierzu werden auf der Ablaufplanung basierende Terminpläne erarbeitet, die unter Berücksichtigung der disponierten Einsatzmittel realisierbar sind.

Zur Ermittlung optimaler oder **bestmöglicher Einplanungsreihenfolgen** gibt es mehrere Verfahren, wie z.B. Entscheidungsbaumverfahren, Näherungsverfahren und lineare Programmierung. Die in den kommerziell eingesetzten EDV-Programmsystemen, die fast alle auf der Netzplantechnik basieren, enthaltenen Einplanungsverfahren sind Näherungsverfahren (heuristisch). Sie enthalten sowohl die Funktion der Bedarfsglättung (Bedarfsnivellierung) als auch die Funktion der Bedarfsbegrenzung, auch Kapazitätsoptimierung genannt.

3.3.3 Ermitteln des Einsatzmittelbedarfs

Zur Verdeutlichung der Problemstellung dazu ein Beispiel:

Beispiel Einsatzmittelarten

Bei allen Projektarten liegt in der Regel der Planungsabschnitt vor der Realisierung. Arbeitspakete aus diesen „frühen" Projektphasen erfordern **Personal mit planerischer oder gestalterischer Kompetenz**. Sachmittel sind bei diesen Arbeitspaketen in aller Regel der „Bürowelt" zuzuordnen (z.B. Computer, Versuchseinrichtungen). Insoweit sind für Arbeitspakete in frühen Projektphasen im allgemeinen die Einsatzmittel „leicht" zu beschreiben und beschränken sich in den meisten Fällen ausschließlich auf Personalbereitstellung.

Aber es gibt auch Projekte, in denen bereits in frühen Projektphasen spezielle Arbeitspakete erfüllt werden müssen, die nur durch spezifisch qualifiziertes Personal mit bestimmten Sachmitteln geleistet werden können. Bei Bauprojekten kann es sich um die Durchführung von Baugrundprüfungen vor Ort handeln, bei Anlagenbau- oder Maschinenbauprojekten um Werkstoff- oder Rohstoffprüfungen. Falls solche Arbeitspakete nicht als externe Aufträge vergeben werden, sind die firmenintern benötigten Personal- und Sachmittelkapazitäten zu ermitteln.

Checkliste Einsatzmittel

Welches Personal und welche Sachmittel erforderlich sind, kann also nur direkt bei den einzelnen Arbeitspaketen festgestellt werden. Die erforderlichen **Einsatzmittel pro Arbeitspaket** werden durch die Beantwortung folgender Fragen ermittelt:

3.3 Einsatzmittelmanagement

1. Welche **Qualifikationen** müssen die Person oder Personengruppe, die das Arbeitsergebnis erreichen sollen, haben?
Müssen die Personen einer Gruppe unterschiedliche Qualifikationen haben?

2. Falls unterschiedliche Qualifikationen erforderlich sind:
Gibt es bereits eine Gruppe - z.B. als **festes Team** oder Abteilung - oder muß die Gruppe für das Arbeitspaket im Projekt **zusammengestellt** werden?

3. Welche **Sachmittel** (Maschinen, Materialien, Hilfsmittel) sind für die Durchführung erforderlich?

4. Gibt es einzelne **Sachmittel, die nicht verfügbar, beschaffbar** oder **ausdrücklich ausgeschlossen** für das Erreichen des Arbeitsergebnisses sind, wenn ja, welche?

5. Wie läßt sich eine **Sachmittelzusammenstellung** erreichen, die **vollständig und einsetzbar** ist?

Die Antworten der Fragen beschreiben die erforderlichen Einsatzmittel (Personal und Sachmittel) für ein Arbeitspaket. Ebenso wichtig ist es, bei der Definition der Einsatzmittel festzustellen, ob sie für die Abarbeitung eines Arbeitspaketes kontinuierlich von Anfang bis Ende bereitzustellen sind oder ob der Einsatzmittelbedarf diskontinuierlich ist (Abbildung 3.3-1).

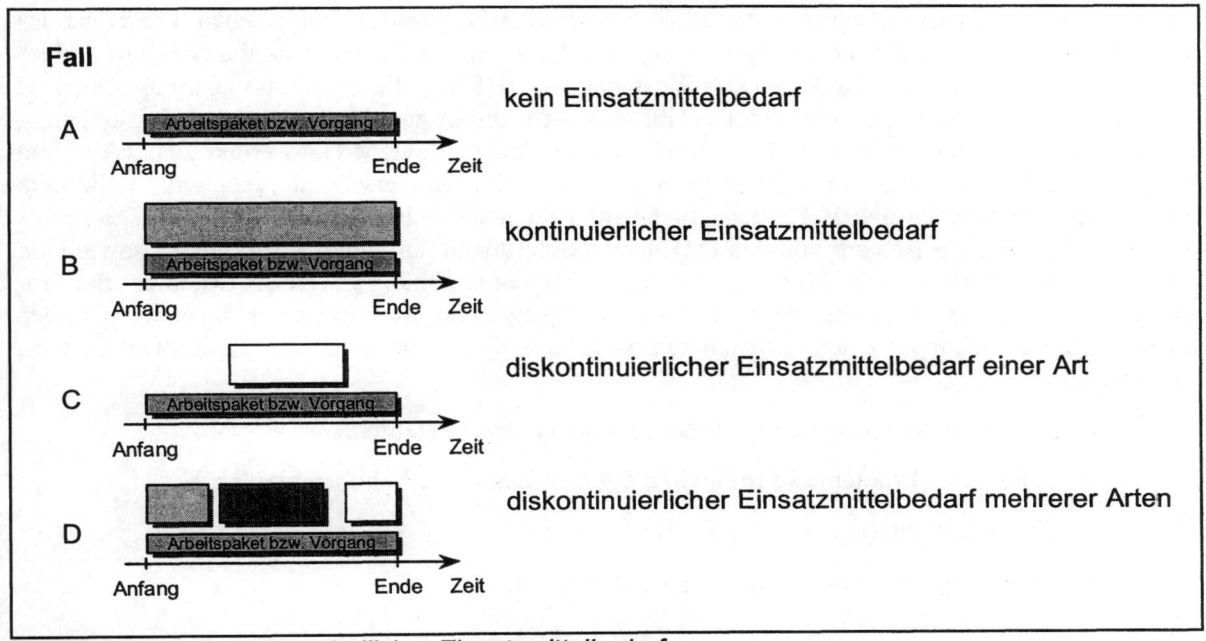

Abbildung 3.3-1: Unterschiedlicher Einsatzmittelbedarf

Es muß sichergestellt werden, daß gleiche Einsatzmittel bei anderen Arbeitspaketen immer wieder gleich beschrieben werden. Also Personal gleicher beruflicher Qualifikation sollte immer mit der gleichen Bezeichnung oder dem gleichen Qualifikationsprofil aufgeführt werden. Das gleiche gilt für die Sachmittel wie z.B. Maschinen, Rohstoffe etc.

3.3.3.1 Verfahren zur Aufwandsschätzung

Eine Aufwandsschätzung dient sowohl der Entscheidungsfindung, ob man ein Vorhaben/Projekt durchführen soll, als auch der Preisfindung für ein Angebot. Da die Schätzung von konkreten Annahmen über die zu erbringende Leistung sowie die Modalitäten der Abwicklung eines Projektes ausgehen muß, müssen diese zuerst formuliert werden. Die Schätzung gestaltet also bereits im Vorfeld wesentliche Elemente eines Vorhabens.

Nicht alle Vorhaben eines Unternehmens oder einer Verwaltungsorganisation werden in Projektform durchgeführt. Gerade bei internen Projekten oder bei schlecht abgrenzbaren Aufgaben wird der Aufwand häufig nur grob geschätzt. Dann wird für das jeweilige Jahr ein Budget bereitgestellt, das verbraucht und bei Bedarf im Folgejahr erneut bereitgestellt wird. Bei diesen Vorhaben ist die Aufwandsschätzung nicht so brisant wie bei einem Festpreisangebot in Konkurrenz zu anderen Anbietern.

Das Angebot wird in drei Einzelschritten erarbeitet:

1. Lesen der Ausschreibungsunterlagen, Verstehen des Projektgegenstands und -ziels, Abgrenzen des Projektumfangs, Feststellen der Restriktionen und Randbedingungen.

2. Schätzen des zu erbringenden Aufwands, Festlegen von eigenen und fremden Leistungen, verfügbaren Sachmitteln und Personal, Ermitteln der Kosten für den Leistungsumfang.

3. Erarbeiten des Angebotstextes, letzte Abstimmung mit den involvierten Fachdisziplinen, Abstimmung mit dem Kunden (z.B. Ausklammern von Teilleistungen) und Unterauftragnehmern.

Bei der Schätzung des Aufgabenumfangs ist in der Regel die größte Unsicherheit gegeben. Viele Ausschreibungsunterlagen sind unvollständig oder auch mangels Daten oder vertragsrechtlich bewußt sehr allgemein gehalten. Aufgrund von Generalklauseln bringen z. B. Normen und gesetzliche Bestimmungen weitere Verpflichtungen mit sich, deren Konsequenzen häufig erst später sichtbar werden. Es ist unbedingt geboten, hier einen **„Eisbergfaktor"** vorzusehen. Die Höhe des Faktors hängt u.a. von der Vertragsgestaltung und der Komplexität der Aufgabe ab. Zum Aufgabenumfang gehören auch das Konfigurationsmangement (KM), die Qualitätssicherung (QS) und die Projektleitung. Der Aufwand dafür ergibt sich nicht direkt aus der zu erbringenden Leistung, sondern eher aus dem Mengengerüst und der Projektdauer. Für KM/QS werden z.B. Werte um 10% des Auftragsumfanges angegeben (VOLLMANN 1990). Dies erscheint besonders in Hinblick auf bestehende Normen und Verfahrensvorschriften für manche Projekte als zu niedrig. Der Aufwand für KM und QS ist stark von den Qualitätsanforderungen durch den Auftraggeber sowie vom Projektumfang, der Projektkomplexität und der Projektdauer abhängig. Der Aufwand für die Projektleitung hängt ebenfalls von einer Vielzahl von Faktoren ab. Man kann nur davor warnen, den Projektleiter mit fachbezogenen Arbeiten zu überhäufen. Seine Aufgabe ist es, fortlaufend dafür zu sorgen, daß

- die vertraglich festgelegten Anforderungen erbracht werden,
- auftretende Probleme so früh wie möglich erkannt und behoben werden,
- die Dokumentation aktuell gehalten wird und
- vernünftige Arbeitsbedingungen gegeben sind.

Voraussetzung für eine Aufwandsschätzung

Die im vorhergehenden genannten Probleme bei der Aufwandsschätzung zeigen deutlich die Notwendigkeit einer sorgfältigen Aufgabenstrukturierung. Ein solide erarbeiteter Projektstrukturplan ist eine unentbehrliche Grundlage für eine seriöse Ermittlung des voraussichtlichen Einsatzmittelbedarfs an Personal, Maschinen und Materialien und damit auch der Kosten. Hierbei sind die einzelnen Arbeitspakete so genau wie nur möglich zu beschreiben. Neben der Quantität muß für jedes Arbeitspaket auch das Qualitätsniveau bestimmt werden. Bei Personal betrifft dies das erforderliche Qualifikationsprofil. Ferner sind Zeitpunkt und Ort des Einsatzes festzulegen (siehe Abbildung 3.3-2).

3.3 Einsatzmittelmanagement

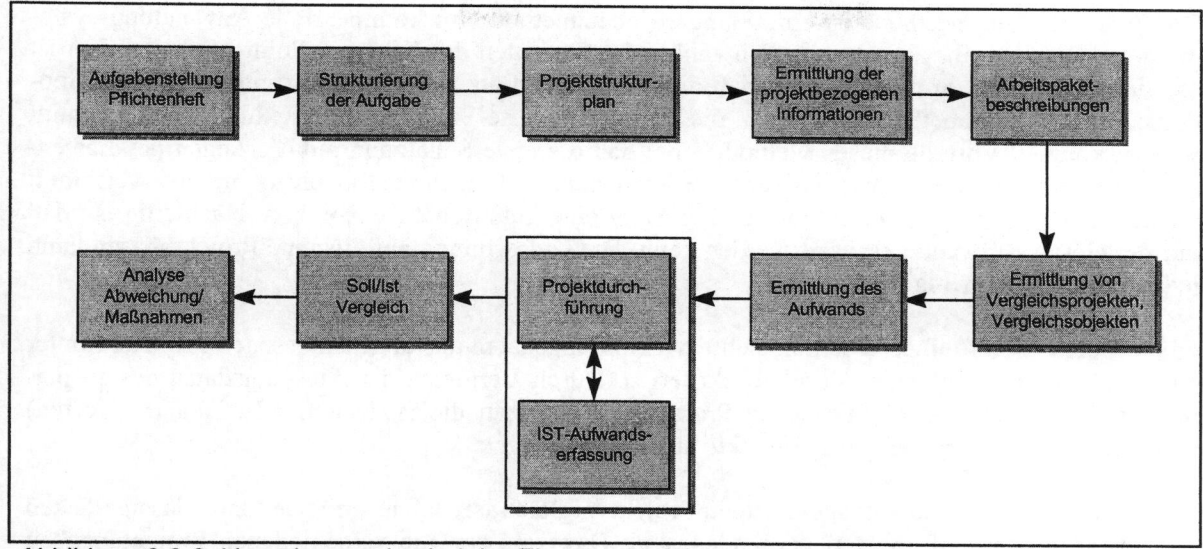

[Flussdiagramm: Aufgabenstellung Pflichtenheft → Strukturierung der Aufgabe → Projektstrukturplan → Ermittlung der projektbezogenen Informationen → Arbeitspaketbeschreibungen → Ermittlung von Vergleichsprojekten, Vergleichsobjekten → Ermittlung des Aufwands → Projektdurchführung ↔ IST-Aufwandserfassung → Soll/Ist Vergleich → Analyse Abweichung/Maßnahmen]

Abbildung 3.3-2: Vorgehensweise bei der Einsatzmittelplanung

3.3.3.2 Analytische Aufwandsschätzmethoden

Es gibt eine Reihe von Aufwandsschätzmethoden, von denen hier nur einige aufgeführt werden können. Man unterscheidet im wesentlichen drei Klassen von Aufwandsschätzmethoden: die algorithmischen Methoden, die Vergleichsmethoden und die Kennzahlenmethoden.

Bei den **algorithmischen Methoden** sind vor allem die parametrischen Methoden zu nennen. Bei ihnen wird ein formelmäßiger Zusammenhang zwischen meßbaren Ergebnisgrößen, z.B. Anzahl CAD-Zeichnungen, und dem dafür erforderlichen Bedarf an Personal hergestellt. Der Zusammenhang kann aufgrund der Untersuchung einer möglichst großen Anzahl abgeschlossener Projekte und unter Anwendung entsprechender Regressionsanalysen gefunden werden. Ein klassischer Vertreter dieses Typs von Aufwandsschätzmethoden ist z.B. die Schätzmethode COCOMO (Constructive Cost Model) für Softwareentwicklungsprojekte.

Zu nennen ist hier auch die **Function-Point-Methode**, die im Rahmen von Softwareentwicklungen eingesetzt wird. Diese Schätzmethode setzt auf einem Lastenheft auf, d.h. den Produktanforderungen aus der Sicht der Nutzer. Basis der Aufwandsschätzung ist die Bewertung von fünf ausgewählten Funktionsbereichen des geplanten Gesamtsystems. Die fünf Funktionsbereiche sind:

- Eingaben
- Ausgaben
- Abfragen
- Datenbestände
- Referenzdaten.

Das zu planende System wird entsprechend der Funktionsbereiche gegliedert und in seine Elementarfunktionen unterteilt. Den Komplexitätsgrad der Funktionen (einfach, mittel, komplex) bewertet man mit einer entsprechenden Gewichtung. Die endgültigen Function Points erhält man, indem man sieben Faktoren, die einen wesentlichen Einfluß auf die Entwicklung haben, mit Zahlen bewertet und mit den einzelnen Funktionszahlen multipliziert. Solche Faktoren sind u.a. Transaktionsrate, Verflechtung mit anderen Anwendungssystemen, Verarbeitungslogik, Datenbestandskonvertierungen, Anpaßbarkeit. Der gesamte Funktionswert wird mit Funktionswerten bereits realisierter Systeme verglichen, für die die Aufwandszahlen vorliegen. Aus dem Vergleich läßt sich auf den zu erwartenden Aufwand für das neue System schließen.

Die Function-Point-Methode ist eine Standardschätzmethode für kommerzielle Anwendungssysteme geworden. Es gibt zwischenzeitlich zahlreiche Varianten der Function-Point-Methode. Ziel ist es, die Methode so zu modifizieren, daß die Function-Points automatisch ermittelt und auch moderne Entwicklungsmethoden, wie z.B. die objektorientierte Software-Entwicklung, berücksichtigt werden können. Vorteile dieser Methode sind, daß die erste Schätzung mit Vorliegen des Lastenheftes erfolgt und die Schätzung, entsprechend dem Entwicklungsfortschritt, iterativ verfeinert werden kann. Sie ist leicht erlernbar und erbringt eine gute Schätzgenauigkeit. Nachteilig ist, daß nur der Gesamtaufwand geschätzt werden kann. Die Umrechnung auf einzelne Projektphasen kann jedoch prozentual erfolgen.

Die **Vergleichsmethoden** bedienen sich der Erfahrungsdaten aus abgeschlossenen Projekten unter Verwendung entsprechender Vergleichskriterien. Durch Vergleich der Ausgangsdaten des zu planenden Projekts mit abgeschlossenen Projekten erhält man die Ist-Daten (z.B. Dauern, Kosten) ähnlich gelagerter, abgewickelter Projekte aus der Datenbank.

Voraussetzung für einen aussagekräftigen Projektvergleich ist, daß ausreichend zuverlässige Daten aus abgeschlossenen Projekten vorhanden sind. Dazu müssen die verschiedenen Projektangaben und Projektdaten, z.B. anhand der Projektstatusberichte, gesammelt und in einem Datenverwaltungssystem entsprechend aufbereitet werden, z.B. nach Projektart (Neuentwicklung, Wartung, Redesign), Leistungsmerkmalen des zu realisierenden Produkts und Projektdaten wie Projektdauer, Anzahl der eingesetzten Mitarbeiter, Entwicklungskosten usw. Abbildung 3.3-3 zeigt eine Liste mit möglichen Beschreibungsmerkmalen für Softwareprojekte, wie sie sich bei (BUNDSCHUH 1991) findet.

1	Identifikation	4	Verfügbarkeit
1.1	Software-Bezeichnung	4.1	Vertriebsstelle
1.2	Versions-Bezeichnung	4.2	Entwicklungsstand
		4.3	Einsatzdaten
2	Fachliche Bezeichnung	5	Informationsquellen
2.1	Aufgabe	5.1	Dokumentation
2.2	Lösungsbedingungen	5.2	Literatur
2.3	Eingabedaten	5.3	Beratungsstelle
2.4	Ergebnisdaten	5.4	Entwickler
2.5	Lösung		
2.6	Eingabebedingungen	6	Entwicklungsangaben für Verfahren
2.7	Anpassungsfähigkeit	6.1	Verantwortliche Stelle
2.8	Ähnliche Software	6.2	Entwicklungsbeginn
2.9	Deskriptoren	6.3	Öffentliche Förderung
2.9	Freie Stichwörter	6.4	Entwicklungsaufwand
3	DV-technische Randbedingungen	7	Vertriebsangaben
3.1	Gerätebedarf	7.1	Einsatzfälle
3.2	Hauptspeicherbedarf	7.2	Kaufpreis
3.3	Betriebssystem	7.3	Mietpreis
3.4	Betriebsart	7.4	Vertragskonditionen
3.5	Programmiersprachen	7.5	Wartungsverpflichtungen
3.6	Portabilität		
3.7	Eingesetzte Tools		
3.8	Datensicherung		

Abbildung 3.3-3: Tabelle mit Beschreibungsmerkmalen für Softwareprojekte

Die gespeicherten Projektinformationen dienen den Projektplanern als Basis beim Festlegen des Mengengerüsts sowie des voraussichtlichen Aufwands für das zu planende Projekt. Ist eine EDV-gestützte Auswertung nicht möglich, dient der „Weg zum Archiv" mit den Informationen über abgeschlossene Projekte dem gleichen Zweck (Vgl. Abbildung 3.3-4).

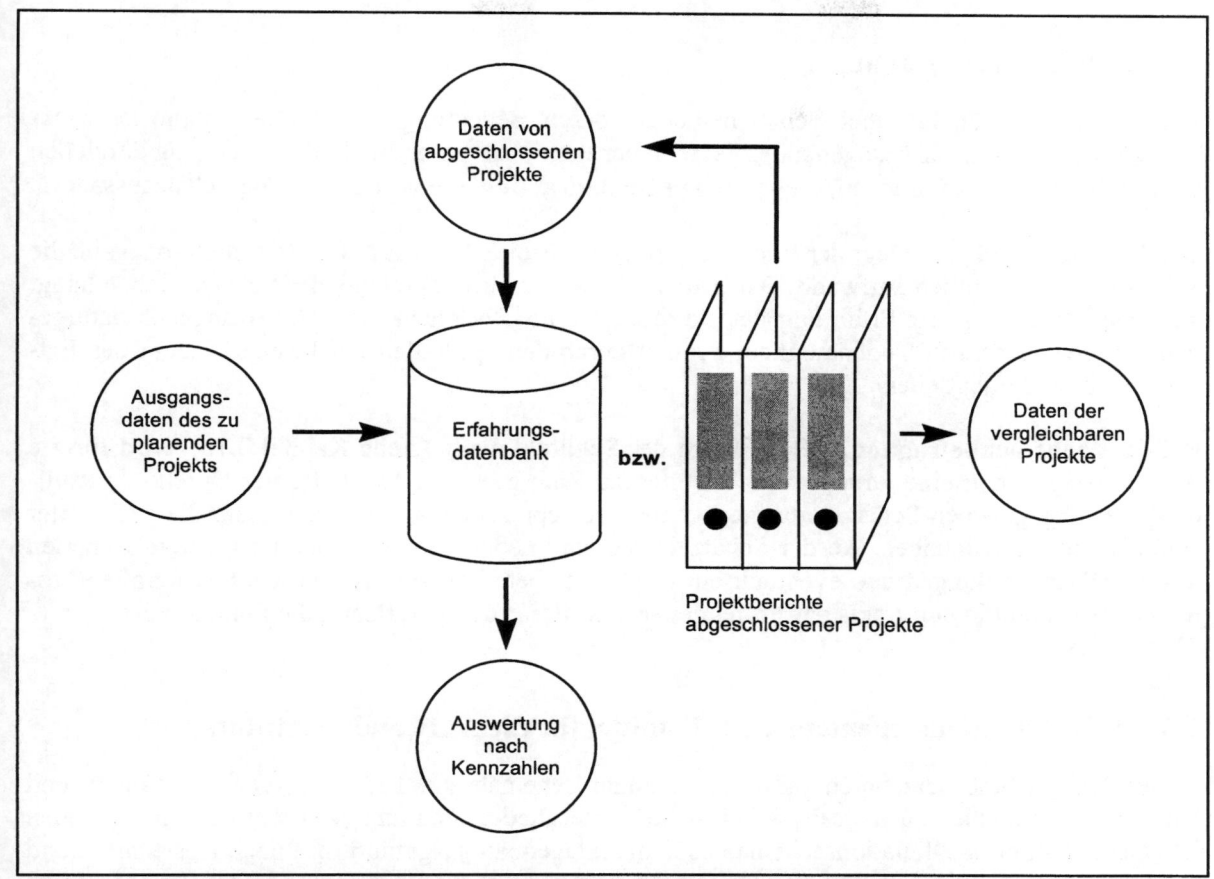

Abbildung 3.3-4: Aufwandsschätzung mit Hilfe von Erfahrungsdatenbanken

Die **Kennzahlenmethoden** erfordern ebenfalls systematisches Sammeln projektspezifischer Informationen aus abgeschlossenen Vorhaben. Aus diesen Daten werden dann aussagekräftige und vergleichsfähige Kennzahlen abgeleitet, z.B.

1. Aufwand [h] / Fläche [m²] für einen Fliesenleger

2. Testzeit [min] / Anweisungszeile [Stck] für einen Softwareentwickler

3. Zeichnungen [Stck] / Zeiteinheit [Monat] eines Ingenieurs

4. Bundesstraße [m] / Zeiteinheit [Tag] für einen Fertiger

Diese Kennzahlen dienen der Ermittlung des Leistungsumfangs.

Basierend auf den bereits vorgestellten Methoden sind zahlreiche firmenspezifische Aufwandsschätzverfahren i.d.R. mit Rechnerunterstützung realisiert worden. Diese Verfahren nutzen häufig eine Mischung aus den drei vorher beschriebenen Methoden. Allein für die Aufwandsschätzung von DV-Projekten findet sich in (BALZERT 1996) eine Fülle dieser firmenspezifischen Schätzverfahren.

3.3.3.3 Expertenbefragung

Trotz zahlreicher analytischer Schätzmethoden, deren Bedeutung z.B. für bestimmte Entwicklungsprojekte aber auch Anlagenbauprojekte in der Praxis zunimmt, bleibt die Schätzung durch den Entwickler bzw. Ausführenden, die sog. **Expertenbefragung**, die vorherrschende Schätzaussage.

Bei der **Einzelschätzung** legt der Entwickler oder der Projektleiter für eine bestimmte Aufgabe die Schätzwerte hinsichtlich Aufwand, Dauer und u.U. Kosten fest. Die Güte der Schätzangaben hängt ganz wesentlich von der Erfahrung des Betreffenden ab. So leiden diese Schätzangaben naturgemäß an einer gewissen Ungenauigkeit, bedingt durch den speziellen Erfahrungshorizont des Entwicklers bzw. Projektleiters.

Bei der **Mehrfachbefragung**, z.B. in Form der **Schätzklausur** (siehe Kapitel 3.10), wird für die Aufwandsschätzung eine Gruppe von Experten zu Rate gezogen. Mit Hilfe der Durchschnittsbildung der abgegebenen Schätzwerte gelangt man zu repräsentativen Schätzwerten, die gesicherter sind als Einzelschätzungen. An der Schätzklausur sind neben dem Projektleiter mehrere Experten aus den Fachabteilungen und eventuell ein Moderator beteiligt. Bei kleinen bis mittelgroßen Projekten übernimmt in der Praxis der Projektleiter bzw. der Projektkaufmann die Funktion des Moderators.

3.3.3.4 Kalkulationsschemata als Hilfsmittel für die Aufwandsermittlung

In den Unternehmen existieren zahlreiche Standardschemata zur Erfassung von Aufwänden und Kosten. Diese können auftragsspezifisch weiter untergliedert und angepaßt werden. Im folgenden ist beispielhaft ein Kalkulationsschema aus dem Anlagenbau aufgeführt, das nach Kostenarten und Produktkomponenten gegliedert ist (ANDREAS 1992). Die Aufwände werden in der Regel in Mengen angegeben, die dann, mit den Faktorpreisen (Kostenkennwerten) multipliziert, zu den kalkulierten Kosten in € führen.

3.3 Einsatzmittelmanagement

Pos.	Kostenarten	Auftragsdaten				
		Baugruppe 1		**Baugruppe 2**		**Summe**
		Mengen kg/Std./%	Kosten €	Mengen kg/Std./%	Kosten €	€
1.1	Material nach Materialarten					
1.2	Materialbestellung durch Kunden					
1.3	Auswärtige Bearbeitung					
1.4	Selbsterstellte Lagerteile					
1.5	Rückstellung für fehlende Materialkosten					
1.6	Materialgemeinkosten					
1	Materialkosten					
2.1	Fertigungslöhne Handarbeit / FGK auf Handarbeit					
2.2	Fertigungslöhne mech. Bearbeitung / FGK auf mech. Bearbeitung					
2.3	Fertigungslöhne an NC-Maschinen / FGK an NC-Maschinen					
2.4	Fertigungslöhne Montage (im Werk) / FGK auf Montage (im Werk)					
2.5	Wärme- und Oberflächenbehandlung					
2.6	Sonstige Sonderbearbeitung					
2	Fertigungskosten					
3.1	Modelle, Vorrichtungen, Sonderwerkzeuge					
3.2	Prüfungs- und Abnahmekosten im Werk					
3.3	Fertigungslizenzen					
3.4	Kalkulatorische Fertigungs-Wagnisse					
3	Sonderkosten der Fertigung					
4	**Herstellungskosten A (Summe 1 - 3)**					
5	Forschungs- + Entwicklungskosten					
6.1	Konstruktionskosten durch eigenes Personal					
6.2	Konstruktionskosten durch Fremde					
6.3	Konstruktionsgemeinkosten					
6	Konstruktionskosten					
7	Außenmontage					
8	**Herstellungskosten (Summe 4-7)**					
9	Verwaltungsgemeinkosten					
10	Vertriebsgemeinkosten					
11	Korrekturkosten „Materialbestellung"					
12	**Selbstkosten A (Summe 8-11)**					
13.1	Provisionen					
13.2	Lizenzen					
13.3	Frachten, Transport, Verpackung					
13.4	Versicherung (inkl. Kreditvers.)					
13.5	Reisen und Auslagen					
13.6	Zinsen bei außergew. Zahlungsbed. /Vorfin.					
13.7	Erprobung, Abnahme, Inbetriebnahme					
13.8	Sonstige					
13	Sonderkosten des Vertriebs					
14	Wagniskosten des Vertriebs					
15	**Selbstkosten B (Summe 12 - 14)**					
16	Kalkulation Gewinn/Ergebnis					
17	Verkaufspreis/Erlös					

Abbildung 3.3-5: Standardkalkulationsschema Anlagenbau

Im Baugewerbe arbeitet man bei den Aufwands- und Kostenschätzungen elementorientiert. Die folgende Tabelle steht beispielhaft hierfür.

Kostengruppe / Grobelement	Bezugsgröße m^2 bzw. m^3	Kostenkennwert $€/m^2$ bzw. $€/m^3$	Kosten $€$
3111 Baugrube	5.935	9	53.415
BAF Basisfläche	781	272	212.432
AWF Außenwandfläche	1.350	640	864.000
IWF Innenwandfläche	1.378	563	775.814
DEF Deckenfläche	1.211	497	601.867
DAF Dachfläche	899	627	563.673
319 Sonstige Konstruktion		pauschal	104.148
3100 Baukonstruktionen			2.311.349

Abbildung 3.3-6: Elementorientierte Aufwands- und Kostenermittlung für Bauprojekte (ARCHITEKTENKAMMER 1990)

3.3.4 Ermitteln des verfügbaren Einsatzmittelbestands

Qualifikations- und zeitorientierte Betrachtung

Beim Bestimmen des verfügbaren Einsatzmittelbestands befindet man sich häufig in einer Konfliktsituation, da der Bestand sowohl qualifikations-, zeitorientiert oder auch pauschaliert betrachtet werden kann. Die qualifikationsorientierte Betrachtung geht auf die jeweilige Eignung des zur Verfügung stehenden Personals ein, ohne die zeitliche Verfügbarkeit zu berücksichtigen. Dagegen geht man bei der zeitorientierten Bestandsbetrachtung von auf die Zeit bezogenen Personalbeständen aus, ohne die jeweiligen Qualifikationen besonders zu betrachten. Bei der pauschalierten Betrachtung wird allein der vorhandene Gesamtbestand zugrunde gelegt, reduziert um statistische Mittelwerte für Fehl- und Ausfallzeiten. Ziel muß aber die ganzheitliche Betrachtung sein.

3.3.4.1 Zeitorientierte Bestandsbestimmung

Für eine vergleichende Soll-Ist-Gegenüberstellung ist auch die Ermittlung der voraussichtlich vorhandenen Einsatzmittel erforderlich (Bestand). Ausgehend vom Stand der **Arbeitskräfte, Maschinen, Betriebsmittel** usw. zum Planungszeitpunkt werden die für den Planungszeitraum zu erwartenden Zu- und Abgänge berücksichtigt. Veränderungen beim aktuellen Personalstand ergeben sich z.B. durch Neueinstellungen, Kündigungen, Versetzungen, Pensionierungen, Teilzeitarbeit usw.. Der Einsatzmittelbestand ist also keineswegs konstant, sondern wird zu den verschiedenen Planungszeiteinheiten (z.B. Monat, Quartal) unterschiedlich groß sein. Man stellt also zunächst fest, welcher Personalbestand je Planungszeiteinheit vorhanden bzw. beschaffbar ist. Weiter muß beachtet werden, daß die Mitarbeiter nicht die theoretische Zeit von 52 Wochen mit fünf Arbeitstagen je 7,5 Stunden abzüglich der gesetzlichen Feiertage zur Verfügung stehen. Es müssen auch die Fehl- und Ausfallzeiten für Tarif- bzw. Vertragsurlaube, Mutterschutzzeiten, tarifbedingte Verfügungstage (Kinderbetreuung), persönliche Verteilzeiten sowie das statistische Mittel der krankheits- und unfallbedingten Ausfallzeiten abgezogen werden. Bei der verbleibenden Nettoarbeitszeit ist wiederum zu beachten, daß in der Regel nicht die gesamte verbleibende Zeit für Projektarbeit genutzt werden kann. Vielmehr werden z.B. Entwickler nicht mehr als 60 - 70% ihrer Zeit für Neuentwicklungsarbeiten einbringen können. Gründe dafür sind: allgemeine, administrative Tätigkeiten (Erstellen von Berichten, Besprechungen), Mitarbeit in Normierungsgremien, aktive und passive Ausbildung, Kundenbetreuung, Unterstützung der Produktion usw.. Ein weitverbreiteter Planungsfehler in der Praxis ist, daß Mitarbeiter mit 100% ihrer verfügbaren Nettoarbeitszeit für Projekte eingeplant werden, obwohl bekannt ist, daß sie oft erhebliche Anteile ihres Zeitbudgets für nicht projektbezogene Tätigkeiten verwenden müssen (vgl. Abbildung 3.3-7).

3.3 Einsatzmittelmanagement

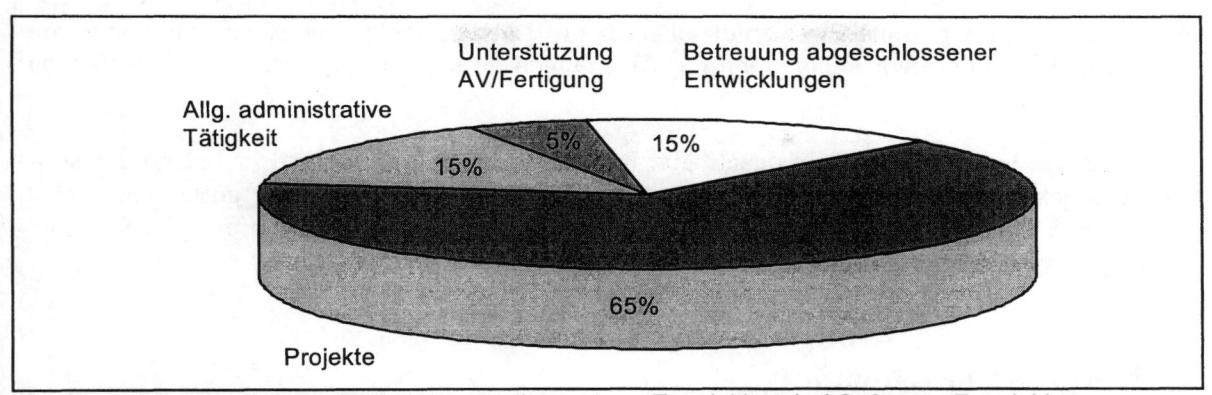

Abbildung 3.3-7: Mögliche Tätigkeitsverteilung eines Entwicklers bei Software-Entwicklungsprojekten

3.3.4.2 Qualifikationsorientierte Bestandsbestimmung

Die qualifikationsorientierte Betrachtung geht auf die jeweilige Eignung des zur Verfügung stehenden Personals ein. Sie gruppiert Personal gleicher Qualifikation und ordnet es nach von organisatorischen und örtlichen Gegebenheiten den einzelnen Projektaufgaben (Arbeitspaketen) zu. Beim Ermitteln des für die Projektaufgaben verfügbaren Personals kann nicht nur von Kopfzahlen und den verfügbaren Mitarbeiterstunden ausgegangen werden, vielmehr hat eine individuelle Planung der einzelnen Mitarbeiter zu erfolgen. An dieser Stelle ist der Einsatz EDV-gestützter Planungssysteme besonders hilfreich, weil der gesamte, zeitlich mögliche Projektablauf – unter Beachtung dieser kapazitätsmäßigen Gegebenheiten und Beschränkungen – transparenter gemacht werden kann. Die Abbildung 3.3-8 zeigt eine kombinierte Darstellung der zeitlichen Einplanung der Projektaufgaben unter Berücksichtigung der jeweils erforderlichen Personalqualifikation.

Projektaufgaben		Plantermine	Systemdesigner	insgesamt	HW-Entwickler	insgesamt	SW-Entwickler	insgesamt	Administration	insgesamt	Hilfskräfte	insgesamt	Summe
Systementwurf	Arbeitspaket 11	17. 2. - 25. 2. 97	Huber	10	Maier	60	Schwarz	100	Klein	8	Römer	10	
	Arbeitspaket 12	3. 3. - 21. 3. 97	Huber	20					Klein	8	Römer	10	
	Arbeitspaket 13	24. 3. - 11. 4. 97	Specht	40					Klein	8	Römer	10	
Funktionsmuster	Arbeitspaket 21	14. 4. - 25. 4. 97	Specht	40	Maier	40			Klein	8	N.N.	5	
	Arbeitspaket 22	21. 4. - 9. 5. 97	Jäger	30	Klein	20					N.N.	20	
	....												
	Arbeitspaket 25	20. 5. - 06. 6. 97	Huber	30	Klein	20					N.N.	10	
Prototyp	Arbeitspaket 31	9. 6. - 27. 6. 97	Huber	10	Klein	10	Schwarz	30			Römer	10	
	Arbeitspaket 32	23. 6. -11. 7. 97	Jäger	50	Maier	10	Weber	10			N.N.	20	
	....												
	Arbeitspaket 35	08. 9. - 19. 9. 97	Specht	60	Maier	10	Weber	30			Specht	10	
Prüfsystem	Arbeitspaket 41	15. 9. - 30. 9. 97	Huber	10			Schwarz	30					
	Arbeitspaket 42	1. 10. - 17. 10. 97	Huber	40			Schwarz	30					
	....												
	Arbeitspaket 44	1. 10. - 24. 10. 97	Specht	10			Weber	50					
Vorserienmodell	Arbeitspaket 51	1. 10. - 24. 10. 97	Jäger	30									
	Arbeitspaket 52	2. 10. - 14. 11. 97	Huber	50									
	....												
	Arbeitspaket 56	3. 11. - 19. 12. 97	Jäger	30									

Legende:
N.N. nicht nominiert
Angaben in Personenstunden

Abbildung 3.3-8: Kombinierte Tabelle Projektaufgaben und eingeplantes Personal

Dieses einfache Hilfsmittel kann bedarfsgerecht angepaßt werden, z.B. können anstelle der Personalgruppen die Namen einzelner Mitarbeiter und anstelle der verschiedenen Entwicklungsabschnitte einzelne Teilaufgaben stehen. Um keine sektoralen Engpässe oder Unterbeschäftigungsphasen zu bekommen, ist eine gezielte Einsatzmittelplanung pro Einsatzmittelgruppe (Personalgruppe) von besonderer Bedeutung, vor allem wenn die Abteilungen an mehreren Projekten bzw. Aufträgen gleichzeitig arbeiten.

Die bisherige Betrachtung ist rein quantitativ. Beispielsweise wurde bei der Einplanung der Software-Entwickler stillschweigend unterstellt, daß diese weitgehend gegenseitig austauschbar sind und annähernd die gleiche Produktivität haben. Es ist jedoch notwendig, auch auf mögliche qualitative Engpässe zu achten (SCHELLE 1996).

3.3.5 Einsatzmittelplanung

3.3.5.1 Einplanen des Einsatzmittelbedarfs und Ermittlung der Einsatzmittelauslastung

Zunächst wird der Einsatzmittelbedarf aufgrund der durch die Terminberechnung (siehe Kapitel 3.2) bestimmten Ausführungstermine (frühestmögliche und spätestzulässige Anfangs- und Endtermine) zeitlich eingeplant. Es wird der geplante Bedarf der verschiedenen Vorgänge an einem Einsatzmittel oder mehreren Einsatzmitteln pro Zeiteinheit aufsummiert. Anhand des vorliegenden Ablaufplans (Abbildung 3.3-9 als Netzplan bzw. Abbildung 3.3-10 als Balkendiagramm) werden vereinfacht die Einplanungsmöglichkeiten demonstriert (MÜLLER-ETTRICH 1994).

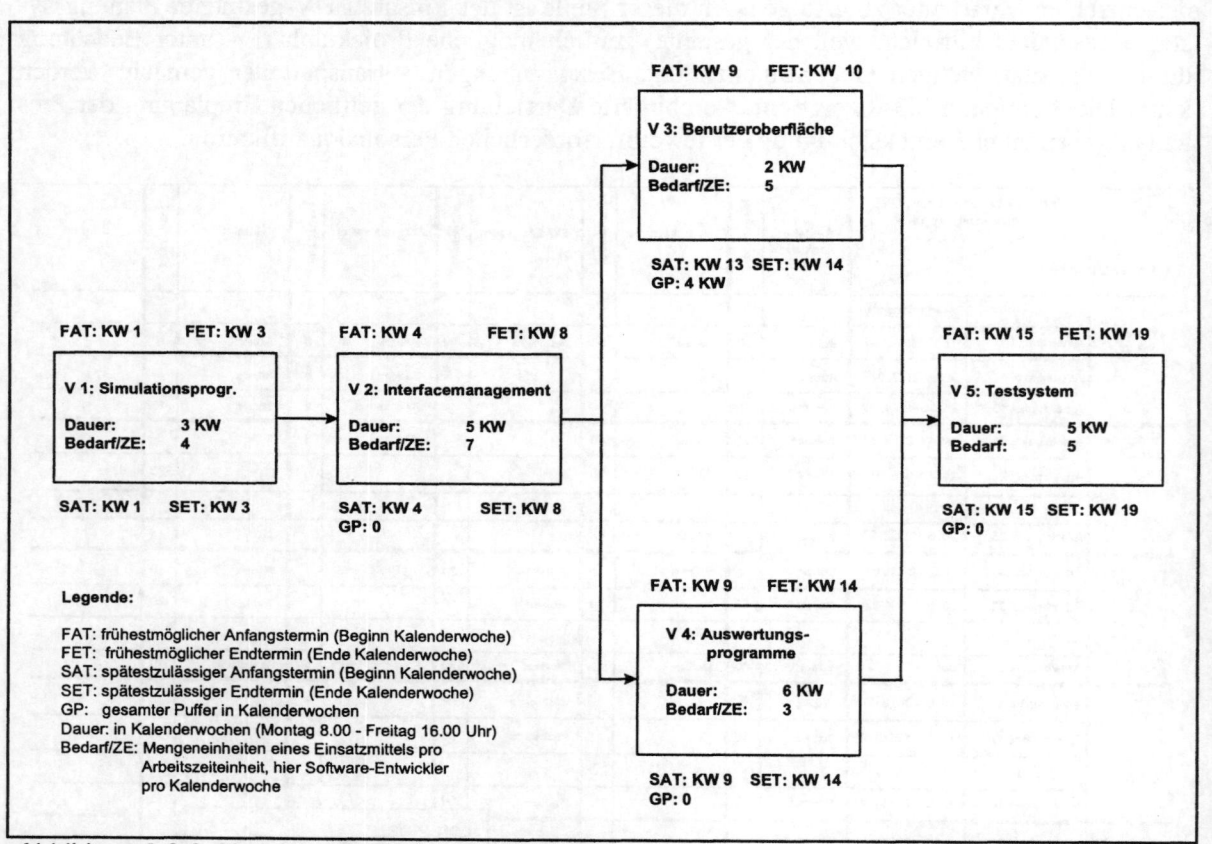

Abbildung 3.3-9: Netzplan zur Demonstration der verschiedenen Einplanungsmöglichkeiten

3.3 Einsatzmittelmanagement

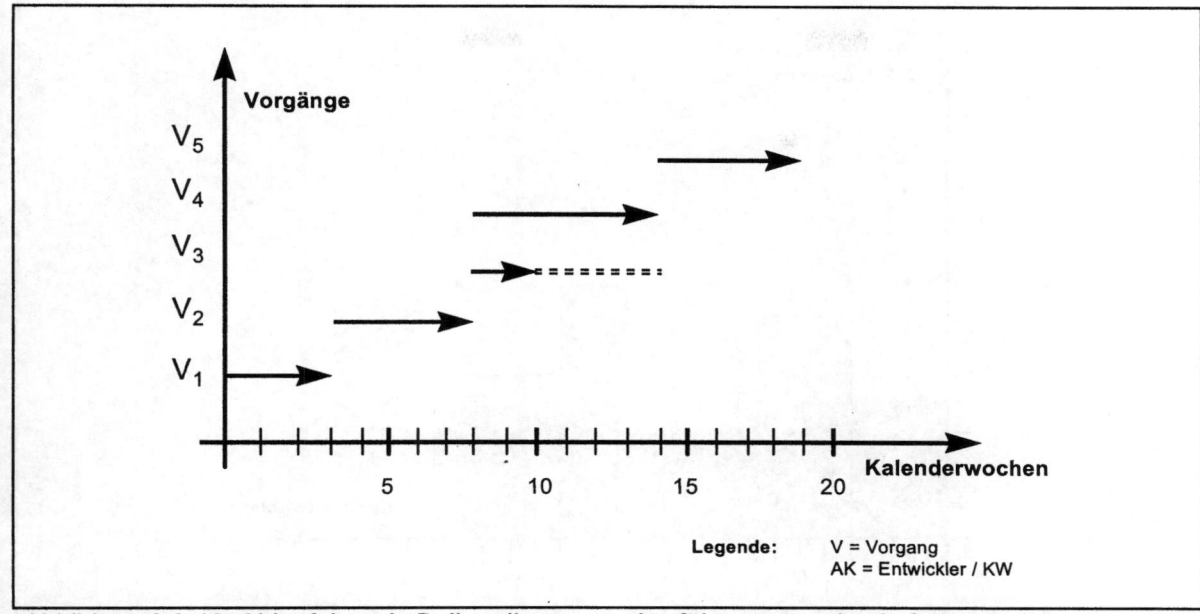

Abbildung 3.3-10: Ablaufplan als Balkendiagramm, Ausführungstermine in frühester Lage

Abbildung 3.3-11 und Abbildung 3.3-12 zeigen, daß die **Einsatzmittelauslastung** (DIN 69902) unterschiedlich ausfällt, je nachdem ob in frühester Lage, d.h. zu den frühestmöglichen Anfangs- und Endterminen oder zu den spätestzulässigen Anfangs- und Endterminen (späteste Lage) eingeplant wird. Es kann sein, daß die Einplanung in spätester Lage eine Bestandsüberschreitung ganz oder teilweise abbaut, da z.B. Mitarbeiter aus dem Urlaub zurückkommen. Zu bedenken ist dabei, daß sich bei dieser Variante Verzögerungen sofort auf die Projektdauer auswirken und der kritische Weg entsprechend länger wird.

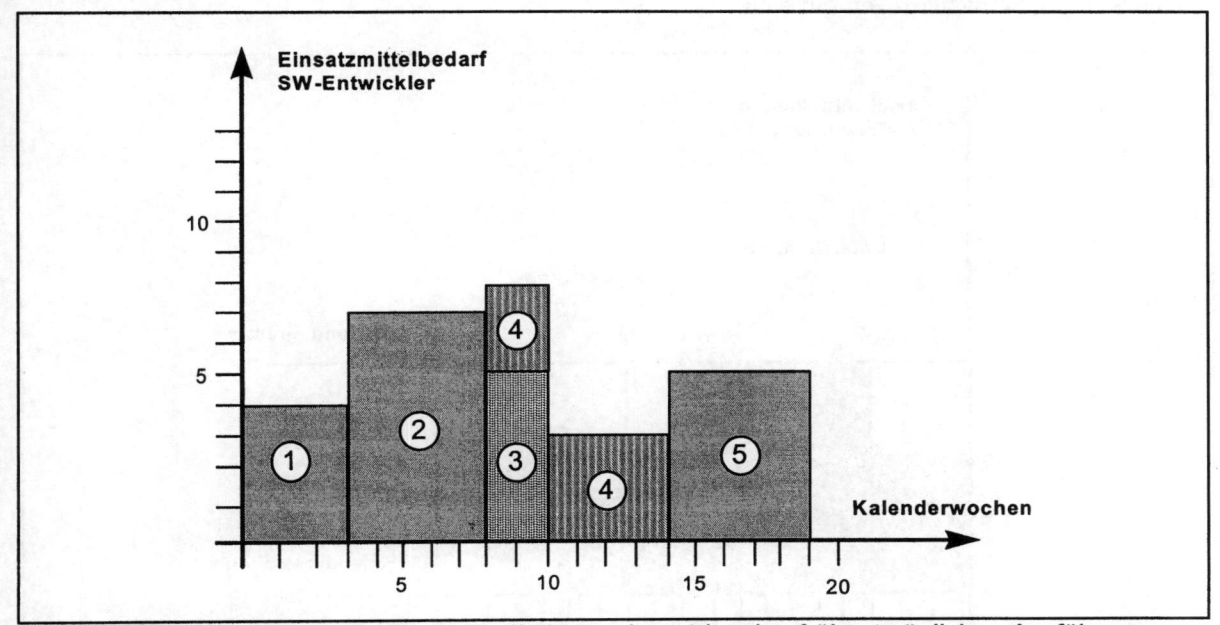

Abbildung 3.3-11: Einsatzmittelbedarf in 'frühester Lage' (zu den frühestmöglichen Ausführungsterminen)

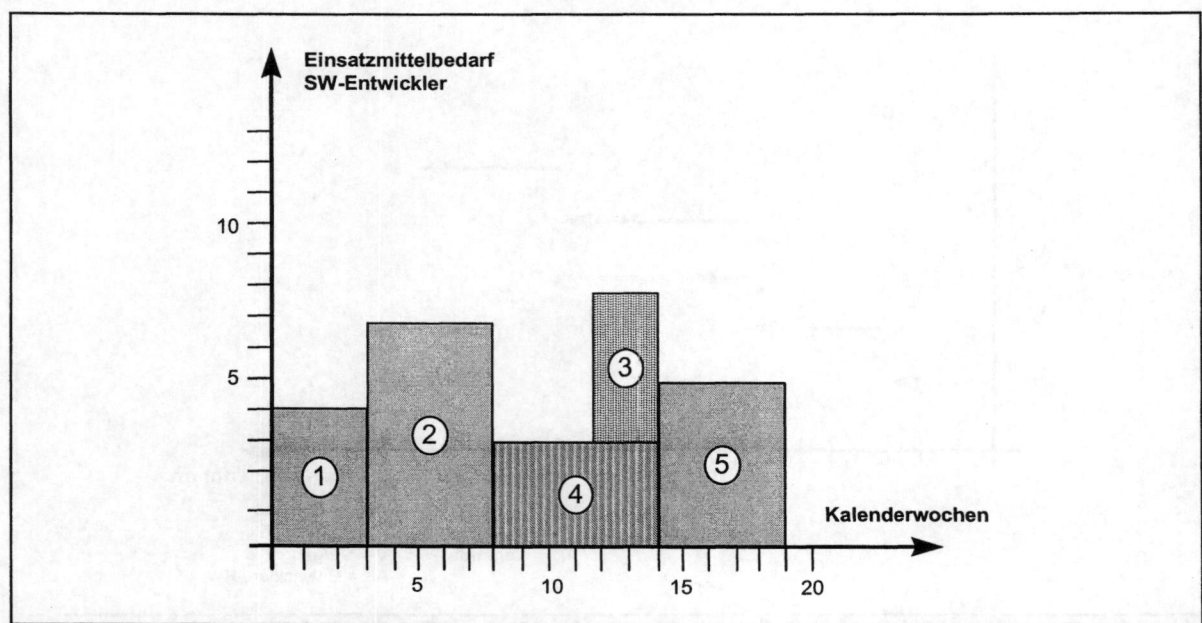

Abbildung 3.3-12: Einsatzmittelbedarf in 'spätester Lage' (zu den spätestzulässigen Ausführungsterminen)

Diesem Auslastungsdiagramm kann der Einsatzmittelbestand zu den verschiedenen Zeitintervallen (Wochen, Monaten) gegenübergestellt werden, um so die Überdeckung bzw. Unterdeckung an diesem Einsatzmittel bzw. dieser Einsatzmittelgruppe zu ermitteln (vgl. Abbildung 3.3-13). Die Bestandsgrenze ist in der Praxis über den gesamten Einplanungszeitraum (z.B. Jahr) nie konstant, schon wegen der unterschiedlichen Anzahl von Arbeitstagen pro Monat. Außerdem bringen Neueinstellungen, Urlaub aber auch Abzug von Mitarbeitern zu anderen Projekten, die zeitlich vorgezogen werden, Schwankungen mit sich.

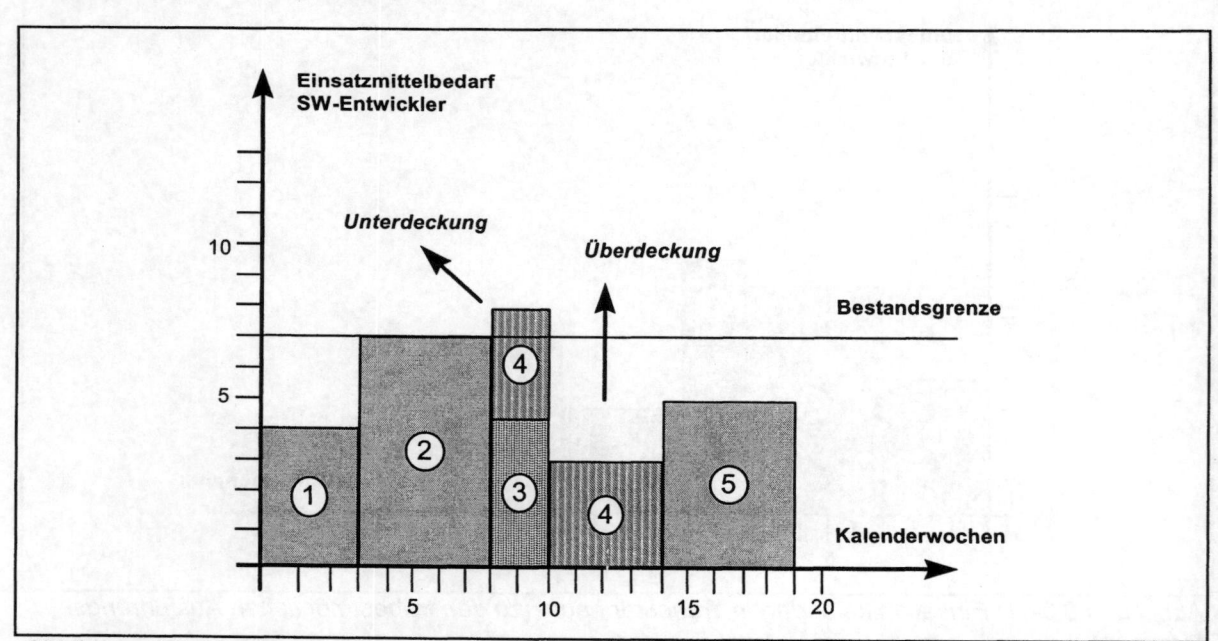

Abbildung 3.3-13: Einsatzmittelauslastung unter Angabe von Über- und Unterdeckung

3.3.5.2 Einplanen des Einsatzmittelbedarfs bei begrenzt verfügbarem Bestand

Es gibt auch die Möglichkeit, die einzelnen Vorgänge unter Berücksichtigung ihrer Abhängigkeiten und ihres Einsatzmittelbedarfs zeitlich so einzuplanen, daß zu keiner Zeit der Einsatzmittelbestand überschritten wird und sich gleichzeitig eine möglichst kurze Projektdauer ergibt („**kapazitätstreue Einsatzmittelplanung**"). Bei der Terminierung der einzelnen Vorgänge wird darauf geachtet, daß der Einsatzmittelbedarf zur Einplanungszeit **nicht den vorhandenen Bestand** abzüglich der bereits eingeplanten Mengen **überschreitet**. Das kann bewirken, daß der frühestmögliche Anfangstermin eines einzuplanenden Vorganges so lange verschoben werden muß, bis ohne Bestandsüberschreitung eingeplant werden kann. In einem Ablaufplan gibt es häufig Vorgänge, die gleichrangig (zwei Vorgänge sind gleichrangig, wenn die Zahl der Anordnungsbeziehungen, die vom Startvorgang bis zu diesem durchlaufen werden muß, gleich ist) und aufgrund der Rechenregel gleichzeitig (gleiche Anfangstermine) sind. Dann ergibt sich bei diesen Vorgängen die Frage, welche zuerst eingeplant werden sollen. Im Hinblick auf eine möglichst kurze Projektdauer hat es sich als zweckmäßig erwiesen, die gleichrangigen und/oder gleichzeitigen Vorgänge nach einer sogenannten „Prioritätsregel" einzuplanen. Mögliche sinnvolle Prioritätskriterien sind beispielsweise

- die kleinste Pufferzeit
- die kleinsten frühestmöglichen Anfangstermine
- die kleinsten spätestzulässigen Anfangstermine
- die kleinsten spätestzulässigen Endtermine.

Das Einplanen gleichrangiger und/oder gleichzeitiger Vorgänge nach der kleinsten Pufferzeit bedeutet eine Bevorzugung kritischer Aktivitäten, was sich in der Regel günstig auf die Projektdauer auswirkt. Voraussetzung dabei ist, daß der Bestand mindestens gleich dem höchsten Einzelbedarf ist.

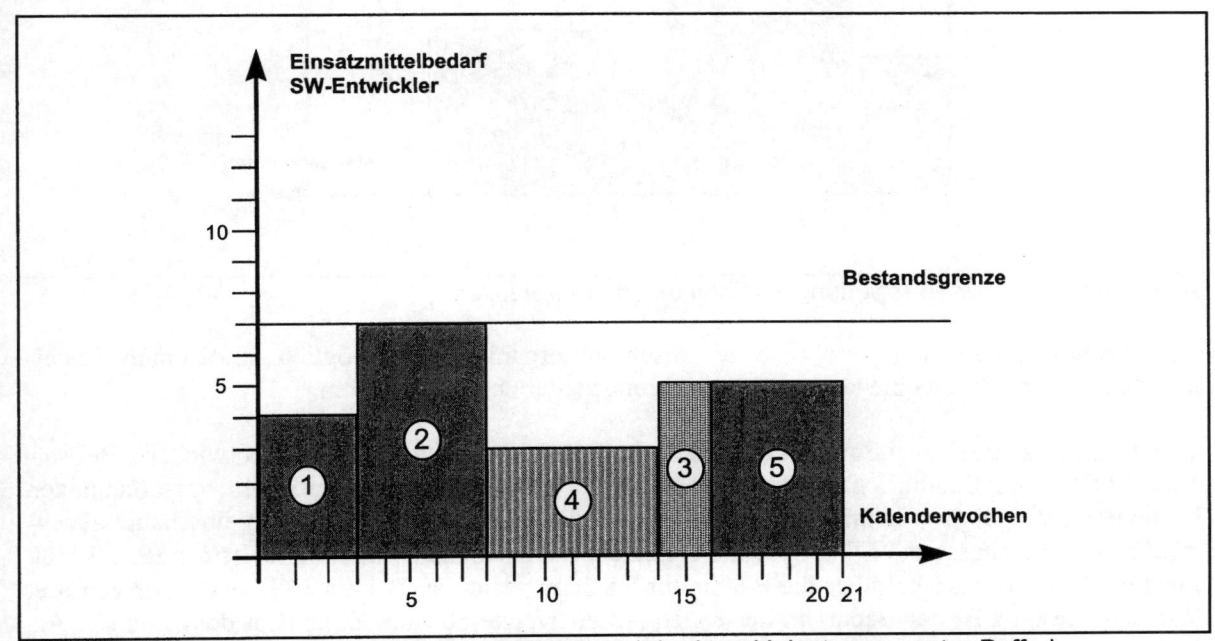

Abbildung 3.3-14: Kapazitätsoptimierung (Prioritätskriterium: kleinster gesamter Puffer)

In dem Beispiel verlängert sich die Projektdauer aufgrund des nur begrenzt verfügbaren Bestands an Software-Entwicklern und der Forderung, daß dieser nicht überschritten werden darf, von 19 auf 21 Arbeitswochen.

3.3.5.3 Bedarfsnivellierung bei unveränderter Projektdauer durch zeitliches Verschieben von Vorgängen mit gesamter Pufferzeit

Bei der Bedarfsnivellierung wird versucht, die Vorgänge unter Berücksichtigung ihrer Abhängigkeiten und ihres Einsatzmittelbedarfs zeitlich so einzuplanen, daß sich eine möglichst **gleichmäßige** Einsatzmittelauslastung ergibt. Im Gegensatz zur „kapazitätstreuen" Einplanung werden bei der Bedarfsnivellierung die Vorgänge **nur innerhalb ihrer Zeitreserven** verschoben (**„termintreue Einsatzmittelplanung"**). Können innerhalb der gegebenen Pufferzeiten Bestandsüberschreitungen nicht oder nur zum Teil abgebaut werden, und ist es nicht möglich, zusätzliche Einsatzmittel zu beschaffen, gibt es nur noch die Möglichkeit, den Projektendtermin zu verschieben. Durch die dadurch entstehenden zusätzlichen Zeitreserven kann bei einer erneuten Einplanung weiter versucht werden, die Bestandsüberschreitungen abzubauen.

Im vorliegenden Beispiel bringt eine Verschiebung der zeitlichen Lage von Arbeitspaket 3 innerhalb seiner Pufferzeit keinen Abbau der Bestandsüberschreitung. Die Überschreitung könnte abgebaut werden, wenn als spätestmöglicher Anfangstermin von Arbeitspaket 3 die 14. Kalenderwoche zulässig wäre, was einer Verlängerung der Projektdauer von 19 auf 21 Arbeitswochen gleichkommt.

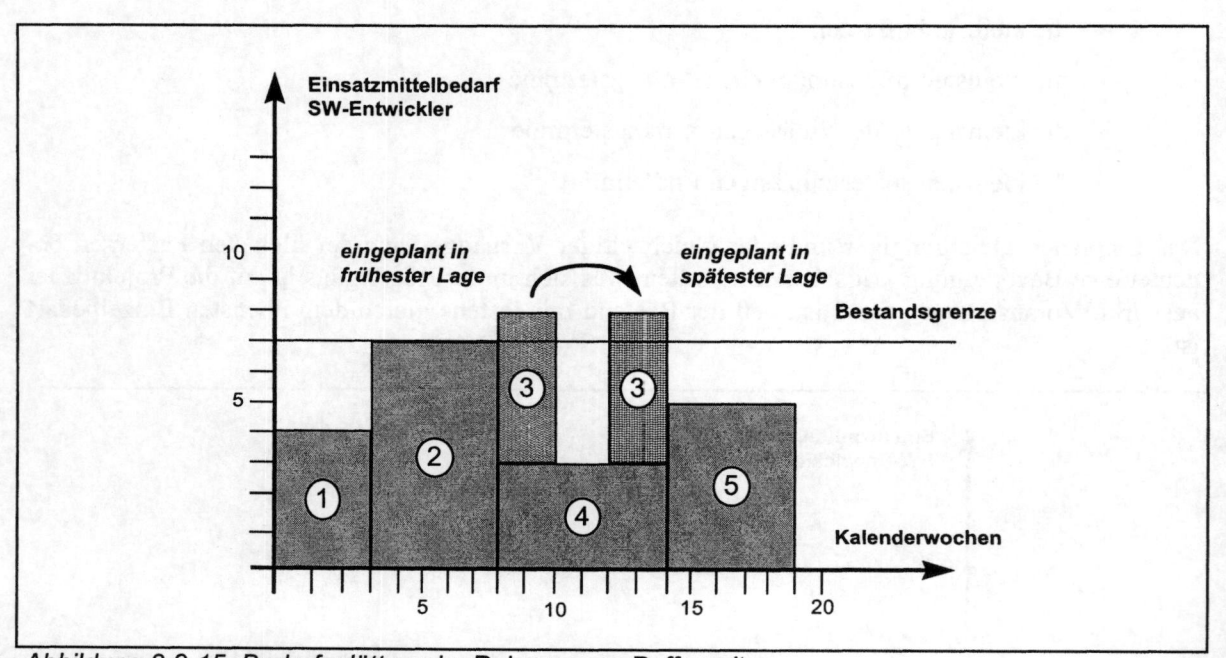

Abbildung 3.3-15: Bedarfsglättung im Rahmen von Pufferzeiten

Die Überlegung ist naheliegend, ob es technisch und organisatorisch möglich ist, den nicht ausreichenden Bestand durch eine längere Durchführungsdauer zu kompensieren.

Denkbar ist, daß z.B. zwei Softwareentwickler in fünf Wochen den Vorgang 3 entwickeln. Bei solchen Aktionen muß natürlich geprüft werden, ob die u.U. eintretenden zeitlichen Verschiebungen bei anderen Vorgängen, die möglicherweise dieses Einsatzmittel nicht benötigen, überhaupt akzeptabel sind. Leistungsstarke EDV-Systeme bieten auch die Möglichkeit, die Arbeitsmenge, z.B. 100 Ingenieurstunden, variabel über die Bearbeitungszeit zu verteilen. Bei einer Gesamtdauer von drei Wochen beträgt z.B. der Bedarf in der ersten Arbeitswoche 60 Stunden und in der 2. und 3. Arbeitswoche dann jeweils 20 Stunden. Abbildung 3.3-16 zeigt Möglichkeiten, den geschätzten Aufwand in Mitarbeiter-Wochen (MW) durch Strecken oder Verkürzen der Dauer bei gleichbleibendem Gesamtaufwand zu variieren.

3.3 Einsatzmittelmanagement

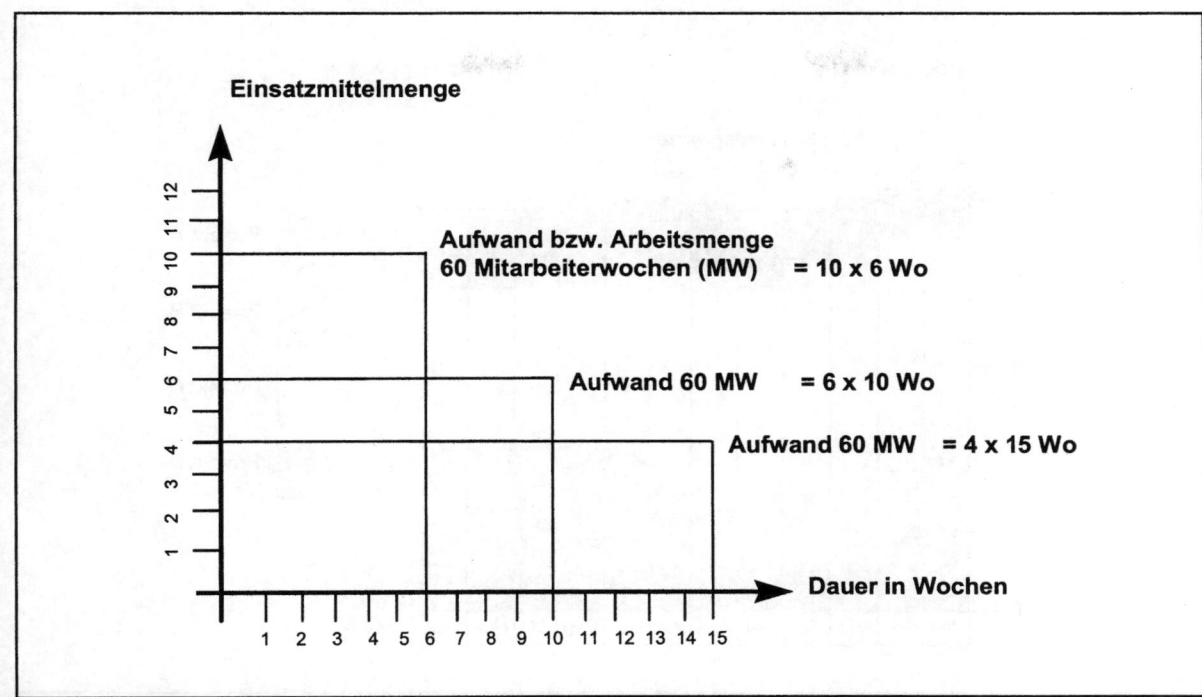

Abbildung 3.3-16: Gleicher Arbeitsumfang bei unterschiedlicher Vorgangsdauer

3.3.5.4 Kapazitätsabgleich bei unveränderlicher Projektdauer, aber veränderlichen Vorgangsdauern

Es ist im Rahmen des Einplanens bei begrenzt vorhandenem Einsatzmittelbestand auch möglich, Vorgänge mit gegebenem Einsatzmittelbedarf bei variabler Ausführungszeit zu definieren. Dabei wird der Einsatzmittelbedarf in Teilmengen aufgeteilt und zeitlich so eingeplant, daß der Vorgang ohne Überschreitung der Bestandsgrenze möglichst frühzeitig beendet wird. Durch die Stückelung in „Portionen" lassen sich Restkapazitäten besser ausnutzen, so daß es zu einer möglichst vollständigen Ausnutzung des Einsatzmittelbestands kommt, vorausgesetzt, der Einsatzmittelbedarf ist teilbar, wie z.B. bei Mitarbeiter-Stunden. Durch Angabe einer maximalen Einplanungsdauer und einer Mindestmenge pro Einplanungszeiteinheit kann darüber hinaus der Lösungsbereich auf akzeptable Lösungen beschränkt werden. Auch diese Möglichkeit des sog. Kapazitätsabgleichs bieten die komplexeren Projektmanagement-Softwarepakete. Die vom Programm ermittelten Lösungen sind nur als „Angebote" zu verstehen und dürfen nicht ungeprüft übernommen werden.

3.3.5.5 Einsatzmittelplanung für mehrere Projekte (Mehrprojektplanung)

Das Problem der optimalen Zuteilung von Personal und Sachmitteln wird sehr komplex, wenn mehrere konkurrierende Projekte berücksichtigt werden müssen. Projekte sind dann als konkurrierend anzusehen, wenn zwei oder mehrere Projekte mindestens eine Arbeitskräfte- bzw. Sachmittelart gemeinsam beanspruchen, und die einzelnen Projekte eine eigenständige Zielsetzung aufweisen.

Einfach ist das Einplanungsverfahren dann, wenn die Einsatzmittelart ausreichend verfügbar ist. Das Auslastungsdiagramm ergibt sich durch Addition des zu jeder Arbeitszeiteinheit gegebenen Bedarfs der einzelnen Projekte.

Ist nur ein begrenzter Bestand verfügbar, müssen die Einzelprojekte, denen unterschiedliche Prioritäten zuzuordnen sind, dann um den gegebenen Bestand konkurrieren. Abbildung 3.3-17 zeigt die Auslastung einer bestimmten Abteilung durch die gleichzeitige Bearbeitung von vier Projekten.

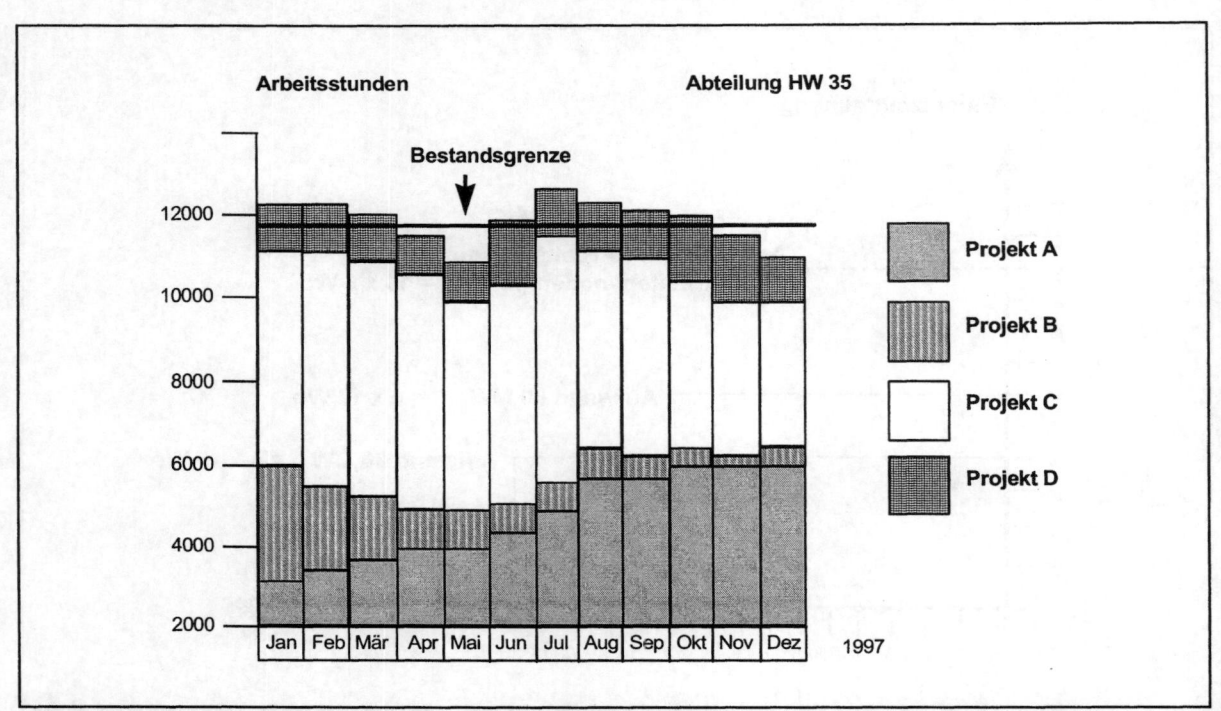

Abbildung 3.3-17: Eingeplanter Einsatzmittelbedarf (Mitarbeiterstunden) für die Abwicklung von 4 Projekten

Die wesentliche Frage ist also: Wie lasten die bereits laufenden und die geplanten Projekte den Bestand bestimmter Einsatzmittel in den verschiedenen Abteilungen bzw. Geschäftsbereichen aus? Um eine realistische Aussage zu bekommen, müssen selbstverständlich auch die kleinen Projekte, für die gegebenenfalls keine Zeitplanung erfolgt, in die Planung einbezogen werden. Nur so können

- einigermaßen realistische Projekttermine ermittelt,
- frühzeitig Einsatzmittelengpässe erkannt und
- teure Maßnahmen des Krisenmanagements reduziert werden.

Ohne Mehrprojektplanung lassen sich Prioritätsentscheidungen bei Projekten nur schwer treffen. Die Auswirkungen von geänderten Prioritäten auf Vorgangstermine anderer Projekte können nur so ermittelt und dargestellt werden. Der Stellenwert einer projektbezogenen Einsatzmittelplanung wird vor dem Hintergrund anhaltender Personalreduzierung und notwendiger Kürzung der Durchlaufzeiten von Projekten besonders deutlich; beispielhaft sei hier die Automobilindustrie genannt.

Besteht keine Vorstellung über die bestehende Auslastung des Einsatzmittelbestands, und das ist in der Praxis sehr häufig der Fall, werden immer wieder zusätzliche Aufträge übernommen. „Die vorhandene Kapazität wird ausgedünnt. Sie verteilt sich auf immer mehr Projekte und Routinetätigkeiten" (SCHELLE 1996). Die Durchlaufzeit der einzelnen Projekte und Aufträge verlängert sich mit allen Konsequenzen auf Zwischen- und Endtermine. Abbildung 3.3-18 zeigt einen Ausschnitt einer Mehrprojektplanung mit Hilfe einer Tabellenkalkulation. Die Überdeckung (+) und Unterdeckung (-) an Mitarbeiterstunden für die jeweilige Kalenderwoche ist in der letzten Zeile ausgewiesen. Die Werte dieser Zeile zeigen an, in welchen Arbeitswochen mit Engpässen zu rechnen ist, und ob Arbeitspakete/Vorgänge zeitlich verschoben werden können, um Überkapazitäten besser auszunutzen.

3.3 Einsatzmittelmanagement

Stundenbedarf pro Kalenderwoche / Vorgang bzw. Projekt	KW1	2	3	4	5	6	7	8	9	10	11	12	13	14
Projekt 1														
Arbeitspaket 100	80	80	80	80	80									
Arbeitspaket 100		20	20	20	20	20	20							
Arbeitspaket 110					50	50								
Arbeitspaket 120									75	75	75	75		
Arbeitspaket 130									15	15	15	15		
Projekt 2														
Arbeitspaket 200	40	40	20	20										
Arbeitspaket 210					60	60	60	60	60					
Arbeitspaket 220										10	10	30	30	30
Projekt 3 etc.														
....														
Projekte insgesamt	500	510	500	480	350	370	400	420	425	440	470	480	480	500
Grundlast Std.	60	60	60	60	60	60	60	60	60	60	60	60	60	60
Sonstige Arbeiten	45	45	45	45	45	45	45	45	45	45	45	45	45	45
Stundenbedarf insg.	605	615	605	585	455	475	505	525	530	545	575	585	585	605
Bestand	590	590	590	570	570	570	500	500	500	500	500	510	510	510
Überdeckung (+) Unterdeckung (-)	-15	-25	-15	-15	115	95	-5	-25	-30	-45	-75	-75	-75	-95

Abbildung 3.3-18: Beispiel für Mehrprojektplanung mit Tabellenkalkulationsprogramm (nach SCHELLE 1996)

3.3.6 Aufwandskontrolle – ein Mittel zur effektiven Projektsteuerung

Projektkontrolle ist als aktive Ablaufkoordination und nicht als passive Projektfortschreibung zu verstehen. Im Rahmen der Aufwandskontrolle geht es u.a. um Plan-Ist-Vergleiche der Aufwände, singulär wie trendmäßig, das Feststellen und Analysieren von Abweichungen, die periodischen Restaufwandschätzungen und wenn nötig, um das Einleiten steuernder Maßnahmen. Aufwandskontrolle ist neben der Termin- und Kostenkontrolle (siehe Kapitel 3.7 - Integrierte Projektsteuerung) ein wichtiges Steuerungsinstrument.

3.3.6.1 Erfassen der tatsächlichen Aufwendungen (Ist-Aufwand)

Voraussetzung für jede Aufwandskontrolle ist das Erfassen der erbrachten Stunden und des Verbrauchs bzw. der Nutzungszeit der Sachmittel. Der Personalaufwandserfassung, d.h. der regelmäßigen und vollständigen Stundenaufschreibung, kommt gerade in personalintensiven Entwicklungs- und Organisationsprojekten große Bedeutung zu. Für eine aussagekräftige Aufwandskontrolle sind die Personalaufwendungen zum einen arbeitspaketbezogen aber auch den verschiedenen Organisationseinheiten, Teilprojekten, Projektphasen, Konten sowie Tätigkeitsarten (Analyse, Design, Codieren, Testen) zuordenbar zu erfassen. Abbildung 3.3-19 zeigt in Anlehnung an Burghardt (BURGHARDT, S. 294) den Aufbau eines Stundenkontierungsbelegs für Softwareprojekte, der für andere Projekttypen entsprechend angepaßt werden kann.

Projektbezeichnung:											
Projektkennzeichen:											
Stundenkontierung:										Unternehmensbereich: Abteilung/Dienststelle:	
Monat/Jahr: Sollstunden:										Mitarbeiter: Telefon:	
Projekt-Konto	Unterkonto	Projektphase	Arbeitspaket-Nr.	Tätigkeits-kennzeichen	Std	TKZ	Std.	Endtermin		Aufwand in Mitarbeiterstunden	
								Plan	Ist	geplant	aufgelaufener Istaufwand

Unterschriften:
Datum: Mitarbeiter:
Datum: Vorgesetzter:

Legende:
01 Entwerfen
02 Codieren
03 Testen
04 Dokumentieren

Tätigkeitskennzeichen(TKZ):
05 Review
06 Schulung
07 PM
08 Wartung

Abbildung 3.3-19: Aufbau eines Stundenkontierungsbelegs

Bei einer EDV-gestützten Stundenkontierung braucht der Mitarbeiter in den Kontierungsbeleg nur noch die von ihm erbrachten Stunden, unterteilt nach Tätigkeitsarten, einzutragen. Alle anderen Informationen wie Projektphase, Arbeitspaket, an dem der Mitarbeiter nach Plan tätig ist, Zuordnung des Arbeitspakets zu der ausführenden Organisationseinheit usw. sind vorgedruckt. Dies reduziert den Erfassungsaufwand erheblich.

In Bereichen mit hoher DV-Struktur bietet sich eine dialogorientierte Stundenkontierung an. Nicht mehr das Belegformular, sondern eine entsprechend aufgebaute Bildschirmmaske ist hier das Eingabemedium für die Ist-Aufwandserfassung. Im Gegensatz zur Belegaufschreibung, die in der Regel monatlich erfolgt, ist die Stundenkontierung mit Hilfe des PC täglich möglich. Dies bringt wesentliche Vorteile mit sich:

- Genauere Stundenaufschreibung, da die durchgeführten Arbeiten noch in Erinnerung sind.

- Aktuellere Projektinformationen, beispielsweise zu den wöchentlichen Projektbesprechungen.

- Engmaschigeres Controlling, von besonderer Bedeutung bei Projekten mit kurzen Laufzeiten (bis 1 Jahr).

- Bessere Einbindung der Projektmitarbeiter in die Projektberichterstattung.

3.3 Einsatzmittelmanagement

Von Vorteil ist z.B. ein Anschluß an ein Zeiterfassungsverfahren, weil hierdurch eine automatische Plausibilisierung der monatlichen Soll-Stunden mit den erfaßten Stunden und der mitarbeiterspezifischen Stundenaufschreibung (Ist-Stunden) erreicht werden kann.

Eine gewisse Unsicherheit liegt auch in der Ehrlichkeit der Aufschreibung. Da die aufgeschriebenen Stunden die Basis für jeden Soll/Ist-Vergleich sind, könnte der Eindruck entstehen, daß dieser Vergleich von den Vorgesetzten u.U. auch zur Mitarbeiterbeurteilung herangezogen wird. Wo Sanktionen wegen einer Planabweichung drohen, besteht zwangsläufig die Gefahr, daß „geschönte" Daten geliefert werden, die eine effektive Projektsteuerung konterkarieren. Ein weiteres Problem in Hinblick auf eine zielorientierte Projektkontrolle und -steuerung ist das Kontieren nach dem „Tragfähigkeits-Prinzip", dem durch sinnvolle Projektdurchführungsrichtlinien, z.B. Freigabe von Projektphasen und Arbeitspaketen erst bei Erfüllung von Teilleistungen, entgegengewirkt werden kann.

3.3.6.2 Plan-Ist-Vergleich für Aufwendungen

Die Basis einer jeden Aufwandskontrolle ist der Vergleich von geplanten Aufwandswerten zu angefallenem Aufwand. Im Projektverlauf werden die Ist-Werte in einem gleichmäßigen Turnus, z.B. 14-tägig oder monatlich, ermittelt. Beim Plan-Ist-Vergleich der Aufwände geht es u.a. um folgende Fragen:

- Wie wird der Sachfortschritt in die Aufwandskontrolle einbezogen?
- Wie wird die Terminsituation bei der Aufwandskontrolle berücksichtigt?

Größere Abweichungen im Plan-/Ist-Vergleich sind auf ihre Ursachen hin zu analysieren. Ergebnis der Analyse ist das Festlegen korrektiver Maßnahmen z.B. in Form von Überstunden (HIRZEL, 1992), Einbeziehen von Unterauftragnehmern, Reduktion des Leistungsumfangs, Erhöhung der Motivation der Projektbeteiligten, usw. Greifen die korrektiven Maßnahmen nicht, bleibt als letzte Möglichkeit das Ändern der Planwerte. Abbildung 3.3-20 zeigt stark vereinfacht den Ablauf der Aufwandskontrolle (BURGHARDT, 1995, S. 304).

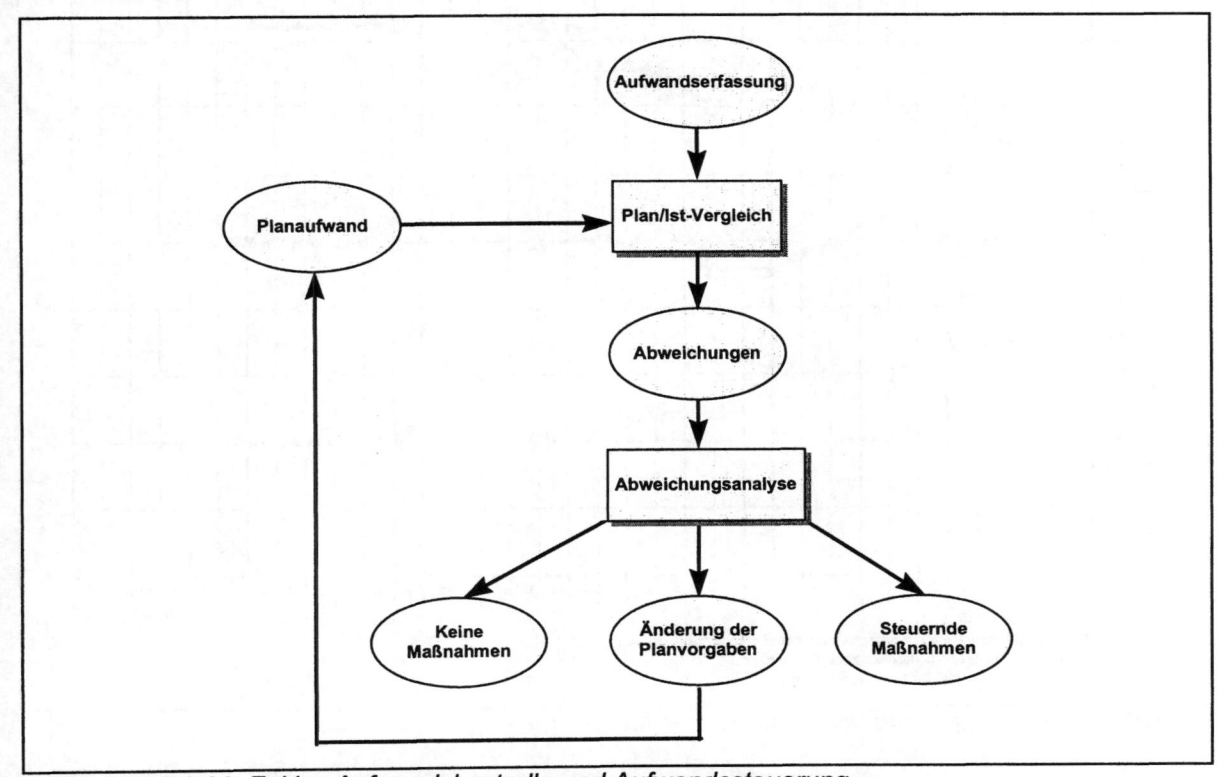

Abbildung 3.3-20: Zyklus Aufwandskontrolle und Aufwandssteuerung

3.3.6.3 Aufwandstrendanalyse

Controlling-instrument für Mehr-projektplanung

Wie bereits erläutert, werden bei der Aufwandskontrolle mit Hilfe eines Soll-Ist-Vergleichs den ursprünglichen Planwerten die angefallenen Ist-Aufwendungen gegenübergestellt. Ziel des Vergleichs ist, in Verbindung mit der jeweils erbrachten Leistung, Rückschlüsse hinsichtlich der Aufwandssituation des Projekts zu ziehen.

Bei der Aufwandstrendanalyse sind nicht die angefallenen Ist-Aufwendungen von Interesse, es geht vielmehr um folgende Fragen:

Wird der geschätzte Aufwand zur Erledigung des Arbeitspakets bzw. des Meilensteinergebnisses ausreichen oder wird zusätzlicher Aufwand erforderlich sein oder wird der ursprüngliche Planansatz unterschritten? Diese revidierten Schätzungen werden zu den jeweiligen Berichtsterminen in ein Matrixdiagramm eingetragen. Die einzelnen Schätzwerte werden miteinander verbunden. Es gibt drei grundsätzliche Trendaussagen, die aus dem Kurvenverlauf abgeleitet werden können:

Aufsteigender Kurvenzug (Trend), d.h. mit einem weiteren Anstieg des Aufwands ist im Projektverlauf zu rechnen;

Anhaltender Trend, d.h. der ursprünglich geschätzte Aufwand wird im weiteren Projektverlauf wahrscheinlich eingehalten werden;

Fallender Kurvenzug (Trend), d.h. die ursprünglich gemachten Schätzungen werden voraussichtlich unterschritten werden (vgl. auch Kap. 3.6).

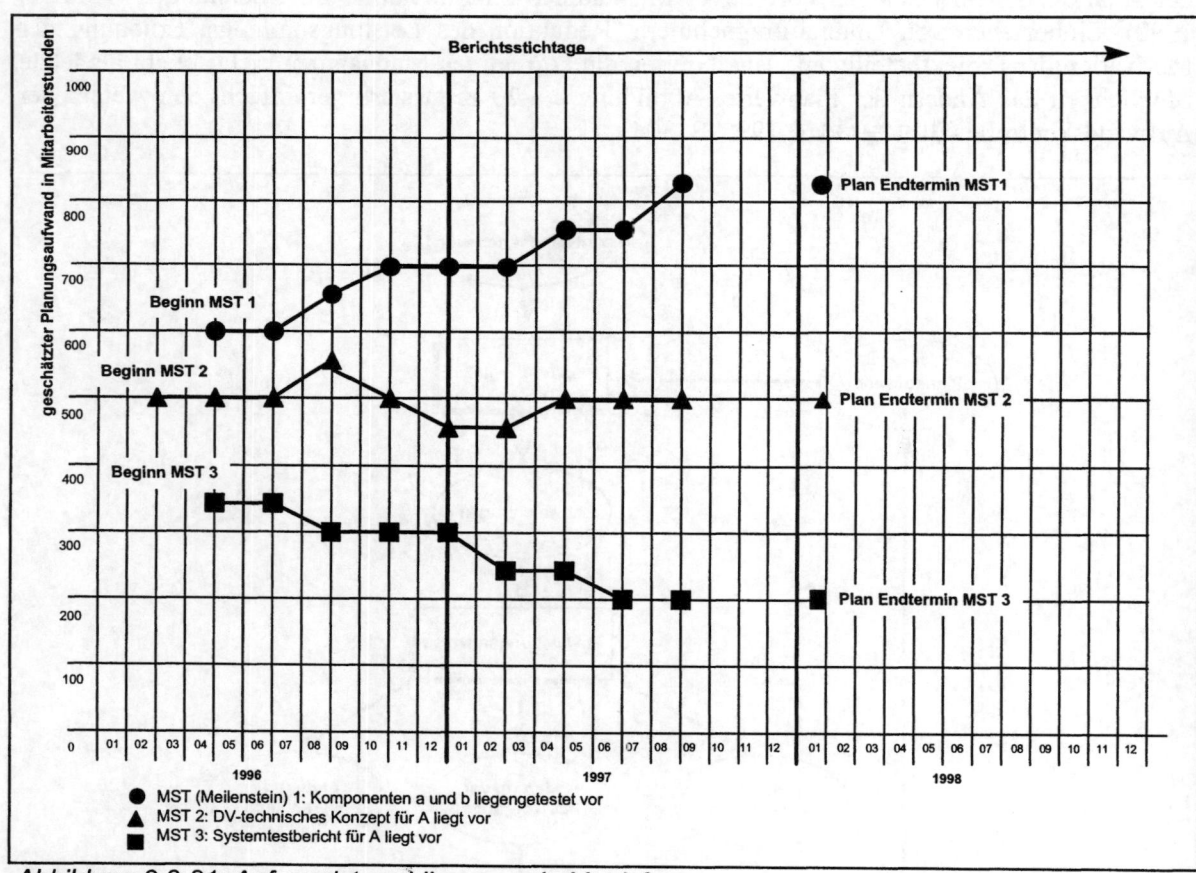

Abbildung 3.3-21 zeigt ein Aufwandstrenddiagramm für ausgewählte Meilensteine.

Abbildung 3.3-21: Aufwandstrenddiagramm in Matrixform

Die Aufwandstrendanalyse ist als Controllinginstrument in einer Mehrprojektumgebung mit kurzen Projektlaufzeiten besonders zu empfehlen. Selbst wenn die Termine und Ist-Aufwendungen nicht

3.3 Einsatzmittelmanagement

im Detail aktualisiert werden, liefert eine kombinierte Termin- und Aufwandstrendanalyse wertvolle Informationen darüber, wie das Projekt steht - sozusagen auf einen „Blick". Können die Termine und die geschätzten Aufwände und somit auch Kosten gehalten werden? Wo ist mit Verzögerungen und Mehraufwand zu rechnen? Abbildung 3.3-22 zeigt solch ein kombiniertes Aufwands- und Termintrenddiagramm.

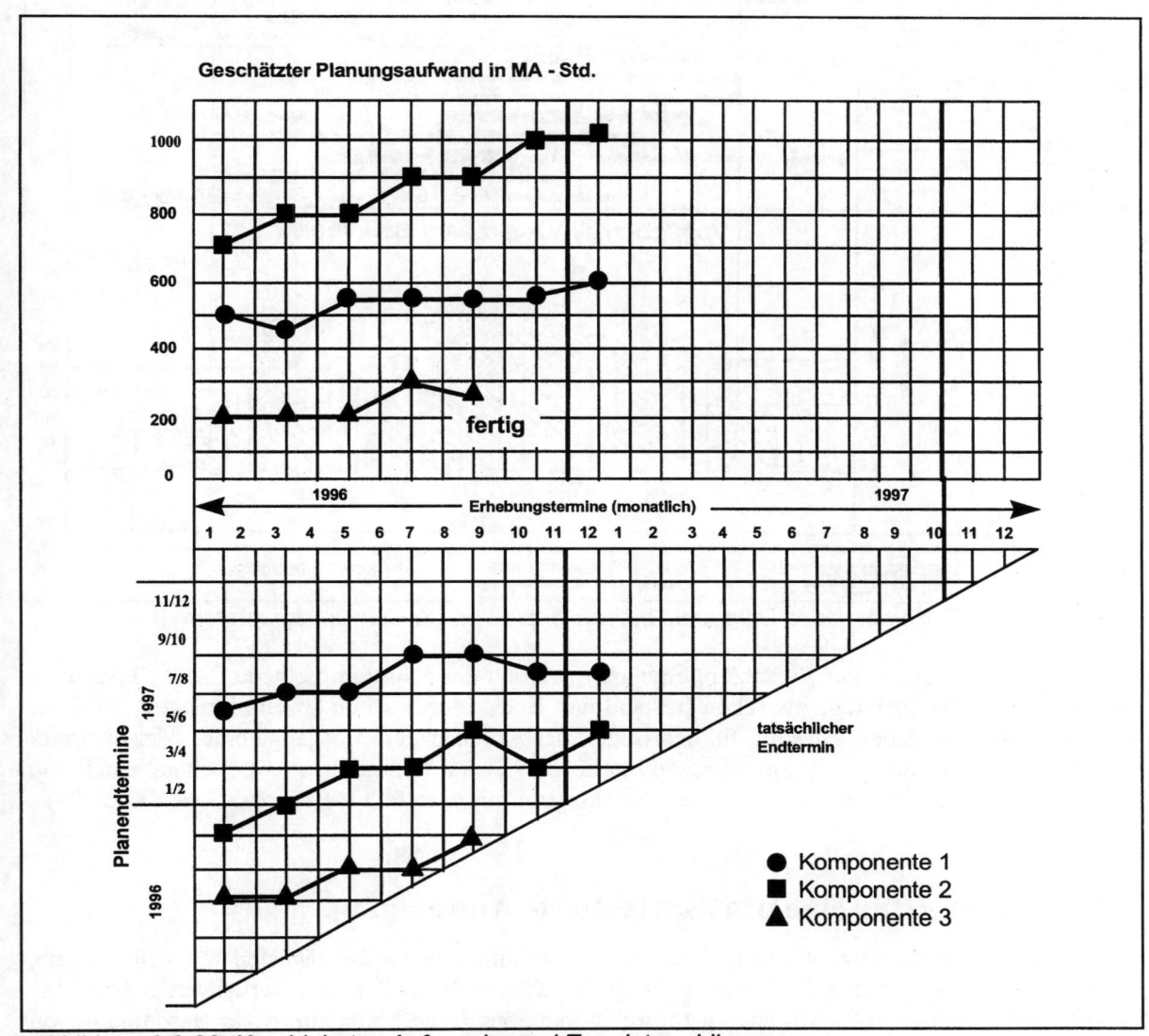

Abbildung 3.3-22: Kombiniertes Aufwands- und Termintrenddiagramm

3.3.7 Berichtswesen im Rahmen der Einsatzmittelplanung

Hier sind im wesentlichen die Auslastungsdiagramme (auch Belastungsdiagramme oder Ganglinienplan genannt) und die Listen mit Bedarf, Bestand und Deckung für bestimmte Zeiträume zu nennen.

Bei den Auslastungsdiagrammen werden der summierte Einsatzmittelbedarf und der Einsatzmittelbestand zu den verschiedenen Ausführungsterminen graphisch dargestellt. An ihnen lassen sich Bedarfsspitzen und Über- und Unterdeckung sofort erkennen. Auch die Gleichmäßigkeit bzw. Ungleichmäßigkeit der Auslastung ist mit Hilfe dieser Diagramme „auf einen Blick" zu erfassen. Von besonderer Aussagekraft sind die Diagramme mit zwei Hüllkurven, die eine gibt den Ist-Aufwand und die andere den Plan-Aufwand an. Für eine detaillierte Analyse der die Auslastung verursachenden Tätigkeiten ist ein kombiniertes Diagramm mit Balkenplan und Auslastungsdiagramm notwendig. Nur so kann ermittelt werden, welche Vorgänge im einzelnen zu der Spitzenbelastung beitragen. Abbildung 3.3-23 ist ein Beispiel für ein kombiniertes Balken- und Auslastungsdiagramm.

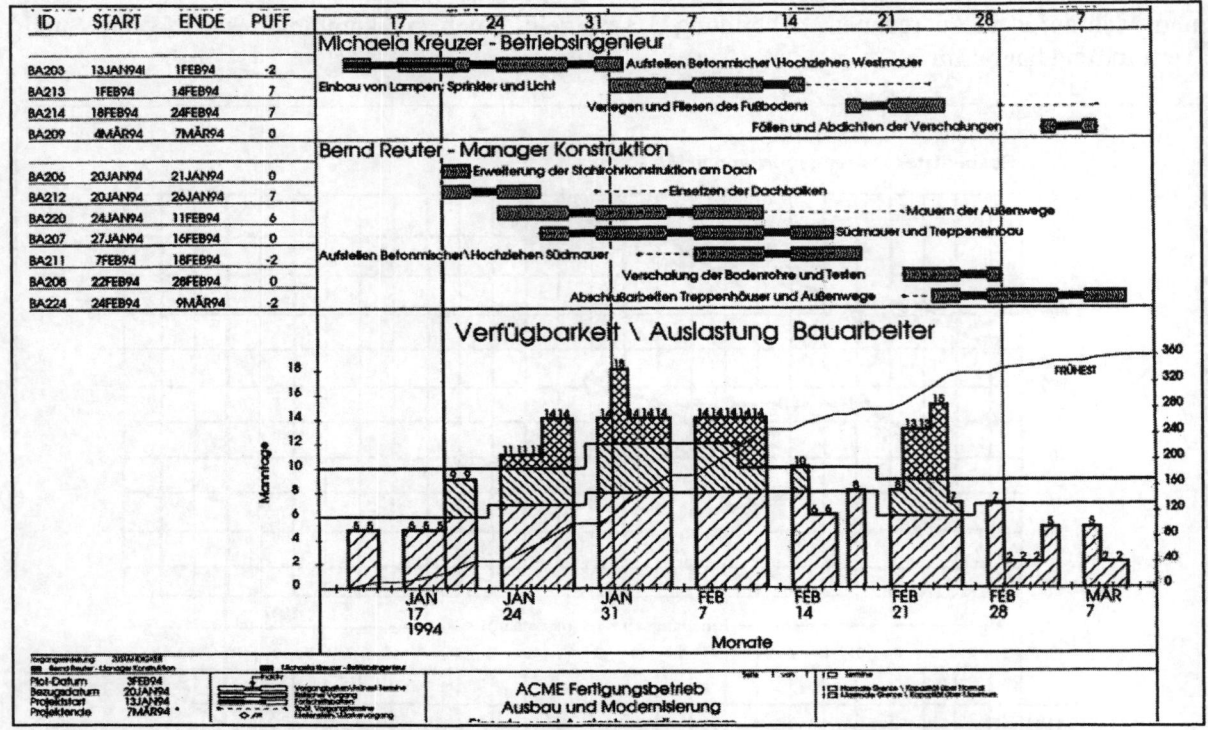

Abbildung 3.3-23: Kombiniertes Diagramm mit Balkenplan und Auslastungsdiagramm

In den typischen Listen zur Einsatzmittelplanung werden der Einsatzmittelbedarf, der Einsatzmittelbestand und die Differenz zwischen Bestand und Bedarf für bestimmte Zeiträume z.B. Monate, Quartale usw. angegeben. Dies gilt für den Bedarf der Arbeitspakete/Vorgänge eines oder mehrerer Projekte an einem oder mehreren Einsatzmitteln. Die Listen können pro Mitarbeiter, Abteilung, Geschäftsbereich, also für jede Ebene der Firmenorganisation, erstellt werden (vgl. auch Kap. 4.8).

3.3.8 Hinweise für eine praxisorientierte Anwendung

Das Einplanen des Einsatzmittelbedarfs für einen Zeitraum, z.B. für die nächsten Wochen, Monate, Quartale oder die gesamte Projektdauer, und das Gegenüberstellen des vorhandenen bzw. beschaffbaren Bestands liefern frühzeitig Informationen, durch die Maßnahmen zur Beseitigung von Engpässen eingeleitet werden können. Zu diesen Maßnahmen zählen Auswärtsvergabe von Teilaufträgen, Beantragung von Überstunden, Änderung von Prioritäten bei Mehrprojektplanung, Reduktion des Leistungsumfangs usw. Die Auswirkungen solcher Maßnahmen lassen sich rechtzeitig abschätzen und zur Entscheidungsfindung nutzen. Umgekehrt ist es ebenfalls von großem Nutzen, rechtzeitig Zeitintervalle mit zu geringer Auslastung zu erkennen und Teilzeitarbeit einzuleiten bzw. die Überkapazitäten anderen Fachabteilungen anzubieten.

Das Verfahren der Kapazitätsoptimierung ist für eine sogenannte „kapazitätstreue" Einsatzmittelplanung tauglich. An erster Stelle steht hier die Forderung, daß der vorhandene Personal- und Sachmittelbestand nicht überschritten werden darf, da eine Aufstockung der Ressourcen nicht möglich ist. Die Ausführungstermine der einzelnen Arbeitspakete/Vorgänge und die Projektdauer sind dieser Forderung untergeordnet. Ein Problem jedoch ist, daß viele Ausführungstermine zu

Projektbeginn bereits fixiert sind, wie z.B. vertraglich vereinbarter Fertigstellungs- bzw. Übergabetermin, Termine für Teillieferungen, Zulieferungen u.a.m. Das bedeutet, überall wo in größerem Umfang mit gesetzten Terminen gearbeitet wird, ist dieses Verfahren nur eingeschränkt nutzbar, da es bei diesem Verfahren zu erheblichen Terminverschiebungen bei einzelnen Aktivitäten kommen kann, ja selbst bei Arbeitspaketen/Vorgängen – aufgrund der Abhängigkeiten – die dieses Einsatzmittel nicht brauchen. Wo also eine „termintreue" Planung im Vordergrund steht, bringt dieses Verfahren durch das Verschieben von Ausführungsterminen nicht akzeptierbare Ergebnisse mit sich, was die Akzeptanz des Verfahrens beträchtlich mindert. Bei komfortableren Programmsystemen gibt es bei der Kapazitätsoptimierung und Bedarfsnivellierung die Möglichkeit, mit fixen Terminen, die in jedem Fall eingehalten werden, zu arbeiten. Kommt es durch die Einhaltung von Fixterminen zu Bestandsüberschreitungen, werden diese dem Planer in tabellarischen Übersichten oder in Diagrammen angezeigt.

Trotz der aufgezeigten Möglichkeiten wird die Netzplantechnik in der Praxis für die Zwecke der Einsatzmittelplanung bislang nur wenig eingesetzt. Ein Grund dafür ist sicherlich, daß die Nutzung aufwendig und auch änderungsintensiv ist. Die Folge ist, daß man eine projektbezogene Einsatzmittelplanung mit einfacheren Verfahren versucht, z.B. mit einer Tabellenkalkulation oder der Aufwandstrendanalyse. Mit ihnen kann ebenso die Auslastung der Abteilungen mit Routineaufgaben sowie spezifischer Projektarbeit für bestimmte Zeitphasen dargestellt werden. Gibt es Änderungen in einem oder mehreren Projekten, kann die veränderte Auslastung schnell simuliert und grafisch dargestellt werden. In einem dritten Schritt wird dann die Auslastungsveränderung nach eingeleiteten Konsolidierungsmaßnahmen, z.B. Outsourcing, grafisch sichtbar gemacht. Eine Beschreibung für eine Einsatzmittelplanung mit Hilfe eines Tabellenkalkulationsprogramms in einer Mehrprojektumgebung findet sich in (BLUME, 1991). Hier wird die Vorgehensweise bei der Einsatzmittelplanung der firmeninternen Planungsstelle beschrieben, die etwa 100 Neubau- und Sanierungsprojekte abwickelt.

Die tägliche und wöchentliche Disposition der einzelnen Mitarbeiter und Betriebsmittel wird zweckmäßigerweise den einzelnen Abteilungen überlassen. Die projektbezogene Einsatzmittelplanung sollte eher eine grobe Planung sein, mit der sich gravierende Bedarfsunterdeckungen bzw. Überdeckungen aufzeigen lassen. Ansonsten gilt, ebenso wie für andere planerische Aktivitäten - besser eine einfachere Planung, diese aber kontinuierlich fortschreiben!

3.3.9 Begriffe (Auszug aus DIN 69902)

Einsatzmittelplanung: Festlegen der Einsatzmittel (EM), die für Vorgänge, Arbeitspakete und Projekte benötigt werden. Hierbei sind vorgegebene Ziele und Randbedingungen zu beachten und erforderliche Maßnahmen vorzusehen.

Einsatzmittel: Personal und Sachmittel, die zur Durchführung von Vorgängen, Arbeitspaketen oder Projekten benötigt werden. EM können wiederholt oder nur einmal einsetzbar sein. Sie können in Wert- oder Mengeneinheiten beschrieben und für einen Zeitpunkt oder Zeitraum disponiert werden.

Einsatzmittelbedarf: Menge von Einsatzmitteln einer bestimmten Einsatzmittelart, die zur Erzielung des Arbeitsergebnisses zu einem bestimmten Zeitpunkt oder innerhalb eines Zeitraums erforderlich ist.

Einsatzmittelaufwand: Gesamtaufwand einer Einsatzmittelart, dessen zeitliche Lage der Nutzung noch nicht festgelegt ist.

Arbeitsmenge: Arbeitsaufwand, der mit der Durchführung eines Vorganges, Arbeitspaketes oder Projektes verbunden ist.

Einsatzmittelbestand: Anzahl der zu einem Zeitpunkt vorhandenen Einsatzmittel einer oder mehrerer Einsatzmittelarten.

Einsatzmittelvorrat: Der Teil des Einsatzmittelbestands, der für den zukünftigen Bedarf verfügbar gehalten wird.

Einsatzmittelauslastung: Höhe der gesamten Inanspruchnahme des Einsatzmittelbestands in einem bestimmten Zeitraum.

Bedarfsbegrenzung: Neuordnung des Bedarfs einer Einsatzmittelart durch Verschieben von Vorgängen, Ereignissen, Arbeitspaketen, Projekten, so daß eine vorgegebene Bestandsgrenze nicht überschritten wird.

Bedarfsglättung: Erzeugen eines möglichst gleichmäßigen Bedarfs einer Einsatzmittelart durch Verschieben von Vorgängen innerhalb ihrer Pufferzeiten.

Hinweis Die Begriffe Einsatzmittel und Ressource werden häufig synonym verwendet. Der DIN entspricht jedoch der Begriff Einsatzmittel.

Den Zusammenhang verschiedener Begriffe bei der Berechnung von Einsatzmittel- und Leistungsbedarf aus Plandaten zeigt Abbildung 3.3-24 (nach DIN 69901) (siehe Kapitel 1.9).

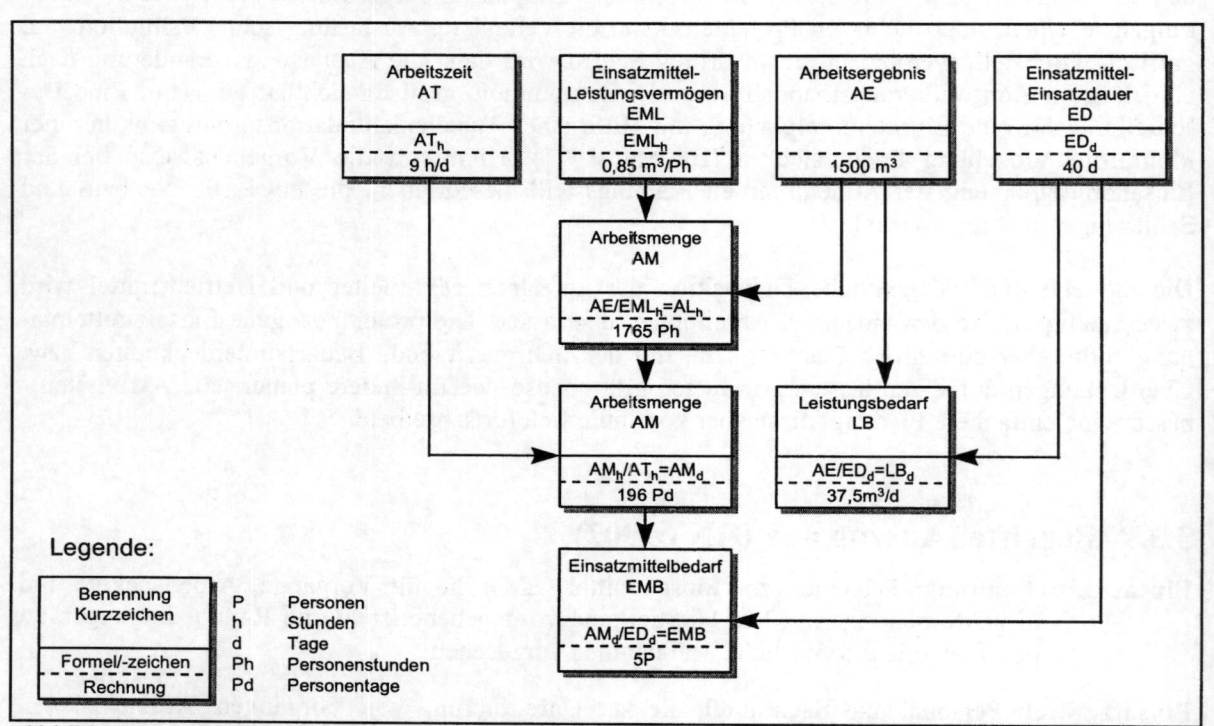

Abbildung 3.3-24: Berechnung von Einsatzmittel- und Leistungsbedarf aus Plandaten (Flußdiagramm)

Zusammenfassung

Das Kapitel beschreibt nach einer kurzen Einführung in die Thematik der Einsatzmittelplanung die Notwendigkeit einer ressourcenoptimierten Zeitplanung.

Die verschiedenen Möglichkeiten, den erforderlichen Aufwand an Personal und Sachmitteln zu schätzen bzw. zu berechnen, werden ausführlich erläutert. Hierzu gehören neben den analytischen Aufwandsschätzmethoden, die Vergleichsmethoden, die Expertenbefragungen und die firmenspezifischen Kalkulationsschemata. Anschließend wird auf die zeitorientierte und qualifikationsorientierte Bestandsermittlung (vorhandener bzw. beschaffbarer Bestand) eingegangen.

Die Einplanungsverfahren werden ausführlich dargestellt, beispielsweise das Einplanen des Bedarfs und das Ermitteln der Auslastung, die Bedarfsoptimierung und -nivellierung sowie die Optimierungsprobleme bei der Mehrprojektplanung. Schwerpunkt bildet hier die kritische Bewertung der verschiedenen Einplanungsmöglichkeiten auf ihre Praxistauglichkeit.

Möglichkeiten, die Ergebnisse der Einsatzmittelplanung - auch softwaregestützt - in Grafiken oder Listen aufzubereiten, werden an Beispielen erläutert.

Den Abschluß bilden Hinweise auf eine praxisorientierte Anwendung des Einsatzmittelmanagements.

Literaturverzeichnis

ANDREAS, Rademacher, Sauter: Projekt-Controlling und Projekt–Management im Anlagen- u. Systemgeschäft, Frankfurt a.M. 1992

ARCHITEKTENKAMMER Baden-Württemberg, Baukostenberatungsdienst Band 1-6: Kostenstand 1980 hochgerechnet mittels Baupreisindex, Stand August 1990, Kostenkennwerte für ein Verwaltungsgebäude

BALZERT, H.: Lehrbuch der Software-Technik, Heidelberg, Berlin, Oxford, Spektrum, Akademischer Verlag, 1996, S. 65

BLUME, J.: Nutzung von einfachen Planungsinstrumenten zur Kapazitätssteuerung, in: Beiträge zur GPM-Jahrestagung 1991, S. 47 - 55

BOPP, H.: Kapazitäts- und Beschäftigungsplanung in einem anlagenorientierten Ingenieurunternehmen, Beiträge zur GPM-Jahrestagung 1985

BUNDSCHUH, M.; Aufwandsschätzung von DV-Projekten mit der Function-Point-Methode, Köln, Verlag TÜV Rheinland, 1991

BURGHARDT, M.: Projektmanagement, 3. Auflage, München 1995

DWORATSCHEK S.; Gutsch, R.: The Future of Project Management–Results of Thesis Markets, GPM Nachrichten Nr. 12, 1987

KÜHN, F.: Schnelligkeit ohne Grenzen, in: Hirzel, Leder und Partner, Speed-Management – Geschwindigkeit zum Wettbewerbsvorteil machen, Wiesbaden 1992

MÜLLER-ETTRICH, R.: Einsatzmittelplanung, in: Schelle, H.; Reschke, H.; Schnopp, R.; Schub, A. (Hrsg.): Loseblattsammlung „Projekte erfolgreich managen", Köln 1994 ff., Kapitel 4.5.1

MÜLLER-ETTRICH, R.; Seiler, R.: Warum wird rechnergestützte Einsatzmittelplanung so wenig eingesetzt?, Beiträge zur GPM–Jahrestagung 1988

SCHELLE, H.: Projekte zum Erfolg führen, Beck-Wirtschaftsberater im dtv, 1996

VOLLMANN, S.: Aufwandsschätzung im Software engineering: neue Verfahren und Arbeitshilfen, Vaterstetten, IWT-Verlag, 1990, S. 54

Autorenportrait

Dipl.-Volkswirtin Roswitha Müller-Ettrich

Nach dem Studium der Volkswirtschaftslehre Tätigkeit im Zentralbereich Forschung und Entwicklung der Siemens AG mit den Arbeitsschwerpunkten Projektplanungssysteme und Büroinformationssysteme.

Seit 1982 Beratertätigkeit und Einsatzunterstützung auf dem Gebiet des Projektmanagements. Durchführung von Projektmanagementschulungen und regelmäßige Referententätigkeit.

Seit 1975 Mitarbeit beim DIN-Normenausschuß „PM und Netzplantechnik". Seit 1989 Mitglied des Kuratoriums der GPM, seit 1995 Vorsitzende des Kuratoriums.

Abbildungsverzeichnis

Abbildung 3.3-1: Unterschiedlicher Einsatzmittelbedarf 577

Abbildung 3.3-2: Vorgehensweise bei der Einsatzmittelplanung 579

Abbildung 3.3-3: Tabelle mit Beschreibungsmerkmalen für Softwareprojekte 580

Abbildung 3.3-4: Aufwandsschätzung mit Hilfe von Erfahrungsdatenbanken 581

Abbildung 3.3-5: Standardkalkulationsschema Anlagenbau 583

Abbildung 3.3-6: Elementorientierte Aufwands- und Kostenermittlung für Bauprojekte (ARCHITEKTENKAMMER 1990) 584

Abbildung 3.3-7: Mögliche Tätigkeitsverteilung eines Entwicklers bei Software-Entwicklungsprojekten 585

Abbildung 3.3-8: Kombinierte Tabelle Projektaufgaben und eingeplantes Personal 585

Abbildung 3.3-9: Netzplan zur Demonstration der verschiedenen Einplanungsmöglichkeiten 586

Abbildung 3.3-10: Ablaufplan als Balkendiagramm, Ausführungstermine in frühester Lage 587

Abbildung 3.3-11: Einsatzmittelbedarf in 'frühester Lage' (zu den frühestmöglichen Ausführungsterminen) 587

Abbildung 3.3-12: Einsatzmittelbedarf in 'spätester Lage' (zu den spätestzulässigen Ausführungsterminen) 588

Abbildung 3.3-13: Einsatzmittelauslastung unter Angabe von Über- und Unterdeckung 588

Abbildung 3.3-14: Kapazitätsoptimierung (Prioritätskriterium: kleinster gesamter Puffer) 589

Abbildung 3.3-15: Bedarfsglättung im Rahmen von Pufferzeiten 590

Abbildung 3.3-16: Gleicher Arbeitsumfang bei unterschiedlicher Vorgangsdauer 591

Abbildung 3.3-17: Eingeplanter Einsatzmittelbedarf (Mitarbeiterstunden) für die Abwicklung von 4 Projekten 592

Abbildung 3.3-18: Beispiel für Mehrprojektplanung mit Tabellenkalkulationsprogramm (nach SCHELLE 1996) 593

Abbildung 3.3-19: Aufbau eines Stundenkontierungsbelegs 594

Abbildung 3.3-20: Zyklus Aufwandskontrolle und Aufwandssteuerung 595

Abbildung 3.3-21: Aufwandstrenddiagramm in Matrixform 596

Abbildung 3.3-22: Kombiniertes Aufwands- und Termintrenddiagramm 597

Abbildung 3.3-23: Kombiniertes Diagramm mit Balkenplan und Auslastungsdiagramm 598

Abbildung 3.3-24: Berechnung von Einsatzmittel- und Leistungsbedarf aus Plandaten (Flußdiagramm) 600

Lernzielbeschreibung

Das Kapitel Einsatzmittelmanagement verfolgt folgende Lernziele:

1. Einführung in die Thematik

    Zunächst wird erläutert, weshalb ein durchgängiges Einsatzmittelmanagement so wenig genutzt wird und welch wertvolle Informationen dadurch den Projektverantwortlichen und dem Firmenmanagement aller Ebenen verloren gehen.

2. Problematik der Aufwandsschätzung und Empfehlungen für eine pragmatische Vorgehensweise

    Es wird ausführlich beschrieben, wo die Probleme der Aufwandsschätzung liegen, welche Methoden der Aufwandsschätzung es für die verschiedenen Projektarten gibt, in welch geringem Umfang eine „Berechnung" der Aufwände möglich ist und welche Praxiserfahrungen berücksichtigt werden sollten.

3. Empfehlungen für die Ermittlung des Einsatzmittelbestands

    Es wird im besonderen auf den Mangel einer ausschließlich qualifikationsorientierten bzw. zeitorientierten oder auch einer pauschalierten Bestandsbetrachtung eingegangen.

4. Einplanungsverfahren

    Alle gängigen Einplanungsverfahren sowie ihre Wirkungsweise werden beschrieben. Zu nennen sind hier vor allem das Einplanen mit Ermittlung der Bestandsauslastung; das Einplanen unter der Vorgabe, daß der Einsatzmittelbestand nicht überschritten werden darf; das Einplanen mit der Zielsetzung einer möglichst gleichmäßigen Auslastung; das Einplanen bei veränderlicher Vorgangsdauer; das Einplanen mehrerer konkurrierender Projekte.

5. Praktischer Nutzen einfacher Instrumente für das Einsatzmittelmanagement

    Neben den klassischen Einplanungsverfahren werden auch sehr einfach zu handhabende Instrumente für das Einsatzmittelmanagement vorgestellt, wie z.B. Tabellenkalkulationsprogramme. Die zahlreichen Formulare und Tabellen können für den praktischen Einsatz, entsprechend modifiziert, ebenfalls nützlich sein.

3.4 Kostenmanagement

von

Jürgen Blume

Relevanznachweis

Ein Projekt ist per Definition „einmalig" und soll ein definiertes **Ergebnis** in begrenzter **Zeit** und mit begrenztem **Aufwand** liefern. Ein Projekt hat deshalb immer 3 Zielkategorien. Der Aufwand wird in der Regel monetär bewertet. Um das Aufwandsziel (resp. Kostenziel) eines Projektes zu erreichen, ist ein verantwortungsvoller Umgang mit dem Aspekt der Kosten erforderlich. Es ist ein **Kostenmanagement** zu betreiben! Dies bedeutet insbesondere:

- Kosten schätzen,
- Kosten planen und vereinbaren,
- Ist-Kosten erfassen,
- Kosten-Trendanalysen unter Einbeziehung des Arbeitsfortschritts durchführen,
- Ausgaben im Abgleich mit den Termin- und Ergebniszielen steuern,
- Kostenziel erreichen.

Gegenüber Kunden bzw. Auftraggebern ist die Kostentreue neben der Termintreue eine wichtige Anforderung! Die häufig beklagten Kostenüberschreitungen in Projekten haben damit künftig eine noch stärkere Bedeutung für die Beziehung zwischen den Projektpartnern. Hier ist ein wirksames und angemessenes Kostenmanagement erforderlich.

Inhaltsverzeichnis

3.4.1	**Einführung**	**609**
3.4.1.1	Was ist „Kostenmanagement"?	609
3.4.1.2	Grundbegriffe der Kostenrechnung	611
3.4.1.3	Ausgangssituation für ein Projekt	612
3.4.2	**Projektvorfeld**	**612**
3.4.2.1	Projektbewertung	612
3.4.2.2	Kosten-Nutzen-Vergleich	613
3.4.2.3	Kostenschätzungen	619
3.4.3	**Projektplanung**	**624**
3.4.3.1	Voraussetzungen und Einflußfaktoren	624
	3.4.3.1.1 Der Kostenplanungsprozeß	624
	3.4.3.1.2 Planungselemente	625
	3.4.3.1.3 Prinzipien der Kostenplanung	626
3.4.3.2	Ergebnisse der Kostenplanung	628
3.4.3.3	Kostenplanungstechniken in ausgewählten Projektarten	630
	3.4.3.3.1 Kostenplanung in Investitionsprojekten	630
	3.4.3.3.2 Kostenplanung in FuE-Projekten	632
3.4.4	**Projektcontrolling**	**633**
3.4.4.1	Ist-Kostenerfassung	635
3.4.4.2	Ursachenermittlung bei Projektkostenabweichungen	639

3.4.1 Einführung

3.4.1.1 Was ist „Kostenmanagement"?

Der Begriff „Kostenmanagement" kann zunächst für die beiden Merkmale **Kosten** und **Management** getrennt betrachtet werden.

Beim **Kosten**management geht es darum, die verschiedenen Aufwendungen zur Realisierung eines Projektes, wie z.B.

- Personaleinsatz,
- Sachmitteleinsatz,
- Herstellkosten und
- allgemeine Investitionen

Kostenmanagement

monetär („in Geld") zu bewerten und entsprechend zusammenzufassen oder auch differenziert zu bewerten. Zur differenzierten Bewertung und Behandlung der unterschiedlichen Aufwendungsarten in der betrieblichen Finanzbuchhaltung sei hier auf entsprechende Fachliteratur verwiesen (z.B. WÖHE 1990)

Management von Kosten heißt gemäß den Führungsfunktionen (siehe Kapitel 1.1.2.2) hier:

- **planen**, (d.h. die Kosten der Projektdurchführung im voraus zu beschreiben, zu strukturieren und zu quantifizieren)
- **realisieren**, (d.h. die geplanten Kosten in delegierbare Aufträge umsetzen)
- **überwachen**, (d.h. den Leistungsstand des Projektes (Fortschrittsgrad, siehe Kapitel 3.6) feststellen und monetär sichtbar machen)
- **steuern**, (d.h. den Einsatz der Budgetmittel anhand der geplanten und der kontrollierbaren Kosten des Projektstandes zielgerichtet organisieren)

der monetär bewerteten Aufwendungen. Das Management der Kosten geschieht nicht isoliert, sondern immer im Zusammenhang der drei Ziel- und Steuerungsgrößen des „Magischen Dreiecks" (siehe Kapitel 1.6 und 3.6),

- Leistung/Qualität der Projektergebnisse,
- Zeit/Termin und
- Kosten/Aufwand.

Ein Projekt ist also nicht allein dann erfolgreich, wenn das Projektergebnis bzw. das Produkt die gewünschte **Produktqualität** erreicht. Zum Projekterfolg gehört auch, daß der Projektprozeß in der gewünschten **Prozeßqualität** abläuft, d. h. Bestandteil des Projektzieles ist ebenfalls die Einhaltung von zuvor geplanten Terminen und Kosten. Dazu ist eine entsprechende Qualität der o.g. Kostenplanungs- und Steuerungsprozesse erforderlich (Entwürfe ISO 10006 und DIN 69904, siehe Kapitel 4.2). Darüber hinaus gehört zum Kostenmanagement die Auswahl und der richtige Einsatz der Kostenmanagement**methoden**. Unterschiedliche Projektphasen und Projektarten erfordern auch unterschiedliche Methoden und Werkzeuge für das Kostenmanagement:

- Im **Projektvorfeld** z.B. gilt es zunächst einmal, daß „richtige" Projekt zu beauftragen. Deshalb werden im ersten Abschnitt Prinzipien zur **Bewertung** von Projekten vorgestellt. Je nach Art eines Projektes (F&E, Anlagenbau,...) ist eine **Kosten-Nutzen-Analyse** spezifisch durchzuführen. Konkurrieren mehrere Projektideen um die Gunst der Realisierung, so werden diese oftmals in

Projektvorfeld

einem **Portfolio** zusammengefaßt und bewertet. Dabei spielen Kosten und Aufwendungen über den gesamten Lebenszyklus eines Projektes bzw. Produktes eine wesentliche Rolle (**Life Cycle Costs**). Die Kosten können in dieser frühen Phase lediglich geschätzt werden. Grundlage hierfür sind Kalkulationsverfahren, z.B. nach der DIN 276 (für Bauprojekte), oder auch Erfahrungswerte aus **Datenbanken** sowie etablierte **Schätzmethoden**, z.B. für die Entwicklung von Software (siehe Kapitel 3.3.3.2). Diese Schätzmethoden müssen in aller Regel ohne detaillierte Projektplanung auskommen.

Projektplanung
- Bei der **Projektplanung** geht es darum, das Projekt „richtig" zu starten. Hierzu ist es wichtig, die Voraussetzungen und Einflußfaktoren zu kennen, die auf die Kostenplanung einwirken. Dazu sind insbesondere Fragen zur

    - **Aufbauorganisation**
      (Handelt es sich um eine eigenständige Projektorganisation oder ist es ein Projekt in einer Multiprojektumgebung? Welche Organisationseinheiten müssen in die Kostenplanung und -abrechnung miteinbezogen werden?)

    - **Ablauforganisation**
      (Wer veranlaßt Aufträge und Bestellungen? Wie werden die Ist-Kosten erfaßt?)

    - Messung des **Fertigstellungsgrades**
      (Wie werden die Zwischenergebnisse gemessen und monetär bewertet?)

    zu beantworten. Um vom Projektstrukturplan zum Meilensteinplan und damit zum **Kostenplan** zu kommen, d.h. also eine realistische Kostenabschätzung zu erhalten, können verschiedene **Planungstechniken** zum Einsatz kommen. Viele Besonderheiten ergeben sich für die Planungstechniken, wenn die Projektplanung in den **Budgetprozeß** einer Multiprojektumgebung in einem projektorientierten Unternehmen zu erfolgen hat. Hier gibt es eine enge Beziehung zur **Einsatzmittelplanung** der beteiligten Bereiche im Unternehmen.

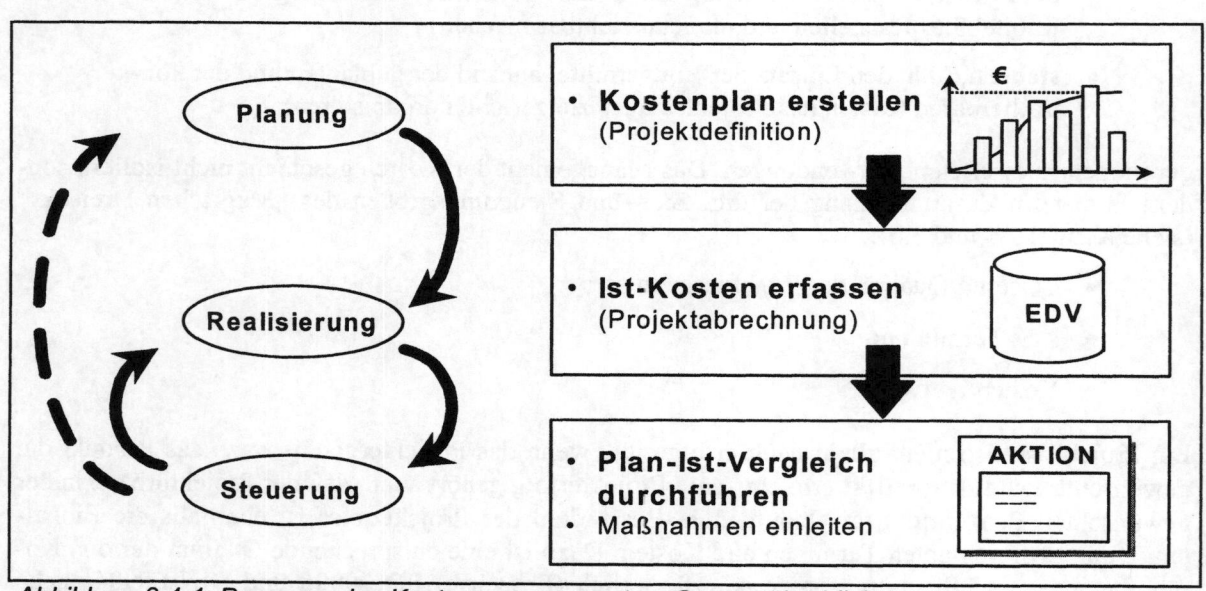

Abbildung 3.4-1: Prozesse des Kostenmanagements – Gesamtüberblick

Projekt-controlling
Beim **Projektcontrolling** geht es schließlich darum, das Projekt „richtig" zu steuern. Wichtig sind hierbei die Erfassung der **Ist-Kosten** und die Durchführung eines Plan-Ist-Vergleichs, also eines **Projektkostenmonitorings**. Die Analyse der Abweichung ist für sich alleine noch nicht aussagekräftig. Zur **Steuerung** des Projektes ist es deshalb erforderlich, nach vorne zu schauen (vorkoppeln) und eine **Trendanalyse** durchzuführen, d. h. die noch zu erwartenden Kosten (**Cost-To-Complete**) zu prognostizieren. Hier müssen also wieder Kostenschätzmethoden eingesetzt werden (siehe Kapitel 3.7).

3.4.1.2 Grundbegriffe der Kostenrechnung

Die Kostenrechnung als eine Komponente des Kostenmanagements gehört zu den interdisziplinären Grundlagen, die ein Projektmanager kennen sollte. Bisher hat sich bezüglich des Sprachgebrauchs hierzu in der Praxis noch keine einheitliche Regelung durchgesetzt. Deshalb sollen die wichtigsten Begriffe im folgenden erläutert werden.

In einem Projekt sind für das Kostenmanagement zu berücksichtigen:

- **Direkte Kosten** können dem Projekt und seinen Teilen unmittelbar zugeordnet werden, z.B. **Personal-** und **Sachmittelkosten** zur Entwicklung eines Prototyps oder auch Finanzierungskosten, wenn Fremdmittel in Anspruch genommen werden.

- **Ausgaben** sind Zahlungen, die an Dritte geleistet werden (Beschaffungswert).

- Interne Aufwendungen (Personal, Sachmittel) werden über die **interne Leistungsverrechnung** erfaßt.

- **Gemeinkosten** treten zusätzlich zu den direkten Kosten auf. Sie können dem Projekt und seinen Teilen nicht unmittelbar zugeordnet werden, z.B. **Heizung** und **Beleuchtung der Werkstatt**. Diese Kosten werden daher in der Form von **Zuschlägen** berücksichtigt. Oft sind diese Zuschläge schon in den Personalkosten enthalten.

Eine weitere Differenzierung ist nach **Kostenarten** möglich. Die Differenzierung nach Kostenarten dient der systematischen Erfassung aller Kosten, die bei der Erstellung und Verwendung der **Kostenträger** (Leistungen) entstehen. Oft werden die Kostenarten nach **Art ihrer Entstehung** eingeteilt, wie Personalkosten (z.B. Löhne), Sachkosten (Roh- und Hilfsstoffe, Abschreibungen auf Gebäude, Maschinen), Kapitalkosten (z.B. kalkulatorische Zinsen), Kosten für Dienstleistungen Dritter (z.B. Energien, Kooperationen, Beratung) und Kosten für Gebühren, Steuern u.ä. (WÖHE 1990).

Kostenarten

DIN 69903 definiert die Projektkostenarten folgendermaßen:

„Die einzelnen Kosten werden den Projekterfordernissen entsprechend unter Berücksichtigung der jeweiligen Fragestellung entweder gruppenweise zu homogenen Kostenarten zusammengefaßt oder in weitere Unterarten aufgeteilt".

Definition nach DIN „Projektkostenarten"

Aus der Projektstrukturplanung ergeben sich die Arbeitspakete. Diese Arbeitspakete sind die **Kostenträger**. Der Kostenträger beantwortet somit die Frage: Wofür sind die Kosten entstanden? Oberster Kostenträger ist das Gesamtprojekt.

„Projektkostenträger ist ein Projektergebnis oder Teilergebnis, dem Projektkosten nach dem **Verursacherprinzip** zugerechnet werden". Die **Kostenträgerrechnung** hat also die Aufgabe, die Herstell- und Selbstkosten auf die Leistungseinheiten zu verrechnen.

Definition nach DIN: „Projektkostenträger"

In jedem Fall muß aber erreicht werden, daß in der obersten Strukturebene alle Kosten zusammengefaßt werden, die letztendlich durch das Projekt verursacht werden.

Die Bewilligung und Verrechnung der Finanzmittel erfolgt über die **Kostenstellen**. Die Organisation der Kostenstellen ist von Fall zu Fall verschieden. Sie spiegelt innerhalb der Organisation die Verteilung auf die einzelnen Betriebsbereiche wieder. In aller Regel sind die im Projekt definierten Einsatzmittel (z.B. aus den Fachabteilungen) Kostenstellen zugeordnet. Dann bildet die Einsatzmittelhierarchie die Kostenstellenstruktur ab.

Vereinfacht lassen sich diese drei Begriffe mit folgendem Schema differenzieren:

Welche Kosten fallen an?	→ **Kostenart**
Wo fallen diese Kosten an?	→ **Kostenstelle**
Wofür sind diese Kosten entstanden?	→ **Kostenträger**

3.4.1.3 Ausgangssituation für ein Projekt

In jedem Projekt ist eine bestimmte Leistung zu erbringen, wodurch Kosten verursacht werden. Zur Deckung dieser Kosten muß zunächst ein **Budget** bereitgestellt werden. Für ein Projekt bestehen allerdings zwei entgegengesetzte prinzipielle Ausgangssituationen:

1. Eine bestimmte Leistung soll zu einem im vorhinein festgelegten Budget erbracht werden. Es ist zu überlegen, in welchem Umfang bzw. Qualitätsstandard die geforderte Funktionalität erreicht werden kann. Priorität haben kritische bzw. wichtige Funktionen. Dieser Ansatz ist auch als **Design-To-Cost** bekannt.

2. Es besteht Bedarf nach einer Leistung mit bestimmten Führungsfunktionen, die u.U. noch nicht genau spezifiziert ist. Es ist zu überlegen, was die Realisierung kosten wird. Dies findet relativ häufig im Rahmen der **Auftragskalkulation** statt.

Je nach der Charakteristik des Projektes ist hier bereits der Projektmanager aufgefordert, sich über die Ausgangssituation klar zu werden. Denn oftmals muß bereits vor dem eigentlichen offiziellen Projektstart die Verankerung des Projektes im Finanz- und Haushaltsplan erfolgen.

3.4.2 Projektvorfeld

Wie wird das „richtige" Projekt beauftragt?

Ganz am Anfang steht die Entscheidung an, das „richtige" Projekt zu beauftragen. Wichtige Entscheidungselemente dabei sind die voraussichtlich erforderlichen Aufwendungen. Komplexe Vorhaben wird man deshalb zunächst phasenweise beauftragen. In der ersten Phase steht zunächst eine grobe Bewertung des Projektes an. Es wird sich dann eine konzeptionelle Phase mit ausführlicheren Kostenschätzungen anschließen (siehe Abschnitt 3.4.2.2).

3.4.2.1 Projektbewertung

In der frühen Projektphase geht es darum, bei einer geringen Planungstiefe

- die voraussichtlichen **Aufwendungen** (Kosten)
- dem voraussichtlichen **Nutzen** (Gewinn)

gegenüberzustellen. Wichtig ist dabei, das Projekt über den gesamten Lebenszykluszeitraum (Life cycle) zu betrachten. Also von der Projektidee über

- die Entwicklungsphase,
- die Beschaffungs- (bzw. Realisierungsphase) und
- die Betriebsphase
- ggf. Abbruch- und Recyclingkosten

bis zum Projektende (siehe Kapitel 1.8).

3.4 Kostenmanagement

Die Bewertung eines Projektes unter Kostengesichtspunkten basiert hier auf dem Verhältnis aus dem zu erwartenden Gesamtumsatz (Einnahmen) oder Gewinn und den voraussichtlichen Gesamtaufwendungen. Man wird eine Projektidee dann weiterverfolgen, wenn der zu erwartende Gesamtgewinn größer oder gleich den erwarteten Gesamtkosten ist. Es gilt hier also, die **Projektanforderungen** in Planwerten für Realisierungskosten und Planwerten für den künftigen **Nutzen** monetär zu bewerten, um das richtige Gleichgewicht zu finden (vgl. MADAUSS 1991).

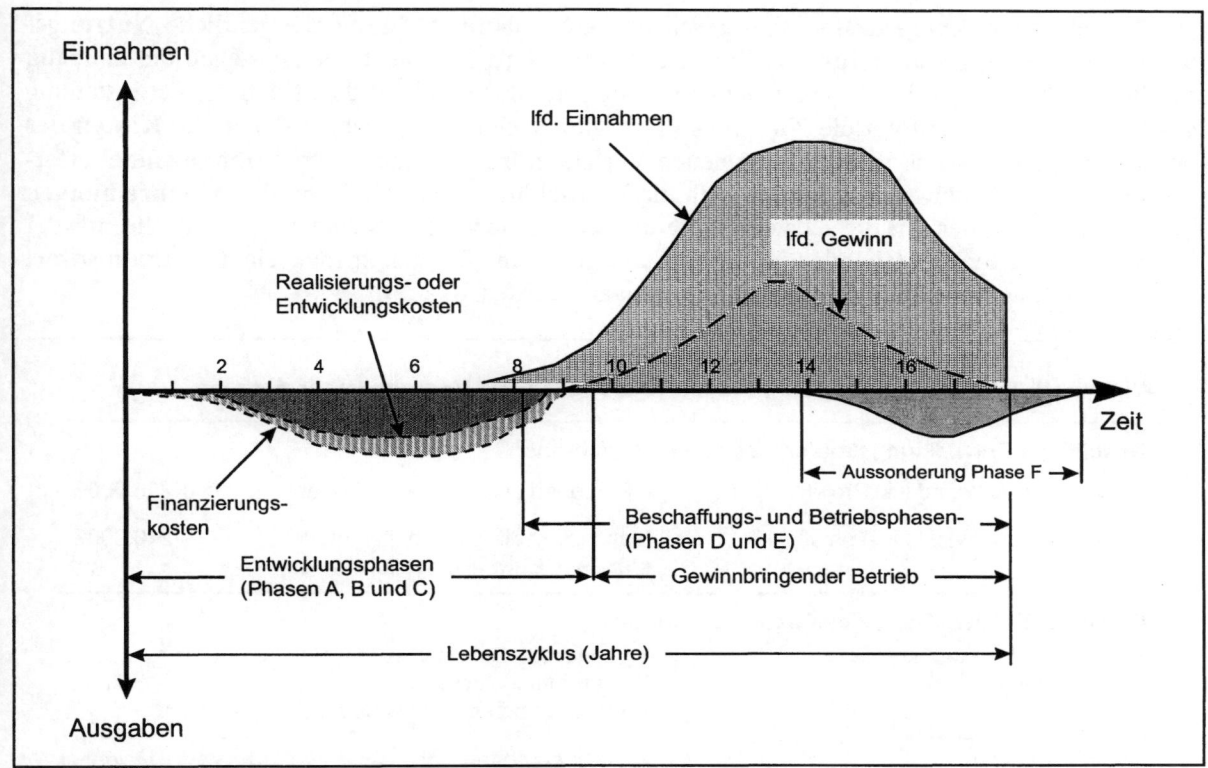

Abbildung 3.4-2: Projekt-Lebenszyklus

3.4.2.2 Kosten-Nutzen-Vergleich

Mit Hilfe der Vergleichsrechnung, die insbesondere für Investitionsprojekte geeignet ist, wird ein Vergleich der in einer Periode anfallenden Kosten bzw. Gewinne zweier oder mehrerer Investitionsprojekte durchgeführt. Hierbei kann es sich sowohl um einen Vergleich zwischen alter und neuer Lösung (Ersatzinvestition) als auch um einen Variantenvergleich mehrerer neuer Lösungsmöglichkeiten (Erweiterungsinvestitionen) handeln.

Kriterium für die Vorteilhaftigkeit einer Investition ist die Kosten- bzw. Gewinndifferenz zwischen mehreren zur Wahl stehenden Lösungsalternativen bzw. Projekten.

Mit der Schätzung bzw. der Kalkulation der Projektkosten wird die eine Hälfte der Frage „was kostet und was bringt das Projekt?" beantwortet. Wenn es um den Nutzen eines Projektes geht, ist der Blickwinkel, aus dem das Projekt betrachtet wird, entscheidend. Ein Projekt kann dabei höchst unterschiedliche **Nutzenbewertungen** haben. *Projekt-Nutzen*

Ein Projekt wird intern in einem Unternehmen durchgeführt, die Projektergebnisse sollen wieder intern im Unternehmen genutzt werden. In einem Projekt dieser Art werden Einsatzmittel für die Projekterfüllung ebenfalls intern bereitgestellt und bewertet. Betriebswirtschaftliches Ziel eines solchen Projektes ist in aller Regel (wenn die Projektergebnisse erreicht sind), mindestens den Wert der „verbrauchten" Einsatzmittel in angemessener Zeit wieder „einzusparen". Bei dieser Form der Nutzenbetrachtung kann es beispielsweise um künftige nicht (mehr) anfallende Personalkosten gehen, um Rohstoffeinsparungen oder ein Projektergebnis, welches sonst im Markt hätte beschafft werden müssen. *Internes Projekt*

In den folgenden Darstellungen soll dies am Beispiel eines (**EDV-**) **Organisationsprojektes** verdeutlicht werden. Das Ziel ist hierbei die Entwicklung eines EDV-Programms für eine bisher manuelle Bearbeitung der Geschäftsvorgänge. Der Hauptnutzen des Projektes wäre die **eingesparte Personalkapazität** für die Vorgangsbearbeitung. Die geschätzten oder kalkulierten Entwicklungskosten sollen mit der geschätzten Kostenersparnis verglichen werden. Um zu einer möglichst vollständigen Wirtschaftlichkeitsbetrachtung zu kommen, sind mehrere Positionen zu berücksichtigen:

Daten für den Kosten-Nutzen-Vergleich

Die **Projektentwicklungskosten** sind geschätzt bzw. kalkuliert. Die voraussichtliche **Nutzungs- bzw. Abschreibungsdauer für das Projektergebnis** wird festgelegt. Damit stehen die einmalig anfallenden Kosten für das Projekt fest und wie sie zeitlich verteilt werden. Nach der Fertigstellung des Projektergebnisses folgt die **Nutzungsphase.** In der Nutzungsphase entstehen die **Kosten des laufenden Betriebes,** da ja auch beim neuen Verfahren im laufenden Betrieb Einsatzmittel erforderlich sind. Außerdem müssen dabei auch die Entwicklungskosten in Form der **Abschreibungen** berücksichtigt werden. In die Kosten des laufenden Betriebes sollten auf jeden Fall alle mit der Vorgangsbearbeitung anfallenden Kosten einbezogen sein. Zusätzlich muß ein **Erwartungswert für die Zahl der Vorgänge in der Zukunft** genannt werden.

Wirtschaftlichkeitsrechnung zum Projekt "Dialoggestützte Vertragsdatenerfassung"		
Geschätzte Entwicklungskosten des neuen Verfahrens:		
Entwicklungsaufwand inkl. Projektleitung	8 Personenjahre zu 150.000€/Jahr	1.200.000€
Zusätzlichen Entwicklungskosten:	Maschinenzeit und Arbeitsmaterial (20% des Entwicklungsaufwandes)	240.000€
Erwartete Betriebskosten des neuen Verfahrens:		
Technische Ausstattung der Fachabteilungen:	1 Cluster (32 Bildschirme einschl. Steuereinheit) Anwender-Hardware und Leistungskosten	12.000€ /mtl.
Personal bei durchschn. 1.500 Vorgängen monatlich:	7 Sachbearbeiter zu 5.250€/mtl.	36.750€ /mtl.
Sonstiges Kosten des laufenden Betriebes:	DV-Kosten anteilig und übrige kalkulatorische Kosten	4.000€ /mtl.
Erwartete Lebensdauer des Verfahrens:		8 Jahre
Derzeitige Kosten des laufenden Betriebes:		
Personal bei durchschn. 1.200 Vorgängen monatlich:	12 Sachbearbeiter zu 5.250€/mtl.	63.000€ /mtl.
Sonstiges Kosten des laufenden Betriebes:	kalkulatorische Kosten (Räume...):	3.600€ /mtl.
Vergleich der Kosten pro Vorgang nach altem und neuem Verfahren:		**Verfahren neu:**
Verfahren jetzt:	Entwicklungskosten auf Monatbasis umgerechnet:	15.000€ + 12.000€ + 36.750€ + 4.000€
63.000€ + 3.600€	1.200.000€ +	
66.600€	240.000€	67.750€
.	1.440.000€	.
1.200	.	1.500
55,50€ /Vorgang	(8x12) 15.000€/mtl.	45,17€ /Vorgang

Abbildung 3.4-3: Wirtschaftlichkeitsrechnung in Organisationsprojekten (Beispiel)

Die **künftigen Kosten des laufenden Betriebes** sind mit den **jetzigen Kosten des laufenden Betriebes** (also ohne das EDV-Programm) zu vergleichen. Dafür muß eine **gemeinsame Bezugsgröße** gefunden werden. In diesem Fall wäre das die **Zahl der Vorgänge.** Die Zahl der jetzigen Vorgänge ist bekannt. Die für die jetzige Vorgangsbearbeitung erforderlichen Einsatzmittel sind ebenfalls bekannt, die Kosten, die dafür anfallen, auch. Damit kann die Abwicklung eines Vorganges nach dem jetzigen (manuellen) Verfahren kostenmäßig bewertet werden. Der Erwartungswert für die Zahl der Vorgänge in der Zukunft und die dazugehörigen Kosten sind ebenfalls bekannt. Damit können auch die Kosten für die künftige Abwicklung eines Vorgangs, wenn das neue EDV-System eingesetzt ist, geschätzt werden.

Wenn die Abschreibungen in den künftigen Kosten des laufenden Betriebes berücksichtigt sind, reicht der Vergleich der kalkulatorischen Kosten Vorgangsabwicklung „alt" zu Vorgangsabwicklung „neu" für die **erste Wirtschaftlichkeitsermittlung** aus (Abbildung 3.4-3).

Das **Ergebnis in diesem Beispiel** lautet: Unter Berücksichtigung der Entwicklungskosten in Form der Abschreibungen kann ein Vorgang im neuen Verfahren kostengünstiger abgewickelt werden (€ 45,17 pro Vorgang) als im alten Verfahren (€ 55,50 pro Vorgang).

Das dargestellte **Verfahren einer Wirtschaftlichkeitsbetrachtung** entspricht in seinen Grundzügen der **Kostenvergleichsrechnung,** wie sie als statisches Verfahren in der Investitionsrechnung bekannt ist.

Beeinflußbarkeit von Wirtschaftlichkeitsbetrachtungen

Im dargestellten Beispiel eines **(EDV-) Organisationsprojektes** ist noch eine Reihe weiterer Eingriffe möglich, um das Projekt „wirtschaftlich runter oder hoch zu rechnen". So wären zum Verfahren „neu" die Kosten der DV-Schulung für die 7 Sachbearbeiter und die Sozialkosten (Abbau von 5 Arbeitsplätzen) zu berücksichtigen. Andererseits wäre zu prüfen, ob mit dem Projektergebnis noch an anderer Stelle als ursprünglich geplant die Kosten des laufenden Betriebes gesenkt werden (können) oder bei einer bestimmten Form der Folgebearbeitung Einsparungen möglich sind. Gerade bei Organisationsprojekten oder Projekten der Informationsverarbeitung wird häufig auch das Argument des **Informationsgewinns für das Management** gebraucht. Der Informationsgewinn ist dabei **oft nicht kostenmäßig direkt bewertbar.** Mit einem solchen Argument sollte eine Wirtschaftlichkeitsbetrachtung nicht abgeschlossen werden. Wenn in einem Projekt ein Informationsgewinn als Ergebnis mit ausgewiesen wird, ist dieser Informationsgewinn in akzeptierten kalkulatorischen Kosten trotzdem auszudrücken.

Informationsgewinn

Ein **Problem** dieser Wirtschaftlichkeitsrechnungen wird dabei erkennbar. Da die Zukunft zumindest in Grenzen ungewiß ist, **können die Ergebnisse von solchen Wirtschaftlichkeitsbetrachtungen in beträchtlichem Maß beeinflußt werden.** Meistens stehen dafür mehrere Parameter überwiegend auf der Nutzenseite zur Verfügung. Der Nutzen kann z.B. positiv beeinflußt werden, wenn die erwartete Nutzungsdauer verlängert wird. Die erwartete Kostenentwicklung für Rohstoffe sowie die geplante Auslastung bieten ebenfalls einen Ermessensspielraum (Abbildung 3.4-4). Bei hohen Investitionen dürfen auch die Zinsen nicht vergessen werden.

Das Interesse eines Projektleiters, „sein" Projekt durchsetzen zu wollen, ist legitim. Es darf allerdings nicht zum kalkulatorischen „Gesundbeten" des Projektes führen. Der spätere Abbruch eines Projektes, wenn weitere Projektleistungen erbracht sind, bedeutet, daß das eingesetzte Kapital verloren ist. Bei einer ehrlichen Projektbewertung hätte dieses Kapital für andere Maßnahmen oder Projekte zur Verfügung stehen können. Deshalb sollte ein „Lenkungsausschuß" über die Projektfreigabe entscheiden.

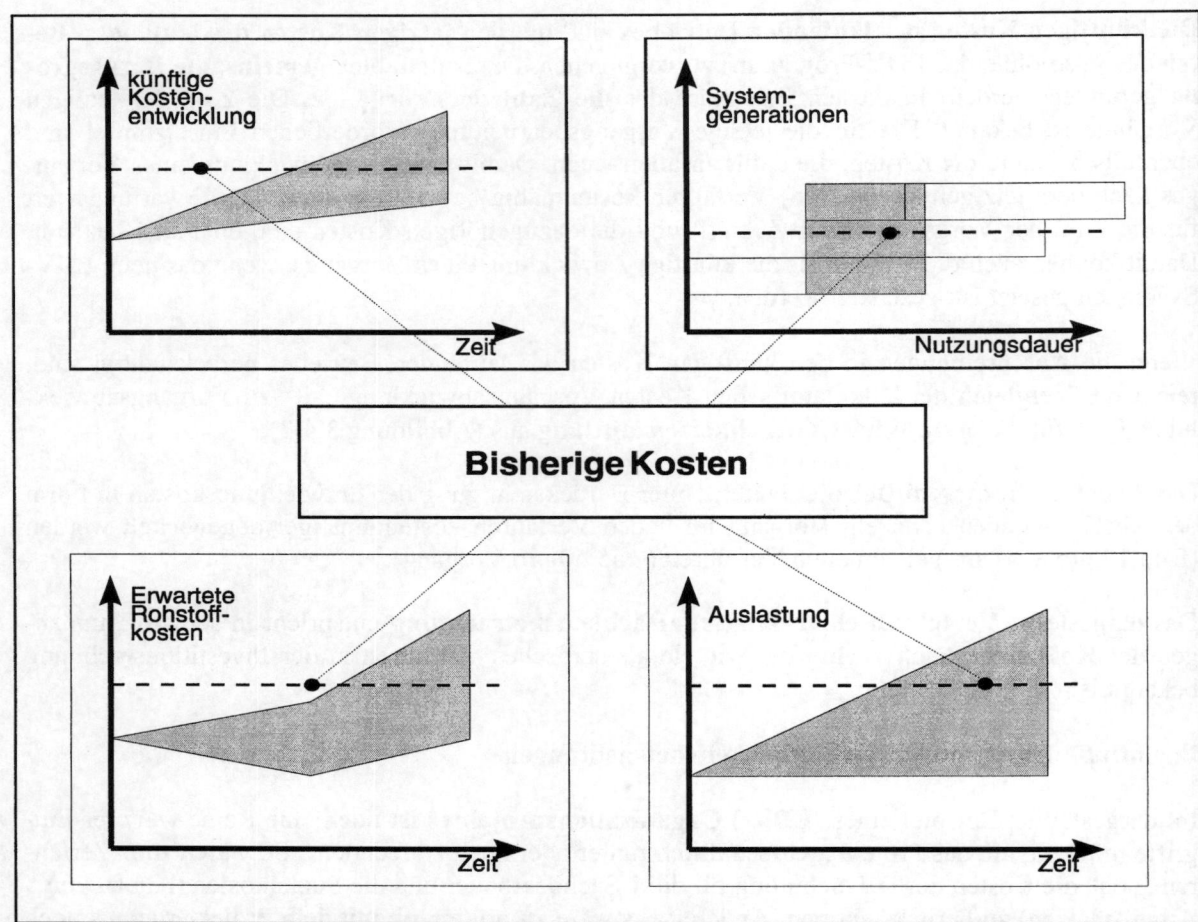

Abbildung 3.4-4: Beeinflußbare Erwartungen im Kosten-Nutzen-Vergleich durch Verlängerung des Betrachtungszeitraums

Projektergebnis und Kosten-Nutzen-Vergleich

Durch die Wirtschaftlichkeitsbetrachtung wird das Projektmanagement und die Projektplanung auf jeden Fall aber wieder an einen allzu leicht vergessenen Aspekt erinnert: Das Projektergebnis, die Projektleistung wird in zwei Teilen beschrieben:

In **Teil 1** wird je nach Projekttyp das **Produkt,** das technische System oder der organisatorische Zustand **mit seinen Eigenschaften** beschrieben.

In **Teil 2** werden in erster Linie **die zu erreichenden wirtschaftlichen Wirkungen** beschrieben, die durch den Einsatz des Produktes erreicht werden sollen.

Häufig endet die **Projektverantwortung,** wenn Teil 1 der Projektergebnisse erreicht ist. Teil 2 der Projektergebnisse wird erst langfristig erzielt werden können. Bei einem Auftragsprojekt für Dritte mag diese Form der Projektverantwortung ausreichen. Mit dem letzten Zahlungseingang vom Auftraggeber ist das Projekt abgeschlossen. Dafür muß aber die Wirtschaftlichkeitsbetrachtung ehrlich sein und das Projektergebnis dem Auftraggeber alle Möglichkeiten bieten, seine wirtschaftlichen Projektziele mit dem gegenständlichen Teil des Projektergebnisses auch zu erreichen. Im Zweifelsfall werden im Rahmen der Gewährleistung sonst noch größere Nacharbeiten erforderlich sein, oder eine Geschäftsbeziehung endet mit Auseinandersetzungen (siehe Kapitel 4.3.4) und einem lädierten Ruf des eigenen Unternehmens auf dem Markt.

3.4 Kostenmanagement

Lebenszyklus-Kosten

Der Blickwinkel der Investitionsrechnung wird unter Projektgesichtspunkten mit dem Begriff der "Lebenszyklus-Kosten" (Life-Cycle-Cost, siehe Kapitel 1.8) verstärkt aufgegriffen. Hierbei werden insbesondere die **späteren Kosten des laufenden Betriebs und der Nutzung** zusätzlich betrachtet. Die Qualität der technischen Lösung kann erheblichen Einfluß auf einen Kosten-Nutzen-Vergleich haben. **Wartungsfreiheit** oder **Servicefreundlichkeit** eines Projektergebnisses verbessern z.B. die Projektchancen im Kosten-Nutzen-Vergleich, soweit der Projektauftraggeber, z.B. der Bauherr, auch der spätere Nutzer bzw. Betreiber ist).

Lebenszyklus-Kosten

Ein typisches Beispiel aus der Bautechnik für Life-Cycle-Cost ist folgendes:

Zur Wärmeisolation eignen sich in Büroräumen 3fach verglaste Fenster mit Goldbeschichtung besser als 2fach verglaste; 3fach verglaste sind aber teurer.

Frage: Ab welchem Heizölpreis rechnet sich die „aufwendige" 3fach Verglasung?

1. Die differenzierte Betrachtung unter Projektgesichtspunkten wird in der Investitionsberechnung je nach Verfahren als „Anschaffungswert" oder „Kapitaleinsatz" zusammengefaßt betrachtet.

2. Die zusammengefaßte Kostenbetrachtung der Nutzungs- und Außerdienststellungsphase aus Projektsicht wird in der Investitionsrechnung differenziert betrachtet und kann um Amortisations- oder Rentabilitätsgesichtspunkte ergänzt werden.

Wird konsequent zwischen Kosten für Fachaktivitäten und Projektmanagementaktivitäten unterschieden, so werden letztere oft als Prozentanteil vom „Lieferwert" (Projektergebnis) kalkuliert.

Beispiel: Die Termin- und Kostenplanung bei einem Anlagenbauprojekt macht zwischen 1,5 - 3,0% des Lieferwertes aus.

Grenzen der Kosten-Nutzen-Rechnungen

In der dargestellten Methode können keine zeitlichen Veränderungen von Kosten und Umsätzen bzw. Gewinnen berücksichtigt werden. Um über die gesamte Lebensdauer eines Projektes Änderungen berücksichtigen zu können, bräuchte man darüber hinaus weitergehende **finanzmathematische Methoden**, wie die Verfahren der dynamischen Investitionsrechnung:

- die Kapitalwertmethode (Barwertmethode)
- die Methode des inneren Zinssatzes
- die Annuitätenmethode

Grundlage dieser Methoden sind die Berücksichtigung von variierenden Zu- und Abflüssen (auch Verzinsungen und kalkulatorische Kosten) der Einnahmen und Ausgaben während des Betrachtungszeitraumes. Diese sind in Kapitel 3.5 unter „Wirtschaftlichkeitskenngrößen" beschrieben.

Doch auch bei diesen Methoden wird unterstellt, daß die zukünftigen Werte der verschiedenen Parameter bekannt sind. Hierbei wird man auf mehr oder weniger grobe Schätzungen angewiesen sein. Diese Methoden können sehr gut helfen, die Größenordnung der Kosteneinflüsse deutlich zu machen, indem Parameter in gewissen Bandbreiten verändert werden. So läßt sich mittels Variation von den Planungsdaten und Parametern eine **Sensitivitätsanalyse** durchführen, also eine „Was wäre wenn - Analyse". Zunehmend gibt es Nutzenselemente, die sich monetär nicht sinnvoll messen lassen (z.B. Image, Kundenzufriedenheit, Durchlaufzeiten). Diese lassen sich zunächst in der **Nutzwertanalyse** (siehe Kapitel 3.10.3.5.4) und anschließend in der Nutzen-Kosten-Analyse berücksichtigen (FREUND 1995).

Besonderheiten bei FuE-Projekten

In den bisher genannten Berechnungen bewertet man - vordringlich bei Investitionsprojekten - alle angefallenen Kosten und Erlöse (**Vollkostenrechnung**). Bei Projekten zur Produktentwicklung hingegen ist es erforderlich, zwischen beschäftigungsabhängigen (**variable Kosten**) und beschäftigungsunabhängigen (**fixe Kosten**) zu unterscheiden (**Teilkostenrechnung**). Nur so ist es möglich zu erkennen, welchen Beitrag ein Produkt zur Deckung der fixen Kosten leistet.

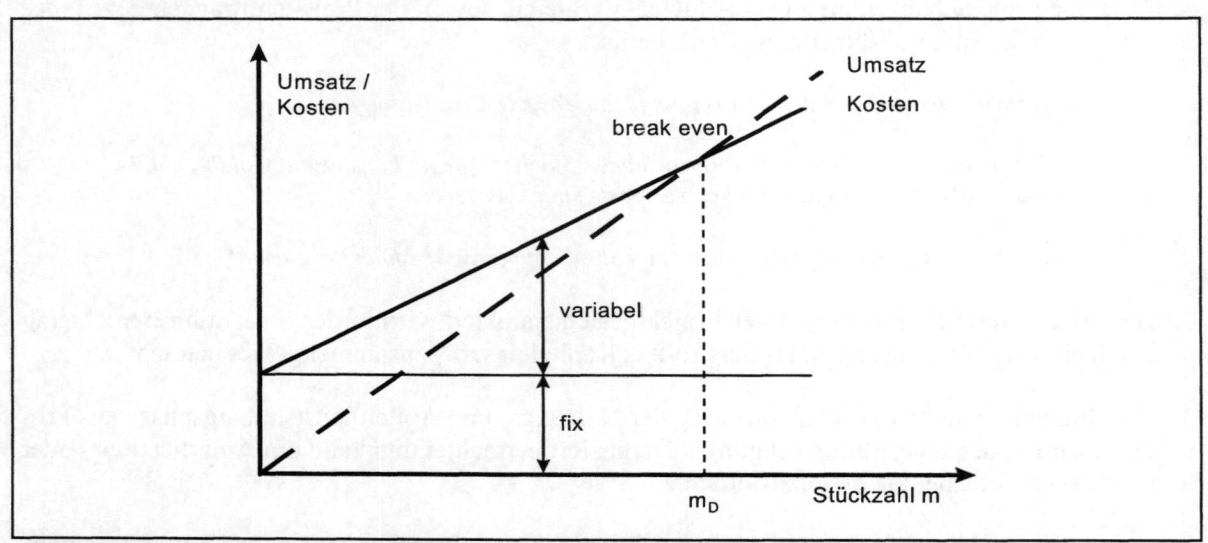

Abbildung 3.4-5: Prinzip der Teilkostenrechnung (Gewinnpunktrechnung)

An dem sogenannten „**break even point**" wird die Absatzmenge (Stückzahl m) angegeben, bei dem der Umsatz (U) gleich der Summe aus variablen (vK) und fixen Kosten (fK) ist.

Beispielsweise wird ein Produkt, dessen Verkaufspreis über den variablen Kosten liegt, mindestens einen Teil der fixen Kosten decken. D. h. auch eine Verlustproduktion liefert einen Beitrag zur Deckung der fixen Kosten, die durch Einstellung dieses Produktes (Projektgegenstandes) nicht unmittelbar vermindert werden könnten. Diese Aspekte berücksichtigt die Methode der **Deckungsbeitragsrechnung,** auch **Ergebnisrechnung** genannt. Diese ermöglicht eine Analyse des Erfolges und ist eine wesentliche Entscheidungshilfe für die Absatzpolitik. Eine wesentliche Voraussetzung für den Erfolg ist eine möglichst genaue Kostenauflösung. Deshalb werden beispielsweise in den Unternehmen feste Fixkostenblöcke in diese Rechnung mit einfließen (siehe WÖHE 1990).

Deckungsbeitrag $D = m \times (p - k_v)$

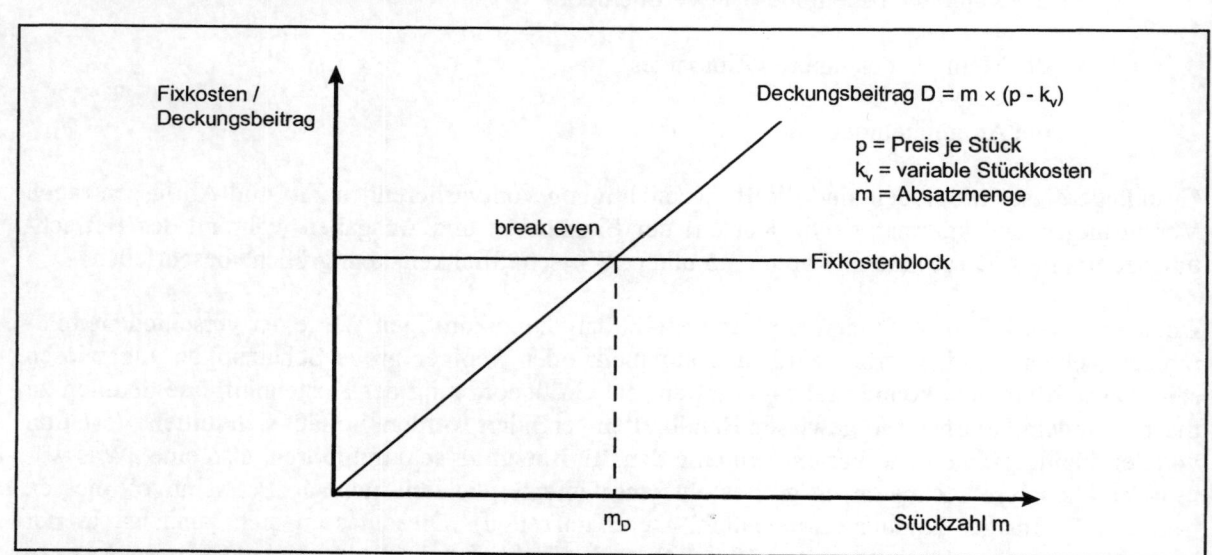

p = Preis je Stück
k_v = variable Stückkosten
m = Absatzmenge

Abbildung 3.4-6: Prinzip der Deckungsbeitragsrechnung

Hier wird am „**break even point**" die Absatzmenge (Stückzahl m) angegeben, bei dem die Summe der erzielten Deckungsbeiträge (=Absatzmenge * Deckungsbeitrag/Stück) gleich dem Fixkostenblock ist. Der Deckungsbeitrag/Stück ist die Differenz aus Preis/Stück (p) und variablen Stückkosten (kv).

3.4.2.3 Kostenschätzungen

Zur Kostenschätzung stehen zahlreiche Methoden zur Verfügung. Welche Schätzmethode ausgewählt wird, hängt dabei wesentlich von dem jeweiligen **Schätzzeitpunkt** und auch der **Projektart** ab. Das Ziel dieser Methoden ist es, die Unsicherheit bei der Kostenvorhersage möglichst klein zu halten. Die Schätzung ist um so zuverlässiger, je mehr man auf Basis vergangener Ist-Kosten kalkulieren kann. Dabei können gegebenenfalls **Kostendatenbanken** mit hinzugezogen werden (vgl. MAYER 1994 und MILLER 1990). Es gibt mathematische Modelle, auf die hier nicht weiter eingegangen werden soll, die Unsicherheiten und Eintrittswahrscheinlichkeiten von Planungen und Prognosen beschreiben (z.B. in STEIGER 1987). Stehen nur wenig Daten zur Verfügung, so sollte man auf die Projekterfahrung von Experten zurückgreifen. Diese können zum Beispiel in einer **Schätzklausur** erarbeitet werden.

Kostenschätzung bei Investitionsprojekten

Eine gute Beschreibung der Begriffe in der Kostenschätzung bei Investitionsprojekten findet man in der DIN 276 „Kosten von Hochbauten". Die einzelnen Kostenermittlungsschritte in den Projektphasen nach der HOAI (Honorarordnung für Architekten und Ingenieure, siehe Kapitel 1.8.3.1) sind in der Abbildung 3.4-7 zusammengefaßt.

Man unterscheidet nach DIN 276:

- **Kostenschätzung**
  Sie erfolgt üblicherweise in der Konzeptplanung und hat eine Genauigkeit von
  ± 15 bis 20%. Die Grundlagen für diese Kostenschätzungen sind möglichst
  genaue Bedarfsangaben, wie z. B. Flächen, Rauminhalte und Ausstattungen.

- **Kostenberechnung**
  Die Kostenberechnung erfolgt dann auf der Basis von Leistungsverzeichnissen
  und üblichen Einheitspreisen. In der Planungsphase erfolgt eine Entwurfsplanung; diese hat üblicherweise eine Genauigkeit von ± 10%. Grundlage hierfür
  sind genaue Bedarfsangaben mit Entwurfsplänen und Massenangaben für jedes
  einzelne Gewerk.

- **Kostenanschlag**
  Hier werden die tatsächlich zu erwartenden Kosten aufgrund von Bieterangeboten oder auch Eigenberechnungen ermittelt. Die Realisierung hat in der
  Regel schon begonnen. Es ist mit einer Genauigkeit von ± 5% zu rechnen.
  Grundlage hierfür sind vollständige Ausschreibungsunterlagen und durch
  Angebote belegte Einheits- oder Pauschalpreise.

- **Kostenfeststellung**
  Diese dient zum Nachweis der tatsächlich entstandenen Kosten und schließt das
  Projekt ab. Dies ist Voraussetzung für Vergleiche und dient als Datenbasis für
  weitere Projekte.

Um auf Erfahrungswerte zurückgreifen zu können, muß man die absoluten Kosten auf bestimmte Einheiten oder Funktionen beziehen, deshalb kann man je nach Objekt Bezugsgrößen bilden, wie z. B. Kosten pro Arbeitsplatz im Laborgebäude oder Kosten je Kilometer Straße, Kosten je Megabyte Leistung oder ähnliches. Diese Erfahrungswerte müssen dann auf die besonderen Umstände des zu planenden Projektes bewertet werden. Den Vergleich länger in der Vergangenheit zurückliegender realisierter Projekte mit den aktuellen Kosten liefert der amtliche **Baupreisindex** des statistischen Bundesamtes.

HOAI-Phase	Grundleistung HOAI / DIN 276		Aktive Kostenplanung		
	Schritt	Zeitpunkt	Schritt	Zeitpunkt	Inhalte/Prozesse
(1) Grundlagenermittlung	Kostenüberschlag (nur in ab 1993 gültiger DIN 276 erwähnt)	Ende Phase 1	Kostenüberschlag bzw. Kostenrahmen	parallel zu Phase 1	überschlägige Ermittlung der Kosten für das Planungskonzept der Einheitskosten der Bedarfselemente und mit Grobelementen des Bauwerks
(2) Vorplanung	Kostenschätzung	Ende Phase 2	Kostenschätzung	gegen Ende Phase 2	iterative Kostenermittlung nach Elementen der DIN 276, Vorschläge zu kostenbestimmenden Planungselementen, Einarbeitung von Änderungen, Budgetaufstellung
(3) Entwurfsplanung	Kostenberechnung	Ende Phase 3	Kostenberechnung	gegen Ende Phase 3	wie vor, zusätzlich aber laufender Budgetvergleich und Gewerkezuordnung im Rahmen des Möglichen
(4) Genehmigungsplanung	-		Kostenverfolgung		Berücksichtigung der Kosten von Auflagen, Budgetfortschreibung
(5) Ausführungsplanung			Kostenverfolgung		Berücksichtigung der Kosten von Planungsänderungen, Budgetfortschreibung
(6) Vorbereitung der Vergabe	-		Kostenverfolgung		Abstimmung der Vergabepakete, Mitwirkung bei der Definition von Vergabeeinheiten und Titeln, Budgetumarbeitung zum Schwerpunkt, Gewerke/Vergaben
(7) Mitwirkung bei der Vergabe	Kostenanschlag	Ende Phase 7	Kostenanschlag		Budgetvergleich, Vergaben, Kostendeckungsnachweis, Darstellung Vergabe-/Obligo-/Leistungs-/Abrechnungsstand
(8) Objektüberwachung	Kostenkontrolle, Kostenfeststellung. Laufende Rechnungsprüfung	Ende Phase 8	Kostenverfolgung, Kostenfeststellung		laufende Kostenkontrolle und Hochrechnung „cost to completition", Kostenfeststellung als letzter Schritt
(9) Objektdokumentation					falls gewünscht, besondere Auswertungen (z.B. Verwendungsnachweise) und Unterhaltungs- bzw. Betriebskostensteuerung

Abbildung 3.4-7: Kostenermittlungsschritte aus den HOAI-Phasen

Kostenschätzung bei FuE-Projekten

FuE-Projekte als Produktentwicklungsprojekte haben meist zum Ziel, ein Serienprodukt bereitzustellen. Auch in diesem Fall ist es eine wichtige Voraussetzung für die Kostenschätzungen, das Projekt zu strukturieren. Als Basis gibt es hier allerdings keine DIN-Normen oder ähnliche Regelwerke. Hier bieten sich je nach Branche unterschiedliche **Standardstrukturen** oder Phasenpläne an.

Software-Entwicklung

Insbesondere gibt es viele Untersuchungen und Beispiele für Methoden zur Kostenschätzung in der **Software-Entwicklung**. Die Frage nach der Auswahl dieser Methoden für den praktischen Einsatz ist nicht leicht zu beantworten (vgl. SCHNOPP 1994). Es sollte hier allein das Verhältnis zwischen **Planungsaufwand** und **Prognosegüte** als Beurteilungskriterium herhalten. Eines der bekanntesten

3.4 Kostenmanagement

Modelle wie **COCOMO** (BOEHM 1981) setzt als zentrale aufwandsbestimmende Größe den Umfang des zu erstellenden Produktes an. Als unabhängige Größe dient dabei die voraussichtliche Anzahl der Quellcodezeilen. Andere Modelle, wie etwa die Methode **Function Point**, bedienen sich der Anzahl der zu realisierenden Funktionen, um Entwicklungsaufwand und Dauer zu schätzen. Als Beispiel sei hier das Prinzip des auf Parametern basierenden Schätzverfahrens COCOMO beschrieben. Hier werden vergangene Projekterfahrungen intensiv zur Vorhersage genutzt. Die Planungsparameter können an die Entwicklungsgegebenheiten einzelner Firmen oder Abteilungen angepaßt werden. Basis sind hier statistische Verfahren. Der Erfolg dieses Vorgehens basiert im wesentlichen darauf, daß es eine gut strukturierte Denkhilfe liefert.

Cost-Estimating Relationship (CER)

Die Kosten eines Systems oder eines Elementes können als Funktion bestimmter Einflußgrößen (Projektcharakteristika) dargestellt werden. Diese Einflußgrößen sind in der Regel bestimmte Eigenschaften des zu schätzenden Systems oder Produktes. Solch eine **CER-Funktion** ist ein grobes Instrument und dient lediglich als Basiselement parametrischer Kostenschätzmodelle, in denen jede Position einer Kostenstruktur eine oder mehrere CERs enthalten kann (vgl. BURGMEISTER 1989 und MADAUSS 1991).

Standardstrukturplan

Liegt im Unternehmen als Planungsbasis ein Standardstrukturplan vor und werden regelmäßig Ist-Kosten erfaßt und dokumentiert, so kann man auf dieser Basis mit relativ geringen Unschärfen ein künftiges Projekt abschätzen. Ein Beispiel für einen Standardstrukturplan, der in den jeweiligen Stufen nach unterschiedlichen Kriterien strukturiert ist, zeigt die Abbildung 3.4-8.

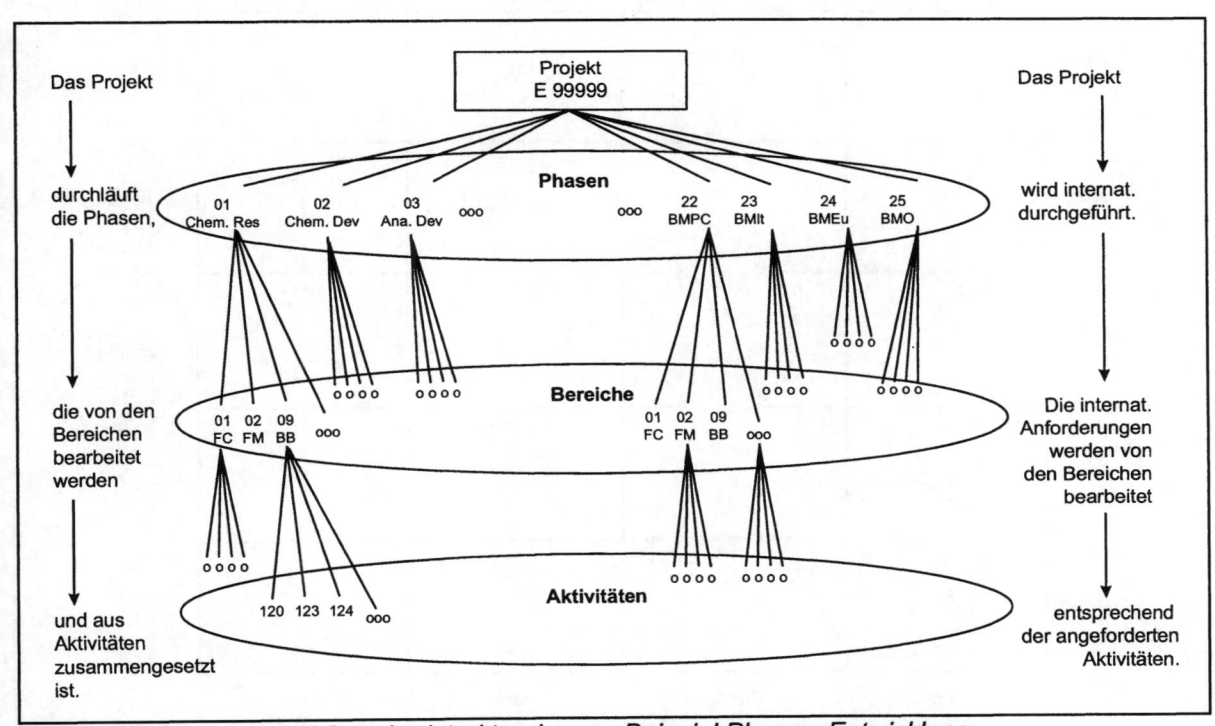

Abbildung 3.4-8: Kosten-Standardstrukturplan am Beispiel Pharma-Entwicklung

In diesem Projektstrukturplan sind zum einen die Kosten der beteiligten Fachabteilungen (kostenstellenorientiert), zum anderen die Kosten der einzelnen **Projektphasen** (ablauforientiert) in den verschiedenen **Teilprojekten** (objektorientiert) erfaßt. Grundlage sollte hier auch ein einheitliches **Projektkostenabrechnungssystem** (Kostenträgerrechnung) sein.

FuE-Portfolio

Zweck eines **Portfolios** ist es, in einem Unternehmen mit einer hohen Zahl möglicher Entwicklungsvorhaben bei begrenztem FuE-Budget die richtigen Projekte zu beauftragen. Die beschriebenen FuE-Vorhaben müssen nicht nur kostenmäßig bewertet, sondern auch mit Hilfe anderer Kriterien beurteilt werden. In die strategische Bewertung dieser FuE-Vorhaben fließen Kriterien ein, wie z. B.

- die **technische Erfolgswahrscheinlichkeit**; das ist die Wahrscheinlichkeit, ein Produkt innerhalb des geschätzten Zeitraumes produktionsreif entwickeln zu können;

- die **Umsatzschätzung** als Produkt aus geschätzter Stückzahl und geschätztem Verkaufspreis;

- die geschätzten „noch zu planenden" jährlichen **Entwicklungs- bzw. Realisierungsaufwendungen**;

- die **Innovationshöhe**, die das verbleibende Differenzierungspotential einer Technologie bezogen auf den erreichten Stand der Technik beschreibt;

- die **Technologieposition**, die die technische Stärke eines Unternehmensteiles in einem bestimmten Produktbereich charakterisiert.

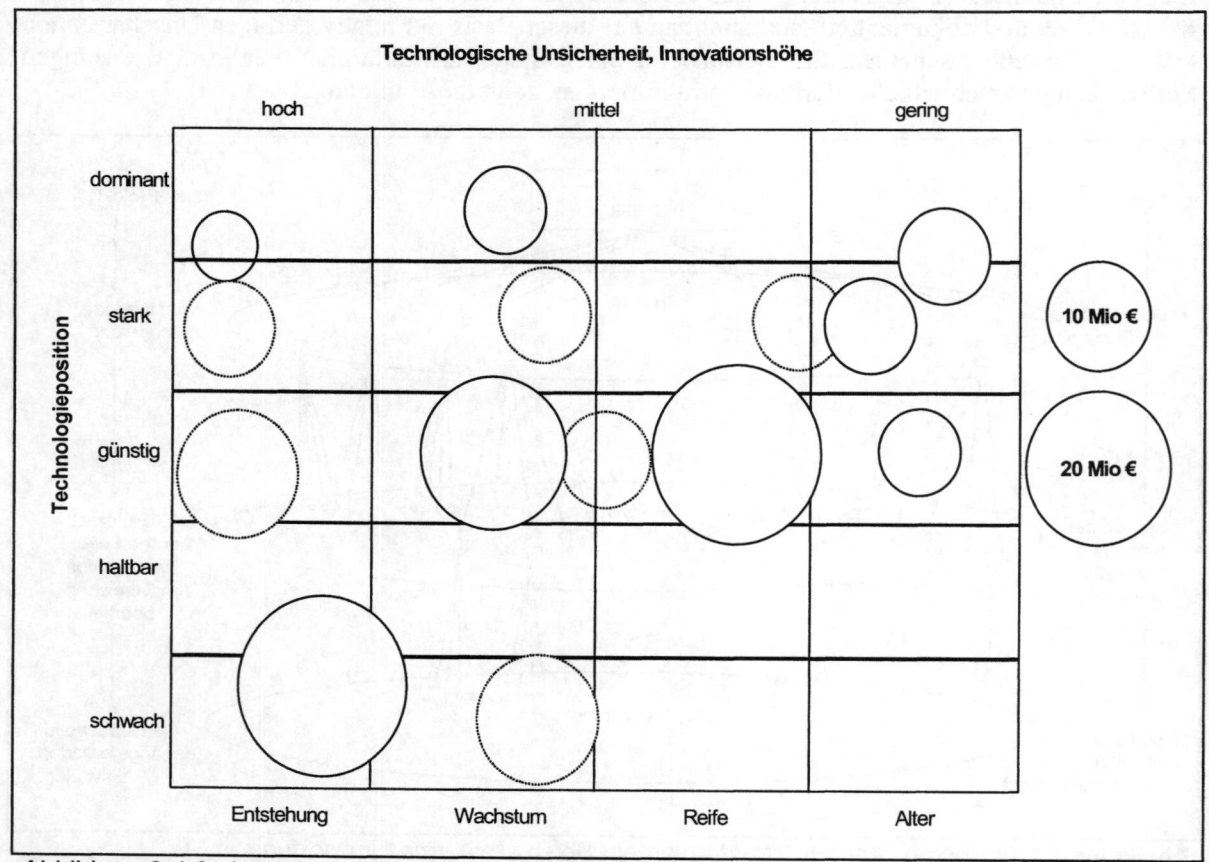

Abbildung 3.4-9: Ausschnitt aus einem F&E-Portfolio (Beispiel)

Kostenschätzung bei Organisationsprojekten

Bei der Kostenschätzung von Organisationsprojekten lassen sich die strukturierten Schätzmethoden wie oben beschrieben nur schwer anwenden. **Kosten** für Teilprojekte, wenn es sich z.B. um Investitionen in Datenverarbeitung oder Beratungen und Training handelt, können planbar sein. Hier können o.g. Methoden aus Investitions- und Produktentwicklungsprojekten hilfreich sein. Die

3.4 Kostenmanagement

Aufwände aller beteiligten Mitarbeiter am Gesamtprojekt lassen sich nur schwer in Geld konkretisieren. Auch der **Nutzen**, also alle gewünschten positiven Auswirkungen, die sich durch veränderte Abläufe oder aber auch insbesondere geänderte Verhaltensweisen und Denkmuster ergeben, lassen sich nur schwer in konkrete Kosten dem Projekt zuordnen.

Kostenbeeinflußbarkeit entlang des Projekt-Lebenszyklus

Die Beeinflußbarkeit der Projektkosten ist in den frühen Projektphasen noch am größten, hier werden die wesentlichen kostenbeeinflußenden Faktoren festgelegt. Es kann hier die „20-80-Regel" herangezogen werden: in den ersten 20% der Projektlaufzeit werden etwa 80% der Projektkosten festgelegt (vgl. A-Teile der ABC-Analyse). Dies bedeutet für den Projektmanager, daß im weiteren Projektverlauf erkannte bzw. aufgetretene Abweichungen bei Kosten und Leistung nur mit einem unverhältnismäßig hohen Aufwand wieder „eingefangen" werden können.

Im gleichen Maße, mit dem der Grad der Kostenbeeinflußbarkeit mit zunehmender Projektdauer sinkt, erhöht sich auch der Kenntnisstand über das Projekt. Daraus ergibt sich auch für den Kostenaspekt ein typisches Problem des Projektmanagers: Planung unter Unsicherheit.

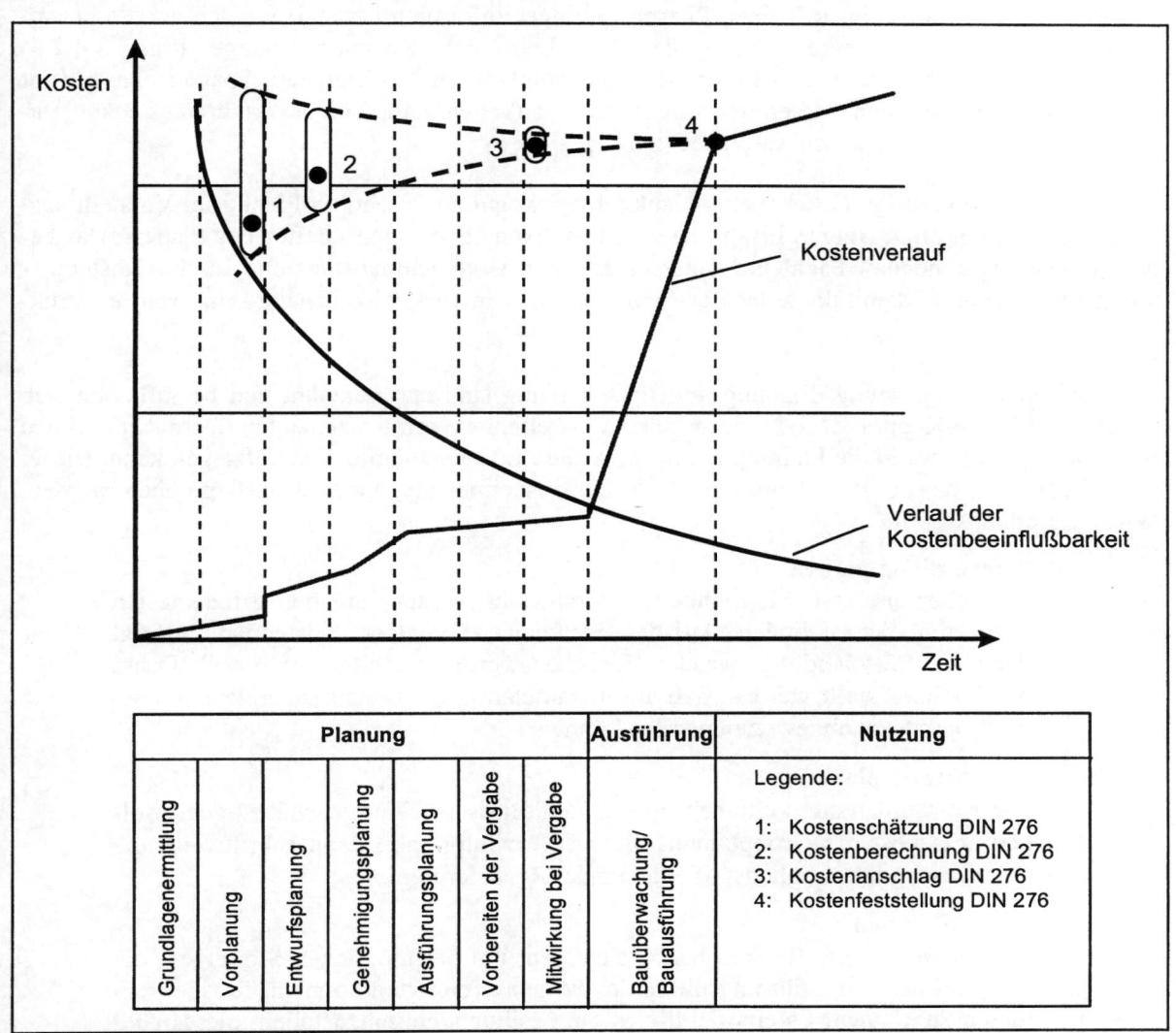

Abbildung 3.4-10: Kosten- und Kostenbeeinflußbarkeit in einzelnen Projektphasen

3.4.3 Projektplanung

Die DIN 69903 definiert Kostenplanung wie folgt: „Ermittlung und Zuordnung der voraussichtlich für das Projekt anfallenden Kosten zu Vorgängen, Arbeitspaketen und Projekten unter Beachtung vorgegebener Ziele und Randbedingungen".

Demnach liegt die Hauptaufgabe der Kostenplanung in der Bestimmung der Projekt-Gesamtkosten sowie des zeitlichen Kostenanfalls. Es sind alle Kosten zur Erreichung der schriftlich fixierten Leistungsziele darzustellen, einschließlich der Kosten für Planung, Überwachung und Steuerung des Projektes. Die (zunächst nur prognostizierten) Gesamtkosten fließen neben weiteren Kriterien in die Entscheidungen zur Projektfortführung ein (z.B. bei Phasenentscheidungen).

3.4.3.1 Voraussetzungen und Einflußfaktoren

3.4.3.1.1 Der Kostenplanungsprozeß

Die Eignung einer Methode zur Kostenplanung eines Projektes ist in hohem Maße von der jeweiligen Projektphase abhängig. In frühen Phasen (geringer Informationsstand) werden gerade bei innovativen Projekten zwangsläufig grobe Verfahren der Kostenvorhersage (vgl. 3.4.2.3) angewendet; entsprechend hoch ist hier die Ungenauigkeit der Voraussagen. Spätere Phasen (mit detaillierten Informationen) lassen den Einsatz von konkreten Kalkulationsverfahren (z.B. auf Basis des genehmigten Projektstrukturplanes) zu.

Da Planen das zukünftige Geschehen gedanklich vorwegnimmt, gehören Phantasie, Vorstellungsvermögen und vor allen Dingen Erfahrung zu den notwendigen Eigenschaften des Planers. Das bedeutet, daß „gestandene" Fachleute unterschiedlicher Unternehmensbereiche in die Kostenplanungsrunde gehören, damit die erdachte Vorgehensweise in wirklichkeitsnahe Einzelschritte strukturiert wird.

Die Funktionen Zielsetzung, Planung und Entscheidung sind eng verzahnt und beeinflussen sich gegenseitig (siehe Kapitel 1.1.2.2). So müssen Vorstellungen von Kostenzielen überdacht und neu formuliert werden, wenn die Planung keine vertretbare Lösungsmöglichkeit aufzeigen kann. Dieser sich wiederholende Vorgang kann somit als ein zusammenhängender Prozeß gesehen werden. Wichtig hierbei ist:

- **Alternativen planen**
  Es sollten mehrere Möglichkeiten durchdacht werden, um den effizientesten Weg zum Ziel zu finden. Auf der Grundlage alternativer Kostenpläne erfolgt dann die Entscheidung, welche Vorgehensweise gewählt werden soll. Dabei muß sichergestellt werden, daß alle Parameter, die entscheidungsrelevant sind, im Projektteam abgewogen werden können.

- **Stufenweise planen**
  Die Kostenplanung sollte schrittweise auf Basis der Kostenschätzungen erfolgen: zunächst die Grobplanung für das Gesamtprojekt, dann schrittweise die Feinplanung mit möglichst überlappender Realisierung.

- **Risiken planen**
  Die Planung sollte Risiken berücksichtigen, um bei möglichen Störungen, die während der Durchführungsphase des Projektes eintreten könnten, flexibel reagieren zu können. Es empfiehlt sich ein Risikobudget einzustellen, dieses aber außerhalb des Projektbudgets mit besonderem Zugriff einzurichten (vgl. Kapitel 4.7).

3.4.3.1.2 Planungselemente

Zu den Aufwendungen im Projekt gehören

- **Einsatzmittelkosten**
  für den (Voll-/Teil-)Einsatz von Personal, sowohl im Projektteam als auch in den Fachabteilungen als auch in externen Kooperationen;

- **Einsatzmittelkosten als Sachmittelkosten**
  für den Einsatz von Maschinen und Sachmitteln;

- **Beschaffungskosten**
  für die Investitionen in Anlagen. Dabei sind Finanzierungskosten gesondert zu betrachten (siehe Kapitel 3.5).

Obwohl die oben genannten Aufwendungen allesamt mit Geldausgaben verbunden sind, erfordert deren Management unterschiedliche Methoden. Darüber hinaus ließen sich diese Aufwendungen (auch in Geld umgerechnet) nur bedingt addieren, deshalb spricht man oft in allgemeinerer Form von **Aufwendungen** anstatt von Kosten. Im Rahmen des Kostenmanagements werden die Aufwendungen für Einsatzmittel monetär erfaßt. Die Umrechnung der Aufwendungen an Einsatzmitteln in Geldmittel erfolgt über **Kostensätze**, z.B. € pro Stunde. Dazu muß der Bedarf an Personal ermittelt und mit der verfügbaren Kapazität verglichen werden. Für den Personaleinsatz kommen dabei im Prinzip die gleichen Methoden zum Tragen wie beim Maschineneinsatz. Diese sind jedoch um einige Besonderheiten zu ergänzen, die in folgendem Abschnitt erläutert werden.

Die Erfassung des Bedarfs erfolgt zunächst auf Basis des Projektstrukturplanes (**Grobplanung**). *Prinzipielles* Für die feinere und zeitgerechte Auflösung ist es dann erforderlich, als Basis den Terminplan heranzuziehen. Die Darstellung des Bedarfs erfolgt sinnvollerweise in strukturierten Tabellen, in denen die unterschiedlichen Kostenelemente arbeitspaketweise über den voraussichtlichen Projektzeitraum zusammengefaßt werden.

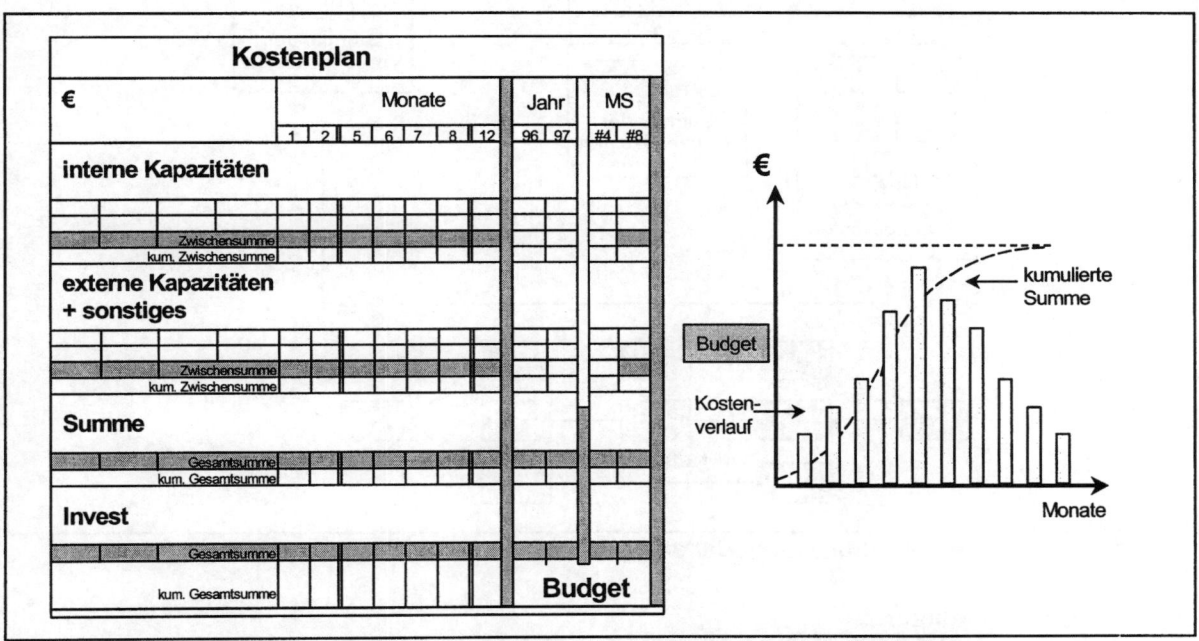

Abbildung 3.4-11: Kostengrobplanung - prinzipieller Aufbau eines Arbeitsblattes

Der so ermittelte Geldbedarf für die Beschaffungen ist jetzt insbesondere auch zeitlich abzubilden, damit für die verschiedenen Zeitpunkte die erforderlichen Finanzmittel bereitgestellt werden können. Diese Planung nennt man dann Kostenplan mit zeitlichem Verlauf. Dabei ist zu beachten, daß Investitionen, Herstellkosten und Einsatzmittelkosten zunächst getrennt zu erfassen sind, da diese kaufmännisch in Unternehmungen unterschiedlich behandelt werden. Die grafische Darstellung im Histogramm zeigt den **Kostengang** (Abbildung 3.4-11).

Werden die Personalaufwände (Stunden) mit den **Kostensätzen** multipliziert (€ pro Stunde), so erhält man die **Personalkosten**. Um den Personaleinsatz an verschiedenen Projekten zu steuern, müssen dabei alle Projektplanungen addiert werden, um so einen Abgleich zu ermöglichen. Hier spricht man von einer **Mehrprojektmanagement**-Umgebung (vgl. Kapitel 3.6).

3.4.3.1.3 Prinzipien der Kostenplanung

Die Kostenermittlung erfolgt meistens auf Basis des Projektstrukturplanes. Die Kosten sind dabei den verschiedenen Arbeitspaketen oder auch Teilprojekten zuzuordnen. Bei der Planung empfiehlt es sich, eine Plausibilitätsprüfung nach folgenden Prinzipien durchzuführen:

- **Bottom-up-Planung**
  Auf der untersten Ebene werden die voraussichtlichen Kosten je Arbeitspaket geplant. Diese werden dann zu den Gesamtkosten addiert. Dieses Planungsprinzip setzt eine große Planungstiefe voraus. Außerdem werden kleinere Unschärfen je Arbeitspaket im Gesamtplan überproportional kumuliert, falls Risikozuschläge in jedes Arbeitspaket eingeplant werden.
  Gegebenenfalls sind Interfacekosten an den Schnittstellen zwischen den Arbeitspaketen zu berücksichtigen (Abbildung 3.4-12).

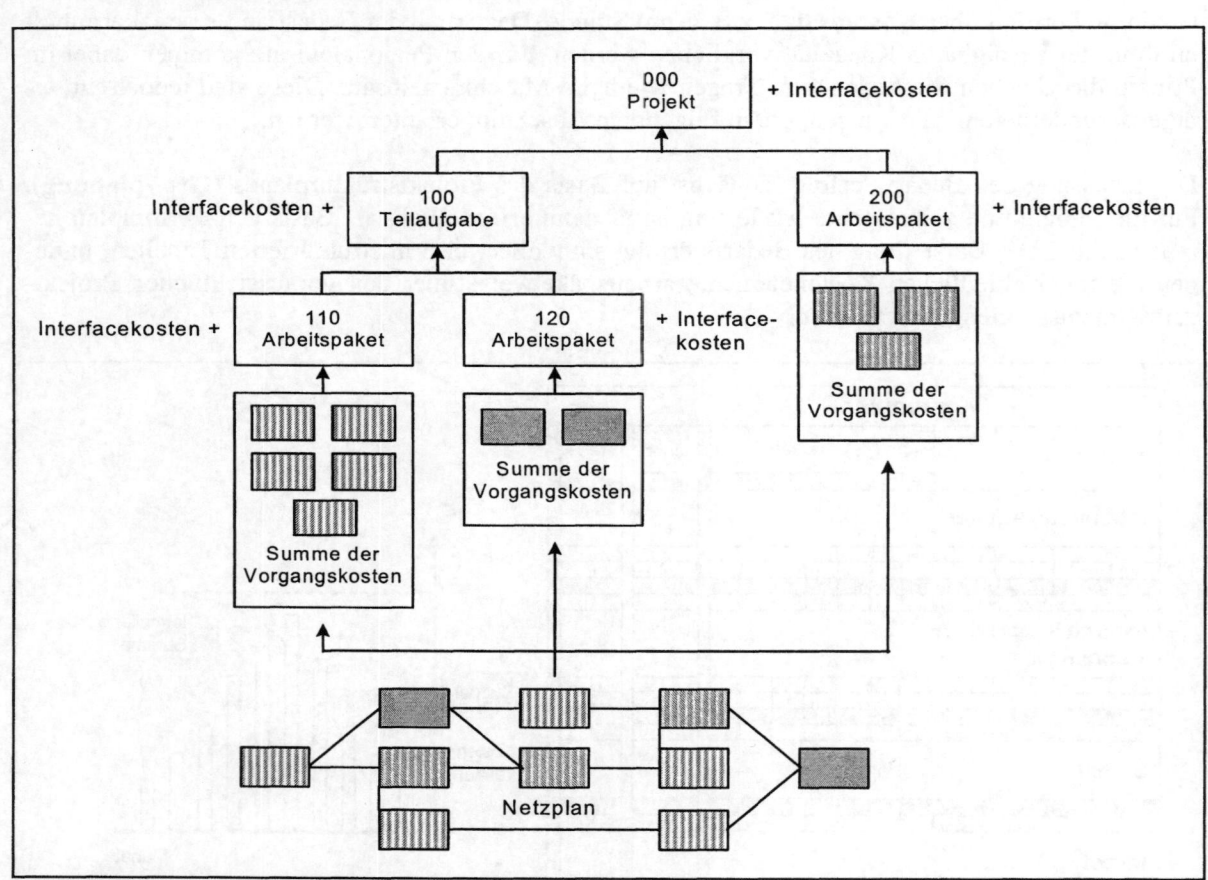

Abbildung 3.4-12: Kostenverdichtung „Bottom-up"

- **Top down-Planung**
  Aufgrund von Erfahrungen bzw. Vergleichsprojekten werden die Hauptbaugruppen bzw. Hauptgewerke abgeschätzt, um so die voraussichtlichen Gesamtkosten zu erhalten. Dies ist schon bei geringer Planungstiefe möglich. Wird der TOP-DOWN geplante Wert als Zielgröße festgelegt, so ist die Feinplanung danach auszurichten.

3.4 Kostenmanagement

- **Vergleich**
  Die so ermittelten Werte sind mit fortschreitender Planungstiefe (Prinzip der „rollierenden Planung") miteinander zu vergleichen. Dieser Vergleich sollte im Projektteam gegebenenfalls unter Heranziehen von Experten zu einer wirklichkeitsnahen Planung führen.

Die Planungsschritte der Struktur-, Ablauf- und Kostenplanung bauen aufeinander auf. Der prinzipielle Zusammenhang ist zusammenfassend in Abbildung 3.4-13 dargestellt.

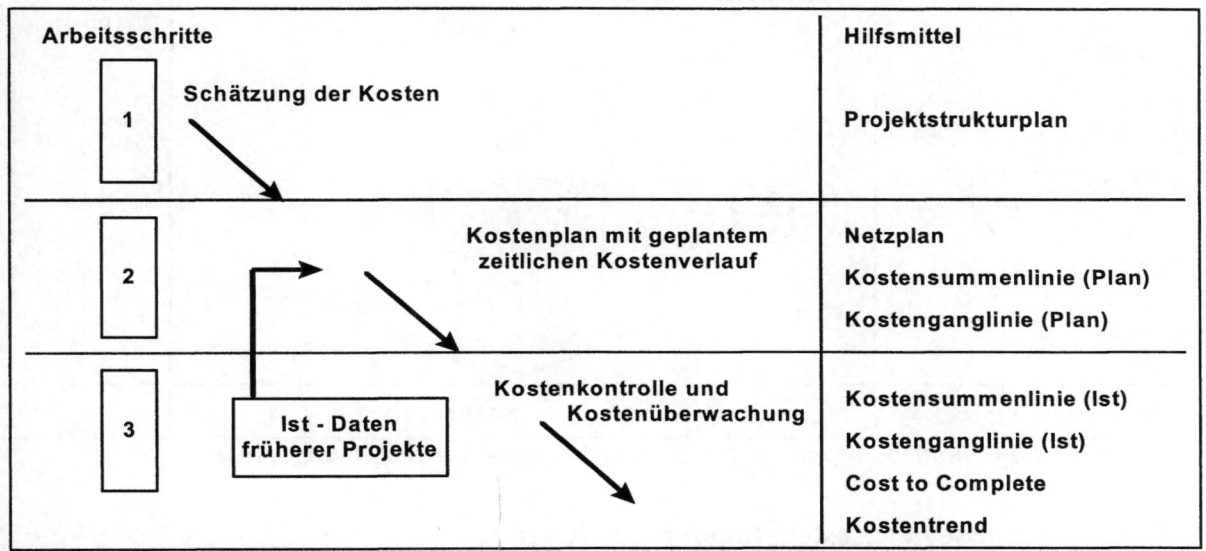

Arbeitsschritte		Hilfsmittel
1	Schätzung der Kosten	Projektstrukturplan
2	Kostenplan mit geplantem zeitlichen Kostenverlauf	Netzplan Kostensummenlinie (Plan) Kostenganglinie (Plan)
3	Ist - Daten früherer Projekte Kostenkontrolle und Kostenüberwachung	Kostensummenlinie (Ist) Kostenganglinie (Ist) Cost to Complete Kostentrend

Abbildung 3.4-13: Prinzipielle Vorgehensweise für das Kostenmanagement

Speziell dem Projektstrukturplan kommt gerade bei der Kostenplanung eine besondere Rolle zu:

- Der PSP erlaubt die „Bottom-up-Schätzung" oder die Überprüfung der TOP-DOWN -Vorgaben der Projektkosten.
- Einzelne überschaubare Elemente des Projektes (Arbeitspakete) lassen sich kostenmäßig leichter bewerten.
- Die Planung wird dadurch überprüfbarer.

Die prinzipielle Verbindung der einzelnen Leistungspositionen (Projektgegenstand; monetäre Bewertung) mit den Arbeitspaketen des Projektes stellt Abbildung 3.4-14 am Beispiel eines Bauprojektes dar (vgl. Abschnitt 3.4.3.3.1).

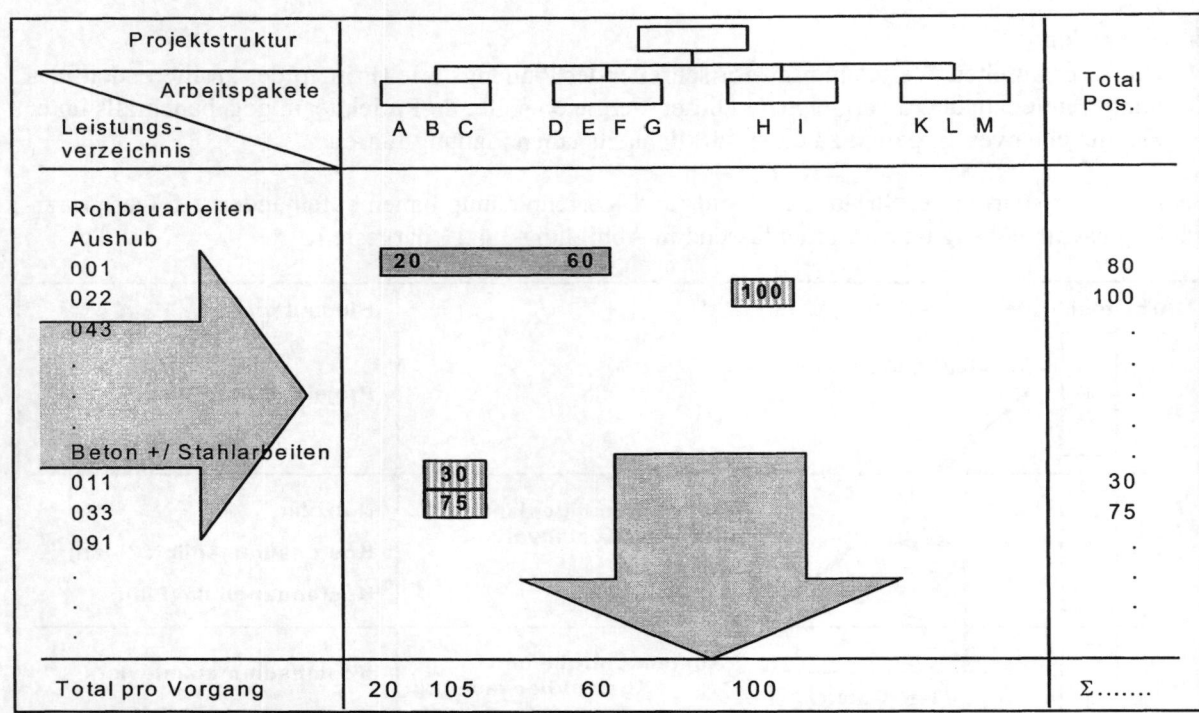

Projektstruktur				Total Pos.
Arbeitspakete Leistungsverzeichnis	A B C	D E F G	H I	K L M	
Rohbauarbeiten Aushub 001 022 043 . . . Beton +/ Stahlarbeiten 011 033 091 . . .	20 60		100		80 100 . . . . . 30 75 . . .
	30 75				
Total pro Vorgang	20 105	60	100		Σ.......

Abbildung 3.4-14: Verbindung von Kosten der Leistungspositionen und Vorgängen

3.4.3.2 Ergebnisse der Kostenplanung

Mitlaufende Kalkulation

Der letzte Schritt der Kostenplanung ist die **zeitliche Verteilung der Kosten** und die **Abgrenzung gegenüber anderen Kosten** des Unternehmens. Hierfür ist es zweckmäßig, im Unternehmen eine **mitlaufende Kalkulation (MiKA)** einzurichten, die ständig die angefallenen Ist-Kosten den geplanten Kosten (Plan-Kosten) der Projektkalkulation gegenüberstellt.

Beispielhafter Planungsprozeß: zeitlicher Kostenverlauf

Zeitlicher Kostenverlauf

Für jedes Arbeitspaket ist die Einsatzmittelkombination bekannt. Für jedes Einsatzmittel existiert eine **Kostenbewertung** bezogen auf eine Arbeitsmittel-Einheit. Aus der **Termin- und Kapazitätsplanung** ist die Verteilung der Einsatzmittelmengen im Projektablauf bekannt. Sie liefert Aussagen darüber, wann ein Vorgang beginnt und endet und damit auch, in welchem Zeitraum die für seine Durchführung kalkulierten Kosten anfallen werden. Somit sind die Grundlagen vorhanden, um den zeitlichen Kostenverlauf im Projekt zu ermitteln. Für die einzelnen Kostenarten kann nun die **Verteilung der Kosten auf die Vorgänge** erfolgen. Der zeitliche Kostenverlauf kann entsprechend der Zeitrechnung für die **früheste** und die **späteste Lage** der Vorgänge ermittelt werden. Zeichnet man die Vorgänge eines Projektes gemäß ihrer zeitlichen Lage in ein Balkendiagramm und teilt die jeweiligen Kosten auf die zur Durchführung benötigten Perioden auf, so kann der Kostenverlauf des Projektes errechnet werden.

Vorgang	Dauer	Kosten	FAZ	FEZ	Periode									
					1.	2.	3.	4.	5.	6.	7.	8.	9.	10.
1	6	3000	1	6	500	500	500	500	500	500				
2	2	2000	2	3		1000	1000							
3	4	800	7	10							200	200	200	200
4	5	1500	3	7			300	300	300	300	300			
Kostensumme je Periode:					500	1500	1800	800	800	800	500	200	200	200

Abbildung 3.4-15: Projektkostenverteilung

3.4 Kostenmanagement

Die Abbildung 3.4-15 verdeutlicht an einem einfachen Beispiel, wie die Vorgangskosten **zeitproportional** auf die Perioden (Zeiteinheiten) aufgeteilt werden, z.B. die € 3.000,- von Vorgang 1 zu je € 500,- auf die sechs Perioden seiner Dauer.

Vorgangskosten je Periode

Grafisch kann der zeitliche Kostenverlauf mit Hilfe der **Kostenganglinie** dargestellt werden (vgl. Abbildung 3.4-16).

Kostenganglinie

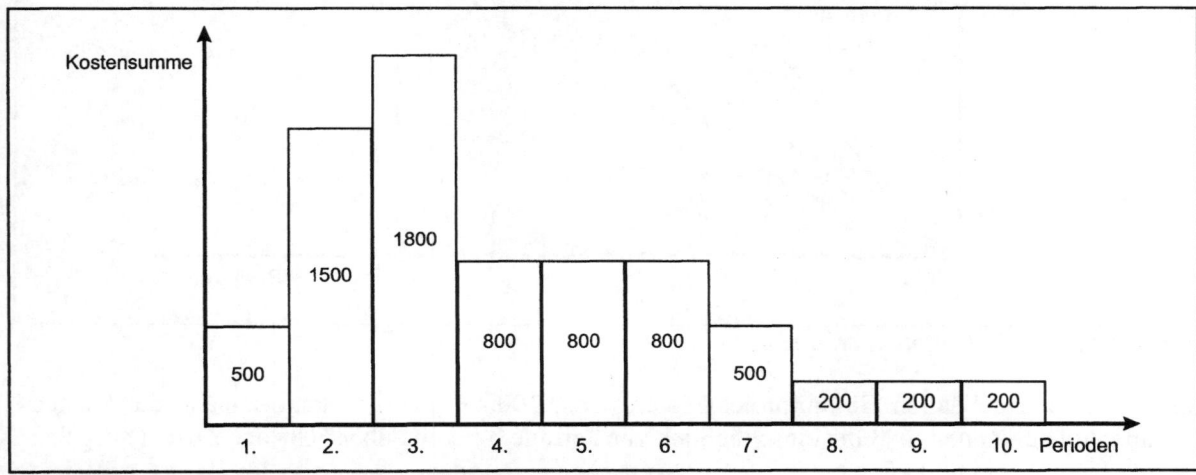

Abbildung 3.4-16: Kostenganglinie (Kostenhistogramm)

Aufgrund der direkten Abhängigkeit von der Terminplanung existieren zwei Kostenganglinien für ein Projekt (Abbildung 3.4-17):

- wenn alle Tätigkeiten in **frühester** Terminlage beginnen und enden;
- wenn alle Tätigkeiten in **spätester** Terminlage beginnen und enden.

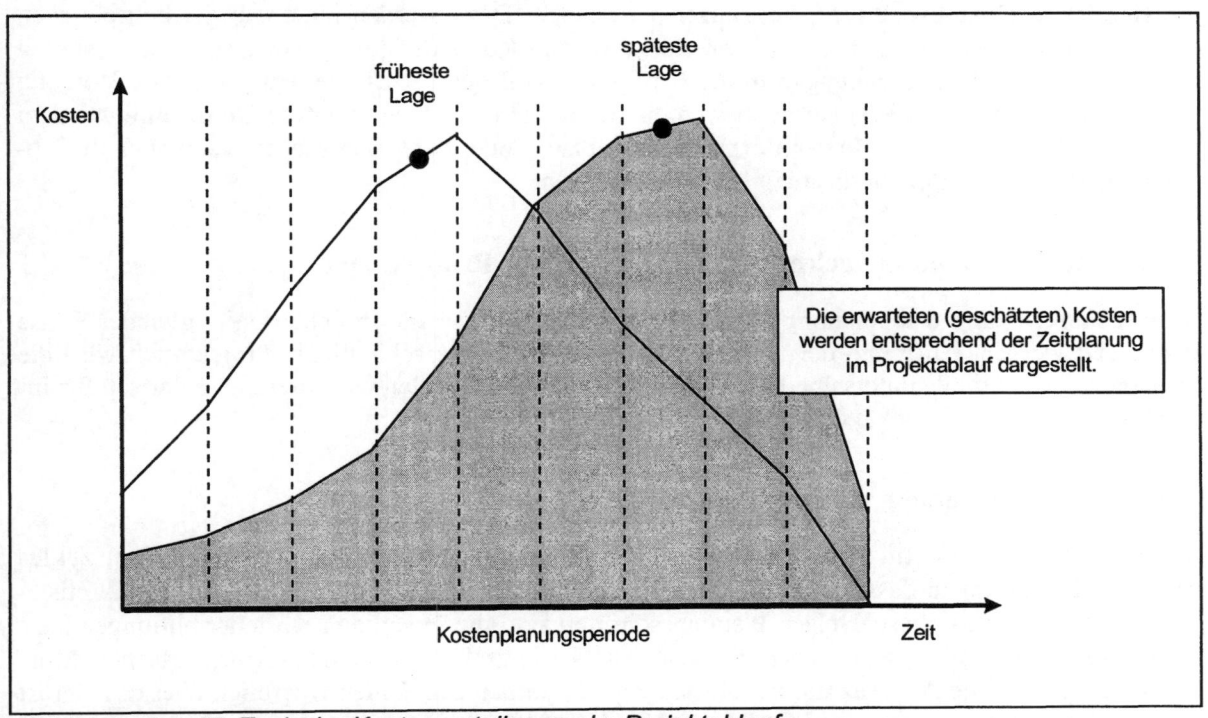

Abbildung 3.4-17: Typische Kostenverteilungen im Projektablauf

Während die Kostenganglinie die in den einzelnen Perioden anfallenden Kosten wiedergibt, **zeigt die Kostensummenlinie, wieviel Kosten bis zu einem Zeitpunkt auflaufen werden (kumulierte Kosten)**. Als Beispiel soll noch einmal Abbildung 3.4-15 herangezogen werden. Kumuliert man die pro Periode anfallenden Kosten, so ergibt sich folgendes Bild (vgl. Abbildung 3.4-18):

Kostensummenlinie

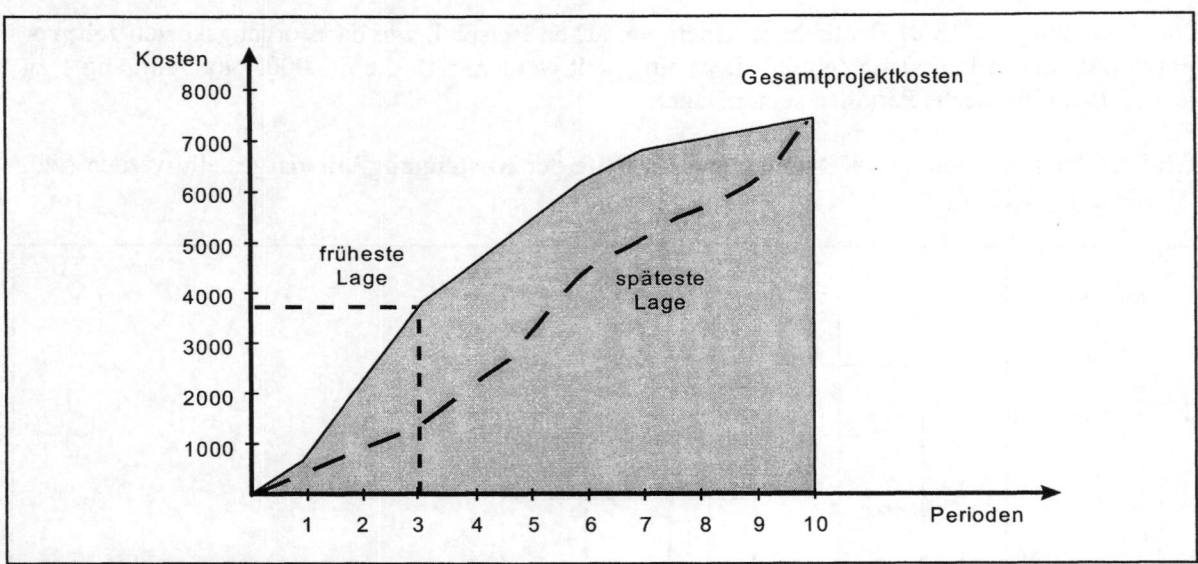

Abbildung 3.4-18: Kostensummenlinie

In diesem Beispiel fallen Gesamtprojektkosten von 7.300,- € an. Man kann anhand der Kostensummenlinie erkennen, daß bis einschließlich zur Periode 3 bereits über 50% der Kosten aufgelaufen sind, nämlich 3.800,- €.

Die Projektkosten werden für die spätere Kostenkontrolle und -steuerung in der Kostenplanung sinnvoll aufbereitet. „Sinnvoll aufbereiten" bedeutet dabei soviel wie: Zusammenfassung der Kosten zu den wichtigen betrieblichen Kostenarten und Beschreibung des Kostenanfalls im Projektablauf.

Projektkosten abgrenzen

Weiterhin muß noch ein Verfahren vereinbart werden, um die **Projektkosten von der allgemeinen betrieblichen Kostenrechnung abgrenzen** zu können. Dazu werden innerhalb der betrieblichen Kostenrechnung die entstandenen Kosten eindeutig dem **Kostenträger** zugeordnet. Hierfür müssen z.B. auf den Stundenabrechnungen in der Fertigung das Projekt sowie der entsprechende Vorgang (oder auch das Arbeitspaket) vermerkt werden. Sinnvolle Hilfe bietet hier die **Codierung** aus dem Projektstrukturplan. Mit Hilfe der Vorgangscodes bzw. Codes der Arbeitspakete kann auch die Kostenträgerrechnung computergestützt bearbeitet werden.

3.4.3.3 Kostenplanungstechniken in ausgewählten Projektarten

Die Techniken zur Kostenplanung können nicht einheitlich für alle Projektarten in gleicher Weise eingesetzt werden. Aufgrund der typischen Eigenschaften unterschiedlicher Projektarten wird die Kostenplanung jeweils unterschiedlich vorgenommen. Im folgenden wird dies exemplarisch für Investitions- und FuE-Projekte dargestellt.

3.4.3.3.1 Kostenplanung in Investitionsprojekten

Die Kostenplanung bei Investitionsprojekten (hier: Bauprojekten) muß den gesamten Lebenszyklus **(engl.: Life-Cycle)** umfassen. In jeder einzelnen Phase steht ein unterschiedlicher Konkretisierungsgrad. In diesen phasenweisen Planungsschritten sind die jeweiligen Kostenermittlungen stets zum Ende einer Planungsstufe vorzunehmen. Aus den einschlägigen DIN-Normen lassen sich die Definitionen und die Abgrenzung der Kostenbegriffe vornehmen. Einen Überblick über das Gerüst der Gesamtkosten gibt die folgende Übersicht (vgl. SCHUB 1985).

3.4 Kostenmanagement

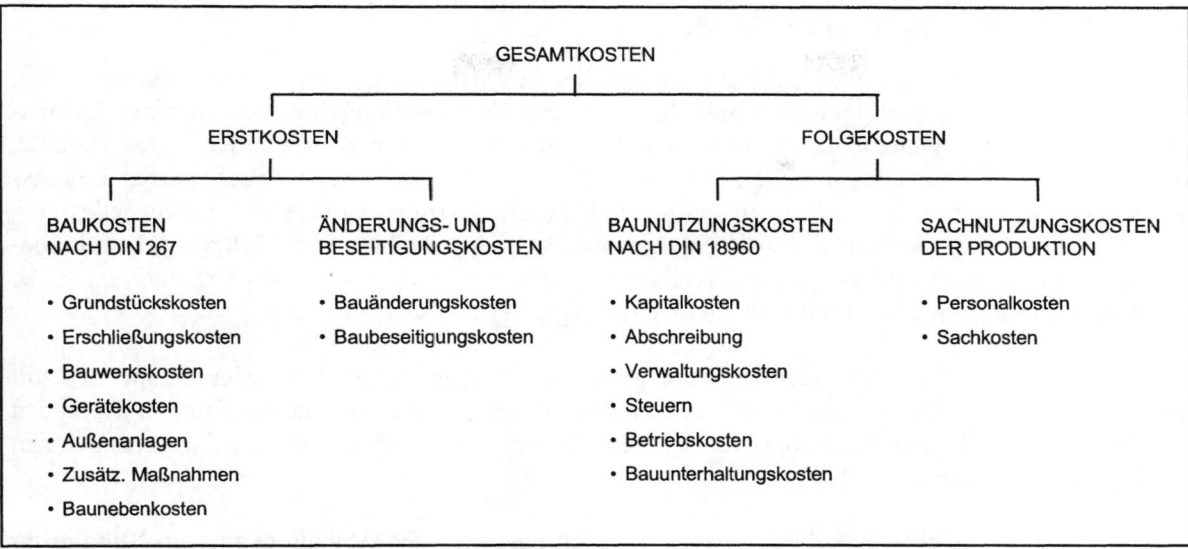

```
                          GESAMTKOSTEN
                    ┌──────────┴──────────┐
                ERSTKOSTEN            FOLGEKOSTEN
              ┌─────┴─────┐          ┌─────┴─────┐
         BAUKOSTEN   ÄNDERUNGS- UND   BAUNUTZUNGSKOSTEN   SACHNUTZUNGSKOSTEN
         NACH DIN 267 BESEITIGUNGSKOSTEN NACH DIN 18960   DER PRODUKTION

         • Grundstückskosten  • Bauänderungskosten   • Kapitalkosten      • Personalkosten
         • Erschließungskosten • Baubeseitigungskosten • Abschreibung    • Sachkosten
         • Bauwerkskosten                             • Verwaltungskosten
         • Gerätekosten                               • Steuern
         • Außenanlagen                               • Betriebskosten
         • Zusätz. Maßnahmen                          • Bauunterhaltungskosten
         • Baunebenkosten
```

Abbildung 3.4-19: Gesamtgerüst der Baukosten

Dabei setzen sich die Gesamtkosten aus den **Erstkosten** und den **Folgekosten** zusammen. Die Erstkosten bestehen dabei aus den Kostengruppen der Baukosten nach dem Projektstrukturplan auf Basis DIN 276, und die Folgekosten erfassen dann alle fortlaufenden Ausgaben, die durch die Nutzung entstehen (vgl. dazu auch die DIN 18960, Baunutzungskosten von Hochbauten).

Der Projektstrukturplan auf Basis der DIN 276 gliedert die Kosten von Hochbauten **objektorientiert** in sieben Gruppen. Mit dieser DIN läßt sich eine standardisierte Projektstruktur für den Hochbau darstellen. Ein Beispiel für einen unternehmensweit abgebildeten **Standardstrukturplan** ist in Abbildung 3.4-20 zu sehen.

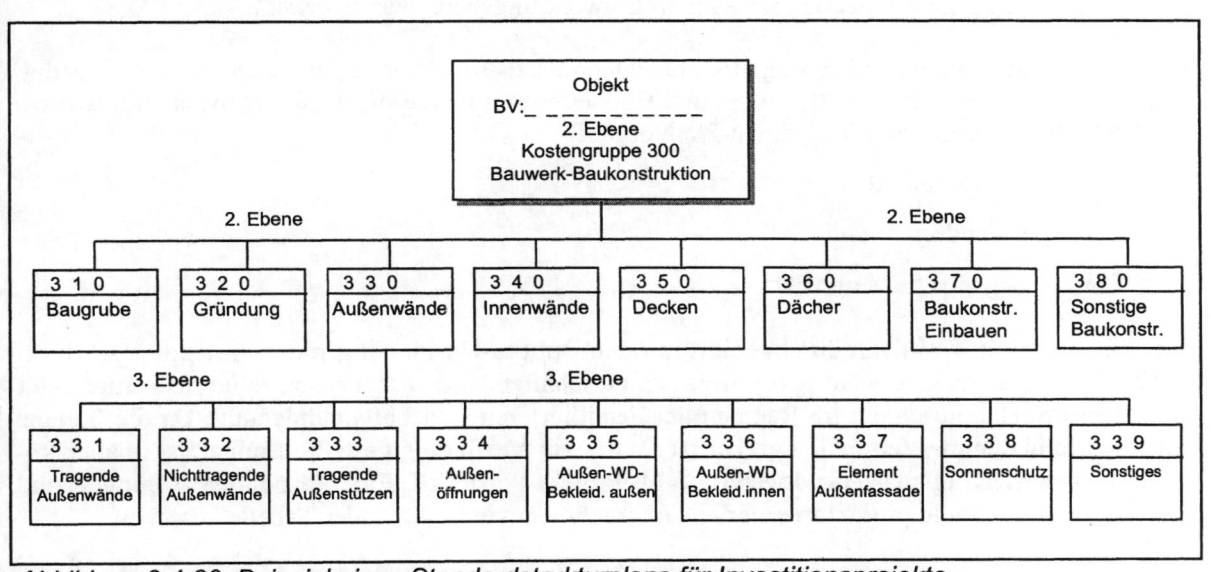

```
                              Objekt
                         BV:_ _ _ _ _ _ _ _ _ _ _
                              2. Ebene
                           Kostengruppe 300
                         Bauwerk-Baukonstruktion

      2. Ebene                                                2. Ebene
 ┌──────┬──────┬──────┬──────┬──────┬──────┬──────┬──────┐
 310    320    330    340    350    360    370    380
 Baugrube Gründung Außenwände Innenwände Decken Dächer Baukonstr. Sonstige
                                                       Einbauen  Baukonstr.

           3. Ebene                      3. Ebene
  ┌────┬────┬────┬────┬────┬────┬────┬────┬────┐
  331  332  333  334  335  336  337  338  339
  Tragende Nichttragende Tragende Außen- Außen-WD- Außen-WD Element Sonnenschutz Sonstiges
  Außenwände Außenwände Außenstützen öffnungen Bekleid. außen Bekleid.innen Außenfassade
```

Abbildung 3.4-20: Beispiel eines Standardstrukturplans für Investitionsprojekte

Dieses Beispiel gilt für alle Investitionsprojekte im Unternehmen. Im ersten Schritt der Planung werden die einzelnen relevanten Elemente des konkreten Projektes für den Projektstrukturplan identifiziert. Beim nächsten Schritt müssen nun für die einzelnen Elemente die entsprechenden Massen und Mengen ermittelt werden. Dafür stehen häufig Elementkataloge zur Verfügung, aus denen Normelemente, verschiedene Konstruktions- und Qualitätsstandards ausgewählt werden können. Die einzelnen Bestandteile dieser Elemente können in ein entsprechendes Leistungsverzeichnis übernommen werden. Dafür können dann Preise aus speziell dafür ausgewählten Katalogen entnommen werden (vgl. Kostendatenbanken). So können aktuelle Marktpreise zugrunde gelegt werden.

3.4.3.3.2 Kostenplanung in FuE-Projekten

Forschungs- und Entwicklungsprojekte sind insbesondere dadurch gekennzeichnet, daß sie in den Unternehmen unter Beteiligung mehrerer Bereiche bzw. Fachabteilungen in komplexeren Aufbaustrukturen realisiert werden. In größeren FuE-Einheiten werden im Normalfall mehrere Projekte gleichzeitig bearbeitet. Die laufenden Projekte befinden sich außerdem in verschiedenen **Lebenszyklus**phasen. Wenn mehrere Projekte zeitgleich bearbeitet werden, so kann nicht mehr jedes Projekt für sich alleine geplant und gesteuert werden. Man spricht hier von **Mehrprojektmanagement**, wenn mehrere Projekte parallel realisiert werden, die um die gleichen Einsatzmittel (z. B. Mitarbeiter, Maschinen, Sachmittel) konkurrieren (vgl. BERGFELD 1990).

Die Planung eines einzelnen Projektes muß daher in einen gesamten **Priorisierungsprozeß** mit einbezogen werden. Das bedeutet auch, daß die Planungsgrundlagen auf standardisierten Methoden und Verfahren im Unternehmen basieren müssen, die nur eingeschränkt auf die projektspezifischen Belange anpaßbar sind.

Neben den methodischen Randbedingungen, ist auch eine zeitliche Abhängigkeit vom **Budgetplanungsprozeß** zu sehen. Die Kostenplanung und -steuerung muß in sehr enger Abstimmung mit dem **Unternehmenscontrolling** erfolgen. Grundlage für ein erfolgreiches Kostenmanagement in FuE-Einheiten sind klare und eindeutige Verantwortungsbereiche und ein ergebnisorientiertes Arbeiten.

In traditionellen FuE-Einheiten ist die Verantwortung für die technischen Planungen, die vornehmlich die technischen Entwicklungsziele im Auge haben, und für die kaufmännische Planung, die die Gesamtheit der Kosten eines Entwicklungsbereiches im Auge hat, funktional getrennt. Hieraus ergeben sich Konflikte, die nur im gegenseitigen Anerkennen der jeweiligen Probleme gemeinschaftlich zu lösen sind (BURGHARDT 1995). Die **Konflikte** sind prinzipiell zu verringern, wenn man den ganzheitlichen Planungsansatz, also die Einbeziehung von Kosten, Terminen und Qualität, wie er häufig im Anlagenbau anzutreffen ist, auch in Entwicklungsbereichen überträgt.

Budgetierungsprozeß in der FuE-Matrix

Um die Besonderheiten der Planung eines einzelnen F&E-Projektes zu verstehen, ist es notwendig, den Zusammenhang mit dem Planungs- und Budgetierungsprozeß des Unternehmens zu beachten. Die Budgetierung stellt eine Top-down-Planvorgabe

- je Geschäftsfeld,
- je Kalenderjahr und
- je Organisationseinheit

dar. Ein Abgleich wird dann durchgeführt mit den Bottom-Up-Planungen der Projekte (vgl. Burghardt 1995). Die Projekte sind den jeweiligen Geschäftsfeldern zugeordnet, d. h. die Planung der einzelnen Projekte geschieht im Rahmen der detaillierteren Geschäftsfeldplanung. Da die Summe der Bedarfe in den meisten Fällen größer ist als das zur Verfügung gestellte Budget, ist in aller Regel ein **Priorisierungsprozeß** notwendig (vgl. Projekt-Portfolio). Eine konsolidierte Budget- und Projektplanung kann in projektorientierten Unternehmen wie in folgender Tabelle aussehen:

Projekt	Bereich							Abteilung 1							Abteilung 2	
	Kap. MM	Kap. T€	ext.FoKo	Mat.	Reisen	Su ext+div T€	total T€	Kap. MM	Kap. T€	ext.FoKo	Mat.	Reisen	Su ext+div T€	total T€	Kap. MM	Kap. T€
Projekt 1																
Projekt 2																
Projekt 3																
Projekt 4																
Geschäftsfeld 1																
Projekt 1																
Projekt 2																
Projekt 3																
Projekt 4																
Geschäftsfeld 2																
Projekt 1																
Projekt 2																
Projekt 3																
Projekt 4																
Projekt 5																
Projekt 6																
Projekt 7																
Geschäftsfeld 3																
Summe Projekte																
verfügbare Kapazität																

Abbildung 3.4-21: Konsolidierte FuE-Planung im projektorientierten Unternehmen

Weiterhin sind dem Projektleiter verschiedene Kostenarten vorgegeben, die bei den Einzelplanungen zu berücksichtigen sind. Beispielhaft sind dieses

- Sachmittelkosten (= Beschaffungskosten),
- externe Kooperation (= Beschaffungskosten) und
- interne Kapazität

sowie andere unternehmensspezifische Kostenarten.

Meilensteinplanung

Ein wichtiges Fundament für die Kostenplanung in einer F&E-Umgebung ist ein standardisierter **Meilensteinplanungsprozeß**. Der wichtigste Meilenstein bezüglich der Kostenplanung ist der Meilenstein „Abschluß Projektvorfeld", der in eine **Projektdefinition** oder in einen **Projektauftrag** mündet. Die in dieser Projektdefinition geschätzten oder auch ermittelten Kosten sind die Meßlatte für das Kostenziel des Projektes und werden damit zum **Projektbudget**, dem die laufenden Ist-Kosten bzw. die dann noch zu erwartenden Kosten gegenübergestellt werden und im ganzheitlichem Zusammenhang mit den benötigten Investitionen bewertet werden können.

3.4.4 Projektcontrolling

Wie wird das Projekt „richtig" gesteuert?

Häufig wird der Begriff **Controlling** nicht ausschließlich für Projekte verwendet, sondern insbesondere für die Planung und Steuerung eines Unternehmens. Dabei ist das Ziel, Transparenz über die aktuelle und die künftige Kostensituation zu bekommen, um langfristig die Erträge des Unternehmens zu sichern.

Kosten überwachen heißt für den Projektleiter, ...

... den Ist-Zustand zunächst durch möglichst genaue Prüfung und Messung des **Arbeitsergebnisses** festzustellen und in Geld zu bewerten. Durch den Vergleich des Ist-Zustandes mit dem Plan-Zustand ergeben sich die Abweichungen, die unter Umständen in einer **Abweichungsanalyse** näher auf ihre Auswirkungen hinsichtlich des Projektzieles untersucht werden müssen. Der Kosteninformationsfluß muß durchdacht, geplant und nachweisbar sichergestellt werden, damit alle Projektbeteiligten rechtzeitig und zuverlässig die jeweils erforderlichen Informationen über die Kostenentwicklungen erhalten. In der Norm DIN ISO 9000 werden dazu entsprechende Anforderungen gestellt.

Steuern und Entscheiden heißt für den Projektleiter, ...

... bei Feststellen einer Abweichung, eine Entscheidung zu fällen, ob die vereinbarten Ziele korrigiert werden müssen, ob neu geplant werden muß oder ob das Projektziel mit den festgestellten Einschränkungen ebenfalls erreichbar ist. Dies muß in Handlungen umgesetzt werden.

Um zukunftsorientiert steuern zu können, ist ein gut funktionierendes betriebliches Kostenkontrollsystem bzw. Ist-Datenerfassungssystem unabdingbar. In diesem Ist-Datenerfassungssystem müssen die angefallenen Kosten mit den erbrachten Leistungen in Beziehung gesetzt werden. Dazu werden in regelmäßigen periodischen Abständen die **Ist-Daten** erfaßt. Insbesondere sind aus den bewerteten Ist-Daten **Trends** zu ermitteln, um Prognosen für die noch zu erbringenden Leistungen erstellen zu können.

Die häufigsten Schwierigkeiten beim Projektcontrolling liegen in der Praxis in

- der Abgrenzung der erbrachten Leistung,
- der Zuordnung von Kostenarten zu den Arbeitspaketen,
- der Genauigkeit der Stundenerfassung,
- der Trennung von kaufmännischen und technischen Funktionen,
- dem Fehlen von integrierten Abrechnungssystemen mit der Folge von Mehrfachverarbeitung von Daten.

Problem der Kostenkontrolle

Zudem stellt sich die Aufgabe „Kostenkontrolle" für den Projektleiter in der Praxis als ein oftmals unterschätztes Problem dar. Es ist nur sehr schwer möglich, zu einem bestimmten Stichtag alle kostenverursachenden Größen des Projektes mit ihren absoluten Werten zu messen. Wenn die benötigten Informationen zum Betrachtungszeitpunkt noch nicht vorliegen, können diese nur durch Schätzung, Annahmen oder „Fingerspitzengefühl" überschlägig mit berücksichtigt werden und man erlebt die Situation wie in der Abbildung 3.4-22 dargestellt. In projektorientierten Unternehmen sollte das Kostenerfassungssystem an die Bedürfnisse des Projektleiters angepaßt sein.

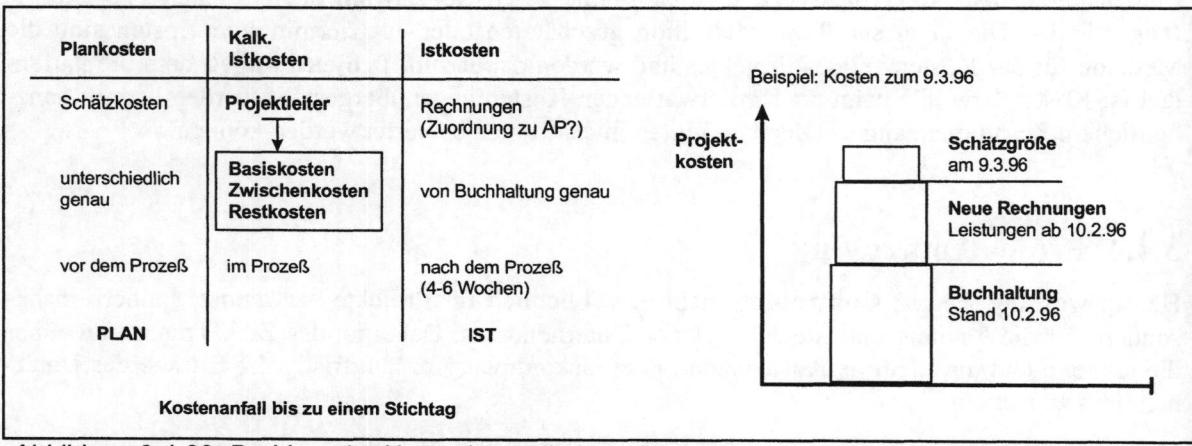

Plankosten	Kalk. Istkosten	Istkosten
Schätzkosten	**Projektleiter** ↓	Rechnungen (Zuordnung zu AP?)
unterschiedlich genau	Basiskosten Zwischenkosten Restkosten	von Buchhaltung genau
vor dem Prozeß	im Prozeß	nach dem Prozeß (4-6 Wochen)
PLAN		**IST**

Kostenanfall bis zu einem Stichtag

Beispiel: Kosten zum 9.3.96

Projektkosten:
- Schätzgröße am 9.3.96
- Neue Rechnungen Leistungen ab 10.2.96
- Buchhaltung Stand 10.2.96

Abbildung 3.4-22: Problem der Kostenkontrolle in nicht projektorientierten Unternehmen (WOLFF 1996)

3.4.4.1 Ist-Kostenerfassung

Informationen über die bisher aufgelaufenen Kosten können aus verschiedenen Quellen kommen. Am besten läßt sich das mit einem Beispiel beschreiben (siehe Abbildung 3.4-23 und Kapitel 4.8):

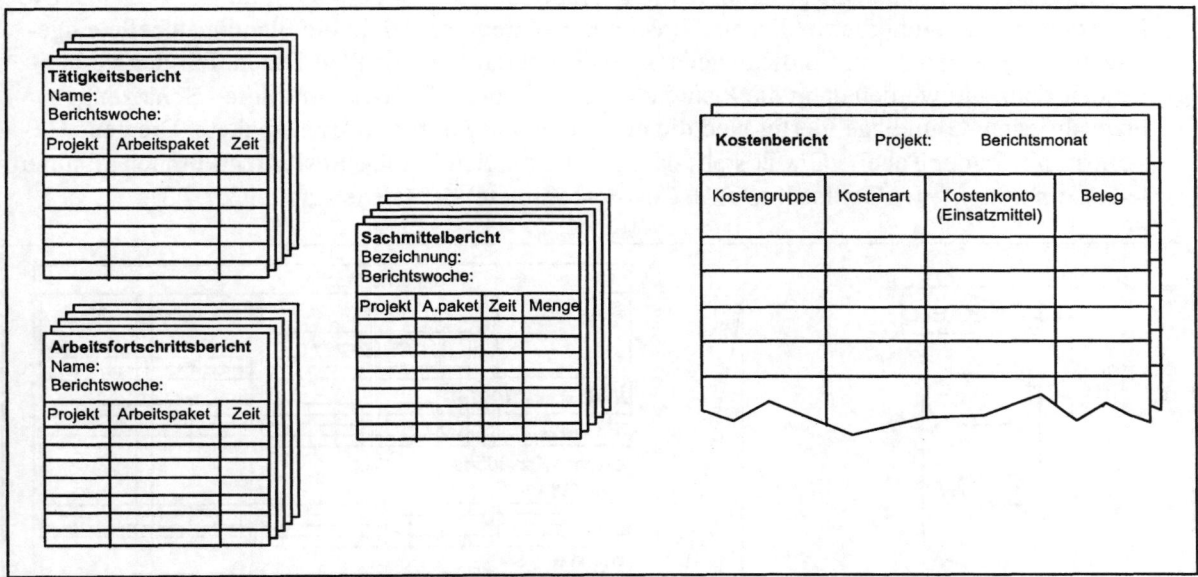

Abbildung 3.4-23: Berichte für die Kostenkontrolle

Ein Projektteam arbeitet an mehreren Arbeitspaketen. Die Arbeitspakete sind unterschiedlich umfangreich. Einzelne Arbeitspakete können innerhalb weniger Tage erfüllt werden, andere Arbeitspakete dauern dafür bis zu mehreren Wochen. Die Projektleitung erhält regelmäßig die vereinbarten Berichte. Folgende **Informationsquellen** kommen in Frage, um die Ist-Kosten zu ermitteln:

Ist-Daten

- Die **wöchentlichen bzw. monatlichen Abrechnungen (Tätigkeitsberichte)** der Teammitglieder enthalten ihre tatsächliche Arbeitszeitverteilung auf die einzelnen Arbeitspakete in Stunden. Diese Tätigkeitsberichte werden in der Regel von jedem Teammitglied selbst erstellt. Die **wöchentlichen bzw. monatlichen Abrechnungen der Sachmittel** enthalten die genutzten Sachmittel mit ihren Nutzungsstunden pro Arbeitspaket und den verbrauchten Sachmitteln in Mengeneinheiten. Der Sachmittelbericht kann von jedem Teammitglied selbst erstellt werden oder kommt aus einer anderen Quelle. Andere **Quellen von Sachmittelberichten** könnten z.B. die **Werkzeug- oder Materialausgabe** sowie die **Fuhrpark-** bzw. **Maschinenverwaltung** oder das **zentrale betriebliches Abrechnungssystem** sein. Der Bezug der angefallenen Kosten zu dem jeweiligen **Kostenträger** ist dabei unbedingte Voraussetzung. So können die Kosten dem Vorgang oder Arbeitspaket zugeordnet werden, für dessen Ausführung sie benötigt wurden. Erst wenn dieser Bezug hergestellt ist, sind die Informationen über die Ist-Kosten für die Kostenkontrolle im Projektmanagement verwertbar.

- **Arbeitsfortschrittsberichte (Statusberichte)** sollten ebenfalls monatlich durch die Teammitglieder erstellt werden. Wenn mehrere Mitglieder des Projektes an einem Arbeitspaket arbeiten, ist ein Teammitglied **Arbeitspaket-Verantwortlicher**. Der Arbeitsfortschrittsbericht pro Arbeitspaket kann in einer einzigen Aussage bestehen, dem Fertigstellungsgrad des Arbeitspaketes. - Eine andere Form des Arbeitsfortschrittsberichtes sind nicht-periodische Meldungen. Der Arbeitsfortschrittsbericht besteht hier in einer **Beginnmeldung** für ein Arbeitspaket und einer **Fertigmeldung** für ein Arbeitspaket.

- Als weitere Berichte erhält die Projektleitung vom innerbetrieblichen Rechnungswesen monatlich **die tatsächlich gebuchten Kosten zu Personal und Sachmitteln** (Kostenbericht). Ideal wäre dabei die völlige Übereinstimmung der **Berichtsstrukturen**. Für das Projektteam würde dies bedeuten, daß die Tätigkeitsberichte gleichzeitig die Aufteilung auf die Kostenstellen und/oder Kostenträger enthalten. Welche Systematik dafür im konkreten Fall in Frage kommt, hängt von der innerbetrieblichen Kostenrechnung ab. Gleiches gilt für die **Sachmittelberichte**. Hier ist zusätzlich auf die einzelnen Kostenarten zu achten. Wenn die innerbetriebliche Kostenrechnung auf die Projektbelange eingerichtet ist, sieht eine Istkostenerfassung mit integrierter Projektkosten-Trendanalyse prinzipiell wie in Abbildung 3.4-24 und Abbildung 3.4-25 aus. Die Istkosten aus dem innerbetrieblichen Abrechnungssystem werden in die Planungstabelle eingetragen und ersetzen damit für die abgewickelte Projektlaufzeit die Plan-Daten. Für den verbleibenden Zeitraum werden dann die Planwerte durch aktuelle **Cost-to-complete** - Schätzungen überschrieben. Grundlage hierfür sind die noch nicht ausgeführten Arbeitspakete. Die neue Gesamtsumme in der Tabelle/Grafik stellt damit den aktuellen **Projektkostentrend** (auch „Estimate at Completion": EAC = Ist-Kosten + Cost-to-complete) dar (siehe Kapitel 3.7.7.3).

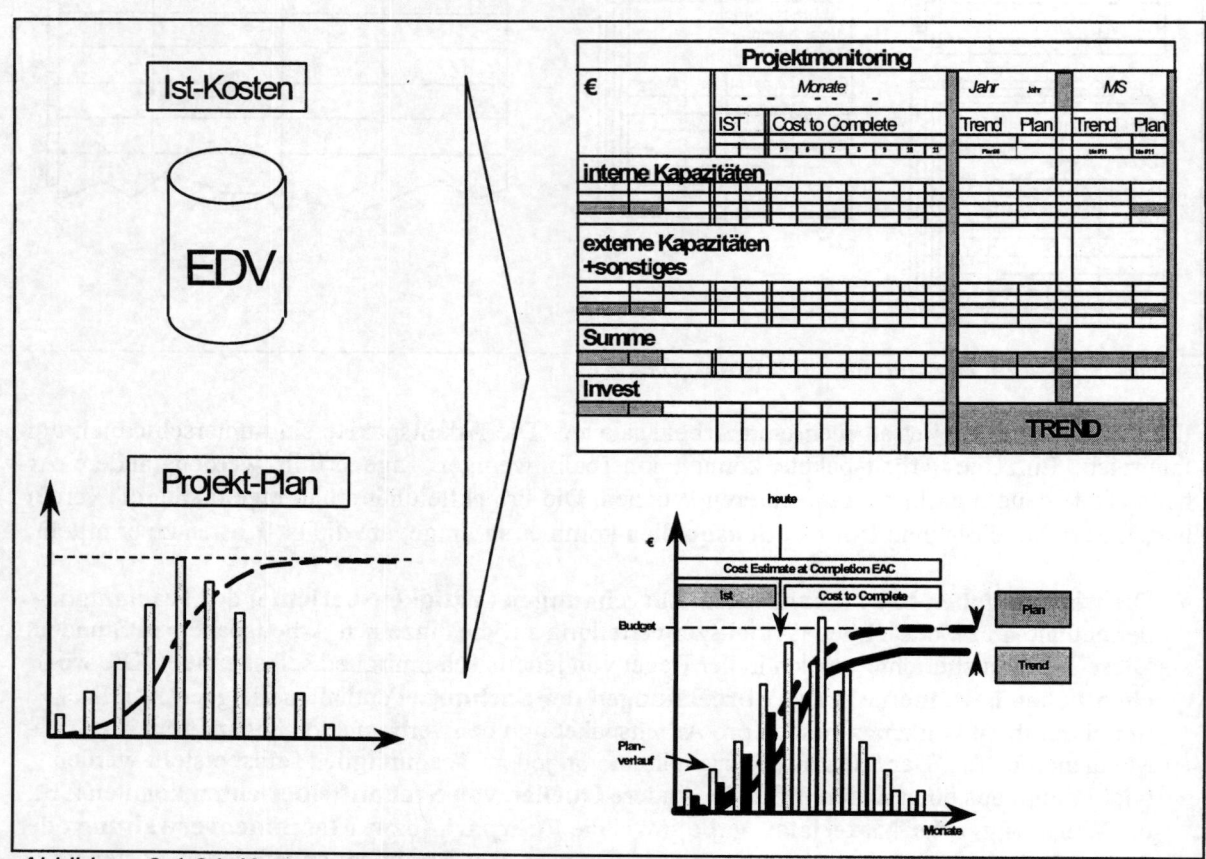

Abbildung 3.4-24: Kostenmonitoring - Plan-Ist-Vergleich mit Kostentrend

Sollten die **Berichte des Rechnungswesens** ablaufbedingt verspätet vorliegen, zu wenig detailliert sein oder entsprechen die Kostenaufteilungen nach dem PSP nicht den Kostenplänen für die Buchung, kann auf die Tätigkeitsberichte der Projektmitarbeiter nicht verzichtet werden. Im projektorientierten Unternehmen liegen die monatlichen Abrechnungen aus der Buchhaltung detailliert und rechtzeitig vor. Die Projektmitarbeiter geben eine Bewertung der Abrechnungen im monatlichen Statusbericht ab.

3.4 Kostenmanagement

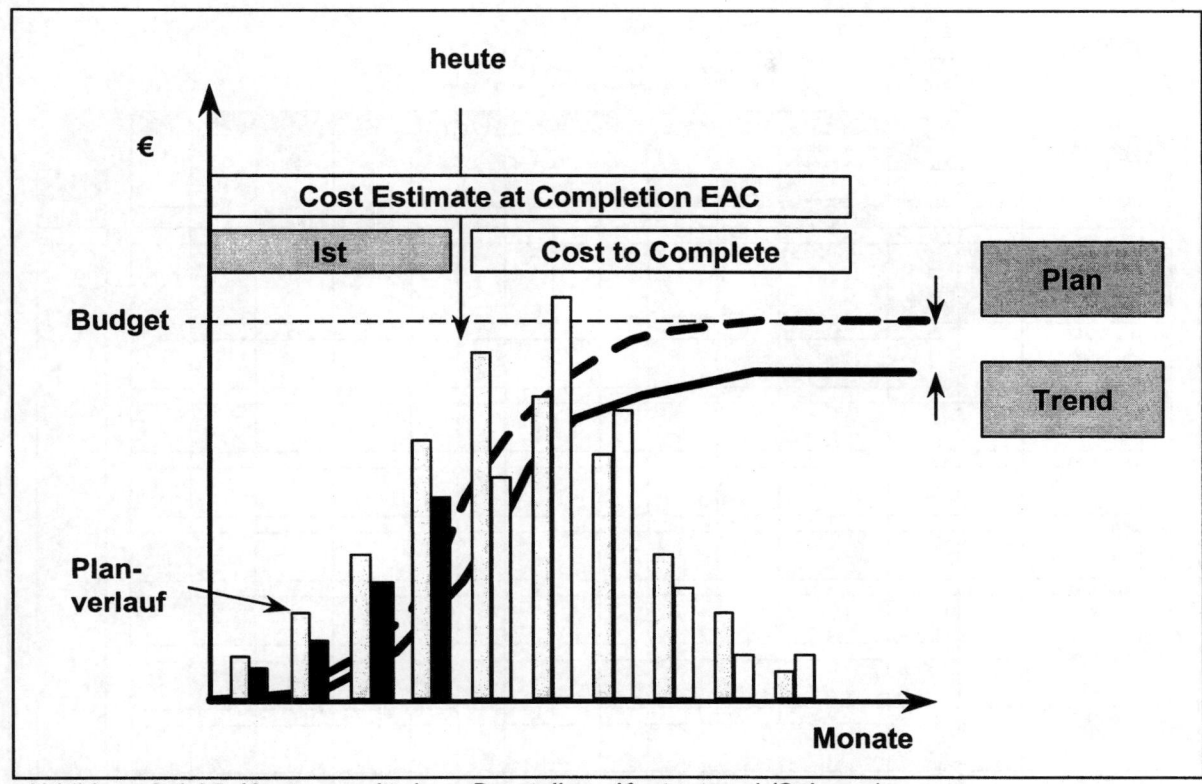

Abbildung 3.4-25: Kostenmonitoring - Darstellung Kostentrend (Schema)

Die Kontrolle der **Kosten pro Kostenart in der Kontrollperiode** verfeinert die Betrachtung weiter. Hierfür werden **pro Einsatzmittel** die geplanten Kosten mit den tatsächlichen Kosten verglichen. Die Abweichungen in den einzelnen Stufen des Kostenvergleichs werden festgestellt.

Vergleich von Ist- und Plan-Kosten

Eine Besonderheit der Kostenplanung und -kontrolle liegt vor, wenn in einem Projekt **Aufträge an Externe** (Kooperationspartner) vergeben werden. Solange ein solcher Auftrag nicht erteilt ist, sind die Kosten zwar in der Planung berücksichtigt, aber es kann noch **durch die Auftragsvergabe beeinflußt** werden, wann diese geplanten Kosten nun tatsächlich wirksam werden. Erst wenn der Auftrag vergeben wird, steht auch der Zeitraum für die Auftragserfüllung fest und damit auch, ab wann frühestens für diesen Auftrag Geld bezahlt werden muß. Zur Kostenkontrolle gehört in diesen Fällen auch die Kontrolle der Auftragsvergabe sowie des Ausführungsbeginns und -endes.

Während der Auftragsabwicklung oder mit Abschluß des Auftrages durch den externen Auftragnehmer werden eine oder mehrere **Rechnungen** für geleistete Arbeiten zu bezahlen sein. Wenn Aufträge vergeben oder z.B. Materialbestellungen durchgeführt werden, entstehen also Verpflichtungen, später Geld zu bezahlen. Diese Verpflichtungen werden **Obligo** genannt. **Der gesamte Verbrauch des Projektes** bis zum Stichtag **ergibt sich aus den Ist-Kosten und dem Obligo. Die Kostenplanung wird ergänzt um eine Planung der Zahlungsverpflichtungen.** Diese Planung ist natürlich besonders wichtig, wenn für ein Projekt viele Aufträge extern vergeben werden.

Obligo

Abbildung 3.4-26: Erfassung der ausgelösten Bestellungen

Die Verfolgung der **Bestellung** geschieht dann über das betriebliche Abrechnungssystem. Um eine Übersicht über alle vom Projekt ausgelösten Bedarfsmeldungen zu haben, ist es sinnvoll, diese Bedarfsmeldungen zusammenzufassen und daraus ein Inhaltsverzeichnis anzulegen, das sinnvollerweise in einem Tabellenkalkulationsprogramm gepflegt wird. So ist jederzeit eine detaillierte Kontrolle mit den zu erwartenden Ist-Werten möglich und man erhält eine Übersicht über die Beträge, über die schon verfügt wurde, das sogenannte **Bestellobligo**.

Dieser Vergleich von Plan- und Ist-Kosten hört sich aufwendig an, wird aber im konkreten Fall schnell durch die Gegenüberstellung der Plan- und Ist-Kostenwerte zu leisten sein - vorausgesetzt, die notwendigen Eingangsdaten werden auch in der gewünschten Form geliefert!

Ist-Kosten und Projektfortschritt

Der Kostenstatus des Projektes kann nicht alleine aus den gegenübergestellten Plan- und Ist-Kostenwerten ermittelt werden. Der „sachliche" **Projektfortschritt** muß ebenfalls betrachtet werden. Dafür ist z.B. der **geplante Fertigstellungsgrad** mit dem **tatsächlich erreichten Fertigstellungsgrad** zu vergleichen. Weiter fortgesetzt wird die Fortschrittskontrolle durch den Vergleich innerhalb der Berichtsperiode und schließlich durch den Vergleich auf Arbeitspaketebene. Die Kosten und der Projektfortschritt werden also gleichwertig bis zu den kleinsten geplanten Einheiten betrachtet. Die Verfahrensweise dazu wird ausführlich in Kapitel 3.7 - Integrierte Projektsteuerung behandelt.

Wenn alle Abweichungen zwischen den ursprünglich geplanten und inzwischen tatsächlich erreichten Zuständen festgestellt sind, ist der Soll-Ist-Vergleich abgeschlossen. Nachdem der aktuelle Stand festgestellt und beschrieben ist, muß nun die Suche nach den Ursachen für nicht akzeptierbare Abweichungen beginnen, um schließlich zu Prognosen über den weiteren Ablauf des Projektes zu gelangen. Danach erst kann eine wirksame Projektsteuerung beginnen.

3.4.4.2 Ursachenermittlung bei Projektkostenabweichungen

Die Ist-Kosten können von den geplanten Projektkosten in den verschiedensten Ausprägungen abweichen. Erste grobe Anhaltspunkte für die **Ursachen einer Kostenabweichung** können die Vergleichsebenen liefern, auf denen die Kostenabweichungen festgestellt werden. Es werden z.B. häufig die Ist-Kosten detaillierter erfaßt als geplanten Kosten vorliegen. Durch die Ist-Kosten-Addition entstehen dann „Pakete", die inhaltlich mit den Plan-Kosten nicht übereinstimmen.

Wenn die Ist-Projektgesamtkosten von den geplanten Projektgesamtkosten zum Berichtszeitpunkt abweichen, liegt ein Hinweis vor, daß die Kostenkontrolle detaillierter fortgesetzt werden muß. Wir vergleichen die gebuchten Ist-Kosten mit den kalkulierten Ist-Kosten (zum Zeitpunkt der Berichterstattung). Der Unterschied zwischen den „tatsächlichen" Ist-Kosten und den „kalkulatorischen" Ist-Kosten kann in einer Preissteigerung (inflationär) oder einem Buchungsnachlauf liegen. *Preisveränderungen*

Wenn die Abweichung nur zwischen den kalkulierten Ist-Kosten und den tatsächlich gebuchten Ist-Kosten besteht, könnten schlicht **Fehlbuchungen** im Rechnungswesen passiert sein. *Fehlbuchungen*

Im nächsten Schritt sollte geprüft werden, ob zwischen dem geplanten Fertigstellungsgrad und dem Ist-Fertigstellungsgrad des Projektes eine Abweichung vorhanden ist, die der Abweichung zwischen Soll- und Ist-Kosten entspricht. In diesem Fall könnten **Beschleunigungen** oder **Verzögerungen** im Projektfortschritt die Ursache für die Kostenabweichungen sein. „Beschleunigungskosten sind eine auf eine Zeiteinheit bezogene Kostenveränderung bei Verkürzung der Dauer eines Vorganges oder eines Projektes" (DIN 69902). Es kann aber auch ein falscher Fertigstellungsgrad geschätzt worden sein (vgl. Kapitel 3.6). *Fertigstellungsgrad*

Wenn nach diesen ersten groben Ursachenprüfungen keine befriedigenden Erklärungen vorliegen, muß die Kostenkontrolle auf jeden Fall genauer fortgesetzt werden. Dafür werden die geplanten **Kosten für die aktuelle Kontrollperiode** mit den angefallenen Kosten in der Periode davor verglichen. Damit wird das Ausmaß der Kostenabweichung deutlicher, als beim Vergleich der kumulierten (angesammelten, angehäuften) Kosten. Dies kann bereits ein Hinweis auf die Kostenart oder das Einsatzmittel sein, wo die Abweichungen zu finden sind.

Die Erkenntnisse zum Projektfortschritt in der Kontrollperiode sind dem Kostenvergleich in der Kontrollperiode gegenüberzustellen. Gerade durch **größere Arbeitspakete** können **Schwankungen** bei den Projektkosten ausgelöst werden. Wenn ein Arbeitspaket neu begonnen wird, kann dessen Einsatzmittel-Kombination zu Kostenausschlägen führen. Eine Ursache wären einmalige Einsatzmittelkosten zu Beginn des Arbeitspaketes. Während eines größeren Arbeitspaketes können auch besonders kostenintensive Teilabschnitte erreicht sein. Solche Kostenschwankungen würden später wieder ausgeglichen werden, ohne daß besondere Maßnahmen erforderlich sind. Abweichungen von Kostenmittelwerten würden dann nur scheinbar vorliegen. Für diese Betrachtung ist entscheidend, wie genau der Projektfortschritt für die Kostenkontrolle mitkontrolliert wird (vgl. Kapitel 3.7 „Integrierte Projektsteuerung"). Außerdem ist die Kontrolle der einzelnen Kostenarten bzw. Einsatzmittel erforderlich.

Mit der **Kontrolle der Kosten pro Kostenart** werden mögliche Ursachen für Kostenabweichungen noch genauer eingegrenzt. Wenn Abweichungen bei mehreren Kostenarten in der gleichen Richtung vorliegen, ist zu vermuten, daß Planabweichungen im Projektfortschritt vorliegen. Diese Vermutung liegt nahe, weil mehrere Kostenarten gleichzeitig auch für unterschiedliche Einsatzmittel stehen. Wenn eine **Einsatzmittel-Kombination höhere Kosten** verursacht als geplant sind, kann das hauptsächlich **zwei Gründe** haben:

- Ein Arbeitspaket dauert länger als geplant bzw. bindet eine höhere Einsatzmittel-Kombination als geplant.
- Innerhalb der Arbeitspakete sind die Einsatzmittel nicht gleich verteilt. Auch in diesem Fall können in der Kostenkontrolle keine Ursachen festgestellt werden, ohne gleichzeitig den Projektfortschritt zu betrachten.

Kosten pro Einsatzmittel

Am genauesten werden die Ursachen für Kostenabweichungen ermittelt, wenn die **geplanten und die Ist-Kosten pro Einsatzmittel** verglichen werden. Als Ursachen für Kostenabweichungen bei einzelnen Einsatzmitteln kommen Abweichungen im Zusammenhang mit dem Projektfortschritt in Frage. Für Kostenabweichungen bei einzelnen Einsatzmitteln ist zusätzlich aber auch die Arbeitspaketebene zu betrachten. Mögliche **Kostenabweichungen** bei einzelnen Einsatzmitteln können in **geänderten Einsatzmittel-Kombinationen** der entsprechenden Arbeitspakete ihre Ursache haben. Eine weitere Möglichkeit ist, daß einzelne Einsatzmittel mehr oder weniger in einem Arbeitspaket benötigt werden, ohne daß die übrigen Einsatzmittel davon betroffen sind. Ebenso können für einzelne Einsatzmittel **Preisveränderungen** wirksam geworden sein (Abbildung 3.4-27).

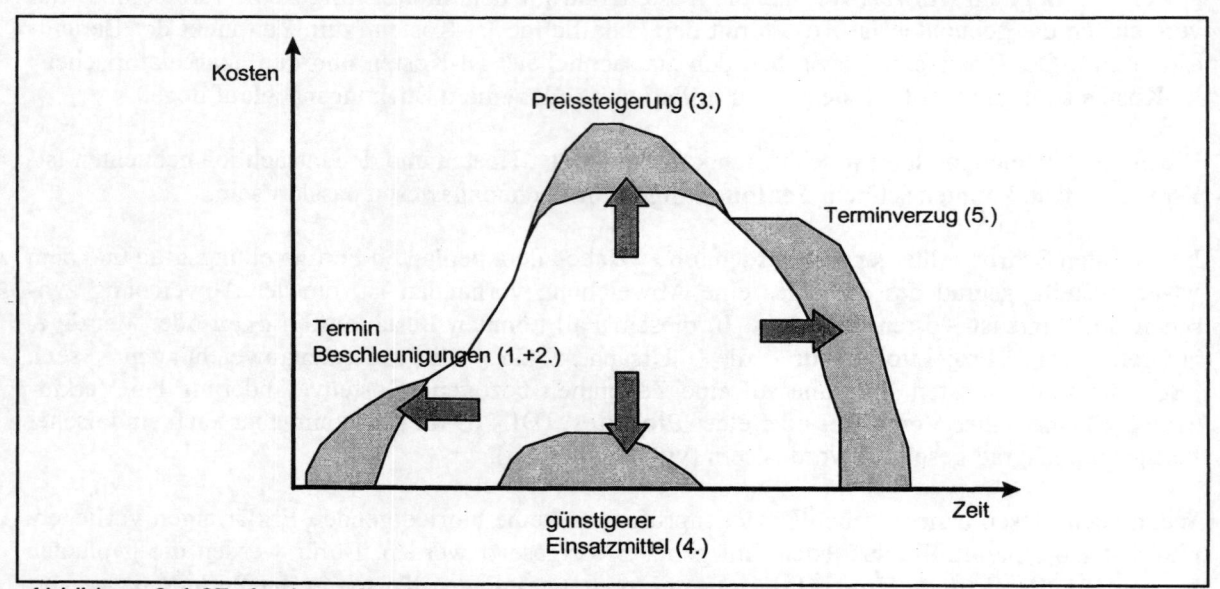

Abbildung 3.4-27: Auslöser für Kostenveränderungen im Projektablauf

Ursachen von Kostenabweichungen

Die Kostenkontrolle ist ein Teil der Projektüberwachung, um rechtzeitig Maßnahmen für die „sachliche" Projektsteuerung ergreifen zu können. Durch die Kostenkontrolle werden Abweichungen vom Projektzeitplan und dem Einsatzmittelplan widergespiegelt. Die möglichen Ursachen für Kostenabweichungen dieser Art sind:

1. Der **Projektablauf** erfolgt **schneller** als ursprünglich geplant, die geplanten Kosten werden schneller wirksam als vorgesehen. Projektablaufplan und Kostenplan stimmen untereinander aber überein, d.h. die **Ist-Kosten entsprechen dem Arbeitsfortschritt.**
   Der Idealfall!

2. Der **Projektablauf** wird in früher Phase bewußt mit Zusatzkosten beschleunigt, da im späteren Ablauf Verzögerungen erwartet werden, die mehr Kosten verursachen als die Beschleunigungsmaßnahmen.

3. Es werden Preissteigerungen in Rechnung gestellt, die nicht geplant waren oder Mehrkosten werden notwendig, um Meilenstein-Termine einzuhalten.

4. Durch geschickte Ablaufplanung kann der Einsatzmittelbedarf reduziert werden. Durch Einkauf preiswerter Leistung von extern können auch Kosten gesenkt werden.

5. Terminverzug schlägt voll auf die Kosten durch, da besonders gegen Ende des Projektes keine Gegensteuerungen mehr möglich sind.

3.4 Kostenmanagement

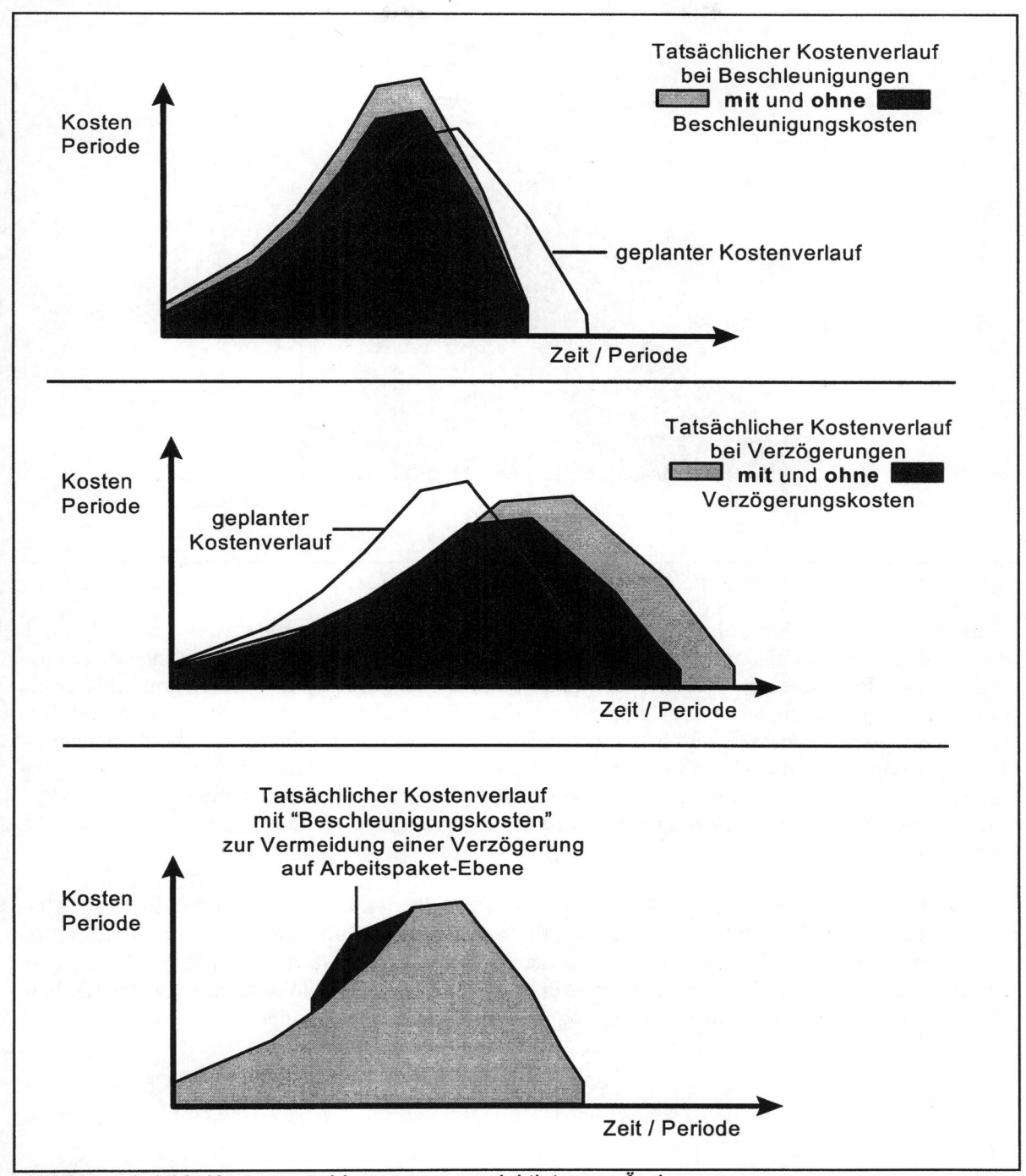

Abbildung 3.4-28: Kostenauswirkungen von projektinternen Änderungen

Wenn der Projektablauf und die Einsatzmittel beeinflußt werden sollen, kann **aus der Kostenkontrolle die Richtung der notwendigen Steuerungsmaßnahmen** vorgegeben werden. Dafür werden die Ursachen für Kostenabweichungen innerhalb des Projektes festgestellt. Diese Kostenabweichungen können in Grenzen durch die Projektleitung beeinflußt werden.

Weitere Ursachen für Kostenveränderungen liegen im **Projektumfeld** und können von der **Projektleitung nicht gesteuert** werden. Sie dürfen trotzdem nicht vernachlässigt werden. Diese Ursachen für Ist-Kostenabweichungen gegenüber den geplanten Kosten lassen sich unter dem Begriff **„Preisänderungen"** zusammenfassen (Abbildung 3.4-29).

Preisschwankungen

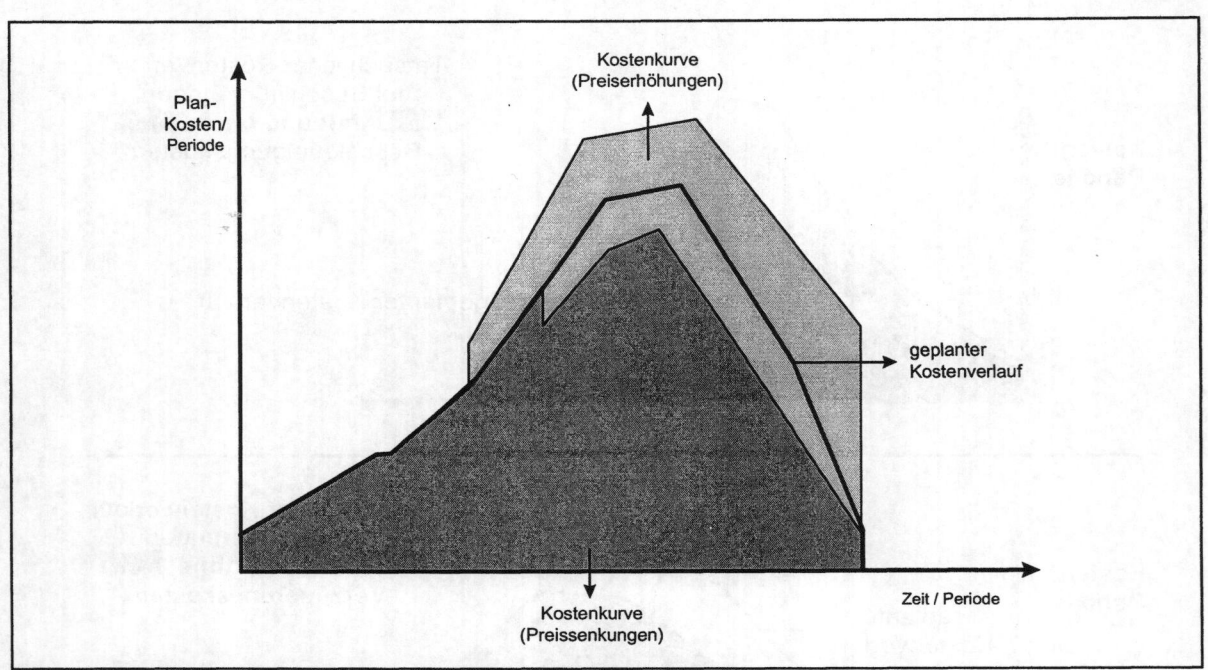

Abbildung 3.4-29: Kostenauswirkungen aus dem Projektumfeld

Während „hausgemachte", also im Projekt begründete Kostenabweichungen vielleicht noch durch die Projektleitung verhindert oder wieder aufgefangen werden können, sind Preisänderungen außerhalb des Projektes ein Faktor, der wahrscheinlich hingenommen werden muß. Für viele Einsatzmittel gibt es einen Beschaffungsmarkt außerhalb des Unternehmens. Bei vielen Rohstoffen und einigen Fertigprodukten sind hier Preisänderungen schwer vorhersehbar. Solche Kostenveränderungen sind damit auch durch die beste und genaueste Kalkulation nicht einzuplanen. Am besten eignen sich hier erfahrungsbezogene Risikozuschläge. Dauerhafte Kostenveränderungen verändern dabei allerdings auch die ursprüngliche Entscheidungsgrundlage für die Projektfreigabe, nämlich den Kosten-Nutzen-Vergleich.

Erhebliche Abweichungen von geplanten Kosten sollten **Projekte insgesamt auch in Frage stellen können.** Ziel muß in solchen Fällen sein, die **Verluste zu minimieren,** wenn kein Nutzen, Ertrag oder Gewinn mehr erreicht werden kann. Nach der Ursachenermittlung für Kostenabweichungen sind damit auch Prognosen über den weiteren Projektkostenverlauf erforderlich. Diese Problematik der Kostentrendermittlung wird im Kapitel 3.7 behandelt.

3.4 Kostenmanagement

Zusammenfassung

Das **Kostenziel** steht gleichberechtigt neben den Ergebnis- und Terminzielen. Die Festlegung des Kostenzieles erfordert deshalb besonderes Augenmerk. In frühen Projektphasen ist die Planungstiefe in der Regel noch nicht ausreichend, um eine präzise Kostenkalkulation durchführen zu können. Die Methoden und Vorgehensweisen zur Ermittlung eines Projekt-Kostenzieles vor der Beauftragung sind im Abschnitt „**Projektvorfeld**" beschrieben. Die Methoden müssen projektspezifisch angewandt werden. Deshalb wird dort auf unterschiedliche Belange verschiedener Projektarten, wie Investitionsprojekte, FuE-Projekte oder auch Organisationsprojekte eingegangen.

Das **Management** der Kosten umfaßt zunächst die **Planung**, deren Planungstechniken im Abschnitt „**Projektplanung**" beschrieben sind. Wie auch in der Phase der Kostenschätzung sind die Methoden projektspezifisch einzusetzen. Das Ergebnis der Kostenplanung ist die Meßlatte für den Projekterfolg, d.h. für das Erreichen des Kostenzieles.

In der Realisierungsphase des Projekts kommt es darauf an, die Ist-Kosten richtig zu erfassen, sie den Plankosten gegenüberzustellen, um sie dann mit dem Arbeitsfortschitt (also dem Projekt-Zwischenergebnis) zu bewerten. Die hierzu erforderlichen Methoden und Hilfsmittel sind dann im Abschnitt „**Projektcontrolling**" projektspezifisch dargestellt. Wichtig in dieser Phase sind die Kommunikationswege in der Projektorganisation und Informationsflüsse. Deshalb werden hier Lösungsansätze gerade für das Kostenmanagement in der konfliktträchtigen Matrixorganisation, die für projektorientierte Unternehmen typisch ist, vorgestellt.

Literaturverzeichnis

AGGTELEKY, B.: Zielformulierung und Projektdefinition, in: Reschke, Schelle, Schnopp [Hrsg.]: Handbuch Projektmanagement, Verlag TÜV Rheinland, Köln 1989

BENTH, J. A.: Applied Cost and Schedule Control, Marcel Dekker, INC, New York 1982

BERGFELD, H.; Leitz, W., Mempel, G.: Multiprojektmanagement im F&E-Bereich, in: Gesellschaft für Projektmanagement Internet Deutschland e.V. [Hrsg]: Beiträge zur Jahrestagung 1990, GPM München

BLAZEK, A.: Projektcontrolling, Hrsg. Controller Akademie, München, 1990

BLUME, J.: Auswahl von Projektmanagement-Software. in: Gesellschaft für Projektmanagement Internet Deutschland e.V. [Hrsg]: Beiträge zur Jahrestagung 1992, GPM München

BLUME, J.: Kapazitätssteuerung- Nutzen in der Praxis, in: Motzel, E. [Hrsg.]: Projektmanagement in der Baupraxis von industriellen und öffentlichen Bauprojekten, Verlag Ernst & Sohn, Berlin 1993

BOEHM, B.W.: Software-Engineering Economics, Englewood Cliffs, 1981

BROCKHOFF, K.: Forschung und Entwicklung. Planung und Kontrolle, Oldenbourg Verlag, München, 4.Aufl. 1997

BURGMEISTER, H.; Knoll, P: Parametrische Kostenschätzverfahren, in: Reschke, Schelle, Schnopp [Hrsg.]: Handbuch Projektmanagement, Verlag TÜV Rheinland, Köln 1989

BURGHARDT, M.: Projektmanagement. Leitfaden für die Planung, Überwachung und Steuerung von Entwicklungsprojekten, Publicis MCD Verlag, Erlangen 1995

DAENZER, W. F.; Huber, F.: Systems Engineering, Verlag Industrielle Organisation, Zürich 1994

DIN Normen 276 / 277: Kostenermittlung im Hochbau

DIN-Normen 69900, 69901, 69902: Begriffe der Projektwirtschaft, DIN-Manuskriptdruck, Verlag Beuth, Berlin 1989

DIN/ISO Norm 10006, Guidelines to Quality in Projectmanagement, Entwurf von Jan/96

FREUND, G.: Sinnvoll investieren, Leitfaden für Produktionsgestalter, RKW-Verlag, Eschborn 1995

HOAI, Honorarordnung für Architekten und Ingenieure

LITKE, H. D.: DV-Projektmanagement. Zeit und Kosten richtig einschätzen, Hansa-Verlag, 1996

MADAUSS, B. J.: Handbuch Projektmanagement, Verlag Pöschel, Stuttgart, 4. Aufl. 1991

MAYER, P.: Kostendatenbanken und Kostenplanung im Bauwesen, in: Schelle, Reschke, Schnopp, Schub [Hrsg.]: Projekte erfolgreich managen; Loseblatt-Sammlung, Verlag TÜV Rheinland, Köln 1994

MAYER, P.; Schub, A.: Kostendatenbanken und Kostenplanung im Bauwesen, in: Reschke, Schelle, Schnopp [Hrsg.]: Handbuch Projektmanagement, Verlag TÜV Rheinland, Köln 1989

MEMPEL, G.: Auswahl von F&E-Projekten, in: Reschke, Schelle, Schnopp [Hrsg.]: Handbuch Projektmanagement, Verlag TÜV Rheinland, Köln 1989

MILLER, P. F.: Project cost data banks, in: Project management Handbook, Verlag Butterworth, Kent 1996

PLATZ, J.; Schmelzer, H.: Projektmanagement in der industriellen Forschung und Entwicklung

RENSING, O.: Zahlungsorientierte Projektzeitplanung, aus: Betriebswirtschaftliche Schriftenreihe, Band 14, Literaturverlag Münster 1984

RICKERT, D.: Multiprojektmanagement in der industriellen Forschung und Entwicklung, Deutscher Universitätsverlag, Wiesbaden 1995

SCHELLE, H.: Kostenplanung und Kontrolle: Ein Überblick, in: Reschke, Schelle, Schnopp [Hrsg.]: Handbuch Projektmanagement, Verlag TÜV Rheinland, Köln 1989

SCHNOPP, R.: Kostenschätzung in der Softwareentwicklung, in: Schelle, Reschke, Schnopp, Schub [Hrsg.]: Projekte erfolgreich managen; Loseblatt-Sammlung, Verlag TÜV Rheinland, Köln 1994

SCHRÖDER, R.: Projektfinanzierung, in: Reschke, Schelle, Schnopp [Hrsg.]: Handbuch Projektmanagement, Verlag TÜV Rheinland, Köln 1989

SCHUB, A.; Stark, K.: Life Cycle Cost von Bauobjekten, Verlag TÜV Rheinland, Köln 1985

SCHULTZ, V.: Projektkostenschätzung, in: neue Betriebswirtschaftliche Forschung (Bd. 18, S. 170) 1995

STEIGER, W.: Wahrscheinlichkeit von Planungen und Prognosen, Verlag Industrielle Organisation, Zürich 1987

WEHLER, T.: Angebotskalkulation, in: Reschke, Schelle, Schnopp [Hrsg.]: Handbuch Projektmanagement, Verlag TÜV Rheinland, Köln 1989

WÖHE, G.; Döring, U.: Einführung in die Allgemeine Betriebswirtschaftslehre, Verlag Franz Vahlen, München 17. Aufl. 1990

WOLFF, U.: Kostenkontrolle, *unveröffentlichtes Manuskript*, Bauhaus Universität Weimar, Fakultät Bauingenieurwesen 1996

Weiterführende Literatur

BÜRGEL, H. D.: Controlling von Forschung und Entwicklung, Erkenntnisse und Erfahrungen aus der Praxis, Verlag Franz Vahlen, München 1989

PATZAK, G., Rattay, G.: Projektmanagement: Leitfaden zum Management von Projekten, 2. überarbeitete Auflage, Linde Verlag, Wien 1997

RIEDL, J. E.: Projekt-Controlling in Forschung und Entwicklung. Grundsätze, Methoden, Verfahren und Anwendungsbeispiele aus der Nachrichtentechnik, Springer-Verlag, Berlin 1990

RINZA, P.: Nutzwert-Kosten-Analyse, VDI-Verlag, 1992

WALTER, M.: Strategische Kontrolle von Forschungs- und Entwicklungsprojekten, Konzeption und Implementierung eines Projektcontrollings für Neuentwicklungen und angewandte Forschung, Erich-Schmidt-Verlag, 1989

ZOGG, A.: Projektmanagement; eine systemorientierte Darstellung und Interpretation, Dissertation an der Eidgenössischen Technischen Hochschule Zürich 1973

Autorenportrait

Dipl.-Ing. Jürgen Blume

Dipl.-Ing.Maschinenbau (Jahrgang 1955),

4 Jahre Projektleiter Produkt- und Verfahrenstechnik in einem Unternehmen der Automobilzulieferindustrie,

4 Jahre Leiter Multi-Projektmanagement in der Technik, dann 4 Jahre Leiter Prozeß- und Projektmanagement in der Entwicklung eines Unternehmens der Pharmaindustrie,

heute als Leiter Projektmanagement in einem regionalen Versorgungs- und Verkehrsunternehmen.

Für die GPM: Projektleiter „Auswahl von Projektmanagement-Software", Projektleiter „GPM - Projektmanagement-Reviews", Vorträge auf Kongressen und Veröffentlichungen.

Abbildungsverzeichnis

Abbildung 3.4-1: Prozesse des Kostenmanagements – Gesamtüberblick 610

Abbildung 3.4-2: Projekt-Lebenszyklus 613

Abbildung 3.4-3: Wirtschaftlichkeitsrechnung in Organisationsprojekten (Beispiel) 614

Abbildung 3.4-4: Beeinflußbare Erwartungen im Kosten-Nutzen-Vergleich durch Verlängerung des Betrachtungszeitraums 616

Abbildung 3.4-5: Prinzip der Teilkostenrechnung (Gewinnpunktrechnung) 618

Abbildung 3.4-6: Prinzip der Deckungsbeitragsrechnung 618

Abbildung 3.4-7: Kostenermittlungsschritte aus den HOAI-Phasen 620

Abbildung 3.4-8: Kosten-Standardstrukturplan am Beispiel Pharma-Entwicklung 621

Abbildung 3.4-9: Ausschnitt aus einem F&E-Portfolio (Beispiel) 622

Abbildung 3.4-10: Kosten- und Kostenbeeinflußbarkeit in einzelnen Projektphasen 623

Abbildung 3.4-11: Kostengrobplanung - prinzipieller Aufbau eines Arbeitsblattes 625

Abbildung 3.4-12: Kostenverdichtung „Bottom-up" 626

Abbildung 3.4-13: Prinzipielle Vorgehensweise für das Kostenmanagement 627

Abbildung 3.4-14: Verbindung von Kosten der Leistungspositionen und Vorgängen 628

Abbildung 3.4-15: Projektkostenverteilung 628

Abbildung 3.4-16: Kostenganglinie (Kostenhistogramm) 629

Abbildung 3.4-17: Typische Kostenverteilungen im Projektablauf 629

Abbildung 3.4-18: Kostensummenlinie 630

Abbildung 3.4-19: Gesamtgerüst der Baukosten 631

Abbildung 3.4-20: Beispiel eines Standardstrukturplans für Investitionsprojekte 631

Abbildung 3.4-21: Konsolidierte FuE-Planung im projektorientierten Unternehmen 633

Abbildung 3.4-22: Problem der Kostenkontrolle in nicht projektorientierten Unternehmen (WOLFF 1996) 634

Abbildung 3.4-23: Berichte für die Kostenkontrolle 635

Abbildung 3.4-24: Kostenmonitoring - Plan-Ist-Vergleich mit Kostentrend 636

Abbildung 3.4-25: Kostenmonitoring - Darstellung Kostentrend (Schema) 637

Abbildung 3.4-26: Erfassung der ausgelösten Bestellungen 638

Abbildung 3.4-27: Auslöser für Kostenveränderungen im Projektablauf 640

Abbildung 3.4-28: Kostenauswirkungen von projektinternen Änderungen 641

Abbildung 3.4-29: Kostenauswirkungen aus dem Projektumfeld 642

Lernzielbeschreibung

Der Leser soll einen Überblick erhalten über:

- die Prinzipien der Bewertung und Auswahl von Projekten
- Kostenschätzmethoden
- Voraussetzung und Einflußfaktoren auf die Kostenplanung
- Kostenplanungsmethoden
- den Budgetprozeß in der Multiprojektumgebung
- Projektkostencontrolling
- Trendanalysen

Der Leser soll Kenntnisse erhalten über:

- unterschiedliche Kostenarten im Projekt
- die Tatsache, daß unterschiedliche Arten von Projekten differenzierte Kosten-Management-Methoden erfordern
- Methoden der Istkostenerfassung
- ganzheitliche Betrachtung von Terminen, Kosten und Funktionalität/Qualität
- den Budgetprozeß in der Multiprojektumgebung
- Methoden der Kostenplanung

Der Leser soll die Fähigkeit erwerben:

- eine Kostenschätzung durchzuführen
- eine Wirtschaftlichkeitsrechnung zu erstellen
- einen Kostenplan zu erstellen
- einen Plan-Ist-Vergleich durchzuführen und zu bewerten
- eine Trendanalyse aufzustellen und zu bewerten

3.5 Finanzmittelmanagement

von

Karin Rabe

Relevanznachweis

Die Projektteams stehen zunehmend vor der Anforderung, dem Auftraggeber die Wirtschaftlichkeit der einzelnen Projektalternativen zu belegen und die Entscheidungsvorschläge durch fundierte betriebswirtschaftliche Betrachtungen zu untermauern. Jeder Projektmanager ist damit gefordert, nicht nur in Projektkategorien zu denken, sondern auch das betriebswirtschaftliche Instrumentarium zu beherrschen.

Im nachfolgenden Kapitel sollen daher mit den Methoden zur Bewertung von Projekten die Grundlagen für die Wirtschaftlichkeitsbetrachtung von Projektalternativen gelegt werden. Daneben werden die wichtigsten finanzwirtschaftlichen Vorgänge und Zusammenhänge erläutert, die zum Projekterfolg beitragen.

Nicht zuletzt wird an das Projektteam auch die Anforderung gestellt, die Finanzierung für das anstehende Projekt vorzubereiten und die günstigste Finanzierungsvariante auszuwählen. Aus diesem Grund wird ein Überblick über wichtige Finanzierungsarten gegeben und erläutert, welche Wege für eine erfolgreiche Projektfinanzierung beschritten werden müssen.

Inhaltsverzeichnis

3.5.1. Einleitung — 653

3.5.2. Kapitalbedarf in Projekten — 654
    3.5.2.1 Entstehung des Kapitalbedarfs — 654
    3.5.2.2 Bestimmung des Kapitalbegriffs — 654
    3.5.2.3 Lebenszyklus von Projekten — 656
    3.5.2.4 Projektlebenszyklus und der Bedarf an Kapital — 656

3.5.3. Bewertung von Projekten — 657
    3.5.3.1 Einführung — 657
    3.5.3.2 Ablauf der Bewertung und Datenbereitstellung — 658
    3.5.3.3 Bewertungsverfahren — 660
        3.5.3.3.1. Statische Methoden — 660
        3.5.3.3.2. Dynamische Methoden — 663
    3.5.3.4 Besonderheiten der Bewertung von Innovationsprojekten — 664

3.5.4. Finanzwirtschaftliche Ziele im Projekt — 664
    3.5.4.1 Rentabilität des Projektes — 664
    3.5.4.2 Liquidität im Projekt — 666
        3.5.4.2.1. Liquidität — 666
        3.5.4.2.2. Liquiditätsplan — 668
    3.5.4.3 Cash-flow — 670
    3.5.4.4 Qualitative Finanzziele — 670

3.5.5. Finanzierung von Projekten — 671
    3.5.5.1 Anforderungen an das Projektteam — 671
    3.5.5.2 Systematisierung der Finanzierungsalternativen — 671
    3.5.5.3 Finanzierungsarten — 672
        3.5.5.3.1. Überblick — 672
        3.5.5.3.2. Kreditfinanzierung — 672
        3.5.5.3.3. Subvention — 676
        3.5.5.3.4. Beteiligungsfinanzierung — 676
        3.5.5.3.5. Innenfinanzierung — 677
    3.5.5.4 Finanzierungsbeispiel Investitionsprojekt — 678
    3.5.5.5 Finanzierungsbeispiel Innovationsprojekt — 679
    3.5.5.6 Ablauf der Finanzierung — 680
    3.5.5.7 Exkurs: Kreditsicherheiten — 681
    3.5.5.8 Finanzierungsaspekte nach Projektgröße — 682

3.5.6. Projektrechnungswesen und –controlling — 683

3.5 Finanzmittelmanagement

3.5.1. Einleitung

Die Internationalisierung des Geschäftes und der zunehmende Konkurrenzdruck bei teilweise gesättigten Märkten zwingen die Unternehmen, flexibel und immer schneller auf die veränderten Marktbedingungen zu reagieren. Die Unternehmen rufen Investitions-, Forschungs- und Entwicklungs- oder Organisationsprojekte ins Leben, mit deren Hilfe die neuen Anforderungen gemeistert werden sollen. Die Projektteams arbeiten aus, wie das Projektziel am besten erreicht werden kann. Im Ergebnis dessen gibt es häufig verschiedene Vorschläge zur Projektrealisierung.

Für welchen der Vorschläge sich die Unternehmensleitung entscheidet, hängt u.a. von folgenden Fragen ab, die zur Bewertung genutzt werden: *Bewertung von Projekten*

- Welche Kriterien müssen herangezogen werden, um die Eignung der einzelnen Alternativen abwägen zu können?
- An Hand welcher Daten können Investitionen miteinander verglichen werden?
- Welche Alternative ist unter den gegebenen Prämissen wirtschaftlich sinnvoller?

Mit Hilfe der im Kapitel 3.4. aufgezeigten Methoden kann die Kostenstruktur im Projekt nachhaltig und so exakt wie nötig ermittelt werden. Aufbauend auf diesen Daten wird im Folgenden aufgezeigt, wie eine sinnvolle und aussagefähige Bewertung von Projekten erfolgen kann. Die Kostenplanung wird dabei ergänzt um die Überlegung zu den möglichen Rückflüssen aus einem Projekt: *Wirtschaftlichkeit*

- In welcher Größenordnung (in €) werden Rückflüsse aus dem Projekt erwartet?
- Zu welchem frühesten oder spätesten Zeitpunkt setzen die Rückflüsse ein?
- Decken die Rückflüsse die getätigten Projektaufwendungen (z.B. für Investitionen)?

Mit Hilfe verschiedener Kennzahlen ist es möglich, eine erste Einschätzung über die Rentabilität des Projektes zu liefern. Dennoch kann ein Projekt trotz hervorragender Aussichten zur Erreichung der wirtschaftlichen Projektziele entgegen der Auffassung des Projektteams zurückgestellt oder gar abgebrochen werden. Ein Grund dafür kann die fehlende oder nicht ausreichende Finanzierung des Projektes sein:

- Wieviel finanzielle Mittel werden für das Projekt benötigt? *Finanzierung von Projekten*
- Aus welchen Quellen werden diese Mittel bereitgestellt?
- Zu welchem Zeitpunkt müssen diese Mittel zur Verfügung stehen?
- Welche Auswirkungen haben fehlende oder nicht ausreichende Finanzierungsmittel?

Daher wird vom Projektteam in zunehmendem Maße gefordert, neben den genannten vorhergehenden Fragestellungen, auch die Grundzüge der Finanzierung zu beherrschen und den Ablauf der Finanzierung bewußt steuern zu können.

3.5.2. Kapitalbedarf in Projekten

3.5.2.1 Entstehung des Kapitalbedarfs

Projektanstoß

In jedem Projekt tritt das Problem auf, daß zu verschiedenen Zeiten Ausgaben entstehen, denen keine oder noch nicht ausreichende Einnahmen gegenüberstehen.

Ein Unternehmen fertigt beispielsweise ein eigenentwickeltes Produkt und beliefert damit erfolgreich den mitteleuropäischen Raum. Auf Grund erster vielversprechender Kontakte wird die Chance gesehen, nunmehr auch den nordeuropäischen Markt zu beliefern. Das Projekt „Markterweiterung" ist geboren. Voraussetzung sind der Ausbau der Fertigungskapazitäten und die Marktbearbeitung. Bis zur Aufnahme der Serienfertigung vergehen 3 Monate, in denen den Projektausgaben noch keine Einnahmen gegenüberstehen. Es schließt sich eine Phase an, in der die Produkte am Markt verkauft werden müssen. Der Verkauf der Produkte beginnt mit einer Verzögerung von 2 Monaten. Bis zu diesem Zeitpunkt hat das Projekt „Markterweiterung" erhebliche Ausgaben verursacht, ohne das Einnahmen erzielt wurden. Es entstand Kapitalbedarf.

Sind in der Folgezeit die Einnahmen weiterhin geringer als die Ausgaben, wird weiteres Kapital benötigt.

Der Kapitalbedarf eines Projektes ergibt sich bereits in der Phase der Entstehung einer Projektidee. Der zeitliche Aufwand, den Mitarbeiter leisten, um die Projektidee und die Zielstellung zu erarbeiten, kostet bereits Arbeitszeit. Es entstehen Projektkosten.

3.5.2.2 Bestimmung des Kapitalbegriffs

Definition

Es gibt 2 Sichtweisen zur Definition des Kapitals, die bilanzielle und die finanzielle:

a) Bilanzielle Betrachtung

Danach ist Kapital die **Wertsumme oder die Quelle des Vermögens.** Auskunft über das Kapital gibt die Bilanz eines Unternehmens:

AKTIVA Verwendung der Mittel	PASSIVA Herkunft der Mittel
Anlagevermögen • Sachanlagen • Finanzanlagen • Immaterielle Wirtschaftsgüter	*Eigenkapital* • Gezeichnetes Kapital • Kapitalrücklage • Gewinnrücklagen • Bilanzgewinn
Umlaufvermögen • Flüssige Mittel • Forderungen • Vorräte	*Fremdkapital* • Verbindlichkeiten gegenüber Banken • Sonstige Verbindlichkeiten • Rückstellungen
Bilanzsumme	Bilanzsumme

Abbildung 3.5-1: Bilanz

Bilanz

Auf der Aktivseite (AKTIVA) wird ersichtlich, welches Anlage- und Umlaufvermögen im Unternehmen vorhanden ist. Das Vermögen setzt sich aus Sachanlagen (Grundstücke, Gebäude), Finanzanlagen (Wertpapiere, Beteiligungen) und immateriellen Werten (Patente, Lizenzen) zusammen.

3.5 Finanzmittelmanagement

Das Umlaufvermögen gliedert sich in flüssige Mittel des Unternehmens (Konto- und Kassenbestand), Forderungen (aus Lieferungen und Leistungen, gegenüber dem Finanzamt usw.) und Vorräte (Material, Fertige Erzeugnisse).

Auf der Passivseite wird dagegen deutlich, welches Eigen- und Fremdkapital dem Unternehmen zugeflossen ist. Das Eigenkapital eines Unternehmens ergibt sich aus dem gezeichneten Kapital (bei Kapitalgesellschaften), den Kapital- und Gewinnrücklagen sowie dem Gewinn des Unternehmens.

Das Fremdkapital setzt sich aus den Rückstellungen sowie den Verbindlichkeiten aus Krediten, aus Lieferungen und Leistungen und sonstigen Verbindlichkeiten (z.B. gegenüber dem Finanzamt, Arbeitnehmern usw.) zusammen.

Das Eigen- und Fremdkapital kann an Hand folgender Merkmale eindeutig typisiert werden:

Eigen- und Fremdkapital

Eigenkapital	Fremdkapital
• haftendes Kapital • variabler Anteil am Erfolg (Verzinsung) • Teilnahme am Verlust des Unternehmens • Unbefristete Überlassung • Mitsprache- und Mitwirkungsrechte	• nichthaftendes Kapital • feste, laufende Verzinsung • dient nicht der Übernahme von Verlusten • zeitlich befristet zur Verfügung gestellt • im Normalfall keine Mitsprache- und Entscheidungsrechte

Abbildung 3.5-2: Kapital

Die Bilanzsumme gibt Auskunft über die Summe der AKTIVA bzw. PASSIVA. Die Bilanzsummen müssen gleich groß sein.

b) Finanzwirtschaftliche Betrachtung

Unter finanzwirtschaftlichen Aspekten muß der Kapitalbegriff erweitert werden. Demnach wird das Kapital nicht nur für investive Zwecke, sondern auch zur Sicherstellung der Liquidität und der Finanzierung der Forderungen bereitgestellt.

Das **Kapital** ist die Summe der geldwertmäßigen Mittel (Sach- und Finanzmittel), die einem Unternehmen von Eigentümern und Gläubigern zur Erfüllung aller betrieblichen Ziele zur Verfügung gestellt wird. *Definition*

Zum besseren Verständnis der Finanzierungsvorgänge im Unternehmen muß der finanzwirtschaftliche Kreislauf näher betrachtet werden.

Ausgangs (End-)punkt bildet die Absatzwirtschaft. Der Verkauf der hergestellten Produkte/ Dienstleistungen führt zu Umsatzerlösen, die als Einnahmen dem Unternehmen zur Verfügung stehen. Ein Teil der Umsatzerlöse wird benötigt, um Löhne und Gehälter, sonstige Aufwendungen, Zinsen usw. zu bezahlen. Die übrigen Einnahmen dienen der Schließung des Kreislaufes, indem Materialien, Rohstoffe, Maschinen usw. gekauft werden, um den Produktionsprozeß aufrecht zu erhalten. Damit können neue Produkte und Projekte initiiert werden, die den weiteren Umsatz sicherstellen.

3.5.2.3 Lebenszyklus von Projekten

Lebenszyklus-konzept

Mit der Entstehung der Projektidee wird der Projektlebenszyklus (vgl 1.8) in Gang gesetzt. An die Formulierung der Projektidee schließt sich die Phase der Entwicklung/ der Ausarbeitung des Projektes an. Nach positiver Projektentscheidung erfolgt die Umsetzung oder Realisierung des Projektes. Die erfolgreiche Betriebsphase findet ihren Abschluß mit der Einstellung des Projektes, der Aussonderung, der Desinvestition.

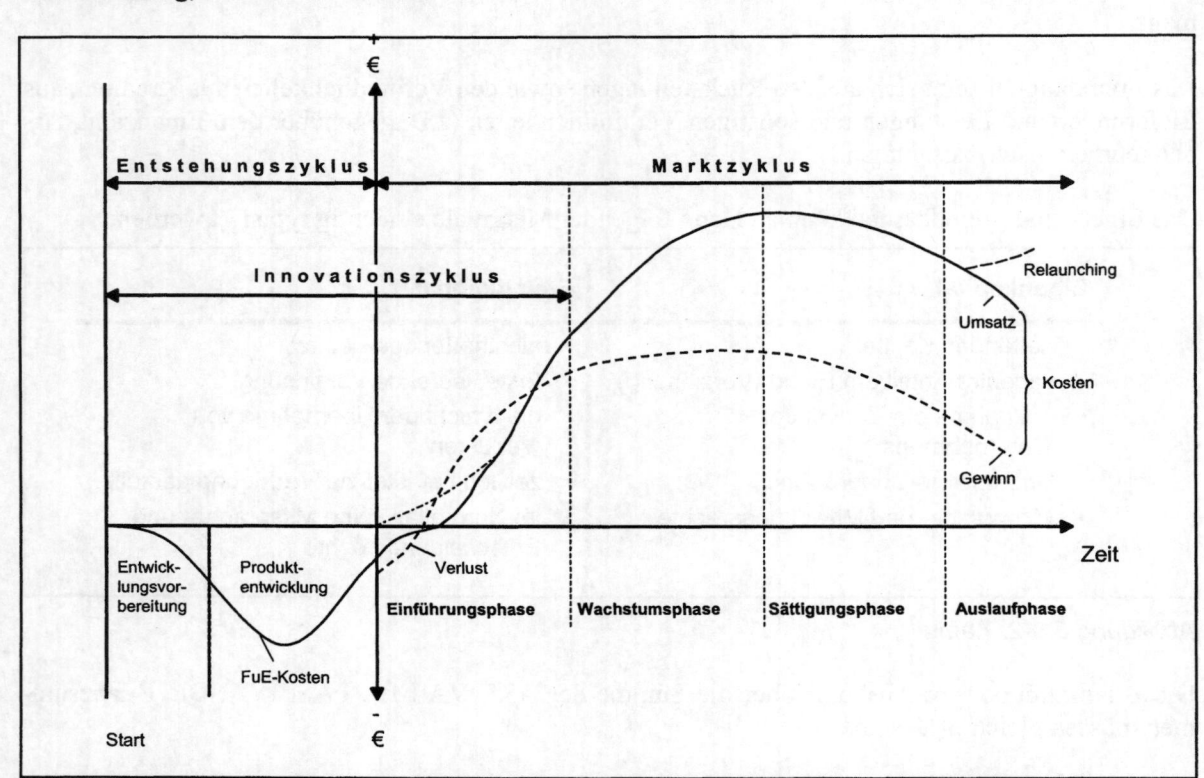

Abbildung 3.5-3: Lebenszyklus von Projekten am Beispiel der Entwicklung eines Produktes

3.5.2.4 Projektlebenszyklus und der Bedarf an Kapital

Projektleitersicht

Aus der Sicht des Projektleiters ist entscheidend, daß das eigene Projekt rechnerisch die Möglichkeit bietet, einen Überschuß zu erreichen.

Unternehmenssicht

Das Gesamtunternehmen betrachtet jedoch das Zusammenspiel vieler Projektlebenszyklen. Befinden sich mehrere Projekte gleichzeitig in der Phase der Entwicklung/ Umsetzung ist zu erkennen, daß ein starkes Gegengewicht an bereits erfolgreichen bzw. gewinnbringenden Projekten benötigt wird. Aus den Projektphasen können Schlußfolgerungen über den Kapitalbedarf getroffen werden:

Kapitalbedarf in den einzelnen Phasen

- Befinden sich mehrere Projekte in der Phase der Entwicklung bzw. Einführung, weisen sie einen hohen Verbrauch an Kapital auf. Erträge aus den Projekten sind selten zu erwarten. Gegebenenfalls muß bei einer zeitlichen Verzögerung über die Beendigung des Projektes entschieden werden.

- Befinden sich die Projekte in der Einführung, werden oft erste Erträge realisiert. Diese decken nicht den laufenden Aufwand. Aber diese Projekte sollen künftig zur Erwirtschaftung von Gewinnen beitragen.

- In der Wachstums- und Sättigungsphase müssen aus dem Projekt Gewinne erzielt werden. Diese tragen zur Stärkung der Finanzierungskraft des Unternehmens bei. Daher sollten mehrere Projekte in diesem Bereich angesiedelt sein.

3.5.3. Bewertung von Projekten

3.5.3.1 Einführung

Die Bewertung beginnt in einer sehr frühen Projektphase. Aus der Zusammensetzung der Projektbeteiligten – z.B. Investoren, Auftraggeber, Spezialisten, Nutzer und deren Umfeld - ergibt sich, daß verschiedene Interessen aufeinandertreffen. Während für den Investor die Wirtschaftlichkeit seines eingesetzten Kapitals eine Rolle spielt, kann der Nutzer z.B. ausschließlich qualitative Faktoren, wie die ökologische Wirkung des Projektes in den Mittelpunkt seiner Betrachtungen stellen.

Interessen der Projektbeteiligten

Aus diesem Grund ist es erforderlich, relevante Faktoren für die Projektbewertung zu bestimmen und eine Entscheidung über die Projektrealisierung zu treffen.

Es gibt verschiedene Entscheidungstypen:

Entscheidungstypen

- Ja/ Nein –Entscheidungen

  Hier wird anhand der Kriterien, die vorher festgelegt wurden, überprüft, ob sie erfüllt werden. Fällt die Mehrzahl der Antworten negativ aus, wird das Projekt nicht gestartet.

- Auswahlentscheidungen

  Es werden verschiedene Alternativen betrachtet. Die Kriterien werden gewichtet und führen zu einer Rang- und Reihenfolge der jeweiligen Alternativen.

Die unterschiedlichen technischen, organisatorischen, sozialen, ökologischen, zeitlichen und ökonomischen Merkmale kennzeichnen jedes Projekt.

Aus ökonomischer Sicht unterscheiden sich Projektvarianten vor allem im Kapitaleinsatz, den Kosten, dem Gewinn und dem Kapitalrückfluß. Das wirtschaftliche Ziel besteht entweder darin:

Ökonomische Merkmale

- mit einem definierten Input einen maximalen Output (Maximalprinzip),
- einen definierten Output mit einem minimalen Input (Minimalprinzip) oder
- ein optimales Verhältnis von In- und Output zu erzielen.

Der Vorteil einer Projektvariante wird deutlich, wenn sie im Vergleich zu anderen bei geringerem Kapitaleinsatz höheren Gewinn oder schnelleren Rückfluß des eingesetzten Kapitals ermöglicht.

Die Bewertungsvorgänge durchdringen den gesamten Projektablauf. In der Phase der Zielbestimmung wird ermittelt, ob die Projektziele den inneren und äußeren Zielstellungen des Unternehmens entsprechen. In der Projektdurchführung wird prozeßbegleitend eine Bewertung über den Grad der Zielerreichung realisiert. Damit kann gewährleistet werden, daß im Interesse des Projekterfolgs Einfluß genommen werden kann. Nach Abschluß des Projektes wird anhand der Nachkalkulation ersichtlich, ob die quantitativen Projektziele erreicht wurden.

Die Projektbewertung ist somit nicht nur ein Instrument zur Vorbereitung der Projektentscheidung, sondern auch zur Beeinflussung des Projektes und zur Kontrolle des Projektfortschrittes und des Grades der Zielerreichung. Es ist zu beachten, daß die Projektbewertung trotz aller Relevanz für den Projektentscheidungsprozeß so rationell wie möglich und in einem vertretbaren Rahmen zu realisieren ist. Um dies zu gewährleisten, werden hohe Anforderungen an die Datenbereitstellung im Projekt bzw. Gesamtunternehmen gestellt. Die Aussagefähigkeit der Projektbewertung hängt sehr stark von den qualifizierten und erfahrenen Projektmitarbeitern ab. Nur bei guten Kenntnissen über das Unternehmen, relativ genauen Aussagen über die Erträge und den Aufwand im Projekt sowie Verständnis für wirtschaftliche und technische Zusammenhänge, kann die Projektbewertung auf hohem Niveau und mit gesicherten Erkenntnissen erfolgen.

Einsatz der Projektbewertung

3.5.3.2 Ablauf der Bewertung und Datenbereitstellung

Bewertungsablauf

Die Projektbewertung beginnt mit der Analyse der Ausgangssituation (vgl. Abb. 3.5.-4). Bereits jetzt ist es erforderlich, die unterschiedlichen Interessen der Projektbeteiligten zu wahren. Neben der Auswahl qualifizierter Mitarbeiter ist auf die Zusammensetzung des Bewertungsteams zu achten. In diesem Team sollte neben der wirtschaftlichen auch die technische oder organisatorische Kompetenz vertreten sein, damit das für das Unternehmen sinnvollste Projekt ausgewählt wird.

Aus der Praxis sind immer wieder folgende Extrembeispiele bekannt:

Beispiele

a) Die Kaufentscheidung einer bestimmten Anlage wurde auf Basis des günstigsten Kaufpreisangebotes getroffen. Nach der Einordnung der Maschine in den Produktionsprozeß stellt sich heraus, das die Maschine den Kapazitätsanforderungen nicht gewachsen ist. Bei den vor- und nachgelagerten Produktionsvorgängen entstehen auf Grund der dort höheren Kapazitäten Materialstaus bzw. Engpässe.

b) Auf Basis eines anderen Vorschlages wurde eine Maschine mit höchsten technisch-technologischen Ansprüchen erworben. Mit dem Einsatz der Maschine muß überraschend das Bedienpersonal stärker als erwartet qualifiziert werden. Außerdem „kann" die Maschine deutlich mehr, als in diesem Produktionsabschnitt erwartet wird. Wirtschaftlich tragfähig wird die Maschine nur, wenn hochwertige Bearbeitungen auf ihr vorgenommen werden und die Maschine möglichst 3schichtig ausgelastet wird.

Ablaufschema

Diese Beispiele sollen verdeutlichen, daß das erfolgreiche Zusammenspiel der verschiedenen Unternehmensbereiche im Zusammenhang mit der Projektbewertung von großer Bedeutung ist.

```
┌─────────────────────────────────────────────────────────┐
│  1 Vorbereitung der Bewertung und Analyse der Ausgangssituation │
└─────────────────────────────────────────────────────────┘
                            ↓
┌─────────────────────────────────────────────────────────┐
│  2 Festlegung der Bewertungskriterien                   │
└─────────────────────────────────────────────────────────┘
              ↓                              ↓
┌──────────────────────────┐    ┌──────────────────────────┐
│ 3 Ermittlung der Daten des│   │ 4 Ermittlung der Zielgrößen│
│   Bewertungsobjektes     │    │                          │
└──────────────────────────┘    └──────────────────────────┘
              ↓                              ↓
┌─────────────────────────────────────────────────────────┐
│  5 Ermittlung des Grades der Zielerfüllung              │
│  Qualitative Bewertung        Quantitative Bewertung    │
└─────────────────────────────────────────────────────────┘
                            ↓
┌─────────────────────────────────────────────────────────┐
│  6 Auswertung der Bewertungsergebnisse                  │
└─────────────────────────────────────────────────────────┘
```

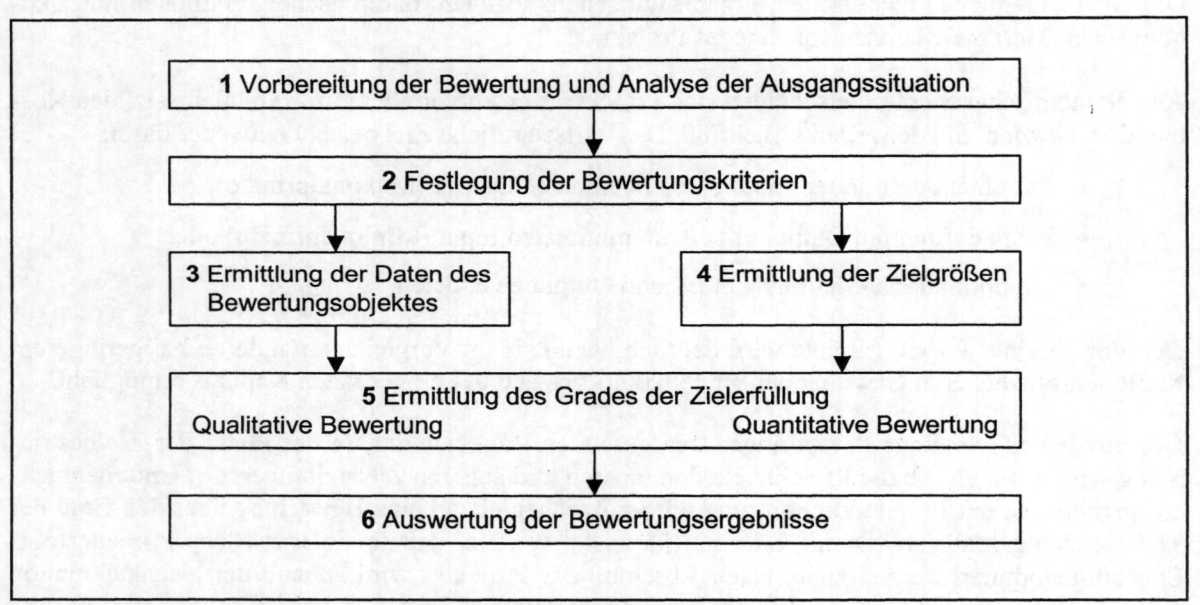

Abbildung 3.5-4: Ablauf des Bewertungsprozesses von Projekten

Für die jeweiligen Prozeßschritte sind interne und externe Daten aus den verantwortlichen Unternehmensbereichen vorzulegen:

3.5 Finanzmittelmanagement

Datenbereitstellung

Unternehmensbereiche	Interne Daten	Externe Daten
Technik	• Leistungsfähigkeit • Funktionssicherheit • Verfahrensparameter • Flexibilität usw.	• Neue Technologien • vergleichbare Produktionstechnik • Umweltschutz usw.
Personal	• entstehende Belastungen • Arbeitsumwelt • Lohn und Gehalt usw.	• gesetzliche Bestimmungen • Arbeitsmarktbedingungen • soziales Umfeld • Krankenkassen/Versicherungen usw.
Produktionsorganisation	• Fertigungsprinzip • Kapazität und Auslastung • bauliche/räumliche Bedingungen • Lieferanten usw.	• infrastrukturelle Bedingungen • Lieferantenstruktur • Arbeitsmarktbedingungen usw.
Markt	• Vertriebsstruktur • Marktposition • Vertriebsaufwand usw.	• Marktwachstum/ -anteil • Marktführer/ -bedingungen • Konjunktur usw.
Produkt	• Produktportfolio • Qualitative Eigenschaften • Mengen, Stückpreise • Leistungsparameter	• Konkurrenzprodukte • neue Produktentwicklungen • Kundenzufriedenheit usw.

Abbildung 3.5-5: Datenbereitstellung aus verschiedenen Unternehmensbereichen

Nicht alle Daten können auf Anhieb monetär quantifiziert werden. Sie sollten daher qualitativ bewertet werden oder mit Hilfe von Checklisten als Ja/Nein-Darstellung erfaßt werden. Die Umwandlung dieser Aussagen in quantitative Faktoren ist durch ein Benotungssystem, analog zu den Schulnoten denkbar. Es können aber auch Hilfsgrößen gebildet werden. So kann die Kundenzufriedenheit am Anteil der Wiederkäufer des Produktes oder der Reklamationsquote gemessen werden. Entscheidend für die Projektbewertung sind jedoch die wirtschaftlichen Daten, von denen folgende vorliegen sollten:

Quantifizierung der Daten

- Kapitaleinsatz für das Vorhaben
- Rückflüsse aus dem Vorhaben
- Nutzungsdauer in Jahren
- Kalkulationszinsfuß (geschätzte Mindestverzinsung des eingesetzten Kapitals)
- Leistungseinheiten bzw. erwartete Stückzahlen
- Variable und fixe Kosten
- Einnahmen und Ausgaben

Mindestanforderungen an wirtschaftliche Daten

Erst mit der Beschreibung der Merkmale durch wirtschaftliche Faktoren wird es möglich, die gängigen statischen oder dynamischen Bewertungsverfahren zum Projektvergleich zu nutzen.

3.5.3.3 Bewertungsverfahren

3.5.3.3.1. Statische Methoden

Statische Bewertung

Bei den statischen Methoden wird der wirtschaftliche Vorteil der Projekte ermittelt. Dabei wird der Zeitfaktor vernachlässigt. Es wird also nicht berücksichtigt, in welchen zeitlichen Abständen die Umsatzerlöse und Kosten bzw. Einnahmen und Ausgaben anfallen. Diese Methoden können relativ leicht eingesetzt werden und helfen dem Projektleiter, schnell einen Überblick über verschiedene Szenarien oder eine Einschätzung seines Projektes zu bekommen.

Kostenvergleichsrechnung

Kostenvergleichsrechnung

Steht ein Projektteam vor der Aufgabe, zwei oder mehrere alternative Investitionslösungen miteinander zu vergleichen, geht es nicht nur darum zu entscheiden, welche Alternative in der Anschaffung kostengünstiger ist. Betrachtet werden müssen auch Aufwand und laufende Kosten, die mit dem Betrieb einer bestimmten Anlage verbunden sind. Im nachfolgenden Beispiel werden 2 Produktionsanlagen bei unterschiedlicher Produktionskapazität, jedoch gleicher Auslastung, verglichen:

1. Schritt: Erfassung der Ausgangsdaten

Kostenvergleichsrechnung am Beispiel

Code	Ausgangsdaten	Quelle	Einheit	Anlage A	Anlage B
a	Anschaffungswert	Laut Herstellerangebot	€	100.000	90.000
b	Nutzungsdauer	Herstellerangaben	Jahre	8	8
c	Kapazität	Herstellerangaben/ bzw. eigene Kapazitätsberechnung	Stück p.a.	17000	15500
d	Auslastung	Eigene Einschätzung	Stück p.a.	11000	11000

2. Schritt: Ermittlung der fixen Kosten

Code	Ausgangsdaten	Quelle	Berechnung	Einheit	Anlage A	Anlage B
e	Kalkulatorische Abschreibung		= a/ b	€ p.a.	12.500	11.250
f	Kalkulatorische Zinsen		5%	€ p.a.	5.000	4.500
g	Sonstige fixe Kosten	Rechnungswesen		€ p.a.	1.000	600
h	Summe der fixen Kosten	Rechnungswesen	= e+f+g	€ p.a.	18.500	16.350
i	Summe der fixen Kosten/ Stück	Rechnungswesen	=h/ d	€/Stück	1,68	1,49

Fixe Kosten

Bei den fixen Kosten handelt es sich um die Ausgaben, die unabhängig von der produzierten Stückzahl stets anfallen. Dazu gehören z.B. Mieten, Betriebsausgaben, große Teile der Löhne und die Gehälter. Die Fixkosten pro Stück nehmen bis zu einem gewissen Punkt bei zunehmender Produktion ab.

Die kalkulatorische Abschreibung ergibt sich bei der Division des Anschaffungswertes durch die Nutzungsdauer. Der kalkulatorische Zins wird mit 5% des Anschaffungswertes berechnet.

3.5 Finanzmittelmanagement

3. Schritt: Ermittlung der variablen Kosten

Code	Ausgangsdaten	Quelle	Berechnung	Einheit	Anlage A	Anlage B
k	Löhne und Nebenkosten	Rechnungswesen		€/Stück	0,80	0,90
l	Materialkosten	Rechnungswesen		€/Stück	0,10	0,10
m	Energiekosten	Rechnungswesen		€/Stück	0,08	0,15
n	Sonstige variable Kosten	Rechnungswesen		€/Stück	0,12	0,20
o	Summe der variablen Kosten/Stück		=k+l+m+n	€/Stück	1,10	1,35

Variable Kosten

Bei den variablen Kosten handelt es sich um Ausgaben, die in Abhängigkeit von der gefertigten Stückzahl variieren. Sie bleiben pro Stück gleich. Im Beispiel wird davon ausgegangen, das die Löhne zu den variablen Kosten gehören. In der Praxis ist meist nur ein Teil der Löhne variabel. Es gibt nur noch wenige Lohnvereinbarungen, bei denen bei sinkenden Produktionsstückzahlen die Löhne reduziert werden können. Zumindest ein Teil der Löhne ist fix.

Die Material- und Energiekosten entstehen in Abhängigkeit von der produzierten Stückzahl.

4. Schritt: Ermittlung der Kosten pro Stück

p-Summe der Kosten je Stück		= i+o	€/Stück	2,78	2,84

Kosten je Stück

Die Kosten je Stück ergeben sich aus der Summe der fixen und variablen Kosten pro Stück. Gemäß dem vorstehenden Stückkostenvergleich ist die Anlage A der Anlage B vorzuziehen. Ist die Kapazität - wie im vorstehenden Beispiel - unterschiedlich und kann nur eine bestimmte Stückzahl verkauft werden, müssen die Kosten pro Stück berechnet werden. Für diese Berechnung ist eine Aufteilung der Kosten in variabel und fix erforderlich.

Es stellt sich häufig die Frage, bei welcher Kapazitätsauslastung die Anlage A kostengünstiger sein wird. Um dies zu erfahren, ist zu ermitteln, bei welcher Kapazität die Stückkosten von Anlage A und B gleich sind.

Ermittlung kritischer Wert

$$\text{KritischerWert} = \frac{\text{Fixkosten}_{\text{Anlage B}} - \text{Fixkosten}_{\text{Anlage A}}}{\text{variable Kosten pro Stück}_{\text{A}} - \text{variable Kosten pro Stück}_{\text{B}}}$$

Am obigen Beispiel ergibt sich, das bei einer Auslastung der beiden Maschinen mit 7.200 Stück die Kosten gleich sind. Sinkt die Kapazitätsausnutzung unter diesen kritischen Wert, ist die Anlage B kostengünstiger. Steigt dagegen die Nutzung über den kritischen Wert, ist die Anlage A kostengünstiger - wie in der vorhergehenden Berechnung mit 11.000 Stück belegt. In Absprache mit dem Vertrieb ist nunmehr abzuschätzen, ob es gelingen wird, mehr oder weniger als 8.600 Stück abzusetzen. Erst dann kann eine endgültige Entscheidung über das Investitionsprojekt getroffen werden.

Gewinnvergleichsrechnung

Die Gewinnvergleichsrechnung ist eine Erweiterung der Kostenvergleichsrechnung, da hier auch die erzielten Umsatzerlöse und der zu erwartende Jahresgewinn der Projektalternativen berücksichtigt werden.

Gewinnvergleichsrechnung

Folgende Daten ergänzen das Beispiel: (Verkaufspreis pro Stück 5 €/ 11.000 Stück p.a.)

Ausgangsdaten	Berechnung	Anlage A	Anlage B
Umsatzerlöse	Stück x Preis	55.000	55.000
Summe der Kosten	Kosten je Stück* Stückzahl	30.580	31.240
Gewinn	Umsatz- Kosten	24.420	23.760

Damit ergibt sich, das unter Beachtung der Gewinnmaximierungsabsicht, der Anlage A der Vorzug zu geben ist.

Rentabilität *Rentabilitätsrechnung*

Der Maßstab für die Beurteilung ist die erwirtschaftete Rentabilität des Investitionsobjektes. Sie läßt sich wie folgt ermitteln:

$$\text{Rentabilität} = \frac{\varnothing \text{Gewinn}}{\varnothing \text{Kapitaleinsatz}} \times 100$$

Eine Investition ist dann als vorteilhaft anzusehen, wenn die geplante Rentabilität eine Mindestverzinsung übersteigt. Die höchste Rentabilität ist am vorteilhaftesten.

Beispiel

Ausgangsdaten	Anlage A	Anlage B
Anschaffungswert €	100.000	90.000
Gewinn	24.420	23.760
Rentabilität	24 %	26%

Anlage B ist unter der Zielstellung, eine maximale Rentabilität zu erzielen, günstiger!

Amortisation *Amortisationsrechnung*

Mit Hilfe der Amortisationsrechnung wird ermittelt, in welchem Zeitraum das eingesetzte Kapital zurückgewonnen wird. Damit kann also keine klare Aussage über die Wirtschaftlichkeit eines Vorhabens getroffen werden. Sie dient vielmehr der Abschätzung des Risikos des Kapitaleinsatzes sowie der Einflüsse auf die zukünftige Liquidität. Sie wird im Normalfall der Kosten- oder Gewinnvergleichsrechnung zur besseren Risikoabschätzung zur Seite gestellt.

Die Amortisationszeit kann mit folgender Formel ermittelt werden:

$$\text{Amortisationszeit} = \frac{\text{Kapitaleinsatz}}{\varnothing \text{ Gewinn einer Periode} + \text{kalkulierte Abschreibung}}$$

Für unser Beispiel, die Anlage A und B, ergibt sich folgende Amortisationszeit:

Beispiel

Ausgangsdaten	Anlage A	Anlage B
Anschaffungswert €	100.000	90.000
Gewinn	24.420	23.650
Kalkulatorische Abschreibung	12.500	11.250
Amortisationszeit	2,71	2,58

Je kürzer die Amortisationszeit ist, desto geringer ist das Risiko, denn der zeitliche Rahmen bleibt überschaubar.

3.5 Finanzmittelmanagement

3.5.3.3.2. Dynamische Methoden

Bei den dynamischen Methoden - Kapitalwertmethode und Methode des internen Zinsfußes - werden die Einnahmen und Ausgaben nach ihrem Anfall in den einzelnen Perioden erfaßt und gewichtet. Je früher eine Einnahme anfällt, desto mehr ist sie wert. Die Einnahmen und Ausgaben werden auf einen gemeinsamen Bezugspunkt, den Beginn des Projektes, abgezinst. Sie werden dann als Barwerte bezeichnet. Treten vor Projektbeginn Ausgaben auf, werden sie aufgezinst. Anderenfalls werden sie abgezinst.

Die Höhe der Barwerte hängt vom gewählten Kalkulationszinssatz ab, dieser gibt Aufschluß über die Rendite, die erwirtschaftet werden soll. Der Kalkulationszinssatz orientiert sich an den Zinsen für Geldanlagen am Kapitalmarkt inklusive eines Risikozuschlages. In der Praxis wird häufig ein Kalkulationszinssatz von 10% angesetzt.

Kapitalwertmethode

Alle Einnahmen und Ausgaben werden nach der Durchführung der Investition auf den Zeitpunkt der Investition abgezinst. Die Differenz der Summe aller Barwerte der Einnahmen und Ausgaben ergibt den Kapitalwert. Ist der Kapitalwert > 0, erbringt die Investition neben der Verzinsung auch den Rückfluß des eingesetzten Kapitals und einen zusätzlichen Beitrag in Höhe des ermittelten Barwertes. Beim Vergleich mehrerer Investitionsalternativen gilt die Investition mit dem höchsten Kapitalwert als besonders vorteilhaft.

Kapitalwertmethode/ Methode des internen Zinsfußes

Folgendes Beispiel soll die Ermittlung des Kapitalwertes verdeutlichen:

Ein Investitionsobjekt hat eine Nutzungsdauer von fünf Jahren und kostet in der Anschaffung € 100.000. Der Kalkulationszinsfuß wird auf 10% bestimmt(alle Angaben in Euro).

Jahr	a) Einnahmen	b) Ausgaben	c) Rückfluß=a-b	d) Abzinsungsfaktor*	e) Barwerte= c*d
01	50.000	40.000	10.000	0,9091	9.091
02	70.000	45.000	25.000	0,8264	20.660
03	90.000	50.000	40.000	0,7513	30.052
04	100.000	55.000	45.000	0,6830	30.735
05	100.000	60.000	40.000	0,6209	24.836
	410.000	250.000	160.000		115.374

* ablesbar in vorberechneten Tabellen

Die Summe der Barwerte beläuft sich auf € 115.374. Davon ist der Kapitaleinsatz für den Anschaffungsaufwand von € 100.000 abzuziehen, so daß ein Kapitalwert von € 15.374 verbleibt. Die Investition ist somit als vorteilhaft anzusehen.

Mit Hilfe dieser Methode können auch verschiedene Vorhaben miteinander verglichen werden. Dabei ist das Vorhaben mit dem höchsten Kapitalwert am vorteilhaftesten.

Schwierigkeiten bei den dynamischen Verfahren bereitet die Schätzung der zukünftigen Einnahmen und Ausgaben über einen längeren Zeitraum.

3.5.3.4 Besonderheiten der Bewertung von Innovationsprojekten

Innovationszielstellungen

Innovationen werden in Unternehmen realisiert, um bestimmte wirtschaftliche und soziale Zielstellungen zu erreichen. Diese sind Bestandteil der übergeordneten Unternehmensziele. Das Unternehmen will durch Innovationsvorhaben Wettbewerbsvorteile gegenüber den Konkurrenten erzielen.

Besondere Merkmale

Innovationsprojekte sind schwer zu bewerten und sind durch folgende Merkmale bestimmt:

Hohe Unsicherheit und hohes Risiko: Die Wirkungen und Effekte aus dem Projekt lassen sich auf Grund des verlängerten zeitlichen Ablaufes nur schwer schätzen. Je höher der Neuheitsgrad der Innovation ist, desto größer ist das Risiko - auch das Widerstände gegen das Projekt auftreten.

Sie erfordern hohe Kreativität der Entscheidungsträger und Projektmitarbeiter. Ungewöhnliche Zielstellungen oder Problemlösungen erfordern neue Herangehensweisen in der Projektbearbeitung.

Soweit möglich, sollten quantitative Bewertungsverfahren herangezogen werden, insbesondere wenn Teilprojekte mit Investitionen bewertet werden müssen. Wegen der langen Entwicklungsstufen ist die Ermittlung wirtschaftlicher Daten oft nicht gesichert. Daher spielen die qualitativen Aspekte, wie Chancen, Nutzen und Wirkung, eine bedeutende Rolle.

3.5.4. Finanzwirtschaftliche Ziele im Projekt

3.5.4.1 Rentabilität des Projektes

Projektauswahl nach Wirtschaftlichkeit

Mit der Bewertung der Projekte wurden Methoden aufgezeigt, mit deren Hilfe verschiedene Projektalternativen hinsichtlich ihrer Wirtschaftlichkeit ausgewählt werden können.

Die Auswahl verschiedener Alternativen ist für den Projektleiter keine Garantie, „sein" Projekt durch den Auftraggeber bestätigt zu bekommen. Das Projekt muß sich einer Bewertung im Vergleich mit anderen Projekten unterziehen, diese können anderer technologischer oder organisatorischer Ausrichtung sein. Der Auftraggeber entscheidet, welchem Projekt der Vorrang zu geben ist. Ein maßgebliches Entscheidungskriterium wird immer die maximale Rentabilität des Projektes sein. Dabei geht es nicht um die Frage, ob das Projekt überhaupt rentabel ist - das ist eine Grundvoraussetzung -, sondern vielmehr, welchen Grad der Rentabilität man mit dem Projekt voraussichtlich erreicht.

Rentabilität

Die Rentabilität wird mit Hilfe verschiedener Kennzahlen ermittelt, diese erlauben eine überschaubare Aussage über die wirtschaftliche Situation und die Vergleichbarkeit mit anderen Projekten. Sie verdichten betriebliche Informationen zu einer aussagefähigen Zahl und verdeutlichen gleichzeitig größere Zusammenhänge im Unternehmen.

Eigenkapital-Rentabilität

Verschiedene Rentabilitätskennziffern

Die Eigenkapitalrentabilität sagt aus, welche Verzinsung des Eigenkapitals erreicht wurde.

$$\text{Eigenkapitalrentabilität} = \frac{\text{Gewinn}}{\text{Eigenkapital}} \times 100$$

Es sollte eine durchschnittliche Eigenkapitalrentabilität von 20-25% erreicht werden.

3.5 Finanzmittelmanagement

Gesamtkapitalrentabilität

Diese Kennzahl gibt Auskunft darüber, wie sich das gesamte eingesetzte Kapital verzinst hat.

$$\text{Gesamtkapitalrentabilität} = \frac{\text{Gewinn} + \text{Zinsen für Fremdkapital}}{\text{Gesamtkapital}} \times 100$$

Beide Kennzahlen sind sehr wichtig für den Eigen- oder Fremdkapitalgeber eines Projektes. Für beide wird es möglich, die zu erreichende Verzinsung „ihres" Kapitals mit anderen Projekten zu vergleichen. Der Kapitalgeber wird sich – bei für ihn gleichwertigen Projekten- für das Vorhaben mit der höchsten Rentabilität entscheiden. Sie sollte zwischen 10-12% liegen.

Umsatzrentabilität

Sie verdeutlicht den wirtschaftlichen Erfolg der verkauften Dienstleistungen bzw. Produkte in einer Periode, es sollte eine Größenordnung von 5-6 % erreicht werden.

$$\text{Umsatzrentabilität} = \frac{\text{Gewinn} + \text{Zinsen für Fremdkapital}}{\text{Umsatz}} \times 100$$

Return on Investment (ROI) **ROI**

Der ROI dokumentiert die logische oder rechnerische Verknüpfung verschiedener Kennzahlen, die in einem gegenseitigen Abhängigkeitsverhältnis stehen. Es läßt sich erkennen,

- wie sich bestimmte Erfolgsfaktoren wechselseitig beeinflussen,
- welche Änderungen der Kennzahlen Auswirkungen auf andere Kennzahlen haben,
- wo die Ursachen für bestimmte betriebliche Entwicklungen liegen.

Der ROI verdeutlicht die Beziehungen von geleistetem Umsatz, gesamtem eingesetztem Kapital und Kostenstruktur der Produktion. Er verbindet sowohl die Marktseite über den Umsatz, als auch die Finanzebene mit der Kapitalstruktur. *Besonderheiten des ROI*

$$\text{Return on Investment (ROI)} = \frac{\text{Gewinn} + \text{Zinsen für Fremdkapital}}{\text{Umsatz}} \times 100 \times \frac{\text{Umsatz}}{\text{Gesamtkosten}}$$

Gezielte Beeinflussungen der einzelnen Größen bewirken positive Effekte. Jede Veränderung kann man gemäß dem nachstehenden Schema auf ihren Ursprung zurück führen.

Angaben in €	Basissituation	Szenario 1	Szenario 2	Szenario 3
Umsatz	5.000	10.000	5.000	5.000
Kosten	4.900	9.800	4.800	4.900
Gewinn	100	200	200	100
gesamtes Kapital	1.000	1.000	1.000	500
Gewinn/Umsatz in %	2	2	4	2
Umsatz/ gesamtes Kapital	5	10	5	10
ROI in %	10	20	20	20

(Ohne Einsatz von Fremdkapital)

Basissituation: Bei den gegebenen Ausgangsbedingungen fließen innerhalb eines Jahres 10% des investierten Kapitals zurück.

In den Szenarien wird stark vereinfachend dargestellt, wie der ROI durch direkte Einflußnahme auf unterschiedliche Faktoren auf 20% erhöht werden kann.

Beispielszenarien

Szenario 1	Angenommen wird, das der Umsatz verdoppelt wird. Die Kosten steigen linear und damit verdoppelt sich der Gewinn. Der ROI ist bei 20%.
Szenario 2	Die Kosten werden um € 100 reduziert. Der Gewinn erhöht sich entsprechend. Der ROI hat 20% erreicht.
Szenario 3	Das gesamte Kapital wird halbiert. Der ROI erhöht sich auf 20%.

In kleinen und mittleren Unternehmen wird das Projektteam diese Kennzahlen nur dann auf Projektebene ausweisen, wenn das Projekt von der Dimension den bisherigen Geschäftsbetrieb wesentlich verändern oder beeinflussen wird.

3.5.4.2 Liquidität im Projekt

3.5.4.2.1. Liquidität

Konkurrenz von Liquidität und Rentabilität

An oberster Stelle der finanzwirtschaftlichen Ziele im Projekt steht neben der Rentabilität die Liquidität. Beide Ziele konkurrieren miteinander, sichern jedoch langfristig die Existenz jedes Projektes.

Je höher die Liquidität ist, desto geringer fällt die Rentabilität aus und umgekehrt. In Phasen der wirtschaftlichen Stagnation oder sogar Rezession wird die Liquidität den Vorrang erhalten. Die optimale Lösung lautet jedoch:

Rentabilität – so hoch wie möglich.

Liquidität – so hoch wie nötig.

Was bedeutet Liquidität?

Liquidität sichert, daß das Projekt jederzeit allen seinen Zahlungsverpflichtungen pünktlich nachkommen kann. Ist die Zahlungsfähigkeit eines Unternehmens nicht mehr gewährleistet bzw. ist sie gefährdet, muß das Insolvenzverfahren angemeldet werden. Ist die Liquidität innerhalb eines Projektes nicht mehr gewährleistet, kann möglicherweise das Gesamtunternehmen zur Überbrückung der Lücke beitragen. In kleinen und mittleren Unternehmen sowie bei Projekten mit erheblicher Dimension kann auch das Gesamtunternehmen gefährdet sein. Immer wieder sorgen spektakuläre Insolvenzen im Bereich des Bauträgergeschäftes für Schlagzeilen, bei denen die Unternehmen auf Grund eines zahlungsunfähigen Projektes ebenfalls in eine wirtschaftliche Notsituation geraten.

Liquiditätskennzahlen

An Hand von drei Liquiditätskennzahlen kann sich der Projektleiter schnell einen Überblick über die Liquiditätssituation verschaffen:

Zuerst muß er den Ist-Stand der flüssigen Mittel und kurzfristigen Verbindlichkeiten erfassen.

Ausgangsdaten

Flüssige Mittel sind:	**Kurzfristige Verbindlichkeiten sind:**
• Kassenbestand • Bankguthaben • Schecks	• Verbindlichkeiten aus Lieferungen • Erhaltene Anzahlungen • Sonstige Verbindlichkeiten • Kurzfristige Rückstellungen
Summe	Summe

Abbildung 3.5-6: Ausgangsdaten für Liquiditätskennzahlen

3.5 Finanzmittelmanagement

Liquidität 1.Grades:

$$\text{Liquidität 1.Grades} = \frac{\text{flüssige Mittel} \times 100}{\text{kurzfristige Verbindlichkeiten}}$$

Liquiditätsgrade

Die Liquidität 1.Grades sollte bei 5-10 % liegen.

Für den Projektleiter ist es interessant zu erfahren, wieviel frei verfügbare Mittel er für einen bestimmten Zeitraum zur Verfügung haben muß. Aus der Kostensummenlinie sind die Gesamtsumme der im Projekt anfallenden Kosten und die Laufzeit bekannt.

Beispiel:

Liquide Mittel im Projekt

Projektkosten von € 500.000. Projektlaufzeit 360 Tage
Wieviel flüssige Mittel müssen für 5 – 10 Tage vorrätig sein ?

$$\text{Flüssige Mittel} = \frac{\text{Projektkosten} \times \text{Tage}}{\text{Projektlaufzeit}}$$

Es müssen zwischen € 6.900 und € 13.800 vorhanden sein. Diese Rechnung geht nach der Maßgabe, soviel Liquidität wie nötig.

Liquidität 2.Grades:

$$\text{Liquidität 2.Grades} = \frac{(\text{flüssige Mittel} + \text{Kundenforderungen}) \times 100}{\text{kurzfristige Verbindlichkeiten}}$$

Bei der Liquidität 2. Grades werden Forderungen aus gestellten Rechnungen, die noch nicht bezahlt sind, mit berücksichtigt. Sie sollte zwischen 10-20% betragen.

Liquidität 3.Grades:

$$\text{Liquidität 3.Grades} = \frac{(\text{flüssige Mittel} + \text{Warenbestände} + \text{Forderungen}) \times 100}{\text{kurzfristige Verbindlichkeiten}}$$

Bei der Liquidität 3.Grades werden zusätzlich die Warenbestände/Vorräte mit berechnet. Dies ist hilfreich um Preisgestaltung oder Bindung von Kapital durch Vorräte zu prüfen. Die Zielgröße für die Liquidität 3.Grades liegt zwischen 120-150%.

Diese Kennzahlen haben eine Steuer- und Kontrollfunktion, sie liefern aber immer nur einen stichtagsbezogenen Wert und geben keine Auskunft über den Liquiditätsspielraum. Daher ist es unumgänglich, einen Liquiditätsplan für die gesamte Projektlaufzeit zu erarbeiten.

Beschränkung der Kennzahlen

3.5.4.2.2. Liquiditätsplan

Planung der Liquidität

Der Liquiditätsplan wird zusätzlich zum Kostenplan erstellt. Er berücksichtigt alle Ein- und Auszahlungen. Zur Vereinfachung kann die Planung in einem Tabellenprogramm erarbeitet werden. Vor der Erstellung eines Liquiditätsplanes ist es erforderlich, gewisse Prämissen festzulegen. Diese sind dann auch in der Planung einzuhalten.

Planungsprämissen

Prämissen	Beispiel
Rechnungsstellung	Wann wird der erste Abschlag in Rechnung gestellt?
Zahlungsziele der Kunden bzw. des Auftraggebers	<ul><li>Innerhalb der Skontofrist</li><li>Innerhalb des normalen Zahlungszieles</li><li>Mit Verzug von 30 Tagen</li><li>Strittige Forderungen - Eingang ungewiß</li></ul>
Zahlungen an Lieferanten	Alle Rechnungen werden sofort bezahlt.
Rhythmus des Materialeinkaufs	Wegen besserer Einkaufskonditionen für größere Positionen wird nur alle 3 Monate Material geordert.
Konditionen der Darlehen	Ermittlung der Zins- und Tilgungsleistungen und Termine

Der Liquiditätsplan kann nach dem dargestelltem - vereinfachten Schema - erarbeitet werden. Es werden die aufgeführten Ausgabenpositionen benötigt. Er sollte monatsweise gegliedert sein, damit die Liquidität innerhalb des Jahres bzw. des Projektzeitraumes gesichert wird.

Der Liquiditätsplan kann je nach Projektanforderungen detaillierter gestaltet werden. Seine Standardisierung liefert Vergleichswerte und ermöglicht qualifizierte Projektauswertungen.

Liquiditätsplan

Berechnung	Positionen	Januar	Februar	......
A	Kontostand am Anfang des Monats			
B	Einnahmen aus Umsätzen			
C	Sonstige Einnahmen			
D=B+C	Summe der Einnahmen			
E	Personalkosten			
F	Materialeinkauf			
G	Sonstige Kosten			
H	Zinsen			
I	Tilgungen			
J	Mehrwertsteuer			
K	Investitionen			
L=Summe (E:K)	Summe der Ausgaben			
M=D-L	Kapitalbedarf			
N	Darlehensauszahlungen			
O	Zuschüsse			
P	Eigenkapital			
Q	Zulagen			
R	Beteiligungen			
S=Summe (N:R)	Summe Mittelzufluß			
T	Kontokorrentkredit			
U=A+M-S	Liquiditätssaldo			

Abbildung 3.5-7: Liquiditätsplan

3.5 Finanzmittelmanagement

Folgende Hinweise und Tipps sind zu den einzelnen Positionen zu beachten:

Inhalt des Liquiditätsplanes

A) Der Kontostand zu Beginn des ersten Planungsmonats wird eingetragen.

B) Die **Einnahmen aus Umsätzen** sind monatsweise zu bestimmen. Dazu kann eine einfache Division der Jahreszielstellung durch 12 Monate erfolgen, saisonale Schwankungen sind zu beachten. Die Umsätze dürfen nicht mit der Rechnungslegung, sondern erst mit dem Zahlungseingang eingetragen werden (siehe Prämisse Zahlungsziele).

C) Zu sonstigen Einnahmen gehören z.B. Mieten, Steuererstattungen, Anlagenverkäufe.

D) Summe der Einnahmen

E) Die Einordnung der Personalkosten erfolgt in Höhe der Zahlungen, die Termine sind feststehend. Zu beachten sind Sonderzahlungen und die Einstellung von Personal.

F) Um den Einkaufsrhythmus für das **Material** festzustellen, ist eine Analyse der vergangenen Zeiträume notwendig oder es wird eine Festlegung getroffen (siehe Prämissen). Bei Skontonutzung ist die Ausgabe noch für den entsprechenden Monat zu planen.

G) Die **sonstigen Kosten** sind möglicherweise in einer Nebenrechnung detaillierter zu planen. Besonderes Augenmerk ist auf die Positionen zu legen, die nicht regelmäßig auftreten, wie z.B. Versicherungsprämien, Autoreparaturen aber auch Messe- und Reisekosten.

H) Die Zinsen sind monatlich oder quartalsweise für alle Darlehen zu erfassen. Für den Kontokorrentkreditzins ist eine durchschnittliche Inanspruchnahme anzusetzen.

I) Die **Tilgung**szeitpunkte und –höhen sind den Darlehensverträgen zu entnehmen und dementsprechend einzuordnen.

J) Von der vereinnahmten **Umsatzsteuer** ist die Vorsteuer abzuziehen und die verbleibende Differenz ist entweder als Ausgabe oder als Einnahme zu berücksichtigen.

K) Sind **Investitionen** im Planungszeitraum vorgesehen, sind sie mit aufzunehmen. Anzahlungen für bestimmte Investitionsgüter sind zeitlich vorverlegt auszuweisen.

L) Summe der Ausgaben

M) Der **Kapitalbedarf** gibt bereits Auskunft, ob die liquiden Mittel aus den Einnahmen zur Ausgabendeckung reichen.

N) In diesen Zeilen ist der **Mittelzufluß** aus den einzelnen Finanzierungsquellen einzutragen. Dabei sollte mit allen Kapitalgebern abgesprochen werden, ob die Termine realistisch sind und welche Hinderungsgründe zu einer verspäteten Auszahlung führen können. Es ist der Abgleich mit den Projektzielen und dem Vertrags- und Claimmanagement vorzunehmen.

O) Summe

P) Der **Kontokorrentkredit** (siehe 3.5.5.3.2) wird mit dem Liquiditätssaldo abgeglichen.

Q) Der Liquiditätssaldo gibt Auskunft, welche liquiden Mittel ausgehend vom Kontostand zuzüglich der Einzahlungen (Kredite, Rechnungen), abzüglich der Auszahlungen noch zur Verfügung stehen. Diese Position wird als Anfangskontobestand in den Folgemonat übernommen. Sollte ein Negativsaldo bestehen, ist mit dem Kontokorrentkredit abzugleichen, ob dieser ausgeglichen werden kann. Steht noch kein Kontokorrentkredit zur Verfügung, so gibt der Liquiditätssaldo Auskunft über die benötigte Kredithöhe.

Der Liquiditätsplan ist nicht nur ein Instrument zur Planung und Sicherung der Liquidität. Er muß vielmehr zum permanenten Soll- Ist- Abgleich genutzt werden und ist damit ein zusätzliches Controllinginstrument. Jede Abweichung von der Planung ist kritisch zu hinterfragen und sofort sind Maßnahmen zur Verbesserung der Liquidität einzuleiten. Dazu gehören z.B.:

Maßnahmen zur Stärkung der Liquidität

- Verkauf des Lagerbestandes
- Vereinbarung von Abschlagszahlungen
- Rechnungslegung sofort mit Lieferung

- Verschiebung von Investitionen
- Verkauf des nicht benötigten Anlagevermögens
- Vereinbarungen mit der Bank zur Tilgungsaussetzung
- Prüfung, ob verpfändete Sicherheiten (Wertpapiere usw.) noch als Sicherheit bei der Bank benötigt werden oder ob sie veräußert werden können
- Nutzung aller liquiditätsschaffenden Maßnahmen.

Im Rahmen eines Projektes hat die Sicherstellung der Liquidität oberste Priorität, da anderenfalls zumindest der Projektablauf beeinträchtigt oder das Projekt sogar gefährdet wird.

3.5.4.3 Cash-flow

Cash-flow Aussagen

Der Cash-flow geht über die Liquiditätsbetrachtung hinaus. Er gibt Auskunft, ob genügend Kapital zur Tilgung der Darlehen und zur eigenen Mitfinanzierung von Projekten zur Verfügung steht.

Die Daten zur Ermittlung des Cash-flows sind der Gewinn- und Verlustrechnung (GuV) zu entnehmen, die von der Buchhaltung mindestens quartalsweise erstellt wird. Alle nicht zahlungsrelevanten Aufwendungen werden hinzugerechnet und die nicht zahlungsrelevanten Erträge werden abgezogen.

Beispiel

	Beispiel in €
Gewinn/ Verlust	- 13.500
+ Zuführungen zu den Rücklagen	0
- Entnahmen aus den Rücklagen	0
+ Abschreibungen	75.000
+ Zuführungen zu den Rückstellungen	3.000
- Auflösung von Rückstellungen	0
= Cash-flow*	= 64.500

*einfache Ermittlung

Der Cash-flow kann auf der Basis vorhandener Ist-Daten oder der Planungsunterlagen ermittelt werden. Ein Cash-flow von T€ 64,5 gibt also die Information, daß um diesen Betrag die Einzahlungen die Auszahlungen übersteigen. Der Betrag steht für Projekte, zur Schuldentilgung oder zur Sicherung der Liquidität zur Verfügung.

3.5.4.4 Qualitative Finanzziele

Mit dem Erreichen von quantitativen Zielen hängt eng das Verfolgen qualitativer Finanzziele zusammen. Gemeinsam bilden sie eine gute Grundlage für die Finanzierung bestehender und zukünftiger Projekte. Unter qualitativen Zielen werden verstanden:

Kontaktpflege zu Finanzierungspartnern

- Sowohl vor, während und nach einem Projekt muß der Kontakt zu Kapitalgebern gepflegt werden. Speziell die Hausbank oder die interne Finanzabteilung möchten über die wesentlichen Vorgänge im Projekt informiert sein. Auch in einer anschließenden Phase ist das Aufrechterhalten des Kontaktes zur Hausbank sehr wichtig, um bei zukünftigen Projektrealisierungen zu einer schnellen und reibungslosen Zusammenarbeit zu kommen.

Kommunikation

- Das Projektteam sollte nicht verpassen, von sich aus die Initiative zu ergreifen, um die Informationen und Unterlagen, die nicht aus den Bilanzen, Handelsregisterauszügen usw. hervorgehen, der Bank zur Verfügung zu stellen. Dazu gehören z.B. die Zusammenstellung einer Pressemappe, die Vorlage von Kooperationsverträgen oder die aktuellen Produktpräsentationen und auch

Messeauswertungen. Je besser die Bank über die aktuelle Entwicklung informiert ist, desto leichter fällt es ihr, die mit neuen Projekten avisierten Zukunftserwartungen zu bewerten und einzuschätzen.

- Das Erreichen günstiger Kreditkonditionen ist eine weitere Zielstellung unter Finanzmanagementgesichtspunkten. Je besser und klarer die wirtschaftlichen Verhältnisse des Kreditnehmers sind, desto geringer fällt der Risikozuschlag der Bank für den gewährten Kredit aus, um so günstiger sind die Kreditkonditionen.

Kreditkonditionen

Die umfassende Information des Kapitalgebers ist eine wichtige Aufgabe im Rahmen des Finanzierungsmanagements, der Stakeholderanalyse und des Projektmarketings. Er muß über alle wesentlichen Prozesse und Vorgänge im Projekt auf dem Laufenden sein. Hierfür eignen sich sehr gut Meilensteinreports, Projektabschluß- oder Auswertungsgespräche. Nur bei einer partnerschaftlichen Informationspolitik werden die Kapitalgeber in finanziellen Krisensituationen bereit sein, das Projekt weiter zu begleiten.

3.5.5. Finanzierung von Projekten

3.5.5.1 Anforderungen an das Projektteam

Nach der Bewertung der Projektalternativen und der Auswahl des günstigsten Projektes steht das Projektteam vor der Frage, ob und wie das Projekt finanziert werden kann. Innerhalb einer Konzernstruktur besteht für das Projektteam natürlich die Möglichkeit, auf Finanzierungsspezialisten zurückzugreifen. Dennoch muß, analog zu den kleinen und mittleren Unternehmen, das Projektteam einen ersten Finanzierungsvorschlag erarbeiten. Schließlich ist das Projektteam am besten in der Lage, die Anforderungen an die Finanzierung anhand der detaillierten Kostenplanung sowie der Zuordnung der Finanzmittel gemäß dem Termin- und Ablaufplan auch zu begründen.

Wer erarbeitet Finanzierungsvorschläge?

3.5.5.2 Systematisierung der Finanzierungsalternativen

Für ein Projekt bzw. ein Unternehmen bieten sich verschiedene Möglichkeiten, den Kapitalbedarf zu decken. Zur Unterscheidung werden folgende Kriterien herangezogen:

Finanzierungsalternativen

- Herkunft der Finanzierungsmittel: Innen- und Außenfinanzierung

    Bei der Außenfinanzierung wird Kapital aus unternehmensexternen Quellen bereitgestellt. Bei der Innenfinanzierung kommt das Kapital aus dem Unternehmen z.B. aus Gewinnen.

- Rechtsstellung der Kapitalgeber: Eigen- und Fremdfinanzierung

    Die Eigentümer führen bei der Eigenfinanzierung das Kapital zu. Dabei handelt es sich um zusätzliches Kapital, aber auch einbehaltene (thesaurierte) Gewinne. Bei der Fremdfinanzierung wird Kapital von „Gläubigern", z.B. über Kredite, zugeführt.

- Dauer der Finanzierung

    Finanzierungen können eine Laufzeit von bis zu einem Jahr (kurzfristig), zwischen einem und fünf Jahren (mittelfristig) und mehr als fünf Jahren (langfristig) haben.

- Häufigkeit der Finanzierung

    Hier werden laufende und immer wiederkehrende Finanzierungen von denen zu einem besonderen Anlaß (Fusion, Gründung, Börsengang usw.) abgegrenzt.

Die aufgezeigten Kriterien helfen bei der Systematik, die Finanzierungsmöglichkeiten zu erfassen. Für jeden Finanzierungsanlaß werden andere Kriterien herangezogen.

3.5.5.3 Finanzierungsarten

3.5.5.3.1. Überblick

Die nachfolgende Abbildung gibt einen Überblick über die Finanzierungsarten nach dem Kriterium der Mittelherkunft. Anhand dieses Merkmals lassen sich die Besonderheiten der Finanzierungsarten besonders gut darstellen:

Finanzierungsalternativen nach der Herkunft der Mittel

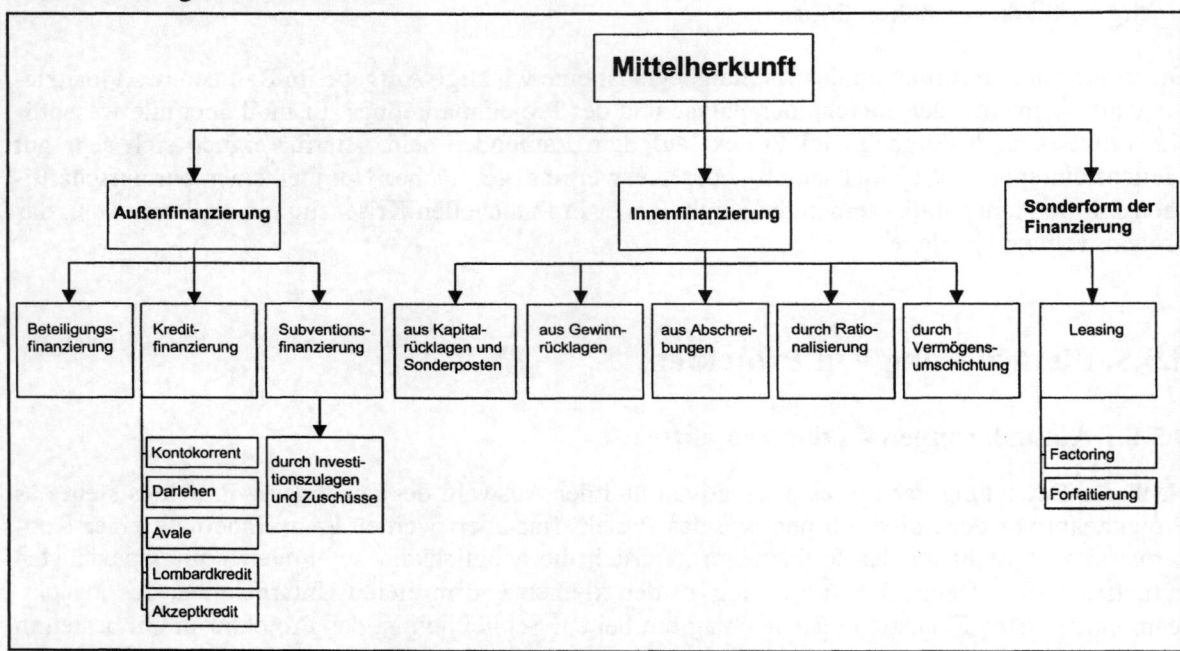

```
                              Mittelherkunft
            ┌─────────────────────┼─────────────────────┐
     Außenfinanzierung      Innenfinanzierung     Sonderform der
                                                   Finanzierung
   ┌────┬────┬────┐    ┌────┬────┬────┬────┬────┐        │
 Beteili- Kredit- Subven-  aus Kapital-  aus Gewinn-  aus Abschrei-  durch Ratio-  durch        Leasing
 gungs-  finan-  tions-   rücklagen und  rücklagen   bungen         nalisierung   Vermögens-
 finan-  zierung finan-   Sonderposten                                             umschichtung
 zierung         zierung
           │       │                                                                  │
       Kontokorrent  durch Investi-                                                Factoring
       Darlehen      tionszulagen
       Avale         und Zuschüsse                                                 Forfaitierung
       Lombardkredit
       Akzeptkredit
```

Abbildung 3.5-8: Finanzierungsalternativen geordnet nach dem Kriterium der Mittelherkunft

3.5.5.3.2. Kreditfinanzierung

Kredite allgemein

Kredite werden zur Finanzierung eines bestimmten Projektes gegeben. Sie werden verzinst und sind innerhalb einer angemessenen Frist wieder zurückzuführen - zu tilgen. Der Kreditgeber wird darüber hinaus mit dem Kreditnehmer eine Vereinbarung treffen, welche Sicherheiten für den Kredit zur Verfügung gestellt werden müssen und welche weitergehenden Pflichten der Kreditnehmer hat. Dazu gehören im Normalfall in festgelegten zeitlichen Abschnitten die Berichterstattung über den Verlauf des Projektes und die Erreichung bestimmter wirtschaftlicher Zielstellungen wie Umsatz und Ertrag.

Die Banken können verschiedene Kreditarten ausreichen:

Kontokorrentkredit

Bedingungen für den Kontokorrentkredit

Der Kontokorrentkredit – oder kurz KK-Kredit – ist ein Kreditrahmen, den die Bank auf dem laufenden Geschäftskonto dem Unternehmen oder auch für ein separates Projekt einräumt. Dieser Kredit ist mit dem Dispositionskredit auf dem Privatkonto vergleichbar.

An Hand des Liquiditätsplanes (siehe Punkt 3.5.4.2.2) wird der schwankende Bedarf an flüssigen Mitteln für ein Projekt ermittelt. Der höchste Liquiditätsbedarf bildet die Grundlage für den KK-Kredit, der befristet für ein Jahr zugesagt wird. Danach kann der Kredit verlängert werden, wenn sich die wirtschaftlichen Verhältnisse nicht verschlechtert haben. Bei der direkten Bindung des KK-Kredites an ein Projekt wird die Erreichung bestimmter Meilensteine entscheidend für die weitere Verlängerung des KK-Kredites sein.

Der Kredit ist marktüblich zu verzinsen. Der Zinssatz gilt üblicherweise bis auf weiteres (b.a.w.) und wird bei veränderten Marktbedingungen nach oben oder unten angepaßt.

3.5 Finanzmittelmanagement

Für jedes Projekt ist es sinnvoll, über einen KK-Kredit zu verfügen, damit notwendige Zahlungen zu jeder Zeit geleistet werden, auch wenn die dafür geplanten Mittel, z.B. Auftraggeberzahlungen, nicht fristgemäß zur Verfügung stehen.

Darlehen

Das Darlehen ist ein längerfristiger Kredit mit einer Laufzeit von zwei bis fünf oder mehr Jahren. Werden z.B. Investitionsgüter mit einer Nutzungsdauer von fünf Jahren angeschafft, sollte die Darlehenslaufzeit diese Frist nicht überschreiten.

Konditionen für Darlehen

Der Zinssatz wird während der Laufzeit für einen bestimmten Zeitraum fest vereinbart. Diese sogenannten Zinsbindungszeiträume können zwei bis zehn Jahre betragen. Nach Ablauf der Zinsbindungsfrist wird der Zinssatz entsprechend der Situation am Kapitalmarkt neu verhandelt. Für die Darlehen sind grundsätzlich Sicherheiten zu stellen.

Bei den Darlehen können Nebenkosten für die Darlehensbereitstellung entstehen. Dazu gehören Bearbeitungsgebühren oder Bereitstellungszinsen.

Für die Tilgung der Darlehen werden verschiedene Arten unterschieden:

Tilgungsarten

- Annuitätendarlehen

  Der Kreditnehmer bezahlt jährlich feste Annuitäten, von denen ein zunehmender Teil zur Tilgung und ein abnehmender Teil zur Verzinsung der jeweiligen noch verbliebenen Restschuld dient.

- Tilgungsdarlehen

  Jährlich wird eine gleichbleibende Tilgungsquote zurückgezahlt. Der Zinsaufwand wird durch die fortschreitende Darlehenstilgung geringer, so daß der jährlich aufzubringende Gesamtbetrag geringer wird.

- Zinsdarlehen

  Während der Laufzeit des Darlehen werden lediglich die Zinsen gezahlt. Die Tilgung erfolgt am Ende der Laufzeit des Darlehens in einem Block, z.B. aus der Vergütung einer Lebensversicherung.

Avalkredite

Beim Avalkredit handelt es sich nicht im üblichen Sinne um eine Bereitstellung von liquiden Mitteln. Vielmehr gibt die Bank gegenüber einem Dritten ein bedingtes Zahlungsversprechen ab. Dazu werden Bürgschaften oder Garantien ausgereicht.

Avale/Garantien und Bürgschaften

Die nachfolgende Übersicht verdeutlicht Formen und Funktionen der projektrelevanten Bürgschaften und Garantien:

Avalarten

Formen	Bedeutung und Funktion
Bietungsgarantie Vertragserfüllungsgarantie Lieferungs- und Leistungsgarantie Anzahlungsgarantie Gewährleistungsbürgschaft	Diese Avale sichern den Auftraggeber in den verschiedenen Phasen der Auftragsabwicklung. Gerade im Anlagengeschäft oder bei neu entstehenden Kundenverbindungen ist die Stellung von Avalen üblich.
Zollbürgschaft Steuerbürgschaft	Diese Bürgschaften werden gegenüber öffentlichen Stellen abgegeben und sichern diesen die Zahlung bestimmter Abgaben.

Zahlungsgarantie	Sie sichert einen Gläubiger, falls ein Schuldner seinen Verpflichtungen nicht nachkommt z.B. aus der Bezahlung eines Auftrages.

Daneben gibt es z.B. Prozeßbürgschaften und Kreditbesicherungsgarantien.

In der Praxis hat es sich bewährt, im Vorfeld der Vertragsverhandlungen mit Auftragnehmern oder Auftraggebern die Notwendigkeit der Stellung von Avalen zu besprechen. Dies hat entscheidenden Einfluß auf die Kreditverhandlungen mit der Bank. Es ist sinnvoll, neben dem KK-Kredit auch einen Avalkreditrahmen zu erhalten.

Avalkreditrahmen

Avalkreditrahmen werden heute bei guter Bonität häufig von Versicherungsunternehmen gestellt. Dafür sind Barsicherheiten (Festgelder) zu hinterlegen, die etwa zwischen 20-80% der gesamten Kreditlinie ausmachen. Für jedes Aval ist an die Bank oder die ausstellende Gesellschaft eine Avalprovision zwischen 1-4% des Bürgschafts- oder Garantiebetrages zu zahlen.

Weitere Kreditarten

Neben den genannten Kreditarten gibt es beispielsweise noch den Akzeptkredit, das Schuldscheindarlehen, den Lombardkredit, Industrieobligationen und Genußscheine, auf die hier nicht näher eingegangen wird. Daneben gibt es Sonderformen der Finanzierung:

Leasing

Leasing

Unter Leasing ist die Vermietung und Verpachtung von beweglichen oder unbeweglichen Wirtschaftsgütern durch Leasinggesellschaften zu verstehen.

Leasing bietet folgende Vorteile:

Leasingvorteile

Keine Aufnahme von Eigen- und Fremdkapital	<ul><li>Nur Finanzierung der 1.Mietrate erforderlich.</li><li>Mit dem Leasinggut werden Umsätze erzielt, die dann die Raten tragen sollen.</li><li>Der Kontokorrentkredit wird geschont.</li></ul>
Keine Veränderung des Verschuldungsgrades	<ul><li>Es entstehen keine Kreditverbindlichkeiten.</li><li>Leasingverträge werden außerhalb der Bilanz ausgewiesen.</li></ul>
Keine Sicherheiten	
Schnelle Anpassung an den neuesten Stand der Technik	<ul><li>Nach Ablauf der Verträge Ersatz durch neueste Maschinen, PKW's, Computer usw.</li></ul>
Klare Kalkulationsgrundlage	<ul><li>Die Mietraten bleiben gleich.</li><li>Sie sind Betriebsausgaben und reduzieren damit die Bemessungsgrundlage für die Besteuerung.</li></ul>

Mit Leasing wird kein Eigentum erworben und es ist nicht möglich, für das Investitionsgut Zulagen vom Finanzamt zu erhalten. Leasinggesellschaften werden nur dann einen Vertrag abschließen, wenn der Leasingnehmer einwandfreie Bonität nachweisen kann.

Factoring

Factoring für die Exportfinanzierung

Factoring ist der Verkauf von Forderungen eines Unternehmens an eine Factoringbank. Der Factor kauft sofort nach Rechnungslegung die Forderung an und bezahlt dem Kunden diese unter dem Abschlag der Verzinsung sowie der Gebühren. Der Factor vereinnahmt dann die Zahlung des Rechnungsempfängers.

Das Unternehmen verfügt durch den Verkauf der Forderungen kurzfristig über Liquidität und erhält dadurch möglicherweise den Spielraum, Warenlieferungen mit Skonto zu bezahlen. Des weiteren besteht ein Schutz bei Forderungsausfällen, da dieses Risiko auf den Factor übergegangen ist.

3.5 Finanzmittelmanagement

Die Bilanzrelationen des Unternehmens verbessern sich, da durch die vorhandenen liquiden Mittel Verbindlichkeiten abgebaut werden können.

Die Inanspruchnahme von Factoring ist an verschiedene Bedingungen geknüpft.

Forfaitierung

Bei der Forfaitierung handelt es sich um eine Sonderform der Exportfinanzierung. Vom Forderungsverkäufer werden an eine Forfaitierungsbank mittel- und langfristige Exportforderungen veräußert. Bei Nichtzahlung des Exportpartners besteht keine Möglichkeit des Rückgriffs auf den Forderungsverkäufer. Damit gehen das Forderungsausfallrisiko, das Kursrisiko bei Fremdwährungen und die Risiken aus wirtschaftlichen und politischen Krisen auf die Forfaitierungsbank über.

Forfaitierung

Lieferantenkredit

Außerhalb des Bankgeschäftes gibt es weitere Kreditarten, von denen nur der Lieferantenkredit betrachtet werden soll. Dem Unternehmen bietet sich folgender Entscheidungsspielraum hinsichtlich der Bezahlung von Rechnungen:

- Nutzung von Skonto

- Ausnutzung des Zahlungszieles (Lieferantenkredit)

- Verlängerung des Kredites durch Vereinbarung oder Hinhalten (Lieferantenkredit).

Zahlung von Rechnungen

Die typischen Formulierungen für einen Lieferantenkredit lauten: Zahlbar mit (2-3) % Skonto innerhalb von (10) Tagen bis (Datum). Netto innerhalb (30) Tagen bis zum (Datum).

Die in Klammern angegebenen Werte variieren je nach Unternehmensfestlegungen und Branche. Für den Rechnungsempfänger stellt sich immer wieder die Frage, ob Skonto genutzt werden soll oder nicht.

Dazu ist es erforderlich, den Skontosatz auf Jahreszinssätze umzurechnen.

$$\text{Verzinsung} = \frac{\text{Skontosatz in \%}}{\text{Zahlungsziel in Tagen} - \text{Skontofrist in Tagen}} \times 360$$

Nutzung von Skonto oder nicht?

Ein Lieferant bietet einem Unternehmen 2% Skonto bei Zahlung innerhalb von 10 Tagen. Nach 30 Tagen muß der volle Betrag beglichen sein. Für den Lieferantenkredit ergibt sich eine Verzinsung von 36%. Der Lieferantenkredit ist damit ein sehr teurer Kredit. Für das Unternehmen sind folgende Konsequenzen abzuleiten:

- Skontoabzug immer nutzen, solange es die Liquiditätslage zuläßt.

- Ggf. eine Erhöhung des Kontokorrentkredites beantragen, um Skonto nutzen zu können, da der Kontokorrentkredit deutlich zinsgünstiger ist.

Schlussfolgerungen

Der Vorteil des Lieferantenkredites besteht jedoch darin, das er ohne Formalitäten und schnell gewährt wird. Als Sicherheit behält der Lieferanten den Eigentumsvorbehalt bis zur vollständigen Bezahlung der Rechnung.

3.5.5.3.3. Subvention

Keine Rückzahlung

Bei der Subventionsfinanzierung fließen dem Projekt Finanzmittel von außen zu, die **nicht** zurückgezahlt werden müssen.

Einsatz der Subvention

Anlaß für die Vergabe von Subventionen können folgende sein:

- Förderung der Existenzgründung und Industrieansiedlung
- Exportförderung
- Regionale Strukturverbesserung
- Förderung der Innovation
- Verbesserung des Umweltschutzes

Die Subventionen können direkt über Zins-, Kredit oder Investitionszuschüsse oder indirekt über die Ersparnis von Finanzmitteln erfolgen. Letzteres wird durch Abgaben- und Steuerreduzierung, Verbilligung von bestimmten Rohstoffen, staatliche Marktregulierung oder staatliche Bürgschaften und Garantien erreicht.

Subventionierte Darlehen

Merkmale subventionierter Darlehen

Folgende Merkmale charakterisieren diese Darlehen:

- Zinsverbilligung gegenüber den marktüblichen Konditionen,
- Einräumung von tilgungsfreien Jahren bei langen Darlehenslaufzeiten,
- Gewährung einer Haftungsfreistellung für die mitfinanzierende Hausbank (optional).

Ansprechpartner

In Deutschland werden subventionierte Darlehen im wesentlichen durch die Kreditanstalt für Wiederaufbau, Frankfurt, die Deutsche Ausgleichsbank, Bonn/Berlin und die Förderbanken in jedem Bundesland ausgereicht. Die Antragstellung erfolgt bei den Kreditinstituten. Diese leiten den Antrag zur Finanzierung des Projektes aus einem spezialisierten Darlehensprogramm an die genannten Förderinstitute weiter.

Zuschüsse

Einsatzgebiete von Zuschüssen

Die Zuschüsse dienen der anteiligen Finanzierung eines Investitions- oder Forschungs- und Entwicklungsprojektes. Ein gesetzlicher Anspruch auf Gewährung der Zuschüsse besteht nicht. Inhaltlich werden mit diesen Zuschüssen die Aufwendungen für das Personal, Material, Fremdleistungen, für das Projekt erforderliche Geräte und sonstige Ausgaben aus dem Forschungs- und Entwicklungsprojekt mit bis zu 75 % bezuschußt. Bei Investitionsprojekten kann ein Zuschuss bis zu 50% gewährt werden. In Deutschland sind diese Zuschüsse bei Förderbanken der jeweiligen Bundesländer oder überregionalen Institutionen zu beantragen.

3.5.5.3.4. Beteiligungsfinanzierung

Rating kapitalsuchender Unternehmen

Die Beschlüsse von Basel II sehen auch für die kreditsuchenden klein und mittelständischen Unternehmen in Europa ein strenges Rating vor. Ein wesentlicher Aspekt des Ratings ist dabei die Ausstattung des Unternehmens mit Eigenkapital. Mit dem europäischen Binnenmarkt stehen die Unternehmen zudem häufig unter dem Zwang, ihre Bücher - ihre Bilanzen - dem potentiellen Auftraggeber zu öffnen. Eine zufriedenstellende Ausstattung mit Eigenkapital wird auch hier erwartet.

Die Ansammlung von Gewinnen und der Cash-flow reichen häufig nicht zur Erhöhung des Eigenkapitals aus. Außerdem benötigen die erfolgreichen Unternehmen für ihr Wachstum, ihre Innovationsprojekte und für die Erschließung neuer Märkte zusätzliches Kapital. Beteiligungsgesellschaften können dieses Kapital zur Verfügung stellen und damit die Finanzierungslücke schließen.

3.5 Finanzmittelmanagement

Die Beteiligungsfinanzierung ist eine Finanzierungsart, bei der das Eigenkapital von außen dem Unternehmen zugeführt wird. Die Beteiligungsgesellschaft beteiligt sich entweder zu 100%, mehrheitlich oder in der Minderheit an einem Unternehmen. Auch durch die Vergabe von stillen Beteiligungen werden dem Unternehmen eigenkapitalähnliche Mittel zugeführt.

Besonderheiten der Beteiligungsfinanzierung

Anlaß für eine Beteiligungsfinanzierung sind z.B. die Existenzgründung, Investitionen in das Sachanlagevermögen, die Ablösung von Gesellschaftern, die Realisierung von Innovationen, der Kauf von Unternehmen, der Börsengang usw.

Anlaß

Viele Unternehmen zögern, eine Beteiligung aufzunehmen. Sie glauben, „nicht mehr der Herr im Hause zu sein" und übersehen die besonderen Vorteile der Beteiligungsfinanzierung:

Vorteile

- die Eigenkapitalbasis des Unternehmens wird gestärkt
- Schonung der Realsicherheiten (weil keine Sicherheiten zu stellen sind)
- „Beteiligungskapital macht Unternehmen schön für die Bank" - das Risiko wird auf mehrere Partner verteilt
- Selbständigkeit des operativen Geschäfts.

Besonders hervorzuheben sind in diesem Zusammenhang die Venture-Capital-Gesellschaften. Sie sind bereit, ein deutlich höheres Risiko bei der Finanzierung speziell der jungen und innovativen Unternehmen einzugehen. Die Bezeichnung Venture-Capital steht auch für Risiko-, Wagnis oder Chancenkapital. Neben der Funktion des Kapitalversorgers (Eigenkapital) bieten diese Gesellschaften eine umfassende Beratung, ein Coaching der Unternehmen an. Wenn die Unternehmen dann stark expandieren und hohe Gewinne erwirtschaften, verkaufen diese Gesellschaften ihre Unternehmensanteile oder führen die Unternehmen an die Börse, um dort durch den Verkauf ihrer Aktien höhere Gewinne zu erzielen.

Venture Capital Gesellschaften

3.5.5.3.5. Innenfinanzierung

Bei der Innenfinanzierung kommen die Finanzierungsquellen aus dem Unternehmen/Projekt. Im wesentlichen erfolgt sie aus Umsatzerlösen oder aus Kapitalfreisetzungen.

Finanzierung aus einbehaltenen Gewinnen

- Das Unternehmen weist am Ende eines Geschäftsjahres einen zu versteuernden Gewinn aus. Wird dieser nicht an die Unternehmenseigentümer ausgekehrt, sondern verbleibt im Unternehmen, so spricht man von einer Thesaurierung des Gewinns. Die Gegenwerte dieser Beträge werden auf der Aktivseite der Bilanz im Anlagevermögen oder in den Vorräten ausgewiesen oder spiegeln sich noch als Guthaben bei einer Bank wider.

Gewinnthesaurierung und stille Reserven

- Eine weitere Möglichkeit besteht darin, stille Reserven zu bilden. Damit wird der auszuweisende Gewinn reduziert. Diese Reserven sind nach einer gewissen Zeit wieder aufzulösen und erhöhen damit den Gewinn eines künftigen Geschäftsjahres. Die Bildung stiller Reserven ist durch die handels- und steuerrechtlichen Bewertungsgrenzen eingeengt.

Daneben gibt es die Finanzierung aus Abschreibungen und aus Rückstellungen.

Finanzierung aus Kapitalfreisetzung

- Durch **Rationalisierungsmaßnahmen** kann bisher gebundenes Kapital freigesetzt und anderweitig eingesetzt werden. Die Rationalisierung kann entweder so wirken, das Kapital direkt freigesetzt wird oder daß das Produktions- und Umsatzvolumen bei gleichem Kapitaleinsatz erhöht wird und damit indirekt eine Kapitalfreisetzung erfolgt. Beides ist durch folgende Maßnahmen möglich:

Rationalisierung und Vermögensumschichtung

- Steigerung des Umschlages an Roh-, Hilfs- und Betriebsstoffen und damit die Reduzierung der Lagerdauer,

- Verbesserung der Überwachung und Verkürzung der Zahlungsziele der Kunden,
- Verbesserung der Einkaufsdisposition,
- Umsetzung des technischen Fortschritts in allen Produktionsbereichen.
- Bei der **Vermögensumschichtung** werden Vermögensgegenstände veräußert, die für den betrieblichen Prozeß nicht mehr benötigt werden. Das können z.B. nicht genutzte Grundstücke und Maschinen, Wertpapiere, Beteiligungen, Lagerbestände sein. Die aus dem Verkauf entstehenden Erlöse können für die Finanzierung anderer Projekte zum Einsatz gebracht werden.

Die Innenfinanzierungskraft eines Unternehmens hängt stark von den eigenen wirtschaftlichen Erfolgen ab. Sie ist jedoch für das Unternehmen von Vorteil, da u.a. keine Zins- und Tilgungsleistungen anfallen, das Kapital sofort zur Verfügung steht und keine Abhängigkeiten von Kapitalgebern entstehen.

3.5.5.4 Finanzierungsbeispiel Investitionsprojekt

Beispiel

Die Firma X beabsichtigt auf Grund der weiterhin steigenden Nachfrage die Produktionskapazitäten zur Fertigung der Sensorköpfe zu verdoppeln. Der Absatz der Produkte wird durch einen langfristigen Liefervertrag mit der renommierten Firma Y gesichert.

Ausgangssituation

Bisher werden im Unternehmen 20.000 Stück dieser Produktgruppe gefertigt. Bei der Wirtschaftlichkeitsanalyse der Investition wird festgestellt, das die bisher verwendete Anlagentechnik den Anforderungen an die Auslastung nicht standhält. Es wird daher entschieden, ein neues, modernes Bearbeitungszentrum zu erwerben, das Kapazitätserweiterungen einerseits zuläßt und andererseits für andere Produktgruppen oder für die Erbringung von Fremdleistungen besonders gut geeignet ist. Die neue Technik verlangt aber einige bauliche Veränderungen, um eine optimale Ver- und Entsorgung zu gewährleisten.

Das Projektteam hat gut vorgearbeitet und folgende Kostenstruktur zusammengestellt:

Aufwandstruktur

Aufwandsstruktur	EURO
Abbau und Verschrottung der alten Anlage	20.000
Baumaßnahmen Fundament	8.000
Elektroarbeiten (Beleuchtung, Kraftstrom)	5.000
Transporteinrichtungen (Förderband usw.)	12.000
Bearbeitungszentrum	200.000
Schulung der Facharbeiter	4.000
GESAMT	249.000

Reduzierung des Aufwandes

Der Vertriebsleiter erinnert sich, auf der letzten Messe mit dem Unternehmen A gesprochen zu haben, das großes Interesse an der Nutzung der Anlagentechnik hatte. Bei einem Telefonat wird bestätigt, das es A bisher nicht gelungen ist, eine Finanzierung für eine neue Anlage zu erhalten. A wird ein Angebot unterbreitet, die alte Anlagentechnik für einen Kaufpreis von € 10.000 bei eigenem Abbau und Abtransport zu erwerben. Das Unternehmen A nimmt das Kaufangebot gerne an, damit reduziert sich der Gesamtaufwand um € 20.000 (Abbau und Verschrottung) auf € 229.000.

Vom Projektteam wird folgender Finanzierungsvorschlag unterbreitet:

Finanzierung

Finanzierungsstruktur	EURO
liquide Mittel (davon € 10.000 aus Verkauf)	20.000
Eigene Leistungen (Elektro, Fundament und Transport-	23.500
Zulagen (20% auf Investitionsgüter)	42.400
Bankdarlehen	143.100
GESAMT	229.000

3.5 Finanzmittelmanagement

Der Anteil der Subvention (Zulagen nach gesetzlicher Vorschrift und Zuschüsse) könnte sich auf 50% = € 112.500 erhöhen. Entsprechend niedriger fällt der Finanzierungsanteil für die Hausbank aus.

3.5.5.5 Finanzierungsbeispiel Innovationsprojekt

Das Unternehmen A plant ein Projekt zur Entwicklung einer neuen Oberflächenbeschichtungstechnologie und deren Markteinführung. Das Projekt läuft über einen Zeitraum von 2,5 Jahren. Aufbauend auf den einzelnen Arbeitspaketen wurde folgende Kostenstruktur für den gesamten Forschungs- und Entwicklungsteil ermittelt. *Beispiel*

Aufwandstruktur

Forschungsaufwand	EURO
Personalkosten	950.000
Material	250.000
Fremdleistungen	75.000
Geräte (Meßgeräte, Prüflabor usw.)	125.000
Sonstige Kosten	30.000
GESAMT	1.430.000

Nach branchenübergreifenden Erfahrungswerten erreicht der Aufwand zur Markteinführung eines Produktes oder einer Technologie mindestens die Größenordnung der Entwicklungsaufwendungen. Dem Unternehmen ist es jedoch gelungen, einen strategischen Partner zu gewinnen. Dieser ist zwar derzeit nicht gewillt, sich an dem Unternehmen finanziell zu beteiligen, wird dies jedoch bei Erreichen bestimmter Projektmeilensteine neu prüfen. Die Aufwendungen für die Markteinführung wurden daher auf ein für das Unternehmen vertretbares Maß reduziert:

Aufwand für Markteinführung

Markteinführungsaufwand	EURO
Personalkosten Vertrieb (inkl. Reisekosten)	300.000
Messen	65.000
Präsentationen	30.000
Werbung	45.000
Gesamt	440.000

Der Finanzierungsvorschlag wurde wie folgt erarbeitet:

Finanzierungsvorschlag

Finanzierungsstruktur	EURO
Liquide Mittel	15.000
Eigene Leistungen (Messgeräteanpassung)	30.000
Zuschüsse für F&E (45% des Aufwandes)	643.500
Stille Beteiligung einer Beteiligungsgesellschaft	741.500
Gesamt F&E	1.430.000
Eigene Leistungen (Bau Messestand)	10.000
Darlehen der Hausbank	200.000
Weitere Beteiligung	230.000
Gesamt Markteinführung	440.000

Dem Projektteam war es gelungen, mit dem vorbereiteten Projekt eine auf Technologieunternehmen spezialisierte Beteiligungsgesellschaft als Finanzierungspartner zu gewinnen. Anderenfalls wäre das Vorhaben nicht realisierbar gewesen.

3.5.5.6 Ablauf der Finanzierung

Einordnung der Finanzierung in den Termin- und Ablaufplan

In der Termin- und Ablaufplanung für ein Projekt ist genau festzuhalten, zu welchen Zeitpunkten Finanzmittel zur Verfügung gestellt werden müssen. Ausgehend von einer Bearbeitungsfrist von 3 Monaten ist der späteste Zeitpunkt zur Beantragung der Finanzierungsmittel rückwärts festzustellen. Kann dieser Antragstermin nicht eingehalten werden, ist von vornherein von einer Verzögerung des Projektablaufes auszugehen, es sei denn, das Unternehmen ist in der Lage, die von außen zufließenden Finanzierungsmittel vorab selbst zur Verfügung zu stellen.

Ablaufplan

Die Initiative zur Beantragung von Finanzierungsmitteln geht fast ausschließlich vom Projektteam aus. Folgender Ablauf ist zu Grunde zu legen:

1. **Kreditantrag** an Bank/ Beteiligungsgesellschaft/ Fördermittelgeber (Subvention)

2. Bei der **Prüfung der Kreditfähigkeit** werden die formalen Voraussetzungen geprüft. Dazu gehören z.B. die Berechtigung zur Kreditaufnahme oder die Unternehmensgröße zwecks Subventionierung.

3. Bei der **Kreditwürdigkeitsprüfung** wird umfassend betrachtet, ob sowohl die persönlichen als auch die wirtschaftlichen Voraussetzungen für die Kreditaufnahme gegeben sind.

   Die **persönliche** Kreditwürdigkeit wird an Kriterien wie der fachlichen Qualifikation, den unternehmerischen Fähigkeiten oder den Führungsqualitäten gemessen.

   Die **wirtschaftliche** Kreditwürdigkeit beinhaltet eine komplexe Prüfung der gegenwärtigen und künftigen Ertrags- und Liquiditätslage sowie der Vermögens- und Kapitalstruktur des Unternehmens und wird an Hand folgender Unterlagen vorgenommen:

Kreditrelevante Unterlagen

   - Jahresabschlüsse
   - Gesellschaftsverträge, Handelsregisterauszug, Mietverträge
   - Finanz- und Liquiditätsplan
   - Auftragsbestände
   - Ertragsvorschau für 3 Jahre
   - Detaillierte Projektbeschreibung mit Meilensteinplanung
   - Soweit vorhanden: externe Gutachten
   - Auskünfte über die geschäftsführenden Gesellschafter

   Gerade bei kleinen und mittleren Unternehmen wird eine Projektfinanzierung nicht losgelöst von der übrigen Geschäftstätigkeit des Gesamtunternehmens bewertet. Hier wird kritisch betrachtet, ob das Unternehmen überhaupt in der Lage sein wird, das Projekt zu realisieren und etwaige Risiken aus dem Projekt abzufangen. Bei Großprojekten, wie z.B. dem Bau eines Flughafenbereiches oder eines Stahlwerkes, wird eine reine projektbezogene Betrachtung vorgenommen.

4. **Stellung von Sicherheiten**

5. **Kreditzusage**

6. **Abschluß des Vertrages und Auszahlung/ laufende Überwachung**

   Die Bank kann die Auszahlung eines Darlehens an die Erfüllung der im Projekt festgehaltenen Meilensteine koppeln. Werden auf Grund von Terminschwierigkeiten, technischen Problemen usw. die Meilensteine nicht erreicht und der Bank wurde diese Entwicklung nicht signalisiert, hat sie die Möglichkeit, die Finanzierung zu stoppen. Damit ist das gesamte Projekt gefährdet, obwohl die Hemmnisse möglicherweise harmlos sind und kurzfristig überwunden werden können.

3.5 Finanzmittelmanagement

Die Bank hat neben dem normalen, vertraglich fixierten Kündigungsrecht auch ein außerordentliches Kündigungsrecht, wenn folgende Punkte auftreten:

Kündigungsrechte der Bank

- Bei der Kreditbeantragung wurden unrichtige Angaben gemacht, z.B. über die Vermögensverhältnisse, Vertragsverhältnisse usw.
- Die Vermögensverhältnisse verschlechtern sich wesentlich.
- Die Sicherheiten sind nicht mehr werthaltig und eine Sicherheitenverstärkung wird nicht vorgenommen.

Bei den Beteiligungsgesellschaften besteht nicht das Problem der Besicherung. Deshalb sind die Wirtschaftlichkeitsprüfungen im Vorfeld der Beteiligungsentscheidung komplexer und mitunter langwieriger. Auch hier gilt es, eine angemessene Frist (3 Monate) einzurechnen.

3.5.5.7 Exkurs: Kreditsicherheiten

Bei der Beantragung eines Kredites muß sich das Projektteam auch darüber Gedanken machen, welche Sicherheiten der Bank zur Verfügung gestellt werden. Diese Frage sollte jedoch nicht den Ausgangspunkt des Kreditgespräches bilden. Vielmehr muß erst das Projekt überzeugen und dann müssen die Besicherungsfragen geklärt werden.

Sicherheiten für die Kreditfinanzierung

Die Sicherheiten lassen sich wie folgt differenzieren:

Personensicherheiten	Realsicherheiten
• Bürgschaften • Garantien • Kreditaufträge	• Forderungsabtretung • Sicherungsübereignung • Grundschulden • Eigentumsvorbehalt • Pfandrechte

Abbildung 3.5-9: Kreditsicherheiten

Bürgschaften

Die Bürgschaften sind wie andere Personensicherheiten an die Person oder das Unternehmen geknüpft. Durch sie verpflichtet sich der Bürge, für die Erfüllung der Verbindlichkeiten eines Dritten gegenüber dem Gläubiger einzustehen. Ist diese Schuld getilgt, muß die Bürgschaftsurkunde durch die Bank zurückgegeben werden.

Garantien

Die Garantie ist ein abstraktes Schuldversprechen, die sich nicht auf eine bestimmte Schuld bezieht. Der Garantiegeber haftet für das Eintreten eines bestimmten Erfolges.

Kreditauftrag

Ein Kreditauftrag liegt vor, wenn jemand die Bank beauftragt, im eigenen Namen und für eigene Rechnung einem Dritten Kredit zu gewähren. Der Auftraggeber haftet der Bank dann für die Verbindlichkeiten des Dritten.

Forderungsabtretung

Mit einem Vertrag werden die Forderungen, die ein Unternehmen gegenüber Dritten hat, an die Bank abgetreten. Die Abtretung kann auf eine einzelne Forderung begrenzt sein oder z.B. alle Forderungen gegen Kunden mit dem Anfangsbuchstaben A-St betreffen. In der Regel erfolgt die Abtretung still. Vom Unternehmen sind bei Forderungsabtretung monatlich die offenen Forderungen nachzuweisen. Diese Sicherheit wird etwa mit 20-30% des Forderungsbestandes bewertet.

Sicherungsübereignung

Das Unternehmen übereignet der Bank verschiedene Gegenstände, die in seinem Besitz bleiben, während das Eigentum auf die Bank übergeht. Besonders geeignet sind Vorräte, Maschinen und Autos. Das Unternehmen kann weiterhin mit dem Anlagevermögen arbeiten.

Grundschulden

Unter der Grundschuld ist die Eintragung eines vereinbarten Betrages auf einem Immobilienobjekt oder auch eines Grundstückes zu verstehen. Die Grundschuld ist nicht an einen bestimmten Kreditvertrag gebunden. Ist die Kreditschuld abgetragen, kann die Grundschuld zur Neuaufnahme von Krediten genutzt werden. Es besteht kein Löschungsbedarf – im Gegensatz zur Hypothek, die nur für eine bestimmte Schuld in das Grundbuch einzutragen war.

Eigentumsvorbehalt

Der Eigentumsvorbehalt wird bei Lieferungen auf Ziel - dem Lieferantenkredit - benutzt. Er sorgt dafür, das erst nach vollständiger Bezahlung der Ware das Eigentum übergeht.

Pfandrechte

Die Verpfändung betrifft i.d.R. keine Sachgegenstände sondern Rechte, da das Pfandgut der Bank zur Verwahrung übergeben werden muß. Damit wäre bei Gegenständen die Verfügungsmöglichkeit für das Unternehmen nicht mehr gegeben. Das Unternehmen kann Depots, Lebensversicherungen und Rentenpapiere verpfänden.

Sicherheiten und Darlehensvertrag

Die für ein Darlehen vereinbarten Sicherheiten werden im Vertrag aufgeführt. Ergänzend gibt es für jede Sicherheitenart spezielle Verträge bzw. Formulare, die den Darlehensvertrag ergänzen. Das Unternehmen muß stets einen genauen Überblick über die der Bank zur Verfügung gestellten Sicherheiten haben. Das jährliche Kreditgespräch sollte immer wieder Anlaß sein, die Werthaltigkeit der Sicherheiten mit dem noch valutierenden Kredit abzustimmen und ggf. Sicherheiten zurückzuverlangen. Dazu bedarf es jedoch einer sehr guten Vorbereitung des Gespräches sowie solider wirtschaftlicher Verhältnisse.

3.5.5.8 Finanzierungsaspekte nach Projektgröße

Die Projektfinanzierung, also das „Planen und Durchführen der Beschaffung der für das Projekt erforderlichen finanziellen Mittel, einschließlich der Bereitstellung und Freigabe" (DIN 69903) wird in Abhängigkeit von der Projekt- und Unternehmensgröße von verschiedenen Fachbereichen realisiert.

Kleine und mittlere Unternehmen

In den kleinen und mittleren Unternehmen wird vom Projektteam ein Finanzierungsvorschlag erarbeitet. Unternehmensintern wird der Bereich des Rechnungswesens wesentliche Unterstützung leisten können. Die Entscheidung über die mögliche Struktur der Finanzierung kann jedoch nur von der Unternehmensleitung - gegebenenfalls unter Hinzuziehung externer Berater - getroffen werden. Sie wird maßgeblich für die Beschaffung der Mittel, z.B. durch die Kreditbeantragung oder die Gewinnung von privaten Kapitalgebern, verantwortlich sein und den Einsatz der Mittel streng überwachen.

Großunternehmen/Verpflichtungskredite

In großen Unternehmenseinheiten gibt es Abteilungen, die sich ausschließlich mit dem Finanzmanagement beschäftigen. Sie übernehmen alle für die Projektfinanzierung relevanten Aufgaben. Sie haben nicht nur das einzelne Projekt, sondern die Vielzahl der Projektfinanzierungen in Einklang zu bringen. Bei größeren Projekten wird zunehmend davon ausgegangen, daß neben der Projektleistung auch die Finanzierung mitgebracht wird. Den Projektteams werden sogenannte Projektbudgets oder auch Verpflichtungskredite zur Verfügung gestellt. Innerhalb des bewilligten Rahmens wird das Projektteam damit ermächtigt, finanzielle Verpflichtungen - z.B. durch die Vergabe von Aufträgen oder den Einsatz von Personal - einzugehen. Üblicherweise werden die Projektbudgets unterteilt. Die Teilauszahlungen erfolgen in Abhängigkeit vom Erreichen vorher

3.5 Finanzmittelmanagement

festgelegter Meilensteine. Mit dieser Vorgehensweise wird eine wichtige Verknüpfung zum Finanzcontrolling hergestellt. (vgl. Abschnitt 3.5.6)

Bei internationalen Großprojekten handelt es sich z.B. um den Energieanlagenbau, Telekommunikations-, Ver- und Entsorgungs- und Infrastrukturprojekte. Kennzeichnend sind die langfristigen Finanzierungslaufzeiten und das -volumen von mehr als 50 Mio US$. Diese Projekte sind oft in Ländern angesiedelt, die nur über knappe Finanzmittel bei ausgeschöpften internationalen Kreditlinien verfügen und deren volkswirtschaftliche Lage angespannt ist. Die Projektbeteiligten stehen vor der Aufgabe, die hohen Risiken auf mehrere Schultern zu verteilen. Technische Risiken resultieren aus der Funktionsfähigkeit der Technologie, der rechtzeitigen Fertigstellung des Projektes und der Betreibung. Wirtschaftliche Risiken ergeben sich aus der Zuverlässigkeit und der Erfahrung der Projektbeteiligten, den Währungsschwankungen, der Einhaltung der Kosten und den allgemeinen Marktrisiken. Nicht zu vergessen sind die erheblichen politischen Risiken durch Unruhen und Kriege, Verstaatlichungen und Enteignungen.

Besonderheiten internationaler Projekte

Jeder Partner muß das Risiko tragen, das er am ehesten beeinflussen kann. So sollte der Systemlieferant das Risiko der termin- und kostengerechten Fertigstellung tragen.

Die Kapitalbereitstellung für Projekte dieser Dimension ist nicht mit der herkömmlichen Finanzierung zu vergleichen. Hierfür stehen wiederum spezialisierte nationale und internationale Teams in den Banken (aus dem Bereich corporate finance) und Investmentabteilungen zur Verfügung. Sie verfügen über die erforderlichen Erfahrungen und Kontakte, um zum einen die Finanzierungsstruktur zu gestalten und zum anderen das Kapital bei internationalen Geschäftsbanken, Entwicklungsbanken (Weltbank, Europäische Institutionen) und regionalen Banken in den einzelnen Ländern zu mobilisieren. Sie analysieren vorher weitgehender als bei einer Kreditprüfung die Wirtschaftlichkeit des Projektes, die Risikoverteilung und die Kompetenz der Projektbeteiligten.

Finanzierungspartner für Großprojekte

Die Mitwirkung an internationalen Großprojekten sollte immer vor dem Hintergrund einer realistischen Einschätzung der eigenen Leistungsfähigkeit des Projektteams und dessen Erfahrungen erfolgen. Für kleine und mittlere Unternehmen ist es empfehlenswert, durch die Mitarbeit als Zulieferer oder Subunternehmen erste Erfahrungen im Management von Großprojekten zu sammeln. Dazu ist aber in jedem Fall eine umfassende rechtliche Beratung und Absicherung erforderlich.

Erfahrungen mit Großprojekten

3.5.6. Projektrechnungswesen und –controlling

Das Rechnungswesen ist ein System zur Ermittlung, Darstellung und Auswertung von Zahlen über die gegenwärtigen und zukünftigen wirtschaftlichen Tatbestände und Vorgänge im Unternehmen sowie in seinen Beziehungen zur Umwelt.

Definition

Intern umfaßt es die Buchhaltung und Kostenrechnung, die nicht nur zur Erfassung des Ist-Zustandes, sondern auch als Planungsgrundlage dienen. Das externe Rechnungswesen hat dagegen die Funktion, die Partner des Unternehmens - die Eigentümer, die Gläubiger, die Kunden, die Lieferanten, die Arbeitnehmer und die sonstige Öffentlichkeit - über die wirtschaftliche Situation des Unternehmens zu informieren (Dokumentation und Information) sowie die Höhe der erforderlichen Zahlungen (speziell an die Eigentümer) zu bestimmen.

Rolle des Rechnungswesens

Das Projektrechnungswesen wird entweder als eigenes Instrument der Projektleitung geführt oder erfolgt im Rahmen des Rechnungswesen des Auftraggebers. Diese Entscheidung obliegt selten dem Projektteam, sondern wird durch den Auftraggeber oder unternehmensinterne Vorgaben bestimmt.

Projektrechnungswesen

Projektfestlegungen für das Rechnungswesen

Aufgabe der Projektleitung ist es, die Prämissen für die Datenbereitstellung und Abrechnung durch das Rechnungswesen zu setzen:

- Festlegung des projektspezifischen Kontenrahmens unter Zuhilfenahme bereits abgerechneter Projekte oder des Rechnungswesens;
- Exakte Zuweisung der Kosten und Finanzwerte in allen Projektphasen zu den festgelegten Konten;
- Regelung der erforderlichen Dokumentation,
- Festlegung der Zuständigkeiten und Abläufe der Zuarbeit für das Rechnungswesen.

Entscheidend für das Projektteam sind die letztgenannten Festlegungen, welche Aufgaben durch welchen Projektbeteiligten zu erfüllen sind. Dazu gehören klare Regelungen, wie z.B. mit einer eingehenden Rechnung für das bestellte Material oder andere Leistungen zu verfahren ist. Praktischerweise sollte hier auf die Erfahrungen aus realisierten Projekten oder auf die unternehmensinternen Festlegungen zurückgegriffen werden.

In letzter Zeit verstärkt sich der Trend zu einer einheitlichen und internationalen Rechnungslegung. Dies resultiert im wesentlichen aus der Internationalisierung des Geschäftes aber auch aus der Tatsache, daß die Anleger zunehmend an den internationalen Börsen investieren und sich die Unternehmen ihr benötigtes Kapital im Ausland beschaffen. Damit wird klar, daß international vergleichbare Jahresrechnungen erforderlich werden.

Internationale Rechnungslegungsstandards

Derzeit existieren drei Standards:

- die Richtlinien der EU (als Grundlage für das deutsche Handelsgesetzbuch-HGB),
- die Richtlinien der IAS (International Accounting Standard) des IASC (International Accounting Standard Commitee),
- die Richtlinien des US-GAAP (Generally Accepted Accounting Principles) des SEC (Securities and Exchange Commission).

Im Moment erscheint es wahrscheinlich, daß sich US-GAAP als internationaler Standard etablieren wird. Es fordert eine starke Investoreninformation und nicht wie im HGB den Gläubigerschutz.

Auswirkungen auf das Projektgeschäft

Für das Projektgeschäft hat speziell die unterschiedliche Betrachtung der Gewinnrealisierung bei langfristigen Aufträgen eine hohe Bedeutung. Nach dem HGB werden Umsätze in der Regel erst dann in der Gewinn- und Verlustrechnung eines Unternehmens verbucht, wenn die Schlußrechnung gestellt wurde. Zwischenzeitlich eingegangene Zahlungen werden als Anzahlungen gewertet. Sie sind nicht Bestandteil der Gewinn- und Verlustrechnung. Das Jahresergebnis (Gewinn/Verlust) wird dadurch im internationalen Vergleich zu niedrig ausgewiesen.

Gewinnrealisierung nach US-GAAP

Nach US-GAAP wird der Umsatz gemäß dem Arbeitsfortschritt nach der Percentage of Completion Methode ausgewiesen:

Geschätzter Gesamtumsatz * Fertigstellungsgrad = realisierter Umsatz

-Geschätzte Gesamtkosten * Fertigstellungsgrad = dafür angefallene Kosten

Aktuell realisiertes Ergebnis

Das aktuell realisierte Ergebnis kann dann im internationalen Maßstab verglichen werden.

Der Einsatz der internationalen Rechnungslegungsvorschriften wird auch zu Veränderungen im Controlling führen, da die wichtigste Informationsquelle des Controllings - das Rechnungswesen - erheblichen Änderungen unterzogen wird.

3.5 Finanzmittelmanagement

Das Controlling ist ein funktionsübergreifendes Steuerungsinstrument mit der Aufgabe, die Planung, Kontrolle und Informationsversorgung im Projekt und Unternehmen ergebnisorientiert auszurichten. Der Controller muß im Projekt dafür Sorge tragen, daß die Projektleitung permanent mit den notwendigen Informationen versorgt wird, um den weiteren Projektablauf planen und die erreichten Ergebnisse kontrollieren zu können.

Controllingfunktionen

Vergleich des Controllings

> *Auf einem Schiff (Projekt), das den wirtschaftlichen Erfolg anpeilt, ist der Controller der Navigator. Er unterstützt maßgeblich den Steuermann (= Projektleiter). Der Controller verfügt über Instrumente (Kostenrechnung, Wirtschaftlichkeitsrechnung usw.) mit deren Hilfe er dem Steuermann Informationen liefert, welche Richtung eingeschlagen werden muß, um das Ziel zu erreichen (vgl. Pleschak/Sabisch,. S. 8).*

Innerhalb eines jeden Projektes müssen durch die Projektleitung und den Auftraggeber/Investor definiert werden, welche Anforderungen an das Controlling gestellt werden. Die Projektleitung kann den fachlich- inhaltlichen Teil über den aktuellen Stand des Projektes zu den vereinbarten Terminen vorbereiten. Dazu gehören die Informationen über erledigte Arbeiten, vorzubereitende oder zu treffende Entscheidungen, aufgetretene Probleme, technische und personelle Veränderungen oder Besonderheiten des Projektes. Durch das Controlling sind alle Daten hinsichtlich der Einhaltung der Termine, der Kosten und des Nutzens sowohl in der Betrachtung für die Vergangenheit, als auch im Vergleich mit den erwarteten Zielstellungen und der Zielstellungen im weiteren Projektablauf auf- und vorzubereiten. Welcher Kennzahlensysteme, grafischer Darstellungen usw. sich der Controller dabei bedient ist sehr stark von den Gegebenheiten des Unternehmens oder Auftraggebers bzw. sogar vom Erfahrungshorizont des Controllers abhängig. Seine Datenaufbereitung muß gewährleisten, das jede Abweichung von den Planwerten erkannt, hinterfragt und die Ursachen dafür beseitigt werden oder die möglichen Schäden vom Projekt abgewendet werden.

Besonderheiten und Anforderungen an das Projektcontrolling

Zusammenfassung

Die Entstehung des Kapitalbedarfs im Projekt, also die Situation, daß die Ausgaben die Einnahmen übersteigen, wird zunächst im vorstehenden Kapitel untersucht. Es wird betrachtet, inwieweit ein Zusammenhang zwischen dem Lebenszyklus eines Projektes und dem Kapitalbedarf besteht.

Im Projekt treffen unterschiedliche Interessen der Projektbeteiligten aufeinander. Sowohl für die Investoren als auch die Auftraggeber ist es in der Regel entscheidend, welchen wirtschaftlichen Vorteil/Nutzen das Projekt aufweisen kann. Aus diesem Grund müssen alle Faktoren zur Bewertung der Projekte festgestellt und analysiert werden. Auch wenn es sich dabei um zahlreiche qualitative Faktoren handelt, ist es unerläßlich, diese auf quantitative zurückzuführen, um die Vergleichbarkeit der Wirtschaftlichkeitsbetrachtungen zu gewährleisten.

Zum Vergleich der Projekte werden verschiedene statische und dynamische Bewertungsverfahren herangezogen. An Hand von Beispielen wird aufgezeigt, wie diese Verfahren zum Einsatz kommen. Im Ergebnis der Bewertungen wird eine erste Vorentscheidung über die Realisierung eines Projektes zu treffen sein. Andere Betrachtungen zur Rentabilität des Projektes unterstützen die Entscheidungsfindung.

Neben der Wahl der Projektalternative ist für das Projektteam entscheidend, wie im Projektverlauf die Liquidität - also die permanente Zahlungsfähigkeit - gesichert werden kann. Der Liquiditätsplan und verschiedene Kennzahlen zur Liquidität unterstützen die Arbeit des Projektteams.

Nach der Entscheidung für eine Projektvariante ergibt sich die Frage, ob und wie das Projekt finanziert werden kann. Von den Projektteams wird zunehmend erwartet, daß sie Finanzierungsvorschläge erarbeiten und ein optimales Finanzierungspaket zusammenstellen können. Im Kapitel sind daher wichtige Finanzierungsalternativen dargestellt, und anhand der Beispiele wird die Kombination der Finanzierungsbausteine verdeutlicht. Darüber hinaus wird beschrieben, welche Schritte für eine erfolgreiche Finanzierung eingeleitet werden müssen und - als Exkurs - welche Möglichkeiten der Besicherung von Krediten zur Verfügung stehen.

Abschließend wird die Rolle des betrieblichen Rechnungswesens und der Zusammenhang mit dem Projektcontrolling näher beleuchtet.

Literaturverzeichnis

VOLLMUTH, HILMAR: Finanzierung, Hanser-Fachbuch Studienbücher der Wirtschaft, München, Wien 1994

BURCHERT, HEIKO; HERING, THOMAS: Betriebliche Finanzwirtschaft - Aufgaben und Lösungen, Oldenbourg Verlag, München, Wien 1999

FÖRSCHLE, GEHART; KROPP, MANFRED: Unternehmensfinanzierung; Economica Verlag GmbH, Bonn 1995

BACKHAUS/SANDROCK/SCHILL/UECKERMANN: Projektfinanzierung, Poeschel, Stuttgart 1990

HORVÀTH UND PARTNER: Das Controllingkonzept, Deutscher Taschenbuchverlag, München 2000

PLESCHAK, FRANZ; SABISCH, HELMUT: Innovationsmanagement, Schäffer-Poeschel Verlag, Stuttgart 1996

Autorenportrait

Karin Rabe

1965 in Magdeburg geboren, studierte Karin Rabe Betriebswirtschaft an der Friedrich-Schiller-Universität in Jena. Sie schloss ihr Studium als Diplom-Ingenieur-Ökonom ab und arbeitete von 1988 bis 1990 als wissenschaftliche Assistentin an der Fakultät Betriebswirtschaft der Technischen Universität Magdeburg im Fachbereich Strategische Unternehmensplanung. Von 1991 bis 1996 war sie als Kreditberaterin im Firmenkundenbereich der Bayerischen Vereinsbank tätig. Seit 1997 ist Karin Rabe als Projektmanagerin für den Thüringer Innovationsfonds bei der Thüringer Aufbaubank in Erfurt beschäftigt.

Seit Januar 2002 ist Karin Rabe stellvertretende Leiterin der GPM-Regionalgruppe Weimar/Thüringen. In ihrer neuen Funktion plant sie insbesondere Veranstaltungen zu den Themen Projektsteuerung sowie Kosten- und Finanzmittelmanagement.

Abbildungsverzeichnis

Abbildung 3.5-1: Bilanz 654

Abbildung 3.5-2: Kapital 655

Abbildung 3.5-3: Lebenszyklus von Projekten am Beispiel der Entwicklung eines Produktes 656

Abbildung 3.5-4: Ablauf des Bewertungsprozesses von Projekten 658

Abbildung 3.5-5: Datenbereitstellung aus verschiedenen Unternehmensbereichen 659

Abbildung 3.5-6: Ausgangsdaten für Liquiditätskennzahlen 666

Abbildung 3.5-7: Liquiditätsplan 668

Abbildung 3.5-8: Finanzierungsalternativen geordnet nach dem Kriterium der Mittelherkunft.... 672

Abbildung 3.5-9: Kreditsicherheiten 681

Lernzielbeschreibung

Kapitalbedarf in Projekten

- Erkennen, wann Kapitalbedarf entsteht
- Kenntnis des Bilanzaufbaus und wie sich darin die Kapitalverhältnisse widerspiegeln
- Herstellen des Zusammenhanges von Projektlebenszyklusphase und Kapitalbedarf

Bewertung von Projekten

- Erkennen der Notwendigkeit von Bewertungsprozessen zur Auswahl von Projekten
- Kennen lernen des Ablaufs von Bewertungsprozessen
- Kennen der Grunddaten zur wirtschaftlichen Bewertung von Projekten
- Kennen lernen der verschiedenen statischen und dynamischen Bewertungsverfahren sowie Erlernen der Berechnungsvorschriften der einzelnen Methoden an Hand des Beispiels
- Erfassen der Besonderheiten der Bewertung von Innovationsprojekten

Finanzwirtschaftliche Ziele im Projekt

- Kennen lernen verschiedener Rentabilitätskennzahlen zur besseren Einschätzung der Wirtschaftlichkeit von Projekten
- Erwerb der Fähigkeit, die Liquidität im Projekt zu erfassen und zu bewerten
- Aufstellung eines Liquiditätsplanes beherrschen
- Herleitung von Maßnahmen zur Gegensteuerung bei angespannter Liquiditätssituation
- Aussagekraft des Cash-flow kennen lernen und diesen ermitteln können
- Verständnis für die Beziehungen zu den Kapitalgebern und ihren Ansprüchen entwickeln

Finanzierung von Projekten

- Erlernen, welche Finanzierungsalternativen bestehen
- Unterscheiden der verschiedenen Kreditfinanzierungen und deren Einsatzmöglichkeiten
- Kennen lernen der Zielsetzung von Subventionen und deren Einsatz
- Erfassen des Anliegens der Beteiligungsfinanzierung
- Kennen der Möglichkeiten der Innenfinanzierung
- Verständnis, das Finanzierung immer das Zusammenwirken verschiedener Finanzierungsalternativen bedeutet
- Grundsätzlichen Ablauf der Finanzierung kennen
- Die Rolle der Kreditsicherheiten benennen können
- Unterscheidung der Finanzierungen in Abhängigkeit von der Projektgröße und Kenntnis der Besonderheiten internationaler Projekte

Projektrechnungswesen und –controlling

- Erkennen der Rolle des Projektrechnungswesens
- Mindestanforderungen an das Projektrechnungswesen kennen
- Erkennen des Einflusses internationaler Rechnungslegung auf das Projektgeschäft

3.6 Leistungsbewertung und Projektfortschritt

von

Erhard Motzel

Relevanznachweis

Die Beschreibung und Bewertung der im Projekt zu erbringenden Sach- und Dienstleistungen sind aus zweierlei Gründen von entscheidender Bedeutung. Sie dienen zum einen als Planungsgrundlage für klare Arbeitsprogramm-Vorgaben zur Projektabwicklung und zum andern als Basis für eine aussagekräftige, die Projektrealität widerspiegelnde Projektfortschrittskontrolle mit Soll-Ist-Vergleichen zum Stichtag und Prognosen auf das Projektende. Leistungsmaßgrößen und Meßtechniken zur objektiven Fortschrittsgradermittlung sind Voraussetzungen für die Fertigstellungswertbestimmung und bilden somit die Grundlage für eine integrierte Projektsteuerung. Das Erkennen und Handhaben der Verbindungen zwischen Projektgliederung, dem Ablauf-, Termin-, Einsatzmittel- und Kostenmanagement auf der einen Seite und dem Leistungsmanagement auf der anderen Seite spielt dabei eine wichtige Rolle. Ohne dieses Zusammenwirken sind weder ein fundierter Projektstatus noch eine realitätstreue Projektanalyse und sichere Steuerung des Projektes möglich.

Die vorgestellten Methoden zum Bestimmen des Fortschrittsgrads sind in ihrer Aussage und Wirkung sehr unterschiedlich. Auswahl und Einsatz für den speziellen Projektfall erfordern entsprechende Erfahrung der Projektleitung.

Inhaltsverzeichnis

3.6.1	**Grundsätzliches und Begriffsdefinitionen**	**693**
3.6.2	**Projektgliederung und Leistungsbeschreibung**	**697**
3.6.3	**Projektablauf und Leistungsplanung**	**699**
3.6.3.1	„Klassische" Methode	700
3.6.3.2	„Fortschrittsorientierte" Methode	700
3.6.4	**Fortschrittsmessung**	**703**
3.6.4.1	Statusschritt-Technik	706
3.6.4.2	50-50-Technik	707
3.6.4.3	0-100-Technik	708
3.6.4.4	Mengen-Proportionalität	708
3.6.4.5	Sekundär-Proportionalität	710
3.6.4.6	Schätzung	710
3.6.4.7	Zeit-Proportionalität	711
3.6.5	**Berechnung des Gesamt-Fortschritts**	**711**
3.6.5.1	Berechnung von Gesamt-Fortschrittsgraden	711
3.6.5.2	Berechnung von Gesamt-Fertigstellungswerten	714
3.6.5.3	Soll-Ist-Vergleich und Prognose	714

3.6.1 Grundsätzliches und Begriffsdefinitionen

In der Betriebswirtschaftslehre wird **Leistung** als der **Gegensatz von Kosten** betrachtet und als das **Ergebnis** der betrieblichen Tätigkeit bzw. als der daraus entstandene Wertzugang (**Wertschöpfung**) definiert.

Leistung = Ergebnis der Projekttätigkeit

Übertragen auf das Projektmanagement wird das Ergebnis der Projekttätigkeit als **die im Rahmen des Projektes erbrachten Sach- und Dienstleistungen** verstanden und Leistungsbewertung definiert als **Feststellen des (entsprechenden) Geldwertes ... unter Berücksichtigung der entstandenen Kosten, unternehmens- bzw. projektspezifischer Gesichtspunkte sowie der einschlägigen Rechtsvorschriften, z.B. Handels- und Steuerrecht** (DIN 69903).

Leistungsbewertung: Feststellen des Geldwertes

Diese eingeschränkte, in erster Linie vergangenheitsorientierte und kaufmännische Leistungsbewertung wird im vorliegenden Kapitel erweitert und ergänzt um planerisch und technisch orientierte Bewertungsgrundlagen, die vor allem bei Investitionsprojekten oder anderen technisch geprägten Projekten die Basis für die Ermittlung von geldlichen Leistungswerten bilden.

In der Physik wird der Leistungsbegriff für unterschiedliche Fachgebiete sehr spezifisch definiert. Die mechanische Leistung ist der Quotient aus der verrichteten Arbeit und der dazu benötigten Zeit. Auch beim Leistungsbegriff im Projekt ist die zeitliche Komponente in zweifacher Hinsicht zu berücksichtigen. Zunächst ist festzustellen, in welchem Projektzeitraum die Erbringung welcher Sach- und Dienstleistungen geplant war, und in welchem Zeitraum sie tatsächlich erfolgt ist (Ablauf- und Terminmanagement). Des weiteren sind die jeweiligen Projektzeitpunkte (**Stichtage**) festzulegen, zu denen die Leistungsbewertung vorgenommen werden soll. Stichtage können gezielt geplant oder ad hoc bestimmt werden.

Leistung = Arbeit pro Zeit

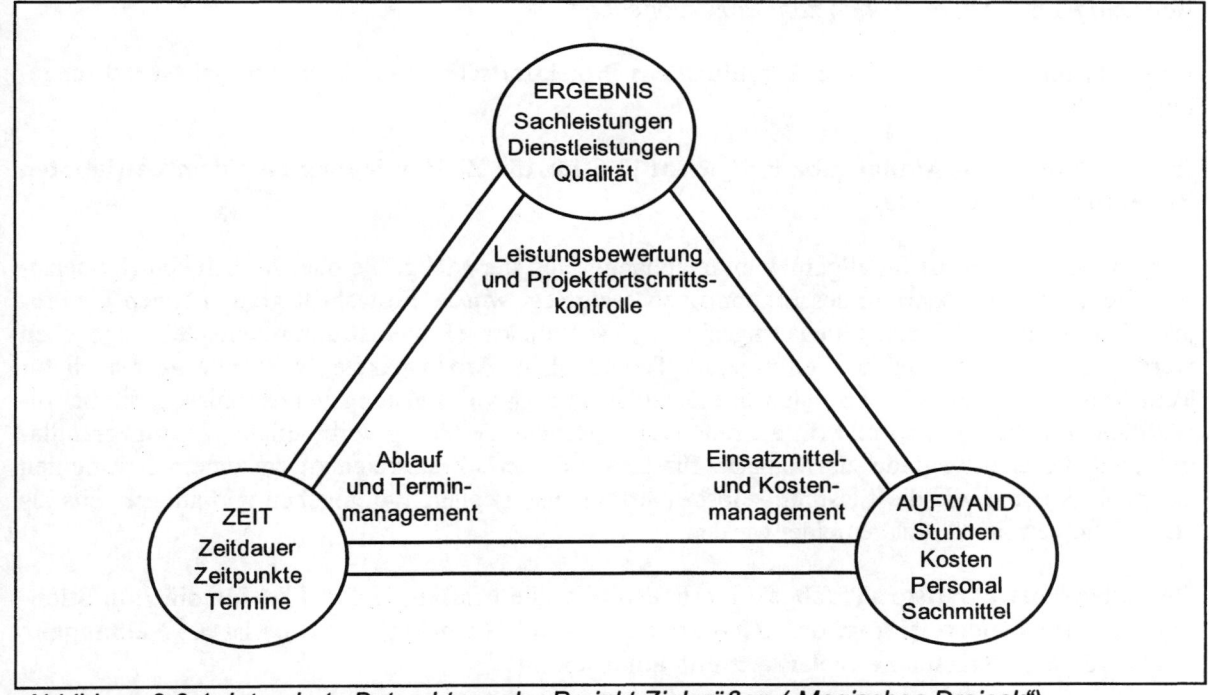

Abbildung 3.6-1: Integrierte Betrachtung der Projekt-Zielgrößen („Magisches Dreieck")

Die Feststellung des **Projektstatus** bzw. die Ermittlung des **Projektfortschritts** zum aktuellen Stichtag ist eine wesentliche Teilaufgabe des Projektmanagements. Im kontinuierlichen Prozeß von Planung, Überwachung und Steuerung bildet die Ist-Aufnahme - zusammen mit der Abweichungsanalyse - die Klammer zwischen der Projektplanung einerseits und der Projektsteuerung andererseits. Angaben zum Projektfortschritt haben sich grundsätzlich an den **Projekt-Zielgrößen** zu orientieren und erfordern eine **integrierte Betrachtung** von **Zeit, Aufwand** und **Ergebnis** (siehe Abbildung 3.6-1).

Projektfortschritt: Zielerreichung gegenüber Planung

Unter Projektfortschritt werden im allgemeinen die mit einer Weiterentwicklung verbundene **Zustandsveränderung eines Projektes** und deren Beschreibung oder kurz **Informationen über den Projektstand** verstanden. Zusammenfassend wird **Projektfortschritt** definiert als **Maßangaben über den Stand des Projektes (Projektstatus) hinsichtlich Zielerreichung zu einem bestimmten Projektzeitpunkt (Stichtag) im Vergleich zur Planung** (MOTZEL 1996).

Soll- bzw. Plan-Ist-Vergleich

Hiernach und dem Ansatz integrierter Projektsteuerung entsprechend werden für die Beschreibung des Projektstatus bzw. Projektfortschritts die in Abbildung 3.6-2 mit x gekennzeichneten Informationen benötigt. Mit diesen lassen sich unmittelbar diskrete Plan-Ist-Vergleiche erstellen, wie beispielsweise für Termine und Kosten und die für den integrierten Soll-Ist-Vergleich erforderlichen Leistungs- bzw. Ergebniswerte (z.B. Fertigstellungswerte) errechnen.

	PLAN-Werte	**IST**-Werte
Zeit (Termine/Dauer/Zeitpunkt)	x	x
Aufwand (Stunden/Kosten)	x	x
Ergebnis (Sach-/Dienstleistungen)	x	x
Fortschrittsgrad (FGR)	x	x Fertigstellungsgrad ⇓ Fertigstellungswert

Abbildung 3.6-2: Informationen zum Projektfortschritt

Fortschrittsgrad

Eine wesentliche Größe bei der Ermittlung des Projektfortschritts ist der **Fortschrittsgrad** (abgekürzt: **FGR**).

Er wird definiert als **Maßangabe in Prozent [%] für die Zielerreichung zu einem bestimmten Zeitpunkt** (MOTZEL 1996).

Der Fortschrittsgrad ist im allgemeinen unabhängig von der Meßgröße oder Maßeinheit (Dimension), die zur Quantifizierung des Ergebnisziels festgelegt wurde. Fortschrittsgrade können für Projektteilbereiche auf jeder Gliederungsebene des Projekts (Projektstrukturelemente) angegeben werden, so zum Beispiel für Teilprojekte, Teilaufgaben, Arbeitspakete, Vorgänge oder auch für Teile von Vorgängen wie beispielsweise Einzelpositionen von Leistungsverzeichnissen, die bei Investitionsprojekten üblich und für ausführende Unternehmen häufig verbindliche Vertragsgrundlagen sind. Fortschrittsgrade als Maßstab für Leistung bzw. Zielerreichung zu einem bestimmten Zeitpunkt können wie die Leistung selbst einerseits als „geplant" vorgegeben und andererseits als „tatsächlich erreicht" rückgemeldet werden.

Der „**Plan-Fortschrittsgrad**" (abgekürzt: FGR_{Plan}) ist die **Maßangabe in [%] für die zum Stichtag geplante Zielerreichung**; der „**Ist-Fortschrittsgrad**" (abgekürzt: FGR_{Ist}) ist die **Maßangabe in [%] für die tatsächliche Zielerreichung am Stichtag**.

Der Ist-Fortschrittsgrad entspricht dem üblicherweise verwendeten Begriff des **Fertigstellungsgrads**. Dieser wird in DIN 69901 definiert als **Verhältnis der zu einem Stichtag erbrachten Leistung zur Gesamtleistung** eines Vorgangs oder eines Projektes.

3.6 Leistungsbewertung und Projektfortschritt

Durch Projektstrukturierung, Ablauf- und Terminplanung sowie Einsatzmittel- und Kostenplanung (siehe Kapitel 3.1 bis 3.4) wird im allgemeinen eine ausreichende Planwerte-Datenbasis für eine wirkungsvolle Projektüberwachung und -steuerung mit aussagekräftiger Projektstatusberichterstattung angelegt. Die Planung der Projektleistung und des Projektfortschritts ist jedoch nur implizit vorhanden; dezidierte Leistungsbeschreibungen und Plan-Fortschrittsgrade werden selten verwendet bzw. vorgegeben. *Projektstatusbericht*

In der Regel werden die im Projekt zu erbringenden Sach- und Dienstleistungen explizit lediglich durch Arbeitspaket- und Vorgangsbeschreibungen abgebildet. Einzig das Einsatzmittelmanagement bietet die Möglichkeit einer zahlenmäßigen Leistungsbewertung über **Einsatzmittel-Leistungsvermögen, Einsatzmittel-Kapazität, Arbeits- bzw. Leistungsergebnis, Leistungsbedarf** und **Arbeitsmenge** (vgl. Abbildung 3.6-3). Allerdings erfolgt die Einsatzmittelplanung üblicherweise auf der Basis von Vorgängen als kleinste Einheit der Projektplanung einerseits und damit auch der Projektüberwachung und -steuerung andererseits. Wie die Vorgänge weiter untergliedert und in Verbindung mit Einsatzmitteln bzw. Kosten zur Leistungs- und Fortschrittsbewertung herangezogen werden können, wird im folgenden behandelt. *Einsatzmittelmanagement*

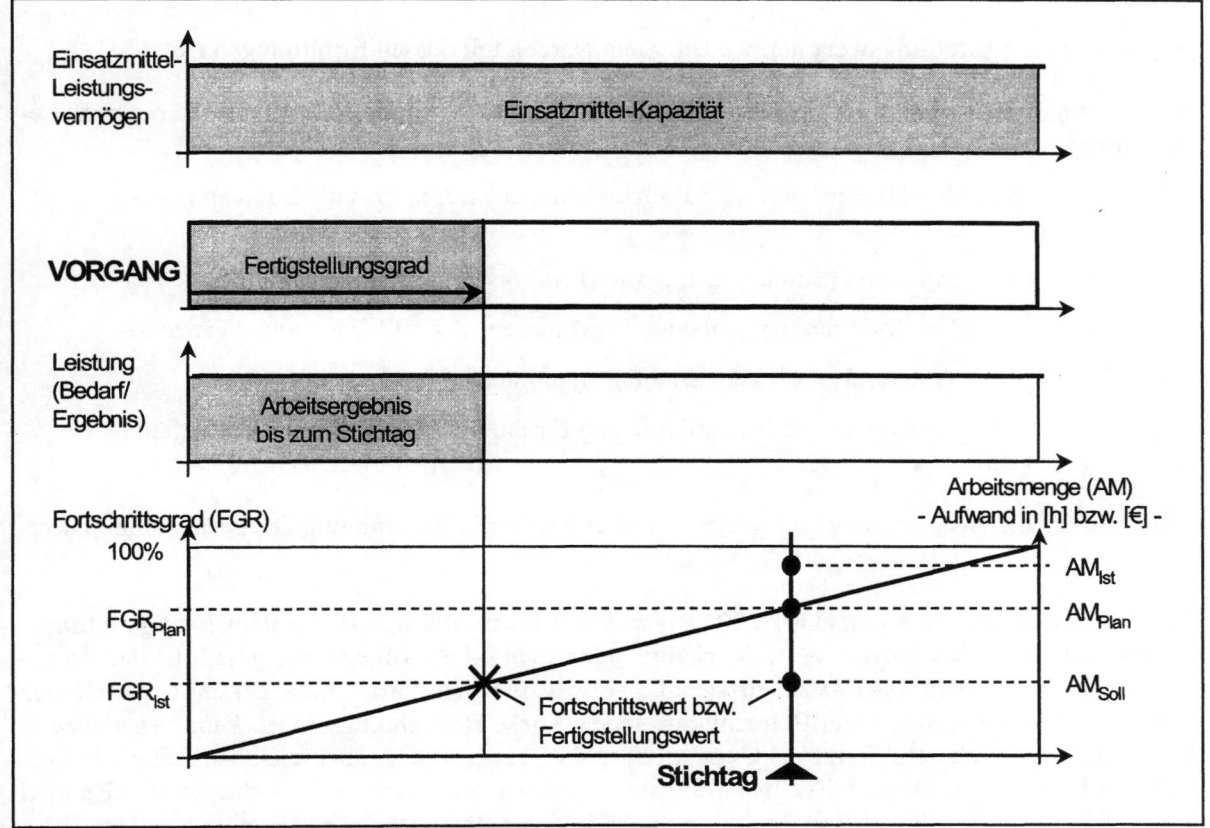

Abbildung 3.6-3: Aufwand und Ergebnis über der Zeit (Prinzipdarstellung)

Zum Verständnis der Zusammenhänge in Abbildung 3.6-3 werden die Definitionen der DIN 69902 aufgeführt: *Aufwand und Ergebnis*

- **Arbeitsmenge** (abgekürzt: **AM**) ist der **Arbeitsaufwand,** der mit der Durchführung eines Vorganges, Arbeitspaketes oder Projektes verbunden ist.

- **Arbeitsergebnis** (abgekürzt: **AE**) ist die **Menge von Einheiten,** die durch die **Nutzung** und/oder den **Verbrauch von Einsatzmitteln erzeugt** wird.

- **Leistungsbedarf** (abgekürzt: **LB**) ist die **Menge der erforderlichen Leistungseinheiten**, die sich **aus dem geforderten Arbeitsergebnis**, der Vorgangs-/Projekt**dauer** und den Ablaufbedingungen ergibt.

- **Leistungsergebnis** (abgekürzt: **LE**) ist die **Menge von Einheiten,** die durch die **Nutzung und/oder den Verbrauch der Einsatzmittel in einer bestimmten Zeit** (z. B. Vorgangsdauer, Einsatzdauer) **erzeugt** wird.

- **Einsatzmittel-Leistungsvermögen** (abgekürzt: **EML**) ist die **Menge von Einheiten,** die durch die **Nutzung** und/oder den **Verbrauch eines Einsatzmittels in einer Zeiteinheit erzeugt** werden kann (z. B. ein Bagger kann in einer Stunde 100 m^3 ausheben).

- **Einsatzmittel-Kapazität** (abgekürzt: **EMK**) ist die **Menge von Leistungseinheiten,** durch die das **Leistungsvermögen eines Einsatzmittels bzw. einer Einsatzmittelart innerhalb eines bestimmten Zeitraumes beschrieben** wird.

Wichtiger Hinweis

Die Begriffsbenennungen sind - soweit zulässig - durch die Attribute „Plan", „Soll" und „Ist" zu ergänzen. In diesem Zusammenhang sind unter „Einheiten" die Maßgrößen des Wertschöpfungsprozesses zu verstehen, für die in Abschnitt 3.6.2 Beispiele genannt werden.

Fertigstellungswert

Was ist der **Fertigstellungswert** und welche Ziele werden mit dessen Ermittlung verfolgt?

Für eine fundierte Projektfortschrittsberichterstattung sind u. a. mindestens folgende Fragen zu beantworten:

- Welche Ergebnisse (Sach- und Dienstleistungen) waren bis zum Stichtag geplant?
- Welcher Aufwand (Stunden und Kosten) war bis zum Stichtag geplant?
- Sind die bis zum Stichtag geplanten Ergebnisse realisiert? (Zu wieviel Prozent?)
- Welcher Aufwand ist bis zum Stichtag angefallen?
- Welcher Aufwand hätte bis zum Stichtag für die realisierten Ergebnisse anfallen dürfen?

Insbesondere die Beantwortung der letzten Frage erfordert die Bestimmung des Fertigstellungswertes.

Der **Fertigstellungswert** (abgekürzt: **FW**) bezeichnet nach DIN 69903 **die dem Fertigstellungsgrad entsprechenden Kosten eines Vorgangs oder Projektes.** Allgemeiner gefaßt ist der Fertigstellungswert der dem **Ist-Fortschrittsgrad (=Fertigstellungsgrad) entsprechende Anteil der geplanten Gesamtkosten** einer Betrachtungseinheit. Diese Betrachtungseinheit kann beispielsweise das Gesamtprojekt, ein Teilprojekt, ein Arbeitspaket, ein Vorgang, aber auch der Teil eines Vorgangs sein. Für den Begriff **Fertigstellungswert** werden synonym auch **Arbeitswert, Earned Value** oder auch die zum Ist-Fortschrittsgrad gehörenden **Soll-Kosten** verwendet.

$$\text{Fertigstellungswert (FW)} = \text{geplante Gesamtkosten} \times \text{FGR}_{\text{Ist}}$$

Ziel der **Fertigstellungswertermittlung** ist es, den Wert der erbrachten Sach- und Dienstleistungen zu einem bestimmten Projektzeitpunkt (Stichtag) zu bestimmen, um so Zeit, Aufwand und Ergebnis integriert beurteilen zu können.

3.6.2 Projektgliederung und Leistungsbeschreibung

Wie bereits eingangs erwähnt, werden **die im Projekt zu erbringenden Sach- und Dienstleistungen** (im folgenden kurz „**Leistung**" genannt) in der Regel in Arbeitspaketbeschreibungen und weiter detailliert in Vorgangsbeschreibungen fixiert. Grundsätzlich gilt, je präziser die Leistungsbeschreibungen sind, desto objektiver können Fortschrittsgrade festgestellt und erledigte Arbeitsergebnisse rückgemeldet werden bzw. um so einfacher lassen sich Projektstatus und Projektfortschritt ermitteln. Die Festlegung der **optimalen Gliederungstiefe** für die Planung eines Projektes und der damit verbundenen **Detaillierung der Leistungsbeschreibung** und der zwangsläufig daran gekoppelten Projektverfolgung hängen sehr von der Projektart, von den vertraglichen Randbedingungen und von vielen weiteren projektspezifischen Faktoren ab.

Detaillierung der Leistungsbeschreibung

Beispielsweise sind folgende Fragen zu beantworten:

- Welche Gliederungstiefe verlangt die eigene Position innerhalb der Gesamtprojektorganisation? (Auftraggeber/Bauherr, Entwickler/Planer, ausführendes Unternehmen)

- Können Rückmeldungen in der gleichen Detaillierung beschafft werden wie die Leistung geplant wurde bzw. kann so detailliert geplant werden wie spätere Statusinformationen gefordert werden?

- Wie groß sind die zu erwartenden Datenmengen und sind diese vernünftig handhabbar?

- Ist ausreichend Projektmanagement-Assistenz eingeplant und steht sie auch zur Verfügung?

- Genügt die Projektsoftware den gestellten Forderungen?

In einem Bauprojekt bietet in der Regel die klassische Vorgehensweise mit der Abbildung der gesamten Projektleistung in Form von Arbeitspaketen und Vorgängen, beispielsweise Gewerke und Bauabschnitte, für den **Bauherrn** eine ausreichende Detaillierung. Für **ausführende Unternehmen** hingegen mit der Notwendigkeit, Projektfortschrittskontrolle auf der Basis von Leistungsverzeichnissen durchführen zu müssen (weil häufig so detailliert kalkuliert und später auch - nach Aufmaß - abgerechnet wird), reicht diese Vorgehensweise im allgemeinen nicht aus. Hier müssen die traditionellen Verfahren der Projektplanung mit Vorgängen als (kleinste) Planungseinheit in der untersten Projektverfolgungsebene erweitert und um geeignete Methoden ergänzt werden (siehe Abbildung 3.6-4). Andernfalls - wenn alle Leistungspositionen im Ablauf- und Terminplan explizit als Vorgänge abgebildet werden - könnte zwangsläufig die Notwendigkeit entstehen, monatlich mehrere zehntausend Aktivitäten netzplantechnisch verfolgen und aktualisieren zu müssen. Eine mögliche Lösung bietet die „**Fortschrittsorientierte**" **Leistungsplanung,** die in Abschnitt 3.6.3 behandelt wird.

Projektfortschrittskontrolle

Die **inhaltliche Beschreibung der Leistung** ist naturgemäß je nach Projektkategorie sehr unterschiedlich. Bei Investitionsprojekten sind Leistungsbeschreibungen als sogenannte **Leistungsverzeichnisse** (im Bauwesen häufig nach **Standard-Leistungsbuch**, im Anlagenbau auch als „**Mengengerüste**" bezeichnet) üblich und zu unterschiedlichen Projektzeitpunkten als Angebots-, Auftrags- oder Aufmaß-Leistungsverzeichnisse verfügbar. Bei Organisationsprojekten, Forschungs- und Entwicklungsprojekten und vor allem bei Projekten der Informationstechnik werden Leistungsbeschreibungen in Form von **Lasten- bzw. Pflichtenheften** erstellt.

Leistungsbeschreibung

Ebenso unterschiedlich und projektspezifisch wie die Leistungsbeschreibungen selbst sind auch die **Maßgrößen,** die **zur Leistungsbewertung** in Projekten der verschiedenen Projektkategorien herangezogen werden können. So können beispielsweise bei Investitionsprojekten in einem Straßenbauprojekt die **geteerten Straßenkilometer** eines Streckenabschnitts, in einem Gasversorgungsprojekt die **installierten Hausanschlüsse** oder in einem Klärwerksprojekt die **realisierten Einzelbauwerke** oder **Reinigungsstufen** mit ihren **einzelnen Systemen** und **Komponenten** für die Projektfortschrittskontrolle relevant sein.

Maßgrößen zur Leistungsbewertung

| ROHRBAU.S2 | 3 | Leistungsverzeichnis | 08.01.97 |

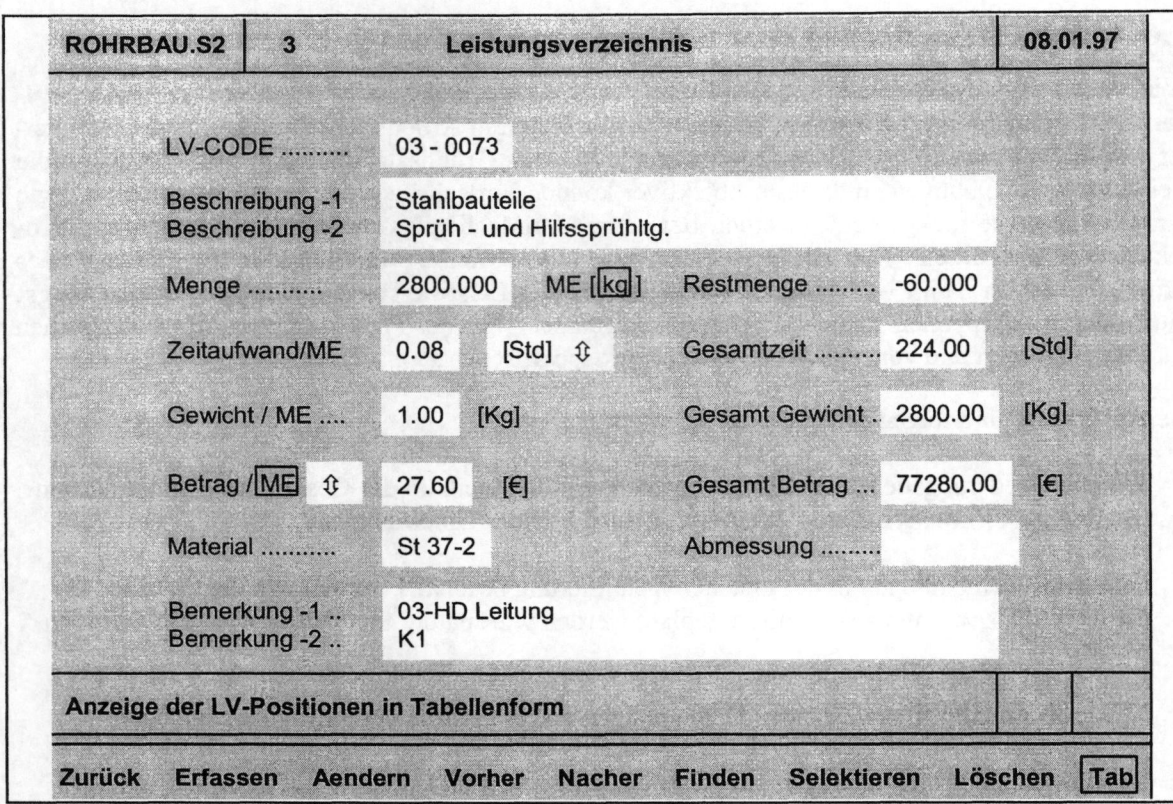

LV-CODE	03 - 0073
Beschreibung -1	Stahlbauteile
Beschreibung -2	Sprüh - und Hilfssprühltg.

Menge	2800.000 ME [kg]	Restmenge	-60.000	
Zeitaufwand/ME	0.08 [Std]	Gesamtzeit	224.00	[Std]
Gewicht / ME	1.00 [Kg]	Gesamt Gewicht ..	2800.00	[Kg]
Betrag /ME	27.60 [€]	Gesamt Betrag ...	77280.00	[€]
Material	St 37-2	Abmessung		

Bemerkung -1 ..	03-HD Leitung
Bemerkung -2 ..	K1

Anzeige der LV-Positionen in Tabellenform

Zurück   Erfassen   Aendern   Vorher   Nacher   Finden   Selektieren   Löschen |Tab|

Abbildung 3.6-4: Leistungsverzeichnis-Daten (Eingabemaske des Projektwirtschaftssystems PROWIS-Mannesmann) (MANNESMANN 1994)

Im Anlagenbau sind beispielsweise folgende **Größen zur Beschreibung und Bewertung der Leistung bzw. der Arbeitsergebnisse** (MOTZEL 1996; MOTZEL 1989) üblich:

Ausführungsunterlagen [Stk], z. B.
- Aufstellungspläne
- Konstruktionszeichnungen
- Rohrleitungsisometrien
- Festigkeitsberechnungen

Betonvolumina [m³], z. B. von
- Bodenplatten
- Streifenfundamenten
- Geschoßdecken
- Stützen und Wänden

Montagegewichte [kg], z. B. von
- Stahlbaukonstruktionen
- Behältern
- Komponenten
- Rohrleitungen

3.6 Leistungsbewertung und Projektfortschritt

Herstellängen [m], z. B. von
- Kranschienen
- Kabeltrassen
- Rohrleitungssystemen

Fertigungseinheiten [Stk] oder [kg], z. B.
- Schaltschränke
- Rohrhalterungen
- Schweißnähte

Prüfungen [Stk], z. B.
- Qualitätsprüfungen
- Materialeingangskontrollen
- Oberflächenrißprüfungen (OFR)

Neben diesen dezidierten Größen werden auch **normierte Maßgrößen** verwendet wie beispielsweise im Rohrleitungsbau sogenannte „DI" (Bezugsgröße 1-Zoll-Schweißnaht) für Nahtschweißungen, Rohr- und Halterungsmontagen und sonstige Montageleistungen.

Viele der aufgeführten Größen werden bereits in der Phase der Projektentwicklung oder bei der Angebotskalkulation definiert und der sogenannten **Massenermittlung** zugrunde gelegt. Des weiteren werden damit Arbeitsmengen und Einsatzmittel-Bedarf, Plan-Stunden und -Kosten berechnet. Dabei wird häufig auf **Erfahrungswerte aus früheren Projekten**, auf **Preisdatenbanken, Richtzeitenkataloge, Zeitwerttabellen** und sonstige Datenbestände des Unternehmens zurückgegriffen. Somit liegen in der Regel immer ausreichend für die Projektfortschrittsermittlung verwendbare Informationen über die im Projekt zu erbringenden Sach- und Dienstleistungen vor. *Massenermittlung*

Je nach Ersteller, Zweck und sonstigen Randbedingungen sind Leistungsverzeichnisse jedoch nicht nach ablauftechnischen Gesichtspunkten strukturiert, was für eine direkte Zuordnung der Leistungspositionen zu Teilaufgaben, Arbeitspaketen und Vorgängen wünschenswert wäre. Teils enthalten die Leistungsverzeichnisse mehrfach - in verschiedenen Titeln und Abschnitten - gleiche Leistungsbeschreibungen mit unterschiedlichen Mengenangaben, teils sind gleiche Leistungspositionen hinsichtlich ihrer Mengen summarisch zusammengefaßt. Die **eindeutige und vollständige Zuordnung aller Leistungspositionen zu den Projektgliederungselementen** stellt höchste Anforderungen an das Projektmanagement und erfordert umfassende Projektkenntnisse und hohe Sachkompetenz im jeweiligen Fachgebiet. *Zuordnung zur Projektstruktur*

3.6.3 Projektablauf und Leistungsplanung

Wie in Abschnitt 3.6.2 beschrieben, bilden die im Projekt zu erbringenden Sach- und Dienstleistungen - wie sie in Leistungsverzeichnissen oder Lasten- bzw. Pflichtenheften beschrieben und bewertet sind - die Grundlage für die Projektfortschrittskontrolle. Zur integrierten Betrachtung von Zeit, Aufwand und (Leistungs-)Ergebnis ist die **Verbindung zwischen den Leistungspositionen und der Ablauf- und Terminplanung** herzustellen (siehe Abbildung 3.6-5). *Zuordnung zur Ablauf- und Terminplanung*

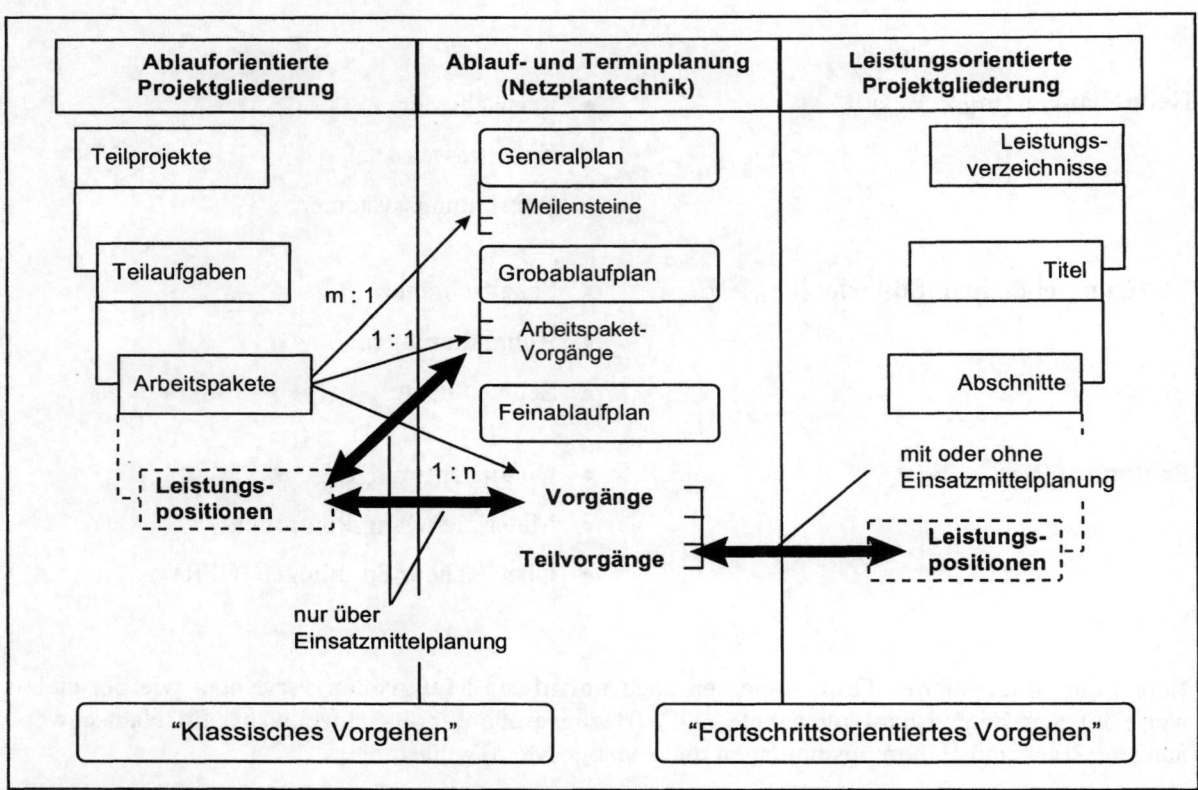

Abbildung 3.6-5: „Klassische" und „Fortschrittsorientierte" Leistungsplanung (Prinzipdarstellung)

Dies kann demnach auf verschiedene Art und Weise erfolgen:

3.6.3.1 „Klassische" Methode

Die traditionelle Vorgehensweise wird als Einsatzmittelplanung bezeichnet und in Kapitel 3.3 beschrieben. Diese „klassische" Methode ist anwendbar, wenn

1. die ablauforientierte Projektgliederung und die aus ihr gebildeten Vorgänge 1:1 auch für die Leistungsplanung verwendet, also von vornherein Ablauf-, Termin-, Einsatzmittel-, Kosten- und Leistungsplanung gesamtheitlich behandelt und von den gleichen Projektbeteiligten durchgeführt werden;

2. den Vorgängen keine weitergehenden - als die zur Einsatzmittelplanung notwendigen - Informationen zur Fortschrittsermittlung zugeordnet werden müssen;

3. Fortschrittsgrade von Vorgängen (oder Arbeitspaketen) direkt feststellbar bzw. meßbar sind (nach Abschnitt 3.6.4) und detaillierte Leistungsdaten zur Berechnung von Vorgangs- oder Arbeitspaket-Fortschrittsgraden nicht vorliegen oder nicht genutzt werden sollen.

3.6.3.2 „Fortschrittsorientierte" Methode

Zusätzliche Projektgliederungsebene: Teilvorgang

Um den Forderungen der Praxis an eine fortschrittsorientierte Leistungsplanung und -verfolgung gerecht zu werden, wird bei dieser Methode eine **zusätzliche Projektgliederungsebene** eingeführt. Sie soll sich einerseits nahtlos an die unterste Gliederungsebene der Ablauf- und Terminplanung (Vorgänge) anschließen und andererseits die Forderungen der Leistungs- bzw. Fortschrittsplanung und -verfolgung erfüllen. Als Benennung für die Elemente dieser zusätzlichen Projektgliederungsebene wird das Wortkonstrukt „**Teilvorgang**" gebildet, womit die unmittelbare Verbindung zum Vorgang assoziiert wird. Ein Vorgang soll aus beliebig vielen Teilvorgängen bestehen können (1:n).

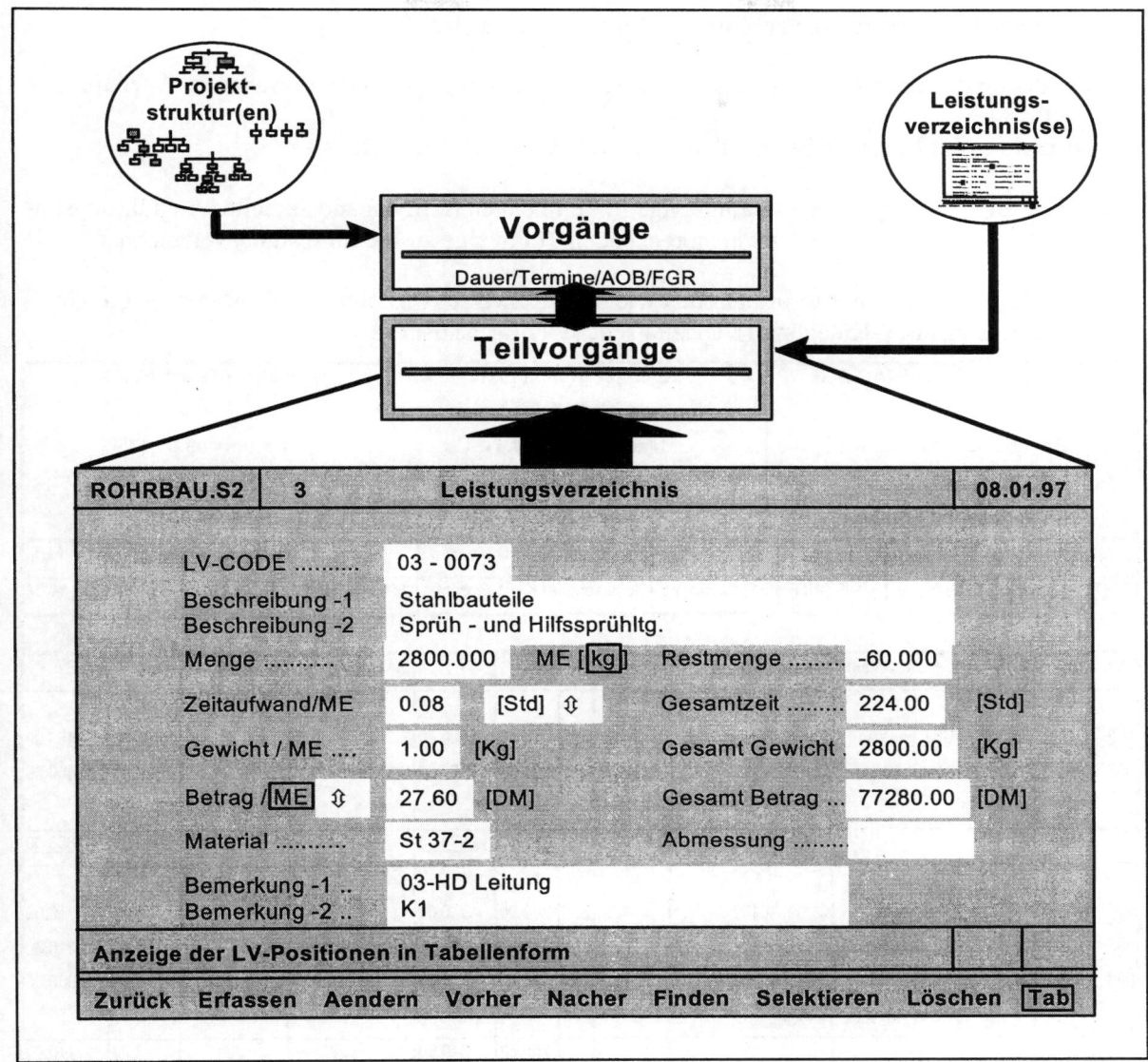

3.6 Leistungsbewertung und Projektfortschritt

Abbildung 3.6-6: Anlegen von Teilvorgängen

Teilvorgänge sind Teile eines Vorgangs und

- repräsentieren die Sach- und Dienstleistungen bzw. die Arbeitsergebnisse, die bei der Erledigung eines Vorgangs zu erbringen sind,

- werden nicht explizit terminiert, sondern sind durch die Termine des übergeordneten Vorgangs (in Summe) terminlich bestimmt,

    Vorteile: Sie unterliegen keiner zwingenden Abarbeitungsreihenfolge (→ Flexibilität) und nicht der netzplantechnischen Bearbeitung (→ Arbeitserleichterung).

- ermöglichen eine differenziertere Einsatzmittelplanung als die „klassische" Vorgehensweise auf der Ebene von Vorgängen,

- ermöglichen die Zusammenführung unterschiedlicher Projektstrukturierungen (siehe Abbildung 3.6-5),

- ermöglichen eine detaillierte und objektive Fortschrittsermittlung auf der Basis meßbarer Leistungsdaten und die Berechnung von Fortschrittsgraden auf jeder beliebigen Projektgliederungsebene (durch gewichtete Hochrechnung).

Teilvorgang anlegen

Das Anlegen der Teilvorgänge geschieht in folgenden Schritten:

1. Zuordnung der einzelnen Leistungspositionen zu den Vorgängen (auch „Anhängen" genannt)

2. Übernahme der Leistungsbeschreibung aus dem Leistungsverzeichnis

3. Aufsplittung der geplanten Gesamtmenge in Teilmengen (z.B. anhand aktueller Ausführungsunterlagen) und „Abbuchung" der entsprechenden Teilmenge aus dem Leistungsverzeichnis

4. Hinzufügen zusätzlicher Informationen wie beispielsweise Angebotsmenge, Materialwert, Gewicht, Einsatzmittel-Kategorie (Kapazitätscode), Fortschrittsgrad.

MANNESMANN DEMAG AG Energie-/Umwelttechnik Niederlassung Frankfurt				Arbeitsprogramm-Liste Vorgang mit Teilvorgängen Mask = 4.1 4.2 4.4 Sort = KaCo Name = PMFLV					Projekt= ROHRBAU.S2 Datum= 09.01.97 Seite= 001			
Vorgang	Bereich	Tätigkeit	Firma	Abt	Anlage	Gebäude	System	Kks	Isometrie	Dauer	FAT	FET
004711	Ausführg.	Montage	MDEU-NLF	FTM	Block 8	Gebläsehaus	K HD-Einspritz.	80LAE21BR010	QM-5301	39	31.05	11.07

TVN	KaCo	POS.	L-Beschreibung	L-Beschreibung	MENGE	ME	STD.	GEW.	MATERIAL	ABMESS.	A-MG.	WERT
002	HALT	03-0073	Stahlbauteile	Sprüh-/Hilfssprühltg	1430.00	kg	14.40	1430.00	St37-2		1400.00	39468.00
003	HALT	03-0074	Abstützkonstr.	Sprühventil	1550.00	kg	124.00	1550.00	St37-2		1500.00	41400.00
	HALT						238.40	2980.00			2900.00	80868.00
006	KOMP	99-1014	Bleedventil	QD11 A013	1.00	Stk	0.00	0.00			0.00	0.00
007	KOMP	04-0186	Mg. Sprühventil	mit Antrieb	1.00	Stk	217.60	640.00	X6CrNiNb1810	80	1.00	7210.00
008	KOMP	04-0182	Trennen, SK-Bearbeitung	Behälter, HKL-Stutzen	1.00	Stk	41.00	0.00		106.0x17.0	1.00	3900.00
	KOMP						258.60	640.00			2.00	11110.00
010	PRÜF	03-0093	DS-Prüfung	Baustelle	5.00	Stk	0.00	0.00	X6CrNiNb1810	106.0x17.5	4.00	0.00
011	PRÜF	03-0102	OFR-Prüfung	Baustelle	1.00	Stk	0.00	0.00	X6CrNiNb1810	106.0x17.5	1.00	0.00
013	PRÜF	03-0094	DS-Prüfung	Baustelle	1.00	Stk	0.00	0.00	X6CrNiNb1810	130.0x28.0	1.00	0.00
014	PRÜF	03-0103	OFR-Prüfung	Baustelle	1.00	Stk	0.00	0.00	X6CrNiNb1810	130.0x28.0	1.00	0.00
	PRÜF						0.00	0.00			7.00	0.00
001	RLTG	03-0067	DH-Anschluß	Z.321-11-89177	2.00	Stk	17.00	180.00	X6CrNiNb1810		1.00	2280.00
005	RLTG	04-0155	Sprühkopfstz.	E	1.00	Stk	12.00	40.00	X6CrNiNb1810		1.00	2250.00
009	RLTG	03-0084	Rundnaht	Baustelle	5.00	Stk	10.25	0.00	X6CrNiNb1810	106.0x17.5	4.00	948.00
012	RLTG	03-0085	Rundnaht	Baustelle	1.00	Stk	2.30	0.00	X6CrNiNb1810	130.0x28.0	1.00	1700.00
015	RLTG	04-0152	Übergangstück		8.00	Stk	30.72	64.00	X6CrNiNb1810	133.0/88.9	9.00	602.00
016	RLTG	04-0153	Bogen 90.0 Grad, nahtlos	R=1.5 D	1.00	Stk	1.58	27.50	X6CrNiNb1810	133.0x34.5	1.00	1170.00
	RLTG						73.58	311.50			17.00	8950.00
							570.85	3931.50			2926.00	100928.-

Abbildung 3.6-7: Vorgang mit zugehörigen Leistungspositionen als Teilvorgänge (Listen-Auszug PROWIS-Mannesmann) (MANNESMANN 1994)

3.6 Leistungsbewertung und Projektfortschritt

Das Ergebnis der fortschrittsorientierten Leistungsplanung - dargestellt in Listenform wie beispielsweise in Abbildung 3.6-7 - dient (außer als Basis zur Fortschrittskontrolle) insbesondere der Vorgabe klar definierter und detaillierter Arbeitsprogramme. Wo die hier aufgeführten Details nicht explizit vorliegen oder nicht interessieren, kann die Leistungsplanung auch über Statusschritt-Definitionen (siehe Abschnitt 3.6.4.1) erfolgen.

3.6.4 Fortschrittsmessung

Grundsätzlich ist die Projektfortschrittskontrolle so gut und so aussagekräftig wie die Feststellung der Ist-Fortschrittsgrade anhand der erreichten Arbeitsergebnisse bzw. der übergebenen Lieferungen und erbrachten Leistungen. Deshalb sind klare Vorgaben zur Messung des Fortschritts unabdingbar.

*Zunächst soll mit einem Beispiel auf die **„Todsünde des Projektmanagements"** hingewiesen werden, die in der Praxis bei der Fortschrittsgradermittlung immer wieder begangen wird. Ausgehend von beispielsweise 100 geplanten Personenstunden für einen Vorgang wird anhand von 50 tatsächlich angefallenen Personenstunden zum Stichtag der Fortschrittsgrad dieses Vorgangs mit 50% angegeben. Dies kann selbstverständlich zufällig der Fall sein, wenn die Planung stimmte und der Vorgang bis zum Stichtag planmäßig bearbeitet worden ist. Der tatsächliche Fortschrittsgrad kann aber in Wirklichkeit völlig anders liegen, wenn die Fertigstellung der geplanten Arbeit bzw. der Zielerreichungsgrad anhand vorgegebener „Meßlatten" und/oder durch Inaugenscheinnahme vor Ort (notfalls „in Gummistiefeln") geprüft und real festgestellt wird. Eine Fortschrittsgradermittlung anhand von „verbrauchten" bzw. angefallenen Stunden und Kosten oder wie häufig auch anhand abgelaufener Zeitdauer des Vorgangs kann zu völlig falschen Prognosen und folgenschweren Fehlsteuerungen im Projekt führen.*

Falsche Fortschritstgradermittlung

Zur Fortschrittsermittlung existieren folgende Verfahren bzw. Techniken (siehe hierzu WEHKING 1989; ALBERT 1987; FACHKREIS KOSTENSCHÄTZUNG 1987; KIELKOPF 1994, Abbildung 3.6-8):

FGR-Meßtechniken

1. Statusschritt-Technik (auch „Meilenstein-Technik" genannt),

2. 50-50-Verfahren,

3. 0-100-Verfahren,

4. Mengen-Proportionalität,

5. Sekundär-Proportionalität,

6. Schätzung,

7. Zeit-Proportionalität.

Diese **sieben FGR-Meßtechniken** sind in ihrer Wirkung und Aussagekraft sehr unterschiedlich. Während die Verfahren Nr. 1 bis 4 als objektiv im Sinne nachprüfbarer Arbeitsergebnisse bzw. übergebener Lieferungen und erbrachter Leistungen zu bezeichnen sind, gelten die Verfahren Nr. 6 - 7 als subjektiv und sollen nur als „Notbehelf" angewendet werden, wenn eine objektive FGR-Feststellung nicht möglich ist.

Als Richtschnur für die gleichzeitige Anwendung der verschiedenen Techniken in einem Projekt wird in (FACHKREIS KOSTENSCHÄTZUNG 1987) empfohlen:

- mindestens 80% aller Arbeitspakete mittels Technik 1 bis 5
- maximal 20% aller Arbeitspakete mittels Technik 6 und 7.

Betrachtungs-einheit für die Fortschritts-messung

Die unterschiedliche Bedeutung der Maßgröße FGR in [%] in den einzelnen Verfahren ist in Abbildung 3.6-8 in Form einer **„Meßlatte" über die Zeitdauer eines Projektteilbereichs**, beispielsweise eines Arbeitspaketes, eines Vorgangs oder Teilvorgangs, zeichnerisch und formelmäßig dargestellt. Der jeweils betrachtete Projektteilbereich wird im Folgenden auch **Betrachtungseinheit** genannt.

In der allgemeinen Projektmanagement-Literatur werden diese Meßtechniken in der Regel für die Fertigstellungswertermittlung von Arbeitspaketen vorgestellt. Sie sind selbstverständlich auch für die Fortschrittsmessung anderer Projektteilbereiche (Betrachtungseinheiten) nutzbar, was im vorliegenden Kapitel demonstriert wird.

Nr.	Technik/ Verfahren	Zeichnerische Darstellung	Fortschrittsgrad FGR = x [%]	Beispiele
1	Statusschritte	A B C / 0 x_1 x_2 x_3 100	x = 0, x_1, x_2, x_3, 100 A,B,C = Statusschritte	Entwicklung/Konstruktion Fertigung/Montage Bauausführung
2	50-50	50 100	x = 0, 50, 100 begonnen $\Rightarrow$ x = 50	Aktivitäten mit umfangreichen Vorarbeiten
3	0-100	0 100	x = 0, 100	Aktivitäten von kurzer Dauer, Ereignisse z.B. Abnahmen
4	Mengen-Proportionalität	0 x_1 x_2 x_3 100	x = fertige Menge / Plan-Menge	Zeichnungserstellung, technische Berechnungen, Materiallieferungen, Fremdleistungen
5	Sekundär-Proportionalität	0 x_1 x_2 x_3 100	x = FGR der "führenden" Betrachtungseinheit	Qualitätssicherung, Montage-Overhead, baubegleitende Prüfarbeiten/ Dokumentation
6	Schätzung	0 x_1 x_2 x_3 100	x = subjektive (ein)geschätzte Maßangabe	Nicht empfohlen! (Überall einsetzbar, wenn andere Methoden nicht möglich sind.)
7	Zeit-Proportionalität	0 x_1 x_2 x_3 100	x = abgelaufene Zeitdauer / geplante Zeitdauer	Projektleitung, Projektmanagement, Bauleitung, Geräteeinsatz

Abbildung 3.6-8: Fortschrittsgrad-Meßtechniken im Überblick

In der Praxis wird häufig die Feststellung des Fortschrittsgrads (Fortschrittmessung) nach der Meßtechnik Nr. 6 ersetzt durch die Schätzung eines „Restbedarfs" (estimate to complete) an Zeit (Stunden) bzw. Geld (Kosten). Dieser geschätzte „Rest-Aufwand" ist noch zu leisten, um den Vorgang, das Arbeitspaket oder die Teilaufgabe zu 100% abzuarbeiten bzw. fertigzustellen. Als „Fertigstellungsgrad" ergibt sich hier:

$$"FGR_{Ist}" = \frac{Ist - Aufwand}{(Ist - Aufwand) + (Rest - Aufwand)} [\%]$$

Dieser fiktive, rein rechnerische „Ist-Fortschrittsgrad" bezieht sich allerdings nicht mehr auf den (ursprünglichen) Plan-Aufwand, sondern impliziert, daß dieser aufgrund der Ist-Situation geändert und dem zukünftigen Projektverlauf als neuer Gesamt-Aufwand (Soll) zugrunde gelegt wird.

Diese Methode „verführt" aber zur oben beschriebenen „Todsünde des Projektmanagements" und stellt eine „schleichende", ständig an die Ist-Situation des Projektes angepaßte Planungsveränderung dar. Diese soll aber gerade durch gezieltes Projektmanagement vermieden werden.

3.6 Leistungsbewertung und Projektfortschritt

Wie sich die Problematik der Einschätzung des Fertigstellungsgrads bzw. Ist-Fortschrittsgrads (FGR$_{Ist}$) auf die Werte der Kostenkontrolle auswirkt, soll anhand eines fiktiven **Beispiels** verdeutlicht werden (KIELKOPF 1994) (siehe Abbildung 3.6-9):

Problematik bei FGR-Schätzung

> *Ein Projekt hat eine Gesamtlaufzeit von 20 Monaten, und die geplanten Kosten betragen 400.000 €. Nachdem 16 Monate der Projektlaufzeit verstrichen sind, schätzt der Projektleiter den Fertigstellungsgrad auf 90% (FGR$_{Ist}$ = 90%). Bis zu diesem Zeitpunkt sind Ist-Kosten in Höhe von 350.000 € angefallen. Die Kostenkontrolle bilanziert zum Stichtag (Ende 16. Monat):*
>
> - *Fertigstellungswert = Plankosten x FGR$_{Ist}$ = 400.000 € x 90% = 360.000 €*
>
> - *Ist-Kosten = 350.000 €*
>
> *Da die Ist-Kosten den Fertigstellungswert um 10.000 € unterschreiten, - schlußfolgert der Projektleiter - liegt das **Projekt im Kostenrahmen**. Maßnahmen zur Kostensteuerung brauchen offenbar nicht ergriffen zu werden.*
>
> *Verhält sich der Projektleiter aber nach dem aus der Praxis bekannten sogenannten 90%-Syndrom und meldet nach 18 Monaten Projektlaufzeit erneut einen Fertigstellungsgrad von 90% und fallen in den Monaten 17 und 18 jeweils 15.000 € Ist-Kosten an, so ergeben sich folgende Werte für die Kostenkontrolle zum Stichtag (Ende 18. Monat):*
>
> - *Fertigstellungswert = 360.000 € (unverändert)*
>
> - *Ist-Kosten = 350.000 € + (2 x 15.000 €) = 380.000 €*
>
> *Die Ist-Kosten übersteigen somit um 20.000 € den bisher im Projekt errechneten Fertigstellungswert. Das **Kostenziel** des Projektes könnte demnach **stark gefährdet** sein.*

Folgende Abbildung verdeutlicht diesen Zusammenhang.

„90%-Syndrom"

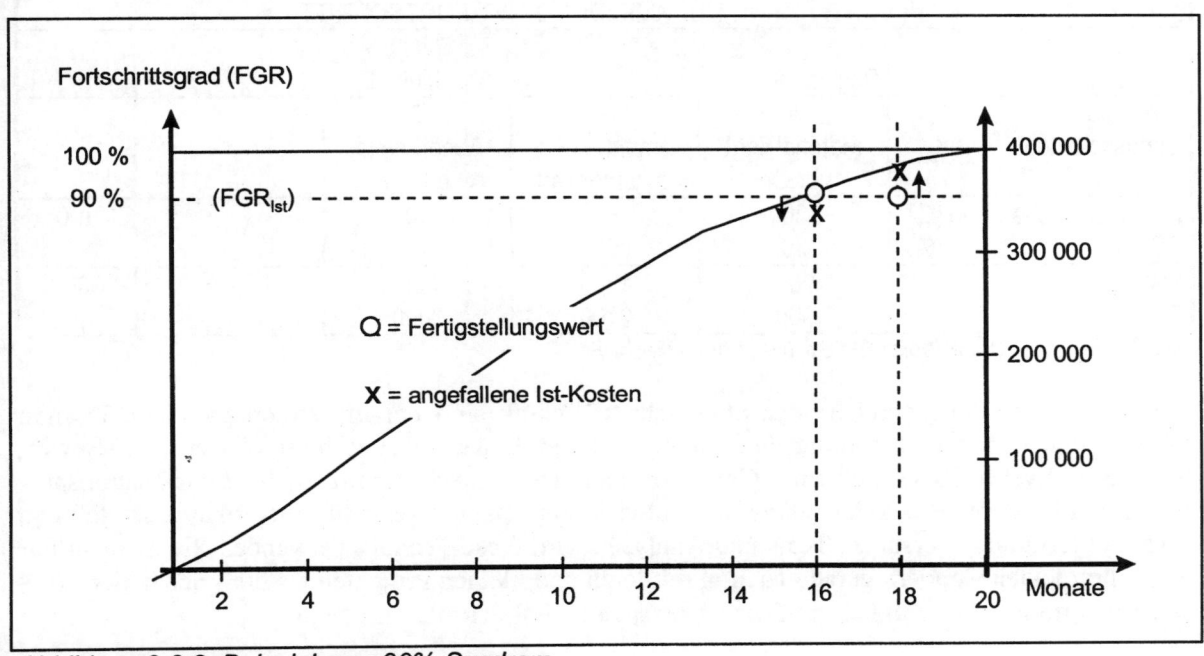

Abbildung 3.6-9: Beispiel zum 90%-Syndrom

3.6.4.1 Statusschritt-Technik

Anwendungs-bedingungen

- Für den betrachteten Projektteilbereich (Betrachtungseinheit) müssen **Statusschritte** bzw. **Ereignisse (Meilensteine)** definierbar sein, denen ein bestimmter Fortschrittsgradzuwachs zugeordnet wird bzw. nach deren Erledigung bzw. Eintreten ein bestimmter Fortschrittsgrad erreicht wird.

- Die Zeitdauer der Betrachtungseinheit erstreckt sich über mehrere Berichtsperioden.

- Der Fortschrittsgradzuwachs wird erst nach vollständiger Erledigung des jeweiligen Statusschrittes bzw. Eintreten des jeweiligen Ereignisses, und zwar nur bei positivem Ergebnis angerechnet.

Anwendungs-beispiel

Betrachtungseinheit **VORGANG**	Montage einer HD-Rohrleitung System RA, Strang BR010, ISO 5007				Summe
PLAN-FORTSCHRITT					
Zeitdauer					
Zeitpunkte	⇧ Beginn ⇧	⇧		⇧ Abschluß ⇧	
Statusschritt-Definitionen	A Material vor Ort	B Rohrleitung montiert	C Rohrleitung dokumentiert	D Abnahme erfolgt	
FGR_{Plan}-Zuwachs in [%]	30	50	10	10	100
FGR_{Plan} in [%]	30	80	90	100	
FW-Zuwachs	900	1500	300	300	3000
FW	900	2400	2700	3000	
RÜCKMELDUNG / IST-FORTSCHRITT					
Zeitdauer					
Zeitpunkte	Beginn ⇧		Abschluß ⇧		
Erreichte Statusschritte	A Material liegt vor Ort	B+C montiert + dokumentiert	D Abnahme ist erfolgt		
FGR_{Ist}-Zuwachs in [%]	30	60	10		100
FGR_{Ist} in [%]	30	90	100		
FW-Zuwachs	900	1800	300		3000
FW	900	2700	3000		

Abbildung 3.6-10: Beispiel für Statusschritt-Technik

Anwendungs-bereiche

Typische Anwendungsbereiche der Statusschritt-Technik sind bei Investitionsprojekten Design, Engineering, Arbeitsvorbereitung, Fertigung, Montage, Bauausführung beispielsweise zur Bewertung des „**Physical Progress**" eines Gebäudes oder einer Anlage. Aber auch bei Organisationsprojekten und im Bereich von Forschung und Entwicklung beispielsweise für Spezifikationserstellung, Einzelteilfertigung, Versuche, Tests und Analysen wird diese Technik verwendet. Sie ist nicht nur in Großprojekten, sondern gerade auch in mittleren und kleinen Projekten als die - neben der Mengen-Proportionalität - **objektivste Fortschrittsgrad-Meßtechnik** einsetzbar.

Auf zahlreiche weitere Anwendungsbeispiele der Statusschritt-Technik mit entsprechenden Fortschrittsgrad-Vorgaben sei an dieser Stelle verwiesen (MOTZEL 1996).

3.6 Leistungsbewertung und Projektfortschritt

Statusschritte können auch **als Ersatz oder Ergänzung für** die in Abschnitt 3.6.2 behandelten dezidierten **Maßgrößen zur Leistungsbeschreibung und -bewertung** verwendet werden, wenn solche nicht verfügbar sind oder nur teilweise vorliegen oder wenn sich das Projektmanagement (beispielsweise der Projektsteuerer des Bauherrn) um Ausführungsdetails nicht zu kümmern braucht. Darüber hinaus können Statusschritt-Definitionen auch ohne Zuordnung von Fortschrittsgraden für das Projektmanagement sehr nützlich sein, wenn sie (beispielsweise als Teilvorgänge angelegt) in Form von **Checklisten** für die Fortschrittsermittlung und Leistungsverfolgung eingesetzt werden. Dabei werden der Stand der einzelnen Statusschritte zum jeweiligen Stichtag überprüft und die entsprechenden Positionen nur bei Fertigmeldung „abgehakt" ($FGR_{Ist} = 100\%$).

3.6.4.2 50-50-Technik

- Die Bearbeitung des Projekteilbereichs (Betrachtungseinheit) bedingt Vorleistungen.

- Zur Berücksichtigung der Vorleistungen soll bereits zu Beginn der eigentlichen Arbeit ein Fortschrittsgrad von 50% angerechnet werden.

- Die Zeitdauer der Betrachtungseinheit sollte nicht sehr lang sein (weniger als 3 Berichtsperioden).

Anwendungsbedingungen

Betrachtungseinheit **ARBEITSPAKET**		Kunstausstellung Versand und Transport				Summe
PLAN-FORTSCHRITT						
Zeitdauer						
Zeitpunkte		⇧ Beginn			Abschluß ⇧	
FGR_{Plan}-Zuwachs	in [%]	50	-	-	50	100
FGR_{Plan}	in [%]	50	50	50	100	
FW-Zuwachs		150	-	-	150	300
FW		150	150	150	300	
RÜCKMELDUNG / IST-FORTSCHRITT						
Zeitdauer						
Zeitpunkte		Beginn ⇧		Abschluß ⇧		
FGR_{Ist}-Zuwachs	in [%]	50	-	50		100
FGR_{Ist}	in [%]	50	50	100		
FW-Zuwachs		150	-	150		300
FW		150	150	300		

Anwendungsbeispiel

Abbildung 3.6-11: Beispiel für die 50-50-Technik

Die 50-50-Technik ist generell für alle Projektarbeiten einsetzbar, bei denen vor Beginn der eigentlichen Abwicklung umfangreiche Vorarbeiten nötig sind. Nur deshalb ist der sofortige Fortschrittsgradzuwachs von 50% bereits bei Arbeitsaufnahme gerechtfertigt.

Anwendungsbereiche

Die 50-50-Technik ist auch in solchen Fällen im Projekt vorteilhaft nutzbar, in denen Leistungsteile nicht explizit als Leistungspositionen auftauchen, aber dennoch einem Projektteilbereich implizit zugeschrieben werden (z.B. Planungsunterlagen).

3.6.4.3 0-100-Technik

Anwendungs-bedingungen

- Für den Projektteilbereich (Betrachtungseinheit) wird bis zu seinem Abschluß kein Fortschrittsgradzuwachs definiert.

- Erst bei vollständiger Abarbeitung/Erledigung wird ein Fortschrittsgrad von 100% angerechnet.

- Die Zeitdauer der Betrachtungseinheit sollte nicht lang sein(weniger als 1 Berichtsperiode).

Anwendungs-beispiel

Betrachtungseinheit **TEILVORGANG**	Probebetrieb/Inbetriebnahme Kompressor K305				Summe
PLAN-FORTSCHRITT					
Zeitdauer					
Zeitpunkte	⇧ Beginn			Abschluß ⇧	
FGR_{Plan}-Zuwachs in [%]	0	-	-	100	100
FGR_{Plan} in [%]	0	0	0	100	
FW-Zuwachs	0	-	-	800	800
FW	0	0	0	800	
RÜCKMELDUNG / IST-FORTSCHRITT					
Zeitdauer					
Zeitpunkte	Beginn ⇧		Abschluß ⇧		
FGR_{Ist}-Zuwachs in [%]	0	-	100		100
FGR_{Ist} in [%]	0	0	100		
FW-Zuwachs	0	-	800		800
FW	0	0	800		

Abbildung 3.6-12: Beispiel für die 0-100-Technik

Anwendungs-bereiche

Die 0-100-Technik ist zwar universell einsetzbar, aber nur unter der Voraussetzung, daß das Projekt insgesamt ausreichend strukturiert und detailliert worden ist. Je tiefer ein Projekt gegliedert ist und je kürzer damit die Zeitdauern der Betrachtungseinheiten - sprich Arbeitspakete, Vorgänge etc. - werden, desto gerechtfertigter und damit objektiver (im Hinblick auf den Gesamtfortschritt des Projektes) ist die Anwendung dieser Technik.

3.6.4.4 Mengen-Proportionalität

Anwendungs-bedingungen

- Bei der Bearbeitung des Projektteilbereichs (Betrachtungseinheit) fallen meßbare bzw. zählbare Ergebniseinheiten an.

- Für die Betrachtungseinheit liegt eine zeit- und mengenbezogene Leistungsplanung vor (siehe Abschnitt 3.6.2).

- Der Fortschrittsgrad je Mengeneinheit ergibt sich aus dem Verhältnis einer Mengeneinheit zur geplanten Gesamtmenge (bei gleichmäßiger Plan-Mengen-Verteilung über die Zeitdauer der Betrachtungseinheit).

- Der Fertigstellungswert je Mengeneinheit ergibt sich aus dem Fortschrittsgrad je Mengeneinheit multipliziert mit den geplanten Gesamtkosten.

3.6 Leistungsbewertung und Projektfortschritt

Betrachtungseinheit VORGANG	Einzelfertigung Kohlefaserhohlleiter				Summe
PLAN-FORTSCHRITT					
Zeitdauer					
Zeitpunkte	⇧ Beginn			Abschluß ⇧	
Menge$_{Plan}$	15	15	15	15	60
FGR$_{Plan}$-Zuwachs in [%]	25	25	25	25	100
FGR$_{Plan}$ in [%]	25	50	75	100	
FW-Zuwachs	1500	1500	1500	1500	6000
FW	1500	3000	4500	6000	
RÜCKMELDUNG / IST-FORTSCHRITT					
Zeitdauer					
Zeitpunkte	Beginn ⇧		Abschluß ⇧		
Menge$_{Ist}$	10	30	20		60
FGR$_{Ist}$-Zuwachs in [%]	16,7	50,0	33,3		100
FGR$_{Ist}$ in [%]	16,7	66,7	100		
FW-Zuwachs	1000	3000	2000		6000
FW	1000	4000	6000		

Abbildung 3.6-13: Beispiel für Mengen-Proportionalität

Anwendungsbeispiel

In dem Beispiel ist das geplante und tatsächliche Gesamtergebnis des Vorgangs die Fertigung bzw. Herstellung von 60 Kohlefaserhohlleitern, die einen Gesamtwert von 6000 € haben. Für eine Mengeneinheit ergibt sich somit ein Wert von 100 €. Abweichend von der Planung ist - im Beispiel - die tatsächliche Fertigung aber in kürzerer Zeit und mit anderen Teilergebnissen erfolgt. Bis zum ersten Stichtag wurden 10 Stück gefertigt; ihr Fertigstellungswert beträgt 1000 €. Dann wurden 30 bzw. 20 Stück gefertigt mit einem Fertigstellungswert von 3000 bzw. 2000 €.

Der Einfluß einer **Änderung der Menge** (während der Bearbeitung) auf die Fortschrittsermittlung ist im vorliegenden Beispiel rein rechnerisch einfach nachzuvollziehen. Mit einer Mengenänderung ist jedoch eine Reihe weiterer Einflüsse auf das Projektgeschehen verbunden. Beispielsweise sind folgende Fragen zu klären:

Hinweis

- Erhöht sich bei einer Mengenmehrung auch der Plankosten-Gesamtwert?
- Sind eventuell die Einheitspreise zu ändern?
- Wie sind Mengenmehrungen/-minderungen zu dokumentieren?
- Sind die Änderungen „claim-würdig" bzw. „claim-fähig"?

Die Gesamtproblematik von Änderungen wird in den Kapiteln 4.3 bis 4.5 eingehend behandelt.

Typische Anwendungsbereiche für die Mengen-Proportionalitäts-Technik sind Projektarbeiten, die die Erstellung, Fertigung oder Lieferung von mehreren gleichen oder gleichartigen Teilen beinhalten. Dies gilt sowohl für „Software" wie beispielsweise Zeichnungen, Berechnungen, Dokumente, ggf. auch EDV-Programme oder sonstige Module von Informationssystemen als auch für „Hardware" wie z.B. Halbzeuge, Materialteile, Komponenten, Fertigteile und Endprodukte.

Anwendungsbereiche

Die Mengen-Proportionalität ist - neben der Statusschritt-Technik - die objektivste Methode zur Fortschrittsmessung.

3.6.4.5 Sekundär-Proportionalität

Anwendungs-bedingungen
- Die Leistungserbringung und damit der Fortschrittsgrad des Projektteilbereichs (Betrachtungseinheit 2) ist abhängig vom Fortschritt einer anderen Betrachtungseinheit 1.

- Zwischen den Fertigstellungswerten der beiden Betrachtungseinheiten besteht eine feste Relation, beispielsweise als Bruchteil- oder Prozentangabe (im Beispiel 5% der Plankosten).

- Der Fortschrittsgrad der unabhängigen Betrachtungseinheit wird nach einer bereits vorgestellten objektiven Meßtechnik ermittelt (im Beispiel für alle zugehörigen Vorgänge nach Statusschritt-Technik) und anschließend gewichtet hochgerechnet (im Beispiel über Plankosten gemäß Algorithmus in Abbildung 3.6-15).

Hinweis
Die beiden Betrachtungseinheiten können unterschiedlichen Projektgliederungsebenen zugehören (im Beispiel „Teilprojekt" und „Vorgang").

Anwendungs-beispiel

Unabhängige Betrachtungseinheit 1 TEILPROJEKT	Rohrleitungsmontage Block 8, HD-Systeme - Montage -					Plankosten Gesamt 1000 T€
FGR $_{Ist}$ in [%]	17,8	35,2	50,4	65,9	100	
FW	178	352	504	659	1000	
Abhängige Betrachtungseinheit 2 VORGANG	Rohrleitungsmontage Block 8, HD-Systeme - Prüfung/Dokumentation -					Plankosten Gesamt 50 T€
FGR $_{Ist}$ in [%]	17,8	35,2	50,4	65,9	100	
FW	8,9	17,6	25,2	32,95	50	

Abbildung 3.6-14: Beispiel für Sekundär-Proportionalität

Anwendungs-bereiche
- Qualitätssicherung im Engineering

- ausführungsbegleitende Prüfarbeiten/Dokumentation

- Produktkontrollen nach Fertigung/Produktion

- Montagesteuerung proportional zur Montage

- Maschineneinsatz für Prüfungen

- Overhead in Abhängigkeit von den operativen Arbeiten

3.6.4.6 Schätzung

Anwendungs-bedingungen
- Für die Betrachtungseinheit liegen keine oder lediglich verbal beschriebene Leistungsinhalte bzw. Arbeitsergebnisse - ohne Bewertungs- oder Maßgrößen - vor.

- Die Meßtechniken 1 bis 5 und 7 sind nicht verwendbar oder werden - aus welchen Gründen auch immer - nicht eingesetzt.

- Es existieren keine Fortschrittsgrad-Vorgaben. Ist-Fortschrittsgrade bzw. Fertigstellungsgrade werden (subjektiv) eingeschätzt.

3.6 Leistungsbewertung und Projektfortschritt

- Die Schätzung von Fortschrittsgraden ist eine in der Praxis häufig angewandte Methode, die auf der subjektiven Beurteilung und Beurteilungsfähigkeit des Schätzenden beruht. Sie ist daher sehr problematisch und allgemein nicht zu empfehlen.

Anwendungsbereiche

- Schätzungen sollten nur von wirklich erfahrenen Experten vorgenommen werden und/oder von Personen, die sich der Auswirkungen von ungenauen Schätzwerten auf die Fertigstellungswertermittlung bewußt sind.

- Wegen des sogenannten 90%-Syndroms sollten FGR-Schätzwerte nur bis höchstens 80% zugelassen werden (siehe hierzu das vorne aufgezeigte Beispiel).

3.6.4.7 Zeit-Proportionalität

- Für die Betrachtungseinheit liegen nur globale Leistungsbeschreibungen vor. Die Arbeitsergebnisse sind im einzelnen nicht bewert- oder meßbar.

Anwendungsbedingungen

- Als Ersatz für den nicht bestimmbaren Fortschrittsgrad fungiert das Verhältnis von abgelaufener Zeitdauer zur geplanten Gesamtdauer der Betrachtungseinheit.

- Projektleitung/Bauleitung

Anwendungsbereiche (Beispiele)

- Projektmanagement-/Projektsteuerungsleistungen

- Administrative Arbeiten

- Beratungstätigkeiten

- Geräte- und Maschineneinsatz auf Baustellen.

3.6.5 Berechnung des Gesamt-Fortschritts

Die Ermittlung von Fortschrittsgraden und Fertigstellungswerten einzelner Betrachtungseinheiten ist in den vorherigen Abschnitten - anhand zahlreicher Beispiele - dargelegt. Zur Berechnung von **Gesamt-Fortschrittsgraden** bzw. **Gesamt-Fertigstellungswerten** für beliebige Projektteilbereiche oder für das Projekt insgesamt stehen verschiedene Möglichkeiten zur Verfügung, die im folgenden aufgeführt werden.

3.6.5.1 Berechnung von Gesamt-Fortschrittsgraden

Für die **Hochrechnung** von aktuellen Teilvorgangs-Fortschrittsgraden (FGR_{Ist}) während der Projektabwicklung über mehrere Teilvorgänge mit unterschiedlichen Arbeitsergebnissen (Sach- und Dienstleistungen) hinweg auf **Vorgangs-Fortschrittsgrade** ist eine **einheitliche Wichtungsbasis** erforderlich. Hierfür eignen sich insbesondere die geplanten **Arbeitsmengen** bzw. **Aufwandsgrößen** wie beispielsweise **Personenstunden, Personal- und Sachkosten**, die ohnehin bei der Einsatzmittelplanung verwendet werden. Den gleichen Zweck könnten aber auch andere Größen wie zum Beispiel ein unternehmens- oder projektspezifisches **Punktbewertungssystem** erfüllen. Im Rohrleitungsbau ist speziell für die Montage neben der Wichtung über Stunden und Kosten die Wichtung über das zu montierende Gewicht und die Menge Schweißnähte üblich.

Einheitliche Wichtungsbasis erforderlich

Die Notwendigkeit einer einheitlichen Wichtungsbasis gilt sowohl für die Berechnung von Vorgangs-Fortschrittsgraden über unterschiedliche Teilvorgänge hinweg als auch über unterschiedlich geartete Vorgänge (beispielsweise Engineering- und Montagevorgänge) hinweg für **Gesamt-Fortschrittsgrade** von Teilbereichen des Projekts auf jeder beliebigen Ebene der Projektstruktur.

Im Umkehrschluß gilt aber auch, daß dann kein Gesamt-Fortschrittsgrad berechnet werden kann, wenn für die betrachteten Teilbereiche des Projekts keine einheitliche Maßgröße als gemeinsame Wichtungsbasis vorhanden ist. Die **Wichtung in Geldwerten** sollte jedoch immer möglich sein.

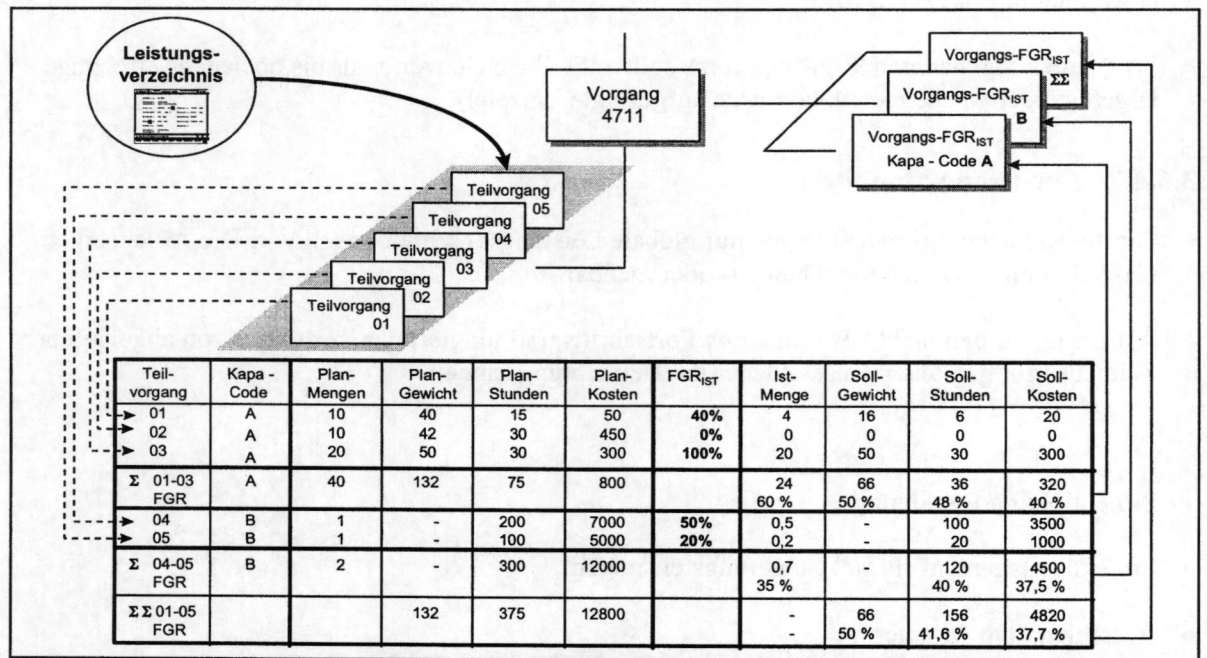

Teil-vorgang	Kapa-Code	Plan-Mengen	Plan-Gewicht	Plan-Stunden	Plan-Kosten	FGR_{IST}	Ist-Menge	Soll-Gewicht	Soll-Stunden	Soll-Kosten
01	A	10	40	15	50	40%	4	16	6	20
02	A	10	42	30	450	0%	0	0	0	0
03	A	20	50	30	300	100%	20	50	30	300
Σ 01-03 FGR	A	40	132	75	800		24 60 %	66 50 %	36 48 %	320 40 %
04	B	1	-	200	7000	50%	0,5	-	100	3500
05	B	1	-	100	5000	20%	0,2	-	20	1000
Σ 04-05 FGR	B	2	-	300	12000		0,7 35 %	-	120 40 %	4500 37,5 %
ΣΣ 01-05 FGR			132	375	12800		- -	66 50 %	156 41,6 %	4820 37,7 %

Abbildung 3.6-15: Ermittlung von Gesamt-Fortschrittsgraden (Gewichtete Fortschrittsgrad-Hochrechnung)

FGR-Hochrechnung

Der Rechenalgorithmus für die **gewichtete Fortschrittsgrad-Hochrechnung** ist in Abbildung 3.6-15 für einen Vorgang 4711 anhand von 5 Teilvorgängen mit unterschiedlichen Einsatzmittel-Kategorien (Kapa-Codes A und B) dargestellt. Als Wichtungsbasis werden Plan-Mengen, -Gewichte, -Stunden und Plan-Kosten verwendet. Dabei ergeben sich - je nach Wichtungsbasis - unterschiedliche Vorgangs-Fortschrittsgrade, von denen jeder seine eigene Aussagekraft besitzt und entsprechend zu interpretieren ist.

In Abbildung 3.6-16 sind neben den Gesamt-Fortschrittsgraden beispielhaft Gesamt-Fortschrittswerte dargestellt, die aus unterschiedlichen Bewertungsgrößen für die Leistung bzw. Arbeitsergebnisse - hier Mengen, Gewichte, Stunden, Kosten - resultieren.

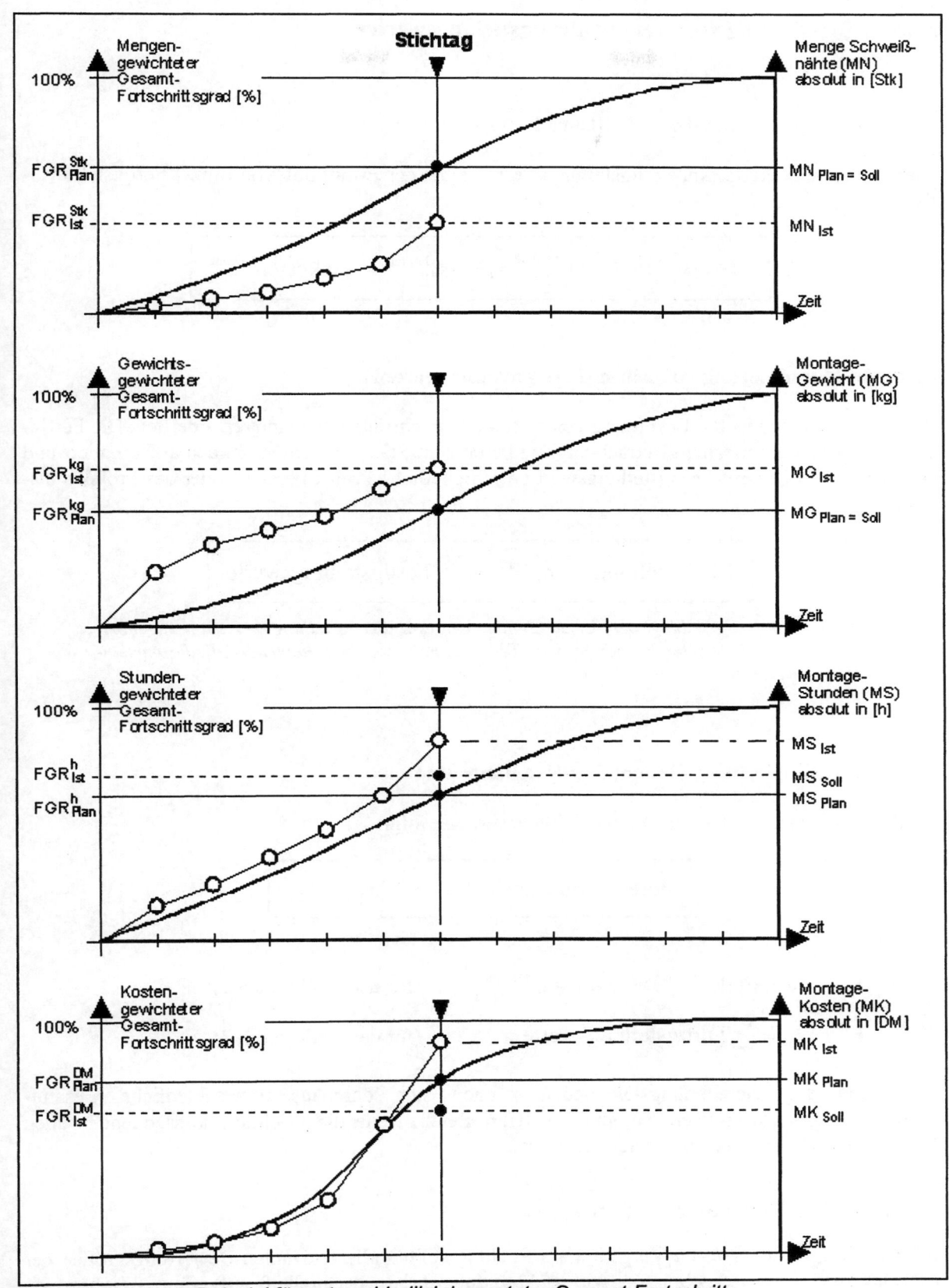

3.6 Leistungsbewertung und Projektfortschritt

Abbildung 3.6-16: Beispiel für unterschiedlich bewerteter Gesamt-Fortschritt

Der Rechenalgorithmus in Abbildung 3.6-15 gilt auch in gleicher Weise für die Fortschrittsgrad-Hochrechnung für Arbeitspakete, Teilaufgaben und das Gesamtprojekt, wobei - wie bereits erläutert - die einheitliche Wichtungsbasis vorhanden sein muß.

Wichtiger Hinweis

3.6.5.2 Berechnung von Gesamt-Fertigstellungswerten

Methode 1 über Gesamt-Fortschrittsgrade

Hier ergibt sich der Gesamt-Fertigstellungswert wie bei der Ermittlung von Einzel-Fertigstellungswerten:

$$\text{Fertigstellungswert}^{\text{Gesamt}} = \text{FGR}_{\text{Ist}}^{\text{Gesamt}} \times \text{Plankosten}^{\text{Gesamt}}$$

Methode 2 Summierung von Einzel-Fertigstellungswerten

Bei dieser Methode ist die Ermittlung von Gesamt-Fortschrittsgraden nicht erforderlich. Die Fertigstellungswerte der einzelnen Betrachtungseinheiten zum Stichtag werden einfach aufsummiert und ergeben so den Gesamt-Fertigstellungswert eines beliebigen Projektbereichs oder des Projekts insgesamt:

$$\text{Fertigstellungswert}^{\text{Gesamt}} = \sum \text{Fertigstellungswerte}$$

Der Gesamtfertigstellungswert ist die Summe der Einzelfertigstellungswerte der zugehörigen Arbeitspakete oder Vorgänge oder Teilvorgänge bzw. verschiedener Gliederungseinheiten gemischt.

Methode 3 „Gemischter" Gesamt-Fertigstellungswert

Hierbei ergibt sich der Gesamt-Fertigstellungswert wie folgt:

$$\text{Fertigstellungswert}^{\text{Gesamt}} = \text{FW}_1 + \text{FW}_2$$

wobei:

- $\text{FW}_1 = \text{FGR}_1^{\text{Gesamt}} \times \text{Plankosten}_1^{\text{Gesamt}}$ (für den Teilbereich 1)
- $\text{FW}_2 = \sum \text{Fertigstellungswerte}_2$ (für den Teilbereich 2)

Hinweis — Nach den drei Berechnungs-Methoden können sich durchaus unterschiedliche Gesamt-Fertigstellungswerte ergeben. Sie sind nur dann gleich, wenn die Wichtung konsequent in allen Verdichtungsstufen über Plankosten erfolgt ist.

3.6.5.3 Soll-Ist-Vergleich und Prognose

Stichtagbetrachtung — In einen integrierten Soll-Ist-Vergleich am Stichtag sollten alle relevanten Bewertungsgrößen der Leistung bzw. Arbeitsergebnisse - wie in Abbildung 3.6-16 beispielhaft aufgeführt - einbezogen werden.

Der Soll-Ist-Vergleich bezüglich Kosten ist die Voraussetzung für die Fertigstellungswert-Analyse und für die **Prognose der zu erwartenden (voraussichtlichen) Gesamtkosten** der Betrachtungseinheit bei ihrem Abschluß (für die Betrachtungseinheit Gesamtprojekt am Projektende).

3.6 Leistungsbewertung und Projektfortschritt

In gleicher Weise wie die Gesamtkosten können auch die **zu erwartenden (voraussichtlichen) Gesamt-Stunden** prognostiziert werden.

Für die Prognose werden in der Praxis drei **Hochrechnungs-Varianten** verwendet. Dabei bedeuten:

$$EK = Kosten_{Erwartet}^{Gesamt} \quad \text{(zum Ende)}$$

$$PK = Kosten_{Plan}^{Gesamt} \quad \text{(zum Ende)}$$

$$IK = Kosten_{Ist}^{Gesamt} \quad \text{(zum Stichtag)}$$

$$FW = Fertigstellungswert^{Gesamt} \quad \text{(zum Stichtag)}$$

1. **Lineare Hochrechnung** der Abweichung am Stichtag

Hier gilt die Formel:

$$EK = PK \times \frac{IK}{FW}$$

Bei dieser Variante wird die Abweichung (negativ oder positiv) am Stichtag linear in die Zukunft projiziert. Dieser Prognose liegt die Annahme zugrunde, daß die weitere Leistungserbringung nach dem Stichtag so gut oder schlecht weiter verlaufen wird wie bisher.

2. **Additive Hochrechnung** der Abweichung am Stichtag

Hier gilt die Formel:

$$EK = PK + (IK - FW)$$

Bei dieser Variante wird für das Ende der Betrachtungseinheit die absolut gleiche Abweichung wie am Stichtag prognostiziert. Eine Kostenüber- oder -unterschreitung wird also vom Stichtag an bis zum vollständigen Abschluß der entsprechenden Leistung sozusagen „mitgeschleppt". Dabei wird vorausgesetzt, daß die Leistungserbringung **in der Zukunft nach Plan** verlaufen wird. Dies bedeutet bei IK > FW (Fall 1 nach Abbildung 3.6-17), daß die Bearbeitung zukünftig besser als bisher, und bei FW > IK (Fall 2 nach Abbildung 3.6-17) zukünftig schlechter als bisher erfolgen wird.

3. **„Erwartet gleich Plan"**

Bei dieser Prognose wird die Abweichung am Stichtag rechnerisch nicht berücksichtigt. Die zu erwartenden (voraussichtlichen) Gesamtkosten der Betrachtungseinheit werden mit den geplanten Gesamtkosten gleichgesetzt. Hierbei wird davon ausgegangen, daß bei IK > FW (Fall 1 nach Abbildung 3.6-17) - trotz der Kostenüberschreitung am Stichtag - durch geeignete Steuerungsmaßnahmen die Plankosten letztendlich eingehalten werden können und bei FW > IK (Fall 2 nach Abbildung 3.6-17) die Kostenunterschreitung am Stichtag durch unvorhergesehene (nicht geplante) Kosten bis zum Ende der Betrachtungseinheit wieder „aufgezehrt" werden wird.

Je nach absoluter Höhe der zu erwartenden Gesamtkosten gilt die jeweils zugrundeliegende Hochrechnungs-Variante 1 oder 3 als **„optimistisch"** oder **„pessimistisch"**. Die Hochrechnungs-Variante 2 wird grundsätzlich als **„planmäßig"** bezeichnet, weil bei ihr davon ausgegangen wird, daß die Leistungserbringung nach dem Stichtag planmäßig verlaufen wird.

Die Auswirkungen der verschiedenen Hochrechnungs-Varianten auf den Prognosewert sind in Abbildung 3.6-17 geometrisch anhand der beiden möglichen Stichtagssituationen dargestellt.

Fall 1: $IK_1 > FW$

$EK_{11} = PK \times \dfrac{IK_1}{FW}$ ← pessimistisch

$EK_{12} = PK + (IK_1 - FW)$ ← planmäßig

$EK_{13} = PK$ ← optimistisch

Fall 2: $IK_2 < FW$

$EK_{21} = PK \times \dfrac{IK_2}{FW}$ ← optimistisch

$EK_{22} = PK + (IK_2 - FW)$ ← planmäßig

$EK_{23} = PK$ ← pessimistisch

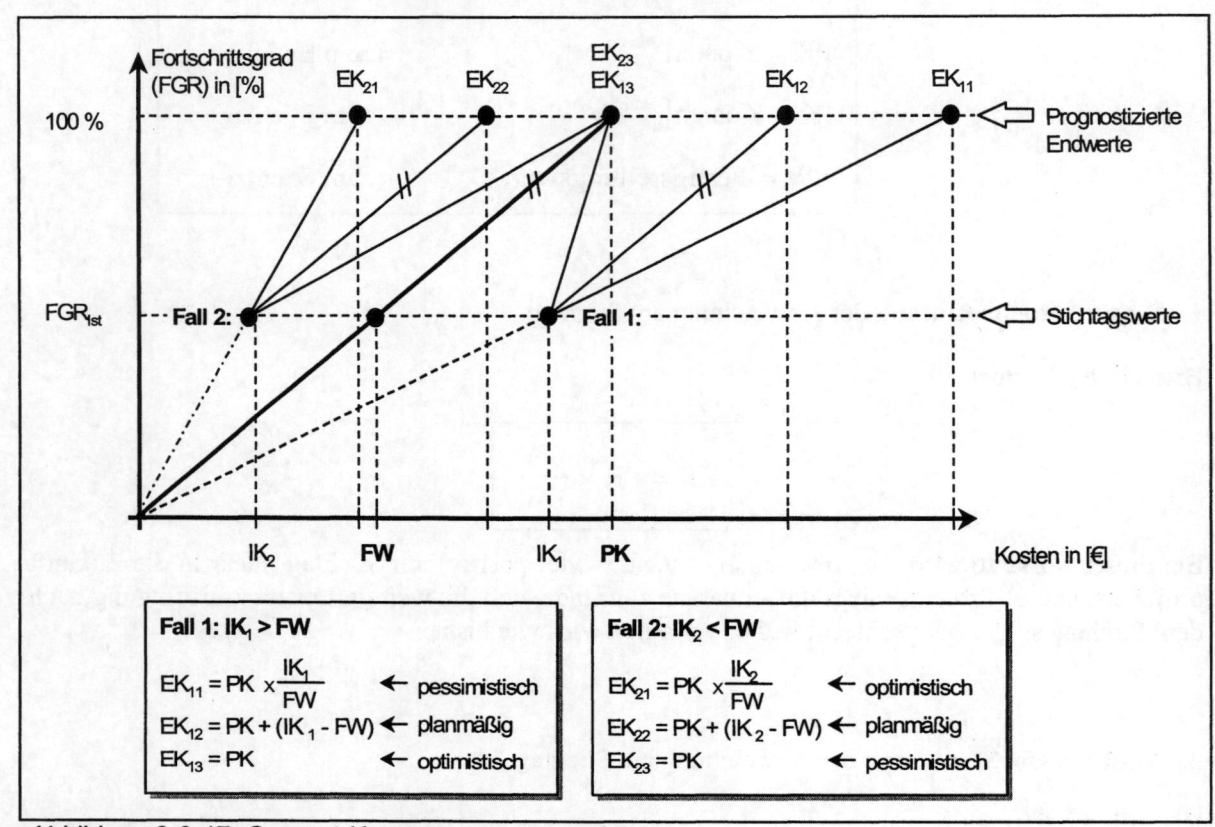

Abbildung 3.6-17: Gesamt-Kostenprognose am Stichtag

Zusammenfassung

Zunächst werden die grundsätzlichen Zusammenhänge zwischen Leistung und Leistungsbewertung, Projektfortschritt und Fortschrittsgrad, Fertigstellungsgrad und Fertigstellungswert einerseits und Projektgliederung, Ablauf- und Terminplanung sowie Einsatzmittel- und Kostenmanagement andererseits aufgezeigt. Die verwendeten Begriffe werden erläutert und die genormten Definitionen zum Teil ergänzt.

Danach werden verschiedene Möglichkeiten zur Beschreibung der Sach- und Dienstleistungen, die im Projekt zu erbringen sind, und deren Detaillierung vorgestellt. Für Investitionsprojekte werden beispielhaft Maßgrößen zur Bewertung der Leistung bzw. der entsprechenden Arbeitsergebnisse mitgeteilt und Hinweise gegeben, wie und wo solche Bewertungsgrundlagen im Unternehmen für die eigene Projektarbeit zu finden und wie sie zu nutzen sind.

Bei der zeitbezogenen Leistungsplanung wird als Ergänzung bzw. Alternative zur klassischen Vorgehensweise über die Einsatzmittelplanung die „Fortschrittsorientierte" Methode der Leistungsplanung über sogenannte „Teilvorgänge" dargestellt. Die Verbindung zwischen den Leistungspositionen und der Ablauf- und Terminplanung wird eingehend beschrieben. Damit ist die Basis geschaffen einerseits für klare Arbeitsprogramm-Vorgaben zur Projektabwicklung und andererseits für eine objektive Projektfortschrittskontrolle.

Im Abschnitt „Fortschrittsmessung" werden sieben Verfahren zur Fortschrittsgradermittlung zunächst im Überblick behandelt und anschließend die einzelnen Methoden anhand von praktischen Beispielen erläutert. Zu jeder Meßtechnik werden Anwendungsbedingungen und Einsatzbereiche aufgezeigt und Anwendungsempfehlungen gegeben. In den Rechenbeispielen werden zu den ermittelten Fortschrittsgraden die jeweiligen Fertigstellungswerte einzelner Betrachtungseinheiten berechnet.

Anschließend wird gezeigt, wie der Gesamt-Fortschritt ermittelt wird und Gesamt-Fortschrittsgrade bzw. Gesamt-Fertigstellungswerte zu berechnen sind. Die hierzu erforderliche einheitliche Wichtungsbasis zur Harmonisierung unterschiedlich gearteter Arbeitsergebnisse wird dargestellt. Der Rechenalgorithmus für eine gewichtete Fortschrittsgrad-Hochrechnung von der untersten Projektgliederungsebene auf jede beliebig höher Verdichtungsstufe wird an einem Zahlenbeispiel verdeutlicht. Danach folgt die Stichtagsauswertung mit Soll-Ist-Vergleich und Prognosen für die zu erwartenden Gesamtkosten nach drei verschiedenen Hochrechnungs-Varianten.

Literaturverzeichnis

ALBERT, I.; Högsdal, B.: Trendanalyse, Projektüberwachung mit Hilfe von Meilenstein- und Kostentrendanalyse, Köln 1987

DIN Deutsches Institut für Normung e.V. (Hrsg.):
   DIN 69900 Teil 1, Projektwirtschaft, Netzplantechnik-Begriffe, Ausgabe 8/87
   DIN 69900 Teil 2, Projektwirtschaft, Netzplantechnik-Darstellungstechnik, Ausgabe 8/87
   DIN 69901 Projektwirtschaft, Projektmanagement-Begriffe, Ausgabe 8/87
   DIN 69902 Projektwirtschaft, Einsatzmittel-Begriffe, Ausgabe 8/87
   DIN 69903 Projektwirtschaft, Kosten, Leistung, Finanzmittel-Begriffe, Ausgabe 8/87
   DIN 69905 Projektwirtschaft, Projektabwicklung, Druckmanuskript, 1996

FACHKREIS KOSTENSCHÄTZUNG (Hrsg.): Vorschlag für die Feststellung des Arbeitswertes von Arbeitspaketen zur Ermittlung des Projektfortschritts (Earned value techniques), unveröffentlicht, 1987

KIELKOPF, H.; Meyer, H.: Integrierte Projektsteuerung. In: Projektmanagement-Fachmann (RKW/GPM), 2. Auflage, Eschborn 1994

MANNESMANN (Hrsg.): Projektwirtschaftssystem PROWIS-Mannesmann, Version 1.23, Bedienungsanleitung, unveröffentlicht, 1994

MOTZEL, E.: Fortschrittskontrolle bei Investitionsprojekten. In: Projekte erfolgreich managen, Schelle, H.; Reschke, H.; Schnopp, R.; Schub, A. (Hrsg.), Kapitel 4.9.2, 3. Aktualisierung, Köln 1996

MOTZEL, E.: Fortschrittskontrolle im Anlagenbau. In: Handbuch Projektmanagement, Reschke, H.; Schelle, H.; Schnopp, R. (Hrsg.), S. 509 - 528, Köln 1989

WEHKING, F: Projektfortschrittsmessung und -berichterstattung bei F+E-Projekten. In: Handbuch Projektmanagement, Reschke, H.; Schelle, H.; Schnopp, R. (Hrsg.), S. 493 - 508, Köln 1989

Weiterführende Literatur

FLEMING, Q.W.; Koppelman, J.M.: Earned Value Project Management, PMI Project Management Institute, Upper Darby, USA 1996

GROH, H.; Gutsch, R.W. (Hrsg.): Netzplantechnik, Eine Anleitung zum Projektmanagement für Studium und Praxis. 3. Auflage, Düsseldorf 1982

MADAUSS, B.: Handbuch Projektmanagement, 3. Auflage, Stuttgart 1990

MEYER, E.C.: Baumstrukturen als Beschreibungsgrundlage für Objekte in Projektmanagement- und Informationssystemen (PMIS). In: Projektmanagement, Heft 1/95, S. 31 - 39, Köln

MEYER, E.C.: Projektwirtschaft mit PROWIS. In: Projektmanagement, Heft 4/91, S. 13 - 22, Köln

MEYER, E.C.: Relationale Projektstrukturierung - eine Methode im Projektmanagement. In: Symposium Projektstrukturierung, Reschke, H. (Hrsg.), Köln 1989

MEYER, E.C.; Motzel, E.: Projektwirtschaft mit PROWIS am Beispiel des Neubaus eines Bankverwaltungsgebäudes im Auftrag der ARGE Gebäudetechnik. In: Motzel, E. (Hrsg.): Projektmanagement in der Baupraxis bei industriellen und öffentlichen Bauprojekten, Berlin 1993

MEYER, H.: Transferüberlegung mit Fallbeispiel. In: Fallstudien zur Projektpraxis, Dworatschek u.a. (Hrsg.), Arbeitsbericht Nr. 10, Institut für Projektmanagement und Wirtschaftsinformatik (IPMI), Universität Bremen 1990

MOTZEL, E.: Informationsverarbeitung in der Projektwirtschaft - Vom Netzplantechnik-Programm zum integrierten Informationssystem. In: Projektmanagement, Heft 1&2, S. 51 - 57 und Heft 1/91, S.38 - 42, Köln

PLATZ, J.; Schmelzer, A.: Projektmanagement in der industriellen Forschung und Entwicklung, Berlin 1986

SCHELLE, H.: Kostenplanung und -kontrolle: Ein Überblick, In: Handbuch Projektmanagement, Reschke, H.; Schelle, H.; Schnopp, R. (Hrsg.), S. 333 - 366, Köln 1989

SCHMITZ, H.; Windhausen, M.: Projektplanung, Ein Beitrag zur Planung und Überwachung von komplexen Vorhaben, 2. Auflage, Düsseldorf 1980

Autorenportrait

Dr.-Ing. Erhard Motzel

geboren 1943 in Miltenberg/Main, Dipl.-Ing. Bauingenieurwesen, Konstruktiver Ingenieurbau an der Technischen Hochschule in Darmstadt. Wissenschaftlicher Mitarbeiter bei Prof. Dr.-Ing. Dr.-Ing. E.h. K. Klöppel am Institut für Statik und Stahlbau. Seit 1976 bei der Mannesmann DEMAG AG, Energie- und Umwelttechnik (früher: Mannesmann Anlagenbau AG), zunächst als Berechnungsingenieur in der Zentrale in Düsseldorf, dann Leiter der Abteilung Technische Dienste, Organisation und Datenverarbeitung in der Niederlassung Frankfurt am Main, heute Leiter der Abteilung Abwicklungsmanagement, Geschäftsprozesse und Projektmanagement-Service, Prokurist. Zahlreiche Veröffentlichungen zur Praxis des DV-gestützten Projektmanagements, insbesondere zur Fortschrittskontrolle im Rohrleitungs- und Anlagenbau. Seit 1988 Vorstandsmitglied der GPM in verschiedenen Ressorts (Ausbildung, Regionalgruppen, Kooperationen), heute zuständig für Internationale Beziehungen, Qualifizierung und Zertifizierung, Normung und Software im Projektmanagement. Projektleiter der GPM-Baufachtagung 1992 und Herausgeber des Buches „PM in der Baupraxis" 1993. Redaktionsmitglied der Zeitschrift PROJEKTMANAGEMENT. Zertifizierter Referent und zugelassener Prüfer „PM-Fachmann/-frau (RKW/GPM)" und „Projektkaufmann (GPM/ITW)". Aufbau der GPM/IPMA-Zertifizierung von Projektmanagern 1994/95 mit Gründung der GPM-Zertifizierungsstelle PM-ZERT. Seit 1994 IPMA-Assessor, Mitglied im IPMA Certification Core Team, im DIN-Normenausschuß NQSZ4 für „Projektwirtschaft" und im Beirat der VDI-Gesellschaft Systementwicklung und Projektgestaltung.

Abbildungsverzeichnis

Abbildung 3.6-1: Integrierte Betrachtung der Projekt-Zielgrößen („Magisches Dreieck") 693

Abbildung 3.6-2: Informationen zum Projektfortschritt 694

Abbildung 3.6-3: Aufwand und Ergebnis über der Zeit (Prinzipdarstellung) 695

Abbildung 3.6-4: Leistungsverzeichnis-Daten (Eingabemaske des Projektwirtschaftssystems PROWIS-Mannesmann) (MANNESMANN 1994) 698

Abbildung 3.6-5: „Klassische" und „Fortschrittsorientierte" Leistungsplanung (Prinzipdarstellung) 700

Abbildung 3.6-6: Anlegen von Teilvorgängen 701

Abbildung 3.6-7: Vorgang mit zugehörigen Leistungspositionen als Teilvorgänge (Listen-Auszug PROWIS-Mannesmann) (MANNESMANN 1994) 702

Abbildung 3.6-8: Fortschrittsgrad-Meßtechniken im Überblick 704

Abbildung 3.6-9: Beispiel zum 90%-Syndrom 705

Abbildung 3.6-10: Beispiel für Statusschritt-Technik 706

Abbildung 3.6-11: Beispiel für die 50-50-Technik 707

Abbildung 3.6-12: Beispiel für die 0-100-Technik 708

Abbildung 3.6-13: Beispiel für Mengen-Proportionalität 709

Abbildung 3.6-14: Beispiel für Sekundär-Proportionalität 710

Abbildung 3.6-15: Ermittlung von Gesamt-Fortschrittsgraden (Gewichtete Fortschrittsgrad-Hochrechnung) 712

Abbildung 3.6-16: Beispiel für unterschiedlich bewerteter Gesamt-Fortschritt 713

Abbildung 3.6-17: Gesamt-Kostenprognose am Stichtag 716

Lernzielbeschreibung

Der Leser soll die Zusammenhänge zwischen Projektgliederung, Ablauf-, Termin-, Einsatzmittel- und Kostenmanagement einerseits und Leistungsbewertung und Projektfortschrittskontrolle andererseits erfassen und damit umzugehen lernen. Er soll die zugehörigen Begriffe kennen und sie richtig benutzen sowie deren Inhalte erläutern können.

Der Leser soll erkennen, daß eine aussagekräftige Projektberichterstattung auf einer objektiven Projektfortschrittsermittlung beruht und diese nur aufgrund einer fundierten Leistungsplanung und -verfolgung möglich ist.

Der Leser soll die Fähigkeit entwickeln, den Projektfortschritt zu ermitteln. Dazu muß er die geeigneten Fortschrittsgrad-Meßtechniken anwenden, Einzel- und Gesamt-Fertigstellungswerte berechnen und die zu erwartenden Gesamtkosten zum Projektende prognostizieren können.

3.7 Integrierte Projektsteuerung

von

Peter G. Felske

Relevanznachweis

Die systematische und in der Projektorganisation verankerte „Integrierte Projektsteuerung" stellt die für eine effektive Steuerung von Investitions-, Forschungs- und Entwicklungs- sowie Organisationsprojekten notwendigen Instrumente und Abläufe zur Verfügung. Die vorhandene Projektplanung ist in die Realität umzusetzen. Dabei auftretende Abweichungen sind frühzeitig zu erkennen und entweder über Steuerungsmaßnahmen wirksam zu kompensieren oder über Planungsänderungen für den weiteren Projektverlauf zu akzeptieren. Die Anwendung der „Integrierten Projektsteuerung" in aller Konsequenz ist für große, mittlere und kleine Projekte anzustreben, wenn eine transparente und nachvollziehbare Projektabwicklung zu der PM-Kultur eines Unternehmens bzw. Auftraggeber/Auftragnehmerverhältnisses gehört. Der dabei erforderliche Aufwand ist variabel und durch einen jeweils angemessenen Detaillierungsgrad im Projekt (z.B. über Projektstrukturierung, Ablaufplanung, Leistungsbeschreibung, Fortschrittsgradermittlung, Berichterstattung etc.) zu beeinflussen, so daß die effiziente Umsetzung möglich wird. Insbesondere in einer Multiprojektumgebung ist die „Werkzeugkiste" mit Methoden, Instrumenten, Techniken und Abläufen zu standardisieren und deren Anwendung als horizontale Kompetenz an alle Projektbeteiligten im Rahmen der Mitarbeiterentwicklung kontinuierlich zu vermitteln.

Wird in einem Unternehmen eine „Integrierte Projektsteuerung" eingeführt, so sind Minimalanforderungen auf der Basis des vorhandenen Projektplanungsniveaus und der machbaren Ist-Daten-Verfügbarkeit zu definieren. Dies ist ein erstes Etappenziel. Mit den gesammelten Erfahrungen ist der weitere Ausbau als kontinuierlicher Verbesserungsprozeß von Projekt zu Projekt zu gestalten. Die Entwicklung der PM-Kultur im Unternehmen ist ein Organisationsprojekt, als solches aufzusetzen und mit PM-Methoden zu unterstützen. Um hohe Akzeptanz und breite Anwendung zu erreichen, sollten die neu definierten Instrumente und Abläufe vorgelebt werden.

Inhaltsverzeichnis

3.7.1 Grundlagen der integrierten Projektsteuerung — 725
    3.7.1.1 Projektprozesse und Projektzielgrößen — 725
    3.7.1.2 Schnittstellen — 728
    3.7.1.3 Integrierte Projektsteuerung im PM-Regelkreis — 729
    3.7.1.4 Der Projektüberwachungs-Zyklus — 730
    3.7.1.5 Rollenverteilung bei der Projektsteuerung — 732
    3.7.1.6 Unterschied Integrierte Projektsteuerung und Projektcontrolling — 734

3.7.2 Aufgaben der integrierten Projektsteuerung — 735

3.7.3 Organisation der Rückmeldungen — 736

3.7.4 Ermittlung und Darstellung des Ist-Zustandes — 739
    3.7.4.1 Termine — 740
    3.7.4.2 Aufwand — 742
    3.7.4.3 Ist-Leistung — 745

3.7.5 Methodik des Plan-Ist-Vergleiches — 747
    3.7.5.1 Plan-Ist-Vergleich Leistungsergebnis — 748
    3.7.5.2 Plan-Ist-Vergleich Termine — 748
    3.7.5.3 Plan-Ist-Vergleich Aufwand (Stunden) — 752
    3.7.5.4 Plan-Ist-Vergleich Kosten — 753

3.7.6 Abweichungsanalyse — 754

3.7.7 Trendanalysen — 757
    3.7.7.1 Meilensteine (Meilenstein-Trendanalyse) — 757
    3.7.7.2 Kosten (Kosten-Trendanalyse) — 761
    3.7.7.3 Fertigstellungswert (EVA Earned-Value-Analyse) — 763

3.7.8 Maßnahmen zur Steuerung von Projekten — 768
    3.7.8.1 Abweichungsanalyse und Steuerungsprozeß — 768
    3.7.8.2 Steuerungsmaßnahmen — 769
        3.7.8.2.1 Maßnahmen zur Einsatzmittel- und Kapazitätsveränderung — 769
        3.7.8.2.2 Maßnahmen zur Aufwandsreduzierung — 770
        3.7.8.2.3 Maßnahmen zur Leistungsveränderung — 770
        3.7.8.2.4 Maßnahmen zur Produktivitätserhöhung — 771

3.7.1 Grundlagen der integrierten Projektsteuerung

Der Begriff **Integration** bedeutet allgemein: Einzelaspekte, Elemente oder Funktionen ganzheitlich und in ihrem Wirkungszusammenhang zu sehen und zu einer Gesamtheit zu verbinden. Dies gilt auch im Projektmanagement allgemein und im besonderen bei der „Integrierten Projektsteuerung":

1. Integration der Projektprozesse **Planung, Überwachung und Steuerung**,
   d.h. den Regelprozeß der Führungsfunktionen (siehe Kapitel 1.1.2.2) auf ein Projekt anwenden;

2. Integration der Projektzielgrößen **Zeit, Aufwand und Ergebnis**,
   d.h. das „Magische Dreieck" als wechselseitige Wirkung der drei Zielgrößen verstehen;

3. Integration der verschiedenen **Teilbereiche des Projektmanagements**,
   d.h. die auf diese Zielgrößen bezogenen Aufgaben, Verfahren und Instrumente des Projektmanagements aufeinander abzustimmen;

4. Integration der am Projekt beteiligten **Fachdisziplinen**,
   Fachterminologie, Methoden und Fachleute aus verschiedenen Fachgebieten synergetisch verbinden.

Die beiden letztgenannten Punkte werden auch als **Schnittstellenmanagement** bezeichnet.

Ohne eine **systematische** und **vollständige Planung** zu Beginn des Projektes kann die Projektrealisierung von der Projektleitung nicht oder zumindest nur unzureichend **überwacht** und **gesteuert** werden. Zudem ist eine aussagekräftige Berichterstattung während der Laufzeit des Projektes nur auf der Basis einer ausreichend sorgfältigen Planung möglich.

3.7.1.1 Projektprozesse und Projektzielgrößen

Der prinzipielle Prozeß und der Inhalt der kontinuierlichen **integrierten Betrachtung von Planung, Überwachung und Steuerung** sind in Abbildung 3.7-1 dargestellt.

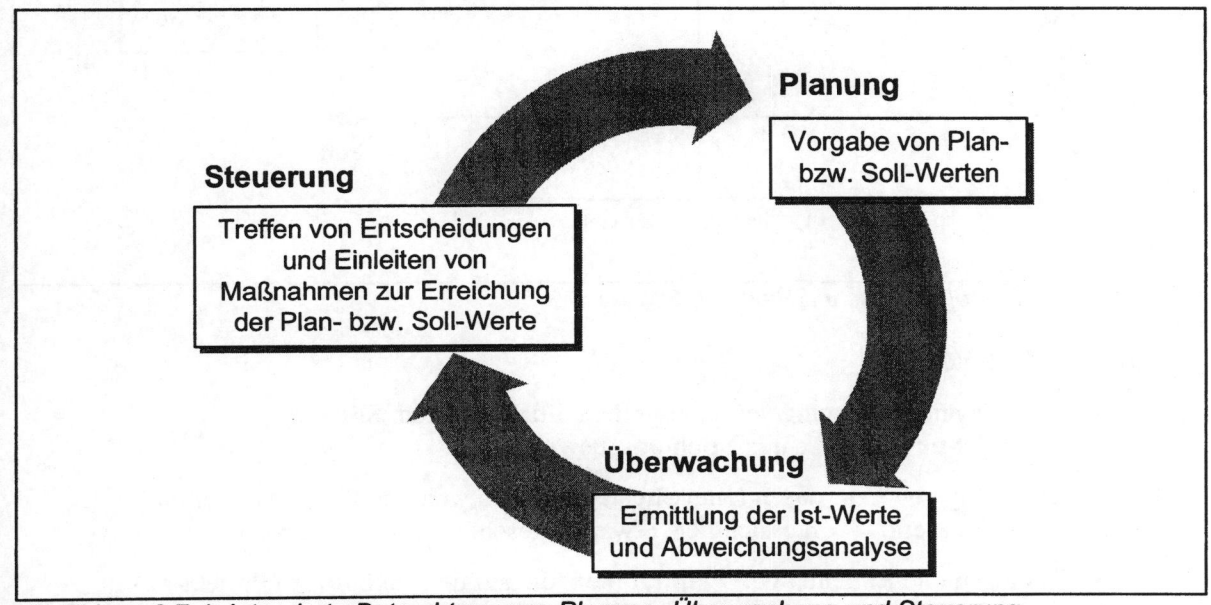

Abbildung 3.7-1: Integrierte Betrachtung von Planung, Überwachung und Steuerung

Die Notwendigkeit der kontinuierlichen **integrierten Betrachtung** gilt auch für die Projektzielgrößen **Zeit** (Termine/Dauern), **Aufwand** (Stunden/Kosten) und **Ergebnis** (Sach- und Dienstleistungen/Qualität). Die prinzipielle Darstellung der Projektzielgrößen (auch „Zieldreieck" oder „Magisches Dreieck" des Projektmanagements genannt) findet sich in Kapitel 3.6 als Abbildung 3.6-1.

Ein Projekt kann erst bzw. muß dann aber sofort überwacht und gesteuert werden, sobald mit der Bearbeitung der ersten geplanten Projektaufgabe begonnen worden ist (Realisierungsphase des Projekts). Wesentlich hierbei ist eine zeitbezogene Unterscheidung des Projektablaufes in **Vergangenheit** und **Zukunft**. Die Nahtstelle zwischen Vergangenheit und Zukunft ist das „**Heute**" („time now") oder der „**Stichtag**".

Voraussetzung für eine systematische Überwachung und Steuerung der Projektabwicklung ist, daß eine (Ursprungs-) Planung überhaupt stattgefunden hat und daß Planwerte für die Bereiche vorliegen, die überwacht und gesteuert werden sollen.

„**Überwachung**" bedeutet

- **Ist-Werte** aus der Projektabwicklung zu beschaffen, festzuhalten, zu verarbeiten und zusammen mit den Plan-Werten sichtbar zu machen - als -:
- Darstellungen der Vergangenheit (links vom Stichtag) „**Plan**" gegenüber „**Ist**"
- Darstellungen der Zukunft (rechts vom Stichtag) „**Plan**" gegenüber „**Soll**"

Dabei bedeutet „**Soll**" die durch den Einfluß der **Ist-Werte veränderten, neuen Plan-Vorgaben** (Abbildung 3.7-2).

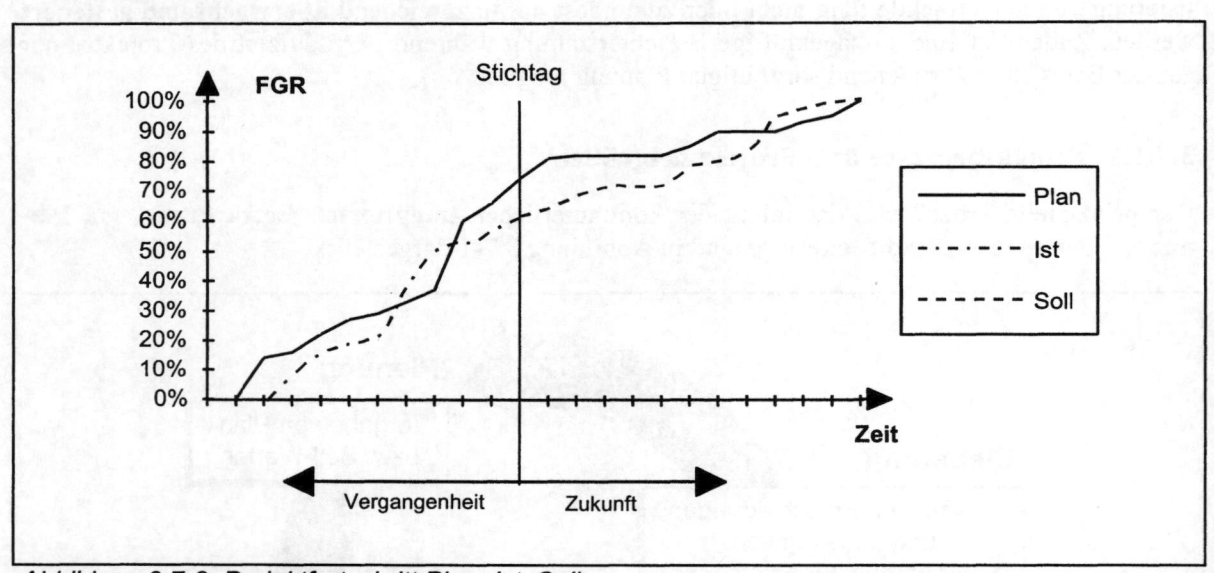

Abbildung 3.7-2: Projektfortschritt Plan, Ist, Soll

„**Steuerung**" bedeutet:

- Analyse und Bewertung der dargestellten Situation - zum Stichtag - (**Abweichungsanalyse** und **Stichtagsauswertung**)
- Erstellung von **Prognosen** (zum Stichtag) auf den weiteren Projektverlauf und das **Projektende** (voraussichtlich, erwartet, geschätzt, hochgerechnet)
- Festlegen und Einleiten von **Maßnahmen**, die auf den zukünftigen Projektverlauf einwirken und geeignet sind, den weiteren Projektablauf auf dem ursprünglich geplanten zu halten oder ihn darauf zurückzubringen.

3.7 Integrierte Projektsteuerung

„Planung" bedeutet:

- Erstellung der Ursprungs- oder Basisplanung (ursprüngliche Plan-Werte)
- Planungsaktualisierung (Soll-Werte)
  aufgrund des in der Vergangenheit liegenden Projektgeschehens, Konsequenzen aus den ermittelten Ist-Daten
- Planungsrevision (neue, verbindlich vorgegebene Plan-Werte)
  aufgrund der Erkenntnisse aus dem bisherigen Projektverlauf und/oder ggf. eingeleiteter bzw. in die Planung eingearbeiteter Steuerungsmaßnahmen

Die „Integrierte Projektsteuerung" erfordert die **kontinuierliche Ist-Aufnahme**, d.h. Erfassung und Fortschreibung folgender Größen je Projektaktivität (i. S. der Netzplantechnik = kleinstes in der Projektablauf- bzw. -terminplanung abgebildetes Planungselement = Vorgang):

- Ist-Termine (Anfang, Ende)
- Restdauer (oder aktualisierte Gesamtbearbeitungsdauer)
- aktualisierter Leistungsbedarf (für die aktualisierten Arbeitsergebnisse)
  - als geplanter Aufwand in Stunden und/oder Kosten -
- Ist-Fortschrittsgrad (Fertigstellungsgrad)
- tatsächlich verbrauchte Stunden
- tatsächlich angefallene Kosten.

Die **Auswertung** der Projekt-Daten **zum Stichtag** ermöglicht dann für die Projektzielgrößen Ergebnis/Leistung, Zeit und Aufwand - wie bereits erwähnt -

- die Gegenüberstellung von Plan-, Soll- und Ist-Werten,
- Prognosen auf den weiteren Projektverlauf und auf das Projektende und
- das Einleiten von Steuerungsmaßnahmen bei Planabweichungen,

wie z. B. Personalverstärkung, Mehrschichten, Fremdpersonaleinsatz, Fremdvergaben, Einsatz von leistungsfähigeren Maschinen und Geräten, Parallelbearbeitung von Vorgängen, Ablaufverbesserungen etc. (siehe Abschnitt 3.7.7).

Darüber hinaus ermöglicht die kontinuierliche Erfassung der Projekt-Ist-Daten verbunden mit der

- **Fertigstellungswertermittlung** (auch als Arbeitswert- oder „Earned Value Analyse" bezeichnet - siehe hierzu Kapitel 3.6 und Abschnitt 3.7.4) die für den Projektleiter i.d.R. unverzichtbare
- Beurteilung der **Wirtschaftlichkeit** bzw. **Effizienz der Projektabwicklung**
  oder - bei Auftragsprojekten - das
- **kaufmännische Projektergebnis** (eigener **Aufwand** gegenüber **Ertrag** bspw. als **Erlös** vom Auftraggeber).

Von wesentlichem Einfluß auf die Wirtschaftlichkeit der Projektabwicklung bzw. das kaufmännische Projektergebnis sind beispielsweise

- **Änderungen im Projekt** (siehe Kapitel 4.3 bis 4.5)

und die ausreichende Berücksichtigung der im nächsten Abschnitt beschriebenen weiteren

- **Schnittstellen**-Aspekte.

3.7.1.2 Schnittstellen

Neben den in der Projektplanung geschaffenen Voraussetzungen für die Integrierte Projektsteuerung ist eine Reihe von weiteren Schnittstellen zu anderen Teilbereichen des Projektmanagements zu berücksichtigen.

Projektplanung	Projektrealisierung	Projektabschluß
1.6 Projektziele	3.6 Leistungsbewertung und Projektfortschritt	4.10 Projektabschluß und -auswertung
3.1 Projektstrukturierung	3.7 Integrierte Projektsteuerung	
3.2 Ablauf- und Terminmanagement	• Rückmeldung der Ist-Daten (Ergebnisse, Termine, Aufwand, Kosten	
3.3 Einsatzmittelmanagement	• Plan-Ist-Vergleiche	
3.4 Kostenmanagement	• Abweichungsanalysen	
3.5 Finanzmittelmanagement	• Trendanalysen(Prognosen)	
4.6 Projektstart	• Steuerungsmaßnahmen	
	• Sofortbericht	
	• Statusbericht	
	• Situationsbericht	
4.2 Qualitätsmanagement		
4.3 Vertragsinhalte und -management		
4.4 Konfigurations- und Änderungsmanagement		
4.5 Dokumentationsmanagement		
4.7 Risikomanagement		
4.8 Informations- und Berichtswesen		
Projektcontrolling		

Abbildung 3.7-3: Inhalte und Schnittstellen zur Integrierten Projektsteuerung

Projektplanung
Die Projektplanung stellt die für die Projektsteuerung erforderlichen Grundlagen zur Verfügung. Damit sind die in der frühen Phase „Planung" entstehenden Pläne (Projektstrukturplan, Ablaufplan, Terminplan, Einsatzmittelplan, Kostenplan, Finanzierungsplan, Risikoplan, Qualitätsplan etc.) gemeint, die zu Beginn der Projektrealisierung festgeschrieben werden und für die Projektsteuerung als Vorgabe dienen.

Leistungsbewertung/Fortschrittskontrolle
Der Überwachungszyklus beginnt mit der Erfassung des Projektstandes. Der technische Fertigstellungsgrad ist dabei der wichtige Parameter zur Bestimmung der erbrachten Leistung. Wie dieser Parameter definiert und gemessen wird, legt die Leistungsbewertung/Fortschrittskontrolle fest.

Qualitätsmanagement
Die Durchführung des Qualitätsmanagements gemäß seiner Planung ist durch die Projektsteuerung zu überwachen und Steuerungsmaßnahmen, die Qualität betreffend, sind mit dem Qualitätsmanagement abzustimmen. Die für das Qualitätsmanagement definierten Prozesse (z.B. Übergaben, Tests, Nacharbeiten, Abnahmen) dienen der Projektsteuerung als Vorgaben.

Vertrags- und Claimmanagement
Die zu erbringenden Lieferungen und Leistungen, die sich aus den vereinbarten Verträgen ergeben, sind die zu realisierenden Projektergebnisse und dienen der Projektsteuerung als Vorgabe. Das Claimmanagement stellt die für Steuerungsmaßnahmen gegenüber Auftraggeber und Unterauftragnehmer sowie Konsortialpartnern erforderlichen Argumente zur Verfügung.

Konfigurations- und Änderungsmanagement
Die Nahtstelle liegt hier bei der Konfigurationsbestimmung und dem Änderungswesen. Referenzkonfigurationen mit genehmigten Änderungen ermöglichen es der Projektsteuerung, für Termin- und Kostenaussagen sowie -pläne einen eindeutigen, unmißverständlichen Bezug zum technischen Stand zu bestimmen. Die in der Vergangenheit so häufig anzutreffende Situation, daß Termin- und

3.7 Integrierte Projektsteuerung

Kostenpläne sich auf einen anderen technischen Zustand bezogen, als er in Wirklichkeit vorhanden war, kann hiermit wirkungsvoll vermieden werden.

Eine weitere Schnittstelle liegt bei der Bestimmung von Kosten und Terminen der Änderungen. Hier muß eine präzise Regelung die Kompetenzen festlegen. Eine Möglichkeit ist es, daß die Projektsteuerung den administrativen Teil des Konfigurationsmanagementes übernimmt.

Ziel des Dokumentationsmanagementes ist es, die Erstellung, Verteilung und Archivierung von Dokumenten (d.h. Unterlagen jeglicher Art) zu koordinieren. Neben den technischen Unterlagen zählen zu den zu verwaltenden Dokumenten auch die administrativen Unterlagen wie Briefe, Aktenvermerke, Richtlinien. Besonders die zur Projektsteuerung erstellten Dokumente und Unterlagen wie Sofortberichte, Situationsberichte, Statusberichte wie auch Zeit- und Kostenerfassungsbelege, Terminrückmeldelisten, Abweichungsanalyse-Ergebnisse und Simulationsergebnisse von Waswäre-wenn-Analysen stellen hier den Dokumentationsumfang dar. An diese Dokumente werden erhöhte Anforderungen bezüglich lückenloser und revisionsfähiger Nachvollziehbarkeit gestellt. Daher müssen sich beide Gebiete (Dokumentationsmanagement und Projektsteuerung) an dieser Schnittstelle in ihren Regelungen abstimmen, wobei die Konventionen der Projektsteuerung den Vorrang haben. *Dokumentationsmanagement*

Projektrisiken kalkulierbar zu machen, ist ein Ziel des Risikomanagements. Mit der Risikoanalyse, Risikobewertung, Risikoselektion und Festlegung von Maßnahmen zur Risikominimierung liefert es die Vorgaben für die regelmäßige Überprüfung der Risiken im Sinne einer Maßnahmenkontrolle und Fortschreibung der Risikosituation. Das Risikomanagement reduziert damit Unsicherheiten im Steuerungsprozeß. *Risikomanagement*

Hier sind im wesentlichen die Berichte, die zur Projektsteuerung erstellt werden, zu berücksichtigen und die Regelungen und Vereinbarungen zur Information und Kommunikation im Projekt als Grundlage für die Projektsteuerung zu definieren. Vor allem die Regelungen Wer an Wen Wann Was und Wie zu berichten hat, sind hier festzulegen. *Berichts- und Informationswesen*

Die während der Projektrealisierung durch die Projektsteuerung erstellten Unterlagen und dokumentierten Informationen stehen für die Auswertung zum Projektabschluß zur Verfügung. Der Projektabschlußbericht (post mortem) ist das letzte Berichtsdokument, welches im Rahmen der Projektsteuerung entsteht. Die während der Projektlaufzeit festgestellten Probleme und dafür vorgenommene Maßnahmen sind ein wesentliches Ergebnis zur kontinuierlichen Verbesserung des Projektmanagement-Prozesses im Unternehmen. *Projektabschluß*

3.7.1.3 Integrierte Projektsteuerung im PM-Regelkreis

Der eigentliche Inhalt der „Projektsteuerung" ist „Lenken". Der Begriff „Project Control" wird in vielen Fällen zu eng ausgelegt und mit Kontrolle gleichgesetzt. Oft wird unter Projektsteuerung nur „Überwachung" oder „Kontrolle" verstanden. Dies sind jedoch nur Teilaspekte der Steuerung im Sinne des PM-Regelkreises.

Dies wird an einem Beispiel leicht deutlich:

> *Ein Autofahrer steuert sein Fahrzeug, indem er die (Ist-)Situation wahrnimmt, z.B. einen Fußgänger am Straßenrand, der im Begriff ist, die Fahrbahn zu überqueren. Daraufhin bremst der Fahrer sein Fahrzeug ab. Das bedeutet, er kontrolliert ständig die Ist-Situation und ergreift daraufhin die geeigneten Maßnahmen. Obwohl der Fahrer ggf. einem Hindernis ausweicht, bleibt das Fahrzeug trotzdem auf der Straße.*

Dieses (Selbst-)Verständnis von Steuerung sollte uns auch bei der Abwicklung von Projekten begleiten. Damit wird der Steuerungsprozeß im Projekt als ebenso selbstverständlich empfunden wie beim Autofahren.

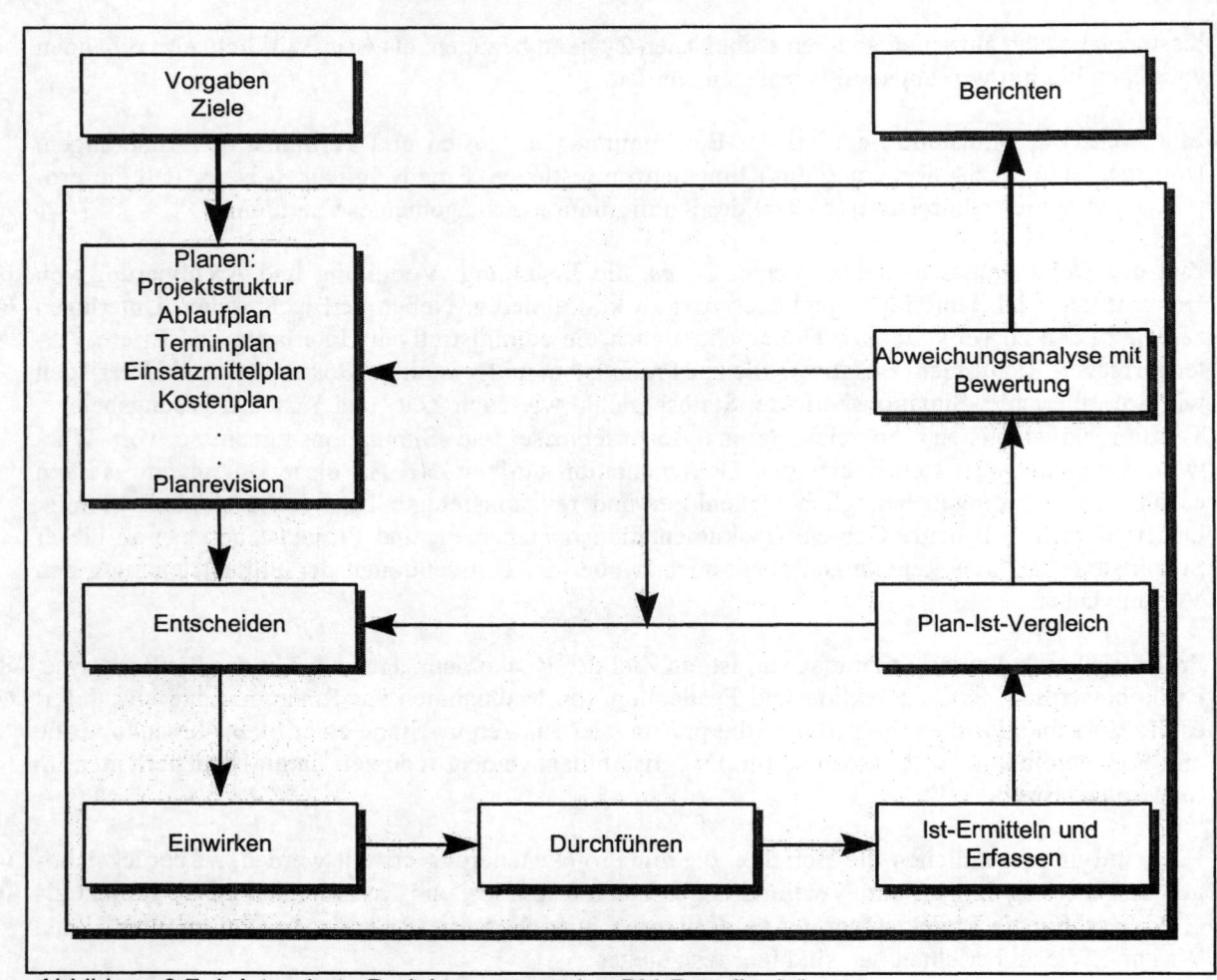

Abbildung 3.7-4: Integrierte Projektsteuerung im „PM-Regelkreis".

3.7.1.4 Der Projektüberwachungs-Zyklus

Mit der Freigabe des ersten Arbeitspaketes im Projekt beginnt notwendigerweise auch die Überwachung des Fortschrittes (Kapitel 3.6). In regelmäßigen Abständen wird der folgende Zyklus durchlaufen:

- Erfassung des Projektstandes zu bestimmten Stichtagen (wöchentlich, bi-weekly, monatlich, quartalsweise) und Einarbeitung in die Planungsunterlagen,

- Durchführung eines Plan-Ist-Vergleiches mit Abweichungsanalyse und Bewertung,

- Soweit daraufhin erforderlich: Ergreifen von Steuerungsmaßnahmen und ggf. Anpassung des Planes für den restlichen Projektverlauf (Entwicklung der Soll-Werte).

3.7 Integrierte Projektsteuerung

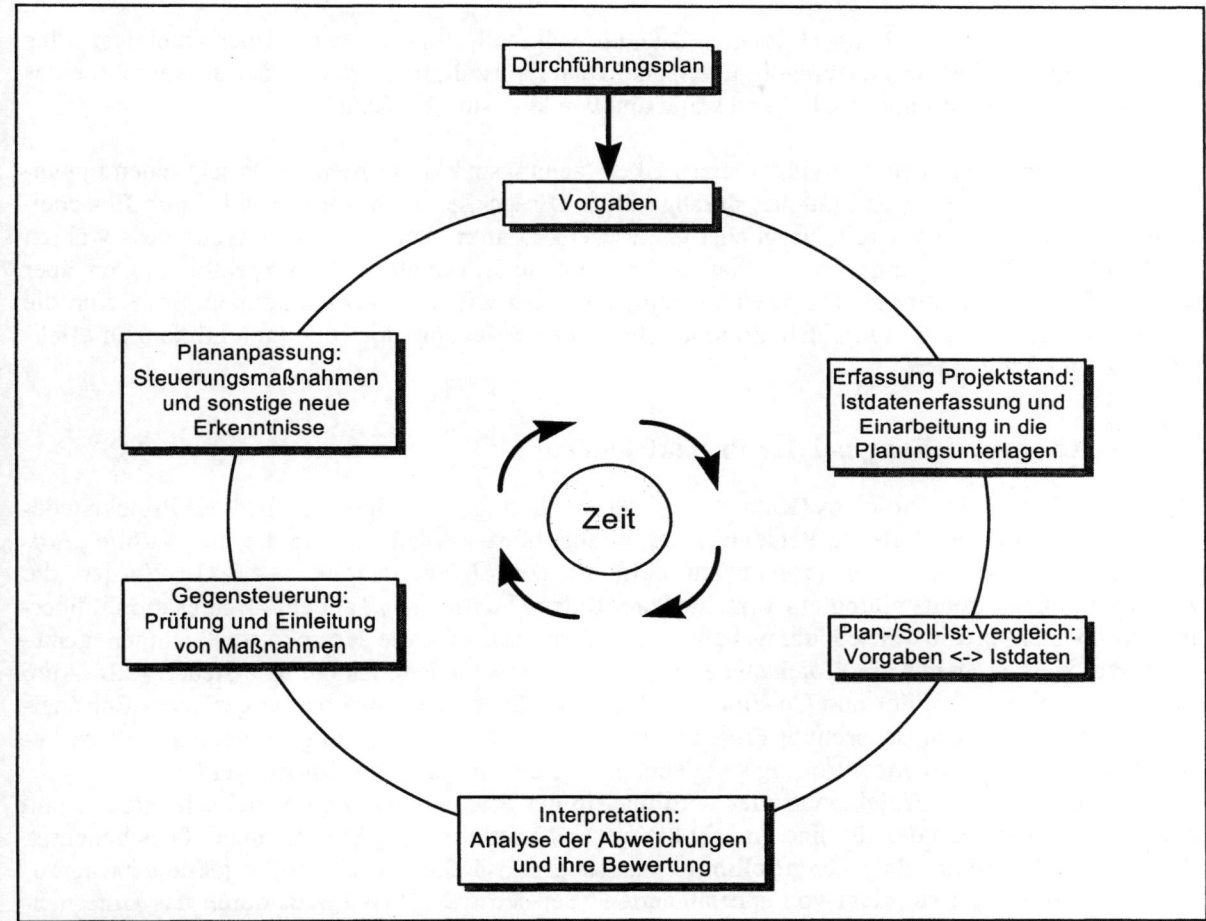

Abbildung 3.7-5: Der „Projektüberwachungs-Zyklus"

Zwei Aspekte spielen dabei eine wichtige Rolle:

1. In welchen zeitlichen Abständen wird dieser Zyklus durchlaufen?

   Grundsätzlich gilt: Die Projektüberwachung ist eine permanente Aufgabe des Projektmanagements. Aber: Insbesondere aus Aufwands-, aber auch aus Zweckmäßigkeitsgründen wird die formale Projektüberwachung nur in gewissen zeitlichen Abständen durchgeführt. Der Abstand zwischen je zwei Überwachungsstichtagen hängt vor allem von der Projektdauer ab. Aber auch technische und/oder organisatorische Komplexität, Projektsituation und Stand des Projektes (Anfang oder Ende) beeinflussen die Länge des Überwachungszyklus. Als Faustregel kann von folgenden Werten ausgegangen werden:

Projektüberwachungs-Zyklus	
Projektdauer	**Zykluszeit**
bis 2 Monate	1 Woche
bis 6 Monate	2 Wochen
Bis 60 Monate	4 Wochen
mehr als 60 Monate	8-12 Wochen

Abbildung 3.7-6: Länge des „Projektüberwachungs-Zyklus"

2. Werden die Überwachungsaktivitäten ständig während des gesamten Überwachungszyklus durchgeführt, sind sie gleichmäßig über seine Dauer verteilt, oder finden sie nur während eines bestimmten Zeitabschnittes statt und wann und wie lang sind sie dann?

Sämtliche planerischen Aktivitäten eines Überwachungszyklus werden im wesentlichen nur innerhalb eines kurzen Zeitraumes durchgeführt. Dieser Zeitraum sollte (inkl. aller Entscheidungsprozesse) deswegen möglichst kurz sein, damit bei Abweichungen des wahren Projektverlaufes gegenüber dem Plan durch schnelle Information der Projektbeteiligten über neue Planvorgaben möglichst rasch Gegenmaßnahmen wirksam werden können. So treffen die Maßnahmen noch die Projektsituation an, die ihrer Festlegung zugrunde lag und können effektiv umgesetzt werden.

3.7.1.5 Rollenverteilung bei der Projektsteuerung

Bei der Definition des Projektes (Kapitel 1.6) war zu überlegen, ob die Aufgaben der Projektsteuerung durch den Projektleiter in Personalunion durchgeführt werden oder ob die Projektrolle „Projektcontroller" als Rolle im Projektteam definiert wird (siehe Kapitel 2.4.3.1). Wurden die Aufgaben durch Arbeitsteilung auf verschiedene Rollen (Stichwort: „Tandem-Organisation") übertragen, so müssen die Entscheidungsbefugnisse über einzuleitende Korrekturmaßnahmen genau festgelegt werden, damit die Projektsteuerung nicht in verschiedene Richtungen steuert (z.B. Auto mit zwei Lenkrädern, Pilot und Co-Pilot im Flugzeug). Dies ist ebenso bei eingesetzten Entscheidungsgremien (Lenkungsausschuß, Projektboard, Projektreview, Änderungskonferenz etc.) zu berücksichtigen. Das Projektcontrolling soll dabei primär als Funktion verstanden werden.
Einen hauptamtlichen Projektcontroller wird man in der Praxis entweder nur bei sehr großen und komplexen Projekten oder für eine Anzahl kleiner und mittlerer Projekte benennen. Dies bedeutet, daß die Funktionen des Projektcontrollings zunächst grundsätzlich durch den Projektleiter wahrzunehmen sind, soweit sie nicht von spezialisierten „Servicestellen" (wie z.B. durch das Unternehmenscontrolling, eine „Terminstelle" oder eine Projektmanagement-Unterstützungsstelle) abgedeckt werden.

Da im Anfangsstadium eines Projektes, je nach Projektart, unterschiedliche Beteiligte an der Erstellung von Projektunterlagen mitwirken und oft ein Projektleiter zu diesem Zeitpunkt noch nicht benannt ist, besteht die Möglichkeit durch das Projektcontrolling eine Unterstützungsfunktion zur Verfügung zu stellen, die auf eine standardisierte Projektentwicklung hinwirkt.

Je früher das Projektcontrolling installiert wird, desto eher liegen vollständige und brauchbare Unterlagen vor, die als Grundlage für die Integrierte Projektsteuerung erforderlich sind.

Projekt:	PL-Aufgaben	CO-Aufgaben	Unterstützung durch Proj.-Controller weil:	Konsequenzen bei Unterlassung:
	V=Verantwortung M=Mitwirkung I=Info		K=Kapazität, O=Objektivität, Q=Qualität, R=Revisionsfähigkeit, S=Skill, T=Termine	
PLANUNG				
Projektziele finden u. definieren	V	M	O,Q,K	Keine Projektvorgaben
Projektanforderung erstellen	V	M,I	O,Q	Keine Projektalternativenprüfung
Vorkalkulation erstellen	V	M	O,Q,R	Kein Investitionsantrag
Investantrag erstellen	V	M,I	O,Q	Kein Projektbudget
Projektauftrag erstellen	V	M,I	O,Q	Keine Projektlegalisierung
Projektteambildung begleiten	V	M	O,K,S	Reibungsverluste/Prozessunsicherheit
Projektstrukturplan erstellen	V	M	O,Q,S,K	Keine Projektordnung
Arbeitspakete definieren	V	M	O,Q,S,K,T	Keine Aufgabenbeschreibung
Risikoplanung erstellen	V	M	O,Q,S	Keine Risikotransparenz

3.7 Integrierte Projektsteuerung

Meilensteinplanung erstellen	V	M	Q,T	Keine Ecktermine
Projektablaufplanung erstellen	V	M	O,Q,T,S,K	Kein geplanter Ablauf
Projektterminplanung erstellen	V	M	O,Q,T,S,K	Keine geplanten Termine
Projektaufwandsplanung erstellen	V	M	R,O,Q,S,K	Keine Aufwandsplanung/ROI-Rechnung
Projektkostenplanung erstellen	V	M	R,O,Q,S,K	Keine Kostenplanung/ROI-Rechnung
Kapazitätsplanung erstellen	V	M	Q,S,K	Keine geplante/verfügbare Kapazität
ToDo-Planung erstellen	V	M	Q,K	Kein Projektcontrolling
Skillplanung erstellen	V	M	O,Q,K	Keine Transparenz über Skill
CONTROLLING				
Projektzeiterfassung installieren	M,I	V	O,Q,R	Keine Nachkalkulation
Vorkalkulation überprüfen	V	M	O,Q,R	Keine/ungeprüfte Vorkalk.
Projektreview durchführen	M	V	O,Q,R,S	Projektqualität unbekannt
Projektzeiten validieren	M	V	O,Q,R,K	Aufwandsabweichung
Rechnungen validieren	M	V	O,Q,R,K	Kostenabweichung
Änderungsanfordergn. validieren	V	M	O,Q,R,K	Termin/Kosten/Aufwandsabweichung
ToDo-Plan validieren	V	M	O,Q,K	Terminabweichung
Projektplan aktualisieren	M	V	Q,S,T,R,K	kein/ungültiger/veralteter Plan
Plan-/Soll-Ist-Vergl. durchführen	M	V	Q,S,T,K	keine Prognose
Statusbericht erstellen	M	V	O,Q,S,T,R,K	keine Transparenz
Projektstatusanalyse durchführen	M	V	O,Q,S,T,K	keine Projektsteuerung
Projektprognose erstellen	M	V	O,Q,S,T,K	keine Projektsteuerung
Situationsbericht erstellen	V	M	O,Q,K	keine Transparenz
Projektabschlußbericht erstellen	V	M	O,Q	Keine Verbesserungsgrundlage
Vertragsmanagement installieren	M	V	O,Q,S	Unklarer Liefer- u. Leistungsumfang
Claimmanagement aufbauen	M	V	S	Mehrkosten bei Lieferanten
Fertigstellungsgrad ermitteln	V	M	O,Q,T,K	keine Projektsteuerung
Projektteam motivieren	V	M	O,K,S	Reibungsverluste/Prozessunsicherheit
Auftragnehmer/Lieferant motivieren	V	M	O,K,S	Reibungsverluste/Prozessunsicherheit
Projektleiter und Projektteam schulen	M	V	S,K	kein Skill
Projektleiter coachen	M	V	S,K	Unsicherheit
LA-Unterlagen vorbereiten	V	M	O,Q,T,K	keine Transparenz
FACHLICH				
Lastenheft erstellen	V	M,I	O,Q,T	Keine Produktanforderungen verfügbar
Pflichtenheft erstellen	V	M,I	O,Q,T	Keine Realisierungslösung verfügbar
Erlösplan erstellen	V	M,I	O,Q,T	Keine ROI-/Wirtschaftlichkeitsrechnung
Produktstrukturplan erstellen	V	M	O,Q,S	Keine Produktvisualisierung
Projektorganisation aufbauen	V	M	Q,S	Keine Projektorganisation
Dokumentationsmgt. installieren	M	V	Q,S	Keine Projektdokumentation
Qualitätsmanagement installieren	M	V	Q,S	Keine Projekt/Produktqualität
Konfigurationsmanagement install.	M	V	Q,S	Schnittstellenprobleme
Änderungsmanagement install.	M	V	Q,S	Budget-/Terminüberschreitung
Risikomanagement installieren	M	V	Q,S	Keine Risikotransparenz
Maskenentwicklungsprozeß def.	V	M	Q,S	Budget-/Terminüberschreitung
Übergabe/Übern./Test/Abnahme	V	M	Q,S	Qualitätsverlust/Budget-Terminüberschreit.
Testplanung definieren	V	M	Q,S	Qualitätsverlust/Budget-Terminüberschreit.
Versionsbau planen	V	M	Q,S	Qualitätsverlust/Budget-Terminüberschreit.
FMEA durchführen	V	M	O,Q,S	Keine Optimierungsmöglichkeit

Abbildung 3.7-7: Mögliche Rollen- und Aufgabenteilung „Projektleiter (PL) und Projektcontroller (CO)"

3.7.1.6 Unterschied Integrierte Projektsteuerung und Projektcontrolling

Integrierte Projektsteuerung wird auch synonym mit dem englischen Begriff „Project Control" verwendet. Dabei ist zu beachten:

Controlling

- umfaßt auch die Erstplanung,
- wird oft als reine Kostenkontrolle verstanden und
- wird fälschlicherweise mit „Kontrolle" gleichgesetzt.

Integrierte Projektsteuerung

- betrachtet die Parameter Termine/Zeit, Aufwand/Kosten und Ergebnis/Leistung/Qualität im Wirkungszusammenhang
- ist ein Teil des Gesamtsystems Projektmanagement
- ist effektive und effiziente Projektsteuerung
- beinhaltet Frühwarnsystem
- erfolgt auf Ebene der Arbeitspakete und auf Verdichtungsebenen

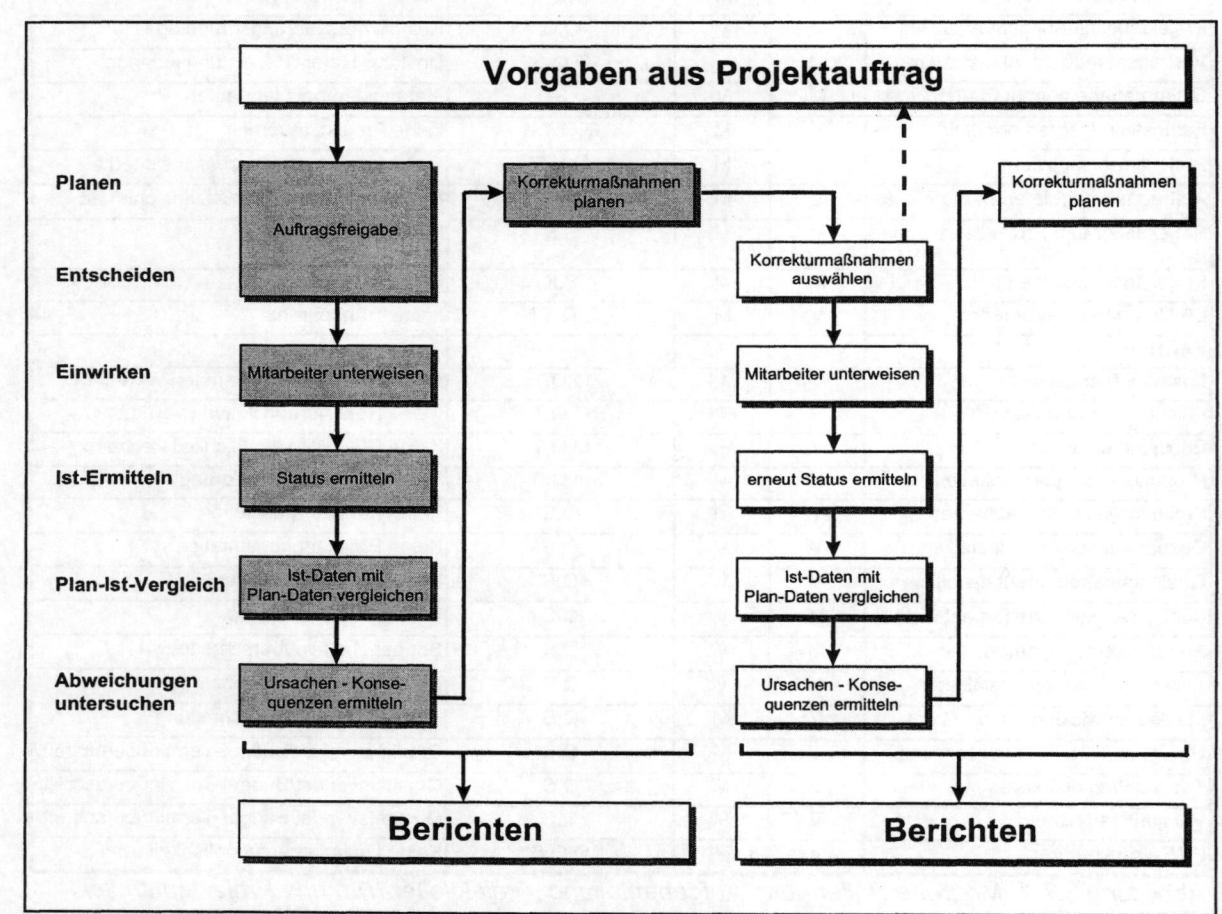

Abbildung 3.7-8: Permanenter Controllingprozeß im Regelkreis

Integration heißt

- Simultane Betrachtung der Zielgrößen L, T, K,
- permanentes Durchlaufen des Regelkreises, (siehe Abbildung 3.7-8)

- vereinheitlichen der (inter-) disziplinären Terminologien,
- interaktiver Prozeß (permanente Planung),
- Phasen des Projektlebensweges einbeziehen.

In den folgenden Abschnitten soll das Handwerkszeug für die Ausführung der integrierten Projektsteuerung beschrieben und vermittelt werden.

3.7.2 Aufgaben der integrierten Projektsteuerung

Die wesentlichen Aufgaben, die im Rahmen der Integrierten Projektsteuerung zu erfüllen sind, sind im folgenden näher beschrieben.

- Arbeitspaketfreigabe

Die im Projekt anfallenden Aufgaben wurden in der Projektstrukturplanung ermittelt und die dort definierten Arbeitspakete im Netzplan in eine sinnvolle Ablauffolge gebracht. Dabei wurde in der Terminplanung jedes Arbeitspaket mit aus Sicht der Planung realistischen Terminen versehen. Bis zum Zeitpunkt der Realisierung des Arbeitspaketes haben sich häufig die in der Planung zu Grunde gelegten Randbedingungen geändert, so daß nun im Rahmen der Freigabe eine Überprüfung und ggf. Anpassung der ursprünglichen Annahmen vorzunehmen ist.

Nach der vollständigen Definition und Beschreibung eines Arbeitspaketes, kann die Freigabe, sobald die notwendigen Voraussetzungen (zu erbringende Teilleistungen anderer Arbeitspakete) vorliegen, erfolgen. Durch die Vereinbarung (Commitment) zwischen Projektleiter (PL) / Teilprojektleiter (TPL) und Arbeitspaketverantwortlichem (APV) werden die Ergebnisse, Termine, Aufwand und Kosten als Eckpunkte für die Steuerung festgeschrieben. Der während der Projektplanung erarbeitete Plan wird als Referenz (Basis- bzw. Ursprungsplan) festgeschrieben. Mit der Freigabe kann die Abarbeitung des Arbeitspaketes beginnen (ggf. unter Berücksichtigung eines vereinbarten Anfangstermines), die geplanten Kosten werden budgetiert und die ersten geleisteten Aufwendungen (Ist-Stunden und/oder Ist-Kosten) fallen an.

- Erfassung des Ist-Zustandes eines Arbeitspaketes (Fertigstellungsgrad)

Die Erfassung des Ist-Zustandes wird im Kapitel 3.6 detailliert behandelt. Die Übermittlung der Ist-Informationen ist Aufgabe des Berichtswesens, das sowohl formale als auch informelle Komponenten enthält. Die Bereitstellung der Ist-Daten durch den jeweils verursachenden Mitarbeiter, die Prüfung der Ist-Daten (Validierung) durch die Verantwortlichen (APV/TPL/PL), die Übernahme der Ist-Daten in eine zentrale Projektdatenbank durch den Projektcontroller sind die vorbereitenden Tätigkeiten für die Projektüberwachung.

- Projektüberwachung durch Plan-/Soll-Ist-Vergleich

Der Vergleich bzw. die Überwachung der Projektdaten im Plan-Ist- bzw. Soll-Ist-Vergleich führt gegebenenfalls zur Feststellung von Abweichungen (Ergebnis, Termine, Aufwand und Kosten). Die Abweichungen sind zu dokumentieren und einer Abweichungsanalyse zu unterziehen.

- Analyse der Abweichungen

Die Abweichungen werden im Rahmen der Abweichungsanalyse auf ihre Ursachen hin untersucht und die festgestellten Ursachen auf ihre Beeinflußbarkeit durch Steuerungsmaßnahmen geprüft.

- Festlegung und Einleitung von Steuerungsmaßnahmen:

Die im Team gefundenen sinnvollen Steuerungsmaßnahmen werden festgelegt und ihre Umsetzung entschieden. Die Überwachung ihrer Wirksamkeit erfolgt im Rahmen des nächsten Zyklus ggf. mit besonderen und zusätzlichen (sachlich oder zeitlich befristeten) Belegen bzw. Abstimmungen.

- Anpassung der Projektpläne

In den Fällen, wo durch die Steuerungsmaßnahmen eine erfolgreiche Beeinflussung nicht möglich ist oder wo auf Maßnahmen gänzlich verzichtet wird, sind die Projektpläne an die Realität anzupassen.

- Berichten der Projektsituation

Auf der Basis aller Statusberichte der PM-Funktionen wird vom Projektleiter mit Unterstützung des Projektcontrollers der Projektsituationsbericht erstellt (vgl. Kapitel 4.8).

Dabei werden die Detailstände verdichtet und die Problemstellungen mit Lösungsvorschlägen für die notwendigen Entscheidungen vor einem Lenkungsausschuß/Projektreviewboard präsentiert.

- Arbeitspaketabnahme

Die durch die Arbeitspaketfreigabe eingeleitete Bearbeitung wird durch die Arbeitspaketabnahme abgeschlossen. Ggf. erforderliche Nacharbeiten werden festgelegt und nach deren ordnungsgemäßer Durchführung der Arbeitspaket-Verantwortliche entlastet. Die gesammelten Erkenntnisse während der Durchführung des Arbeitspaketes werden archiviert und für den Projektabschlußbericht zur Verfügung gestellt.

3.7.3 Organisation der Rückmeldungen

Im Rahmen der Projektorganisation (Kapitel 4.1) und des Berichts- und Informationswesens (Kapitel 4.8) ist frühzeitig im Projektverlauf festzulegen, auf welche Art und Weise die während der Projektrealisierung anfallenden Ist-Daten gewonnen werden sollen.

Es stehen prinzipiell vier Methoden zur Verfügung:

- formale Abfragen,
- teamorientierte Datengewinnung,
- Beobachtung,
- Reviews.

Formale Abfragen

In der Praxis werden meist formale Abfragen bevorzugt. Sie werden für die Ermittlung aller harten Daten eingesetzt und gewöhnlich mit Formularen durchgeführt. Typische Einsatzbereiche sind:

- Rückmeldelisten für Vorgangstermine,
- Kostenerfassungsbelege,
- Stundenaufschreibung.

Formale Daten lassen sich gut dokumentieren, sie sind stets nachvollziehbar und können als Erfahrungswerte gesammelt werden. Formale Abfragen stoßen aber auch häufig auf starke emotionale Widerstände. Diese äußern sich in unvollständig und fehlerhaft ausgefüllten und verspätet bzw. gar nicht abgegebenen Belegen. Es empfiehlt sich daher, Abfrageformulare nur sparsam einzusetzen. Erfolgreicher aber aufwendiger ist es, einen Mitarbeiter zur Datenabfrage und zum Ausfüllen der Formulare einzusetzen.

3.7 Integrierte Projektsteuerung

Rückmeldeliste für Vorgangstermine								Stand: 12.11.97	
Projekt	Phase	Arbeitspakete	Vorgang	Plan-Anfang	Plan-Ende	Ist-Anfang	Ist-Ende	Status	%-Fertig
8113	RE	01	Mod01	10.11.97	14.11.97	10.11.97		Plan	40%
8113	RE	01	Mod02	10.11.97	14.11.97	10.11.97		Unterbr	20%
8113	RE	02	Mod01	17.11.97	21.11.97				0%
8113	RE	02	Mod02	17.11.97	21.11.97				0%

Abbildung 3.7-9: Rückmeldeliste für Vorgangstermine

Damit eine relativ hohe Akzeptanz für die Rückmeldung der Ist-Termine erreicht wird, sollte vom Projektteam ein Infopapier zur Verfügung gestellt werden mit den notwendigen Orientierungsdaten (z.B. Vorgangsidentifikation und Plantermine), so daß von den Projektmitarbeitern lediglich die Ist-Termine hinzugefügt werden brauchen. Insbesondere die Qualität der rückgemeldeten Daten wird dadurch positiv beeinflußt (weniger falsche Zuordnung, Verwechslungen, Mißverständnisse etc.) Ebenso ist die eindeutige Festlegung der Information, wie sind z.B. Anfang und Ende eines Vorgangs, hilfreich um die Qualität der Rückmeldung zu verbessern. Die Vereinbarung von Statusaussagen mit konkreten Inhalten erleichtert die sachliche Besprechung des aktuellen Standes erheblich (z.B. In Arbeit, Unterbrochen, Planmäßig, Verzögert, Beendet etc.). Noch eindeutiger sind Definitionen von sogenannten „Statusschritten" und Vorgaben von Projekt-Fertigstellungsgraden (siehe Kapitel 3.6).

Projektzeit- und Kostenerfassungsbeleg									
Mitarbeiter: WOP-PF				Woche: 44		Datum: 31.10.97			
Datum	Projekt	Phase	Arbeitspaket	Vorgang	Kurzbeschreibung	Ist-Stunden	Ist-Kosten	Status	%-Fertig
27.10.	8113	RE	01	Mod01	Codierung	6,00	5000,-		
28.10.	8113	RE	01	Mod01	Codierung	6,00			
29.10.	8113	RE	01	Mod01	Codereading	6,00	3000,-		
30.10	8113	RE	02	Mod01	Modultest	2,00		Plan	10%
31.10	8113	RE	01	Mod01	Überarbeitung	4,00	4000,-	Plan	40%

Abbildung 3.7-10: Projektzeit- und Kostenerfassungsbeleg

Wenn der Projektzeit- und Kostenerfassungsbeleg in Papierform benutzt wird, sind die gesammelten Daten zur weiteren Nutzung in ein Datenbanksystem zu erfassen. Im Idealfall haben die Projektbeteiligten direkten Zugriff auf das System und können die Rückmeldung der Ist-Daten direkt am Bildschirm vornehmen.

Teamorientierte Datengewinnung

Die teamorientierte Datengewinnung eignet sich, wenn nicht eindeutige Tatbestände oder Meinungen in die erhobenen Datenwerte einfließen. Typische Anwendungen sind:

- Projektbesprechungen
- Meilenstein-Trendanalyse,
- Kosten-Trendanalyse,
- Qualitätssicherungs-Reviews etc.

In kurzen, regelmäßig durchgeführten und gut vorbereiteten Projektstatus-Besprechungen berichten die Beteiligten in einheitlicher Form über den Status der von ihnen zu verantwortenden Arbeitspakete. Dabei läßt sich neben der Datengewinnung gleichzeitig auch eine Absicherung und Verteilung der Informationen erreichen.

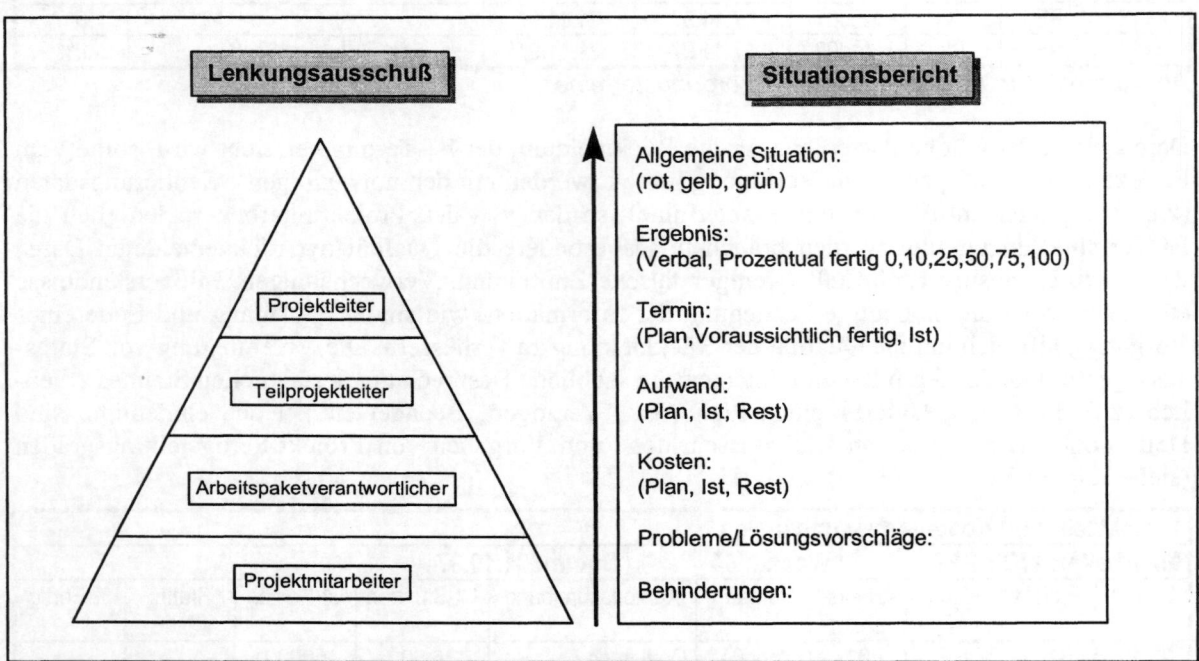

Abbildung 3.7-11: Einheitliches reporting der integrierten Projektsteuerung

Beobachtung

Speziell für die Gewinnung der „weichen Daten" hat sich die Beobachtung bewährt, da Motivation, Stimmungen etc. nicht durch Abfrage zu ermitteln sind. Solche Informationen lassen sich am besten in verbaler Form festhalten. Manchmal sind auch harte Daten gut durch Beobachtung vor Ort zu ermitteln. (Stichwort „Terminjäger").

Projektreview

Die vollständige Erhebung der Projektsituation zu einem definierten Zeitpunkt geschieht durch das Projektreview. Alle Gestaltungsbereiche und der vollständige Projektstatus werden dabei mit Hilfe von Fragebögen (Checklisten), Interviews und der Analyse von Projektergebnissen untersucht und begutachtet. Das Ergebnis dieser Erhebung ist ein Reviewbericht. Ein geplantes Projektreview am Ende einer Projektphase bietet die Möglichkeit, Entscheidungen über das weitere Vorgehen zu treffen. Gesichtspunkte dabei sind sachliche, zeitliche und Kostenaspekte. Vorausschauend können die aktuellen Erkenntnisse zum Reviewzeitpunkt verwendet werden, um die ursprüngliche Planung zu Beginn der abgeschlossenen Phase damit zu verifizieren und den weiteren geplanten Projektverlauf anzupassen.

Bei Entwicklungsprojekten werden besonders in der Designphase Projektreviews durchgeführt, da hier die Erkenntnisse für nachfolgende Phasen eine besondere Tragweite haben. Häufig werden die Entwicklungstätigkeiten in zwei Stufen einem Review unterzogen:

- zum Entwurfsbeginn einem vorläufigen Review (Preliminary Design Review PDR)
- zum Abschluß einem kritischen Review (Critical Design Review CDR).

3.7 Integrierte Projektsteuerung

Projektreview Phase Projektplanung				
Unterlage/Dokument	Erforderlich? J/N	Vorhanden? J/N	Verantwortlich?	Wann fertig?
1. Projektzielsetzung (Ergebnis, Termin, Aufwand, Kosten), Zielsystem				
2. Systemkonzept (Grobbeschreibung der Aufgabenstellung)				
3. Lastenheft (WAS, WARUM)				
4. Pflichtenheft (WIE, WER)				
5. Produktstrukturplan (Objektsystem)				
6. Projektstrukturplan (Projektsystem)				
7. Projektbeteiligte (Personen, Funktionen, Gremien), (Aufgaben, Kompetenzen, Verantwortung)				
8. Vorkalkulation (Aufwand, Kosten)				
9. Ablaufplan/Terminplan/Meilensteine				
10. Ist-Daten-Rückmelde-Verfahren (PZE Projektzeiterfassung)				
11. Projektantrag/Projektauftrag				
12. Berichtswesen, Besprechungen, Kommunikation				
13. Projektdokumentation (Projektordner)				
14. Qualitätssicherungsplan (WER, WIE, WANN)				
15. Überprüfte Vorkalkulation				
16. Arbeitspaketdefinition				
17. Zielvereinbarung je Arbeitsblock/Arbeitspaket				

Abbildung 3.7-12: Projektreview Phase Projektplanung

Da der Aufwand bei dieser Methode zur Datengewinnung recht hoch ist, sind ungeplante Reviews nur in außergewöhnlichen Projektsituationen gerechtfertigt, z.B. bei größeren Krisen oder bei Wechsel des Projektleiters. Es hat neben der Statuserfassung meist einen sehr ausgeprägten positiven Einfluß auf die Gestaltung und Organisation des Projektes. Das Review ist damit eine qualitätssichernde Maßnahme für das Gesamtprojekt. Es ist jedoch schwierig, die fachlich und organisatorisch ausreichend qualifizierten Mitarbeiter für Reviews zu finden, da sie neben dem Fachwissen zusätzlich über erhebliches psychologisches Geschick verfügen müssen.

3.7.4 Ermittlung und Darstellung des Ist-Zustandes

Die Ermittlung des Ist-Zustandes steht im Mittelpunkt der nachfolgenden Abschnitte. Dabei werden zunächst die Ermittlung und Darstellung der Informationen für Termine und Kosten behandelt, anschließend die Ermittlung und Darstellung des Fertigstellungswertes unter Berücksichtigung der Schnittstelle zur Leistungsbewertung und Projektfortschritt (vgl. Kapitel 3.6).

Der Überwachungszyklus beginnt mit der Erfassung des Projektstandes. Als Voraussetzung für die nachfolgenden Plan-/Ist-Vergleiche ist die Ermittlung von verläßlichen und nachvollziehbaren Ist-Daten durchzuführen.

Dabei sind unterschiedliche Hürden zu überwinden:

- in Arbeit befindliche Vorgänge sind hinsichtlich des Ergebnisses schlecht abzuschätzen,
- die Fertig/Beendet-Meldungen von Vorgängen werden nicht gegeben (90%-Syndrom),
- die verbindliche Aussage über den Stand einer Aufgabe erfordert mehrere Personen,
- die Projektrealisierung wird von Änderungen an Ergebnis, Terminen und Kosten begleitet,

- die Bestimmung des bis „Heute" zu erreichenden Ergebnisses ist schwierig (fehlende Vorgaben),
- das Reporting der Projektbeteiligten zum Projektstand hält diese von der Projektarbeit ab,

Um diese Barrieren zu überwinden, steht eine Reihe von Möglichkeiten zur Verfügung:

- die Erfassung des Projektstandes erfolgt auf der detailliertesten Ebene (hier zeigt sich jetzt, ob die Projektstrukturtiefe für den gegenwärtigen Projektstand angemessen ist),
- bei der Definition und Beschreibung der Arbeitspakete wird bereits an die Projektsteuerung gedacht und konkrete (Teil-) Ergebnisse definiert, die für die Beurteilung hilfreich sind (Festlegung der Plan-Fertigstellungsgrade),
- konsequente Verwendung der Methoden des Projektmanagements in der Projektplanung (Projektstrukturplan, Arbeitspaketdefinition, Ablaufplanung, Projektorganisation, Dokumentationsmanagement, Änderungsmanagement etc.),
- vollständige Leistungsbewertung zur Ermittlung der Fertigstellungsgrade (siehe Kapitel 3.6),
- Festlegen der Fertigstellungsgrad-Meßtechniken bei der Arbeitspaketdefinition (siehe Kapitel 3.6).

Die während des bisherigen Projektverlaufes aufgebaute Projektmanagement-Kultur wirkt und macht sich bei der Projektsteuerung bemerkbar. Durch das entwickelte PM-Vokabular (z.B. die Festlegung von konkreten Inhalten bei Statusaussagen „In Arbeit", „Verzögert" etc.) werden Besprechungen und Diskussionen von einer emotionalen auf eine sachliche Ebene verlagert.

3.7.4.1 Termine

Die Grundlage für die Terminfortschrittsermittlung bilden freigegebene Terminpläne. Zur Vorbereitung der Ermittlung ist eine Liste der Termine, sortiert nach praktisch handhabbaren Kriterien sinnvoll (z.B. nach PSP-Code oder Mitarbeiter oder Anfangsterminen). Entscheidend für die Festlegung der Kriterien ist neben dem Umfang der zu ermittelnden Termine auch die Anzahl der Terminverantwortlichen sowie die Organisation der Ist-Ermittlung selbst (vgl. Kapitel 3.2).

Arbeitspaket	Verantwortlich	Plan-Anf.	Plan-Ende	Ist-Anfang	Ist-Ende
Installation	Kundenbetreuer	01.12.1997	05.12.1997		
Probelauf	Kundenbetreuer	08.12.1997	12.12.1997		
Einweisung	Kundenbetreuer	15.12.1997	19.12.1997		
Integrationstest	Kundenbetreuer	24.11.1997	28.11.1997		
Projektplanung	PL	06.10.1997	10.10.1997		
Meilenstein-Planungsreview	PL	27.10.1997	27.10.1997		
Meilenstein-Realisierungsreview	PL	01.12.1997	01.12.1997		
Meilenstein-Inbetriebnahmereview	PL	22.12.1997	22.12.1997		
Programmierung	Programmierer	10.11.1997	14.11.1997		
Modultests	Programmierer	17.11.1997	21.11.1997		

Abbildung 3.7-13: Terminliste sortiert nach Mitarbeiter

3.7 Integrierte Projektsteuerung

Projekt / Phase / Arbeitspaket	PSP-Code	Verantwortlich	Plan-Anf.	Plan-Ende	Ist-Anfang	Ist-Ende
PROJEKT.PJ	1.00.00	PL	06.10.1997	22.12.1997		
PLANUNG	1.01.00	PL	06.10.1997	27.10.1997		
Projektplanung	1.01.01	PL	06.10.1997	10.10.1997		
Systemkonzept	1.01.02	Softwareingenieur	13.10.1997	17.10.1997		
Pflichtenheft	1.01.03	Softwareingenieur	20.10.1997	24.10.1997		
Meilenstein-Planungsreview	1.01.04	PL	27.10.1997	27.10.1997		
ENTWICKLUNG	1.02.00	PL	27.10.1997	07.11.1997		
Detailorganisation	1.02.01	Softwareingenieur	27.10.1997	31.10.1997		
Software-Design	1.02.02	Softwareingenieur	03.11.1997	07.11.1997		
Meilenstein-Entwicklungsreview	1.02.03	PL	07.11.1997	07.11.1997		
REALISIERUNG	1.03.00	PL	10.11.1997	01.12.1997		
Programmierung	1.03.01	Programmierer	10.11.1997	14.11.1997		
Modultests	1.03.02	Programmierer	17.11.1997	21.11.1997		
Integrationstest	1.03.03	Softwareingenieur	24.11.1997	28.11.1997		
Meilenstein-Realisierungsreview	1.03.04	PL	01.12.1997	01.12.1997		
INBETRIEBNAHME	1.04.00	PL	01.12.1997	22.12.1997		
Installation	1.04.01	Kundenbetreuer	01.12.1997	05.12.1997		
Probelauf	1.04.02	Kundenbetreuer	08.12.1997	12.12.1997		
Einweisung	1.04.03	Kundenbetreuer	15.12.1997	19.12.1997		
Meilenstein-Inbetriebn.-Review	1.04.04	PL	22.12.1997	22.12.1997		

Abbildung 3.7-14: Terminliste sortiert nach PSP-Code

Arbeitspaket	Verantwortlich	Plan-Anf.	Plan-Ende	Ist-Anfang	Ist-Ende
Projektplanung	PL	06.10.1997	10.10.1997		
Systemkonzept	Softwareingenieur	13.10.1997	17.10.1997		
Pflichtenheft	Softwareingenieur	20.10.1997	24.10.1997		
Meilenstein-Planungsreview	PL	27.10.1997	27.10.1997		
Detailorganisation	Softwareingenieur	27.10.1997	31.10.1997		
Software-Design	Softwareingenieur	03.11.1997	07.11.1997		
Programmierung	Programmierer	10.11.1997	14.11.1997		
Modultests	Programmierer	17.11.1997	21.11.1997		
Integrationstest	Softwareingenieur	24.11.1997	28.11.1997		
Integrationstest	Kundenbetreuer	24.11.1997	28.11.1997		
Meilenstein-Realisierungsreview	PL	01.12.1997	01.12.1997		
Installation	Kundenbetreuer	01.12.1997	05.12.1997		
Probelauf	Kundenbetreuer	08.12.1997	12.12.1997		
Einweisung	Kundenbetreuer	15.12.1997	19.12.1997		
Meilenstein-Inbetriebnahmereview	PL	22.12.1997	22.12.1997		

Abbildung 3.7-15: Terminliste sortiert nach Anfangstermin

Ermittelt werden die Termine durch Abfragen oder durch formale Berichterstattung. Wichtig ist, daß die Statusermittlung:

- regelmäßig erfolgt (wöchentlich z.B. Freitag mittags, monatlich z.B. am 15. des Monats)
- sofort durchgeführt wird, wenn eine Ausnahmesituation eintritt.

Zunächst erfolgt die Ermittlung der Ist-Termine für die Vorgänge, die bis zum Stichtag planmäßig begonnen sein sollten. Dabei ist eine gesonderte Betrachtung der Anfangs- und Endtermine und eine systematische Vorgehensweise empfehlenswert. Damit wird eine effektive Statusermittlung unterstützt. Diskussionen über den Fortschritt werden auf den Punkt gebracht:

„Ist der Vorgang begonnen?" oder „Ist der Vorgang beendet?" sind leichter zu beantworten als „Wie weit sind Sie mit Ihrer Arbeit?" (geschlossene Frage versus offene Frage). **Je konkreter die Fragestellung, desto einfacher ist die Beantwortung!**

Die Ermittlung der Ist-Termine ist durch eine Aussage des unmittelbar Verantwortlichen zur voraussichtlichen Einhaltung des Endtermins zu ergänzen. Dazu kann ein vereinbartes Statuswort (planmäßig, in line, termintreu oder verzögert, grün, gelb, rot) verwendet werden oder gleich die Aussage über den voraussichtlich zu erwartenden Termin oder eine Restdauer getroffen werden.

3.7.4.2 Aufwand

Stunden

Voraussetzung für jede Aufwands- und Kostenkontrolle ist das Erfassen der erbrachten Stunden und des Verbrauchs bzw. der Nutzungszeit der Sachmittel. Der Personalaufwandserfassung, d.h. der regelmäßigen und vollständigen Stundenaufschreibung, kommt gerade in personalintensiven Entwicklungs- und Organisationsprojekten große Bedeutung zu. Für eine aussagekräftige Aufwandskontrolle sind die Personalaufwendungen zum einen arbeitspaketbezogen, aber auch den verschiedenen Organisationseinheiten, Teilprojekten, Projektphasen, Konten sowie Tätigkeitsarten (Analyse, Design, Codieren, Testen) zuordenbar zu erfassen. Abbildung 3.7-16 zeigt in Anlehnung an Burghardt (BURGHARDT, S. 294) den Aufbau eines Stundenkontierungsbelegs für Softwareprojekte, der für andere Projekttypen entsprechend angepaßt werden kann.

Projektbezeichnung:											
Projektkennzeichen:											
Stundenkontierung:										Unternehmensbereich:	
Monat/Jahr:										Abteilung/Dienststelle:	
Sollstunden:										Mitarbeiter:	
										Telefon:	
									Endtermin	Aufwand in Mitarbeiterstunden	
Projekt-Konto	Unterkonto	Projektphase	Arbeitspaket-Nummer	Tätigkeits-kenn-zeichen	Std	TKZ	Std.	Plan	Ist	geplant	aufgelaufener Istaufwand
Unterschriften:								Legende:		Tätigkeitskennzeichen(TKZ):	
Datum:	Mitarbeiter:							01 Entwerfen		05 Review	
								02 Codieren		06 Schulung	
Datum:	Vorgesetzter:							03 Testen		07 PM	
								04 Dokumentieren		08 Wartung	

Abbildung 3.7-16: Aufbau eines Stundenkontierungsbelegs

Bei einer EDV-gestützten Stundenkontierung braucht der Mitarbeiter in den Kontierungsbeleg nur noch die von ihm erbrachten Stunden, unterteilt nach Tätigkeitsarten, einzutragen. Alle anderen Informationen wie Projektphase, Arbeitspaket, an dem der Mitarbeiter nach Plan tätig ist, Zuordnung

3.7 Integrierte Projektsteuerung

des Arbeitspakets zu der ausführenden Organisationseinheit etc. sind vorgedruckt. Dies reduziert den Erfassungsaufwand erheblich.

In Bereichen mit hoher DV-Struktur bietet sich eine dialogorientierte Stundenkontierung an. Nicht mehr das Belegformular, sondern eine entsprechend aufgebaute Bildschirmmaske ist hier das Eingabemedium für die Ist-Aufwandserfassung. Im Gegensatz zur Belegaufschreibung, die in der Regel monatlich erfolgt, ist die Stundenkontierung mit Hilfe des PC täglich möglich. Dies bringt wesentliche Vorteile mit sich:

- Genauere Stundenaufschreibung, da die durchgeführten Arbeiten noch in Erinnerung sind.

- Aktuellere Projektinformationen, beispielsweise zu den wöchentlichen Projektbesprechungen.

- Engmaschigeres Controlling, von besonderer Bedeutung bei Projekten mit kurzen Laufzeiten (bis 1 Jahr).

- Bessere Einbindung der Projektmitarbeiter in die Projektberichterstattung.

Von Vorteil ist z.B. ein Anschluß an ein Zeiterfassungsverfahren, weil hierdurch eine automatische Plausibilisierung der monatlichen Soll-Stunden mit den erfaßten Stunden und der mitarbeiterspezifischen Stundenaufschreibung (Ist-Stunden) erreicht werden kann.

Eine gewisse Unsicherheit liegt auch in der Ehrlichkeit der Aufschreibung. Da die aufgeschriebenen Stunden die Basis für jeden Soll-Ist-Vergleich sind, könnte der Eindruck entstehen, daß dieser Vergleich von den Vorgesetzten u.U. auch zur Mitarbeiterbeurteilung herangezogen wird. Wo Sanktionen wegen einer Planabweichung drohen, besteht zwangsläufig die Gefahr, daß „geschönte" Daten geliefert werden, die eine effektive Projektsteuerung konterkarieren. Ein weiteres Problem in Hinblick auf eine zielorientierte Projektkontrolle und -steuerung ist das Kontieren nach dem „Tragfähigkeits-Prinzip", dem durch sinnvolle Projektdurchführungsrichtlinien, z.B. Freigabe von Projektphasen und Arbeitspaketen erst bei Erfüllung von Teilleistungen, entgegengewirkt werden kann.

Kosten

Die Grundlage für die Kostenfortschrittsermittlung bilden freigegebene Kostenpläne. Das Ziel der Kostenfortschrittsermittlung ist es, aufzuzeigen, wie sich die angefallenen Kosten gegenüber den geplanten Kosten verhalten. Dazu sind die angefallenen Kosten (Ist-Kosten) zu ermitteln. In der Kostenplanung wurde das Arbeitspaket als der unterste Kostenträger definiert. Wenn Sie also wissen wollen, „wofür" die Kosten angefallen sind, so sollte die Basis für die Erfassung der Ist-Kosten das Arbeitspaket sein. In jedem Fall muß die Ebene der Planungstiefe mindestens auch Ebene der Rückmeldung sein.

- Die Kosten werden auf Arbeitspaketebene geplant und zurückgemeldet. Damit ist ein direkter Vergleich zwischen geplanten Kosten (Plan- bzw. Basiskosten) und Ist-Kosten möglich.

- Die Ist-Kosten können gemäß der PSP-Ebenen verdichtet werden.

- Eine detaillierte Planung der Kosten und die Rückmeldung auf Projektebene ist sinnlos!

Bei der Organisation der Ist-Daten-Rückmeldung ist frühzeitig zu überlegen, auf welchem Wege die Informationen über die Ist-Kosten in das Projekt gelangen. Der optimale Zustand ist natürlich die 1:1-Abbildung der Projektstruktur im betrieblichen Rechnungswesen. Dabei sind die einzelnen Arbeitspakete jeweils als Kostenträger angelegt. Dieser Zustand ist sicherlich ein Ziel beim Aufbau eines jeden Projektcontrollingsystems, wobei dazu eine stabile Projektmanagementstruktur und ein organisiertes Änderungsmanagement Voraussetzungen sind. Bevor wir dieses Niveau erreichen, ist eine praktikable Lösung durch die Kontierung der Kostenbelege im Projektteam gegeben. Diese Aufgabe muß jedoch ebenfalls frühzeitig an die Verantwortlichen der Kostenträger übertragen werden.

Die etwas philosophische Frage „Wann sind die Kosten aus Sicht des Projektes als Ist-Kosten zu betrachten?" wird sehr schnell praktische Überlegung bei dem Versuch, eine Festlegung zu treffen:

- Wenn eine Angebotsanfrage an einen Unterauftragnehmer gestellt wird?
- Wenn eine Bestellung an einen Unterauftragnehmer erteilt wird?
- Wenn das Arbeitspaket durchgeführt wurde?
- Wenn eine Rechnung eines Unterauftragnehmers eintrifft?
- Wenn die Rechnung bezahlt wurde?
- Wie sind Ist-Kosten zu buchen, wenn ein Einbehalt (Sicherheit bei Mängelanzeige) erfolgt?

Bei aller Vielfalt der Möglichkeiten ist eine Festlegung notwendig, damit die Ermittlung und Analyse der Ist-Kosten während der Projektsteuerung zeitnah, nachvollziehbar und effizient durchgeführt werden kann (vgl. Kapitel 3.4 und 3.5). Im Sinne der Projektfortschrittsermittlung ist es empfehlenswert, die angefallenen Kosten nach der Durchführung des Arbeitspaketes und Prüfung des Arbeitspaketergebnisses als Ist-Kosten zu betrachten. Besondere Gründe können aber zu alternativen Vereinbarungen führen.

Pro Arbeitspaket sollten folgende Daten geliefert werden:

- Ist-Kosten aufgeschlüsselt nach Kostenarten und Kostenstellen (Einzelkostennachweise)

- Das Obligo, das entsteht, wenn durch Bestellungen Verpflichtungen entstehen, die noch nicht ausgabenwirksam geworden sind.

- Personalkosten, durch die Ermittlung der Ist-Stunden und Multiplikation mit dem Stundensatz.

Einzelkostennachweis						
Mitarbeiter: WOP-PF			Woche: 46		Datum:14.11.97	
Datum	Projekt	Phase	Arbeits-paket	Vorgang	Kurzbeschreibung:	Ist-Kosten
10.11.	8113	RE	01	Mod01	Unterstützung durch UAN;RG 97/024	5000,-
12.11.	8113	RE	01	Mod01	Unterstützung durch UAN;RG 97/024	3000,-
14.11.	8113	RE	01	Mod01	Unterstützung durch UAN;RG 97/024	2000,-
14.11.	8113	RE	01	Mod01	Reisekosten UAN;RG 97/024	2000,-

Abbildung 3.7-17: Einzelkostennachweis

3.7.4.3 Ist-Leistung

Für die sinnvolle Überwachung und Steuerung des Projektes ist, neben Terminen und Kosten, die Ermittlung des Leistungsfortschritts als dritte Größe im magischen Dreieck notwendig. Die Vorgehensweise zur Ermittlung und zur Darstellung des Fertigstellungsgrades wurde bereits in Kapitel 3.6 ausführlich behandelt und als Voraussetzung für die Integrierte Projektsteuerung definiert. Wenn, wie ausgeführt der Arbeitsfortschritt zum Stichtag mit den Methoden der Fertigstellungsgrad-Ermittlung je Arbeitspaket festgestellt wird, so kann auf dieser Basis die konkrete Projektsituation beschrieben werden. Um die unterschiedlichen Arbeitsinhalte und Ergebnisse der Arbeitspakete im Sinne eines Projektstatus zusammenfassen zu können, ist es erforderlich, einen gemeinsamen Wert zu finden, der dies ermöglicht. Da jedes Arbeitspaket Kosten verursacht und Zeit zur Fertigstellung benötigt, liegt die Überlegung nahe, aus diesen Parametern den Wert zu berechnen. So ergibt sich neben dem Fertigstellungsgrad der Fertigstellungswert.

Nach DIN 69903 liest sich dies folgendermaßen:

Definitionen nach DIN

- **Fertigstellungsgrad**: bezeichnet das Verhältnis der zu einem Stichtag erbrachten Leistung zur Gesamtleistung eines Vorganges, Arbeitspaketes oder Projektes.
- **Fertigstellungswert**: bezeichnet die dem Fertigstellungsgrad entsprechenden Kosten eines Vorganges, Arbeitspaketes oder Projektes.

Fertigstellungsgrad

Wie in Kapitel 3.6 ausführlich erläutert, ist die dritte Größe im Zieldreieck des Projektmanagements das **Projektergebnis** (Sach- und Dienstleistungen), im allgemeinen die wichtigste und maßgeblich für eine „belastbare" (im Sinne von nachprüfbare) Aussage über den tatsächlichen Projektfortschritt (auch „physical progress" genannt). Sind die im Projekt zu erbringenden Sach- und Dienstleistungen in Form von Lasten- bzw. Pflichtenheften oder Leistungsverzeichnissen detailliert spezifiziert, wird sich die Projektleitung bei der Feststellung und Darstellung der Projektergebnisse darauf beziehen. Ansonsten hat sie sich am Projektauftrag bzw. am Kundenvertrag zu orientieren.

Neben der inhaltlichen Beschreibung der erzielten Ergebnisse oder der erbrachten Lieferungen und Leistungen ist die wesentliche Größe bei der Aufnahme der Ist-Situation der **Ist-Fortschrittsgrad (IST-FGR)**, der auch als der „**Fertigstellungsgrad**" (FGR) bezeichnet wird. Der Ist-Fortschrittsgrad - als Maßangabe in Prozent [%] für die tatsächliche Zielerreichung (zum Stichtag) bzw. die tatsächlich erreichten Projektergebnisse im Vergleich zu den geplanten 100% - ist **unabhängig von** anderen Projektzielgrößen wie **Terminen** und sonstigen Meßgrößen oder Maßeinheiten (Dimensionen), die zur Quantifizierung der Ergebnisziele im Projekt festgelegt wurden, d.h. also auch unabhängig von **Stunden** und **Kosten**.

Die grundlegenden Zusammenhänge dieser integrierten Betrachtung bzw. der Stichtagsauswertung sind in Abbildung 3.7-18 dargestellt.

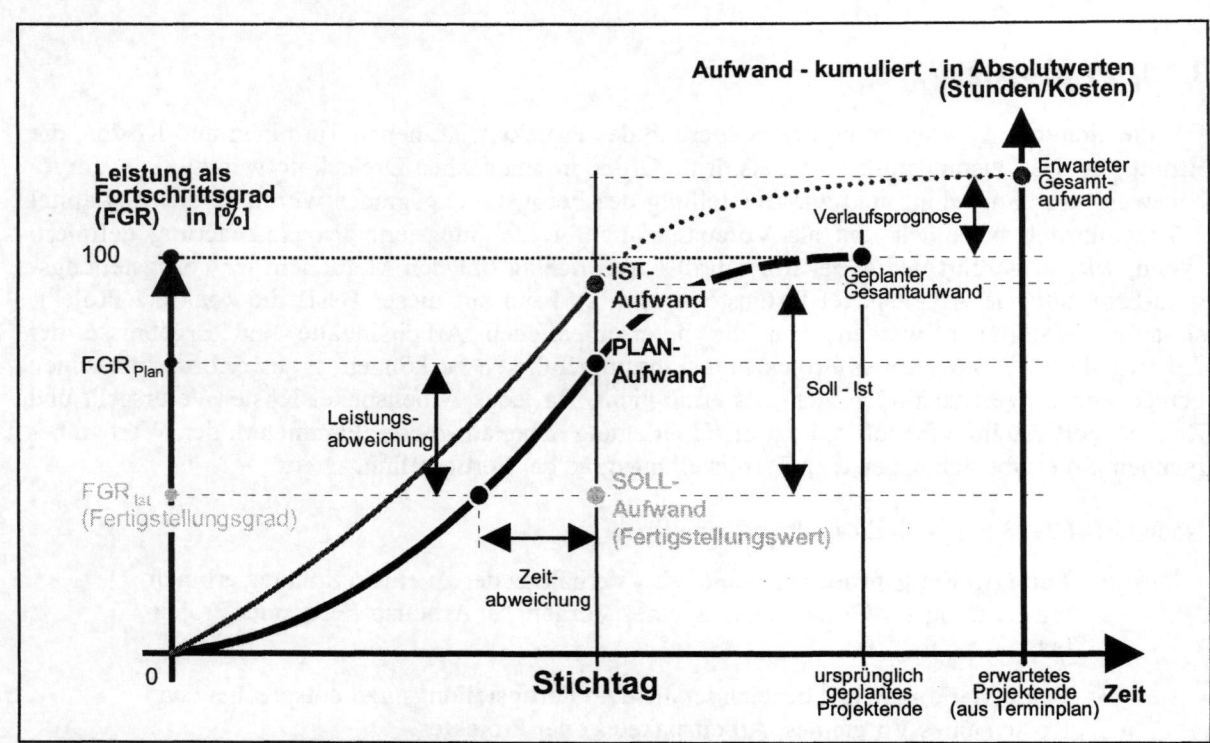

Abbildung 3.7-18: Projektfortschrittskontrolle (Stichtagsauswertung - zweidimensionale Prinzipdarstellung)

Je nachdem, wie detailliert die im Projekt zu erbringenden Lieferungen und Leistungen in der Planung gegliedert, beschrieben und bewertet worden sind, sind die Ist-Fortschrittsgrade während der Projektrealisierung festzustellen bzw. zu messen und dann zu **Gesamtfortschrittsgraden** bzw. **Gesamtfertigstellungsgraden** für beliebige Projektbereiche auf jeder Gliederungsebene des Projekts „**gewichtet hochzurechnen**" (z.B. über Plan-Kosten) oder zu verdichten (siehe Kapitel 3.6).

Fertigstellungswert

Das wesentliche Ziel der Fertigstellungswertermittlung bzw. der Fertigstellungswertanalyse ist, den **Wert der erbrachten Sach- und Dienstleistungen** zu einem bestimmten Projektzeitpunkt (Stichtag) zu bestimmen, um den Terminfortschritt, die tatsächlich angefallenen Kosten und das Ergebnis integriert beurteilen zu können.

Um dies zu erreichen, ist folgende Vorgehensweise einzuschlagen:

- den Fertigstellungsgrad zu einem bestimmten Stichtag ermitteln,
- den Fertigstellungsgrad mit den Plankosten (budgetierte Kosten) zu bewerten,
- den Fertigstellungswert mit den angefallenen Ist-Kosten zu vergleichen.

Datum	Plankosten	Fertigstellungsgrad	Fertigstellungswert	Ist-Kosten	Abweichung
01.09.97	100.000,-	40%	40.000,-	30.000,-	-10.000,-
01.10.97	100.000,-	60%	60.000,-	70.000,-	+10.000,-
01.11.97	100.000,-	80%	80.000,-	85.000,-	+5.000,-
01.12.97	100.000,-	90%	90.000,-	100.000,-	+10.000,-
01.01.98	100.000,-	??%	??.000,-	??.000,-	+??

Abbildung 3.7-19: Erkennen und Nachvollziehen des Fertigstellungswertes (Beispiel)

Mit den Gesamtfortschrittsgraden lassen sich dann - durch Multiplikation mit den geplanten Gesamtkosten - die **Gesamtfertigstellungswerte** errechnen.

Folgendes konkrete Beispiel soll helfen, den Zusammenhang besser erkennen und nachvollziehen zu können:

Ein Teilprojekt hat eine Gesamtlaufzeit von 5 Monaten, und die Plankosten für das Teilprojekt betragen 100.000,- €.

Im ersten Situationsbericht teilt der TPL dem PL mit, daß der Fertigstellungsgrad 40% beträgt. Die angefallenen Ist-Kosten betragen 30.000,- €. Die Abweichung von -10.000,- € begründet der TPL mit Einsparungen bei der Konzepterstellung: Statt 4 Mitarbeitern haben nur 3 mitgewirkt.

Im zweiten Situationsbericht teilt der TPL dem PL mit, daß der Fertigstellungsgrad 60% beträgt. Die angefallenen Ist-Kosten betragen 70.000,- €. Die Abweichung von +10.000,- € begründet der TPL mit vorgezogenen Leistungen: Externe Unterstützung, die für den November geplant war, wurde bereits im Oktober abgerufen. (Wo sind die 10.000,- € Einsparung geblieben?)

Im dritten Situationsbericht teilt der TPL dem PL mit, daß der Fertigstellungsgrad 80% beträgt. Die angefallenen Ist-Kosten betragen 85.000,- €. Die Abweichung von +5.000,- € begründet der TPL mit zusätzlicher ungeplanter externer Unterstützung.

Im vierten Situationsbericht teilt der TPL dem PL mit, daß der Fertigstellungsgrad 90% und die angefallenen Ist-Kosten 100.000,- € betragen. Das Budget ist aufgebraucht, für die restlichen 10% zu erbringenden Leistungen schätzt der TPL Kosten von ca. 5.000,- €.

Die Spannung aller Beteiligten (sicher auch Ihre) ist groß, wie wohl der letzte Situationsbericht aussehen wird. Wobei wir uns bereits hier überlegen können, ob in unseren eigenen Projekten eine Abweichung von +5% eine gravierende Beeinträchtigung des Projekterfolges darstellt oder ob wir glücklich wären, die Mehrzahl der Projekte so abschließen zu können. Je nach dem wie unsere Einschätzung ausfällt, entsteht der Wunsch, die Schätzung des TPLs im vierten Situationsbericht für die restlichen Leistungen bereits früher, im dritten oder sogar im zweiten gehabt zu haben. Der an dieser Stelle entstehende Bedarf nach einer Prognose über den restlichen Verlauf soll im Abschnitt Trendanalysen insbesondere bei der Earned-Value-Analyse als Anforderung verwendet werden.

3.7.5 Methodik des Plan-Ist-Vergleiches

Nachdem alle erforderlichen Ist-Daten - gemäß Abschnitt 3.7.3 - erfaßt worden sind, können für alle Projektzielgrößen (Ergebnis / Leistung, Termine, Stunden, Kosten) Plan-/Soll-Ist-Vergleiche durchgeführt werden, d.h. die gegenwärtige Projektsituation kann hinsichtlich dieser Größen nicht nur qualitativ, sondern auch quantitativ aufgezeigt und analysiert werden. Bei Abweichungen von der Planung sollten die Ursachen deutlich erkennbar und bewertbar sein. Die Analyse der Abweichungen liefert die Grundlage, Auswirkungen auf den weiteren Projektverlauf realistisch einzuschätzen und Trends zu erkennen, und ermöglicht fundierte Prognosen auf das Projektende.

Bei den Plan-/Soll-Ist-Vergleichen können grundsätzlich zwei Betrachtungsweisen unterschieden werden:

1. **Einzel-Betrachtung**, d.h. isolierte Vergleiche - jeweils separat für Termine oder separat für Stunden oder separat für Kosten oder separat für die Lieferungen und Leistungen

2. **Integrierte Betrachtung**, d.h. integrierter Vergleich von Terminen, Aufwand und Ergebnis

Wie in Abschnitt 3.7.1 bei den Grundlagen dargestellt, ist bei allen Betrachtungsweisen - insbesondere aber beim integrierten Vergleich - die Unterscheidung zwischen Vergangenheit, Gegenwart und Zukunft von wesentlicher Bedeutung.

Grundsätzlich können **Ist-Werte**, bsp. Ist-Termine, nur in der **Vergangenheit** liegen bzw. nur für die Vergangenheit beschafft, erfaßt und zum Stichtag verarbeitet werden. Die Werte der Ursprungsplanung (**Plan-Werte**) gelten am Stichtag sowohl für die **Vergangenheit** als auch für die **Zukunft**. Sie bleiben auch zukünftig solange als Plan-Werte bestehen, solange nicht eine Planungsrevision stattgefunden hat und die bei der Planungsaktualisierung ermittelten Soll-Werte als „neue" oder „revidierte" Plan-Werte festgeschrieben und als verbindlich vorgegeben worden sind (Ursprungsversion wird eingefroren und die neue Version wird zur „Basisplanung" erklärt - siehe auch unten).

Damit ergibt sich für die Vergangenheit („**links vom Stichtag**") immer nur die Möglichkeit der Gegenüberstellung von **PLAN** und **IST** und für die Zukunft („**rechts vom Stichtag**") immer nur die Möglichkeit der Gegenüberstellung von **PLAN** und **SOLL**. **Am Stichtag** selbst können beim integrierten Vergleich **PLAN**, **IST** und **SOLL** gegenübergestellt werden („echter" SOLL-IST-Vergleich für das Projektergebnis im kaufmännischen Sinne).

Zum besseren Verständnis der folgenden Abbildungen und des Projektbeispiels zur Earned Value Analyse (siehe unten) werden hier - neben den allgemein üblichen - noch spezielle Begrifflichkeiten definiert, die aus dem eingesetzten PM-Software-System resultieren:

- **BASIS-Werte:**
  Eine Gruppe von Daten-Feldern, die die aktuellen **PLAN-Werte** für Termine, Stunden, Kosten und andere Projektinformationen der **Ursprungs-** oder **Basisplanung** repräsentieren

- **IST-Werte:**
  Eine Gruppe von Daten-Feldern, die die tatsächlichen **IST**-Termine, -Stunden, -Kosten und andere IST-Projektinformationen repräsentieren

- **REST-Werte:**
  Eine Gruppe von Daten-Feldern, die die **Rest-Werte zum bzw. ab dem Stichtag** für die Zeit (-Dauer), Stunden, Kosten und andere Projektinformationen repräsentieren

- **SOLL-Werte:**
  Eine Gruppe von Daten-Feldern, die die **Summen** aus **Ist-Werten** und **Restwerten** darstellen (aktuelle Summenwerte oder **Gesamtwerte**)

3.7.5.1 Plan-Ist-Vergleich Leistungsergebnis

Die Ermittlung des Fertigstellungsgrades ist in Kapitel 3.6 ausführlich beschrieben.

3.7.5.2 Plan-Ist-Vergleich Termine

Der Plan-Ist-Vergleich von Terminen kann auf verschiedene Art und Weise erfolgen. Die gebräuchlichsten Vergleiche sind im folgenden aufgeführt.

Plan-Ist-Vergleich mit Terminlisten

Die Gegenüberstellung der Plantermine und Ist-Termine in Form der Terminliste ist für einen detaillierten Projektstatus unverzichtbar. Die Abweichungen können selektiert und mit Kommentaren dokumentiert werden. Eine Analyse der Abweichungen auf dieser detaillierten Ebene und die Erkenntnis über mögliche Auswirkungen ist relativ einfach möglich. Für die Präsentation des Projekt-

3.7 Integrierte Projektsteuerung

status gegenüber Auftraggeber und Projektbeteiligten ist die Darstellung z.B. durch Verdichtung der Aussage über die Ebenen des Projektstrukturplanes möglich.

Plan-Ist-Vergleich Terminliste detailliert					Datum: 03.11.97	
Projekt / Phase / Arbeitspaket	PSP-Code	Verantwortlich	Plan-Anf.	Plan-Ende	Ist-Anfang	Ist-Ende
PROJEKT.PJ	1.00.00	PL	06.10.1997	22.12.1997	06.10.1997	
PLANUNG	1.01.00	PL	06.10.1997	27.10.1997	06.10.1997	27.10.1997
Projektplanung	1.01.01	PL	06.10.1997	10.10.1997	06.10.1997	10.10.1997
Systemkonzept	1.01.02	Softwareingenieur	13.10.1997	17.10.1997	13.10.1997	17.10.1997
Pflichtenheft	1.01.03	Softwareingenieur	20.10.1997	24.10.1997	20.10.1997	24.10.1997
Meilenstein-Planungsreview	1.01.04	PL	27.10.1997	27.10.1997	27.10.1997	27.10.1997
ENTWICKLUNG	1.02.00	PL	27.10.1997	07.11.1997	27.10.1997	
Detailorganisation	1.02.01	Softwareingenieur	27.10.1997	31.10.1997	27.10.1997	
Software-Design	1.02.02	Softwareingenieur	03.11.1997	07.11.1997		
Meilenstein-Entwicklungsreview	1.02.03	PL	07.11.1997	07.11.1997		

Abbildung 3.7-20: Plan-Ist-Vergleich Terminliste detailliert

Plan-Ist-Vergleich Terminliste Phasen					Datum: 03.11.97	
Projekt/Phase	PSP-Code	Verantwortlich	Plan-Anf.	Plan-Ende	Ist-Anfang	Ist-Ende
PROJEKT.PJ	1.00.00	PL	06.10.1997	22.12.1997	06.10.1997	
PLANUNG	1.01.00	PL	06.10.1997	27.10.1997	06.10.1997	27.10.1997
ENTWICKLUNG	1.02.00	PL	27.10.1997	07.11.1997	27.10.1997	
REALISIERUNG	1.03.00	PL	10.11.1997	01.12.1997		
INBETRIEBNAHME	1.04.00	PL	01.12.1997	22.12.1997		

Abbildung 3.7-21: Plan-Ist-Vergleich Termine verdichtet auf PSP-Ebene Phasen

Plan-Ist-Vergleich mit Balkenplänen

Für eine präsentationsfähige Darstellung des aktuellen Projektstandes steht auch die graphische Form des Balkenplanes zur Verfügung. Hierbei kann je nach verwendetem Werkzeug die zeitliche Lage der Termine durch Balken auf der Zeitachse in verschieden Farben oder Formen dargestellt werden.

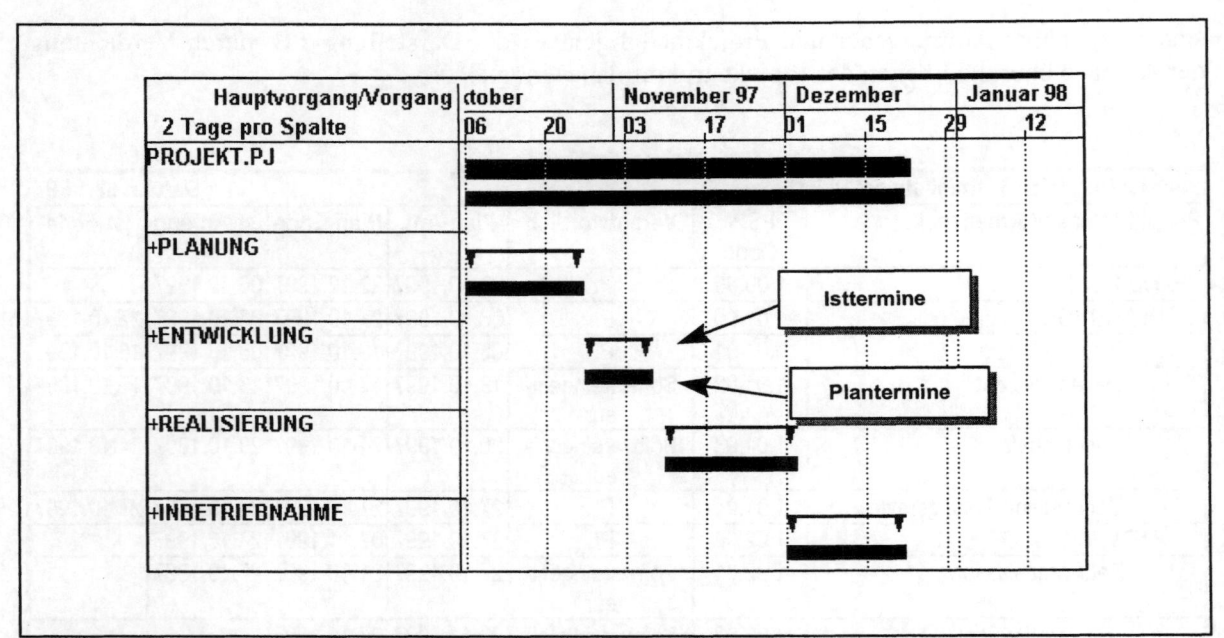

Abbildung 3.7-22: Plan-Ist-Vergleich Balkenplan verdichtet auf PSP-Ebene Phasen

Plan-Ist-Vergleich mit Meilensteinplänen

Ebenso wie die Präsentation von Balkenterminplänen kann die Visualisierung der Meilensteine in graphischer Form erfolgen. Dabei stehen je nach Werkzeug unterschiedliche Formen und Farben für die Meilensteine zur Verfügung.

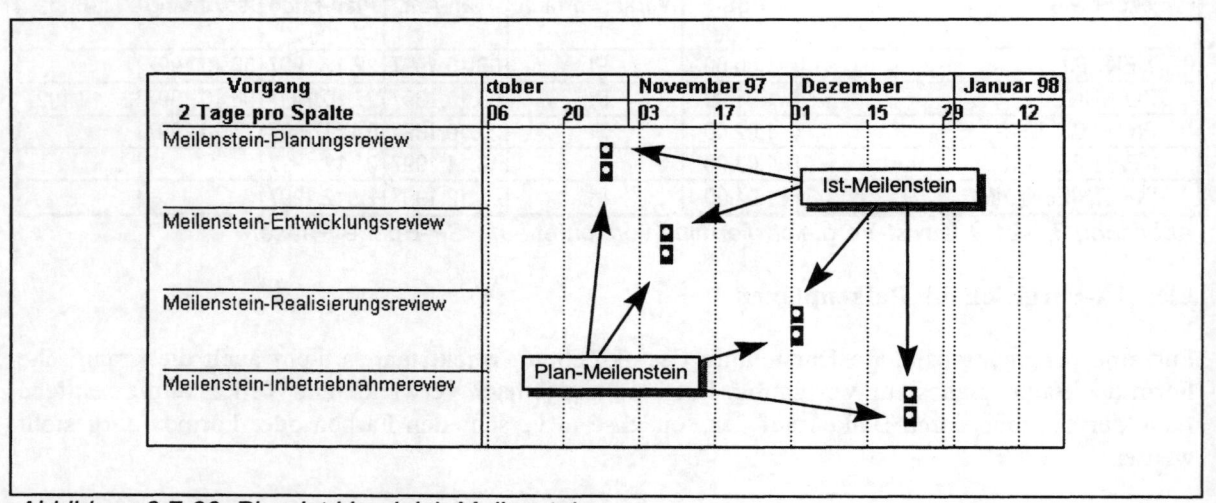

Abbildung 3.7-23: Plan-Ist-Vergleich Meilensteine

Am Beispiel des Meilensteinplanes werden die Veränderungen deutlich, die sich ergeben, wenn das Projekt nicht planmäßig verläuft. Beachten Sie den Ist-Meilenstein vom Entwicklungsreview:

3.7 Integrierte Projektsteuerung

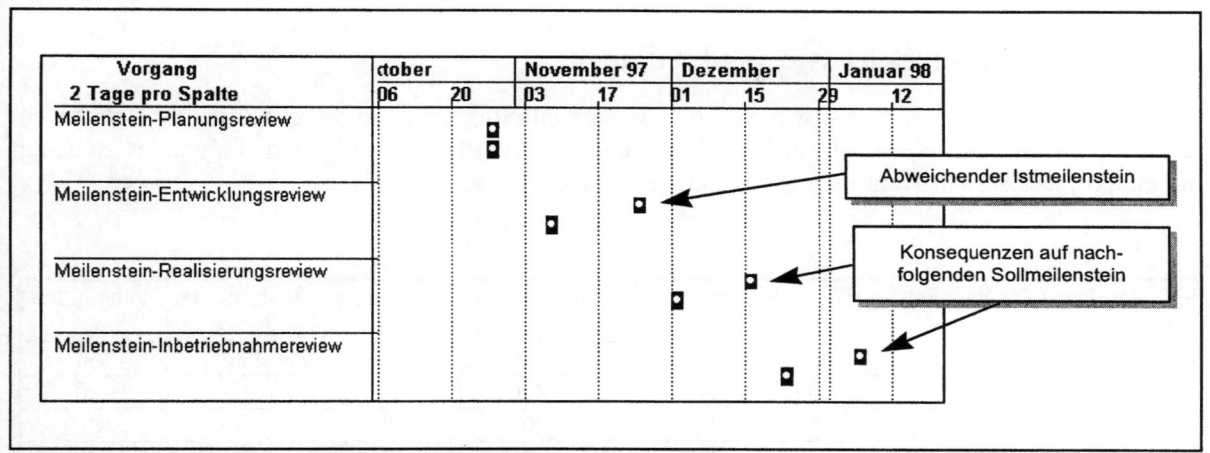

Abbildung 3.7-24: Plan-Ist-Vergleich Abweichung bei Meilensteinen

Der Meilenstein „Entwicklungsreview" wurde später durchlaufen als geplant, dadurch verzögern sich die weiteren Vorgänge und schieben die nachfolgenden Meilensteine als Konsequenz in die Zukunft.

3.7.5.3 Plan-Ist-Vergleich Aufwand (Stunden)

Je nach dem, wie der Aufwand während der Einsatzmittelplanung festgelegt wurde, erfolgt nun in der Projektsteuerung die Ermittlung der Ist-Daten und der Plan-Ist-Vergleich. Folgendes Beispiel unterstellt, daß der Aufwand in Personenstunden festgelegt wurde.

Projekt/Phase/Arbeitspaket	PSP-Code	Verantwortlich	Planstunden	Ist-Stunden	Reststunden	Sollstunden
PROJEKT.PJ	1.00.00	PL	480	280	280	560
PLANUNG	1.01.00	PL	120	120	0	120
Projektplanung	1.01.01	PL	40	40	0	40
Systemkonzept	1.01.02	Softwareingenieur	40	40	0	40
Pflichtenheft	1.01.03	Softwareingenieur	40	40	0	40
Meilenstein-Planungsreview	1.01.04	PL	0	0	0	0
ENTWICKLUNG	1.02.00	PL	80	160	0	160
Detailorganisation	1.02.01	Softwareingenieur	40	120	0	120
Software-Design	1.02.02	Softwareingenieur	40	40	0	40
Meilenstein-Entwicklungsreview	1.02.03	PL	0	0	0	0
REALISIERUNG	1.03.00	PL	160	0	160	160
Programmierung	1.03.01	Programmierer	40	0	40	40
Modultests	1.03.02	Programmierer	40			40
Integrationstest	1.03.03	Softwareingenieur	80			80
Meilenstein-Realisierungsreview	1.03.04	PL	0			0
INBETRIEBNAHME	1.04.00	PL	120	0	120	120
Installation	1.04.01	Kundenbetreuer	40	0	40	40
Probelauf	1.04.02	Kundenbetreuer	40	0	40	40
Einweisung	1.04.03	Kundenbetreuer	40	0	40	40
Meilenstein Inbetriebnahmereview	1.04.04	PL	0	0	0	0

Die Überschreitung der Ist-Stunden führt zur Erhöhung der Sollstunden.

Abbildung 3.7-25: Soll-Ist-Vergleich Aufwandsstunden

Die Ursache für die Erhöhung der Ist-Stunden liegt, wie Sie erkennen können, bei dem Einsatzmittel Softwareingenieur:

Einsatzmittel/Arbeitspaket	Planstunden	Ist-Stunden	Reststunden	Sollstunden
Softwareingenieur	200	240	40	280
Systemkonzept	40	40	0	40
Pflichtenheft	40	40	0	40
Detailorganisation	40	120	0	120
Software-Design	40	40	0	40
Integrationstest	40	0	40	40

Die Überschreitung der Ist-Stunden führt zur Erhöhung der Sollstunden.

Abbildung 3.7-26: Plan-Ist-Vergleich Aufwandsstunden beim Einsatzmittel Softwareingenieur

3.7.5.4 Plan-Ist-Vergleich Kosten

Die Ist-Daten für die unterschiedlichen Kosten der verschiedenen Einsatzmittel werden, je nach dem wie die Kostenarten und Kostenstellen während der Kostenplanung festgelegt wurden, nun in der Projektsteuerung ermittelt und der Plan-Ist-Vergleich durchgeführt. Dabei wollen wir in den nachfolgenden Beispielen zur vereinfachten Darstellung lediglich „Variable Kosten" (Personalkosten als Ergebnis aus Stunden x Stundensatz), „Fixe Kosten" (alle anderen Kosten) und „Gesamtkosten" (Ergebnis aus Variable + Fixe Kosten) berücksichtigen.

Projekt/Phase/Arbeitspaket	PSP-Code	Verantwortlich	Plankosten	Ist-Kosten	Restkosten	Sollkosten
PROJEKT.PJ	1.00.00	PL	62000	44000	30000	74000
PLANUNG	1.01.00	PL	20000	20000	0	20000
Projektplanung	1.01.01	PL	8000	8000	0	8000
Systemkonzept	1.01.02	SW-Ingenieur	6000	6000	0	6000
Pflichtenheft	1.01.03	SW-Ingenieur	6000	6000	0	6000
Meilenstein-Planungsreview	1.01.04	PL	0	0	0	0
ENTWICKLUNG	1.02.00	PL	12000	24000	0	24000
Detailorganisation	1.02.01	SW-Ingenieur	6000	18000	0	18000
Software-Design	1.02.02	SW-Ingenieur	6000	6000	0	6000
Meilenstein-Entwickl.-Review	1.02.03	PL	0	0	0	0
REALISIERUNG	1.03.00	PL	18000	0	18000	18000
Programmierung	1.03.01	Programmierer	4000	0	4000	4000
Modultests	1.03.02	Programmierer	4000	0	4000	4000
Integrationstest	1.03.03	SW-Ingenieur	10000	0	10000	10000
Meilenstein-Realisier.-Review	1.03.04	PL	0	0	0	0
INBETRIEBNAHME	1.04.00	PL	12000	0	12000	12000
Installation	1.04.01	Kundenbetreuer	4000	0	4000	4000
Probelauf	1.04.02	Kundenbetreuer	4000	0	4000	4000
Einweisung	1.04.03	Kundenbetreuer	4000	0	4000	4000
Meilenstein-Inbetrieb.-Review	1.04.04	PL	0	0	0	0

Abbildung 3.7-27: Plan-Ist-Vergleich Gesamtkosten

Die Überschreitung der Ist-Kosten führt zur Erhöhung der Soll-Kosten.

So wie die Überschreitung der Ist-Stunden beim Einsatzmittel Softwareingenieur für die Erhöhung der Sollstunden ursächlich war, so ist dieser Sachverhalt auch bei den Kosten nachvollziehbar:

Einsatzmittel/Arbeitspaket	Plankosten	Ist-Kosten	Restkosten	Sollkosten
Softwareingenieur	30000	36000	6000	42000
Systemkonzept	6000	6000	0	6000
Pflichtenheft	6000	6000	0	6000
Detailorganisation	6000	18000	0	18000
Software-Design	6000	6000	0	6000
Integrationstest	6000	0	6000	6000

Die Überschreitung der Ist-Kosten führt zur Erhöhung der Soll-Kosten.

Abbildung 3.7-28: Plan-Ist-Vergleich Variable Kosten bei Einsatzmittel Softwareingenieur

3.7.6 Abweichungsanalyse

Wenn im Rahmen der Integrierten Projektsteuerung der Plan-Ist-Vergleich durchgeführt wurde und Abweichungen erkannt sind, geht es darum, diese zu analysieren und die Ursachen zu ermitteln. Das ist die Voraussetzung für die Auswahl geeigneter Steuerungsmaßnahmen. Bei der Analyse werden häufig Ursache und Auswirkung verwechselt bzw. nicht deutlich unterschieden; so sind z.B. Kosten- und Terminüberschreitungen meistens nur die Folge von tieferliegenden Ursachen wie z.B. fehlender Abstimmung, Zieländerungen, Planungsfehlern oder das Nichtausführen dessen, was geplant ist. Die Beschreibung dessen, WAS bis zu einem bestimmten Termin zu erreichen ist, muß ebenso zur Verfügung stehen, wie die eindeutige Zuordnung der Verantwortlichen und Mitwirkenden an den zu beurteilenden Vorgängen, um eine fundierte Abweichungsanalyse erstellen zu können. In der Praxis ergeben sich häufig Plan-/Ist-Abweichungen, weil z.B. vom Auftraggeber oder vom Linienmanagement Termine so festgelegt werden, daß sie einer ernsthaften Planung nicht standhalten. Für die Projektplanung und die spätere Abweichungsanalyse ist es daher notwendig, alle relevanten Annahmen und Randbedingungen festzuhalten. Damit der Schwierigkeitsgrad bei der Durchführung der Abweichungsanalyse nicht stufenlos und nach oben offen ist, wurde bereits bei der Projektstrukturierung daran gedacht, daß die Ebenen und Elemente auch für die Analyse von Abweichungen verwendet werden können. Das bedeutet, daß die Analyse von Abweichungen auf höheren Ebenen durch Details der darunterliegenden Ebenen unterstützt wird.

Versuchen wir dies an nachfolgendem Beispiel zu überprüfen:

> *Der Plan-Ist-Vergleich auf Projektebene ergibt bei den Gesamtkosten eine Abweichung von 12.000,- € zwischen den Plankosten und den Istkosten. Eine Begründung für die Abweichung wäre hier zwar zu dokumentieren, nicht jedoch nachzuvollziehen, da die Ursachen tiefer liegen. Die Nachvollziehbarkeit erfordert Wissen, das auf der Projektebene, wenn überhaupt, dann nur verdichtet zur Verfügung steht. Positive und negative Abweichungen gleichen sich möglicherweise aus und sind auf der Projektebene überhaupt nicht mehr zu erkennen.*

Projekt / Phase / Arbeitspaket	PSP-Code	Verantwortlich	Plankosten	Istkosten	Restkosten	Sollkosten	Abweichung	Begründung
PROJEKT.PJ	1.00.00	PL	62000	44000	30000	74000	12000	???????

Abbildung 3.7-29: Abweichungsanalyse Gesamtkosten auf Projektebene

Der Plan-Ist-Vergleich auf Phasenebene zeigt deutlich, daß die Abweichung aus der Phase Entwicklung resultiert, die Phase Planung abgeschlossen ist (Restkosten = 0) und die Phasen Realisierung und Inbetriebnahme noch nicht begonnen wurden (Ist-Kosten = 0).

Projekt / Phase / Arbeitspaket	PSP-Code	Verantwortlich	Plankosten	Istkosten	Restkosten	Sollkosten	Abweichung	Begründung
PROJEKT.PJ	1.00.00	PL	62000	44000	30000	74000	12000	Entwicklung
PLANUNG	1.01.00	PL	20000	20000	0	20000	0	
ENTWICKLUNG	1.02.00	PL	12000	24000	0	24000	12000	???????
REALISIERUNG	1.03.00	PL	18000	0	18000	18000	0	
INBETRIEBNAHME	1.04.00	PL	12000	0	12000	12000	0	

Abbildung 3.7-30: Abweichungsanalyse Gesamtkosten auf Phasenebene

Der Plan-Ist-Vergleich auf Arbeitspaketebene zeigt uns detailliert, woher die Abweichung stammt und darüber hinaus, wer für die Abweichung verantwortlich ist, sowie den Status der

3.7 Integrierte Projektsteuerung

"Nachbarpakete", um erste Erkenntnisse über Ausgleichsmöglichkeiten zur Kompensation der Abweichungen zu erhalten.

Projekt / Phase / Arbeitspaket	PSP-Code	Verant-wortlich	Plan-kosten	Ist-kosten	Rest-kosten	Soll-kosten	Ab-weichung	Begründung
PROJEKT.PJ	1.00.00	PL	62000	44000	30000	74000	12000	Entwicklung
PLANUNG	1.01.00	PL	20000	20000	0	20000	0	
Projektplanung	1.01.01	PL	8000	8000	0	8000	0	
Systemkonzept	1.01.02	SW-Ing	6000	6000	0	6000	0	
Pflichtenheft	1.01.03	SW-Ing	6000	6000	0	6000	0	
Meilenstein-Planungsreview	1.01.04	PL	0	0	0	0	0	
ENTWICKLUNG	1.02.00	PL	12000	24000	0	24000	12000	Detailorg.
Detailorganisation	1.02.01	SW-Ing	6000	18000	0	18000	12000	Unvollst. SYK+PH
Software-Design	1.02.02	SW-Ing	6000	6000	0	6000	0	
Meilenstein-Entwickl.-Review	1.02.03	PL	0	0	0	0	0	
REALISIERUNG	1.03.00	PL	18000	0	18000	18000	0	
Programmierung	1.03.01	Prog	4000	0	4000	4000	0	
Modultests	1.03.02	Prog	4000	0	4000	4000	0	
Integrationstest	1.03.03	SW-Ing	10000	0	10000	10000	0	
Meilenstein-Realisier.-Review	1.03.04	PL	0	0	0	0	0	
INBETRIEBNAHME	1.04.00	PL	12000	0	12000	12000	0	
Installation	1.04.01	KB	4000	0	4000	4000	0	
Probelauf	1.04.02	KB	4000	0	4000	4000	0	
Einweisung	1.04.03	KB	4000	0	4000	4000	0	
Meilenstein-Inbetrieb.-Review	1.04.04	PL	0	0	0	0	0	

Abbildung 3.7-31: Abweichungsanalyse Gesamtkosten auf Arbeitspaketebene

Obwohl in diesem Beispiel nur Kosten betrachtet wurden, gilt dies exemplarisch natürlich auch für Termine, Stunden und Ergebnisse. Der integrierte Gesamtzusammenhang wird im Abschnitt Trendanalysen und dort in der Earned-Value-Analyse ganzheitlich dargestellt.

Bei jeder Abweichungsanalyse ist festzustellen, ob eine einmalige Abweichung eingetreten ist, die mit einer einmaligen Maßnahme korrigiert werden kann, oder ob eine systematische Abweichung vorliegt, die eine grundsätzliche Änderung der Randbedingungen (z. B. Organisation, Kapazität) oder der Planung erfordert.

Mögliche Ursachen für Abweichungen bei Terminen, Kosten, Aufwand und Ergebnissen:

Abweichungsursachen

- es liegen Fehlbuchungen vor,
- es wurden noch nicht alle angefallenen Stunden/Kosten verbucht,
- der geplante Fertigstellungsgrad ist noch nicht erreicht,
- geplante Aktivitäten wurden aus Termingründen vorgezogen, verschoben,
- Kapazitäten wurden erhöht, um Termine einhalten zu können,
- Bestellungen wurden vorgezogen, verschoben,
- Änderungen der Vorgaben,
- Planungsfehler wirken sich aus,
- Projektbeschleunigung führt zu Aufwands- und Kostenerhöhung,
- Kosteneinsparungen führen zu Leistungsreduzierungen,
- Leistungserhöhung erfordert mehr Zeit und Geld,
- fehlerhafte, ungenaue oder unvollständige Leistungsbeschreibungen,

- verspätet erteilte Genehmigungen,
- Fehlende, verzögerte oder mangelhafte Vorleistungen Dritter,
- unzureichende Ausstattung des Projektteams mit Equipment,
- Fehler in der Arbeitsvorbereitung,
- Nutzungsänderungen oder Änderungswünsche des Auftraggebers,
- unbekannte Verhältnisse am Ort der Projektausführung,
- zusätzliche Auflagen durch Genehmigungs- oder Prüfbehörden.

Systematische Abweichungsanalyse

Bei dieser Vielzahl der möglichen Abweichungsursachen und Auswirkungen ist oftmals eine systematische und nachvollziehbare Analyse notwendig. Dazu sind durchaus erhebliche Aufwendungen zu investieren, um diese Systematik für ein Unternehmen und die dort abzuwickelnden Projekte zu konzipieren und einzuführen. Ein möglicher Ansatz zur Analyse z.B. einer Terminabweichung wird nachfolgend aufgezeigt. Nach den Prinzipien der Systemtechnik wird dabei jeder terminrelevante Faktor in seine Beeinflussungskomponenten zerlegt. Die Ursachen einer Terminabweichung und somit die Grundlage für die richtigen Steuerungsmaßnahmen lassen sich mit Hilfe solcher Diagramme schnell und relativ sicher ermitteln.

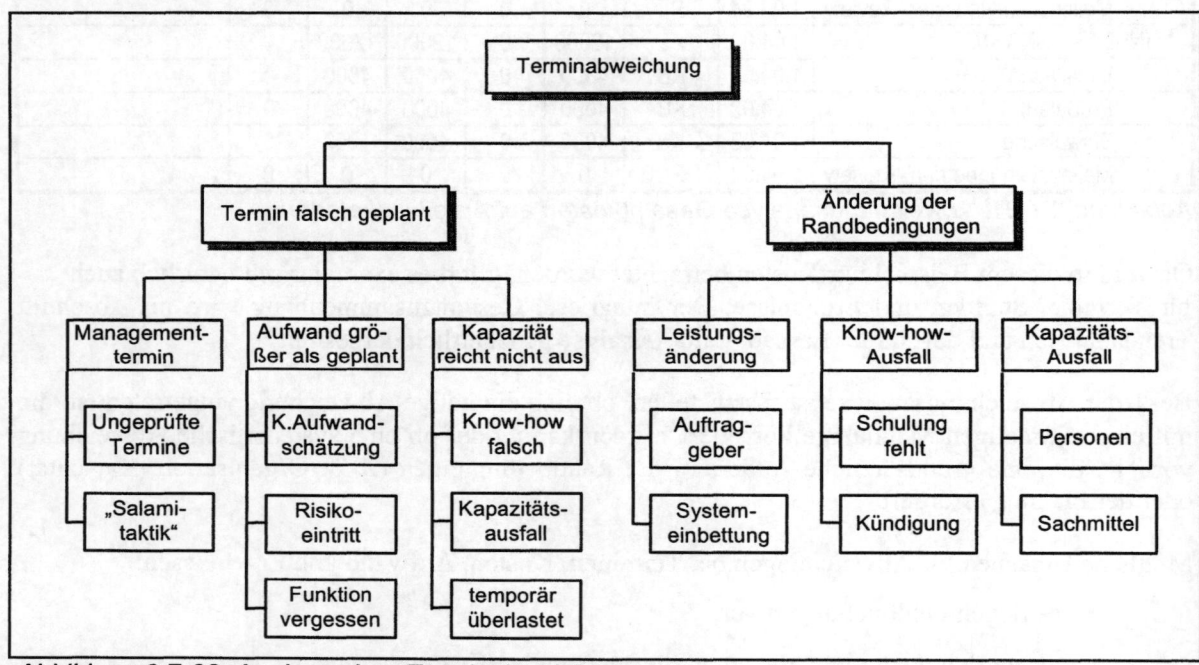

Abbildung 3.7-32: Analyse einer Terminabweichung

Preissteigerungen / Preisgleitung

Ein wichtiger Punkt für Projekte, wo von der Planung zur Ausführung längere Zeit vergeht (mehr wie 1 Jahr), ist die Preisgleitung. Allgemein werden bei der Kostenplanung Stundensätze und Angebotspreise als Grundlage genommen, die zum Zeitpunkt der Planung gültig sind. Bei der natürlichen Entwicklung der Marktwirtschaft erhöhen sich diese Werte von Jahr zu Jahr. Wird in der Kostenplanung die Preisgleitung nicht bereits berücksichtigt und in die Planwerte eingerechnet, so ist dies bei der Abweichungsanalyse zu berücksichtigen. Andernfalls entstehen Fehlinterpretationen, da z.B. bei einer Preisgleitung von 5% p.A. über 5 Jahre hinweg eine Differenz von 27,6% entsteht. Aufgrund dieser Tatsache müssen bei langfristigen Projekten die Plankosten eskaliert (d.h. dem aktuellen Kostenstand angepaßt) werden, damit der Vergleich zwischen Plan und Ist möglich ist. Bei vertraglichen Festlegungen ist frühzeitig eine Preisgleitklausel zu berücksichtigen oder Fest- bzw. Fixpreise zu vereinbaren.

3.7.7 Trendanalysen

Ein wesentliches Ziel der Integrierten Projektsteuerung ist es, frühzeitig Abweichungen zu erkennen und rechtzeitig Steuerungsmaßnahmen einzuleiten. Dazu müssen die aktuellen Ist-Werte mit den gültigen Basis(Plan)werten verglichen werden und die Auswirkungen der festgestellten Abweichungen auf den in der Zukunft liegenden Teil des Projektes prognostiziert und sichtbar gemacht werden. Für die Projektzielgrößen gilt das jeweils einzeln (Termin, Aufwand/Kosten, Ergebnis) wie auch im Wirkungszusammenhang. Die in diesem Kapitel behandelten Trendanalysen sind für Termin (Meilensteine) und Kosten unabhängig voneinander sowie für den Fertigstellungswert (Earned-Value-Analyse) im Wirkungszusammenhang anzuwenden. Die Trendanalysen für die Ergebnisüberwachung (Fertigstellungsgrad) werden im Kapitel 3.6 behandelt. Daraus ergibt sich die Möglichkeit zur schrittweisen Einführung der Trendanalysen, um von einer konventionellen Projektsteuerung zur Integrierten Projektsteuerung zu kommen. Dabei ist die Realisierungsreihenfolge der einzelnen Trendanalysen variabel. Jedoch ist der Termintrend vielfach als erstes zu realisieren, weil die dazu erforderlichen Informationen in der Praxis am ehesten verfügbar sind und die weiteren Trendanalysen die zeitliche Betrachtung benötigen.

3.7.7.1 Meilensteine (Meilenstein-Trendanalyse)

Meilensteine sind wichtige, vordefinierte Ereignisse im Projektablauf, die das besondere Interesse der Projektleitung oder des Auftraggebers haben. Sie sind Repräsentanten des Projektfortschritts und sollen zu bestimmten Terminen eintreten. Nach DIN 69900 ist ein Meilenstein ein „Ereignis besonderer Bedeutung". *Definition „Meilensteine"*

Genauer als durch Schätzung läßt sich der Terminfortschritt auf der Grundlage gut definierter Meilensteine ermitteln. Das Erreichen des Meilensteintermines und das Abprüfen der zu diesem Termin planmäßig zu erreichenden Ergebnisse gibt über den Termin/Ergebnisstatus des Projektes eine objektive Aussage. Des weiteren lassen sich Meilensteinberichte hervorragend in das Berichtswesen integrieren (siehe Kapitel 4.8). In einigen Publikationen zum Thema Projektmanagement ist die Meilenstein-Trendanalyse (MTA) als einfache und übersichtliche Methode aufgezeigt, um festgestellte Terminabweichungen auf einen Blick erkennen zu können und als hervorragendes Kommunikationsmittel innerhalb und außerhalb des Projektes. Dabei steht die Schärfung des Terminbewußtseins aller Projektbeteiligten im Mittelpunkt. Die Voraussetzung für die MTA ist, daß die Meilensteine definiert und die Ergebnisse genau und vollständig festgelegt sind. (vgl. Kapitel 1.8, 3.2 und 3.6 zur Meilensteinplanung) *Meilenstein-Trendanalyse MTA*

Eine meilensteinorientierte Terminfortschrittsermittlung kann grundsätzlich mit oder ohne Netzplantechnik durchgeführt werden. Ohne Netzplantechnik wird der Projektverlauf bis zur Gegenwart objektiv aufgezeigt, für die Prognose der Zukunft ist eine subjektive Einschätzung der Beteiligten nötig. Mit Netzplantechnik werden deren Vorteile in die der Meilenstein-Trendanalyse integriert und damit auch für den in der Zukunft liegenden Teil des Projektes objektive und nachvollziehbare Prognosen ermöglicht, die als Grundlage für notwendige Entscheidungen dienen. *Meilenstein-Trendanalyse und Netzplantechnik*

Vorgehensweise bei der Meilenstein-Trendanalyse

    a) Definieren der Meilensteinergebnisse und dazugehöriger Termine,

    b) periodische (z.B. monatlich) Überprüfung der Meilensteintermine,

    c) abschätzen der geänderten Meilensteintermine,

    d) eintragen der Meilensteintermine in das Meilenstein-Trendchart,

    e) kommentieren der Abweichungen,

    f) Auswirkungen und mögliche Korrekturmaßnahmen, bei Abweichungen, angeben.

3.7 Integrierte Projektsteuerung

Darstellung im Meilenstein-Trendchart

Zur Darstellung der Meilensteine und ihrer Termine wird ein rechtwinkliges Dreieck verwendet, dessen Katheden als Zeitachsen dienen. Die Zeiteinteilung beider Achsen ist gleich und frei wählbar. Auf der horizontalen Achse werden die geplanten Berichtszeitpunkte und auf der vertikalen Achse die ursprünglich geplanten Meilensteintermine (Basis/Plan) eingetragen. Zum jeweiligen Berichtstermin wird der zu diesem Zeitpunkt voraussichtlich erwartete Termin eines jeden Meilensteines in das Trenddiagramm eingetragen und mit dem vorherigen Termin durch eine Linie verbunden. Erreicht der Linienzug eines Meilensteins die Hypothenuse, so ist der Meilenstein erfüllt. Die Daten für die einzelnen Meilensteintermine können aus der Planfortschreibung ermittelt werden oder, falls diese nicht vorhanden ist, durch persönliche Schätzungen der Projekt- oder Teilprojektverantwortlichen zum Berichtszeitpunkt. Die Schätzungen können allein oder im Projektteam durchgeführt werden. Die teamorientierte Vorgehensweise empfiehlt sich jedoch.

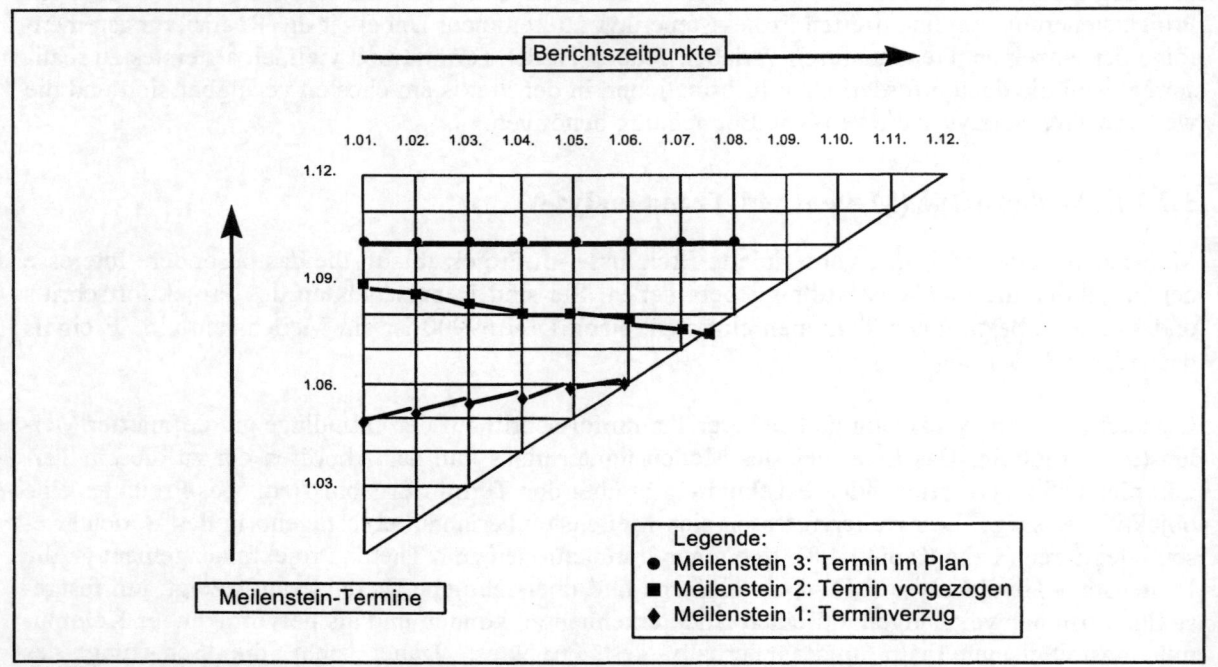

Abbildung 3.7-33: Darstellung Terminfortschritt im Meilenstein-Trenddiagramm

Aus dem Kurvenverlauf im Meilenstein-Trendchart läßt sich ein Trend der Termineinschätzung ableiten. Vier typische Verläufe einer Meilenstein-Trendanalyse werden in Abbildung 3.7-34 bis 37 dargestellt und erläutert.

Dabei gilt grundsätzlich:

- Aufsteigende Kurven bedeuten eine Terminverzögerung,
- Waagerechte Linien bedeuten, die aktuelle Einschätzung entspricht dem Plan,
- Abfallende Linien bedeuten, der Meilenstein wird voraussichtlich früher als bisher erwartet eintreffen,
- Erreicht der Meilenstein die Diagonale, so ist er erfüllt.

Verlaufstyp 1

Der erwartete Meilenstein-Termin verschiebt sich bei jedem Berichtszeitpunkt weiter nach hinten. Dies weist darauf hin, daß keine fundierte Terminplanung vorliegt.

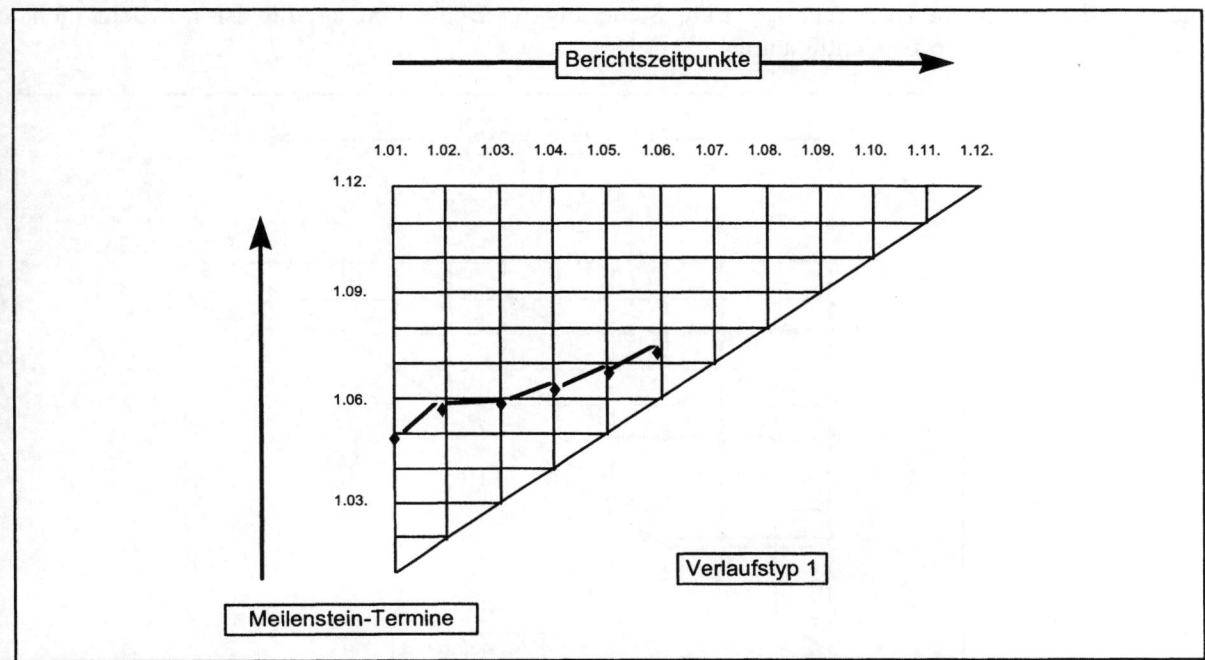

Abbildung 3.7-34: Typische Verläufe im Meilenstein-Trenddiagramm Verlaufstyp 1

Verlaufstyp 2

Der erwartete Termin eines Meilensteines bleibt konstant, während sich der zeitlich davor liegende Meilenstein bei jedem Berichtszeitpunkt weiter nach hinten verschiebt. Normalerweise hängen die Meilensteine jedoch logisch voneinander ab. Die Verschiebungsauswirkung des ersten Meilensteines wird offensichtlich nicht ausreichend berücksichtigt.

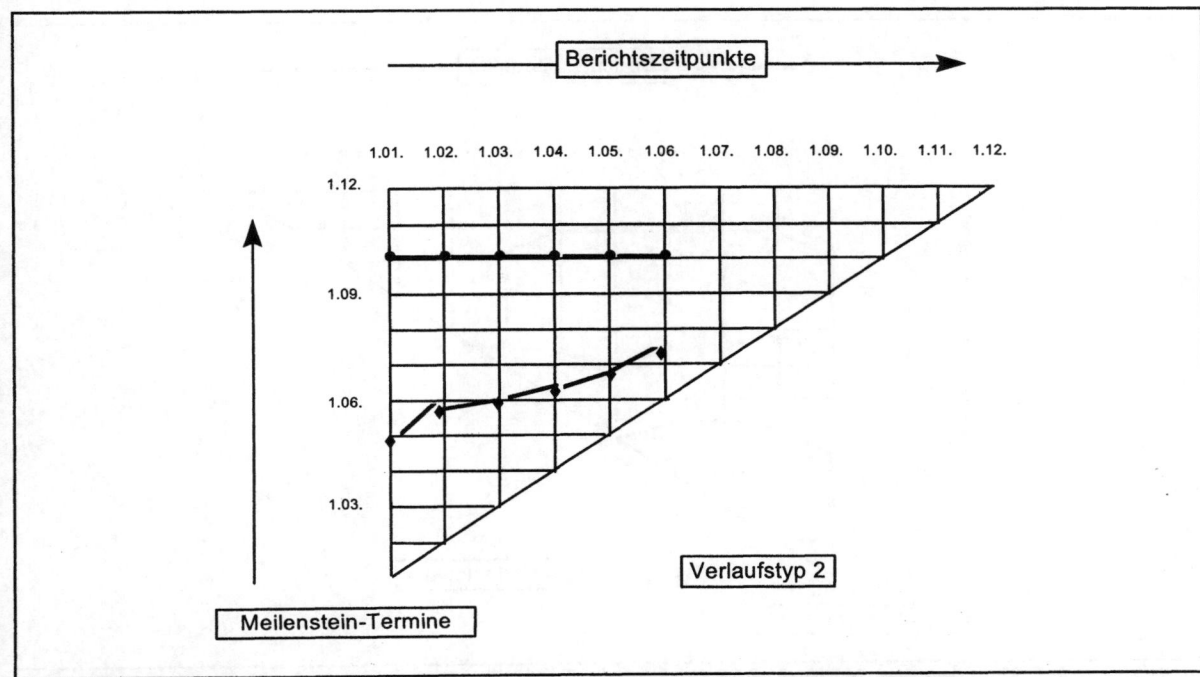

Abbildung 3.7-35: Typische Verläufe im Meilenstein-Trenddiagramm Verlaufstyp 2

Verlaufstyp 3

Die Meilenstein-Trendanalyse zeigt zunächst einen stabilen Terminverlauf. Erst zum Endtermin des ersten Meilensteines wird eine Verzögerung deutlich. Dieses Bild spricht dafür, daß die Terminsituation dieses Meilensteins nicht beherrscht wird. Die Abhängigkeit der weiteren Meilensteine von diesem ersten ist erkennbar. Eine Steuerung im Sinne von agieren ist trotzdem nicht möglich bzw. erfolgt offensichtlich nicht.

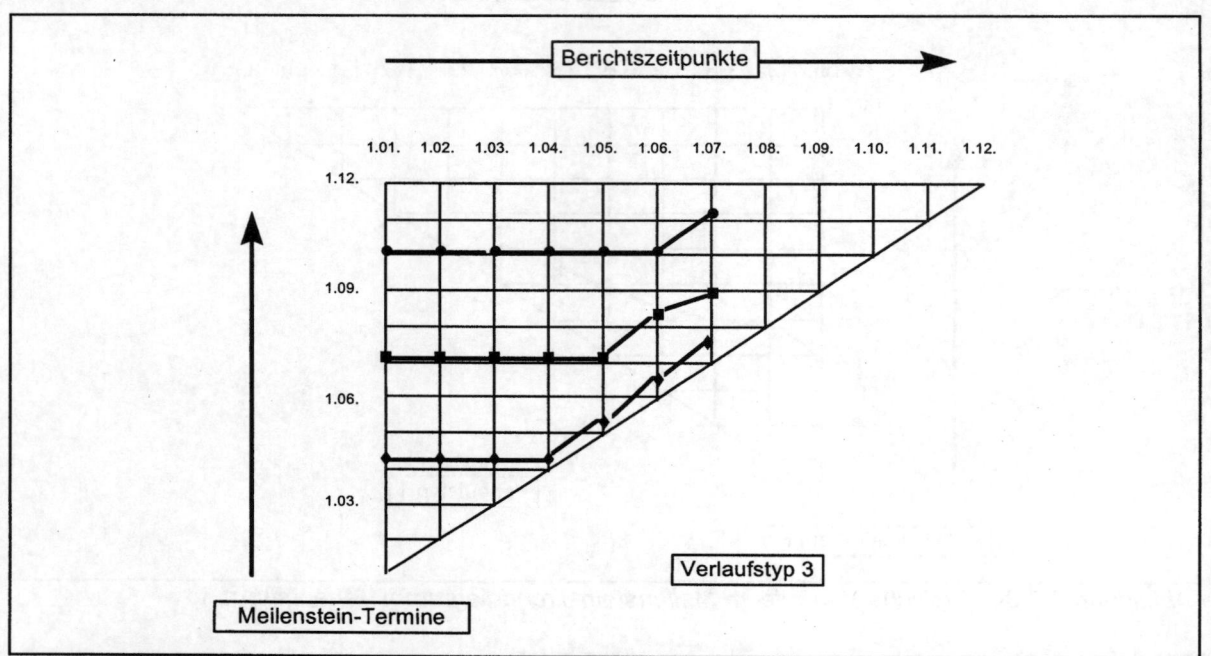

Abbildung 3.7-36: Typische Verläufe im Meilenstein-Trenddiagramm Verlaufstyp 3

Verlaufstyp 4

Hier wird der typische Verlauf einer zu Beginn liegenden Verzögerung deutlich. Später greifen die Steuerungsmaßnahmen, die Terminsituation wird positiv beeinflußt.

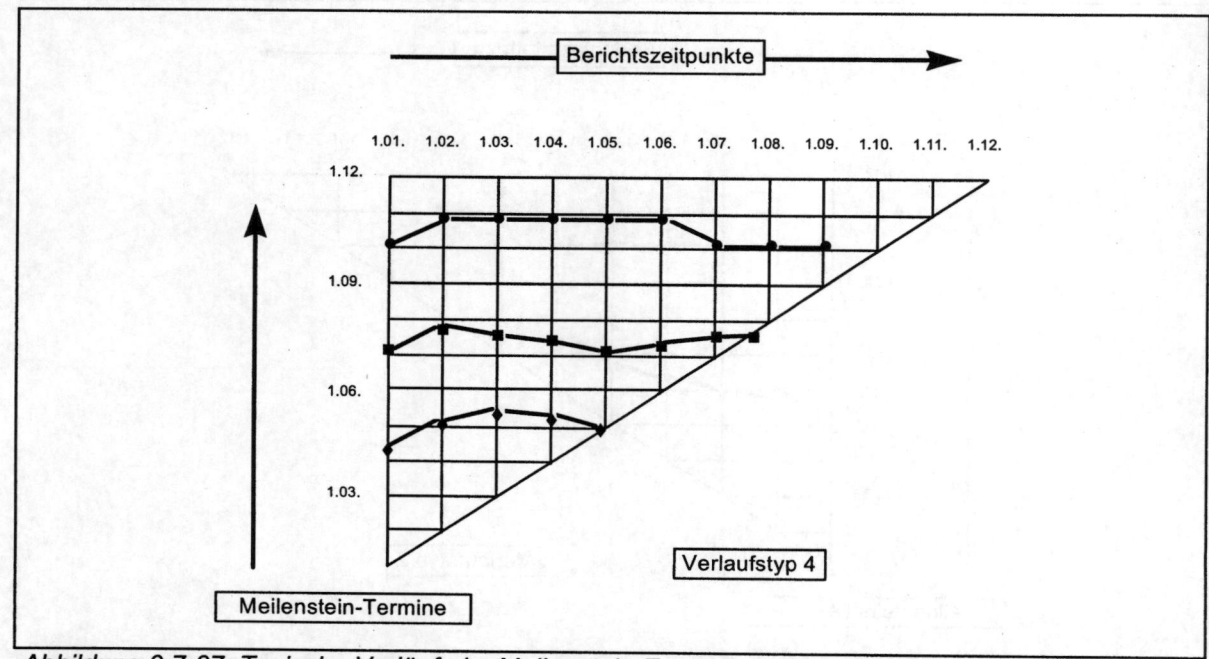

Abbildung 3.7-37: Typische Verläufe im Meilenstein-Trenddiagramm Verlaufstyp 4

3.7 Integrierte Projektsteuerung

Nachfolgend werden noch einmal die wesentlichen Vor- und Nachteile der Meilenstein-Trendanalyse zusammengefaßt:

Vorteile	Nachteile
• einfach • schnell zu erstellen • übersichtlich • festgestellte Terminabweichungen sind auf einen Blick erkennbar • hervorragendes Kommunikationsmittel innerhalb und außerhalb des Projektes • läßt Abstimmungsdefizite erkennen • schärft das Terminbewußtsein • fördert das Teambewußtsein	• subjektive Schätzungen • Trendkurve alleine reicht nicht • Kommentare sind erforderlich

Abbildung 3.7-38: Vor- und Nachteile der Meilenstein-Trendanalyse (KIELKOPF 1994)

3.7.7.2 Kosten (Kosten-Trendanalyse)

Die Kosten-Trendanalyse ist eine Methode zur Überwachung von Projektkosten, die es gestattet, regelmäßige Schätzwerte über die Gesamtkosten eines Projektes zum voraussichtlichen Endtermin zu gewinnen. Kernpunkt der Methode ist die Ermittlung des Fertigstellungswertes der Arbeitspakete. Die Ermittlung des Schätzwertes der Gesamtkosten (SGK) erfolgt in 6 Schritten: *Definition Kosten-Trendanalyse*

1. Als Voraussetzung müssen die Plan-Gesamtkosten des Projektes aus der Projektkostenplanung vorliegen.

2. Die aktuellen Ist-Kosten, d.h. die bis zum Berichtszeitpunkt aufgelaufenen Kosten, werden periodisch (z.B. monatlich) ermittelt.

3. Der aktuelle Fertigstellungswert wird periodisch ermittelt. Der Fertigstellungswert von abgeschlossenen Arbeitspaketen entspricht dabei den Plankosten zu 100%. Bei noch in Arbeit befindlichen Arbeitspaketen wird der Fertigstellungswert auf der Grundlage des Fertigstellungsgrades ermittelt.

4. Aus den Plan-Gesamtkosten, den aktuellen Ist-Gesamtkosten und dem aktuellem Fertigstellungswert wird anhand der folgenden Formel der Schätzwert der Gesamtkosten errechnet (extrapoliert). Das Verhältnis der aktuellen Ist-Kosten (AIK) zu dem aktuellen Fertigstellungswert (AFW) stellt den Kostenentwicklungsindex dar, der für die Schätzung angewendet wird.

$$SGK = PGK \times \frac{AIK}{AFW}$$

SGK = Schätzwert der Gesamtkosten
PGK = Plan-Gesamtkosten (Basis)
AIK = Aktuelle Ist-Kosten
AFW = Aktueller Fertigstellungswert

Abbildung 3.7-39: Formel zur Errechnung Schätzwert Gesamtkosten (SGK) (KIELKOPF 1994)

5. Der ermittelte Schätzwert der Gesamtkosten (SGK) wird in eine Grafik eingetragen, um mit seiner Hilfe eine Kosten-Trendkurve darzustellen.

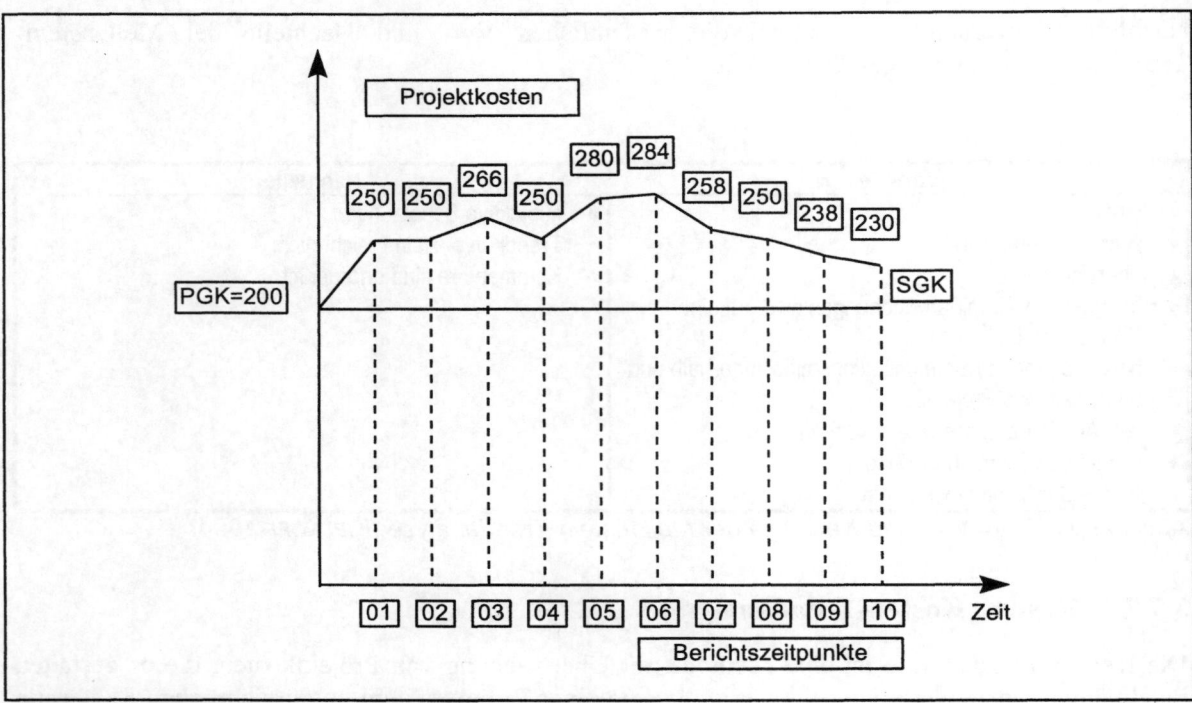

Abbildung 3.7-40: Kosten-Trendkurve (KIELKOPF 1994)

Die zugrunde liegenden Werte für die dargestellte Kosten-Trendkurve sind in folgender Matrix aufgelistet:

Berichts-zeitpunkt	Plangesamt-kosten (PGK)	Aktuelle Ist-kosten (AIK)	Fertigstellungs-wert (AFW)	Kostenentwicklungs-index (AIK/AFW)	Schätzwert Gesamt-kosten (SGK)
01	200	25	20	1,25	250
02	200	50	40	1,25	250
03	200	80	60	1,33	266
04	200	100	80	1,25	250
05	200	140	100	1,40	280
06	200	170	120	1,42	284
07	200	180	140	1,29	258
08	200	200	160	1,25	250
09	200	215	180	1,19	238
10	200	230	200		

Abbildung 3.7-41: Matrix zur Ermittlung der Kosten-Trendwerte

6. Die Schätzwerte der Gesamtkosten und deren Trends müssen kommentiert werden. Ebenso muß eine Stellungnahme zu den Abweichungen und den möglichen Korrekturmaßnahmen im zukünftigen Projektablauf erfolgen.

Es existieren drei mögliche Kurvenzüge in der Kosten-Trendkurve:

- Steigende Kurvenzüge deuten auf überwiegend kostentreibende Einflußfaktoren hin.

- Abfallende Kurvenzüge deuten auf überwiegend kostensenkende Einflußfaktoren hin.

- Horizontale Kurvenzüge weisen auf eine Beruhigung hin, wobei sich kostentreibende und kostensenkende Einflußfaktoren unter Umständen gerade aufheben.

Der errechnete Schätzwert der Gesamtkosten ist eine Trendaussage und hat die gleiche Funktion wie die Terminaussage bei der Meilenstein-Trendanalyse. Er dient als Frühwarnindikator.

Vorteile	Nachteile
• einfach • schnell zu erstellen • übersichtlich • festgestellte Kostenabweichungen sind auf einen Blick erkennbar • deutliche Frühwarnung, die aktuelle Situation wird extrapoliert und dadurch die Kostenentwicklungstendenz möglicherweise überspitzt dargestellt • schärft das Kostenbewußtsein • fördert das Teambewußtsein	• Probleme der Fertigstellungswertermittlung liegen in der Methode • Trendkurve alleine reicht nicht • Kommentare sind erforderlich • zukünftige zu erwartende Kostensteigerungen und/oder Kostensenkungen werden nicht berücksichtigt

Abbildung 3.7-42: Vor- und Nachteile der Kosten-Trendanalyse.

3.7.7.3 Fertigstellungswert (EVA Earned-Value-Analyse)

1967 hat das US-Verteidigungsministerium einen Regelkatalog C/SCSC (Cost/Schedule Control System Criteria) herausgegeben. Die darin enthaltenen Kriterien definieren die Mindestansprüche für Earned-Value-Kontrollsysteme bei Regierungsaufträgen (NASA, Verteidigungsministerium, Energieministerium etc.). Diese Spezifikationen, auch C-Specs genannt, regeln die Rechnungsprüfung, Kontrolle und Sicherheit von Auftragsmanagement-Systemen.

Frühere Management-Kontrollsysteme haben eine direkte Beziehung zwischen verstrichener Zeit, verrichteter Arbeit und verursachten Kosten hergestellt. Das Earned-Value-System (Fertigstellungs-Bewertungssystem) analysiert diese einzelnen Komponenten unabhängig voneinander und setzt Plandaten (die am Anfang eines Projektes festgeschrieben wurden) und Ist-Daten in Relation. Durch die Integration der Bewertungsparameter (Termine, Aufwand, Kosten und Ergebnis) hat die Earned-Value-Analyse eine hohe Aussagekraft bezüglich des voraussichtlichen Projektverlaufes aus der aktuellen Sicht. Damit ergibt sich eine hervorragende Grundlage, um notwendige Entscheidungen treffen zu können, untermauert durch Fakten und nachvollziehbare Werte. Der Aufwand für eine konsequente Anwendung der EVA erscheint zunächst hoch, ist jedoch durch die Vorteile schnell wieder amortisiert und letztendlich eine vollständige und professionelle Umsetzung der Integrierten Projektsteuerung.

Der Earned Value („Verdienter" Wert) ist der Betrag der Budgetkosten, der anhand des Prozentsatzes der aktuell erledigten Arbeit (Technischer Fertigstellungsgrad, Prozent erledigt) errechnet wird. *Earned Value*

Die C/SCSC-Kriterien fordern separate Kosten- und Leistungsreports nach PSP-Struktur und organisatorischen oder funktionalen Kategorien. Dadurch ergibt sich die Möglichkeit, auf jeder Ebene des Projektstrukturplanes, für jedes Element die Felder der Earned-Value-Analyse anzuwenden.

Voraussetzungen für den integrierten („echten") Soll-Ist-Vergleich zum Stichtag (gemäß Stichtagsauswertung / Prinzipdarstellung - Abbildung 3.7-18) sind eine vollständige Planung (PLAN-Werte) und die vollständige Erfassung der Ist-Situation (Ist-Werte und Rest-Werte zum Stichtag) für alle Projektzielgrößen. Im Gegensatz zu den Einzel-Betrachtungen der Termine und des Aufwands (Abschnitte 3.7.4.1 und 3.7.4.2) sind hier **Fertigstellungsgrade unerläßlich**.

Das grundsätzliche Vorgehen bei der Fertigstellungswert-Analyse läßt sich in drei grobe Schritte untergliedern:

1. Im ersten Schritt ist zunächst eine Terminplan-Aktualisierung (**Netzplanrechnung**) durchzuführen. Dabei sind - neben den Ist-Terminen - die Restdauern (oder aktualisierten Gesamtdauern) sowie die Fertigstellungsgrade der Vorgänge - und ggf. Änderungen von Anordnungsbeziehungen - zu berücksichtigen. Aus der „Aktualisierungsrechnung" ergeben sich die Soll-Termine, von denen in erster Linie die in der Zukunft liegenden für die Projektsteuerung von Interesse sind. Von herausragender Bedeutung ist der errechnete neue **Projektendtermin**. Je nach Projektsituation ist von der Projektleitung - nach eingehender Analyse - zu entscheiden, inwieweit dieser und die anderen „Soll-Termine" akzeptiert und den Projektbeteiligten als neue Terminvorgaben (nach Planungsrevision als Plan-Termine) mitgeteilt werden sollen oder nicht.

2. Der zweite Schritt der integrierten Betrachtung ist die Ermittlung („**Hochrechnung**") der **geplanten Gesamt-Fortschrittswerte** (geplante Gesamtfertigstellungsgrade, geplante Gesamtstunden, geplante Gesamtkosten) für zu betrachtenden Projektbereiche auf der Grundlage der in der Ist-Erfassung festgestellten Projektergebnisse (Sach- und Dienstleistungen) und Einzel-Fertigstellungsgrade. Wie dies geschieht ist in Kapitel 3.6 beschrieben.

3. Im dritten Schritt werden die **tatsächlichen Gesamtfertigstellungsgrade** hochgerechnet und den geplanten gegenübergestellt. Gleichzeitig wird der für die bis zum Stichtag erbrachten Projektergebnisse **tatsächlich angefallene Aufwand** dem dafür **geplanten Aufwand** gegenübergestellt. Diese Aufwands-Gegenüberstellung kann jeweils für die Arbeitsstunden und für die Sachkosten separat oder für die Gesamtkosten (Sachkosten und Kosten für die aufgewendeten Personalstunden) erfolgen.

Der dem Aufwand entsprechende **Geld- bzw. Kosten-Wert** für die bis zum Stichtag erbrachten oder an den Projektauftraggeber übergebenen Sach- und Dienstleistungen oder - anders ausgedrückt - für die fertiggestellte bzw. **geleistete Arbeit** wird als **Fertigstellungswert** oder **Arbeitswert** oder im angelsächsischen Sprachraum als **Earned Value** („verdienter" Wert) bezeichnet.

Begriffe

Im folgenden sind die Größen bzw. Werte, die für eine (vollständige) Fertigstellungswertanalyse erforderlich sind, tabellarisch aufgeführt und näher erläutert (Abbildung 3.7-43). Dabei wird von den englischen Begriffen ausgegangen und eine konsistente, eindeutige deutsche Übersetzung angeboten. Die wesentlichen deutschen Begriffe sind in Kapitel 3.6 definiert und ausführlich beschrieben. Inhalt und Vorgehensweise der Earned Value Analyse werden anhand eines praktischen Projektbeispiels im folgenden dargestellt.

3.7 Integrierte Projektsteuerung

	Englisch		Deutsch
Abbrev.	**Description (Formula)**	**Abkürzung**	**Benennung (Formel)**
BAC	Budgeted cost at Completion	PGK	Geplante Gesamtkosten bei Fertigstellung
BCWS	Budgeted Cost for Work Scheduled	PK	Plan-Kosten zum Stichtag oder Geplanter Fertigstellungswert (PGK x FGR $_{Plan}$)
ACWP	Actual Cost for Work Performed	AIK	Aktuelle Ist-Kosten zum Stichtag
		FGR $_{Plan}$ (%)	Plan-Fortschrittsgrad zum Stichtag
%	Percent Complete	FGR $_{Ist}$ (%)	Fertigstellungsgrad oder Ist-Fortschrittsgrad zum Stichtag
BCWP	Budget Cost for Work Performed (BAC x %)	AFW	Soll-Kosten zum Stichtag oder Aktueller Fertigstellungswert (PGK x FGR $_{Ist}$)
API %	Actual Performance Index (ACWP x 100 / BCWS)	KK %	Kostenplan-Kennzahl [1] (AIK x 100 / PK)
CPI %	Cost Performance Index (BCWP x 100 / ACWP)	EF	Wirtschaftlichkeitsfaktor oder Effizienz-Faktor [2] (AFW / AIK) x 100
SPI %	Schedule Performance Index (BCWP x 100 / BCWS)	ZK %	Zeitplan-Kennzahl [3] (AFW x 100 / PK)
CV	Cost Variance (BCWP - ACWP)	KA	Kostenabweichung oder SOLL-IST-Vergleich zum Stichtag (AFW - AIK)
SV	Schedule Variance (BCWP - BCWS)	PA	Planabweichung oder SOLL-PLAN-Vergleich zum Stichtag (AFW - PK)
EAC	Estimate Cost at Completion (BAC x 100 / CPI)	SGK	(Voraussichtliche, Erwartete) Geschätzte Gesamtkosten bei Fertigstellung (PGK x AIK / AFW)
VAC	Variance at Completion (BAC - EAC)	GKA	(Voraussichtliche, Erwartete) Gesamtkostenabweichung bei Fertigstellung (PGK - SGK)

Abbildung 3.7-43: Fertigstellungswertanalyse - Begriffe

Erläuterungen zu den Kennzahlen und Faktoren:

1. Die **Kostenplan-Kennzahl** gibt für den Stichtag an, wie viel Prozent der Plankosten durch die aktuellen Ist-Kosten bereits „aufgebraucht" sind. Sie zeigt eine Tendenz für die voraussichtlichen Plankosten auf und damit letztlich auch die tatsächliche (Ist-)Kosten-Entwicklung. Sie ist für sich alleine aber nicht aussagekräftig, sondern nur in Verbindung mit dem jeweiligen Quotienten aus Ist-Fortschrittsgrad (Fertigstellungsgrad) und Plan-Fortschrittsgrad.

KK > 100 bedeutet   bei FGR $_{Ist}$/ FGR $_{Plan}$ * 100 > KK eine voraussichtliche Kosteneinhaltung
                           bei FGR $_{Ist}$/ FGR $_{Plan}$ * 100 < KK eine voraussichtliche Kostenüberschreitung

KK < 100 bedeutet   bei FGR $_{Ist}$/ FGR $_{Plan}$ * 100 > KK eine voraussichtliche Kosteneinhaltung
                           bei FGR $_{Ist}$/ FGR $_{Plan}$ * 100 < KK eine voraussichtliche Kostenüberschreitung

2. Der **Wirtschaftlichkeits-** oder **Effizienz-Faktor** gibt zum Stichtag das Verhältnis der geplanten Kosten für die erbrachte Leistung bzw. geleistete Arbeit zu den tatsächlich dafür angefallenen Kosten an.

EF > 100   bedeutet, daß die erbrachte Leistung (gegenüber der Planung) mehr wert ist, als sie tatsächlich gekostet hat (also „**wirtschaftlich/effizient**" gearbeitet worden ist)

EF < 100   bedeutet, daß für die erbrachte Leistung (gegenüber der Planung) mehr Kosten angefallen sind, als geplant waren (also „**unwirtschaftlich/ineffizient**" gearbeitet worden ist)

3. Die **Zeitplan-Kennzahl** repräsentiert - als Verhältnis der Kostenwerte für die erbrachte und die geplante Leistung - zum Stichtag die **zeitliche Abweichung** der Leistungserbringung von der Planung.

ZK > 100   bedeutet (zeitlicher) Leistungsvorsprung (gegenüber dem Plan)

ZK < 100   bedeutet (zeitlicher) Leistungsrückstand (gegenüber dem Plan)

Datenbereiche und Datenarten der Earned-Value-Analyse

Zum Zeitpunkt der Planfertigstellung sind vor Start der Projektrealisierung die vier Datenbereiche:

- Plandaten,
- Solldaten,
- Ist-Daten und
- Restdaten.

zu unterscheiden.

Vorgehensweise

Der aktuelle Planzustand (Soll) wird jetzt für zukünftige Vergleiche zwischen dem Zustand zu Beginn des Projektes (Basis) und dem dann jeweiligen aktuellen Zustand festgeschrieben (Soll=Basis). Ist-Werte sind noch keine angefallen, daher sind diese Felder nicht gefüllt bzw. Null und die Restwerte entsprechen den Sollwerten, da nichts verbraucht wurde. Innerhalb dieser Datenbereiche sind jeweils die Ergebnisse, Dauern, Termine, Aufwandsstunden und Kosten zu sehen.

Bereich/Art	Basisdaten	Solldaten	Ist-Daten	Restdaten
Ergebnisse	X	X	X	X
Dauern	X	X	X	X
Termine	X	X	X	-
Aufwandsstunden	X	X	X	X
Kosten	X	X	X	X

Abbildung 3.7-44: Datenbereiche und Datenarten der Earned-Value-Analyse

Aussagen

Die Earned-Value-Analyse zeigt uns kompromißlos den aktuellen Stand unseres Projektes unter Berücksichtigung des integrierten Zusammenhangs der Zielgrößen. Der ursprünglich geplante Kostenverlauf (Basiskostensummenkurve) gegenüber dem tatsächlichen Kostenverlauf (Ist-Kostensummenkurve) sowie dem prognostizierten Kostenverlauf (Sollkostensummenkurve) gibt uns die Transparenz über die Mehrkosten (wenn wir keine Steuerungsmaßnahmen ergreifen). Der

3.7 Integrierte Projektsteuerung

„verdiente Wert" (Fertigstellungswertkurve) macht deutlich, wo wir mit der Leistungserbringung im Projekt stehen und wann wir die Leistung voraussichtlich erbracht haben werden (Leistungs-/Terminverzug).

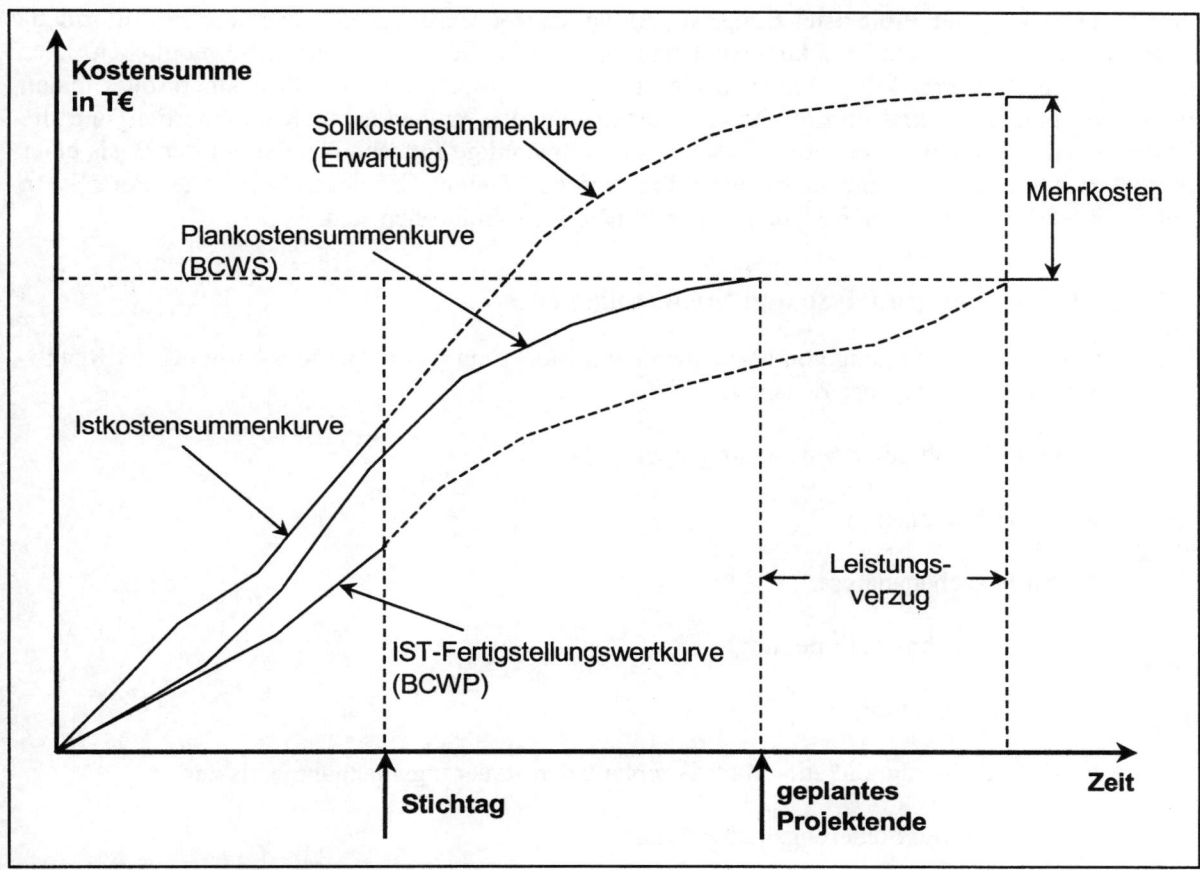

Abbildung 3.7-45: Stichtagauswertung

Die Voraussetzungen für solch eine klare und deutliche Aussage über den Projektstand ist zum einen die konsequente Planung der einzelnen Zielgrößen (Leistung, Termine, Kosten) sowie zum anderen die Durchsetzung einer kontinuierlichen und konsequenten Ermittlung des Arbeitspaketfortschrittes. Ein angemessener Projektstrukturplan, die sinnvolle Anwendung der Netzplantechnik, eine Festlegung von meßbaren (Teil-) Ergebnissen in den Arbeitspaketen sowie die Zuweisung von Einsatzmitteln mit Aufwandsstunden und/oder Kosten zu den Arbeitspaketen sind die Grundelemente der Earned-Value-Analyse. Mit einer bewußten Freigabe der Arbeitspakete und der anschließenden Überwachung durch die Arbeitspaketverantwortlichen soll die ursprüngliche Transparenz möglichst lange erhalten bleiben. Ein angemessenes Berichtswesen sowie die Zulässigkeit von Änderungen und deren Abwicklung über das Änderungsmanagement sichern die Transparenz während des Verlaufes. Das konsequente Abschließen der Arbeitspakete schließlich ergibt die Fortschrittskette, an deren Ende der erfolgreiche Abschluß des Projektes steht. Wenn der zu leistende Aufwand für das Erreichen einer entsprechenden Projektdatenqualität zunächst hoch aussieht, so relativiert sich dies schnell, wenn das zweite, dritte oder vierte Projekt durchgeführt wird. Ebenso ist die zu gewinnende Transparenz in einer Multiprojektumgebung (siehe Kapitel 3.8) unverzichtbare Grundlage für die Steuerung von Projekten mit mehrfachbelasteten Einsatzmitteln und veränderbaren Zielen.

3.7.8 Maßnahmen zur Steuerung von Projekten

Das Grundprinzip der Projektsteuerung ist „Aktualität vor Genauigkeit". Die schnelle Informationsbereitstellung soll dem Projektmanagement eine rasche Handlungsfähigkeit ermöglichen. Dies erfordert von allen Projektbeteiligten, insbesondere von Projektleiter und Projektcontroller, einen verantwortungsvollen und disziplinierten Umgang mit den Projektdaten: Kontinuierlich sind die Ist-Werte zurückzumelden und zu erfassen, damit notwendige Entscheidungen auf der Basis einer möglichst aktuellen Projektsituation getroffen werden können. Effiziente Projektsteuerung kann nur die integrierte Steuerung der voneinander abhängigen Zielgrößen sein.

3.7.8.1 Abweichungsanalyse und Steuerungsprozeß

Wesentlich bei der Festlegung von Maßnahmen zur Steuerung ist die Berücksichtigung der Reaktionszeit. Diese entsteht aus der Zeitspanne:

1. vom Eintritt einer Abweichung über

2. deren Erkennen,

3. zur Ursachenanalyse,

4. der Maßnahmenerarbeitung

5. der Entscheidung,

6. Einsatz, Kommunikation und Akzeptanz der Steuerungsmaßnahme bis zur

7. Wirkung der Steuerungsmaßnahme.

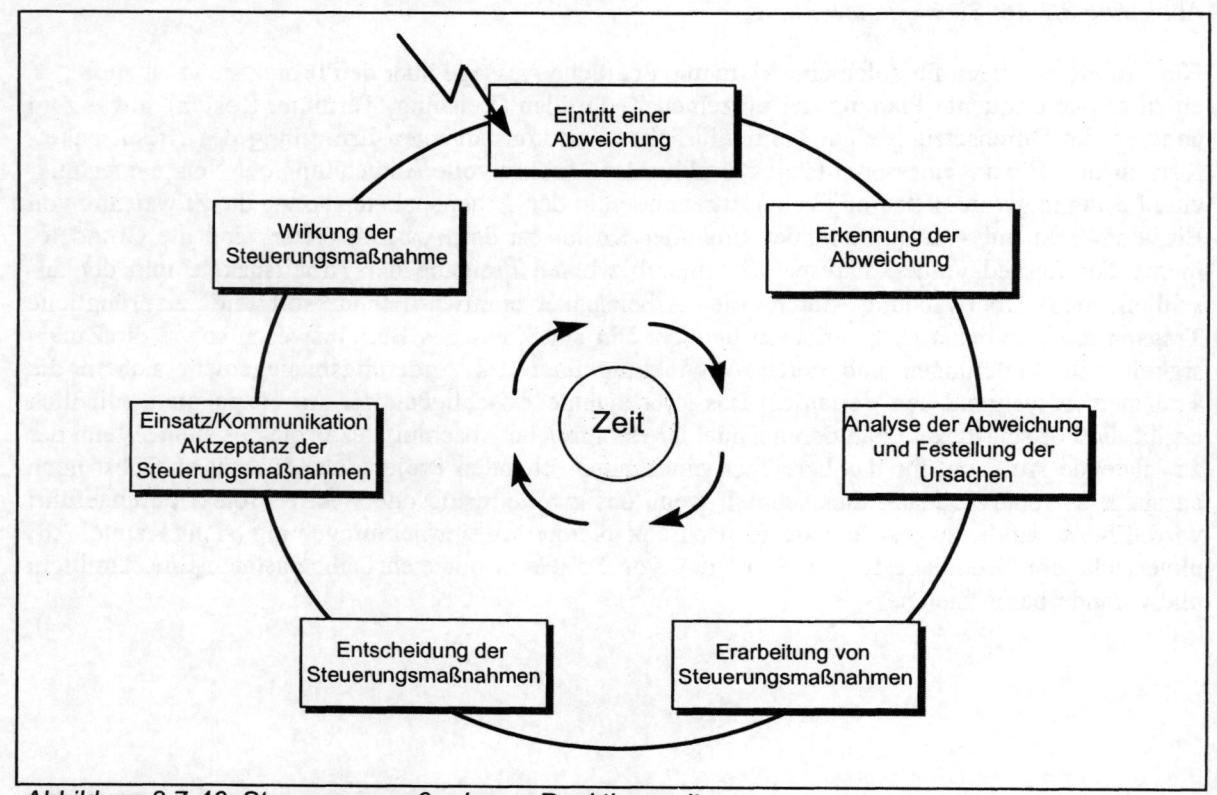

Abbildung 3.7-46: Steuerungsmaßnahmen-Reaktionszeit

3.7.8.2 Steuerungsmaßnahmen

Der Weg zum Ziel ist von vielen Störungen beeinflußt, die durch geeignete Steuerungsmaßnahmen ausgeglichen werden sollen. Im Falle von Abweichungen zwischen dem aktuellen Projektplan und dem realen Projektverlauf stellt sich die konkrete Frage: „Was ist zu tun, um die Abweichung zu kompensieren?". Die Antwort kann selten direkt und ohne Berücksichtigung von mehreren Faktoren gegeben werden. Jede im Projektverlauf durchgeführte Steuerungsmaßnahme ist mit Nebenwirkungen und Hindernissen verbunden, die sicherlich gravierendste ist der Projektabbruch. Maßnahmen zur Terminsteuerung dürfen beispielsweise nicht ohne ihre Auswirkungen auf Kosten, Einsatzmittel-Bedarf sowie Ergebnis betrachtet werden. Die Möglichkeiten zur Projektsteuerung sind vielfältig und in der jeweiligen Projektsituation angepaßt und angemessen einzusetzen. Häufig sind Projektsituationen, in denen Steuerungsmaßnahmen erforderlich sind, von zusätzlichen Schwierigkeiten begleitet. Um in kritischen Situationen den Überblick zu behalten, empfiehlt es sich, eine Checkliste mit grundsätzlichen Steuerungsmaßnahmen für das Projekt zu erstellen.

Gegliedert nach den **Kategorien der Steuerungsmaßnahmen**

- Kapazitätsvergrößerung
- Aufwandsreduzierung
- Leistungsänderung
- Produktivitätserhöhung

sollen dazu nachfolgende Tabellen einen „Grundstock" an Maßnahmen bieten.

3.7.8.2.1 Maßnahmen zur Einsatzmittel- und Kapazitätsveränderung

Generell muß bei Maßnahmen zur Kapazitätsvergrößerung mit einer Zunahme der Kosten gerechnet werden. Wird zusätzliches Personal eingestellt, kommen häufig ein Einarbeitungsaufwand und ein erhöhter Kommunikationsaufwand hinzu.

Kapazitätsvergrößerung	
Steuerungsmaßnahme	**Hindernisse/Nebenwirkungen**
Einstellung zusätzlicher Mitarbeiter	• Personalbudget ist festgelegt • Einarbeitung erforderlich • erhöhter Kommunikationsaufwand
Umverteilung der Kapazität im Projekt	• verschiebt den Engpaß
Einsatz zusätzlicher hausinterner Stellen	• Informationsaufwand • Know-how-Transfer
Zukauf von externer Kapazität	• geeignetes Know-how oft schwer zu finden
Lieferantenwechsel	• Verfügbarkeit von Alternativen
Fremdvergabe von Arbeitspaketen	• Steuerungsaufwand • Aufwand für Suche nach geeigneten Bearbeitern
Überstundenvereinbarung	• Mitbestimmungspflichtig • nur kurzfristig einsetzbar
Mehrschichtarbeit einführen	• organisatorisch schwierig
Abbau anderer Belastungen bei den Projektmitarbeitern	• Abbau von nicht notwendigem Verwaltungs-Overhead
zusätzliche Einsatzmittel (Hilfsmittel bereitstellen)	• Investitionen notwendig

Abbildung 3.7-47: Maßnahmen zur „Einsatzmittel- und Kapazitätsveränderung"

Im allgemeinen vergrößern auch die Maßnahmen zur Produktivitätserhöhung (siehe Abbildung 3.7-50) die Kapazität.

3.7.8.2.2 Maßnahmen zur Aufwandsreduzierung

Meistens haben Maßnahmen zur Aufwandsreduzierung auch positive Auswirkungen auf Termine und Kosten. Ein kontinuierlicher Verbesserungsprozeß mit dem Ziel, unnötigen und überflüssigen Aufwand zu vermeiden und damit der Verschwendung vorzubeugen, sollte auch in der Projektarbeit verwirklicht sein. Der Aufwand dafür sollte von vornherein eingeplant sein.

Aufwandsreduzierung	
Steuerungsmaßnahme	Hindernisse/Nebenwirkungen
Suche nach technischen Alternativen	• kurzfristiger Mehraufwand mit unsicherem Ergebnis
Lizenzen und Know-how kaufen	• Abhängigkeit • Übertragbarkeit unsicher
Zukauf von Teilprodukten	• geeigneter Lieferant • Aufwand für Definition u. Abnahme
alternative Lieferanten	• Aufwand, Zeit für Auswahl • Lieferrisiko
Anpassung der Prozesse	• Umstellungsaufwand mit unsicherem Ergebnis
nicht zwingend notwendige Arbeitspakete streichen	• erhöhtes Risiko • Qualitätsreduzierung

Abbildung 3.7-48: Maßnahmen zur „Aufwandsreduzierung"

3.7.8.2.3 Maßnahmen zur Leistungsveränderung

Durch Maßnahmen zur Leistungsveränderung wird ein geplantes Ergebnis reduziert, um eingetretene oder erwartete Kostenüberschreitungen bzw. Terminverschiebungen aufzufangen. Der Einsatzmittelbedarf wird dabei meistens beibehalten.

Leistungsänderung	
Steuerungsmaßnahme	Hindernisse/Nebenwirkungen
Leistungsreduzierung	• Kompromißlosigkeit des Auftraggebers • Konkurrenzdruck
Versionenbildung mit versteckter Leistungsreduzierung	• versteckte Terminverschiebung
Einschränkung der geforderten Qualität	• Erhöhung des Gesamtaufwandes über die Produktlebenszeit • versteckte Terminverschiebung
Prioritätenänderung der Leistungsmerkmale	• versteckte Terminverschiebung • Einsatznotwendigkeiten
Ablehnung von Änderungswünschen	• geringere Akzeptanz der Projektergebnisse
Provokation von Änderungswünschen mit versteckter Budgeterweiterung	• Risiko der Entdeckung

Abbildung 3.7-49: Maßnahmen zur „Leistungsänderung"

3.7.8.2.4 Maßnahmen zur Produktivitätserhöhung

Die Maßnahmen zur Produktivitätserhöhung sollten im Zusammenhang mit anderen Steuerungsmaßnahmen jeweils zum Erhalt der Produktivität bzw. zum Ausgleich von Produktivitätsminderung (z.B. bei Überstunden, Anpassung der Prozesse) zusätzlich geprüft werden.

Produktivitätserhöhung	
Steuerungsmaßnahme	Hindernisse/Nebenwirkungen
Ausbildung der Mitarbeiter	<ul><li>wirkt erst mittelfristig</li><li>Aufwand</li><li>Verfügbarkeit Schulungsangebot</li></ul>
Austausch einzelner Mitarbeiter	<ul><li>keine Alternativen</li><li>Einarbeitung</li></ul>
Einstellung besonders qualifizierter Mitarbeiter	<ul><li>Spezialisten schwer zu finden</li><li>Einarbeitung</li></ul>
Erhöhung Information+Kommunikation	<ul><li>Zeitaufwand</li></ul>
Erhöhung Motivation durch:<ul><li>persönliche Anerkennung</li><li>Teamgeist</li><li>persönliche Verantwortung</li><li>Prämien</li><li>Transparenz für die Mitarbeiter</li><li>Abbau persönlicher Spannungen</li><li>Darstellung Aufgabenbedeutung</li><li>Verbesserung Arbeitsumfeld</li></ul>	<ul><li>Mitwirken der Beteiligten</li><li>Aufnahmebereitschaft der Beteiligten</li></ul>
Einsatz des richtigen Know-hows an der richtigen Stelle	<ul><li>Feststellen der Zuordnung</li></ul>
Umorganisation	<ul><li>Macht bestehender Organisation</li></ul>
Aufgabenverschiebung	<ul><li>keine Alternativen</li></ul>
Abschirmen der Mitarbeiter	<ul><li>Stärke der Fremdeinflüsse</li></ul>
Infrastruktur des Projektes verbessern	<ul><li>Aufwand Ist-/Sollanalyse</li></ul>
Team räumlich zusammenlegen	<ul><li>Raum-/ Equipmentproblem</li></ul>

Abbildung 3.7-50: Maßnahmen zur „Produktivitätserhöhung"

Die Maßnahmen zur Produktivitätserhöhung führen im allgemeinen auch zu einer Vergrößerung der Kapazität. Insbesondere durch gezielte Motivation kann das Leistungsvermögen von Mitarbeitern (vorübergehend) um 40% und mehr gesteigert werden.

Zusammenfassung

Bei der Definition von Projektmanagement wird inzwischen der Lifecycle von Projekten mitberücksichtigt und dabei ein Abschnitt „Planung" und ein Abschnitt „Realisierung" behandelt. Für die Planung gibt es in vielen Publikationen weitestgehend übereinstimmende Festlegungen, was die grundlegenden Aufgaben betrifft. Bei der Realisierung ist hier noch eine große Bandbreite von Konzepten und Philosophien mit unterschiedlichen Ansätzen, Begriffen und Inhalten vorhanden. „Überwachen", „Kontrollieren", „Verfolgen" und „Steuern" sind immer wiederkehrende Themen mit zum Teil sich überschneidenden Inhalten. Die starke Branchenausprägung und vor allem die uneinheitliche Begriffswahl bzw. gleiche Begriffe mit unterschiedlichen Inhalten machen es den Projektbeteiligten schwer, sich auf ihr „Projektcontrolling" zu verständigen. Daher wird in diesem Kapitel eine universelle Form der während der Projektrealisierung erforderlichen Aufgaben und der anzuwendenden Methoden und Instrumente dargestellt, die auf das jeweilige Projektumfeld angepaßt werden können.

In der Projektplanung wird der Projektablauf gedanklich vorweggenommen. Die freigegeben Planungsunterlagen sind Ausgangsbasis für die Projektrealisierung. Während der Projektdurchführung werden die Plandaten durch die Realität beeinflußt, und es entstehen Abweichungen. Das Ziel der Projektsteuerung ist es, diese Abweichungen frühzeitig zu erkennen und durch geeignete Steuerungsmaßnahmen auszugleichen. Die Integrierte Projektsteuerung verlangt, den Wirkungszusammenhang zwischen Terminen, Aufwand und Ergebnissen zu betrachten. Sie steht nicht als isolierte PM-Methode zur Verfügung, sondern ist eingebettet in alle Themenbereiche des Projektmanagements. Direkte Schnittstellen und Abhängigkeiten bestehen zu: Projektplanung, Leistungsbewertung/Fortschrittskontrolle, Qualitätsmanagement, Vertrags- und Claimmanagement, Konfigurations- und Änderungsmanagement, Unterlagen- und Dokumentationsmanagement, Risikomanagement, Berichts- und Informationswesen sowie zum Projektabschluß. Die Integrierte Projektsteuerung versteht sich als Regelkreis, der mit der Freigabe des ersten Arbeitspaketes beginnt und mit der Abnahme des letzten Arbeitspaketes endet. Der Projektüberwachungszyklus beinhaltet die Erfassung der Ist-Daten, den Vergleich der Ist-Daten mit den Vorgaben, die Analyse von Abweichungen und ihrer Ursachen, das Gegensteuern durch Festlegen und Einleiten von Maßnahmen sowie die Plananpassung. Die Aufgaben der Projektsteuerung sind zwischen den Projektbeteiligten aufzuteilen und so zu definieren und zu organisieren, daß ein reibungsloser Projektablauf gewährleistet wird.

Literaturverzeichnis

CA-SuperProject 4.0 Benutzerhandbuch und Referenzhandbuch

DIN-Normen 69900, 69901, 69902, 69903, 69905 Projektwirtschaft

KIELKOPF, H.; Meyer, H.: Integrierte Projektsteuerung. In: RKW/GPM (Hrsg.): Projektmanagement-Fachmann, 2. Auflage, RKW-Verlag, Eschborn 1994, S.773-857

MADAUSS, B.: Handbuch Projektmanagement, 5.Auflage, 1994

MASAAKI, I.: Kaizen - Der Schlüssel zum Erfolg der Japaner im Wettbewerb, 1993

NAGEL, K.: Interner Managementberater, 1994 inkl. Ergänzungslieferungen 11/96

RESCHKE, H., Schelle, H., Schnoop,A.: Handbuch Projektmanagement, 1989

RESCHKE, H., Schelle, H., Schnoop, R., Schub, A. (Hrsg.): Projekte erfolgreich managen, TÜV-Rheinland 07/94, Loseblatt-Ausgabe inkl. 5. Ergänzungslieferung 12/96

Weiterführende Literatur

Kerzner, H.: Project Management, A Systems Approach to Planning, Scheduling and Controlling, 2. Auflage, New York 1984

Andreas, D.: Rademacher, G.; Sauter, B.; Projekt-Controlling und Projekt-Management im Anlagen- und Systemgeschäft, 5. Auflage, Frankfurt a.M. 1992

Burghardt, M.: Projektmanagement, 2. Auflage, München 1993

Daenzer, W. (Hrsg.): Systems Engineering, Ein Leitfaden zur methodischen Durchführung umfangreicher Planungsvorhaben, 3. Auflage, Zürich 1982

Horváth, P. (Hrsg.), Target Costing, Stuttgart 1993

Kupper, H.: Zur Kunst der Projektsteuerung, 2. Auflage, München/Wien 1982

Autorenportrait

Peter G. Felske

geboren 1958 in Oberuhldingen/Bodensee, Mittlere Reife 1973 in Köln, Technische Ausbildung zum Kfz.-Mechaniker und Hubschrauber-Mechaniker 1979, Kaufmännische Ausbildung zum Programmierer 1980 CDI-Frankfurt, Anwendungsprogrammierer, Organisationsprogrammierer, Systemprogrammierer MDT 1987;

Lehrgang „Interner Management Berater" bei Prof. Dr. Dr. Nagel, Herrenberg 1995;

aktive Beteiligung am Aufbau des Unternehmens WOLFRAM OTT & PARTNER GmbH;

als Systemberater PM-Systeme Beratung, Konzeption, Aufbau, Einführung und Betreuung von PM-Lösungen mit PM-System-Unterstützung, seit 1989 Korporatives Mitglied in der GPM;

als PM-Berater/PM-Coach Planungs- und Realisierungsunterstützung von Auftraggeber, Projektleiter und Projektteam in Investitions-, F&E- und Organisationsprojekten in unterschiedlichen Branchen, Unternehmensgrößen und -bereichen;

als Projekt-Controller verantwortliche Unterstützung von Auftraggeber, Projektleiter und Projektteam von der Projektidee bis zur Markteinführung von Produktentwicklungen;

als Projektleiter verantwortlich für die erfolgreiche Konzeption und Einführung von Projektmanagement in verschiedenen Unternehmen;

als zertifizierter Referent PM-Fachmann (RKW/GPM) 1993 Lehrgangsleiter in eigenen PMF-Lehrgängen und Referent in Kooperationslehrgängen.

Abbildungsverzeichnis

Abbildung 3.7-1: Integrierte Betrachtung von Planung, Überwachung und Steuerung 725

Abbildung 3.7-2: Projektfortschritt Plan, Ist, Soll 726

Abbildung 3.7-3: Inhalte und Schnittstellen zur Integrierten Projektsteuerung 728

Abbildung 3.7-4: Integrierte Projektsteuerung im „PM-Regelkreis". 730

Abbildung 3.7-5: Der „Projektüberwachungs-Zyklus" 731

Abbildung 3.7-6: Länge des „Projektüberwachungs-Zyklus" 731

Abbildung 3.7-7: Mögliche Rollen- und Aufgabenteilung „Projektleiter (PL) und Projektcontroller (CO)" 733

Abbildung 3.7-8: Permanenter Controllingprozeß im Regelkreis 734

Abbildung 3.7-9: Rückmeldeliste für Vorgangstermine 737

Abbildung 3.7-10: Projektzeit- und Kostenerfassungsbeleg 737

Abbildung 3.7-11: Einheitliches reporting der integrierten Projektsteuerung 738

Abbildung 3.7-12: Projektreview Phase Projektplanung 739

Abbildung 3.7-13: Terminliste sortiert nach Mitarbeiter 740

Abbildung 3.7-14: Terminliste sortiert nach PSP-Code 741

Abbildung 3.7-15: Terminliste sortiert nach Anfangstermin 741

Abbildung 3.7-16: Aufbau eines Stundenkontierungsbelegs 742

Abbildung 3.7-17: Einzelkostennachweis 744

Abbildung 3.7-18: Projektfortschrittskontrolle (Stichtagsauswertung - zweidimensionale Prinzipdarstellung) 746

Abbildung 3.7-19: Erkennen und Nachvollziehen des Fertigstellungswertes (Beispiel) 746

Abbildung 3.7-20: Plan-Ist-Vergleich Terminliste detailliert 749

Abbildung 3.7-21: Plan-Ist-Vergleich Termine verdichtet auf PSP-Ebene Phasen 749

Abbildung 3.7-22: Plan-Ist-Vergleich Balkenplan verdichtet auf PSP-Ebene Phasen 750

Abbildung 3.7-23: Plan-Ist-Vergleich Meilensteine 750

Abbildung 3.7-24: Plan-Ist-Vergleich Abweichung bei Meilensteinen 751

Abbildung 3.7-25: Soll-Ist-Vergleich Aufwandsstunden 752

Abbildung 3.7-26: Plan-Ist-Vergleich Aufwandsstunden beim Einsatzmittel Softwareingenieur 752

Abbildung 3.7-27: Plan-Ist-Vergleich Gesamtkosten 753

Abbildung 3.7-28: Plan-Ist-Vergleich Variable Kosten bei Einsatzmittel
Softwareingenieur 753

Abbildung 3.7-29: Abweichungsanalyse Gesamtkosten auf Projektebene 754

Abbildung 3.7-30: Abweichungsanalyse Gesamtkosten auf Phasenebene 754

Abbildung 3.7-31: Abweichungsanalyse Gesamtkosten auf Arbeitspaketebene 755

Abbildung 3.7-32: Analyse einer Terminabweichung 756

Abbildung 3.7-33: Darstellung Terminfortschritt im Meilenstein-Trenddiagramm 758

Abbildung 3.7-34: Typische Verläufe im Meilenstein-Trenddiagramm Verlaufstyp 1 759

Abbildung 3.7-35: Typische Verläufe im Meilenstein-Trenddiagramm Verlaufstyp 2 759

Abbildung 3.7-36: Typische Verläufe im Meilenstein-Trenddiagramm Verlaufstyp 3 760

Abbildung 3.7-37: Typische Verläufe im Meilenstein-Trenddiagramm Verlaufstyp 4 760

Abbildung 3.7-38: Vor- und Nachteile der Meilenstein-Trendanalyse (KIELKOPF 1994) 761

Abbildung 3.7-39: Formel zur Errechnung Schätzwert Gesamtkosten (SGK) (KIELKOPF
1994) 761

Abbildung 3.7-40: Kosten-Trendkurve (KIELKOPF 1994) 762

Abbildung 3.7-41: Matrix zur Ermittlung der Kosten-Trendwerte 762

Abbildung 3.7-42: Vor- und Nachteile der Kosten-Trendanalyse. 763

Abbildung 3.7-43: Fertigstellungswertanalyse - Begriffe 765

Abbildung 3.7-44: Datenbereiche und Datenarten der Earned-Value-Analyse 766

Abbildung 3.7-45: Stichtagauswertung 767

Abbildung 3.7-46: Steuerungsmaßnahmen-Reaktionszeit 768

Abbildung 3.7-47: Maßnahmen zur „Einsatzmittel- und Kapazitätsveränderung" 769

Abbildung 3.7-48: Maßnahmen zur „Aufwandsreduzierung" 770

Abbildung 3.7-49: Maßnahmen zur „Leistungsänderung" 770

Abbildung 3.7-50: Maßnahmen zur „Produktivitätserhöhung" 771

3.7 Integrierte Projektsteuerung

Lernzielbeschreibung

- Bewußtsein schaffen über Zusammenhänge der Parameter Ergebnis, Termine, Aufwand, Kosten,

- Einbetten der integrierten Projektsteuerung in die anderen Bereiche des PM erkennen,

- Grundlagen der integrierten Projektsteuerung kennenlernen und auf eigenes Projektumfeld anpassen können,

- Aufgaben der integrierten Projektsteuerung kennenlernen und bei der Vorbereitung eigener Projekte berücksichtigen,

- Organisation der Rückmeldung von Ist-Werten kennenlernen und eigene Anforderungen definieren,

- Kennenlernen der Ist-Zustands-Ermittlung und Darstellung des Projektstatus,

- Methodik des Soll-Ist-Vergleiches kennenlernen,

- Abweichungsanalyse kennenlernen,

- Unterschiedliche Arten der Trendanalyse und Prognose des weiteren Projektverlaufes kennenlernen,

- Möglichkeiten zur Steuerung von Projekten kennenlernen.

3.8 Mehrprojektmanagement

von

Dietmar Lange

Relevanznachweis

Kaum ein Unternehmen, eine Behörde oder eine sonstige Institution bearbeitet zur gleichen Zeit nur ein einziges Projekt. In der Regel gibt es innerhalb einer Organisation mehrere Projekte und Projektmanager zur gleichen Zeit. Bestehen dabei Beziehungen zwischen den Projekten, weil sie z.B. für denselben Auftraggeber arbeiten, teilweise gleiche Ziele erreichen sollen oder dieselben Einsatzmittel/Ressourcen benötigen, so wird neben dem Projektmanagement für das Einzelprojekt auch ein übergreifendes „Mehrprojektmanagement" benötigt. Dies gilt um so dringender, je mehr Beziehungen und damit auch mögliche Konflikte es zwischen den Einzelprojekten geben kann.

Mehrprojektmanagement ist zunächst als „projektübergreifender Rahmen" anzusehen, innerhalb dessen die Einzelprojekte mit höherem Erfolg geplant und gesteuert werden, als wenn die Einzelprojekte isoliert nebeneinander oder gar gegeneinander arbeiten. Projektübergreifende zentrale Organisation, projektübergreifende einheitliche Prozesse, Standards in Instrumenten und PM-Tools sowie ähnliche Projektkultur sind Möglichkeiten der Koordination und Effizienzsteigerung.

Es gibt aber auch kaum ein Unternehmen, eine Behörde oder eine sonstige Institution, die nicht mit anderen in einem gemeinsamen Projekt kooperiert oder deren Produkte und Dienstleistungen nicht in ein anderes Projekt eingehen. In der Regel gibt es Kooperationen und Verträge, aus denen heraus an einem gemeinsamen Projekt mehrere Projektmanager arbeiten und zwar mindestens einer pro beteiligter Organisation. Auch hier entsteht aus Sicht des übergeordneten Projekts ein Nutzen aus der Koordination quer über die beteiligten Organisationen und/oder Länder. Damit folgt ein Bedarf nach Mehrprojektmanagement.

Im Sinne eines unternehmensübergreifenden Mehrprojektmanagements ist ein Kompromiß zu finden. Einerseits sollen sich aus Sicht des übergeordneten Projekts die Forderungen nach Durchgängigkeit und Vereinheitlichung auf wenige Kernprozesse und -informationen beschränken. Andererseits arbeiten die untergeordneten (Teil-)Projekte nach den Regeln ihrer eigenen Organisation, solange sie die „Schnittstellen nach oben" versorgen können.

Dieses „Projektmanagement höherer Ordnung" wirkt auf das Projekt und den Projektmanager teils begrenzend, teils fördernd ein. Gleichzeitig bietet es eine stabilisierende Plattform, auf der das Projekt und der Projektmanager mit vermindertem Risiko aufbauen können.

Inhaltsverzeichnis

3.8.1	**Unternehmensinternes Mehrprojektmanagement**	**781**
3.8.1.1	Projektübergreifende operative Aufgaben	782
3.8.1.2	Projektübergreifende strategische Aufgaben	783
3.8.2	**Projektübergreifende Aufbauorganisation**	**784**
3.8.2.1	Zentraler Lenkungsausschuß	784
3.8.2.2	Zentraler Projekt-Controller	785
3.8.2.3	Projektmanager-Kreis	786
3.8.3	**Projektübergreifende Ablauforganisation**	**787**
3.8.3.1	Projektmanager-Ausbildung	787
3.8.3.2	Projektauswahl	788
3.8.3.3	Termin- und Kapazitätsplanung	789
3.8.3.4	Berichtswesen	790
3.8.3.5	Projektsteuerung	790
3.8.4	**Instrumente**	**794**
3.8.4.1	Projekt-Profile	794
3.8.4.2	Projekt-Portfolios	794
3.8.4.3	Projekt-Netzwerke und Programme	796
3.8.4.4	Erfahrungsdatenbanken	797
3.8.4.5	PM-Handbuch	798
3.8.5	**Unternehmensübergreifendes Mehrprojektmanagement**	**799**
3.8.5.1	Wirtschaftliche Bedeutung des Mehrprojektmanagements	799
3.8.5.2	Rechtliche Vertragsformen für das Mehrprojektmanagement	800
3.8.5.3	Projektorganisation für das Mehrprojektmanagement	801
3.8.5.4	Projektplanung und Projektsteuerung	802

3.8.1 Unternehmensinternes Mehrprojektmanagement

Kaum ein Unternehmen, eine Behörde oder eine sonstige Institution bearbeitet zur gleichen Zeit nur ein einziges Projekt. In der Regel gibt es innerhalb einer Organisation mehrere Projekte und Projektmanager zur gleichen Zeit.

Wenn „mehrere Projekte parallel abgewickelt werden, die um die gleichen Ressourcen (z.B. Mitarbeiter, Maschinen, Finanzmittel, Management) konkurrieren", (BERGFELD/MEMPEL 1990, S. 533), so werden neue Organisationseinheiten, neue Prozesse und neue Instrumente zur Auflösung der Konflikte zusätzlich benötigt. Das Mehrprojektmanagement wird eingerichtet. Davon verspricht man sich zunächst eine höhere Wirtschaftlichkeit infolge Konfliktvermeidung, aber auch Synergieeffekte aus einheitlichen Projektplanungs- und -steuerungsprozessen im Vorfeld. *Mehrere Projektmanager in einem Unternehmen*

Durch die Verbreitung der Matrixorganisation (siehe Kapitel 4.1) als einer speziellen Projektorganisationsform kamen viele weitere Projektmanager hinzu. Eine Reihe von Arbeitspaketen, die eine Fachabteilung aus einem selbständigen Projekt zusammenfaßt und dort von einem „Fachprojektleiter" geführt wird. Umfeld bzw. /Stakeholder des (Sub-)Projekts wurde somit u.a. der auftraggebende „Gesamtprojektleiter". Die Bedeutung des Mehrprojektmanagements nahm damit zu. *Mehrere Projektmanager in einem Projekt*

Inzwischen ist die übergeordnete Steuerung einzelner Projekte (operative Sicht) in einer Unternehmung, Behörde oder anderen Organisationen um die übergeordnete Steuerung einer Projektpalette (strategische Sicht) ergänzt worden. Diese Sicht wird infolge der vielen Forschungsprojekten eines Pharma-Herstellers branchenspezifisch benötigt. Sie macht aber auch bei den vielen Organisations- und DV-Projekten mancher Unternehmung unabhängig von der Branche Sinn. Hier geht es um die Frage: „Machen wir die richtigen Projekte?" *Mehrprojektmanagement*

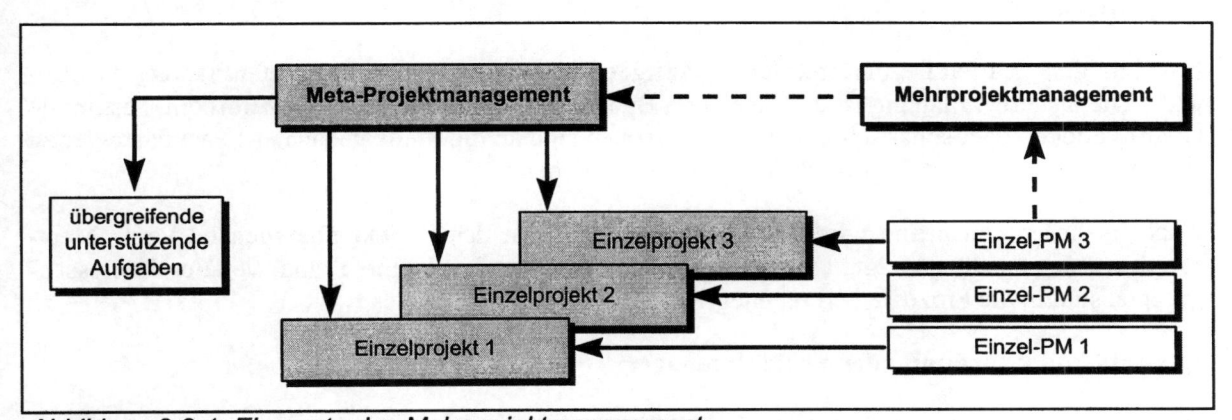

Abbildung 3.8-1: Elemente des Mehrprojektmanagement

Das unternehmensinterne Mehrprojektmanagement wird entscheidend von dem Aufgabenpaket „Meta-Projektmanagement" geprägt. Es setzt den Rahmen, innerhalb dessen die Arbeit in den Einzelprojekten durchgeführt wird. Ferner enthält es alle Aufgaben konzeptioneller, informatorischer und methodischer Art, die die Planung und Steuerung der Projekt-Gesamtheit unterstützt.

Im folgenden werden zwei Kernprozesse des Meta-Projektmanagements vertieft behandelt: der Gründungsprozeß für neue Projekte (hier in diesem Kapitel meist interne Projekte) und der projektübergreifende Controlling-Prozeß für alle in der Abwicklung befindlichen Projekte. Daneben sind noch Infrastruktur-Prozesse denkbar, in denen Verfahren und Werkzeuge für das Mehrprojektmanagement erstellt oder Dienstleistungen („Projektassistenz", „Projektdatenservice") für mehrere Projekte gemeinsam wirtschaftlicher erbracht werden. Die Infrastruktur-Prozesse werden im Kapitel 3.8 nicht weiter vertieft.

Das „Meta-Projektmanagement" steht also dem „Einzel-Projektmanagement" gegenüber, das in den übrigen Kapiteln behandelt wird. Meta- und Einzel-Projektmanagement werden zusammengefaßt als „Mehrprojektmanagement" bezeichnet. (RICKERT 1995, S. 17). Selbstverständlich kommt es auch zu Rückkopplungs-Effekten von einzelnen Projekten zum Meta-Projektmanagement. Damit wird eine kontinuierliche Verbesserung in Strukturen und Prozessen, in Aufbau und Ablauf des Mehrprojektmanagement gefördert.

Unternehmensinternes Mehrprojektmanagement

Das unternehmensinterne Mehrprojektmanagement wird in den Abschnitten 3.8.1. bis 3.8.4. am Beispiel interner Organisations- und DV-Projekte branchenneutral erläutert. Dann folgen im Abschnitt 3.8.5 die Besonderheiten des Mehrprojektmanagements, wie sie bei unternehmensübergreifenden Projekten z.B. eines Konsortiums für Engineering, Bau und Inbetriebnahme eines Kraftwerks auftreten.

3.8.1.1 Projektübergreifende operative Aufgaben

Fünf operative Aufgaben

Die Aufzählung der Aufgaben des Mehrprojektmanagements erfolgt nach der zeitlichen Reihenfolge. Es können zwar bei manchen Aktivitäten Überschneidungen auftreten, doch zeigt nach Ansicht von RICKERT (1995, S. 19) die folgende Einteilung sehr gut auf, wie das einzelne Projekt im Projektablauf in das Mehrprojektmanagement eingebunden ist.

Projektgenehmigung

Von der ersten Idee bis hierhin haben sich mindestens ein Projekt-Initiator und mehrere Fach-, Macht-Promotoren (siehe Kapitel 2.5.4) um die einzelne Projektidee bemüht. Auch eine Reihe „neutraler Personen" wie der oberste Projektgeber, der zentrale Lenkungsausschuß oder der Projekt-Controller haben sich schon um Bewertung und Auswahl gekümmert. Die Phase, die mit der Projektgenehmigung endet, ist sehr stark vom „Meta-Projektmanagement" geprägt.

Projektfreigabe

Nach einigem Warten beginnt mit der vorläufigen Freigabe der ersten Phase die Planung des Projekts: Die bisherige Planung ist zu verfeinern, Budget und Kapazitäten sind anzufordern, bestimmte Qualifikationen oder sogar schon konkrete Personen sind an die Stelle gedachter Leistungsträger zu setzen,... und dann wird das Projekt endgültig freigegeben.

Auch in dieser Zeitspanne wird das Geschehen rund um das Projekt überwiegend vom „Meta-Projektmanagement" geprägt, aber Auftraggeber, Benutzer und eine Reihe weiterer Interessengruppen sind in die Prozesse bereits integriert.

Auswahl und Zuordnung der Projektmanager

Mit der Auswahl und dem Einsetzen eines Projektmanagers werden klare und eindeutige Informations- und Entscheidungswege durch die Personifikation der Verantwortung geschaffen. Projekte, in denen Innovationen **entstehen** sollen, benötigen insbesondere Kreativität und Kommunikation nach innen und außen. Die Aufgaben und Kompetenzen werden hier fallweise festgelegt, und die Zusammensetzung der Teams wechselt in den ersten Phasen. Der Projektmanager sollte dagegen andere Merkmale aufweisen, wenn mit dem Projekt Innovationen **durchgesetzt** werden sollen: Hohe Durchsetzungskraft und eine straffe Planung und Steuerung der Aktivitäten stehen dann im Vordergrund.

Sozial- und Methoden- vor Fachkompetenz

Die Auswahl stellt weitgehend auf die Sozial- und die Methodenkompetenz des Projektmanagers ab, weniger auf seine Fachkompetenz. Vorhandene wie voraussichtlich benötigte Fachkompetenz und auch Methodenkompetenz potentieller Projektmanager sind noch relativ leicht zu beurteilen. Das Ausmaß an Sozialkompetenz ist sowohl im Soll als auch im Ist schwerer zu ermitteln und

3.8 Mehrprojektmanagement

auch nur langfristiger zu entwickeln. Um so besser ist es für ein Unternehmen, einen Pool an Projektmanagern und auch Projektmitarbeitern frühzeitig aufgebaut zu haben. Linieninstanzen, Mitglieder des zentralen Lenkungsausschusses und der Personal(entwicklungs)leiter beurteilen diesen Personenkreis. Sie ernennen Projektmanager und ordnen diesen einer Instanz in der Linie oder dem Lenkungsausschuß für die Dauer der Projektarbeit zu.

Ressourcenzuordnung

Mit Beginn des Projektes werden die vorgesehenen Projektmitarbeiter und sonstigen Einsatzmittel dem für das Projekt verantwortlichen Projektmanager zugeordnet. Alle Projektbeteiligten kommen zum ersten Mal zusammen. Auf dem „Kick-off-Meeting" (oder „Start-up-Workshop") wird ihnen der Start des Projektes offiziell bekannt gegeben; er eröffnet das Projekt sichtbar für alle. Diese erste Zusammenkunft hat besondere Bedeutung für die Team-Bildung (vgl. Kapitel 2.4.1 und 4.6).

Hier zeigte sich noch einmal der Einfluß des „Meta-Projektmanagements", wenn es solche für das einzelne Projekt weitreichenden Entscheidungen zur Besetzung des Projekts und zur Zuordnung anderer Ressourcen wie Betriebsmittel, Räume oder Geld trifft. Zugleich beginnt es, das einzelne Projekt „loszulassen" und es als eines unter vielen in Abwicklung befindlichen Projekten mit mehr Distanz zu betrachten. *Ende Gründungsprozeß*

Prioritäten, Steuerung

Die Steuerung der Projekte über ihre ganze Laufzeit so, daß sie ihre Termine halten, ohne die Einsatzmittel zu überbeanspruchen, ist das älteste Thema innerhalb des Mehrprojektmanagements. Dazu ist einerseits im Einzel-Projektmanagement eine verfeinerte Projektplanung nach Art, Qualifikation oder Teilbarkeit der Einsatzmittel zu erstellen; andererseits sind im Meta-Projektmanagement die verfügbaren Kapazitäten zu ermitteln, mit den Anforderungen der Projekte abzugleichen und die zugeteilten Kapazitäten den Projekten mitzuteilen. Die Steuerung bei Konflikten zwischen Projekten oder um Einsatzmittel wird erleichtert, wenn den Projekten schon beim Start Prioritäten verliehen werden. *Anfang Controllingprozeß*

Die Steuerung kann sowohl in festem Rhythmus, z.B. monatlich, als auch seltener bis fallweise bei Auftreten gewichtigerer Konflikte ablaufen. Als wesentlichem Prozeß ist der übergreifenden Projektsteuerung ein eigener Abschnitt 3.8.3.5 gewidmet.

3.8.1.2 Projektübergreifende strategische Aufgaben

Die projektübergreifenden strategischen Aufgaben zur Planung und Steuerung der Projektpalette stehen mit den eben beschriebenen Abläufen in keinem direkten zeitlichen Zusammenhang. Teils laufen die strategischen Aufgaben wie Bewertung und Auswahl von Projektvorschlägen und -anträgen den operativen Aufgaben voraus, teils parallel wie z.B. die Festlegung der Personalprofile für die Projektmanager und -mitarbeiter.

Es ist aber in den meisten Häusern üblich, einmal jährlich das Budget, das sich eine Unternehmung, eine Behörde oder eine sonstige Organisation für Projekte „leisten kann", festzulegen. Dabei wird über die Weiterführung oder den Abbruch laufender Projekte entschieden. Danach beginnt die Auswahl neuer Projekte im Rahmen des restlichen Budgets. *Budget für interne Projekte*

Als wesentlichem Prozeß sind der organisatorischen Seite der Projektauswahl der eigene Abschnitt 3.8.3.2. und den Instrumenten der Projektauswahl die Abschnitte 3.8.4.1., 3.8.4.2. und 3.8.4.3. gewidmet. *Auswahl interner Projekte*

3.8.2 Projektübergreifende Aufbauorganisation

Die operativen und strategischen Aufgaben, die bei mehreren parallel abzuwickelnden Projekten zu erledigen sind, müssen institutionalisiert sein, um auf Dauer ein erfolgreiches Mehrprojektmanagement gewährleisten zu können. Die Funktionen müssen jedoch nicht an einer einzigen Stelle im Unternehmen wahrgenommen werden.

Auf jeden Fall wird sich das Fehlen einer bewußten Zuordnung der übergeordneten Steuerung bzw. Prioritätensetzung negativ auswirken, wenn unvorhergesehene Störungen und Änderungen in den Projekten auftreten.

3.8.2.1 Zentraler Lenkungsausschuß

Die Projektarbeit und die „Linienarbeit" unterstehen beide der obersten Instanz des Unternehmens, z.B. in einer Aktiengesellschaft dem Gesamtvorstand. Je mehr Einsatzmittel eines Unternehmens in seine Projektarbeit fließen, um so höher ist die Bedeutung der Projektarbeit. Um so höher sollte die hierarchische Einordnung des alle Projekte steuernden zentralen Lenkungsausschusses.

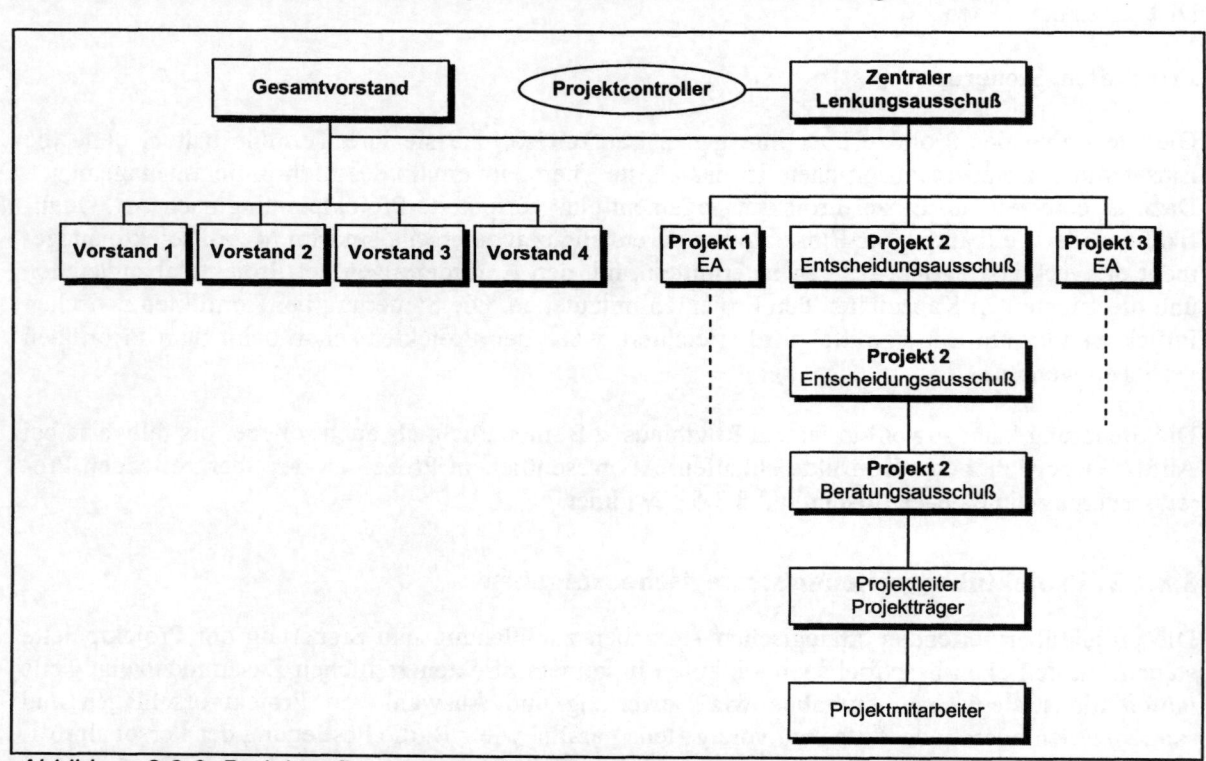

Abbildung 3.8-2: Projektaufbauorganisation mit zentralem Lenkungsausschuß

Lenkungsausschuß in einer Versicherung

Im Beispiel der Abbildung 3.8-2 gehört je ein Vertreter eines der vier Vorstandsressorts dem zentralen Lenkungsausschuß an. Manche Vertreter sind als „neutral" anzusehen, wenn ihr Vorstandsressort weder als zukünftiger Nutzer der Projektergebnisse betroffen ist noch als gegenwärtiger Lieferant Dienstleistungen zur Projektarbeit beistellt; die meisten haben allerdings beide Rollen zu vertreten. Sie werden schnell in Interessenkonflikte gedrängt, wenn sie ihre jeweilige Rolle den anderen Mitgliedern nicht transparent machen. In der Praxis nimmt ein Lenkungsausschuß auch ein externes Mitglied auf, z.B. einen Berater.

Der zentrale Lenkungsausschuß ist „die" maßgebliche Instanz für das Mehrprojektmanagement in diesem Unternehmen. Er übernimmt die Auswahl der Projektanträge und die Genehmigung der Projektanträge, die Freigabe des einzelnen Projekts, ernennt den Projektmanager, teilt die Ressourcen zu, unterstellt sich den Projektmanager und steuert ggf. bis ins einzelne Projekt hinein.

3.8 Mehrprojektmanagement

Seine Managementkapazität wird bei jeweils monatlicher Zusammenkunft nicht für alle Projekte des Unternehmens ausreichen, die unter die Projektdefinition nach DIN 69901 fallen. Er wird sich in der Regel auf eine Teilmenge von Projekten beschränken, die z.B. *Interne Projektdefinition*

- für die Zukunft des Unternehmens bedeutsam sind,
- hohes technisches oder wirtschaftliches Risiko laufen,
- mehrere Vorstandsressorts gleichzeitig betreffen,
- besonders hohen Projektaufwand verursachen,
- Vorgehen mit Projektmanagement wirtschaftlich rechtfertigen,

Die Auswahlkriterien wird sich der Lenkungsausschuß als erstes selbst geben müssen. Sie hängen von Branche, Projektzahl, Reifegrad des Projektmanagement, Dauer des Bestehens dieses Ausschusses u.a.m. ab; wichtig ist nur, daß diese Kriterien transparent sind.

3.8.2.2 Zentraler Projekt-Controller

Der ganze Prozeß des strategischen Projekt-Controllings spielt sich ohne die Projektmanager ab, da sie zu diesem frühen Zeitpunkt noch nicht eingesetzt sind – Lenkungsausschuß und Auftraggeber nehmen diese, oft auch als Projektmanagement angesehene Aufgaben wahr und installieren bei größerem Unterstützungsbedarf die strategisch orientierte und spezialisierte Stelle „Projekt-Controller". Sie ist meist eine Stabsstelle zum Lenkungsausschuß, d.h. sie unterbreitet ihm Entscheidungsvorschläge, arbeitet seine Beschlüsse in die (Unternehmens-)Planung ein, informiert gegenüber den Projektantragstellern und kümmert sich um Projektmanagement-Methoden und -Verfahren aus unternehmerischer Gesamtperspektive: **„Machen wir die richtigen Projekte?"** *Strategische Ausrichtung*

Nach dem Start des einzelnen Projekts folgt eine eher laufende wirtschaftliche Begleitung des Projekts und des Projektmanagers, und auch bei Planung, Kontrolle, Analyse und Steuerung ist sie hilfreich. Damit stellt der Lenkungsausschuß jetzt die Frage: **„Machen wir die Projekte richtig?"** Stehen also Fragen der Effizienz bei der Abwicklung der Projekte im Vordergrund, ist mehr der Typ des operativen Controllers vonnöten, der seine Akzeptanz beim Projektmanager aus der Kenntnis der Arbeit in Projekten bezieht und auch mit den Problemen der Steuerung von Einzel-Projekten vertraut ist. *Operative Ausrichtung*

Je häufiger es vorkommt, daß der Projektmanager aus der Fachabteilung kommt, und je seltener dieser Mitarbeiter vergleichbare Projekte übertragen bekommt, desto wichtiger ist es, daß der Projekt-Controller die Erfahrungen sammelt und sie dem nächsten Projektmanager anbietet. Dafür schafft sich der Lenkungsausschuß eventuell eine operativ orientierte und spezialisierte Stelle „Projekt-Controller", so daß aus der Stellenbezeichnung oft nicht die unterschiedliche Ausrichtung zu entnehmen ist.

Der Projekt-Controller macht oder überarbeitet also nicht die Projektplanung – er sorgt eher dafür, daß der Projektmanager eine optimale Planung erreicht. Und wenn der Projekt-Controller mit „freundlicher Penetranz" bei den wohl unvermeidlichen Abweichungen erscheint, wird spätestens klar, warum der Projektmanager die Aufgaben des Projekt-Controllers nicht noch nebenbei ausüben kann: Erst aus dem Spannungsverhältnis *Operatives Projekt-Controlling als gemeinsame Aufgabe*

- Projektmanager sorgt für Ergebnis,
- Projekt-Controller sorgt für Transparenz

entsteht operatives Projekt-Controlling als Gemeinschaftsleistung. Eine Parallele läßt sich so von den Projektmanagern zu den Linienmanagern ziehen, die Controller-Hausbesuch und den Jour fixe in ihrem Kalender schon lange kennen.

In dem Maße, wie einzelne Projekte an Aufwand, Risiko oder Innovationshöhe herausragen, kann dem Projektmanager ein dezentraler Projekt-Controller als Stab oder als Teil-Projektleiter zuarbeiten. Er soll ausschließlich in diesem Projekt Transparenz für den Projektmanager schaffen. Von dieser Lösung wird aber noch recht wenig Gebrauch gemacht.

Interner und externer Wandel

Oft schon bis zur Freigabe des Projektes, auf jeden Fall aber während der Projektlaufzeit verändern sich bei externen Projekten Markt, Mitbewerber und Kunden, bei den eher internen Projekten geht der Alltagsbetrieb in Produktion, Vertrieb und Verwaltung normal weiter und bringt neue Anforderungen und konkurrierende Projektideen.

Alle diese Veränderungen haben Einfluß auf das Projekt: auf seine Ziele, auf seinen Erfolg. Diese Veränderungen in der Umwelt sind daher zu erkennen, zu bewerten und in ihren Folgen für das Projekt abzuschätzen. Zunächst sollten in den externen Projekten die Projektannahmen, die z.B. in einem Entwicklungsprojekt als Umsatz, Entwicklungsaufwand, Verfügbarkeitsdatum usw. vorliegen, regelmäßig in einem festen Rhythmus überprüft werden: Eine Terminverschiebung und/oder ein neuer Mitbewerber mindern den geplanten Umsatz, gefährden die Rentabilität und erzwingen ggf. den Abbruch des Projekts. Idealerweise sollten sie von einer spezialisierten und unabhängigen Stelle überprüft werden, die ansonsten nicht im Projekt mitarbeitet.

3.8.2.3 Projektmanager-Kreis

Der Projektmanager-Kreis ist ein Gremium, dem entweder alle Projektmanager des Unternehmens angehören oder, wenn es einfach zu viele sind, dem aktive und repräsentative Projektmanager angehören, die in gewissem Sinne als „Interessenvertreter" der Projektmanager agieren.

Die Bildung eines derartigen Kreises kann aus sehr unterschiedlichen Anstößen herrühren: sie kann Bestandteil der erfolgreichen Einführung des Projektmanagements im Unternehmen sein, sie kann später von den Teilnehmern abgeschlossener Schulungsmaßnahmen angeregt werden, sie kann noch später aufgrund von Steuerungs-Turbulenzen zustande kommen und sie kann sogar erst bei der Optimierung des Projektmanagements in Unternehmen benötigt werden (nach PLATZ 1995).

Erfahrungsaustausch

Als Themen im Projektmanager-Kreis sind denkbar: Informationsaustausch über Prozesse im jeweiligen Projekt, Aufbau einer Projektkultur, Ausbildung der Projektmanager, Abstimmung zwischen den Projekten bis hin zur Organisation des Meta-Projektmanagement.

Bei Problemen mit dem operativen Mehrprojektmanagement sind nämlich die Projektmanager die Hauptbetroffenen. Sie können daher am besten beurteilen, wie Aufbau- und Ablauforganisation des Mehrprojektmanagement ihre Arbeit in den Projekten fördert oder hemmt.

Kontinuierliche Verbesserung

Oft ist nur das Problem, nicht dessen Ursache bekannt. Es ist dann Aufgabe des Fachpromotors für PM und einiger Projektmanager, die Problemanalyse durchzuführen und Lösungsvorschläge auszuarbeiten, abzustimmen und umzusetzen. Damit wird zugleich das Projektmanagement insgesamt auf den Weg kontinuierlicher Verbesserungsprozesse gebracht.

Diese Schritte in Richtung Qualitätszirkel und/oder Selbstorganisation haben darüber hinaus zwei weitere positive Auswirkungen. Zum einen wächst die Qualifikation der Teilnehmer des Kreises, wenn dort für die Probleme des Meta-Projektmanagements nach effizienteren Lösungen auch unter Einsatz Externer gesucht wird. Zum anderen hat der Erfahrungsaustausch und die darauf aufbauende gemeinsame Arbeit in diesem Kreis einen positiven Motivationseffekt auf alle Projektmanager.

3.8.3 Projektübergreifende Ablauforganisation

Aus dem Bereich des Meta-Projektmanagements wird nun näher behandelt, wie die Projektmanager auf ihre Aufgaben projektübergreifend vorbereitet werden, wie neue interne Projekte zur späteren Realisierung ausgewählt werden und wie die Zusammenarbeit in und zwischen den Projekten via Projektkultur verändert werden kann.

3.8.3.1 Projektmanager-Ausbildung

Die gezielte Ausbildung von Projekt-Fachleuten und ihre Entwicklung zu Projektmanagern ist die Voraussetzung, um bei der jeweils anstehenden Besetzung einer Projektleitungsposition unter mehreren „Kandidaten" überhaupt wählen zu können und nicht bei ad hoc-Projekten auf den allgemeinen Stellen- oder Beratermarkt gehen zu müssen.

Die Ausbildung und Entwicklung von Projektmanagern ist in der Regel integraler Bestandteil einer Personalentwicklungs-Konzeption (vgl. Kapitel 4.11). Nach STROBEL gehören vier Bausteine zu einem solchen Konzept: *Vier Bausteine der Personalentwicklung*

- Der erste Baustein betrifft die **Identifizierung** des Führungskräftepotentials. Hier wird der bisherige berufliche Werdegang und die Breite der Berufserfahrung analysiert, das Anforderungsprofil mit Eigenschaften wie z.B. – Unternehmergeist und Risikobereitschaft, – Vertrauen in die eigene Tüchtigkeit, – Führungsanspruch, -kompetenz, – pragmatischer Umgang mit komplexen Problemen, – Einsatzflexibilität und – fachliche Kompetenz abgeglichen.

- Der zweite Baustein betrifft den **Besetzungsbedarf** für Projektmanager-Positionen. Hier gehen Überlegungen zu den Unternehmenszielen und der derzeitigen Besetzungspraxis ein: Der Entwicklungsbedarf ist zu analysieren, die Realisierung der Unternehmensziele ist zu überprüfen, die Verfügbarkeit der Positionen ist abzusichern.

- Der dritte Baustein betrifft den langfristigen Rahmen für Entwicklung und Einsatz des **Führungskräftepotentials**. Hier werden die Positionen differenziert in Einsteiger- und Entwicklungs-Positionen; hier werden die jeweiligen Anforderungen und Vorerfahrungen festgelegt und die notwendigen Zwischen-Positionen auf dem Wege bis zur Ziel-Position beschrieben.

- Im vierten und letzten Baustein geht es um konkrete Pläne für einzelne Projektmitarbeiter und -manager, um Beratungs- und Förderungsgespräche und um die Festlegung des individuellen **Entwicklungsprogramms** auf z.B. 5 Jahre. Hier liegt der Schwerpunkt weniger bei Bildungsmaßnahmen als vielmehr bei den Entwicklungsmaßnahmen „on the job", die auch auf einen geordneten Wechsel zwischen Projekt- und Linienarbeit hinauslaufen kann. (STROBEL 1994, S.10-12)

Die Ermittlung der Anforderungen und die Beschreibung der unterschiedlichen Ziel-Positionen für Projektmanager kann in der Regel nicht ohne den Beitrag der aktiven Projektmanager geschehen; hier liegt eine der Aufgaben des Projektmanager-Kreises, sich um die Zukunft des PM im jeweiligen Unternehmen zu kümmern.

3.8.3.2 Projektauswahl

Viele Ideen entstehen ganz spontan in den Köpfen der Mitarbeiter und werden zunächst mündlich weitergetragen, bis eine schriftliche Fixierung des Problems und der groben Lösung die Idee zunächst vor dem „Vergessen rettet" – und damit auch eine Bearbeitung nach festen Regeln erlaubt.

Vorschläge für interne Projekte sammeln

Oft führt dieser Weg über das betriebliche Vorschlagswesen, das in größeren Unternehmungen installiert ist und i.d.R. mit monetären Anreizen aus den Ersparnissen durch die Verbesserungsvorschläge arbeitet. Damit ist es aber nur für Projektideen operativer und kurzfristiger Art reizvoll.

In einem großen und weltweit tätigen Unternehmen wurden dagegen alle Mitarbeiter mit Leitungsfunktion zur Abgabe von Projektideen und -vorschlägen „eingeladen": In einem Brief mit neutralem Umschlag an die Privatadresse und eigenhändiger Unterschrift schilderte der Generaldirektor die Einführung der Unternehmensplanung und bat um Planungsideen. Anlaßbezogene, unregelmäßige Einladungen zu Projektideen erbringen i.d.R. eine höhere Ausbeute als feste, wiederkehrende Termine. Außerdem kann man damit steuern, daß auch wirklich ein Großteil an Ideen abgearbeitet ist, bevor die nächste Aktion startet.

Die Sortierung der Projektideen, ihre Bewertung und schließlich die endgültige Auswahl zur Weiterverarbeitung zu Projekten muß transparent ablaufen: ein Mitglied des zentralen Projekt-Lenkungsausschusses oder ein Berater muß vorarbeiten, indem er den Prozeß organisiert und Regeln aufstellt, wer, wann und wie Projekte sortiert, bewertet und auswählt.

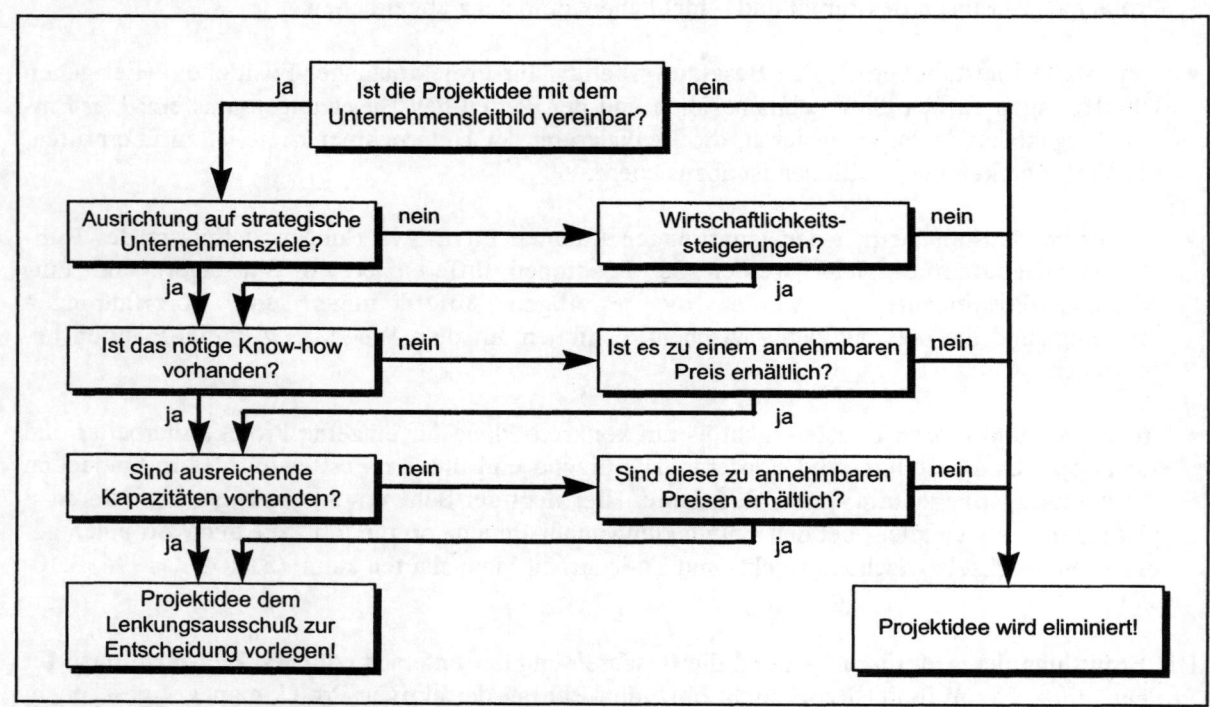

Abbildung 3.8-3 Vorauswahl interner Projekte

Selektion der Vorschläge

Die Projektideen und Themen sind zunächst mit wenigen Fragen grob zu klassifizieren, so daß zwei Stapel entstehen. Ein „Schuß Unschärfe" ist wohl unvermeidbar.

Im nächsten Schritt werden die übriggebliebenen Ideen nach Themengruppen sortiert und nach tiefer gegliederten Kriterien bewertet. Das geschieht am besten mit dem Projekt-Profil. Das Instrument wird im Abschnitt 3.8.4.1. beschrieben.

Für die erfolgversprechendsten Projektvorschläge wird eine intensivere Untersuchung vorgesehen. *Projektantrag*
Dafür sind einige bisher qualitative Aussagen durch quantitative zu stützen. Neben einem Formular
für den Projektantrag sind noch Regeln notwendig wie:

- Welche Projekte sind zur langfristigen Existenzsicherung notwendig?
- Mit welchen Verfahren werden Nutzen und Aufwand geschätzt und Vorgaben gesetzt?
- Ab welcher Grenze „rechnet" sich ein Projekt?
- Wo soll Synergie auftreten?

Die Projektanträge enthalten nun so viele Daten, daß eine Beurteilung nach dem **Portfolio-Ansatz** *Auswahl der in-*
erfolgen kann. Das Instrument wird in Abschnitt 3.8.4.2 beschrieben. Während hier unterstellt *ternen Projekte*
wird, daß die Projekte voneinander unabhängig sind, wird man bei starken Verflechtungen bestimmter Projekte sie zu Teilprojekten eines übergeordneten Projektes umdefinieren oder zu dem
Netzwerk-Ansatz übergehen. Er wird in Abschnitt 3.8.4.3 beschrieben.

Der Lenkungsausschuß hat während des ganzen Auswahlprozesses die Chance, Gemeinsamkeiten
und Unterschiede der Projekte aufzuzeigen und eine Neudefinition der Projektziele, Veränderung
der Prioritäten und einen Transfer von Daten, Wissen und Erfahrungen anzuregen. Der Ausschuß
sorgt damit auch für eine gleichmäßige und neutrale Anwendung der Regeln quer über die Projekte
einer Klasse, z.B. DV-Entwicklungsprojekte, Marketingprojekte usw.

3.8.3.3 Termin- und Kapazitätsplanung

Wenn Anforderungen auf Mitarbeiter und andere Einsatzmittel an Stellen außerhalb des Projekts zu
richten sind, geht die Terminplanung aus Sicht des Einzelprojekts üblicherweise von unbegrenzt
vorhandenen Kapazitäten aus. In aller Regel sind den Projektmanagern die Anforderungen anderer
Projekte sowie die verfügbaren Kapazitäten nicht bekannt.

Einfach bleibt die Termin- und Kapazitätsplanung immer dann, wenn ausreichende Kapazitäten zu
jedem Zeitpunkt die Anforderungen der Projekte erfüllen lassen: Die Rückmeldung der Ergebnisse
des Mehrprojektmanagements bewirkt ja keine Änderung der bisherigen Projektplanungen. In allen
anderen Fällen sind Konflikte zu lösen, die Anforderungen der Projekte in eine **Rangfolge** zu bringen und/oder eine **Anpassung** der Kapazitäten vorzunehmen.

Für das Ranking der Anforderungen werden oft Prioritäten herangezogen, die den Projekten bei ih- *Prioritäten bei*
rer Freigabe oder später mitgegeben worden sind. Die Priorität kann dabei am verständlichsten auf *knappen*
einer einheitlichen Skala (z.B. „3" auf einer ordinalen Skala 0-10) festgelegt werden. Sie kann al- *Ressourcen*
ternativ auch auf mehreren Skalen nebeneinander für z.B. „strategische Bedeutung" (von „überlebenswichtig" bis herunter zu „wünschenswert"), „Wirtschaftlichkeit" (von „schneller Rücklauf der
Projektkosten" bis herunter zu „kein vollständiger Rücklauf") oder „Dringlichkeit" (von „gesetzlicher Zwang" bis herunter zu „keine").

Ansonsten ist die Planung des Einzelprojekts oft zu verfeinern, indem für den Kapazitätsausgleich *Mehr Daten*
notwendige Informationen noch beizustellen sind wie Teilbarkeit der Anforderungen oder Diffe- *bereitstellen*
renzierung der angeforderten Qualifikationen („Skill") bei Mitarbeitern.

Nachdem alle für den Interessenausgleich zwischen den Projekten notwendigen Daten vorliegen,
können sie noch durch Aussagen aus dem Berichtswesen „gewichtet" werden - dann läuft der Prozeß der übergreifenden Projektsteuerung zum Kapazitätsausgleich ab.

3.8.3.4 Berichtswesen

Daß die ständige Information unter den an einem einzelnen Projekt Beteiligten maßgeblichen Einfluß auf den Projektablauf und die Steuerungsentscheidungen hat, wird in Kapitel 4.8 beschrieben und belegt. Hier geht es darum, daß der Projektmanager auch den notwendigen Informationsfluß zu den projektübergreifenden Gremien sicherstellt und dazu die erforderlichen Berichte einholt und selbst gibt.

Projekt-übergreifendes Berichtswesen

Das projektübergreifende Berichtswesen übermittelt über alle Projekte hinweg nach einheitlichen Maßstäben den Projektfortschritt insbesondere über Leistung, Termine und Kosten und ist daher ein bedeutendes Instrument zur zielgerichteten Projektsteuerung. Durch die Berichte wird zugleich offener Entscheidungsbedarf an den zentralen Lenkungsausschuß übermittelt, das Geschehen im einzelnen Projekt nachvollziehbar dokumentiert und Rechenschaft gegenüber dem obersten Auftraggeber abgelegt.

Meist periodische Berichte

Werden für die projektbezogenen Gremien überwiegend meilenstein- bzw. ereignisorientierte Projektberichte erstellt, so werden projektübergreifende Institutionen dagegen meist mit periodischen Projektberichten zu einem einheitlichen Stichtag informiert, um ihnen einen Überblick über alle Aktivitäten der laufenden Projekte zu geben. Dabei kann der Umfang zu Monatsende knapper ausfallen als zu Quartalsende, zu dem zusätzliche Berichtsthemen wie z.B. die Meilenstein-, Kapazitäts- und Risikosituation zu behandeln sind oder zu dem der Berichtshorizont bei der Hochrechnung z.B. des Aufwands bis zum Jahresende ausgedehnt wird.

Der Umfang des Berichtswesens über alle Projekte hinweg ist meist der „kleinste gemeinsame Nenner" der Berichterstattung der einzelnen Projekte des Unternehmens. Insofern gelten die Grundsätze des Kapitels 4.8 „Informations- und Berichtswesen" mit gelegentlichen Abstrichen.

Der Lenkungsausschuß wird sich im Berichtswesens von einem operativen Projekt-Controller unterstützen lassen. Diese Funktion kann in größeren Organisationen von einem Vollzeit-Beschäftigten und in kleineren wenigstens 2-3 Tage im Monat „part-time" wahrgenommen werden.

3.8.3.5 Projektsteuerung

Die Projektsteuerung im Hinblick auf Termine und Kapazitäten setzt voraus, daß Projektablaufpläne für alle Aktivitäten mit Dauer und mit Termin vorliegen, und erfolgt in drei Schritten: die Ermittlung der Anforderungen aus allen Projekten, die Ermittlung der verfügbaren Kapazitäten aller Einsatzmittel und schließlich der Abgleich mit der Optimierung.

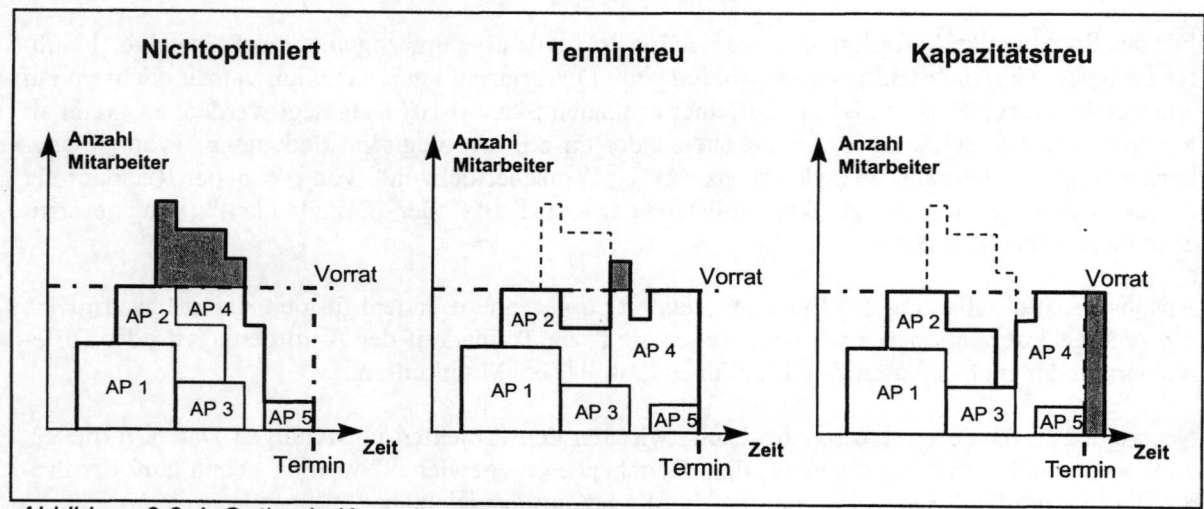

Abbildung 3.8-4: Optimale Kapazitätsauslastung

3.8 Mehrprojektmanagement

Sehen wir von dem trivialen Fall ab, daß die verfügbare Kapazität einer bestimmten Ressource, z.B. Programmierer mit mehr als 3 Jahren Erfahrung, für die Anforderungen aller Projekte ausreichen, wird sich zunächst ein Bild, wie in Abbildung 3.8-4 links ergeben: in einem Zeitraum übersteigen die Anforderungen aller Projekte die vorhandenen Kapazitäten. Innerhalb der Anforderungen sind die Projekte in einer Rangfolge in das Histogramm eingetragen, in der ihre Anforderungen ohne jeden Versuch der Optimierung erfüllt würden: zuunterst und damit zuerst die Projekte 1 und 3, dann Projekt 2 und schließlich Projekt 4.

Keine Kapazitätsoptimierung

Die deutliche Über- und Unterauslastung aus Sicht dieses bestimmten Einsatzmittels ist nun zu optimieren. Liegen die Projektablaufpläne noch nicht als Netzpläne vor, so sind sachliche und zeitlich voneinander abhängige Teilprojekte/Aktivitäten zu einem Gesamtnetzplan zu kombinieren, ansonsten zu einem Gesamtplan zu addieren. Nun bieten die PM-Software-Pakete zum Ausgleich der Anforderungen mit den Kapazitäten („Resource Leveling") nach WESTNEY 1992, S. 165 folgende Methoden an:

- **Termintreuer Ausgleich** der Anforderungen und Kapazitäten, wobei die Termine der Projekte nicht verschoben werden, es aber wie in Abbildung 3.8-4 mitte durchaus vorkommen kann, daß noch Spitzen verbleiben;

- **Kapazitätstreuer Ausgleich**, bei dem keine Spitzen verbleiben, aber die Termine der Projekte ggf. verschoben werden wie in Abbildung 3.8-4 rechts;

- **Prioritätsgesteuerter Ausgleich** anhand der Prioritäten, die den Projekten bei Start oder im Verlaufe der Abwicklung von Lenkungsausschuß vergeben worden sind. Hier kann auch zwischen extern und intern beauftragten Projekten sehr gut differenziert werden: Externe Projekte bringen Deckungsbeitrag und haben generell höhere Prioritäten. Die höchste Priorität wird zuerst bedient;

- **Selektiver Ausgleich**, bei dem einzelne Einsatzmittel vor der Optimierung ein- und oder ausgeschlossen werden können;

- **Ausgleich innerhalb des Schlupfes** im Netzplan, so daß Aktivitäten auf dem kritischen Pfad und ihre Termine nicht verschoben werden;

- Ausgleich über **Veränderung der Anforderungen** in der Zeit;

- Ausgleich über **Veränderung der Kapazität** in der Zeit.

Methoden der Kapazitätsoptimierung

Was die Instanzen des Mehrprojektmanagements am Ende also brauchen, ist eine einzige große Tabelle, in der die Projekte in den Zeilen und die Ressourcen in den Spalten aufgeführt werden; in den einzelnen Zellen steht die dem Projekt zugewiesene Menge der jeweiligen Ressource. Dabei sind zwei Bedingungen zu erfüllen: Die Ressourcen sind nicht unbegrenzt — und die Prioritäten sind einzuhalten, soweit sie vergeben wurden.

Der wesentliche Vorteil eines Einsatzmittelabgleichs ist die frühzeitige Erkenntnis, daß kapazitätsmäßige Engpässe auftreten. Sie lassen sich teils durch Verschiebung neuer Projekte in die Zukunft, teils durch Erhöhung der Kapazitäten beheben. Daraus kann das zentrale Gremium ersehen, ob und wann neue Projekte frühestens in Auftrag gegeben werden können bzw. wie viele Projekte bearbeitet werden können.

Engpässe frühzeitig erkennen

Vor allem die internen Projekte müssen sich ihres „Marktes" immer wieder neu versichern und ihr Projekt-Marketing betreiben. Von der Umstellung der DV-Hard- und Software über Auswirkungen anderer Projekte bis zum Ausscheiden des bisherigen Auftraggebers kann die Spanne möglicher Veränderungen innerhalb des Unternehmens reichen, so daß bei der Projektsteuerung auch durchaus die Frage nach einem Projektabbruch zu stellen ist oder die Prioritäten verändert werden.

Kleinaufträge stören Großprojekte

In vielen Unternehmen, Behörden und anderen Organisationen verleiten die schnell erzielbaren Erfolge die Ressourcenmanager dazu, die großen Neuentwicklungsprojekte aus der **Projektplanung** zugunsten der Klein- und Wartungsaufträge zu unterbrechen. Obwohl jede Störung im einzelnen keine sichtbare Auswirkung auf den in der Regel langfristigen Termin hat, bewirkt sie durch ihre große Anzahl am Ende doch eine Verschiebung der Fertigstellung.

Die Klein- und Wartungsaufträge werden daher in die Projektplanung und -steuerung integriert. Da Inhalt und fachliches Ergebnis für die Ermittlung der Anforderung an die Kapazität uninteressant ist, wird der Klein- und Wartungsauftrag vereinfacht mit einem Standardprozeß eingeplant und daher als **Prozeßplanung** bezeichnet.

Beispiel

Das Ausliefern einer neuen Version („Release") eines Softwarepakets ist pro interner Anwender/Kunde ein Standardprozeß mit zwölf Aktivitäten: Planen und Abstimmen Termin, Überprüfen bisherige Installation, Ermitteln Umstellungsaufwand, Erstellen Auftrag, Einplanen Auftrag, Übergeben neuen Softwarestand, Durchführen Vorabinstallation, Überarbeiten individuelle Schnittstellen/Programme, Testen Vorabinstallation, Umstellen auf Produktion, Durchführen Schulung, Abschließen Auftrag. Für den Kunden werden die Standard-Aufwände und -Termine ggf. individuell angepaßt. Das Aufstellen eines Standardprozesses wird oft auch als „Pre-Project Management" bezeichnet.

Soweit es in der jeweiligen PM-Software die Möglichkeit gibt, jede Stelle, Gruppe und Abteilung in einem zweiten Kapazitätsbaum zu führen, sind nun Vereinbarungen zu treffen, wieviel Prozent der Kapazität eines Mitarbeiters oder einer Gruppe von Mitarbeitern im ersten Kapazitätsbaum für Neuentwicklung und wieviel Prozent im zweiten Baum für Klein- und Wartungsaufträge verbleiben. Natürlich kann der Ressourcenmanager im Einzelfall Anforderungen aus einer Prozeßplanung auch einer Mitarbeiter-Kapazität im ersten Baum direkt zuordnen, wenn eine besondere Qualifikation vonnöten ist. Aber durch die hohe Transparenz allein haben die Störungen schon abgenommen.

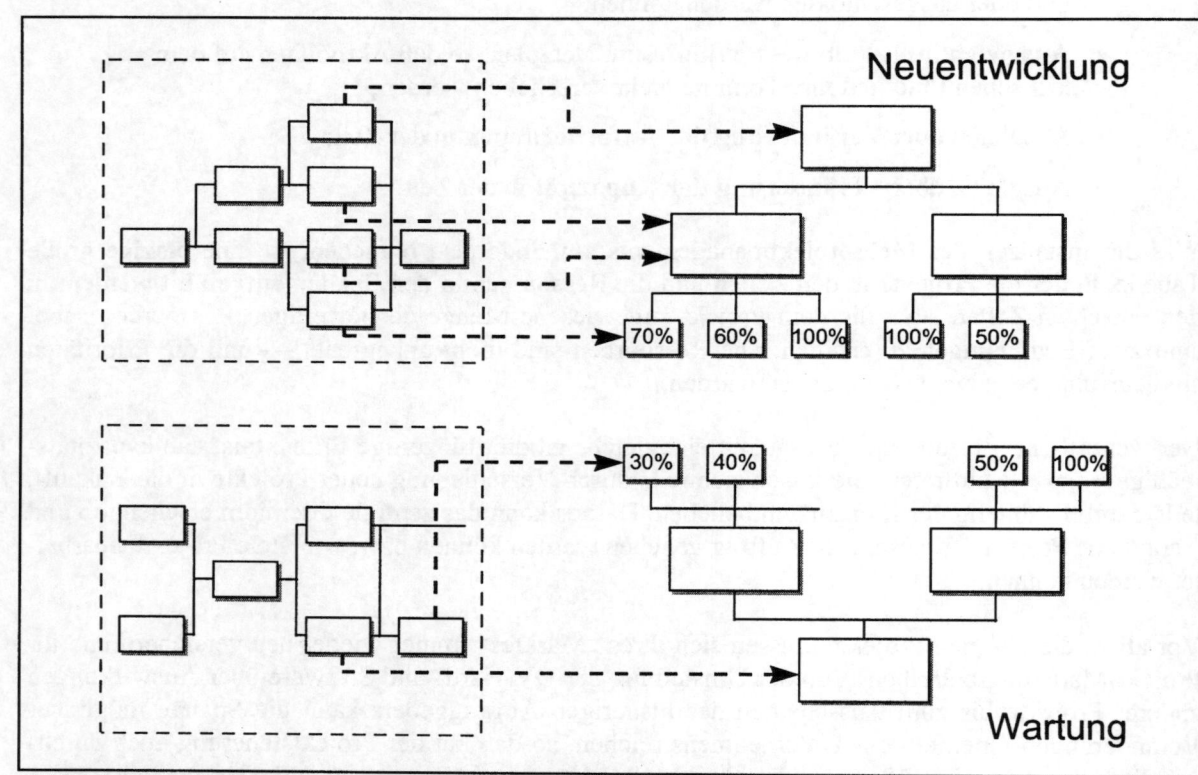

Abbildung 3.8-5: Split der Mitarbeiter-Kapazitäten auf 2 Kapazitätsbäume

3.8 Mehrprojektmanagement

Der Ausgleich kann ferner erleichtert werden, wenn die Institutionen im Meta-Projektmanagement Entscheidungsregeln vereinbart und veröffentlicht haben z.B.:

Entscheidungsregeln

- Für eine frühere Fertigstellung um einen Tag dürfen die Projektkosten um max. 10.000 € überschritten werden.
- Für eine Senkung der Produktionskosten um 1 % dürfen die Entwicklungskosten um max. 5 % überschritten werden.
- Für eine Verbesserung des Servicegrads um 1 % dürfen die Entwicklungskosten um max. 6 % steigen.

Solche Entscheidungsregeln lassen sich ohne großen Aufwand aus den Projektanträgen ableiten. Entscheidungsregeln zur Steuerung über den ganzen Lebenszyklus, von den Projektkosten über die Unterhaltungskosten bis zu den Ersatzinvestitionen, sind schwerer aufzustellen.

Das Problem wird sehr komplex, wenn einzelne Projekte aufgrund niedriger Priorität bei einem Engpaß ausscheiden, bei einem anderen Engpaß aber unter den Gewinnern sind, weil diese Einsatzmittel nicht immer von den Projekten mit höherer Priorität benötigt werden. Nimmt man das Projekt daraufhin heraus, wandelt sich mindestens ein Einsatzmittel von bisher „überlastet" in „nicht ausgelastet".

Grenzen der Optimierung

3.8.4 Instrumente

In diesem Abschnitt sollen einige ausgewählte Instrumente vorgestellt werden, die teils bei dem Management der Einzelprojekte nicht eingesetzt werden oder dort eine abweichende Bedeutung haben.

3.8.4.1 Projekt-Profile

So ist z.B. der Abgleich mit dem Unternehmensleitbild nach Kriterien wie Beitrag zum Gewinn des Unternehmens, zum Image oder zur Marktführerschaft vorzunehmen und jeweils einer der 5-7 Bewertungsstufen (von sehr gut bis sehr schlecht) zuzuordnen. Die Kriterien und ihr jeweiliges Gewicht legt der zentrale Lenkungsausschuß vorab fest. Die dabei entstehenden Profile geben schon Hinweise auf die zuerst ausscheidenden Projektideen und Themen.

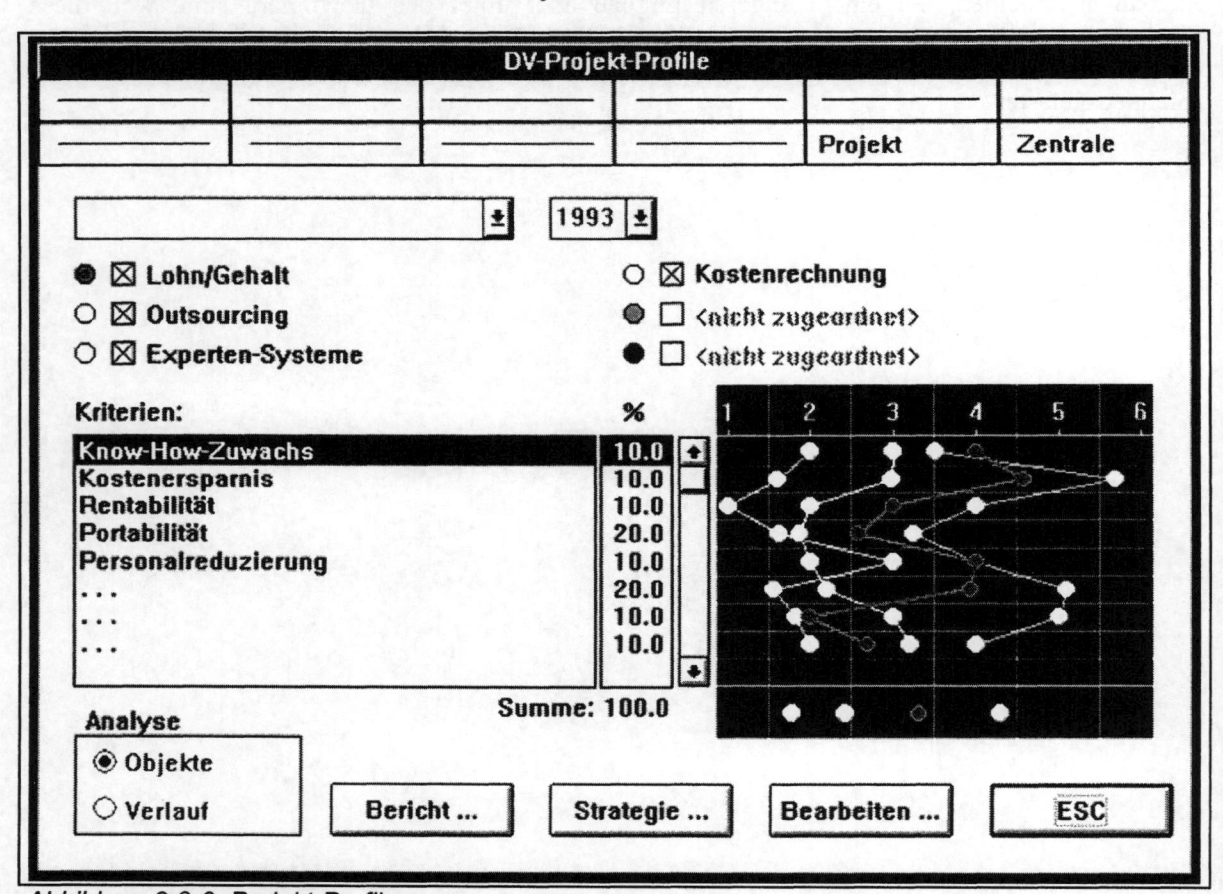

Abbildung 3.8-6: Projekt-Profile

Sind einige der erkannten Mängel zu beheben und verbessert sich damit die Einschätzung, werden für die nunmehr erfolgversprechendsten Projektideen und -vorschläge jetzt die Projektanträge ausgearbeitet.

3.8.4.2 Projekt-Portfolios

Der Grundgedanke der Portfolio-Technik ist die bewußt radikale Vereinfachung des Auswahl-Prozesses auf zwei voneinander unabhängige Gruppen von Kriterien entsprechend den 2 Dimensionen bei der Darstellung. Jedes Kriterium wird einzeln gewichtet in seiner Bedeutung für die je-

3.8 Mehrprojektmanagement

weilige Gruppe. Jedes Projekt wiederum wird pro Kriterium bewertet auf einer Skala von z.B. 5 sehr gut bis 1 sehr schlecht – wie bei den Profilen.

Der große Vorteil des Portfolio-Ansatzes besteht darin, daß die Methode zu strategischem Denken zwingt: einmal im Hinblick auf die Bestimmung und Operationalisierung der entscheidenden Kriterien, zum anderen bei der Analyse der Ist-Situation bzw. der Festlegung einer Soll-Situation. Weitere Vorteile liegen in der Anschaulichkeit der Methode und der relativ leichten und schnellen Positionsbestimmung.

Vorteile des Projektportfolios

Die Erstellung eines Portfolios gelingt am besten in der Atmosphäre eines Workshops. Der Projekt-Controller übernimmt die Rolle des neutralen Moderators und des Methodenfachmanns. Die übrigen Teilnehmer bringen die fachliche Kompetenz mit ihrem Wissen über Märkte, Wettbewerber und Produkte ein.

Zunächst müssen sich die Teilnehmer mit Metaplan-Technik auf die wichtigsten Beurteilungskriterien einigen. Meist sind das Kriterien wie DV-Entwicklungsaufwand, Personalreduzierung, Kostenersparnis, Rentabilität und/oder Amortisationsdauer. Dann werden sie untereinander gewichtet und so zu einer Gruppe **„wirtschaftliche Bedeutung"** zusammengefaßt. Kriterien wie Kundenorientierung, Wettbewerbsvorsprung, Reaktionsfähigkeit, Entwicklungsfähigkeit und/oder Informations- und Steuerungsvorteilelassen sich so zu der Gruppe **„strategische Bedeutung"** zusammenfassen.

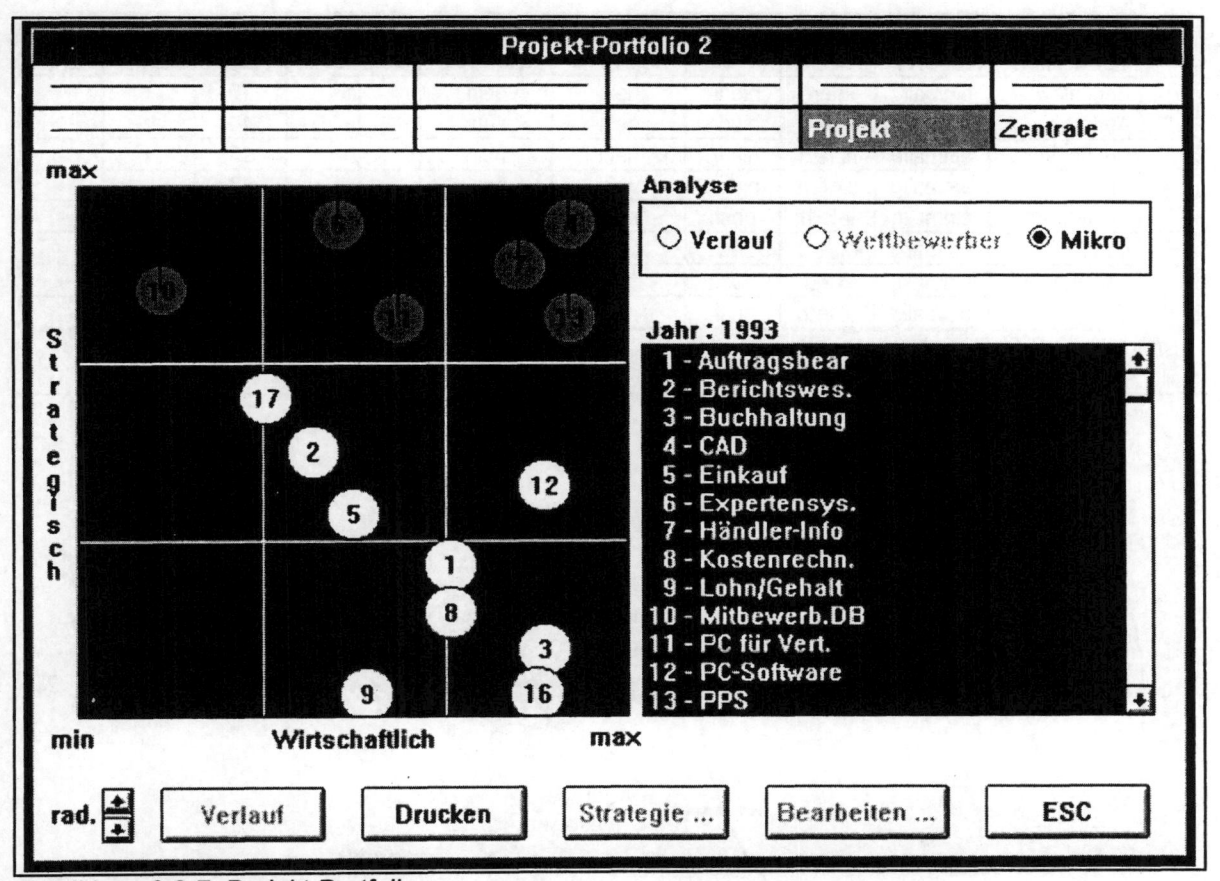

Abbildung 3.8-7: Projekt-Portfolio

Die Verdichtung auf die wirtschaftliche und die strategische Dimension führt in der Regel zu einem Portfolio mit einer Mischung zwischen kostensenkenden, eher kurzfristigen Projekten und innovativen, eher langfristigen Projekten.

Projekte mit der höchsten Priorität zur Realisierung sind dann diejenigen, die in beiden Gruppen gut beurteilt wurden und daher im Portfolio „rechts oben" liegen. Nach der Optimierung bleibt dem

Lenkungsausschuß noch die Aufgabe, das Budget aus dem Portfolio der Projekte abzugleichen mit dem Budget, das sich die Unternehmung für alle Projekte insgesamt leisten will.

Reichen zwei Dimensionen nicht aus, weil die Dringlichkeit der Projekte oder das Risiko bei der Projektdurchführung stark streut, dann können weitere Dimensionen mittels Form, Farbe, Unterstreichung/Rahmung, Schattierung, Kommentare usw. grafisch veranschaulicht werden. Die zusätzliche „Genauigkeit" erschwert aber den Beurteilungs- und Auswahlprozeß.

3.8.4.3 Projekt-Netzwerke und Programme

Klassen von Projekten
Um die Vielzahl der geplanten und der schon in Arbeit befindlichen Projekte überschaubar zu halten, wird der Lenkungsausschuß „Klassen" von Projekten bilden und oft ihre Eigenschaften mit Kennzahlen möglichst einheitlich beschreiben. Dieser Ansatz ist im Rahmen des Management by Projects zu „Netzwerken" erweitert worden, z.B.

- besonders innovative Projekte,
- Projekte gleichartiger Technologie,
- Projekte für bestimmte Anwender.

Nr.	Projekt-bezeichnung	einmalig/ repetitiv	benöt. Kapaz.	techn. Risiko	dezentral Proj.-Contr.	Start-up Workshop	Nieder lass.-beteil.	Lauf-zeit	wirt. Erg.	strat. Erg.
1	Berichtsw.	einmalig	Intern	niedr.	nein	nein	ja	10	+	+
2	Auftragsw.	einmalig	intern	niedr.	nein	nein	ja	14	+	+
3	Buchhaltung	einmalig	int./ext.	niedr.	nein	nein	ja	13	+	-
4	Einkauf	einmalig	extern	niedr.	nein	nein	ja	17	-	+
5	Kostenrech.	einmalig	intern	hoch	nein	ja	nein	12	+	-
6	Lohn	einmalig	int./ext.	hoch	nein	ja	nein	8	+	-
7	Outsourcing	einmalig	extern	hoch	ja	nein	nein	11	+	+
8	Exp.-Syst.	einmalig	extern	hoch	nein	ja	nein	10	+	-

Abbildung 3.8-8: Projekt-Liste

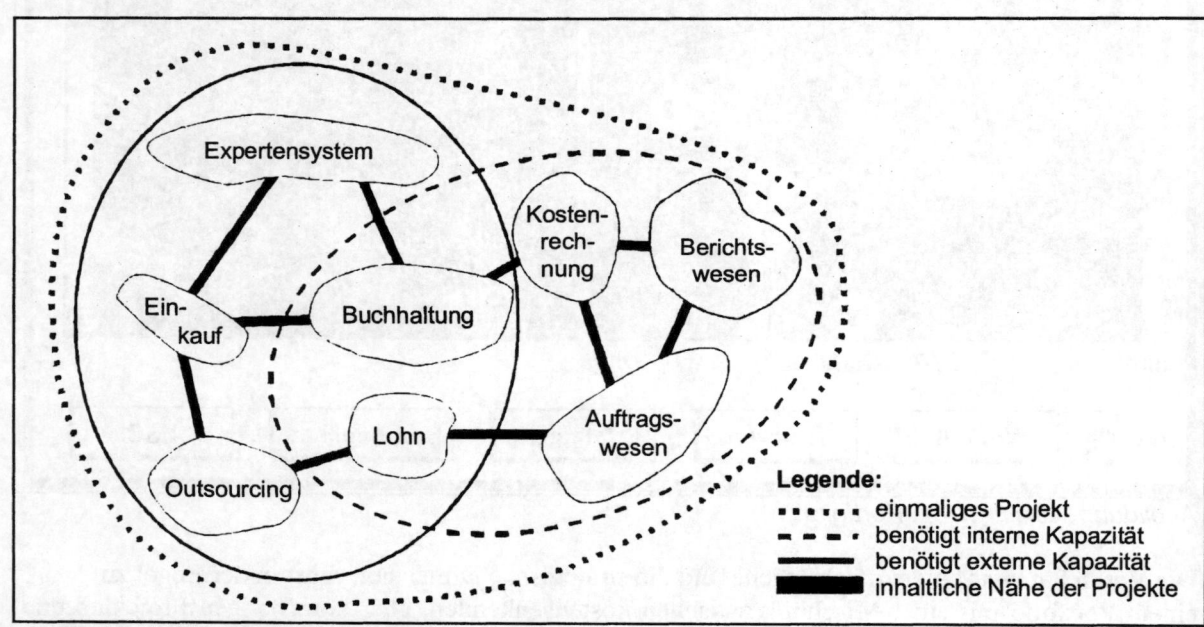

Abbildung 3.8-9: Projekt-Netzwerk

Projekt-Listen enthalten die Eigenschaften; Grafiken lassen die Zugehörigkeit z.B. des Projekts „Berichtswesen" zu der Gruppe der einmaligen Projekte und zu der Gruppe der interne Kapazität beanspruchenden Projekte erkennen.

Projekt-Listen und -Netzwerke

Die graphische Darstellung bringt ferner durch Linien zwischen den Projekten die wesentlichen Synergie- bzw. Konkurrenzbeziehungen zum Ausdruck. Allerdings lassen sich bei 10 oder mehr Eigenschaften die Projekte verbindenden und umschließenden Linien kaum noch unterscheiden.

Für Unternehmen mit sehr vielen Projektideen und/oder sehr unterschiedlichen Eigenschaften bietet sich ein **zweistufiges Verfahren** an: die Projektanträge durchlaufen eine Vorselektion in Muß-, Kann- und Nicht-Projekte. Die z.B. 8 Kann-Projekte werden alternativ zu 19 „Programmen" zusammengefaßt. Der Programmgenerierung können Verbindungen fachlicher Art („gleiche Technologie") oder auch zeitlicher Art („ist Voraussetzung für...") zugrunde liegen. Daher kommen dieselben Projektanträge idR in mehreren Programmen vor.

Programme

Diese Programme können nun sortiert, bewertet und ausgewählt werden, wie wenn es sich um Projekte handeln würde. Die Entscheidungskriterien, die bei Auswahl von Projekten z.B. Kapitalwert, Erfolgswahrscheinlichkeit, Technologieförderung und Beitrag zur Unternehmensreputation lauten könnten, sind bei Auswahl von Programmen zu erweitern um übergreifende Kriterien wie Synergienutzung, Ausgewogenheit der Projektklassen und Budgetbeanspruchung.

3.8.4.4 Erfahrungsdatenbanken

Die Erfahrungen aus abgeschlossenen Projekten hinsichtlich der Erreichung der technischen und wirtschaftlichen Ziele, der Termin- und der Kostenziele wurden in Organisationen immer schon gesammelt. Sie konnten vor Beginn des nächsten „ähnlichen" Projekts zur Verbesserung von Planung und Steuerung benutzt werden. Datenbanken erleichtern heute Ablage und Suche der Erfahrungsdaten.

Am frühesten dürften wohl Aufwands-/Kostendaten gesammelt und ausgewertet worden sein. Die Software-Branche nutzt beispielsweise das Function Point-Verfahren (siehe Kapitel 3.3). Hier werden die Geschäftsvorfälle, die eine neu zu entwickelnde Software bearbeiten soll, aus der Sicht des Benutzers beschrieben und Punkte für abzählbare Funktionen und Dateien, z.B. Erzeugung von 3 Listen, vergeben. Die Summe der Punkte wird anhand mehrerer Einflußfaktoren, u.a. Art des Programms und Erfahrung der Programmierer, justiert. Die so korrigierte Punktzahl wird nun anhand einer Regressionskurve aus vielen unterschiedlichen Projekten in eine Anzahl Mitarbeiter-Monate „übersetzt" und so die summarische Kalkulation neuer Software-Projekte unterstützt. Die Übertragbarkeit solcher Relationen zwischen Punkten und Aufwänden ist allerdings im Zeitvergleich nicht konstant, weil neue Programmiersprachen und -tools hinzukommen und der Anteil von Codierungsarbeit zugunsten konzeptioneller Arbeit ständig sinkt.

Aufwände und Kosten

Erfolgversprechender als die Analyse kompletter Projekte scheint zur Zeit zu sein, den Output pro Aktivität/Arbeitspaket zu messen und ihm den Input in Form von Zeitverbrauch in Mitarbeitertagen oder -wochen gegenüberzustellen.

So hat ein Unternehmen der Automobil-Zuliefererindustrie seine Kunden-Projekte in einheitlich definierte Arbeitspakete untergliedert und den Zeitaufwand je Aktivität aus den Erfahrungen der letzten 5 Jahre nachträglich ermittelt oder geschätzt. Damit kann jetzt eine Kundenanfrage über die Modifikation von Standard-Strukturplänen und die Addition der dahinterstehenden Planaufwände recht schnell über die Datenverarbeitung bearbeitet werden: Schnelle und abgesicherte Angebotsabgabe ist eindeutig ein Wettbewerbsvorteil, der den einmaligen Aufwand der Analyse abgeschlossener Projekte und die zwingende Verwendung von Standard-Strukturen rechtfertigt.

Beispiel: Erfahrungs-Datenbank

Das technische Medium „Datenbank" tritt also immer mehr in den Hintergrund zugunsten der Prozesse, die die Erfahrungen sammeln, aufbereiten und in spätere Projekte einbringen. Insofern werden viele Aspekte heute eher unter den Schlagworten „Organisationales Lernen" (siehe Kapitel 2.5), „Wissensmanagement" oder „Company memory" weiterentwickelt.

3.8.4.5 PM-Handbuch

Ein wirksames Mehrprojektmanagement ist an eine Reihe von Voraussetzungen geknüpft. Das fängt bei dem durchgängigen Konzept und der einheitlichen Begriffswelt an und geht über die Schlüsselnummern-Systematik und die verwendeten DV-Systeme und DV-Software bis hin zum Rollenverständnis aller, die Mehrprojektmanagement betreiben oder davon betroffen sind (PLATZ 1995, S. 27).

Diese Überlegungen finden ihren Niederschlag in einem unternehmensweit gültigen Projektmanagement-Handbuch (vgl. Kapitel 1.5.5.1). Es ist „der" Informationsspeicher, wie Projektmanagement in einer Organisation betrieben werden soll. Damit das Handbuch aber nicht unbenutzt bleibt, sollten nur Regelungen, Methoden und Verfahren aufgenommen werden, für die sich das Management oder der von ihm beauftragte Lenkungsausschuß auch ausgesprochen hat und die „gewollter" Praxis entsprechen.

Wichtige Kapitel   Über die für das Management der Einzelprojekte bestimmten Themen hinaus sind hier auch die für das übergreifende Projektmanagement aufzunehmen. Aus diesem Kapitel „Mehrprojektmanagement" gehören die grundlegende Regelung der Projektprozesse (Abschnitt 3.8.1), die Zuständigkeiten zur übergreifenden Projektauswahl (Abschnitt 3.8.3.2), die Verfahren und Methoden der übergreifenden Projektplanung und -steuerung (Abschnitte 3.8.3.3 und 3.8.3.5) und einzelne der Methoden aus Abschnitt 3.8.4 ins PM-Handbuch. Zum Rollenverständnis der am Mehrprojektmanagement Beteiligten liefern Abschnitte 3.8.2 und 3.8.5 innovative Ansätze.

Beispiel PM-Handbuch   *So enthält das projektübergreifende PM-Handbuch für den Forschungs- und Entwicklungsbereich eines Automobil-Zulieferers sechs wesentliche Kapitel:*

1. *Allgemeines zur Zielsetzung und zu Inhalt, Benutzung und Aufbau des Handbuchs*

2. *Das PM im FuE-Bereich*

3. *Das FuE-Projekt*

4. *Die Bearbeitung von FuE-Projekten*

5. *Die Serviceleistungen für FuE-Projekte*

6. *Anhang mit Formularen, Begriffserläuterungen und Stichworten*

In großen Projekten mit vielen Mitarbeitern gilt ein gesondertes und projektspezifisches Handbuch, das aus Auszügen bei gelegentlichen Modifikationen des jeweils gültigen unternehmensweiten Projekthandbuchs besteht. Bei unternehmensübergreifenden Projekten kommen meist noch Regelungen aus dem unternehmensübergeordneten Projekt aufgrund eines Auftragnehmerverhältnisses hinzu. Viele Elemente dazu werden in Kapitel 3.8.5. angeboten.

3.8.5 Unternehmensübergreifendes Mehrprojektmanagement

Projekte mit mehr als einem Projektmanager entstehen oftmals dadurch, daß diese Projekte über die Grenzen einer Unternehmung hinweg laufen. Das kann schon bei einem kleinen internen DV-Projekt der Fall sein, wenn ein freiberuflich tätiger Software-Entwickler als Auftragnehmer hinzukommt; das ist die Regel bei größeren (externen) Kunden-/Liefer-Projekten, wenn mehrere Auftragnehmer als Sublieferanten beteiligt sind.

Mehrere Projektmanager in einem Projekt

Jedes Unternehmen sieht seinen Anteil an dem (Gesamt-)Projekt als eigenständiges Projekt an und setzt einen Projektmanager dafür ein. In diesen Fällen ist das Mehrprojektmanagement als übergeordnete Klammer zu sehen. Es sorgt mit Projektorganisation sowie Projektplanung und -steuerung für das Initiieren und die Abwicklung der (Teil-) Projekte (LOCK 1996, S. 44-47).

3.8.5.1 Wirtschaftliche Bedeutung des Mehrprojektmanagements

Warum Projekte über die Grenzen eines Unternehmens häufig hinausgehen, kann eine oder mehrere der folgenden Ursachen haben:

- der Auftraggeber/Kunde wünscht „Leistung aus einer Verantwortung" und präferiert deshalb Generalunternehmerschaft, ARGE oder Konsortium (siehe Kapitel 4.1 und 4.3.1.6);

- der Auftraggeber/Kunde wünscht eine breite Know-how-Basis einzubinden;

- die Bindung nur eines Teils der Kapazitäten an einen Auftrag hilft, eine kontinuierliche Beschäftigung des Unternehmens sicherzustellen;

- die Größenordnung eines Auftrags übersteigt die Kapazität des einzelnen Unternehmens;

- erforderliche Geräte, Patente oder Lizenzen besitzen nur bestimmte Unternehmen;

- technische und wirtschaftliche Risiken aus einem Einzelgeschäft sind für ein anbietendes Unternehmen allein nicht tragbar;

- Kreditgeber wünschen wegen Risikostreuung mehrere Auftraggeber;

- Projekte in anderen Währungs-/Rechtsgebieten/Marktverhältnissen und/oder staatliche Auflagen für die Wertschöpfungsquote im Gastland benötigen mindestens einen lokalen Partner;

- Konzentration auf eigene Kernkompetenzen führt vermehrt zur Ausgliederung vor- und nachgelagerter Stufen der Wertschöpfungskette in selbständige Unternehmen, die früher Teil desselben Unternehmens waren;

- größeres Angebot, besonders im Bereich Dienstleistungen, das man früher selbst vorhielt (Konstruktion, Marketing,...), führt zu einer höheren Anzahl Sublieferanten;

- die Projektkooperation in bestimmten Branchen, wie Bau und Anlagenbau, traditionsgemäß stark verbreitet.

3.8.5.2 Rechtliche Vertragsformen für das Mehrprojektmanagement

Die vermehrte Zusammenarbeit über Unternehmensgrenzen hinweg im Sinne „industrieller Kooperation" kann auf zwei rechtliche Organisationsformen zurückgreifen (Kapitel 4.3).

Generalunternehmerschaft

Bei der Generalunternehmerschaft tritt ein Unternehmen als alleiniger Auftragnehmer auf und übernimmt die Gesamtverantwortung und damit alle sich ergebenden Risiken. Lieferungen und Leistungen, die der Generalunternehmer nicht selbst erbringen kann oder will, vergibt er an Sublieferanten. Er kann damit allerdings nur Teile des Risikos abwälzen (Kapitel 4.7).

ARGE, Konsortium

Die Arbeitsgemeinschaft und das Konsortium sind dagegen Zusammenschlüsse von Unternehmen in Form von „Gelegenheitsgesellschaften". Sie können von natürlichen und juristischen Personen zur Durchführung einzelner oder einer Reihe gleichgearteter Geschäfte für eine begrenzte Dauer gebildet werden und sind rechtlich gesehen eine Gesellschaft bürgerlichen Rechts, die den Vorschriften des §705 BGB unterliegt, soweit nichts Gegenteiliges vereinbart wird.

Arbeitsgemeinschaft wie auch Konsortium heben auf die unberührte rechtliche und wirtschaftliche Selbständigkeit der Gesellschafter ab; die Gemeinschaft ist auf das zum ARGE- oder Konsortialzweck herausgehobene Einzelgeschäft beschränkt. Die ARGE und das Konsortium treten in der Regel als Außengesellschaft hervor und lassen sich dabei z.B. durch einen zur Geschäftsführung bestellten Gesellschafter vertreten. Häufig macht der Auftraggeber die Solidarhaftung der Auftragnehmer zur Bedingung und fordert damit die Gründung einer ARGE oder eines Konsortiums.

Bedeutsam sind die Gelegenheitsgesellschaften insbesonders zur Übernahme von Großbauaufträgen, wobei sich Unternehmen gleicher Fertigungsstufe oder auch verschiedener Fertigungsstufen zusammenschließen können.

Als Beispiel einer ARGE aus Unternehmen gleicher Fertigungsstufe sei die ARGE Engelbergtunnel gewählt:

Beispiel: ARGE

Die Baufirmen Ed. Züblin AG (techn. Geschäftsführung), Bilfinger+Berger Bauaktiengesellschaft (techn. Geschäftsführung), HOCHTIEF AG (kaufmännische Geschäftsführung), C. BARESEL AG, Wayss & Freytag AG und Wolff & Müller GmbH & Co. KG haben gemeinsam den Bau des Engelberg-Basistunnels und die Modernisierung des Autobahn-Dreiecks Leonberg A8/A81 übernommen. Die Gesellschafter leisten Beiträge wie Gestellung von Personal und Gerät zur Durchführung des Auftrags; das Beitragsverhältnis entspricht in der Regel dem Beteiligungsverhältnis am (gemeinsamen) Gewinn/Verlust. Einige Aufgabenbereiche wie z.B. Verkehrsleittechnik werden an Sublieferanten aus anderen Fertigungsstufen weitervergeben.

Als Beispiel eines Konsortiums aus Unternehmen verschiedener Fertigungsstufen sei der Bau eines Großkraftwerks herangezogen:

Beispiel: Konsortium

Die Lieferanten für die Turbo-Sätze, für die Kessel, für die Elektro- und Leittechnik, für die übrige Ausrüstung und für die Bauleistungen schließen sich zu einem Haupt-Konsortium zusammen. Jeder Gesellschafter übernimmt ein bestimmtes Fach-Los auf eigene Rechnung und Gefahr, führt seine Leistungen mit eigenem Personal und Gerät durch und bilanziert Gewinn/Verlust auch nur für sich selbst. Oft vergibt ein Gesellschafter Anteile an seinem (Auftrags-) Anteil – wie z.B. die Montage vor Ort – an Dritte weiter, und so kommt es zur Bildung von Unterkonsortien. Ein Unterkonsortium ist seinerseits eine eigene Gesellschaft, die aber seltener nach außen bekannt wird. Auch hier ist die Haftungsverteilung, insbesondere bei längerfristigen Garantieverpflichtungen, vornehmlich die Triebfeder.

3.8.5.3 Projektorganisation für das Mehrprojektmanagement

Auftraggeber und Auftragnehmer werden je einen Projektmanager einsetzen. Auf seiten des Auftragnehmers kann ein Generalunternehmer, eine ARGE oder ein Konsortium stehen. In jedem dieser Fälle werden darüber hinaus weitere Projektmanager eingesetzt, die innerhalb ihres jeweiligen Unternehmens den übernommenen Anteil am (Gesamt-)Auftrag jeweils als separates Projekt betreuen.

Auf seiten des Auftraggebers kann im Anlagengeschäft des öfteren ebenfalls ein Konsortium stehen, z.B. aus Finanzierungs-Institution, Betreiber-Institution und Engineering-/Liefer-Unternehmen. Für den Bau eines größeren Kraftwerks kann sich eine unternehmensübergreifende Projektorganisation etwa nach Abbildung 3.8-10 ergeben (siehe Kapitel 4.3.1.6).

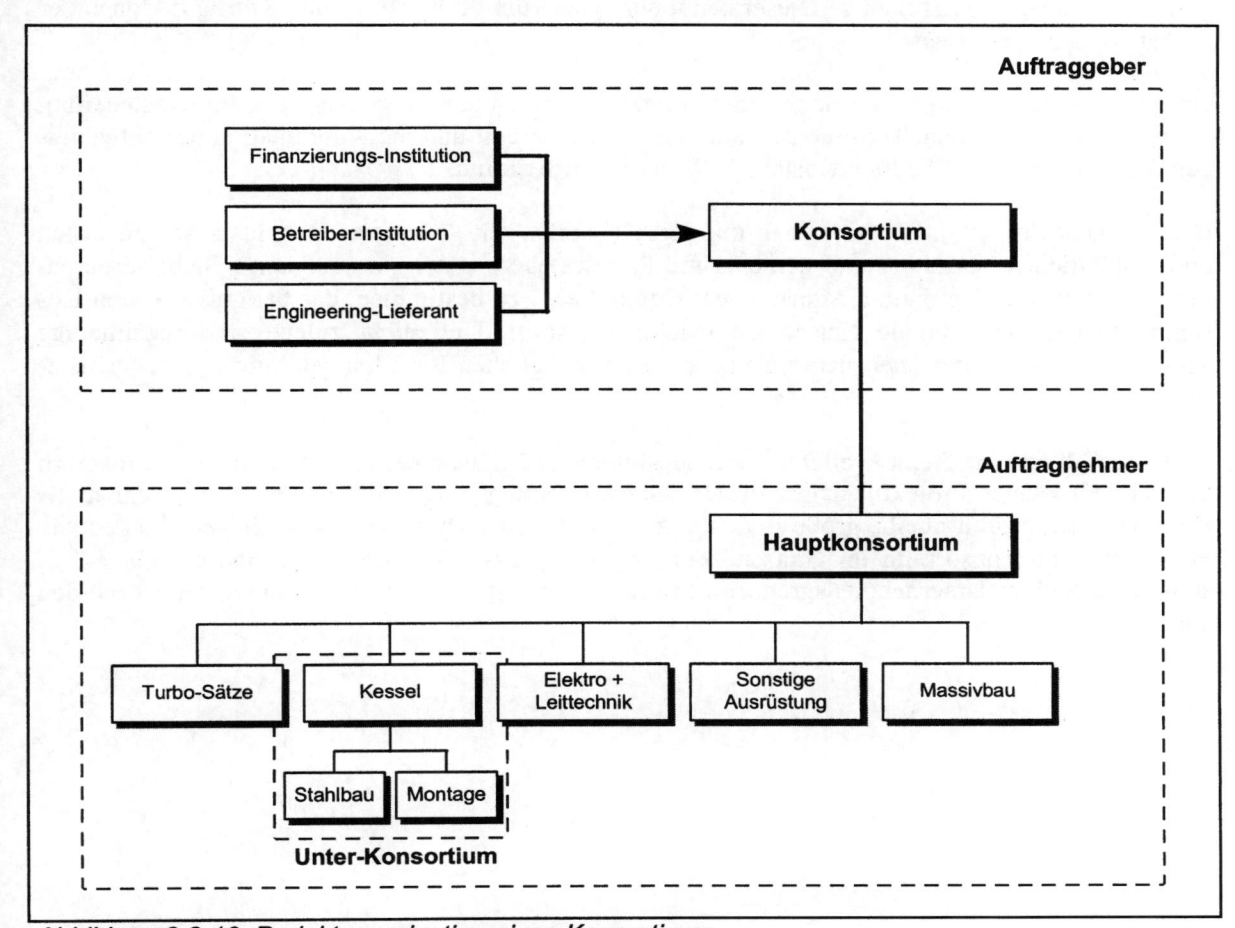

Abbildung 3.8-10: Projektorganisation eines Konsortiums

Der „Gesamt-Projektleiter" auf der Auftragnehmer-Seite (Konsortium) wird in aller Regel in Personalunion eine weitere Rolle als Projektmanager auf der darunter liegenden Stufe übernehmen, nämlich Projektmanager für die vom eigenen Unternehmen (Konsorte, Gesellschafter des Konsortiums) zu erledigenden Auftragsanteile. Das reduziert nicht nur die Anzahl der zu koordinierenden Köpfe, sondern hilft auch, wirklich als „Erster unter Gleichen" arbeiten zu können, da er so auch in das Erarbeiten von Teilleistungen eingebunden ist.

3.8.5.4 Projektplanung und Projektsteuerung

Bei Konsortien gibt es in der Regel keine einheitliche und durchgängige Projektplanung und -steuerung. Die Anzahl der Arbeitspakete ist insgesamt unüberschaubar groß, die Unterschiede in der Art der Planung sind groß und die Unterschiede der im installierten Projektmanagement-Systeme erschweren eine Durchgängigkeit. Im Zweifel gilt der Grundsatz: Soviel gemeinsam wie nötig, soviel allein wie möglich.

Da andererseits Verträge und Konfigurationen schriftlich vorliegen, die die vereinbarten Leistungen, Termine und Kosten(/Erlöse) beschreiben, kann jedes Unternehmen „seine" Projektplanung selbständig erstellen und bei Schnittstellen auf den Projektmanager der nächst höheren Ebene, „seinen" Auftraggeber, zugehen. Dieser kennt nun wiederum die Verträge und Konfigurationen der nächst höheren Ebene usw.

Größeres Gewicht als auf die gemeinsame Projektplanung ist auf die gemeinsame Projektsteuerung zu legen. Hier stehen die Termine der laufenden Projektarbeit und die Koordination der notwendigen Änderungen einschließlich Kosten(/Erlöse) im Vordergrund.

Der „Gesamt-Projektleiter" wird dazu mit den Konsorten ein geeignetes Berichtswesen zu festen und einheitlichen Terminen und gemeinsame Projektsteuerungstermine auf lange Sicht vereinbaren. Ferner ist ein Gremium („Management Committee") zu bestimmen, das bei gravierenden Kostenproblemen für schnelle Entscheidungsfähigkeit sorgt. Und nicht zuletzt sind regelmäßige Treffen der Entscheider über mehrere Ebenen der vertraglichen Beziehungen hinweg zu organisieren.

Im Einzelfall ist eine Reihe weiterer vertrauensbildender Maßnahmen „vor Ort" denkbar. Insofern kommt dem lokalen Projektmanager, oft als „Oberbauleitung" oder „Site Manager" bezeichnet, als Kommunikationsdrehscheibe große Bedeutung zu. So können oft die (wirtschaftlichen) Folgen wie Pönale für das Konsortium im Ganzen noch abgewendet werden, wenn Termine einzelner Leistungspakete über Unternehmensgrenzen hinweg umgeplant und der Verzug abgewendet werden kann.

Zusammenfassung

Meistens bearbeitet ein Unternehmen, eine Behörde oder eine andere Organisationen zur gleichen Zeit mehr als nur ein einziges Projekt und hat mehr als nur einen einzigen Projektmanager zur gleichen Zeit eingesetzt. Auch führt die Matrixprojektorganisation als Abwicklung vieler Projektaktivitäten durch die Linie zu weiteren Projektmanagern, den Fachprojektleitern. Aus den Konflikten um Entscheidungsregeln, Prioritäten und Einsatzmittel und aus der Erwartung von Synergien aus einheitlicher Projektplanung und -steuerung ergibt sich ein Bedarf nach einem projektübergreifenden Management der Projektprozesse, nach „**Mehrprojektmanagement**".

Das unternehmensinterne Mehrprojektmanagement gibt einen Rahmen ab für die beiden wichtigsten Prozesse, den Gründungsprozeß für neue (interne) Projekte und den Controllingprozeß für alle in Bearbeitung befindlichen Projekte. Beide Prozesse bedürfen dazu bestimmter Gremien, Stellen und Personen (projektübergreifende Aufbauorganisation). Sie bedürfen ebenfalls bestimmter Abläufe zur Ausbildung der Projektmanager und zur Auswahl der Projekte, die den strategischen, einmalig oder selten zu regelnden Aspekten zuzurechnen sind. Sie liegen eigentlich zeitlich vor den eher operativen, für jedes einzelne Projekt zu wiederholenden Prozessen von der Projektgenehmigung bis zur Ressourcenzuordnung im Gründungsprozeß und von der Termin- und Kapazitätsplanung bis zur Projektkultur im Controllingprozeß.

Die projektübergreifende Ablauforganisation ist mit Instrumenten zu unterstützen. Als die wichtigsten werden Profile, Portfolios, Netzwerke und Programme sowie Erfahrungsdatenbanken für die strategischen Aufgaben vorgestellt; sie haben im Einzelprojektmanagement keine direkte Entsprechung. Das PM-Handbuch dagegen, auch für ein einzelnes Projekt nutzbar, bekommt seine volle Bedeutung erst durch die zusätzlichen Kapitel zum Mehrprojektmanagement.

Meistens kooperiert ein Unternehmen, eine Behörde oder eine sonstige Organisation auch mit anderen in einem gemeinsamen unternehmensübergreifenden Projekt, oder ihre Produkte und Dienstleistungen gehen in ein solches Projekt ein. Aufgrund der Gesellschafts- und/oder Lieferverträge werden an diesem Projekt mehrere Projektmanager arbeiten, und zwar mindestens einer pro beteiligter Organisation. Neben der wirtschaftlichen Bedeutung und der rechtlichen Grundlage für diese Form des Mehrprojektmanagements werden die Besonderheiten der Projektorganisation sowie der Projektplanung und -steuerung vorgestellt. Der Forderung nach Durchgängigkeit und Vereinheitlichung aus Sicht des übergeordneten Projekts steht die Handhabbarkeit und Verträglichkeit mit den unternehmensinternen Standards und Prozessen gegenüber - soviel Koordination wie nötig, so wenig Regelung wie möglich.

Mit der Beschränkung auf die Aufbauorganisation der Gremien und auf einige Kernprozesse und -informationen haben die untergeordneten (Teil-)Projekte allen Spielraum, solange sie die „Schnittstellen nach oben" versorgen können. Projekte wie eine Neubaustrecke bei der Deutschen Bahn AG mit über 20.000 Aktivitäten bei Dutzenden beteiligten Organisationen sind sonst effizient nicht mehr zu steuern.

Literaturverzeichnis

ANDREAS, D., Rademacher, G., Sauter, B.: Projektcontrolling bei Anlagen- und Systemgeschäften. In: Projekte erfolgreich managen. Schelle, H.; Reschke, H.; Schnopp, R.; Schub, A. (Hrsg.); Köln, Verlag TÜV Rheinland 1995, S. 1-44

BERGFELD, H., Mempel, G.: Multiprojektmanagement im F+E-Bereich. In: Projektmanagement-Forum 1990. Reschke, H. und Schelle, H. (Hrsg.); München, GPM, 1990, 533-534

BURGHARDT, M.: Einführung in Projektmanagement. Definition, Planung, Kontrolle, Abschluß. München/Erlangen, Siemens AG, 1995

KORBMACHER, E.: Überbetriebliches Projektmanagement: Lösungsansätze für Problemfelder in der Organisation. In: Projektmanagement, 2. Jg. 1992, Heft 3, S. 6-13

LANGE, D.: Projekte frühzeitiger »controllen«. In: Management von Projekten – Know-how aus der Berater-Praxis. Lange, D. (Hrsg.); Stuttgart, Schäffer-Poeschel, 1995, S. 47-67

LOCK, D.: The Essentials of Project Management. Aldershot/Brookfield, 6. Aufl. Gower Publishing, 1996

PLATZ, J.: Projektmanagement richtig implementieren. In: Projekte erfolgreich managen. Schelle, H.; Reschke, H.; Schnopp, R.; Schub, A. (Hrsg.); Köln, Verlag TÜV Rheinland, 1995, S. 1-42;

PRADEL, M.; Südmeyer, V.: Multiprojektcontrolling: Planung des Projektportfolios bei Versicherungsunternehmen. In: Versicherungswirtschaft 51. Jahrgang, Heft 22, S.1550-1555

RICKERT, D.: Multiprojektmanagement in der industriellen Forschung und Entwicklung. Wiesbaden, Gabler Verlag, 1995

SINNECKER, J. Chr.: Die Kräfte bündeln. Stuttgart, Daimler-Benz AG, 1994

STROBEL, W.: Auswahl und Förderung von Projektmanagern. In: Projekte erfolgreich managen. Schelle, H.; Reschke, H.; Schnopp, R.; Schub, A. (Hrsg.); Köln, Verlag TÜV Rheinland, 1994, Seite 1-20

WESTNEY, R. E.: Computerized management of multiple small projects: planning, task & resource scheduling, estimating, design optimization and project control. New York, Marcel Dekker, 1992

Autorenportrait

Dr. Dietmar Lange

Jahrgang 1942. Studierte an der Universität zu Köln Wirtschaftswissenschaften mit Abschluß Diplom-Kaufmann und wurde 1971 an der Rheinisch-Westfälischen Technischen Hochschule Aachen zum Dr. rer. pol. promoviert. 1968 erstmals als Projektleiter für die DV-technische Entwicklung eines Unternehmens-Planspiels für einen der großen DV-Hardwarehersteller tätig, folgten Stationen als Abteilungsleiter in der DV, Abteilungsleiter Betriebswirtschaft und als Hauptabteilungsleiter Controlling einschließlich Betriebsorganisation und Betriebsrevision als den wichtigen Zugängen zur DV. Seit 1971 Lehrbeauftragter an mehreren Hochschulen, z.Zt. für Controlling und für Projektmanagement in der Wirtschaftsinformatik.

Seit 1981 Geschäftsführer der ICCON International Consulting Cooperation in Stuttgart, einer Beratungsgesellschaft mit Schwerpunkt Systemimplementierung, Projektmanagement und Controlling. Mitglied im Bundesverband Deutscher Unternehmensberater BDU und in dessen Fachgruppe „Unternehmensführung + Controlling". Seit 1992 Mitbegründer und stellv. Vorsitzender der BDU-Fachgruppe „Projektmanagement".

Seit 1987 Mitglied der GPM, Mitbegründer der Regionalgruppe Stuttgart/Karlsruhe der GPM und seit 1990 ihr Leiter bzw. Vorstandsmitglied. 1991/1992 Projektleiter des jährlichen Projektmanagement-Forums in Mannheim.

Die Erfahrungen aus vielen DV- und Organisations-Projekten flossen in die Arbeit der GPM-Fachgruppen „Zielorientierte Projektteam-Bildung", „Projektkultur" und „Zielvereinbarung und Mitarbeiterbeurteilung" ein.

1996 folgte die Zertifizierung zum „IPMA Certificated Project Manager (GPM)" mit einer Arbeit zur Organisationsentwicklung, um Erfahrungen aus Hochschullehrertätigkeit, Training und Systemischer Beratung zusammenzuführen für die Coaching-Prozesse im Projektmanagement.

Abbildungsverzeichnis

Abbildung 3.8-1: Elemente des Mehrprojektmanagement 781

Abbildung 3.8-2: Projektaufbauorganisation mit zentralem Lenkungsausschuß 784

Abbildung 3.8-3 Vorauswahl interner Projekte 788

Abbildung 3.8-4: Optimale Kapazitätsauslastung 790

Abbildung 3.8-5: Split der Mitarbeiter-Kapazitäten auf 2 Kapazitätsbäume 792

Abbildung 3.8-6: Projekt-Profile 794

Abbildung 3.8-7: Projekt-Portfolio 795

Abbildung 3.8-8: Projekt-Liste 796

Abbildung 3.8-9: Projekt-Netzwerk 796

Abbildung 3.8-10: Projektorganisation eines Konsortiums 801

Lernzielbeschreibung

Mit diesem Kapitel soll dem Leser deutlich gemacht werden, daß die Einzelprojekte in einer Unternehmung, Behörde und Institution meist in ein einem Rahmen geplant und abgewickelt werden, den ein projektübergreifendes Mehrprojektmanagement festlegt.

Der Leser soll erkennen, wie das projektübergreifende Mehrprojektmanagement als diese „Ebene über dem Einzel-Projektmanagement" beschaffen ist und wie seine Elemente im einzelnen aussehen.

Er soll die Gemeinsamkeiten, aber auch die Unterschiede von Einzel- und Mehrprojektmanagement in Organisation, Prozessen und Instrumenten beschreiben können.

Er soll besonders erkennen, welchen Einfluß das Mehrprojektmanagement auf sein eigenes Projekt in Planung und Steuerung nehmen kann und welche Konflikte damit durch das Mehrprojektmanagement gelöst oder geschaffen werden.

Er soll in die Lage versetzt werden, die Beziehungen seines Projektes zu anderen Projekten zu erkennen, zu sammeln und zu bewerten. Damit soll er die Chancen und Risiken, die sich aus Synergie oder Konkurrenz zu anderen Projekten ergeben, für seine eigene Arbeit berücksichtigen und Nutzen daraus ziehen zu können.

3.9 Kreativitätstechniken

von

Heinz Bergfeld

Relevanznachweis

Die Zahl der Projekte wächst, auch die der komplexen Vorhaben. Angesichts neuer Technologien und des globalen Wettbewerbs muß sich die Innovationsrate erheblich erhöhen. Für die Projektbeteiligten wächst der Zeitdruck im Arbeitsprozeß. Der Erfolg hängt wesentlich davon ab, ob für die anfallenden Probleme kreative Lösungen gefunden werden. Leider sind nur 2-3% aller Menschen hochkreativ. Für die Menge und die Komplexität der anstehenden Probleme ist diese Kapazität nicht ausreichend. Projektbeteiligte sollten deshalb angebotene Kreativitätstechniken nutzen und sich darin qualifizieren.

Die Anwendung von Kreativitätstechniken baut in der Regel auf die (Arbeits-)Gruppe als **Kreativitätspotential.** Sie kann auch bei durchschnittlich kreativen Mitarbeitern zu originellen und innovativen Problemlösungen führen. Ein sehr wünschenswerter Nebeneffekt entsteht dadurch, daß die regelmäßige Anwendung wie ein **Kreativitätstraining** für die Teilnehmer wirkt. Sie lernen „Querdenken", d.h. die uns durch unsere soziale Prägung vorgegebenen Wahrnehmungs- und Vorstellungsmuster zu verlassen.

Inhaltsverzeichnis

3.9.1 Der Einsatz von Kreativitätstechniken — **809**

    3.9.1.1 Weshalb Kreativitätstechniken? — 809

    3.9.1.2 Voraussetzungen für den Einsatz von Kreativitätstechniken — 809

    3.9.1.3 Problemerkennung und generelles Vorgehen — 811

    3.9.1.4 Problemanalyse in der Gruppe — 813

3.9.2 Intuitive Techniken — **814**

    3.9.2.1 Brainstorming — 814

        3.9.2.1.1 Grundregeln der Methode — 814

        3.9.2.1.2 Ablauf einer Brainstorming-Sitzung — 815

        3.9.2.1.3 Erfahrungen und Empfehlungen — 816

        3.9.2.1.4 Anwendungsbeispiele — 817

    3.9.2.2 Varianten der Brainstormingmethode — 817

        3.9.2.2.1 Diskussion 66 — 817

        3.9.2.2.2 Anonymes Brainstorming — 818

        3.9.2.2.3 Negativ-Brainstorming — 818

        3.9.2.2.4 Imaginäres Brainstorming — 818

    3.9.2.3 Brainwriting — 819

    3.9.2.4 Varianten des Brainwriting — 821

        3.9.2.4.1 Kartenabfrage — 821

        3.9.2.4.2 Galeriemethode — 821

        3.9.2.4.3 Collective-Notebook — 822

    3.9.2.5 Pro- und Contra-Analyse — 822

    3.9.2.6 Synektik — 822

    3.9.2.7 Delphi-Methode — 825

3.9.3 Analytisch (diskursive) Methoden — **827**

    3.9.3.1 Attribute Listing — 827

    3.9.3.2 Morphologische Analysen — 828

    3.9.3.3 Problemlösungsbaum — 830

3.9.4 Szenarien — **832**

3.9.5 Organisation und Durchführung einer Konferenz mit Einsatz von Kreativitätstechniken — **833**

3.9.6 Osborn-Checkliste — **834**

3.9.1 Der Einsatz von Kreativitätstechniken

3.9.1.1 Weshalb Kreativitätstechniken?

Bei wachsender Komplexität der Projekte und bei gleichzeitig stärkerem Zeitdruck hängt der Erfolg wesentlich davon ab, daß für die anfallenden Probleme kreative Lösungen gefunden werden. Leider sind nur 2-3% aller Menschen hochkreativ. Für die Menge und die Komplexität der anstehenden Probleme ist diese Kapazität nicht ausreichend.

Nun hängen neue Ideen und schöpferische Initiativen nicht unbedingt nur von der **Genialität** einzelner Personen ab. Probleme kreativ zu lösen ist bis zu einem gewissen Grad durch das Einsetzen bestimmter Techniken **erlernbar**. Die Anwendung von Kreativitätstechniken baut in der Regel auf der Gruppe als Kreativitätspotential auf und führt auch durchschnittlich kreative Mitarbeiter zu originellen und innovativen Problemlösungen. Prinzipiell lassen sich die meisten Methoden auch vom Einzelnen erfolgreich anwenden. Im Hinblick auf Menge und Qualität der zu erwartenden Lösungen bleibt aber die **problemlösende Gruppe eindeutig überlegen**. Mit Kreativitätstechniken wird das Potential aller Lösungsmöglichkeiten zu einem Problem besser ausgelotet und die Wahrscheinlichkeit einer hochwertigen Lösung steigt erheblich. Ein sehr wünschenswerter Nebeneffekt entsteht dadurch, daß die regelmäßige Anwendung wie ein Kreativitätstraining für die Teilnehmer wirkt. Sie lernen „Querdenken", d.h. die uns durch unsere soziale Prägung vorgegebenen Wahrnehmungs- und Vorstellungsmuster zu verlassen.

Kreativität in der Gruppe

In Deutschland wurden die ersten Kreativitätstechniken vor mehr als **30 Jahren** entwickelt und um immer neue Varianten bereichert. Interessante Zusammenfassungen und Schulungsunterlagen aus diesen Arbeiten sind bereits in den 70er Jahren von Schlicksupp veröffentlicht worden (SCHLICKSUPP 1977). Bis heute haben sich zwar viele neue Varianten entwickelt, die Grundprinzipien gelten aber unverändert.

Historische Übersicht

Für die heutige Verbreitung der Techniken hat auch der systematische Einsatz dieser Techniken im Rahmen von **Standard-Problemlösungsprozessen** wie der Wertanalyse einen erheblichen Beitrag geleistet (siehe Kapitel 3.10).

Aus der Vielzahl der **Methodenvarianten** haben von den intuitiven Methoden das klassische Brainstorming, die Diskussion 66, die Brainwriting-Methode 635 und die Kartenabfrage die größte Bedeutung. Zu den analytischen (diskursiven) Techniken zählen das Attribute Listing und der Morphologische Kasten. Eine genauere Darstellung der Unterschiede zwischen beiden Verfahrensgruppen befindet sich in Kapitel 1.6.

3.9.1.2 Voraussetzungen für den Einsatz von Kreativitätstechniken

Der erfolgreiche Einsatz ist nicht nur eine Frage von ausreichenden Methodenkenntnissen, sondern setzt auch eine Reihe von organisatorischen Bedingungen und ein geeignetes Umfeld voraus.

Wie für viele andere Techniken gibt es auch für Kreativitätstechniken Anlässe, die besonders für ihren Einsatz sprechen. Diese Anlässe sind gegeben,

Anlässe

- wenn die Problemlösung stark unter Zeitdruck steht;
- wenn für die Problemlösung sehr unterschiedliches Wissen gefordert wird (Interdisziplinarität);
- wenn für eine spätere, breitere Akzeptanz mehrere Personen in den Lösungsfindungsprozeß eingebunden werden sollen (Partizipation);
- wenn durch einzelne Sachbearbeiter nicht genug oder nicht ausreichend gute Lösungen vorgeschlagen werden (Synergie);
- wenn man neue und originelle Lösungen benötigt (Innovation).

Um Kreativitätstechniken erfolgreich einsetzen zu können, muß man aber auch berücksichtigen, daß bei uns selbst und bei anderen Beteiligten eine Reihe von **Blockaden die Entfaltung von Kreativität behindern**. Neben stark regulierter Erziehung, Schule, Ausbildung und unserer eigenen Lebensgestaltung sind unsere eigene Bequemlichkeit, unsere eingefahrenen Denk- und Verhaltensmuster nicht zu unterschätzende „Kreativitätskiller". Diese Macht der Gewohnheit läßt uns spontane Einfälle gar nicht zu Ende denken. Ausgesprochen oder nur als innere Stimme melden sich Bedenken wie:

- „Das geht sowieso nicht bei uns."
- „Das haben wir immer so gemacht."
- „Das kostet zuviel."
- „Das hat noch nie funktioniert".
- „Das ist doch längst bekannt!"
- „Als Fachmann kann ich Ihnen sagen ..."
- „Seien Sie erst einmal einige Jahre hier ..."
- „Ja, wenn das so einfach wäre!"
- „Das ist nicht unser Bier."
- „Wollen Sie das verantworten?"
- „Das ist doch Wunschdenken!"
- „Das mag zwar theoretisch richtig sein, aber ..."

Killerphrasen

Diese sogenannten „**Killerphrasen**" verhindern sehr erfolgreich, daß wir Ideen zu Ende denken. Eine weitere Kreativitätsblockade ist Angst vor Fehlern und Konflikten oder die Angst sich zu blamieren.

Gerade das Berufsleben ist voller Hindernisse, die unsere psychischen und sozialen Blockaden eher fördern als abbauen. Mehr Kreativität im Beruf ist deshalb immer noch mehr ein Lippenbekenntnis als reale Möglichkeit.

Was aber ist Kreativität eigentlich? Es gibt hierfür keine verbindliche Definition, die sich durchgesetzt hat. Eine mögliche Begriffsbestimmung aber könnte lauten:

Definition Kreativität

> Kreativität ist die Fähigkeit, produktiv zu denken und die Ergebnisse dieses Denkens (v.a. originell neue Verarbeitung existierender Informationen) zu konkretisieren.

3.9.1.3 Problemerkennung und generelles Vorgehen

Der Einsatz von Kreativitätstechniken zielt auf die Lösung von Problemen. Dafür werden diese Hilfen in den Lösungsprozeß eingebunden. Voraussetzung ist aber immer, daß alle Beteiligten das Problem **verstanden haben** und daß es ein Problem ist, für dessen Lösung Kreativitätstechniken geeignet sind. Leider herrscht häufig bei den Beteiligten Unklarheit darüber, was das eigentliche Problem ist, bzw. wie das Problem in Fragen umzusetzen ist. Sorgt man hier nicht für die notwendige Klarheit, stellt sich oft nach einer Weile heraus: **Die Lösung ist zwar sehr gut, sie paßt nur nicht zum eigentlichen Problem.**

Probleme richtig verstehen

Problemkategorien

Probleme lassen sich vereinfacht zwei Kategorien zuordnen:

Wohlstrukturierte Probleme:

- Es gibt völlige Kenntnis über alle Problemelemente.
- Die Problemelemente stehen in einem gesetzmäßigen Zusammenhang.
- Der Lösungsprozeß ist sicher, zwingend, systematisch und logisch.
- In der Regel gibt es nur eine richtige Lösung.
- Die Lösung kann als Optimum oder Maximum nachgewiesen werden.

   Beispiel: Optimale Bestellmenge

Schlechtstrukturierte Probleme:

- Nicht alle Problemelemente sind bekannt.
- Es sind nur wenige oder keine Gesetzmäßigkeiten erkennbar.
- Die Suche nach Lösungen ist eher ungerichtet, intuitiv, zufallhaft.
- Viele alternative Lösungen sind möglich.
- Die optimale Lösung ist unbekannt. Es läßt sich nur die relativ beste unter den gefundenen Lösungen ermitteln.

   Beispiel: Was sollte der Ausbildungsinhalt eines Fachhochschulstudiums sein.

Wege zur Lösung von schlechtstrukturierten Problemen

Kreativitätstechniken dienen zur Lösung dieser schlechtstrukturierten Probleme. Im Ablauf des Prozesses lassen sich sechs Phasen unterscheiden.

---

1. **Problem wahrnehmen oder vorgeben**

2. **Analyse des Problems**
   schlechtstrukturiertes Problem (nein / ja)?

3. **Exakte Definition des Problems**
   Eventuell Neudefinition des Problems in der Gruppe

4. **Suche nach Lösungen:** probierend / intuitiv / im Ergebnis unsicher / durch **kreatives** Verhalten
   Ergebnis sind mehrere Alternativen: $A_1, A_2, ... A_n$

5. **Entscheidung** über die wahrscheinlich beste Lösung

6. **Realisierung** der Lösung

Abbildung 3.9-1: Lösungsablauf für schlechtstrukturierte Probleme

Problemanalyse

In der Praxis zeigt sich, daß Probleme:

- oft nicht sorgfältig genug analysiert,
- falsch interpretiert oder
- von jedem Teilnehmer einer Gruppe anders gesehen werden.

Vier Techniken — Eine fehlende Gründlichkeit in der Problemanalyse führt auch zu mangelhaften Lösungen. Es ist deshalb wichtig, daß das Problem klar erkannt wird und ein gemeinsames, ganzheitliches Problemverständnis vorliegt. Je klarer das Problem ist, um so dichter ist man an der Lösung. Um ein klares Problemverständnis zu erreichen, gibt es vier Techniken, die für Transparenz sorgen und verhindern, daß man sich in verwirrenden Details verliert.

1. Eine häufig benutze Technik ist das Stellen von „**W**"-**Fragen**. Mit ihnen kann man die wesentlichen Aspekte eines Problems klarer herausarbeiten.

    - **Weshalb** ist das Problem von Bedeutung?
    - **Wer** ist vom Problem betroffen?
    - **Wodurch** entsteht das Problem?
    - **Wann** wurde das Problem akut?
    - **Worauf** kommt es besonders an?
    - **Was** erschwert das Problem?

- **Welche** Folgen könnte das Problem haben?
- **Wieviel** Teilprobleme sind zu unterscheiden?
- **Womit** hat man das Problem schon zu lösen versucht?
- **Warum** haben die vorherigen Lösungen versagt?

2. Eine weitere Technik ist das Erstellen von **Blockdiagrammen**. Sie eignen sich besonders gut für die Darstellung von Ablaufstrukturen.

3. Eine dritte Technik ist die **Systemdarstellung**: Dargestellt werden die Systemelemente und ihre Relationen. Man unterscheidet Über - und Teilsysteme, die offen oder geschlossen sein können. Die einzelnen Elemente können sich statisch oder dynamisch zueinander verhalten. Die Anwendung führt zu einem relativ hohen Abstraktionsgrad und ist deshalb nicht immer einfach umsetzbar (vgl. Kapitel 1.4).

4. Einfacher darstellbar ist die vierte Technik, die **Funktionsanalyse**.

   Als Beispiel wird in Abbildung 3.9-2 der Vorgang „Telefonieren" in Teilfunktionen zerlegt.

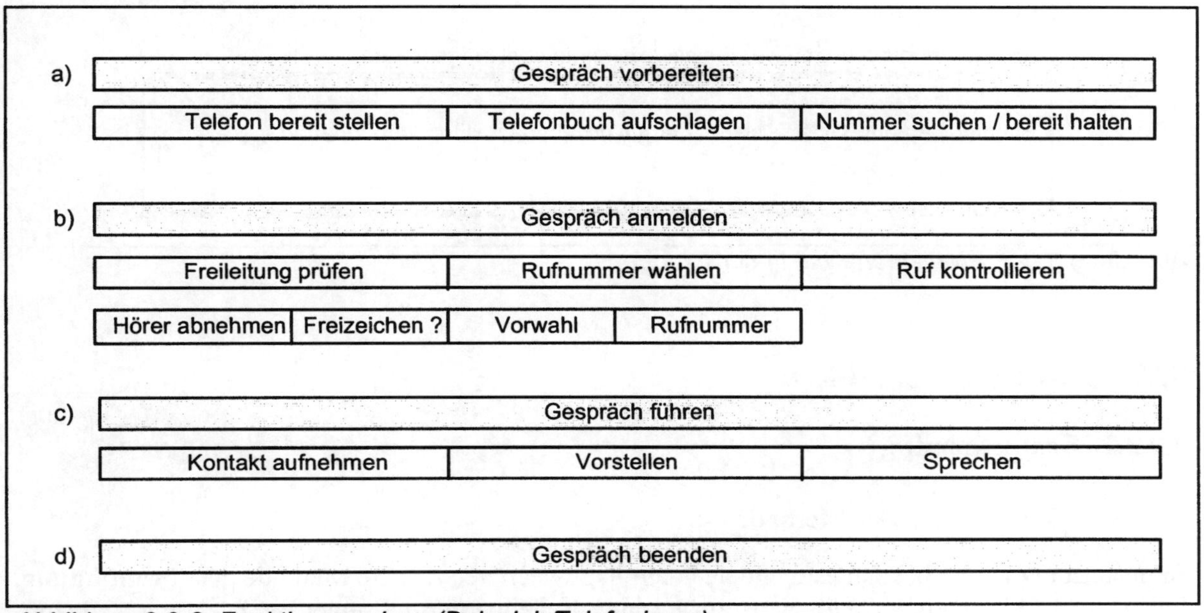

a) Gespräch vorbereiten
   - Telefon bereit stellen | Telefonbuch aufschlagen | Nummer suchen / bereit halten

b) Gespräch anmelden
   - Freileitung prüfen | Rufnummer wählen | Ruf kontrollieren
   - Hörer abnehmen | Freizeichen ? | Vorwahl | Rufnummer

c) Gespräch führen
   - Kontakt aufnehmen | Vorstellen | Sprechen

d) Gespräch beenden

Abbildung 3.9-2: Funktionsanalyse (Beispiel: Telefonieren)

3.9.1.4 Problemanalyse in der Gruppe

Es hat sich bewährt, die Problemanalyse in einer **Gruppe** vornehmen zu lassen. Damit sich die Gruppe nicht in Einzelheiten verliert, sollte der **Moderator** nach einem abgestuften Vorgehen das Problem behandeln lassen.

Gruppe mit Moderator

Die besondere Stellung und das Aufgabenprofil eines Moderators von Teamsitzungen sind in Kapitel 2.9 dargestellt.

```
┌─────────────────────────────────────────────────────────────────────┐
│  ┌───────────────────────────────────────────────────────────────┐  │
│  │ Der Problemsteller gibt das Problem und seine vorläufige      │  │
│  │ Definition bekannt.                                           │  │
│  │ (z.B. Briefing mit der Einladung)                             │  │
│  └───────────────────────────────────────────────────────────────┘  │
│  ┌───────────────────────────────────────────────────────────────┐  │
│  │ Die Teilnehmer richten reihum Fragen an den Problemsteller.   │  │
│  │ (Die Fragen werden sichtbar notiert)                          │  │
│  │ (z.B. "W"-Fragen)                                             │  │
│  └───────────────────────────────────────────────────────────────┘  │
│  ┌───────────────────────────────────────────────────────────────┐  │
│  │ Der Problemsteller und / oder andere Experten beantworten     │  │
│  │ die Fragen.                                                   │  │
│  │ (Wichtige Antworten werden visualisiert)                      │  │
│  └───────────────────────────────────────────────────────────────┘  │
│  ┌───────────────────────────────────────────────────────────────┐  │
│  │ Die Teilnehmer erarbeiten nun individuell ihre eigene         │  │
│  │ Problemauffassung und geben ihre Formulierung bekannt.        │  │
│  │ (Alle Formulierungen werden sichtbar notiert)                 │  │
│  └───────────────────────────────────────────────────────────────┘  │
│  ┌───────────────────────────────────────────────────────────────┐  │
│  │ Der Problemsteller wählt die seiner Ansicht nach treffendste  │  │
│  │ Formulierung zur Bearbeitung aus.                             │  │
│  │ Andere Formulierungen werden als Arbeitsmaterial aufgehoben)  │  │
│  └───────────────────────────────────────────────────────────────┘  │
│  ┌───────────────────────────────────────────────────────────────┐  │
│  │ Eventuell erneutes Visualisieren der mit der Fragestellung    │  │
│  │ verbundenen Zusammenhänge.                                    │  │
│  └───────────────────────────────────────────────────────────────┘  │
└─────────────────────────────────────────────────────────────────────┘
```

Abbildung 3.9-3: Problemanalyse in der Gruppe

3.9.2 Intuitive Techniken

3.9.2.1 Brainstorming

3.9.2.1.1 Grundregeln der Methode

Brainstorming ist die bekannteste und auch am häufigsten verwendete Methode der **Ideenfindung**. Ihr Erfinder Osborn entwickelte die Brainstorming-Regeln aufgrund seiner Beobachtung, daß Konferenzen durch die ständige gegenseitige Kritik der Teilnehmer nur zu langatmigen Diskussionen, jedoch kaum zu brauchbaren Lösungen führten. Die Methode zielt darauf hin, die negativen Erscheinungen von Konferenzen, wie Rivalität der Gesprächspartner, Verzettelung in unwichtige Einzelheiten, Kritik an vorgebrachten Beiträgen etc., durch Beachten von Regeln für die Kommunikation in der Gruppe zu beseitigen und damit die **Effizienz der Sitzungen** zu erhöhen.

Die **vier Grundregeln** des Brainstorming lauten:

1. Die Bewertung der Ideen ist während der Sitzung zu unterlassen. Insbesondere **Kritik** ist während der Phase der Ideenfindung **vollkommen untersagt**. Das gilt besonders für „Killerphrasen" wie „Geht nicht!", „War schon da!", „Zu teuer!" etc.

2. Alle Teilnehmer sollen ihre **Gedanken frei und ungehemmt äußern**; auch sinnlos erscheinende Beiträge sind willkommen, weil andere dadurch wieder angeregt werden.

3. **Ideen anderer sind aufzugreifen und weiterzuentwickeln.** Dazu ist es erforderlich, wirklich zuhören zu können und den Ideen anderer Teilnehmer gegenüber innerlich offen zu sein. Dabei soll man sich nur auf die positiven Aspekte der Ideen anderer bei der Weiterentwicklung konzentrieren. Nur so können wechselseitige Assoziationsketten entstehen, die einer allein nicht hervorbringen kann.

4. Es sollen so viele Ideen zum Problem wie möglich geäußert werden. Das Sitzungsziel ist eine **möglichst große Anzahl von Ideen**.

3.9.2.1.2 Ablauf einer Brainstorming-Sitzung

1. Vorbereitung

    - Jede Brainstorming-Sitzung bedarf einer organisatorischen Vorbereitung durch den Einladenden, spontan einberufene Sitzungen sind zu vermeiden.
    - Die zu bearbeitende Problemstellung sollte nicht zu komplex sein.
    - Komplexe Probleme sind in Teilprobleme aufzuspalten, über die getrennte Brainstorming-Sitzungen durchgeführt werden können.
    - Für eine Sitzung sind zwischen fünf bis sieben Teilnehmer vorzusehen.
    - Die mit Bedacht ausgewählten Teilnehmer (keine Spannungen in der Gruppe!) sind einige Tage vor der Sitzung unter Bekanntgabe des Themas einzuladen.
    - Im Einladungsschreiben ist darauf hinzuweisen, daß eine spezielle Vorbereitung nicht erforderlich ist.

2. Durchführung

    - Der Moderator gibt nochmals das Thema bekannt und erinnert an die Beachtung der Regeln in einer Brainstorming-Sitzung.
    - Kritik ist nicht erlaubt, insbesondere sollen die gängigen Killerphrasen unterlassen werden.
    - Es sollten alle Ideen, die aufkommen, ungeniert ausgesprochen werden. Auch verrückte, unrealistische Vorschläge können anderen Teilnehmern eine Anregung zu einer realistischen Idee sein. Quantität geht vor Qualität.
    - Alte Lieblingsideen sollen möglichst am Anfang der Sitzung „abgegeben" werden.
    - Den Ausführungen jedes Teilnehmers sollte man offen gegenüberstehen. Um dies zu gewährleisten, muß man zuhören und gleichzeitiges Reden unterlassen.
    - Die Ideen sollen nicht ausführlich und explizit erläutert werden - nur Grundgedanken andeuten.
    - Die Ideen anderer können aufgegriffen, verändert, weiterentwickelt und mit anderen Einfällen kombiniert werden.
    - Der Moderator schreibt die vorgebrachten Ideen stichwortartig auf Flip-Charts für alle sichtbar nieder.
    - Daneben ist es zweckmäßig, eine Tonbandaufnahme zu machen.
    - Die Funktion des Moderators ist es, unaufdringlich auf die Einhaltung der Regeln zu achten.
    - Der Moderator sollte seine eigenen Ideen zurückhalten, um sie bei einer Stokkung des Ideenflusses vorzubringen.

- Er versucht, bei Stockungen durch Hinweis auf bestimmte noch nicht genannte Prinzipien, Einsatzbereiche o.ä. das Denken in eine neue Richtung zu lenken.
- Es kann zweckmäßig sein, am Ende der Sitzung die vorgebrachten Ideen noch einmal zu verlesen, um damit neue Anreize zu schaffen.
- Für eine Brainstorming-Sitzung ist eine Zeit von etwa 30 Minuten anzusetzen; sie sollte keinesfalls länger als eine Stunde dauern.

3. Auswertung

Regeln zur Bewertung

Dabei sollten folgende Regeln beachtet werden:

- Eine erste Grobauswertung und Gruppierung sollte direkt im Anschluß an die Ideenproduktion von der Gruppe vorgenommen werden.
- Für eine sorgfältige Bewertung sind nach Möglichkeit Fachleute heranzuziehen.
- Ein Urheberrecht eines Einzelnen an einer Idee gibt es nicht.

3.9.2.1.3 Erfahrungen und Empfehlungen

Da das kreative Klima in der Sitzung entscheidend sinkt, wenn das Für und Wider der vorgebrachten Ideen sofort diskutiert wird, ist die Phase der Ideenbewertung klar von der Phase der Ideenfindung zu trennen.

Kritik einschränken

Brainstorming wird oft als einfache, problemlose Methode angesehen und deshalb besonders häufig auch von wenig geübten Teilnehmern praktiziert. Viele Experimentsitzungen haben jedoch gezeigt, daß Anfänger oft von dieser Basismethode enttäuscht sind, insbesondere bei konsequenter Beachtung der Regeln. **Das liegt daran, daß rational denkende Menschen dazu neigen, Unsinniges und Abwegiges sofort zu kritisieren oder richtigzustellen.** Sie werden von der Notwendigkeit, sich der Kritik zu enthalten, frustriert und verstehen oft nicht die Forderung, während der Dauer der Sitzung rational berechtigte Kritik bewußt außer acht zu lassen. Die Enthaltung vom kritischen Denken hinterläßt ein Gefühl der Unzufriedenheit. Hinzu kommt, daß der Ablauf der Brainstorming-Sitzung weitgehend von den Teilnehmern bestimmt werden kann. Das führt zu der Tendenz, schwierige Fragen auszuklammern, die Problemstellung so zu verändern, daß die Lösungssuche vereinfacht wird, oder es wird über den Sinn der Problemstellung diskutiert, statt sich auf die Ideenfindung zu konzentrieren. Diese **Neigung zur Problemflucht** verringert die Tiefe der Ideensuche, hemmt die Weiterentwicklung der Ideen Dritter und beeinträchtigt die Lösungsqualität erheblich.

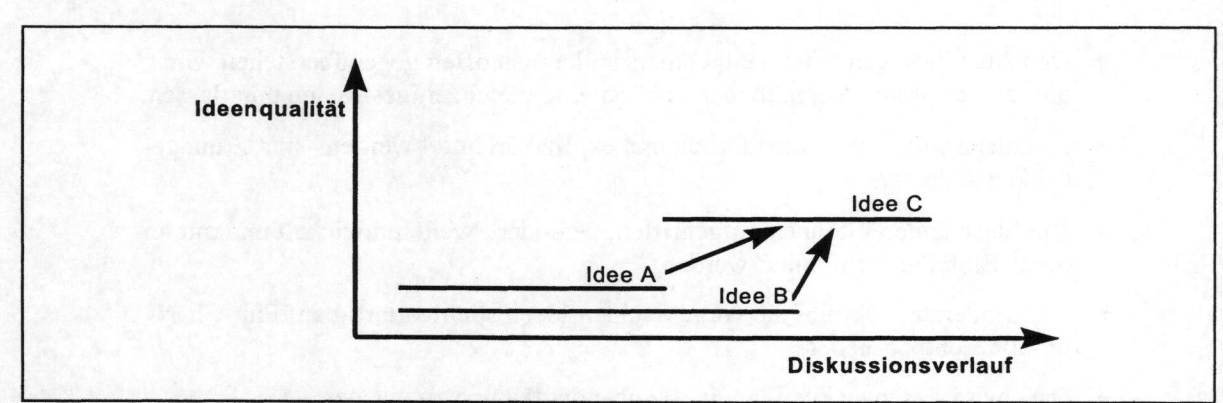

Abbildung 3.9-4: Ideen anderer Teilnehmer aufgreifen und Ideen mit höherer Qualität entwickeln

Brainstorming sollte daher als eine anspruchsvolle Methode angesehen werden, die nur bei guter Vorbereitung mit geübten Teilnehmern unter großer Selbstkontrolle zu guten Ergebnissen führt. Insbesondere die Ausübung der **Moderatorfunktion** ist dabei eine schwierige Aufgabe. Oft bleiben die Sitzungen oberflächlich oder entsprechen nicht den Regeln des Brainstorming.

3.9.2.1.4 Anwendungsbeispiele

Beispiele von erfolgreich in Brainstorming-Sitzungen bearbeiteten Problemstellungen für Projektmanagement:

- Zielfindung
- Risikoidentifikation
- Terminverzögerungen
- Vertragsänderungen
- Ausfall von Unterauftragnehmern
- Namen für ein neues Produkt
- Neue Informationsträger
- Maßnahmen, um auf bebauten Flächen das Eindringen des Regenwassers ins Erdreich zu ermöglichen
- Indikatoren, die eine unterbrochene Tiefkühlkette anzeigen
- Maßnahmen zur betrieblichen Energieeinsparung

3.9.2.2 Varianten der Brainstormingmethode

Ausgehend vom klassischen Brainstorming ist eine Reihe von Varianten entwickelt worden.

3.9.2.2.1 Diskussion 66

Diese Methode wird bei der **Moderation größerer Gruppen** gerne eingesetzt. Die Teilnehmer werden in **Sechsergruppen** aufgeteilt. Diese ziehen sich zu einem kurzen Brainstorming zurück. Jede Gruppe bestimmt einen eigenen Sprecher und Moderator. Nach der kurzen Gruppenarbeit versammeln sich alle wieder im Plenum und die Sprecher der Gruppen stellen die Lösungen der Gruppe vor. Über die Lösungen wird mit dem gesamten Plenum diskutiert. Nach der Diskussion kann die Gruppenarbeit mit einem neuen Problemaspekt neu begonnen werden.

Wichtigste Merkmale

- Anzahl der Teilnehmer: mehr als 10 - 12
- Moderator notwendig: Ja
- Organisatorische Vorbereitung notwendig: Ja
- Material: Flip-Chart oder Tafel, Pinnwände
- Zeitbedarf: 1 bis 1,5 Stunden

3.9.2.2.2 Anonymes Brainstorming

Beim anonymen Brainstorming wird den Teilnehmern das **Problem vor der Sitzung mitgeteilt**. Jeder Teilnehmer schreibt dazu seine Lösungen auf. In der Sitzung selbst werden diese **Lösungen vom Moderator vorgelesen** und die Gruppe versucht diese Ideen weiterzuentwickeln.

Wichtigste Merkmale

- Anzahl der Teilnehmer: 4 - 7
- Moderator notwendig: Ja
- Organisatorische Vorbereitung notwendig: Ja
- Material: Flip-Chart oder Tafel
- Zeitbedarf: 1 Stunde

3.9.2.2.3 Negativ-Brainstorming

Dieses Verfahren kommt der Neigung der Menschen, zunächst negative Kritik zu üben, entgegen. Man geht dabei so vor, daß zunächst zu einer Problemstellung eine intensive **Schwachstellenanalyse durch die Gruppe** vorgenommen wird. Zu den von der Gruppe als wichtigste Schwachstellen identifizierten Punkten werden in der Gruppe **Verbesserungsvorschläge** erarbeitet.

Wichtigste Merkmale

- Anzahl der Teilnehmer: 4 - 7
- Moderator notwendig: Ja
- Organisatorische Vorbereitung notwendig: Nein
- Material: Flip-Chart oder Tafel
- Zeitbedarf: 1 Stunde

3.9.2.2.4 Imaginäres Brainstorming

Das Problem erhält bei dem imaginären Brainstorming eine **frei erfundene Verfremdung**, um die **Phantasie der Teilnehmer** anzuregen. Es wird zum Beispiel davon ausgegangen, daß man die Macht hat, alles zu lösen, oder daß Menschen gleichzeitig an zwei Orten sein können.

Wichtigste Merkmale

- Anzahl der Teilnehmer: 4 - 7
- Moderator notwendig: Ja
- Organisatorische Vorbereitung notwendig: Nein
- Material: Flip-Chart oder Tafel
- Zeitbedarf: 1 Stunde

3.9.2.3 Brainwriting

Die Brainwriting-Methoden sind die schriftliche Form des Brainstormings, wobei die Ideen der Teilnehmer schriftlich auf Zettel oder speziell vorbereiteten Formularen niedergeschrieben werden.

Es gibt auch hier verschiedene Abwandlungen der schriftlichen Ideenfindung und zwar u.a. die Kartenabfrage, die Methode 635, die Galeriemethode, den Brainwriting-Pool, das Ideen-Delphi und die Collective-Notebook-Methode.

Methode 635

Auf die **Methode 635** als besonders erfolgreiche Variante soll nachfolgend näher eingegangen werden. Diese Methode ist eine Weiterentwicklung des Brainstorming. Die Ideen werden nicht mündlich vorgebracht, sondern von jedem Teilnehmer schriftlich festgehalten. Der Name dieser Technik ergibt sich daraus, daß hier sechs Gruppenmitglieder drei Vorschläge oder Ideen aufschreiben, welche in einer vorgegebenen Reihenfolge fünfmal weitergereicht werden.

Vorgehensweise:

1. Vorstellung des Problems und Definition der Problemstellung

2. Jeder Teilnehmer erhält ein Formular und trägt in die oberste Zeile drei Ideen ein.

3. Nach fünf Minuten erfolgt der Austausch der Formulare im Uhrzeigersinn.

4. Jeder Teilnehmer schreibt in der zweiten Zeile des Formulars weitere drei Ideen nieder. Er kann dabei die Ideen seines Vorgängers ergänzen, variieren oder eine völlig neue Idee notieren.

5. Nach fünf Minuten erneuter Austausch der Formulare im Uhrzeigersinn.

6. Usw. bis auch die letzte Zeile eines jeden Formulars ausgefüllt ist.

Das Verfahren ist dann beendet, wenn jeder Teilnehmer jedes Formular bearbeitet hat, wobei die Vorbereitung und die Auswertung mit den Stufen des Brainstorming vergleichbar sind.

Abbildung 3.9-5: Formular für Brainwriting nach der Methode 635

Erfahrungen mit dieser Methode zeigen, daß

- der nachfolgende Teilnehmer oft mehr Zeit benötigt (ca. eine Minute) als der vorhergehende. Ausgangsbasis sollte fünf Minuten bleiben. Als Zeitfolge für die Runden kann man deshalb auch 5 - 6 - 7 - 8 - 9 - 10 Minuten ansetzen.

- die Zahl von sechs Teilnehmern in der Gruppe sollte eingehalten werden. Bei mehr Teilnehmern kann man zusätzliche Gruppen bilden.

- die Teilnehmer sind zur aktiven Mitarbeit gezwungen.

- eine Zusammenkunft der Teilnehmer ist nicht unbedingt erforderlich. Ein größerer Zeitaufwand muß dann akzeptiert werden.

Mit der Methode 635 werden in einer Sitzung maximal 108 (6 x 3 x 6) Lösungsvorschläge produziert. Der Vorteil der Technik ist, daß die Teilnehmer nicht unbedingt zusammenkommen müssen. In der Praxis werden in den letzten Runden oft nicht mehr alle Felder ausgefüllt. Da nicht alle Teilnehmer alle Vorschläge kennen, kommt eine Reihe von Vorschlägen doppelt vor.

Wann ist die Methode 635 besonders zu empfehlen?

- Wenn viele Personen gleichzeitig in einen Ideenfindungsprozeß eingeschaltet werden. Es können dann mehrere Brainwriting-Gruppen gebildet werden.

- Wenn eine Problemlösungsgruppe „kritisch" ist, d.h. wenn in der Diskussion Spannungen und Konflikte zu befürchten sind.

- Wenn die Gefahr besteht, daß dominante Personen z.B. ein Brainstorming beherrschen würden. Die Methode 635 aktiviert alle Teilnehmer gleichermaßen.

- Wenn die erwartbaren Ideen komplex sind und mehrschichtige Denkprozesse erfordern, wobei Diskussionen die Denkabläufe stören könnten.

Aufgabenstellung: Ideen zur Gestaltung der Ausstattung von Wohnungen für alte oder gebrechliche Menschen		Blatt-Nr. 2 Datum: 15.02.1995	
Keine Türschwellen	Raumklimatisierung	Feste Notrufeinrichtung zur Polizei oder DRK	
Rutschfeste Bodenbeläge	Lärmgeschützte Fenster	Telefonanschluß in allen Räumen	
Weiche, dämpfende Fußböden (Stürze)	Fernbedienung für Licht	Notrufanlage zur Nachbarwohnung	
Gepolsterte Wand- und Türkanten	Lampen mit Dämmerstufe (Nachtlicht)	Notrufklingel an der Badewanne	
Funksprechanlage zur Haustür	Großzügige Balkons mit Planzenanlage		
	Automatische Schiebetüren	Kochherd mit automatischer Zeitschaltung	

Abbildung 3.9-6: Beispiel: Brainwriting nach der Methode 635

Unterschiede zu Brainstorming

Vorteile:

- Die Methode 635 bedarf keiner besonderen Moderation.

- Die Überwachung der Zeitintervalle können die Teilnehmer selbst übernehmen.

- Das Protokoll entsteht automatisch.
- Es kann nachgewiesen werden, welche Idee von welchem Teilnehmer stammt.

Nachteile:

- Es sind keine Rückfragen möglich, um mißverstandene Ideen zu klären.
- Nicht jeder Teilnehmer kennt alle genannten Ideen.
- Es ist kein anonymes Verfahren.

3.9.2.4 Varianten des Brainwriting

3.9.2.4.1 Kartenabfrage

Diese Methode wird heute in fast allen moderierten Veranstaltungen irgendwann einmal eingesetzt. Die Ideen werden mit breiten Filzstiften auf Karten geschrieben, pro Karte nur eine Idee. Für die Entwicklung von Ideen stehen den Teilnehmern zehn bis 15 Minuten zur Verfügung. Der Moderator sammelt die Karten ein, liest jede Karte vor, zeigt sie den Teilnehmern. Gibt es Unklarheit in der Interpretation, werden sie durch Rückfragen beseitigt. Die Karte wird an eine Stellwand gesteckt. Dabei wird mit der Gruppe die Zuordnung zu anderen Karten geklärt. Dadurch werden **Themencluster** an der Pinnwand gebildet. Da die Zuordnung aller Karten in diesem Schritt immer wieder neu geprüft wird, kommt es auch immer mal wieder zu einer Neusortierung der Cluster. Mit diesem Vorgehen wird bereits ein Vorstrukturieren für die nächsten Arbeitsschritte einer Problemlösung erreicht.

Wichtigste Merkmale

- Anzahl der Teilnehmer: 4 - 30
- Moderator notwendig: Ja
- Organisatorische Vorbereitung notwendig: Ja
- Material: Flip-Chart, Karten, Filzschreiber, Pinnadeln
- Zeitbedarf: ca. 0,5 - 1 Stunde

3.9.2.4.2 Galeriemethode

Bei dieser Methode zirkulieren nicht die Formulare oder Karten, sondern die Ideen werden auf großformatigen Blättern (Flip-Chart) von Einzelnen entwickelt. Die Blätter werden auf Pinnwänden oder anderen Stellen fixiert. Nach ca. 30 Minuten wird die Einzelarbeit unterbrochen. Die Teilnehmer suchen die Arbeitsplätze der anderen auf, betrachten sich deren Lösungen und notieren sich Anregungen. Nach ca. 20 Minuten kehren die Teilnehmer an ihren Arbeitsplatz zurück und verarbeiten die Anregungen zur Verfeinerung ihrer Ideen oder zur Entwicklung neuer Ideen.

Wichtigste Merkmale

- Anzahl der Teilnehmer: 4 - 10
- Moderator notwendig: Ja
- Organisatorische Vorbereitung notwendig: Ja
- Material: Flip-Chart, Pinnwände, Filzschreiber, Nadeln
- Zeitbedarf: ca. 1,5 Stunden

3.9.2.4.3 Collective-Notebook

Das Notebook (Notizbuch) wird von einem Koordinator vorbereitet. Er beschreibt darin das Problem auf ein bis zwei Seiten. Anschließend erstellt er eine Liste der beteiligten Personen in der Reihenfolge des Durchlaufs. Das Notebook wird nacheinander an diese Personen versandt, mit der Aufforderung, innerhalb einer vereinbarten Zeit alles aufzuschreiben, was ihnen zur Problemdefinition, Problemlösung und Problemdarstellung einfällt. Jeder Teilnehmer sendet dann das Notebook an den nächsten auf der Liste weiter.

Wichtigste Merkmale

- Anzahl der Teilnehmer: variabel
- Moderator notwendig: Nein, aber Koordinator zur Vorbereitung
- Organisatorische Vorbereitung notwendig: Ja
- Material: Notizbücher
- Zeitbedarf: variabel

3.9.2.5 Pro- und Contra-Analyse

Diese Kreativitätstechnik dient dem Erarbeiten von Vor- und Nachteilen eines Verfahrens oder einer Vorgehensweise. Sie enthält Teile des Brainstorming und nimmt gleichzeitig eine intensive Bewertung vor. Die Technik ist leicht anwendbar und erfordert 8 bis 10 Teilnehmer. Die Zeitdauer beträgt 1 bis 2 Stunden.

Arbeitsschritte

1. Der Moderator bildet zwei **gleichstarke** Gruppen. Das Thema ist den Teilnehmern bereits vorher bekannt.

2. Jede Gruppe sammelt nun Argumente und notiert diese auf einem Flip-Chart oder auf Karten. Dabei sammelt die eine Gruppe nur Argumente, die für ein bestimmtes Verfahren oder Vorgehen sprechen, die andere Gruppe nur Argumente dagegen.

3. Jede Gruppe trägt ihre Ergebnisse im Plenum vor, begründet sie und lernt dabei die Argumente der Gegengruppe kennen. Es erfolgt noch keine Diskussion.

4. Die Gruppen beraten getrennt über die Argumente der Gegengruppe.

5. In einem gemeinsamen Streitgespräch versuchen die Gruppen die Argumente der Gegenseite zu entkräften. Die Ergebnisse werden von einem Protokollführer festgehalten.

6. Nach einer Pause prüfen die Kernmitglieder der beiden Gruppen gemeinsam die einzelnen Argumente und werten sie aus.

Wenn die Ergebnisse nicht ausreichend sind, kann das Pro- und Contraverfahren mit vertauschten Rollen noch einmal wiederholt werden.

3.9.2.6 Synektik

Der Name dieser Methode leitet sich aus dem griechischen Wort „synechein" ab, das etwa mit „in Verbindung bringen" übersetzt werden kann, und stellt damit einen direkten Bezug zu kreativen Denkprozessen her: Für diese ist typisch, bereits bekannte Wissenselemente in neue Zusammenhänge zu bringen, zu reorganisieren oder Erfahrungen von einem Anwendungsbereich auf einen anderen zu übertragen.

Der Vorgang der Verknüpfung von Wissen und Erfahrungen aus Bereichen, die zunächst völlig problemfremd erscheinen, mit den Gegebenheiten eines vorliegenden Problems ist das besondere Merkmal einer ganzen Reihe von Ideenfindungsmethoden, die wir als „synektische Methoden" bezeichnen können (Reizwortanalyse, TILMAC, Visuelle Synektik usw.). Ihr grundsätzliches Prinzip ist das der Kombination oder analogen Übertragung.

Spricht man von der Methode „Synektik", dann meint man damit in der Regel die Variante der „Synektischen Exkursion", die methodisch nicht nur den eigentlichen kreativen Akt der Wissenskombination anregt, sondern alle äußerlich erkennbaren Phasen eines kreativen Problemlösungsprozesses simulierend nachvollziehen will und zwar in der Abfolge:

1. Problemerkennung, -analyse und -definition; spontanes Bemühen um Lösungen.

2. Inkubation, Entfernung vom Problem. Unterbewußtes Verarbeiten problemeigener und -fremder Wissenselemente.

3. Herstellung von Denkverbindungen; Bewußtwerden möglicher Lösungsansätze.

4. Überprüfung und Ausarbeitung der intuitiv bewußt gewordenen Ideen.

Vor allem wegen der skurril anmutenden Analogiestufen in der Phase der Entfernung vom Problem (Verfremdung) gerät die Methode der Synektik häufig in einen Zwiespalt zwischen Faszination und Ablehnung. Während sie einerseits als Seminarmethode zweifellos einen Höhepunkt unkonventionellen Problemlösens setzt, scheut man ihre Anwendung in der Praxis, zumal es häufig an einer rationellen Begründung (die durchaus gegeben ist) für das seltsame „Analogiespiel" mangelt. Auf diese Weise wird Synektik weniger genutzt als es ihrer Leistungsfähigkeit entspräche. Praxishemmend ist ferner die Notwendigkeit zu einem ausführlicheren Training in Synektik - etwa im Vergleich zu Brainstorming -, bevor man den Nutzen dieser Methode voll auszuschöpfen vermag.

Synektik sollte wie Brainstorming von einer Gruppe praktiziert werden, auch in etwa gleicher Gruppengröße und -zusammensetzung. Die Methode eignet sich vorzüglich für technische (z.B. Produkt- und Verfahrensentwicklung) Problemstellungen, ist darauf jedoch keineswegs eingeschränkt. Der erfahrene Anwender kann die Methode fallweise optimieren, indem er nach „Fingerspitzengefühl" besondere Aufgabenbereiche auswählt (die Abfolge „Natur" und „Technik" ist keinesfalls zwingend), die Lösungsfindung fallweise bei den persönlichen oder symbolischen Analogien ansetzt, die Verfremdung um sogenannte phantastische Analogien erweitert oder den Lösungsprozess durch Rückkoppelungsschleifen verlängert.

Ein bewußt einfach gehaltenes Beispiel soll alle Schritte dieser Methode verdeutlichen[1]:

1. **Problemstellung:**

    Gesucht werden Möglichkeiten, wie sich Bilder rahmen lassen.

2. **Problemanalyse:**

    Es handelt sich darum, eine Deckplatte aus Glas möglichst einfach auf einem flachen Bildträger zu befestigen.

3. **Spontane Lösungen:**

---

[1] Die nachfolgenden Begriffe werden analog aufgearbeitet.

Klammern, transparente Klebefolie, Saugnäpfchen am Bildträger usw.

4. **Neu definiertes Problem:**

Wie eingangs, jedoch mit der Betonung, daß die Glasplatte sehr einfach wieder abgenommen werden kann.

5. **Direkte Analogie:**

Aus der Natur: Wechsel von Bedeckungen. Schneedecke schmilzt; Schlange streift ihre Haut ab; Wolken ziehen vorbei; Erosion; Geweih wird abgestoßen usw. Davon ausgewählt: Schlange streift ihre Haut ab.

6. **Persönliche Analogie:**

Wie fühle ich mich als sich häutende Schlange? Es juckt mich am ganzen Körper; die alte Haut engt mich ein; bin neugierig, wie ich jetzt aussehe; endlich frische Luft am liebsten hätte ich Hände usw. Davon ausgewählt: Die alte Haut engt mich ein.

7. **Symbolische Analogien:**

zu: Die alte Haut engt mich ein: bedrückende Hülle; schimmernder Panzer; würgendes Ich; lückenlose Fessel; unterdrückende Identität usw. Davon ausgewählt: Lückenlose Fessel

8. **Direkte Analogien:**

Aus der Technik zu lückenlose Fessel: Leitplanken der Autobahn, Druckbehälter, Schienenstrang, Stierkampfarena, Radar-Warnsystem usw.

9. **Analyse:**

der zuletzt genannten Analogien mit dem Versuch, aus deren Strukturmerkmalen Lösungsideen abzuleiten (in Verbindung bringen mit dem Problem)

10. **Analyse Leitplanke:**

Blechprofil, auf beiden Seiten der Autobahn, verformbar

11. **Abgeleitete Ideen:**

Bildträger und Glasplatte werden in einem Profilrahmen verklemmt. Halterungen (gleich welcher Art) werden nur an zwei Seiten angebracht, knetgummiartige Kugeln auf die Ecken von Bildträger und Glas drücken.

12. **Analyse Druckbehälter:**

steht unter Spannung, geschlossenes Volumen, Ein- und Auslaß

13. **Abgeleitete Ideen:**

Bildträger hat Greifkanten und ist leicht vorgekrümmt; dadurch erzeugt er selbst die Haltespannung, wenn er an das Deckglas gepreßt wird, Träger und Glas werden in eine genau passende Tasche aus PE gesteckt, Träger und Glasplatte haben an den Ecken Löcher und werden mit einer Art Druckknopf verbunden.

3.9.2.7 Delphi-Methode

Bei der Delphi-Methode handelt es sich um eine **strukturierte Befragungsmethode,** die Anfang der sechziger Jahre von der RAND-Corporation in den USA entwickelt worden ist. Diese Methode heißt nicht ohne Grund so. Ihr haftet etwas Orakelhaftes an, und sie wird vornehmlich im Bereich **langfristiger Prognosen** angewendet. Ziel ist es, durch zeitlich versetzte Weitergabe der geäußerten Prognose an andere Teilnehmer über den Durchführungszeitraum hinweg eine **weitgehende Übereinstimmung** in den Ansichten über weitere Entwicklungen zu erreichen. *Zielsetzung*

Es werden zehn bis 20 Teilnehmer als **Experten** eines Fachgebiets des jeweils zur Debatte stehenden Themas sorgfältig ausgewählt. Sie werden **unabhängig voneinander** um ihre subjektive Meinung über künftige Entwicklungen bzw. den wahrscheinlichen Eintritt einer zukünftigen Problemlösung befragt. Sie sind räumlich getrennt - oft sogar in anderen Ländern (Vorteil: Ausschaltung eines Meinungsführers, der in mündlichen Debatten häufig einseitig den Verlauf beeinflußt) - und geben ihre Antwort an die Zentrale. Man verzichtet dabei bewußt auf eine direkte gemeinsame Beratung, um bestimmte psychologische Faktoren (z.B. gegenseitige Beeinflussung) auszuschließen oder zu reduzieren. Für ihre Einschätzungen können die Befragten **Begründungen** angeben. Wesentlichen Einfluß auf den Erfolg dieser Methode haben das Wissen und die Vorstellungskraft der daran beteiligten Spezialisten. *Teilnehmer*

Als eine weitere erfolgsentscheidende Voraussetzung hat sich die Formulierung der Fragestellung herausgestellt: Sie sollte zum einen im Sinne der Verwendbarkeit der Ergebnisse konkret gefaßt sein und zum anderen offen genug formuliert sein, um angrenzende, eingangs bedeutungslos erscheinende Punkte mit berücksichtigen zu können. **Typische Fragestellungen** können sein: *Fragestellung*

- Ab welchen Zeitpunkten können zuverlässige Diagnosen zu einem bestimmten medizinischen Forschungsgebiet erstellt werden?
- In welcher Höhe sind die Sanierungskosten aller Gebäude einer Stadt zu erwarten, in denen toxische Materialien verbaut worden sind?
- Wann sind welche neuen Fertigungstechnologien zu erwarten, die die Produktionsbetriebe eines Wirtschaftszweiges grundlegend neu strukturieren?

Die Vorgehensweise der Delphi-Methode sieht mehrere Schritte vor (vgl. Abbildung 3.9-7): *Vorgehensweise*

1. Zunächst werden die ausgewählten Experten mittels eines gering strukturierten **Fragebogens** individuell befragt. Dabei stehen sie in keinem direkten Kontakt zueinander.

2. Die Befragungsergebnisse werden durch den **Delphisten** analysiert und ausgewertet. Eine Gewichtung nach Kompetenz, z.B. durch Selbsteinschätzung der Experten, ist möglich.

3. Der Delphist entscheidet, ob und welche Ergebnisse mit der nächsten Befragungsrunde an die Befragten weitergeleitet werden (**kontrollierte, anonymisierte Rückkopplung**). Jeder Teilnehmer kann dann seine Prognosen überprüfen und mit dem zusätzlichen Wissen der anderen Experten korrigieren bzw. präzisieren. Extremantworten, wie z.B. Kostenschätzungen, die erheblich über oder unter dem Durchschnitt liegen, müssen durch den jeweiligen Schätzer begründet oder können von der weiteren Bearbeitung ausgeschlossen werden.

4. Die nächste(n) Befragungsrunde(n) werden durchgeführt. Die vorherigen Rückkopplungen werden teilweise zu einer Übereinstimmung oder gewissen Angleichung, Fokussierung der Ansichten führen. Diese Runden können so lange wiederholt werden, bis die wahrscheinlichste Lösung von allen stark angenähert wurde (**konvergentes Meinungsbild**). Die „überzeugendsten" Argumente sollten sich im Kreis der Befragten durchsetzen. Die Streuung der Expertenmeinungen sollte sich mit jeder Runde verringern.

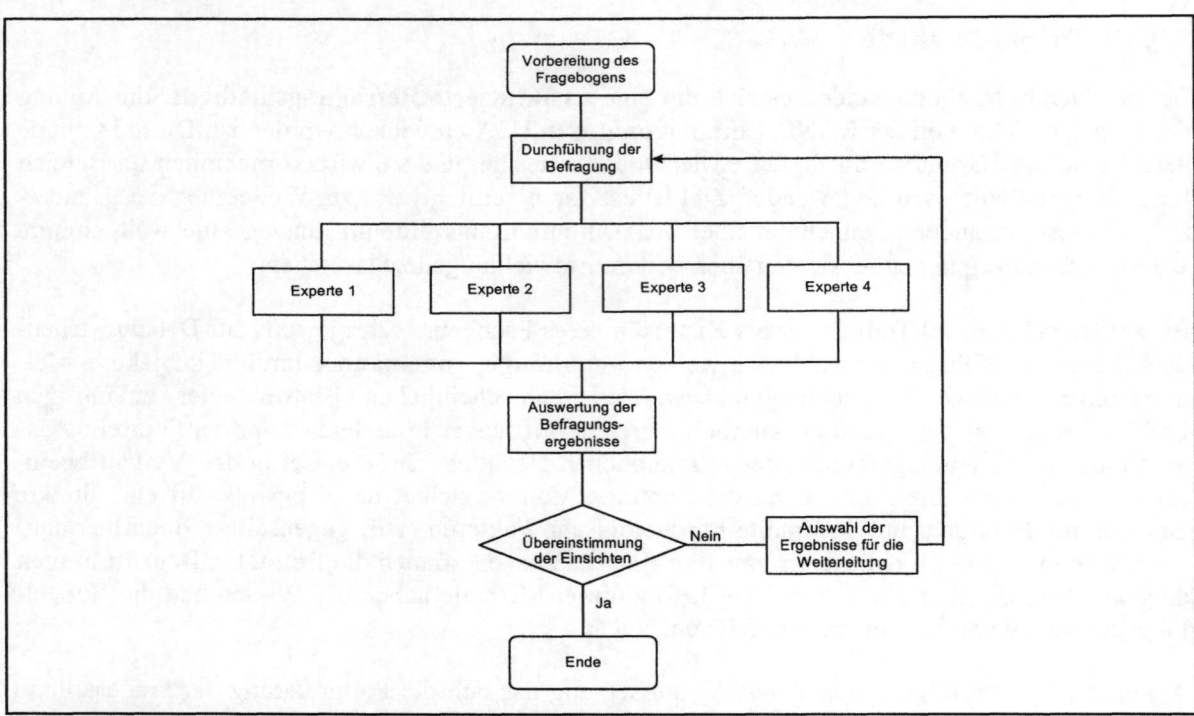

Abbildung 3.9-7: Ablaufplan einer Delphi-Befragung von vier Experten

Vorteil

Der besondere Vorteil der Delphi-Methode ist die Möglichkeit, eine größere Anzahl von Experten in die Befragung mit einzubeziehen und damit die Ergebnisse weitreichend abzusichern.

Nachteile

Nachteilig wirken sich bei der Delphi-Methode vor allem folgende Merkmale aus:

- Durch die verhältnismäßig lange Durchführungsdauer ist die Delphi-Methode für akute, **kurzfristig zu lösende Problemfälle** nicht geeignet.

- Die **Eignung des Delphist** bestimmt erheblich die Güte der Ergebnisse.

- In ungünstigen Fällen können sich die Meinungen zu zwei **gegensätzlichen Standpunkten** polarisieren.

- Es ist unklar, ob die Übereinstimmung zu einer Meinung durch einen tiefgründig reflektierten Konsens zustande kommt. So könnten sich die weniger Überzeugten den stärker Überzeugten in ihrer Meinung angleichen. In der empirischen Sozialforschung läßt sich feststellen, daß sich Befragte durch die **Meinung der Allgemeinheit** beeinflussen lassen und sich tendenziell in deren Richtung korrigieren (GABLER 1988, S. 1174).

Anwendungsbereiche

Anwendungen der Delphi-Methode im Projektmanagement sind u.a.: Machbarkeitsstudien, Technologievorhersagen, demoskopische Entwicklungen, Konkurrenzprognosen, Projektkostenschätzungen. Ein weiteres Beispiel für die praktische Nutzung der Delphi-Methode ist die Risikoanalyse in Projekten: die Risikofaktoren werden vom Projektteam und vom Projektcontroller gemeinsam bewertet, abweichend aber in einem moderierten Expertengespräch ohne Wartezeiten zwischen den Bewertungsrunden. Außerhalb des technischen Bereichs eignet sie sich auch für die Festlegung langfristiger Unternehmensziele.

Variante: Breitband-Delphi-Methode

Als eine wichtige Modifikation der (Standard-) Delphi-Methode sieht die Breitband-Delphi-Methode eine **Diskussion** der einzeln geschätzten, zusammengefaßten und ausgewerteten Schätzergebnisse in der Expertengruppe vor. Dadurch geht allerdings der Vorteil der Anonymität verloren.

Auch bei diesem Verfahren können mehrere Durchgänge erforderlich werden. Der Aufwand ist, insbesondere bei einer größeren Anzahl von teilnehmenden Fachleuten, in vielen Fällen geringer als bei der (Standard-) Delphi-Methode, da sich ggf. schneller ein Konsens bilden kann.

3.9.3 Analytisch (diskursive) Methoden

3.9.3.1 Attribute Listing

Attribute Listing bietet sich als Methode der Ideenfindung besonders dann an, wenn es darum geht, bereits vorhandene Lösungen (vor allem Produkte) zu verbessern und weiterzuentwickeln, um ihren Lebenszyklus im Markt zu verlängern.

Attribute-Listing sieht vor, daß man z.B. ein Produkt im ersten Schritt in möglichst alle seine *Vorgehensweise* Merkmale („Attributes"), d.h. Gestaltelemente, Eigenschaften, Aufbauprinzipien usw., zerlegt. Im zweiten Schritt hält man fest, wie sich die derzeitige Lösung im Hinblick auf diese Merkmale darstellt. Schließlich sucht man im dritten Schritt konsequent nach Alternativen für die derzeitigen Ausgestaltungen.

1. Merkmal	2. Derzeitige Lösung	3. Alternative Gestaltung
Problemstellung	Vorgegeben durch den Problemsteller	In der Gruppe durch z.B.: Brainstorming, Synektik, Methode 635

Abbildung 3.9-8: Methode des Attribute Listing: Vorgehensweise

Beispiel 1: Merkmale und derzeitige Lösung eines betrieblichen Vorschlagswesens

1. Merkmal	2. Derzeitige Lösung	3. Alternative Gestaltung
Inhalt der Aufforderung	sehr allgemein: Vorschläge machen	
Angesprochener Kreis	alle Mitarbeiter auf gleiche Weise	
Medium	Aushang am schwarzen Brett	
Frequenz der Aufforderung	permanent	
Prüfung der Vorschläge	zuständige Fachabteilung	

Abbildung 3.9-9: Beispiel 1 zur Methode des Attribute Listing

Beispiel 2: Merkmale, derzeitige Lösung und Variationen einer Projektorganisation

1. Merkmal	2. Derzeitige Lösung	3. Alternative Gestaltung
Projektplanung	Netzplantechnik	keine, Balkenplan, Meilensteine
Projektaufbauorganisation	Funktional	Matrix, Divisional, Team, keine
Kostenüberwachung	durch Projektmanager	eigener Controller, Konzerncontrolling, Buchhaltung
Personalbeschaffung	aus/durch Muttergesellschaft	Berater, Anzeigen, Arbeitsamt, Uni
Projektfinanzierung	Hausbank	Versicherung, Staat, EG, Kunde, andere Bank, selbst

Abbildung 3.9-10: Beispiel 2 zur Methode des Attribute Listing

3.9.3.2 Morphologische Analysen

Morphologie ist die Lehre von der Gestalt und dem Bau des Menschen, der Tiere und der Pflanzen. Wie sich z.B. bei der Pflanze Funktion zu Funktion fügt und erst die Kombination die konkrete Pflanze ergibt, so fügt sich auch bei einem morphologischen Kasten Element an Element und bildet die mögliche Problemlösung.

Vorgehensweise Prinzipiell sollte die Handhabung der Methode des Morphologischen Kastens in folgenden Schritten erfolgen:

1. Analyse, Definition und gegebenenfalls zweckmäßige Verallgemeinerung des Problems.

2. Bestimmung der Parameter des Problems, wobei ein Parameter jeweils ein grundsätzlich auftauchendes Lösungselement allgemein definiert.

3. Anordnung der Parameter in der Vorspalte einer Tabelle. Nun werden für alle Parameter Ausprägungen gesucht, d.h. jene konkreten Ausgestaltungen, die sie theoretisch und praktisch annehmen können.

4. Jede mögliche Kombination je einer Ausprägung aus jeder Zeile stellt eine Lösung im Morphologischen Kasten dar, die beispielsweise mit einem Zick-Zack-Linienzug markiert werden kann.

5. Die Form der kombinatorischen Lösungssynthese erzeugt zwangsläufig eine außerordentlich große Zahl von Alternativen. Immerhin enthält ein Morphologischer Kasten mit nur sechs Parametern und jeweils zehn Ausprägungen bereits eine Million denkbarer Lösungen.

6. Das Herausfinden gut geeigneter Lösungen ist nun ein iterativer Prozeß, bei dem gedanklich sehr viele (Teil-)Kombinationen durchzuspielen sind. Eine gewisse Optimierung kann dabei erreicht werden, wenn es gelingt, anhand problemspezifischer Kriterien zeilenweise die günstigsten Ausprägungen festzustellen und diese zur optimalen Lösung der ersten Näherung zu verbinden. Man muß sich jedoch bewußt sein, daß auch „nicht optimale" Ausprägungen durch besondere Kombinationsvorteile zu hervorragenden Gesamtlösungen führen zu können.

Der Anwender wird sehr rasch bemerken, daß der mit Abstand kritischste Schritt bei der Erstellung eines Morphologischen Kastens das Auffinden der Parameter ist und zwar in so logischer und vollständiger Form, daß die Aufgabenstellung durch den **Satz der Parameter** präzise erfaßt wird.

3.9 Kreativitätstechniken

Leider gibt es **keine zwingenden Regeln**, wie ausgehend von einem gestellten Problem die **Parameter** eines Morphologischen Kastens herauskristallisiert werden können. Hierfür bietet sich lediglich eine Reihe von Hilfstechniken an, die primär auf die analytische Durchdringung der Problematik gerichtet sind und die Parameterfindung durch erhöhtes Problemverständnis begünstigen.

Hilfstechniken in diesem Sinne sind:

- Funktions- und Ablaufanalysen
- Blockdiagramme
- verallgemeinernde Rückschlüsse ausgehend von konkreten Einzellösungen
- „W"-Fragen
- systemanalytische Überlegungen und
- Visualisierungen jeder Art.

Parameter Stadtauto	Ausprägungen		Lösung A	Lösung B	
Personenkapazität	1	2	3	4	mehr als 4
Lastraum	keiner	im Bug	im Heck	im Dach	unter Flur
Antriebsaggregat	Elektro	Gas	Diesel	Otto	Sonnenenergie
Korosseriematerial	Stahl	Aluminium	Kunststoff	Holzverbundmaterial	
Bauform	Stufenheck	Steilheck	Fließheck	Pick-up	Cabrio

Abbildung 3.9-11: Morphologischer Kasten, Beispiel: Stadtauto (2 Lösungsalternativen)

Es empfiehlt sich, zunächst eine Diskussionsliste möglicher Parameter aufzustellen und diese - gegebenenfalls mehrfach - zu überarbeiten. Dabei sollten zwei Anforderungen berücksichtigt werden:

- Parameter müssen voneinander logisch unabhängig sein. Sie dürfen sich nicht wechselseitig bedingen, da sonst die freie Kombinierbarkeit der Ausprägungen zu alternativen Gesamtlösungen beeinträchtigt wird.

- Es sind nur Parameter mit konzeptioneller Relevanz in den Morphologischen Kasten aufzunehmen, aber nicht solche, die unwesentliche Details der gesuchten Lösungen beschreiben. Dadurch behält der Morphologische Kasten seine Übersichtlichkeit, und Auswahlvorgänge werden nicht unnötig durch „Ballast-Parameter" komplizierter.

Einen tauglichen Morphologischen Kasten aufzubauen, erfordert vom Anwender ein **fundiertes fachliches Wissen** über den betreffenden Problembereich, ohne daß er in den meisten Fällen sehr schnell scheitern wird. Dennoch kann ohne weiteres auch eine fachlich heterogene Gruppe an der Konzeption eines Morphologischen Kastens beteiligt sein, sofern ihre Heterogenität das Spektrum der durch die Parameter definierten Teilprobleme überdeckt.

Im Hinblick auf Art und Gebiet der behandelten Probleme unterliegt der Morphologische Kasten keinen Einschränkungen. Nahezu jede Fragestellung läßt sich mit dieser Methode bearbeiten. Die

Eigenschaft, sehr viele Informationen in verdichteter Form aufnehmen zu können, verleiht dem Morphologischen Kasten dann besondere Vorzüge, wenn sehr komplexe Probleme zu attackieren sind. Hochkomplexe Probleme erfordern es in der Praxis allerdings häufig, daß man nacheinander mehrere Morphologische Kästen aufstellt, wobei die Parameter und Ausprägungen der Ausgangsmorphologie sehr hoch aggregiert sind und erst in den Folgekästen Teilkomplexe in größerer Detailliertheit aufgegriffen werden.

Parameter Verbesserung von umweltbewußtem Verhalten	Ausprägungen					
Zielbereich	örtlich	gebietsweise	regional	auf Landesebene	auf Bundesebene	
Zielgruppe	Einzelpersonen	Geschlechtsgruppen	Altersgruppen	Familien	Berufsgruppen	Unternehmen
Art der Ansprache	durch Behörden	durch Bürger	durch Radio / TV	durch Tagespresse	durch Magazine	durch Postwurfsendungen
Art der Einwirkung	imperative Hinweise	Verständnis wecken	abschreckend	überreden	Strafe androhend	Rat gebend
Erfolgskontrolle	keine	Auswertung von Rückmeldungen	Befragung	Auswirkung auf Schutzobjekte		

Abbildung 3.9-12: Morphologischer Kasten, Beispiel: Verbessern von umweltbewußtem Verhalten

3.9.3.3 Problemlösungsbaum

Der Problemlösungsbaum, in Kapitel 3.10 auch als Entscheidungsbaum beschrieben, zeigt das Problem als hierarchische Struktur. Die übergeordneten Bestandteile werden solange weiter in Einzelteile zerlegt, bis eine weitere Untergliederung nicht mehr sinnvoll erscheint.

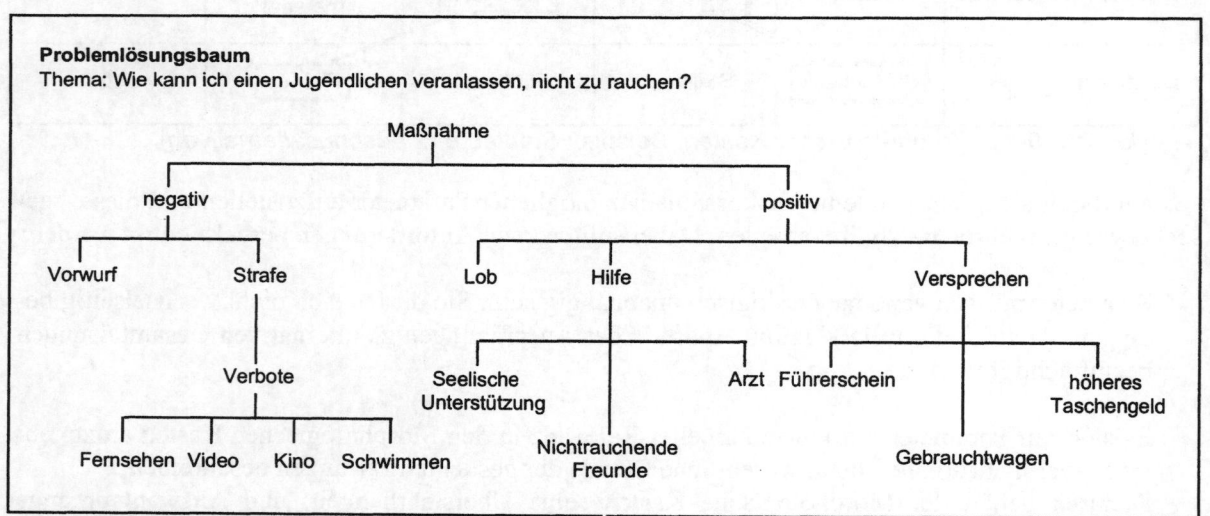

Abbildung 3.9-13: Problemlösungsbaum (Beispiel)

Eine besondere Art der Lösungsbaumanwendung und -darstellung ist die Technik „**Mind Mapping**". Genau wie es in der Darstellung der Aufbauorganisation auch nicht-lineare Darstellungsformen gibt, geht Mind Mapping vom (auch grafisch) zentralen Thema aus und zeigt die Haupt- und Nebenaspekte in möglicherweise weitverzweigten Haupt- und Nebenästen. Der Markt bietet verschiedene interaktive Software-Hilfen zu dieser Technik an.

3.9 Kreativitätstechniken

Wichtigste Merkmale

- Anzahl der Teilnehmer: 6
- Moderator notwendig: Ja
- Organisatorische Vorbereitung notwendig: Ja
- Material: Pinnwände, Pinnadeln, Karten, Filzschreiber
- Zeitbedarf: ca. 2 Stunden

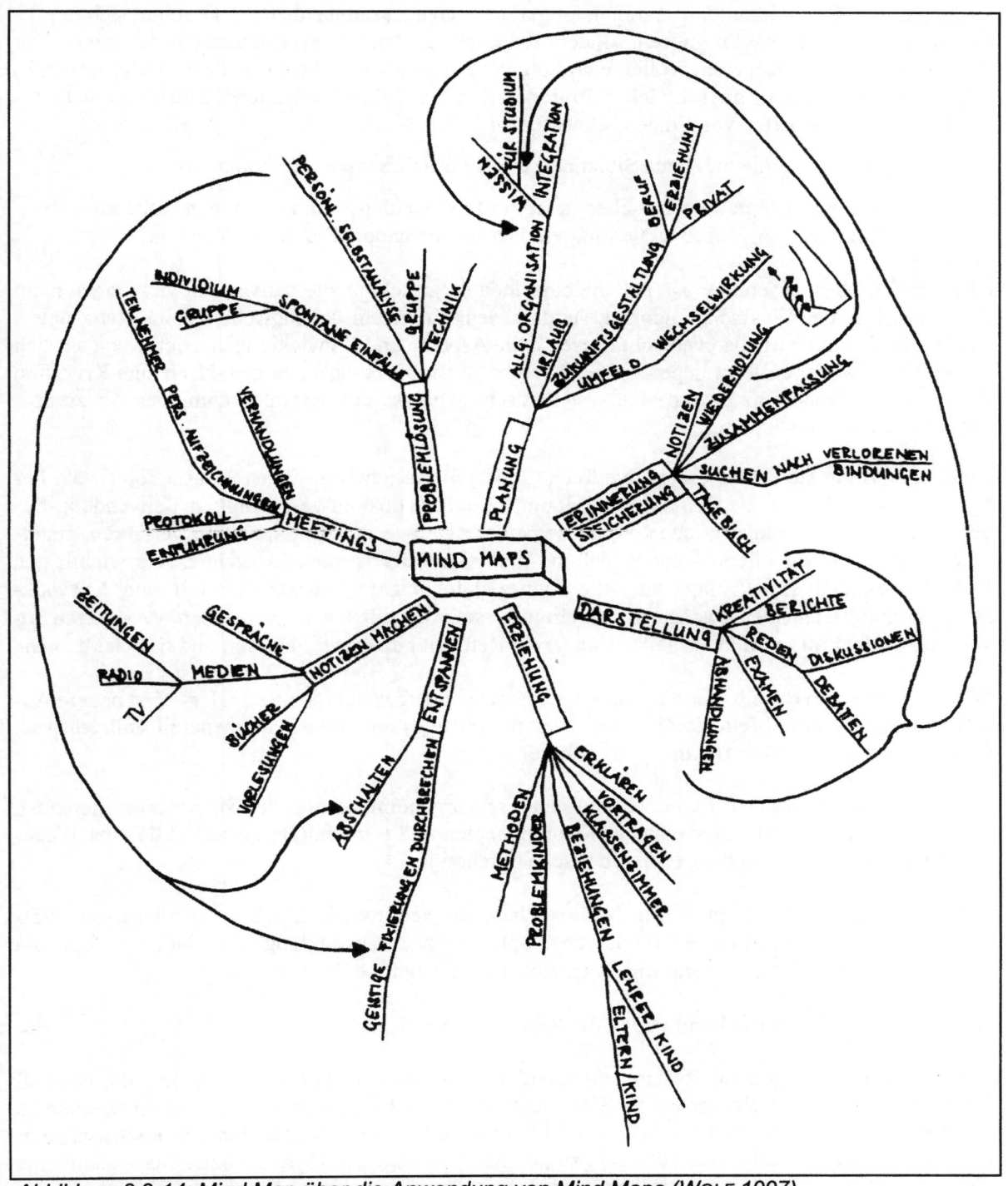

Abbildung 3.9-14: Mind Map über die Anwendung von Mind Maps (WOLF 1997)

3.9.4 Szenarien

Szenario-Writing ist eine Technik zur Erstellung **mittel- und langfristiger Prognosen**, die in jüngster Zeit zunehmend Eingang in Planungstheorie und Planungspraxis findet. Es wird versucht, ausgehend von einer gründlichen Beurteilung der gegenwärtigen Lage auf dem zu prognostizierenden Gebiet mögliche zukünftige Entwicklungen dieses Gebietes in kleinen Schritten zu erfassen. Besondere Beachtung finden dabei die sog. **kritischen Ereignispunkte**. Dies sind Ereignisse in der gesamten Ereignisfolge, bei denen sich alternative Entwicklungen ergeben, die systematisch weiterverfolgt werden.

Szenarien sind möglichst vollständige und plausible, dabei nicht unbedingt erwartete Zusammenstellungen von Ereignissen bzw. Ereignisfolgen und deren Zusammenhang. Es handelt sich bei ihnen nicht um eigentliche Prognosen, sondern lediglich um **Zukunftsvorstellungen** derjenigen, die sie niederschreiben. Szenarien wollen eine Folge (oder im Falle mehrwertiger erwarteter Entwicklungen mehrere Folgen) **ausführlicher Bilder** von in der Zukunft erwarteten Situationen aufstellen. Sie sollen zwei Arten von Fragen beantworten:

- Wie kann eine mögliche Situation Schritt für Schritt zustande kommen?
- Welche Alternativen bestehen in jedem Entwicklungsstadium, um den weiteren Entwicklungsprozeß zu verhindern oder in eine andere Richtung zu lenken?

Was ist die logische Beschaffenheit?

Charakteristisch für Szenarien ist, daß die einzelnen dargestellten alternativen Entwicklungen nicht dem Kriterium der Wahrscheinlichkeit, sondern dem Kriterium der **logischen Konsistenz** unterworfen werden. Es wird also versucht, wesentliche Aspekte und Entwicklungen, auch wenn sie sich in Rand- und weiter entfernt liegenden Gebieten befinden, zu berücksichtigen. Nach dem Kriterium der logischen Konsistenz erfolgt eine systematische Analyse des gesamten Umfeldes der zu prognostizierenden Entwicklung.

Unterscheidung zu anderen Prognosetechniken

Szenario-Writing stellt eine qualitative Technik dar, die in gewisser Weise „Basisprognosen" liefert, die eventuell auch als Denkhilfe und Input für andere qualitative Techniken Verwendung finden können. Von herkömmlichen Prognosemethoden, etwa den Extrapolationsverfahren, unterscheidet sie sich vor allem dadurch, daß sie **partielle Voraussagen integriert**. Die wichtigsten Vorteile des Szenario-Writings sind die Einbeziehung einer **größeren Vielfalt von Entwicklungsmöglichkeiten**, der Zwang zur **Auseinandersetzung mit** leicht übersehbaren **Aspekten** sowie die **Aufdeckung von Wechselwirkungen** in Betracht gezogener Faktoren und Entwicklungen.

Phasenmodell

Wie ein Szenarium erstellt werden soll, ist methodisch weitgehend nicht festgelegt. Erst neuere Ansätze versuchen, eine Methodologie des Szenario-Writings zu entwickeln. Generell vollzieht sich die **Erstellung eines Szenariums** in drei Phasen:

1. In der ersten Phase wird eine Zustandsanalyse vorgenommen, die den zu prognostizierenden Sachverhalt definiert, seine einzelnen Komponenten und sein Umfeld einschließlich der Wechselwirkungen der einzelnen Umfeldbereiche beschreibt.

2. Darauf aufbauend erfolgt in der zweiten Phase die schrittweise Erarbeitung alternativer Entwicklungen (pessimistische Entwicklung, optimistische Entwicklung) des Sachverhaltes und damit auch die Identifizierung sog. überraschender Ereignisse.

3. In der dritten Phase wird schließlich das Szenario geschrieben.

Fazit

Szenario-Writing kann somit zusammenfassend als eine Technik bezeichnet werden, die generell für die Erarbeitung von Prognosen für Planungszwecke von Bedeutung ist. Sie erscheint besonders geeignet, um die in der heutigen Zeit verstärkt auftretenden **Trendbrüche bzw. Diskontinuitäten** in der langfristigen Entwicklung erfassen zu können. Derartige Trendbrüche bzw. Diskontinuitäten können von den bekannten statistischen Prognoseverfahren nur schwer berücksichtigt werden.

3.9.5 Organisation und Durchführung einer Konferenz mit Einsatz von Kreativitätstechniken

Für die Anwendung von Kreativitätstechniken ist auf folgende notwendigen Schritte und Vorbereitungen hinzuweisen. Bei einem Problem führen eigene Lösungsversuche nicht zu einem befriedigenden Ergebnis. Es wird der Entschluß gefaßt, mit Hilfe von Kreativitätstechniken eine Gruppe dieses Thema bearbeiten zu lassen (siehe Kapitel 2.9). *Situation*

Klärung der Bearbeitung mit Kreativitätstechniken *Ablaufschritte*

- Strukturierung des Problems, Darstellung als Briefing
- Bestimmung des Problemcharakters
- Wahl einer geeigneten Technik

Organisation der Sitzung

- Kontaktaufnahme mit potentiellen Teilnehmern
- Absprache von Ort und Zeit
- Zusendung des Briefings an die Teilnehmer
- Organisation der Hilfsmittel (Flip-Chart, Pinnwand etc.)
- Organisation von Moderation und Protokoll

Durchführung der Sitzung

- Diskussion des Problems, eventuell Neuformulierung des Problems
- Bestimmung des Sitzungsziels (Arbeitsergebnis)
- Einigung auf das methodische Vorgehen
- Versuch der gemeinsamen Lösungsfindung

Würdigung der Sitzung

- Diskussion der erzielten Ergebnisse
- erste Beurteilung der Qualität der gefundenen Ideen und Lösungen

	Brainstorming	Diskussion 66	Kartenabfrage	Methode 635	Attribut-Listing	Morph.-Kasten
Geeignet als Einstiegsmethode	X	X	X	X	X	
Erfordert Übung	X	X				X
Gute Moderation notwendig	X	X	X			X
Auch mit ungeübten Teilnehmern			X	X	X	
Im ersten Anlauf riskante Methode						X

Abbildung 3.9-15: Einsatz von Kreativitätstechniken

Wenn das Problem befriedigend gelöst werden konnte, kann in einem nächsten Schritt eine Auswahl der erfolgsversprechendsten Ansätze erfolgen und danach ein Entscheidungsvorschlag erarbeitet werden. Sind die Ergebnisse nicht befriedigend, wird ggf. eine weitere Sitzung organisiert.

3.9.6 Osborn-Checkliste

Osborn, der Entwickler des Brainstorming hat auch eine Checkliste entwickelt, die den allen vertrauten Fragebogen aus anderen Bereichen ähnlich ist. Die Liste kann uns helfen, Probleme aus einer ungewöhnlichen Sicht zu betrachten und Lösungen zu entwickeln.

Folgende **Osborn-Checkliste** ist eine verkürzte deutsche Übersetzung:

Anders verwenden

- Wie kann eine Idee anders verwendet werden?
- Welchen Nutzen, Gebrauch hat die Idee noch?

Anpassen

- Was ist der Idee ähnlich?
- Welche Parallelen lassen sich ziehen?
- Wie kann die Idee gruppiert, strukturiert werden?

Ändern

- Wie kann man Bedeutung, Farbe, Bewegung, Klang, Geruch, Form, Größe verändern und umgestalten?

Vergrößern

- Wie kann man Stärke, Länge, Dicke, Höhe verändern?
- Wie kann man die Idee verdoppeln, multiplizieren, übertreiben?

Verkleinern

- Was kann man wegnehmen?
- Wie kann man die Idee kleiner, kompakter, tiefer oder heller gestalten?

Ersetzen

- Was kann man an der Idee ersetzen?
- Wer oder was kann an die Stelle der Idee treten?
- Welches Material kann verwendet werden?

Umstellen

- Welche Teile, Strukturen können ausgetauscht, verändert, umgestellt werden?

Umkehren

- Wie kann positiv und negativ getauscht werden?
- Wie sieht das Gegenteil aus?

Kombinieren

- Wie kann man die Idee kombinieren?

Zusammenfassung

Kreativitätstechniken sollen das in jedem Menschen angelegte kreative Potential stärken und Gruppen durch Synergie dieser individuellen Anlagen und Fähigkeiten innovativ werden lassen. Kreativitätshilfen können kombiniert werden. Ihr Einsatz zielt auf die Lösung von Problemen. Dafür werden diese Hilfen in den Lösungsprozeß eingebunden. Voraussetzung ist aber, daß alle Beteiligten das Problem verstanden haben. Ferner muß darauf geachtet werden, daß die gewählten Kreativitätstechniken für die Lösung der Innovationsaufgabe oder Problemart geeignet sind.

Aus der Vielzahl der Methodenvarianten haben von den intuitiven Methoden das klassische Brainstorming, die Diskussion 66, die Brainwriting-Methode 635 und die Kartenabfrage die größte Bedeutung. Zu den analytischen (diskursiven) Techniken zählen das Attribute Listing und der Morphologische Kasten.

Der erfolgreiche Einsatz ist nicht nur eine Frage von ausreichenden Methodenkenntnissen, sondern setzt auch eine Reihe von organisatorischen Bedingungen und ein geeignetes Umfeld voraus. Um Kreativitätstechniken erfolgreich einsetzen zu können, muß man aber auch berücksichtigen, daß bei uns und bei anderen Beteiligten eine Reihe von Blockaden die Entfaltung von Kreativität behindert. Neben regulierter Erziehung, Schule, Ausbildung und unserer eigenen Lebensgestaltung sind unsere eigene Bequemlichkeit, unsere eingefahrenen Denk- und Verhaltensmuster nicht zu unterschätzende Kreativitätskiller.

Literaturverzeichnis

ADEHM, D.: Systematische Ideenfindung, Expert Verlag, 1995

BACHMANN, W.: NPL, wie geht das?, Junfermann-Verlag, 1995

VON DEYM, A.; u.a.: Organisationsplanung. Planung durch Kooperation. Hrsg.: Siemens AG. 7. unveränderte Auflage. Berlin, München 1985

DE BONO, E.: Laterales Denken. Düsseldorf, Wien 1993

FELDMANN P.: Denktraining mit System. München: Heyne Verlag, 1993

GABLER Wirtschaftslexikon, Wiesbaden, Gabler Verlag, 1988

GESCHKA, H.; u.a.: Vademecum der Ideenfindung, 4.Aufl., [Hrsg.]: Battelle-Institut e.V., Frankfurt a.M., o.J.

GESCHKA, H.: Kreativitätstechnik zur Technischen Produktfindung, Springer, 1995

GRUPP, B.: Methoden und Techniken der EDV-Organisation. Köln: Verlag TÜV Rheinland, 1988

HEINRICH, L.; Burgholzer, P: Systemplanung: d. Planung von Informations- u. Kommunikationssystemen, Bd.1. 3. Aufl., München; Wien: Oldenbourg, 1987

Ideen haben - Probleme lösen, In: Management-Wissen Methoden. Seite 46ff., München: Vogel-Verlag, 1980

KAESTNER, R.: Kreativitätstechniken zur Zielfindung. In: Projektmanagement-Fachmann Band 1, Rationalisierung-Kuratorium der Deutschen Wirtschaft (RKW) e.V.(Hrsg.), S.101 ff., Eschborn 1991

KIRCKHOFF, M.: Mind Mapping. Einführung in eine kreative Arbeitsmethode. Gabal, 1995

KLEBERT, Karin; Schrader, Einhard; Straub, Walter (1985). Moderationsmethode: Gestaltung der Meinungs- und Willensbildung in Gruppen, die miteinander lernen und leben, arbeiten und spielen. Windmühle GmbH, Verlag und Vertrieb von Medien, Hamburg

MEHRMANN E.: Schnell zum Ziel Kreativitäts- und Problemlösungstechniken. Düsseldorf: ECON, 1994

PINK, R.: Wege aus der Routine. Kreativitätstechniken für Beruf und Alltag. Stuttgart, Deutscher Sparkassenverlag, 1996

RAUDSEPP E.: Kreativitätsspiele. München: Heyne Verlag, 1985

RAHN R.-M.: Vom Problem zur Lösung. München: Heyne Verlag, 1989

SCHLICKSUPP, H.: Kreative Ideenfindung in der Unternehmung, Berlin 1977

SCHLICKSUPP, H.; u.a.: Methoden zur Ideenfindung für innovative Problemlösungen, Folien-Programm 1, Jünger Verlag Frankfurt, o.J.

SCHLICKSUPP, H.: Innovation, Kreativität und Ideenfindung, Vogel-Verlag, 1989

SCHLICKSUPP, H.: Führung zu kreativer Leistung, Expert-Verlag, 1995

SCHLICKSUPP, H.: Kreativ-Workshop, Vogel-Verlag, 1993

SCHMIDT, G.: Methoden und Techniken der Organisation. 6. Aufl., Band 1 der Schriftenreihe DER ORGANISATOR. Gießen: Verlag, Schmidt, 1986

WACK, o. G.; u.a.: Kreativ sein kann jeder, Windmülle-Verlag, 1993

WOLF, M.: Projektmanagement Live, expert-Verlag, 1997

Autorenportrait

Dipl.-Ing., Dipl.-Kfm. Heinz Bergfeld

Nach dem Studium in Hannover, Kiel und Nürnberg war er wissenschaftlicher Mitarbeiter am Lehrstuhl für Unternehmensführung der Universität Erlangen-Nürnberg. Daran schloß sich eine 20jährige Tätigkeit mit verschiedenen Führungsaufgaben in der Industrie an. Im Mittelpunkt stand dabei vor allem die organisatorische Gestaltung und Durchsetzung neuer Aufbau- und Ablauforganisationen. In den letzten Jahren war der Schwerpunkt die Analyse und zunehmend die Sanierung bzw. Reorganisation von mittelständischen Unternehmen. Daneben war er als Dozent an verschiedenen Einrichtungen tätig und hatte viele Jahr einen Lehrauftrag an einer Fachhochschule. Heute ist er Geschäftsführer eines mittelständischen Unternehmens der Bauindustrie und gleichzeitig Unternehmensberater mit den Schwerpunkten: Projektmanagement im Umweltbereich, Unternehmensbewertung, Externes Controlling, Sanierung und Reorganisation.

Abbildungsverzeichnis

Abbildung 3.9-1: Lösungsablauf für schlechtstrukturierte Probleme 812

Abbildung 3.9-2: Funktionsanalyse (Beispiel: Telefonieren) 813

Abbildung 3.9-3: Problemanalyse in der Gruppe 814

Abbildung 3.9-4: Ideen anderer Teilnehmer aufgreifen und Ideen mit höherer Qualität entwickeln 816

Abbildung 3.9-5: Formular für Brainwriting nach der Methode 635 819

Abbildung 3.9-6: Beispiel: Brainwriting nach der Methode 635 820

Abbildung 3.9-7: Ablaufplan einer Delphi-Befragung von vier Experten 826

Abbildung 3.9-8: Methode des Attribute Listing: Vorgehensweise 827

Abbildung 3.9-9: Beispiel 1 zur Methode des Attribute Listing 827

Abbildung 3.9-10: Beispiel 2 zur Methode des Attribute Listing 828

Abbildung 3.9-11: Morphologischer Kasten, Beispiel: Stadtauto (2 Lösungsalternativen) 829

Abbildung 3.9-12: Morphologischer Kasten, Beispiel: Verbessern von umweltbewußtem Verhalten 830

Abbildung 3.9-13: Problemlösungsbaum (Beispiel) 830

Abbildung 3.9-14: Mind Map über die Anwendung von Mind Maps (WOLF 1997) 831

Abbildung 3.9-15: Einsatz von Kreativitätstechniken 833

Lernzielbeschreibung

Der Leser sollte nach dem Durcharbeiten dieses Kapitels

- wissen, weshalb man Kreativitätstechniken einsetzt;
- die wichtigsten Kreativitätstechniken und deren Varianten kennen;
- wissen, wann man welche Kreativitätstechniken einsetzen kann und sollte;
- das generelle Vorgehen kennen;
- die Wichtigkeit des Gruppenprozesses verstanden haben.

3.10 Methoden zur Problemlösung

von

Olaf Pannenbäcker

Relevanznachweis

Unterschiede zwischen erwünschtem Zustand und wirklich vorgefundener Situation empfinden Menschen als „Problem". Führungsfunktionen „Ziele setzen" und „Planen" münden nach dem Handeln oft in Plan-Ist-Vergleiche mit unbefriedigenden Ergebnissen in Problemen bzw. neuen Fragen und Aufgaben.

Probleme tauchen nicht nur in Projekten auf, sondern überall im Leben, sei es privat oder im beruflichen Alltag. Jede Fachdisziplin hat für „ihre" spezifischen, immer wieder in vergleichbarer Art auftretenden Problemstellungen ein Methoden- und Techniken-Set entwickelt und verfeinert. Jeder Mensch bildet für sich Strategien heraus, mit Problemsituationen umzugehen und sie zu lösen. Alle diese Vorgehensweisen, die analytische Instrumente und Kreativitätstechniken integrieren, kommen laufend im Projektmanagement zum Einsatz. Solche Methoden der Problemlösung machen einen Großteil der Projektarbeit aus.

Spezialisten aus unterschiedlichen Fachbereichen und -disziplinen arbeiten alleine oder in Gruppen an Problemlösungen für definierte Arbeitspakete. Sie bringen oft unterschiedliche fachliche Erfahrungen mit und müssen dennoch in der täglichen Projektarbeit in sehr kurzer Zeit wirksam zusammenarbeiten. Dazu setzen sie ihr spezifisches Know-how, ihre fachspezifischen Methoden zur Problemlösung ein.

Methoden zur Problemlösung im Projektmanagement können daher nicht mit diesen disziplinären Verfahren identisch sein. Sie müssen einen ergänzenden Charakter besitzen, zusätzliche, in diesen fachspezifischen Methoden nicht oder nur unzureichend vorhandene Aspekte einbringen. Der Schwerpunkt muß darauf liegen, daß sie interdisziplinär einsetzbar sind, daß sie eine zielgerichtete Zusammenarbeit von Spezialisten aus unterschiedlichen Fachrichtungen ermöglichen. Synergien können nur dann entstehen, wenn eine gemeinsame Kommunikationsbasis, eine gemeinsame Vorgehensweise vorhanden sowie für jeden einsichtig und akzeptabel sind. Hier setzten die Methoden zur Problemlösung an.

Inhaltsverzeichnis

3.10.1 Probleme in der Projektarbeit	**841**
3.10.2 Der Problemlösungsprozeß	**844**
3.10.2.1 Sequentielle Phasenmodelle	844
3.10.2.2 Problemlösungskreis	847
3.10.2.3 Formularbasierte Systeme	847
3.10.2.3.1 Situationsanalyse	847
3.10.2.3.2 Problemanalyse	848
3.10.2.3.3 Entscheidungssystematik	848
3.10.2.3.4 Analyse wahrscheinlicher Probleme	850
3.10.3 Ausgewählte Methoden und Techniken zur Unterstützung des Problemlösungsprozesses	**851**
3.10.3.1 Übersicht über Methoden und Techniken	851
3.10.3.2 Methoden und Techniken zur Informationsgewinnung	853
3.10.3.2.1 Befragungstechniken	853
3.10.3.2.2 ABC-Analyse	856
3.10.3.2.3 Blackbox-Methode	858
3.10.3.2.4 Prognosetechniken	859
3.10.3.2.5 Das Wirkungsnetz	862
3.10.3.2.6 Einflußmatrix	863
3.10.3.2.7 Kräftefeldanalyse	864
3.10.3.2.8 Darstellungstechniken	865
3.10.3.3 Methoden und Techniken zur Zielformulierung	866
3.10.3.4 Methoden und Techniken zur Lösungssynthese	866
3.10.3.5 Methoden und Techniken zur Auswahl, Bewertung und Entscheidung	867
3.10.3.5.1 Strukturierte Bewertung	867
3.10.3.5.2 Entscheidungstabellen	868
3.10.3.5.3 Wirtschaftlichkeitsrechnung	869
3.10.3.5.4 Nutzwertanalyse	869

3.10.1 Probleme in der Projektarbeit

Zunächst sollen einige Begriffe geklärt werden.

> Ein **Problem** kann definiert werden als „schwierige Aufgabe, komplizierte Fragestellung; nicht gelöste Frage, beruhend auf dem Wissen oder der Erkenntnis, daß das verfügbare Wissen nicht ausreicht, um eine gestellte Aufgabe zu bewältigen oder einen Zusammenhang zu durchschauen, dessen Verständnis erstrebt wird." (BROCKHAUS 1996)

Definition: Problem

Zu einem Problem gehört daher eine Zielvorstellung und eine Ist-Situation sowie eine **Soll-Ist-Abweichung** (siehe Kapitel 1.1.2), die analysiert und kreativ gelöst werden muß.

> **Problemlösen** ist „das Auffinden eines vorher nicht bekannten Weges von einem gegebenen Anfangszustand zu einem gewünschten und mehr oder weniger bekannten Endzustand." (BROCKHAUS 1996)

Definition: Problemlösen

Dabei lassen sich die anstehenden Probleme nach Art und Typ klassifizieren. Nach einer Untersuchung über Gruppenarbeit lassen sich folgende **Problemarten** unterscheiden (BATTELLE 1974):

Problemarten

- **Analyseprobleme**: Identifizierung von Strukturen, Zusammenhängen und Gesetzmäßigkeiten;

    Beispiele aus der Projektarbeit: Arbeitsinhalte des Projekts strukturieren, Vorgänger-Nachfolger-Beziehungen zwischen Vorgängen ermitteln, informelle Arbeitsstrukturen im Projekt und im Projektumfeld erkennen, Stärken und Schwächen identifizieren.

- **Suchprobleme**: Finden von Personen, Gegenständen, Begriffen oder Strukturen, die bestimmte Eigenschaften erfüllen müssen;

    geeigneten Projektleiter finden, Planungsunterlagen von vergleichbaren Projekten ausfindig machen, Zielsystem formulieren, neuartige Materialien einsetzen.

- **Konstellationsprobleme**: Auffinden neuer konstruktiver oder konzeptioneller Aufgabenlösungen;

    Herangehensweise an Sachprobleme klären, neue Fertigungstechnologie etablieren, Konzept zur Materialflußverbesserung entwickeln.

- **Auswahlprobleme**: Bestimmung von Alternativen, die ein vorgegebenes Ziel am bestem erfüllen;

    Mitglieder des Projektteams benennen, Arbeitspaketverantwortlichen oder Unterauftragnehmer bestimmen, Vorgehensweise festlegen.

- **Folgeprobleme**: Lösung durch Befolgen einer bestimmten Gesetzmäßigkeit.

    Sachzwänge aus strategischen Entscheidungen der Projektleitung aufheben, unpräzise Zielvorgaben oder Aufgabenstellungen klarstellen, Lagerverwaltung an das neue Materialflußkonzept anpassen.

Problemtypen Abhängig von der Kenntnis des jeweiligen Lösungswegs treten in der täglichen Projektpraxis zwei unterschiedliche **Problemtypen** auf (vgl. Kapitel 3.9.1.3). So kennt man „wohlstrukturierte" Probleme (Routineprobleme), bei denen die Fragen transparent sind und man weiß, wie man sie angehen muß bzw. deren Lösungsweg bekannt ist.

> *Typische Routineprobleme sind beispielsweise die Berechnung von Flugbahnen, wirkenden Kräften und Momenten oder von Geschwindigkeiten, die Umsetzung von Rechneranweisungen in einen Quellcode oder die Benutzung eines Geldautomaten.*

Andererseits gilt für „schlechtstrukturierte" Probleme (diffuse Probleme): es gibt keine präzise Einstiegsfrage und keine festen Regeln, Formeln oder Gesetzmäßigkeiten, nach deren Anwendung sich die Problemlösung ergibt. Der Lösungsweg muß erst ausgedacht und seine Lösungsfähigkeit erst herausgefunden werden.

> *Beispiele solcher diffusen Probleme sind strategische Überlegungen einer Unternehmensführung, Motivation einer Projektgruppe oder die Ausweitung einer bestehenden Vertriebsstruktur.*

Projektmanagement ist gerade durch Problemstellungen des zweiten Typs gekennzeichnet und bietet zur Lösung dieser diffusen Problemen unterschiedlichster Art verschiedene Methoden an.

Definition: Methode

> Eine **Methode** ist der „Gang einer Untersuchung, eigentlich der Weg zu etwas hin (...) ein nach Gegenstand und Ziel planmäßiges Verfahren, die Kunstfertigkeit einer Technik zur Lösung praktischen und theoretischen Aufgaben (...)." (BROCKHAUS 1996)

> *In der Literatur und zum Teil auch in der Praxis werden die Begriffe **Methoden**, **Techniken**, **Verfahren**, **Werkzeuge**, **Instrumente** und **Tools** nach verschiedenen Merkmalen unterschieden. Dies wird jedoch nicht einheitlich gehandhabt. Daher soll an dieser Stelle auf eine weitergehende Untersuchung verzichtet und im folgenden die üblichen Begriffe verwendet werden.*

Anforderungen an Problemlösungsmethoden Die meisten Methoden für die praktische Projektarbeit stammen aus unterschiedlichen **Wissenschaftsdisziplinen**, wie beispielsweise allgemeine Führungslehre, Betriebswirtschaftslehre, Ingenieurwissenschaften, Mathematik, Operations Research, Informatik, Soziologie, Psychologie und Pädagogik. Nicht alle dieser fachdisziplinären Methoden sind von vornherein zur Erreichung der Projektziele geeignet; vielmehr müssen sie spezielle **Anforderungen** erfüllen. Sie sollten idealerweise:

- für unterschiedliche Problemarten einzusetzen sein;

- den gesamten Problemlösungsprozeß vom Identifizieren eines Problems bis zum Realisieren der Lösung unterstützen;

- sich sowohl für die individuelle Arbeit an einem Problem eignen als auch einen Gruppenprozeß unterstützen;

- definierte und dokumentierte Teillösungen liefern;

- unterschiedliche Techniken zum Erarbeiten von Teilergebnissen zulassen;

- von allen Projektmitgliedern leicht erlernbar sein und

- räumlich/zeitlich getrennte Zusammenarbeit unterstützen.

3.10 Methoden zur Problemlösung

Im Zusammenhang mit den Methoden zur Problemlösung sind einige Besonderheiten zu beachten:

Empfehlungen für die Projektarbeit

- Im Projektverlauf treten unterschiedliche **Problemdimensionen** auf, z.B. schwerpunktmäßig eher technische, organisatorische, zwischenmenschliche, kommunikative oder andere Probleme. Diese Probleme sollen in der Gruppe gelöst werden, um die unterschiedlichen Erfahrungen synergetisch zusammenzuführen. Diese Unterscheidung findet sich meist nicht auf der Problemebene, sondern auf der Ursachenebene (Prinzip: Problem → Ursache → Maßnahme).

- Eine Gruppe will oder muß eine Lösung aus sich heraus finden. Sie wählt hierzu eine Problemlösungsmethode als **gemeinsame Vorgehensweise**. Die Gruppe erarbeitet systematisch definierte Zwischenergebnisse und verfeinert diese. Ein Wechsel der Methode während des Problemlösungsprozesses würde eine aufwendige Einarbeitung bedeuten sowie langwierige Erklärungs- und Diskussionsprozesse mit sich bringen.

- Bei den meisten Problemlösungsmethoden unterscheidet man beim Einsatz in Gruppenarbeit folgende drei Hauptrollen: **Moderator** (er übernimmt die Prozeßsteuerung), **Probleminhaber** (owner) (er formuliert das Problem und entscheidet, welche der gefundenen Lösungen umgesetzt werden; er ist somit letztendlich der „Kunde" bzw. der Auftraggeber) und die **Problemlösungsgruppe** (sie liefert die Ideen, stellt Fragen und erarbeitet mögliche Lösungen für den Kunden). Bei Arbeiten in Gruppen sollten die Rollen zu Beginn abgegrenzt und Kompetenzüberschneidungen möglichst vermieden werden.

- Häufig läßt sich die Lösung für ein Problem nicht vollständig im ersten Anlauf und in einer Sitzung erarbeiten. **Dokumentierte Teillösungen** erlauben es den Problemlösern, auch nach geraumer Zeit den Problemlösungsprozeß wieder aufzunehmen und fortzusetzen. Voraussetzung ist allerdings, daß sich die Gruppe an die Systematik der Methode zur Problemlösung hält.

- Die **individuellen Vor- und Zuarbeiten** einzelner Gruppenmitglieder können von der Projektgruppe nur dann direkt verwendet werden, wenn die von diesem Zuarbeiter genutzten Arbeitsschritte nachvollziehbar sind. Eine definierte Vorgehensweise bietet hierzu die erforderliche Grundlage.

- Im Problemlösungsprozeß werden bereits beherrschte Techniken oder Werkzeuge direkt von der Gruppe eingesetzt. Die dadurch ermittelten Teilergebnisse können im Bedarfsfall mit neuen Techniken aufgegriffen und überprüft werden. Auf diese Weise erweitert sich die **Methodenkompetenz der Projektgruppe** sukzessiv.

- Neuere, kompliziertere oder anspruchsvollere Methoden haben den Nachteil, daß ihr **Erlernen** gegenüber ihrer eigentlichen Anwendung zunächst in den Vordergrund tritt. Dies mag dann sinnvoll sein, wenn eine Gruppe über längere Zeit zusammen arbeiten soll oder keine adäquate leichtere Methode verfügbar ist. Bei kleineren Projekten und Mitarbeitern, die in mehreren Projektgruppen gleichzeitig arbeiten, darf der Lernaufwand nicht überhandnehmen.

- Neue **Kommunikationsmedien** ermöglichen eine zeitversetzte und vor allem räumlich getrennte Zusammenarbeit. Für diesen Fall ist eine Methodenauswahl zu treffen, die diese Anforderungen unterstützt.

3.10.2 Der Problemlösungsprozeß

Es gibt eine Vielzahl von Problemlösungsmethoden, die den oben definierten Anforderungen entsprechen. Grundsätzlich können drei differenzierte Vorgehensweisen der Problemlösung unterschieden werden:

1. **Sequentielle Phasenmodelle** zur Problemlösung
   ohne vorgesehene Rückverzweigung, die geradlinig, Schritt für Schritt zur Lösung führen, haben sich in der Praxis bewährt.

2. **Problemlösungskreis**
   beinhaltet bewußt iterative Methoden, die die Ergebnisse der vorliegenden Schritte mit zunehmender Erkenntnis verfeinern.

3. **Formularbasierte Systeme**
   unterscheiden nach der Art der Problemstellung und liefern definierte Handlungsanweisungen für eine schrittweise Lösungsentwicklung.

Im folgenden werden diese Vorgehensweisen des Problemlösungsprozesses näher erläutert.

3.10.2.1 Sequentielle Phasenmodelle

Prinzip Sequentielle Phasenmodelle definieren einzelne zeitliche Abschnitte, in denen jeweils unterschiedliche Prozesse der Problemlösung durchgeführt werden. Diese werden zunächst vollständig abgearbeitet, bevor die nächste Phase begonnen wird. In den einzelnen Phasen können beliebige Techniken eingesetzt werden, die dazu geeignet sind, ein Zwischenergebnis zu erzielen.

Grundsätzlich sind Phasenmodelle mit unterschiedlicher Phasenanzahl und -einteilung denkbar (vgl. Abbildungen 2.9.-5, 3.9-1; 3.9-3), beispielhaft wird die in Abbildung 3.10-1 dargestellte Vorgehensweise näher erläutert.

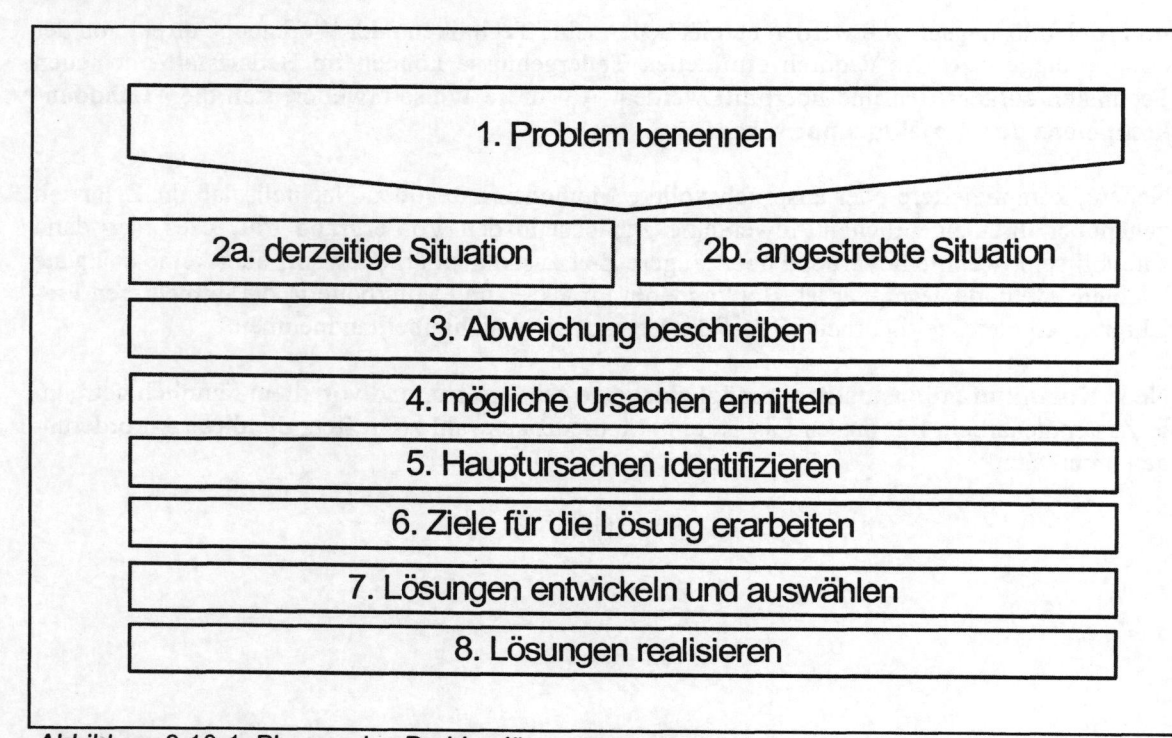

Abbildung 3.10-1: Phasen des Problemlösungsprozesses

1. Problem benennen
2a. derzeitige Situation | 2b. angestrebte Situation
3. Abweichung beschreiben
4. mögliche Ursachen ermitteln
5. Hauptursachen identifizieren
6. Ziele für die Lösung erarbeiten
7. Lösungen entwickeln und auswählen
8. Lösungen realisieren

3.10 Methoden zur Problemlösung

Die Phasen des Problemlösungsprozesses haben folgende Inhalte und Besonderheiten:

Vorgehensweise

1. **Benennen des Problems**

   Das Problem wird so benannt, daß daraus eindeutig der Bearbeitungsschwerpunkt hervorgeht.

   Beispiel aus der Projektarbeit: **Terminüberschreitung**

2. **Beschreiben der derzeitigen und angestrebten Situation**

   Die Beobachtungen und Wahrnehmungen, die im Zusammenhang mit dem Problem stehen sowie der angestrebte Zustand werden beschrieben. Dieser iterative Prozeß wird solange vollzogen, bis die tatsächlich gewünschte Situation mit ihren wichtigen Ausprägungen erfaßt ist. Hier hat die Projektgruppe eine wichtige Funktion, denn sie präzisiert durch Rückfragen und „Ausmalen" des gewünschten Zustands.

   Zu wenig Kapazität → Termineinhaltung durch zusätzliche Kapazitäten

3. **Abgrenzen, Beschreiben der Abweichung und der Abweichungsfolgen**

   Der wesentliche Unterschied zwischen der derzeitigen und der angestrebten Situation wird herausgearbeitet. Insbesondere beschreibt (wenn möglich quantifizierend) der Probleminhaber die Auswirkungen auf das Projekt bzw. Projektumfeld, falls dieses Problem ignoriert bzw. nicht systematisch behandelt wird.

   Es fehlen zwei Ingenieure. Wenn diese nicht eingesetzt werden, können wir den Termin keinesfalls halten.

4. **Ermitteln der möglichen Ursachen für die Abweichung**

   Das Problem kann nur durch Beseitigung seiner Ursachen nachhaltig gelöst werden. In diesem Schritt werden zunächst alle möglichen bzw. denkbaren Ursachen ohne Bewertung gesammelt. Zusammenhänge, die die gefundenen Ursachen beeinflussen, werden gekennzeichnet. Es ist dabei sinnvoll, Suchbereiche zu formulieren und diese systematisch abzuarbeiten. Spontan assoziierte Lösungen sollten zunächst nur festgehalten, nicht aber schon weiter bearbeitet werden.

   Bei der Projektplanung wurden falsche Prioritäten und Aufwandsschätzungen vorgenommen, die Urlaubszeiten blieben unberücksichtigt, keine zusätzlichen Ingenieure wurden eingestellt, weil diese durch Rückstellung von Reserven nicht finanziert werden konnten.

5. **Auswählen der Hauptursachen**

   Hauptursachen sind eine Auswahl der ermittelten Ursachen, die nach Wertung des Probleminhabers tatsächlich ausschlaggebend sind. In der Regel werden mehrere Ursachen für eine Abweichung bestimmt. Dann ist eine Rangfolge, z.B. im Sinne einer ABC-Analyse, sinnvoll.

   Der Ausfall beider Ingenieure durch Urlaub stört am meisten.

6. **Formulieren der Ziele für die Lösung**

   Die Ziele der Problemlösung sind die Beseitigung der Hauptursachen. Die Zielbeschreibung sollte sorgfältig und detailliert formuliert werden.

   Zusätzliches Personal für den betreffenden Zeitraum beschaffen.

   Urlaubsverbot für beide Ingenieure verhängen.

7. Entwickeln und Auswahl von Lösungen

In dieser Phase werden Maßnahmen zur Zielerreichung entwickelt. Auch hier ist es sinnvoll, die Schritte Entwicklung und Bewertung strikt zu trennen. Die Auswahl der Lösungen erfolgt in erster Linie durch den Probleminhaber, da er später diese Maßnahmen auch umsetzen soll. Eine Gruppe tritt hier eher beratend auf.

In beiden Fällen müssen Gespräche aufgenommen, die Fragen der Vergütung, rechtlicher und versicherungstechnische Belange geklärt und die Betriebsräte informiert werden.

Gefundene Lösungen können in einem weiteren Schritt verfeinert werden. Hält der Probleminhaber eine Lösung für attraktiv, hat aber noch einige Bedenken, kann die Gruppe flankierende Maßnahmen entwickeln, um diese Bedenken auszuräumen. Die Phase wird erst abgeschlossen, wenn der Probleminhaber davon überzeugt ist, daß mit den entwickelten Maßnahmen sein Problem nachhaltig gelöst sein wird.

Jeder der beiden Ingenieure hat den Urlaub schon gebucht und ist nur bei Übernahme der Stornogebühren und zusätzlichen Ersatzleistungen bereit, davon zurückzutreten.

Von einem ortsansässigen Partnerbetrieb können für den Zeitraum August wegen saisonbedingtem Auftragsmangel zwei Fachkräfte übernommen und eingesetzt werden. Finanzielle Mittel aus der Reserve wären u.U. noch verfügbar.

8. Maßnahmen mit Kontrollschleifen planen

Zum Abschluß entwickelt der Probleminhaber zusammen mit der Gruppe einen Maßnahmenplan. Diese Maßnahmen sollen die gefundenen Lösungen umsetzen. Kriterien zur Messung, ob eine Maßnahme gewirkt hat oder (noch) nicht, erleichtern die Erfolgskontrolle.

- Was ist zu tun?
- Wer soll es tun?
- Welche Hilfsmittel sind einzusetzen?
- Bis wann soll die Aktion abgeschlossen sein?
- Woran erkennt man, daß die Aktion erfolgreich war?
- Wer kontrolliert, wie?
- Wie erhält die Gruppe eine Rückmeldung?
- Was ist zu tun, wenn die Aktion nicht wirkt?

Die Einarbeitung erfolgt in der Woche vor Urlaubsbeginn. Die Fahrgemeinschaft wird selbst organisiert. Der Kantinenbesuch wird ermöglicht. Nach Urlaubsende erfolgt eine dreitägige Arbeitsübergabe. Zusätzliche Projektstatussitzungen werden festgelegt, um ggf. Hilfestellungen einleiten zu können. Der Abteilungsleiter wird gelegentlich auch ein Auge auf die beiden Fachkräfte werfen. Falls diese Regelung nicht funktionieren sollte, wird der Projektauftraggeber sofort über den Terminverzug informiert usw.

Eignung zur Gruppen- und Einzelarbeit

Sequentielle Phasenmodelle eignen sich vor allem zur **Steuerung** von Problemlösungsprozessen in Gruppen. Die Vorgehensweise in Einzelschritten dient dazu, die Gruppenmitglieder an eine Fragestellung zu binden, diese zu Ende bearbeiten zu lassen, „Schnellschüsse" und eine Flucht aus „schmerzhaftem Denken" zu verhindern. Aber auch zur systematischen Bearbeitung von Problemen durch eine einzelne Person kann sie wirkungsvoll eingesetzt werden. In der Praxis hat es sich auch als wirkungsvoll erwiesen, einige Phasenergebnisse von einem Einzelnen oder von mehreren arbeitsteilig erarbeiten zu lassen. Zu speziellen Fragestellungen kann dann die Gruppe einbezogen werden.

3.10.2.2 Problemlösungskreis

Der in Abbildung 4.2-13 zur Veranschaulichung des kontinuierlichen Verbesserungsprozesses angeführte Deming-Zyklus eignet sich auch zur Problemlösung (sog. Problemlösungskreis). Gegenüber den Phasenmodellen werden während des Problemlösungsprozesses die vier Schritte:

- Planen,
- Ausführen,
- Überwachen und
- Verbessern

ständig durchlaufen. Damit werden mit jedem **Durchlauf** die Probleme stärker eingegrenzt und die Zwischenergebnisse aus den vorherigen Durchläufen mit herangezogen.

Das Kapitel 1.1.2.2 bietet ebenfalls einen Ansatz eines Problemlösungskreises: das Regelkreismodell der Führungsfunktionen kann in der Praxis für unterschiedliche Aufgabenstellungen eingesetzt werden.

3.10.2.3 Formularbasierte Systeme

Neben diesen, vornehmlich zur Gruppenarbeit geeigneten Ansätzen zur Problemlösung gibt es eine Vielzahl **formularbasierter Systeme**, die auch die Einzelbearbeitung unterstützen, d.h. der Einbezug einer Gruppe oder einzelner Spezialisten ist nicht zwingend vorgesehen.

Beispielhaft für diese formalisierte Vorgehensweise ist die von Kepner-Tregoe entwickelte „**Analyse technischer Störungen**" (ATS). Sie besteht aus vier Hauptteilen, die jeweils durch ein ausgefeiltes Formularwerk und „Prozeßfragen" getragen werden (KEPNER 1992).

Durch die umfassende Formularunterstützung wird der Lösungsweg durchgängig aufgezeigt und dokumentiert. Die jeweils nächsten Schritte sind einfach und systematisch bestimmbar. Den „Geruch von Formularismus" muß man allerdings entweder durch starke Überzeugungsarbeit beseitigen oder - wie es bei ATS gelöst ist - durch attraktive, farbige Formulare und Checklisten abschwächen.

3.10.2.3.1 Situationsanalyse

In der Situationsanalyse werden einzelne Problemstellungen (Soll-Ist-Abweichungen) beschrieben. Die Situationen bzw. Abweichungen werden in eine einfache Tabelle eingetragen (beispielhaft in Abbildung 3.10-2).

Abweichung	Bedeutung	Dringlichkeit	Tendenz	wie weiter ?
Auto springt nicht an	HOCH: komme zu spät zur Arbeit	HOCH: habe morgens Teammeeting	GLEICHBLEIBEND: weder verstärkt noch abgeschwächt	Problemanalyse

Abbildung 3.10-2: Problemstellungen bei der Situationsanalyse, Beispiel

Durch eine Gliederung in einzelne Aspekte soll erreicht werden, daß die Komplexität reduziert wird und zum anderen unterschiedliche Teilaspekte, die zum Problem gehören, zusammengefaßt werden können. Ergebnis ist eine Entscheidung, welcher Art das vorgefundene Problem ist, welche Dringlichkeit zur Lösung besteht, welche Bedeutung eine Lösung hat und mit welcher Technik weiter gearbeitet werden soll.

3.10.2.3.2 Problemanalyse

Kernstück der Problemanalyse ist die Beschreibung des ermittelten **Ist-Zustands** und der **Plan-Ist-Abweichungen**. Danach wird dieses Ergebnis einer gedachten Situation (**Szenario**) gegenübergestellt, in der die Abweichung ebenfalls auftreten könnte, es aber **nicht** tut (Ist-Nicht). Die Unterschiede zwischen diesen beiden Situationen werden herausgearbeitet und die Veränderungen verdeutlicht, um dann mögliche Ursachen für das eigentliche Problem zu ermitteln.

	Ist	Szenario Ist-Nicht	Unterschiede	Veränderungen	Ursachen
Was	keine Regung	kurze Regung	kein Licht	keine Regung	
Wo	Motorraum	außerhalb		kein Licht	Batterie
Wann	morgens	Vorabend	Licht		
Ausmaß	ein Auto	mehrere Autos			

Abbildung 3.10-3: Problemanalyse: „Auto springt nicht an"

„*Ist*" *Was ist das Objekt oder die Gruppe vergleichbarer Objekte bei denen das Problem auftritt? Was ist die festgestellte Abweichung? Wo genau befindet sich das Objekt, an dem die Abweichung festgestellt wird? Eventuell - Wo am Objekt ist der Fehler? Wann wurde der Fehler erstmalig beobachtet? (Datum, Uhrzeit), Wann wurde er in Folge beobachtet? Ausmaß: Wie oft tritt der Fehler am gleichen Objekt auf?*

Szenario *Was könnte das Objekt sein, ist es aber nicht? Was könnte die Abweichung sein, ist sie*
„*Ist-Nicht*" *aber nicht? Wo könnte sich das betroffene Objekt befinden, tut es aber nicht? Wo am Objekt könnte die Abweichung auftreten - tut es aber nicht? Wann hätte die Abweichung das erste Mal beobachtet werden müssen - wurde aber nicht, wann müßte sie in Folge auch auftreten - tut es aber nicht? Ausmaß: Wie oft könnte die gleiche Abweichung an jedem Objekt auftreten, tut es aber nicht? Wie könnte der Trend sein, ist aber nicht?*

Unterschiede *Was sind Alleinstellungsmerkmale/Hauptunterschiede des Ist im Vergleich zum Ist-Nicht?*

Veränderungen *Was hat sich verändert, bezogen auf die Hauptunterschiede?*

Ursachen *Welche mögliche Ursachen gibt es sowohl für die Veränderung als auch für die Hauptunterschiede? Welche weiteren Ursachen für die Abweichung gibt es?*

Der letzte Schritt in der Problemanalyse ist die **Beweisführung** (Fremdstart mit Kabel). Es wird überprüft, ob eine oder mehrere Ursachen tatsächlich für die Abweichung verantwortlich sind. Mit der Bestimmung der wahrscheinlichsten Ursache endet die „Problemanalyse".

3.10.2.3.3 Entscheidungssystematik

Aus unterschiedlichen möglichen Lösungen und Maßnahmen unterstützt Entscheidungssystematik eine rationale Auswahl der **erfolgversprechendsten**.

1. In einem ersten Schritt werden unabhängig von den gefundenen Lösungen die „**Mußziele**" aufgelistet. Das sind die Wirkungen, die eine, wie auch immer geartete Lösung erbringen muß, um für die Lösung eines Problems oder Teilproblems geeignet zu sein.

2. In einem zweiten Schritt sollen die „**Wunschziele**" aufgelistet werden. Wunschziele sind solche, deren Erreichung zwar wünschenswert, aber für die tatsächliche Eignung einer Lösung

3.10 Methoden zur Problemlösung

nicht notwendig sind. Häufig faßt man hier die Nebenwirkungen einer Lösung zusammen. Die unterschiedlichen Wunschziele sollten anschließend gewichtet werden.

Beispiel: Die Lösung muß für die Mitarbeiter akzeptierbar sein (Muß-Ziel). Die Lösung sollte die Mitarbeiter motivieren (Wunsch-Ziel).

3. Nun werden zunächst die gefundenen Lösungen in die Rubriken A, B C, D aufgelistet.

4. Abschließend werden alle Alternativen überprüft, ob sie die Muß-Ziele erfüllen. Erfüllt eine Lösung nicht alle Muß-Ziele, braucht sie nicht weiter betrachtet werden („k.o.-Kriterien"). Alle verbleibenden Alternativen werden danach überprüft, ob und in welchem Grad sie die aufgelisteten Wunschziele erfüllen. Der Erfüllungsgrad wird in der Spalte W eingetragen, multipliziert mit der Gewichtung ergeben sich Punkte für jede einzelne Lösung (vgl. Abbildung 3.10-4).

ES Entscheidungs-Systematik		Erstellt von:			am:			
Beschreibung:								
Zielsetzungen	A	√	B	√	C	√	D	√
Mußziele Kosten	< 400 T€							
Schlafzimmer	3							
Wohnfläche	≥ 100 m²							
eingeschossig	ja							
Lage	ruhig							
Garage	vorhanden							
Normgerecht	ja							
	W	G	W	G	W	G	W	G
Wunschziele Keller	vorhanden							
Hobbyraum	vorhanden							
Balkon	vorhanden							
Teppichboden	überall							
Sanitärmöbel	farbig							
Wärmedämmung	vorhanden							
Gesamtpunkte:								
Auswahl:								

Abbildung 3.10-4: Entscheidungssystematik - Beispiel: Hausbau

Summiert bildet die höchste Punktzahl die Basis für eine rationale Auswahl der besten Alternative.

3.10.2.3.4 Analyse wahrscheinlicher Probleme

Durch die Analyse wahrscheinlicher Probleme (Batterie wird wieder leer → neue Batterie) können zukünftige **Entwicklungen** und deren **Auswirkungen** eingeschätzt und vorbeugende, flankierende **Maßnahmen** eingeleitet werden, um den geplanten, unweigerlich mit Risiken verbundenen Lösungsweg gegen Eventualitäten abzusichern (Notfall-/Alternativplanung). Die Analyse wahrscheinlicher Probleme stützt sich auf wenige, leicht verständliche Aktivitäten:

- Erstellen des Plans;
- Auswahl der kritischen Aktivitäten bzw. Störungen (z.B. Verzögerungen), die auf die Ausführung des Gesamtplans gravierende Auswirkungen haben;
- Erkennen spezifischer und wahrscheinlicher Probleme bei diesen Schritten;
- Herausarbeiten vorbeugender Maßnahmen, um das Wirksamwerden der Probleme zu verhindern;
- Herausarbeiten von Eventualmaßnahmen, sofern die vorbeugenden Maßnahmen den Eintritt des Problems nicht verhindern können;
- Einrichten eines Warn- und Meldesystems, um beim Eintreten dieser Probleme möglichst schnell reagieren zu können.

Es ist schwierig, die Systematik der Problemanalyse in abstrakter Weise verständlich darzustellen. Angewendet auf ein einfaches (banales) Beispiel ist sie ein übertriebenes Instrument. Bei schwierigen und komplexen Problemen hat sich die Systematik, die sich in diesem Rahmen nicht darstellen läßt, jedoch bewährt. In diesen Fällen ist es oft entscheidend, daß nicht vorschnell Maßnahmen ergriffen werden, ohne die Ursachen zu kennen. Ihr Einsatz ist nur dann sinnvoll, wenn:

- *ein Problem besteht;*
- *das Problem gelöst werden soll;*
- *die Ursachen unbekannt sind;*
- *die Ursachen bekannt werden sollen;*
- *die Ursachen nicht einfacher und zweifelsfreier ermittelt werden können.*

Die Systematik wurde ursprünglich entwickelt zum Aufspüren von Fehlerursachen in der Elektronik der Apollo-Rakete, die 1969 zum Mond flog.

3.10.3 Ausgewählte Methoden und Techniken zur Unterstützung des Problemlösungsprozesses

Das Angebot an Methoden und Techniken, die den Problemlösungsprozeß unterstützen, ist sehr vielfältig. Im folgenden soll nun eine Übersicht darüber gegeben und für einige daraus die Problemlösungsschritte näher erläutert werden.

3.10.3.1 Übersicht über Methoden und Techniken

Eine umfassende Übersicht und eine der möglichen Gruppierungen bietet Abbildung 3.10-5, die vom **Systems Engineering** ausgehend auch auf die projektorientierte Arbeitsweise übertragen werden kann (vgl. DAENZER 1994). Sie enthält eine Auswahl der wesentlichen Methoden zur Unterstützung des Problemlösungsprozesses und des Projektmanagements und verweist auf die jeweiligen Kapitel, in denen sie beschrieben werden.

„PM-Methodenkoffer"

Eine eindeutige Zuordnung der Methoden und Techniken zu den Schritten des Problemlösungsprozesses ist nicht immer möglich, in einigen Fälle ist eine Mehrfachzuordnung nötig.

Informationsgewinnung			Kapitel
Informationsbeschaffung			
	Befragungstechniken	Fragebogen	3.10
		Interview	3.10
		Panelbefragung	(3.10)
	Beobachtungstechniken	Ablaufanalyse	-
		Multimomentaufnahme	-
		Teilnehmende Beobachtung	-
	Checklisten		div. Kap.
	Datenbanksysteme		-
	Galerie-Technik		-
Informationsaufbereitung			
	ABC-Analyse		3.10
	Black-Box-Methode		3.10
	Einfluß-/Ursachenmatrix		3.10
	Input-Output-Modelle		-
	Kräftefeldanalyse		3.10
	Prognosetechniken	Umfrage	(3.10)
		Scenario-Writing	3.9
		Delphi-Methode	3.9
		(Trend-) Extrapolation	3.10
		Mittelwertbildung	3.10
		Expotentielle Glättung	(3.10)
		Regression/Korrelation	(3.10)
		Hochrechnungsprognose	(3.10)
		Sättigungsmodelle	(3.10)
	Wirkungsnetz		3.10
Informationsdarstellung			
	Darstellungstechniken	Ablaufdiagramm	(3.10)
		Arbeitsablaufplan	
		Blockschaltbild	
		Flußdiagramm	
		Graph	
		Histogramm	
		Strukturplan	
		Zuordnungsstrukturen	

Zielformulierung		Kapitel
Operationalisierung		(1.6)
Polaritätsprofil		-
Zielkatalog		-
Zielrelationenmatrix		(1.6)
Lösungssynthese		
Kreativitätstechniken		
Attribut-Listing		3.9
Brainstorming/Brainwriting		2.9, 3.9, 3.10
Ideen-Delphi		3.9
Kärtchentechnik/-abfrage		3.9
Methode 635		1.6
Mind Mapping		3.9
Morphologie		3.9
Problemlösungsbaum		3.9
Stopp-Technik		1.6
Synektik		3.9
Szenario-Technik		3.9
Umlauf-Technik		1.6
Optimierungstechniken		
Entscheidungsbaum		(3.9, 3.10)
Methoden des Operations Research	Branch and Bound	(3.10)
	Heuristische Methoden	
	(Nicht-)Lineare, dynam. Optimierung	
	Reihenfolge-, Zuteilungsprobleme	
	Simulation, Monte-Carlo-Methode	
	Spieltheorie	
Auswahl, Bewertung und Entscheidung		
Lösungsanalysetechniken		
Entscheidungstabelle		3.10
Risikoanalyse		4.7
Wertanalyse		-
Zuverlässigkeitsanalyse		-
Bewertungstechniken		
Geldwirtschaftliche Verfahren	Kosten-Nutzen-Rechnung	3.4
	Kosten-Wirksamkeitsanalysen	3.4
	Wirtschaftlichkeitsrechnung	3.4, 3.5
Nicht-geldwirtschaftliche Verfahren	Nutzwertanalyse	1.6, 3.4, 3.10
	Punktbewertung	-
	Scoring-Verfahren	-
	Skalierungsmatrix	-
	Strukturierte Bewertung	-

Abbildung 3.10-5: Übersicht über Methoden und Techniken der Problemlösung (nach DAENZER 1994)

Auswahl

Die Literatur nennt eine Vielzahl von Methoden bzw. Verfahren und von Techniken. Die betriebliche Praxis verwendet daraus jeweils eine Auswahl im konkreten Arbeitsprozeß und entwickelt zudem auch neue Methoden. An dieser Stelle ist es nicht möglich, diese **Vielzahl** von Methoden auch nur kurz zu beschreiben. Daher wird im folgenden eine Auswahl derer getroffen, die zum einen für den Projektmanager größere Bedeutung haben und zum anderen nicht an anderer Stelle des Wissensspeichers erklärt werden (vgl. Abbildung 3.10-5). Das Kapitel 2.6 bietet noch ergänzende Methoden zur Problemlösung an, die sich vor allem für das Selbstmanagement oder für die Gruppenarbeit eignen.

3.10.3.2 Methoden und Techniken zur Informationsgewinnung

Zur Gewinnung von Informationen wird eine zunächst nicht überschaubare und problematische Situation gründlich und methodengestützt untersucht. Es findet eine „systematische Durchleuchtung (Analyse) eines bestehenden Zustands (Situation) unter Berücksichtigung der gegebenen Rahmenbedingungen zur Schaffung einer, für den Problemlösungsprozeß notwendigen Transparenz" statt (EHRL-GRUBER 1995).

Informationsgewinnung durch Situationsanalyse

Im Projektmanagement werden unterschiedliche Methoden und Techniken zur Informationsgewinnung eingesetzt. Sie lassen sich hinsichtlich ihrer Funktion der **Beschaffung, Aufbereitung** und **Darstellung** von Informationen unterscheiden (vgl. Abbildung 3.10-5). Eine Unterteilung hinsichtlich der zeitlichen Dimension liefert Abbildung 3.10-6.

Unterteilung

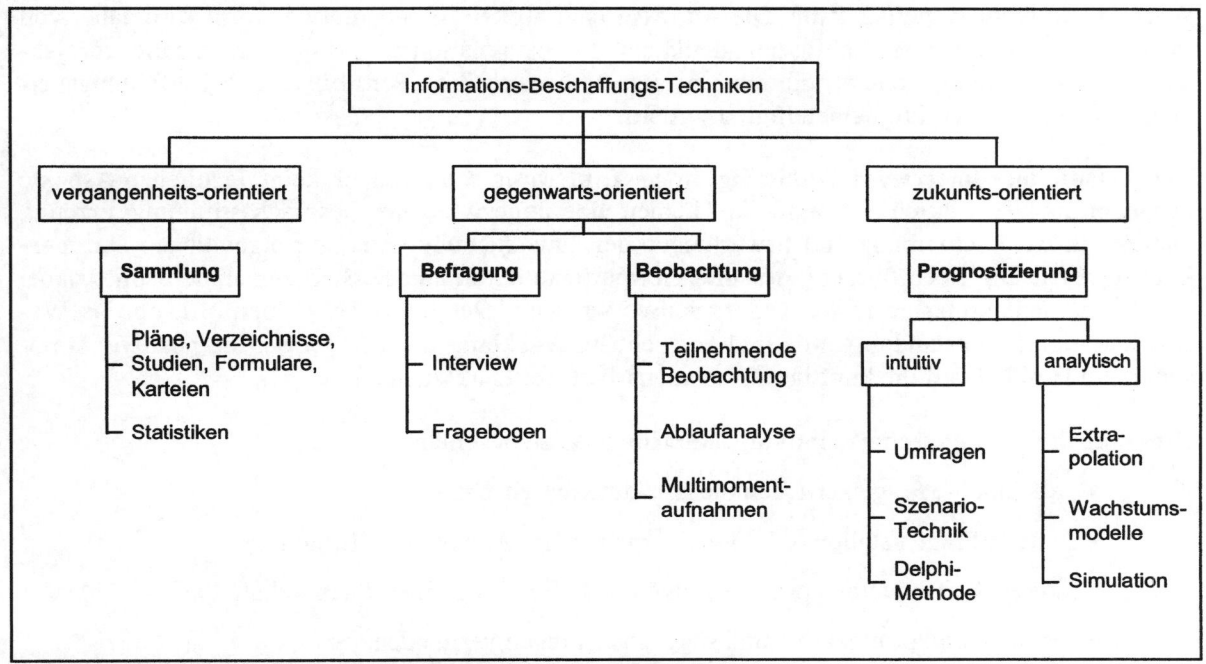

Abbildung 3.10-6: Techniken zur Informationsbeschaffung

Auch **Kreativitätstechniken** (vgl. Kapitel 3.9) lassen sich universell zur Situationsanalyse und Informationsgewinnung einsetzen (z.B. Brainstorming zur Suche nach Problemursachen, Kärtchentechnik zur Stoffsammlung etc.). Ein besondere Gruppe sind die Prognosetechniken, wie z.B. Trendextrapolation, exponentielle Glättung, Regression, Szenario-Writing und Delphi-Methode.

Anwendung

3.10.3.2.1 Befragungstechniken

Eine Datenerhebung zur Beschreibung des Ist-Zustands durch Befragung ist in **mündlicher** (Interview, Panel-Befragung) oder **schriftlicher** (Fragebogen) **Form** und als **Stichprobe** oder **Vollerhebung** möglich.

Generelle Gefahr bei Befragungen ist die Tatsache, daß Auskunftspersonen ihre Aussagen bewußt oder unbewußt verfärben. Diesen fallweise ungünstigen Umstand kann man durch **Beobachtungstechniken** umgehen, bei denen der Fragende nicht aktiv in den zu untersuchenden Prozeß eingreift (z.B. Multimomentaufnahmen, Arbeitsanalysen).

Unabhängigkeit des Erhebers

Mündliche Befragung

Mit **Interviews** werden Meinungen und Sachverhalte durch persönliche Befragung ermittelt. Je nach Vorgabe fester Fragenschemen unterscheidet man:

- standardisierte Interviews (vorgegebene Fragenliste, unerfahrene Interviewer),
- halbstandardisierte Interviews (flexible Reihenfolge der Fragen) und
- nicht-standardisierte Interviews (Interviewleitfaden als stichpunktartige Merkliste).

Flexibilität

Je nach Gesprächssituation entscheidet der Erheber während eines nicht-standardisierten Interviews, welche Fragen in welcher Reihenfolge mit welcher Formulierung gestellt werden. Denn oftmals erübrigen sich Fragen, oder es tauchen neue Aspekte auf, auf die dann in angemessener Weise direkt reagiert werden kann. Die **Anpassungsfähigkeit** dieser Interviewform wird daher von sachkundigen Interviewern häufig bei „delikaten" Projektsituationen (z.B. bei Organisationsprojekten, Restrukturierung) genutzt, die ein gewisses Mindestmaß an Sensibilität und Einfühlungsvermögen gegenüber den Projektbeteiligten fordern.

Ablauf eines Interviews

Der Ablauf eines Interview ist dreiteilig. In der **Einleitung** werden noch keine fachlichen Aspekte behandelt, sondern durch z.B. aktuelle Themen eine ungezwungene Gesprächsstimmung erzeugt. Die Projektzielbeschreibung und Erwartungen der Untersuchung leiten zur eigentlichen **Datenerhebung** über. Die Beeinflussung des Interviewpartners durch eigene Stellungnahmen sollte dabei der Zusammenfassung einzelner Teilergebnisse weichen. Der Interviewer überprüft, ob das Wesentliche richtig verstanden wurde und versucht im **Ausklang** des Interviews, die positive Atmosphäre im Hinblick auf die künftige Zusammenarbeit weiter auszubauen.

Hinsichtlich der Fragetechnik sind folgende Hinweise zu beachten:

- allgemeine Fragen erhöhen die Auskunftsbereitschaft
- offene Fragen stellen (d.h. ohne vorgegebener Antworten z.B. ja/nein)
- kurze, einfache und konkrete Fragen, lediglich über **einen** Sachverhalt
- redundante, provokative und suggestive Fragen vermeiden

Ergebnisse

Zur Sicherung der Ergebnisse aus dem Interview bieten sich:

- das Gedächtnisprotokoll nach dem Interview,
- stichpunktartiges Mitschreiben nach der Beantwortung jeder einzelnen Frage,
- vorbereitete Antwortbögen mit sofortiger Auswertung (Feldbewertung) und
- gesamthafter Mitschnitt auf einem Tonträger.

In jedem Falle sollte die Ergebnissicherung mit dem Befragten vorher abgestimmt sein.

Panelbefragung

Einen Sonderfall stellt die **Panelbefragung** dar, bei der ein fester Personenkreis regelmäßig wiederkehrend befragt wird. Damit können Veränderungen über einen zeitlichen Ablauf aufgenommen und analysiert werden. Eine besondere Form mit einem ausgewählten Kreis von Experten ist die **Delphi-Methode** (vgl. Abschnitt 3.10.3.2.4).

Gegenüberstellung

Die Vorteile der mündlichen Befragung liegen in der Fähigkeit:

- der freien Gestaltung der Befragungssituation,
- der Anpassung an unerwartete Gesprächswendungen und
- der Beeinflussung der Auskunftsbereitschaft des Befragten.

Andererseits stehen

- der relativ hohe Zeitaufwand für Vorbereitung und Durchführung,
- die Beeinflußbarkeit der Ergebnisse durch den Interviewer sowie
- die fehlende Anonymität

nachteilig gegenüber.

Schriftliche Befragung

Neben dem Interview bietet die schriftliche Befragung in Form eines **Fragebogens** eine vorteilhafte Alternative in Fällen, in denen:

- die Anzahl der Befragten zu groß,
- eine örtliche Zusammenkunft nicht bzw. nur schwer möglich,
- der verfügbare zeitliche Aufwand limitiert oder
- eine Momentaufnahme (zeitgleiche Datenerhebung) erforderlich ist und
- die persönliche und direkte Einflußnahme des Interviewers umgangen werden soll.

Nachteilig wirkt sich allerdings aus, daß die Befragten:

- die Fragestellungen bewußt oder unbewußt mißverstehen können und damit die Zuverlässigkeit der Angaben herabsetzen;
- nur eingeschränkte Möglichkeiten für differenzierte Äußerungen haben;
- den Fragebogen gemeinsam ausfüllen und damit das Risiko von manipulierten Antworten erhöhen;
- ggf. mehr Aufwand für die Befragung investieren müssen und damit eine ablehnende Haltung entstehen kann.

Darüber hinaus lassen sich weiterführende Erkenntnisse wegen der beschränkten Möglichkeit für detaillierte oder erläuternde Fragestellungen nicht erhalten. Insgesamt sind die Rücklaufquoten einer schriftlichen Befragung wegen Unverständnis, Unbehagen bei der Fragestellung oder Zeitmangel meist gering. *Rücklaufquoten*

Im Rahmen der Informationsbeschaffung versucht die Fragebogentechnik über „Sachverhalte und Probleme schriftliche Äußerungen von Personen zu erhalten, deren Auffassung in einem bestimmten Zusammenhang von Bedeutung erscheint bzw. die zu bestimmten Sachverhalten kompetent Stellung nehmen können." (DAENZER 1994, S. 472)

Neben den Regeln der Interviewtechnik sind noch folgende Hinweise zu beachten (nach BURGHARDT 1993, S. 490): *Regeln*

1. Die Bearbeitungsdauer sollte nach Möglichkeit eine halbe Stunde nicht überschreiten.
2. Die Fragestellungen sollten kurz und verständlich gehalten werden.
3. Die Fragenkomplexe sind nach Themengruppen zu strukturieren.
4. Das Untersuchungsfeld muß den Befragten ansprechen bzw. in seiner unmittelbaren Arbeitsumgebung stehen.

5. Die Aufgabe der Befragten und die Zielsetzung der Befragung müssen deutlich und überzeugend dargestellt werden.

6. Die Auswertung der Fragebogen sollte durch systematische Fragestellungen bzw. standardisierte Gestaltung weitgehend vereinfacht werden.

Allgemein ist darauf zu achten, daß Zusagen gegenüber den Befragten später, nach der Auswertung, auch eingehalten werden - z.B. Anonymität, persönliche Rückmelde-Präsentation, Auswertungsbericht zusenden.

3.10.3.2.2 ABC-Analyse

Prinzip

Die **ABC-Analyse** (synonym: Pareto-Prinzip, 80:20-Regel) ist im Rahmen der Informationsaufbereitung eine einfach handhabbare Methode zur **Schwerpunktbildung** und **Prioritätenfestsetzung** (BURGHARDT 1993). Mit ihr können Konzentrationsverhältnisse von quantifizierbaren Daten (z.B. Kosten, Stückzahlen) mittels der sog. **Lorenzkurve** grafisch (Abbildung 3.10-8) anschaulich vermittelt werden. Sie trennt Wesentliches von Unwesentlichem, in dem sie Alternativen nach ihrer Wertigkeit ordnet.

Hintergrund, Anwendungsbereiche

Ursprüngliche Anwendung war die Ermittlung von Kenngrößen bei der Einkommensverteilung durch den amerikanischen Mathematiker Lorenz. Seit 1951 führte Dickie die ABC- bzw. Pareto-Analyse in der Betriebswirtschaft ein. In der **Materialwirtschaft** ermittelt diese Analyse den Kostenanteil der verschiedenen Lagerteile an den Lagergesamtkosten. In der **Fertigung** interessieren die Materialien mit dem höchsten Kostenanteil am Produkt. Im **Marketing/Vertrieb** gilt es, die wenigen Artikel herauszufinden, die gemeinsam einen hohen Umsatzanteil am Gesamtumsatz erbringen. In der **Risikoanalyse** ermittelt sie diejenigen Risiken, die weitere Betrachtung erfordern. In der **Qualitätssicherung** werden mit ihr die Fehler und Mängel klassifiziert, im **Personalwesen** die Verbesserungsvorschläge sortiert. Die betriebswirtschaftlichen Anwendungsbereiche scheinen unbegrenzt.

Die **Kernaussage** der ABC-Analyse ist immer gleich: In jeder Menge von Einheiten findet sich stets eine vergleichsweise kleine Anzahl der Einheiten (A), die eine betrachtete Wirkung stark beeinflussen. Umgekehrt gibt es ebenfalls eine große Anzahl von Einheiten (C) mit relativ geringem wirksamen Einfluß. Dazwischen liegt eine dritte Gruppe von Einheiten (B). Dabei kann die mengenmäßige bzw. anteilige Abgrenzung zwischen diesen Gruppen frei bestimmt oder vorgegeben werden. In der Praxis haben sich folgende Bereichsgrenzen bewährt:

	A-Bereich	B-Bereich	C-Bereich
Bandbreite der Wertigkeit	65-80%	10-30%	5-10%
Anzahl der Einheiten	10-20%	20-35%	50-70%

Abbildung 3.10-7: Bereichsgrenzen der ABC-Analyse (nach BURGHARDT 1993)

Interpretation

Je stärker die **Lorenzkurve** gekrümmt ist, umso größer ist der „Konzentrationsgrad" der analysierten Objekte an den ermittelten Größen: Umsatz, Kosten, Gewinn oder Lagerfläche. Eine Gerade als Lorenzkurve würde eine Gleichverteilung der Objekte bedeuten. Die Fläche zwischen der diagonalen Geraden und der Lorenzkurve ist ein Maß für den Ungleichheitsgrad, also den Konzentrationsgrad der untersuchten Objektmenge.

3.10 Methoden zur Problemlösung

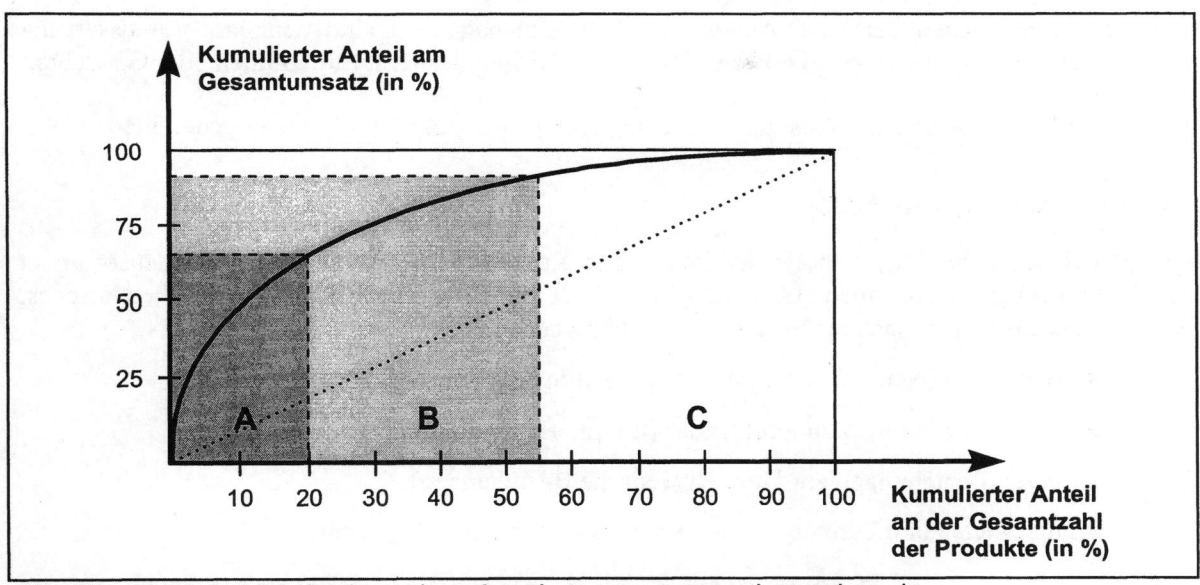

Abbildung 3.10-8: ABC-Analyse eines Angebotsprogrammes (Lorenzkurve)

Abbildung 3.10-8 zeigt beispielsweise die ABC-Analyse für ein Angebotsprogramm. Aus dem Kurvenverlauf ist ersichtlich, daß im vorliegenden Fall 20% der Produkte (A-Produkte) bereits ca. 65% des Gesamtumsatzes auf sich vereinen. Die A- und B-Produkte bilden zwar nur 55% des Produktprogrammes, erbringen aber ca. 90% des Gesamtumsatzes.

Folgende Vorgehensweise der ABC-Analyse ist praktikabel:

Vorgehensweise

1. Bewertungskriterium als Maß für die Wertigkeit der Alternativen festlegen (z.B. Umsatz)

2. Alternativen bemessen (z.B. Stück / Produkt (A, B, C, ..., G))

3. Alternativen in Reihenfolge bringen (z.B. 10.000 Stück A, ..., 10 Stück G)

4. Wertigkeiten aufsummieren (in %)

5. Einzelanteile am Gesamtwert bestimmen (in %)

6. Grafischen Verlauf darstellen (siehe Abbildung 3.10-8)

Die ABC-Analyse kann natürlich auch für Auswertungen in verschiedenen **Entscheidungssituationen im Projektmanagement** genutzt werden. So können die Arbeitspakete im Projektstrukturplan nach ihrem Budgetanteil klassifiziert werden. Die Ursachenarten im Änderungsmanagement während der Projektbearbeitung lassen sich nach den von ihnen verursachten Kosten gruppieren. Die Vorgangsarten im Netzplan mit den größten Verzögerungen lassen sich ebenfalls charakterisieren. Angesichts meist vorhandenen Zeitdrucks dürfte die Projektleitung ihr Augenmerk auf die A-Objekte richten, um wesentliche Gefährdungen des Projektes zu erkennen und zu kontrollieren.

Anwendung im Projektmanagement

Die ABC-Analyse kann auch die **Projektgröße** nach Aufwendungen bzw. Gesamtbudget bestimmen. Dabei unterscheidet man zwischen Großprojekten (A), Mittelprojekten (B) und Kleinprojekten (C). Die Projekte der Vergangenheit werden nach ihrem Projektaufwand sortiert. Der kumulierte Projektaufwand ergibt die Lorenzkurve.

Es läßt sich dann beispielsweise häufig feststellen, daß ca. 65-80% des kumulierten Projektaufwandes durch 10-20% der Projekte verursacht werden, dies sind die A-Projekte. Andererseits erzeugen die letzten 50-70% der Projekte bisweilen nur 5-10% des kumulierten Projektaufwandes (siehe Abbildung 3.10-7).

Weitere Anwendungen der ABC-Analyse im Projektmanagement sind denkbar. Voraussetzung sind jedoch immer **quantitativ erfaßbare Daten** wie Kosten, Dauern, Stückzahlen oder Gewichte.

Auf die ABC-Analyse wird insbesondere in den Kapiteln 1.1, 3.4 und 4.1 Bezug genommen.

3.10.3.2.3 Blackbox-Methode

Systemische Betrachtung

Die Blackbox-Methode („Methode des Schwarzen Kastens") ist dem großen Methodensortiment der Systemtechnik entnommen (DAENZER 1994). Bei der Situationsanalyse kann ein technisches, organisatorisches oder sonstiges System untersucht werden nach:

- den Elementen bzw. Komponenten (auch Subsystemen),
- deren Beziehungen untereinander (Interne Beziehungen),
- deren Beziehungen zur Umwelt (Externe Beziehungen),
- den Zielen und Funktionen des Systems und seiner Subsysteme.

Prinzip

Bei Systemen oder Projekten von hoher **Komplexität** fällt es vielfach schwer, eine exakte, detaillierte Beschreibung des Systems aufzustellen. Um dieser Komplexität Herr zu werden, wird der Regelmechanismus innerhalb des betrachteten Teilsystems gedanklich abstrahiert und als **Black-Box** in das Gesamtsystem eingebaut, ohne seine Funktionsweise und innere Struktur berücksichtigen zu müssen. Folglich stehen nur die Interaktionen mit dem Umfeld im Vordergrund. Durch diese Reduktion der Betrachtung der logischen Beziehungen zwischen den Eingangsinformationen (**Input**) und den Ausgabegrößen (**Output**) versucht man dann, Schlüsse auf die undurchsichtige oder unsichtbare Regelung innerhalb des Teilsystems („Schwarzer Kasten") zu ziehen. Vielfach verringert sich dadurch auch die Anzahl möglicher Alternativen, wie folgendes Beispiel zeigt.

*Eine kleine Fabrik ist in der Lage, zehn verschiedene Arten von Produkten in variabler Reihenfolge herzustellen. Gemäß der Kombinatorik (Permutation) wären über 3,6 Millionen Reihenfolgen, d.h. **Produktionspläne**, denkbar. Diese Alternativen alle im einzelnen zu überprüfen, ist nicht möglich. Man konstruiert deshalb einen Schwarzen Kasten (alle denkbaren Produktionsplan-Varianten), der die technischen und wirtschaftlichen Produktions- und Arbeitsbedingungen sowie die Beschaffungs- und Absatzmöglichkeiten berücksichtigt (Input/Output). Die gewaltige Anzahl der theoretisch möglichen Produktionspläne wird damit auf ein überschaubares Minimum reduziert. Mit weiteren Methoden kann fortführend nach der optimalen Lösung gesucht werden.*

Anwendung

Im Projektmanagement läßt sich die Blackbox-Methode in vielen Situationen als Denkschema hilfreich einsetzen. In der frühen Projektphase, z.B. der **Machbarkeitsstudie**, können noch nicht alle Produktkomponenten (Hardware, Software, Schulungsinhalte) im Detail spezifiziert werden. Sie werden als Black-Box betrachtet und in ihren Grundfunktionen und vor allem in ihren Schnittstellen (Interface) zu anderen Systemkomponenten definiert.

*Beispielsweise muß die **Software-Entwicklung** in der Projektabwicklung ursprünglich als Black-Box vorgestellte Module zunehmend spezifizieren. Ein Programmierer fertigt im Zuge der Entwicklung die Detailbeschreibung bzw. die Programmzeilen **(White-Box)** je Modul an und verliert dank der groben Modul-Landkarte (Black-Box) nicht den Überblick.*

Die **Arbeitspakete** des Projektstrukturplans bieten die Leistungsgrundlage für die Kostenvorkalkulation eines Projektes. In bestimmten Situationen sind die darin enthaltenen, kostenverursachenden Teilarbeiten nicht bekannt oder sollen nicht detailliert behandelt werden; das Arbeitspaket wird dann als **Black-Box** in seinen Kosten geschätzt.

In der **Ablaufplanung** können Teilnetzpläne, deren Gliederung noch unklar ist, zunächst als Black-Box-Vorgänge in einem Grobnetzplan dargestellt und später zu eigenen Teilnetzen verfeinert werden.

3.10 Methoden zur Problemlösung

Um **technische Großsysteme** ganzheitlich zu überblicken, werden bestimmte Aufgabenbereiche zunächst als Black-Box dargestellt: technische Kernkomponenten, technische Versorgungskomponenten, personelle und finanzielle Versorgungskomponenten sowie das Institutionensystem und das Verfahrenssystem. Sie sind im Fortgang der Projektplanung zu definieren und zu verfeinern.

3.10.3.2.4 Prognosetechniken

Prognosetechniken werden zur Beschaffung von Informationen über zukünftige Sachverhalte eingesetzt. Entsprechend dem **Prognosezeitraum** ist eine Einteilung in kurz-, mittel- und langfristige Vorhersagen möglich. Bei der Beurteilung der Aussagefähigkeit von Prognoseergebnissen muß beachtet werden, daß die Länge der Vorhersageperiode und die Genauigkeit gegenläufige Größen sind, d.h. je langfristiger in die Zukunft prognostiziert wird, desto ungenauer werden die Aussagen. Die grafische Darstellung des zeitlichen Verlaufs dieser **Aussagegenauigkeit** wird als Lernkurve (learning curve) bezeichnet.

Prognosetechnik	Ermittlungsverfahren		Prognosezeitraum			Prognoseergebnis	
	intuitiv	analytisch	kurzfristig	mittelfristig	langfristig	qualitativ	quantitat.
Umfrage	X			X	X		X
Scenario-writing	X			X	X	X	(X)
Delphi-Methode	X				X	X	(X)
(Trend-) Extrapolation		X	X	X	(X)		X
Mittelwertbildung		X	X				X
Expotentielle Glättung		X	X				X
Regression		X	X	(X)			X
Hochrechnungsprognose		X	X				X
Sättigungsmethode		X		X	X		X

Abbildung 3.10-9: Merkmale der Prognosetechniken (nach DAENZER 1994)

Die verschiedenen Vorhersagetechniken besitzen unterschiedliche Eigenschaften, was deren Einteilung erschwert. Daenzer schlägt eine Zweiteilung nach schwerpunktmäßig **intuitiven** bzw. **analytischen Komponenten** vor (DAENZER 1994, S. 523).

Intuition ist die Fähigkeit, eine Vielzahl von Beziehungen ohne bewußt ablaufende Denkprozesse und ohne Kenntnis der Ursache-Wirkung-Ketten in ihrem Wesen zu erfassen. Demnach wird intuitives Denken eher als plötzliche Eingebung oder Ahnung, als „gesunder Menschenverstand" oder „Fingerspitzengefühl" verstanden. Intuition basiert auch auf dem Wissens- und Erfahrungshintergrund der jeweiligen Person. Je näher dieser Hintergrund am Gegenstand liegt, umso größer ist tendenziell die Qualität der Intuition. Prognosen beruhen meistens auf Schätzungen und qualitativen Aussagen, deren Unsicherheiten schwer abschätzbar und stark von der jeweiligen Person abhängen. Werden mehrere Personen hinzugezogen, kann die Subjektivität der Prognosen weitgehend minimiert werden.

Intuitiven Techniken

Intuitive Techniken finden vor allem in Fällen Anwendung, in denen

- keine Vergangenheitswerte verwendet werden können,
- keine mathematische Ermittlung der künftigen Parameterentwicklung möglich ist,
- nicht quantifizierbare Fragestellungen vorliegen oder
- flankierend andere Verfahren ergänzt oder kontrolliert werden müssen.

Typische Vertreter intuitiver Techniken sind die Umfrage, das Scenario-Writing und die Delphi-Methode, die im folgenden weiter erläutert werden.

Umfrage

Mit Umfragen werden zukunftsorientiert Meinungen, Einschätzungen, Wünsche, Absichten und Situationsbeschreibungen einer ausgewählten Personengruppe, wie z.B. Nutzer des Projektgegenstands, Betroffener der Projektergebnisse, erfragt. Dabei finden Techniken wie Interviews, Fragebogen, Schätzklausuren etc. Anwendung.

Scenario-Writing

Beim Scenario-Writing (= **Drehbuch schreiben**) wird von der Gegenwart oder einer vorgegebenen Situation ausgegangen und mehrere mögliche zukünftige Entwicklungen und Folgen der dabei eintretenden Ereignisse durchgespielt. Man versucht, schrittweise aufzuzeigen, wie eine zukünftige Situation aufgrund einer logischen Folge von Ereignissen entstehen kann. Das Ziel besteht hauptsächlich darin, die **grundsätzlichen Entscheidungspunkte** aufzuzeigen (Kapitel 3.9).

Delphi-Methode

Bei der Delphi-Methode handelt es sich um eine **strukturierte Befragungsmethode,** die Anfang der sechziger Jahre entwickelt worden ist. Es werden **Experten** zu einem bestimmten Sachverhalt mit dem Ziel befragt, durch zeitlich versetzte Weitergabe der geäußerten Prognose an die anderen Teilnehmer der Befragung über den Zeitablauf hinweg eine **weitgehende Übereinstimmung** in den Ansichten über die weitere Entwicklung zu erreichen (Kapitel 3.9.2.7).

Analytische Techniken

Im Gegensatz zu den intuitiven Techniken werden bei **analytischen Techniken** empirische Untersuchungen durchgeführt, die auf einem mathematischen Modell basieren und in den meisten Fällen auch grafisch angewendet werden können.

Zu den analytischen Prognosetechniken zählen die (Trend-) Extrapolation, Mittelwertbildung, exponentielle Glättung, Regression, Hochrechnungen und Sättigungsmodelle, die im folgenden nur kurz ausgeführt werden.

(Trend-) Extrapolation

Die Trend-Extrapolation wird überwiegend für **kurz- oder mittelfristige Prognosen** angewendet. Man versucht, den Trend der interessierenden Größe in bezug auf eine zugrundeliegende Meßgröße der Zeitreihe zu prognostizieren, indem man die Entwicklung in der Vergangenheit (historische Verlaufsanalyse) betrachtet und diese auf die Zukunft bezieht.

Neben mathematischen Verfahren können auch **grafische Verfahren** angewendet werden, indem man über einen Beoachtungszeitraum hinaus auf den Prognosezeitraum schließt. Der in der Vergangenheit beobachtete Trend wird also in die Zukunft extrapoliert (Abbildung 3.10-10). Dabei kann es sich um eine lineare, exponentielle, logarithmische oder parabolische Kurve handeln, die in ihrem trendmäßigen Verlauf einfach fortgesetzt wird (DAENZER 1988).

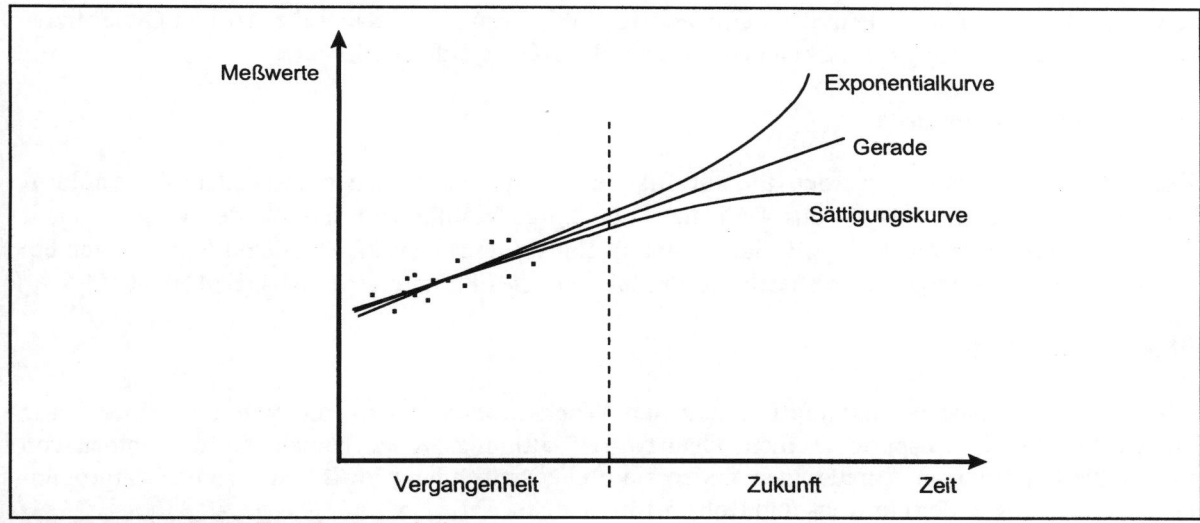

Abbildung 3.10-10: Trendextrapolation

Mittelwertbildung

Bei vielen **kurzfristigen Prognosen** richtet man sich nach den Vergangenheitswerten der zu untersuchenden Größe. Die einfachste Methode dazu ist die Mittelwertbildung. Dabei wird das **arithmetische Mittel** aus den Vergangenheitswerten nach folgender Formel berechnet:

$$\hat{u}_t = \frac{1}{n}\sum_{1}^{n} u_t \quad \text{mit } t = 1, 2, \ldots, n$$

Dabei ist u_t der Vergangenheitswert der Periode t, n die Anzahl der Vergangenheitswerte in der Zeitreihe und $\hat{u}_t$ der am Ende der Periode t errechnete Mittelwert.

Nachteil dieser Rechnung ist, daß dieser Durchschnittswert die vollständige Vergangenheit enthält und die weit zurückliegenden Meßwerte nur selten für die Beurteilung einer Entwicklung in der Zukunft brauchbar sind.

Bei der Methode des **gleitenden Mittelwertes** versucht man, diesen Nachteil abzuschwächen. Dies geschieht, indem man, anstatt alle Werte n der Zahlenreihe zu berücksichtigen, eine konstante Anzahl von Vergangenheitswerten N (Mittlungsspanne) in die oben genannte Formel einsetzt. Der statische Charakter der Prognose wird dadurch beseitigt, und sie paßt sich den Veränderungen in der Zeitreihe schneller und adäquater an (DAENZER 1988).

Diese Prognosemethode kann im Projektmanagement für kurzfristige Vorhersagen von Veränderungen (z.B. Kostenfaktoren, Inflationsraten bei Preisgleitformeln) auf der Basis von Daten der letzten Perioden benutzt werden.

Exponentielle Glättung

Mit der Methode des exponentiellen Glättens (exponential smoothing) können als Spezialfall der Mittelwertbildung ebenfalls **kurzfristige Prognosen** erstellt werden - es werden hierbei jüngere Werte stärker gewichtet als ältere Daten. Das Verfahren wird weniger in der Planung bei Systementwicklungen eingesetzt, sondern eher im Rahmen der Nutzungsphase (z.B. bei Prognosen im Produktions- und Absatzbereich) (DAENZER 1994).

Regression

Die Regressionsanalyse befaßt sich hauptsächlich mit der Untersuchung von **Abhängigkeiten** zwischen zwei oder mehreren (Zufalls-) Größen. Im Vordergrund steht dabei die Art und Quantifizierung des Zusammenhangs zwischen den voneinander abhängenden Größen.

Hochrechnungsprognosen

Hochrechnungsprognosen werden für kurzfristige Vorausschätzungen eingesetzt (z.B. Wahlprognosen). Ihr Ergebnis entsteht aus Teildaten (z.B. einige Wahlkreise) und aus der Vergangenheit bekannten Verhaltensmustern (z.B. Stadt - Land). Ein weiteres Einsatzgebiet sind Vorhersagen bei saisonalen Schwankungen von Absatz und Produktion eines Fertigungsbetriebs (DAENZER 1994).

Sättigungsmethode

Diese Verfahren basieren auf **mathematischen Wachstumsmodellen**, die sich nach einer Phase der raschen Wachstumsperiode einem **Grenzwert** (Sättigungsgrenze) annähern. Im Rahmen von mittel- bis langfristigen Voraussagen finden sie breite Anwendung im Bereich von Marktprognosen, der Soziologie, der Umwelt- und Rohstoffproblematik.

3.10.3.2.5 Das Wirkungsnetz

Prinzip

Das Wirkungsnetz ist zur **Analyse** von Problemen und zur Auswahl möglicher Veränderungs- bzw. **Einflußmöglichkeiten** geeignet (GOMEZ 1987). Ausgangspunkt sind Situationen, in denen die eigenen Möglichkeiten der Veränderung „nicht auf der Hand liegen", sondern zunächst herausgefunden werden sollen. Die Idee dabei ist, daß häufig auf Probleme „mono kausal", also nur eine Ursache für das Problem beachtend, agiert wird. Bei der Lösung des Problems werden unerwünschte Nebenwirkungen ausgelöst, die die „Lösung" dann mehr als in Frage stellen bzw. nicht eintreten lassen.

Beim Wirkungsnetz wird zunächst das **System**, in dem das zu behandelnde Problem eingebettet ist, analysiert, Einflüsse dargestellt und dann unter Berücksichtigung sich verstärkender bzw. abschwächender Wirkungsverläufe Maßnahmen zur Lösung entwickelt. Ansatzpunkte hierfür liegen nach der Analyse häufig an völlig anderer Stelle als vorher.

Ablauf zur Erstellung eines Wirkungsnetzes

Der erste Schritt beim Wirkungsnetz ist die **Formulierung des Ziels** und damit das „Eingrenzen des Systems". Das Ziel wird aufgeschrieben und anschließend die bereits bekannten Einflußfaktoren zunächst gesammelt. Danach wird festgelegt, ob diese Einflußfaktoren positiv, d.h. **verstärkend (förderlich), auf das Ziel wirken oder negativ (abschwächend)**. Die gefundenen Einflußfaktoren werden auf eine Metaplantafel oder ein anders großes Medium geheftet. Ergänzende Erläuterungen und Einschränkungen zu den Einflußfaktoren sollten auf separatem Papier „gesichert" werden.

In einem zweiten Schritt werden die **Wirkungsverläufe zwischen den Einflußfaktoren** auf der Metaplan-Tafel durch Pfeile eingetragen. Die verstärkenden (+) oder abschwächenden (-) Wirkungen werden an den Pfeilen aufgetragen. Detaillierte Erklärungen (so nötig) der einzelnen Verläufe sollten wiederum auf einem separatem Papier beschrieben werden. Häufig stellt man hierbei fest, daß die **Einflußfaktoren nicht direkt, sondern über einen (zusätzlichen) Faktor, wirken**. Diese sind dann zusätzlich einzufügen und in ihren **Wirkungsverläufen** zu beschreiben. Das Ergebnis ist eine Systemdarstellung, die die gegenseitige Beeinflussung der Faktoren und Ansatzpunkte für einen gezielten, kontrollierbaren Eingriff in das System aufzeigt. Gerade bei unterschiedlichen Blickwinkeln auf das System - bspw. von Spezialisten aus unterschiedlichen Bereichen - stellt das System Zusammenhänge dar, die vorher nicht deutlich waren.

3.10 Methoden zur Problemlösung

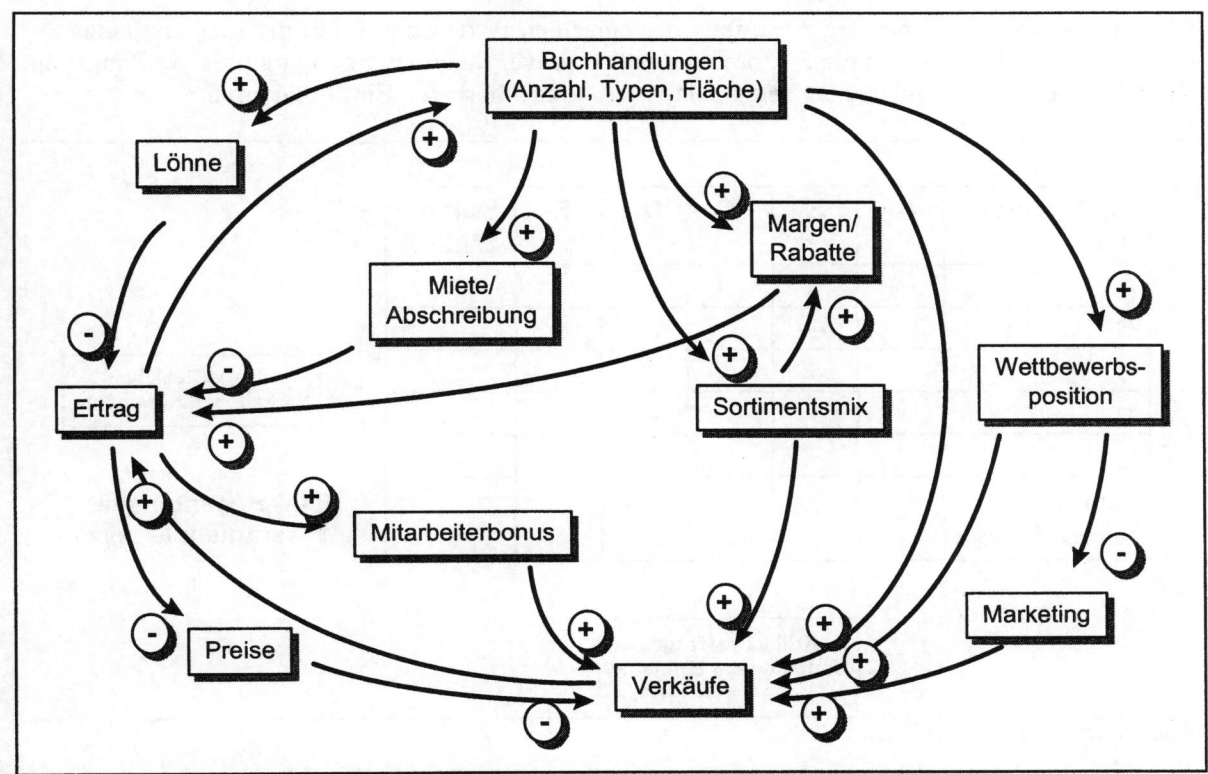

Abbildung 3.10-11: Wirkungsnetz, Beispiel Buchhandelskette (nach GOMEZ, PROBST 1987, S.35)

Der letzte Schritt ist die **Auswahl eines oder mehrerer Einflußfaktoren**, auf die von der Gruppe eingewirkt werden kann und die eine „aktive Rolle" im System spielen. Ist dies nicht direkt sichtbar - z.B. weil das System äußerst komplex geworden ist - kann die **Einflußmatrix** (siehe Abschnitt 3.10.3.2.6) und das **Lösungsportfolio** ein sinnvolles Hilfsmittel sein. Wie auf den Einflußfaktor eingewirkt werden soll, kann mit Hilfe von Kreativitätstechniken oder einer einfacheren Sammlung von möglichen Maßnahmen entwickelt werden.

Wirkungsnetze zeigen, gerade bei komplexen Problemen, die möglichen Ansatzpunkte für Problemlösungen auf. Sie **verhindern, mono-kausale Eingriffe** mit wenig Chancen auf Erfolg als Maßnahmen zu ergreifen. Wirkungsnetze werden häufig sehr komplex und für nicht am Entwicklungsprozeß beteiligte Personen „unüberschaubar". Für die Problemlösungsgruppe sollte dies nicht abschreckend sein, denn die Ansatzpunkte für mögliche Lösungsansätze werden in der Praxis als überaus effizient bewertet (Komplexe Probleme benötigen komplexe Lösungen).

3.10.3.2.6 Einflußmatrix

Ausgangspunkt für die Einflußmatrix ist eine **Systemdarstellung**, wie sie z.B. durch ein Wirkungsnetz (siehe Abschnitt 3.10.3.2.5) entstanden ist. Es sollen die Einflußfaktoren auf das Ziel gesucht werden, die besonders stark wirken, aber selbst gut kontrollierbar sind, also selbst nicht stark beeinflußt werden, oder wenn, dann durch klar identifizierte Einflußfaktoren.

Einflußmatrix als Auswertungshilfe für Wirkungsnetze

Auf der x- und y-Achse der Matrix werden zunächst alle **Einflußfaktoren** aufgetragen, wobei die x-Achse die aktive und die y-Achse die passive Seite darstellt. Dann wird, ausgehend von der x-Achse, angekreuzt, welcher Einflußfaktor auf welchen einwirkt. Wurde in der vernetzten Analyse zwischen schwach, mittel und stark unterschieden, ist die Differenzierung durch 1-3 Punkte zu berücksichtigen. Anschließend werden die Aktivpunkte auf der horizontalen und die Passivpunkte auf der vertikalen Achse für jeden Einflußfaktor summiert.

Interpretation Die **Summen** zeigen dann eine Abstufung der einzelnen Faktoren auf. Für die Lenkung eines Systems eignen sich besonders die Faktoren mit hoher aktiver und relativ geringer passiver Punktzahl. Dies sind die bestimmenden, aber selbst relativ gut kontrollierbaren Einflußfaktoren.

Einfluß auf von	A	B	C	D	E	Summe Einfluß
A	---					
B		---				
C			---			
D				---		
E					---	
Summe Beeinflußbarkeit						

Aktives/Reaktives Verhalten der Elemente

0 = keine Intensität
3 = starke Intensität

Kritisches/Träges Verhalten der Elemente

Abbildung 3.10-12: Einflußmatrix

Nicht jeder so herausgefundene Faktor wird von der Problemlösungsgruppe direkt beeinflußbar sein. In einem Ideenfindungsprozeß können dann von der Gruppe Aktionsmöglichkeiten gefunden werden, um in das System im Sinne der Zielerreichung eingreifen zu können. Die Auswirkungen und Nebenwirkungen können dann in der ursprünglichen Systemdarstellung überprüft werden (DAENZER 1994).

3.10.3.2.7 Kräftefeldanalyse

Prinzip Um von einem Ist- zu einem Ziel-Zustand, (quasi der eigentlichen Problemlösung) zu gelangen, gibt es **Kräfte**, die gegen die „Lösung" wirken und Kräfte, die bereits für die gewünschte Veränderung wirksam sind. Die Kräftefeldanalyse hilft, diese „hindernden Kräfte" und „förderlichen Kräfte" zu identifizieren und verdeutlicht durch deren Visualisierung **Handlungsalternativen** (Abbildung 3.10-13). Ziel der Kräftefeldanalyse ist eine Liste von Ansatzpunkten für eine systematische Entwicklung von Maßnahmen zur Veränderung einer Ist-Situation in Richtung der Ziel-Situation.

Vorgehensweise Ausgangspunkt ist eine Beschreibung der Ziel-Situation in Stichworten und eine Beschreibung der Ist-Situation durch den Einsatz von entsprechenden Analysemethoden. Anschließend werden die Kräfte zur Zielerreichung benannt und visualisiert (Richtung und Stärke der Pfeile). Sie sind in der Lage, die gegenwärtige Situation (Linie) in Richtung Ziel zu verschieben. Danach wird eine Auswahl getroffen, welche Kräfte aus Sicht der Projektgruppe durch Maßnahmen abgeschwächt werden können und welche verstärkt.

Anwendung Eine Kräftefeldanalyse ist in Gruppen, aber auch in Einzelarbeit, zur systematischen Suche und Dokumentation einsetzbar. Sie unterstützt die Suche nach erfolgversprechenden Ansatzpunkten für eine Problemlösung und fördert die systematische Auswahl und Überprüfung von Maßnahmenbündeln. Diese Technik setzt voraus, daß die tatsächlichen Kräfte bekannt sind oder in einer Gruppe erarbeitet werden können.

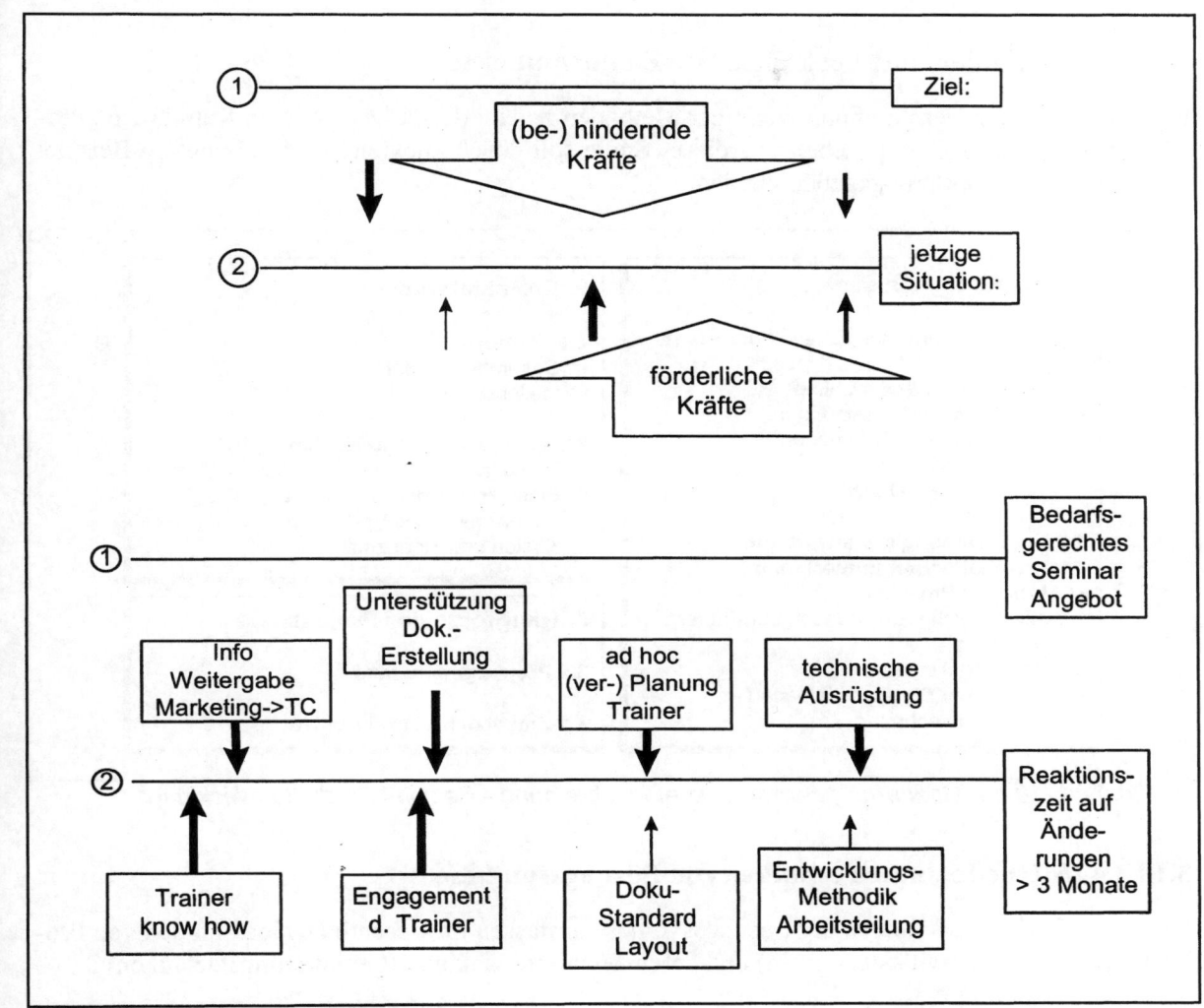

Abbildung 3.10-13: Kräftefeldanalyse

3.10.3.2.8 Darstellungstechniken

Darstellungen erhöhen die **Aussagekraft** von aufbereiteten Informationen (Datenmengen, mündliche oder schriftliche Beschreibungen), die dadurch in geordneter Form komplexe Sachverhalte veranschaulichen und verdeutlichen. Dadurch wird ihre **Beurteilung** erleichtert und die **Kommunikation** verbessert.

Im Projektmanagement wie auch speziell im Problemlöseprozeß finden Darstellungstechniken vielfach Anwendungsmöglichkeiten, so beispielsweise als

- **Ablaufstrukturen** (Arbeitsablaufplan, Ablaufdiagramm, Flußdiagramm, Netzpläne, Phasenmodell, Blockschaltbilder),

- **Zuordnungsstrukturen** (Kommunikationsdiagramm, Materialflußbeziehungen, Dreieck-, Kreis- und Ringdarstellungen),

- **Aufbaustruktur** (Objekt-, Projektstrukturplan, Organigramm, Stellenplan),

- **Graphen** und **Diagramme** (Zeit-Kosten-Fortschrittsdiagramme, Termintrenddiagramme, Balkenpläne) sowie

- **Histogramme** (Häufigkeiten, Verteilungen).

3.10.3.3 Methoden und Techniken zur Zielformulierung

Eine umfangreiche Beschreibung wichtiger Methoden zur Zielformulierung ist in Kapitel 1.6 „Projektziele und -definition" gegeben. An dieser Stelle soll eine Projektzielbeschreibung am Beispiel einer Produktentwicklung gegeben werden.

1. Projektergebnisse

1.1 Beschreibung des Entwicklungsziels
- Funktion
- Schnittstellen-Spezifikation
- Produktionsvoraussetzungen
- Beschaffungsanforderungen
- Qualitätsmaß
- Anforderungen Dritter

1.2 Beschreibung der erwarteten wirtschaftlichen Entwicklung
- Markt des Produkts
- wirtschaftliche Erwartungen der Käufer
- Marktpreis
- Erstellungskosten
- zusätzlicher Einsatzmittelbedarf
- Investitionsrechnung

2. Projektablauf

2.1 Termine
- Gesamtterminplan
- Meilensteine

2.2 Einsatzmittel und Kosten
- Personal
- Einsatzmittel des Gebrauchs
- Einsatzmittel des Verbrauchs
- Kosten und Finanzmittel

3. Rangfolge der Projektziele

3.1 Projektgegenstand

3.2 Einsatzmittel und Kosten

Abbildung 3-10-14: Gliederung der Projektzielbeschreibung - Beispiel Produktentwicklung

3.10.3.4 Methoden und Techniken zur Lösungssynthese

Die Techniken und Methoden der Lösungssynthese umfassen im wesentlichen das Finden von Problemlösungen (Kreativitätstechniken) und deren Weiterentwicklung (Optimierungstechniken).

Kreativitätstechniken

Kreativitätstechniken sind Methoden zur Anregung der Kreativität beim Erarbeiten neuartiger Problemlösungsansätze. Das Kapitel 3.9 beschreibt die Mehrzahl dieser Kreativitätstechniken sowie einiger Varianten.

Optimierungstechniken

Eine Systematisierung und Weiterentwicklung von Optimierungstechniken erfolgt laufend in der Disziplin des Operations Research. OR wendet mathematische Methoden auf Fragestellungen im Zusammenspiel zwischen Mensch, Maschine und Material an. Die meisten Optimierungstechniken basieren auf mathematischen Modellen, welche in vereinfachter Form die Problemsituation abbilden. **Ziel** ist die Ermittlung optimaler Lösungen als Grundlage für eine anschließende Auswahlentscheidung. Bei dieser Entwicklung von optimalen Lösungen soll bei gegebenen Randbedingungen entweder die beste Ergebnissituation erzielt oder der erforderliche Einsatzmittelbedarf minimiert werden.

Unterscheidung Man unterscheidet prinzipiell zwischen dem exakten Bestimmen der optimalen Lösung (analytische Methoden), der schrittweise, sich mehrfach wiederholenden Weiterentwicklung (iterativen Methoden), dem methodischen Auffinden durch Erfahrungs- oder Näherungsregeln (heuristische Methode), dem systematischen Probieren (Trial & Error-Methode) sowie der nicht-formalisierten Optimierung (PATZAK 1992, S. 245).

3.10.3.5 Methoden und Techniken zur Auswahl, Bewertung und Entscheidung

Die Techniken zur Auswahl, Bewertung und Entscheidung von Problemlösungen stellen meist den Abschluß des Problemlöseprozesses dar. Im wesentlichen werden dabei Lösungsvarianten

- auf ihre **Merkmale** hinsichtlich Zweckverfolgung, Mitteleinsatz, Vor- und Nachteilen, Umfeldauswirkungen und -einflüssen, Nutzen und Kosten untersucht, diese identifiziert und nachvollziehbar bewertet („Bewertungskriterien"),
- hinsichtlich dieser **Bewertungskriterien** verglichen und
- nach ihrer **Eignung zur Zielerfüllung** geordnet.

Die sich ergebende Vorzugsreihenfolge bietet die Grundlage der Einscheidung, bei der abschließend eine der Lösungsvarianten festgelegt wird.

3.10.3.5.1 Strukturierte Bewertung

Nach den meisten Ideenfindungsprozessen, wie z.B. nach einem Brainstorming, liegt eine Vielzahl von neuen Ansatzpunkten zur Problemlösung vor. Häufig ist allerdings die „Ideallösung" nicht dabei, die das Problem zu 100% zu lösen verspricht und direkt umsetzbar ist. Die Gefahr besteht nun, daß alle Ideen fallengelassen werden - „es ist nichts direkt Umsetzbares dabei". Hier setzt die Technik der strukturierten Bewertung ein.

Ausgangspunkt ist eine prinzipiell attraktive Idee zur Problemlösung, die aber so nicht realisierbar erscheint, gegen die irgendwelche Bedenken bestehen oder die unerwünschte Nebenwirkungen besitzt. In einem abgestuften Prozeß werden zunächst alle Vorteile als positive und daneben alle Bedenken und Einschränkungen als negative Punkte aufgelistet. Schrittweise werden die Bedenken - so möglich - durch zusätzliche Ideen ausgeräumt. Es geht hierbei nicht darum, eine 100%ige Lösung zu entwickeln, sondern solange **flankierende Maßnahmen** und **Verfeinerungen** zu entwickeln, bis die Idee als Lösung tragfähig erscheint. Wann dies eintritt, ist eine subjektive Bewertung. Ergebnis der „strukturierten-Bewertung" ist dann ein **Maßnahmenbündel**, das zur Problemlösung geeignet erscheint.

Vorgehensweise

In einem ersten Schritt werden sämtliche Vorteile der Idee, der Lösung etc. aufgelistet. Dies ist wichtig, um bei der späteren Ansammlung von Bedenken und Problemen das Positive der Lösung nicht aus den Augen zu verlieren. Die wichtigsten Bedenken, negative Nebenwirkungen und Hindernisse für die Umsetzung werden aufgelistet und mit einem Minuszeichen (-) versehen. Hilfreich kann es sein, diese zu numerieren. Der Probleminhaber markiert die wichtigsten Bedenken, für deren Beseitigung er noch keinen Weg sieht.

Achtung!

Die negativen Punkte sollten in erster Linie vom **Probleminhaber** genannt werden. Es ist nicht nötig, dem Probleminhaber zusätzliche Probleme einzureden. Er muß die Lösung später umsetzen, und wenn er urteilt, daß dies mit den entwickelten Lösungen möglich ist, sollte dies ausreichen. Die Bedenken werden als Ziel im Sinne „Wie können wir erreichen, daß ..." umformuliert. In einem Brainstorming oder einer anderen Kreativitätstechnik werden von der Gruppe fünf bis zehn Ideen entwickelt, die als flankierende Maßnahmen geeignet erscheinen. Sind genügend Ideen entwickelt, wählt der Probleminhaber die nach seiner Ansicht besten Ideen aus. Auch hier wird es vorkommen, daß Bedenken etc. für die direkte Umsetzung bestehen. Es wird, wie oben beschrieben, fortgefahren. Der gesamte Prozeß der strukturierten Bewertung wird solange fortgesetzt, bis der Probleminhaber urteilt, daß die Idee mit sämtlichen flankierenden Maßnahmen jetzt umsetzbar und erfolgversprechend ist.

Der Suche nach einer **100%-Lösung** sollte aber widerstanden werden. Bei jeder entwickelten (Teil-) Lösung wird es zusätzliche Bedenken geben. Eine umsetzbare 80% Lösung ist besser als eine nicht realisierbare 100%-Lösung.

Ergebnis Durch die strukturierte Bewertung entsteht ein umfangreiches Bündel an Ideen, die zusammengenommen dazu geeignet sind, ein Problem nachhaltig zu lösen. Als letzten Schritt ist es allerdings unbedingt notwendig, **Maßnahmen** zu formulieren, die vom Probleminhaber direkt eingeleitet werden, um die entwickelten Ideen - das gesamte Bündel - umzusetzen. Das ist dann der Übergang zur Realisierung und Verfolgung.

Anwendung Die Technik ist besonders gut als Gruppenarbeit geeignet, aber auch in Einzelarbeit einzusetzen. Der Vorteil ist hier, daß die Ideensuche und die Entwicklung von flankierenden Maßnahmen unterbrochen und zu einem späteren Zeitpunkt fortgesetzt werden kann. Auch das Einbeziehen von „Ratgebern" zu bestimmten Teilaspekten wird durch die Systematik unterstützt. Nachteil der Technik ist, daß es kein definiertes Ende gibt und sie auf die subjektive Bewertung des Probleminhabers vertraut, wann genügend geeignete Maßnahmen vorhanden sind. Dies wirkt zunächst abschreckend. In der Praxis hat sich die Technik als sehr wirkungsvoll erwiesen, nachhaltige Lösungen zu entwickeln.

3.10.3.5.2 Entscheidungstabellen

Entscheidungsituationen erfordern im allgemeinen Aktionen unter bestimmten Bedingungen. Je unüberschaubarer die Bedingungen sind, desto ungenügender sind verbale Beschreibungen und schematische Darstellungen von Ablaufplänen. Entscheidungstabellen fassen derartige **Entscheidungssituationen** übersichtlich und in konzentrierter Form zusammen (Abbildung 3.10-15).

		Entscheidungsregeln:				Legende:
		R1	R2	R3	R4	
	Bedingungen:					
1	Projektsumme > 10.000,- €	N	J	N	J	J = Ja, Bedingungen erfüllt
2	Endtermin nach Projektdauer	N	N	J	J	N = Nein, Bedingungen nicht erfüllt
	Aktionen:					
1	Freigabe Geschäftsleitung	-	X	-	X	X = Aktion durchführen
2	Rücksprache mit Projektterminplaner	-	-	X	X	- = irrelevant
3	Einberufung der Projektstart-Sitzung	X	-	-	-	

Abbildung 3.10-15: Entscheidungstabelle: Beispiel einer Projektfreigabe (nach DAENZER 1994, S. 465f)

> *In diesem Beispiel erfolgt die Freigabe eines Projekts durch den Projektleiter nur, wenn die Projektsumme unterhalb der Grenze von 10.000,- € und der Projektendtermin vor dem Ablauf der kalkulierten Projektdauer liegt (R1). Ist dies nicht der Fall, so muß Rücksprache mit der Geschäftsleitung (R2 und R4) oder/und dem Projektterminplaner (R3 und R4) gehalten werden.*

Voraussetzung dabei ist, daß dem gegebenen Ausgangsbedingungen die Aktionen klar zugeordnet werden können, d.h. sog. **Entscheidungsregeln** gebildet werden können.

Regeln Bei der Entwicklung einer Entscheidungstabelle sollten die Entscheidungsregeln

- alle Entscheidungssituationen erfassen,
- sich nicht gegenseitig ausschließen oder widersprechen,
- keine überflüssigen Angaben enthalten und
- eingehalten werden können.

3.10 Methoden zur Problemlösung

Bei komplexen Entscheidungssituationen können die Entscheidungstabellen sehr groß und unübersichtlich werden. In solchen Fällen empfiehlt sich eine Teilung in mehrere Einzelentscheidungen, die danach ineinander überführt werden.

Entscheidungstabellen finden Anwendung z.B. in der Rechentechnik bei der Programmerstellung, wenn komplizierte logische Zusammenhänge geprüft werden müssen, oder in der Materialwirtschaft, wenn logistische Problemstellungen gelöst werden müssen. *Anwendung*

3.10.3.5.3 Wirtschaftlichkeitsrechnung

Alle Verfahren der Wirtschaftlichkeitsrechnung basieren auf der Verfügbarkeit eines Gesamtbetrags für eine Investition bzw. ein Projekt. Man unterscheidet in diesem Zusammenhang die Verfahren der **statischen Wirtschaftlichkeitsrechnung**:

- Kostenvergleichsrechnung
- Gewinnvergleichsrechnung
- Rentabilitätsrechnung
- Amortisationsrechnung

und der **dynamischen Wirtschaftlichkeitsrechnung**

- Kapitalwertrechnung
- Annuitätsrechnung
- Interne Zinsfußrechnung

Diese Verfahren werden weiterführend im Kapitel 3.5 behandelt.

3.10.3.5.4 Nutzwertanalyse

Der **Aufwand** für Projekte läßt sich meist ausreichend in Geld ausdrücken. Anders ist es mit dem **Nutzen.** Mehr als früher spielen neben dem Preis Liefertermine, Produktqualität, Arbeitsgestaltung und Unternehmensimage eine Rolle. Diese und andere **Nutzenarten** lassen sich in Geld nicht errechnen, obwohl sie zunehmend an Bedeutung gewinnen.

> Die Nutzwertanalyse ist ein wichtiges Instrument, mit dem die Planung den monetär nicht quantifizierbaren Nutzen meist in Form von Nutzwert-Punkten quantifizieren kann.

Die **Nutzwertanalyse** dient ebenso wie die Wirtschaftlichkeitsrechnug der Entscheidungsunterstützung, wenn Alternativen vergleichend zu bewerten sind. Beispielsweise kann man bei einer Investitionsentscheidung im industriellen Bereich neben den rein ökonomischen Zielen, die bei mehreren Projektalternativen bereits durch eine Investitionsrechnung untersucht werden können, auch andere, nicht monetäre, aber dennoch entscheidungsrelevante Kriterien einer Nutzwertanalyse unterziehen. Dadurch werden die unterschiedlichen Projektalternativen in differenzierter Form miteinander vergleichbar und der Entscheidungsprozeß einfacher und transparenter (Beispiele siehe Kapitel 1.6.4.1). *Anwendung und Vorgehensweise*

```
┌─────────────────────────────────────────────────────────────────┐
│                    ┌─────────────────────────┐                  │
│                    │ 1. Aufstellen des Zielsystems │             │
│                    └─────────────────────────┘                  │
│                          │                                       │
│              ┌───────────┴───────────┐                           │
│              ▼                       ▼                           │
│   ┌──────────────────────┐  ┌──────────────────────────┐        │
│   │ 2. Gewichtung der Ziele │  │ 3. Aufstellen von Wertmaßstäben │
│   └──────────────────────┘  └──────────────────────────┘        │
│              └───────────┬───────────┘                           │
│                          ▼                                       │
│                ┌─────────────────────────┐                      │
│                │ 4. Bewertung der Alternativen │                 │
│                └─────────────────────────┘                      │
│                          ▼                                       │
│                ┌─────────────────────────┐                      │
│                │ 5. Bewertung der Nutzwerte │                   │
│                └─────────────────────────┘                      │
│                          ▼                                       │
│                ┌─────────────────────────┐                      │
│                │ 6. Empfindlichkeitsanalyse │                   │
│                └─────────────────────────┘                      │
│                          ▼                                       │
│                ┌─────────────────────────┐                      │
│                │ 7. Darstellung und Beurteilung │                │
│                │       der Ergebnisse     │                      │
│                └─────────────────────────┘                      │
└─────────────────────────────────────────────────────────────────┘
```

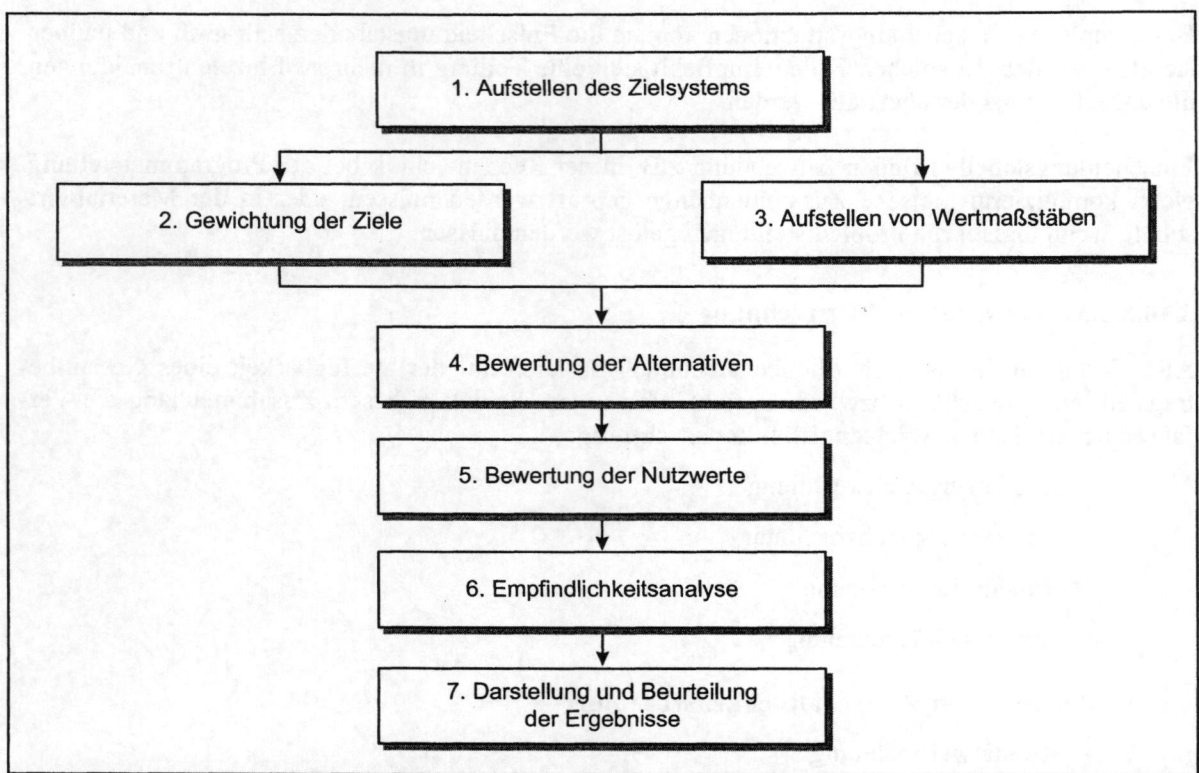

Abbildung 3.10-16: Ablauf einer Nutzwertanalyse (FREUND 1995)

Folgende Vorgehensschritte haben in der Praxis Anwendung gefunden (FREUND 1995):

1. **Aufstellung des Zielsystems**

   Das Projektteam sammelt zunächst alle relevanten Projektziele, die monetär nicht quantifizierbar sind. Dies kann **intuitiv** und **deduktiv** geschehen.

2. **Gewichtung der Ziele**

   Es wird - ebenfalls vorzugsweise im Team - die relative Bedeutung der Ziele untereinander qualitativ festgelegt. Hierzu gibt es mehrere verschiedene Gewichtungsverfahren.

3. **Aufstellen von Wertmaßstäben**

   Es wird ermöglicht, später den einzelnen Lösungsalternativen in bezug auf die Ziele Erfüllungsgrade zuzuordnen. **Der Erfüllungsgrad ist ein Maß dafür, wie gut das vorgegebene Ziel erreicht wird.**

4. **Bewertung der Alternativen**

   In die Bewertungstabelle werden nur die Ziele der **untersten Hierarchiestufe** aufgenommen und mit ihrem Stufengewicht versehen. Die Bewertung selbst erfolgt - wie schon früher ausgeführt - in einem Team.

5. **Berechnung der Nutzwerte**

   Die Multiplikation von Gewicht und Bewertung ergibt den jeweiligen Nutzwert. Die Summe der Nutzwerte einer Alternative ergibt den **Gesamtnutzwert** dieser Alternative. Bei einer größeren Anzahl von Alternativen sind diese in der Rangfolge der Gesamtnutzwerte anzuordnen.

6. Empfindlichkeitsanalyse

Dieser Teilschritt wird nur dann durchgeführt, wenn Unsicherheit über die Richtigkeit oder die Genauigkeit der Ergebnisse herrscht oder die besten Alternativen mit ihren Gesamtnutzwerten sehr dicht beieinander liegen.

7. Darstellung und Beurteilung der Ergebnisse

Abschließende Würdigung der Besonderheiten des konkreten Entscheidungsfalls.

Zusammenfassung

„Probleme" können als schwierige Fragestellungen und Aufgaben verstanden werden, wozu derzeitig kein Wissen verfügbar ist, um eine hinreichende Antwort bzw. Lösung geben zu können. Der Prozeß des „Problemlösens" sucht einen Weg, um die Abweichung des aktuellen Zustandes zu einem gewünschten Zielzustand zu überwinden.

In der täglichen Projektarbeit treten Probleme unterschiedlicher Art auf. Zu deren systematischer und effektiver Lösung bietet Projektmanagement zahlreiche Methoden und Techniken, die in unterschiedlichen Phasen des Problemlösungsprozesses zum Einsatz kommen können. Sie stammen aus unterschiedlichen Fachdisziplinen. Das Kapitel liefert allgemeingültige Empfehlungen zur Anwendung unterstützender Problemlösemethoden.

Der Prozeß der Problemlösung wird anhand von drei anerkannten Modellen aufgezeigt und deren Vorgehensweisen und Merkmale erläutert: sequentielle Phasenmodelle, Problemlösungskreise und formularbasierte Systeme.

Den Schritten des Problemlösungsprozesses zugeordnet, wird eine Übersicht über die Mehrzahl der relevanten Methoden und Techniken gegeben. Eine Auswahl von Techniken daraus wurde näher erläutert. Dabei wurde der Schwerpunkt auf die Anwendbarkeit in der praktischen Projektarbeit gelegt.

Literaturverzeichnis

BATTELLE (Hrsg.): Battelle-Marketing-Compendium - Probleme und Methoden des Marketing in der Produktions- und Investitionsgüterindustrie. Bericht über ein Gruppenprojekt. Battelle-Institut, Frankfurt 1974

BROCKHAUS, Die Enzyklopädie in 24 Bänden, Brockhaus 20. neubearb. Auflage 1996

BURGHARDT, M.: Projektmanagement, Leitfaden für die Planung, Überwachung und Steuerung von Entwicklungsprojekten, 2. Aufl., Verlag Siemens AG, 1993

DAENZER, W. F. (Hrsg.): Systems Engineering - Leitfaden zur methodischen Durchführung umfangreicher Planungsvorhaben, Zürich 1988

DAENZER, W.F.; Huber, F. (Hrsg.): Systems Engineering: Methodik und Praxis, 8. Auflage, Verlag Industrielle Organisation, 1994

EGGERT, K. B.; Beckord E. A.: Szenario-Technik als zukunftsweisendes Planungsinstrument im Projektmanagement, in: Gesellschaft für Projektmanagement: Projektmanagement - Beiträge zur Jahrestagung 1987, München 1987

EHRL-GRUBER, B.; Süss, G.: Praxishandbuch Projektmanagement, WEKA Augsburg 1995

FRANKE, A.: Risikobewußtes Projektcontrolling, Verlag TÜV Rheinland GmbH, Köln 1993

FREUND, G.: Sinnvoll investieren, RKW-Verlag, Eschborn 1995

GABLER Wirtschaftslexikon, 12. Auflage, Wiesbaden 1988

GOMEZ, P.; Probst, G.: Vernetztes Denken im Management, Schweizer Volksbank, Bern 1987

HERING, E., Draeger, W.: Führung und Management: Praxis für Ingenieure, Düsseldorf 1995

KEPNER, C.; Tregoe, B.: Rationales Management, Probleme lösen - Entscheidungen fällen, 6. Auflage, Verlag moderne industrie, 1992

MAMOUDZADEH, K.: Wichtige Methoden und Verfahren im Projektmanagement. In: RKW/GPM (Hrsg.): Projektmanagement-Fachmann, 2. Auflage, RKW-Verlag, Eschborn 1994

PATZAK, G., Rattay, G.: Projektmanagement: Leitfaden zum Management von Projekten, 2. überarbeitete Auflage, Linde Verlag, Wien 1997

PATZAK, G.: Systemtechnik - Planung komplexer innovativer Systeme, Springer Verlag, 1992

Autorenportrait

Dipl.-Ing. Olaf Pannenbäcker

Jahrgang 1967. Studium zum Diplomingenieur der Fertigungstechnik an der Friedrich-Alexander-Universität Erlangen/Nürnberg.

1994-96 Sekretär der IPMA International Project Management Association mit Sitz in Zürich und Mitglied des CCT Certification Core Team zur Entwicklung des internationalen Zertifierungsprogramms.

Seit 1994 wissenschaftlicher Mitarbeiter am IPMI Institut für Projektmanagement und Wirtschaftsinformatik der Universität Bremen mit dem Forschungsschwerpunkt: „Qualifizierungs- und Zertifizierungssysteme im Projektmanagement".

1995-98 Projektassistent des Projekts PMF III „Projektmanagement-Fachmann, 3. Auflage" im Projektbüro Bremen und seit 1996 Qualitätsmanagement-Beauftragter der Deutschen Zertifizierungsstelle für Projektmanagement (PM-ZERT).

Abbildungsverzeichnis

Abbildung 3.10-1: Phasen des Problemlösungsprozesses 844

Abbildung 3.10-2: Problemstellungen bei der Situationsanalyse, Beispiel 847

Abbildung 3.10-3: Problemanalyse: „Auto springt nicht an" 848

Abbildung 3.10-4: Entscheidungssystematik - Beispiel: Hausbau 849

Abbildung 3.10-5: Übersicht über Methoden und Techniken der Problemlösung (nach DAENZER 1994) 852

Abbildung 3.10-6: Techniken zur Informationsbeschaffung 853

Abbildung 3.10-7: Bereichsgrenzen der ABC-Analyse (nach BURGHARDT 1993) 856

Abbildung 3.10-8: ABC-Analyse eines Angebotsprogrammes (Lorenzkurve) 857

Abbildung 3.10-9: Merkmale der Prognosetechniken (nach DAENZER 1994) 859

Abbildung 3.10-10: Trendextrapolation 861

Abbildung 3.10-11: Wirkungsnetz, Beispiel Buchhandelskette (nach GOMEZ, PROBST 1987, S.35) 863

Abbildung 3.10-12: Einflußmatrix 864

Abbildung 3.10-13: Kräftefeldanalyse 865

Abbildung 3-10-14: Gliederung der Projektzielbeschreibung - Beispiel Produktentwicklung 866

Abbildung 3.10-15: Entscheidungstabelle: Beispiel einer Projektfreigabe (nach DAENZER 1994, S. 465f) 868

Abbildung 3.10-16: Ablauf einer Nutzwertanalyse (FREUND 1995) 870

Lernzielbeschreibung

Der Leser soll Kenntnisse über die Problemlösungsprozesse sowie die unterstützenden Methoden und Techniken erhalten und diese in seiner Projektarbeit zielgerichtet anwenden können.

Dabei soll er insbesondere

- die unterschiedlichen Vorgehensweisen zur Problemlösung kennen und für praktische Fragestellungen anwenden können,
- Probleme identifizieren, beschreiben und in den Problemlösungsprozeß einordnen können,
- unterstützende Methoden und Techniken für die jeweiligen Phasen des Problemlösungsprozesses nennen und erklären können,
- unterschiedliche Methoden und Techniken für seine Projektarbeitsumgebung auswählen und zu deren Lösung einsetzen können.

4.0 Organisationskompetenz

Als vierte Kernkompetenz des Projektmanagement-Fachmanns besteht die Organisationskompetenz aus elf Kapiteln. Der Begriff Kompetenz umfaßt mehr als nur bestimmtes Wissen, Fähigkeiten oder Fertigkeiten. **Kompetenz** beinhaltet das Nutzen von Handlungsspielräumen und schließt somit ausdrücklich Aspekte des menschlichen Verhaltens ein (FREI u.a. 1996, S. 2). Die angestrebte Integration zu den anderen Kernkompetenzen dieses Werkes (insbesondere der sozialen Kompetenz) wird somit deutlich.

Menschen organisieren sich, um ihre Fähigkeit zur Lösung komplexer Aufgabenstellungen zu vergrößern. Dies geschieht im wesentlichen durch Arbeitsteilung und den damit verbundenen Vorteilen der Spezialisierung. Arbeitsteilung wiederum läßt neue Koordinationsaufgaben entstehen. In welchem Maße Spezialisierung sinnvoll ist, welche Organisationseinheiten für einzelne Teilaufgaben zuständig sind, wie koordiniert wird, all diese Fragen sind Gegenstand der organisatorischen Tätigkeit selbst und führen im Ergebnis zu Regelungen. Generelle Regelungen können für wiederkehrende Aufgaben entwickelt werden, während bei innovativen Aufgaben, wie in der Projektarbeit, Regelungen für den konkreten Einzelfall entwickelt werden müssen.

Organisieren

Organisation an sich beinhaltet einen funktionalen und einen institutionalen Begriffszusammenhang. Für das Projektmanagement steht der funktionale Begriff, also die organisatorische Gestaltungsaufgabe hinsichtlich des Projektes, im Vordergrund. Die Verwandtschaft zwischen Organisations- und Projektarbeit wird zur Identität, wenn es um Organisationsprojekte geht. Das Bilden neuer Projekte entspricht aber auch in anderen Projekttypen der Organisationsaufgabe, neue Strukturen in vorhandenen Unternehmungen zu bilden. Hierzu zählt die formale Strukturierung des Projektes in definierte Einheiten. Diesen Aspekt behandelt die Aufbauorganisation mit ihrem Fokus auf Aufgabengliederung und deren Zuordnung zu Organisationseinheiten. Die Ablauforganisation gestaltet die Ablaufbeziehungen der einzelnen Einheiten zueinander. Kommunikations- und Informationsbeziehungen sind ebenso wichtiger Bestandteil der Organisation. Während die Gestaltungsaufgabe im Rahmen der Unternehmensorganisation die vorgenannten Aspekte für den Routinefall vornimmt, müssen im Projektmanagement diese Aufgaben für den Einzelfall, nämlich das Projekt, gelöst werden. Der Brückenschlag zwischen „Routineaufgaben" und „Innovationsaufgaben" durch ein akzeptiertes Projektmanagement ist die zentrale Führungsaufgabe bei Einführung und Weiterentwicklung von Projektorganisationen.

Organisation

Ein gewisser Anteil der Organisationsaufgabe im Projekt sollte jedoch sinnvollerweise standardisiert, d.h. durch generelle Regelungen festgelegt, werden, um den Nutzen des Projektmanagements für das Unternehmen zu optimieren.

Die Gründe hierfür sind:

- Schaffung einer unternehmensweiten Projektkultur
- Sicherung der Qualität des Projektmanagements
- Förderung eines qualifizierten Stabs an Projektleitern und Projektmitarbeitern
- Produktivitätsgewinn in der konkreten Projetkbearbeitung.

Der überwiegende Anteil der Projektmanagement-Arbeit im konkreten Projekt umfaßt jedoch die spezifische organisatorische Gestaltung des zu bearbeitenden Projekts. Den Gesamtzusammenhang beschreibt Abbildung 4.0-1.

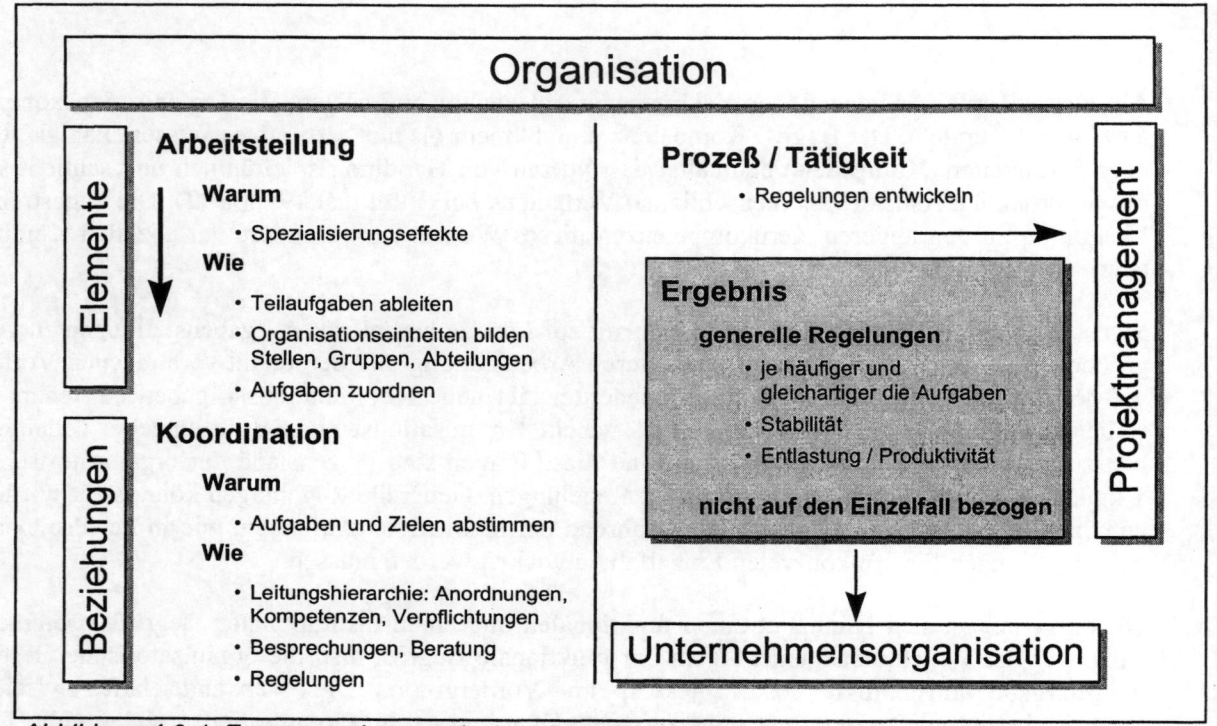

Abbildung 4.0-1: Zusammenhang zwischen Organisation und Projektmanagement

Kapitel

Für das Hauptkapitel Organisationskompetenz werden die wichtigsten Objekte und Teilaufgaben organisatorischer Gestaltung im Projekt dargestellt. Hierzu zählen:

Kapitel 4.1 Unternehmens- und Projektorganisation

Die Einbindung des Projekts in die bestehende Unternehmensorganisation und daraus resultierend die Koordinations- und Leitungsbeziehungen innerhalb des Projekts.

Kapitel 4.2 Qualitätsmanagement

Leistung, Termine und Kosten sind die Qualitätsparameter in der Projektarbeit. Ein durchgängig praktizierter Ansatz des Projektmanagements schafft ein Qualitätsmanagement-System für die Projektarbeit:

Kapitel 4.3 Vertragsinhalte und Vertragsmanagement

Die Beziehungen des Projekts nach außen: Das genaue Erfassen eigener Rechte und Pflichten führt dazu, daß eigene Rechte erkannt, dokumentiert und durchgesetzt werden können und wehrt gleichzeitig ungerechtfertigte Ansprüche des Vertragsgegners ab.

Kapitel 4.4 Konfigurations- und Änderungsmanagement

Die Beherrschung der Flut von fachlichen, technischen und administrativen Konzeptionen sowie Änderungen während des Projektablaufes ist eine schwierige Problemstellung. Kenntnis und Anwendung von Konfigurationsmanagement trägt dazu bei, diese Situation erfolgreich zu bewältigen.

Kapitel 4.5 Dokumentationsmanagement

Projekte bestehen zwischen 20% bis 90% der Projektzeit aus dem Erstellen von Unterlagen für Planung, Ausführung, Test, Prüfung und Übergabe. Unterlagen sind daher ebenso „Produkte" wie die Projektobjekte selbst. Vielfach lösen freigegebene Dokumente vereinbarte Teilzahlungen aus. Dokumente sind neben den Projektobjekten die zweite und überzeugende Referenz für die Qualität und für den Nutzen des erreichten Werkes.

Kapitel 4.6 Projektstart

Der Projektstart ist ein Prozeß in den frühen Phasen des Projektes mit dem Ziel eine solide Basis für die Abwicklung des Projektes zu schaffen. Fehler, die hier gemacht werden, können im Projektablauf nur noch mit großem Aufwand korrigiert werden, führen zu Problemen und Krisen und damit letztlich zu den bekannten Termin- und Kostenüberschreitungen sowie Qualitätsmängeln.

Kapitel 4.7 Risikomanagement

Die typischen Merkmale des Projektgeschäfts beinhalten für die Auftragnehmer- und Auftraggeberseite hohe Risikopotentiale. Konsequentes Risikomanagement wehrt die möglichen Folgen risikobehafteter Ereignisse ab und hilft damit, daß geplante Projektergebnis zu erreichen.

Kapitel 4.8 Informations- und Berichtswesen

Die Güte der Kooperation zwischen den Beteiligten und damit nicht zuletzt auch die Güte des Projektergebnisses hängen wesentlich davon ab, inwieweit die am Projekt beteiligten Stellen auf alle relevanten Informationen vollständig, geordnet sowie problemorientiert und aktuell zugreifen können bzw. mit den erforderlichen Informationen versorgt werden.

Kapitel 4.9 EDV-Unterstützung im Projekt

Für welche Aufgaben innerhalb eines Projektes ist eine sinnvolle Nutzung von Spezialsoftware möglich, wo reicht die erweiterte intelligente Anwendung bereits vorhandener Standard-Software (z.B. Textverarbeitung, Tabellenkalkulation, Kalkulationsprogramme usw.) aus und wie wird die Anwendung der EDV in die Projektarbeit integriert?

Kapitel 4.10 Projektabschluß und -auswertung

Ein in „der Hauptsache" erfolgreiches Projekt kann aus der Sicht des internen oder externen Auftraggebers noch zum Mißerfolg werden, wenn Vorkehrungen unterlassen werden, die geeignet sind, das Projekt systematisch zu beenden. Aus abgeschlossenen Projekten kann, unabhängig davon, ob sie erfolgreich oder nicht erfolgreich waren, gelernt werden.

Kapitel 4.11 Personalwesen und Projektmanagement

Der sogenannte „Human Factor" spielt für den Projekterfolg eine herausragende Rolle. Möglichkeiten und Grenzen der personalbezogenen Gestaltungsaufgabe im Projekt, Handlungspartner im Unternehmen und die betriebliche Personalarbeit insgesamt tragen dazu bei, daß dem Unternehmen und damit auch den einzelnen Projekten entsprechend qualifiziertes Projektpersonal zur Verfügung steht.

4.1 Unternehmens- und Projektorganisation

von

Reiner Chrobok

Relevanznachweis

Die Elemente eines Systems sind zweckorientiert aufeinander bezogen bzw. entsprechend in Beziehung zu bringen. Die Gestaltung statischer und dynamischer Beziehungen in (wirtschaftenden) zweckorientierten Systemen ist die organisatorische Kernaufgabe.

Projekte sind - wenn auch auf Zeit - zweckorientierte Systeme. Ihre statischen und dynamischen Beziehungen müssen im Innen- und Außenverhältnis geordnet, sprich „organisiert" werden. Organisationskenntnisse sind also erforderlich, um eine zweckmäßige (geeignete, optimale) Projektorganisation gestalten zu können.

In Projekten wird systematisch und systemisch gearbeitet. Dafür werden Techniken genutzt, die weitgehend den Organisationstechniken entsprechen. Die Verwandtschaft zwischen Organisations- und Projektarbeit wird zu einer Identität, wenn es um Organisationsprojekte geht. Das Bilden neuer Projekte entspricht aber auch in anderen Projekttypen der Organisationsaufgabe, neue Strukturen in vorhandenen Unternehmungen zu bilden.

Inhaltsverzeichnis

4.1.1 Grundlagen der Organisation — **883**
    4.1.1.1 Der Organisationsbegriff — 883
    4.1.1.2 Arbeitsteilung und Organisation — 885
    4.1.1.3 Organisationen als soziale Systeme — 885

4.1.2 Aufbau- und Ablauforganisation — **887**
    4.1.2.1 Grundsätze zur Gestaltung der Organisation — 887
    4.1.2.2 Grundsätze zur Gestaltung der Aufbauorganisation — 888
    4.1.2.3 Gestaltung der Aufbauorganisation - Aufgabensynthese — 889
    4.1.2.4 Stellenbildung — 890
    4.1.2.5 Abteilungsbildung und Linienorganisation — 891
    4.1.2.6 Organisationsmodelle — 892
    4.1.2.7 Organisationsformen — 893
    4.1.2.8 Prozesse — 894

4.1.3 Zusammenspiel von Projekt- und Unternehmensorganisation — **897**
    4.1.3.1 Projektbeteiligte — 898
    4.1.3.2 Mögliche Projektorganisationsformen — 899
        4.1.3.2.1 Projektabwicklung im Rahmen der Stammorganisation — 899
        4.1.3.2.2 Stabs-Projektorganisation — 900
        4.1.3.2.3 Matrix-Projektorganisation — 900
        4.1.3.2.4 Autonome Projektorganisation — 901
    4.1.3.3 Vorgehensmodell für Organisationsprojekte — 902
        4.1.3.3.1 Organisationsprozeß — 903
        4.1.3.3.2 Organisationszyklus — 906

4.1.4 Organisationshandbuch zur Unterstützung der Projektarbeit — **910**
    4.1.4.1 Ziele und Inhalt — 910
    4.1.4.2 Vorgehensweise zur Erstellung eines Organisationshandbuches — 912

4.1.1 Grundlagen der Organisation

4.1.1.1 Der Organisationsbegriff

Der Begriff Organisation wird sowohl in der Umgangssprache als auch in einzelnen Fachsprachen mit **verschiedenen Bedeutungsinhalten** versehen. Hier steht der Organisationsbegriff im Vordergrund, der für die praktische Arbeit in bzw. an Projekten zweckmäßig ist.

Das bewußte Entwerfen von Regeln, die die Verteilung von Einsatzmittel und Kompetenzen ordnen, ist eine organisatorische Tätigkeit. Organisation ist neben Planung, Personalführung und Kontrolle (wobei Planung und Kontrolle häufig zu Controlling zusammengefaßt wird) eine der Führungsfunktionen (siehe Kapitel 1.1.2.2) für zweckgerichtete Systeme:

> Organisation ist Organisieren.

Jedes Geschehen in natürlichen und sozialen Gebilden beruht auf einer Ordnung. Selbst in chaotischen Verhältnissen gibt es sie. Solange der Begriff Chaos verwendet wird, ist die zugrunde liegende Ordnung noch nicht erkannt. Organisation kann daher als ein **allgemeines Form- und Gestaltungsprinzip** des natürlichen und sozialen Geschehens in Systemen aufgefaßt werden:

> Jedes System hat eine Organisation.

Von Menschen werden verschiedenartige soziale Systeme (bzw. Projekte in und zwischen ihnen) bewußt gestaltet: Wirtschaftsunternehmen, Öffentliche Verwaltungen, Vereine, Parteien, Krankenhäuser etc. Im weitesten Verständnis sind diese Systeme Organisationen (soziologisches Verständnis von Organisation):

> Soziale Systeme (auch Projekte) sind Organisationen.

In jedem System (also auch Projekte) sind die Ressourcen (Betriebsfaktoren) knapp, mit denen der Zweck des Systems erfüllt werden soll. Praktisches Handeln, nicht die theoretische Erkenntnis steht im Vordergrund. In vielen Organisationen erweist sich das Denken in den klassischen Betriebsfaktoren Arbeit, Betriebsmittel und Werkstoffe als wenig hilfreicher Ansatz zur Gestaltung. Welche Bedeutung hat beispielsweise der Werkstoff für Verwaltungen oder Versicherungen?
Die Potentiale von Systemen können jedoch als **organisatorische Elemente** allgemeiner gefaßt werden:

> Aufgabe, Mensch, Sachmittel und Information sind Elemente jedes zweckgerichteten sozialen Systems.

Mit dem Zusammenfügen von Aufgabe, Mensch, Sachmittel und Information zu einer Einheit ergibt sich das Potential, mit dem der Systemzweck (also auch der Zweck von Projekten) erreicht werden soll. Ohne ein ordnendes Regelwerk kann das aber nur zufällig auf wirtschaftliche Weise geschehen. Notwendige Voraussetzung für das angestrebte Ergebnis ist das Gestalten **produktiver Verknüpfungen der Systemelemente**.

> Als Führungsfunktion macht Organisation kombinierte Produktionsfaktoren produktiv.

Kernsatz der Organisation

Das zusammenfassende Verständnis von Organisation, der **Kernsatz**:

> Organisation ist ganzheitliches Gestalten von Beziehungen zwischen Aufgaben, Menschen, Sachmitteln und Informationen in zweckorientierten, sozialen Systemen bzw. bei Projekten.

Diese Formulierung betont **Organisation als Tätigkeit** (funktionaler Begriff), versteht Organisation also als „Organisieren". Zunehmende Dynamik und Komplexität der zur Gestaltung von Organisationen zwingenden Einflußfaktoren verhindern oft, daß ein längerfristig gültiges Ergebnis der organisatorischen Tätigkeit entsteht. Dennoch ergibt sich nach jedem organisatorischen Eingriff ein Zustand, eine

> Organisation als Ergebnis des Organisierens

(institutioneller Begriff), mit der eine grundsätzlich auf Dauer angelegte Struktur angestrebt wird.

Merkmale

Aus dem sogenannten Kernsatz des Leitbilds Organisation lassen sich folgende **Merkmale des Organisationsbegriffs** ableiten:

- Organisation zwingt zu einer **ganzheitlichen** Betrachtung. Einsicht in die Zusammenhänge aller für die jeweilige Fragestellung bedeutsamen Faktoren (vernetztes Denken) und bewußte Abgrenzung des Gestaltungsfeldes mit Hilfe des Systemdenkens sind unverzichtbar (siehe Kapitel 1.4).

- Organisieren ist eine **Gestaltungsaufgabe**; organisatorische Lösungen lassen sich selten errechnen. Organisatorisch Tätige werden zu Designern von Strukturen, deren Entwürfe auf Methoden und Techniken aufbauen, die sich in der Praxis bewährt haben.

- Generelle Regelungen für Aufbau und Ablauf von Institutionen gestalten die **Beziehungen** zwischen den Elementen organisatorischer Systeme.

- Grundsätzlich orientiert sich gestaltendes Handeln an den Elementen Aufgabe, Mensch, Sachmittel und Information. In diese vier Kategorien lassen sich sämtliche Faktoren einer Institution einordnen.

- Jede Organisation (im institutionellen Sinn) ist ein zweckorientiertes System. Der Zweck eines organisatorischen Systems ist Ausdruck des (Kunden-) Nutzens. Wenn kein Nutzen für Dritte (also im wesentlichen die Kunden bzw. die internen Kunden eines Projekts) entsteht, ist die Organisation (oder das Projekt) zwecklos (siehe Kapitel 1.3).

- Jede Organisation (im institutionellen Sinn) ist ein soziales System. Mit dem organisatorischen Element Mensch war diese Aussage zwar immer richtig, dennoch wurde und wird die organisatorische Aufgabe nicht immer in diesem programmatischen Sinn verstanden. Die Abkehr vom „Taylorismus" unterstreicht dies, d. h. die bisherige Ausrichtung der organisatorischen Verantwortung am organisatorischen Element Aufgabe soll dadurch geändert werden, daß die Bedeutung des selbstverantwortlichen Menschen für jede Institution gestärkt wird (siehe Kapitel 2.3).

4.1.1.2 Arbeitsteilung und Organisation

Betriebliche Aufgaben, auch Projektaufgaben, werden immer arbeitsteilig erfüllt. Kein einzelner Mensch beherrscht jede einzelne zu erfüllende Aufgabe ausreichend so gut, daß ein Verzicht auf eine irgendwie geartete Arbeitsteilung möglich wäre. Die aktuellen Trends zur Integration von Aufgaben, zur Steigerung der Verantwortung einzelner und die Betonung der Selbstorganisation von Gruppen schwächen zwar die funktionale Arbeitsteilung ab, heben sie aber nicht auf.

Arbeitsteilung setzt **Koordination** voraus, um eine reibungsarme Kooperation zwischen Teilen des Ganzen zu ermöglichen. Die Gestaltung von Arbeitsteilung und Koordination ist nichts anderes als die Gestaltung der Beziehungen zwischen den Elementen organisatorischer Systeme (Aufgabe, Mensch, Sachmittel und Information). Und diese Gestaltung hat eine **statische** und eine **dynamische** Seite:

Koordination

- Die Gestaltung der statischen Seite schafft **Aufbaubeziehungen;** mit ihnen entsteht die **Aufbauorganisation.**

- Mit der dynamischen Seite entstehen **Ablaufbeziehungen;** mit ihnen ergibt sich die **Ablauforganisation.**

- Die Gestaltung bzw. Beachtung des sozialen Aspekts führt zu **sozialen Beziehungen** und mit ihnen zur **formalen** und auch **informalen Organisation.**

Nur die gemeinsame Betrachtung der drei genannten Aspekte gestaltet den Ordnungsrahmen für Arbeitsteilung und Koordination ganzheitlich. Die Trennung dient analytischen Zwecken; mit ihr lassen sich organisatorische Problemstellungen besser verstehen.

4.1.1.3 Organisationen als soziale Systeme

Organisation hilft, soziale Systeme zu gestalten. Soziale Systeme sind offene Systeme. Sie unterliegen einem ständigen Wandel. Durch Gestaltung bewältigt Organisation den Wandel und macht soziale Systeme lernfähig. Die Abgrenzung des Systems von der Umwelt zwingt zur bewußten Entscheidung über eine Systemgrenze und über das in der Gestaltungsaufgabe zu berücksichtigende relevante Umfeld. Je ganzheitlicher gestaltet wird, desto überlebensfähiger ist die Organisation.

Organisation in sozialen Systemen verändert Verfahrensrichtlinien, die bisherige Organisation, die Verhaltenserwartung an Menschen und das Verhalten der Menschen in ihr. Ohne kollektiven Änderungswunsch sind Widerstände gegen organisatorische Eingriffe normal. **Widerstandsgründe** sind z.B.

Widerstandsgründe

- Verlassen gewohnter Handlungsweisen,
- Gefährden gegenwärtiger Bedürfnisbefriedigung,
- Gefährden gegenwärtiger Macht- oder Einflußpositionen,
- Fehlende Transparenz.

Erfolgreiche organisatorische Eingriffe setzen daher ein innovatives Klima („Veränderungskultur") und Änderungsbereitschaft im betroffenen sozialen System voraus. Der Vorgehensgrundsatz, **Betroffene zu Beteiligten zu machen**, betont den Einbezug Betroffener in die Organisationsprojekte. Er fordert, einzelne und Gruppen mit geeigneten Verfahren, Vorgehensweisen und Techniken zu überzeugen.

Dazu ist erforderlich, daß betriebliche bzw. Projektziele zu Zielen der Beteiligten werden. Das „Instrument" der Zielvereinbarung mit der dazu erforderlichen Kommunikation zwischen „Führung" und „Geführtem" ist dafür geeignet.

Der Begriff **Organisationsentwicklung** faßt Verfahrensweisen zur Schaffung eines organisationsfreundlichen Klimas zusammen. Bei der Organisationsentwicklung wird versucht, die Menschen im System in die Lage zu versetzen, strukturelle Herausforderungen als Probleme zu erkennen und organisatorische Maßnahmen selbst zu ergreifen bzw. vorzuschlagen (prozessuale Orientierung).

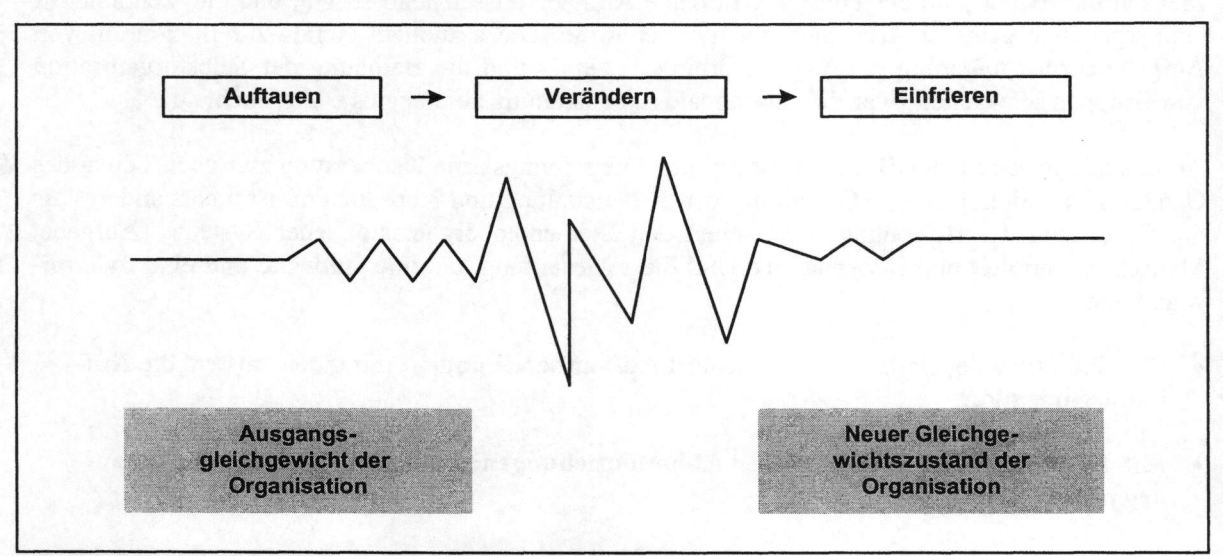

Abbildung 4.1-1: Organisation und Organisationsentwicklung

Kollektives Wissen

Organisationales Lernen ist ein Prozeß, der die Fähigkeit einer Institution fördert, ihre Zweckerfüllung an geänderte Bedingungen zeitnah anzupassen. Das Konzept des organisationalen Lernens will das individuelle Lernen der Organisationsmitglieder über offene Kommunikation von externen und internen, akuten und latenten Herausforderungen und Problemlösungen koordinieren. Das so entstehende kollektive Wissen für den stetigen organisatorischen Wandel soll abrufbar gehalten werden.

Ein begrifflicher Vergleich mit der Organisationsentwicklung arbeitet die wesentlichen Merkmale des organisationalen Lernens heraus:

Organisationsentwicklung	Lernende Organisation
Wandel als Sonderfall / Ausnahme	Wandel als Normalfall
Wandel als separates Problem	Wandel als Teil der Prozesse
Direktsteuerung des Wandels	Indirekte Steuerung des Wandels
Wandel durch Experten - Organisation und ihre Mitglieder als Klient	Wandel als generelle, flächendeckende Kompetenz der Organisation

Abbildung 4.1-2: Organisationsentwicklung und Organisationales Lernen

Während die Verfahren der Organisationsentwicklung von bewußten Interventionen abhängig bleiben, stellt ein funktionierendes organisationales Lernen Anpassungen ohne Interventionen sicher (vgl. Kapitel 2.5).

4.1.2 Aufbau- und Ablauforganisation

4.1.2.1 Grundsätze zur Gestaltung der Organisation

- Die Gestaltung der statischen Seite schafft Aufbaubeziehungen und mit ihnen die **Aufbauorganisation**.

- Mit der dynamischen Seite entstehen Ablaufbeziehungen und mit ihnen ergibt sich die **Ablauforganisation**.

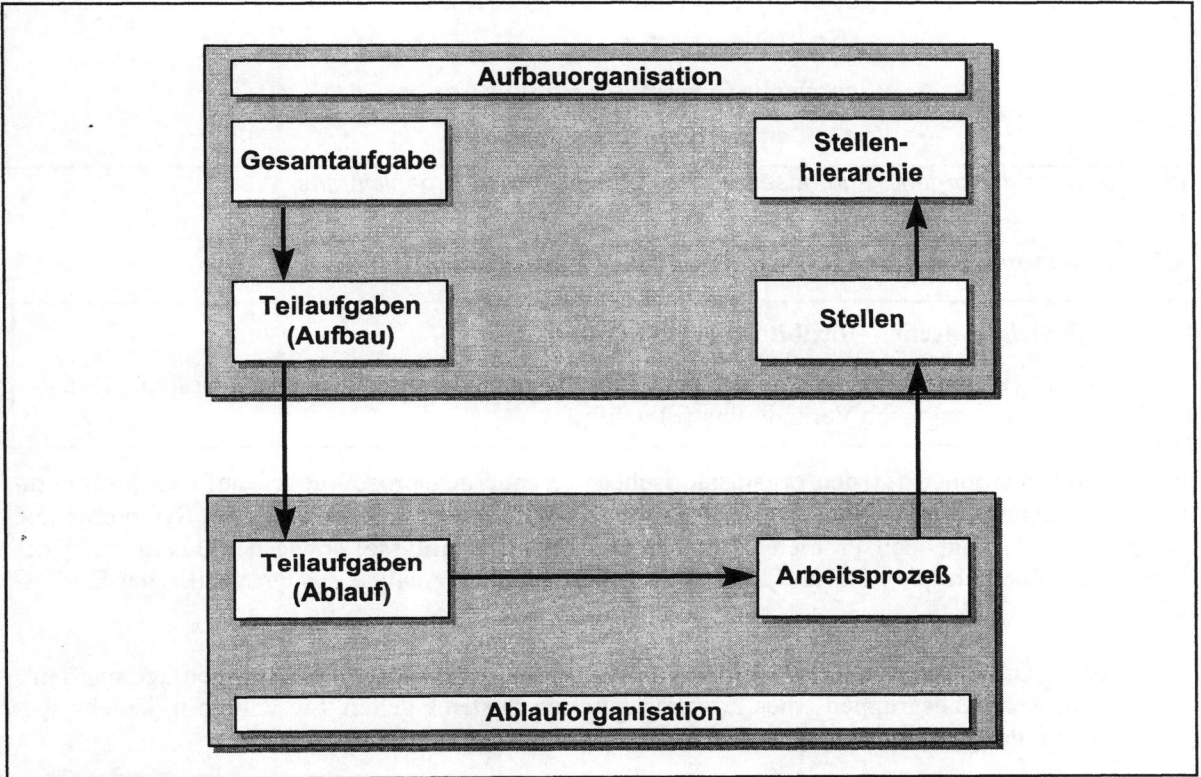

Abbildung 4.1-3: Grundsätzlicher Beziehungszusammenhang zwischen Aufbau- und Ablauforganisation

Grundsätzlich kann vom Groben zum Detail vorgegangen werden. Werden zu Beginn nur Teile erkannt, muß über die Synthese auf das Ganze geschlossen werden. Im Verlauf eines Organisationsprojekts verändert sich der Wissensstand über das zu gestaltende System. Kurzfristig muß auf dem zunächst vorhandenen Wissen aufgebaut werden. Eine zeitliche Stufenfolge erlaubt das schrittweise Einengen des Betrachtungsfeldes. Ausgangspunkt der Betrachtung ist i. d. R. der Zweck der Organisation, der durch die Bedürfnisse Dritter (Kunden, Bürger, Patienten etc.) bestimmt wird. Daher: **von außen nach innen organisieren**. *Von außen nach innen organisieren*

Konsequentes systemisches Vorgehen (Berücksichtigung aller denkbaren Einflußfaktoren) ist selten möglich. Die zeitlichen Anforderungen aus hoher Dynamik, verbunden mit steigender Komplexität der Wirklichkeit fordern eine eingeschränkte Konzeptentwicklung. Das begründete bzw. vorgegebene Verwerfen von Varianten auf jeder Stufe der Betrachtung (begrenzte Auswahl) ist erforderlich. Das Denken in vernetzten Zusammenhängen und in Regelkreisen (siehe Kapitel 1.1) ist dabei zwingend.

Organisation wird nur erfolgreich sein, wenn die Wirkungen auf das Verhalten der Menschen im organisatorischen System berücksichtigt werden. **Betroffene müssen sich als Beteiligte (Mitgestalter) im organisatorischen Problemlösungsprozeß verstehen.** *Betroffene als Beteiligte*

Die **Vorgehensgrundsätze** eines ganzheitlichen Organisierens lauten:

- **Betroffene zu Beteiligten machen**
- **Einbeziehung des kreativen Potentials**
- **Vom Groben zum Detail**
  - **Schrittweises Einengen des Betrachtungsfeldes**
  - **Stufenweise Variantenbildung und Ausscheidung**
  - **Feststellen, Beachten und Fördern der Lernkurve**
- **Vom Ganzen zum Teil**
- **Dynamische Systembetrachtung**
- **Von außen nach innen organisieren**

Abbildung 4.1-4: Vorgehensgrundsätze eines ganzheitlichen Organisierens

4.1.2.2 Grundsätze zur Gestaltung der Aufbauorganisation

Gleichgewicht zwischen Flexibilität und Stabilität

Komplexe Systeme benötigen ein Gleichgewicht zwischen dem Bedürfnis nach Ordnung (Stabilität) und dem Drang nach Veränderung (Flexibilität).

Auslöse-Informationen für den organisatorischen Veränderungsprozeß gehen auf **Symptome** zurück. Systemgestaltung beginnt mit der Analyse des Wirkungszusammenhangs der Symptome und deren zugrunde liegenden Probleme (**latente Organisationsanlässe**) sowie der Bestimmung des Umsystems (siehe Kapitel 1.3 und 1.4). Dazu gehört auch die Analyse systemspezifischer Erfolgsfaktoren.

Die latenten Organisationsanlässe werden von den strategischen Herausforderungen „geschaffen", die für alle Anspruchsgruppen eines zweckorientierten Systems gelten. Sie wirken in jeweils spezieller Ausprägung auf Kunden/Bürger/Patienten, Anteilseigner, Zulieferer etc.

> *Bei einem Organisationsprojekt ist z.B. die Vorgabe erforderlich, ob es zur **Lenkung** bzw. Feinsteuerung/Feinabstimmung im vorliegenden organisatorischen System, zur **Reorganisation** des bestehenden Systems oder zur **Neuentwicklung** eines organisatorischen Systems (Unter-/Teilsystem) führen soll.*

Das Ergebnis der Situationsanalyse bestimmt die Effektivität des Organisationsprozesses und verändert den Organisationsauftrag (über Zweck, Aufgaben, Ziele). Die Effektivität ist das Maß für das gefundene Gleichgewicht zwischen ausreichender Stabilität und Anpassungsfähigkeit an geänderte Bedingungen (Flexibilität).

Gleichgewicht zwischen Zentralisation und Dezentralisation

Aufgaben können zentral und dezentral erfüllt werden. Die dezentrale Aufgabenerfüllung verspricht eine Orientierung „nahe" am Geschäft. Die zentrale Aufgabenerfüllung beansprucht eine ganzheitliche Sicht für die Aufgabenteile. Das Gleichgewicht ist situationsabhängig. Es gilt der Grundsatz: so dezentral wie möglich, so zentral wie notwendig.

Zentralisation (Artteilung von Aufgaben) bedeutet darüber hinaus die Zusammenfassung von Teilaufgaben bei einer Stelle oder Abteilung, die hinsichtlich eines der Aufgabenmerkmale gleich sind. **Dezentralisation** (Mengenteilung von Aufgaben) bedeutet die Verteilung von Teilaufgaben, die hinsichtlich eines Merkmals gleich sind, auf mehrere Stellen oder Abteilungen. **Zentralisation**

nach einem der Aufgabenkriterien bedeutet stets gleichzeitig die Dezentralisation nach den weiteren Merkmalen.

Kongruenzprinzip

Aufgaben bestimmen den zweckorientierten Inhalt des Verhaltens von Menschen als „Aufgabenträger". Die Menschen als „Aufgabenträger" (Stelleninhaber) benötigen Kompetenz (im Sinne von Zuständigkeit) und sind für die Aufgabenerfüllung (selbst) verantwortlich. **Aufgabe, Kompetenz und Verantwortung müssen kongruent sein.** Wird dieses organisatorische Kongruenzprinzip nicht beachtet, das ist häufig bei unzureichender Delegation von Verantwortung in hierarchischen Systemen der Fall, ist eine Verantwortung für eine fehlerhafte Aufgabenerfüllung nur schwer zuzuweisen.

4.1.2.3 Gestaltung der Aufbauorganisation - Aufgabensynthese

Für die Gestaltung der Aufbaubeziehungen (auch in einer Geschäftsprozeßorganisation) werden

- Teilaufgaben für Menschen zusammengefaßt (Stellenbildung),
- Sachmittel eingesetzt sowie
- Stellen und Sachmittel miteinander verbunden (Aufgabensynthese).

Die **Aufgabensynthese** (KOSIOL 1962) ist der Kern der organisatorischen Tätigkeit. Voraussetzung dafür sind die in der Aufgabenanalyse gewonnenen Teilaufgaben. Die in der Aufgabenanalyse verwendeten Merkmale können für die Aufgabensynthese herangezogen werden. Sie werden um weitere Merkmale ergänzt.

Die Merkmale der Aufgabensynthese	Grundsätzliche Frage
Verrichtung	Was tun?
Objekt = Projektgegenstände	Woran?
Subjekt (Mensch)	Wer? Mit wem?
Sachmittel - eine Ressource (Einsatzmittel)	Womit?
Raum/Ort	Wo?
Zeit	Wann?
Rang	Hierarchische Ebene?
Phase	Schritt im Prozeß?
Zweck	Primäre, sekundäre Aufgabe?

Abbildung 4.1-5: Merkmale der Aufgabensynthese

Bei der **Aufbauorganisation** stehen die zeitlichen und räumlichen Beziehungen zwischen den Teilaufgaben und Stellen im Hintergrund; sie werden in den Ablaufbeziehungen dominant. In einer Prozeßorganisation entsteht die Aufbauorganisation aus organisatorischen Einheiten, die für ganze Prozesse oder Teilprozesse verantwortlich sind.

Aufbauorganisation ist die dauerhaft wirksame Gestaltung des statischen Beziehungszusammenhangs. Teilaufgaben werden Stellen und Sachmitteln zugewiesen, und zwischen Stellen und Sachmitteln werden Beziehungen hergestellt.

4.1.2.4 Stellenbildung

Werden Teilaufgaben nach bestimmten Merkmalen zusammengefaßt, können sie Stellen zur Aufgabenerfüllung übertragen werden.

> Eine **Stelle** ist die Zusammenfassung von Teilaufgaben für **einen** gedachten Stelleninhaber oder eine konkrete Person.

Die Praxis kennt aber auch die Situationen: eine Person auf zwei Stellen (Personalunion) und zwei Personen auf eine Stelle (Teilzeitbeschäftigung).

Die Arbeitsmenge ist so zu verteilen, daß die menschlichen Leistungspotentiale und die der sie unterstützenden Sachmittel optimal genutzt werden. Es kann aber durchaus beabsichtigt sein, das Leistungspotential nicht auszuschöpfen, um etwa für erwartete Steigerungen im Aufgabenumfang vorbereitet zu sein.

Organisation ad rem ist eine Aufgabensynthese, bei der es nur um die Sache geht. Die Stellenbildung geht von „Normalpersonen" aus und betrachtet nicht die konkret vorhandenen Menschen.

Organisation ad personam ist eine Aufgabensynthese, bei der vorhandene Menschen mit ihrem persönlichem Leistungsvermögen berücksichtigt werden. Das Merkmal Subjekt (Person, Mensch) ist dominant.

Bei der Stellenbildung ist das **organisatorische Kongruenzprinzip** (Einheit von Stellenaufgabe, Kompetenz (im Sinne von Zuständigkeit) und Verantwortung) zu beachten. Die Verantwortung des Stelleninhabers darf nicht weiter gehen, als er durch seine Aufgabenerfüllung Einfluß nehmen kann. Sie darf aber auch nicht enger sein, da er andernfalls für von ihm verursachte Ergebnisse keine Verantwortung trägt. Dieses grundsätzliche organisatorische Postulat führt zur Unterscheidung von Stellentypen.

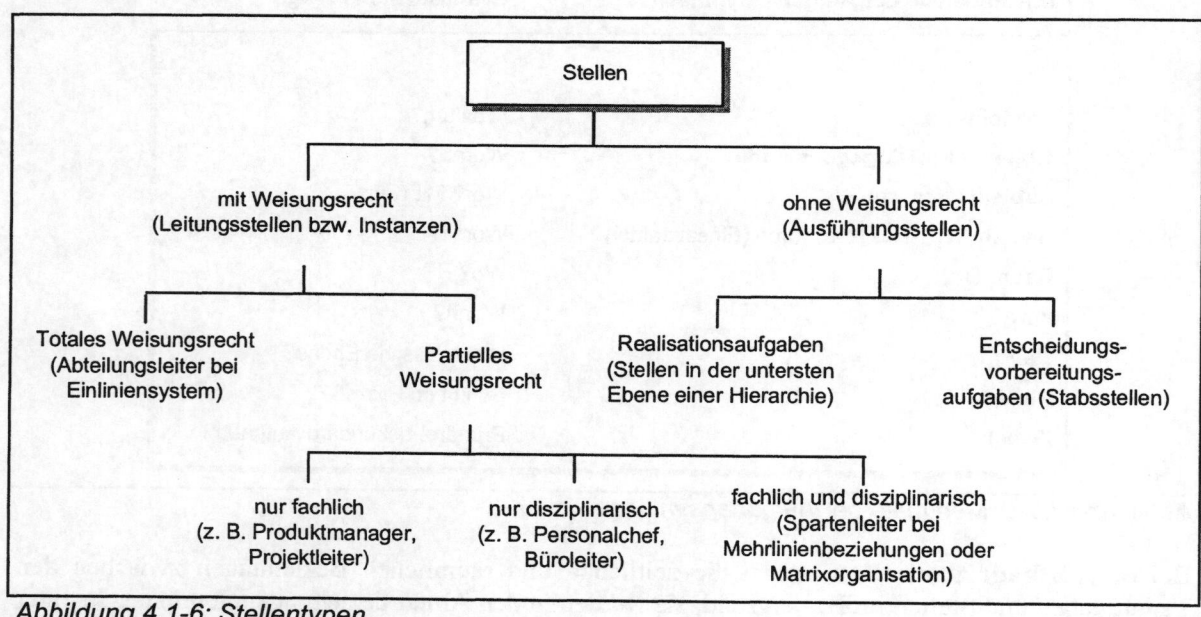

Abbildung 4.1-6: Stellentypen

4.1.2.5 Abteilungsbildung und Linienorganisation

Ausführungsstellen realisieren auf der untersten Hierarchieebene Fachaufgaben. Mehrere Ausführungsstellen bilden i. d. R. gemeinsam mit einer Leitungsstelle - zum Teil von ihnen selbst gewählt - eine Arbeitsgruppe, eine teilautonome Arbeitsgruppe, ein Team, ein Prozeßteam oder eine Abteilung. Die Synthese von **Abteilungen** (aus praktischen Gründen werden hier die eben genannten anderen Ausprägungen nicht wiederholt) folgt der gleichen Vorgehensweise wie die Stellenbildung (Auswahl von Merkmalen nach den Prinzipien Zentralisation bzw. Dezentralisation). Dieser Vorgang kann mehrfach (z.B. von der Gruppe über Abteilung und Hauptabteilung) bis zur Leitungsebene wiederholt werden. Das Aufgabenmerkmal für das Zusammenfassen von Teilaufgaben kann dabei wechseln.

Abteilungen

Stellen sind durch **Weisungsbeziehungen** verbunden. Die Gesamtheit der Stellen in ihrer Verbindung durch Weisungsbeziehungen ist das **Leitungssystem** oder **Liniensystem**. Die Gesamtheit der Über-, Gleich- und Unterstellungsverhältnisse ergibt die **Hierarchie** (Leitungshierarchie) eines organisatorischen Systems.

Weisungsbeziehungen

In der hierarchischen Darstellung des Leitungssystems sind die **Instanzen** besonders auffällig. Instanzen sind Leitungseinheiten, die aus einer oder mehreren **Leitungsstellen** (mit Fremdentscheidungs-, Anordnungs- und Fremdverantwortungsrechten und -pflichten) bestehen. Einer Instanz unterstehen wiederum andere Instanzen oder Ausführungsstellen. Die Zahl der unmittelbar unterstellten Personen wird als **Leitungsspanne** bezeichnet.

Instanzen

Wenn jeder Mitarbeiter nur von **einem** Vorgesetzten Anordnungen erhält, wird von einem **Einliniensystem** gesprochen (vgl. Abbildung 4.1-7). Es gilt die **Einheit der Auftragserteilung**; eindeutige Über- und Unterstellungsverhältnisse sind die Folge. Kompetenzunklarheiten und widersprüchliche Anweisungen sind weitgehend ausgeschlossen. Bei einer Gruppen- oder Teamorganisation muß allerdings die Gruppe bzw. das Team als eine Einheit betrachtet werden; innerhalb der Gruppe gelten andere Regeln.

Das **Einliniensystem** (gelegentlich auch: Stammorganisation) ist ein Leitungssystem, in dem jede nachgeordnete Stelle nur von einer vorgesetzten Stelle Weisungen erhält.

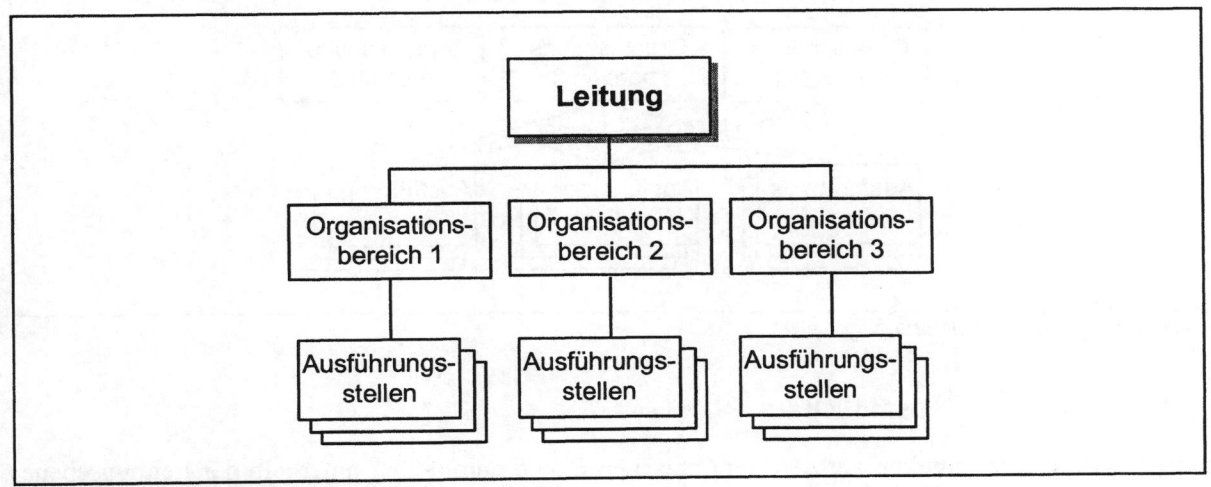

Abbildung 4.1-7: Einliniensystem

Der Nachteil einer Überforderung der Instanzen im Einliniensystem kann durch Einrichtung von spezialisierten Stäben ausgeglichen werden, ohne die Vorteile des Einliniensystems aufzugeben.

Ein **Stab** ist eine Organisationseinheit, die eine Linieninstanz durch entscheidungsvorbereitende Aufgaben unterstützt. Ein Stab besteht aus Stellen ohne Weisungsbefugnis, die in flexiblem Arbeitszusammenhang zu einer Arbeitsgruppe verbunden sind. Die Stelleninhaber sollten qualifizierte Fachleute sein.

Das **Stab-Linien-System** ist ein Einliniensystem, bei dem Stabsstellen ergänzend zu der bestehenden Hierarchie Stabsstellen zugeordnet werden.

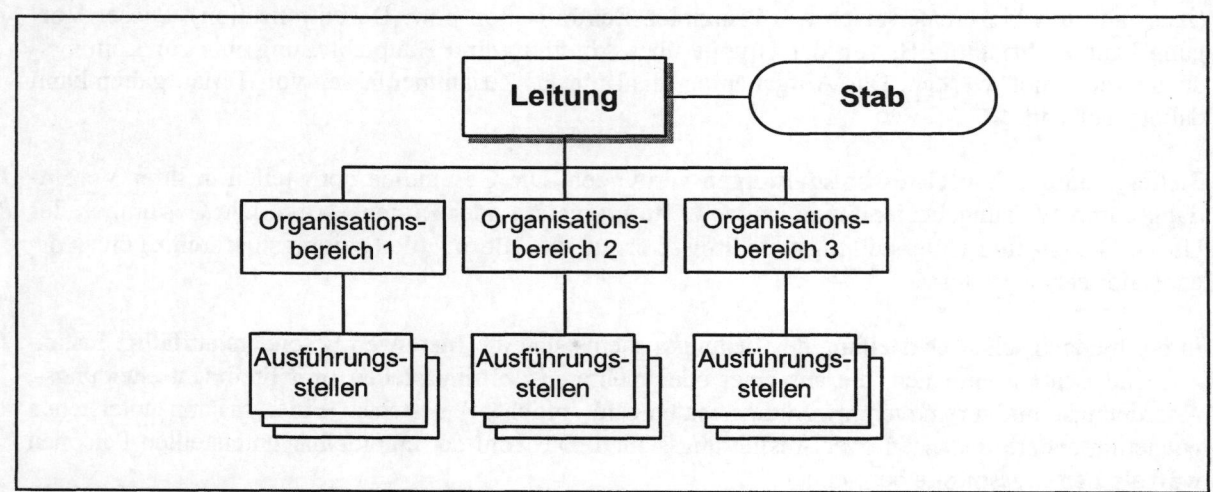

Abbildung 4.1-8: Stab-Linien-System

Erhalten einzelne Mitarbeiter von mehreren Stellen verbindliche Anweisungen, dann ergibt sich ein **Mehrliniensystem.** Es ist also ein Leitungssystem, bei dem einige oder alle nachgeordneten Stellen von mehreren vorgesetzten Stellen Weisungen erhalten können.

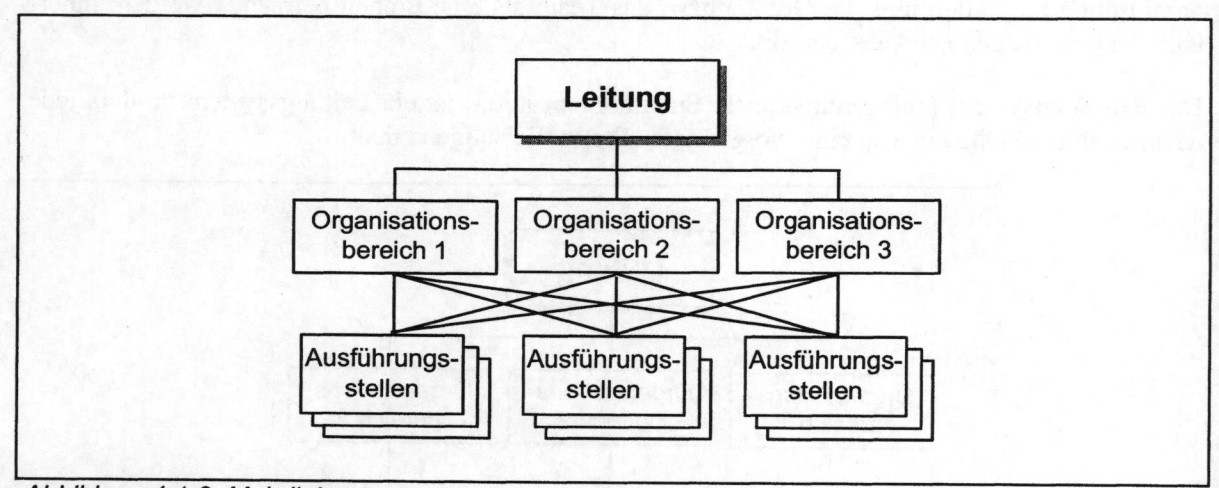

Abbildung 4.1-9: Mehrliniensystem

4.1.2.6 Organisationsmodelle

Die Organisationseinheiten auf der hierarchischen Ebene unmittelbar unterhalb der Leitungsebene werden ebenso gebildet wie andere Abteilungen. Die für die organisatorische Arbeit dominanten **Merkmale Verrichtung** und **Objekt** bestimmen in Verbindung mit den dargestellten Typen von Liniensystemen (Konfigurationen) auf dieser hierarchischen Ebene ideal-typische **Organisationsmodelle**.

Bilden sich (Haupt-)Abteilungen aus einer Zentralisation nach dem Merkmal Objekt (Produktgruppen, Märkte, Kundengruppen, Regionen etc.) ist eine **divisionale Organisation** - auch Spartenorganisation - das Ergebnis.

4.1 Unternehmens- und Projektorganisation

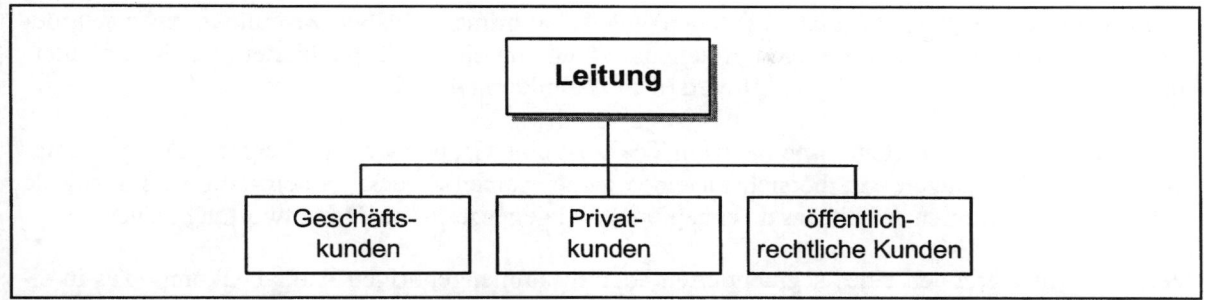

Abbildung 4.1-10: Divisionale Organisation (Beispiel: Bank- oder Versicherungsunternehmen)

Werden auf der Ebene unterhalb der Leitung Verrichtungen (oder Funktionen) zentralisiert, entstehen verrichtungsorientierte (Haupt-)Abteilungen. Ergebnis ist eine **funktionale Organisation**.

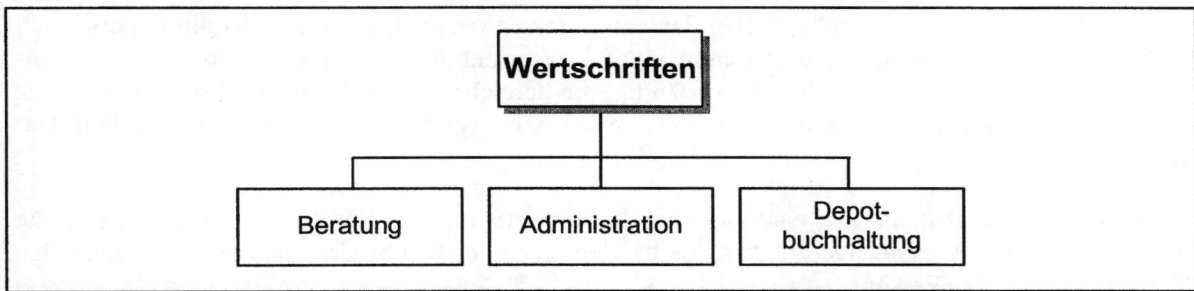

Abbildung 4.1-11: Funktionale Organisation (Beispiel: Anlagenbereich einer Bank)

Sowohl das funktionale als auch das divisionale Organisationsmodell sind Einliniensysteme. Wird auf der Ebene unterhalb der Leitung gleichzeitig nach zwei Synthesekriterien gestaltet, werden also beispielsweise sowohl funktions- als auch objektorientierte (Haupt-) Abteilungen gebildet, entsteht als ein Zweiliniensystem die **Matrixorganisation**.

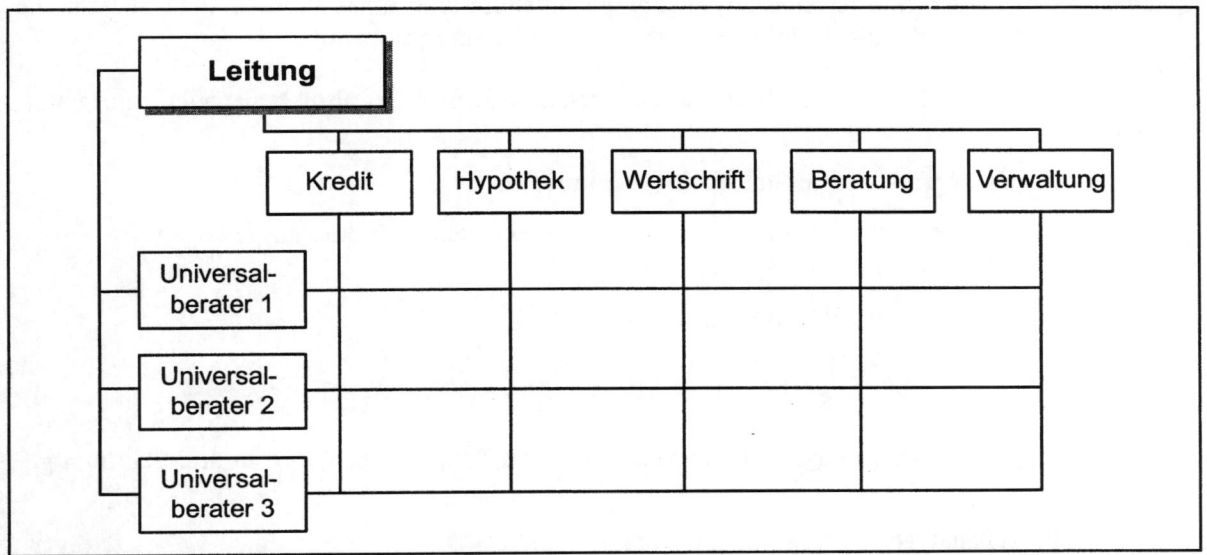

Abbildung 4.1-12: Matrixorganisation (Beispiel: Bankunternehmen)

Bei weitergehender Übertragung von Verantwortung für den Erfolg auf kleinere Organisationseinheiten (z.B. **strategische Geschäftseinheiten**) entsteht das Modell einer **vernetzten Organisation**, das der Holdingorganisation ähnlich ist.

4.1.2.7 Organisationsformen

Organisationsformen ergänzen idealtypische Organisationsmodelle um Detaillösungen, mit denen praxisgerechte Strukturen konzipiert werden können.

Eine **Arbeitsgruppe** faßt Menschen (Stellen) mit Ausführungsaufgaben zusammen, zwischen denen unmittelbare Arbeitsbeziehungen bestehen und die von einem Gruppenleiter (i. d. R. die unterste Instanz in einer Hierarchie) geführt wird (siehe Abbildung 4.1-6).

Eine **teilautonome Arbeitsgruppe** bzw. ein **Team** ist eine Gruppe weniger Personen, deren Fähigkeiten einander ergänzen und die sich für einen gemeinsamen Zweck, gemeinsame Leistungsziele und einen gemeinsamen Arbeitsansatz engagieren und gegenseitig zur Verantwortung ziehen.

Mehrere Arbeitsgruppen eines segmentierten aber zusammengehörigen Aufgabenkomplexes in einem Organisationsbereich unter Leitung einer Instanz ergeben eine **Abteilung**. In einer Abteilung besteht ein Mindestmaß an direkten Arbeitsbeziehungen, so daß von einem quasi-geschlossenen Untersystem einer Institution gesprochen werden kann. Wird das Mindestmaß überschritten, werden Abteilungen i. d. R. zu „Hauptabteilungen" gebündelt.

Werden Menschen aus unterschiedlichen Untersystemen einer Institution zur Erfüllung periodisch anfallender Aufgaben ohne Instanz zusammengeführt, spricht man von einem **Kollegium**. Ein Kollegium ist grundsätzlich für Aufgaben zuständig, die bereichsübergreifend sind. Ein Kollegium ist ein Teilsystem der jeweiligen Institution. Als Synonyme gebräuchlich: Ausschuß, Kommission, Komitee, Gremium.

Beauftragte für eine konkrete Schutz- oder Sicherungsaufgabe sind Stellen mit Stabscharakter, die jedoch fachliches Weisungsrecht haben. Es handelt sich i. d. R. um Übertragung einer speziellen Teilaufgabe auf **eine** Person.

Projektgruppe

Die vertikale Gliederung von Stellen führt zur Bildung von Rängen unterschiedlicher Weisungsreichweiten. Diese Stellen heißen **Leitungsstellen**. Auf der höchsten Ebene steht die **Leitung**. Die Leitung wird im Sprachgebrauch mit anderen Begriffen bezeichnet: Vorstand, Geschäftsführung, Geschäftsleitung, Unternehmensführung, Minister, Senator etc.

Auch eine **Projektgruppe** ist eine Arbeitsgruppe unter Leitung eines Projektleiters, die für die Dauer eines Projekts oder einer Phase gebildet wird. Sie ist ein System auf Zeit.

In Organisationsmodellen werden folgende Organisationsformen des Projektmanagements unterschieden:

- Projektorganisation in Stabsform („Einfluß-PM")
- Matrix-Projektorganisation (linien- oder projekt-dominiert oder ausgewogen) (KNÖPFEL 1992)
- Reine Projektorganisation („Autonomes PM")

4.1.2.8 Prozesse

Gestaltung von Geschäftsprozessen

Die Prozeßorganisation als integrative Strukturierung von Teilprozessen wird in drei Schritten gestaltet:

- Prozeßanalyse,
- Stellenbildung (Zuordnung von Teilprozessen zu Stellen) und
- Prozeßgestaltung (zeitliche Ordnung der Teilprozesse, Koordinierung der Teilprozesse und der Prozesse untereinander).

Für die **Prozeßanalyse** muß der Gestaltungsbereich (System) abgegrenzt und die dort vorgefundenen oder zu planenden Prozesse müssen zerlegt werden.

In der **Stellenbildung** einer Prozeßorganisation werden Erfüllungsschritte (Teilarbeitsgänge) zu einem Teilprozeß zusammengefaßt, der einer Stelle oder einer Gruppe von Stellen zur Aufgabener-

4.1 Unternehmens- und Projektorganisation

füllung an einem Objekt (oder einer Objektgruppe) übertragen wird. Dabei müssen die einzelnen Teilprozesse mit ihren Elementen (Mensch, Information und Sachmittel) näher bestimmt werden. An der Nahtstelle zwischen statischen und dynamischen Strukturen steht hier das **Funktionendiagramm** als eine Darstellungstechnik (Abbildung 4.1-13). In ihm wird der Stellenzusammenhang für die Erfüllung einer Aufgabe - oder eines Prozesses - abgebildet.

Firma & Co. AG			Verkaufsabteilung									12
Rangstufen	I	Direktor	▫									
	II	Abteilungsleiter		▫								
	III	Büroleiter			▫					▫		
	IV	Angestellter				▫	▫	▫			▫	▫
	V	Auszubildender							▫			

E = Entschluß En im Normalfall Ea im Ausnahmefall D = Disposition M = Mitsprache	A = Ausführung B = Beratung K = Kontrolle		Kaufm. Direktor Dr. Mertens	Verkaufsleiter Herr Hammer	Import			Export				Terminbeamte Frau Bond
					Büroleiter Herr Rummel	Büroleiter Herr Paul	Büroleiterin Frau Kaufmann	Büroleiter Herr Schmitt	Büroleiter Herr Winter	Büroleiter Herr Sander	Büroleiter Herr Fritsch	
			1	2	3	4	5	6	7	8	9	10
Post verteilen		1		D					A			
Schriftliche Anfragen bearbeiten		2	Ea	En	D		A	A		D		
Telefonische Anfragen bearbeiten		3		Ea	A	A				A		
Kunden empfangen		4		D/A	A					A	A	
Angebote ausarbeiten		5	Ea	En	D	A				D	A	
Angebote schreiben		6			K			A		K	A	
Bestellungen bearbeiten		7		E	D/K	A	A		A			
Preis ermitteln		8	Ea	En	A							
Liefertermin ermitteln		9	Ea	En					A			
Auftragsbestätigung schreiben		10		K	D		A	A		D	A	
Betriebsauftrag schreiben		11		K				A				A
Liefertermin überwachen		12		K								
Reklamationen entgegennehmen		13	Ea	D								
Terminreklamationen behandeln		14		K								A
Sonstige Reklamationen behandeln		15		K	A					A		
Wochenbericht erstellen		16	K	D	A					A		A
Monatstatistik führen		17		K		A			A	A		
Akten ablegen		18		K	D				A	D		
		19										

Abbildung 4.1-13: Funktionendiagramm

Die **Prozeßgestaltung** besteht aus dem „Zusammenfügen" der Teile eines Prozesses zu einem Ganzen bzw. aus der Optimierung des Prozeßzusammenhangs mit den grundlegenden ablauforganisatorischen Zielen Zeit, Kosten und Qualität. Eine **Prozeßorganisation** entwickelt sich aus der Zusammenfassung mehrerer solcher Prozesse und ergänzt die ablauforganisatorische Betrachtung um aufbauorganisatorische Folgen. Die Logik des **Funktionendiagramms** leitet auch die Arbeitsablaufgestaltung. Zur Orientierung dient die Darstellung des Arbeitsablaufs, die auch in der Prozeßanalyse verwendet werden kann.

Dieses Funktionendiagramm ist im Kern nichts anderes als eine Matrix, in welcher die Funktionen (erste Dimension) den sie erfüllenden Stellen (zweite Dimension) gegenübergestellt werden. Die Stellen stehen über das Liniensystem der „Firma & Co AG" in einer bestimmten hierarchischen

Funktionendiagramm

Beziehung zueinander. Diese „dritte" Dimension ist im Kopf des Funktionendiagramms als Organigramm (in einer besonderen Darstellungsform) abgebildet. Da an den einzelnen Funktionen die Stellen in unterschiedlicher Weise beteiligt sind, werden Informationen über die Art der Beteiligung mit zweckmäßigen Kürzeln versehen (im o. a. Beispiel werden sechs unterschiedliche Beteiligungen genannt, die im Funktionendiagramm selbst als Legende enthalten sind, eine Art vierte Dimension).

Aufgabenmerkmale

Ändern sich Verrichtungen oder Objekte, ändert sich ein Prozeß substantiell. Für die interne Ausgestaltung eines Prozesses kommen zu den aus der Aufgabenanalyse bekannten **Aufgabenmerkmale** weitere, relativ frei wählbare Gestaltungsparameter hinzu; sie werden **Aufgabenerfüllungsmerkmale** genannt.

Teilprozeß	Teilprozeß	Teilprozeß

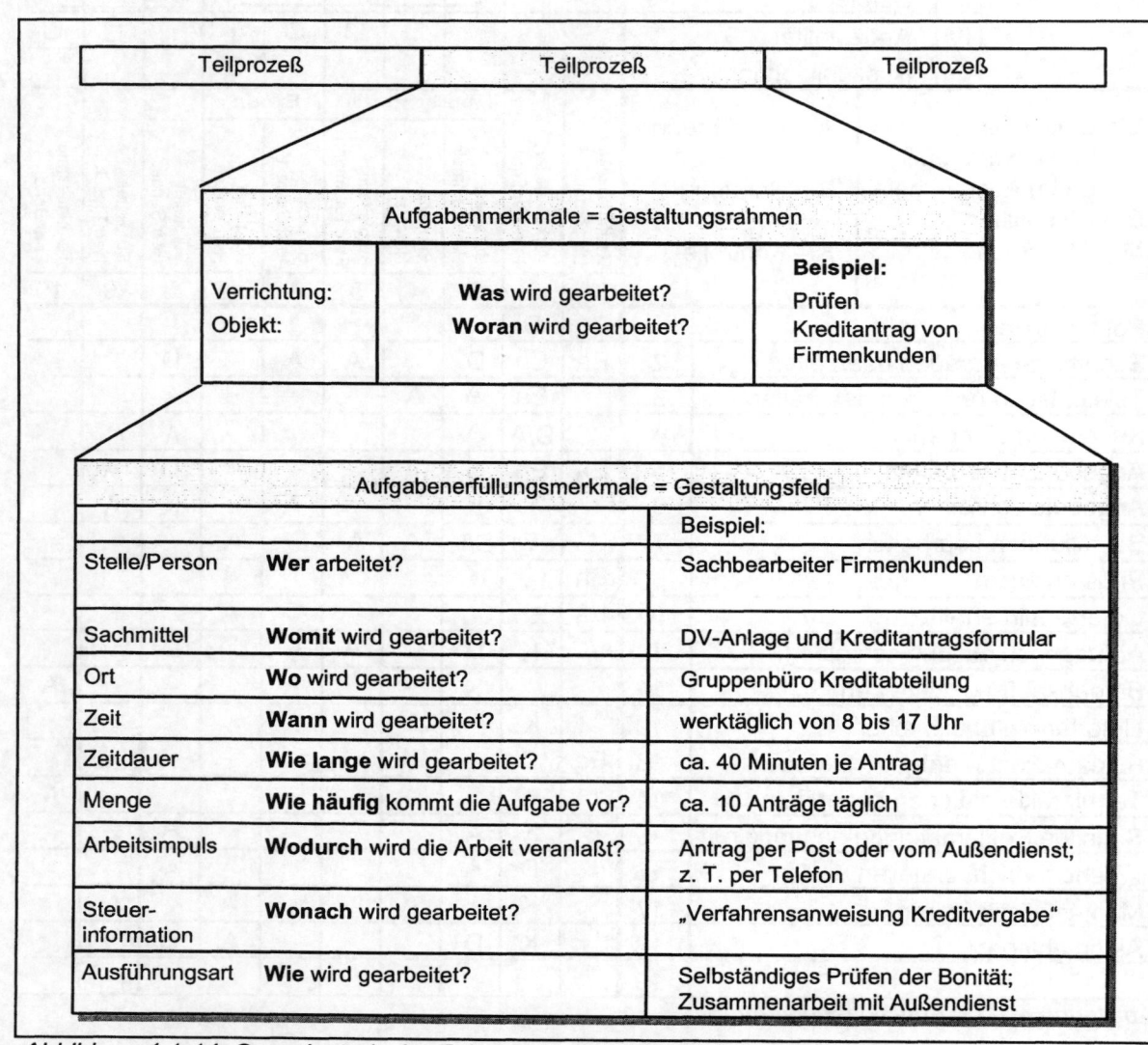

Aufgabenmerkmale = Gestaltungsrahmen		
Verrichtung:	**Was** wird gearbeitet?	**Beispiel:** Prüfen
Objekt:	**Woran** wird gearbeitet?	Kreditantrag von Firmenkunden

Aufgabenerfüllungsmerkmale = Gestaltungsfeld		
		Beispiel:
Stelle/Person	**Wer** arbeitet?	Sachbearbeiter Firmenkunden
Sachmittel	**Womit** wird gearbeitet?	DV-Anlage und Kreditantragsformular
Ort	**Wo** wird gearbeitet?	Gruppenbüro Kreditabteilung
Zeit	**Wann** wird gearbeitet?	werktäglich von 8 bis 17 Uhr
Zeitdauer	**Wie lange** wird gearbeitet?	ca. 40 Minuten je Antrag
Menge	**Wie häufig** kommt die Aufgabe vor?	ca. 10 Anträge täglich
Arbeitsimpuls	**Wodurch** wird die Arbeit veranlaßt?	Antrag per Post oder vom Außendienst; z. T. per Telefon
Steuerinformation	**Wonach** wird gearbeitet?	„Verfahrensanweisung Kreditvergabe"
Ausführungsart	**Wie** wird gearbeitet?	Selbständiges Prüfen der Bonität; Zusammenarbeit mit Außendienst

Abbildung 4.1-14: Organisatorische Feinarbeit mit Aufgabenerfüllungsmerkmalen

Aufgabenerfüllungsmerkmale präzisieren den Teilprozeß nach Art und Weise. Werden sie verändert oder ausgetauscht, wird der Prozeß als solcher nicht verändert. Mit den Aufgabenerfüllungsmerkmalen wird die „Feinarbeit" geleistet, nachdem die Prozesse definiert sind.

Gestaltung der Folgebeziehungen in Prozessen

Prozesse verknüpfen Aufgaben immer zeitlich und räumlich. Werden Aufgaben parallel oder sich ausschließend erfüllt, können grundsätzliche **logische Folgebeziehungen** unterschieden werden:

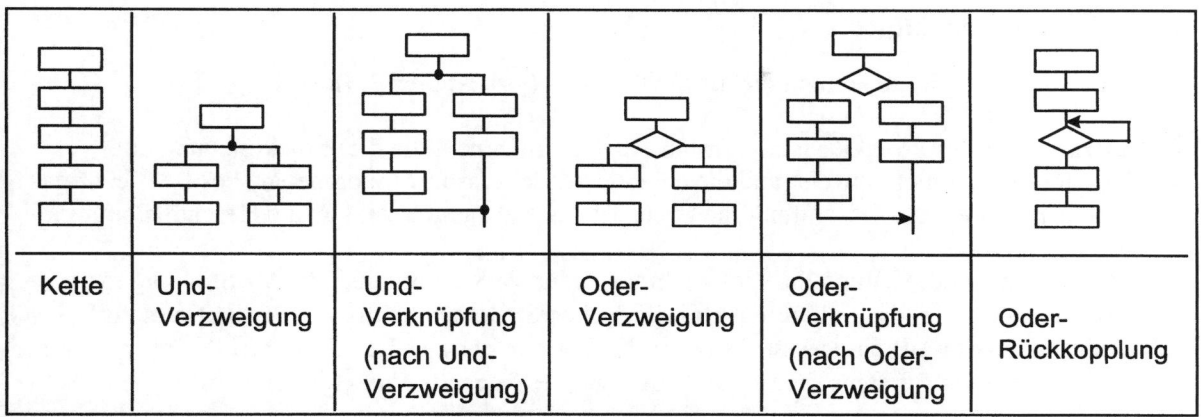

Kette	Und-Verzweigung	Und-Verknüpfung (nach Und-Verzweigung)	Oder-Verzweigung	Oder-Verknüpfung (nach Oder-Verzweigung)	Oder-Rückkopplung

Abbildung 4.1-15: Grundmuster für Zeitfolgen (LIEBELT 1992)

Für spezifische Anwendungen, z.B. Programmablaufpläne oder Datenflußpläne, sind verfeinerte Darstellungen notwendig. Die Nutzung von Symbolen der DIN 66001 empfiehlt sich.

4.1.3 Zusammenspiel von Projekt- und Unternehmensorganisation

Da jedes Projekt Aufwand verursacht, muß über die Organisationsform zum Erhalt des Gleichgewichts zwischen der Organisation auf Dauer (Unternehmung, Verwaltung o. ä.) und der Organisation auf Zeit (Projekt) entschieden werden. Einerseits müssen die „auf Dauer angelegten" zweckbezogenen Aufgaben erfüllt werden und andererseits muß dies auch für die sich ändernden Bedingungen in der Zukunft möglich bleiben. Und dieses „Ermöglichen" muß u. a. über Projekte vorbereitet werden. Das kostet Geld, das entweder aus den Mitteln der „Stammorganisation" abgezogen werden muß oder für das sonstige (Finanzierungs-) Quellen erschlossen werden müssen.

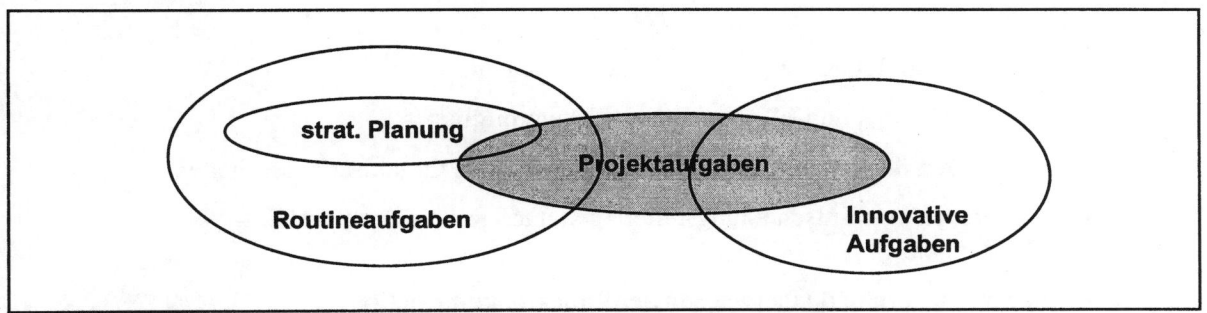

Abbildung 4.1-16: Projekte - Mittler zwischen Routine und Innovation

Die Verantwortlichen der „Stammorganisation" stellen Menschen und Mittel für Projekte um so eher zur Verfügung, je konkreter der Beitrag für die Steigerung von Effektivität und Effizienz der Aufgabenerfüllung heute und morgen erkennbar ist. Die „Routineaufgaben" der Stammorganisation lassen wenig Zeit, um über ihre Veränderung durch neue Herausforderungen ausreichend intensiv reflektieren zu können. Die „üblichen Innovationsaufgaben" von Entwicklungsabteilungen, Früherkennungssystemen, Marktforschungen etc. liefern zwar Anstöße zur Weiterentwicklung, die entsprechenden Stellen oder Organisationsbereiche können diese aber i. d. R. nicht koordinieren und steuern. Der Brückenschlag zwischen „Routineaufgaben" und „Innovationsaufgaben" durch ein akzeptiertes Projektmanagement ist die zentrale Führungsaufgabe bei Einführung und Weiterentwicklung von Projektorganisationen.

„Routineaufgaben" und „Innovationsaufgaben"

4.1.3.1 Projektbeteiligte

Folgende Projektbeteiligte können identifiziert werden (vgl. Kapitel 1.3):

- **Auftraggeber** des Projektes ist die Instanz im Unternehmen, die die Projektplanung und -durchführung formell anweist und die entsprechende Ressourcenkompetenz besitzt. Bei Organisationsprojekten des Gesamtunternehmens ist der Auftraggeber i.d.R. die Geschäftsleitung.

Funktionen

- Zur Einbindung der Leitung des Unternehmens oder Verwaltung und zur Abstimmung mit anderen Projekten wird in größeren organisatorischen Systemen häufig ein **Projektausschuß (Lenkungsausschuß)** eingesetzt. Es ist ein Kollegium, das aus drei bis sieben Personen besteht (ggf. mit externen Berater), die für den Auftraggeber folgende **Funktionen** wahrnehmen:

    - Mitwirken bei der Bildung und Abnahme der System- und Vorgehensziele.
    - Mitwirken bei der Bestimmung der Systemgrenze.
    - Bewilligen der personellen, sachlichen und finanziellen Mittel.
    - Gestalten der Projektorganisation.
    - Entscheiden (z.B. über Freigabe, Fortführung, Erweiterung, Einstellung des Projektes, Wahl von Alternativen am Ende einer Phase).

- Der **Projektleiter** hat die Abwicklung des ihm zugeordneten Auftrags in Zusammenarbeit mit dem Projektteam und den vom Projekt betroffenen Organisationseinheiten so zu leiten, daß die auftragskonforme, termin- und kostengerechte Projektabwicklung gewährleistet ist.

Im einzelnen ergeben sich daraus die folgenden **Funktionen**:

- Planen des Gesamtprojekts und seiner Phasen und Kontrollieren des Projektverlaufs.
- Koordinieren der am Projekt beteiligten Personen.
- Führen, Anleiten und Motivatieren der Teammitglieder.
- Informieren der projektbeteiligten oder betroffenen Organisationseinheiten.
- Aufbereiten von Entscheidungsunterlagen und Herbeiführen von Entscheidungen.
- Planen, Steuern und Überwachen der Projektdokumentation.
- Vertreten des Projektes und seiner Mitarbeiter in übergeordneten Gremien.

- Wird bei umfangreichen Projekten die Kontrollspanne zu groß (aus der Notwendigkeit einer direkten persönlichen Führung ist die Grenze der Kontrollspanne bei ca. sechs Mitarbeitern erreicht), sollten Teilprojekte mit **Teilprojektleitern** eingerichtet werden.

- Das **Projektteam** ist die ausführende Ebene. Es besteht aus fest zugeordneten und/oder teilweise abgeordneten Mitarbeitern (es handelt sich um das Projekt**kern**team). Für die Projektarbeit ist wichtig, daß ausreichend fachliches und projektmethodisches Wissen in der Gruppe vorhanden ist. Die Zusammensetzung der interdisziplinären Projektgruppe kann sich im Projektverlauf ändern. Jeder Austausch von Mitarbeitern erfordert Einarbeitungszeit und bringt Integrationsprobleme in bestehende Gruppen mit sich.

- Der **Fachausschuß** hat die Aufgabe, den Projektverlauf derart zu beeinflussen, daß die Interessen des Bereichs, den sie vertreten, in gebührender Weise berücksichtigt werden. Je nachdem, welchen Einfluß man ihnen zuweist, nehmen sie dabei beratende, kontrollierende, entscheidende und/oder weisungsgebende Funktionen wahr.

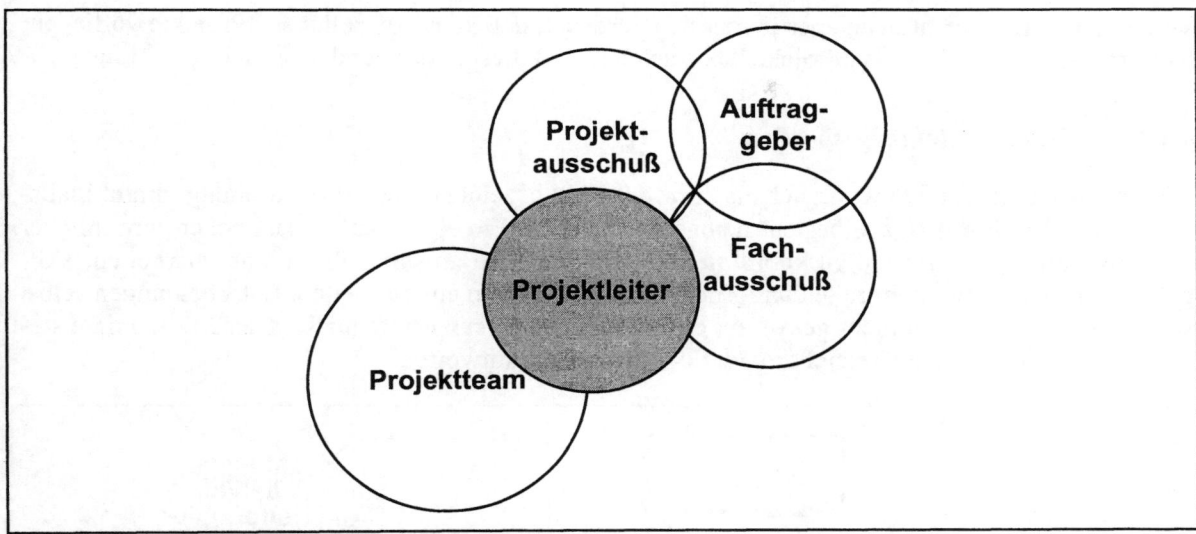

Abbildung 4.1-17: Projektbeteiligte (Auswahl)

4.1.3.2 Mögliche Projektorganisationsformen

Um ein effektives und effizientes Zusammenwirken mit der Stammorganisation einer Unternehmung sicherzustellen, sind für jedes Projekt auch aufbauorganisatorische Lösungen zu finden. Dabei geht es um die Einrichtung von organisatorischen Einheiten, die für die Projektabwicklung notwendig sind, sowie ihre Einordnung in und ihr Zusammenwirken mit der bestehenden Stammorganisation.

> **Projektorganisation** ist die Gesamtheit der Organisationseinheiten und der aufbau- und ablauforganisatorischen Regelungen zur Abwicklung eines bestimmten Projektes.

Definition nach DIN 69901

Hinsichtlich der Frage, wie der Projektbereich **ablauforganisatorisch** in die Gesamtorganisation einzuordnen ist und wer welche Kompetenzen hat, gibt es zahlreiche Gestaltungsalternativen, die von der Projektverfolgung im Rahmen der Stammorganisation bis hin zur voll verantwortlichen Projektdurchführung in autonomen Projektgruppen reichen.

Im folgenden sind einige **typische Lösungsansätze** der Projektorganisation aufgeführt. Im Rahmen der praktischen Projektarbeit können sich auch Zwischenformen oder Kombinationen der aufgeführten Alternativen als zweckmäßig erweisen.

4.1.3.2.1 Projektabwicklung im Rahmen der Stammorganisation

In dieser Form der Projektorganisation werden keine projektspezifischen Organisationseinheiten geschaffen. Projekte werden vielmehr im Rahmen der vorhandenen Arbeitsteilung und -unterteilung („**Tagesgeschäft**") durchgeführt.

„Tagesgeschäft"

Der Verzicht auf eine eigenständige Projektorganisation hat schwerwiegende Nachteile:

- Die Projektverantwortlichkeit wird durch die gleichzeitig wahrgenommenen Funktionen in der Linienorganisation verwischt.
- In Zweifelsfällen hat dann das Tagesgeschäft Vorrang, so daß das Projekt zurückgestellt wird und unter Umständen im Sande verläuft.
- Bereichsübergreifende Aspekte werden bei Entscheidungen nur selten berücksichtigt.

Wegen ihrer Schwachstellen kann diese organisatorische Form der Projektabwicklung nur für kleinere und wenig komplexe Problemstellungen, die nicht bereichsübergreifend angelegt sind, eingesetzt werden. Es besteht dann aber immer der Verdacht, daß keine „wirklichen" Projekte vorliegen; häufig werden Aufgaben als „Projekte" bezeichnet, weil dies modern und anspruchsvoll klingt.

4.1.3.2.2 Stabs-Projektorganisation

Dieser Strukturalternative wird auch als „Einfluß-PM" bezeichnet. Die Projektleitung nimmt Stabsfunktion wahr. Ihre Aufgabe besteht demnach darin, den Projektverlauf in sachlicher, terminlicher und kostenmäßiger Hinsicht zu koordinieren, Informationen zu sammeln und aufzuarbeiten, Vorgehensvorschläge zu unterbreiten und Entscheidungsvorlagen auszuarbeiten. Entscheidungen selbst werden vom Projektstab nicht getroffen; ebenso fehlen Weisungsbefugnisse. Diese Befugnisse stehen dem Leiter des Linienbereichs zu, der das Projekt verantwortet.

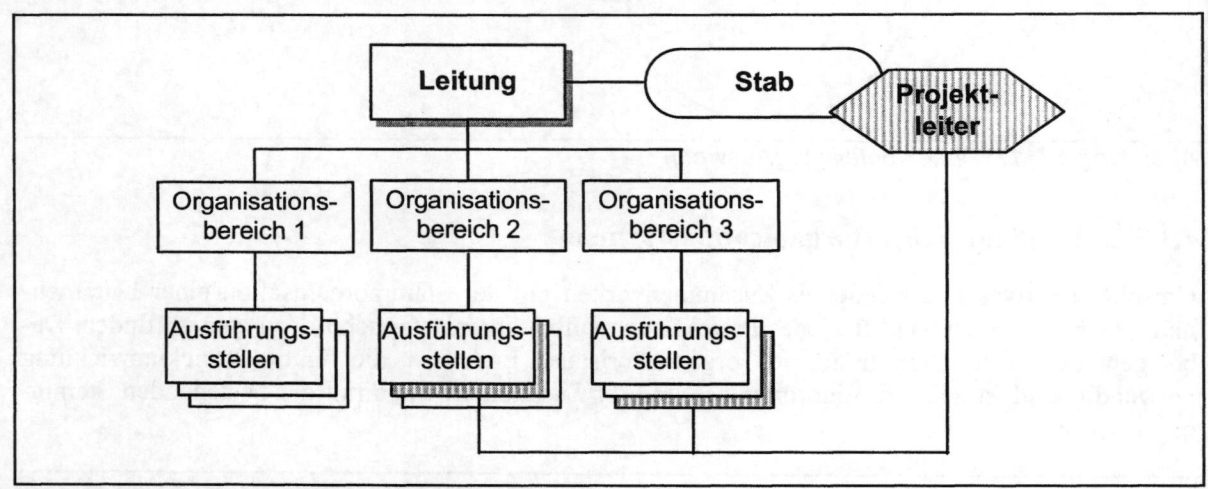

Abbildung 4.1-18: Einflußprojektorganisation

Die **Vorteile** dieser Organisationsform liegen darin, daß sie sich personell leicht und rasch verwirklichen läßt und flexibel ist. Es sind keine größeren organisatorischen Umstellungen notwendig, da das Projekt im wesentlichen innerhalb der Stammorganisation abgewickelt wird. Die Projektmitarbeiter sind nur zeitweilig für das Projekt tätig. Sie bleiben fachlich und disziplinarisch ihrer jeweiligen Instanz in der Stammorganisation unterstellt.

Nachteilig an der Stabs-Projektorganisation ist der relativ umständliche Entscheidungsweg. Der Stab kann einer Instanz nur Vorschläge unterbreiten und somit nur informell Einfluß nehmen. Probleme können daher im Hinblick auf die Verantwortlichkeit entstehen; das Liniensystem der Stammorganisation bleibt dominant. Der Projektstab kann nur für die Qualität seiner Informationen und Maßnahmenvorschläge, nicht aber für die ordnungsmäßige Erreichung der Projektziele verantwortlich gemacht werden. Der Projektleiter hat keinen direkten Zugriff auf (eigene) Einsatzmittel. Er ist auf die Kooperationsbereitschaft der Fachabteilungen angewiesen.

4.1.3.2.3 Matrix-Projektorganisation

Das Grundprinzip der Matrix-Projektorganisation beruht auf der Aufteilung der Zuständigkeiten zwischen der Stammorganisation und der Projektorganisation. Die Projektmitarbeiter bleiben disziplinarisch ihren Linienvorgesetzten unterstellt, werden aber temporär (während der Arbeitsphasen im Projekt) in das Projektteam delegiert. Im Rahmen und Umfang dieser Abordnung ist der Projektleiter für sie zuständig und auch für ihren Projektbeitrag verantwortlich.

Neben den bereits bei den bisherigen Strukturvarianten genannten **Vorteilen** kommt bei der Matrix-Projektorganisation noch hinzu, daß der Projektleitung im funktionellen Bereich Entscheidungs- und Weisungsbefugnisse zustehen und damit auch eine Zielverantwortung obliegt. Allerdings besteht die Gefahr von Zielkonflikten. Den Mitarbeitern bleibt die „fachliche Heimat" erhalten, allerdings unterstehen sie zwei Vorgesetzten, was zu Unsicherheiten führen kann.

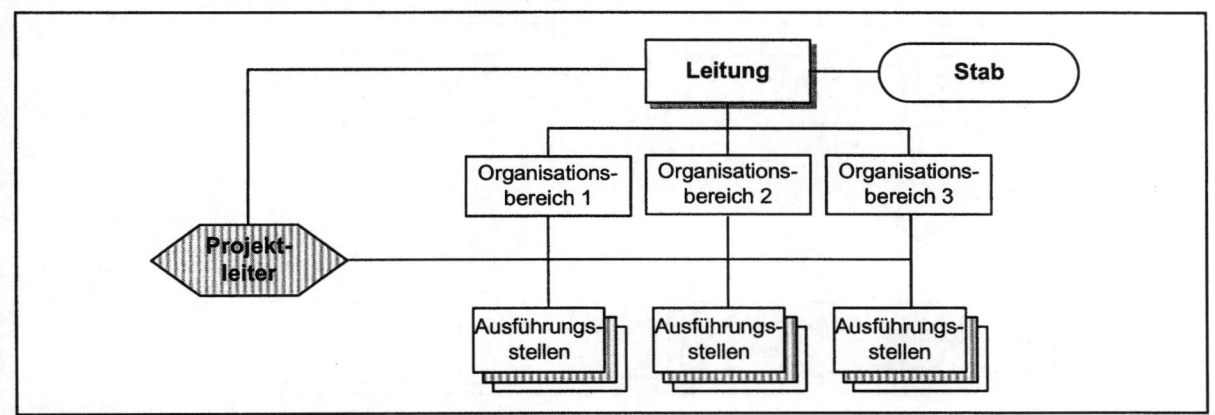

Abbildung 4.1-19: Matrixprojektorganisation

Als „Botschafter" der entsendenden Organisationsbereiche sind die Projektmitarbeiter den Interessen ihres Hauptaufgabengebiets verpflichtet und suchen sie auch im Projekt zu erreichen. In der Projektarbeit muß der Projektleiter darauf achten, daß diese partikularen Interessen zu einem gemeinsamen Projektinteresse gebündelt werden. Die Führungsaufgabe des Projektleiters dürfte in der Matrixprojektorganisation am schwersten im Vergleich zu anderen Organisationsformen zu erfüllen sein.

Der organisatorisch angelegte Konflikt zwischen Fachinteressen der Organisationseinheiten und dem Projektinteresse kann - bei erfolgreicher Projektführung - allerdings fruchtbar sein; jeder interessenbesetzte Dialog bereitet die in der Stammorganisation akzeptierte Umsetzung von Projektvorschlägen vor.

Da der organisatorische Eingriff und die zusätzlich geschaffenen Projektbeziehungen verhältnismäßig gering sind, handelt es sich um eine in der Praxis häufig angewandte Form der Projektorganisation.

4.1.3.2.4 Autonome Projektorganisation

Bei der autonomen Projektorganisation - oft auch als „reine" Projektorganisation bezeichnet - wird das Projektziel verselbständigt, indem die Projektbeteiligten aus ihrem angestammten Organisationsbereich ausgegliedert und einem selbständigen Projektbereich zugeordnet werden.

Der Projektleiter hat diesen Mitarbeitern gegenüber uneingeschränkte Weisungsbefugnis. Mit Erreichung des Projektziels wird die Projektgruppe aufgelöst. Die Verwendung „danach" ist sowohl für Projektleiter als auch Projektmitarbeiter ein besonderes personalwirtschaftliches Problem (siehe Kapitel 4.11). Die Mitarbeiter werden entweder wieder in die Stammorganisation eingegliedert oder einer neuen Projekteinheit zugeordnet (oder freigesetzt). Für die Projektleiter besteht eine besondere Chance, sich über ihren Projekterfolg, der dann i. d. R. auch ein Führungserfolg ist, für weitere Führungsaufgaben zu empfehlen.

Die Vorteile dieser Organisationsform liegen in der **einheitlichen Leitung** und der ungeteilten, dem Projektleiter obliegenden **Zielverantwortung**, was zu einer weitgehenden Identifikation von Projektleiter und Projektmitarbeitern mit dem zu erfüllenden Projektauftrag führt. Die Projektmitarbeiter können sich voll auf das Projekt konzentrieren - ihnen brennt nichts bei ihrer „Tagesarbeit" an - die **Projektaufgaben sind ihre Tagesarbeit**.

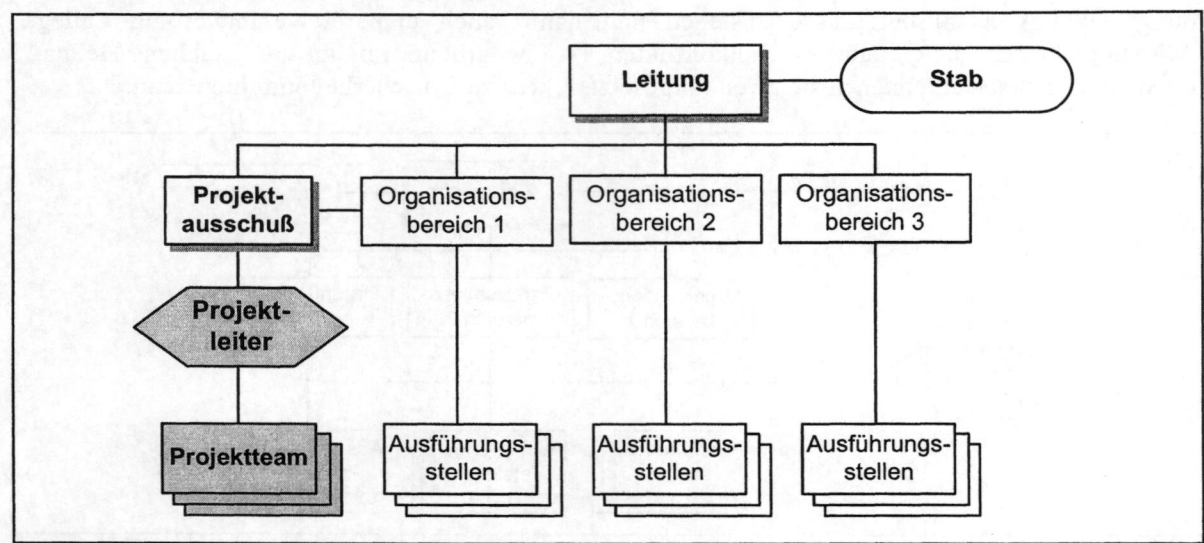

Abbildung 4.1-20: Reine Projektorganisation

Auf der anderen Seite bereitet die Ausgliederung der Mitarbeiter aus der Stammorganisation und ihre **Wiedereingliederung** nach Abschluß des Projekts unter Umständen erhebliche Schwierigkeiten. Wenn das Projektmanagement akzeptierte Selbstverständlichkeit für eine Unternehmenskultur ist, bestehen diese Schwierigkeiten nicht. Dann ist auch die „Job-Rotation" zwischen Aufgaben in der Stammorganisation und in Projekten selbstverständlich und wird von allen Mitarbeitern als besondere Chance zur Beteiligung an der „Gestaltung der Zukunft" angenommen.

Trennt man in Abbildung 4.1-20 die Linien zwischen dem Projektmanagement und der Stammorganisation, entsteht eine selbständige Projektorganisation.

Diese Form der Projektorganisation kann auch als „Unternehmen im Unternehmen" oder „task force" bezeichnet werden.

4.1.3.3 Vorgehensmodell für Organisationsprojekte

Mit dem Systemdenken wandelt sich der vorwiegend auf Arbeitsteilung orientierte klassische Organisationsansatz zum systemischen Ansatz. Organisatorische Systeme (auch Projekte) sind komplex. Bei Eingriffen können nicht alle Umstände berücksichtigt werden; die Vielfalt zu berücksichtigender Informationen fordert zur Datenreduzierung heraus. Der Vorgehensgrundsatz **vom Groben zum Detail** bzw. **vom Ganzen zum Teil** birgt eine stufenweise Reduzierung der Komplexität in sich. Dennoch muß bewußt bleiben, daß auf jeder Stufe letztlich ein Modell des Systems Gegenstand für die Gestaltung von zweckgerichteten Systemen ist.

Das **ablauforganisatorische Modell** für ein Projekt sind die sog. Projektphasen oder Vorgehensstufen mit in sie integrierten logischen Lösungsschritten. Das nachfolgend vorgestellte **Vorgehensmodell** hat sich für Organisationsprojekte bewährt; es modifiziert die Projektphasen in der Sprache (nicht in der Logik). Es besteht aus dem Organisationsprozeß (Vorgehensstufen, Phasen) und dem Organisationszyklus (Detailschritte in den Vorgehensstufen, insbesondere in den „Studienstufen" des Organisationsprozesses).

Zu den Projektphasen - für Investitionsprojekte und F&E-Projekte - erfolgt eine ausführliche Darstellung in Kapitel 1.8 mit besonderer Betonung des Projektgedankens. Ferner wird zu externen Projektorganisationsformen bei Kooperationsvorhaben zwischen zwei oder mehreren Organisationen auf Kapitel 4.3 verwiesen.

4.1.3.3.1 Organisationsprozeß

Der Organisationsprozeß im ganzheitlich angelegten Vorgehensmodell für organisatorische Lösungen (Teil des Ganzheitlichen Organisationsmodells - vgl. BÜCHI/CHROBOK 1994, S. 77 ff) ist variabel und damit anpaßbar an konkrete Situationen. Wenn der Begriff Phase für die Stufen vermieden wird, obwohl sich in der Praxis der Projektarbeit das **Phasenmodell** durchgesetzt hat, liegt dies an der Absicht, begriffsklar zu bleiben. Für die Organisationsarbeit ist die Phase ein Aufgabenmerkmal; mit ihm werden die Phasen im Problemlösungsprozeß (Planung, Entscheidung bzw. Entschluß, Ausführung und Kontrolle) gekennzeichnet.

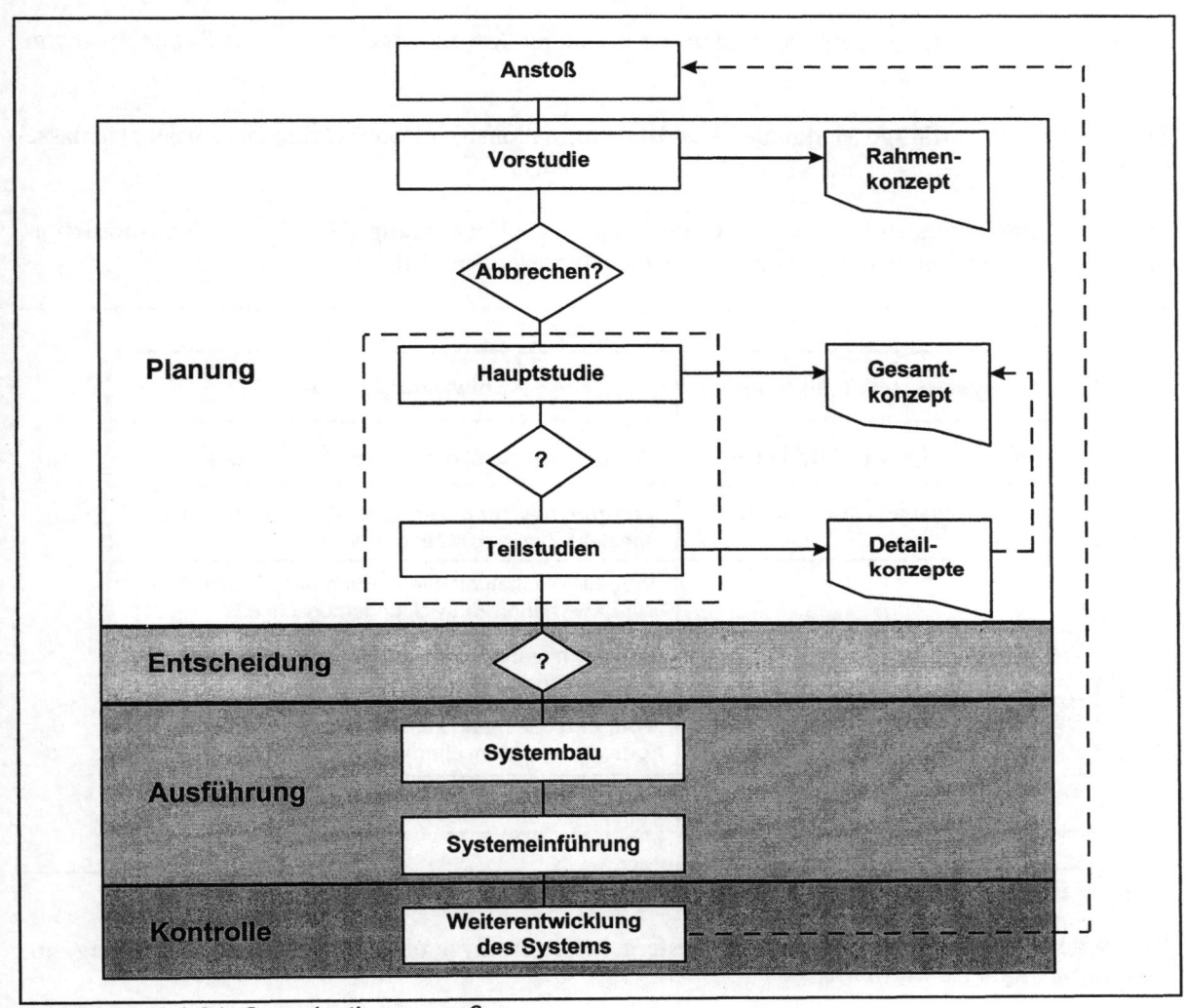

Abbildung 4.1-21: Organisationsprozeß

Aufgrund der Komplexität empfiehlt es sich, die Stufen im Organisationsprozeß vollständig auszunutzen. Je besser die Ergebnisse z.B. der Vorstudie sind, desto eher kann in der Hauptstudie ein geeignetes Konzept für die Realisierung entwickelt werden.

Da Zeit ein strategischer Erfolgsfaktor ist, müssen im Vorgehensmodell die Stufen ineinander übergehen **können**. Simultanes und rekursives Vorgehen ist möglich und muß im Vorgehensplan vorgesehen werden.

Zeit als strategischer Erfolgsfaktor

Das Vorgehensmodell umfaßt alle Stufen des „Lebenslaufs" eines Organisationsprojekts. Es berücksichtigt sowohl Rück- und Vorkopplungen sowie Möglichkeiten der Korrektur und des vorzeitigen Abbruchs.

1. Anstoß

Ausgangspunkt eines organisatorischen Projekts ist i. d. R. ein konkreter Anlaß. Solche konkreten **Organisationsanlässe** sind beispielsweise:

- Verbesserung der Kosten- und Leistungsstruktur
- Sanierung von Teilbereichen
- Fusion mit anderen Unternehmen

Diese akuten Organisationsanlässe sind vordergründiger Art. Sie ergeben sich aus Symptomen von größeren Veränderungen.

Symptome sind auffällige Merkmale (Auslöse-Informationen), die auf latente Organisationsanlässe zurückgehen.

Diese Symptome können nur erkannt werden, wenn ihre **Vernetzung** mit anderen Herausforderungen analysiert wird. Beispiele für derartige Herausforderungen sind:

Strategische Herausforderungen	Entwicklungsprozeß
Globalisierung (globale Märkte u.a.)	Von der Nationalökonomie zur Weltwirtschaft
Dynamik in segmentierten Märkten	Von zentraler zur dezentralen Verantwortung für spezielle Zwecke, Märkte u. a.
Ökologie	Von der Wachstumsorientierung der „Geschäfte" zur dauerhaften Entwicklungsmöglichkeit
Wertewandel	Von der hierarchischen zur partizipativen und sinngebenden Orientierung
Demographische Entwicklung	Vom Personalmarkt zum Personalmarketing (für die „geeigneten" Menschen)
Technologische Entwicklung	Von der Industrie- zur Informationsgesellschaft

Abbildung 4.1-22: Strategische Herausforderungen

Reicht der Anstoßimpuls aus, um eine weitergehende Analyse einzuleiten, wird der **Auftrag zur Vorstudie** erteilt.

2. Vorstudie

In der Vorstudie ist das vom Umsystem abzugrenzende System Gegenstand eines Klärungsprozesses. Auf **grober Ebene** (Vorgehensgrundsatz: Vom Groben zum Detail) wird geklärt, ob das richtige Problem angepackt wird, ob es gegenwärtig vernünftig ist, das Problem zu lösen, welchen Zweck das Organisationsprojekt verfolgen soll (Neugestaltung oder Umgestaltung), ob es Lösungsprinzipien für das Problem gibt und ob eine Realisierung vertretbar ist.

Führt die Vorstudie nicht zum Abbruch des Organisationsprojekts, steht an ihrem Ende ein **Rahmenkonzept** als Ausgangspunkt für den Organisationsauftrag.

Der - nie statisch zu verstehende - **Organisationsauftrag** enthält Auftragsziel, Untersuchungsbereich, Lösungsrahmen, Budget- und/oder Zeitvorgaben sowie Art und Umfang von Berichtswesen und Dokumentation und bestimmt den **Vorgehensplan**. Dieser wird aus dem Ganzheitlichen Organisationsmodell (GOM) situations- und problemspezifisch abgeleitet.

3. Hauptstudie

Zweck der Hauptstudie ist die sichere Erkenntnis darüber, ob ein zu realisierendes Konzept entwickelt werden soll. Gegenstand der Hauptstudie ist wiederum das abgegrenzte System, möglicherweise mit veränderten Systemgrenzen aufgrund von Erkenntnissen aus der Vorstudie. Der Detaillierungsgrad ist so zu wählen, daß eine Konzeptentwicklung verantwortet werden kann. Die Hauptstudie wird mit einem **Gesamtkonzept** beendet.

4. Teilstudien

Die Hauptstudie wird dann mit Teilstudien unterstützt, wenn die Komplexität dies gebietet. Gegenstand der Teilstudien sind i. d. R. Teilsysteme. Die jeweils entwickelten Teilkonzepte werden in das Gesamtkonzept integriert, verändern es dabei häufig. Teilstudien werden zeitlich parallel zur Hauptstudie und als Ergänzung/Vertiefung des Gesamtkonzepts mit Detailkonzepten durchgeführt.

5. Systembau

Organisationsprojekte gestalten Aufbau- und Ablaufbeziehungen, bereiten die Einführung von neuen Sachmitteln vor, passen die Struktur an andere Räume an bzw. unterstützen die Raumplanung. In der Stufe Systembau werden hierfür die personellen, strukturellen und materiellen Voraussetzungen geschaffen.

6. Systemeinführung

In der Stufe Systemeinführung wird das entwickelte System an die Benutzer übergeben. Die Gestaltung der Einführung kann selbst Gegenstand einer Teilstudie sein. Im Vordergrund steht die Einarbeitung der „Benutzer" und die Herstellung der Transparenz für die zukünftige Arbeit im neuen System. Die Stufe Systemeinführung darf nicht mit dem Prozeß verwechselt werden, der Betroffene zu Beteiligten machen soll - dies ist ein notwendiger Begleitprozeß auch für alle vorhergehenden Stufen.

7. Weiterentwicklung des Systems

Stabilität und Flexibilität sind Organisationsgrundsätze, die auch für neu eingeführte Systeme gelten. Weiterentwicklung heißt Systemerhaltung. Die Wirkung des eingeführten Systems wird mit Blick auf die ursprüngliche Absicht **fortlaufend** geprüft und bei veränderten Bedingungen angepaßt. Die Stufe Weiterentwicklung kann damit einen neuen Organisationsprozeß anstoßen. Dann schließen sich u. U. Aufgaben der **Liquidation** (auch Entsorgung, Außerdienststellung) des Systems an.

4.1.3.3.2 Organisationszyklus

Vorstudie, Hauptstudie und Teilstudien im Organisationsprozeß folgen dem Vorgehensgrundsatz „Vom Groben zum Detail". In jeder dieser Stufen wird ein vollständiger Problemlösungsprozeß, der Organisationszyklus, durchlaufen. Die Schritte des Organisationszyklus konkretisieren die Stufen des Organisationsprozesses in mehreren logisch einander folgenden Schritten, die der Logik jedes Problemlösungsprozesses entsprechen. Es sind in der Praxis bewährte Schritte in Organisationsprojekten.

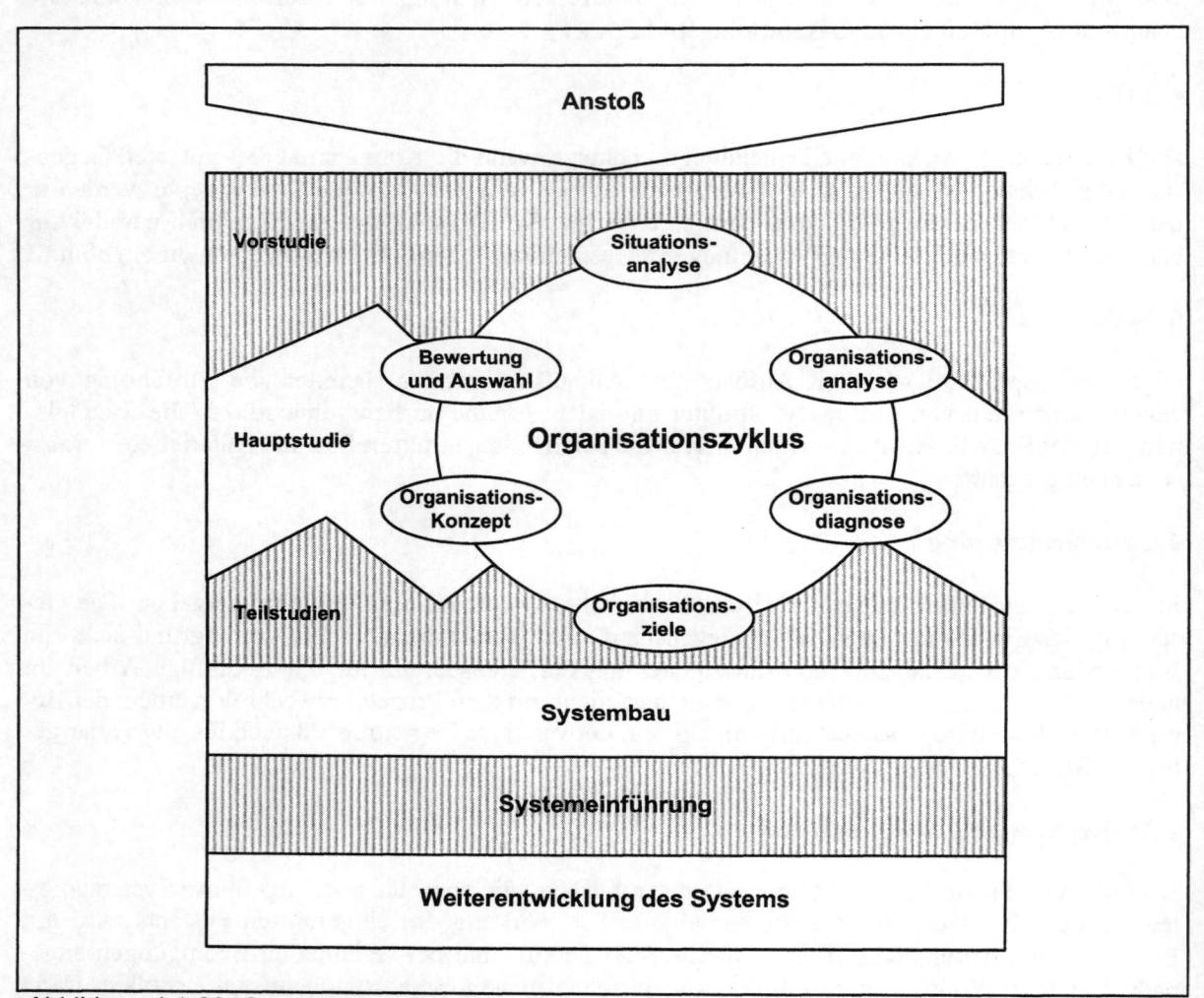

Abbildung 4.1-23: Organisationszyklus

Problemlösungs- Der Organisationszyklus ist ein **spezieller** Problemlösungszyklus (siehe Kapitel 3.10). Die folgen-
zyklus den Ausführungen zu den Schritten und den in ihnen anwendbaren Techniken sind grundsätzlich für sämtliche Problemlösungsprozesse gültig, also auch für sämtliche Projekte. Streicht man bei den Schritten des Zyklus jeweils das Wort Organisation, ist dies sofort erkennbar.

1. Situationsanalyse

Auslöse-Informationen für den Organisationsprozeß gehen auf **Symptome** zurück. Systemgestaltung beginnt mit der Analyse des Wirkungszusammenhangs der Symptome und deren zugrunde liegenden Problemen (**latente Organisationsanlässe**) sowie der Bestimmung des Umsystems. Dazu gehört auch die Analyse systemspezifischer Erfolgsfaktoren.

Die latenten Organisationsanlässe gehen auf die bereits genannten strategischen Herausforderungen zurück, die für alle Anspruchsgruppen eines zweckorientierten Systems gelten. Sie wirken in jeweils spezieller Ausprägung auf Kunden/Bürger/Patienten, Anteilseigner, Zulieferer etc.

Erforderlich ist die Vorgabe, ob das Organisationsprojekt zur **Lenkung** bzw. Feinsteuerung/Feinabstimmung im vorliegenden organisatorischen System, zur **Reorganisation** des bestehenden Systems oder zur **Neuentwicklung** eines organisatorischen Systems (Unter-/Teilsystem) führen soll.

Das Ergebnis der Situationsanalyse bestimmt die Effektivität des Organisationsprozesses und verändert den Organisationsauftrag (über Zweck, Aufgaben, Ziele).

2. Organisationsanalyse

In der Organisationsanalyse geht es um Sammlung, Verdichtung und Darstellung von Informationen über **interne Faktoren**, die für den Organisationsauftrag bedeutsam sind. Im wesentlichen wird ausreichendes Wissen gesucht über

- Managementebenen
    - normative, kulturelle Ebene
    - strategische Ebene
    - operative Ebene

- Organisatorische Elemente
    - Aufgabe
    - Mensch
    - Information
    - Sachmittel

- Organisatorische Dimensionen
    - Menge
    - Zeit
    - Raum

3. Organisationsdiagnose

Dokumentierte, geordnete Ergebnisse der vorangegangenen Schritte Situations- und Organisationsanalyse sind die Grundlage für die Organisationsdiagnose. Die vorliegenden Informationen werden jetzt beurteilt (gewürdigt).

Die Organisationsdiagnose schafft die Grundlage für ein besseres Verhältnis zwischen Faktoreinsatz und Leistung. Ansatzpunkte sind Personal, Kosten, Regelsysteme, Führungsverfahren, Zeit etc. Je besser Organisationsprozesse in sozialen Systemen institutionalisiert und in jeder Aufgabenerfüllung integriert sind, desto weniger sind spektakuläre Großanalysen erforderlich.

In der Organisationsdiagnose werden für das zu würdigende System die gegenwärtige Vernetzung, der Stand in der Organisationsdynamik und im Organisationsprofil dem Organisationsauftrag gegenübergestellt. Zum Vergleich können erfolgreiche Organisationsansätze, Organisationsformen und -modelle herangezogen werden.

Der gegenwärtige Stand im Lebenszyklus des betrachteten Systems wird festgestellt (**Organisationsdynamik**), da organisatorische Maßnahmen für Systeme in

- Pionierphase,
- Differenzierungsphase,
- Integrationsphase oder
- Wendephase

unterschiedliche Wirkung haben.

Organisationsprofil
Das **Organisationsprofil** ergibt sich aus der Analyse des Systems mit verschiedenen Kategorien (vgl. Beispiel in Abbildung 4.1-24):

Kategorie	Idealtypische Ausprägungen	
Formalisierung	Technostruktur	Soziostruktur
	Sachorientierung	Personenorientierung
	formalisiertes System	Symbolorientierung
Konfiguration	Palastorganisation	Zeltorganisation
	Organisation auf Dauer	Organisation auf Zeit
Koordination	Hierarchie	Netzwerk
	steile Konfiguration	flache Konfiguration
Delegation	Fremdorganisation	Selbstorganisation
	monolytisch	polyzentrisch
Spezialisierung	Effizienzorientierung	Effektivitätsorientierung
	die Dinge richtig tun	die richtigen Dinge tun
	Arbeitsteilung	Aufgabenverbindung

Abbildung 4.1-24: Merkmale eines Organisationsprofils (Beispiel)

Bezogen auf das betrachtete System kann die organisatorische Situation mit einer je nach Stufe mehr oder weniger detaillierten Schwächen- und Stärkenanalyse beurteilt werden.

4. Organisationsziele

Zielvorstellungen sind der Ausgangspunkt für die Lösung organisatorischer Probleme. Erst **nach** der Situations- und Organisationsanalyse sowie -diagnose läßt sich die Aufgabenerfüllung quantitativ vorgeben, also Ziele operational formulieren, daß Lösungskonzepte erarbeitet werden können.

Die Ziele ergeben sich nicht von selbst, sie müssen aus den Ergebnissen der Situations- und Organisationsanalyse sowie der Organisationsdiagnose methodisch und kreativ erarbeitet und mit den Betroffenen (Mitgestaltern) ausgehandelt werden.

Die Entwicklung eines ganzheitlichen Zielsystems wird von ökonomischen, leistungsbezogenen, sozialen und ökologischen Zielen unterstützt. Die gewichtete „Übersetzung" der normativen

Grundlagen einer Organisation (Unternehmenspolitik, Regelungen u. ä.) für jede dieser Zielgruppen verhindert, daß insbesondere soziale und ökologische Ziele im Gewichtungsprozeß der Einzelziele „verloren" gehen (vgl. Nutzwertanalyse).

5. Organisationskonzept

Die Synthese des Organisationskonzepts ist der zentrale Schritt im Organisationszyklus jeder Stufe. Der Spielraum für die Lösungssuche wird durch die Systemabgrenzung eingeschränkt und durch die erarbeiteten und festgelegten Ziele kanalisiert.

Die **Konzeptsynthese** stellt das modellhafte Erarbeiten von Lösungen dar. Die Synthese ist intuitiv und formal möglich. Kreatives Denken soll zu einem umfassenden Überblick über Lösungsmöglichkeiten führen.

Der Schritt Organisationskonzept muß von einer **Konzeptanalyse** begleitet sein, um die Entsprechung mit der Realität zu sichern. Nach Beendigung der Konzeptsynthese ist mit der Konzeptanalyse zu prüfen, ob mit den entwickelten Lösungsmöglichkeiten die Ausgangsprobleme auch gelöst werden können; bei einer länger andauernden Planung können sich durchaus Abweichungen ergeben.

In allgemeinen alternativen „Soll"-Organisationsprofilen werden die vorgesehenen Transformationsprozesse (vom Ist zum Soll) beschrieben. Hierzu gehören auch die Entwicklungsschritte der Organisationsdynamik.

Je nach Zweck des Organisationsprojekts (Feinabstimmung, Reorganisation, Neuentwicklung) wird das Organisationskonzept einen eher evolutionären oder eher revolutionären Charakter haben.

6. Bewertung und Auswahl

Dieser Schritt beginnt mit der Prüfung, ob die erarbeiteten Konzepte die Muß-Ziele erfüllen und die Restriktionen für das Organisationsprojekt berücksichtigen. Ausschließlich diese Lösungskonzepte werden im Bewertungsschritt miteinander verglichen (Wirtschaftlichkeitsrechnung, Nutzwertanalyse).

Der Vergleich bereitet die **Entscheidung** vor, das beste Konzept aus einer Menge erarbeiteter oder vorgegebener Lösungskonzepte auszuwählen. Die Auswahl der bestgeeigneten Organisationsstruktur, der höchsten Ausgewogenheit von Stabilität und Flexibilität oder die Auswahl eines neuen Sachmittels sind Beispiele für solche Entscheidungen.

Am Ende des Bewertungsschritts steht die **Auswahl**. Die Entscheider werden in ihrer Entschlußfassung durch eine sorgfältige und transparente Dokumentation der Ergebnisse des jeweiligen Organisationsprozesses unterstützt. Da die Entscheidungsgegenstände jedoch lediglich Modelle (also nicht die Realität) sind, bleibt stets Raum für Erfahrung, individuelle Wertvorstellungen, Intuition und Risikobereitschaft.

4.1.4 Organisationshandbuch zur Unterstützung der Projektarbeit

> Ein **Organisationshandbuch** ist die gegliederte Zusammenfassung der für eine Organisation (Unternehmung, Verwaltung u. ä.) allgemein gültigen betrieblichen Regelungen und Vorschriften.

Umfang und Vielgestaltigkeit möglicher Regelungen ermöglicht oder erzwingt verschiedene Arten bzw. Gliederungen von Organisationshandbüchern, etwa

- Handbuch für ein Gesamtunternehmen,
- Handbuch für einzelne Fachbereiche,
- Handbuch für Geschäftsprozesse,
- Projektmanagement-Handbuch (siehe Kapitel 1.5).

Wenn sich Unternehmen zur Zertifizierung des Qualitätsmanagementsystems nach der Normenreihe der DIN ISO 9000 ff und / oder zur Validierung des Umweltschutzmanagementsystems nach der EU-Öko-Audit-Verordnung (oder nach ISO 14 001) entschließen, besteht grundsätzlich die Möglichkeit, dafür jeweils ein eigenes Handbuch zu erstellen oder - und das wird hier empfohlen - beide und weitere Themen in ein gemeinsames Handbuch zu integrieren. Dann bietet es sich an, das Ergebnis als **Managementhandbuch** zu bezeichnen.

4.1.4.1 Ziele und Inhalt

Das Organisationshandbuch dient zur Bewahrung des organisatorischen Know-how, zur Sicherung der ständigen Weiterentwicklung der Gesamtorganisation, zur Abstimmung der organisatorischen Maßnahmen der Teilbereiche und Projekte sowie nach Dokumentation der Regelungen als Nachschlagewerk für die Mitarbeiter. Die Nutzung von Organisationshandbüchern in Projekten erleichtert die Organisation neuer Projekte - da sich Vorgehensweise und Vorgehensschritte in allen Projekten fast immer ähnlich sind oder vereinheitlicht werden sollen.

Wie ein Organisationshandbuch im einzelnen zu gestalten ist, hängt weitgehend von der Geschäftstätigkeit, der Betriebsgröße, dem Grad der Zentralisation oder Dezentralisation und anderen Einflußfaktoren ab. Folgende vier Abschnitte werden jedoch für jedes Organisationshandbuch empfohlen:

1. **Allgemeiner Teil**
   In diesem Abschnitt geht es um den Zweck des jeweiligen organisatorischen Systems und die dafür geltende Unternehmenspolitik (mit Leitbild, zu tradierende Werte etc.).

2. **Organisatorischer Teil**
   Hier werden Aufbau- und Ablauforganisation (bzw. beides in der Prozeßorganisation) verbal und graphisch dargestellt. Im einzelnen handelt es sich um das aufbauorganisatorische Beziehungssystem (Organigramm), Stellenplan und Stellenbeschreibungen, Verfahrensanweisungen und Arbeitsanweisungen mit Funktionendiagrammen, Kompetenzregelungen (Geschäftsordnung, Unterschriftsrechte, Vollmachten) und Kostenstellenplan.

3. Administrativer Teil

In jeder Unternehmung (auch in jedem Projekt) wird es Regeln zur Aus- und Weiterbildung, zur Benutzung von Sachmitteln (z.B. EDV), zur Postordnung, zur Benutzung von Dienstwagen, zur Schlüsselordnung oder dergleichen geben. Der administrative Teil widmet sich derartigen Aspekten.

4. Anhang

Als Anlagen eines Organisationshandbuchs werden empfohlen: Begriffserläuterungen (Glossar), Abkürzungsverzeichnis, Erläuterungen von Nummernsystemen, Verzeichnisse von Formularen und Organisationsmitteln, Allgemeine Geschäftsbedinungen, Lagepläne etc.

Die im weiteren vorgeschlagene Inhaltsübersicht dient als Anhalt dafür, welche Themenbereiche angesprochen werden können. Entschließt sich eine Institution für ein integriertes Managementhandbuch, ist es sinnvoll, die speziellen Aussagen zu den jeweiligen Managementsystemen auf farbiges Papier zu drucken (etwa: gelb für Qualitätsfragen, grün für Umweltschutzfragen, rot für Arbeitsschutzfragen).

Der folgende Gliederungsvorschlag berücksichtigt das traditionelle Organisationswissen über Organisationshandbücher und die Inhalte der Gliederungsempfehlungen der Normenreihe DIN ISO 9000 ff und der Öko-Audit-Verordnung.

Organisationshandbücher

1 Einführung

    1.1   Zweck des Managementhandbuchs

    1.2.   Handhabung

2 Normative Grundlagen

    2.1   Entwicklung des Unternehmens

    2.2   Zwecke des Unternehmens

    2.3   Unternehmenspolitik

        2.3.1   Unternehmensleitbild

        2.3.2   Qualitätspolitik

        2.3.3   Umweltschutzpolitik

3 Untersysteme

Gesamtübersicht (Organigramm) mit Zweckbeitrag, Aufgaben, Ziele, Struktur und Prozessen (Gliederung nach Unternehmensbereichen, z.B. nach Funktionen in einer funktionalen Organisation, nach Objektbereichen in einer divisionalen Organisation oder nach Prozessen in einer Prozeßorganisation).

4 Teilsysteme

    4.1   Gesamtübersicht (Netzwerk) mit Zweckbeitrag, Aufgaben, Zielen, Strukturen und Prozessen (Einzeldarstellung bei Prozessen)

    4.2   Besondere Teilsysteme

        4.2.1   Qualitätswesen („Qualitätsmanagement") mit möglicher weiterer Untergliederung (Achtung: die Aussagen werden sich zum erheblichen Teil wiederholen!)

        4.2.2   Umweltschutz („Umweltschutzmanagement") mit möglicher weiterer Untergliederung (Achtung: die Aussagen wiederholen sich zum Teil!)

        4.2.3   Projektmanagement

5 Prozesse und Verfahrensanweisungen für Prozesse

- 5.1 Kernprozesse
    - 5.1.1 Abgrenzung und Schnittstellen
    - 5.1.2 Verifizierung Kundenorientierung
    - 5.1.3 Korrekturmaßnahmen
- 5.2 Unterstützungsprozesse
    - 5.2.1 Personalwesen (Human Resources Management) mit weiterer Untergliederung, z.B. Personalverwaltung (Lohn-/Gehaltszahlung, Urlaubs-/ Arbeitszeitregelung, Dienstreisen etc.), Personalentwicklung, Arbeitsschutz
    - 5.2.2 Informationswesen („Informationsmanagement") mit weiterer Untergliederung, z.B. Informationssysteme, Berichtswesen, Verbesserungswesen, Dokumentationssystem, Ablagesysteme, Datenschutz und -sicherung, Unterschriftenregelung, Postbearbeitung etc.
    - 5.2.3 Sachmittel („Facility Management") mit weiterer Untergliederung, z.B. Gebäudeverwaltung, Büroausstattung, Büromittel etc.
- 5.3 Hebelprozesse
    - 5.3.1 Verbesserungswesen
    - 5.3.2 Kontrollverfahren und Revision
    - 5.3.3 Organisationsprüfungen

6 Methoden und Techniken

- 6.1 Vorgehensmodell für die Problemlösung
    - 6.1.1 Organisatorisches Vorgehensmodell
    - 6.1.2 Spezielle Vorgehensmodelle
- 6.2 Verfahrenstechniken
- 6.3 Computerprogramme
- 6.4 Vordrucke und Formulare
- 6.5 Hinweise für den Schriftverkehr

7 Anhang

- 7.1 Schlüsselordnung
- 7.2 Kontenplan und Kostenstellenverzeichnis
- 7.3 Abkürzungsverzeichnis

8 Stichwortverzeichnis

4.1.4.2 Vorgehensweise zur Erstellung eines Organisationshandbuches

Jedes Unternehmen kennt Regelungen verschiedenster Art, auch wenn noch kein Organisationshandbuch besteht. Wenn dieses Unternehmen sich zum Erarbeiten eines Organisationshandbuches entschließt, handelt es sich grundsätzlich um ein Organisationsprojekt (das mit den Vorgehensschritten des Organisationszyklus bearbeitet werden kann). Dann ergibt sich in der Organisationsanalyse quasi automatisch die Analyse vorhandener Regelungen und deren Dokumentation.

Diese vorhandenen Regelungen können (und sollten) als Grundgerüst des neuen Organisationshandbuches genutzt werden, um die Mitarbeiter durch eine vollständige Neuordnung nicht zu verunsichern (die bestehenden Regelungen haben ja einen Zweck, sonst wären sie sinnlos). Bei Organisationshandbüchern für Projekte empfiehlt sich daher auch immer der Rückgriff auf die Organisationshandbücher vorheriger oder paralleler Projekte. Die dort dokumentierten Verfahren der Projektarbeit sind vermutlich bereits einigen Mitarbeitern bekannt, die an dem neuen Projekt beteiligt oder von ihm „betroffen" sind.

Einige **Grundsätze** bei der Erstellung von Organisationshandbüchern:

- Das Organisationshandbuch enthält grundsätzlich sämtliche Regelungen, die auch als Einzelanweisungen (z.B. Organisationsanweisung, Betriebsvereinbarung o. ä.) entstehen können.

- Die einzelnen Regelungen müssen in einen systematischen Zusammenhang gebracht werden, um die Sinnhaftigkeit der Regeln prüfen und verstehen zu können und um das Nachschlagen zu erleichtern.

- Die formale Verantwortung in Unternehmen bzw. Projekten muß eindeutig erkennbar sein. Ein zu großes Gewicht auf diesen Aspekt behindert jedoch die Kreativität und Innovationsfähigkeit. Das richtige Gleichgewicht zwischen Stabilität (durch formale Verantwortung) und Flexibilität (durch Öffnung von Handlungsspielräumen) ist - gerade für Organsationshandbücher und ihrem Regelungszweck - nicht einfach zu finden.

- Das Organisationshandbuch enthält allgemeingültige Regelungen, die von sämtlichen Mitarbeitern des jeweiligen organisatorischen Bereichs beachtet werden müssen. Da damit deren Verhalten unmittelbar beeinflußt wird, ist die Beachtung des Vorgehensgrundsatzes „Betroffene zu Beteiligten machen" unverzichtbar. Regelungen, die ohne Beteiligung der Betroffenen zustande kamen, haben grundsätzlich eine geringere Aufmerksamkeit.

- Die Gliederung des Organisationshandbuches ergibt sich immer aus dem jeweiligen Zweck (des zu regelnden organisatorischen Systems). Gliederungsvorschläge - wie oben - dienen lediglich als Anhalt.

- Das Organisationshandbuch ist nie fertig. Die laufenden Veränderungen der Bedingungen von Unternehmen und Projekten erfordert eine fortlaufende Anpassung. Es empfiehlt sich daher, die Handlungsspielräume der Mitarbeiter nicht durch zu enge Regelungen zu blockieren.

Das Organisationshandbuch muß für jeden Mitarbeiter des „geregelten" Bereiches zugänglich sein. Dabei sollte der Begriff „Handbuch" nicht unbedingt wörtlich genommen werden. Es kann sich einerseits um eine elektronische Fassung, andererseits um mehrere Bände handeln. In einigen weltweit operierenden Unternehmen hat sich die Nutzung des Organisationshandbuches über das Internet bewährt. Auf diese Weise ist sichergestellt, daß zu jeder Zeit jeder Nutzer über denselben Bearbeitungsstand verfügt. *Organisationshandbuch über das Internet*

Wenn ein Organisationshandbuch als „Handbuch" i. e. S. erstellt wird, müssen folgende Aspekte besonders berücksichtigt werden:

- Lose-Blatt-Form
- Eindeutige Gliederungslogik - mit ausreichend Raum für Ergänzungen
- Einfache und verständliche Pflegeverfahren

Neue Mitarbeiter müssen in das Organisationshandbuch intensiv eingewiesen werden. Sie finden so schneller in die „Routine" ihres neuen Aufgabengebiets. Die Reibungsflächen mit anderen Mitarbeitern in der Unternehmung verringern sich von Anfang an.

Zusammenfassung

Betriebliche Aufgaben, auch Projektaufgaben, werden immer arbeitsteilig erfüllt. Kein einzelner Mensch beherrscht jede einzelne zu erfüllende Aufgabe ausreichend so gut, daß ein Verzicht auf eine irgendwie geartete Arbeitsteilung (Mengen- oder Artenteilung von Aufgaben) möglich wäre. Die aktuellen Trends zur Integration von Aufgaben, zur Steigerung der Verantwortung einzelner und die Betonung der Selbstorganisation von Gruppen bauen zwar die funktionale Arbeitsteilung (Artenteilung von Aufgaben) ab, heben sie aber nicht auf. Es muß also organisiert werden.

Diese Gestaltungsaufgabe hat eine **statische** und eine **dynamische** Seite:

- Die Gestaltung der statischen Seite schafft **Aufbaubeziehungen**; mit ihnen entsteht die **Aufbauorganisation**.

- Mit der dynamischen Seite entstehen **Ablaufbeziehungen**; mit ihnen ergibt sich die **Ablauforganisation**.

- Die Gestaltung bzw. Beachtung des sozialen Aspekts führt zu **sozialen Beziehungen** und mit ihnen zur **formalen** und auch **informalen Organisation**.

Für die Gestaltung der **Aufbaubeziehungen** (Aufgabensynthese) werden

- Teilaufgaben für Menschen zusammengefaßt (Stellenbildung),
- Sachmittel eingesetzt sowie
- Stellen und Sachmittel miteinander verbunden.

Stellen sind durch **Weisungsbeziehungen** verbunden. Die Gesamtheit der Stellen in ihrer Verbindung durch Weisungsbeziehungen ist das **Leitungssystem** oder **Liniensystem**. Die Gesamtheit der Über-, Gleich- und Unterstellungsverhältnisse ergibt die **Hierarchie** (Leitungshierarchie) eines organisatorischen Systems.

Da jedes **Projekt** Aufwand verursacht, muß über die Organisationsform zum Erhalt des Gleichgewichts zwischen Aufwand und Nutzen entschieden werden. Einerseits müssen die zweckbezogenen Aufgaben erfüllt werden und andererseits muß dies auch für die Zukunft möglich bleiben. Die Finanzmittel hierfür werden entweder aus der „Stammorganisation" abgezogen oder aus sonstigen (Projekt-) Finanzierungsquellen bezogen.

Die Verantwortlichen der „Stammorganisation" stellen Menschen und Mittel für Projekte um so eher zur Verfügung, je konkreter Effektivität und Effizienz der Aufgabenerfüllung der Institution heute und morgen gesteigert wird. Der **Brückenschlag** zwischen „Routineaufgaben" und „Innovationsaufgaben" durch ein **akzeptiertes** Projektmanagement ist die zentrale Führungsaufgabe bei Einführung und Weiterentwicklung von Projektorganisationen.

Ein **Organisationshandbuch** ist die gegliederte Zusammenfassung der für eine Organisation (Unternehmung, Verwaltung - auch Projekt - u. ä.) allgemein gültigen betrieblichen Regelungen und Vorschriften. Ein Teilsystem davon ist das Projektmanagement-Handbuch mit der Summe aller Regelungen, die Vorgehensweisen, Methoden, Projekt-Software und Formulare für die einzelnen Projekte vereinheitlichen.

Literaturverzeichnis

ALBACH, H. (Hrsg.): Organisation. Mikroökonomische Theorie und ihre Anwendungen, Wiesbaden 1989

ATTEMS, R., Holzer, A.: Spitzenleistungen in die Praxis umsetzen, Wien 1989

BERTHEL, J.: Zielorientierte Unternehmungssteuerung. Die Formulierung operationaler Zielsysteme, Stuttgart 1973

BLEICHER, K., Gomez, P.: Zukunftsperspektiven der Organisation, Bern 1990

BLEICHER, K.: Organisation. Strategien - Strukturen - Kulturen. 2. Auflage, Wiesbaden 1992

BLUM, E.: Betriebsorganisation. Methoden und Techniken. 3. Auflage, Wiesbaden 1991

BÜCHI, R.; Chrobok, R.: GOM - Ganzheitliches Organisationsmodell. Methode und Techniken für die praktische Organisationsarbeit. Baden-Baden 1994

BULLINGER, H.-J. (Hrsg.): Handbuch des Informationsmanagements im Unternehmen. Technik - Organisation - Recht - Perspektiven. 2 Bände, München 1991

CRISAND, E.: Psychologie der Gesprächsführung. 3. Auflage, Heidelberg 1990

DAENZER, W. F., Huber, F. (Hrsg.): Systems Engineering. Methodik und Praxis, 7. Auflage, Zürich 1992

FORRESTER, J. W.: Grundzüge einer Systemtheorie. Wiesbaden 1972

FRESE, E.: Grundlagen der Organisation. Die Organisationsstruktur der Unternehmung. 4. Auflage, Wiesbaden 1988

FRESE, E. (Hrsg): Handwörterbuch der Organisation. 3. Auflage, Stuttgart 1992

GLASL, F.: Konfliktmanagement. Ein Handbuch zur Diagnose und Behandlung von Konflikten für Führungskräfte und Berater. 2. Auflage, Bern und Stuttgart 1990

GOMEZ, P., Zimmermann, T.: Unternehmensorganisation. Profile, Dynamik, Methodik. St. Galler Management-Konzept, Band 3, Frankfurt 1992

GROCHLA, E.: Grundlagen der organisatorischen Gestaltung. Stuttgart 1982

GUTENBERG, E.: Grundlagen der Betriebswirtschaftslehre. Erster Band: Die Produktion. 19. Auflage, Berlin u.a. 1972

HEINTEL, P., Krainz, E. E.: Projektmanagement. Eine Antwort auf die Hierarchiekrise? 2. Auflage, Wiesbaden 1990

KAMISKE, G. F.; Brauer, J.-P.: „ABC des Qualitätsmanagement", München, Wien 1996, S. 111

KAUCKY, G.: Informationstechnologie und organisatorische Änderungen. Wiesbaden 1988

KIESER, A., Kubicek, H.: Organisation. 3. Auflage, Berlin und New York 1992

KNÖPFEL, H.; Gray, C.; Dworatschek, S.: Projektorganisationsformen: internationale Studie über ihre Verwendung und ihren Erfolg. In: Projektmanagement 1/92, S. 3-14

KOSIOL, E.: Organisation der Unternehmung. Wiesbaden 1962

KRÜGER, W.: Organisation der Unternehmung. 2. Auflage, Stuttgart u. a. 1993

LIEBELT, W.: Methoden und Techniken der Ablauforganisation. In: Handwörterbuch der Organisation, 3. Auflage, Stuttgart 1992 Sp. 20

MARCH, J. G. (Hrsg.): Entscheidung und Organisation. Kritische und konstruktive Beiträge, Entwicklungen und Perspektiven. Wiesbaden 1990

MINTZBERG, H.: Mintzberg on Management. Inside Our Strange World of Organizations. New York und London 1989

NAISBITT, J.; Aburdene, P.: Mega-Trends 2000. London 1990

RAU, K.-H.: Integrierte Bürokommunikation. Organisation und Technik. Wiesbaden 1991

SCHMIDT, G.: Organisatorische Grundbegriffe. 9. Auflage, Gießen 1991

SEIDEL, E., Wagner, D. (Hrsg.): Organisation. Evolutionäre Interpendenzen von Kultur und Struktur der Unternehmung. Knut Bleicher zum 60. Geburtstag. Wiesbaden 1989

SEIFERT, J. W., Pattay, S.: Visualisieren - Präsentieren - Moderieren. 3. Auflage, Speyer 1991

SPRENGER, R. K.: Mythos Motivation. Wege aus einer Sackgasse. Frankfurt am Main und New York 1991

STEGER, U.: Future Management. Europäische Unternehmen im globalen Wettbewerb. Frankfurt/Main April 1992

THOM, N.: Organisationsmanagement. Bewertung und Auswahl einer effizienten Organisationsform für Unternehmungen. In: Funktionale Managementlehre, hrsg. von Michael Hofmann und Lutz von Rosenstiel, Berlin u. a. 1988

ULRICH, H., Probst, G. J.: Anleitung zum ganzheitlichen Denken und Handeln. Ein Brevier für Führungskräfte. 2. Auflage, Bern und Stuttgart 1990

VOLKAMER, K., Streicher, C., Walton, K. G.: Intuition, Kreativität und ganzheitliches Denken. Neue Wege zum bewußten Handeln. Heidelberg 1991

WEICK, K. E.: Der Prozeß des Organisierens. Frankfurt am Main 1985

Autorenportrait

Dr. Reiner Chrobok

Diplom-Kaufmann und Doktor der Philosophie, Jahrgang 1944.

Beruflicher Werdegang: Sozialversicherungsfachangestellter, Generalstabsoffizier im Führungsdienst der deutschen Luftwaffe, Geschäftsführer Stiftung Hamburgisches Krankenhaus Edmundsthal-Siemerswalde und gleichzeitig Verwaltungsdirektor von zwei Krankenhäusern dieser Stiftung, Geschäftsführendes Vorstandsmitglied der Gesellschaft für Organisation e.V. und seit 1990 Leiter der Akademie Führung + Organisation.

Er ist Fachbuchautor und Mitautor der Bücher Grundbegriffe der Organisation, GOM - Ganzheitliches Organisationsmodell - Methode und Techniken für die praktische Organisationsarbeit (gemeinsam mit Rudolf Büchi), Computerwerkzeuge für die Organisationsarbeit (gemeinsam mit Ernst Tiemeyer) sowie AfürO-Softwareführer OrgTools. 4 Bände 'Geschäftsprozeßorganisation', 'Problemlösungstechniken', 'Projektmanagement', 'Organisationsinformationssysteme' (gemeinsam mit Ernst Tiemeyer).

Abbildungsverzeichnis

Abbildung 4.1-1: Organisation und Organisationsentwicklung 886

Abbildung 4.1-2: Organisationsentwicklung und Organisationales Lernen 886

Abbildung 4.1-3: Grundsätzlicher Beziehungszusammenhang zwischen Aufbau- und Ablauforganisation 887

Abbildung 4.1-4: Vorgehensgrundsätze eines ganzheitlichen Organisierens 888

Abbildung 4.1-5: Merkmale der Aufgabensynthese 889

Abbildung 4.1-6: Stellentypen 890

Abbildung 4.1-7: Einliniensystem 891

Abbildung 4.1-8: Stab-Linien-System 892

Abbildung 4.1-9: Mehrliniensystem 892

Abbildung 4.1-10: Divisionale Organisation (Beispiel: Bank- oder Versicherungsunternehmen) 893

Abbildung 4.1-11: Funktionale Organisation (Beispiel: Anlagenbereich einer Bank) 893

Abbildung 4.1-12: Matrixorganisation (Beispiel: Bankunternehmen) 893

Abbildung 4.1-13: Funktionendiagramm 895

Abbildung 4.1-14: Organisatorische Feinarbeit mit Aufgabenerfüllungsmerkmalen 896

Abbildung 4.1-15: Grundmuster für Zeitfolgen (LIEBELT 1992) 897

Abbildung 4.1-16: Projekte - Mittler zwischen Routine und Innovation 897

Abbildung 4.1-17: Projektbeteiligte (Auswahl) 899

Abbildung 4.1-18: Einflußprojektorganisation 900

Abbildung 4.1-19: Matrixprojektorganisation 901

Abbildung 4.1-20: Reine Projektorganisation 902

Abbildung 4.1-21: Organisationsprozeß 903

Abbildung 4.1-22: Strategische Herausforderungen 904

Abbildung 4.1-23: Organisationszyklus 906

Abbildung 4.1-24: Merkmale eines Organisationsprofils (Beispiel) 908

4.1 Unternehmens- und Projektorganisation

Lernzielbeschreibung

Der Leser

- kennt die Grundlagen der Organisation,
- kann Aufgaben analysieren, Stellen bilden und Stellenbeziehungen zur Aufbau- und Ablauforganisation gestalten,
- kennt das Zusammenspiel von Projekt- und Unternehmensorganisation,
- kann Projekte nach Aufbau und Ablauf organisieren und
- kann das Wissen über Organisationshandbücher für die Gestaltung von Projektmanagementhandbüchern umsetzen.

4.2 Qualitätsmanagement

von

Roland Ottmann

Relevanznachweis

Projekte dienen dazu, zu vereinbartem Termin und Budget eine definierter Leistungsart mit bestimmter Qualität zu erstellen. Qualität kann hier vereinfacht als die Übereinstimmung von Kundenanforderung und erbrachter Leistung verstanden werden. Qualität kann man nicht durch Prüfungen an Bauteilen und auch nicht durch Reviews beim Projektabschluß erreichen. Qualität muß gewollt sein und sorgfältig geplant werden. Diese Aussage zeigt die Verantwortung auf, die das Management zu übernehmen hat. Dabei ist es unerheblich, ob es sich um das Management eines Unternehmens oder das eines Projektes handelt.

Kenntnisse über die verschiedenen Managementansätze, z.B. allgemeines Management, Prozeßmanagement, Qualitätsmanagement etc., sind notwendig, um die Einordnung des Projektmanagements und ggf. Abgrenzungen der Projektmanagement- und Projektaufgaben zu angrenzenden Gebieten des Managements bzw. anderen Themen vorzunehmen.

Der Projektmanager muß sich ausführlich mit dem Qualitätsmanagement befassen, um die enge Verknüpfung von Management, Projekt und Qualität zu verstehen und um die Konsequenzen seines Tun und Handelns auch im Hinblick auf die strategischen Belange seines Unternehmens, im Sinne einer projekttragenden Organisation, abschätzen zu können.

Die richtige Auswahl und Anwendung von Qualitätsmanagement-Werkzeugen unterstützt die Projektarbeit. Hierfür muß der Projektmanager als Kenner der Methoden und Verfahren auftreten und speziell die Werkzeuge auswählen, die im Projektmanagement und in der Projektarbeit Anwendung finden können.

Inhaltsverzeichnis

4.2.1 Qualitätsmanagement im Projektmanagement 923

    4.2.1.1 Historischer Hintergrund: Q-Kontrolle - Q-Sicherung - Q-Management 923

    4.2.1.2 Qualitätsmanagement im Unternehmen 924

        4.2.1.2.1 Qualitätsmanagement im strategischen und operativen Management 925

        4.2.1.2.2 Sinn eines Qualitätsmanagement-Systems 926

        4.2.1.2.3 Aktueller Stand des Qualitätsmanagement 928

    4.2.1.3 Projektmanagement im Unternehmen 928

        4.2.1.3.1 Projektprozesse 928

        4.2.1.3.2 PM-Mitarbeiter (Ausbildung, Kommunikation, Teamarbeit) 929

    4.2.1.4 Umfassendes (Totales) Qualitätsmanagement TQM 929

        4.2.1.4.1 Die Normenreihe DIN EN ISO 9000 ff: eine mögliche Basis für TQM 929

        4.2.1.4.2 Die TQM-Philosophie 930

        4.2.1.4.3 Kontinuierlicher (ständiger) Verbesserungsprozeß KVP 933

4.2.2 Aufbau eines Qualitätsmanagement-Systems im Projektmanagement 934

    4.2.2.1 Anforderung an ein QM-System im Projektmanagement 934

    4.2.2.2 PM-Dokumentation im PM-Handbuch 935

        4.2.2.2.1 Ziele des PM-Handbuchs 935

        4.2.2.2.2 Projektverantwortung und Projektprozesse - Beschreibung im PM-Handbuch 936

    4.2.2.3 Auswahl und Einsatz von Projektpersonal 937

    4.2.2.4 Projektdokumente und Projektdokumentation in der Projektakte 938

    4.2.2.5 Nachweis der Qualität im Projektmanagement 940

        4.2.2.5.1 Projektmanagement-Audits 940

        4.2.2.5.2 Projektmanagement-Zertifizierung 942

4.2.3 Qualität im Projekt 944

    4.2.3.1 Regelungen und Arbeitsmittel: PM-Handbuch und Projektakte 944

    4.2.3.2 Durchführung von Projekt-Reviews 944

    4.2.3.3 Die Bewertung der Projektqualität mit dem GPM-Modell Project Excellence 945

    4.2.3.4 QM-Methoden in der Projektarbeit 947

        4.2.3.4.1 Analyse der besten Praktiken - Benchmarking 947

        4.2.3.4.2 Ermittlung der Kundenanforderungen mit QFD Quality Function Deployment 948

        4.2.3.4.3 Ursachen-Wirkungsdiagramm zur Problemlösung während der Projektumsetzung 951

4.2.4 Begriffsklärung 953

    4.2.4.1 Allgemeine Begriffe 953

    4.2.4.2 Qualitätsbezogene Begriffe 954

    4.2.4.3 Begriffe zum Qualitätsmanagement-System 955

    4.2.4.4 Begriffe zu Werkzeugen und Techniken des Qualitätsmanagements 956

4.2.1 Qualitätsmanagement im Projektmanagement

Der Projektmanager ist der Qualitätsmanager des Projekts. Er sorgt für eine klare Organisation, eindeutige Aufgabendefinitionen und -zuordnungen, zielgerichtete Informationsflüsse und Transparenz im Projekt. Ziel seiner Arbeit ist die optimale Umsetzung der durch den Kunden geforderten Anforderungen. Der angehende Projektmanagement-Fachmann benötigt aus diesen Gründen Kenntnisse über die verschiedenen Managementansätze (Allgemeines Management, Prozeßmanagement, Qualitätsmanagement etc.), um eine Einordnung des Projektmanagements und ggf. Abgrenzungen seiner Projektmanagement-Aufgaben zu anderen Gebieten vornehmen zu können.

Die nachfolgenden Ausführungen sollen dem Leser einen Einstieg in die Welt des Qualitätsmanagements geben. Gleichzeitig soll die enge Verknüpfung von Management, Projekt und Qualität verdeutlicht werden. Das komplexe Thema Qualitätsmanagement wird im Überblick behandelt und von den verschiedenen Qualitätsmanagement-Werkzeugen werden speziell diejenigen ausgewählt, die im Projektmanagement und in der Projektarbeit Anwendung finden können. Es soll hier jedoch keine fachliche Ausführung zu einzelnen Normen des Qualitätsmanagements, z.B. ISO 9000 oder zu branchenspezifischen Qualitätsmanagementansätzen, z.B. VDA 6.1 dargelegt werden.

4.2.1.1 Historischer Hintergrund: Q-Kontrolle - Q-Sicherung - Q-Management

In den letzten Jahren haben sich sowohl die Absatzmärkte als auch die Bedingungen in den Unternehmen verändert. In der Zeit nach dem zweiten Weltkrieg war die Nachfrage i.d.R. größer als das Angebot, mit der Folge, daß der Absatz der Produkte auf einem Verkäufermarkt stattfand. Der Verkäufer bestimmte hier die Bedingungen, unter denen der Kunde die Waren erhalten konnte. Diese Situation hat sich grundlegend gewandelt. Heute haben wir es weitgehend mit einem Käufermarkt zu tun. Der Kunde kann bei der Beschaffung von Produkten unter mehreren möglichen Lieferanten auswählen. Dies gibt ihm die Gelegenheit, seine kaufmännischen und technischen Anforderungen sowie seine Wünsche in bezug auf Serviceleistungen durchzusetzen.

Vom Verkäufermarkt zum Käufermarkt

Vor diesem Hintergrund der allgemeinen wirtschaftlichen Entwicklung hat sich nach dem Krieg in Japan unter Leitung zweier Amerikaner (W. Edwards Deming und J. M. Juran), die in ihrer Heimat kein Gehör fanden, aus einer produktionsorientierten Qualitätskontrolle der fünfziger und sechziger Jahre, über die prozeßorientierte Qualitätssicherung in den siebziger und achtziger Jahren heute ein umfassendes Qualitätsmanagement-System weiterentwickelt und durchgesetzt. Das Konzept des umfassenden Qualitätsmanagements (TQM Total Quality Management) war ursprünglich eine Antwort auf ähnliche fernöstliche Strategien, die dort zu erheblichen Wettbewerbsvorteilen im Kampf um internationale Märkte geführt haben.

Von der Qualitätskontrolle zum TQM

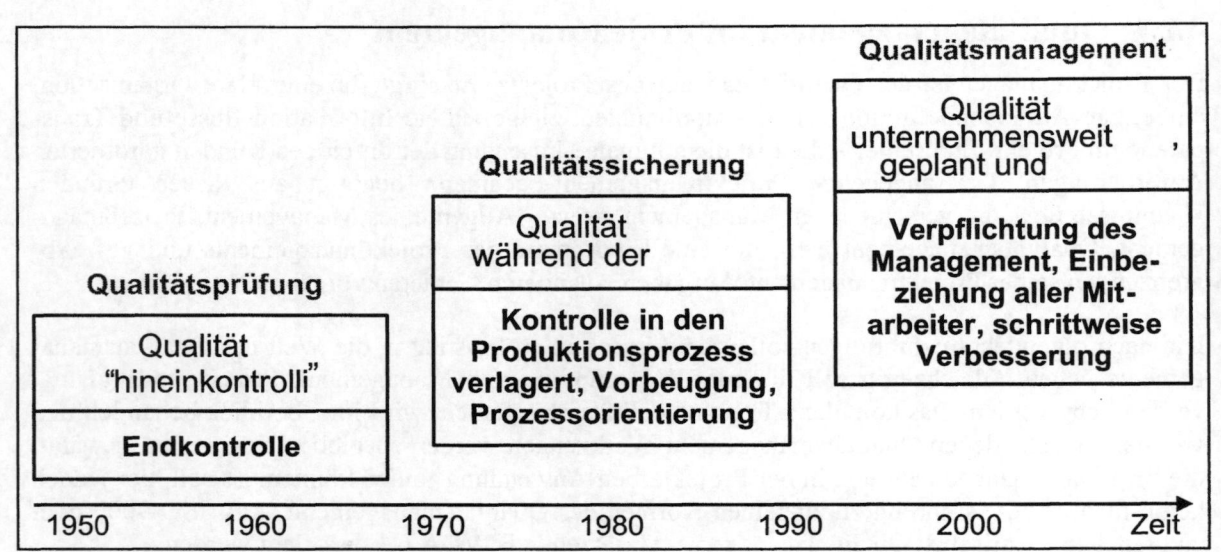

Abbildung 4.2-1: Wandel des Qualitätsbegriffs

4.2.1.2 Qualitätsmanagement im Unternehmen

Produkt- vs. Prozeßorientierung

In den Nachkriegsjahren stand die Produktion im Vordergrund, eine Qualitätskontrolle erfolgte lediglich am Ende des Produkt-Erstellungsprozesses, am fertigen Produkt. Mögliche Qualitätsverbesserungen wurden nur dadurch erreicht, daß der Anteil der Prüfungen erhöht und/oder die Toleranzen weiter eingeengt wurden. Auftretende Fehler konnten nur durch aufwendige Nacharbeitsmaßnahmen am fertigen Produkt, also am Ende der Produktionskette, abgestellt werden. Weil diese Vorgehensweise äußerst kostspielig ist - besteht doch nur die Möglichkeit der Nacharbeit am Produkt oder aber der Aussonderung des Produkts - wurde ein Wandel hin zur Qualitätssicherung eingeleitet. Bereits im Entwicklungs- und Herstellungsprozeß wurden nun Kontrollmaßnahmen eingebaut. Der Wandel von der Produktorientierung hin zur Prozeßorientierung - im technische Sinne - begann. Die Verbesserung der Qualität erfolgte verstärkt durch vorbeugende Maßnahmen. Alle Qualitätssicherungsaktivitäten der eigens hierfür ausgebildeten Mitarbeiter bezogen sich hier aber immer noch auf die technischen Bereiche (Entwicklung, Konstruktion, Fertigung, Montage, Wartung). Um umfassenden Nutzen zu erzielen, ist die Prozeßorientierung im technischen Bereich jedoch nicht ausreichend. Es erwuchs die Einsicht, daß nicht nur der Qualitätssicherungsbeauftragte und die QS-Mitarbeiter, sondern das gesamte Management und alle Mitarbeiter eines Unternehmens für die Stiftung von Kundennutzen und die Erreichung der Unternehmensziele verpflichtet werden müssen.

Kundenanforderungen und Mitarbeiterverantwortung

Im Sinne des Qualitätsmanagement müssen die Anforderungen des Kunden im Mittelpunkt des Interesses stehen und alle Bereiche des Unternehmens sowie alle Mitarbeiter müssen hierfür in die Verantwortung genommen werden. Es entstand die Idee eines umfassenden Qualitätsmanagement. Alle Prozesse müssen dabei beleuchtet und verbessert werden, dies führt zu Prozeßorientierung, einschließlich der administrativen Abläufe. Der Kunde muß gemäß seiner Anforderungen optimal bedient werden, die Konsequenz ist Kundenorientierung von der Erhebung der Ausgangssituation bis hin zur Betreuung nach Abschluß der Leistungserbringung. Ein wichtiger Bestandteil des Qualitätsmanagementsystems ist die Mitarbeiterorientierung, sie geht von der Einstellung qualifizierter Mitarbeiter über die kontinuierliche Weiterqualifikation zur entsprechenden Ein-bindung in den Arbeitsablauf. Gelingt einem Unternehmen die Orientierung auf Prozesse, Kunden und Mitarbeiter, entsteht optimale Leistung für den Kunden und ein optimales Ergebnis für das Unternehmen. Die Wettbewerbschancen des Unternehmens werden damit nachhaltig verbessert.

Zertifizierung von QM-Systemen

Externe Zertifizierungsstellen übernehmen heute die Begutachtung von Qualitätsmanagement-Systemen, z.B. auf der Grundlage der internationalen Norm ISO 9000, darüber hinaus können sich Unternehmen um Qualitätsmanagement-Preise, z.B. EQA European Quality Award, bewerben. Der Nutzen liegt bei der Zertifizierung in der externen Begutachtung des Systems, bei den Qualitätsmanagement-Preisen in der Selbsteinschätzung. Beides führt zu einer Identifizierung von vorhandenen Schwachstellen und damit zur Nutzbarmachung von vorhandenem Verbesserungspotenzial.

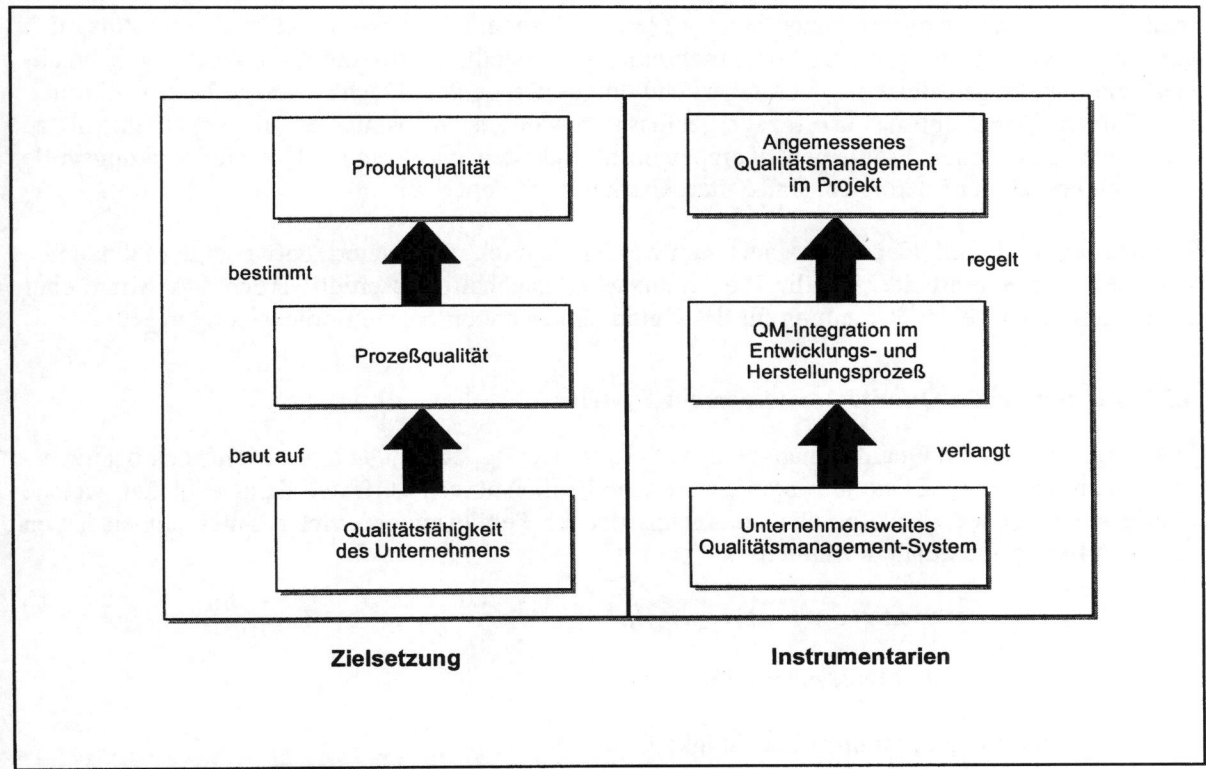

Abbildung 4.2-2: Der Weg zur Qualität

4.2.1.2.1 Qualitätsmanagement im strategischen und operativen Management

Eine Organisation ist auf einem erfolgreichen Weg, wenn sie für sich geklärt hat, wohin sie will und wer ihr Kunde sein soll. Um diesen Weg gehen zu können, ist zunächst ein Zukunftsbild der Organisation zu entwickeln (z.B. über die Frage: Wie soll unser Unternehmen in 10 Jahren aussehen?). Auf der Basis des Zukunftsbildes (Vision oder Leitbild des Unternehmens) und der Kundenanforderungen lassen sich die Qualitätspolitik formulieren und daraus abgeleitet nachvollzieh- und meßbare Ziele aufstellen sowie Strategien zur Zielerreichung festlegen. Diese Aufgabe (Entwicklung des Leitbildes, Festlegung der Qualitätspolitik, Vereinbarung von Zielen und Entwicklung von Strategien) liegt im Bereich des strategischen Management, ebenso die Ausrichtung der Organisation auf die Kunden und die Mitarbeiter. *Aufgaben des strategischen Managements*

Betrachten wir unsere Unternehmen im Prozeßmodell, so lassen sich, unabhängig von der Einordnung in Funktionsbereiche oder der Schwierigkeit der Aufgabenstellung, zwei Hauptprozesse identifizieren: Zum einen sind das solche Prozesse, die im Ablaufmuster gleich oder aber zumindest sehr ähnlich wiederkehrend sind (gewöhnliche Betriebsabläufe, sog. Routinetätigkeiten, z.B. Rechnungslegung nach Abschluß der Leistungserbringung). Andererseits sind das solche Prozesse, die einmalig sind und zeitlich befristet ablaufen (außergewöhnliche Vorhaben, sog. Projekte, z.B. Entwicklung eines neuen Produkts). Eine umfassende Prozeßorientierung bedeutet in diesem Zusammenhang die Schaffung einer Organisation, die sowohl die Routinetätigkeiten, als auch die Projekte zu einem optimalen Ergebnis für den Kunden und das Unternehmen führen kann. *Hauptprozesse: Routinetätigkeiten und Projekte*

Den beiden Hauptprozessen vorgelagerten Subprozessen (z.B. Beschaffung von Rohmaterial, Zukauf von Projektmanagementdienstleistung), den nachgelagerten Subprozessen (z.B. Versand des fertigen Produkts zum Kunden, Projektüberleitung in den kontinuierlichen Prozeß) und den unterstützenden Subprozessen (z.B. Prüfungen im Erstellungsprozeß, Reviews während der Projektumsetzung) ist dabei im Sinne der Prozeßorientierung eine wichtige Bedeutung beizumessen. *Haupt- und Subprozesse*

Mitarbeiterorientierung

Um dem Idealbild eines optimal durchgeführten, auf die Kundenbelange ausgerichteten Prozesses zu entsprechen, ist es notwendig, daß die anstehenden Aufgaben von qualifizierten Mitarbeitern durchgeführt und die Mitarbeiter regelmäßig befragt werden. Die Qualifikation der Mitarbeiter muß den laufenden Anforderungen genügen und ggf. angeglichen werden. Um diesem Anspruch gerecht zu werden, müssen Aufgabenbeschreibungen erstellt, Qualifikationsabweichungen lokalisiert und Schulungsmaßnahmen vereinbart und umgesetzt werden. Doch selbst die besten Mitarbeiter können keine optimalen Prozeßergebnisse gewährleisten, wenn es im Unternehmen zu zwischenmenschlichen Problemen, Kompetenzstreitigkeiten u.ä. kommt. Um hier wirkungsvolle Abhilfen vornehmen zu können, sind Mitarbeitergespräche unerläßlich.

Die internen Problemfelder der Organisation werden dadurch identifiziert, notwendige Maßnahmen können im Team erarbeitet und die Problemursachen nachhaltig beseitigt werden. Der Mitarbeiter erhält damit eine, seiner Bedeutung für das Unternehmen angemessene Berücksichtigung.

4.2.1.2.2 Sinn eines Qualitätsmanagement-Systems

Fehlleistungen und Erfolgsmerkmale

Die Frage, warum ein Qualitätsmanagement-System wichtig ist, läßt sich am leichtesten beantworten, indem man einen Blick auf unternehmerische Fehlleistungen wirft und daraus ableitet, welche Erfolgsmerkmale es gibt. Aus den unternehmerischen Fehlleistungen vieler Unternehmen lassen sich acht Erfolgsmerkmale formulieren:

1. Genau definiertes Unternehmensziel,

2. Harmonie im Management-Team,

3. Förderung der Innovationsfähigkeit,

4. Schnelligkeit, kundengerechte Qualität und Servicebereitschaft,

5. Flexibilisierung der unternehmerischen Infrastruktur,

6. Aufbau eines Partnernetzes für die Produktion,

7. Gewinnung von Spitzenkräften für das Unternehmen und

8. Solide Eigenfinanzierung.

Diese Erfolgskriterien müssen erbracht bzw. umgesetzt werden, um langfristig im Wettbewerb bestehen zu können.

Ein Unternehmen, das sich mit dem Aufbau eines QM-Systems beschäftigt, wird die ersten fünf Punkte in jedem Fall bearbeiten. Der Betrieb wird durch die Anstrengungen, die mit dem Aufbau des QM-Systems verbunden sind, erfolgreicher im Markt, also wettbewerbsfähiger.

Erfolgreich durch zufriedene Kunden

Eine branchenübergreifende Erhebung ergab: Der wirtschaftliche Erfolg ist zahlenmäßig meßbar. Er ist um so größer, je zufriedener der Kunde ist. Damit steht außer Frage, daß die Einführung eines QM-Systems für das betreffende Unternehmen ein außerordentlicher Zugewinn ist:

Durch die Verbesserung der innerbetrieblichen Abläufe und der Klärung der Schnittstellen wird die Grundlage gelegt, um eine gleichbleibend hohe Qualität der Produkte zu erzielen. Die Mitarbeiter, die ihr Wissen und Können in das QM-System einbringen und merken, daß ihrem Know-how Beachtung geschenkt wird sind motiviert. Die Vertrauensbasis gegenüber dem Kunden wird hinsichtlich der Aussagen zur Qualitätsfähigkeit und Zuverlässigkeit des Anbieters gestärkt.

Sicherung des Unternehmensbestands mit QM

Vor dem Hintergrund sich verschärfender Wettbewerbsbedingungen werden Unternehmen, die frühzeitig beginnen, ein Qualitätsmanagement-System aufzubauen oder die vielleicht schon vor-

4.2 Qualitätsmanagement

handene Qualitätssicherung weiter zu entwickeln, deutliche Vorteile gegenüber Wettbewerbern haben, in denen Qualitätsmanagement nicht als unternehmenssicherndes Kriterium erkannt worden ist.

Fehlerauswertungen zeigen, daß die Mitarbeiter vor Ort nur zu einem geringen Anteil an der Verursachung der Qualitätsmängel verantwortlich sind. Die überwiegende Anzahl der Fehlerursachen ist auf ein mangelhaftes Managementsystem zurückzuführen, liegt also in der Verantwortung des mittleren und oberen Management. Die Mitarbeiter wissen sehr wohl, daß auf der Leitungsebene die Grundlage für Qualität gelegt wird. Die Mitarbeiter weisen i.d.R. auch darauf hin, wo Probleme und Verbesserungsmöglichkeiten sind. Das Management muß diese Anregungen nur aufgreifen und konsequent umsetzen.

Verursachung von Qualitätsmängeln - Kosten und Nutzen von QM

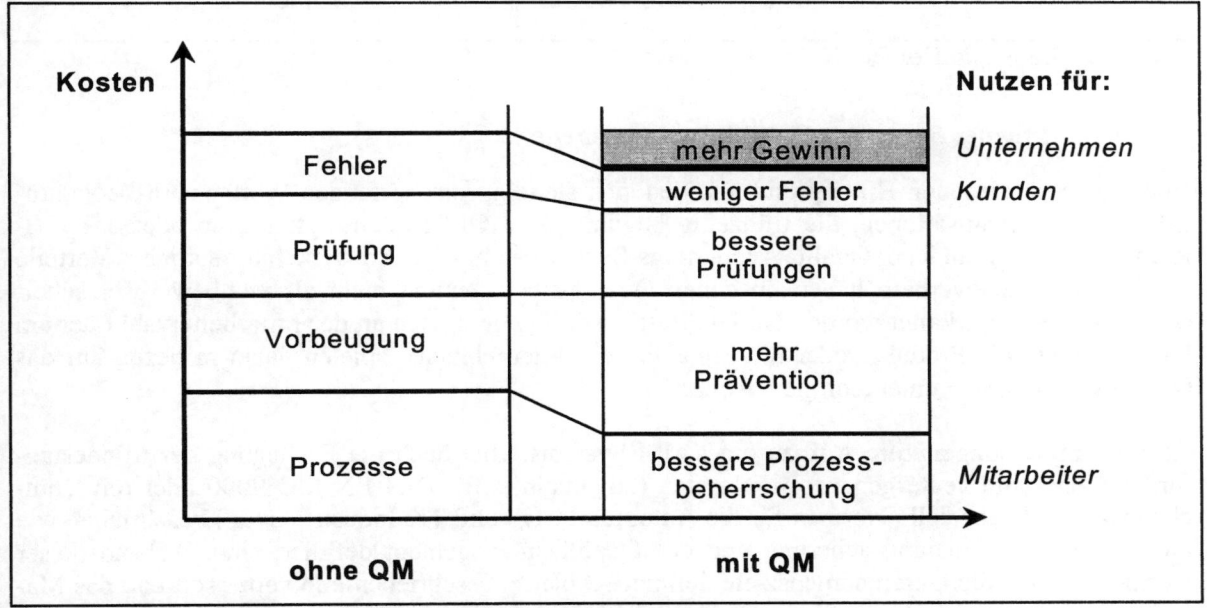

Abbildung 4.2-3: Kosten und Nutzen von Qualitätsmanagement

Mit der Hinwendung zum Qualitätsmanagement werden im Unternehmen die **Kreativität** und die **Innovationsfreudigkeit** durch die eingesetzten Arbeitsgruppen, die prozeßorientiert an der Problemlösung und Qualitätsverbesserung arbeiten, erhöht. Für den Mitarbeiter ergeben sich damit bessere Möglichkeiten der Einbringung, höherer Beteiligungsgrad bei Entscheidungen, mehr Spaß bei der Arbeit und nicht zuletzt **praktizierte Selbstverwirklichung**.

QM und Selbstverwirklichung

Ein wirkungsvolles QM-System erkennt man daran, wie man mit Fehlern umgeht (z.B. Fehlerdokumentation, Ursachenermittlung). Wenn der Qualitätsgedanke in der Unternehmensphilosophie ganz oben steht, erhält man durch das Lernen aus den Fehlern und die Beseitigung von Schwachstellen ein wichtiges Instrument, um die **Probleme** zu **erkennen**, Ursachen zu beseitigen und die **Kundenzufriedenheit** zu **steigern**.

Für das Unternehmen liegt der Nutzen also darin, die Organisation zu verbessern, die **Mitarbeitermotivation** zu erhöhen und die **Kundenzufriedenheit** zu steigern. Dies alles führt zu einer Verbesserung der **Marktstellung** des Unternehmens.

Verbesserung der Marktstellung

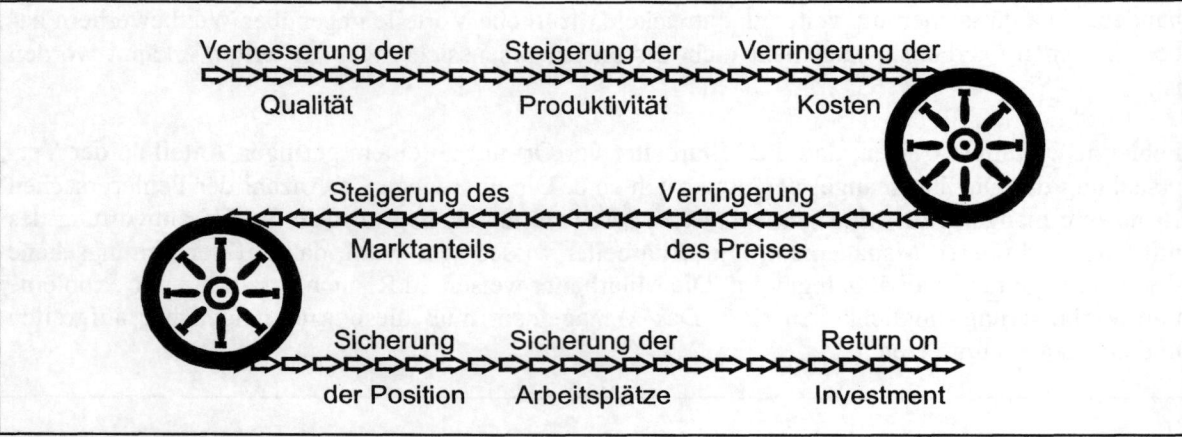

Abbildung 4.2-4: Die Deming-Kette der Qualität

4.2.1.2.3 Aktueller Stand des Qualitätsmanagement

Vor dem beschriebenen Hintergrund und den sich ständig verschärfenden Wettbewerbsbedingungen werden Organisationen, die frühzeitig beginnen, ein QM-System aufzubauen oder das vielleicht schon vorhandene Qualitätssicherungs-System weiter zu entwickeln, deutliche Vorteile gegenüber Wettbewerbern haben, in denen Qualitätsmanagement nicht als wettbewerbsentscheidendes Kriterium erkannt worden ist. Die Betriebsgröße, gemessen an der Mitarbeiterzahl oder am Umsatz sowie die Produkte oder die Projekte des Unternehmens, spielen dabei in bezug auf das QM-System nur eine untergeordnete Rolle.

Rahmenempfehlungen zum QM-System

Rahmenempfehlungen zum Aufbau eines QM-Systems, aber auch die Festlegung der Mindestanforderungen, sind heute genauso in Normen (allgemein, z.B.: DIN EN ISO 9000 oder mit Branchenbezug, d.h. spezielle Normen für die Automobil-, IT- und TK-Industrie uvm.) beschrieben wie die Begriffe der Qualitätssicherung und des Qualitätsmanagement definiert sind. Anhand dieser Normen können die Unternehmensziele definiert, Abläufe beschrieben und verbessert und das Managementsystem kritischen internen und ggf. auch externen Überprüfungen (Zertifizierungsaudits) unterzogen werden.

4.2.1.3 Projektmanagement im Unternehmen

PM-System = QM-System

Es wurde bereits dargelegt, daß in einer Organisation zwei Hauptprozesse (Routine-Aufgaben und Projekte) auftreten können und daß die Gewährleistung eines geordneten und zielgerichteten Arbeitsablaufes bei beiden Hauptprozessen die Aufgabe ist, die mit einem Managementsystem zu erfüllen ist. An anderer Stelle dieses Buches wird dargelegt, was Projekte charakterisiert und was Projektmanagement bedeutet. Kurz und knapp kann man sagen:

Projektmanagement ist der Führungsansatz, mit dem Projekte geplant und umgesetzt sowie die Organisationsgrundlagen hierfür geschaffen werden können. Damit ist ein Projektmanagement-System das Qualitätsmanagement-System für die Bearbeitung von Projekten.

4.2.1.3.1 Projektprozesse

Schritte zur Projektqualität: Planung - Umsetzung - Dokumentation

Die wesentlichen Projektprozesse sind die Planung und die Umsetzung des Projekts. Um das Projekt planen und umsetzen zu können, wird es in Teilaufgaben zerlegt (Projektstrukturplan). Die einzelnen Arbeitspakete werden in bezug auf Mitteleinsatz definiert. Die Ableitung der Ablaufpläne (Phasen- und Netzplan) und Terminpläne (Meilenstein- und Balkenplan), in Ausrichtung an den Endtermin, ermöglicht die Aufstellung der Kosten- und Kapazitätspläne. All diese Planungen münden in eine Risikoanalyse, die die Erarbeitung von Alternativen ermöglicht. Auf dieser Basis können die Optimierung der Projektplanung und die Entscheidung über die Projektfreigabe erfolgen.

4.2 Qualitätsmanagement

Auf der Basis des Projektstrukturplans kann die Projektorganisation festgelegt und können erforderliche Kompetenzen vergeben werden.

Mit der Projektfreigabe tritt das Projekt in die Umsetzungsphase ein. Das Projekt muß nun einem kontinuierlichen Soll-Ist-Vergleich unterzogen (Projektcontrolling) und zielgerichtet vorwärts getrieben werden.

Die Projektdokumentation ist als begleitender Projektprozeß unabdingbar, dient sie doch zur Projektsteuerung, Ermittlung des Leistungsstandes und der Ergebnissicherung (Planungsgrundlage für neue Projekte, Durchsetzung von Ansprüchen usw.).

Die Beherrschung dieser Aspekte führt zur Erfüllung der Projektanforderungen, Inkompetenz in diesen Bereichen zum Scheitern des Projekts.

4.2.1.3.2 PM-Mitarbeiter (Ausbildung, Kommunikation, Teamarbeit)

Die Qualifikation und die Art der Kommunikation und die eindeutige Regelung von projektbezogenen Prozessen und der Organisation der am Projekt beteiligten Führungskräfte und Mitarbeiter, entscheidet letztlich über die Qualität des Projektergebnisses. Mit der Zuordnung von Verantwortlichkeiten (im Projektorganisationsplan und den Arbeitspaketbeschreibungen) erfolgt zwar in erster Linie die Grundlage für die Teambildung, es wird aber auch die Möglichkeit eröffnet, evtl. bestehende Managementlücken des Teams zu lokalisieren (Festlegung des erforderlichen Qualifikationsprofils und Ermittlung des vorhandenen Trainingsbedarfs) und zu schließen (Durchführung von Schulungen und Trainings). Die durchgeführten Maßnahmen sollten in den Personalunterlagen festgehalten werden, denn das nächste Projekt kommt mit Sicherheit und mit der gleichen Sicherheit braucht man dann wieder qualifizierte Projektmitarbeiter. *Managementlücken erkennen und schließen*

Diese Vorgehensweise hilft, die vorhandenen Ressourcen und das Wissen der Mitarbeiter besser zu nutzen. Verzögerungen, die dadurch u.U. in der Planungsphase auftreten, lassen sich durch bessere Planungsergebnisse und eine beschleunigte Realisierung des Projekts um ein vielfaches kompensieren. Außerdem wird, zumindest langfristig, der Bestand an managementerfahrenen Mitarbeitern ausgeweitet und das ursächliche Fehlerverursachungsproblem, nämlich schlechtes Management (die weitaus meisten Fehler werden vom Management verursacht!), wird Schritt für Schritt verbessert. *Mehr Wissen + bessere Kommunikation = weniger Fehler*

Der zweite wichtige Faktor für den Projekterfolg, die Kommunikation, lässt sich bei Mitarbeitern, die im Umgang mit sozialen und instrumentalen Problemen vertraut sind, nachhaltig verbessern. Die einzelnen Mitarbeiter im Projektteam wissen um die Probleme der Kollegen, lernen ihre Stärken und Schwächen einzuschätzen und finden ganz automatisch die richtige Form der Kommunikation, den optimalen Umgangston und legen damit die Basis für hervorragende Projektarbeit (vgl. Kapitel 2.3).

4.2.1.4 Umfassendes (Totales) Qualitätsmanagement TQM

4.2.1.4.1 Die Normenreihe DIN EN ISO 9000 ff: eine mögliche Basis für TQM

Eine wichtige Funktion beim Aufbau und Nachweis eines Qualitätsmanagement-System spielt die Normenreihe ISO 9000, 9001:2000, 9004, 19011. Diese Normenreihe gilt international (Norm der ISO International Standardization Organization), in Europa (EN Euronorm) und in Deutschland (Norm des Deutschen Instituts für Normung DIN). Die Normen, die eigentlich nichts normen, geben als Richtlinien Hilfestellungen und Stichworte für ein anerkennbares QM-System. Auf der Grundlage der Normen durchleuchtet ein Unternehmen seine Abläufe und organisiert sie ggf. neu. Das Ergebnis kann dann durch ein neutrales Institut, in Form einer Zertifizierung, abgenommen werden. Das Ergebnis ist ein erfolgreich eingeführtes Qualitätsmanagement-System, das alle betrieblichen Vorgänge transparent und nachvollziehbar macht. *ISO 9000, die Richtlinie für ein QM-System*

Altbewährtes im neuen Kleid

Ein QM-System ist in den Unternehmen eigentlich nichts Neues. Viele Unternehmen haben mehr oder weniger gute QM-Systeme, sonst wären sie am Markt nicht erfolgreich. Mit der Umsetzung der eigenen Norminterpretation gibt sich ein Unternehmen dennoch die Möglichkeit, qualitätsrelevante Sachverhalte systematisch zu betrachten, zu verbessern und zu dokumentieren.

4.2.1.4.2 Die TQM-Philosophie

Managementgrundsätze

Die Art und Weise, wie die Prozesse eines Unternehmens durchgeführt werden, beeinflußt die gesamte Kosten- und Wertschöpfungsstruktur. Werden die Prozesse verbessert und wird somit die Verschwendung minimiert bzw. vermieden, steigt die Rendite überdurchschnittlich an. Bessere Produktqualität, sofern sie vom Kunden wahrgenommen wird, steigert den Umsatz und die Marktanteile. Mit der Aufstellung von Qualitätsgrundsätzen und der Gestaltung der Arbeitsabläufe nach dem Muster von Kunden-Lieferantenbeziehungen sind die ersten Schritte hin zur Philosophie des Total Quality Management (umfassendes Qualitätsmanagement) TQM beschritten. Aber was will bzw. was ist TQM?

Ziele des TQM

TQM will die:

- Einbeziehung der Kunden,
- Einbeziehung der Lieferanten,
- Einbeziehung aller Mitarbeiter und
- interne Kunden-/Lieferanden-Beziehung.

Damit ergibt sich eine umfassende Betrachtung und ein ganzheitliches Denken (**Total**).

Bezugspunkte des TQM

TQM bezieht die Qualität

- der Arbeitsausführung,
- der Prozesse und
- des Unternehmens

mit ein. Daraus resultiert zwangsläufig die **Qualität** der Produkte.

Grundlegende Erfordernisse für TQM

Ein umfassendes Qualitätsmanagement TQM verlangt:

- die bereichs- und funktionsübergreifende Wahrnehmung der Qualität als Führungsaufgabe,
- die Führungsqualität (Vorbildfunktion),
- die Förderung von Team- und Lernfähigkeit,
- die Beharrlichkeit und
- das Denken in Prozessen, nicht in Abteilungen bzw. Bereichen.

Dadurch wird die Verantwortung für das Management festgelegt (**Management**).

Nach der TQM-Philosophie ist

- jeder für seine Arbeit und deren Qualität selbst verantwortlich;
- jeder in den jeweiligen Entscheidungs- und Verbesserungsprozeß einzubeziehen;
- die Suche nach der Perfektion niemals beendet.

Dahinter verbirgt sich die Grundforderung nach der ständigen Verbesserung.

4.2 Qualitätsmanagement

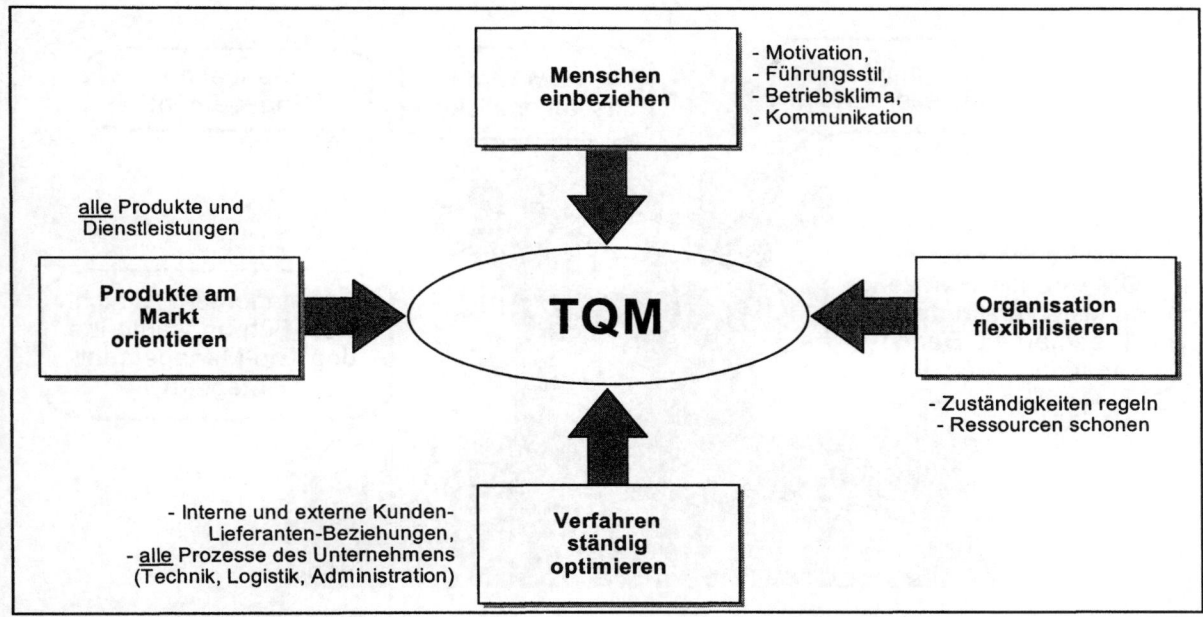

Abbildung 4.2-5: Der Weg zum TQM

Hinter der TQM-Philosophie steckt ein Managementansatz, der die Organisation, das Kommunikationsverhalten und die Unternehmenskultur nachhaltig verändert. TQM ist eine Unternehmensstrategie, die Kundenzufriedenheit in den Mittelpunkt allen unternehmerischen Denkens und Handelns stellt. Ihr Ziel ist die kontinuierliche Verbesserung der Organisation, damit dem Kunden, den Gesellschaftern und den Mitarbeitern (ein Mitarbeiter ist nach der TQM-Definition der Kunde des in der Wertschöpfungskette vorstehenden Kollegen) Nutzen gestiftet werden kann. Sie vereint damit eine drastische Senkung des Fehlleistungsaufwandes mit verbesserten Leistungen. TQM führt zur Rationalisierung der Betriebsabläufe, zur Erhöhung der Flexibilität des Unternehmens, trägt zur besseren Erfüllung der Kundenforderungen bei und vermindert die Entstehungszeiten für neue Produkte nachhaltig.

TQM als ein umfassender Managementansatz

Das Risiko des Scheiterns eines vom Management nur lasch durchgeführten und halbherzig unterstützten TQM-Prozesses ist groß. Bevor sich eine Organisation der TQM-Philosophie zuwendet, muß sich das oberste Management über die Tragweite seines Entschlusses im klaren sein, denn zukünftig liegt die Managementverantwortung darin, den Gedanken des TQM vorzuleben. Damit wird die Qualität das Fundament der Unternehmenskultur, an deren Verbesserung immer gearbeitet werden muß.

Implementierung von TQM

Abbildung 4.2-6: Damit scheitert TQM

TQM-Modell der EFQM

Mit dem European Quality Award EQA, der 1990 von der European Foundation of Quality Management EFQM in Verbindung mit der Europäischen Kommission und der Europäischen Organisation für Qualität EOQ eingeführt wurde, wurde ein TQM-Modell geschaffen, das zwei Arten von Auszeichnungen umfaßt:

- den European Quality Award EQA als jährlichen Wanderpreis für die beste und erfolgreichste Realisierung des TQM und
- Qualitätspreise für Unternehmen, die sich um Qualität und Qualitätsmanagement bemühen.

Das europäische TQM-Modell der EFQM umfaßt verschiedene Kriterien für die Beurteilung des Fortschritts eines Unternehmens auf dem Weg zu Spitzenleistungen:

Selbstbewertung durchführen - Verbesserungspotentiale erkennen

Unternehmen können mittels dieser Kriterien eine Selbstbewertung vornehmen, Stärken und Verbesserungspotentiale erkennen und ihre Weiterentwicklung organisieren. Das Bewertungssystem Business Excellence des European Quality Award ermöglicht eine weitgehend objektive Beurteilung und verdeutlicht, wie das Unternehmen im Vergleich zu anderen Organisationen steht und wie es sich weiterentwickelt.

Speziell ausgebildete Assessoren sind befähigt, in Unternehmen diese Bewertungen vorzunehmen und damit wertvolle Impulse für die Weiterentwicklung zu geben.

European Quality Award

Der European Quality Award EQA wird jährlich in Verbindung mit **dem Europäischen Qualitätsforum** der EFQM vergeben. Die **Bewertung** durch eine Jury erfolgt dabei in den Stufen:

- Vorauswahl auf Basis der eingereichten Bewerbungsunterlagen und
- Besichtigung bzw. Auditierung des Unternehmens vor Ort und
- Entscheidung aufgrund der Ergebnisse.

Zur weiteren Vertiefung wird auf einschlägige Literatur verwiesen (ZINK 1997)

4.2.1.4.3 Kontinuierlicher (ständiger) Verbesserungsprozeß KVP

„Es ist völlig nutzlos, zu lernen, wie man das Falsche schnell machen kann. Man ist gut beraten, wenn man Erfolg durch langsame und stetige Fortschritte anstrebt."

Mit der Einführung des QM-Systems soll ein ständiger Verbesserungsprozeß in Gang gesetzt werden (Kontinuierlicher Verbesserungsprozeß KVP). Das Prinzip der ständigen Verbesserung heißt:

Prinzip der ständigen Verbesserung

> Suche ständig nach den Ursachen von Problemen, um alle Systeme (Produkte, Prozesse, Aktivitäten) im Unternehmen beständig und immer wieder zu verbessern.

KVP = prozeßorientierte Denkweise

Dabei ist besonders wichtig, daß die ständige Verbesserung nicht als Methode betrachtet wird, die ein- oder mehrmals auf ein Problem angewendet wird. Die Konzeption des KVP ist vielmehr als prozeßorientierte Denkweise zu begreifen, hinter der eine Geisteshaltung steht, die gleichzeitig Ziel und grundlegende Verhaltensweise darstellt. Wichtige Grundhaltungen für einen erfolgreichen Prozeß der ständigen Verbesserung sind u.a. (nach DEMING):

- Jede Aktivität kann als Prozeß aufgefaßt und entsprechend verbessert werden.
- Problemlösungen allein genügen nicht, fundamentale Veränderungen sind erforderlich.
- Die oberste Unternehmensleitung muß handeln, die Übernahme von Verantwortung ist nicht ausreichend.

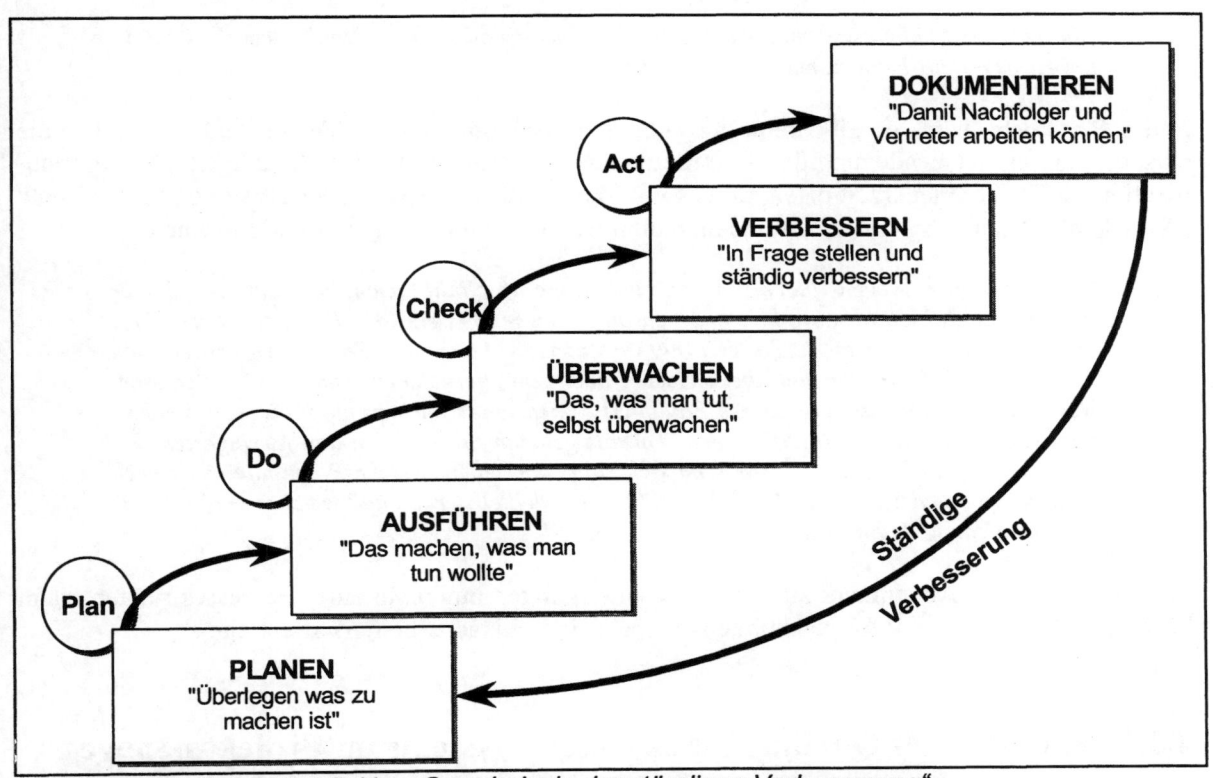

Abbildung 4.2-7: Deming-Zyklus „Grundprinzip der ständigen Verbesserung"

Mit dem Deming-Zyklus (sog. Plan-Do-Check-Act-Zyklus) der ständigen Verbesserung:

Plan-Do-Check-Act-Zyklus

- wird der bestehende Zustand in Zweifel gestellt;
- wird jeder Fehler, jede Abweichung, jedes Problem erkannt und bekämpft;
- werden erreichte Werte als Ausgangspunkt für weitere Verbesserungen angesehen.

Darüber hinaus läßt sich mit dem Plan-Do-Check-Act-Zyklus das Prinzip der ständigen Verbesserung veranschaulichen. Dabei wird davon ausgegangen, daß jede Aktivität als Prozeß dargestellt und als solche schrittweise verbessert werden kann. In einem Plan wird der Weg zur Verbesserung festgelegt, dabei sind die Fragen zu beantworten, worin die wichtigsten Ergebnisse und die größten Hindernisse bestehen, welche Maßnahmen notwendig sind, wer welche Maßnahmen bis wann zu erledigen hat (plan). Jetzt, im nächsten Schritt, wird der Plan ausgeführt, wobei alle wichtigen Daten, die eine Antwort auf die Fragen des Planungsprozesses geben könnten, gesammelt werden (do). Anschließend sind die Auswirkungen der Änderungen zu beobachten und die Ergebnisse festzuhalten und zu überprüfen (check). Danach werden der Prozeß und die oben gesammelten Ergebnisse genau analysiert, um daraus Schlußfolgerungen für Verbesserungsmöglichkeiten ziehen zu können (act). Das wiederholte Durchlaufen des PDCA-Zyklus' ist notwendig, weil jedes Mal eine verbesserte Problemeingrenzung stattfindet und das Wissen aus den vorherigen Durchläufen herangezogen werden kann. Der PDCA-Zyklus wird damit zu einem fortwährenden Prozeß. Jeder hat dabei die Möglichkeit, seinen Beitrag zur ständigen Verbesserung zu leisten.

Der amerikanische Schriftsteller Mark Twain sagte vor über hundert Jahren wohl zurecht:

„Kontinuierliche Verbesserungen sind besser als hinausgezögerte Vollkommenheit."

Die Quellen für den KVP sind nahezu unerschöpflich. Je umfassender sie genutzt werden, desto stärker ist das Erscheinungsbild der Organisation.

Es gibt keinen Grund, nicht alles richtig zu machen

Weil Dinge falsch gemacht werden, entstehen enorme Kosten (**Preis der Abweichung**).

*„In der Regel haben wir **immer** die Zeit, etwas mehrfach zu tun, jedoch **niemals** die Zeit, um etwas bereits beim ersten Mal richtig zu machen."*

Philip B. Crosby sagt, es gibt keine akzeptable Entschuldigung für Fehler. Jedermann hat die Chance, sich an der Festlegung der Anforderungen für seine Tätigkeit zu beteiligen. Die Kommunikationskanäle sind jederzeit offen, und es wird kein Druck ausgeübt. Der Leistungsstandard muß „**Null-Fehler**" sein. Um dies zu erreichen, muß man alles von Anfang an richtig machen.

Beispiel: Preis der Abweichung

Setzt ein Maurer wegen Unachtsamkeit einen Mauerabschnitt falsch, bedeutet dies, daß er diesen Mauerabschnitt abreißen und neu aufbauen muß, wenn der Bauleiter den Fehler bemerkt. Nehmen wir an, es kostet 1.000 € (Material-, Lohn- und Entsorgungskosten) den Fehler zu beheben, so gehen diese Kosten dem Bauunternehmen vom Gewinn verloren. Nehmen wir weiter an, das dieses Bauunternehmen eine Umsatzrentabilität von 5% hat, muß vom Unternehmen 20.000 € mehr Umsatz gemacht werden, um den verringerten Gewinn wieder auszugleichen. Man kann sich kaum vorstellen, welche Potentiale in unseren Unternehmungen Tag für Tag auf diese Weise vernichtet werden und welcher Gesamtpreis der Abweichung dadurch entsteht.

Man muß also sein Augenmerk auf die Wechselwirkungen innerhalb eines Prozesses richten, dann lassen sich die Kosten der Abweichungen (oftmals sind es Nacharbeiten) offen legen.

4.2.2 Aufbau eines Qualitätsmanagement-Systems im Projektmanagement

4.2.2.1 Anforderung an ein QM-System im Projektmanagement

Aufbau von Management-Systemen

Um die Ansprüche an die Qualität des Projekts in bezug auf die Leistungen, Kosten und Termine zu erreichen, ist es erforderlich, die Qualität systematisch zu planen und umzusetzen, d.h. ein entsprechendes Managementsystem aufzubauen. Die Grundlagen für die QM-Ansätze wurden bereits in den vorangegangenen Kapiteln beschrieben. Ein PM-System ist ein QM-System für die Projektarbeit. Um ein solches Managementsystem aufzubauen und zu leben, ist die Mitarbeit aller Men-

4.2 Qualitätsmanagement

schen erforderlich, die im Projektmanagement und in der Projektarbeit beteiligt sind. Einzelkämpfertum innerhalb der Führungsebene ist auf lange Sicht gesehen wirkungslos! Die Ergebnisse der Projektarbeit müssen außerdem regelmäßigen Überprüfungen unterzogen und in ein Programm zur Verbesserung der Projektqualität eingebracht werden. Die Vorgehensweise zum Aufbau und zur Verbesserung des PM-Systems sollte einige wesentliche Anforderungen berücksichtigen.

Kunden-Lieferantenbeziehungen

Alle Schnittstellen, die sich innerhalb des Projektes ergeben, müssen als Kunden-Lieferantenbeziehungen verstanden werden. Dies betrifft sowohl die internen, als auch die externen Beziehungen. Die Ursachen für Mißverständnisse und Probleme werden auf diese Weise vermieden, denn Kunde und Lieferant können präzise Anforderungen definieren (z.B. in Verträgen, Lastenheften, Anforderungsprofilen und Arbeitspaketen) und dann die entsprechenden Leistungen erbringen. Reibungsverluste und Mehrarbeit können auf diese Art vermieden werden.

Zuordnung von Verantwortung

Die Verantwortung für das Arbeitsergebnis liegt dort, wo die Arbeit ausgeführt wird. Damit wird die Benennung von Arbeitspaketverantwortlichen unabdingbare Grundvoraussetzung für gute Projektarbeit. Die Qualität des Projekts kann darüber hinaus nicht durch Kontrolle während der Projektarbeit entstehen, die Grundlage muß vielmehr mit dem Projektbeginn, d.h. mit der gemeinsamen Zielformulierung, gelegt werden.

Belohnung von Erfolgen

Durch leistungsgerechte Bezahlung, durch Lob oder Prämie für besondere Erfolge in der Projektarbeit, z.B. das Erreichen eines Meilensteins, muß sich die erzielte Projektqualität für den einzelnen Projektmitarbeiter lohnen. Grundsätzlich muß gelten, daß mit Einbindung der Beteiligten und Anerkennung bei Erfolgen immer mehr erreicht wird, als mit Appellen und Anordnungen.

Das Ganze sehen, den Prozeß der Projektarbeit verstehen

Durch projektbezogene Arbeitsorganisation werden die Mitarbeiter am Gesamtprozeß beteiligt. Arbeitsgruppen übernehmen die Teile des Projekts in Eigenregie und lösen die Projektaufgabe schnittstellenübergreifend. Sie haben einen größeren Überblick, ein besseres Verständnis für Zusammenhänge und ein stärkeres Qualitätsbewußtsein, als Mitarbeiter, die nur einen sehr eng umrissenen Arbeitsbereich abdecken.

Maßstäbe setzen

An die Stelle von allgemeinen Appellen werden eindeutige Maßstäbe in Bezug auf Leistungen, Termine und Kosten gesetzt. Leitlinie ist dabei ausschließlich die Zufriedenheit des Auftraggebers für das Projekt. Die konkreten Vorgaben und klaren Ziele werden durch den systematischen Vergleich mit den (Kundenerwartungen mit dem jeweiligen Arbeitsstand abgeglichen.

Mit der Berücksichtigung und Erfüllung dieser Grundforderungen wird das PM-System auf eine breite und dokumentierte Basis gestellt und kommuniziert.

4.2.2.2 PM-Dokumentation im PM-Handbuch

4.2.2.2.1 Ziele des PM-Handbuchs

Um zu vermeiden, daß ein Ablauf in jedem Projekt neu definiert und beschrieben wird, ist es sinnvoll, entsprechende Anweisungen und Dokumente in einer bestimmten Form zu erstellen, als verbindlich für die Projektorganisation einzuführen, in einem PM-Handbuch zusammenzufassen und damit zu arbeiten. Das PM-Handbuch stellt das Kernstück des firmeneigenen PM-Systems dar. Es

Beschreibung des Projektmanagements

beschreibt in knapper, übersichtlicher Darstellung die Form des Projektmanagements, seine wesentlichen Abläufe, die Standardisierten Projektprozesse und die Verfahrensweise der Projektmitarbeiter.

Erarbeitung - Inkraftsetzung - Aktualisierung

Die Inhalte des PM-Handbuchs werden von Projektmitarbeitern des Unternehmens, innerhalb von moderierten Workshops, erarbeitet. Das Top-Management setzt das PM-Handbuch formell in Kraft und veranlaßt damit die Anwendung. Auftretende Änderungen werden ggf. nach Rücksprache mit dem Top-Management von einem dafür eingerichteten Änderungsdienst eingearbeitet. Damit wird die laufende Aktualität des PM-Handbuchs sichergestellt.

4.2.2.2.2 Projektverantwortung und Projektprozesse - Beschreibung im PM-Handbuch

Das PM-Handbuch ist die Dokumentation des PM-Systems und gibt damit die Einstellung des Managements zur Projektarbeit und zur Verbesserung der Projektqualität im Unternehmen wieder. Das PM-Handbuch findet unabhängig von der Art des Projekts und der durchführenden Organisationseinheit Anwendung (es spielt also keine Rolle, ob es sich dabei z.B. um ein Entwicklungs- oder Organisationsprojekt handelt). Das PM-Handbuch beinhaltet:

1. Die Klärung, welche Aufgaben als Projekte geführt werden müssen.

2. Die Regelung der Projektverantwortung und Zuständigkeiten innerhalb der Projektarbeit (Projektorganisation).

3. Die Festlegung der Projektprozesse (Planung, Umsetzung, Steuerung, Dokumentation etc.).

4. Die Darlegung der angewandten Projektinstrumente und methodischen Hilfsmittel (Methoden zur Ideenfindung, Problemlösung, effizienten Gesprächsführung etc.).

5. Die Festlegung der zu verwendenden Checklisten und Formblätter.

Erleichterung der Dokumentationsarbeit

Um die Dokumentationsarbeit für ein neu installiertes Projektteam zu erleichtern, legt man im PM-Handbuch allgemein fest, wie in den Projekten die Erstellung, Kennzeichnung, Prüfung, Freigabe, Verteilung, Einzug, Änderung und Archivierung von projektbezogenen Dokumenten erfolgt. Eine Dokumentenverwaltung mit EDV-Unterstützung oder Intranet- bzw. Internetgestützt ist dabei sehr nützlich.

Aufzeichnungen

Im PM-Handbuch ist weiterhin festzulegen, welche Ergebnisse von Projekttätigkeiten und Prüfungen aufgezeichnet werden müssen, welche Aufzeichnungen notwendig sind, wie sie gesammelt werden, und wie lange sie wer aufzubewahren hat.

Den Ist-Zustand verbessern

Bei der Erstellung des PM-Handbuchs erfolgt zunächst die Darlegung des Ist-Zustandes der Projektarbeit. Aufgezeigte Mängel werden anschließend beseitigt und die neu gestalteten Abläufe und Schnittstellen werden beschrieben. Wichtig ist, daß die von Projektarbeit betroffenen Organisationseinheiten und Mitarbeiter aktiv in die Erstellung des PM-Handbuchs eingebunden werden, um anschließend eine breite Akzeptanz bei der Anwendung zu gewährleisten.

Weniger ist mehr

Beim Beschreiben des PM-Systems muß weiterhin berücksichtigt werden, daß die Übergabestellen innerhalb der Projektabläufe zwar eindeutig festgelegt sein müssen, die Mitarbeiter aber trotzdem nicht unnötig eingeschränkt werden dürfen. Oft werden Abläufe mit der besten Absicht geregelt, die eigentlich keiner Regelung bedürfen. Grundsätzlich sollte deshalb gelten:

Abläufe und Verfahren, die auf der Basis von vorhandener (dann aber auch nachzuweisender) Ausbildung und/oder Erfahrung der ausführenden Mitarbeiter unproblematisch sind, müssen nicht im Detail dokumentiert werden.

4.2 Qualitätsmanagement

Beispiel: Querverweis im PM-Handbuch

Die projektbezogene Anwendung einer speziellen PM-Software durch dafür ausgebildete Mitarbeiter bedarf nicht der Darlegung des Ablaufs; ein Querverweis auf die Softwarebeschreibung (z.B. ein Herstellermanual) ist ausreichend.

Bereits durch die Beschreibung des Soll-Zustandes der zukünftigen Projektarbeit und die zügige Umsetzung in den folgenden Projekten ergibt sich für das betreffende Unternehmen eine deutliche Verbesserung der Projektprozesse und damit zwangsläufig auch der Projektergebnisse. Langfristig kann auf der Grundlage des PM-Handbuchs eine kontinuierliche Verbesserung der unternehmensbezogenen PM-Konzeption erfolgen und das Know-how gesichert werden.

Früchte der Aufbauarbeit

4.2.2.3 Auswahl und Einsatz von Projektpersonal

Wären die im PM-Handbuch idealtypisch beschriebenen Projektabläufe und die Zuweisung von entsprechender Verantwortung auf den Projektleiter die einzig wichtigen Grundvoraussetzungen für das Gelingen der Projektarbeit, hätten unsere Unternehmen wahrscheinlich keine Probleme mehr, die geforderte Projektqualität zu erbringen. Daß es nach wie vor Probleme bei der Erbringung von Projektqualität gibt und Projekte scheitern, liegt an den beteiligten Projektmitarbeitern, deren Ausbildung und Kommunikationsfähigkeit und an den Projektleitern, kurz der Managementqualität (vgl. Kapitel 4.11).

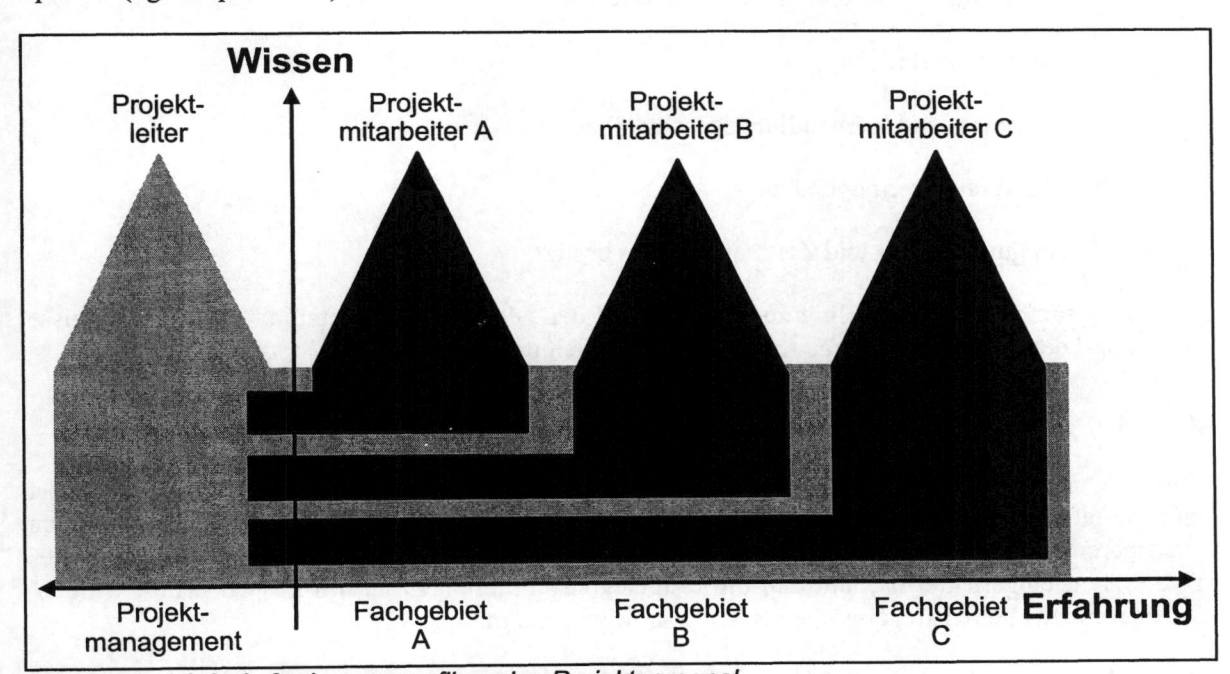

Abbildung 4.2-8: Anforderungsprofil an das Projektpersonal

Wenn man die Anforderungen an einen Projektleiter mit denen eines Vorgesetzten in der Linie vergleicht, wird deutlich, daß die des Projektleiters wesentlich komplexer sind. Ein Mindestmaß an technischem Sachverstand (objektbezogenes Wissen, d.h. Wissen zum Projektgegenstand) ist grundsätzlich notwendig, zu tiefe Spezialkenntnisse sind jedoch eher hinderlich. Ein betriebswirtschaftliches Grundwissen ist genauso für den Projektleiter zu fordern wie soziale Kompetenz. Wer heute noch der Meinung ist, es genüge, wichtige Planungswerkzeuge zu beherrschen, um erfolgreiche Projektarbeit zu verrichten, ist wohl auf dem falschen Weg und wird das Ziel hervorragender Projektqualität nie oder nur durch Zufall erreichen.

Projektmanager - Linienmanager

Wesentliche Schritte in Richtung Projekterfolg (Projektqualität) werden zwar mit der Zielformulierung und einer durchgängigen Projektplanung gelegt, doch darüber hinaus müssen unvorhergesehene und komplexe Situationen bewältigt werden. Ganzheitliches, vernetztes Denken ist hierfür

Vernetztes Denken

erforderlich und die Fähigkeit, eine reibungslose Zusammenarbeit von unterschiedlichsten Mitarbeitern aus den verschiedensten Disziplinen herbeizuführen. Der Projektleiter muß einen Prozeß der ständigen Anpassung zulassen und das Projekt und sein Projektteam offen für jede Veränderung halten.

Der Projektmanager - Garant für die Projektqualität

Kästchendenken oder Bereichsegoismus sind beim Projektleiter ganz und gar nicht gefordert. Die Fähigkeit, sein Team für das Projektziel zu begeistern und dessen Projektinteressen auch gegenüber der Linienorganisation durchzusetzen, sind wohl die herausragenden Fähigkeiten eines Projektleiters. Das Qualifikations- und Persönlichkeitsprofil eines Projektleiters kann wie folgt dargestellt werden:

Der Projektleiter ist, wie bereits in anderen Kapiteln beschrieben, eine Persönlichkeit, die:

1. loyal gegenüber Projekt und Unternehmen ist,

2. Initiative entwickelt,

3. Problemen nicht ausweicht,

4. entscheidungsfreudig ist,

5. eine positive Einstellung zur Teamarbeit hat,

6. motivationsstark ist,

7. Führungs- und Verhandlungsgeschick hat,

8. Einfühlungsvermögen hat,

9. ein gutes Selbst- und Zeitmanagement besitzt.

Um die geforderte Projektqualität zu erbringen, ist den Menschen, die letztlich für die Ergebnisse stehen und der Organisation ihrer Arbeit höchste Beachtung zu schenken.

4.2.2.4 Projektdokumente und Projektdokumentation in der Projektakte

Für die Qualität des PM-Systems und für das Qualitätsmanagement innerhalb der Projektarbeit ist eine situationsangepaßte Dokumentation und Archivierung notwendig. Projektaufzeichnungen (transparente, projektbezogene Dokumente) dienen als Nachweis dafür, daß ein wirkungsvolles PM-System eingerichtet ist, und daß die festgelegten Forderungen an das Projekt erfüllt wurden. Darüber hinaus helfen sie, erworbenes Know-how zu sichern.

Qualität beginnt mit Festlegungen

Bevor die eigentliche Projektarbeit beginnt, ist vom Projektteam oder dem Projektleiter festzulegen, in welcher Weise im Projekt z.B. Zeichnungen, Protokolle und alle sonstigen Dokumente gehandhabt werden, damit sie in der richtigen Form zur rechten Zeit am richtigen Platz zur Verfügung stehen. Es ist zu bedenken, daß im Laufe der Projektarbeit eine Vielzahl von Berichten, Ergebnisprotokollen, Vereinbarungen etc. entsteht. Diese Dokumente können als Papiervorlage oder auf elektronischen Medien vorliegen. Wichtig für eine qualitativ hochstehende Projektarbeit ist aber immer und grundsätzlich, daß:

- die Dokumente von den entsprechenden Projektmitarbeitern jederzeit eingesehen werden können,

- die Dokumente den aktuell gültigen Stand wiedergeben,

- die Dokumente auffindbar sind und

- die Projektschritte und Projektergebnisse nachvollziehbar sind.

4.2 Qualitätsmanagement

Die projektbezogenen Unterlagen können z.B. in einer vollständigen **Projektakte** vorliegen oder auf einem für alle Teammitglieder zugänglichen EDV-System (**Projektinformationssystem** auf einem zentralen Laufwerk oder im Internet). In der Praxis finden sich für die Projektakte auch andere Begriffe, wie z.B. **Projektordner** oder **Projekt-Handbuch** (je Projekt!). Um einer Verwechslung mit dem PM-Handbuch vorzubeugen, soll in diesem Kapitel nur von der Projektakte gesprochen werden. Der Aufbau einer Projektakte (Projekt-Handbuch) ist in Kapitel 1.5 ausführlich beschrieben.

Projektakte oder Projektinformationssystem

Vor ihrer Herausgabe müssen Projektdokumente durch dazu befugte Mitarbeiter (z.B. Konfigurations- und Kontrollausschuß) auf Richtigkeit, Vollständigkeit und Angemessenheit geprüft und genehmigt werden. Um den Gebrauch ungültiger und/oder überholter Dokumente auszuschließen, ist eine Änderungs-Sammelliste oder ein entsprechendes Dokumenten-Überwachungsverfahren, das den laufenden Revisionsstatus von Dokumenten identifiziert, einzurichten und leicht verfügbar zu halten.

Dokumenten-Freigabe durch Kontrollausschuß

Projektaufzeichnungen müssen unter geeigneten Bedingungen aufbewahrt werden, um die Erfüllung der in Spezifikationen festgelegten Forderungen (**Qualität des Projekts**) und das wirksame Arbeiten des PM-Systems (**Qualität im Projektmanagement**) darzulegen. Aufbewahrungsfristen von Projektaufzeichnungen müssen festgelegt werden. Wo es vertraglich vereinbart ist, müssen Projektaufzeichnungen zur Auswertung durch den Kunden oder seinen Beauftragten für eine vereinbarte Zeitdauer zugänglich gemacht werden (vgl. Kapitel 4.4 und 4.5).

Aufbewahrung von Dokumenten

Beispiel: Gliederung einer Projektakte

Inhalt der Projektakte für das Projekt XY:

1 Projektvorgaben und Rahmenbedingungen
    1.1 Verträge
    1.2 Projektzieldefinition
    1.3 Projektabgrenzung
    1.4 Spezifikationen
    1.5 gesetzliche Forderungen und Normen

2 Projektplanung
    2.1 Grobplanung
        2.1.1 Projektphasen
        2.1.2 Meilensteine
    2.2 Feinplanung
        2.2.1 Ergebnisse
        2.2.2 Kosten
        2.2.3 Termine
        2.2.4 Projektstrukturplan
        2.2.5 Arbeitspaketbeschreibungen
        2.2.6 Schnittstellenbeschreibungen
    2.3 Risikoanalyse

3 Projektorganisation
    3.1 Auftraggeber
    3.2 Lenkungsausschuß
    3.3 Projektmitarbeiter und Zuständigkeiten

4 Projektberichte
    4.1 Informations- und Dokumentationsmanagement
    4.2 Änderungsmanagement
    4.3 Freigabeverfahren
    4.4 Projektfreigabeprotokoll

        4.5 Projektstatusberichte inkl. Test- und Prüfverfahren
        4.6 Projektabschlußprotokoll

5 Berichte zum Projektgegenstand
        5.1 Ergebnisprotokolle
        5.2 Kostenfortschreibungen
        5.3 Terminfortschreibungen
        5.4 Zeichnungen
        5.5 Präsentationsunterlagen
        5.6 Berichte

6 Sonstiges

4.2.2.5 Nachweis der Qualität im Projektmanagement

Beschreibung - Anwendung - Überwachung

Vor allen Dingen geht es darum, daß das QM-System im Projektmanagement und die festgelegten Verfahren bei der Projektarbeit (beschrieben im PM-Handbuch) angewendet werden. Das QM-System soll aber auch den Bedarf an Änderungen aufzeigen und dafür Korrekturmaßnahmen festlegen. Um die Wirksamkeit des QM-Systems im Projektmanagement nachzuweisen, kann das Projektmanagement-Audit herangezogen werden. Als unterstützendes Werkzeug kann das Untersuchungsinstrument PM-Delta der GPM, für diese Überprüfung genutzt werden.

4.2.2.5.1 Projektmanagement-Audits

PM-Handbuch als Grundlage für PM-Audits

Um die Wirksamkeit des Projektmanagement-Systems nachzuweisen und u.U. Verbesserungspotentiale zu erkennen, ist es erforderlich, das PM-System regelmäßig zu auditieren. Die Grundlage für die Durchführung eines Audits ist das unternehmensspezifische PM-Handbuch.

Audit

Unter einem Audit versteht man eine systematische und unabhängige Untersuchung. Sie soll feststellen, ob die Verfahrensweise und die damit verbundenen Ergebnisse den geplanten Abläufen und Vorgaben entsprechen. Weiterhin soll herausgefunden werden, ob die geplanten Abläufe geeignet sind, die Ziele zu erreichen. Mit einem PM-Audit sollen drei Sachverhalte überprüft werden:

- die tatsächliche Vorgehensweise soll den geplanten Abläufen entsprechen (das PM-Handbuch ist die Grundlage), d.h. die geplanten Abläufe sollen tatsächlich ausgeführt werden sowie

- die geplanten Abläufe sollen geeignet sein, die Ziele zu erreichen.

Ziele des Audits

Ein PM-Audit ist von Personen durchzuführen, die keine direkte Verantwortung im zu auditierenden Bereich haben. Ein Ziel des PM-Audits ist es, **Verbesserungsmöglichkeiten am PM-System** aufzuzeigen.

Durch PM-Audits werden alle Bereiche des Projektmanagements in regelmäßigen Abständen systematisch auf die richtigen Festlegungen der Managementmaßnahmen und deren einwandfreie und nachweisbare Durchführung überprüft, um zweckmäßige Maßnahmen zur PM-Systemoptimierung zu gewährleisten. Damit ist das PM-Audit ein unverzichtbares Überwachungsinstrument des Management. Eine Verknüpfung des PM-Audits mit einer Projektüberprüfung ist in bestimmten Fällen sinnvoll (z.B. bei großen Projekten). Zum Nachweis der Erfüllung der Forderungen und für alle Mängel einer PM-Maßnahme wird das Audit entsprechend protokolliert.

Das PM-Audit zeigt die

- Zweckmäßigkeit, Angemessenheit und ausreichende Wirksamkeit des PM-Systems,

- ausreichende Dokumentation der PM-Maßnahmen,

4.2 Qualitätsmanagement

- Erfüllung der Forderungen des PM-Handbuchs,
- organisatorischen Schwachstellen

auf und legt Maßnahmen zur Systemverbesserung fest.

Der **PM-Auditor** ist verantwortlich für die *PM-Auditor*

- Festlegung des Audit-Teams,
- Erstellung eines Auditplans,
- wirkungsvolle Auditdurchführung,
- Protokollieren der Auditfeststellungen,
- vertrauliche Behandlung der Auditergebnisse und
- Vorlage eines Auditberichts.

Ein PM-Auditor muß unparteiisch und frei urteilen, seine Unabhängigkeit muß respektiert und unterstützt werden. Er muß vor allem feststellen, ob das PM-Handbuch mit seinen Anweisungen und Checklisten sowie die erforderlichen Informationen bekannt und verfügbar sind, ob sie verstanden und angewendet werden und ob die Anweisungen und Vorgaben ausreichen, die Projektziele zu erreichen.

Das dem Projektmanagement übergeordnete Management bestimmt den Auditrahmen und nimmt den Auditbericht entgegen. Die auditierte Organisation arbeitet mit dem Auditteam zusammen, wird über die Feststellungen informiert und legt auf der Basis des Auditberichts Korrekturmaßnahmen fest. *Verantwortung des Managements und der Organisation*

Zunächst findet ein Einführungsgespräch mit dem Projektleiter und seinem Projektteam statt. Der Auditor erläutert den Zweck des Projektmanagement-Audits und die Vorgehensweise. Dabei werden Regeln des Audits und der Berichterstattung erläutert. Es wird aufgelistet, welche Managementverfahren und Dokumentationen für das Audit herangezogen werden. *Durchführung von Projektmanagement-Audits*

Ein Zeitplan und ein Ort für das Abschlußgespräch werden festgelegt, evtl. benötigte Projektmitarbeiter werden informiert.

Der Auditor bzw. das Auditorenteam prüft die Projektunterlagen und vergleicht diese mit dem zugrundeliegenden PM-Handbuch. Abweichungen und Unterlassungen können bereits zu diesem Zeitpunkt festgestellt werden. Diese Überprüfung gibt auch Stoff für Befragungen vor Ort.

Durch Befragungen vor Ort werden Nachweise gesammelt und durch Unterlagenprüfung und Tätigkeitsbeurteilung Problembereiche herausgearbeitet. Beim Audit sollten allgemein verständliche Formulierungen, Erläuterungen und Zwischenfragen helfen, Unsicherheit der Befragten oder Verständigungsschwierigkeiten auszuräumen.

Wenn aus der Antwort des Befragten eine Abweichung vom Sollzustand hervorgeht und wenn Missverständnisse vermieden werden sollen, ist es angebracht, die Antwort des Befragten mit eigenen Worten zu wiederholen. Konfrontationen erschweren den Auditablauf und können den Erfolg schmälern. Eine aggressive Fragestellung und Vorwürfe bei erkannten Abweichungen vergiften das Auditklima und haben deshalb zu unterbleiben. Das Ergebnis der Befragung sollte durch praktische Prüfungen (Vergewissern) bestätigt werden. In der Regel gehen Befragung und praktische Prüfung ineinander über.

Wird bei der Untersuchung eine Abweichung festgestellt oder eine festgelegte Forderung nicht erfüllt, so wird dieser Mangel im Auditprotokoll festgehalten. Die festgestellten Mängel werden abschließend bewertet. Es gibt Mängel, die noch akzeptiert werden können, und nicht mehr hinnehmbare Mängel, die erwarten lassen, daß die Projektmanagement-Ziele nicht erreicht werden.

Im Abschlußgespräch gibt der Auditor eine Zusammenfassung der Ergebnisse und vereinbart mit dem Projektleiter Verbesserungsmaßnahmen.

Auditbericht

Der Auditbericht sollte die folgenden Angaben beinhalten:

- Umfang und Ziel des PM-Audits,
- Name der Auditoren,
- Audittermin und Organisation, die auditiert wird,
- Angaben zu den herangezogenen Referenzdokumenten (z.B. PM-Handbuch, Projektakte),
- Feststellungen von Abweichungen und Mängeln,
- Maßnahmen, Verantwortliche und Termine,
- Urteil des Auditors über den Stand des Projektmanagements,
- Ort, Datum und Unterschrift des Auditors,
- Verteiler.

Der Auditbericht sollte mit dem Projektleiter abgestimmt werden. Falls Meinungsverschiedenheiten bestehen, sind beide Meinungen in den Bericht aufzunehmen.

4.2.2.5.2 Projektmanagement-Zertifizierung

Bescheinigung der Übereinstimmung mit einer Vorgabe

Die Zertifizierung ist eine Bescheinigung der **Konformität** (Übereinstimmung) eines Produkts, Management-Systems oder einer Personenqualifizierung durch eine unabhängige Stelle

- **im gesetzlich geregelten Bereich**

    mit den Anforderungen einer nationalen Rechtsvorschrift oder einer EU-Richtlinie auf der Grundlage eines gesetzlich vorgegeben Verfahrens und

- **im gesetzlich nicht geregelten Bereich**

    mit den Anforderungen einer Norm oder einer sonstigen Regel auf der Grundlage einer freien Abmachung.

Zertifizierung ≠ Qualifizierung

Eine Zertifizierung ist nicht mit einer Qualifizierung zu verwechseln, vielmehr baut die Zertifizierung auf einer Qualifizierung auf.

Motive für die Zertifizierung

Unter den vielfältigen Motiven für eine Zertifizierung treten vor allem die folgenden Argumente in den Vordergrund:

- Von Seiten der Kunden bzw. des Marktes wird die Zertifizierung vorausgesetzt oder erwartet (diese Situation liegt oftmals bereits bei öffentlichen Ausschreibungen vor).
- Das Unternehmen beabsichtigt die Zertifizierung aktiv für Marketingzwecke zu nutzen.
- Durch die Zertifizierung sollen die Produkt- und Prozeßqualität und letztendlich die Kundenzufriedenheit gesteigert werden.

4.2 Qualitätsmanagement

- Die Zertifizierung dient als Grundlage für die Ausrichtung des Unternehmens auf TQM.

Wenn es darum geht, gemeinsam eine Leistung zu erbringen, müssen die Beteiligten **die gleiche Sprache sprechen**. Welche Folgen es haben kann, wenn diese Forderung nicht erfüllt wird, läßt sich bereits in der Bibel, in der Geschichte „Turmbau zu Babel" nachlesen.

Zertifizierung von PM-Personal

Um die komplexen Projektaufgaben lösen zu können, um **multilaterale Vorgehensweisen und multikulturelles Verhalten** der Projektbeteiligten aufeinander abzustimmen, **ist ein gemeinsames Niveau** von Projektmanagementwissen in Theorie und Praxis erforderlich.

In den letzten Jahren wurden in vielen Staaten Aus- und Weiterbildungsmaßnahmen in Theorie und Praxis für Projektmanagement begonnen. Die Einzelaktivitäten in den USA, Großbritannien, Deutschland (u.a. Ausbildung zum PM-Fachmann) usw. veranlaßten die International Project Management Assoziation IPMA, ein Rahmenkonzept mit dem Anspruch zu entwickeln, daß nur die IPMA die Kompetenz besitzt, für Projektmanagement eine international anerkannte Zertifizierung zu entwickeln und diese über ihre nationalen Gesellschaften (in Deutschland: die Deutsche Gesellschaft für Projektmanagement GPM) zu realisieren. Die Zertifizierung setzt eine entsprechende Qualifizierung bzw. Qualifikation voraus.

Gemäß DIN EN 45013 sind an die Zertifizierung von Personen folgende Anforderungen geknüpft:

Anforderungen an die Person

Die zertifizierte Person

- muß ihre Tätigkeit regelmäßig ausüben,
- muß ihre Ausbildung auf dem neuesten Stand halten,
- muß sich regelmäßig überwachen lassen (einmal bei 3-jähriger Geltungsdauer, zweimal bei 4- bis 5-jähriger Geltungsdauer,
- muß ihre Zertifizierung veröffentlichen lassen,
- darf ihr Zertifikat nicht mißbräuchlich nutzen,
- muß Beanstandungen Dritter aufzeichnen.

Die International Project Management Association IPMA und die GPM Deutsche Gesellschaft für Projektmanagement e.V. haben zum Erlangen des Titels

Beispiel: Voraussetzungen für die Zertifizierung

IPMA Certificated Project Manager (GPM)

folgende Voraussetzungen an den Kandidaten definiert:

- Mindestalter 30 Jahre;
- schulische und praxisbezogene Ausbildung ca. 13 Jahre;
- mehr als 5 Jahre Erfahrungen im Projektmanagement, davon mindestens 3 Jahre als Projektmanager in leitender Position;
- formloser Antrag, Lebenslauf und beruflicher Werdegang;
- Selbsttest zur Beurteilung von Wissen und Erfahrung (Kompetenz).

Nachdem das Zulassungsverfahren durchlaufen ist, wird der Bewerber zu einem Zertifizierungs-Workshop eingeladen. Der Workshop dient u.a. der Auffrischung von Grundwissen im Projektmanagement und Bereitstellung des methodischen Grundwissens für die Projektstudie. Am Ende des Workshops wird das Thema der Projektstudienarbeit und die Literatur für die Literaturarbeit festgelegt.

Die vom Bewerber erstellte Projektstudien- und Literaturarbeit wird zur Begutachtung eingereicht. Nach Durchsicht und Bewertung der Arbeit erfolgt ein abschließendes Interview vergleichbar einem Prüfungsgespräch.

Das Zertifikat wird auf Wunsch in deutscher oder englischer Fassung verliehen.

Vom Bewerber werden Kenntnisse, Wissen und praktische Erfahrung im Projektmanagement vorausgesetzt. Zusammengenommen ergibt sich damit die Kompetenz, die im Zertifizierungsverfahren festgestellt wird.

Zertifizierung **von PM-Systemen**

Eine Zertifizierung von PM-Systemen ist im Rahmen der ISO 9001 durch unabhängige Zertifizierungsgesellschaften grundsätzlich möglich. Die Zertifizierung und Überwachung des Managementsystems durch die Zertifizierungsstelle setzt sich im wesentlichen aus folgenden Schritten zusammen: Vor dem eigentlichen Zertifizierungsaudit bietet die Zertifizierungsstelle dem Unternehmen an, ein freiwilliges Voraudit im Unternehmen durchzuführen. Der daraus resultierende Bericht gibt dem Unternehmen die Möglichkeit, evtl. gefundene Schwachstellen im Managementsystem zu erkennen und entsprechende Korrekturmaßnahmen einzuleiten. Parallel zum Voraudit oder im Anschluß daran führt die Zertifizierungsstelle die Prüfung der Unterlagen (QM-, PM-Handbuch, Anweisungen etc.) durch. Anschließend findet ein Zertifizierungsaudit im Unternehmen statt. In der Regel werden hierbei zwei Auditoren eingesetzt, von denen mindestens einer ausgewiesene und mehrjährige Berufserfahrung in der entsprechenden Branche aufweist.

Das ausgestellte Zertifikat gilt i.d.R. auch hier drei Jahre. Während der Laufzeit des Zertifikats findet zusätzlich ein jährliches Überwachungsaudit im Unternehmen statt. Nach Ablauf der dreijährigen Gültigkeit erfolgt ein Re-Audit.

4.2.3 Qualität im Projekt

Um die Qualität im Projekt sicherzustellen, ist einerseits die Anwendung von Regelungen und Arbeitsmitteln (PM-Handbuch und Projektakte), andererseits die Anwendung von Verfahren (Reviews und Audits) unter Ausnutzung von Managementmethoden unerläßlich.

4.2.3.1 Regelungen und Arbeitsmittel: PM-Handbuch und Projektakte

PM-Handbuch   Im PM-Handbuch sind, wie bereits besprochen, die zu praktizierenden Projektverfahren beschrieben und Checklisten zur systematischen Projektarbeit definiert. Damit wird grundsätzlich die Qualität des Projektmanagements gesichert.

Projektakte   Die Projektakte (Projekthandbuch) stellt die Zusammenfassung der Projektziele, -aufgaben, -organisation, -planung, -planungsfortschreibung, und -dokumentation dar, es ist somit das Qualitätshandbuch des Projekts. Mit der Projektakte wird die Qualität eines Projekts in Hinblick auf die Qualitätsparameter des Projekts (Leistung, Termine und Kosten) gesichert. Nach Abschluß des Projekts dient die Projektakte zur Ergebnis- und Erfahrungssicherung, auf deren Basis zu einem späteren Zeitpunkt ein ähnliches Projekt geplant oder ein neues Projektteam gebildet werden kann.

4.2.3.2 Durchführung von Projekt-Reviews

Prüfverfahren für Projektarbeit   Das Projekt-Review ist ein Prüfverfahren, das feststellt, welchen Status ein Projekt in bezug auf die Leistung, Kosten und Termine vorweist. Im Projekt-Review werden die erreichten Sachergebnisse analysiert, der Projektverlauf wird bewertet und Einflußfaktoren und Probleme werden diskutiert, kurz gesagt: der vorliegende Projektstatus wird einer kritischen Überprüfung unterzogen. Der Abgleich des Soll-/Ist-Zustands erfolgt auf der Grundlage der Projektvorgaben (Verträge und Spezifikationen), der Projektplanung und der Projektfortschreibung (Projektakte), er soll Abweichungen und mögliche Steuerungsmaßnahmen aufzeigen.

Die Projekt-Reviews werden regelmäßig zu klar festgelegten Terminen durchgeführt. Die Terminierung des Projekt-Reviews kann in Abhängigkeit von der Art des Projekts auf einen bestimmten Wochentag (z.B. Montag 13.00 Uhr) oder einmal pro Monat (z.B. am letzten Freitag des Monats) erfolgen. Zu den Phasenübergängen sollte darüber hinaus ein Projekt-Review stattfinden. Das Projekt-Review am Ende des Projekts hat zum Ziel, Erfahrungswerte für zukünftige Projekte zu sichern.

Terminierung von Projekt-Reviews

4.2.3.3 Die Bewertung der Projektqualität mit dem GPM-Modell Project Excellence

Jedes Projekt hat mehrere Ausrichtungsgrößen, u.a. die Stakeholder - Kunden, Mitarbeiter, Investoren, die Unternehmensstrategie - Wachstum, Stabilität, Liquidität oder die Projektaspekte - Zielstellung, Planung, Umsetzung, Zielerreichung. Solche Orientierungspunkte vermitteln Zugänge zur praktizierten Projektarbeit und schaffen die Möglichkeit, Beurteilungen durchführen zu können. Außerdem helfen sie mit konkreten Begriffen, die Aufgaben, Probleme, Erlebnisse, Erfahrungen usw. zu verknüpfen. Die GPM Deutsche Gesellschaft für Projektmanagement schuf 1996 das Modell Project Excellence. Mit diesem Modell ist es möglich die Qualität der Projektarbeit in bezug auf Ausrichtungsgrößen, einem neutralen Bewertungsverfahren zu unterziehen und zu beurteilen.

Ausrichtungsgrößen des Projekts – Grundlage für Qualität

Bei der Durchführung einer Bewertung (Assessment) auf der Basis des Modells Project Excellence wird dem Projekt der Spiegel vorgehalten. Ermittelt und bewertet werden Vorstellungen, Assoziationen, Wünsche, Erwartungen, Projektionen usw., die die Beteiligten bezüglich des Projekts äußern. Das Project Excellence Modell liefert die Standardfragen und die Bewertungsbedingungen in bezug auf:

Vorgehensweise und Ergebnisse führen zur Bewertung der Projektqualität

- exzellente Vorgehensweise und Anwendungsumfang des Projektmanagements und

- exzellente Ergebnisse und Projektdurchdringung der Projektergebnisse.

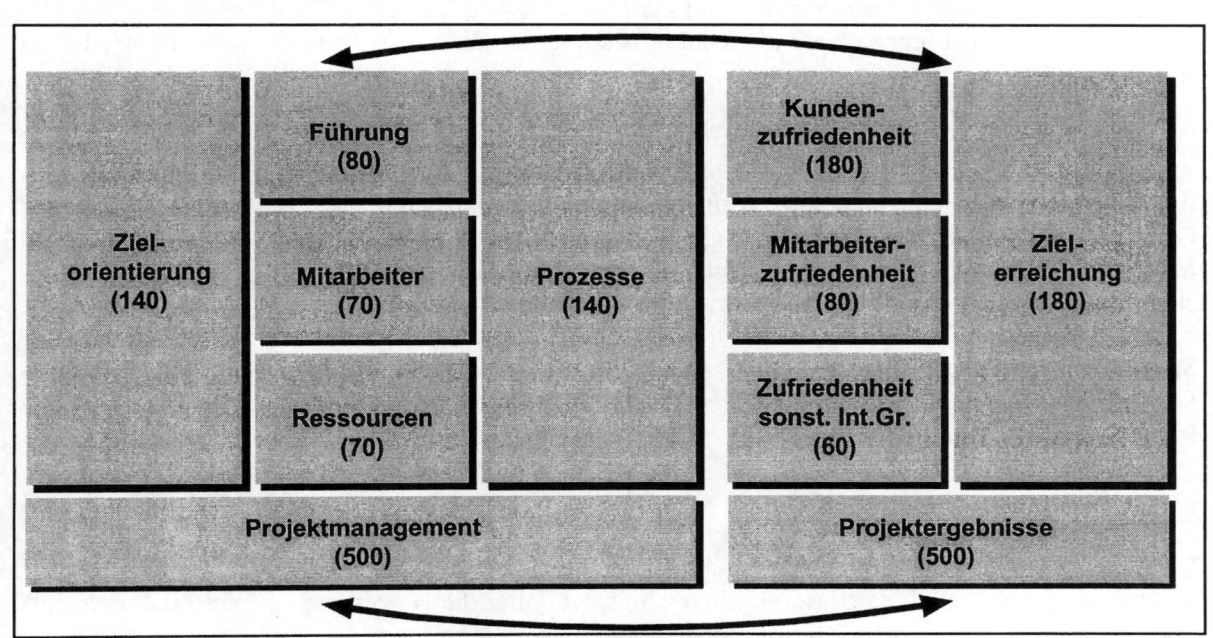

Abbildung 4.2-9: Das Bewertungsmodell Project Excellence

Messpunkte für Projektqualität

Mit dem Modell Project Excellence werden in den zwei Hauptbereichen

- Projektmanagement und

- Projektergebnisse,

in neun Kriterienfeldern und in 22 Nachweisfeldern einschlägige Orientierungen (auf der Grundlage von Maximalpunkten) gegeben. Zu jedem Nachweisfeld erfolgt eine Sammlung von Stichpunkten, um Stärken zu erkennen, Nachweise zu führen und Verbesserungspotentiale zu lokalisieren. Die Kriterien bilden die Merkmale für die strategische Ausrichtung der Projektarbeit. Ihre Ausprägungen werden mittels einer Punktebeurteilung auf einer Ordinalskala abgetragen. Die aufgetragenen Werte ergeben nun ein Projektprofil, das grafisch in einem Netzdiagramm dargestellt werden kann.

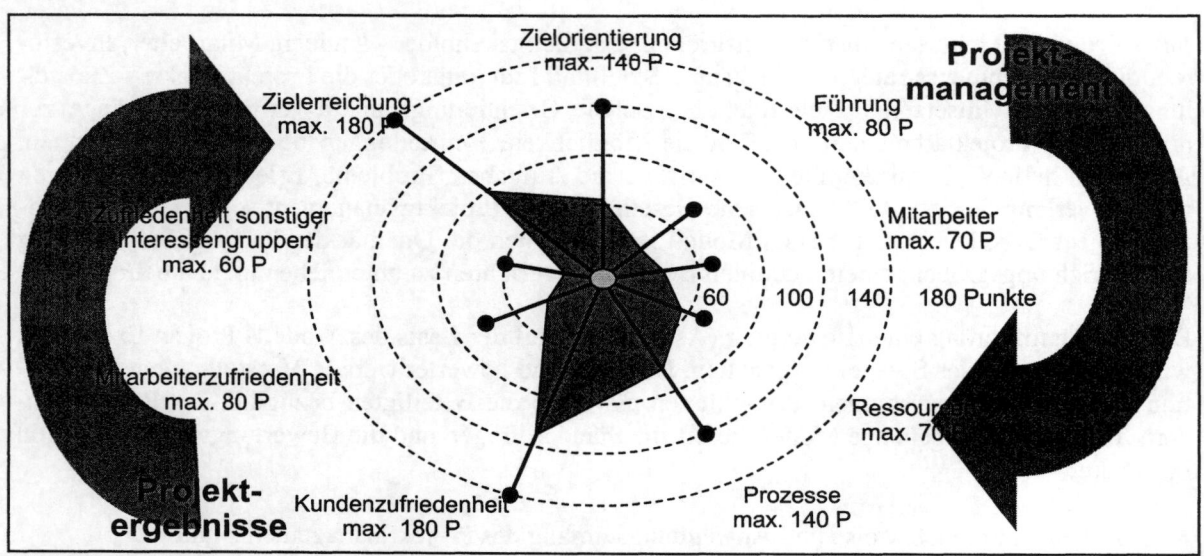

Abbildung 4.2-10: Netzdiagramm

Die Herangehensweise ist sehr einfach und man kann das Modell Project Excellence als projektbegleitendes Instrument nutzen, weil die Konkretisierung und die Status-Ermittlung immer wieder erfolgen kann.

Selbstbewertung durchführen - Verbesserungspotentiale erkennen

Projektteams können, ggf. unter Einbeziehung speziell hierfür ausgebildeter Project Excellence-Assessoren mit diesen neun Kriterien eine Selbstbewertung vornehmen, Stärken und Verbesserungspotentiale erkennen und ihre Weiterentwicklung organisieren. Das Bewertungssystem des GPM Modells Project Excellence ermöglicht eine weitgehend objektive Beurteilung und verdeutlicht, wie das Projekt in bezug zur geforderten Projektqualität steht und wie es sich weiterentwickeln kann.

Project Excellence-Assessoren

Speziell ausgebildete Project Excellence-Assessoren sind befähigt, die Bewertung eines Projekts vorzunehmen und damit wertvolle Impulse für die Weiterentwicklung zu geben. Die Project Excellence-Assessoren sind in der Lage:

- den Stand eines Projekts auf dem Weg zu Project Excellence zu beurteilen sowie Stärken und Verbesserungspotentiale zu ermitteln;

- über die Stärken und Verbesserungsbereiche sowie über die Bewertung (gemäß Punktesystem) einen Konsens im Team zu finden;

- die zur Verfügung stehenden Informationen im Projekt auf Stimmigkeit und Richtigkeit zu überprüfen sowie mögliche Informationslücken zu schließen;

- für das bewertete Unternehmen ein ausführliches Feedback zu formulieren, das für die Führungskräfte und Mitarbeiter nachvollziehbar, verständlich und für die Weiterentwicklung nützlich ist;

- Maßnahmen zur Verbesserung zu bewerten und damit wesentliche Impulse zur Weiterentwicklung des Unternehmens zu geben.

4.2.3.4 QM-Methoden in der Projektarbeit

Im Management haben sich im Laufe der letzten Jahrzehnte viele „standardisierte" Methoden durchgesetzt. In den verschiedenen Managementdisziplinen (Prozeßmanagement, Projektmanagement etc.) haben sich jedoch unabhängig voneinander Vorgehensmodelle entwickelt, die sich sehr gut für die Anwendung in einer anderen Disziplin eignen. Nachfolgend sollen einige besondere Verfahren angesprochen werden, die vorzugsweise im Qualitätsmanagement Anwendung finden:

1. **Benchmarking** kann helfen, die Qualität des Projektmanagements bzw. der Projektarbeit deutlich zu verbessern. Dabei wird die eigene Arbeitsweise mit der Arbeitsweise von hervorragenden Projektteams verglichen.

2. **Quality Function Deployment QFD** hilft bei der **Projektplanung**, die Anforderungen des Kunden genau zu erfassen und in eine für das Projektteam verständliche Sprache zu übersetzen. QFD findet zu einem frühen Zeitpunkt innerhalb eines Projekts statt.

3. Das **Ursachen-Wirkungsdiagramm** zeigt die Ursachen und Wirkungen von gewissen Sachverhalten auf. Besonders geeignet ist das Ursachen-Wirkungsdiagramm zur Problembewältigung während der **Projektumsetzung**.

Drei QM-Methoden im Überblick

4.2.3.4.1 Analyse der besten Praktiken - Benchmarking

Der Begriff Benchmarking ist aus der Landvermessung entlehnt; dort dienen „bench marks" als Orientierungspunkte beim Erstellen von Karten. Benchmarking ist die Weiterentwicklung des klassischen Betriebsvergleichs. Dabei geht es aber nicht nur darum, die Unterschiede zu anderen Unternehmen aufzuzeigen. Die Aufgabe des Benchmarking liegt darin, die Frage zu beantworten, warum andere mehr Erfolg haben. Es müssen also Gründe aufgezeigt werden, warum andere Unternehmen oder Projektteams mehr Erfolg haben, die besten Arbeitsmethoden (die, deren Ergebnisse die Anforderungen des Kunden am besten erfüllen) zu ermitteln. Benchmarking liefert eine Orientierung, ohne die ein Umgestalten betrieblicher Abläufe wenig sinnvoll ist.

Ein neuer Begriff für den alten Betriebsvergleich

Das Benchmarking ist keine Hexerei und auch keine neue Erfindung. Bereits im Mittelalter zogen Wandergesellen umher und haben eigentlich nichts anderes gemacht, als von den verschiedenen Meistern zu lernen, bevor sie sich mit ihrem eigenen Betrieb selbständig machten.

Wurzeln im Mittelalter

Die Quellen für das Setzen eines Benchmarks können branchenintern, in branchenfremden Unternehmen oder auch innerhalb des eigenen Unternehmens gefunden werden. Darauf aufbauend sind Lösungen zur Verbesserung der eigenen Situation zu erarbeiten und im Unternehmen umzusetzen. Damit werden effizientere Abläufe im eigenen Unternehmen geschaffen und die Kundenorientierung verbessert. Der Abschluß des Benchmarking ist dann erreicht, wenn die Leistungssteigerungen ermittelt und mit den gesetzten Zielen verglichen wurden.

Orientierungspunkte finden - Leistung steigern

Ein Benchmarking-Projekt kann nach folgendem Muster ablaufen:

Ablauf eines Benchmarking-Projekts

1. Die **Schwachstellen im Unternehmen suchen**, den betrieblichen Ablauf (Prozeß) mit dem größten Handlungsbedarf definieren und Zeit- und Kostenrahmen festlegen.

2. Das **Benchmarking-Team benennen** (3 bis 5 Teammitglieder). Im Team sind der mit dem betreffenden Prozeß betraute Mitarbeiter, sein Fachvorgesetzter, eventuell ein Mitglied der Geschäftsleitung und ein Moderator bzw. Berater.

3. Den **Prozeß analysieren** und Kennzahlen bilden (exakte Meßgrößen in bezug auf Zeit, Kosten und Leistung, z.B. Anzahl der Arbeitsschritte und der beteiligten Personen, Durchlaufzeiten etc.). Wichtig! Wenn hier unordentlich gearbeitet wird, bleibt man **ohne** Grundlage für die Schwachstellenidentifikation.

4. Den **Benchmarking-Partner auswählen** (bestes Unternehmen hinsichtlich der überprüften Leistung, sog. Best-in-Class-Unternehmen). Als Quellen können z.B. Presseberichte, Empfehlungen von Banken, Kammern und Verbänden, eigene Kenntnisse von Seminaren und Symposien herangezogen werden. Dienstleister bei der Suche des Benchmarking-Partner können aber auch Berater sein.

5. Den **Wunschpartner auf der obersten Ebene anschreiben** und ein Benchmarking-Projekt anbieten. Bei Interesse werden dem Partner die eigenen Kennzahlen übermittelt. Dabei darf der potentielle Partner aber nicht mit einer Datenflut überschüttet werden.

6. Die **Kennzahlen des betreffenden Prozesses in beide Unternehmen, zusammen mit dem Partner, vergleichen** und auf Schwachpunkte und Verbesserungsmöglichkeiten überprüfen.

7. Direkt im Anschluß an den Besuch beim Partner die **Ergebnisse fixieren** und auswerten.

8. Die **abgeleiteten Maßnahmen mit Verantwortlichen und Endterminen versehen und sofort zur Umsetzung bringen**.

Argumente, wie z.B. „Das ist doch nicht vergleichbar" dürfen nicht akzeptiert werden. Außerdem ist streng darauf zu achten, daß nicht kopiert, sondern adaptiert wird!

Projektbeschleunigung durch Beratereinsatz

Um das Benchmarking-Projekt zu beschleunigen, können Berater eingesetzt werden. Neben der im Punkt 4 angesprochenen **Partnersuche** bekommt man auch **Unterstützung bei der Schwachstellenlokalisierung, der Projektplanung und -umsetzung**.

Blick über den Tellerrand

Benchmarking ist besonders gut geeignet, Prozeßabläufe, durch Impulse aus anderen Bereichen, Unternehmen oder Branchen zu optimieren. Es hilft damit unternehmerische Entscheidungen zu treffen und Kundenorientierung zu erreichen. An den Schlüsselprozessen (Angebotsabgabe, Auftragsbearbeitung, Materialwirtschaft und Distribution) müssen Meßpunkte installiert werden, um Probleme auszumachen und zu beheben. Setzen wir anstelle eines Unternehmens ein singuläres Projekt (Unternehmen auf Zeit), dann wird deutlich, daß ein Projektmanager mittels Benchmarking die Möglichkeit gewinnt, sein Projekt zu optimieren.

Der Feind in den eigenen Reihen

Der größte Feind des Benchmarking-Projekts sitzt in den eigenen Reihen. Häufig lehnen sich Mitarbeiter auf, deren bisherige Vorgehensweise durch den neuen Prozeß ersetzt wird. Vorgesetzte, die persönliche Schuldzuweisungen wegen der schlechteren bisherigen Praxis machen, verstärken die Abwehrhaltung. Aus diesem Grunde müssen die betroffenen Mitarbeiter in das Projekt eingebunden werden, denn wenn sie selbst die bessere Vorgehensweise erkennen, erarbeiten sie ihre eigene Lösung, die sie dann auch engagiert vertreten und umsetzen.

4.2.3.4.2 Ermittlung der Kundenanforderungen mit QFD Quality Function Deployment

Frühzeitige Berücksichtigung des Kunden

Die Qualität eines Projekts wird weitgehend in der Planungsphase festgelegt. Es ist deshalb darauf zu achten, daß die Wünsche des Kunden bereits hier berücksichtigt werden, um sie in die Leistungsgestaltung einfließen lassen zu können. Diese Aufgabe wird **speziell bei technischen Entwicklungsprojekten** durch QFD - Quality Function Deployment (frei übersetzt: **Qualitätsfunk-**

4.2 Qualitätsmanagement

tionen-Darstellung) unterstützt. Diese Vorgehensmethodik erlaubt es, die **Anforderungen des Kunden** in die **Sprache des Technikers** zu transferieren.

Im ersten Schritt werden die Kundenanforderungen in **meßbare Produktmerkmale** umgesetzt. In drei weiteren Phasen werden daraus **Konstruktions- und Prozeßmerkmale** erarbeitet und Arbeits- und Prüfanweisungen festgeschrieben. In jeder Phase wird ein sog. **House of Quality HoQ** erstellt. Dieses Haus der Qualität ermöglicht die grafische Veranschaulichung und sichert ein strukturiertes Vorgehen.

Schrittweises Vorgehen

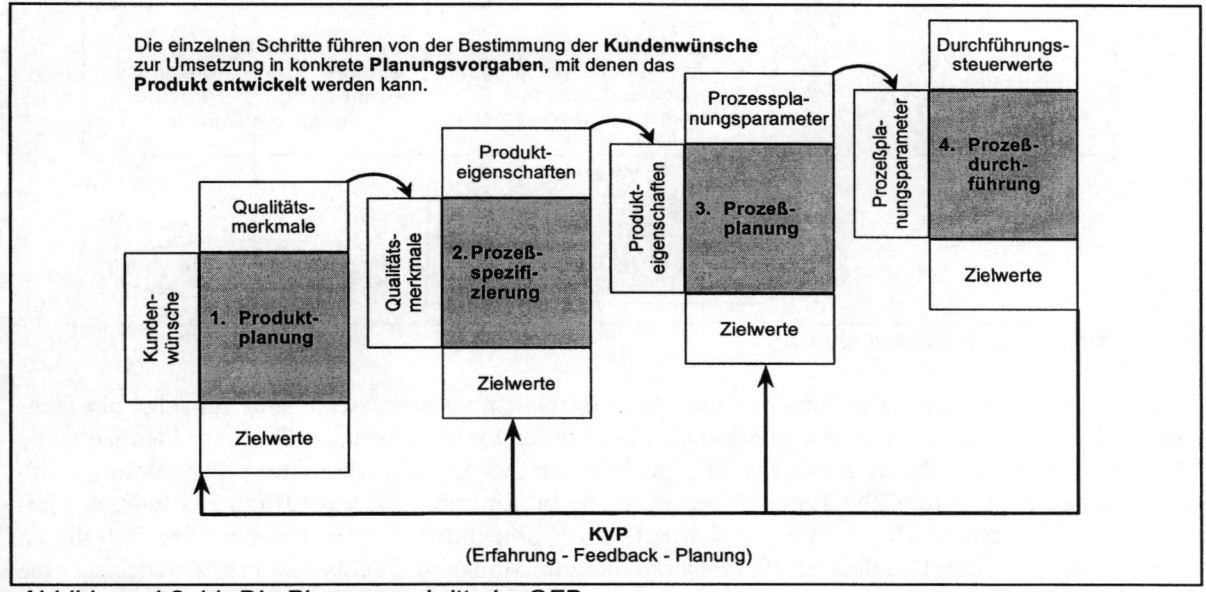

Abbildung 4.2-11: Die Planungsschritte im QFD

Durch die QFD-Anwendung in der Planungsphase werden die Anforderungen an die Leistungen und Prozesse genau ermittelt, so daß die Endleistung den Kundenwünschen tatsächlich entspricht. Die Bedeutung der ermittelten Produktmerkmale wird bewertet und **kritische Merkmale** werden sichtbar. Die Ergebnisse dienen im nächsten Schritt als Basis für **die Erstellung von Arbeits- und Prüfplänen**. Die Qualitätsforderungen werden auf diese Weise vom Kunden bis zum Werker durchgängig berücksichtigt. Die gewünschte Qualität wird damit ausgehend vom Markt und dessen Anforderungen geplant. Mit dieser Vorgehensmethodik wird die Kundenorientierung gesteigert und die Gefahr von Fehlentwicklungen minimiert.

Vom Markt aus planen

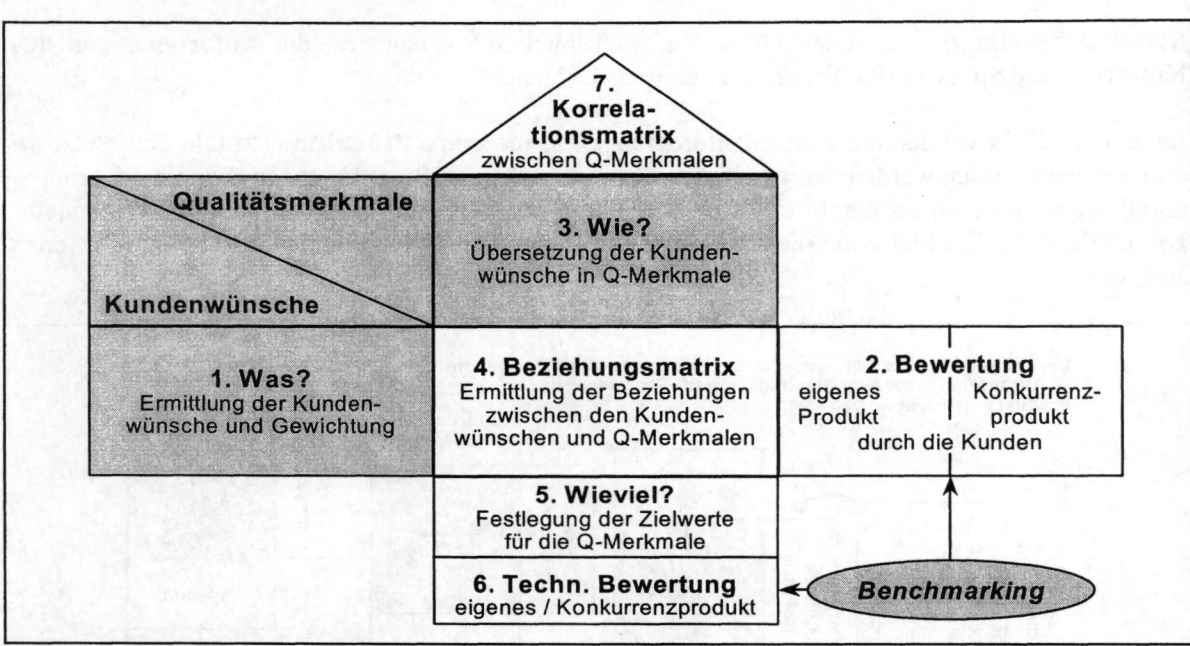

Abbildung 4.2-12: House of Quality

Teamarbeit und Ergebnisdarstellung im House of Quality

Um die Kommunikation zwischen den einzelnen Bereichen zu verbessern, sind zunächst ein fachübergreifendes Team (5 bis 8 Mitglieder) und ein Moderator zu benennen. Die einzelnen Bereiche des Unternehmens (z.B. Marketing, F&E, Qualitätswesen, Arbeitsvorbereitung, Produktion, Kundendienst usw.) sind im QFD-Team zu berücksichtigen. Ein mit QFD gut vertrauter Moderator leitet die QFD-Runde. Durch die Teamarbeit wird prozeßorientiertes Denken der beteiligten Mitarbeiter gefördert. Die übersichtliche Darstellung im House of Quality HoQ ist gleichzeitig eine gute Form der Dokumentation.

Phasen des QFD

In jeder Phase wird der Frage „WAS wird gefordert?" die Frage „WIE werden die Forderungen erfüllt?" gegenübergestellt. Das WIE (Ergebnis) einer Phase dient der nächsten Phase als WAS (Eingangsdaten).

1. In der ersten Phase, der **Produktplanung**, werden Kundenanforderungen (WAS) Produktmerkmalen bzw. Entwicklungsanforderungen (Wie) gegenübergestellt.

2. In der zweiten Phase, der **Prozeßspezifizierung**, werden die kritischen Produktmerkmale (WAS) in Qualitätsmerkmale einzelner Baugruppen bzw. Teile (WIE) umgesetzt.

3. In der dritten Phase, der **Prozeßplanung**, werden aus den kritischen Baugruppenmerkmalen (WAS) Prozeßmerkmale und -parameter für Prozeß- und Prüfablaufpläne (WIE) ermittelt.

4. In der letzten Phase, der **Prozeßdurchführung**, werden die kritischen Prozeßmerkmale (WAS) in Arbeits- und Prüfanweisungen (WIE) übertragen. Mit diesen Anweisungen kann der Prozeß durchgeführt werden.

Reduzierung der QFD-Anwendung auf Problembereiche

Die Darstellung aller vier Phasen im HoQ ist sehr aufwendig. Es ist deshalb durchaus möglich, nur die Pläne zu erstellen, bei denen es bisher Umsetzungsprobleme gab. Häufig findet das HoQ nur in der ersten Phase statt, da die Übersetzung der Kundenanforderungen in Leistungsmerkmale erfahrungsgemäß die größten Schwierigkeiten bereitet.

4.2.3.4.3 Ursachen-Wirkungsdiagramm zur Problemlösung während der Projektumsetzung

Während der Projektumsetzung kommt es immer wieder zu Problemen, die vom Projektteam gelöst werden müssen. Das Ursachen-Wirkungsdiagramm unterstützt das Projektteam bei der Zerlegung des Problems in seine möglichen Ursachen. Das **Ursachen-Wirkungsdiagramm** wird nach seiner Form auch **Fischgräten-Diagramm** oder nach seinem Erfinder, dem Japaner Ishikawa, **Ishikawa-Diagramm** genannt. Zu einem **Problem** (Wirkung) werden mögliche **Einflußfaktoren** (Ursachen) gesammelt (z.B. in einem Brainwriting), in **Haupt- und Nebenursachen** unterteilt und grafisch dargestellt. Durch eine anschließende **Bewertung** der Ursachen ergeben sich einige Schwerpunkte, die dann weiter untersucht werden können. Die Basis zum Auffinden der Problemursache und deren **Behebung** ist damit gelegt.

Zerlegen des Problems - Erkennen von Einflüssen

Durch die Teamarbeit beim Erarbeiten des Ursachen-Wirkungsdiagramms werden die unterschiedlichen Sichtweisen des Problems miteinander verknüpft. Dabei konzentriert sich das Team auf das vorgegebene Problem und seine Lösung und stellt dabei Interessen von einzelnen Teammitgliedern in den Hintergrund.

Einzelinteressen treten in den Hintergrund

Durch Einbeziehung von **Kreativitätstechniken** (z.B. Brainstorming, Methode 635, Morphologischer Kasten, siehe Kapitel 3.9) können mögliche **Ursachen für das Problem** ermittelt werden. Werden diese möglichen Ursachen in Hauptfelder gruppiert, so läßt sich mit dem Ursachen-Wirkungsdiagramm eine **übersichtliche Gliederung** erarbeiten. Ferner sind die verschiedenen **Abhängigkeiten** zwischen den einzelnen Ursachen erkennbar. Diese Vorgehensweise überwindet die übliche Beschränkung auf ein oder zwei Ursachen und ermöglicht eine **umfassende Problembetrachtung**.

Viele Ursachen - umfassende Problembetrachtung

Zunächst wird das **Problem** beschrieben (Wirkung) nach **Inhalt, Zeit, Ort und Ausmaß**. Jedes Teammitglied sollte das zu bearbeitende Problem verstanden haben. Die Problemdefinition wird auf der rechten Seite einer Tafel eingetragen.

Wirkungsbeschreibung

Im nächsten Schritt werden Felder für mögliche Ursachen festgelegt. Häufig findet die Einteilung gemäß der **5-M-Methode** statt:

Ursachenfindung

- „**Maschine**" (Werkzeuge, Geräte, Anlagen usw.);
- „**Methode**" (Arbeitsweise, Verfahren, Prozeß usw.);
- „**Material**" (Werkstoffe, Rohmaterialien, beigestellte Leistungen usw.);
- „**Mensch**" (beteiligte Personen, Einarbeitungsstand, Ausbildung usw.);
- „**Mitwelt**" (Arbeitsumfeld, Luftfeuchtigkeit, Temperatur usw.).

Es gibt jedoch keine allgemeingültige Anzahl von Ursachenkategorien; die Lösung kann eine problembezogen und individuell festgelegt werden. Die Kategorien werden auf der Tafel an Pfeilen notiert (Gräten des Fisches). Den „Gräten" werden nun die möglichen **Ursachen** zugeordnet. Der Moderator kann durch Fragen die Aufmerksamkeit des Teams auf bisher vernachlässigte Kategorien lenken. Hinterfragen von Einzelursachen liefert Nebenursachen, die zu einer weiteren Verzweigung des Diagramms führen. Bei einer Einzelursache sollte bis zu dreimal „Warum?" gefragt werden.

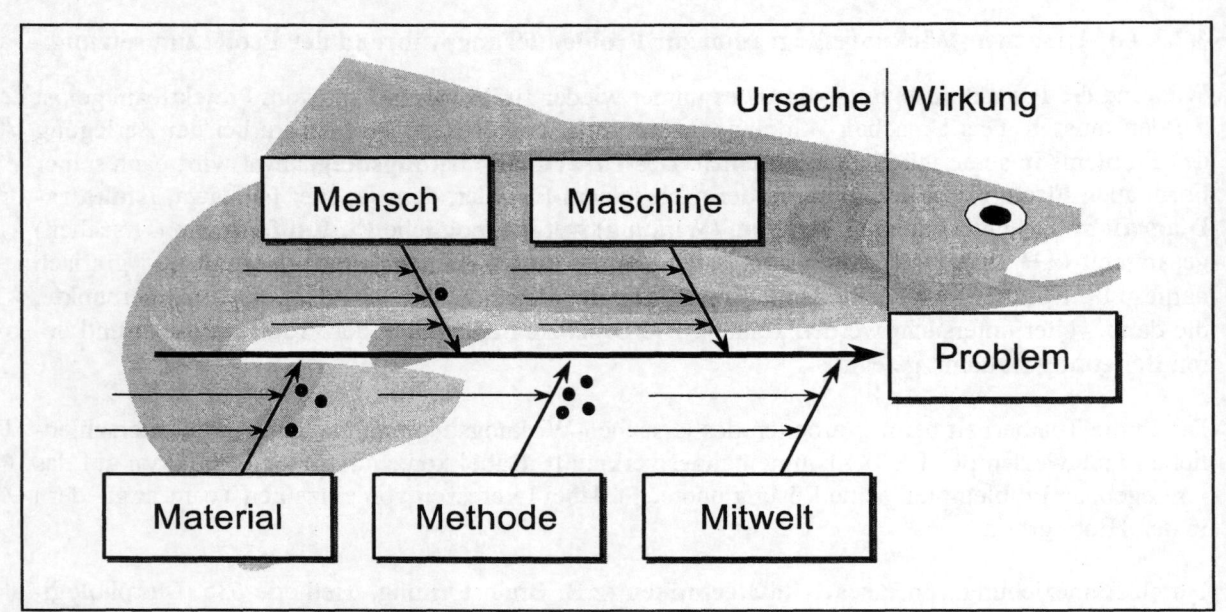

Abbildung 4.2-13: Ursachen-Wirkungsdiagramm

Wenn keine weiteren Ursachen mehr gefunden werden, erfolgt die **Beurteilung der Einzelursachen** (z.B. durch Setzen von Klebepunkten). Die Ursachen mit den meisten Punkten werden nachfolgend weiter untersucht und einer **Problemlösung** zugeführt.

4.2.4 Begriffsklärung

Abschließend sollen die wesentlichen Begriffe, die zum Verständnis dieses Kapitel erforderlich sind, zusammenfassend und mit Bezug zu einschlägigen Normen (siehe Kapitel 1.9) geklärt werden.

4.2.4.1 Allgemeine Begriffe

Auftraggeber	Kunde in einer Vertragssituation.	DIN EN ISO 8402
Auftragnehmer	Lieferant in einer Vertragssituation.	DIN EN ISO 8402
Dienstleistung	An der Schnittstelle zwischen Lieferant und Kunde sowie durch interne Tätigkeiten des Lieferanten erbrachtes Ergebnis zur Erfüllung der Erfordernisse des Kunden.	DIN EN ISO 8402
Einheit	Das, was einzeln beschrieben und betrachtet werden kann (z.B. Tätigkeit oder Prozeß, Produkt, Organisation, System, Person usw.).	DIN EN ISO 8402
Erbringen einer Dienstleistung	Die zur Lieferung einer Dienstleistung nötigen Tätigkeiten eines Lieferanten.	DIN EN ISO 8402
Kunde	Empfänger eines vom Lieferanten bereitgestellten Produkts.	DIN EN ISO 8402
Lieferant	Organisation, die dem Kunden ein Produkt bereitstellt.	DIN EN ISO 8402
Organisation	Gesellschaft, Körperschaft, Betrieb, Unternehmen oder Institution oder ein Teil davon, eingetragen oder nicht, öffentlich oder privat, mit eigenen Funktionen und eigener Verwaltung.	DIN EN ISO 8402
Organisationsstruktur	In einem Schema geregelte Verantwortlichkeiten, Befugnisse und Wechselbeziehungen, mit deren Hilfe eine Organisation ihre Aufgaben erfüllt.	DIN EN ISO 8402
Produkt	Ergebnis von Tätigkeiten und Prozessen.	DIN EN ISO 8402
Prozeß	Satz von in Wechselbeziehungen stehenden Mitteln und Tätigkeiten, die Eingaben in Ergebnisse umgestalten.	DIN EN ISO 8402
Unterauftragnehmer	Organisation, die dem Lieferanten ein Produkt bereitstellt.	DIN EN ISO 8402
Verfahren	Festgelegte Art und Weise, eine Tätigkeit auszuführen.	DIN EN ISO 8402

4.2.4.2 Qualitätsbezogene Begriffe

Aufzeichnung	Dokument, das einen Nachweis über eine ausgeführte Tätigkeit oder über erzielte Ergebnisse liefert.	DIN EN ISO 8402
Eingangsprüf.	Annahmeprüfung an einem gelieferten Produkt.	DIN 55 350-17
Endprüfung	Letzte der Qualitätsprüfungen vor Übergabe der Einheit an den Abnehmer.	DIN 55 350-17
Konformität	Erfüllung festgelegter Forderungen.	DIN EN ISO 8402
Mangel	Nichterfüllung einer Forderung oder einer angemessenen Erwartung bezüglich der beabsichtigten Anwendung, eingeschlossen solche, welche die Sicherheit betreffen.	DIN EN ISO 8402
Merkmal	Eigenschaft zum Erkennen oder zum Unterscheiden von Einheiten.	DIN 55 350-12
Nachweis	Information, deren Richtigkeit bewiesen werden kann, und die auf Tatsachen beruht, welche durch Beobachtung, Messung, Untersuchung oder durch andere Ermittlungsverfahren gewonnen sind.	DIN EN ISO 8402
Prüfung	Tätigkeit wie Messen, Untersuchen, Ausmessen bei einem / mehreren Merkmalen einer Einheit sowie Vergleichen der Ergebnisse mit festgelegten Forderungen, um festzustellen, ob Konformität für jedes Merkmal erzielt ist.	DIN EN ISO 8402
Qualität	Gesamtheit von Merkmalen (und Merkmalswerten) einer Einheit bezüglich ihrer Eignung, festgelegte und vorausgesetzte Erfordernisse zu erfüllen.	DIN EN ISO 8402
Qualitätsfähigkeit	Eignung einer Organisation oder ihrer Elemente zur Realisierung einer Einheit, die Qualitätsforderung an diese Einheit zu erfüllen.	DIN 55 350-11
Qualitätsforderung	Formulierung der Erfordernisse oder deren Umsetzung in eine Serie von quantitativ oder qualitativ festgelegten Forderungen an die Merkmale einer Einheit zur Ermöglichung ihrer Realisierung und Prüfung.	DIN EN ISO 8402
Qualitätsmerkmal	Die Qualität mitbestimmendes Merkmal.	DIN 55 350-11
Sicherheit	Zustand, in dem das Risiko eines Personen- oder Sachschadens auf einen annehmbaren Wert begrenzt ist.	DIN EN ISO 8402
Validierung	Bestätigen aufgrund einer Untersuchung und durch Bereitstellung eines Nachweises, daß die besonderen Forderungen für einen speziellen beabsichtigten Gebrauch erfüllt worden sind.	DIN EN ISO 8402
Verifizieren	Bestätigen aufgrund einer Untersuchung und durch Bereitstellung eines Nachweises, daß festgelegte Forderungen erfüllt worden sind.	DIN EN ISO 8402
Zuverlässigkeit	Zusammenfassender Ausdruck zur Beschreibung der Verfügbarkeit und ihrer Einflußfaktoren: Funktionsfähigkeit, Instandhaltbarkeit und Instandhaltungsbereitschaft.	DIN EN ISO 8402
Zuverlässigkeitsmerkmal	Die Zuverlässigkeit mitbestimmendes Qualitätsmerkmal.	DIN 55 350-11
Zwischenprüf.	Qualitätsprüfung während der Realisierung einer Einheit.	DIN 55 350-17

4.2.4.3 Begriffe zum Qualitätsmanagement-System

Qualitäts-kontrolle	Ein System von Mitteln zum wirtschaftlichen Hervorbringen von Gütern oder Dienstleistungen, welche die Kundenanforderungen erfüllen.	Japanese Industrial Standards (Z8101-1981)
Qualitäts-lenkung	Arbeitstechniken und Tätigkeiten, die zur Erfüllung von Qualitätsforderungen angewendet werden.	DIN EN ISO 8402
Qualitätsmanagement	Alle Tätigkeiten des gesamten Managements, die im Rahmen des QM-Systems die Qualitätspolitik, die Ziele und Verantwortungen festlegen sowie diese durch Mittel wie Qualitätsplanung, Qualitätslenkung, Qualitätssicherung / QM-Darlegung und Qualitätsverbesserung verwirklichen.	DIN EN ISO 8402
Qualitätsmanagement-Bewertung	Formelle Bewertung des Standes und der Angemessenheit des QM-Systems in bezug auf Qualitätspolitik und die Qualitätsziele durch die oberste Leitung.	DIN EN ISO 8402
Qualitätsmanagement-Handbuch	Dokument, in dem die Qualitätspolitik festgelegt und das QM-System einer Organisation beschrieben ist.	DIN EN ISO 8402
Qualitätsmanagementplan	Dokument, in dem die spezifischen qualitätsbezogenen Arbeitsweisen und Hilfsmittel sowie der Ablauf der Tätigkeiten im Hinblick auf ein einzelnes Produkt, ein einzelnes Projekt oder einen einzelnen Vertrag dargelegt sind.	DIN EN ISO 8402
Qualitätsmanagement-System	Zur Verwirklichung des Qualitätsmanagements erforderliche Organisationsstruktur, Verfahren, Prozesse und Mittel.	DIN EN ISO 8402
Qualitäts-planung	Tätigkeiten, welche die Zielsetzungen und Qualitätsforderungen sowie die Forderungen für die Anwendung der Elemente des QM-Systems festlegen.	DIN EN ISO 8402
Qualitätspolitik	Umfassende Absichten und Zielsetzungen einer Organisation zur Qualität, wie sie durch die oberste Leitung formell ausgedrückt werden.	DIN EN ISO 8402
Qualitäts-sicherung	Alle geplanten und systematischen Tätigkeiten, die innerhalb des QM-Systems verwirklicht sind und die wie erforderlich dargelegt werden, um ausreichendes Vertrauen zu schaffen, daß eine Einheit die Qualitätsforderung erfüllen wird.	DIN EN ISO 8402
Rückverfolg-barkeit	Vermögen, den Werdegang, die Verwendung oder den Ort einer Einheit anhand aufgezeichneter Kennzeichnung verfolgen zu können.	DIN EN ISO 8402
Spezifikation	Dokument, in dem Forderungen festgelegt sind.	DIN EN ISO 8402
Umfassendes Qualitätsmanagement (TQM)	Auf die Mitwirkung aller ihrer Mitglieder gestützte Managementmethode einer Organisation, die Qualität in den Mittelpunkt stellt und durch Zufriedenstellen der Kunden auf langfristigen Geschäftserfolg sowie auf Nutzen für die Mitglieder der Organisation und für die Gesellschaft zielt.	DIN EN ISO 8402

Anmerkung: Aus wörtlicher, aber nicht sinngemäßer Übersetzung von „quality control" ist die Bezeichnung „Qualitätskontrolle" entstanden. Diese Bezeichnung wird meist ohne nähere Angabe und damit mißverständlich synonym zu verschiedenen Begriffen (wie z.B. Q-Prüfung, Q-Lenkung, Q-Überwachung, Q-Audit und QM-Darlegung) benutzt. Von der Benutzung des Begriffs Qualitätskontrolle wird in den deutschen Normen abgeraten.

4.2.4.4 Begriffe zu Werkzeugen und Techniken des Qualitätsmanagements

Korrektur-maßnahme	Tätigkeit, ausgeführt zur Beseitigung der Ursachen eines vorhandenen Fehlers, Mangels oder einer anderen unerwünschten Situation, um deren Wiederkehr vorzubeugen.	DIN EN ISO 8402
Modell der QM-Darlegung	Genormte oder ausgewählte Serie von Forderungen an ein QM-System, zusammengestellt zur Erfüllung von Erfordernissen der QM-Darlegung in einer gegebenen Situation.	DIN EN ISO 8402
Prüfspezi-fikation	Festlegung der Prüfmerkmale für die Qualitätsprüfung und gegebenenfalls der vorgegebenen Merkmalswerte sowie erforderlichenfalls der Prüfverfahren.	DIN 55 350-11
Qualitätsaudit	Systematische und unabhängige Untersuchung, um festzustellen, ob die qualitätsbezogenen Tätigkeiten und damit zusammenhängende Ergebnisse den geplanten Anordnungen entsprechen, und ob diese Anordnungen tatsächlich verwirklicht und geeignet sind, die Ziele zu erreichen.	DIN EN ISO 8402
Qualitätsbe-zogene Kosten	Kosten, die durch das Sicherstellen zufriedenstellender Qualität und durch das Schaffen von Vertrauen, daß die Qualitätsforderungen erfüllt werden, entstehen sowie Verluste infolge von Nichterreichen der zufriedenstellenden Qualität.	DIN EN ISO 8402
Verfahrens-anweisung	Dokument eines Verfahrens.	DIN EN ISO 8402
Vorbeugungs-maßnahme	Tätigkeit, ausgeführt zur Beseitigung der Ursachen eines möglichen Fehlers, Mangels oder einer anderen unerwünschten Situation, um deren Vorkommen vorzubeugen.	DIN EN ISO 8402

Zusammenfassung

Das Thema Qualität bzw. Qualitätsmanagement bekommt durch die Einbindung in das Projektmanagement eine besondere Bedeutung. Die Hauptschwierigkeit dieser Aufgabenstellung liegt in der Tatsache begründet, daß zwar sowohl zum Qualitätsmanagement als auch zum Projektmanagement viel Wissen vorhanden ist, die Verknüpfung beider Bereiche bisher dagegen zu wenig erprobt und zu selten problematisiert wurde.

Das vorliegende Kapitel stellt die Verbindungen zwischen

1. Qualitätsmanagement und Projektmanagement,
2. Qualität des Projektmanagements und
3. Qualitätsmanagement im Projekt

her. Behandelt werden die wesentliche Normen, Fragestellungen und methodischen Lösungsansätze zu diesen drei Themenbereichen.

Unterstellt man, daß **Leistung, Termine** und **Kosten**, die **Qualitätsparameter in der Projektarbeit** sind, läßt sich der durchgängig praktizierte Ansatz des Projektmanagements als ein Qualitätsmanagement-System für die Projektarbeit identifizieren. *PM-System = QM-System für Projekte*

Die Projektmanagement-Qualität hängt von den **praktizierten Verfahren**, den **eingesetzten Mitarbeitern** und der **Einbindung der Kunden** ab. Die Zusammenführung dieser Bereiche ist die Aufgabe des Top-Managements. Das **Top-Management** trägt also einen wesentlichen Anteil an der Qualität des Projektmanagements. *Top-Management = Promoter für die Qualität des PM*

Mit der **Beschreibung der Ablaufsystematik** wird die Grundlage für die Projektqualität geschaffen. Die **Anwendung von Werkzeugen** und Methoden des Managements und die **Berücksichtigung von sozialen und kommunikativen Aspekten** ist der Weg zur Zielerreichung. Auf diesem Weg zu bleiben, auch wenn externe Faktoren (u.a. Zeitdruck) dazu verleiten, eine vermeintliche Abkürzung zu nehmen, ist der Anspruch an die **Führungskräfte und Mitarbeiter des Projekts**. Ein gelebtes Qualitätsmanagement innerhalb des Projekts liegt dann vor, wenn die Beteiligten diesem Anspruch gerecht werden. *Qualitätsmanagement = Weg zum Projektziel*

Literaturverzeichnis

AKAO, Y.: „QFD - Quality Function Deployment - Wie die Japaner Kundenwünsche in Qualität umsetzen", Landsberg am Lech 1992

BECHLER, K. J.: „Projektmanagement im Unternehmen richtig einführen - eine Herausforderung für Unternehmensleitung und Unternehmensberater -, in: Lange, D. (Hrsg.): „Management von Projekten Know-how aus der Beraterpraxis", Stuttgart 1995

BRAUER, J.-P.; Kühme, E.-U.: „DIN EN ISO 9000 - 9004 umsetzen", München, Wien 1996

BUSCHMANN, K.; Kürzl, A.; Lembke, P.: Qualität, in Projektmanagement-Fachmann, Eschb. 1991

CLUTTERBUCK, D.; Crainer, S.: „Die Macher des Managements", Wien 1991

CROSBY, P. B.: „Qualität ist und bleibt frei", Wien 1996

DIN Deutsches Institut für Normung e.V. (Hrsg.): Qualitätsmanagement und Statistik - Anleitung zur Auswahl aus der Normenreihe DIN EN ISO 9000 und den unterstützenden Normen, Normensammlung, Berlin, Wien, Zürich 1995

FREHR, H.-U.: „Total Quality Management Unternehmensweite Qualitätsverbesserung", München, Wien 1993

GRAU, N.; Ottmann, R.: „Die Bedeutung des Projektmanagement beim Business Process Reengineering, in: Lange, D. (Hrsg.): „Management von Projekten Know-how aus der Beraterpraxis", Stuttgart 1995

HAMMER, M.; Champy, J.: „Business Reengineering - Die Radikalkur für das Unternehmen", Frankfurt, New York 1994

HAUSER, J. R.; Clausing, D.: „The House of Quality", in: HBR, 5-6/1988, S. 63 - 73

HUMMEL, T.; Malorny, C.: „Total Quality Management Tips für die Einführung", München 1996

KAMISKE, G. F.; Brauer, J.-P.: „ABC des Qualitätsmanagement", München, Wien 1996

LEIBFRIED, H. J.; McNair, C. J.: „Benchmarking", Freiburg 1993

MOTZEL, E.: „Zertifizierung im Projektmanagement - aktueller Stand in der Bundesrepublik Deutschland" in Projekt Management, Köln 2/1996

OTTMANN, R.: „Qualitätsmanagement mit DIN EN ISO 9000 - mit Projektmanagement effizient einführen -, in: Lange, D. (Hrsg.): „Management von Projekten Know-how aus der Beraterpraxis", Stuttgart 1995

OTTMANN, R.: „Projektmanagement, die Mega-Methode zur Krisenbewältigung, in Feyerabend F.-K., Grau, N. (Hrsg.): „Aspekte des Projektmanagements Eine praxisorientierte Einführung", Gießen 1995.

PANNENBÄCKER, K.: „INTERNET Project Management Certification", in: Wolff, U.: „Projektmanagement-Forum '93", Tagungsband, Weimar 1993

ROSETTE, C.: „PM - Fehlen die Qualifikationen?" in Elektronik 9/1990

THEDEN, P.; Colsman, H.: „Qualitätstechniken Werkzeuge zur Problemlösung und ständigen Verbesserung", München, Wien 1996

ZINK, K.J.; Voß, W.: Wettbewerbsvorsprung durch Qualität; RKW-Verlag, Eschborn 1997

Autorenportrait

Roland Ottmann, geboren 1961 in Nürnberg;

Examen in Maschinenbau (Eng HND), Projektmanagement (DipM) und Betriebswirtschaft (MBA);

Zertifikate als Management Consultant (CMC), Projektmanager (CPM) und Projektmanagement Trainer (CPMT);

seit 1985: praktische Erfahrung in Projekt- und Qualitätsmanagement in der Industrie und in Dienstleistungsunternehmen als Projektleiter, Trainer und Berater;

seit 1992: Geschäftsführender Gesellschafter der Ottmann & Partner GmbH Management Consulting; Lehrbeauftragter und Gastdozent an der Georg Simon Ohm Fachhochschule Nürnberg;

seit 1993: zertifizierter Trainer für den Lehrgang Projektmanagement-Fachmann (RKW / GPM);

1994 bis 1996 und 1998 bis 2000: Repräsentant für Deutschland und Delegierter im Council of Delegates der IPMA International Project Management Association;

seit 1996: Vorstand der GPM Deutsche Gesellschaft für Projektmanagement e.V.;

1996: Initiator des Deutschen Projektmanagement Award und Projektleiter für das Bewertungsmodell für Projekte "Project Excellence";

seit 1997: Projektleiter des jeweiligen Deutschen Projektmanagement Award; Trainer für die PM-Award Assessoren;

seit 1999: Projektleiter des International Project Management Award und des 16th IPMA World Congress on Project Management 2000, Berlin;

2000 bis 2001: Vice President im Executive Board der IPMA International Project Management Association.

Abbildungsverzeichnis

Abbildung 4.2-1: Wandel des Qualitätsbegriffs 924

Abbildung 4.2-2: Der Weg zur Qualität 925

Abbildung 4.2-3: Kosten und Nutzen von Qualitätsmanagement 927

Abbildung 4.2-4: Die Deming-Kette der Qualität 928

Abbildung 4.2-5: Der Weg zum TQM 931

Abbildung 4.2-6: Damit scheitert TQM 932

Abbildung 4.2-7: Deming-Zyklus „Grundprinzip der ständigen Verbesserung" 933

Abbildung 4.2-8: Anforderungsprofil an das Projektpersonal 937

Abbildung 4.2-9: Das Bewertungsmodell Project Excellence 945

Abbildung 4.2-10: Netzdiagramm 946

Abbildung 4.2-11: Die Planungsschritte im QFD 949

Abbildung 4.2-12: House of Quality 950

Abbildung 4.2-13: Ursachen-Wirkungsdiagramm 952

4.2 Qualitätsmanagement

Lernzielbeschreibung

Der Leser soll

- die historische Entwicklung des Qualitätsmanagements,
- Ansätze zum Qualitätsmanagement im Unternehmen,
- Ansätze zum Projektmanagement im Unternehmen und
- moderne QM-Methoden in der Projektarbeit

kennen sowie die Inhalte

- des Umfassenden (Totalen) Qualitätsmanagement TQM,
- der Anforderung an ein Qualitätsmanagement-System im PM,
- der PM-Dokumentation im PM-Handbuch,
- des Nachweises eines QM-Systems im Projektmanagement,
- der Arbeitsmittel PM-Handbuch und Projektakte sowie
- den Ablauf von Projekt-Reviews

wissen.

4.3 Vertragsinhalte und -management

von

Kurt E. Weber

Relevanznachweis

Grundlage für die Bearbeitung nahezu aller Projekte ist der Projektvertrag. Beide Vertragsparteien richten sich nach seinem Inhalt. Um diese Inhalte besser zu verstehen, sind einige rechtliche Grundkenntnisse erforderlich. Basierend auf diesen Grundkenntnissen kann ein geordnetes Vertragsmanagement betrieben werden.

Bei allen Großprojekten ist heutzutage davon auszugehen, daß der Vertragspartner ein systematisches Vertragsmanagement durchführt. Dies gilt insbesondere im internationalen Bereich. Das bedeutet, daß nur mit Hilfe eines eigenen systematischen Vertrags- und Nachforderungsmanagements der Projekterfolg gesichert werden kann.

Das Vertragsmanagement hilft zunächst, die genauen Pflichten aus dem Vertrag zu erkennen. Bereits dabei werden Risiken sichtbar. Das Vertragsmanagement steuert die weitere Vertragsabwicklung so, daß Pflichten genau eingehalten und Risiken minimiert werden.

Ein wesentlicher Bestandteil des Vertragsmanagements ist das Nachforderungsmanagement (Claim Management). Das genaue Erfassen eigener Rechte und Pflichten führt dazu, daß diese eigenen Rechte auch dokumentiert und durchgesetzt werden können. Über die Rechte aus dem eigentlichen Vertrag hinaus handelt es sich dabei um Rechte, die sich aus Zusatzarbeiten, Zusatzaufträgen und Terminverschiebungen durch den Vertragspartner ergeben.

Diese Rechte haben einen erheblichen wirtschaftlichen Wert. Ihre systematische Erfassung und Durchsetzung im Rahmen des Nachforderungsmanagements kann eine Erlössteigerung von bis zu 20% des ursprünglichen Vertragswertes erbringen; gleichzeitig wehrt das Nachforderungsmanagement ungerechtfertigte Ansprüche des Vertragsgegners ab.

Inhaltsverzeichnis

4.3.1 Vertragsinhalte	**965**
4.3.1.1 Einführung	965
4.3.1.2 Juristische Grundlagen	965
4.3.1.3 Verschiedene Vertragstypen	967
4.3.1.4 Projektmanagement-Vertrag	968
4.3.1.5 Vertraglich relevante Zusammenhänge	972
4.3.1.6 Vertragsbeziehungen im Projekt	978
4.3.2 Fallstricke aus Projektverträgen	**982**
4.3.3 Vertragsmanagement	**984**
4.3.3.1 Was ist Vertragsmanagement?	984
4.3.3.2 Instrumente des Vertragsmanagements	985
4.3.3.3 Vertragsmanagement in einzelnen Projektphasen	985
4.3.4 Nachforderungsmanagement (Claim Management)	**991**
4.3.4.1 Grundlagen	991
4.3.4.2 Instrumente	992
4.3.4.3 Nachforderungsmanagement in verschiedenen Projektphasen	992
4.3.4.4 Subjektive Einstellung zum Nachforderungsmanagement	993
4.3.4.5 Arbeitssystematik im Nachforderungsmanagement	994
4.3.4.6 Praktische Ausführung	996
4.3.4.7 Kosten des Nachforderungsmanagements	998
4.3.4.8 Fehler beim Nachforderungsmanagement	998
4.3.5 Zusammenhang mit anderen Funktionen des Projektmanagements	**999**
4.3.5.1 Konfigurations- und Änderungsmanagement	999
4.3.5.2 Risikomanagement	1000
4.3.5.3 Qualitätsmanagement	1001

4.3.1 Vertragsinhalte

4.3.1.1 Einführung

Grundlage für die Projektbearbeitung ist der Projektvertrag. Die Inhalte dieses Vertrages sind bindend für die Vertragsparteien. Die Parteien und insbesondere ihre Projektmanager müssen demnach diese Inhalte nicht nur kennen, sondern auch verstehen.

Zum Verständnis wird die Aufteilung des Vertrages in große Blöcke, zum Beispiel Lieferungen und Leistungen, kaufmännischer Teil und juristischer Teil vorgenommen. Ausgehend von diesen Blöcken erschließt sich der Inhalt leichter. Dabei helfen Checklisten.

Ein Vertragswerk kann aus einigen Dutzend Seiten, häufig jedoch aus einigen hundert oder gar tausend Seiten bestehen.

> *Ein gutes Beispiel für große Verträge ist der Industrieanlagenvertrag. Darin wird der Liefer- und Leistungsanteil für die Industrieanlage definiert. Ferner bilden Termin- und Organisationsvorgaben, Preis und Lieferbedingungen die Eckdaten für das Projektmanagement.*

Wenn der Projektbearbeiter den Einstieg in den Vertrag geschafft hat, steht er häufig juristischen Problemen gegenüber. Diese sind zum Beispiel, ob ein Vertrag überhaupt zustandegekommen ist, welcher Vertragstyp vorliegt und ob zu diesem Vertragstypus gesetzliche Regelungen zu beachten sind. Er achtet besonders auf Störungen in der Vertragsabwicklung und deren Rechtsfolgen, zum Beispiel bei Nichteinhaltung von Vertragsterminen auf die anfallenden Vertragsstrafen. Des weiteren hat er vertragliche Regelungen mit Unterauftragnehmern (Subunternehmern) zu verfolgen, ferner auch Verträge im Rahmen eines Konsortiums. Er überprüft einzelne Vertragsklauseln auf besondere Tücken.

Bei internationalen Verträgen sind zusätzliche Probleme der Rechtswahl, Ort der Rechtsauseinandersetzung und lokale Vorschriften zu beachten.

Das rechtliche Rüstzeug zur Lösung dieser Probleme erfordert die Beschäftigung mit einigen juristischen Grundlagen, die im folgenden dargestellt werden. Zu psychologischen und organisationalen Fragen des Konfliktmanagements wird auf das Kapitel 2.8 und zu den Interessengruppen des Projektumfelds auf Kapitel 1.3 verwiesen.

4.3.1.2 Juristische Grundlagen

Das Recht der Verträge ist in den §§ 145 ff. BGB (Bürgerliches Gesetzbuch), ferner in den §§ 311 ff. BGB geregelt. Dazu kommen noch Bestimmungen über Allgemeine Geschäftsbedingungen in den §§ 305-310 BGB, sowie Sonderbestimmungen für einzelne Vertragstypen, z.B. die §§ 433 ff BGB für den Kaufvertrag und §§ 631 ff. BGB für den Werkvertrag. Von besonderer Bedeutung für die Vertragsabwicklung ist das neue Recht der Leistungsstörungen in den §§ 280 ff BGB, das ab dem 01.01.2002 gilt. *Leistungsstörungen*

Verträge sind die Haupterscheinungsform des Rechtsgeschäftes. Sie regeln die Beziehungen zwischen zwei oder mehreren Parteien. Im Vertrag wird bestimmt, wer an wen zu leisten hat, ferner was geleistet wird und welche Regeln gelten. Verträge erzeugen somit Rechtssicherheit.

Vertragsparteien Verträge sind also eine Art Gesetz zwischen den Parteien. Anders als bei den staatlichen Gesetzen gelten die Verträge jedoch nicht für alle, sondern nur für die vertragsschließenden Parteien. Konsequenterweise werden die Vertragsparteien genau bestimmt. Abbildung 4.3-1 zeigt die Parteien eines Vertrages und ihre Rechtsbeziehungen.

```
                    LEISTUNG : WERK
       ┌─────┐     ◄──────────────     ┌──────────┐
       │ AG  │                         │ ALLEIN-  │
       │     │     ──────────────►     │   AN     │
       └─────┘   GEGENLEISTUNG : VERGÜTUNG └──────────┘
```

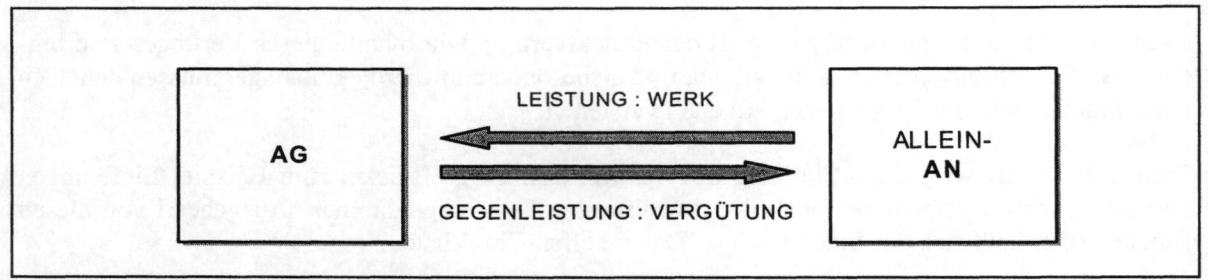

Abbildung 4.3-1: Parteien eines Vertrages und ihre Rechtsbeziehungen

Dazu muß die genaue Bezeichnung der Parteien, die Rechtsform, die Adresse und der Name des Vertretungsberechtigten im Vertrag angegeben werden.

Beispiel: Es gibt zwei Vertragspartner. Diese Parteien werden auf der ersten Seite des Vertrages angegeben. Meistens heißt es:

*„Zwischen den Parteien **X-GmbH - Auftraggeber** und **Y-AG - Auftragnehmer** kommt folgender Vertrag zustande."*

Aus diesen Angaben können somit Auftraggeber und Auftragnehmer mit ihren genauen **Adressen** ermittelt werden. Auch der **gesetzliche Vertreter** einer Partei - z.B. der Geschäftsführer - ist häufig namentlich angegeben.

Manchmal treten insbesondere auf der Auftragnehmerseite mehrere Parteien auf. In diesem Fall sind somit alle Parteien mit ihren Adressen genau zu ermitteln.

Bei den im Rahmen des Projektmanagements in Frage kommenden Verträgen handelt es sich in aller Regel um gegenseitige Verträge. Für eine bestimmte Leistung wird eine bestimmte Gegenleistung vereinbart. Daraus folgt, daß Leistung und Gegenleistung genau spezifiziert werden müssen. Für die Leistung ist zum Beispiel die Erstellung einer technischen Spezifikation mit dem genauen Lieferumfang erforderlich. Die Gegenleistung wird im allgemeinen in Geld erbracht. Preis und Zahlungsbedingungen müssen daher angegeben werden.

Daneben werden noch Termine, der Lieferort, Leistungsgarantien und Gewährleistungsbedingungen sowie mögliche Rechtsfolgen bei Leistungsstörungen, also bei Nichteinhaltung der vertraglichen Vereinbarungen angeführt.

Vertrags- Ein Vertrag kommt wirksam zustande durch:
abschluß

- **Unterzeichnung** einer Vertragsurkunde durch alle Parteien bzw. ihre Vertreter,

oder durch

- schriftliches oder mündliches **Angebot** durch eine Partei und unveränderte (vorbehaltlose) **Annahme** durch die andere Partei.

Beispiel: Der Turbinenlieferant A legt ein schriftliches Angebot dem Elektrizitätswerk B vor. B schreibt zurück: "Wir nehmen Ihr Angebot an". Damit ist ein Vertrag bereits wirksam zustande gekommen. A muß genau gemäß seinem Angebot liefern.

Schreibt B dagegen zurück: "Wir sind mit Ihrem Angebot einverstanden, möchten aber die Zuleitungen gemäß Pos.10 größer dimensionieren", dann gilt das ursprüngliche Angebot von A als abgelehnt. Ein Vertrag ist also nicht zustande gekommen. Er kommt erst zustande nach Einigung von A und B auch über die größere Dimensionierung der Zuleitungen und eine entsprechende Vergütungsregelung.

Auch ein **mündlich geschlossener Vertrag** ist grundsätzlich wirksam, ist aber aus Beweisgründen **nicht empfehlenswert**.

Häufig wird die sog. „Invitation to Tender" mit der Annahme verwechselt. Hierbei handelt es sich jedoch lediglich um eine **Aufforderung zur Angebotsabgabe**, die nicht die Wirkung einer Auftragserteilung hat. *Invitation to Tender*

Verträge sind klar und eindeutig abzufassen. Die Parteien und der Gegenstand des Vertrages müssen eindeutig bezeichnet werden. In der Bundesrepublik Deutschland herrscht **Vertragsfreiheit** (Stichwort: Vertragsautonomie). Somit sind alle vertraglichen Regelungen erlaubt und wirksam.

Das Prinzip der **Vertragsfreiheit** findet seine Grenzen in Verfassungsprinzipien. Die geltenden Gesetze und die „guten Sitten" sind auch beim Vertragsabschluß zu beachten. Verträge, die gegen sie verstoßen, sind unwirksam.

Im **Ausland** ist von Fall zu Fall zu prüfen, ob der Abschluß und der Inhalt von Verträgen nicht staatlichen Genehmigungsvorschriften unterliegen. So sind z.B. Schiedsvereinbarungen in manchen Ländern nur eingeschränkt zulässig. Selbst wenn eine Schiedsvereinbarung zulässig wäre, ist zu prüfen, ob ein Schiedsspruch im jeweiligen Land vollstreckt werden kann. D.h., es muß also sichergestellt sein, daß eine Forderung aus einem Schiedsspruch im Lande des Vertragspartners eingetrieben werden kann.

Es ist ferner zu prüfen, ob das jeweilige Landesrecht überhaupt die Wahl einer anderen Rechtsordnung zuläßt.

4.3.1.3 Verschiedene Vertragstypen

Im Bürgerlichen Gesetzbuch sind verschiedene Vertragstypen normiert. Im Projektmanagement-Bereich, bei Bau und Industrieanlagen kommen Kaufrecht, Dienstvertragsrecht und vor allem Werkvertragsrecht zur Anwendung.

Das **Kaufrecht** ist in § 433 geregelt. Der Verkäufer ist verpflichtet, die Sache zu übergeben und das Eigentum an der Sache zu verschaffen. Sie muß frei von Sach- und Rechtsmängeln sein. *Kaufrecht*

Beispiel: Der Verkäufer liefert 50 Elektromotoren aus seiner Serie.

Auch bei einmalig hergestellten beweglichen Sachen gilt weitestgehend Kaufrecht (und nicht Werkvertragsrecht). Allerdings hat der Käufer Mitwirkungspflichten.

Beispiel: Der Verkäufer stellt einen Elektromotor nach Spezifikationen des Käufers her.

Dienstvertragsrecht gemäß § 611 ff. BGB. Es ist eine bestimmte Tätigkeit, aber nicht ein bestimmter Erfolg geschuldet. *Dienstvertrag*

Beispiel: Ausbildung von Kundenpersonal; Erstellung eines Pflichtenhefts im EDV-Bereich.

*Werksvertrags-
recht*

Das **Werkvertragsrecht** ist in §§ 631 ff. BGB geregelt. Geschuldet ist die Herstellung des versprochenen Werks. Anders ausgedrückt: Es ist ein bestimmter (meßbarer) Erfolg geschuldet. Das Werk, also z.B. die Anlage, muß mangelfrei sein. Erst dann gilt sie als vertragsgerecht erstellt und wird vom Auftraggeber abgenommen.

> *Beispiel: Im Zusammenhang mit dem Industrieanlagenvertrag die Planung, Erstellung und Inbetriebnahme der gesamten Anlage*

*Formular-
verträge/AGBG*

Werden Standardverträge mit immer wiederkehrenden Formulierungen (sog. **Formularverträge**) oder Allgemeine Geschäftsbedingungen (AGB) verwendet, so gelten die §§ 305 ff BGB. Danach sind - auch unter Kaufleuten - Bestimmungen unwirksam, wenn sie den Vertragspartner entgegen den Geboten von Treu und Glauben unangemessen benachteiligen (**§ 307 BGB**) oder wenn sie Überraschungscharakter haben (**§ 305c BGB**). Auf mehrdeutige Klauseln kann sich der Verwender (der Ersteller der AGB) im Zweifel nicht berufen.

> *Beispiel für Unwirksamkeit: Der Verkäufer eines neuen Motors schließt in seinen AGB jegliche Gewährleistung aus.*

> *Weiteres Beispiel: Der Auftragnehmer einer Industrieanlage fordert in seinem Standardvertrag eine Vertragsstrafe bei Verzug ohne Begrenzung nach oben.*

Verweisen beide Vertragsparteien auf ihre widersprechenden Allgemeinen Geschäftsbedingungen, ist in der Regel anzunehmen, daß die Allgemeinen Geschäftsbedingungen nur insoweit Vertragsbestandteil werden, als sie übereinstimmen. Soweit sie nicht übereinstimmen, gelten die übrigen Regeln des Hauptvertrags und - falls dieser keine Regelung enthält - das Gesetz.

Bei Verträgen mit **Auslandsberührung** ist zunächst zu prüfen, ob deutsches Recht anzuwenden ist. Ist das der Fall, unterliegt ein Formularvertrag den Bestimmungen der §§ 305 ff BGB. Allgemeine Geschäftsbedingungen können durch einen für den ausländischen Vertragspartner verständlichen Hinweis in den Vertrag mit einbezogen werden. Unterliegt der Vertrag nicht deutschem Recht, so gelten auch die AGB-Regelungen nicht. Alle gewünschten Regelungen müssen im Vertrag ausformuliert werden.

4.3.1.4 Projektmanagement-Vertrag

In der Praxis findet man häufig die Situation, daß ein Projekt komplett an einen Vertragspartner vergeben wird. Daher wird im folgenden näher auf diesen **Projektmanagement-Vertrag** eingegangen.

PM-Vertrag

Projektmanagement-Verträge (Werkverträge) gliedern sich im allgemeinen in fünf große Blöcke wie folgt:

- Präambel
- Definitionen
- technische Spezifikation
- kommerzieller und organisatorischer Teil
- juristischer Teil

Das Verständnis von Projektverträgen wird sehr erleichtert, wenn man mit diesen Blöcken umzugehen weiß und bei einer bestimmten Fragestellung auf den richtigen Block zugreift.

Die genannten großen Blöcke sind zumeist schon räumlich in **Form von Kapiteln** getrennt und dadurch leicht erkennbar. Die eigentliche technische Spezifikation bzw. das detaillierte Lieferverzeichnis werden dem Vertrag häufig als Anlage beigefügt. Im Vertrag muß ausdrücklich erwähnt werden, daß die Anlage Vertragsbestandteil ist.

Diese fünf Blöcke umfassen im einzelnen folgende Regelungen:

Präambel

Hier wird kurz die reale Ausgangslage der Parteien bzw. werden die Grundüberlegungen geschildert, die sie zum Abschluß des Vertrages bewegt haben. So heißt es z.B.:

"Im Lande X soll die Elektrizitätsversorgung durch Ausnutzung der Wasserkraft ausgebaut werden. Auftraggeber ist die staatliche Elektrizitätsbehörde. Auftragnehmer ist ein Turbinenhersteller mit weltweiter Erfahrung."

Daran wird sich in der Regel eine genaue Zieldefinition anschließen, z.B.

"Auftraggeber beabsichtigt, ein Wasserkraftwerk in... zu errichten und zu betreiben. Auftragnehmer wird dazu alle Turbinen, die gesamte maschinelle Einrichtung und das erforderliche Know-how liefern sowie das Projektmanagement für das Gesamtprojekt stellen."

Die Präambel hat für die Parteien den Sinn, die **Grundüberlegungen** und **Interessenlage** bei Abschluß des Vertrages darzustellen. Häufig lassen sich bei der Abwicklung des Vertrages Streitigkeiten vermeiden oder gütlich regeln, wenn zur Klärung der streitigen Punkte auf diese Grundlagen zurückgegriffen wird.

Definitionen

Die Vorschaltung des Kapitels Definitionen ist im internationalen Bereich üblich, aber auch im nationalen Bereich sinnvoll.

Gerade bei umfangreichen Verträgen ist es üblich und notwendig, Definitionen für wichtige und häufig verwendete Begriffe festzulegen, z.B. für das Inkrafttreten des Vertrages. Dies erleichtert das Verständnis für alle Mitarbeiter sowie in Streitfällen zusammen mit der Präambel die Klärung dessen, was eigentlich gemeint und gewollt war.

Definitionen sollen das Verständnis bestimmter Vertragstermini (Terminus = Ausdruck, Bezeichnung) erleichtern. Beide Parteien sollen eine **einheitliche Sprache** sprechen. So sind z.B. die wichtigen Termini des Inkrafttretens des Vertrages und der Abnahme zu definieren.

Technische Spezifikation

Dies ist die eigentliche **Liefer- und Leistungsbeschreibung**. Sie wird meist von Technikern erstellt. Hier geht es im wesentlichen um die technische Spezifikation mit allen sonstigen zu erbringenden Leistungen. Es handelt sich also um das Leistungspaket des Auftragnehmers. Aber auch die Leistungen des Auftraggebers werden zur Klarstellung und Abgrenzung genau beschrieben.

Kommerzieller und organisatorischer Teil

Hier werden Preise, Zahlungsbedingungen und Termine festgehalten.

Dies ist der Teil für die Kaufleute (**kaufmännische Anforderungen**), aber auch für das Projektmanagement und Vertragsmanagement. In diesem Teil finden sich nicht nur die Regelungen über Preise und Lieferbedingungen, sondern auch über die gesamte Terminsituation und die Zusammenarbeit mit dem Auftraggeber, besondere kunden- oder landesspezifische Regelungen sowie Bestell- und Liefervorschriften.

Juristischer Teil

Die Pflicht des Auftragnehmers ist es, in der vereinbarten Qualität und Quantität sowie zu den vereinbarten Terminen zu liefern. Tut er dies nicht, so treffen ihn Sanktionen (bestimmte Folgen).

In diesem Teil werden diese sog. **Rechtsfolgen** bei Pflichtverletzung, nämlich bei verspäteter oder schlechter Lieferung und Nichteinhaltung der Vertragsbedingungen formuliert. Besonderer Wert ist auf die Abstimmung der technischen Spezifikationen sowie des kommerziellen und organisatorischen Teils mit dem juristischen Teil zu legen.

Dieser Block ist häufig nicht klar vom Block "Kommerzieller und organisatorischer Teil" abgegrenzt. Unter Umständen sind auch im kommerziellen Block Rechtsfolgen geregelt. Dennoch ist der Block im Auge zu behalten als ein Hauptabschnitt des Vertrages, in dem die Punkte geregelt sind, die das Projektmanagement u.U. Geld kosten, mit anderen Worten, die den wirtschaftlichen Erfolg des Projektes gefährden. Gerade dieser Abschnitt ist für das Projektmanagement von großer Bedeutung und sollte frühzeitig erkannt werden.

Checkliste Vertragsinhalte

Naturgemäß sind diese Vertragsblöcke in viele weitere Unterpunkte aufgegliedert. Es ist sinnvoll, sich diese Regelungen in Form einer Checkliste vor Augen zu führen und sie z.B. der Angebotsgestaltung zugrunde zu legen.

Die folgende Checkliste (Abbildung 4.3-2) aus dem Bereich des Projektmanagements im Industrieanlagenbau gibt die wesentlichen Einzelregelungen wieder. Sie kann grundsätzlich in mehr oder weniger abgewandelter Form bei allen Projektmanagement-Verträgen angewandt werden.

- **Präambel mit Zielsetzung;**
- **Definitionen;**
- **Technische Spezifikation;**
    - Ausgangsdaten: Roh-, Hilfs- und Betriebsstoffe, Geologie, Klima, Wasser, Energie, Auftraggeberpersonal qualitativ und quantitativ, gesetzliche und behördliche Vorschriften
    - Lieferungen
    - Leistungen, insbesondere Projektmanagement-Leistungen
    - Leistungsgarantien
    - Montage
    - Personal
    - Beistellungen des Kunden (Auftraggeber)
    - Mitwirkungspflichten des Kunden
- **Kommerzieller und organisatorischer Teil**
    - Preis
    - Zahlungsbedingungen
    - Zahlungssicherung
    - Preisgleitklausel (wegen Kostensteigerungen und Inflation)
    - Verpackung
    - Verschiffung
    - Versicherungen
    - Termine
    - Prioritäten

4.3 Vertragsinhalte und -management

- Einfuhrformalitäten, Begleitpapiere
- Rechnungslegung
- Bau- und Montagefortschritt (Nachweise)
- Buchhaltungs- und Steuerpflicht
- Kosten
- Testläufe
- Abnahme – procedere

- **Juristischer Teil**
    - order of precedence (Rangfolge der Vertragsbestimmungen)
    - Abschluß von Änderungsvereinbarungen
    - Befugnisse des Projektleiters
    - Vorliegen behördlicher Genehmigungen
    - Inkrafttreten des Vertrages mit Spätestfrist
    - Pflichtverletzung durch:
      Nichterfüllung oder nicht vollständige Erfüllung
      Verspätung und Verzug
      Mangelhafte Lieferung
    - Abnahmeversuch ohne Erfolg
    - Haftung und Gewährleistung
    - Nacherfüllung, Schadensersatz, Rücktritt vom Vertrag
    - Vertragsstrafen (Pönalen)
    - Haftungsausschlüsse (Freizeichnung und Haftungsbegrenzung)
    - force majeure (höhere Gewalt)
    - Steuern und Abgaben
    - anzuwendendes Recht
    - Vertragssprache
    - Allgemeine Geschäftsbedingungen
    - Normen, VOB (Verdingungsordnung für Bauleistungen)
    - Verjährung
    - Schiedsgericht oder anzurufendes staatliches Gericht, Gerichtsstand
    - Salvatorische Klausel(nur bei Verträgen nach deutschem Recht)

Abbildung 4.3-2: Vertragsinhalte des Projektmanagement-Vertrags (Checkliste)

Besonders hinzuweisen ist auf die Regelung von Rechtsfolgen im juristischen Teil. Diese sind in der Checkliste unter den Begriffen **Vertragsstrafen, Nacherfüllung, Schadensersatz** und **Rücktritt vom Vertrag** genannt. Diese Begriffe besagen, daß der Vertrag für denjenigen "Strafen" vorsieht, der die Vertragsbestimmungen nicht genau einhält. Wenn also verspätet oder schlecht geliefert wird oder die gelieferte Anlage den zugesagten Ausstoß nicht erreicht, zahlt der Auftragnehmer z.B. eine Strafe in Geld.

Der **Projektverantwortliche** muß bereits beim ersten Durchlesen des Vertrages die **vereinbarten Sanktionen** erkennen. Sie sind genauso wichtig wie die eigentlichen Lieferverpflichtungen. Bei einem langfristigen Großprojekt ist es nie auszuschließen, daß Verspätungen in den Lieferungen oder einzelne Qualitätsmängel auftreten. Für diese Fälle sollte der Projektverantwortliche ein klares Bild über die Rechtsfolgen, also insbesondere über die zusätzlich auftretenden Kosten und Strafen haben.

4.3.1.5 Vertraglich relevante Zusammenhänge

Leistungsstörungen

Leistungsstörungen

Der Verkäufer oder Auftragnehmer hat im Rahmen des Vertrages seine Leistung vollständig, rechtzeitig und in der vereinbarten Qualität zu erbringen. Tut er das nicht, ist seine Leistung gestört. Man spricht von Leistungsstörungen.

Zentraler Begriff des ab 01.01.2002 geltenden neuen Leistungsstörungsrechts ist die Pflichtverletzung. Wenn also eine Vertragsseite ihre Pflichten aus dem Vertrag verletzt, kann die andere Vertragsseite Ersatz des hierdurch entstehenden Schadens verlangen.

Es kommt also nicht darauf an, welche Pflicht die eine Seite (der Schuldner) verletzt hat, so lange feststeht, daß er eine Pflicht verletzt hat.

Der Begriff der Pflichtverletzung umfaßt alle Formen der Leistungsstörungen nämlich:

- Unmöglichkeit und Unvermögen der Leistungserbringung
- die teilweise Nichtleistung
- den Verzug
- die Schlechtleistung

Beispiele:

Der Verkäufer ist nicht in der Lage, das zugesagte Ersatzteil zu liefern (Unmöglichkeit, Unvermögen).

Der Bauauftragnehmer erstellt den Bau, unterläßt aber die Gestaltung der Freiflächen (teilweise Nichtleistung).

Der Bauherr zahlt die Raten nicht zum vereinbarten Termin (Verzug).

Der Grundstücksverkäufer verkauft ein mit Treibstoffresten kontaminiertes Grundstück (Schlechtleistung).

Schadensersatz:

Jede Pflichtverletzung führt zu einem Schadensersatzanspruch, es sei denn, der Schuldner hat die Pflichtverletzung nicht zu vertreten, vgl. § 280 Absatz 1 BGB.

In vielen Fällen ist der anderen Seite (dem Schuldner) eine angemessene Frist zur Leistungserbringung zu setzen. Erst nach Ablauf dieser Frist kann Schadensersatz verlangt werden.

Rücktritt:

Nunmehr ist auch der Rücktritt erleichtert. Bei Pflichtverletzungen des Schuldners kann der Rücktritt erklärt werden, auch wenn er sie nicht zu vertreten hat, er also nicht dafür verantwortlich ist, § 323 BGB. Die bisherige zusätzlich erforderliche Ablehnungsandrohung entfällt. Um den Weg

4.3 Vertragsinhalte und -management

zum Schadensersatz und zum Rücktritt zu eröffnen, genügt es daher, Nacherfüllung zu verlangen und eine angemessene Frist zu setzen.

Beispiel: Für die Erstellung der Außenanlagen setzten wir Ihnen hiermit eine Frist bis ....

Angemessene Frist heißt, daß sie den Umständen entsprechen muß, z.B. für Erstellung der Außenanlagen 6 Wochen. Die angemessene Frist kann sich jedoch auch auf einen Tag bis 1 Jahr erstrecken.

Erst wenn der Schuldner Schadensersatz statt der Leistung verlangt oder den Rücktritt vom Vertrag erklärt hat, ist der Anspruch auf die Leistung (=Erfüllungsanspruch) ausgeschlossen.

Rücktritt und Schadensersatz schließen sich nicht aus. Der frustrierte Käufer kann also vom Vertrag zurücktreten und gleichzeitig Schadensersatz wegen seiner bisherigen Aufwendungen verlangen.

Störung der Geschäftsgrundlage:

Wenn die Geschäftsgrundlage eines Vertrages schwerwiegend gestört wird, kann der Vertrag auf gesetzlicher Grundlage angepaßt werden, vgl. § 313 BGB.

Beispiel: Quarzsand einer bestimmten Qualität für die Chipherstellung ist weltweit nicht mehr verfügbar.

Speziell: Leistungsstörungen im Kaufrecht

Der Verkäufer hat dem Käufer die Sache frei von Sach- und Rechtsmängeln zu verschaffen. Die Sache ist frei von Sachmängeln, wenn sie die vereinbarte Beschaffenheit hat.

Die wesentliche Änderung im Kaufrecht ist der Anspruch des Käufers auf Nacherfüllung. Anders als bisher kann der Käufer die Beseitigung des Mangels oder die Lieferung einer mangelfreien Sache verlangen. Der Verkäufer trägt insoweit alle Aufwendungen.

Eine Nachbesserung gilt nach dem erfolglosen zweiten Versuch als fehlgeschlagen.

Beispiel: Der Verkäufer liefert einen Mischer, der die geforderte Granulatgröße nicht bringt. Der Käufer fordert Nachbesserung durch Beseitigung des Mangels. Auch der zweite Nachbesserungsversuch schlägt fehl.

Der Käufer hat nun das Recht, Schadensersatz zu fordern und vom Vertrag zurückzutreten. Er kann auch den Kaufpreis mindern.

Speziell: Leistungsstörungen im Werkvertragsrecht

Der Auftragnehmer hat dem Auftraggeber das Werk frei von Sach- und Rechtsmängeln zu verschaffen. Das Werk ist frei von Sachmängeln, wenn es die vereinbarte Beschaffenheit hat.

Es kommt also auf die im Vertrag vereinbarte Beschaffenheit an.

Beispiel: Die Parteien vereinbaren eine Putzart, die qualitativ unter den DIN-Normen liegt. Die Arbeit des Auftragnehmers ist mangelfrei, wenn er den vereinbarten Putz aufbringt.

Bei Mängeln hat der Auftraggeber folgende Rechte:

- Nacherfüllung (früher Nachbesserung – geht den übrigen Gewährleistungsansprüchen vor)

- Selbstvornahme (früher Ersatzvornahme), Minderung und Rücktritt
- Schadensersatz
- Kündigung aus wichtigem Grund

Nacherfüllung: Dem Auftragnehmer ist ein Mangel anzuzeigen und ihm die Gelegenheit zu geben, den Mangel zu beseitigen.

Selbstvornahme: Setzt grundsätzlich Fristsetzung und erfolglosen Ablauf dieser Frist voraus. Auftraggeber kann Ersatz der erforderlichen Aufwendungen und Vorschuß dafür verlangen.

Minderung: Voraussetzung ist auch hier der erfolglose Ablauf einer zur Nacherfüllung bestimmten Frist. Der Auftraggeber mindert die Vergütung durch einfache Erklärung gegenüber dem Auftragnehmer.

Schadensersatz, Rücktritt: Voraussetzung ist auch hier der erfolglose Ablauf einer Frist zur Nacherfüllung. Voraussetzung für den Schadensersatz ist des weiteren ein Verschulden der anderen Partei.

Wenn die Nacherfüllung fehlgeschlagen ist, bedarf es keiner Fristsetzung.

Kündigung aus wichtigem Grund

Eine Kündigung von Dauerschuldverhältnissen aus wichtigem Grund ist nunmehr im Gesetz verankert, § 314 BGB.

Dauerschuldverhältnisse, also Dauer-Lieferverträge, Errichtung einer Industrieanlage, Forschungsauftrag mit konkreter Zielsetzung, Mietverträge sind auf Dauer angelegte rechtliche Beziehungen. Jede Partei soll die Möglichkeit haben, den Vertrag vorzeitig zu beenden.

Dem kündigenden Partner muß die Fortsetzung des Vertragsverhältnisses nicht mehr zumutbar sein. Die beiderseitigen Interessen werden bei der Entscheidung gegeneinander abgewogen.

Voraussetzung für die wirksame Kündigung ist eine erfolglose Abmahnung oder der erfolglose Ablauf einer zur Abhilfe bestimmten Frist.

Die Kündigung ist innerhalb einer angemessenen Frist ab Kenntnis des Kündigungsgrunds auszusprechen, also ca. innerhalb 14 Tagen nach erfolglosem Ablauf der gesetzten Frist. Zusätzlich zur Kündigung kann Schadensersatz verlangt werden.

Rechtliche Möglichkeiten des Auftraggebers bei Leistungsstörungen (Zusammenfassung)

- Vertragsstrafe
- Geltendmachung von Gewährleistungsrechten, insbesondere Nacherfüllung, Selbstvornahme und Minderung
- Rücktritt
- Schadensersatz (bei Verschulden)
- Kündigung aus wichtigem Grund

Rechtliche Möglichkeiten des Auftragnehmers bei Leistungsstörungen (Zusammenfassung)

- Mahnung mit Fristsetzung
- Geltendmachung von Verzugszinsen
- Rücktritt und Schadensersatz
- Kündigung aus wichtigem Grund

Verjährung der Mängelansprüche

im Kaufrecht:

5 Jahre bei einem Bauwerk

im übrigen 2 Jahre

30 Jahre bei bestimmten Eigentums- und Grundstücksrechten

Beginn: mit der Ablieferung der Sache

im Werkvertragsrecht:

5 Jahre bei einem Bauwerk und der Erbringung von Planungs- oder Überwachungsleistungen hierfür

2 Jahre bei der Herstellung, Wartung oder Veränderung einer Sache und der Erbringung von Planungs- oder Überwachungsleistungen hierfür.

Beginn der Verjährungsfrist mit der Abnahme

Im übrigen: Regelmäßige Verjährungsfrist von 3 Jahren;

Beginn erst mit dem Schluß des Jahres, in dem der Anspruch entstanden ist (Fälligkeit eingetreten ist) und der Gläubiger Kenntnis erlangt hat.

> *Beispiel: Zahlungsrate fällig am 30.06.2002. Gläubiger (Auftragnehmer) hat Kenntnis davon. Beginn der Verjährungsfrist am 31.12.2002. Ablauf der Verjährungsfrist = Eintritt der Verjährung: 31.12.2005.*

Höchstfrist der regelmäßigen Verjährung = 10 Jahre ab Entstehung des Anspruchs (ab Fälligkeit).

30jährige Höchstfrist bei Sonderfällen, z. B. titulierten Ansprüchen (Gerichtsurteile).

Garantie

Neue Regelung im Gesetz. Damit ist insbesondere die Zusicherung einer Eigenschaft der Sache gemeint. Das Gesetz spricht von Beschaffenheits- und Haltbarkeitsgarantie. Sie geht über die gesetzlichen Gewährleistungsansprüche hinaus. *Garantie*

Der Umfang der Rechte ergibt sich aus der Garantieerklärung und den Angaben in der einschlägigen Werbung. Sie sind gegenüber demjenigen geltend zu machen, der die Garantie eingeräumt hat, z.B. der Verkäufer, aber auch der Hersteller.

Ein Haftungsausschluß kommt hinsichtlich der Garantie für die Beschaffenheit der Sache nicht in Frage.

Der Garantierende steht ohne Verschulden dafür ein, daß die Sache die garantierte Beschaffenheit hat.

> *Beispiel: Der Verkäufer garantiert die Wetterbeständigkeit eines Anstrichs mit 4 Jahren und hält sich dabei strikt an die Information des Herstellers. Die Farbe blättert nach 3 ½ Jahren ab. Der Verkäufer haftet.*

Unabhängig davon gibt es den Begriff der selbständigen Garantie. Darunter fallen insbesondere Leistungsgarantien, z.B. der Ausstoß einer Produktionsanlage pro Zeiteinheit.

Abnahme

Abnahme   Die Abnahme ist ein entscheidender Meilenstein im Projektablauf. Bei vertragsgerechter Erstellung des Werks hat der Auftraggeber die Pflicht und der Auftragnehmer das Recht zur Abnahme.

Unter **Abnahme** des vertragsmäßig hergestellten Werks ist deshalb in der Regel die **körperliche Hinnahme im Wege der Besitzübertragung** zu verstehen. Diese ist mit der Erklärung des Auftraggebers verbunden, daß er das Werk als die in der Hauptsache vertragsgemäße Leistung anerkennt. Die Abnahme ist also einerseits eine tatsächliche Handlung, nämlich die körperliche Hinnahme des Werkes. Andererseits ist sie eine **Rechtshandlung.** Der Auftraggeber bestätigt mit der Abnahme, daß das **Werk im wesentlichen vertragsgerecht** ist.

Sofern das Werk bei der Abnahme noch **Mängel** aufweist, muß der Auftraggeber einen **Vorbehalt** machen. Tut er das nicht und nimmt ab, so verliert er insoweit seine Erfüllungsansprüche. Ebenso läßt sich eine Vertragsstrafe nach Abnahme nur durchsetzen, wenn sich der Auftraggeber im **Abnahmeprotokoll bzw. -bescheinigung** (vgl. Abbildung 4.3-3) ihre Geltendmachung vorbehält.

```
Projekt:
                                    ...................................................................
Vertrag vom:
                                    ...................................................................
Auftraggeber vertreten durch:
                                    ...................................................................
Auftragnehmer vertreten durch:
                                    ...................................................................
Abnahmegegenstand:                  Gesamtleistung
                                  ☐ Folgende Teilleistung(en):
                                  ☐ ...............................................................

Bei der Abnahme wurde festgestellt:
                                  ☐ Die Leistung ist mangelfrei
                                  ☐ bis auf die umseitig verzeichneten Mängel bzw. Schäden befindet sich die
                                     Leistung im vertragsgemäßen Zustand.
                                  ☐ Die Geltendmachung der verwirkten Vertragsstrafen bleibt vorbehalten

Tag der Abnahme:
                                    ..........................................

                                    ...................................., den........................

    ...............................                    ...............................
       (Auftraggeber)                                      (Auftragnehmer)
```

Abbildung 4.3-3: Abnahmebescheinigung (Muster)

4.3 Vertragsinhalte und -management

Der **genaue Zeitpunkt der Abnahme** ist wegen der daran anknüpfenden Rechtsfolgen von besonderer Bedeutung. Auch er sollte in dem gemeinsamen **Abnahmeprotokoll** der Parteien festgehalten werden.

An die Abnahme schließen sich **entscheidende Rechtsfolgen** an. Diese sind:

- **Gefahrenübergang**
  (Gefahr des zufälligen Untergangs und zufälliger Verschlechterung der Anlage geht vom Auftragnehmer auf den Auftraggeber über),

- **Beginn der Gewährleistungsfristen,**

- **Fälligkeit der Zahlungen,**

- **Übergang der Beweislast auf den Auftraggeber**
  (ab jetzt hat der Auftraggeber zu beweisen, daß der Auftragnehmer den Mangel zu vertreten hat).

Bei Großprojekten, z.B. im Industrieanlagenbau werden bestimmte **Abnahmemodalitäten** vereinbart. Sie legen fest, in welchem Zeitraum und unter welchen Bedingungen Testläufe vor der Abnahme gefahren werden und unter welchen Voraussetzungen die Abnahme als eingetreten gilt. Abbildung 4.3-4 zeigt ein Beispiel von Abnahmemodalitäten anhand einer Zeitachse.

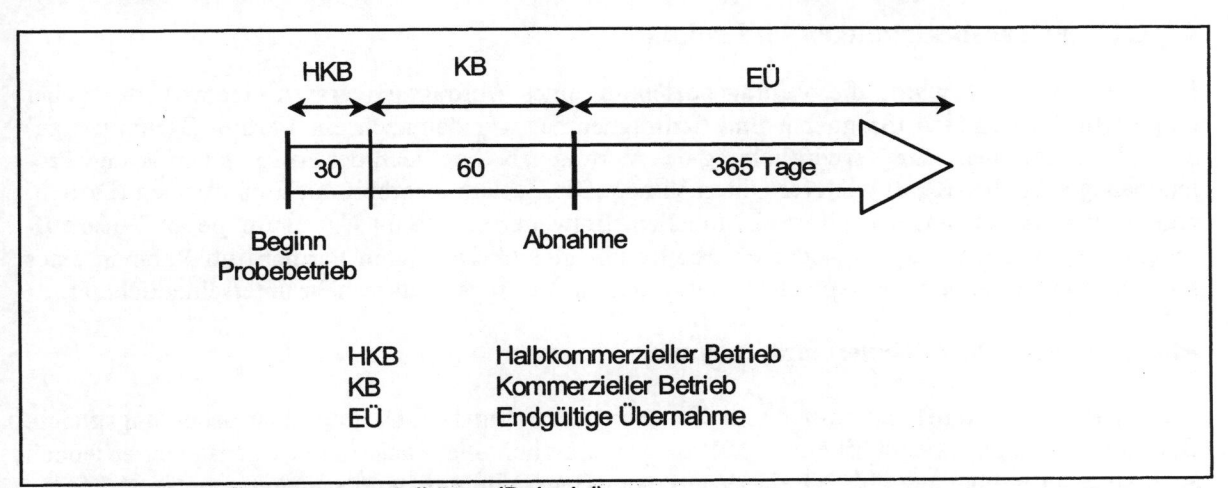

```
        HKB    KB         EÜ
        ←→ ←→ ←─────────────────→
       │ 30 │ 60 │   365 Tage         ⟶
       
      Beginn         Abnahme
      Probebetrieb

          HKB    Halbkommerzieller Betrieb
          KB     Kommerzieller Betrieb
          EÜ     Endgültige Übernahme
```

Abbildung 4.3-4: Abnahmemodalitäten (Beispiel)

Vertragsstrafen (Pönalen)

Vertragsstrafen ergeben sich nicht aus dem Gesetz, sondern sind im Vertrag zu vereinbaren. Die Höhe ist nach oben zu begrenzen.

Vertragsstrafen Pönalen

> *Beispiel: Bei Nichteinhaltung des vertraglichen Fertigstellungstermins zahlt der Auftragnehmer eine Vertragsstrafe von 0,1% pro Werktag, maximal jedoch 10% bezogen auf den Wert der Anlage.*

Eine Vertragsstrafenklausel in vorformulierten Verträgen ist nur in bestimmter Höhe zulässig und wirksam. Üblich sind Vereinbarungen über 0,1 bis 0,3% pro Werktag der Verspätung. Ferner ist die Vertragsstrafe auf ein Maximum zu begrenzen. Werden diese Voraussetzungen nicht eingehalten, ist die Klausel unwirksam.

Haftungsausschlüsse

Haftungs-
ausschlüsse

Es ist im Sinne des Auftragnehmers, seine Haftung zu begrenzen oder auszuschließen. So sollte bei vereinbarten Vertragsstrafen eine zusätzliche Haftung auf Schadensersatz ganz ausgeschlossen werden. Schadensersatzansprüche sind nach oben zu begrenzen, z.B. auf 10% des Anlagenwertes.

Bauverträge, VOB/B

VOB/B

Bei Bauverträgen wird in aller Regel die Anwendung der VOB/B vereinbart. (Verdingungsordnung für Bauleistungen, Teil B). Die VOB/B besteht aus **vorformulierten Vertragsbedingungen**, die mit der Vereinbarung Vertragsbestandteil werden.

Bei der Abwicklung von Verträgen nach VOB/B sind die Regelungen der VOB/B sorgfältig zu beachten. So ist die Durchsetzung von Nachforderungen auf der Basis der VOB/B erheblich leichter als auf der Basis eines einfachen Werkvertrages. Denn die VOB/B enthält detaillierte Regelungen darüber, unter welchen Voraussetzungen zusätzliche Vergütungsansprüche entstehen. Allerdings gilt dies nur, wenn die **Formvorschriften** der VOB/B strikt eingehalten werden, z.B. die Ankündigung von im Vertrag nicht vorgesehenen Leistungen gegenüber dem Auftraggeber und zwar vor Beginn der Arbeiten.

4.3.1.6 Vertragsbeziehungen im Projekt

Zusammenarbeit
mit Dritten

In Abbildung 4.3-1 wurde die Vertragsbeziehung eines Auftragnehmers zu einem Auftraggeber dargestellt. Zwischen Auftraggeber und Auftragnehmer war demnach ein Vertrag (Hauptvertrag) zustande gekommen. Zur Verwirklichung des Vertrages bedient sich der Auftragnehmer und Projektmanager in aller Regel weiterer Unternehmen. Die Zusammenarbeit mit Fremdfirmen (Dritten) regelt der Projektmanager nach zwei Modellen. Entweder er vergibt Unteraufträge an **Unterauftragnehmer** (Subcontractors), oder er arbeitet mit gleichberechtigten Partnern im Rahmen eines **Konsortiums** zusammen. Entsprechend stellt sich die Vertragssituation sehr unterschiedlich dar.

Alleinauftragnehmer / Generalunternehmer

Alleinauftrag-
nehmer/
General-
unternehmer

Die Begriffe **Alleinauftragnehmer** und **Generalunternehmer (GU)** sind nicht bedeutungsgleich. Der Alleinauftragnehmer führt einen Auftrag grundsätzlich allein aus. In der Praxis setzt er jedoch auch Unterauftragnehmer (UAN) ein. Von einem Generalunternehmer dagegen werden auf jeden Fall Unterauftragnehmer eingesetzt. Der Begriff Generalunternehmer impliziert zusätzlich, daß auch nicht direkt mit dem Auftrag zusammenhängende Pflichten übernommen werden, z.B. das Projektmanagement. In beiden Fällen handelt es sich jedoch um nicht eindeutige Begriffe, d.h. die Grenzen sind fließend.

Unter-
auftragnehmer

Vergibt der Projektmanager Unteraufträge, so ist er in diesem Fall Generalunternehmer oder **Hauptauftragnehmer.** Seine Rechtsbeziehungen stellen sich wie folgt dar:

4.3 Vertragsinhalte und -management

```
                            Werkvertrag
    ┌─────────────┐      Leistung : Werk      ┌─────────────┐
    │     AG      │ ◄──────────────────────── │   Haupt-    │
    │             │                           │     AN      │
    │ AUFTRAGGEBER│ ────────────────────────► │             │
    └─────────────┘   Gegenleistung : Vergütung│AUFTRAGNEHMER│
                                              └─────────────┘
                                    ┌───────────┼───────────┐
                              ┌─────┴───┐ ┌─────┴───┐ ┌─────┴───┐
                              │  UAN 1  │ │  UAN 2  │ │  UAN 3  │
                              │ UNTER-  │ │ UNTER-  │ │ UNTER-  │
                              │AUFTRAG- │ │AUFTRAG- │ │AUFTRAG- │
                              │ NEHMER  │ │ NEHMER  │ │ NEHMER  │
                              └─────────┘ └─────────┘ └─────────┘
```

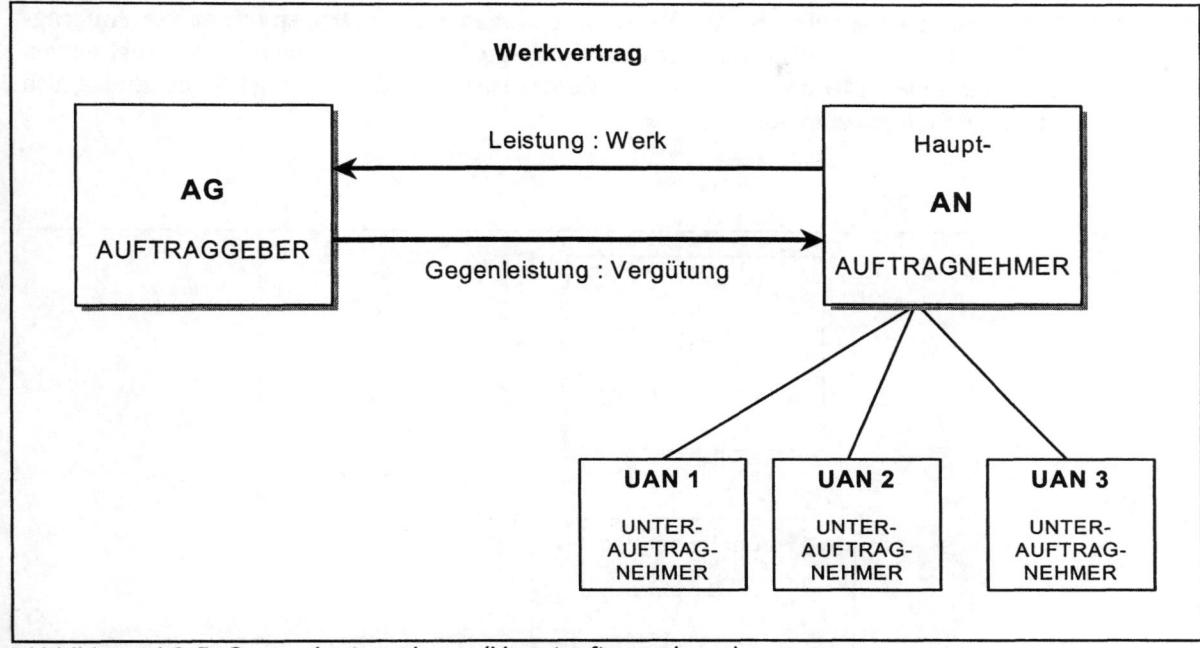

Abbildung 4.3-5: Generalunternehmer (Hauptauftragnehmer)

Aus Abbildung 4.3-5 geht hervor, daß zwei voneinander vollständig verschiedene Vertragssysteme vorliegen. Einerseits hat der Auftragnehmer vertragliche Beziehungen mit dem Auftraggeber (Kunden). Andererseits besteht zwischen ihm und den Unterauftragnehmern eine Vielzahl weiterer vertraglicher Beziehungen.

Wesentlich an diesem Modell ist, daß die **Unterauftragnehmer keinerlei Rechtsbeziehungen zum Auftraggeber** haben. Alle Beziehungen zum Auftraggeber, dem Kunden, laufen über den (Haupt-) Auftragnehmer.

Bedient sich der (Haupt-) Auftragnehmer wie in diesem Modell fremder Betriebe als Unterauftragnehmer, so sind diese grundsätzlich seine **Erfüllungsgehilfen gemäß § 278 BGB.** Der (Haupt-) Auftragnehmer muß daher voll für ihre Lieferungen und Leistungen gegenüber dem Kunden einstehen.

Besonderes Augenmerk ist vom (Haupt-) Auftragnehmer auf **Nahtstellen** (Schnittstellen) zwischen den Lieferbereichen einzelner Subunternehmer zu legen. Außerdem hat er auch darauf zu achten, daß seine eigene Haftung und seine Gewährleistungspflichten als Auftragnehmer in ihrer Summe die Haftung und Gewährleistung der Subunternehmer übersteigen können. In zeitlicher Hinsicht wird der Auftragnehmer sicherstellen, daß die Gewährleistungsfristen der Unterauftragnehmer nicht vor seinen eigenen Gewährleistungsfristen gegenüber dem Auftraggeber ablaufen.

Außenkonsortium

Aus Abbildung 4.3-6 geht hervor, daß nunmehr nicht nur ein Unternehmen werkvertraglicher Partner des Auftraggebers ist, sondern **mehrere Unternehmen**. Diese Unternehmen haben sich zu einem **Konsortium** zusammengeschlossen und untereinander einen **Konsortialvertrag** abgeschlossen. Die einzelnen Unternehmen werden im Zusammenhang mit dem Konsortialvertrag **Konsorten** genannt. Sie sind in ihrem Verhältnis untereinander **gleichberechtigt**. Meist handelt es sich hierbei um eine BGB-Gesellschaft (GbR = Gesellschaft bürgerlichen Rechts). *Außenkonsortium*

Im Unterschied zum Modell des Hauptauftragnehmers/ Unterauftragnehmers schließt das **Konsortium als solches den Vertrag mit dem Auftraggeber**, also dem Kunden, ab. Der Vertrag wird wohlgemerkt zwischen dem Auftraggeber und dem Konsortium als Auftragnehmer abgeschlossen. Es handelt sich also um einen einzigen Vertrag nach außen.

Anders als beim Unterauftragnehmer-Modell sind **alle Konsorten Vertragspartner des Auftraggebers** geworden. Sie haften voll gegenüber dem Auftraggeber für ihre eigenen Verpflichtungen wie auch für die der anderen Konsorten (**gesamtschuldnerische Haftung**). Jeder Konsorte hat also auch rechtliche Beziehungen zum Auftraggeber.

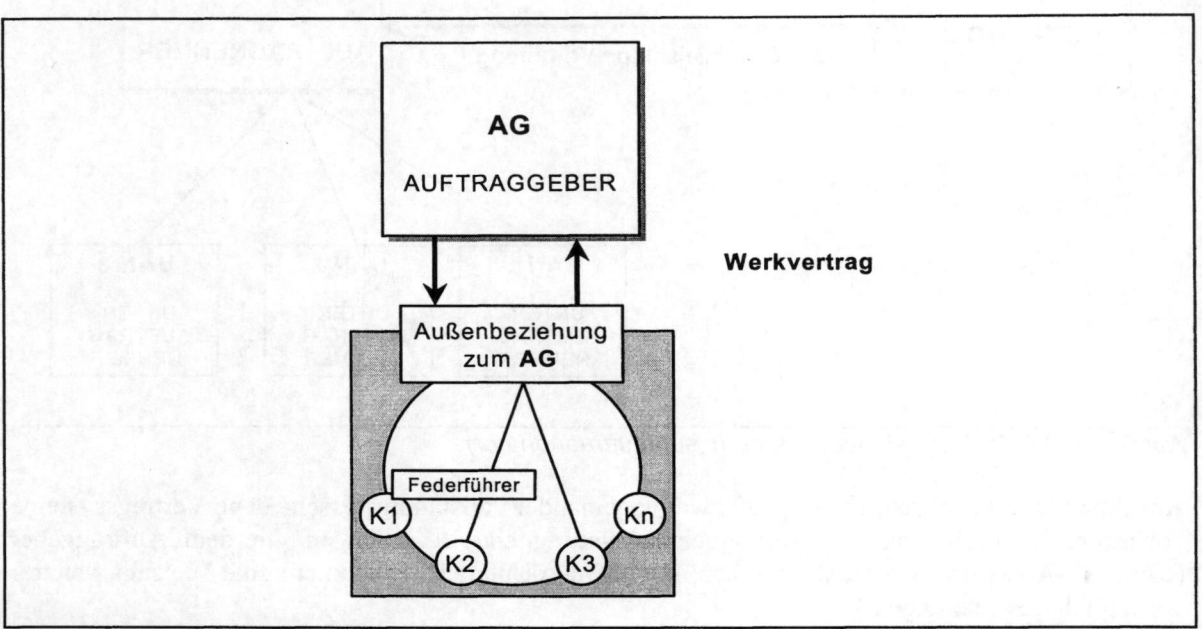

Abbildung 4.3-6: Außenkonsortium

Konsortialführer   Zur Vereinfachung des Verkehrs mit dem Auftraggeber wird in aller Regel ein Konsorte zum **Konsortialführer** oder **Federführer** und damit zum Ansprechpartner für den Auftraggeber bestimmt. Der **Konsortialführer** vertritt einerseits das Konsortium nach außen. Andererseits koordiniert er innerhalb des Konsortiums alle Lieferungen, Leistungen und Entscheidungen. Er nimmt also die Rolle eines Projektmanagers wahr.

Konsortial-   Das Verhältnis der Konsorten untereinander wird in dem bereits angesprochenen gesonderten **Kon-**
vertrag   **sortialvertrag** geregelt. Es handelt sich hier also um ein zweites Vertragssystem, das die **Innenbeziehungen** der Konsorten regelt. Dieser Vertrag ist insbesondere Grundlage für einen Ausgleich unter den Konsorten bei Haftungsfällen gegenüber dem Auftraggeber.

Innenkonsortium (Stilles Konsortium)

Innen-   Im Gegensatz zum Außenkonsortium stellt sich das **Innenkonsortium** wie folgt dar:
konsortium

Wie beim Auftragnehmer mit vielen Unterauftragnehmern tritt nur der Konsortialführer als Auftragnehmer mit dem Auftraggeber in vertragliche Beziehungen (vgl. Abb. 4.3-7). Er haftet also voll gegenüber dem Auftraggeber wie sonst der Hauptauftragnehmer.

Nach innen schließt sich der Auftragnehmer jedoch mit anderen Firmen zu einem **sogenannten Innenkonsortium oder Stillen Konsortium** zusammen. Die einzelnen Konsorten übernehmen dabei weitergehende Pflichten als der bloße Unterauftragnehmer. Das Risiko des Hauptauftragnehmers kann verteilt und weitergegeben werden.

Der Hauptauftragnehmer schließt den Vertrag im Außenverhältnis mit dem Auftraggeber demnach im eigenen Namen, intern jedoch für Rechnung des Konsortiums.

4.3 Vertragsinhalte und -management

Der Konsortialführer als Hauptauftragnehmer haftet voll gegenüber dem Auftraggeber. Zwischen dem Konsortialführer und den Konsorten besteht jeweils einzelschuldnerische Haftung.

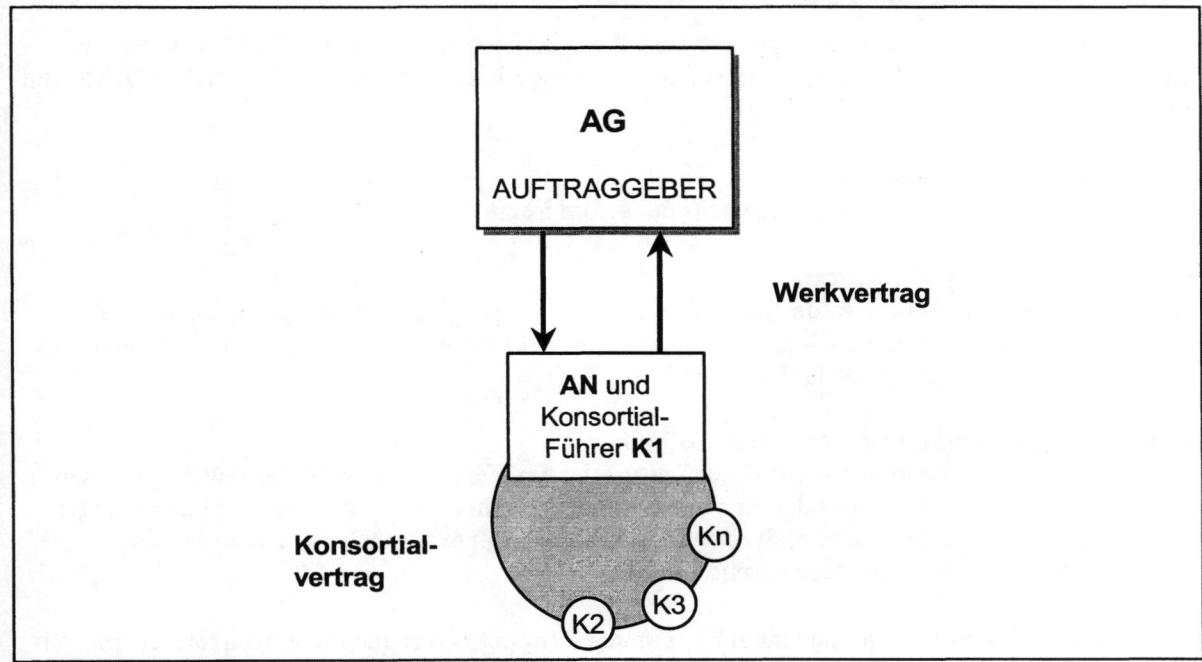

Abbildung 4.3-7: Innenkonsortium

Arbeitsgemeinschaft (ARGE)

Die Form der ARGE findet sich vorwiegend im Bauwesen. Sie ist ebenfalls ein als Außen- oder Innengesellschaft ausgestattetes Konsortium. Ihre Charakteristika sind grundsätzlich die des Konsortiums. Ein wesentlicher Unterschied zum Konsortium besteht jedoch darin, daß die ARGE Gesellschaftsvermögen hat. Sie erbringt die (Bau-)Gesamtleistung mit gemeinsamen Sachmitteln, z.B. Baumaschinen und Baumaterial und gemeinsamem Personal. Die Gesellschafter sind am Gewinn und Verlust insgesamt beteiligt. Die ARGE erhält Aufträge meist in Form von Losen (Baulosen).

Arbeitsgemeinschaft (ARGE)

4.3.2 Fallstricke aus Projektverträgen

Fallstricke aus Projektverträgen

Unabhängig von der Art der vertraglichen Beziehung können sich für den Projektmanager aus seinen vertraglichen Verpflichtungen und Bindungen einige besondere Fallstricke ergeben. Dies sind z.B.:

- **Konkurs eines Konsorten:**
  Vorvertragliche Regelung für diesen Notfall erforderlich.

- **Inkrafttreten des Vertrages:**
  Zumeist erst, wenn alle erforderlichen Genehmigungen erteilt sind oder eine Spätestfrist abgelaufen ist. Dieser Punkt muß von Anfang an genau geklärt werden, da die meisten Fristen ab Inkrafttreten des Vertrages zu laufen beginnen.

- **Lieferungen gemäß dem Stand der Technik:**
  Hier soll für den Stand der Technik der **Zeitpunkt des Vertragsabschlusses** maßgeblich sein und nicht etwa der Zeitpunkt der Abnahme. Beide Zeitpunkte können Jahre auseinanderliegen mit der Folge, daß der Kunde sich formell auf den Standpunkt stellen kann, die gelieferte Maschine sei bei der Abnahme bereits veraltet.

  Stand der Technik ist der zu einem bestimmten Zeitpunkt erreichte Stand technischer Einrichtungen, Erzeugnisse, Methoden und Verfahren, der sich nach Meinung der Mehrheit der Fachleute in der Praxis bewährt hat oder deren Eignung von ihnen als nachgewiesen angesehen wird. Dies ist jedoch kein eindeutiger Rechtsbegriff, daher muß der Stand der Technik von Fall zu Fall neu bestimmt bzw. ermittelt werden.

- **Gewährleistungszusagen in technischen Beschreibungen:**
  In den Lieferlisten und technischen Beschreibungen, die zumeist einen Anhang des Vertrages bilden, werden gelegentlich Angaben bezüglich der Liefergegenstände gemacht, die über die Regelungen des Vertrages hinausgehen. Rechtsfolge: Gewährleistungsfälle, aus denen z.B. Schadensersatzansprüche entstehen können. Daher vor Angebotsabgabe und Vertragsschluß auch den technischen Teil von Juristen durchsehen lassen!

- **Unterschiedliche Gewährleistungsfristen im Hauptvertrag und in Verträgen mit Unterauftragnehmern:**
  Die Gewährleistungsfristen von Unterauftragnehmern können auf Grund frühzeitiger Lieferungen abgelaufen sein, bevor die Fristen für den Hauptauftragnehmer überhaupt zu laufen beginnen. Der Hauptauftragnehmer trägt dann im Gewährleistungsfall das volle Risiko.

- **Abgrenzung von Schnittstellen:**
  Sofern im Vertrag keine klare Abgrenzung herrscht, ist mittels Protokoll so schnell wie möglich Klarheit zu schaffen. Bei Konsorten und Unterauftragnehmern liegt es in der Hand des Projektmanagements, bereits bei Auftragsvergabe eine genaue Klärung der Schnittstellen zu erreichen.

- **Vertraglich nicht abgesicherte Änderungen:**
  Erforderlich ist die Erstellung von Änderungsprotokollen, die von Zeichnungsberechtigten beider Parteien abgezeichnet werden.

4.3 Vertragsinhalte und -management

- **Angaben des Auftraggebers über Rohstoffe und Energie, Beistellungen des Auftraggebers:**
Soweit Rohstoffe, Energie und Beistellungen im Vertrag nicht genau beschrieben sind, ist Klärung durch Erstellung eines Protokolls und rechtsgültige Unterschrift beider Parteien zu bewirken. Für Angaben des Auftraggebers ist bei Unklarheiten festzustellen und zu protokollieren, daß er - der Auftraggeber - für die Richtigkeit dieser Angaben verantwortlich ist.

- **Anwendbares Recht und Schiedsgerichtsbarkeit:**
Sofern nicht das Recht eines Industrielandes gewählt ist, wird die Durchsetzung von Ansprüchen schwierig sein, da einfachere Rechtsordnungen komplizierten technischen und wirtschaftlichen Bestimmungen kaum gerecht werden. Bei Schiedsvereinbarungen ist von Anfang an zu prüfen, ob Schiedssprüche im Auftraggeberland überhaupt vollstreckbar sind.

- **Abnahmemodalitäten:**
Sie sind so festzulegen, daß der genaue Abnahmezeitpunkt zu ermitteln ist.

- **Vorzeitige Vertragsauflösung:**
Der Auftraggeber kann bis zur Vollendung des Werks jederzeit den Vertrag kündigen, vgl. § 649 Absatz 1 BGB.
Rechtsfolge: Der Auftragnehmer kann die vereinbarte Vergütung verlangen. Er muß sich jedoch die ersparten Aufwendungen anrechnen lassen.

- **Vertragstrafe und Schadensersatz:**
Achtung! Sowohl bei BGB als auch bei VOB/B müssen die Rechte hinsichtlich der Vertragsstrafe bei Abnahme vorbehalten werden. Andernfalls entfällt der Anspruch.
Ist im Vertrag nichts anderes vereinbart, so kann grundsätzlich zusätzlich Schadensersatz verlangt werden, soweit der Schaden über die Höhe der Vertragsstrafe hinausgeht.

- **Verjährung:**
a) Mängelansprüche: Ein Jahr bei Arbeiten an einem Grundstück, 5 Jahre bei Arbeiten an Bauwerken (bei Vereinbarung der VOB/B: 2 Jahre). Verjährungsbeginn: Abnahme des Werkes (vgl. § 638 BGB).

b) Vergütungsansprüche: 2 Jahre, bei gewerblichen Kunden 4 Jahre. Verjährungsbeginn: Ende des Jahres, in dem der Anspruch entsteht (Fälligkeitsdatum gemäß Vertrag oder Abnahme).

Unterbrechung der Verjährung nur durch gerichtliche Geltendmachung oder durch Anerkenntnis. Mahnung genügt nicht!

4.3.3 Vertragsmanagement

4.3.3.1 Was ist Vertragsmanagement?

Definition: Vertragsmanagement

> Vertragsmanagement ist ein Aufgabengebiet innerhalb des Projektmanagements zur Steuerung der Gestaltung, des Abschlusses, der Fortschreibung und der Abwicklung von Verträgen zur Erreichung der Projektziele, vgl. DIN 69905.

Zielsetzung / Aufgaben

Das Ziel des Vertragsmanagements ist es, einen Vertrag so zu gestalten, abzuschließen und abzuwickeln, daß das **Vertragsziel erreicht** oder übertroffen wird. Bei Projektverträgen ist das Vertragsziel in der Regel die Erstellung eines Werks, insbesondere eines Bauwerks oder einer Industrieanlage. Der Zweck des Vertragsmanagements ist es dabei, aus vertraglicher Sicht für die Zielvorgaben des Projekts einzutreten. Das im Vertrag definierte Werk muß also mangelfrei erstellt werden. Dabei sind zeitliche, finanzielle, personelle oder andere Begrenzungen zu erkennen und in Tätigkeiten umzusetzen. So sorgt das Vertragsmanagement z. B. dafür, daß Vertragstermine eingehalten und vorgegebene Kosten nicht überschritten werden. Damit werden unter anderem auch die Voraussetzungen für das sog. Nachforderungsmanagement (engl.: **Claim Management**) geschaffen, nämlich Nachforderungen gegenüber dem Auftraggeber zu stellen und umgekehrt Nachforderungen seitens des Auftraggebers und von Auftragnehmern abzuwehren.

Das Vertragsmanagement hat also die Aufgabe, alle vertraglich wichtigen Daten zu erfassen. Es bereitet sie für sich selbst, das Projektmanagement, die Projektmitarbeiter und das Firmenmanagement in geeigneter Form auf.

Voraussetzung für ein geordnetes Vertragsmanagement ist das Bewußtsein bei Geschäftsführung und Projektmanagement, daß der Vertrag peinlich genau erfüllt werden muß. Nur so wird der Vertragspartner zufriedengestellt. Nur so kann vermieden werden, daß der Vertragspartner zusätzliche Forderungen stellt. Nur so bleiben die Kosten und Termine eines Projekts unter Kontrolle.

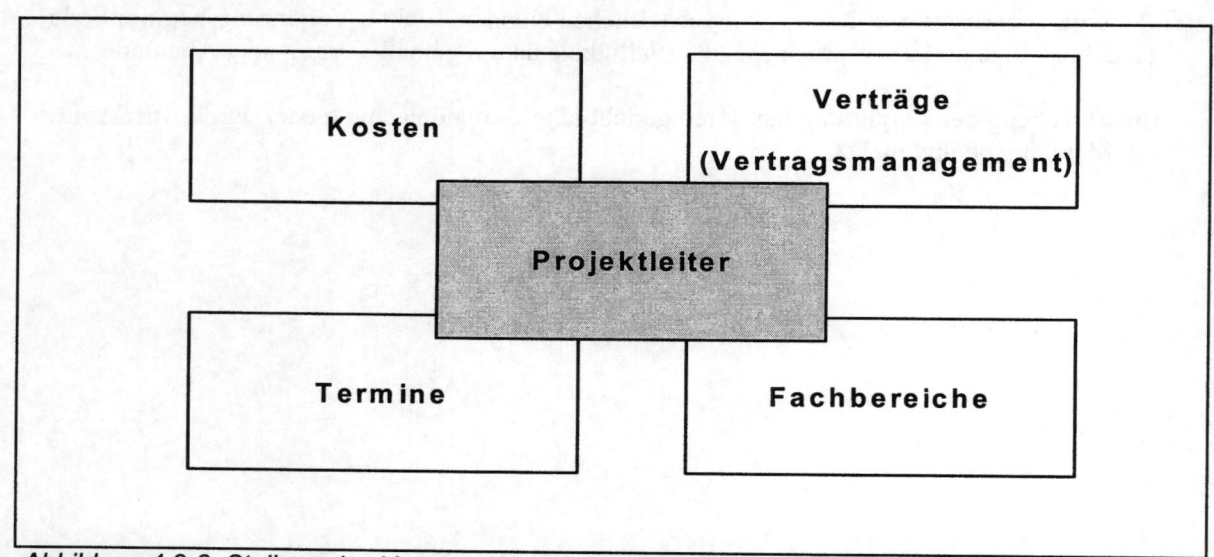

Abbildung 4.3-8: Stellung des Vertragsmanagements im Projektmanagement

Organisation des VM

In hierarchischer Hinsicht ist das Vertragsmanagement ein Teil des Projektmanagements (vgl. Abbildung 4.3-8). Es kann dabei entweder von einem Mitglied des Projektteams wahrgenommen werden, als eigene Stabsstelle organisiert sein oder auch von Fremdfirmen durchgeführt werden.

In personeller Hinsicht sollte das Vertragsmanagement von Personen durchgeführt werden, die *Qualifikationen* übergreifende Kenntnisse besitzen (**Interdisziplinarität**). Gefragt sind also Techniker mit kaufmännischen Kenntnissen oder Kaufleute mit technischen Kenntnissen. Beide Personenkreise benötigen juristische Grundkenntnisse. Auf diese Kenntnisse ist im folgenden einzugehen.

4.3.3.2 Instrumente des Vertragsmanagements

Im Rahmen des Vertragsmanagements werden projektbegleitend alle erforderlichen Abwicklungsschritte durchgeführt. Dies gilt sowohl für die tatsächlichen Tätigkeiten, zum Beispiel die Sicherung von Beweisen, wie auch für die rechtliche Tätigkeit durch Vertragsänderungen und Mahnungen. Insgesamt stellt das Vertragsmanagement Beweismittel sicher und hält sie für das Nachforderungsmanagement zur Verfügung.

Instrumente des Vertragsmanagements sind daher in erster Linie **alle verfügbaren Dokumentationsmittel**. Dazu gehören: *Instrumente*

- die Verträge mit dem Kunden, den Unterauftragnehmern, den Konsorten und anderen,
- sonstige Vereinbarungen und Änderungsprotokolle,
- alle Korrespondenz, Baustellenberichte, Bautagebuch, Fotos,
- Lieferscheine, Zollbestätigungen, behördliche Genehmigungen,
- sonstige Mittel der Beweissicherung,
- moderne Kommunikationsmittel, insbesondere EDV,
- Formulare, Checklisten usw.

4.3.3.3 Vertragsmanagement in einzelnen Projektphasen

Jedes Projekt folgt einem bestimmten Lebenszyklus und kann in einem Phasenmodell abgebildet werden. Auch für das Vertragsmanagement als Teil modernen Projektmanagements gibt es eigenständige Abschnitte und Ereignisse, die nicht identisch sein müssen mit den übergeordneten Phasen und Meilensteinen des Projektes.

Allgemein kann der Lebensweg eines Projektes aus Sicht des Vertragsmanagements in folgende drei Phasen eingeteilt werden:

1. Angebotsphase
2. Vertragsabschluß
3. Vertragserfüllung / Projektabwicklung

Angebotsphase

Das Vertragsmanagement wird im Verlaufe eines Projekts möglichst frühzeitig, also bereits in der *Angebotsphase* Angebotsphase, eingeschaltet. Die Ausgangsbasis für die Erstellung eines Angebots ist meistens eine Ausschreibung oder eine direkte Aufforderung zur Angebotsabgabe. Die Anforderungen an den Bieter sind dem **Lastenheft** (WAS ist WOFÜR zu erbringen) zu entnehmen. Die zuständigen Abteilungen unterbreiten dem Vertragsmanagement das technische und kaufmännische **Angebotskonzept**. Das Vertragsmanagement überprüft es auf Vollständigkeit hinsichtlich aller Bestimmungen, die für die spätere Vertragsabwicklung von Bedeutung sein können. Darunter fallen z.B. Bestimmungen über das Inkrafttreten des Vertrages, die Termine, die Zahlungsbedingungen, Haftung und Gewährleistung, die Rechtswahl und die Wahl eines Schiedsgerichts.

Praktisch geht das Vertragsmanagement in der Angebotsphase so vor, daß es gemäß einer vorhandenen Checkliste den Vertrag durchprüft. Der zukünftige Projektleiter soll gehört werden. Ferner sind auch Erfahrungen von Projektleitern einzubeziehen, die das jeweilige Auftraggeberland betreffen.

Vertragsabschluß

Vertragsabschluß

In dieser Phase liegt dem Auftraggeber ein Angebot vor, das für ihn interessant ist. Im Regelfall wird über die Einzelbedingungen verhandelt sowie das **Pflichtenheft** (WIE und WOMIT ist die Leistung zu erbringen) abgestimmt.

Vertragsverhandlungen

Diese **Vertragsverhandlungen** laufen bei Großprojekten häufig über eine Zeitdauer von ein bis zwei Jahren oder länger. Sie stellen einen besonders sensiblen Bereich im Verhältnis zwischen den potentiellen Vertragspartnern dar (vgl. Kapitel 2.9 Spezielle Kommunikationssituationen). Wenn die Verhandlungen ihrem Ende entgegengehen und der Vertrag praktisch abschlußreif ist, muß das Vertragsmanagement den Vertrag noch einmal vollständig überprüfen. Angesichts der langen Verhandlungsdauer ist es möglich, daß im Vertrag Widersprüche entstanden oder daß bestimmte wichtige Punkte einfach ersatzlos herausgefallen sind.

Das Vertragsmanagement hat im Blick auf die spätere reibungslose Abwicklung des Vertrages dafür zu sorgen, daß noch vor Vertragsabschluß **alle Unstimmigkeiten** und **Widersprüchlichkeiten beseitigt** sowie **Lücken erkannt** und ausgefüllt werden. Das Ergebnis sollte ein von allen Beteiligten akzeptiertes und tragbares Vertragswerk sein, welches eine partnerschaftliche Projektabwicklung, also Vertragserfüllung ermöglicht.

> *Hinweis: Im Rahmen der Zertifizierung nach DIN EN ISO 9001 ist ein QS-Element „Vertragsprüfung" zu erfüllen.*

Die Unterzeichnung des endgültigen Vertragswerkes hat durch die zeichnungsberechtigten Vertreter der Vertragsparteien zu erfolgen.

Vertragserfüllung / Projektabwicklung - Arbeitssystematik

Vertragserfüllung / Projektabwicklung

In dieser Phase liegt ein abgeschlossener und **rechtsgültiger Vertrag** vor. Im allgemeinen übernimmt spätestens zu diesem Zeitpunkt ein Projektleiter die Verantwortung für das Projekt. Naturgemäß kann er sich für die Projektabwicklung nur nach den vertraglichen Bestimmungen richten.

Aufgabe des Vertragsmanagements in dieser Phase ist es, dem Projektleiter und allen Projektmitarbeitern **Hilfestellung für das Verständnis des Vertrages** und die termingerechte Abwicklung im vorgegebenen Kostenrahmen zu leisten.

In der Reihenfolge ergeben sich folgende Arbeitsschritte im Vertragsmanagement:

1. Vertragsanalyse

2. Stichworteingabe in EDV

3. vertragliche Tätigkeitsverfolgung

4. Nachforderungen

Vertragsanalyse

Die Vertragsanalyse steht zeitlich an erster Stelle in der Phase der eigentlichen Vertragserfüllung / Projektabwicklung. Der Begriff ist insofern weit zu fassen, als auch vor Vertragsschluß alte Verträge mit demselben Kunden bzw. demselben Land zu analysieren und auszuwerten sind. Hier werden die für die Vertragsabwicklung wesentlichen Punkte erfaßt und miteinander in Beziehung

4.3 Vertragsinhalte und -management

gesetzt. Darunter fallen die Hauptleistungen des Auftragnehmers, die Leistungen des Auftraggebers, Vertragstermine (z.B. Leistungstermine, Zahlungen, Abnahmen), Rechtsfolgen bei Leistungsstörungen, Vertragsstrafen und Schiedsgerichte. Methodisch lassen sich diese Punkte in Form von Kurzzusammenfassungen erarbeiten, wobei Bezug genommen wird auf bestimmte Stellen im Vertrag. Besonders wichtig ist die Zusammenschau von Leistungsstörungen, Verspätungen, Nicht-Erreichen von garantierten Leistungen einerseits und den rechtlichen Sanktionen andererseits.

Bereits in diesem Zusammenhang sind die Risiken des Vertrages zu erfassen. Darunter fallen u.a. *Risiken aus dem Vertrag*

- Änderungen
- Verspätungen
- garantierte Leistungen
- Genehmigungen
- Mängelbeseitigungsfristen
- Sonstige Haftungsrisiken, zum Beispiel aus Produkt- und Umwelthaftung.

Das Vertragsmanagement legt nunmehr die erkannten Risiken schriftlich als Teil des Projekt-Handbuches oder in anderer geeigneter Form nieder, ebenso die sich daraus ergebende (**Vertrags-)Strategie**, um die erkannten Risiken zu minimieren und den Vertrag buchstabengetreu zu erfüllen. Diese Unterlagen sollen allen Projektmitarbeitern zur Verfügung stehen. *Aufbereitung von Vertragsdaten*

Der **Vertragsinhalt** kann nach unterschiedlichen Gesichtspunkten je nach Einzelfall **aufbereitet** werden. Insbesondere bieten sich an:

- Kurzfassung für Projektleiter und Firmenmanagement mit den wesentlichen Vertragscharakteristika;
- Kurzfassung für Projektmitarbeiter nach bestimmten Arbeitsabschnitten;
- Kurzfassung nach Eckterminen (Pönalen!).

Auch bei diesen Kurzfassungen ist es wichtig, die einzelnen Leistungsverpflichtungen den drohenden Rechtsfolgen, also z.B. Vertragsstrafen, keine Fälligkeit von Zahlungen, Nichtabnahme, gegenüberzustellen. Jeder einzelne Projektmitarbeiter soll für seinen Bereich die Folgen seines Handelns erkennen.

Abbildung 4.3-9 bis -11 zeigen exemplarisch einige Muster solcher Gegenüberstellungen bzw. Zusammenfassungen.

Termin	Lieferung Leistung	Rechtsfolge bei nicht vertragsgerechter Erfüllung	Seite im Vertrag Lieferung Leistung	Rechtsfolge

Abbildung 4.3-9: Allgemeine Zusammenfassung wesentlicher Vertragsdaten (Muster)

Abbildung 4.3-10 zeigt eine Zusammenfassung nach Terminen (Der Terminplan basiert auf dem Zeitpunkt der Unterzeichnung des Vertrags, die am 13.11.1997 stattfand).

Datum	Seite des Vertragswerks	beteiligte Partei	Vorgehen
1.-05.1.98	15	Konsortium	Bestätigungsschreiben für Vorschußzahlung
1.-5.1.98	21	Konsortium	Benachrichtigung des Generalvertreters für Griechenland
13.1.98	13	Konsortium	Information an AG
13.1.98	27	Konsortium	Erfüllungsbürgschaft
13.1.98	78	Konsortium	vollständige thermodynamische Berechnung des Kamins
10.-15.2.98	15	Auftraggeber	10% Vorschußzahlung an Konsortium
10.-15.2.98	17	Konsortium	Angabe der Bankverbindung in Griechenland
10.-15.2.98	75	Konsortium	Ingenieurarbeiten: Vorab-Pläne
10.-15.2.98	29	N.N.	behördliche Genehmigung des Vertrags
10.2.98	33	alle Beteiligten	Zeitplan für Lieferungen/Leistungen AG

Abbildung 4.3-10: Zusammenfassung der Vertragspflichten nach Terminen (Beispiel)

Abbildung 4.3-11 faßt beispielhaft die vereinbarten Vertragsstrafen und ihre Voraussetzungen zusammen.

1.	Vertragsstrafen für Verzug:
	0,125% für jede volle Woche der ersten acht Wochen 0,250% für jede volle Woche der nächsten acht Wochen 0,500% für jede nachfolgende volle Woche Höchstens 6% des vertraglich vereinbarten Preises für die in Verzug befindliche Einheit. Alle Strafen berechnen sich ab Beginn des kommerziellen Betriebs (Einheit I: 01.12.1998; Einheit II: 14.03.1999)
2.	Vertragsstrafen für Betriebsunterbrechung oder verminderte Betriebsleistung für den Zeitraum des Beginns des kommerziellen Betriebs bis zur Endabnahme:
	0. - 40. Kalendertag 0% pro Kalendertag 41. - 70. Kalendertag 0,025% pro Kalendertag 71. - 100. Kalendertag 0,030% pro Kalendertag 01. - 140. Kalendertag 0,035% pro Kalendertag Gesamtbetrag: maximal 3% pro Einheit

Abbildung 4.3-11: Zusammenfassung der Vertragsstrafen und ihre Voraussetzungen (Beispiel)

Hinweis: Die Prozentangaben beziehen sich auf den Gesamtpreis der Einheit. Die Einheit ist in diesem Fall eine Produktionseinheit, also ein abgrenzbarer Teil der Gesamtanlage. Sofern eine solche Abgrenzung nicht möglich ist, wird Bezug genommen auf den Gesamtpreis der Anlage.

Stichworteingabe in EDV (Vertragsdatei)

Vertragsdatei

Hier wird ein **alphabetisches Stichwortregister** erarbeitet und in die EDV eingegeben. Das Register erfaßt Begriffe, z.B. „Vertragsstrafe", die im Vertrag an mehreren Stellen auftauchen können. In der elektronischen Datei sind unter diesem Begriff Kurzzusammenfassungen der jeweiligen Regelung abgespeichert. Ferner wird auch Bezug genommen auf die Stelle oder Stellen im Vertrag („WAS ist WO und WIE geregelt"?).

Spätestens im Zusammenhang mit der Erstellung der Vertragsdatei werden Instrumente zur Vertragsabwicklung geschaffen. Dazu gehören Formulare, Arbeitsanweisungen, Zusammenstellungen von Schnittstellen, Leistungsabgrenzungen zwischen Auftraggeber und Auftragnehmer, graphische Darstellungen.

4.3 Vertragsinhalte und -management

Abbildung 4.3-12 zeigt eine Zeichnungsliste mit Vergleich der Soll- und Ist-Termine und dem Freigabedatum.

Zeichnungsliste							
Nr.	Index	Zeichnungs-inhalt	Termin Soll	Termin Ist	Freigabe-datum	Anmerkung	Verteiler

Abbildung 4.3-12: Zeichnungsliste mit Soll-Ist-Vergleich (Muster)

Abbildung 4.3-13 bringt das Muster eines Baustellen-Tagesberichts. Besonders hinzuweisen ist auf die Zeilen für Behinderungen, Änderungen und zusätzliche Leistungen. Die sorgfältige Ausfüllung dieser Zeilen ist Voraussetzung für die spätere Geltendmachung oder Abwehr von Ansprüchen.

TAGESBERICHT NR.		Datum:
Auftraggeber:	Baustelle:	
Wetter: Temperatur:	Arbeitszeit: Anfang: Ende:	
Ausgeführte Arbeiten (Kennziffer der Arbeitseinheit):		
Personaleinsatz		Gesamt-stunden
Behinderungen: Art: — Verursacher: — Umfang: — Zeit:		
Änderungen, z.B. von Plänen, Terminen, LV usw. welche ? durch wen?		
Zusätzliche Leistungen; welche? Tageslohnbericht Nr.		
Sonstiges:		
Anlagen:	Unterschrift:	Unterschrift des Bauleiters:

Abbildung 4.3-13: Baustellen-Tagesbericht (Muster)

> *Hinweis: Es kann darüber nachgedacht werden, inwieweit die Idee eines Tagesberichts auch auf andere Projektarten übertragbar ist. Der Tagesbericht ist nur ein Teil des gesamten Projektberichtswesens. Allerdings ergeben sich die meisten vertraglich relevanten Ereignisse auf der Baustelle, also beim eigentlichen Bau, bei der Aufstellung und der Montage von Maschinen, der Zusammenarbeit mit dem Auftraggeber und den Unterauftragnehmern usw.*

Vertragliche Tätigkeitsverfolgung

Das Ziel ist hier, **Unstimmigkeiten** bei der endgültigen Abrechnung der vertraglichen Leistungen zu **vermeiden** und u.U. **Nachforderungen** des Auftraggebers **zurückzuweisen** oder umgekehrt Nachforderungen zu **stellen.**

Unter die vertragliche Tätigkeitsverfolgung fällt der gesamte vertragliche Schriftverkehr, das Berichtswesen, alle Anmeldungen, die Erfassung aller Vertragsänderungen und sonstigen vertraglich wesentlichen Daten, ferner die Speicherung nach einem Nummernsystem, das jederzeit den Zugriff zu diesen Daten und Schriftstücken erlaubt. Der Vertragsmanager sorgt dafür, daß der Vertrag nicht nur inhaltlich, sondern auch formal buchstabengetreu erfüllt wird.

Beweise sichern   Zu diesem Zweck ist die **Sicherung aller Beweismittel,** also des gesamten Schriftverkehrs, von Änderungs- und Besprechungsprotokollen, Bautagebüchern, Fotos, Genehmigungen sowie Namen und Aussagen von Zeugen erforderlich. Es muß eine vollständige **Dokumentation über die Vertragsabwicklung** und die **erbrachten Lieferungen** und **Leistungen** vorliegen. Das Vertragsmanagement hat - unter Einsatz der EDV - über die gesamte Abwicklungsdauer hinweg **alle** genannten **Unterlagen** zu **sammeln** und in geordneter Form auf Abruf **bereitzuhalten.**

Der Vertragsmanager bedient sich der bereits entwickelten Instrumente in Form von Formularen, Kurzzusammenfassungen und auch von Checklisten.

Vertrags-
änderungen   Ein Sonderfall der vertraglichen Tätigkeitsverfolgung ist das Eintreten von **Vertragsänderungen**. Die Notwendigkeit von Vertragsänderungen kann sich beispielsweise aus der langen Vertragsdauer, geänderten Wünschen des Auftraggebers, neuen Behördenauflagen, geänderten technischen Bedingungen usw. ergeben. Da eine solche Vertragsänderung den ursprünglichen Vertrag in so wesentlichen Punkten wie dem Leistungsumfang des Auftragnehmers, der Vergütungspflicht des Auftraggebers und den Terminen abändert, muß sie zunächst zwischen den Verantwortlichen beider Parteien ausgehandelt werden. Dies sind in der Regel die Projektleiter.

Danach ist im Hauptvertrag zu prüfen, ob eine **Änderungsklausel** vorliegt und wer Vertragsänderungen rechtsgültig unterschreiben kann. Sind solche Klauseln vorhanden, muß genau gemäß den vertraglichen Vorschriften vorgegangen und unterschrieben werden.

Fehlt eine Änderungsklausel, so ist zwischen den Verantwortlichen der Vertragsparteien zu vereinbaren, wie Vertragsänderungen wirksam werden sollen. Diese Vereinbarung muß von den Unterzeichnern des Hauptvertrags in schriftlicher Form niedergelegt werden. Meist wird vereinbart, daß bei erforderlichen Änderungen sogenannte **Änderungsprotokolle** von den Projektleitern beider Seiten verfaßt und unterzeichnet werden. Mit Unterzeichnung wird die Änderung rechtswirksam und Bestandteil des Hauptvertrages.

Eine Vereinbarung zwischen anderen Vertretern der Parteien (z.B. Bauleitern) ist dann keinesfalls rechtswirksam. Alle Projektmitarbeiter sind vom Vertragsmanager darauf hinzuweisen, daß **Änderungsvereinbarungen nur** nach **Abzeichnung** durch die **Projektleiter** wirksam werden.

Nachforderungen

Nach-
forderungen   Jede Änderung des Leistungsgegenstandes hat zunächst prinzipiell Vertragsberührung, im Extremfall bedeutet es sogar eine ungewollte bzw. unbewußte Vertragsänderung. Dies kann zu Nachforderungen führen. Der Umgang mit Nachforderungen stellt für das Vertragsmanagement im Projektmanagement eine besondere Herausforderung dar.

4.3.4 Nachforderungsmanagement (Claim Management)

4.3.4.1 Grundlagen

> Claim Management ist ein Aufgabengebiet innerhalb des Projektmanagements zur Überwachung und Beurteilung von Abweichungen bzw. Änderungen und deren wirtschaftlichen Folgen zwecks Ermittlung und Durchsetzung von Ansprüchen, vgl. DIN 69905.

Definition: Nachforderungsmanagement (engl.: Claim Management)

Das Nachforderungsmanagement ist ein Teil des Vertragsmanagements, also eine Dienstleistung innerhalb eines Projekts. Wegen seiner besonderen Bedeutung wird es häufig von einer eigenen Abteilung oder sogar von externen Fachfirmen betrieben.

Das Ziel des Nachforderungsmanagements ist es, Forderungen aus solchen Abweichungen durchzusetzen und Gegenforderungen abzuwehren. Diese Forderungen können sich beziehen auf: *Zielsetzung*

- Vertragszeitverlängerungen
- zusätzliche Vergütungsansprüche.

Claims (engl: Forderung, Beanstandung, Anspruch) sind **(Nach-)Forderungen aufgrund eines Vertrages**, die eine Vertragspartei an die andere stellen kann *Claim*

- wenn Änderungsvereinbarungen (change orders) vorliegen,
- wenn Zusatzleistungen aufgrund mündlicher Anordnung erbracht werden,
- wenn die andere Vertragspartei ihre vertraglichen Pflichten nicht oder nur mangelhaft erfüllt,
- wenn die Vertragsabwicklung nachweisbar behindert und unterbrochen wird.

Voraussetzung für ein erfolgreiches Nachforderungsmanagement ist die **konsequente Anwendung** des Vertragsmanagements und seiner Instrumente. Alle verfügbaren Dokumentationsmittel sind einzusetzen, um Abweichungen von vertraglichen Vorgaben festzuhalten. Darunter fallen insbesondere Änderungsaufträge oder -Protokolle (change orders, variation orders; vgl. Kapitel 4.4), ferner Korrespondenz und Baustellenberichte, aus denen Leistungs- oder Terminänderungen hervorgehen. Grundlage für alle Aktivitäten des Nachforderungsmanagements ist ein gültiges Vertragswerk. *Voraussetzungen*

Das Nachforderungsmanagement ist erfolgsorientiert. Der Erfolg eines Projekts hängt häufig von einem geordneten Nachforderungsmanagement ab. So ist bei Großprojekten von einer 2-prozentigen Gewinnmarge auszugehen. Ihm gegenüber steht eine Nachforderungsmasse von 25 bis 30% des Finanzvolumens. Es versteht sich von allein, daß die 2-prozentige Marge bereits bei geringer Kostenüberschreitungen aufgebraucht ist. *Bedeutung des Nachforderungsmanagements*

Wird umgekehrt das Nachforderungsmanagement konsequent betrieben, so bleibt nicht nur die 2-prozentige Marge erhalten. Hinzu kommen die **zusätzlichen Erlöse** aus der **Nachforderungsmasse**. Die Erfahrung zeigt, daß sich ein hoher Anteil aus der Nachforderungsmasse durchsetzen läßt. Der Mehrerlös kann auf diese Weise auf bis zu 20% des ursprünglichen Finanzvolumens gesteigert werden.

> *Beispiel: Lieferung der elektrotechnischen Ausrüstung für eine Kläranlage einschließlich des kompletten Prozeßleitsystems. Der ursprüngliche Auftragswert belief sich auf rund 7 Mio. € Nachforderungen wurden in Höhe von 1,7 Mio. € gestellt. Davon ließen sich 1 Mio. € durchsetzen. Der Mehrerlös betrug demnach ca. 15%.*

In der Praxis werden die Begriffe Nachforderung und **Nachtrag** synonym verwendet.

Das „Patentrezept" oder eine verbindliche genormte Vorgehensweise zur Durchführung des Nachforderungsmanagements gibt es nicht, hierfür ist die Aufgabenstellung zu komplex und in unterschiedlichen Branchen oder Anwendungsfällen zu sehr von der jeweils projekteigenen Situation abhängig. Es haben sich jedoch in der Praxis einige logische Schritte und Handlungsmodelle bewährt, auf die im folgenden näher eingegangen wird.

4.3.4.2 Instrumente

Wie ausgeführt, sind alle Instrumente des Vertragsmanagements, also alle verfügbaren Dokumentationsmittel einzusetzen. Damit sind einerseits Abweichungen vom Vertrag in Form von Nachforderungsvereinbarungen zu erfassen. Andererseits äußern sich Abweichungen in der Praxis als Störungen im Vertragsablauf (juristisch: „Leistungsstörungen"). Zumeist handelt es sich um die Nichteinhaltung von Terminen oder um Mängel in der Leistungsausführung.

Diese Störungen - auch die kleinsten - sind lückenlos zu erfassen.

4.3.4.3 Nachforderungsmanagement in verschiedenen Projektphasen

In der Angebotsphase und der (Vertrags-)Abschlußphase wird der Vertrag mit den Mitteln des Vertragsmanagements optimiert. Das Vertragsmanagement begleitet den Vertrag auch in der Abwicklungsphase.

Eigen- und Fremdclaims

Hier - also in der **Abwicklungsphase** - setzt jedoch auch die Tätigkeit des Nachforderungsmanagements ein. Es ist zwar ein Teil des Vertragsmanagements, hat aber eine andere Zielrichtung. Es geht nicht mehr nur um die optimale Erfüllung des Vertrages, sondern auch um die Durchsetzung eigener Forderungen und die Abwehr von Gegenforderungen. In der Praxis wird auch von **Eigen- und Fremdclaims** gesprochen.

Das Nachforderungsmanagement setzt spätestens unmittelbar nach Vertragsabschluß ein. Denn eine unsystematische und verspätete Aufarbeitung von Nachforderungen verursacht höhere Kosten und ist weniger erfolgreich. Je weiter ein Störereignis zurückliegt, desto schwieriger ist es, das Ereignis selbst und seine Ursachen zu beweisen. Die so erfaßten **Nachforderungen** sind dem Vertragspartner **zeitnah mitzuteilen** (Claimschreiben), also möglichst gleich bei Erfassung der Abweichung. Der Nachforderungsmanager darf sich nicht dem Vorwurf aussetzen, er hätte die Gegenseite nicht oder nicht rechtzeitig informiert. Wenn also zum Beispiel der Auftraggeber seine Baustelle nicht termingerecht zur Verfügung stellt, ist er sofort unter Aufzeigung der Vertragssituation zu mahnen. Ergeben sich durch die Nichteinhaltung der Termine beim Auftraggeber eigene Terminverschiebungen, so ist eine generelle Terminbereinigung beim Auftraggeber zu beantragen.

Claimschreiben

Nachfolgend ist der empfohlene Mindestinhalt als Anhalt eines solchen **Claimschreibens** aufgeführt (nach BÖKER 1996).

- betroffene Leistung / Anlage / Gewerk usw.
- Ereignis mit Datum, Sachverhalt, Verursacher (Beweise im Anhang)
- Beschreibung der ursprünglichen vertraglichen Regelung
- Beschreibung der Auswirkung(en) des Ereignisses
- Forderungen (Termine - Kosten - Leistungen)
- Fristsetzung für Reaktion (!), ggf. Maßnahmen bei deren Ausbleiben
- Dokumentation des Ereignisses und der Ursachen

Wird im Projekt ein konsequentes Konfigurationsmanagement durchgeführt (vgl. Kapitel 4.4), so übernimmt das **Änderungsmanagement** (die „Konfigurationsbuchführung") die Erfassung der Abweichungen (insbesondere die produktorientierten Abweichungen). Dies schließt die Genehmi-

4.3 Vertragsinhalte und -management

gungen bei den betroffenen Vertragspartnern mit ein. Das Nachforderungsmanagement braucht dann nur die **vertragsrelevanten Daten** von dort zu übernehmen, um sie weiter zu verarbeiten.

Neben der Anmeldung und Durchsetzung eigener Nachforderungen hat sich das Nachforderungsmanagement auch auf die Abwehr von gegnerischen Forderungen bzw. die frühzeitige Erkennung solcher Potentiale vorzubereiten. Zur möglichst frühzeitigen Verhinderung von Fremd-Claims können folgende Punkte herangezogen werden (nach PATZAK 1996):

- Kenntnis des Vertrags und der Vertragsänderungen beim Projektteam sicherstellen (z.B. durch Änderungsformulare).
- Auftretende Unklarheiten rechtzeitig aufdecken, klarstellen und dokumentieren.
- Regelung des Änderungswesens (möglichst vertraglich).
- Aktive Projektsteuerung!
- Laufende Überprüfung / Sicherstellung der Vertragseinhaltung (Vertragspartner **und** Eigene).
- Claim Management als TOP in Projektsitzungen.
- Korrespondenz (insbes. Forderungen, Einwände, Änderungen, Anordnungen) prüfen und claim-bewußt beantworten bzw. reagieren.
- Verhalten und Äußerungen des Vertragspartners hinsichtlich sich anbahnender Claims analysieren.
- Sämtliche Ereignisse, Abweichungen oder besondere Vorkommnisse dokumentieren.
- Anweisungen, Entscheidungen, Änderungen und wichtige Unterlagen schriftlich bestätigen lassen.

4.3.4.4 Subjektive Einstellung zum Nachforderungsmanagement

Häufig ist zu hören, daß das Nachforderungsmanagement das gute Verhältnis zwischen den Vertragsparteien beeinträchtige. Der Auftragnehmer könne dem Auftraggeber nicht zumuten, daß aus Abweichungen sofort Ansprüche geltend gemacht würden.

Diese Bedenken werden von ausländischen Auftraggebern nicht geteilt. Sie werden im internationalen Bereich sogar als Schwäche deutscher Vertragspartner angesehen und ausgenutzt. Im **internationalen Bereich** und bei Großprojekten ist der Vertragspartner eben nicht nur Partner, sondern auch Gegner. Das Nachforderungsmanagement muß von einer solchen Gegnerschaft ausgehen, also von einer Gegenläufigkeit der Interessen. Dabei sind persönliche gute Beziehungen zwischen Vertretern der Parteien kein Widerspruch. Die persönlichen Beziehungen erlauben es zum Beispiel, auch bei kontroversen Ansprüchen die Form zu wahren und in der Gegenseite weiter einen Gesprächspartner zu sehen. Die Inhalte der gegenläufigen Interessen werden jedoch dadurch nicht berührt. Im Zusammenhang mit dem Nachforderungsmanagement geht es einzig und allein um die Durchsetzung dieser Interessen. Diese wiederum sind aus vertraglichen Vereinbarungen und Abweichungen vom Soll-Zustand herzuleiten. Ihre Geltendmachung ergibt sich aus dem ursprünglichen Ziel beider Seiten, den Vertrag ordnungsgemäß zu erfüllen. Sie kann daher nicht ehrenrührig sein, allerdings haben Leistungsstörungen unterschiedliche Bedeutung für den Auftraggeber. Es gibt wichtige und unwichtige. Auf der anderen Seite gilt das gleiche für Auftragnehmer bei Änderungswünschen. Wechselseitige Großzügigkeit bei unwichtigen Tatbeständen kann sich für beide Seiten als sehr kostengünstig erweisen. Es ist nicht sinnvoll, die Bedeutung künstlich aufzubauschen.

Diese Überlegungen gelten auch und gerade für Ingenieure, die im Rahmen der Vertragsabwicklung tätig werden. Ingenieure neigen dazu, ohne Rücksicht auf Kosten und vertragliche Vereinbarungen gute Lösungen durch bessere Lösungen zu ersetzen. Sie verkennen dabei, daß eine bessere Lösung möglicherweise eine Abweichung vom Vertrag beinhaltet. Ein geschickter Nachforderungsmanager auf der Gegenseite wird aus dieser Abweichung die Nichterfüllung des Vertrages und damit Ansprüche herleiten. Für Ingenieure gilt in diesem Zusammenhang, daß sie keine technischen Änderungen ohne ausdrücklichen und schriftlichen Auftrag des eigenen Managements durchführen dürfen.

Im Rahmen des Nachforderungsmanagements werden Planungs-, Konstruktions- und Ingenieurleistungen immer bedeutender. Gaben früher insbesondere Abweichungen in der Bauausführung Anlaß zu Nachforderungen, so sind es heute Abweichungen von den Vorgaben bei Planung, Konstruktion und Engineering. Da solche Abweichungen in den frühen Projektphasen natürlich erhebliche Abweichungen in der Ausführung nach sich ziehen, ist mit potenzierten Nachforderungen zu rechnen.

Beispiel: Spiegelverkehrte Konstruktion eines Brückenteils. Erst beim Versuch, es einzusetzen, wurde der Fehler erkannt. Die Baustelle mußte über längere Zeit stillgelegt werden. Die offene und im Rahmen des Nachforderungsmanagements zu lösende Frage ist nun, wer haftet: Der Konstrukteur, der Hersteller, das Montageunternehmen wegen mangelhafter Arbeitsvorbereitung oder der Auftraggeber wegen unfachmännischer Abnahme.

4.3.4.5 Arbeitssystematik im Nachforderungsmanagement

Arbeitssystematik

Beim Nachforderungsmanagement handelt es sich v.a. um das Erfassen von Abweichungen vom Vertrag, also um Abweichungen des Ist-Zustands vom Soll-Zustand. Soweit es um Abweichungen vom Vertrag durch akzeptierte Änderungs- oder Ergänzungsvereinbarungen geht, ist die Methodik einfach. Die Forderungen aus diesen zusätzlichen Vereinbarungen sind wie die Forderungen aus dem Hauptvertrag geltend zu machen.

Wenn es jedoch um **Abweichungen** vom Vertrag aufgrund von **außervertraglichen Leistungen** und von Leistungsstörungen geht, ist differenzierter vorzugehen. Folgende Einzelschritte sind erforderlich:

- Auflistung der relevanten Ereignisse (außervertragliche Leistungen, Leistungsstörungen)
- Bewertung (Soll-Ist-Vergleich)
- Juristische Stellungnahme (zu Einzelfragen)
- Einzelfallbearbeitung und Dokumentation.

Auflistung der vertraglich relevanten Ereignisse

Für die Nachforderungen können relevante Ereignisse zunächst in Form einer einfachen Liste aufgezeichnet werden. Dabei werden die laufende Nummer, das Datum, das Ereignis, der vorläufige Wert, der verantwortliche Partner oder Lieferant (Unterauftragnehmer) sowie die Referenzstelle im Vertrag oder der Dokumentation angegeben. Abbildung 4.3-14 zeigt das Muster einer solchen Liste.

4.3 Vertragsinhalte und -management

Nachforderungen Konsortium					Nr. 90
Datum	Beschreibung	Kosten, Währung	Code, EDV Vertragsdatei	Lieferant/ Partner	Korrespondenz, Unterlagen, Bemerkungen
6.3.1998	Reinigen Kessel Nr. III	23.700.000,- Lire	111.3	N.N.	Ro 302/98; 02.03.1998

Abbildung 4.3-14: *Tabellarische Auflistung von Nachforderungen (Beispiel)*

Anlaß zur Auflistung einer möglichen Nachforderung geben insbesondere:

- Mehr- und Minderleistungen
- Entwurfsänderungen
- Übernahme von Leistungen durch den Auftraggeber
- Behinderungen und Unterbrechungen

Bewertung (Soll-Ist-Vergleich)

Zunächst ist in der Liste pauschal der Wert der durch die Abweichung entstehenden Kosten einzusetzen, z. B. Nichtzahlung eines Anlagenteils oder Vertragsstrafe wegen Verspätung. In der weiteren Einzelfallbearbeitung sind genauere **Bewertungsgrundlagen** zu schaffen. Diese setzen einen Vergleich zwischen den vertraglichen und tatsächlichen Daten voraus. Es ist demnach ein detaillierter Soll-Ist-Vergleich zu erstellen. So gibt der Soll-Terminplan die vertraglich vorgesehenen Termine wieder. Der Ist-Terminplan zeigt den tatsächlichen Stand.

Aus diesem Terminvergleich ergibt sich der zusätzliche erforderliche Personal- und Geräteeinsatz. In gleicher Weise werden die Soll-Kosten mit den Ist-Kosten verglichen.

Hier ist darauf hinzuweisen, daß jede Leistungsstörung erhebliche weitere Kosten verursacht. Dabei ist insbesondere an die Vorhaltezeit für Geräte und Personal zu denken. Die Bewertung in Form von Zeit- und Kostenvergleichen ermöglicht einerseits eine realistische Einschätzung der Situation. Andererseits ist sie Grundlage für eine fundierte **Nachforderungsargumentation**.

Geänderte und zusätzliche Leistungen lassen sich demnach wie folgt erkennen:

- Vergleich Auftrags-/Ausführungsunterlagen
- Vergleich von vertraglichen Bestimmungen zum Projektablauf sowie zu den Randbedingungen mit dem Ist-Zustand
- Nach technischen Vorschriften erforderliche Leistungen, z.B. nach DIN.

Juristische Stellungnahme

Diese Stellungnahme ist grundsätzlich erforderlich, bevor Nachforderungen geltend gemacht werden. Sie soll klären, ob der Anspruch sich aus dem Vertrag herleiten läßt. Wenn dem nicht so ist, soll sie darstellen, ob aus der vorhandenen Dokumentation ein Anspruch mit **Aussicht auf Erfolg** postuliert werden kann. Die juristische Stellungnahme hat ferner zum Ziel, vertraglich nicht eindeutig geregelte Einzelfragen rechtlich zu bewerten. Es wird also auch hier festgestellt, ob eine **gesicherte Basis** zur Durchsetzung eines Anspruchs vorhanden ist.

Einzelfallbearbeitung und Dokumentation

Einzelfall-bearbeitung

Wie ausgeführt, werden mögliche Nachforderungen aufgelistet und zunächst vorläufig finanziell wie juristisch bewertet.

Bei der Einzelfallbearbeitung sind **detaillierte Bewertungen** gemäß dem oben angeführten Schema erforderlich. Neu hinzu tritt entscheidend die Überprüfung der vorhandenen Dokumentation zum Einzelfall. Die Frage ist, ob die einzelne Abweichung anhand der vorhandenen Unterlagen lückenlos nachgewiesen werden kann. Aus den Protokollen, den Baustellenberichten, den Fotos sowie aus möglichen Zeugenaussagen muß sich daher der Ablauf einer Störung und die Gegenmaßnahme einwandfrei ergeben.

So ist zum Beispiel ein klarer Nachweis darüber erforderlich, daß der Auftraggeber mit dem Aushub verspätet war, daß er gemahnt wurde und daß der Auftragnehmer wegen Verspätung seine Termine nicht einhalten konnte.

Folgende Punkte sind hierbei zu beachten:

- Sachverhalt ermitteln und Beweismittel für den Einzelfall sammeln,
- Ursächlichkeit klären und bewerten,
- Anspruchsgrundlagen juristisch bewerten,
- Schadenshöhe feststellen,
- Einzelfall bewerten.

Die auf dem Markt vorhandene Software zum Claim-Management erleichtert ein systematisches Abarbeiten der einzelnen Nachforderungen gemäß den angegebenen Arbeitsschritten.

4.3.4.6 Praktische Ausführung

Für die praktische Ausführung kann die EDV eingesetzt werden. Dabei sind nach Bedarf zusätzliche Formulare zu generieren.

Bei der Vorbereitung von Nachforderungen ist im Rahmen der Einzelfallbearbeitung wie folgt vorzugehen.

1. Sammlung der Dokumente, die eine Änderung oder die Veranlassung zur Änderung begründen, z. B. Bauherrenanweisungen, Besprechungsnotizen, Prüfvermerke.

2. Fortlaufende Numerierung der Dokumente.

3. Belegung und Verdeutlichung der Änderungen durch zeitliche Darstellungen. Zeichnerische Gegenüberstellung der Vertragsleistung und der geänderten Leistung.

4. Gegenüberstellung der Vertragsposition aus dem Leistungsverzeichnis mit der Nachforderungsposition. Aufgliederung erforderlich bis zur Vergleichbarkeit.

5. Bereithalten der Urkalkulation zur Ermittlung der zusätzlichen Vergütung (Anwendung von Preisgleitklauseln).

6. Auflistung der für den Einzelfall zusammengestellten Nachforderungsdokumente.

7. Zusammenfassung mit Vergleich ursprünglicher Preis - neuer Preis.

Die nachfolgenden Abbildung 4.3-15 und Abbildung 4.3-16 zeigen Beispiele von formularmäßigen Zusammenfassungen.

4.3 Vertragsinhalte und -management

	Unterlagen zu Behinderungen und Mehraufwendungen (Ziffer 1 der Schlußrechnung vom 15.10.1997)		
Nr.	Datum	Dokument	Inhalt
1.	03.02.94	AN an AG	Planungsunterlagen, bauliche Voraussetzungen fehlen; maschinentechnische Ausrüstung nicht montiert
2.	20.02.94	AN an AG	Pläne Rohrleitungen und Meßstellenplazierung
3.	10.11.94	AN an AG	Bauliche Voraussetzungen fehlen
4.	15.12.94	AG an AN	Fertigstellungstermin vom 10.11.94 auf 31.12.95 geändert
5.	13.11.95	UAN an AN	Bauvoraussetzungen fehlen; Reisekosten zu berechnen
6.	05.05.96	AN an AG	Unterlagen für Programmierungen fehlen
7.	23.05.96	UAN an AN	fehlende Bauvoraussetzungen - Inbetriebnahme Teilanlage nicht möglich
8.	07.06.96	AN an AG	Bestätigung Behinderungen
9.	20.10.96	Bericht UAN	zusätzliche Programmiertätigkeit; Änderungen auf Wunsch von AG
10.	15.11.96	Bericht UAN	Begründungen für Mehraufwendungen
11.	18.12.96	Besprechungsprot. UAN - AN	zusätzliche Leistungen
12.		UAN an AN	fehlende Meßstellen; zusätzliches Engineering und erneute Inbetriebnahme
13.	22.01.97	Protokoll UAN-AN-AG	Steuer- und Regelungsänderungen

Abbildung 4.3-15: Auflistung von Nachforderungs-Unterlagen (Beispiel)

1.	Ursprünglicher Vertrag
	Leistungsverzeichnis - Anlage C Gesamtumfang, Preis netto € 10.574.000,00
2.	Nachforderungen
	gemäß Auflistung, Preis netto € 1.723.673,00 Weitere Begründung für die Nachforderungen in den Anlagen: - Sachliche Begründung der Nachforderungen - Preisliche Begründung der Nachforderungen - Auflistung Nachforderungs-Unterlagen - Ordner Nachforderungs-Unterlagen

Abbildung 4.3-16: Gegenüberstellung von Vertragspreis zu Höhe der Nachforderungen (Beispiel)

Für die möglichst reibungslose Abwicklung eines Projektes sollte es das Ziel aller Vertragspartner sein, den gemeinsam verhandelten und unterzeichneten Vertrag ohne Konflikt zu erfüllen. Es gilt der Spruch „Der beste Claim ist kein Claim". Um dem Auftreten von Nachforderungen möglichst früh entgegenzuwirken, ist entsprechender Wert auf eine frühzeitige Claim-Erkennung und -Vorsorge zu legen. Hierzu kann folgende Checkliste als Hilfestellung herangezogen werden (nach PATZAK 1996):

1. Führen Sie den Projekt-Start-Up mit dem gesamten Projektteam durch.

2. Gestalten Sie immer wieder Kurzinformationen über den Vertrag.

3. Erstellen Sie Checklisten über „Typische Claimsituationen".

4. Treffen Sie Vereinbarungen über das Vorgehen in Claim-Situationen.

5. Analysieren Sie (laufend) das Verhalten Ihres Vertragspartners auf sich anbahnende Claims.

6. Dokumentieren Sie lückenlos alle Änderungen, Schadensfälle, Garantiefälle usw.

7. Änderungsmanagement!

8. Dokumentieren Sie relevante Sitzungen lückenlos.

9. Achten Sie auf die sorgfältige Führung von Bautagebüchern.

10. Erstellen Sie, wenn notwendig, Foto-Dokumentationen.

11. Achten Sie auf Zeugen bzw. bedienen Sie sich ggf. Sachverständiger.

12. Führen Sie Telefonaufzeichnngen.

13. Anweisungen, Entscheidungen, Änderungen und wichtige Unterlagen schriftlich bestätigen lassen.

4.3.4.7 Kosten des Nachforderungsmanagements

Die Kosten des Nachforderungsmanagement sind zwar dem jeweiligen Projekt zuzuordnen. Häufig werden sie jedoch nicht als kalkulatorische Größe angesetzt, da der Nachforderungsmanager seine Kosten durch die eigene Tätigkeit deckt.

Erfolgskontrolle des CM

Ähnlich wie bei den „Kosten für Projektmanagement" ist auch bei der Erfolgskontrolle des Nachforderungsmanagements eine definitive Antwort nur schwer möglich. Einen Anhalt zur überschlägigen Erfolgskontrolle des Aufwands für ein systematisches Claim Management bietet Abbildung 4.3-17 an.

```
Σ erzielte Mehrpreise im Verhältnis zum Vertragspartner
    -   Σ der akzeptierten Minderpreise bzgl. Vertragspartner
    +   Σ erzielte Minderpreise bzgl. UAN
    -   Σ akzeptierte Mehrpreise bzgl. UAN
    +   Σ Minderkosten
    -   Σ Mehrkosten
    -   Σ Kosten für Claimbearbeitung
    =   Claimerfolg
```

Abbildung 4.3-17: Mögliches Kalkulationsschema zur „Erfolgskontrolle" des Nachforderungsmanagements (nach BÖKER 1996)

4.3.4.8 Fehler beim Nachforderungsmanagement

Folgende Fehler können beim Nachforderungsmanagement auftreten:

- Fehlendes Verständnis einer Nachforderung als Bestätigung eines Rechts auf Vergütung für geleistete Arbeiten.
- Keine genaue Unterscheidung zwischen Ansprüchen auf Terminänderungen und auf Vergütung.

4.3 Vertragsinhalte und -management

- Fehlende Kommunikation zwischen Baustellenleitung und Entscheidungsträgern.
- Fehlendes Bewußtsein, Nachforderungen bei Planungs- und Engineeringarbeiten genauso wie bei der eigentlichen Ausführung durchsetzen zu müssen.
- Keine Unterscheidung von Nachforderungen aus vertraglicher Vereinbarung einerseits und von Nachforderungen aus ergänzender Tätigkeit andererseits. (Bei vertraglicher Vereinbarung - variation order, change order - liegt ein Zusatzauftrag vor. Bei einer ergänzenden Tätigkeit liegt ein solcher Zusatzauftrag nicht vor. Der Auftragnehmer muß die Veranlassung der Tätigkeit durch den Auftraggeber nachweisen).
- Keine Bereitschaft, eine identifizierte Nachforderung weiter zu verfolgen.
- Keine Analyse des Vertrags unter dem Gesichtspunkt von Nachforderungen.
- Keine Befolgung eines Nachforderungsprocedere, das vertraglich vereinbart ist.
- Ungenügende Dokumentation der Nachforderung.
- Ungenaue Bewertung der Nachforderung.
- Fehlende vertragliche oder rechtliche Begründung der Nachforderung.
- Ungenügende Darstellung von Ursache und Wirkung.
- Ungenügende Form.

Abschließend ist zur Durchsetzung von Nachforderungen zu sagen, daß sie der Gegenseite in möglichst leicht verständlicher Form präsentiert werden sollen. Der Bearbeiter soll nicht Unterlagen suchen müssen, um die Nachforderung zu verstehen und zu beurteilen.

4.3.5 Zusammenhang mit anderen Funktionen des Projektmanagements

Vertrags- und Nachforderungsmanagement stehen mit einigen weiteren Querschnittsfunktionen des Projektmanagements in engem Zusammenhang. Diese Verbindungen werden im folgenden umrissen.

4.3.5.1 Konfigurations- und Änderungsmanagement

In einem Projekt kann sowohl der Auftraggeber als auch der Auftragnehmer Änderungen vorschlagen bzw. beantragen. Sind derartige Änderungen gemäß dem vereinbarten Änderungsprocedere akzeptiert, werden sie vertragswirksam und stellen gleichzeitig eine Vertragsänderung dar. Dem Vertragsmanagement obliegt dann die Aufgabe, gemäß den Vorgaben des Änderungsmanagements die Verträge anzupassen bzw. zu ergänzen.

Bei Anwendung des Konfigurationsmanagement-Konzepts (siehe Kapitel 4.4) können die Änderungsdaten, die vertragswirksame Auswirkungen haben und von den Vertragspartnern genehmigt sind, direkt übernommen werden. Sie müssen dann nicht mit einem eigenen Instrumentarium des Nachforderungsmanagements erfaßt werden.

Liegt keine freigegebene Änderung vor, so ist die Grundlage für gegenseitige Nachforderungen gelegt. Hier ist das Nachforderungsmanagement für eine rechtzeitige Reaktion (z.B. durch Beweissicherung), Klärung und Absicherung verantwortlich.

4.3.5.2 Risikomanagement

Zwischen den Gebieten Vertragsmanagement und Risikomanagement besteht ein enger Zusammenhang.

Die Methodik des Vertragsmanagements verlangt als ersten Schritt zur Erfassung des Vertragsinhaltes die Vertragsanalyse. Dabei werden die für die Vertragsabwicklung wesentlichen Punkte erfaßt und miteinander in Beziehung gesetzt. Insbesondere ermittelt der Vertragsmanager mögliche Leistungsstörungen und die daran anknüpfenden Folgen.

Bei diesem Vorgehen werden nahezu automatisch auch Risiken erfaßt. Diese können in folgende Gruppen eingeteilt werden:

- Vorhersehbare Risiken.
- Besondere, noch nicht quantifizierbare Risiken aus Schwachstellen im Vertrag.
- Besondere, noch nicht quantifizierbare Risiken aus dem Umfeld.

Im Rahmen des Vertragsmanagements sollen solche Risiken erkannt und beschrieben werden. Sie können durch Auszüge aus dem Vertrag und zusätzliche Kommentare belegt werden. Daraus folgt die bewußte Auseinandersetzung mit den Risiken.

Von den fünf prinzipiell möglichen Alternativen der Risikobehandlung (Akzeptieren, Eliminieren, Versichern, Durchreichung und Verminderung) sind vor allem die letzten beiden für das Vertragsmanagement von Bedeutung.

Es ist durchaus üblich, die erkannten Risiken eines Projektes in möglichst großem Umfang über vertragliche Regelungen an Unterauftragnehmer **durchzureichen**, also auf Dritte abzuwälzen.

Beispiel: Bei Warenlieferungen ins Ausland wird oftmals das Transportrisiko durch die Vereinbarung „Free on Board" (FOB) auf den Lieferanten als Unterauftragnehmer abgewälzt.

Beispiel: Das finanzielle Risiko eines Tunnel-Neubaus ist für eine einzelne Baufirma zu groß. Durch die Beteiligung weiterer Partner in einem Konsortium (oder ARGE) wird versucht, das Risiko zu verringern und auf andere mit zu verteilen.

Weitere Schritte der **Risikobegrenzung/-verminderung** sind die Bewertung der Risiken, Entwicklung von möglichen Alternativ- bzw. Gegenmaßnahmen sowie die fallweise Entscheidung für bestimmte Gegenmaßnahmen bei Eintritt eines Risikofalls. Mit den Gegenmaßnahmen wird die Verbindung zum Nachforderungsmanagement hergestellt, denn erkannte Risiken beinhalten immer auch Chancen.

Beispiel: Wenn ein Risiko bei der fristgerechten Abwicklung einzelner Vertragspunkte erkannt wird, so kann bereits in dieser Phase an Nachforderungen in Form von Terminverschiebungen gedacht werden. Diese würden sich zum Beispiel aus Verspätungen auf Seiten des Vertragspartners ergeben.

Es empfiehlt sich daher, auch im Rahmen der Arbeitsorganisation eine gegenseitige Zusammenarbeit zwischen den verantwortlichen Mitarbeitern des Vertrags- sowie des Risikomanagements anzustreben.

Es ist offensichtlich, daß durch ein geordnetes Vertragsmanagement auch eine Risikobegrenzung möglich ist. Umgekehrt kann das Vertrags- und Nachforderungsmanagement durch ein systematisches Risikomanagement sinnvoll ergänzt werden.

4.3.5.3 Qualitätsmanagement

Vertrags- und Nachforderungsmanagement ist immer auch Bestandteil eines Total Qualitiy Managements (TQM). Gerade wenn es darum geht, Anforderungen von Anfang an vollständig und eindeutig zu vereinbaren, ist ein professionelles Vertragsmanagement zu betreiben. Dieses wird getragen von den betroffenen und beteiligten Bereichen, in zunehmendem Maße auch durch Hinzuziehung externer Experten. Dies gilt auch und gerade für alle Unternehmen, die nicht über die notwendige eigene Erfahrung und auch nicht über eigene Juristen verfügen.

Der Grundatz des TQM, Fehler dadurch zu vermeiden, daß die Prozesse von Anfang an richtig durchgeführt werden (= beherrscht werden), findet hier seine konsequente Anwendung.

Zusammenfassung

Grundlage für die Projektbearbeitung ist der Projektvertrag. Inhalte dieses Vertrages sind bindend für die Vertragsparteien. Die Parteien und insbesondere ihre Projektmanager müssen demnach diese Inhalte nicht nur kennen, sondern auch verstehen. Die vorgestellten rechtlichen Grundlagen sind der Schlüssel für das Verständnis der Vertragsinhalte. Sie eröffnen aber auch den Weg zu einem effizienten Vertragsmanagement.

Vertragsmanagement (VM; engl.: Contract Management) umfaßt die Betreuung der vertraglichen Verhandlungen zwischen Auftraggeber und Auftragnehmer, Implementierung von Verträgen und Vornahme von Vertragsänderungen aus technischen, terminlichen oder finanziellen Gründen. Es schließt die Aufgaben des Nachforderungsmanagements ein. Ziel des Vertragsmanagements ist es, den Vertrag so abzuschließen und abzuwickeln, daß das Projektziel erreicht oder übertroffen wird. Dazu werden als Instrumente sämtliche verfügbaren Dokumentationsmittel eingesetzt. Das Vertragsmanagement wird in allen Projektphasen angewandt.

Das Nachforderungsmanagement stellt Abweichungen von Planvorgaben im Soll-Ist-Vergleich fest. Die sich daraus ergebenden Forderungen werden durchgesetzt und Gegenforderungen abgewehrt. Die davon betroffenen Beträge können eine überraschend hohe wirtschaftliche Bedeutung annehmen.

Nachforderungen aus zusätzlichen vertraglichen Vereinbarungen sind zu unterscheiden von Nachforderungen aus sonstigen Abweichungen von Planvorgaben. Im ersteren Fall werden Vertragsänderungen und die sich daraus ergebenden Vergütungsforderungen abgehandelt. Im zweiten Fall geht es um zusätzliche Ansprüche über die vertraglichen Vereinbarungen hinaus.

Das Risikomanagement setzt sich mit dem Erkennen und der Abwehr von Risiken auseinander. Unter Risiken kann man die Eintrittsmöglichkeit von schädlichen Zustandsänderungen verstehen. Risiken in diesem Sinne werden im Rahmen des Vertragsmanagements erfaßt. Die Vertragsanalyse bietet das Werkzeug, um sie überhaupt zu erkennen und dann zu beschreiben. Aus der Auseinandersetzung mit ihnen entstehen Lösungsansätze für ihre Abwehr oder Beseitigung. Bei rechtzeitigem Erkennen bieten sie die Chance, Nachforderungen geltend zu machen.

Daneben bestehen weitere Verbindungen zu den Tätigkeitsgebieten des Änderungs- sowie des Qualitätsmanagements.

Zusammenfassend führt die Methode des Vertragsmanagements über das Nachforderungsmanagement zu einem Erreichen oder Übertreffen der Projektziele, insbesondere in finanzieller Hinsicht.

Literaturverzeichnis

BERNSTORFF, Christoph Graf von: Vertragsgestaltung im Auslandsgeschäft, Frankfurt a. M. 1989

BÖKER, Lothar: Vertragsrecht und Claimmanagement - Leitfaden für Praktiker, Mannheim 1996

CULPIN, M.F.: The management of capital projects, London 1989

DÖRRENBERG, Florian E.: Vertragsmanagement entlang des Projekt-Lebensweges von nationalen und internationalen Projekten, Dissertationsentwurf, IPMI, Universität Bremen, bislang unveröffentlichtes Manuskript 1997

EYSEL, Hans: Vertragsrecht für Ingenieure. Eine Einführung in einschlägige Gesetze, Allgemeine Geschäftsbedingungen und Vertragsmuster, Köln 1994

FLOCKE, H.-J.: Risiken beim Internationalen Anlagenvertrag, Verlagsgesellschaft Recht und Wirtschaft, Heidelberg 1987

FRANKE, Armin: Risikobewußtes Projektcontrolling, Köln 1993

GABRIEL, Eric: Contracting in International Project Management, in: Teilnehmerunterlagen postgraduate course 'EPM European Project Manager', IPMI, Universität Bremen, o.J.

GIßKE, Erhardt: Bauen - mein Leben, Berlin 1987

HAMANN, Michael (1989 a): Vertragsprobleme und ihre Abwehr - Besondere Aufgaben des Vertragsmanagements bei Großprojekten, in: GPM-Nachrichten Nr. 18, September 1989, S. 77-85, München 1989

HAMANN, Michael (1989 b): Claimmanagement, in: GPM [Hrsg.]: Handbuch Projektmanagement, Bd. 2, S. 979-990, Köln 1989

HAMANN, Michael (1989 c): Vertragsmanagement und Nachforderungsmanagement im Anlagenbau, in: GPM [Hrsg.]: GPM-Nachrichten, Nr. 18, S. 77-85, München 1989

HAMANN, Michael: Vertragsprobleme und ihre Abwehr - Besondere Aufgaben des Vertragsmanagements bei Großprojekten, in: GPM/Intec. GmbH [Hrsg:] Tagungsunterlagen zum „Deutschen Anlagenbauforum - Projektmanagement" am 15./16. September 1994, München und Landshut 1994

HEIERMANN, W.; Linke, Liane: VOB Musterbriefe für Auftraggeber, 2. Auf., Wiesbaden 1994

HEIERMANN, W.; Linke, Liane: VOB Musterbriefe für Auftragnehmer, 6. Aufl., Wiesbaden 1994

INGENSTAU, Heinz; Korbion, Hermann: VOB Kommentar, 13. Auflage, Düsseldorf 1996

JOUSSEN, Peter P.: Der Industrieanlagen-Vertrag, Verlagsgesellschaft Recht und Wirtschaft, Heidelberg 1981

KORBION, Hermann; Hochstein, Reiner: VOB-Vertrag, 6. Auflage, Düsseldorf 1994

MADAUSS, Bernd: Handbuch Projektmanagement: mit Handlungsanleitungen für Industriebetriebe, Unternehmensberater und Behörden, 5. überarb. und erw. Aufl., Stuttgart 1994

MEINECKE, Birgit: Der Bauvertrag nach BGB und VOB, in: Schriftenreihe Baurecht, 2. Auflage, Eschborn 1994

MEINS, Jon: Die Vertragsverhandlung. Leitfaden zum Entwerfen, Verhandeln und Abschließen von Verträgen, 2., wesentlich erweiterte Auflage, Stuttgart 1993

MOTZEL, Erhard [Hrsg.]: Projektmanagement in der Baupraxis bei industriellen und öffentlichen Bauprojekten, Berlin 1993

NICKLISCH, Franz. F.: Risiken bei Bau- und Anlagenverträgen, in: Schriftenreihe Technologie und Recht, Bd. 4, C.F. Müller Juristischer Verlag, Heidelberg 1985, S. 25 ff.

NIKLISCH, Franz.: Rechtsfragen des Subunternehmervertrages, in: Neue Juristische Wochenschrift 1985, S. 2360 ff.

PATZAK, Gerold (1996): Projektmanagement. Leitfaden zum Management von Projekten, Projektportfolios und projektorientierten Unternehmen, Wien 1996

PMI Project Management Institute [Ed.] (1982 b): Negotiating & Contracting for Project Management, Drexel Hill (USA) 1982

PMI Project Management Institute [Ed.] (1990): Contract Administration for the Project Manager, Upper Darby (USA) 1990

PROJEKTGRUPPE VERTRAGSMANAGEMENT: Vertragsmanagement und seine Auswirkungen auf die Projektabwicklung international kooperierender Mittelbetriebe, Projektbericht im Rahmen des Lehrprojektes „Internationalisierung mittelständischer Unternehmensführung", Universität Bremen, Bremen 1995

SAYNISCH, Manfred: Konfigurationsmanagement: Fachlich-inhaltliche Entwurfssteuerung, Dokumentation und Änderungswesen im ganzheitlichen Projektmanagement, Köln 1984

VDI-Gesellschaft Entwicklung, Konstruktion, Vertrieb [Hrsg.]: Projektorganisation beim internationalen Vertrieb von Maschinen und Anlagen: Entscheidungshilfen, Organisationsformen, Vertragskonzepte, Stuttgart 1991

VOB Verdingungsordnung für Bauleistungen, Allgemeine Bestimmungen für die Vergabe von Bauleistungen - VOB Teil A, Berlin 1996

VOB Verdingungsordnung für Bauleistungen, Ergänzungsband 1996, Berlin 1996

VOB/VOL Verdingungsordnung für Bauleistungen A und B; Verdingungsordnung für Leistungen A und B, München 1995

WEBER, Kurt E.: Thesen zur Entwicklung und Anwendung des Vertragsmanagements, in: Müller-Ettrich, Roswitha: Was hat sich in der Anwendung des Projektmanagements in den vergangenen 10 Jahren verändert - Bestandsaufnahme und Ausblick, in: GPM (Hrsg.): Beiträge zum Projektmanagement-Forum '90 in Aachen, München 1990

WEBER, Kurt E.: Thesen zur Entwicklung und Anwendung des Vertragsmanagements, in: Müller-Ettrich, Roswitha et al.: Wandel der Projektmanagement-Anwendungen in den letzten 10 Jahren, in: Zeitschrift Projektmanagement, 2/91, S. 3-11, Köln 1991

WEBER, Kurt E.: Verträge, in: RKW/GPM [Hrsg.]: Projektmanagement-Fachmann, Bd. 2, S. 675-709, 2., überarbeitetet Auflage, Eschborn 1994

WEBER, Kurt E.: Vertragsrechtliche Fragen, in: GPM [Hrsg.]: Handbuch Projektmanagement, Bd. 2, S. 945-977, Köln 1989

WEBER, Kurt E.: Vertragsrechtliche Fragen, in: GPM [Hrsg.]: Projekte erfolgreich managen, Loseblatt-Sammlung, Köln 1995

WESTPHALEN, F. Graf von: Rechtsprobleme der Exportfinanzierung, 3. Auflage, Heidelberg 1987

Autorenportrait

Dipl.-Ing. RA Kurt E. Weber

Ausbildung:

- Studium Chemische Verfahrenstechnik, Abschluß 1959
- Studium Jura, Abschluß 1978
- Rechtsreferendar, Abschluß 1981

Beruflicher Werdegang:

1962 - 1973:	Angestellter Projektingenieur und Projektleiter im Industrieanlagenbau
1973 - 1978:	freiberufliche Tätigkeit als Beratender Ingenieur im Projektmanagement
1978 - 1981:	Rechtsreferendar und freiberufliche Tätigkeit als Beratender Ingenieur im Projektmanagement
1981:	Zulassung als Rechtsanwalt
1981 - 1983:	Freier Mitarbeiter als Rechtsanwalt in einer großen Kanzlei
ab 1983:	Zivilrechtliche Tätigkeit in eigener Kanzlei

Schwerpunkte:

Gestaltung und Abschluß von technischen Verträgen, Methodik des Vertragsmanagements; Nachforderungsmanagement; Streitfälle aus Bau- und Ingenieurverträgen; Wohnungseigentumsrecht.

Sprachen:

Französisch und Englisch (Wort und Schrift), Spanisch (Schrift)

Abbildungsverzeichnis

Abbildung 4.3-1: Parteien eines Vertrages und ihre Rechtsbeziehungen 966

Abbildung 4.3-2: Vertragsinhalte des Projektmanagement-Vertrags (Checkliste) 971

Abbildung 4.3-3: Abnahmebescheinigung (Muster) 976

Abbildung 4.3-4: Abnahmemodalitäten (Beispiel) 977

Abbildung 4.3-5: Generalunternehmer (Hauptauftragnehmer) 979

Abbildung 4.3-6: Außenkonsortium 980

Abbildung 4.3-7: Innenkonsortium 981

Abbildung 4.3-8: Stellung des Vertragsmanagements im Projektmanagement 984

Abbildung 4.3-9: Allgemeine Zusammenfassung wesentlicher Vertragsdaten (Muster) 987

Abbildung 4.3-10: Zusammenfassung der Vertragspflichten nach Terminen (Beispiel) 988

Abbildung 4.3-11: Zusammenfassung der Vertragsstrafen und ihre Voraussetzungen
(Beispiel) 988

Abbildung 4.3-12: Zeichnungsliste mit Soll-Ist-Vergleich (Muster) 989

Abbildung 4.3-13: Baustellen-Tagesbericht (Muster) 989

Abbildung 4.3-14: Tabellarische Auflistung von Nachforderungen (Beispiel) 995

Abbildung 4.3-15: Auflistung von Nachforderungs-Unterlagen (Beispiel) 997

Abbildung 4.3-16: Gegenüberstellung von Vertragspreis zu Höhe der Nachforderungen
(Beispiel) 997

Abbildung 4.3-17: Mögliches Kalkulationsschema zur „Erfolgskontrolle" des
Nachforderungsmanagements (nach BÖKER 1996) 998

Lernzielbeschreibungen

Ziel dieses Kapitels ist es, dem Leser das Verständnis für Verträge zu eröffnen. Einerseits werden einige Grundlagen des Vertragsrechts dargestellt. Andererseits erfährt der Leser, wie er Verträge methodisch gestaltet, abschließt und abwickelt. Auf der Basis dieser inhaltlichen und methodischen Kenntnisse ist der Leser in der Lage, ein geordnetes Nachforderungsmanagement (Claim Management) zu betreiben. Damit erfüllt er die Voraussetzungen, um den Gesamterfolg des Projekts positiv und entscheidend zu beeinflussen.

4.4 Konfigurations- und Änderungsmanagement

von

Manfred Saynisch

Hermann Bürgers

Relevanznachweis

Die Flut von fachlich-inhaltlichen, technischen und administrativen Konzeptionen sowie Änderungen während des Projektablaufes zu beherrschen, ist ein schwieriges Problem. Kenntnisse und Anwendungen von Konfigurationsmanagement (KM), mit dem diese Situation bewältigt werden kann, sind noch wenig verbreitet. Um 1960 entstand in der Luft- und Raumfahrtindustrie mit ihren hochkomplexen Situationen das KM-Konzept. Seitdem wurde die erfolgreiche Anwendung und die wirksame Nutzbringung von KM konsequent verwirklicht. Heute stehen im internationalen Rahmen insbesondere die Automobilindustrie, die Telekommunikation und die Softwareentwicklung vor der Notwendigkeit einer wirksamen KM-Anwendung.

Andere Branchen werden folgen, denn durch die Globalisierung der Märkte mit ihren instabilen Beziehungen werden auch kleine und mittlere Unternehmungen von komplexen und interdisziplinären Situationen, die nach Ordnung und Transparenz, Gestaltungskraft und Qualität verlangen, nicht verschont bleiben. Beispielsweise kann ein kleineres Unternehmen Partner bei einem größeren Projekt sein, in dem Konfigurationsmanagement angewendet wird. In diesem Fall muß das kleinere Unternehmen beim KM mithalten können.

Die Notwendigkeit, Konfigurationsmanagement (KM) anzuwenden, ergibt sich aufgrund:

- komplexer werdender Systeme mit ihren interdisziplinären Produktentwicklungen und dem „Time to Market" Druck,
- neuer Arbeitsstrukturen, wie simultane selbstorganisierte Teams (Integrierte Produktteams), verteilte und vernetzte Entwicklung, Hersteller-Zulieferer-Integration,
- die Flut von fachlich-inhaltlichen, technischen Konzeptionen und Änderungen während des Projektablaufes, vor allem in der Entwicklungsphase, die gemeistert werden muß,
- der neuen Anforderungen aus der Normenreihe ISO EN DIN 9000.

Konfigurationsmanagement wird somit zu einem Schlüsselthema bei Projekten jeder Art.

Inhaltsverzeichnis

4.4.1 Bedeutung, Anlaß und Nutzen des Konfigurationsmanagements   **1009**

4.4.2 Methodisches Konzept des Konfigurationsmanagements   **1010**

     4.4.2.1 Generelles Konzept - einige Definitionen   1010

     4.4.2.2 Konfigurationsmanagement: Ziele und Teilgebiete   1011

4.4.3 Teilgebiete und Methoden des Konfigurationsmanagements   **1013**

     4.4.3.1 Konfigurationsidentifizierung (Konfigurationsbestimmung)   1013

     4.4.3.2 Konfigurationsüberwachung/-steuerung - Änderungsmanagement   1017

         4.4.3.2.1 Aufgaben des Änderungsmanagements   1018

         4.4.3.2.2 Ablauf einer Änderung   1019

     4.4.3.3 Die Konfigurationsbuchführung (Konfigurationsverfolgung - Konfigurationsnachweis)   1022

     4.4.3.4 Die Konfigurationsauditierung (Produktauditierung)   1023

     4.4.3.5 Auditierung des Konfigurationsmanagement-Systems (Managementsystem-Auditierung)   1024

     4.4.3.6 Aufbau- und ablauforganisatorische Regelungen   1024

4.4.4 Konfigurationsmanagement im Zusammenhang mit anderen Methoden, Funktionen und Situationen   **1026**

4.4.5 Mittlerfunktion des Konfigurationsmanagements   **1028**

4.4.6 Die Besonderheiten beim Software-Konfigurationsmanagement   **1028**

4.4.1 Bedeutung, Anlaß und Nutzen des Konfigurationsmanagements

Jeder **maßgebliche Entscheidungsträger** muß bei einem Projekt (nicht nur bei technologisch anspruchsvollen und/oder komplexen Projekten) im Fall technischer oder anderer Schwierigkeiten in der Lage sein, Terminverzögerungen und Kostenüberschreitungen **vorauszusehen**, um rechtzeitig Korrekturmaßnahmen einzuleiten. Fachlich-inhaltliche Änderungen, gleich welchen Anlasses, sind meist die Ursachen erheblicher Kosten- und Terminüberschreitungen. *Kosten- und Terminüberschreitungen*

Fehler und Mängel beim Management, vor allem bei den ständigen Änderungen im technischen Konzept und in der Ausführung, die nicht unter entsprechender Kontrolle gehalten wurden, sind meist die eigentlichen Ursachen für Projektfehlschläge oder andere Schwierigkeiten bei der Projektabwicklung. *Ursachen für Projektfehlschläge*

Heutige technische Systeme besitzen aufgrund ihrer Komplexität zahlreiche Systemkomponenten, die in ihren Funktionen, räumlichen Dimensionen und Schnittstellen für den Einzelnen nicht mehr überschaubar sind. Die **Übersicht geht verloren.** Die Systemkomponenten nehmen darüber hinaus in ihren unterschiedlichen Entwicklungsstadien verschiedene Erscheinungsformen in unterschiedlichen Versionen an. Diese Zustands- und Beziehungsvielfalt wirkt sich nicht nur in der Entwicklungsphase aus, sondern beeinflußt auch Ersatzteilversorgung, Wartbarkeit, Verfügbarkeit und Weiterentwicklungsmöglichkeiten in der Nutzungsphase. *Komplexität*

Ein technisches System oder Produkt zeigt verschiedene Erscheinungsformen: z.B. Anforderungsdokumente, Definitions- und Herstellungsdokumente, Halbzeuge/Rohmaterial, Einzelteile, Baugruppen, Routinen, Unterprogramme und Programmteile, Quellcode, Objektcode, Gesamtzustand. In ihrer großen Anzahl und ihren unterschiedlichen Versionen lassen sie ein **Konsistenzproblem** entstehen (SAYNISCH 1984, PLATZ 1986). Welche Version der Erscheinungsform A funktioniert mit welcher Version der Erscheinungsform B, welche Kombinationen sind widerspruchslos kompatibel? Welche Zustände gestatten eine volle Funktion des Erzeugnisses? Mit Hilfe von „Konfigurationen" kann in die Vielfalt von Zuständen Ordnung gebracht werden. Die Bezugspunkte für Änderungsprozesse können bestimmt werden. *Ordnung in der Vielfalt*

Diese vier thesenhaften Aussagen charakterisieren eine Situation, die zur Entwicklung der Disziplin des Konfigurationsmanagements (KM) geführt hat. Um diese dargelegten komplexen Zustände in den Griff zu bekommen, sind die Prinzipien und Techniken des Konfigurationsmanagements einzusetzen. *Vorbeugen statt „reparieren"*

Konfigurationsmanagement ist jedoch nicht isoliert, als alleinstehende Einzeldisziplin anzuwenden, sondern gemeinsam mit den anderen Teildisziplinen des Projektmanagements, wie Kosten- und Terminmanagement, Projekt-Controlling oder Qualitätsmanagement. Die außergewöhnlichen Vorteile des Konfigurationsmanagements mit seinem präventiven Charakter entfalten sich erst voll im Zusammenspiel mit den anderen Gebieten des Projektmanagements (SAYNISCH 1985). **Erfahrene Projektleiter wissen um die positiven Zusammenhänge zwischen effektivem Konfigurationsmanagement und Einhaltung von Terminen und Kosten** (MADAUSS 1984)

4.4.2 Methodisches Konzept des Konfigurationsmanagements

4.4.2.1 Generelles Konzept - einige Definitionen

Konfiguration   Der Begriff „Konfiguration" ist lateinischen Ursprungs und laut Duden eine veraltete Bezeichnung für „Gestalt bzw. Gestaltung". Die Synonyme „Konfiguration - Gestalt/Gestaltung" sind selbsterklärend und für das heutige Verständnis aktuell.

> Eine „Konfiguration" ist ein bestimmter, definierter Zustand einer „Betrachtungseinheit" und zwar bezüglich ihrer physischen und funktionellen Eigenschaften.

Dies gilt generell. Betrachtungseinheit in diesem Verständnis ist alles, was DIN/ISO 8402 als „Produkt" definiert, oder jedes seiner Bestandteile (siehe Abschnitt 4.4.6 und Kapitel 4.2).

Konfiguration greifbar machen   Um diese „Konfiguration" für die Verfahren greifbar zu machen, geht das KM von folgender Grundvoraussetzung aus:

> Die „Konfiguration" läßt sich durch die Kontrolle der diese Konfiguration beschreibenden „Konfigurationsdokumente" kontrollieren, steuern und nachweisen.

Dies gilt unverändert, insbesondere solange das eigentliche Produkt nicht vorliegt (z.B. in der Entwicklungsphase).

Konfigurationsdokumente sind Anforderungsdokumente (wie Spezifikationen oder Pflichtenhefte), Konstruktions- und Designdokumente (wie Zeichnungen, Stücklisten, Grob- und Feindesign), Herstell- und Abnahmedokumente (wie Fertigungsunterlagen und Prüfvorschriften) sowie Betriebsunterlagen (wie Handbücher und Kataloge) (SAYNISCH 1985).

DIN EN ISO 10007 definiert daher den Begriff **„Konfiguration"** als:

> Funktionelle und physische Merkmale eines Produkts, wie sie in seinen technischen Dokumenten beschrieben und im Produkt verwirklicht sind.

KM ist Teildisziplin des PM   Konfigurationsmanagement ist eine Teildisziplin des Projektmanagements. KM koordiniert die systematische Zusammenstellung und Dokumentation des jeweils gültigen Standes der Konfiguration, steuert und verwaltet die Konfigurationsänderungen, veranlaßt die Überprüfung der Verwirklichung am realen Objekt und informiert die Beteiligten jederzeit über jegliche Situation.

Konfigurationsmanagement beruht auf der Idee, den Prozeß der ingenieurorientierten Leistungserstellung als eine Abfolge von Änderungen gegenüber anfänglich erstellten und abgestimmten Vorgaben, Planwerten und Zwischenergebnissen aufzufassen. Dieser Ansatz entspricht dem schlichten, doch in der praktischen Anwendung so schwer zu erfüllenden Prinzip: Ordnung zu halten - in einem dynamischen, instabilen, evolutionär-orientierten oder gar sprunghaft-veränderlichen Prozeß (SAYNISCH 1986, PLATZ 1986, SAYNISCH 1985)!

4.4.2.2 Konfigurationsmanagement: Ziele und Teilgebiete

Das Konfigurationsmanagement stellt sicher, daß durch eine systematische, fachlich-inhaltliche Dokumentenerstellung und -genehmigung in der technischen Planung (Engineering oder Projektierung) Unvollständigkeiten und Fehler reduziert werden. Es unterwirft Änderungen einem **formalen Genehmigungsprozeß**, der die **Auswirkungen rechtzeitig transparent macht** (SAYNISCH 1984, SAYNISCH 1986) und erfüllt somit die Funktion eines Frühwarnsystems. Konfigurationsmanagement liefert somit die Gewähr, daß

KM ist Frühwarnsystem

- die zur Endabnahme kommende Konfiguration bis ins Kleinste bekannt und dokumentiert ist (Zeichnungen, Spezifikationen, Datenblätter, Schaltbilder etc.)

- nur unvermeidliche Änderungen genehmigt werden

- alle Konstruktionsziele im Produkt verwirklicht werden

- der Projektleiter jederzeit weiß, wann, wie und warum technische Änderungen am Projektgegenstand vorgenommen wurden oder werden müssen und welchen Einfluß sie auf Kosten und Termine des Gesamtprojekts sowie auf die Vertragssituationen (Auftraggeber, Unterauftragnehmer) haben

- sich verschiedene Auftragnehmer in Arbeitsweise und Disziplin an einheitlich vorgeschriebene Konstruktionsnormen und -praktiken halten

- der Projektleiter und jeder andere am Projekt Beteiligte jederzeit weiß, welcher Konfigurationsstand, d.h. gültiger Informationsinhalt der freigegebenen Dokumente, augenblicklich vorhanden ist bzw. in welchem Produkt er verwirklicht ist bzw. wird

- Mängel und fehlerhafte Teile bis zum Herstellplatz zurückverfolgt werden können (Traceability).

Obwohl die Technik des KM nur integriert sinnvoll durchgeführt werden kann, hat man das KM in Teilgebiete unterteilt. Die vier Teilgebiete des KM sind:

4 Teilgebiete des KM

- die Konfigurationsidentifizierung,
- die Konfigurationsüberwachung (das Änderungsmanagement),
- die Konfigurationsbuchführung,
- die Konfigurationsauditierung.

Abbildung 4.4-1 gibt einen Überblick über die Teilgebiete und Methodengruppen sowie den strukturellen Aufbau. Eine zusammenfassende Sicht über den Zweck und Inhalt wichtiger Teilgebiete bietet Abbildung 4.4-2. Einen Überblick über den prozeßorientierten Zusammenhang einzelner Teilgebiete und Funktionen mit den Projektphasen gibt Abbildung 4.4-3. Die einzelnen Teilgebiete des Konfigurationsmanagements werden in den folgenden Abschnitten näher erläutert.

1 Die Konfigurationsidentifizierung - Die Konfigurationsbestimmung

- Bezugskonfigurationen - Baselines
- Technische Überprüfungen - Reviews
- Identifizierung - Numerierung - Kennzeichnung
- Produktgliederung - Konfigurationseinheiten (KE)
- Produktdokumentation

2 Die Konfigurationsüberwachung/-steuerung - Das Änderungsmanagement

Änderungen:
- Antragstellung - Abstimmung - (Änderungsantrag)
- Bewertung - Genehmigung - (Änderungsauftrag)
- Veranlassung - Durchführung - Verifizierung

3 Die Konfigurationsbuchführung(-verfolgung/-nachweis)

- Registrierung - Archivierung - Statusberichte

4 Die Konfigurationsauditierung (Produktauditierung)

5 Auditierung des Konfigurationsmanagement(KM)-systems (Managementsystem-Auditierung)

6 Aufbau- und Ablauforganisatorische Regelungen

- Konfigurationsmanagement Plan (KMP)
- Änderungsmanagement-Stelle
- Konfigurationsausschuß (Configuration (Control) Board =CCB)

Abbildung 4.4-1: Teilgebiete und Methodengruppen des Konfigurationsmanagements

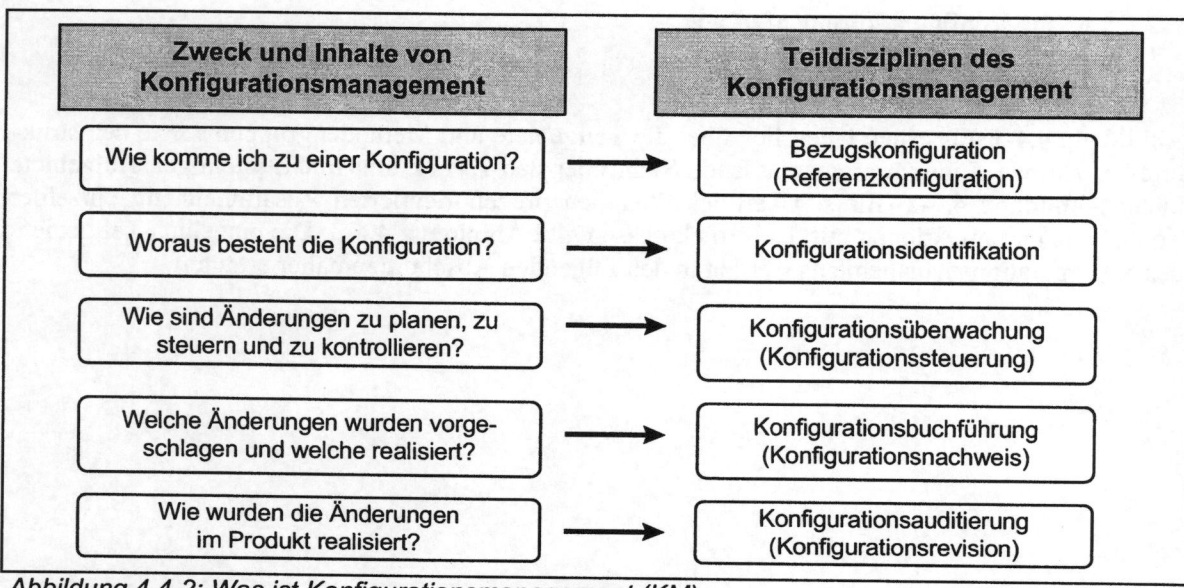

Zweck und Inhalte von Konfigurationsmanagement	Teildisziplinen des Konfigurationsmanagement
Wie komme ich zu einer Konfiguration?	Bezugskonfiguration (Referenzkonfiguration)
Woraus besteht die Konfiguration?	Konfigurationsidentifikation
Wie sind Änderungen zu planen, zu steuern und zu kontrollieren?	Konfigurationsüberwachung (Konfigurationssteuerung)
Welche Änderungen wurden vorgeschlagen und welche realisiert?	Konfigurationsbuchführung (Konfigurationsnachweis)
Wie wurden die Änderungen im Produkt realisiert?	Konfigurationsauditierung (Konfigurationsrevision)

Abbildung 4.4-2: Was ist Konfigurationsmanagement (KM)

4.4 Konfigurations- und Änderungsmanagement

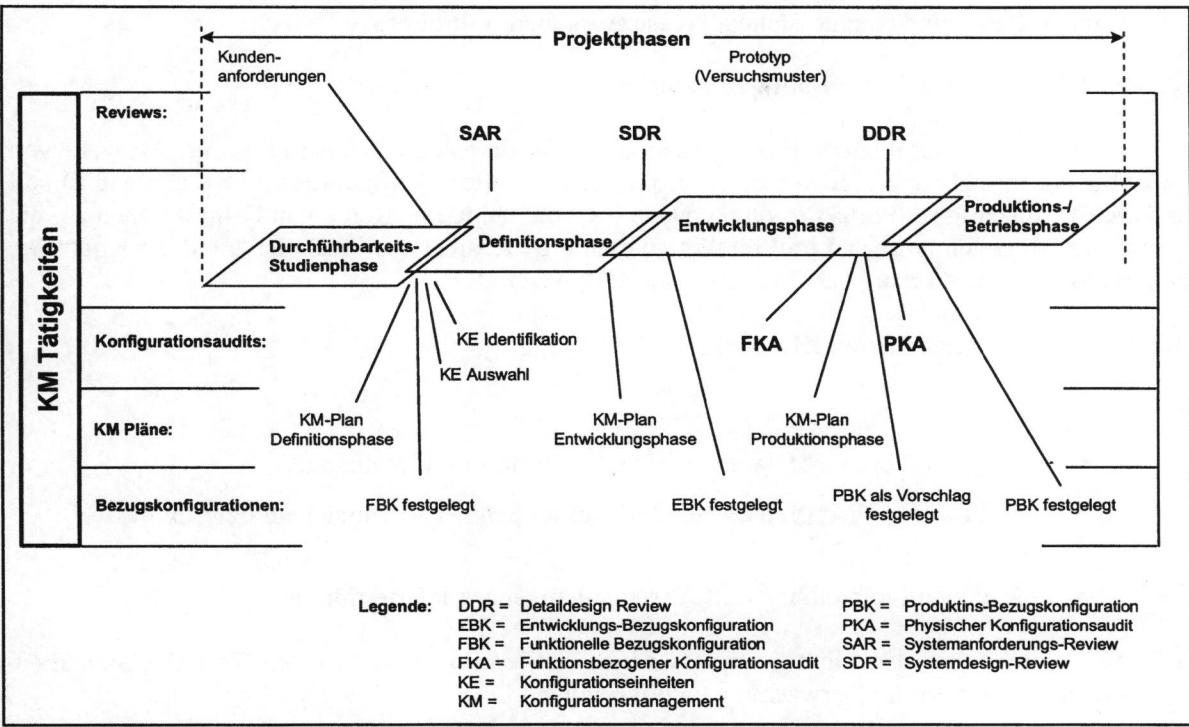

Abbildung 4.4-3: Projektphasen - KM-Tätigkeiten (DIN EN ISO 10007, 1996)

4.4.3 Teilgebiete und Methoden des Konfigurationsmanagements

4.4.3.1 Konfigurationsidentifizierung (Konfigurationsbestimmung)

Die Konfigurationsidentifizierung wird auch Konfigurationsbestimmung genannt. Sie ist Grundlage für das Management der Produktkonfiguration und jedes Änderungsmanagements. Sie macht ein Produkt erst „greifbar" und damit „steuerbar". *Identifizieren und qualifizieren*

Unter Konfigurationsidentifizierung versteht man folgende Maßnahmen: *Formal u. fachlich-inhaltlich identifizieren*

1. Maßnahmen zur **formalen Identifizierung** (d.h. formaler Kennzeichnung und Festlegung). Diese sollten bereits zu Beginn des Projektes, der Entwicklung, festgelegt werden. Das sind vor allem Maßnahmen

    - zur sinnvollen (und schrittweisen) Strukturierung des Gesamtprodukts und zur Auswahl von „Konfigurationseinheiten" (KE),
    - zur Dokumentation der physischen und funktionellen Merkmale einschließlich der Schnittstellen und späteren Änderungen, d.h. die Festlegung der zur eindeutigen Beschreibung dieser KEs erforderlichen Unterlagen sowie deren Inhalts,
    - zur Numerierung von Unterlagen, Produkten und deren Konfigurationen und Änderungen, zur Neukennzeichnung sowie die Überwachung der Anwendung,

2. Maßnahmen zur **fachlich-inhaltlichen Identifizierung bzw. Bestimmung**. Diese ergeben sich erst während der Projektarbeit bzw. Entwicklungsarbeiten und können am Projektbeginn formal nur in ihrer Strukturorganisation festgelegt werden. Hierzu zählen Maßnahmen wie

    - die Bestimmung und Festschreibung von Bezugskonfigurationen (Referenzkonfigurationen),
    - die Konfigurationsrevision (Reviewverfahren)

Es ist sinnvoll, daß eine einzige Stelle all diese Aufgaben wahrnimmt.

Produktgliederung und Auswahl von Konfigurationseinheiten (KE)

Konfigurations-
einheiten (KEs)

Die stufenweise Untergliederung des Gesamtprodukts durch die Bestimmung und Auswahl von „Konfigurationseinheiten" (auch Configuration Item CI oder Konfigurationsteil KT genannt) soll möglichst frühzeitig im Projekt erfolgen. Denn hiervon hängt eine Reihe von Folgeaktionen ab, die ganz wesentlich den Aufwand im Projekt und damit die Kosten, aber auch den Grad der Kontrolle, die das Management erhält, bestimmen (SAYNISCH 1984).

Kriterien für die Auswahl von KEs sind z.B.:

- Ist die Einheit
    - ein eigener Vertragsbestandteil (eigener Termin- und Kostenplan),
    - eine Zuliefereinheit (von einem Unterauftragnehmer zu entwickeln bzw. zu liefern),
    - eine eigene Liefereinheit (z.B. Ersatzteil, eigener Liefertermin) etc.?
- Soll die Einheit aufgrund ihrer kritischen Eigenschaften (technisch, Kosten, Termine, Sicherheit etc.) einer besonderen Überwachung unterworfen werden?

Da der Grad der Gliederung sowohl den Grad der Kontrolle bestimmt, die das Projektmanagement damit erhält, als auch den damit verbundenen Aufwand, muß in jedem Projekt der sinnvolle Kompromiß gesucht werden. Bei mehrstufigen Projekten wird in der Regel auf jeder Ebene die Untergliederung in KEs verfeinert. Die Gliederungsstruktur der KEs weist Analogien zum objektorientierten Teil eines Projektstrukturplans auf. Bei Fertigungsprojekten ist die KE-Struktur von Produkten in der Regel identisch mit der Struktur-Stückliste.

Festlegen der Produktdokumentation

Produkt-
dokumentation

Zur Produktdokumentation zählen alle Unterlagen, die einen Einfluß auf das Endprodukt oder seine Bestandteile haben oder diese verbindlich beschreiben.

Die Produktdokumentation kann grob gegliedert werden in Dokumente zur:

- Definition der Anforderungen (Plichten- und Lastenhefte, Spezifikationen etc.)
- Definition der Auslegung und Ausführung (Design, Konstruktion etc.)
- Beschreibung der Herstellung (Produktionsunterlagen, Kopiervorschriften, Abweichungen etc.) und ggf. der Lagerung und Handhabung
- Beschreibung und zum Nachweis der Qualität (Prüfvorschriften, Prüfberichte etc.)
- Unterstützung des Betriebs und zur Erhaltung der Funktionsbereitschaft (Anleitungen, Handbücher, Kataloge, mediale Produktpräsentation)

Die Festlegung der zur eindeutigen Beschreibung der KEs erforderlichen Unterlagen (sowie ggf. deren Inhalts) sollte frühzeitig, möglichst vor Auswahl der KEs, im Projekt erfolgen (SAYNISCH 1984).

Es ist darauf zu achten, daß sowohl die Funktion, als auch die Physis (Gestalt) so genau beschrieben wird, daß das Produkt danach reproduzierbar hergestellt, geprüft und qualifiziert werden kann.

4.4 Konfigurations- und Änderungsmanagement

Die Definition muß gewährleisten, daß die gewünschte (evtl. vertraglich zugesicherte) Funktionalität unter allen Umständen sichergestellt wird. Im fortschreitenden Definitionsprozeß muß sichergestellt werden, daß die aufeinander aufbauenden Unterlagen widerspruchsfrei sind.

Für jede Projektphase sind die erforderlichen Dokumente festzulegen.

Besonderes Augenmerk sollte darauf verwandt werden, die **Schnittstellen** des Produkts nach außen, aber vor allem auch die zwischen den KEs ausreichend zu beschreiben, um ein konsistentes Gesamtprodukt und austauschbare Komponenten (KEs) zu erhalten und bei Änderungen die Auswirkungen leichter abschätzen und berücksichtigen zu können. Dies kann durch eigenständige Schnittstellen-Spezifikationen oder in den Produktspezifikationen selbst erfolgen.

Schnittstellen beschreiben

Numerierung und Kennzeichnung

Die Festlegung der Numerierungsregeln für Konfigurationsunterlagen und für Produkte sowie zur Kennzeichnung deren Konfigurationen und aller Konfigurationsänderungen sind ein wichtiger Teil der Konfigurationsidentifizierung, aber auch die Überwachung der Anwendung dieser Regeln.

Numerieren und kennzeichnen

Auch hier ist es erforderlich, bereits zu Beginn des Projektes die Regeln festzulegen, um später kostspielige Mißverständnisse oder Umbenennungen zu vermeiden (SAYNISCH 1984).

Das KM stellt an Numerierungssysteme nur zwei Forderungen:

1. Sie müssen eindeutig sein, d.h. eine so eindeutige Kennzeichnung erlauben, daß eine Verwechslung zweier verschiedener Objekte und ebenso zweier verschiedener Zustände (Konfigurationen) desselben Objekts ausgeschlossen sind.

2. Die Regeln müssen klar und unmißverständlich sein.

Insbesondere die Regeln für die „Neukennzeichnung" (nach Änderung) müssen diesen Forderungen entsprechen.

Klassische Numerierungssysteme sind z.B. Zeichnungsnummer und -ausgabe, Teilekennzeichen, Serien-Nr., Dokumentennummer und -ausgabe (siehe Kapitel 4.5).

Bezugskonfigurationen (Baselines)

Bezugskonfigurationen (Baselines oder Referenzkonfigurationen) sind **festgeschriebene Produktzustände**, die eine bestimmte Qualität haben. Sie sind die Voraussetzung für eine wirkungsvolle Konfigurationssteuerung.

Bezugskonfigurationen (Baselines) sind wichtige Bezugspunkte

Eine Bezugskonfiguration besteht aus allen anerkannten Dokumenten, die die Definition eines Produkts oder einer Konfigurationseinheit zu einem festgelegten Zeitpunkt darstellen. (DIN EN ISO 10007, 1996)

Insbesondere bei komplexeren Produkten und in Kooperationsprojekten ist die Vereinbarung und Festlegung von Bezugskonfigurationen eine zwingende Voraussetzung für eine koordinierte Zusammenarbeit.

Sie ist aber auch die geeignete Basis für den Bezug und die Bestimmung von

- Projekt- und Produktkosten,
- Terminplänen,
- Umweltschutzmaßnahmen oder für

- Technikbewertung,
- Vertragsverhandlungen,
- Beginn eines formalen Änderungsverfahrens etc.

Denn hier ist ein technischer Stand eindeutig bestimmt, auf den unmißverständlich Bezug genommen werden kann. Eine derartige Basis, eben die „Bezugskonfiguration", stellt den Bezugspunkt für nachfolgende Änderungen dar. Eine Änderung kann nur dann eindeutig definiert werden, wenn ein Bezugspunkt feststeht, auf den sie sich bezieht (SAYNISCH 1986, SAYNISCH/BÜRGERS 1987).

Bezugskonfigurationen sollen immer dann festgelegt werden, wenn es während des Lebenslaufs eines Produkts nötig ist, seine Konfiguration so festzulegen, daß sie als Ausgangspunkt für weitere Aktivitäten dienen kann. Grundsätzlich können Bezugskonfigurationen jederzeit festgelegt werden, wenn es dem Management sinnvoll erscheint, also z.B.

- bei Vertragsabschluß (auf welche Konfiguration beziehen sich Kosten und Termine)
- bei Beginn einer neuen Projektphase (wir ziehen alle am selben Strang)
- bei Beginn eines verschärften Änderungsverfahrens (ab jetzt nur mehr Änderungen, die vom Top-Management/Auftraggeber abgesegnet sind)
- vor den Betriebsferien (Arbeitsbeginn mit definiertem Ausgangszustand)

Festlegen einer Bezugskonfiguration

Der Detaillierungsgrad, bis zu dem eine Konfigurationseinheit in einer Bezugskonfiguration definiert werden muß, hängt vom Grad der gewünschten Überwachung ab. Funktionelle Bezugskonfigurationen (in frühen Phasen) können z.B. aus einem einzigen Dokument bestehen, während Produktions-Bezugskonfigurationen (in späten Phasen) einen ganzen Satz von Dokumenten, einschließlich derer für Werkzeuge und Verfahren, umfassen können. Welche Dokumente in die Bezugskonfiguration aufzunehmen sind, sollte gewissenhaft überlegt und festgelegt werden, da damit zugleich festgelegt wird, welche Dokumente dem formalen Änderungsmanagement unterliegen (siehe formale Identifizierung).

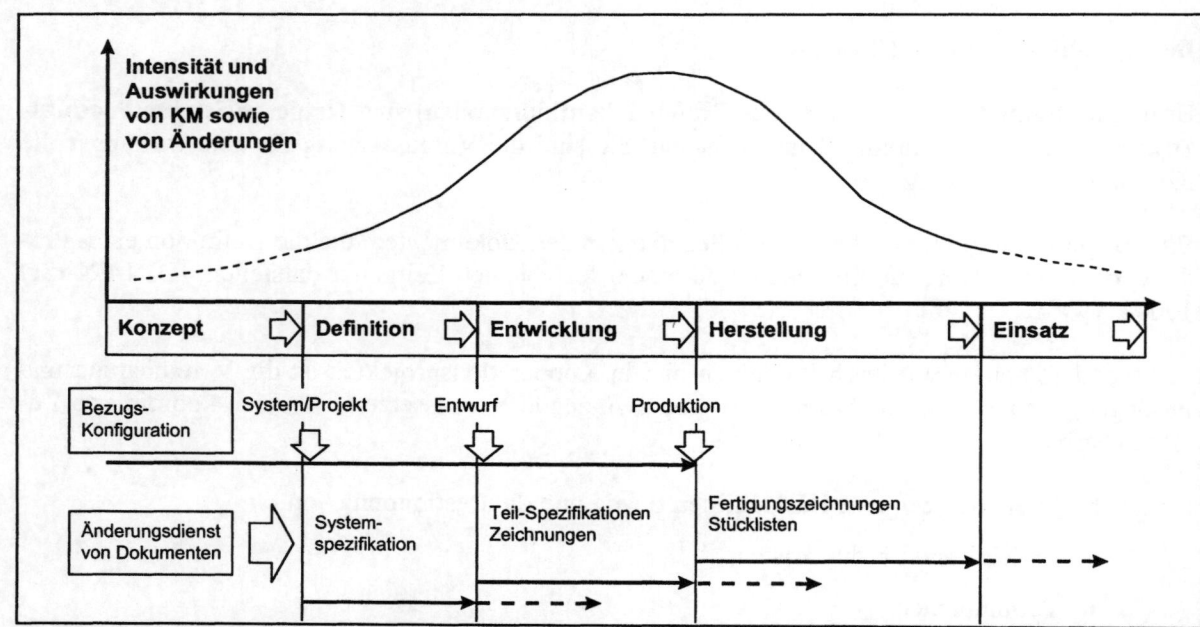

Abbildung 4.4-4: Konfigurationsmanagement, Bezugskonfiguration und Änderungsdienst im systematischen, phasenbezogenen Projektablauf (SAYNISCH 1984)

Bezugskonfigurationen sind schrittweise im Verlauf der Projektabwicklung festzulegen. Bezugskonfigurationen sind somit sinnvollerweise während **Technischer Überprüfungen** (Design Reviews) abzunehmen bzw. zu genehmigen und „einzufrieren". Abbildung 4.4-4 zeigt mögliche Überprüfungspunkte im Projektablauf auf und stellt den Zusammenhang zwischen Bezugskonfiguration, Zeitablauf in Phasen und Änderungsdienst dar.

Einfrieren und fortschreiben, Technische Überprüfungen

Eine derartige technische Überprüfung läuft sehr bürokratisch ab und kann, je nach Projektgröße, mehrere Tage bis mehrere Wochen in Anspruch nehmen.

Bezugskonfigurationen werden über (genehmigte) Änderungen fortgeschrieben. Spätere Bezugskonfigurationen sollten auf frühere und auf die darauf folgende Änderungen Bezug nehmen.

4.4.3.2 Konfigurationsüberwachung/-steuerung - Änderungsmanagement

Eines der wichtigsten Teilgebiete des KM ist das Änderungsmanagement, denn eine Projektabwicklung unterliegt ständig Störungen und Abweichungen.

Änderungsmanagement

Es existieren verschiedene Anlässe zu Änderungen:

- normale Änderungen, quasi im „Prozeß der Erkenntnisgewinnung" aufgrund:

    - des fortschreitenden Entwicklungsprozesses,
    - von Testergebnissen,
    - neuer technischer Erkenntnisse,
    - auftretender technischer Probleme;

Änderungsursachen

- zu verantwortende Änderungen, z.B. durch

    - unzureichende Voruntersuchungen, d.h. Schwachstellen werden erst während der Bearbeitung erkannt,
    - Planungsfehler etc.;

- unverschuldete Änderungen durch Einflüsse von außen, z.B. durch:

    - unpräzise Vorgaben des Auftraggebers,
    - nachträgliche Kundenwünsche,
    - Änderungen in Gesetzen, Vorschriften, Auflagen und Genehmigungs- oder Zulassungsprozeduren.

Änderungen sind aber auch positiv zu bewerten, da sie in der Regel der Produktverbesserung dienen. Daraus folgt:

1. **Änderungen sind nicht vermeidbar,** sie sind auch keine Reststörungen, sondern eigentlich etwas ganz Normales. Sie verbessern häufig die vorhandene Situation, den augenblicklichen Entwicklungsstand.

2. **Sorgfältige Projektvorbereitung** und Planung können das Änderungsvolumen wirksam reduzieren, aber nie ausschalten.

3. **Sorgfältige Analyse der Auswirkungen** auf Qualität, Kosten oder Termine sowie Planung und Steuerung jeder einzelnen Änderung können die **Folgen minimieren** und steuerbar machen.

Folgen von Änderungen

Probleme, die durch Änderungen entstehen, sind in der Regel:

- Qualitätseinbußen, d.h. Produkteigenschaften, die vom Kunden erwartet werden, werden verfälscht oder nicht erreicht.
- Terminverschiebungen (oftmals gravierende),
- Zusatzkosten (oftmals sehr hohe und unerwartete),

Ein vorausschauendes Management wird also die Handhabung von Änderungen möglichst in seinen normalen Geschäftsabläufen einplanen, um die Folgen zu minimieren oder nur unvermeidbare Änderungen akzeptieren.

4.4.3.2.1 Aufgaben des Änderungsmanagements

Änderungen kontrolliert steuern

Das Änderungsmanagement (die Konfigurationsüberwachung und -steuerung) ist verantwortlich für die Steuerung der Änderungen. Es sorgt dafür, daß Änderungen identifiziert, beschrieben, klassifiziert, bewertet, genehmigt, eingeführt und verifiziert werden (SAYNISCH 1984).

Voraussetzung für ein wirkungsvolles Änderungsmanagement ist das Vorhandensein eines definierten Ausgangszustands, d.h. einer Bezugskonfiguration oder „Baseline" (s.o.).

Die Fortschreibung dieser Bezugskonfiguration erfolgt über die (genehmigten) Änderungen.

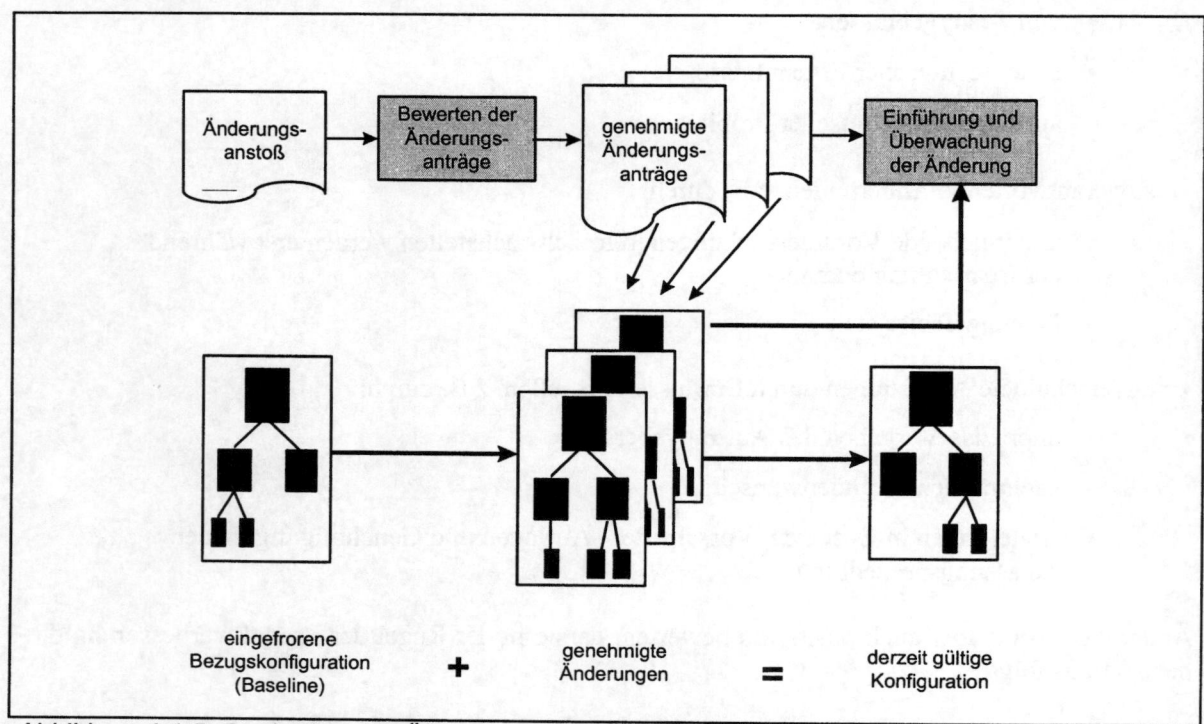

Abbildung 4.4-5: Grundidee des Änderungsmanagements

Als Änderungen im Sinne des KM werden solche Modifikationen an Geräten, Produkten oder Teilen und ihren Dokumenten verstanden, die nach Festlegung einer Bezugskonfiguration vorgenommen werden. D.h. erst nach Festlegung einer Bezugskonfiguration kann das Änderungsmanagement sinnvoll in Kraft treten und seine Wirkung entfalten (SAYNISCH 1984).

Gestaltung des Änderungsverfahrens

Das Änderungsverfahren ist so zu gestalten, daß

- nur kontrolliert geändert werden kann
- der Änderungsprozeß möglichst schnell durchlaufen wird

4.4 Konfigurations- und Änderungsmanagement

- jederzeit produkt-/KE-bezogen Aussagen über die im Projekt beantragten, genehmigten und geplanten, erfolgten und abgelehnten Änderungen gemacht werden können, d.h. daß eine genaue Bestimmung der momentan gültigen Konfiguration (Bezugskonfiguration plus Änderungen) jeder Konfigurationseinheit (z.B. des Gerätes/Systems) ermöglicht wird, nebst den zugehörigen Begründungen, Entscheidungen und Auswirkungen.

Das Änderungsmanagement (die Konfigurationssteuerung) tritt erst nach Festlegung einer Bezugskonfiguration in Aktion und umfaßt alle Maßnahmen zur

- Veranlassung, Beantragung und systematischen Erfassung (Identifizierung, Beschreibung und Klassifizierung der Änderungen)
- Bewertung und Genehmigung bzw. Entscheidung über Änderungsanträge
- Einführung und Durchführung der Umsetzung der Entscheidungen, d.h. die Dokumentation und Realisierung der genehmigten Änderungen in Dokumenten und Produkten sowie der Überprüfung durchgeführter Änderungen.

4.4.3.2.2 Ablauf einer Änderung

In Abbildung 4.4-6 werden die einzelnen Schritte des Änderungsprozesses grob dargestellt.

Antragstellung (der Änderungsantrag/-vorschlag)

Antragsteller kann jede am Projekt beteiligte Stelle sein.

Änderungsantrag

Bevor irgendwelche Aktivitäten zur Durchführung einer Änderung eingeleitet werden (dies bedeutet immer: Kosten fallen an) ist grundsätzlich ein **Änderungsantrag** zu stellen und zu genehmigen. Hier ist die Änderung so eindeutig zu beschreiben und zu begründen, daß andere Projektbeteiligte sie auf Auswirkungen beurteilen können. Bekannte und erwartete Auswirkungen auf Qualität bzw. Ergebnis, Schnittstellen, Termine und Aufwand des Gesamtprojektes oder der betroffenen Teilaufgabe sind ebenso abzuschätzen wie Rückwirkungen auf andere Teile des Projekts.

Zweckmäßiges Hilfsmittel ist hier ein **standardisiertes Formular**, auf dem auch die weiteren Schritte im Änderungsprozeß dokumentiert werden können (Beispiel siehe Abbildung 4.4-7).

Klärung der Auswirkungen und Vorbereitung der Entscheidung

Alle Anträge und zugehörigen Stellungnahmen werden zentral bei der **Änderungsstelle** gesammelt. Diese nimmt die Änderungsanträge entgegen, teilt die Änderungs(-antrags)-nummer zu, überprüft sie, ermittelt die Auswirkungen, holt Stellungnahmen ein und bereitet die Änderungskonferenz vor.

Änderungskoordination

Insbesondere sorgt sie für eine **technische und terminliche Abstimmung** der Änderungen bezüglich ihrer Auswirkungen auf **Schnittstellen** (s. Schnittstellen-/Interface-Management), auf **Partner** und **Unterlieferanten**, auf **Fertigung** und **Produktbetreuung** (Handbuch-/Ersatzteilwesen) sowie mit dem **Auftraggeber**. Sie sorgt dafür, daß die zu erwartenden Kosten, die Auswirkungen auf Termine sowie auf Verträge geklärt sind und bereitet die Änderung entscheidungsreif vor.

Die endgültige Bewertung und die Genehmigung werden von der Änderungskonferenz vorgenommen.

Klassifizierung von Änderungen

Dringlichkeit und deren Auswirkungen

Um einen Änderungsvorgang effektiv ablaufen zu lassen, ist es sinnvoll, die Änderungsanträge zu klassifizieren. Diese Klassifizierung erfolgt sowohl nach ihrer Dringlichkeit (um Durchlaufgeschwindigkeit und -weg festzulegen) als auch nach dem Grad der Auswirkungen (z.B. auf Produktkonfiguration, Kosten, Termine, Vertrag). Danach werden die Anträge der zuständigen Entscheidungsinstanz zugewiesen.

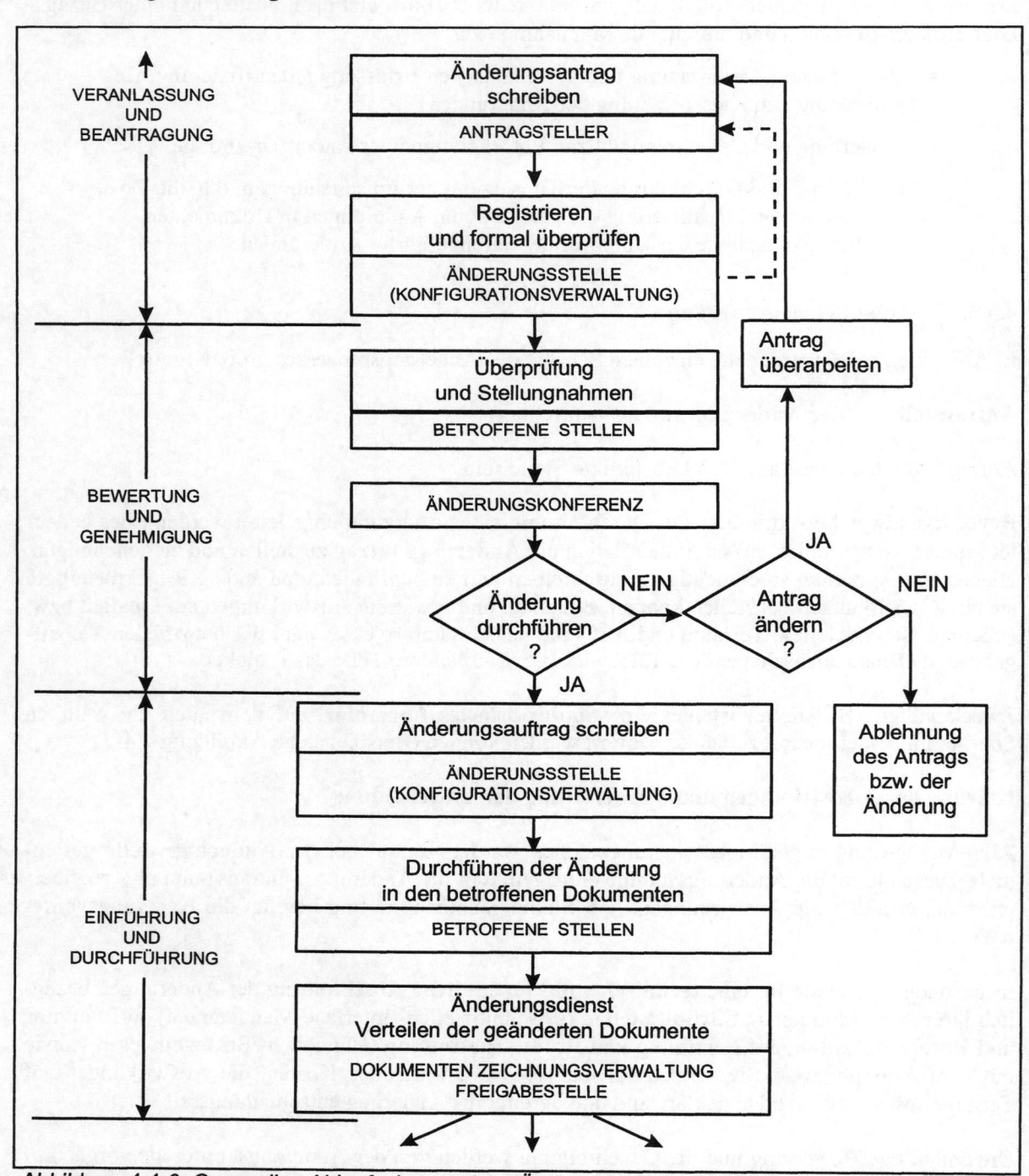

Abbildung 4.4-6: Generelles Ablaufschema eines Änderungsprozesses (SAYNISCH 1984)

Genehmigung

Der **Konfigurationsausschuß** beurteilt die Änderung und ihre Auswirkungen in der Regel auf der *Entscheidung*
Änderungskonferenz. Er trifft eine Entscheidung im Rahmen seiner Kompetenz dazu, bzw. verweist mit einer Empfehlung an eine höhere Entscheidungsinstanz, die durch die Klassifizierung in der Regel bereits zugeordnet ist. Die Änderungsstelle protokolliert die getroffenen Entscheidungen und veranlaßt entsprechende Folgemaßnahmen.

```
ÄNDERUNGSANTRAG
Antragsteller:                          Antrags-Nr:

BETROFFENES BAUTEIL:                    Konfigurationseinheit (KE):..................
Zeichnungs-Nr:   Spezifikations-Nr.     Teile-Nr.        Bezeichnung

BEGRÜNDUNG DER ÄNDERUNG                 BESCHREIBUNG DER ÄNDERUNG
BEGRÜNDUNGSCODE:                        z.B.  - Austauschbarkeit  - Leistung
                                              - Liefertermin       - Gewicht
                                              - Teil in Fertigung  - Preis

ZU ÄNDERNDE UNTERLAGEN:                 ZU ÄNDERNDE GERÄTE UND
                                        BETRIEBSMITTEL:

AUSWIRKUNGEN AUF: (z.B.
 - technische Forderungen               - Wirksamkeit
 - andere Baugruppen                    - Termine und Kosten

Änderungsklasse:                        Änderungspriorität:

STELLUNGNAHMEN:

Geplanter Einführungstermin/Änderung wirksam ab ..................
Nachrüstung erfolgt ab ..................... für ........................

Änderung beantragt: (Name, Datum, Unterschrift)

Durchführungsentscheid/Änderungskonferenz
(Unterschriften, Datum)
```

Abbildung 4.4-7: Beispiel eines Änderungsantrags (SAYNISCH 1984)

Änderungsveranlassung

In der Regel sind die betroffenen Bereiche auf der Änderungskonferenz vertreten. Sie nehmen ihre *Veranlassen von*
Anweisungen direkt von dort mit. Um Lücken und Unsicherheiten zu vermeiden, informiert die *Folgemaßnah-*
Änderungsstelle formal (Protokoll, Standardverteiler) die betroffenen Stellen und veranlaßt durch *men,*
entsprechende formale Anweisungen die Folgemaßnahmen, indem sie z.B. eine „Änderungs- *Änderungs-*
anweisung" ausstellt, oder einfach durch Zusendung des genehmigten Änderungsantrags. Diese *anweisung*
Unterlagen besitzen **Anweisungscharakter**.

Durchführung der Änderung

Die Fachabteilungen ändern die betroffenen Dokumente und verabschieden die technischen Doku- *Freigeben der*
mente. Danach folgt eine formale, möglichst jedoch auch eine inhaltliche Prüfung, ob die Ände- *geänderten*
rungen im Rahmen der Genehmigung liegen, ob das Dokument richtig gekennzeichnet ist und ob *Unterlagen*
die Ausgabe auf die Änderung Bezug nimmt. Dann erst erfolgt die Freigabe zur Verwendung. Es
muß sichergestellt werden, daß keine Veränderung am Produkt selbst vorgenommen wird, ohne
daß dafür entsprechende freigegebene Konfigurationsdokumente vorliegen.

Freigabestelle

Dokumente sind grundsätzlich nur über eine Freigabestelle freizugeben. Die Freigabestelle hat sicherzustellen, daß diese Überprüfung geschieht und daß ohne diese Überprüfung kein Dokument freigegeben wird. Sie nimmt somit eine **entscheidende Schlüsselstellung** im KM-Prozeß ein.

Dokumentenverwaltung, Dokumentenmanagement, Archivierung

Sichern der Unterlagen

Die eindeutige Identifizierung des geänderten und die Sicherung des geänderten und freigegebenen Originals, sowie die ordnungsgemäße Verteilung sind ein wichtiger Bestandteil des KM-Prozesses. Ein **funktionierendes Dokumentationsmanagement** sind hierfür Voraussetzung (vgl. Kapitel 4.5). Im Softwarebereich wird diese Aufgabe auf das Produkt selbst, also auf die Software ausgedehnt.

Verifizieren der Änderung

Übereinstimmung zwischen Papier und Produkt

Nach Durchführung der Änderung am Produkt wird geprüft, ob die Durchführung identisch mit den freigegebenen Designunterlagen erfolgte und damit die **Konsistenz zwischen Produkt und seinen Konfigurationsdokumenten** wieder hergestellt ist. Dies ist i.d.R. Aufgabe der Qualitätssicherung, die entsprechende Rückmeldungen für die Konfigurationsbuchführung vornimmt.

Ist Konsistenz erreicht, so kann die Änderung abgeschlossen werden.

Weicht die Durchführung dagegen ab, so sind Maßnahmen zu ergreifen, die eine Übereinstimmung herbeiführen. Diese sind:

- Nacharbeit des Produkts oder

- Akzeptanz des Einzelfalls einer Abweichung, falls diese in einem tolerierbaren Bereich liegt, durch eine „Sonderfreigabe" („Bauabweichung") oder

- Anpassung der Konfigurationsdokumente durch einen neuen Änderungsantrag.

4.4.3.3 Die Konfigurationsbuchführung (Konfigurationsverfolgung - Konfigurationsnachweis)

Buchführung und Bericht erstattung

Die Konfigurationsbuchführung (KB) hat die **Dokumentation (Registrierung, Archivierung) der Konfiguration** und ihrer Entwicklung sicherzustellen. Dazu gehört auch eine **Statusberichterstattung** zur Änderungsbearbeitung und zum Änderungszustand der Produkte (der Konfiguration und des Bauzustands der KEs) und aller Konfigurationsdokumente. Sie muß ggf. auch die **Rückverfolgbarkeit** (traceability) der Änderungen auf ihren Ursprung gewährleisten. (SAYNISCH 1984).

DV-Unterstützung der KM-Prozesse

Insbesondere die aktuelle, eindeutige und transparente Information über die Produktsituation und die Projektsituation in Bezug auf Änderungen ist Aufgabe der KB. Sie unterstützt damit die übrigen Aufgaben des KM, aber auch vor allem das Projektmanagement, die Produktentwicklung, das Qualitätsmanagement, die Produktion etc. sowie alle anderen Projektbeteiligten.

An den Anforderungen der KB wird sich daher die Auslegung der Geschäftsprozesse zur Unterstützung des KM orientieren. Hierzu ist eine DV-Unterstützung sinnvoll. Die DV-Unterstützung der KM-Prozesse sollte so gestaltet sein, daß die KB weitgehend automatisch, d.h. ohne zusätzliche Datensammlung, erfolgt.

Abbildung 4.4-8 bis -10 zeigen entsprechende Beispiele als DV-Ausdrucke der Konfigurationsbuchführung (SAYNISCH 1986). In Abbildung 4.4-8 sind alle Dokumente aufgelistet, die bis zum Stichtag freigegeben sind: Freigabedatum (validity), Teilenummer (part no.) sowie Änderungsstatus (revision) sind mit angegeben. Abbildung 4.4-9 zeigt die Daten der Änderungsanträge mit der Angabe z.B. des Antragstellers (originator), Änderungsbeschreibung (description), betroffene

Hardware (affected hardware), Genehmigungsdatum (date of release). In Abbildung 4.4-10 ist das Objektsystem wiedergegeben, wobei die einzelnen Dokumente mit ihrem Freigabedatum und Ersteller gekennzeichnet sind.

Part No.	Document -No.	Rev	.Page	Page No.	Description	Doc Type	Status	Validity from	Page Fr	PL Pos.	Sec Kod	Originator
212M3	EZ 123456	A	1	2	Zahnrad	EZ	V	14.08.86	A2	3	U	Schmor
212M3	EZ 123456	A	2	2	Zahnrad	EZ	V	14.08.86	A2	3	U	Schmor
212M3	EZ 123456	B	1	1	Zahnrad	EZ	V		A2	3	U	Schmor
S58M3	EZ 154376	A	1	2	Schnecke	EZ	F	12.08.86	A2	17	U	Meyer
16	EZ 154376	A	2	2	Schnecke	EZ	F	12.08.86	A2	17	U	Meyer
21	EZ 256000	A	1	1	Achse, gehärtet	EZ	F	12.08.86	A2	9	U	Bauer
Z87122	EZ 333123	A	1	1	Gehäuse	EZ	F	13.08.86	A2	3	U	Ritzer
	EZ 333123	B	1	1	Sicherungsring	EZ	V	13.08.86	A2	13	U	Schmor

Abbildung 4.4-8: Auflistung der Dokumente

Rec. No.	REC Date	Originator	Affected Hardware	Description	Affected Workpackage	Status	Date of P-Release	Date of Release	Date of Implement	Document No.	Rev.	Doc	Description Type	Date of
1	14.08.86	Müller	Zeichnungen Vertrags-Nr. Dv01-05.C-A004	Gehäuseänderung HG	Stellsystem	V	14.08.86	....		GS 400012	A	GZ	Gehäuse Zb	14.08.86
										EZ 333123	A	EZ	Geh.Vordert.	14.08.86
										EZ 123456	A	EZ	Zahnrad	14.08.86
2	14.08.86	Bauer	Spezifikation	Steckeränderung	Fahrwerk	F	15.08.86			EZ 184711	A	EZ	Elektromot	15.08.86

Abbildung 4.4-9: Daten der Änderungsanträge

Break down	Part number	Part description	Origin	Qty	Document number	Parts list	Rev.	HoR	No.of pages	Document description	Validity Date from	Next Assembly Partnumber
0	ST/1000	Stellsystem	Diehl									
.1	A/3500	Antrieb	Diehl	1	GS 347001	X	A	-	1	Antrieb	12.08.86	ST/1000
.1	A/3500	Antrieb	Diehl	1	GS 347001		A	-	1	Antrieb	12.08.86	ST/1000
.1	A/3500	Antrieb	Diehl	1	PRF 1768		1		260	Prüfvorschrift	12.08.86	ST/1000
..2	GE/6/35	Getriebe	HTP	3								A/3500
...3	14	Achse	Diehl	1	EZ 256000		A		1	Achse, gehärtet	12.08.86	GE16/35
...3	L17	Lager	SKF/FAG	2								GE16/35

Abbildung 4.4-10: Darstellung des Objektsystems mit Dokumentenauflistung

4.4.3.4 Die Konfigurationsauditierung (Produktauditierung)

Vor der Abnahme einer Basiskonfiguration ist eine Konfigurationsauditierung durchzuführen. Dies soll sicherstellen, daß das Produkt seinen (vertraglich) spezifizierten Anforderungen entspricht (Konfigurationsaudit) und in seinen Konfigurationsdokumenten (vgl. Abschnitt 4.4.3.1) richtig dargestellt ist (z.B. durch technische Überprüfungen).

Technische Überprüfungen (Reviews, siehe Abschnitt 4.4.3.1) dienen dazu, technische Dokumente (ihren Inhalt) vor allem während des Entwicklungsprozesses auf ihre Reife zu prüfen, also vor der eigentlichen Herstellung des Produkts (Validierung). Sie haben damit vorausschauenden, **prophylaktischen Charakter** (SAYNISCH 1984).

Dagegen bedeuten die **Konfigurationsaudits** (auch Konfigurationsprüfungen oder Konfigurationsrevisionen genannt) Verifizierungen. Sie überprüfen am hergestellten und am gefertigten Teil die Einhaltung und Verwirklichung der Vorgaben, Angaben und Definitionen in den Dokumenten. Ebenso erfolgt eine Prüfung, ob die in den Konfigurationsdokumenten festgelegten Leistungen und funktionellen Merkmale erreicht wurden. Die Übereinstimmung des realen Ausführungsstandes (auf KE- oder Systemebene) mit dem vorgegebenen Stand in den Konfigurationsdokumenten zu beurteilen, ist die Kernaufgabe. Mit der Konfigurationsauditierung wird bereits das Gebiet der Qualitätssicherung betreten (vgl. Abschnitt 4.4.4).

Funktionelles und physisches Produktaudit

4.4.3.5 Auditierung des Konfigurationsmanagement-Systems (Managementsystem-Auditierung)

Überprüfung der Verfahren

Das KM-Audit soll ein wirkungsvolles Konfigurationsmanagement sicherstellen. Insbesondere soll das Audit verifizieren, daß das KM-System, so wie es beschrieben ist, die festgelegten Anforderungen erfüllt und die tatsächlich angewandten KM-Arbeitsweisen mit den im Konfigurationsmanagement-Plan beschriebenen Arbeitsweisen übereinstimmen (DIN EN ISO 10007, 1996). Meist wird das Audit in periodischen Abständen vom Auftraggeber (Auftragsprojekten) durchgeführt (NÜHRICH 1984). Es kann aber auch Gegenstand einer periodischen internen Revision oder eines Qualitätsaudits sein oder im Rahmen eines Zulassungsverfahrens erfolgen (ISO 9000, AQAP etc.). Es sollte in seinen Prinzipien, Kriterien und Arbeitsweisen ISO 10011 entsprechen.

4.4.3.6 Aufbau- und ablauforganisatorische Regelungen

Konfigurationsmanagement-Plan (KMP)

Festlegen der Verfahren im KM-Plan

Der Konfigurationsmanagement-Plan (KMP) dient dazu, für ein Projekt die Verfahren, Regelungen und Vereinbarungen zum KM-Prozeß sowie die Verantwortlichkeiten und das Vorgehen verbindlich festzulegen. Jeder Unterauftragnehmer und auch der Kunde sollten ihren eigenen KMP erstellen, in dem sie ihr eigenes Vorgehen und ihre Beteiligung am KM-Prozeß beschreiben. Diese Pläne müssen natürlich untereinander verträglich sein und ein KM-System beschreiben, das auch Basis für das KM-Geschäft in späteren Projektphasen sein kann.

ORGANISATION
- Ist die Organisationsstruktur (Aufbauorganisation) für Einführung und Anwendung von Konfigurationsmanagement spezifiziert?
  - Sind Aufgaben und Kompetenzen der einzelnen Stellen beschrieben?
  - Sind alle Organisationseinheiten des KM (Konfigurationsverwaltung, Änderungskonferenz, Überprüfungsrat) berücksichtigt?
  - Sind die Nahtstellen zu Partnern (Unterauftragnehmer, Auftraggeber etc.) spezifiziert?
- Ist ein Einführungsplan aufgestellt?

BEZUGSKONFIGURATIONEN - REFERENZKONFIGURATIONEN
- Sind die Bezugskonfigurationen sorgfältig und situationsbezogen definiert?
  - Wenn nur eine Bezugskonfiguration vorhanden - Steht diese Vereinfachung in Übereinstimmung mit dem Innovationsgrad und den Risiken?
  - Geben die Bezugskonfigurationen den Reifungsprozeß adäquat wieder?
  - Stehen die Bezugskonfigurationen in Übereinstimmung mit der Phasenorganisation?
  - Stehen die Bezugskonfigurationen in Übereinstimmung mit den Technische Überprüfungen?
- Sind die Technischen Überprüfungen sorgfältig und situationsbezogen definiert?

KONFIGURATIONSIDENTIFIZIERUNG
- Ist die Spezifikation der Unterlagen umfassend genug - sind alle erforderlichen Dokumentenarten definiert?
- Sind die Konfigurationseinheiten (KEs) adäquat formuliert? Sind dabei die Wartungs- und Instandhaltungskonsequenzen berücksichtigt worden?
- Liegt eine Kennzeichnungssystematik vor?

KONFIGURATIONSÜBERWACHUNG/-STEUERUNG - ÄNDERUNGSMANAGEMENT
- Ist der Änderungsprozeß in seinen Stufen präzise beschrieben?
- Ist ein Schema zur Klassifizierung und Bewertung erstellt?
- Sind Änderungsanträge und Änderungsmitteilungen vorhanden?

KONFIGURATIONSBUCHFÜHRUNG - KONFIGURATIONSNACHWEIS
- Ist die Statusberichterstattung spezifiziert? Sind einzelne Berichtsformen und ihr Verteiler festgelegt?
- Sind die Registrierung und Archivierung gemäß den Erfordernissen organisiert?
- Ist ein DV-tool vorgesehen oder vorhanden? Bestehen Einsatzerfahrungen, wird die Anwendung beherrscht?

KONFIGURATIONSAUDITIERUNG - KONFIGURATIONSREVISION
- Sind die Audits und Revisionen und ihre Zeitpunkte präzisiert? Stehen sie im Zusammenhang mit den Bezugskonfigurationen, Technischen Überprüfungen und der Phasenorganisation?

Abbildung 4.4-11: Checkliste zum Konfigurationsmanagement-Plan

4.4 Konfigurations- und Änderungsmanagement

Der KMP ist daher in der Regel eine **projektbezogene Richtlinie oder Handbuch** und ein Teil der Projektmanagement-Dokumente, ggf. auch Vertragsbestandteil.

Der KMP sollte, um klar und einfach zu bleiben, soweit möglich und sinnvoll auf vorhandene Firmenverfahren Bezug nehmen und redundante Beschreibungen vermeiden. Er muß jedoch alle Gebiete des KM ansprechen. DIN EN ISO 10007 enthält hierzu eine Anleitung (DIN EN ISO 10007, 1996).

Anhand der Checkliste in Abbildung 4.4-11 kann überprüft werden, ob die wesentlichen Prinzipien und Vereinbarungen im Konfigurationsmanangement-Plan enthalten sind.

Aufbauorganisation

Das „Konfigurationsmanagement" koordiniert, steuert und verwaltet alle projekt- bzw. produktbezogenen Konfigurationsmanagement-Aktivitäten. Für die Durchführung des Konfigurationsmanagement sind die geschäftsführenden Stellen einzurichten und die Verantwortlichen zu benennen. *Geschäftsführende Stellen*

Als Managementwerkzeug ist KM der Projektleitung zuzuordnen und als Organisationseinheit in der Projektorganisation zu verankern.

Änderungsmanagement-Stelle

Die Projektleitung hat als geschäftsführende Instanz eine Änderungsmanagement-Stelle (Konfigurationsverwaltung) einzurichten (SAYNISCH 1984). Die Änderungsmanagement-Stelle: *Änderungsmanagement-Stelle*

- hat alle Änderungen, zugehörigen Stellungnahmen und Entscheidungen zentral zu sammeln und für eine geordnete Ablage aller relevanten Dokumente zu sorgen,
- nimmt alle Änderungsanträge entgegen,
- überprüft sie formal,
- teilt ihnen eine Änderungs(-antrags)-nummer zu,
- legt die Änderungsklassen fest,
- holt Informationen und Stellungnahmen von allen betroffenen Stellen ein und koordiniert diese,
- sorgt für die technische und terminliche Abstimmung
- vervollständigt den Antrag zur Entscheidungsreife,
- bereitet die Sitzungen des Änderungsausschusses vor und
- beruft diese ein und führt Protokoll,
- informiert über die Entscheidungen und veranlaßt Folgemaßnahmen,
- stellt sicher, daß die geänderten Dokumente vor ihrer Freigabe geprüft werden,
- schließt die Änderung nach ihrer Verifizierung ab.

„Konfigurationsausschuß" (Configuration Board oder Configuration Control Board = CCB)

Ebenso sind die Gremien des Konfigurationsausschusses formal zu installieren und Verantwortliche aus den Funktionsbereichen festzulegen. Vorsitz (der Projektleiter oder ein von diesem benannter Vertreter) und Entscheidungsrahmen sind zu vereinbaren. *Konfigurationsausschuß*

Der „Konfigurationsausschuß" trifft im zugewiesenen Rahmen alle Entscheidungen, die die Konfiguration betreffen. Er ist ein Entscheidungsgremium, das zwar vor allem technische, aber auch Kosten-, Termin-, und Vertragsgesichtspunkte etc. zu berücksichtigen hat.

Bei großen Projekten werden **Untergremien** gebildet, wie

- Der **„Änderungsausschuß" (Change Board),** der die Änderungen (in der Regel auf einer Änderungskonferenz) überprüft und darüber entscheidet.
- Ein **„Überprüfungsrat" (Review/Audit Board),** der die technischen Überprüfungen und Konfigurationsaudits wahrnimmt.

4.4.4 Konfigurationsmanagement im Zusammenhang mit anderen Methoden, Funktionen und Situationen

Wie im Abschnitt 4.4.1 ausgeführt, entfaltet sich der Vorteil von Konfigurationsmanagement erst im Zusammenspiel mit anderen Gebieten des Projektmanagements. Die folgenden Abschnitte beschreiben daher die wichtigsten Beziehungen.

Vertragspartnersituationen, Vertragsmanagement und Claim Management

Auftragnehmer - Auftraggeber

Auftraggeber und Auftragnehmer verfolgen mit dem Konfigurationsmanagement auch unterschiedliche Ziele. Daraus folgen verschiedene Ausprägungsformen. Der Auftraggeber will sicherstellen, daß das bestellte Produkt gemäß den (Vertrags-)Spezifikationen gestaltet, hergestellt und abgenommen wird. Der Auftragnehmer hat die organisatorische Abwicklung so zu gestalten, daß Entwurf, Herstellung, Test und Lieferung des Produktes fehlerfrei sind, das Produkt wartbar ist und weitere Projektziele erreicht werden (SAYNISCH 1985).

Management der Änderungsfolgen auf Verträge

Der Auftraggeber wie auch der Auftragnehmer können aus ihrer Sicht Änderungen veranlassen. Sind derartige Änderungen kosten-, termin- oder qualitätswirksam und beeinflussen sie entsprechende vertragliche Festlegungen, so sind sie (nach Genehmigung durch den Auftraggeber, siehe Abschnitt 4.4.3.2) vertragswirksam. Sie stellen dann gleichzeitig eine Vertragsänderung dar. Das Vertragsmanagement hat dann die Aufgabe, auf Basis der Konfigurationsbuchführung (Abschnitt 4.4.3.3) die Verträge zu ändern bzw. anzupassen. Das Claimmanagement oder Nachforderungsmanagement (siehe Kapitel 4.3) übernimmt die Handhabung eventueller daraus resultierender finanzieller Forderungen.

Daher ist es einsichtig und folgerichtig, daß das Claimmanagement kein eigenes Erfassungssystem von Änderungen etabliert, sondern diese aus den Änderungsdaten der Konfigurationsbuchführung übernimmt. Damit entwickelt sich der Erfassungsteil des Claimmanagements zu einem vertragsorientierten Teilaspekt des Konfigurationsmanagements; es ist dadurch eng mit dem Vertragswesen gekoppelt (siehe Kapitel 4.3). Die Normungsarbeit wird diesen Nahtstellenaspekt zukünftig stärker herauszuarbeiten haben.

Dokumentationsmanagement

Management der Dokumentation

Ziel des Dokumentationsmanagements ist es, die Erstellung, Verteilung und Archivierung von Dokumenten (d.h. Unterlagen jeglicher Art) zu koordinieren. Neben den technischen Unterlagen zählen zu den zu verwaltenden Dokumenten auch die administrativen Unterlagen wie Briefe, Aktenvermerke, Richtlinien. Bezüglich dieses Dokumentenumfanges befaßt sich das Konfigurationsmanagement mit einer Untermenge, nämlich mit den Konfigurationsdokumenten, die mittels der Konfigurationsidentifizierung festgelegt werden (Abschnitt 4.4.3.1).

4.4 Konfigurations- und Änderungsmanagement

An diese Dokumente werden erhöhte Anforderungen an Umfang und Präzision der Verwaltung gestellt. Daher müssen sich beide Gebiete an dieser Schnittstelle in ihren Regelungen abstimmen, wobei die **Anforderungen des Konfigurationsmanagements den Vorrang besitzen** (SAYNISCH 1984).

Konfigurationsmanagement und Projektsteuerung

Aufgabe der Projektsteuerung ist die Planung, Steuerung und Überwachung von Abläufen, Terminen und Kosten. Nahtstellen ergeben sich hier vor allem bei der Konfigurationsbestimmung und beim Änderungswesen. Bezugskonfigurationen zusammen mit den genehmigten Änderungen ermöglichen es dem Projekt-Controlling, für Kosten- und Terminaussagen und -pläne einen eindeutigen, unmißverständlichen Bezug zum technischen Stand zu bestimmen. In der Vergangenheit war häufig die Situation anzutreffen, daß Kosten- und Terminpläne sich auf einen anderen technischen Zustand bezogen, als den in Wirklichkeit vorhandenen. Diesem Fehler kann hiermit wirkungsvoll begegnet werden (SAYNISCH 1984).

Management der Änderungsfolgen auf Kosten und Termine

Phasenweiser Projektablauf

Wie Abbildung 4.4-4 bereits andeutet, bestehen **enge Beziehungen zwischen einer Phasenorganisation und dem Konfigurationsmanagement**. Vor allem der Zusammenhang von Phasenabschluß und Bezugskonfiguration ist hier zu nennen (SAYNISCH 1984, SAYNISCH 1979). Die **synchrone Verknüpfung von Phasenentscheidungen und Technischen Überprüfungen** ist ein wesentliches Element eines effektiven Konfigurationsmanagement und **wichtige Voraussetzung zum Projekterfolg**.

Phasenorganisation, Phasenabschluß und Bezugskonfiguration

Weitere wichtige Zusammenhänge bestehen vom Konfigurationsmanagement zu den Gebieten:

- **Qualitätsmanagement/-sicherung**
- **Schnittstellen-(Interface-) Management**
- **Technische Entwurfslehre**

  Mit der dem KM innewohnenden **Planungssystematik** (formal streng strukturierten Vorgehensweise, Bezugskonfigurationen und technische Überprüfungen) stellt das KM auch einen Teil einer Entwurfssystematik dar, wie sie im Maschinenbau mit Konstruktionssystematik oder bei der Softwareerstellung mit dem Software-Engineering-Prozeß bezeichnet wird (SAYNISCH 1991).

- **CAD/CAE und PDM/EDM**

  Die zunehmende Anwendung von CAD/CAE wird auch den bisherigen organisatorischen Ablauf eines Entwurfsprozesses verändern. Engineering Data Management (EDM) oder auch Produktdatenmanagement (PDM) genannt, ist ein neuer Lösungsansatz für diese DV-basierenden Konzepte der Prozeß- und Arbeitsorganisation (SAYNISCH 1994). Konfigurationsmanagement und PDM/EDM ergänzen sich, sie sind **komplementäres Konzepte.**

4.4.5 Mittlerfunktion des Konfigurationsmanagements

Die fachlich-inhaltliche Projektabwicklung ist die eigentliche Hauptaufgabe des Projektmanagements. Konfigurationsmanagement hilft - insbesondere in den frühen Phasen der Planung und Spezifikation - sie besser zu bewältigen. Konfigurationsmanagement übernimmt eine bedeutsame Mittlerfunktion zwischen

- Projektlenkung/Administration (Management, Project Control),
- Ideen/Objektrealisierung (technisch-inhaltliche Koordination) und einem
- Qualitätsmanagement (Abbildung 4.4-12).

Erst eine sinnvolle Kombination dieser Aufgaben, die das Konfigurationsmanagement bietet, sichert den Projektablauf, die Fortschrittsüberwachung und vor allem das Projektergebnis.

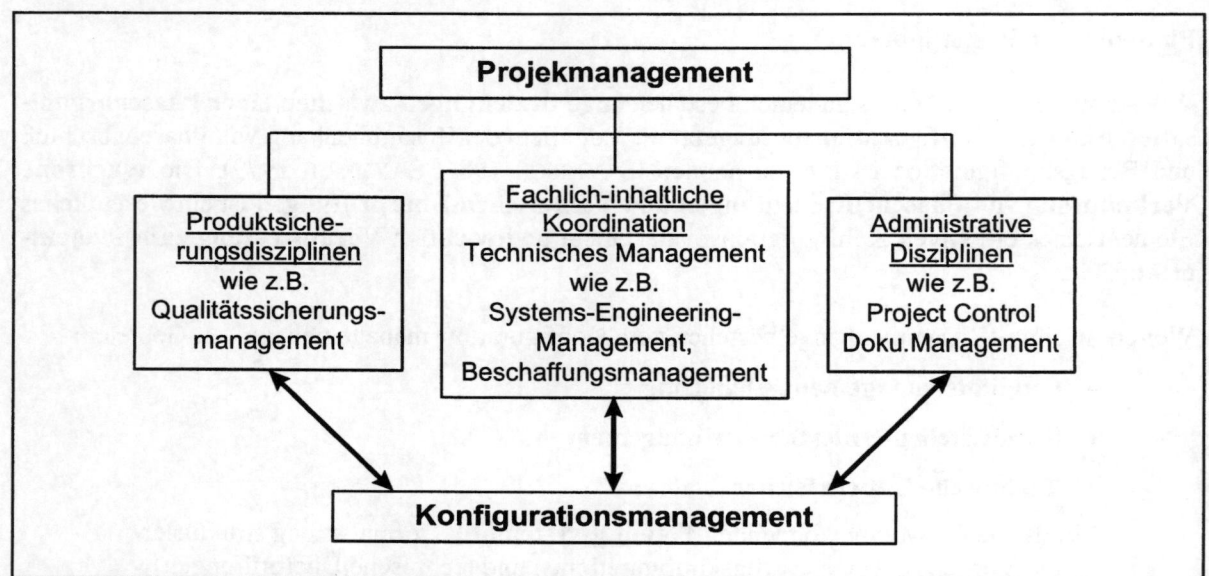

Abbildung 4.4-12: Die Mittlerfunktion des Konfigurationsmanagements zum fachlich-inhaltlichen Projektmanagement (SAYNISCH 1987)

4.4.6 Die Besonderheiten beim Software-Konfigurationsmanagement

Software ist ein „Produkt" wie die vielen Hardware-Produkte seit Beginn der Industrialisierung, jedoch mit gewissen Besonderheiten. Das Software-Konfigurationsmanagement (SKM) unterliegt daher auch den allgemeinen Grundlagen und Prinzipien des Konfigurationsmanagements, wie es bisher (allerdings für Hardwareprodukte) beschrieben wurde.

SKM ist also keine eigenständige Disziplin, sondern eine besondere Ausprägungsform eines allgemeinen Konfigurationsmanagements.

Die **Rechner-Software** kann man unterscheiden in:

1. Software, die für sich alleine nutzbar, also nicht in ein übergeordnetes System eingebunden ist - wie in den meisten Fällen die Anwenderprogramme.

2. Software, die intensive Schnittstellen zu anderen Systemen hat oder mit anderen (Hardware-) Teilen zu einem übergeordneten System (Produkt) integriert wird - z.B. eine Echtzeit-Software bzw. Firmware.

4.4 Konfigurations- und Änderungsmanagement

Im zweiten Fall müssen SKM und ein hardwareorientiertes Konfigurationsmanagement in einem **übergeordneten Konfigurationsmanagement** gemeinsam zur Wirkung gebracht werden.

Zu nennen sind einige **wichtige Besonderheiten** des „Produktes" Software, die eine spezifische Ausprägung des Konfigurationsmanagements erfordern:

- Am Ende der Entwicklungsphase ist das Software-Produkt „fertig". Es folgt praktisch keine Produktionsphase. Diese reduziert sich auf das Kopieren auf einen Träger. Alle Teil- und Endprodukte (Spezifikationen, Quellcodes etc.) lassen sich innerhalb einer Software-Entwicklungsumgebung physisch erfassen und ändern. Die Reproduzierbarkeit (Produktion) bedarf nur noch „eines Knopfdruckes", also praktisch eine „Produktion zum Nulltarif" und „Automatische Montage". (d.h. keine Materialbeschaffungs-Vorgänge, keine Lagerhaltungsvorgänge, keine Fertigungsunterlagen und Geschäftsvorgänge, die historisch bei Hardware gewisse Aufgaben des KM erfüllen) *Keine Produktionsphase, Produktion zum Nulltarif*

- Softwareprodukte benötigen zu ihrer Reproduktion nicht ihre „Konfigurationsdokumente". Sie benötigen diese jedoch genauso z.B. zur Verifizierung, Rückverfolgbarkeit und Qualifikation. *SW ist ohne Dokumente reproduzierbar*

- Kleinste Änderungen (ein einziges Bit) können maximale Auswirkungen verursachen.

- Softwareprodukte sind leicht, schnell und scheinbar äußerst billig zu ändern. In relativ sehr kurzen Zeitabständen ist eine Vielzahl an Versionen und Varianten möglich. *SW ist schnell zu ändern*

Ein wesentliches Merkmal des SKM ist, daß die Teilgebiete und Methodengruppen der Konfigurationsidentifizierung und -bestimmung (Bezugskonfiguration) und der Konfigurationssteuerung wesentlich vielschichtiger ablaufen. Es wird beispielsweise mehr formelle und informelle Bezugskonfigurationen geben müssen. Intensivere Reviews und Audits werden erforderlich sein. *SKM ist vielschichtiger*

Zusammenfassung

Nach einer einführenden Diskussion über die Bedeutung des Konfigurationsmanagements wird das methodische Konzept erläutert. Dabei wird das Konfigurationsmanagement als ein Gestaltungs-, Informations- und Ordnungsinstrument für Situationen und Prozesse - mit ihren ständigen Änderungen - aufgefaßt. Es übernimmt vor allem eine bedeutsame Mittlerfunktion zwischen Lenkung/Administration (Management, Projekt-Controlling) der Objektrealisierung (techn. Koordination) und der Qualität (Qualitätssicherung, Total Quality Management). Je komplizierter und komplexer diese Situationen und Prozesse werden, um so notwendiger wird ein umfassender Einsatz von Konfigurationsmanagement.

Im einzelnen werden dabei die folgenden Teilgebiete behandelt:

- Konfigurationsidentifizierung mit -bestimmung, Bezugskonfiguration,
- Konfigurationsüberwachung, Konfigurationssteuerung und Änderungsmanagement,
- Konfigurationsbuchführung(-verfolgung) und Statusberichte,
- Konfigurations- und Konfigurationsmanagement-Auditierung
- aufbau- und ablauforganisatorische Regelungen.

Der Schlußteil zeigt den Zusammenhang mit den anderen Methoden und Funktionen des Projektmanagements, u.a. mit dem Vertrags- und Claimmanagement, dem Dokumentationsmanagement und dem Projekt-Controlling. Außerdem wird die Mittlerrolle des KM diskutiert und die Besonderheiten eines Software-Konfigurationsmanagement (SKM) behandelt.

Literaturverzeichnis

BERSOFF, E.H. u.a.: Software Configuration Management - an Investment in Product Integrity, Engleword Cliffs 1980.

DIN EN ISO 10007: Leitfaden für Konfigurationsmanagement, Berlin 1996

MADAUSS, B.: Projektmanagement, Stuttgart 1984.

NÜHRICH, B., Saynisch, M.: Revision und Projektmanagement, in: Projektmanagement - Beiträge zur Jahrestagung 1984; GPM München 1984, S.149-163.

PLATZ, J., Schmelzer, H.J. (Hrsg.): Projektmanagement in der industriellen Forschung und Entwicklung, Berlin 1986.

SAYNISCH M.: „Grundlagen des phasenorientierten Projektmanagements" und „Phasenmodelle und Ablaufstrategien in der industriellen F+E", in: Schelle H. (Hrsg): Symposium Phasenorientiertes Projektmanagement, Verlag TÜV-Rheinland, Köln 1989, S. 1-54.

SAYNISCH, M., Bürgers, H.: „General Aspects of Configuration Management" in „International Journal of Project Management", Vol.15, No.4, 1997 Elsevier Science Ltd., Great Britain

SAYNISCH, M.: Advanced Aspects of Configuration Management - The Revolution to come in Competitiveness. The new strategies for high-tech to survive on dynamic market. In: Proceedings of 11th INTERNET World Congress on Project Management, Florence (Italy), 1992

SAYNISCH, M.: Business Reengineering - Radikale Veränderungsprozesse mit Projektmanagement 2. Ordnung, in: BDU/GPM/D. Lange (Hrsg.): Management von Projekten, Schäffer-Poeschel Verlag, Stuttgart 1995, S. 247-278.

SAYNISCH, M.: Das Konfigurationsmanagement (KM) und sein Zusammenhang zur Konstruktionsmethodik (Methodical Design Process), CAD und CAE. In: Hubka, V. (Hrsg.), Proceedings of ICED 91 - International Conference on Engineering Design, ETH Zürich; Edition Heuristica, Zürich 1991

SAYNISCH, M.: Konfigurationsmanagement (KM) - Komplementäre Konzepte und Tools im EDM-Umfeld. In Tagungsband „3. internationaler EDM-Kongreß" Mai 1994 in Mannheim, Ploenzke AG, Wiesbaden 1994

SAYNISCH, M., Bürgers, H.: Die Konfigurationsbestimmung in der Praxis - Möglichkeiten der konkreten Anwendung des Konfigurationsmanagements, in: Projektmanagement - Beiträge zur Jahrestagung 1987, GPM, München 1987, S.299-317.

SAYNISCH, M.: Applications of Project Management Methods, Vortrag auf dem Workshop „Decision Support Concepts" des IBM - Scientific and Engineering Marketing Center - Paris, am 25.-28. Febr. 1985 Madrid/Spanien; veröffentlicht in: Advanced Scientific/Engineering Applications, GE19-5360-0, IBM 1985.

SAYNISCH, M.: Die Anwendungsbedingungen des Konfigurationsmanagements, in: Projektmanagement - Beiträge zur Jahrestagung 1986, GPM, München 1986, S.331-346.

SAYNISCH, M.: Grundlagen des phasenweisen Projektablaufes, in: Saynisch, M. u.a.(Hrsg.): Projektmanagement - Konzepte, Verfahren, Anwendungen, München 1979, S.33-58.

SAYNISCH, M.: Konfigurationsmanagement - Entwurfssteuerung, Dokumentation, Änderungswesen, Verlag TÜV-Rheinland, Köln 1984.

SAYNISCH, M.: Systems Engineering und Projektmanagement in Deutschland, in: Projektmanagement - Beiträge zur Jahrestagung 1983; GPM, München 1983, S.149-171; sowie in: International Journal of Projekt Management, Vol. 2, Nr. 1, Febr.1984 (Bearbeitung des gleichnamigen Vortrages auf dem PMI/INTERNET-Symposium, Boston/ USA, 1981), S.44-51.

SCHELLE, H., Saynisch, M. (Hrsg.): Symposium Konfigurationsmanagement, GPM, München 1985.

SCHREIBER, W.: Simultaneous Engineering und Konfigurationsmanagement, in: Projektmanagement 4/94, S. 17-24, Köln 1994

Autorenportrait

Dipl.-Ing. Manfred Saynisch

Jahrgang 1936, Dipl.-Ing. (Maschinenbau und Kerntechnik), gehört mit über 30 Jahren Erfahrung in der Praxis des Projektmanagements bei maßgeblichen nationalen und internationalen Projekten (in leitender Position bei führenden Industrieunternehmen der Entwicklung und Produktion sowie in Beratungsfunktion) zu den Pionieren der ersten Stunde des Projektmanagements in Deutschland und beeinflußt auch heute die weitere Entwicklung.

Bei einem Großunternehmen (M.A.N) oblagen ihm der Aufbau und viele Jahre die Leitung des Projekt-Controllings von F+E- und bereichsübergreifenden Großprojekten, der Gesamtauftragssteuerung, der Organisation und des Konfigurationsmanagements. 1985 gründete er die „SPM-CONSULT - Systeme und Service im Projektmanagement".

Neben seiner jetzigen Hauptaufgabe, der Beratung, praktischen Unterstützung und Einführung von PM und KM, führt er auch Forschungstätigkeiten aus und nimmt Lehraufträge wahr. Er ist Verfasser von über 80 Veröffentlichungen zum Projekt- und Konfigurationsmanagement und Mitglied verschiedener Fachausschüsse und Gremien sowie Gründungsmitglied der GPM. Er veröffentlichte die erste umfassende Darstellung von Konfigurationsmanagement in deutscher Sprache und arbeitete an der neuen DIN EN ISO Norm über KM mit.

Dipl.-Ing. Hermann Bürgers

geb. 1936, Diplomingenieur des Maschinenbaus und der Luft- und Raumfahrttechnik, hat 28 Jahre in einem führenden Industrieunternehmen (DASA/MBB) und bei hochinnovativen internationalen Entwicklungs- und Produktions-Großprojekten tätig (u.a. TORNADO und EFA). Er hat dort in leitender Position Erfahrungen im Konfigurations- und Projektmanagement gesammelt und in dieser Zeit das Konfigurationsmanagement dort mit aufgebaut und bestimmt. Insbesondere war er maßgeblich an der Definition, Entwicklung und Nutzung einer umfassenden DV-Unterstützung für das Konfigurationsmanagement (System KOKOS/PCMS) in mehreren internationalen und partnerschaftlich organisierten Projekten beteiligt. Darüber hinaus hat er die Nahtstellen zu den technischen und wirtschaftlichen Bereichen (Qualitätsmanagement, Vertrags- und Rechnungswesen, Entwicklung, und Fertigung, Einkauf und Vertrieb, etc.) und deren DV-Systemen bearbeitet.

H. Bürgers ist heute bei SPM-CONSULT für Beratung und Unterstützung im KM tätig. Er hält seit vielen Jahren Vorträge zu diesem Thema und verfaßte einzelne Veröffentlichungen dazu. Daneben ist er Mitglied in DIN- und ISO-Ausschüssen zum Thema Konfigurationsmanagement und ist Sekretär der ISO-Working-Group für die DIN EN ISO 10007.

Abbildungsverzeichnis

Abbildung 4.4-1: Teilgebiete und Methodengruppen des Konfigurationsmanagements..............1012

Abbildung 4.4-2: Was ist Konfigurationsmanagement (KM)..1012

Abbildung 4.4-3: Projektphasen - KM-Tätigkeiten (DIN EN ISO 10007, 1996).......................1013

Abbildung 4.4-4: Konfigurationsmanagement, Bezugskonfiguration und Änderungsdienst im systematischen, phasenbezogenen Projektablauf (SAYNISCH 1984)..............1016

Abbildung 4.4-5: Grundidee des Änderungsmanagements..1018

Abbildung 4.4-6: Generelles Ablaufschema eines Änderungsprozesses (SAYNISCH 1984).........1020

Abbildung 4.4-7: Beispiel eines Änderungsantrags (SAYNISCH 1984)..1021

Abbildung 4.4-8: Auflistung der Dokumente...1023

Abbildung 4.4-9: Daten der Änderungsanträge..1023

Abbildung 4.4-10: Darstellung des Objektsystems mit Dokumentenauflistung..........................1023

Abbildung 4.4-11: Checkliste zum Konfigurationsmanagement-Plan...1024

Abbildung 4.4-12: Die Mittlerfunktion des Konfigurationsmanagements zum fachlich-inhaltlichen Projektmanagement (SAYNISCH 1987)..1028

Lernzielbeschreibung

Ziel dieses Kapitels ist es, den Leser in das Konfigurationsmanagement (KM) einzuführen, einen Überblick über die wichtigsten Teilgebiete des KM zu geben und den Kontext zu anderen Projektmanagement-Disziplinen und dem PM-Umfeld zu erläutern. Beim sorgfältigen Durcharbeiten dieses Kapitels soll der Leser folgende Qualifikationen erwerben:

- Er kennt die wichtigsten Einzelbegriffe sowie Teilgebiete, kann die Begriffe richtig benutzen sowie deren Inhalt erläutern und kann den Zusammenhang zwischen den Teilgebieten sowie zwischen deren Begriffen erfassen.

- Er wird erkennen, daß die Durchführung eines Änderungsmanagements ohne Schaffung einer Grundlage mittels Konfigurationsidentifizierung und Bezugskonfiguration einem Haus gleicht, das ohne Fundament auf Sand gebaut ist.

- Er erwirbt ein Verständnis von KM, das der neuen internationalen Norm von KM (die zum Rahmen der Qualitätsnormen ISO 9000ff gehört) entspricht.

- Er kann den Zweck und die Notwendigkeit des KM-Einsatzes für ein konkretes Projekt bzw. einer unternehmensweiten Anwendung erkennen und darlegen.

- Aufbauend auf diesen Kenntnissen und Fähigkeiten kann er Schwachstellen in konkreten Projekten oder unternehmensweiten Prozessen erkennen und Verbesserungen lokalisieren sowie vorschlagen.

4.5 Dokumentationsmanagement

von

Klaus Pannenbäcker

Relevanznachweis

Im Volksmund heißt es „Wer schreibt, der bleibt!". Goethe unterstreicht diese Lebenserfahrung in seinem Fazit „Was du schwarz auf weiß besitzt, kannst du getrost nach Hause tragen!". Jeder erfolgreiche Projektleiter handelt nach diesen Grundsätzen und dokumentiert Informationen, Daten, Fakten in Unterlagen wie Verträgen, Spezifikationen und Plänen über alle Projektphasen.

Projekte bestehen zwischen 20 % und 90 % der Projektzeit aus dem Erstellen von Unterlagen für Planung, Ausführung, Test, Prüfung und Übergabe. Unterlagen sind daher ebenso „Produkte" wie die Projektobjekte selbst.

Der Projektleiter mißt seinen **Projektfortschritt** (siehe Kapitel 3.6) durch die Vorgabe und Kontrolle von Teilergebnissen. Diese Teilergebnisse sind zu dokumentieren, damit sie unabhängig von Ort und Zeit von jedem Projektbeteiligten gelesen und beurteilt werden können. Vielfach lösen freigegebene Dokumente vereinbarte **Teilzahlungen** aus (siehe Kapitel 3.4, 4.3).

Dokumente beweisen die erreichte **Richtigkeit** und **Vollständigkeit** von Zieldefinitionen, Planungen, Ausführungen und Prüfungen. Dokumentation rechtfertigt damit Zeitaufwand und Kosten für Lieferungen und Leistungen im Projekt.

Dokumente unterstützen den Projektgeber dabei, seine fertiggestellten Projekte (z.B. Maschine, DV-Programm, Neuprodukt) **ordnungsgemäß und sicher zu betreiben** und **zu benutzen**.

Inhaltsverzeichnis

4.5.1 Begriffe und Strukturen des Dokumentationsmanagement   **1037**

4.5.2 Identifikation von Unterlagen   **1042**

     4.5.2.1 Kennzeichnung von Unterlagen   1043

     4.5.2.2 Registrierung von Unterlagen   1045

     4.5.2.3 Verwaltung von Unterlagen   1046

4.5.3 Primärdaten und Sekundärdaten   **1048**

4.5.4 Projektsteuerung durch Dokumentationsmanagement   **1050**

     4.5.4.1 Unterlagen-Bedarfsmatrix   1051

     4.5.4.2 Unterlagenverknüpfung und Projektcontrolling   1052

     4.5.4.3 Dokumentationsstelle   1053

     4.5.4.4 Trends im Dokumentationsmanagement   1054

4.5.1 Begriffe und Strukturen des Dokumentationsmanagement

Ein Großteil der nachfolgenden Begriffe ist gebräuchlich, jedoch nicht genormt. Viele Begriffe sind in verschiedenen Branchen, selbst zwischen Firmen einer Branche, nicht identisch. Die hieraus entstehenden Mißverständnisse führen zu zeitaufwendigen und oft kostenintensiven **Richtigstellungen, Nachlieferungen, Umplanungen und Umstellungen**. Dokumentationsmanagement bedeutet sowohl die inhaltliche Beschreibung als auch die physische Informationszusammenstellung sowie die administrative Behandlung der Informationsträger. So wird der Begriff „Dokumentation" vielseitig verwendet.

Dokumentation bestimmt und beschreibt, *Definition*

- wie Dokumente als Ergebnisse von Tätigkeiten der Planung, Durchführung und Prüfung sowie für den Projektabschluß entstehen,
- wie Dokumente gekennzeichnet, registriert, verteilt, verwaltet und abgelegt/archiviert werden.

Dokumente sind verbindliche und deshalb aufbewahrungswürdige Informationsträger. **Unterlagen** werden umfassender als Informationsträger verstanden, unabhängig von den beiden genannten Merkmalen, „verbindlich" und „aufbewahrungswürdig".

Verbindlich bedeutet, die Informationen, die eine Unterlage enthält, sind bindend für den Nutzer dieser Informationen. **Aufbewahrungswürdig** beschreibt eine Unterlage, die für zu erwartende Nachweise vorgelegt werden muß, z.B. Zeugnisse, Verträge, Protokolle. So sind andererseits Einladungen zu einer Besprechung nach der Besprechung selten aufbewahrungswürdig.

Max Weber nannte 1921 eines der Merkmale der Bürokratie die „Aktenmäßigkeit aller Vorgänge", d.h. die Kommunikation auf dem Dienstweg in schriftlicher Form (Formulare, Aktennotizen etc.).

Traditionell versteht man unter Dokumenten und Unterlagen den **Informationsträger** in Papierform. Digitale Informationsträger, z.B. Betriebsanleitung auf einer CD-ROM, sind „nur" eine andere Speicherform als Papier. Sinngemäß gilt dies auch für den Mikrofilm. Folglich gelten die Regeln für das Dokumentationsmanagement unabhängig vom Informationsträger, jedoch mit spezifischer Anpassung. Unterlagen werden kopiert und verteilt. Digitalisierte Unterlagen, z.B. Zeichnungen, werden als Dateien im Büro-Kommunikationsnetz angeboten und sind jederzeit abrufbar.

Informationen im Verständnis dieses Kapitel sind speicherbare Daten und Texte sowie Grafiken und Bilder (Fakten). Speicherbar gilt nicht nur für digitale Speicherung, sondern im weitesten Sinne für jede Form der räumlich, zeitlichen Sicherung zum Zweck der Wieder-Bereitstellung. Der Weg hierzu ist jedoch abhängig von Informationsträger, wie Papier, Mikrofilm, CD-ROM, Datei.

Daten sind formatierte Informationen, z.B. Abmessung oder Werkstoff mit DIN-Bezeichnung.

Fakten sind unformatierte Informationen, z.B. Texte oder Grafiken.

Grafische Darstellungen als Zeichnungen (mit Vermaßung) und Pläne, Diagramme, Ablaufschemata (ohne Vermaßung) werden als **Plangut** bezeichnet.

Textliche und listenmäßige Beschreibungen, wie Protokolle und Zertifikate, beschreibt man mit dem Sammelbegriff **Schriftgut**.

Korrespondenz sowie weiterer schriftlicher Informationsaustausch zwischen Absender (ggf. auch Ersteller) und einem oder mehreren Empfängern ist **Schriftverkehr**.

Dokumentationsmanagement ergänzt die Norm DIN 69905 zu Projektinformationsmanagement mit der Aufgabe „Bereitstellung von Informationen aus unterschiedlichsten Fragestellungen in zumutbarer Zeit".

Dokumentationsmanagement ist als Teilaufgabe des Projektinformationsmanagements anzusehen, das von Konfigurations- und Änderungsmanagement ergänzt wird.

```
┌─────────────────────────────────┐   ┌─────────────────────────────────┐
│   Konfigurationsmanagement       │   │   Dokumentationsmanagament      │
│   Abstimmung von Daten und Fakten│   │   Verwaltung von Unterlagen     │
└─────────────────────────────────┘   └─────────────────────────────────┘
                  │                                    │
                  ▼                                    ▼
              ┌─────────────────────────────────────────┐
              │   Änderungsmanagement                   │
              │   Aktualisieren von Daten/Fakten in Unterlagen │
              └─────────────────────────────────────────┘
                                   │
                                   ▼
┌──────────────────────────────────────────────────────────────────────┐
│   Bereitstellung von Daten und Fakten                                │
│   Projektinformationsmanagement (nach DIN 69905)                     │
└──────────────────────────────────────────────────────────────────────┘
```

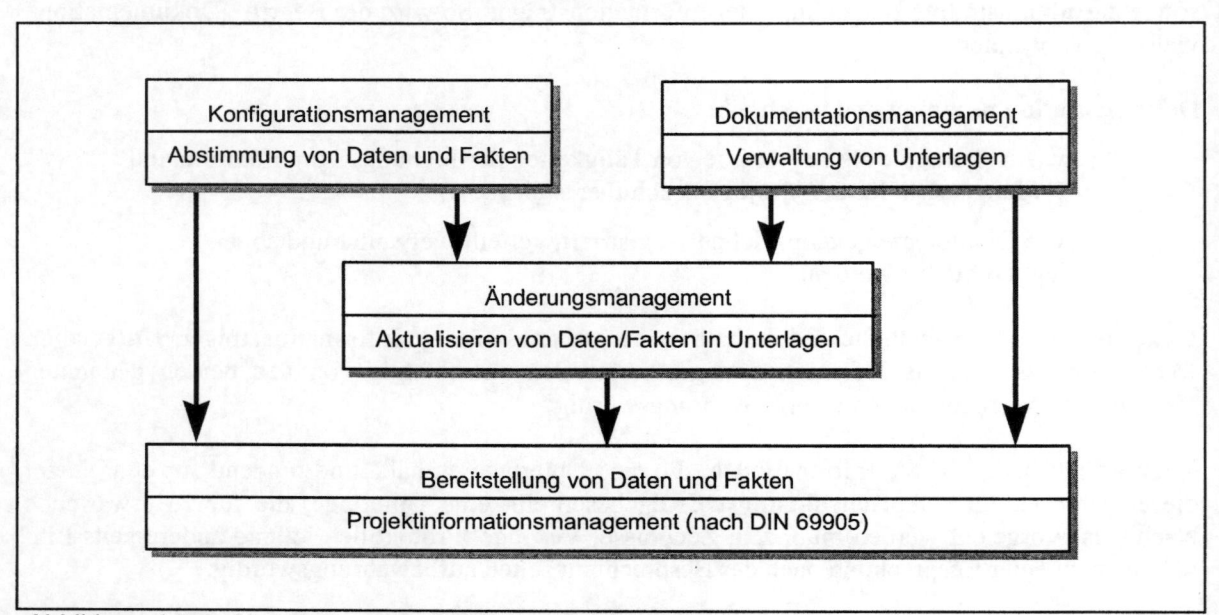

Abbildung 4.5-1: Abgrenzung von Dokumentationsmanagement

Konfigurationsmanagement (siehe Kapitel 4.4) konzentriert sich auf die Abstimmung von Daten und Fakten: z.B. Fügen sich zwei getrennt entstandene Teile passend zusammen? Wann wird diese Abstimmung besprochen, geprüft und freigegeben?

Dokumentationsmanagement strebt die rationelle Verwaltung von Unterlagen an: z.B. Welche Unterlagen erstellt wer bis wann für wen? Wie sind diese gekennzeichnet? Wo sind sie wie abgelegt?

Änderungsmanagement (siehe Kapitel 4.4) benötigt für die Aktualisierung und Freigabe beides: Konfigurationsmanagement (Welche Information ist neu festzulegen?) und Dokumentationsmanagement (In welchen Unterlagen ist diese Information beschrieben?).

Die drei genannten Managementbereiche verlangen ihre spezifischen Regeln, die der Projektleiter zu **Beginn der Projektbearbeitung** in einem Projektmanagement-Handbuch oder Projekt-Handbuch festlegen sollte.

Dieses Kapitel beschreibt mehr die Grundregeln, auf die sich die Projektbeteiligten für ein (möglichst) einheitliches Projektinformationssystemen einigen sollten - als die persönliche Aktenordnung eines Projektverantwortlichen, der für ein oder mehrere Projekte verantwortlich ist. Die hier gezeigten Prinzipien sind für diesen Alleinverantwortlichen jederzeit übertragbar.

In Anlehnung an die Definitionen für Fachmanagement und Projektmanagement (siehe Kapitel 1.2) unterteilt man die Projektdokumentation in die

- Objektdokumentation
- Funktionsdokumentation
- Projektmanagementdokumentation

4.5 Dokumentationsmanagement

```
                    Projektdokumentation
                    ↓           ↓           ↓
         Objektdokumentation  Funktionsdokumentation  Projektmanagement-
              was?                  wie?              Dokumentation
                                                      durch wen?
                                                      wann?
                                                      wie teuer?
                    ↓           ↓           ↓
         Leistungsdaten und Qualitätsmerkmale der Projektergebnisse
```

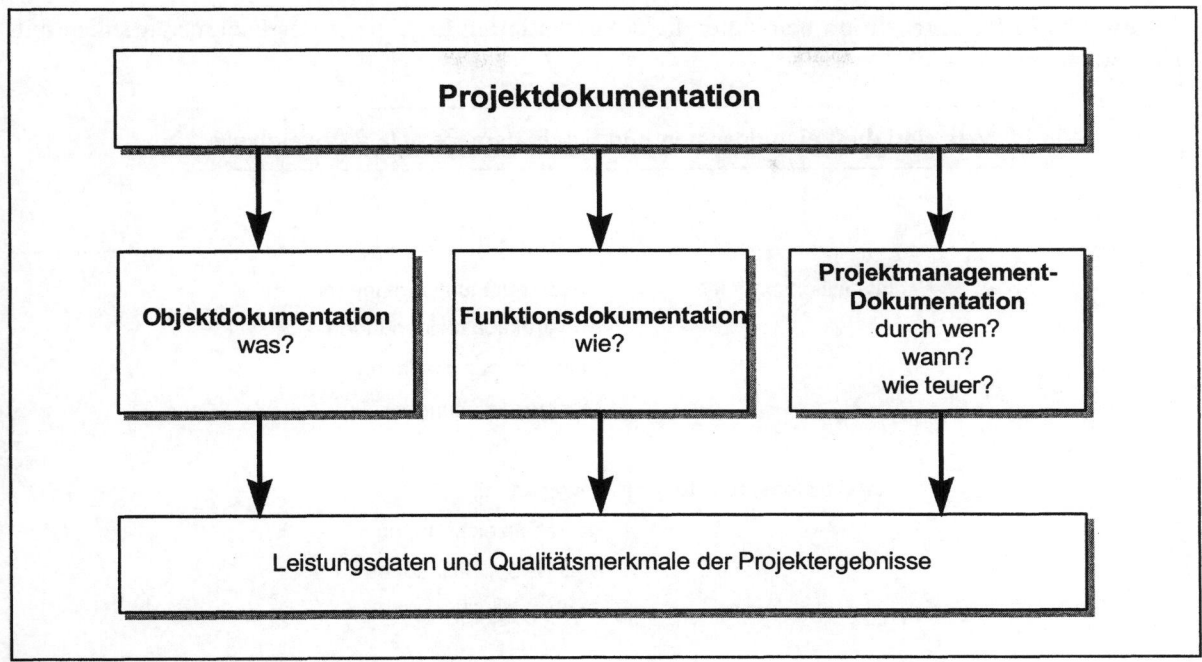

Abbildung 4.5-2: Projektdokumentation

Objektdokumentation bezieht sich auf den Inhalt des Objektes mit der Kernfrage:

Was wird mit welchen Leistungsdaten und Qualitätsmerkmalen verlangt?

Was wurde erreicht?

Investitionsprojekte	Abwasserreinigungsanlage mit
	Leistungsbeschreibung
	Lageplänen
	Regelschemata
Entwicklungsprojekte	Kleinwagen mit
	Antriebsaggregaten
	Leistungsdaten
	Betriebsfunktion
Organisationsprojekte	Software - Einführung mit
	Funkionalitäten
	Unternehmensfunktion
	Datenbank-Design

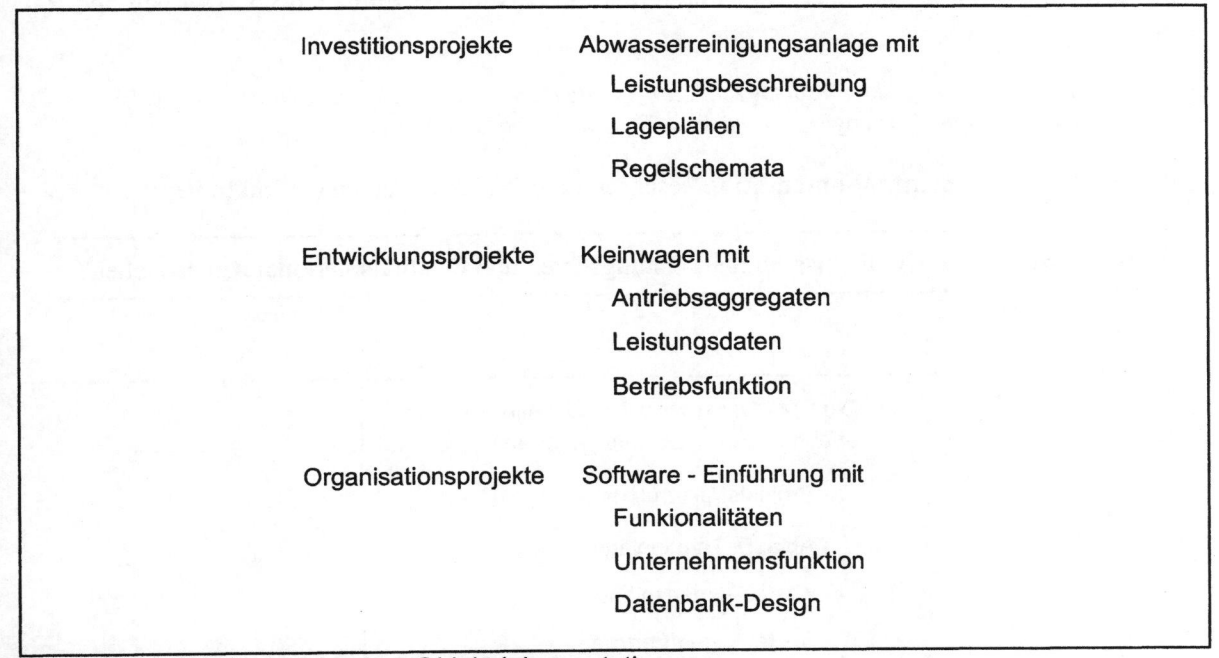

Abbildung 4.5-3: Beispiele einer Objektdokumentation

Die Objektdokumentation belegt nach Fertigstellung des Projektes die zu Anfang beschriebenen Ziele. Deshalb übernimmt der Projektgeber in der Regel die komplette Objektdokumentation, die häufig auch Enddokumentation oder Übernahme-/Übergabedokumentation genannt wird oder ganz allgemein auch Projektdokumentation.

Die **Funktionsdokumentation** beinhaltet die dokumentierten Ergebnisse des Fachmanagement mit der Kernfrage:

> **Wie** sind die Leistungsdaten und Qualitätsmerkmale zu erreichen?

Investitionsprojekte	Abwasserreinigungsanlage mit
	Konstruktionszeichnungen
	Einkaufsspezifikationen
	Montageanleitungen
Entwicklungsprojekte	Kleinwagen mit
	Einzelteilzeichnungen
	Materialspezifikationen
	Fertigungsplänen
Organisationsprojekte	Software - Einführung mit
	Netzaufbau
	Schlüsselsystemen
	Zugriffsvarianten

Abbildung 4.5-4: Beispiele einer Funktionsdokumentation

Die Funktionsdokumentation beschreibt die Entstehung des Projektes (= Objekte). Sie liefert den Beweis für die ordnungsgemäße Projektdurchführung, z.B. durch Einhalten von Normen und Regeln.

Bemerkung: Die Funktionsdokumentation ist nicht zu verwechseln mit der Beschreibung der Funktionen (Leistungen; Funktionalitäten) z.B. einer Software.

Die **Projektmanagementdokumentation** beschreibt die Projektmanagementfunktionen:

> **Durch wen wann wie teuer** sind die Leistungsdaten und Qualitätsmerkmale zu erreichen?

Die PM - Dokumentation ist weitestgehend unabhängig von den Projektarten und enthält

- Projektstrukturpläne
- Ablauf-/ Terminpläne
- Kosten-/Finanzpläne
- Bestellungen/Verträge
- Prüfungen/Abnahmen
- Controlling-/Fortschrittsberichte
- Schriftverkehr

Abbildung 4.5-5: Beispiele einer Projektmanagementdokumentation

Die PM-Dokumentation beweist eine **auftragsgemäße Durchführung und Abrechnung**. Sie kann (nach Auswertung und Anerkennung) größtenteils vernichtet werden. Ausnahmen sind im wesentlichen Verträge mit Garantien.

Handbücher für Projekte und Projektmanagement

Gemeinsames und auf ein Ziel ausgerichtetes Arbeiten wird verabredet und sollte dokumentiert sein. Damit ist sichergestellt, daß Abweichungen durch spätere Interpretationen sowie neu integrierte Teammitglieder auf der ursprünglichen Basis aufsetzen können. Dieselben Fehler noch einmal zu machen, entfällt größtenteils. Diese Art der Dokumentation heißt Handbuch. Sie beschreibt prinzipiell etwas, das in der Zukunft liegt.

Handbuch versteht sich auch als Synonym für Anleitungen, Vorschriften, Regeln, Richtlinien. Letztere Begriffe haben jedoch einen mehr übergeordneten Charakter mit einer starken Verpflichtung zur Erfüllung. Handbücher sollen zur Hand genommen werden, wenn man nicht mehr weiter weiß. Sie stellen das Know-how und Know-why dar. Damit unterweisen sie den Ratsuchenden. Die Erstellung eines jeden Handbuches ist der stete Kampf des Autors (was er weiß) mit dem Unwissenden (was er wissen soll). Das zeigt sich in der **Akzeptanz von Handbüchern** mit den typischen (Extrem-) Aussagen.

- So machen wir das schon immer, warum also so langatmig beschreiben!
- Die Ziele sind gut beschrieben, aber wie sollen die nun im Detail und in unserem Unternehmen erreicht werden!

Handbücher mit belehrenden und begründenden Aussagen genießen wenig Akzeptanz. Handbücher mit grafischen Darstellungen statt textlichen Beschreibungen werden bevorzugt mit der Aussage „wie war das noch einmal festgelegt?".

Handbücher werden um so mehr akzeptiert, je mehr es gelingt, zwei Kernaussagen gleichzeitig zu beschreiben

- wer darf und/oder muß was tun (Arbeitsplatzbeschreibung),
- in welchen Folgen wird hintereinander und parallel gearbeitet (Prozeßmanagement).

Hinweise auf die Zielgruppe, für die die dokumentierten Regeln von Bedeutung sind, erleichtern den Zugang zu den meist umfangreichen Werken. Damit kann vermieden werden, daß jeder erst alles lesen muß, um dann zu entscheiden, daß beispielsweise nur 1/3 für ihn relevant ist. Das Dreiecksymbol auf jeder Handbuchseite bezeichnet z.B. durch Schattieren, daß diese Angaben für „Ausführung/Durchführung" gelten.

- Disposition/Vorgabe
- Controlling/Freigabe
- Ausführung/Durchführung

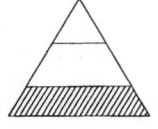

4.5.2 Identifikation von Unterlagen

Je mehr Unterlagen in einem Projekt entstehen und verwaltet werden müssen, umso mehr müssen diese einheitlich identifiziert werden,

- sonst sind Unterlagen nicht als Ergebnis von Tätigkeiten zuordenbar, d. h., der Ersteller kann nicht seine richtige und vollständige Bearbeitung beweisen. Er hat somit kein Recht auf Leistungsabrechnung;

- sonst sind Unterlagen nicht änderbar, d. h., das Projekt wird mit unterschiedlichen Vorgaben weiter bearbeitet, was Terminverzüge und Mehrkosten zur Folge hat;

- sonst sind Unterlagen nicht auffindbar, d. h., die Nutzung der Projektobjekte wird riskant.

Übliche **Identifikationen** von Unterlagen sind

- Aktenzeichen
- Prüf-Nummern
- Berichts-Nummern
- Zeichnungs-Nummern
- etc.

Unterlagen beschreiben Objekte, Tatbestände, Funktionalitäten als Daten und Fakten. Dieses Beschreiben ist gleichzusetzen mit dem **Inhalt der Unterlage**.

Ebenso läßt sich nach der **Art der Unterlage** unterscheiden, wie ein Inhalt dargestellt wird:

Investitionsprojekte	Aufbau und Funktionalitäten eines Krankenhauses oder einer Pumpe werden beschrieben in
	Konstruktionszeichnungen Verträgen Betriebsanleitungen
Entwicklungsprojekte	Zusammensetzung und Indikation eines Medikamentes werden beschrieben in
	Aprobation Kliniktest Patienteninformation
Organisationsprojekte	Inhalte einer Marktanalyse werden beschrieben in
	Selbstauskunft - Fragebogen Trendauswertungen Kundenverhalten

Abbildung 4.5-6: Arten von Unterlagen

Aus dieser Trennung zwischen dem Inhalt und der Art für die Identifikation leitet sich eine Matrix-Beziehung ab. Der wesentliche Vorteil dieser Matrix sind die Definitionen, von welchem Projekt-Objekt sind welche Unterlagenarten zu erstellen, freizugeben, zu übergeben und zu pflegen. Daher heißt diese Matrix auch **Unterlagenbedarfs-Matrix**.

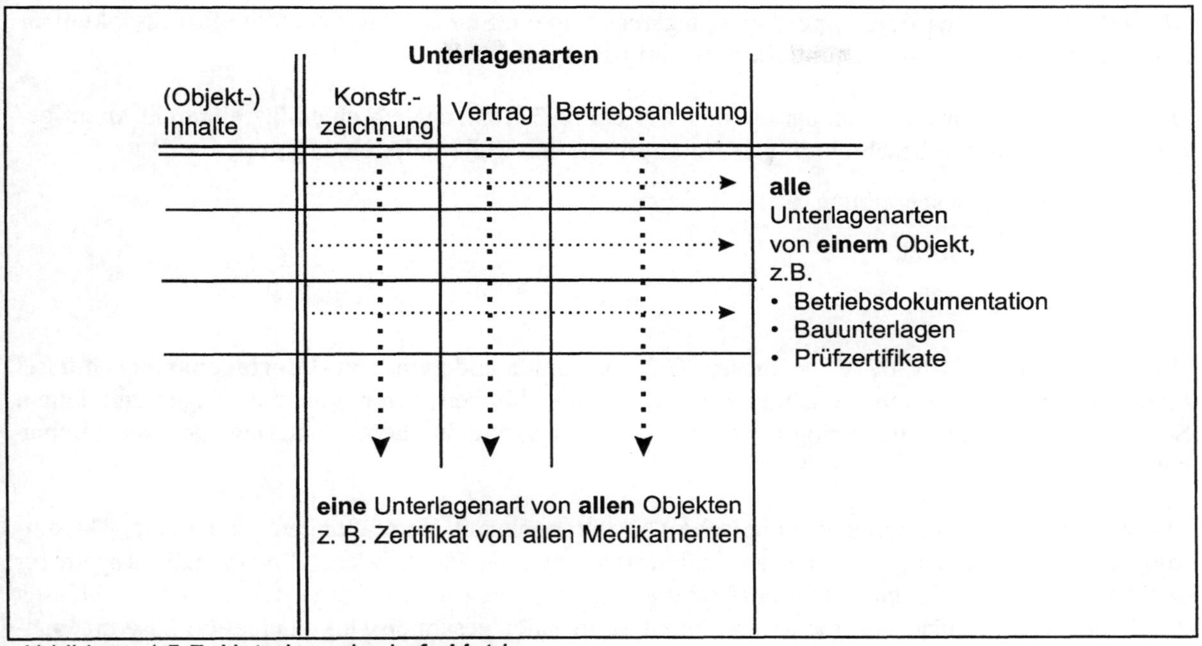

4.5 Dokumentationsmanagement

Abbildung 4.5-7: Unterlagenbedarfs-Matrix

4.5.2.1 Kennzeichnung von Unterlagen

Die Identifikation von Unterlagen erfolgt grundsätzlich nach zwei Formen der **Kennzeichnung**

- zählende Kennzeichnung, z.B. eine laufend vergebene Zähl-Nummer

- „sprechende" Kennzeichnung, z.B. mit Nennung des Unterlageninhalts durch eines oder mehrere Schlüsselwörter (Thesaurus).

Die „sprechende" Kennzeichnung findet immer mehr Zuspruch, da die zählende Kennzeichnung stets die Umsetzung der Zähl-Nummer in die beschreibenden Aspekte einer Unterlage verlangen. Die „sprechende" Kennzeichnung wird auch **klassifizierende Unterlagenkennzeichnung** genannt. Diese besteht aus den Einzel-Kennzeichen für

- Projekt
- Inhalt (= Objekt)
- Unterlagenart

Das Projekt erhält spätestens mit dem offiziellen Start ein Kennzeichen durch die kaufmännische Abteilung. Diese Kostenträgernummer ist in den meisten Fällen auch das **Projektkennzeichen**. Es ist also naheliegend, für die Projektdokumentation dasselbe Projektkennzeichen zu verwenden.

Das **Inhaltskennzeichen** kann abgeleitet werden aus einem Produktkennzeichen, z.B. Typ-Nr. oder aus dem Projektstrukturplan (PSP) (siehe Kapitel 3.1). Das PSP-Kennzeichen (PSP-Code) ist immer dann hilfreich, wenn ein Produktkennzeichen noch nicht existiert, z.B. bei Entwicklungsprojekten muß erst das endgültige Produkt entstehen. Bedingung ist jedoch, daß das PSP-Kennzeichen nur eindeutig **ein** Dokument als Ergebnis kennt.

Für Investitionsprojekte, bei denen i.d.R. Einzelprodukte je nach Projektauftrag kombiniert werden (Wiederhol-Projekte), haben einzelne Branchen firmenübergreifende Objekt-Kennzeichen festgelegt. Die Bauwirtschaft kennt die „Leistungsverzeichnisse" (DIN 276). In der Energiewirtschaft wird das „Kraftwerk-Kennzeichnungssystem (KKS)" seit mehr als 20 Jahren erfolgreich eingesetzt (KKS 1991). Aus der Kennzeichnungsphilosophie entstand die DIN 6779 „Kennzeichnungssystematik für technische Produkte und technische Produktdokumentation" (PANNENBÄCKER, DIN

6779). Diese Norm wird mit einer Übergangsregelung ein Standard, der auch die Projektdokumentation maßgeblich und vereinheitlichend beeinflussen wird.

Die Kennzeichen für Unterlagenarten sind wie ein PSP-Kennzeichen ebenfalls hierarchisch aufgebaut, z. B. die Produktbeschreibung als Hauptgruppe unterteilt in die Untergruppen

- Aufbaubeschreibung
- Spezifikation
- Datenblätter.

Hier gilt dieselbe DIN 6779. In dieser Norm ist unter anderem ein **Unterlagenartenschlüssel** (UAS) festgelegt, der die verschiedenen und gebräuchlichen Arten von Unterlagen mit einem Schlüssel klassifiziert, unabhängig davon, welche Objekte in dieser Unterlagenart beschrieben werden.

Traditionell sind Zeichnungen (technische Darstellungen mit Vermaßungen) und Pläne (Darstellungen ohne Vermaßungen) mit einer **Zeichnungsnummer** identifiziert. Obwohl DIN-Regeln für die Bildung von Zeichnungsnummern bestehen, haben viele Firmen eigene Regeln erstellt. Müssen Zeichnungen und Pläne von mehreren Erstellern in einer gesamten Dokumentation zusammengefaßt werden, gibt die Projektleitung häufig eine einheitliche Gestaltung der Zeichnungsnummer vor.

Zu Schriftgut zählen alle textlichen und listenförmigen Darstellungen, vornehmlich in Größe DIN A4, z.B. Beschreibungen, Spezifikationen, Berichte, Protokolle etc.

Bemerkung: Zeichnungen und Ablaufpläne im Format DIN A4 sind Plangut und kein Schriftgut.

Die **Schriftgutkennzeichen** sind je Unterlagenart verschieden, z. B.

- Beschreibungen, Spezifikationen mit
  - Projektkennzeichen
  - Objektkennzeichen
  - Datum als lfd. Nr.

- Berichte, Protokolle mit
  - Projektkennzeichen
  - Verfasser
  - lfd. Nr.

Die Projektleitung legt zu Beginn der Projektbearbeitung die Kennzeichnungseinzelheiten fest.

Ausgehende und eingehende Korrespondenz sollte je Objekt stets einen eigenen Schriftsatz kennen, sonst ist ein Brief gleichzeitig unter allen zitierten Objekt (-Kennzeichen) abzulegen. Üblicherweise wird **Schriftverkehr** gekennzeichnet mit

- Projektkennzeichen
- Objektkennzeichen
- Verfasser
- Datum.

4.5 Dokumentationsmanagement

Bei Projekten, die an verschiedenen Orten parallel bearbeitet werden, empfiehlt sich eine Identifikation mit einer sogenannten Briefnummer nach folgender Bildungsregel: Jeder Briefverfasser hat als Verfasser sein Kennzeichen und verknüpft dieses mit einer lfd. Nr., ggf. mit Jahreswechsel wieder bei 1 beginnend.

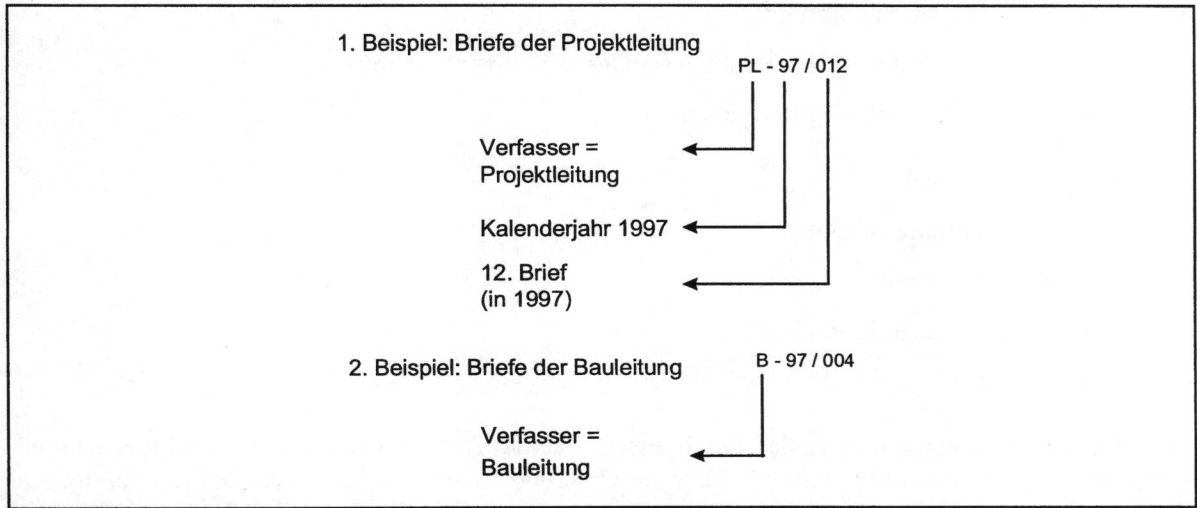

```
1. Beispiel: Briefe der Projektleitung
                                          PL - 97 / 012

            Verfasser =
            Projektleitung

            Kalenderjahr 1997

            12. Brief
            (in 1997)

2. Beispiel: Briefe der Bauleitung        B - 97 / 004

            Verfasser =
            Bauleitung
```

Abbildung 4.5-8: Beispiele zur Kennzeichnung von Schriftverkehr

Schriftverkehr umfaßt in der Regel gleichermaßen

- Briefe,
- Fax-Mitteilungen und
- E-Mail Nachrichten.

Auch hier gilt, daß der Projektleiter zu Beginn eines Projektes Regeln aufstellt und sie mit dem **Projekt-Handbuch** allen Projektbeteiligten vorgibt.

4.5.2.2 Registrierung von Unterlagen

Bei mehreren Projektbeteiligten, die zudem noch an verschiedenen Standorten arbeiten, ist eine Registrierung der projektrelevanten Unterlagen dringend erforderlich. Damit wird sichergestellt, daß jeder Projektbeteiligte informiert ist, z.B. über

- welche Unterlage bereits existiert,
- welcher Status gilt und welche Version,
- wo das Original abgelegt ist,
- wer für das Dokument zuständig ist,
- an wen das Dokument verteilt wurde.

Diese Inventur von Unterlagen erfolgt zweckmäßigerweise in einer Datenbank als **Unterlagenverzeichnis**, um ebenfalls administrativ das Konfigurationsmanagement (siehe Kapitel 4.4) unterstützen zu können. Hierbei wird unterschieden zwischen

- Doku-Grunddaten, z.B.
    - Projekt-Nr.
    - Objekt-Nr.
    - Unterlagen-Arten-Kennzeichen

- Doku-Verwaltungsdaten, z.B.
    - Unterlagen-Ersteller
    - Erstellungsdatum
    - Version (der Ausführung)
    - Änderungsindex (des Aktualitätsstandes, z.B. einer Version)
    - Status (z.B. vorläufig, freigegeben)
- Doku-PM-Daten, z. B.
    - Fertigstellungstermin
    - Freigabetermin
    - Aufwand (z.B. Mann Std.)
    - Abrechnung

Im industriellen Anlagenbau hat sich durchgesetzt, daß der Anlagenbetreiber (= Projektgeber) vom Errichter mehr und mehr eine vom Ersteller der Unterlagen unabhängige Doku-Kennzeichnung mit der Übergabe-Dokumentation verlangt.

Bemerkung: Hier zeigt sich deutlich, daß „Unterlagen" verschiedene Zwischenbearbeitungsstände beschreiben und „Dokumente" den endgültigen Projektstand, z.B. für die Übergabe.

4.5.2.3 Verwaltung von Unterlagen

Die Unterlagenverwaltung umfaßt folgende Tätigkeiten:

- Entgegennahme
- Ablage
- Kopierung
- Verteilung
- Archivierung
- Vernichtung

Bemerkung: Die Erstellung, Änderung, Prüfung und Freigabe von Unterlagen sind keine Aufgaben des Dokumentationsmanagements, sondern des Konfigurations- und Änderungsmanagements (siehe Abschnitt 4.5.1).

Die Ziele der Doku-Verwaltung sind in Abbildung 4.5-9 zusammengefaßt.

Ziele der Unterlagenverwaltung sind,

- jederzeit aktuelle und vollständige Unterlagen in zumutbarer Zeit bereitzustellen,
- jederzeit einen Überblick zu geben über den Stand und den Verteiler von Unterlagen,
- personell unabhängig Unterlagen finden zu können,
- durch eine Ablageordnung Unterlagen finden zu können, die man nicht kennt.

Abbildung 4.5-9: Ziele einer Unterlagenverwaltung

4.5 Dokumentationsmanagement

Die Hauptaufgabe der Unterlagen-Verwaltung ist das Ordnunghalten der physisch vorhandenen Unterlagen in einer **Dokumentationsstelle** (HAHN 1996).

Nach Abschluß eines Projektes und Übernahme der Projektdokumentation wechselt die Dokumentationsstelle zum Archiv oder zur Registratur. Hauptaufgabe eines **Archivs** ist die sichere Aufbewahrung von Unterlagen, die nur noch für historische Beweisführungen benötigt werden. Eine **Registratur** verwaltet in der Hauptsache Schriftgut und Schriftverkehr. Manche Unternehmen kennen eine eigene Dienststelle nur für Plangut als Zeichnungsarchiv oder Zeichnungsregistratur. Allen genannten Dienststellen ist gemeinsam, über ihren Unterlagenbestand eine Übersicht bei Übernahme zu erhalten und diese während der Projektlebenszeit und der Lebenszeit während der Nutzungsphase zu behalten.

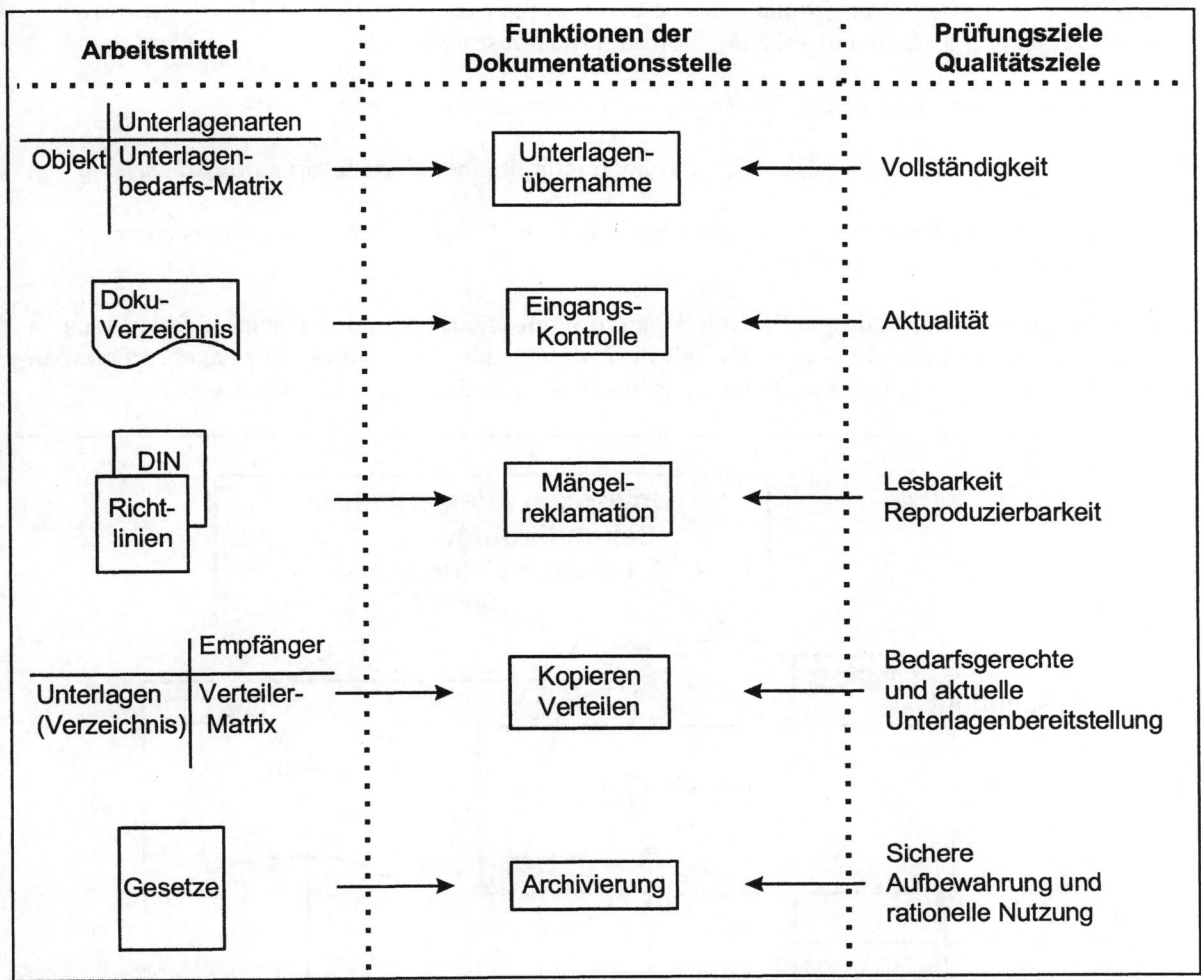

Abbildung 4.5-10: Aufgaben der Unterlagen-Verwaltung in einer Dokumentationsstelle

4.5.3 Primärdaten und Sekundärdaten

Alle Projektbeteiligten erzeugen einerseits Informationen in Form von Daten und Fakten, suchen aber auch andererseits Informationen, die Teammitglieder erarbeitet haben.

Informationen können nicht gefunden werden, wenn sie nicht dokumentiert sind, außer der Informationsberichtende wird befragt. Das Befragungsergebnis dokumentiert der Befragende. Somit erfolgt eine nachträgliche Dokumentation, und die dokumentierten Informationen können wiedergefunden werden.

Es existieren zwei Wege, **dokumentierte Informationen** zu finden:

1. Ich suche die Information „primär", das heißt direkt die Leistungsdaten und Qualitätsmerkmale eines Projekt-Objekts und unabhängig vom Informationsträger.

   Beispiele: Bestandteile eines Medikamentes, Rohrleitungsdurchmesser.

2. Ich suche die Information „sekundär", das heißt indirekt über einen Informationsträger.

   Beispiele: Bestandteile eines Medikamentes aus einer Rezeptur, Rohrleitungsdurchmesser aus einem Rohrleitungsblanket.

Informationsträger sind traditionelle Unterlagen, die mit unterlagenbeschreibenden Daten identifiziert werden. Diese bezeichnet man als **Sekundärdaten**, d.h. Daten **über** Unterlagen. **Primärdaten** beschreiben Projektobjekte, dokumentiert in Unterlagen, d.h. Daten **in** Unterlagen.

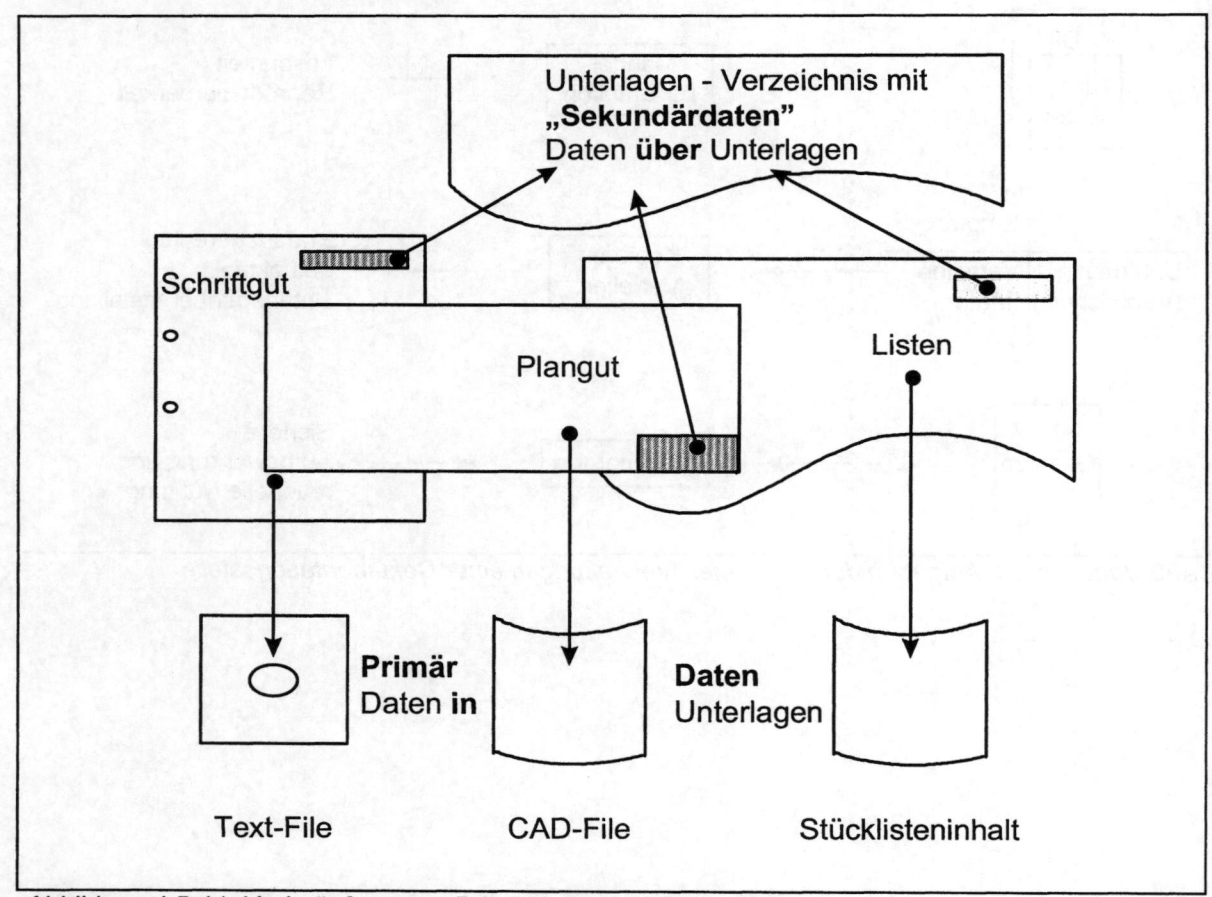

Abbildung 4.5-11: Verknüpfung von Primärdaten und Sekundärdaten

4.5 Dokumentationsmanagement

An dieser Stelle sei nochmals daran erinnert, daß der Begriff „Unterlage" als Synonym für alle Informationsträgerarten verstanden wird, also auch für Dateien, Mikrofilme, Bildbanken etc.

„Daten" gilt ebenfalls als Synonym für alle Informationen, unabhängig von der Darstellungsart, wie z.B. formatierte Daten, freie Texte, Grafiken. Jedoch ist mit „Daten" in der Mehrzahl der Fälle eine formatierte Information gemeint, z.B. 300 mm Durchmesser.

Mit der Trennung in Primär- und Sekundärdaten und mit der gleichzeitigen Verknüpfung kommt mehr Ordnung in die Erfassung und Bereitstellung von Informationen und Dokumentationen von Projekten und ihr Management.

Beispiele

Ein Motor ist mit folgenden Primärdaten beschrieben:

- *Leistung 110 KW, Drehzahl 4500 U/min; Anschlußmaße 300 x 500 mm; Kugellager-Typ ABC*

Derselbe Motor ist dokumentiert in folgenden Unterlagen:

- *Motorkennblatt; Montageanweisung; Reparaturanleitung*

Jede Unterlage, z.B. Motorkennblatt, ist mit folgenden Sekundärdaten gekennzeichnet

- *Projektkennzeichen 1234; Objektkennzeichen Typ.-Nr. xy; Unterlagenarten-Kennzeichen MKB = Motorkennblatt*

Im Motorkennblatt sind folgende Primärdaten zu finden: Leistung 110 kW; Drehzahl 4500 U/min, in der Montageanweisung die Anschlußmaße 300 x 500 mm und in der Reparaturanleitung die Typen der Kugellager ABC.

Diese Trennung nach Primärdaten und Sekundärdaten und ihre anwendungsspezifischen Verknüpfungsvarianten erscheinen folgerichtig. Jedoch werden die in diesem Prinzip steckenden Vorteile noch nicht allgemein und konsequent angewendet. Im Anlagenbau ist wohl eine konsequente Trennung zwischen Primär- und Sekundärdaten üblich, weniger aber die verknüpfte Nutzung. Gründe sind vielfach die unterschiedlichen Zuständigkeiten bei der Entwicklung und Einführung der DV-Systeme für das Engineering.

Diese Trennung ist um so schärfer, je mehr unterschiedliche „Fakultäten", wie Maschinenbau, Verfahrenstechnik, Bautechnik oder Elektro- und Meß-Regel-Technik, sich in einem Unternehmen nicht kompatible DV-Systeme für CAD und Datenbanken „leisten".

4.5.4 Projektsteuerung durch Dokumentationsmanagement

Ein Großteil aller Tätigkeiten in einem Projekt sind planende, entwickelnde, beschaffende, prüfende und kontrollierende Vorgänge. Deren Ergebnisse sind in den meisten Fällen Primär-Daten, die in Unterlagen dokumentiert sind. So gesehen konzentrieren sich Projektsteuerung und Projektcontrolling darauf, Unterlagen zu erzeugen, weiterzugeben und bereitzustellen.

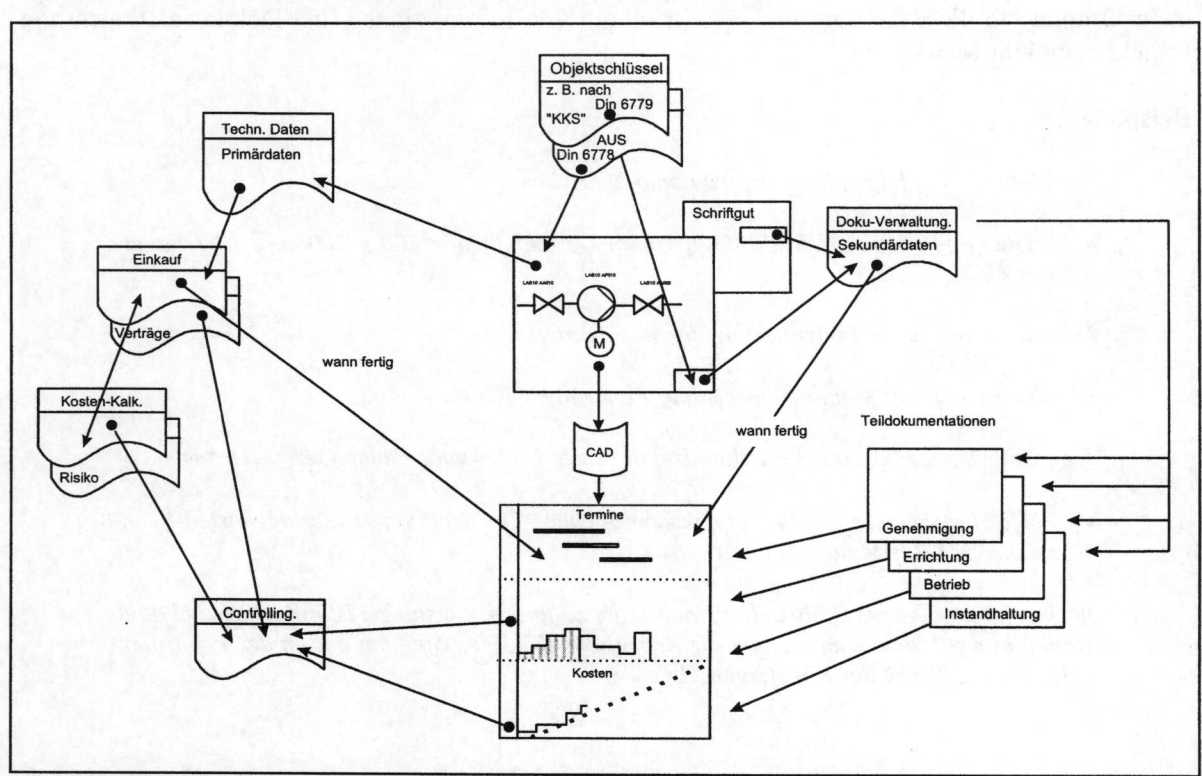

Abbildung 4.5-12: Projektsteuerung durch Dokumentationsmanagement

Eine der Hauptaufgaben des Projektmanagements ist die Planung und Überwachung einer termingerechten Fertigstellung von Teilergebnissen, das heißt hier **„Unterlagen sind meßbare Teilergebnisse"**. Daraus leitet sich für den Projektleiter ab, mit dem Blick nach vorn die Unterlagenerstellung und -bereitstellung vorzugeben und zu kontrollieren. Es sei hier wiederholt, daß nicht so sehr die Unterlage selbst gemeint ist, sondern ihre Eigenschaft als Informationsträger für die objektbezogenen Primärdaten.

Für die **Unterlagenbereitstellung** bieten sich zwei Grundformen an:

- Die **gezielte** Unterlagenweitergabe folgt den geplanten Arbeitsreihenfolgen, z.B. der Einkauf erhält die Beschaffungsspezifikation für eine Lieferung oder Leistung.

- Mit der **allgemeinen** Unterlagenverteilung wird den Empfängern überlassen, aus den dokumentierten Informationen die für die eigene Bearbeitung notwendigen Informationen auszuwählen, z.B. Statusbericht in einem Entwicklungsprojekt.

In diesem Zusammenhang drängt sich die Frage auf, wo und wie die Bedingungen für eine Bringschuld und eine Holschuld geregelt sind.

4.5 Dokumentationsmanagement

Die **Bringschuld** verpflichtet den Informationsgeber, seine Information der informationsbedürftigen Stelle zu übermitteln, und dies möglichst unaufgefordert. Bringschuld setzt allerdings voraus, daß der Informationsgeber weiß, wer der nachfolgende Informationsnehmer ist, wann und warum er diese Information benötigt.

Die **Holschuld** verpflichtet den Informationsnehmer, erst dann eine für ihn (neu) erzeugte Information zu holen, wenn er diese für seine Bearbeitung benötigt. Holschuld setzt allerdings voraus, daß der Informationsnehmer alle Informationsgeber und die voraussetzenden Informationen kennt.

Nach diesen Definitionen kann nicht eine Bringschuld **oder** eine Holschuld festgelegt werden, sondern nur von einer Bringschuld **und** Holschuld gesprochen werden. Es sollte der Grundsatz gelten:

> Um sicher zu gehen, ergänzen sich Bringschuld und Holschuld gegenseitig.

4.5.4.1 Unterlagen-Bedarfsmatrix

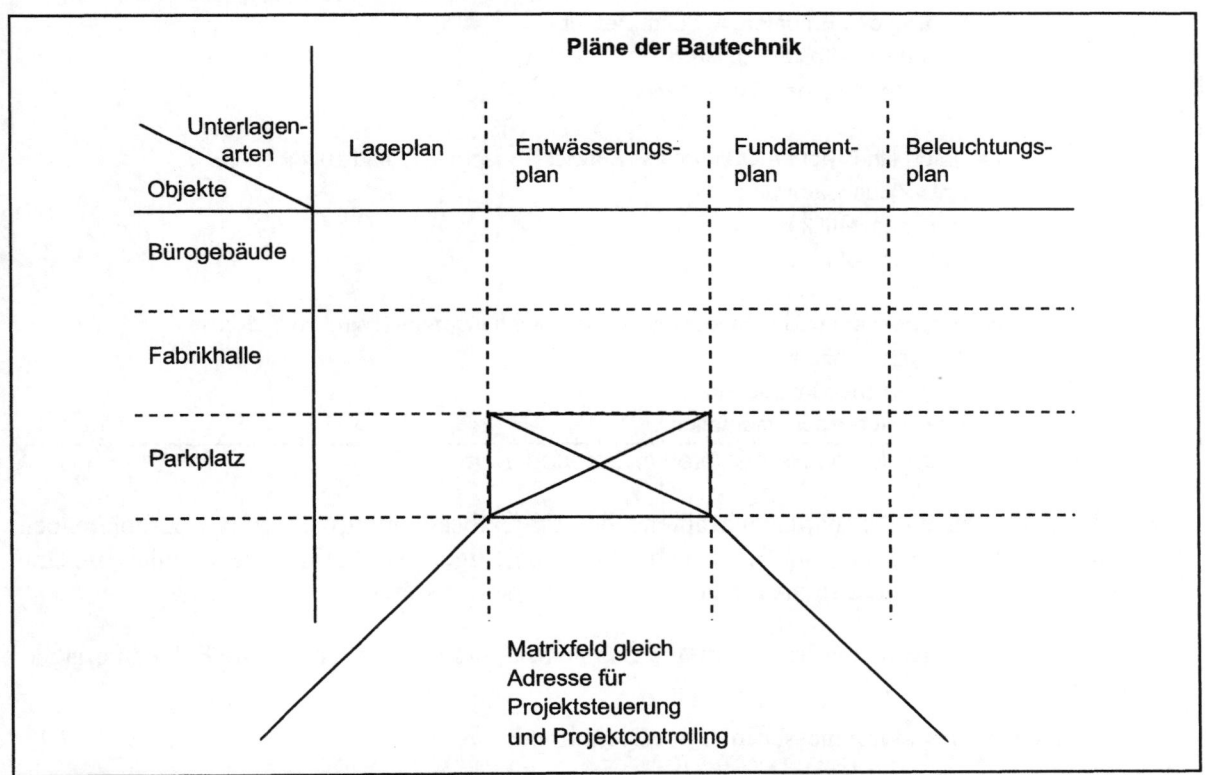

Abbildung 4.5-13: Unterlagen-Bedarfsmatrix für die Projektsteuerung

Um den vorausplanenden Unterlagenbedarf definieren zu können, bietet sich die Kombination von Objekten und Unterlagenarten in Form einer Unterlagenbedarfs-Matrix an (siehe Abschnitt 4.5.1). Jedes Matrixfeld ist Adresse für folgende Informationen zur **Projektsteuerung**, z. B.

- wird diese Unterlage verlangt (ja/nein)
- wer erstellt diese Unterlage
- bis wann
- von wem freizugeben
- mit welchem budgetierten Aufwand
- wie gekennzeichnet

- an wen verteilt
- wo als Original abgelegt
- in welchem Datenfile registiert.

So gesehen ist die Unterlagenbedarfs-Matrix eine Vorarbeit für einen ergebnisorientierten Projektstrukturplan (siehe Kapitel 3.1).

Diese Unterlagenbedarfs-Matrix ist besonders zu empfehlen als

- Anhang zum Vertrag für die Übergabedokumentation (siehe Kapitel 4.3)
- Arbeitsmittel für die Unterlagenübernahme in einer Dokumentationsstelle.

4.5.4.2 Unterlagenverknüpfung und Projektcontrolling

Die Primärdaten eines Objektes kommen in mehr als einer Unterlagenart vor.

Die Daten einer Klimaanlage (Investitionsprojekt) sind zu finden im
- Vertrag des Errichters mit dem Betrieb
- Systemschaltbild
- Betriebsführungsdokumentation.

Die Daten eines neuen Ottomotors (Entwicklungsprojekt) sind zu finden im
- Entwicklungsauftrag
- Prüfungszertifikat
- Verkaufsauftrag.

Die Daten einer neuen Marktanalyse (Organisationsprojekt) sind zu finden im
- Analyse Konzept
- Frage-/Erhebungsbogen
- Auswertungsdokumentation.

Abbildung 4.5-14: Beispiele von Primärdaten in Unterlagenarten

Vielfach unterliegen die Primärdaten während der Projektbearbeitungszeit einem optimierenden Änderungsdienst (siehe Kapitel 4.4). Je mehr Projektbeteiligte gleichzeitig und parallel einzelne Arbeitspakete bearbeiten, um so mehr sind drei Grundfragen zu klären:

1. In welcher Unterlage ist ein Primärdatum das erste Mal und verbindlich für alle Folgeunterlagen festgelegt worden, z. B.

    - Rohrleitungsdurchmesser im Systemschaltbild,
    - Menge und Art des Trägermaterials eines Medikamentes im Prüftestat.

2. In welchen Folgeunterlagen wurden die Primärdaten übernommen, z. B.

    - Rohrleitungsdurchmesser in die Druckberechnungsunterlage,
    - Spezifikation des Trägermaterials für die Abteilung Einkauf.

3. Wer arbeitet zur Zeit mit welchen Unterlagen und mit welchem Änderungsindex, z. B.

    - Druckberechnungsunterlage für die dritte Version eines Betriebszustands,
    - Spezifikation des Trägermaterials nach dem vierten Langzeittest.

Die konsequente Verknüpfung von Primärdaten und Sekundärdaten gibt jederzeit einen Überblick, welche Primärdaten mit welchen Status (vorläufig oder freigegeben) in welchen Unterlagen, (identifiziert und verwalterisch beschrieben mit den Sekundärdaten) dokumentiert sind.

Bei mehr als ca. 50 Unterlagen und mehr als fünf Projektbeteiligten ist ein solcher Überblick nur mit einer durchgängigen DV-Unterstützung für Primär- und Sekundärdaten möglich. Das Projektcontrolling kann durch ein unterstützendes DV-System veredelt werden, wenn es den Füllungsgrad von Primärdateien und Unterlagenbedarfs-Matrix wie für eine Fertigstellungswertberechnung nützt (siehe Kapitel 3.6). Anlagenbauer, die von repetitiven Investitionsprojekten leben (ähnliche Projekte in vergleichbaren Umfeldern), benutzen mehr und mehr diese auf dem Füllungsgrad von Dateien basierenden Fortschrittskontrollen.

4.5.4.3 Dokumentationsstelle

Je nach der gewählten Projektorganisation (siehe Kapitel 4.1) konzentrieren sich physisch in einer Projektleitung die wichtigsten projektrelevanten Informationen, demnach auch die projektrelevanten Unterlagen. Diese Projektunterlagen besitzen nur ihre umfassende Aussagekraft und Verbindlichkeit, wenn sie einheitlich gekennzeichnet und registriert sowie zentral verwaltet sind.

Es sollte der Grundsatz bestehen, daß nur in der **Projektdokumentationsstelle** vorliegende Unterlagen für das Projekt verbindlich sind. Die Erfüllung dieses Grundsatzes unterstützt eine umfassende Projektführung und ein verläßliches Projektcontrolling. Größere Projekte, gemessen an der Anzahl der Unterlagen (größer als 200 Unterlagen), sind gut beraten, eine „hauptamtliche" Dokumentationsstelle gleich zu Beginn des Projektes einzurichten. Das Suchen nach Unterlagen beansprucht ca. 15-18% der Anwesenheitszeit der Mitarbeiter am Arbeitsplatz. Dieser Zeitanteil ist unabhängig von der Hierachieebene im Unternehmen. Die Dokumentationsstelle sollte sich als Dienstleistungsstelle für die Projektbeteiligten verstehen und so deren **Effektivität** und **Produktivität** steigern. Eine derartige Dokumentationsstelle kennt ihr Pendant bei Investitionsprojekten für die Dokumentation auf Baustellen. Gegen Ende der Montage und mit den Informationen aus der Inbetriebnahme übernimmt die Dokumentationsstelle auf der Baustelle die Übernahme der **as built-Daten**. Dies geschieht um so rationeller, je mehr die Unterlagenerstellung mit DV-Unterstützung erfolgt. Gelingt es, eine derartige Dokumentationsstelle auf der Baustelle gleich in den endgültigen Räumlichkeiten des Betreibers einzurichten, so ist die Übergabe der Projektdokumentation lediglich mit der Schlüsselübergabe der Dokumentationsstelle gleichzusetzen.

Insbesondere den Betreibern des fertiggestellten Projektes sollte empfohlen werden, in einem derartig qualifizierten Dokumentations-Zentrum die Dienstleistungsbereiche

- Unterlagenverwaltung
- Vervielfältigung
- Verteilung
- Änderung

für alle Informationsträger

- Plangut
- Schriftgut
- Schriftverkehr

organisatorisch zusammenzuziehen und unter eine Zuständigkeit zu stellen.

4.5.4.4 Trends im Dokumentationsmanagement

Die zuverlässige, schnelle und rationelle Bereitstellung von Informationen (=Primärdaten) und Unterlagen (=identifiziert mit Sekundärdaten) beeinflußt immer tiefgreifender wirtschaftliches Arbeiten und die notwendigen Entscheidungen. Mit den Angeboten wie Bürokommunikationssysteme, optische Speicher sowie CA-Systeme etc. wird zur Zeit erstaunlich Leistungsfähiges für Insellösungen angeboten. Aus der Sicht einer Projektleitung sind jedoch noch folgende typische und nur singulär genannten Anforderungen zu erfüllen, z. B.

- Erweiterung des Projektstrukturplans mit der Unterlagenbedarfs-Matrix.
- Suche nach Unterlagen (Plangut, Schriftgut und Schriftverkehr) sowohl über Primärdaten als auch über Sekundärdaten.

Beispiele:

- In welchen Unterlagen wird ein Primärdatum zitiert?
- Welche Primärdaten sind vertraglich festgelegt und mit Garantien verknüpft?

Schon heute ist Stand der Technik, eine Zeichnung mit eingeblendeter Stückliste vorzuführen. Können aber auch die Bestellung, zugehörige Wartungsanleitung und das notwendige Ersatzteil zitiert werden, zusammen mit dem Schriftwechsel bei einem Schadensfall? Diese und weitergehende Anforderungen sind Selbstverständlichkeiten in Unternehmen, die täglich und routinemäßig mit derartigen Suchprogrammen arbeiten müssen.

Projekte sind nun aber Vorhaben, die nicht in die Routine kommen, sondern das Einmalige darstellen. Unsere heute verfügbaren IT-Systeme sind noch zu aufwendig für kurzfristige Adaptionen und Implementationen. Ferner ist das Projektleitungspersonal noch zu wenig mit derartigen Systemen erfahren, um bis zum Projektstart sicher und schnell eine umfassende Informations- und Dokumentationstechnik einführen und produktiv nutzen zu können.

4.5 Dokumentationsmanagement

Zusammenfassung

DIN 69905 definiert weder die Begriffe Dokumentationsmanagement noch Unterlagenmanagement. Nach dieser Norm ist der Begriff „Projektinformationsmanagement" der zutreffendste und definiert das „Aufgabengebiet innerhalb des Projektmanagements, das sich mit der Erfassung, Weiterleitung, Be- und Verarbeitung, Auswertung und Speicherung der Projektinformationen befaßt" (DIN 69905).

Dokumente sind neben den erzeugten Projektobjekten die zweite und überzeugende **Referenz** für die Qualität und für den Nutzen des erreichten Werkes. Jeder Projektgeber fordert spätestens mit Übergabe der dinglichen Projektobjekte auch eine Projektdokumentation, in der sowohl die Funktionsweise als auch die Pflege/Instandhaltung beschrieben sind. Mit diesen „Dokumenten" legt der Projektgeber die Aufwendungen für die Kosten und Zeiten sowie die erreichten Qualitäten fest.

Projekte sind unter anderem auch dadurch gekennzeichnet, daß sich Änderungen und Verbesserungen im Laufe der Projektzeit ergeben. Diese Zustandsveränderungen müssen ebenfalls dokumentiert werden. Dieses „Dokumentieren" erfolgt in Unterlagen und/oder in einem Datenfile. Unterlagen, Datenfiles aber auch Mikrofilme stellen demnach nur unterschiedliche Informationsträger dar, die jeweils ihr spezifisches Management verlangen.

Da es für die verschiedenen Arten von Informationsträgern keine Sammelbezeichnung gibt, nennt man dieses allgemein „Dokumentation". Unter diesem Begriff versteht man (verwirrend) **gleichzeitig**

- **Entstehung** und **Verwaltung** von
- **Informationen** und **Unterlagen** als
- **Entwurf** und als endgültige **Festlegung**.

„Dokumentationsmanagement" faßt die genannten Begriffe zusammen.

Literaturverzeichnis

Anlagenverwaltungs-und Informationssysteme als Voraussetzung für die Instandhaltung in der Kraftwerktechnik", ÖVE-Tagung, 1993

DIN 276 „Kosten im Hochbau", Ausgabe 6/93

DIN 6779, Teil 1 und 2, „Kennzeichnungssystematik für technische Produkte und technische Produktdokumentation"

DIN 69905 „Projektwirtschaft, Projektabwicklung, Begriffe"

ESSIG, Wellfonder, Durchgängige Kennzeichnungssystematik nach DIN 6779 am Beispiel Gebäudeautomation, atp 37 (1995), 11

HAHN, Scheunemann, Schlicker, Umfangreiche Anlagendokumentation betriebsgerecht und zukunftssicher, tekom nachrichten, 1.2/96

PLATZ, J., Schmelzer, H.J.: Projektmanagement in der industriellen Forschung und Entwicklung, Berlin/Heidelberg/New York: Springer 1986

KKS Kraftwerk-Kennzeichnungssystem, VGB-Kraftwerkstechnik, Essen, Ausgabe 1991

PANNENBÄCKER, K.: KKS-Schlüssel-Programm in PC-Version, VGB Kraftwerktechnik, Essen

Autorenportrait

Dipl.-Ing. REFA-Ing. Euro-Ing. Klaus Pannenbäcker

Jahrgang 1935

Beruflicher Werdegang

ab 1959 bei Siemens AG in Erlangen: Montagevorbereitung von Großbaustellen mit Arbeitsablaufuntersuchungen, Termin- und Kapazitätsplanungen sowie Montagezeiterfassung mit DV-Unterstützung; ab 1969 bei Kraftwerk Union AG in Erlangen: Terminplanung für konventionelle und nukleare Kraftwerke im In- und Ausland für Lieferungen und Leistungen, zuletzt Leiter der KWU-Hauptabteilung „Zentrale Datenverarbeitung und Informationstechnik" mit 52 Mitarbeitern; seit 1982 bei GABO mbH in Erlangen als geschäftsführender Gesellschafter: Entwurf und Einführung von Projekt- und Prozeßmanagementsystemen für Kraftwerke und Stahlwerke sowie Industrieanlagen, sowohl für Errichter als auch Betreiber; Aufbau und Organisation eines Ausbildungsprojektes zum „Projektmanagement-Fachmann (RKW/GPM)"; Vielzahl von Beiträgen zu Projektmanagement in Tagungsbänden nationaler und internationaler Konferenzen.

Projekterfahrungen (Zusammenfassung)

Siemens/KWU (1969-1980): Teilprojektleiter für Terminplanung, Kostenplanung, Claimmanagement, Anlagen-Dokumentation und Baustellenorganisation bei Kernkraftwerken in Deutschland, Holland, Südamerika und Iran; GABO mbH (seit 1982): Projektleiter für Reorganisation der Anlagendokumentation in Kernkraftwerken (Philippsburg, Isar, Unterweser) und konventionellen Kraftwerken (VEW (Westfalen, Gersteinwerk)).

Verbände

1970 Gründungsmitglied des Fachausschusses „Technische Ordnungssysteme" in der Vereinigung der Großkraftwerksbetreiber (VGB); 1979 Stellv. Vorsitzender des REFA-Bezirkes Erlangen; 1983-94 Vorstandsmitglied der GPM, Deutsche Gesellschaft für Projektmanagement; 1994-96 Präsident der International Project Management Association (IPMA) in Europa; 1996-98 Chairman of IPMA Council.

Firmenbeteiligungen

1990 Geschäftsführender Gesellschafter der GABO-CS in Litvinov /Tschechien

1994 Gesellschafter der GABO-DONAUKRAFT in Wien/Österreich

Abbildungsverzeichnis

Abbildung 4.5-1: Abgrenzung von Dokumentationsmanagement 1038

Abbildung 4.5-2: Projektdokumentation 1039

Abbildung 4.5-3: Beispiele einer Objektdokumentation 1039

Abbildung 4.5-4: Beispiele einer Funktionsdokumentation 1040

Abbildung 4.5-5: Beispiele einer Projektmanagementdokumentation 1040

Abbildung 4.5-6: Arten von Unterlagen 1042

Abbildung 4.5-7: Unterlagenbedarfs-Matrix 1043

Abbildung 4.5-8: Beispiele zur Kennzeichnung von Schriftverkehr 1045

Abbildung 4.5-9: Ziele einer Unterlagenverwaltung 1046

Abbildung 4.5-10: Aufgaben der Unterlagen-Verwaltung in einer Dokumentationsstelle 1047

Abbildung 4.5-11: Verknüpfung von Primärdaten und Sekundärdaten 1048

Abbildung 4.5-12: Projektsteuerung durch Dokumentationsmanagement 1050

Abbildung 4.5-13: Unterlagen-Bedarfsmatrix für die Projektsteuerung 1051

Abbildung 4.5-14: Beispiele von Primärdaten in Unterlagenarten 1052

Lernzielbeschreibung

Der Leser sollte

- die Definition von Dokumentationsmanagement und dessen Verknüpfungen mit weiteren Elementen des Projektmanagement kennen;
- die Strukturen der Projektdokumentation in Anlehnung an das Projektmanagement kennen;
- die Kennzeichnung, Registrierung und Verwaltung von Unterlagen als Grundlagen für Projektsteuerung und Projektcontrolling kennen;
- die Bedeutung von Primärdaten und Sekundärdaten für das Dokumentationsmanagement kennen.

4.6 Projektstart

von

Jochen Platz

Relevanznachweis

„Sage mir, wie Dein Projekt beginnt, und ich sage Dir, wie es endet." (LOMNITZ 1994)

Dieser plakative Satz beschreibt die Bedeutung der ersten Phasen des Projektes. Fehler, die hier gemacht werden, können im Projektablauf nur noch mit großem Aufwand korrigiert werden, führen zu Problemen und Krisen und damit letztlich zu den bekannten Termin- und Kostenüberschreitungen sowie Qualitätsmängeln. Deshalb muß ein besonderes Gewicht auf den Projektstart gelegt werden.

Der wesentliche Erfolgsfaktor des Projektmanagements liegt in der Durchdringung des Projekts in den ersten Phasen, den Start-Phasen des Projekts. Im Prinzip wird hier die Basis für alle folgenden Phasen des Projekts gelegt. Meist wird aber gerade dieser erste Schritt im Projekt aus Zeit- oder Ressourcenmangel zu wenig intensiv bearbeitet.

Inhaltsverzeichnis

4.6.1 Der erfolgreiche Projektstart — **1061**

4.6.2 Der Prozeß des Projektstarts — **1062**
    4.6.2.1 Die Auswahl der Projekte — 1062
    4.6.2.2 Wann beginnt und endet der Projektstart? — 1063
    4.6.2.3 Typische Probleme, wenn der Projektstart nicht gut war — 1063
    4.6.2.4 Ziele des Projektstarts — 1064
    4.6.2.5 Typische Schwierigkeiten beim Projektstart — 1065
    4.6.2.6 Voraussetzungen für eine gute Projektabwicklung — 1065

4.6.3 Die Inhalte des Prozesses Projektstart — **1067**
    4.6.3.1 Die Projektziele und der Projektauftrag — 1067
    4.6.3.2 Die Wirtschaftlichkeit des Projektes — 1068
    4.6.3.3 Die inhaltliche Klärung des Projektes — 1070
        4.6.3.3.1 Das Lastenheft — 1070
        4.6.3.3.2 Das Pflichtenheft — 1071
    4.6.3.4 Die Budgetierung und Finanzierung des Projektes — 1072
    4.6.3.5 Die Organisation des Projektes — 1073
    4.6.3.6 Das Projektteam — 1074
    4.6.3.7 Die Planung des Projektes — 1075
    4.6.3.8 Die Risiken des Projektes — 1076
    4.6.3.9 Die Abwicklung des Projektes — 1077
    4.6.3.10 Die Methodik der Projektsteuerung — 1077

4.6.4 Der Projektstart-Workshop (PSW) — **1078**
    4.6.4.1 Ziele und Vorgehen — 1078
    4.6.4.2 Vorbereitung — 1079
    4.6.4.3 Durchführung — 1080

4.6.1 Der erfolgreiche Projektstart

Der Projektstart ist für den Erfolg jedes Projektes maßgebend. Fehler, die hier gemacht werden, können meist nicht mehr korrigiert werden und führen später zu Problemen im Projekt. Zeit- und Kostenüberschreitungen sowie Leistungsmängel von Projekten lassen sich oft auf Unzulänglichkeiten und Verzögerungen beim Projektstart zurückführen. Dem Projektstart muß deshalb die besondere Aufmerksamkeit des Projektleiters und des übergeordneten Managements bzw. des Auftraggebers gelten.

Wenn man die Beeinflußbarkeit eines Projektes und die Kurve der verfügbaren Projektinformationen ansieht, wird das Dilemma klar.

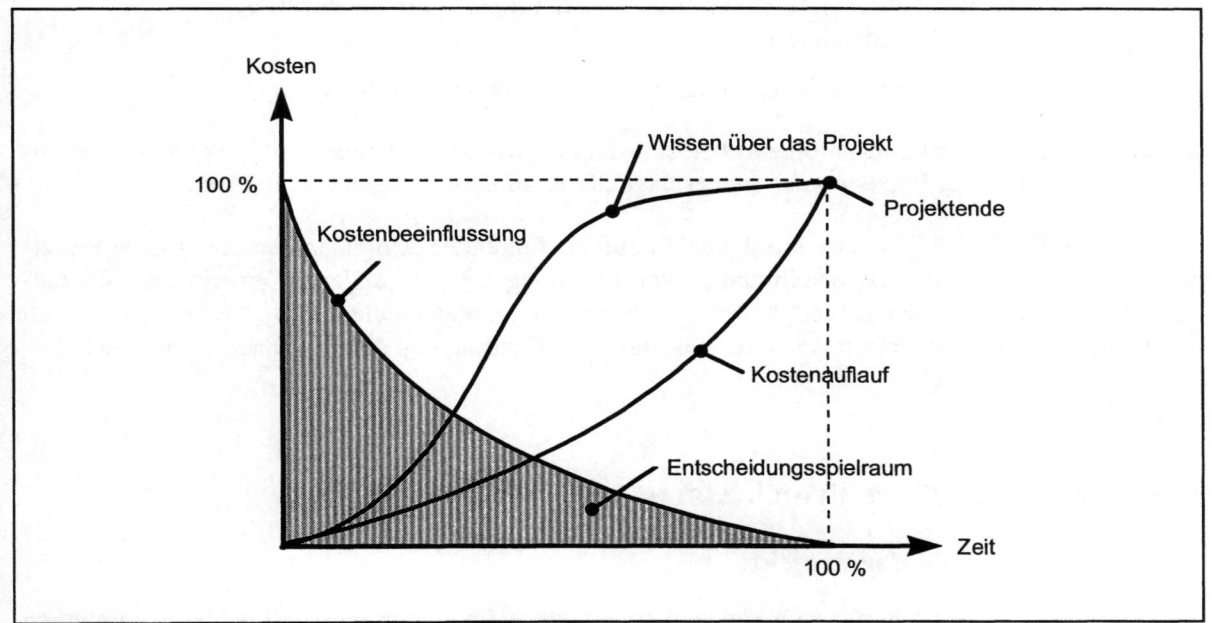

Abbildung 4.6-1: Unsicherheit und Beeinflußbarkeit des Projektes

Zu Beginn des Projektes sind noch wenig Informationen über das Projekt verfügbar; dennoch müssen schon die entscheidenden Weichenstellungen vorgenommen werden. D.h., man muß unter Unsicherheit entscheiden und dabei den Grundstein zum Projekterfolg legen. Daraus ergeben sich eindeutige Konsequenzen:

Unsicherheit des Projektstarts

- Erhöhen des Aufwandes zu Beginn des Projektes (Startphase), um möglichst viel Unsicherheit abbauen zu können.

- Arbeiten im Team, um möglichst jetzt schon alle Aspekte des späteren Projektablaufes betrachten zu können.

- Anwenden eines noch nicht von Druck geprägten Management- und Entscheidungsstils, um die Entscheidungen ausreifen zu lassen.

Projekte stehen aber oft unter Zeitdruck und während des Projektstarts wird dann meist zu wenig Aufwand in eine sinnvolle Projektklärung investiert. Der Start erfolgt mit ungenügender Vorbereitung und Planung, um so - vermeintlich - Zeit zu sparen. Die „gesparte" Zeit wird dann vielfach mit Änderungen, Reibereien und Nacharbeit verbraucht.

Häufig richtet sich auch eine zu ergebnisorientierte Aufmerksamkeit des Managements auf das neue Projekt: es werden kurzfristig erste Ergebnisse erwartet. Dadurch verstärkt sich der Zeitdruck während des Projektstarts, und notwendige Ergebnisse können nicht erzielt werden.

Die Abwicklung und situationsgerechte Steuerung des Startprozesses bedarf daher der vollen Aufmerksamkeit durch den Projektleiter und die Entscheider. Zum Zeitpunkt des Projektstarts sind meist noch alle Gestaltungsspielräume vorhanden, um das Projekt optimal abwickeln zu können.

Priorität der Themen

In den folgenden Abschnitten sind die während des Projektstarts zu bearbeitenden Themen beschrieben. Die Themen des Projektmanagements sind an anderer Stelle dieses Lehrgangs ausführlich behandelt z.B. andere Projektphasen in Kapitel 1.8). Deshalb sind hier nur die für die Gestaltung in der frühen Phase wichtigen Gesichtspunkte aufgenommen. Wenn man eine Priorisierung der Themen nach Bedeutung für die Vermeidung von Folgeproblemen vornehmen will, muß man natürlich die individuelle Situation des Projektes betrachten. Aber über eine Vielzahl von Projekten beobachtet ergibt sich folgende Priorität:

- A-Priorität: Projektziele, Projektorganisation, Projektteam
- B-Priorität: Wirtschaftlichkeit, Risiken des Projekts, Projektsteuerung, Budgetierung
- C-Priorität: Inhaltliche Klärung, Projektplanung, Projektabwicklung.

Zu jedem Thema werden nachfolgend Checklisten mit den wesentlichen Prüfpunkten zusammengestellt, die den in der Praxis immer wieder ungeklärten Fragestellungen entsprechen.

Wer ist nun für den Projektstart und die dabei durchzuführenden Aufgaben verantwortlich? Prinzipiell wollen alle am Projekt beteiligten Rollen (Auftraggeber, Projektleiter, Projektteam, übergeordnetes Management, Fachabteilungen) den Projekterfolg sicherstellen. D.h., sie müssen alle am optimierten Projektstart interessiert sein. Für die Durchführung der Arbeiten dazu ist aber der Projektleiter verantwortlich.

4.6.2 Der Prozeß des Projektstarts

4.6.2.1 Die Auswahl der Projekte

Der Zwang zur Projektselektion

Auf Grund der immer schärfer werdenden Wettbewerbsbedingungen müssen die Unternehmungen immer mehr auf die präzise Auswahl der richtigen Projekte achten. Diese Selektion geht von folgenden Grundüberlegungen aus:

- Die Unternehmung hat nur ein begrenztes Budget bzw. eine begrenzte Kapazität, um Projekte abzuwickeln.
- Es gibt viel mehr Projektideen und Notwendigkeiten, als das Budget zuläßt.
- Es dürfen nur die langfristig wirtschaftlichsten Projekte durchgeführt werden.
- Der Selektionsprozeß muß möglichst schnell und kostengünstig sein und objektivierte Entscheidungen zulassen.

Kriterien zur Projektauswahl

Die Kriterien der Auswahl der Projekte sind:

1. Handelt es sich um ein Mußprojekt (z.B. gesetzliche Auflagen)?
2. Paßt das Projekt in die Strategie der Unternehmung?
3. Bringt das Projekt langfristig den gewünschten Deckungsbeitrag?
4. Hat das Unternehmen das notwendige Know-how und die Kapazität für dieses Projekt?
5. Wie groß sind die Risiken des Projektes und kann die Unternehmung diese tragen?

4.6 Projektstart

Die für die Entscheidung notwendigen Daten stehen zu Beginn des Projektes meist nicht fest, sie müssen erarbeitet werden. Um mit der Entscheidung nicht warten zu müssen, bis alles geklärt ist, wird eine schrittweise Entscheidung zu klar definierten Meilensteinen mit immer genauer werdender Information vorgesehen.

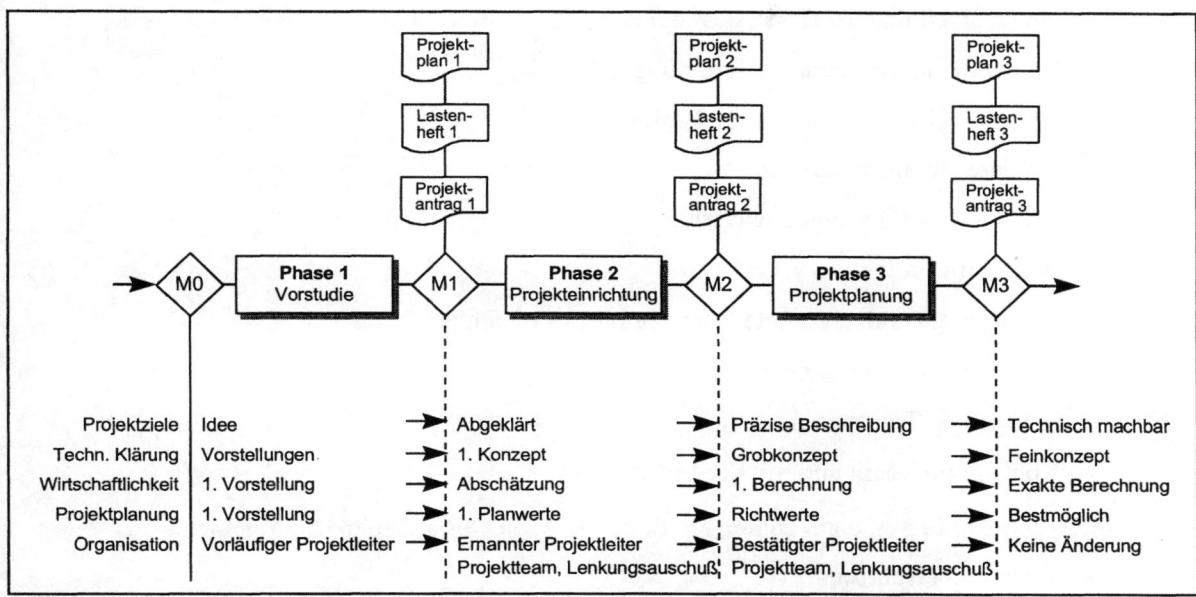

Abbildung 4.6-2: Prozeß Projektstart: Die schrittweise Präzisierung im Projekt

Wie Abbildung 4.6-2 zeigt, werden sowohl die Ziele als auch die inhaltliche Klärung und die Planung und darauf aufsetzend die Wirtschaftlichkeit schrittweise entwickelt. Auf der Basis dieser Informationen wird zu den Meilensteinen über die Fortsetzung des Projektes entschieden.

4.6.2.2 Wann beginnt und endet der Projektstart?

Wo liegt nun im Prozeß der Abbildung 4.6-2 der Projektstart? Den Beginn des Projektstarts kann man so definieren, daß es einen Konsens im Unternehmen gibt, daß überhaupt zu diesem Thema etwas getan wird und daß nun Personal eingesetzt und Sach- und Finanzmittel aufgewendet werden, um das weitere Vorgehen zu klären. Normalerweise sollte dabei auch ein Verantwortlicher, evtl. ein vorläufiger Projektleiter oder auch bereits der endgültige Projektleiter benannt werden. Außerdem ist sicherlich eine Kontierungsnummer für das Projekt nötig. Abhängig von der Projektart kann nun eine Vorstudie nötig sein, d.h. der Ausgangspunkt des Projektes ist: „Da müßte man doch mal was tun". Dann liegt der Beginn des Prozesses Projektstart in Abbildung 4.6-2 bei dem Meilenstein M0. Oder es gibt bereits Information über das Projekt, z.B. bei einem vorgegebenen Auftrag mit einem Lastenheft, dann liegt der Beginn des Projektstarts im Meilenstein M1.

Beginn des Projektstarts

Das Ende des Projektstarts kann so definiert werden, daß die Information ausreicht, um zwischen Projekt (vertreten durch den Projektleiter) und wesentlichen Aufgabenträgern klare Vereinbarungen zur Leistungserbringung im Projekt abschließen zu können. Das heißt, alle notwendigen Klärungen sind soweit fortgeschritten, daß arbeitsteilig gearbeitet werden kann, ohne daß große Koordinationsmängel befürchtet werden müssen.

Ende des Projektstarts

4.6.2.3 Typische Probleme, wenn der Projektstart nicht gut war

Wurde der Projektstart nicht ausreichend gut durchgeführt, d.h. wurden nicht alle Klärungen in der Sache und im Management des Projektes sauber genug erreicht, wird es in späteren Phasen des Projektes eine Vielzahl von Problemen geben, deren Auswirkungen auch immer größer werden. Im Prinzip kann hier eine Liste fast aller Projektprobleme folgen.

Typische Schwierigkeiten, die in späteren Phasen sichtbar werden, sind beispielsweise:

Probleme, die beim Projektstart gelegt werden

- Ziele des Projektes entsprechen nicht der tatsächlichen Notwendigkeit
- Termine und Kosten werden von Wunschdenken diktiert
- Unterschiedliche Auffassungen bei den Projektbeteiligten
- Laufend kommen neue Anforderungen
- Hohes Änderungsvolumen im Projekt
- Unklare Verantwortungen
- Mangelndes Entscheidungsverhalten
- Hektik im Projekt
- Notwendige und zugesagte Einsatzmittel werden abgezogen
- Unkoordinierte Ergebnisse
- Mangelnde Transparenz
- Konflikt im Team und mit der Linie.

Die Schwierigkeiten führen dann zu den am Ende des Projektes sichtbaren Problemen:

- Termin überschritten
- Kosten überzogen
- Qualität und Funktionalität nicht voll erreicht
- Wirtschaftlichkeit nicht erreicht.

Zur Vermeidung dieser Probleme muß man - allerdings nicht als Einziges - den Projektstart so gut wie möglich gestalten und durchführen.

4.6.2.4 Ziele des Projektstarts

Der Projektstart hat sechs Hauptziele, die das Gelingen des Projektes sicherstellen sollen:

Systemsicht

1. **Gesamthafte Betrachtung des Projektes:**
   Zum Projektstart müssen alle vom Projekt betroffenen Abteilungen und Personen (auch extern) ermittelt werden, alle Informationen dieser Betroffenen zusammengezogen werden und alle Interessen ermittelt werden. Dabei ist das Projekt aus allen Aspekten und in allen Teilen und Zusammenhängen zu betrachten.

Akzeptanz des Projekts

2. **Sicherstellen der exakten und gleich verstandenen Projektziele:**
   Es ist die zentrale Aufgabe des Projektstarts, klare, eindeutige, priorisierte, und von allen Beteiligten akzeptierte Projektziele festzulegen, die als Grundlage für die weitere Projektarbeit dienen. Beim Projektstart kommt es dabei weniger darauf an, daß diese Projektziele schon detailliert vorliegen, sie müssen vielmehr vollständig sein.

Ziele und Lösungen

3. **Erarbeiten der ersten technischen Lösung:**
   Bereits beim Projektstart muß eine Vorstellung über die technische Lösung entwickelt werden, mit der das Projektziel erreicht werden soll. Daraus kann der Lösungsweg abgeleitet werden. Auch hier kommt es weniger darauf an, daß diese Lösung bereits konkret und detailliert vorliegt.

4. **Gestalten und Fixieren des Projektablaufs und der Organisation des Projektes:**
   Auf der Basis der Projektziele wird der Projektablauf und die Organisation an die Notwendigkeiten des Projektes angepaßt. Die Entscheidung über die vorgesehenen Meilensteine, über die Teambesetzung, die Benennung eines Lenkungsausschusses etc. muß vorbereitet werden.

5. **Aufbau der ersten Planung und der Überwachungsprozeduren des Projektes:**
   Während des Projektstarts ist eine detaillierte Planung des gesamten Projekts noch nicht möglich. Zumindest die nächste Projektphase muß aber detailliert geplant werden und für das ganze Projekt muß eine grobe Planung entstehen.

6. **Sicherstellen der Zusammenarbeit aller Betroffenen:** *Zusammenarbeit*
   Während des Projektstarts werden die Weichen für die Zusammenarbeit im Projektteam und mit dem Projektumfeld gestellt. Hier zeigen der Projektleiter und das Management bereits, wie sie Führung und Zusammenarbeit verstehen und wie der Projektleiter das Team führen wird.

4.6.2.5 Typische Schwierigkeiten beim Projektstart

Wie bereits hervorgehoben, ist es Ziel des Projektstarts, ausreichende Informationen für die Abwicklung des Projektes zu erarbeiten und die Unsicherheit des Projektes zu beseitigen. Die Unsicherheit selber ist also kein Problem des Projektstarts, sondern die Ausgangslage. Die Probleme zeigen sich in der Bearbeitung der Unsicherheiten. In der Praxis häufig angetroffene Fehler sind:

- Das vorhandene Know-how reicht zur Klärung nicht aus. Da man so einen Punkt ungern zugibt, wird er meist erst später erkannt. *Know-how*
  Konsequenz: Klare Analyse des notwendigen und des vorhandenen Know-hows. Es ist billiger Know-how einzukaufen, als Fehler zu machen.

- Annahmen werden implizit getroffen, nicht festgehalten und erweisen sich später als falsch. *Annahmen*
  Konsequenz: Alle Annahmen, z.B. zu Zielen, Kapazität etc. müssen explizit festgehalten werden.

- Es gibt nicht genügend Zeit, um die Unklarheiten systematisch zu klären. *Ressourcen*
  Konsequenz: Unbedingt in der Startphase des Projektes genügend Zeit und Ressourcen geben, um die Kreativität und Problemlösungsfähigkeit zu unterstützen.

- Entscheidungen werden getroffen (z.B. vom übergeordneten Management oder Auftraggeber) ohne daß die Fragestellungen bereits ausreichend geklärt sind. *Ausgereifte Entscheidung*
  Konsequenz: Entscheidungen nur nach intensiver Klärung fällen oder fällen lassen. Auf die Gefahren zu schneller Entscheidungen hinweisen.

- Unsichere Aufgaben werden immer wieder in die Zukunft verschoben und nicht geklärt, da es einfacher ist, sich mit den bekannten Fragestellungen auseinanderzusetzen. *Risiken*
  Konsequenz: Klare Analyse der Unsicherheiten, Priorisierung und Aufstellen von Arbeitsplänen für die Klärungen.

- Vermeintlich sichere Informationen erweisen sich als falsch. *Informationssicherheit*
  Konsequenz: Gerade in der Frühphase von Projekten (aber auch später) muß jede Information auf ihre Sicherheit hinterfragt werden.

4.6.2.6 Voraussetzungen für eine gute Projektabwicklung

Die in diesem Zusammenhang wichtigste Voraussetzung für eine gute Projektabwicklung liegt in einem sinnvollen, integrierten Modell des Projektmanagements. Um auf einer solchen Basis eine erste, nicht ins Detail gehende Analyse der Projektsituation machen zu können, dient die folgende Checkliste. Sie kann also entweder in der allerersten Betrachtung des Projektes eingesetzt werden oder bei kleineren Projekten, in denen die später aufgeführten Checklisten zu umfangreich wären. *Eine erste Checkliste*

Nr.	Prüfpunkt	Ja	Nein	Bemerkung
1. Haben Sie die Randbedingungen des Projektes geklärt?				
1.1	Projekt entspricht Strategie?			
1.2	Priorität des Projektes?			
1.3	Promotor des Projektes?			
1.4	Zwänge des Auftragsgebers?			
2. Sind die Ziele des Projektes geklärt?				
2.1	Schriftlich, klar?			
2.2	Detailliert, operational?			
2.3	Einigkeit zu den Zielen erzielt?			
2.4	Ziele von allen Betroffenen akzeptiert?			
3. Liegt das technische Lösungskonzept vor?				
3.1	Abgrenzung des Ergebnisses?			
3.2	Technologien klar?			
3.3	Elemente der Lösung/Teilprojekte?			
3.4	Schnittstellen?			
4. Ist die Projektorganisation geklärt?				
4.1	Rolle des Projektleiters?			
4.2	Sind alle Betroffenen beteiligt?			
4.3	Entscheidungswege klar?			
4.4	Übergeordnete Gremien?			
5. Ist das Projektteam richtig installiert?				
5.1	Notwendiges Know-how im Projekt?			
5.2	Welche Meilenstein-Entscheidungen?			
5.3	Parallele Teilprozesse nötig?			
5.4	Änderungsverfahren klar?			
6. Ist der Projektablauf festgelegt?				
6.1	Meilensteine definiert?			
6.2	Welche Meilenstein-Entscheidungen?			
6.3	Parallele Teilprozesse nötig?			
6.4	Änderungsverfahren klar?			
7. Wie sieht die Terminplanung aus?				
7.1	Vorgegebene Termine?			
7.2	Planungspriorität geklärt?			
7.3	Verfügbare Kapazität festgelegt?			
7.4	Risiken ermittelt?			
8. Wie sieht die Kostenplanung aus?				
8.1	Kosten je Abteilung geplant?			
8.2	Welche Kostenwerte sind vergeben?			
8.3	Finanzierung steht?			
8.4	Welche Priorität haben die Kosten?			
9. Wie werden Aufträge vergeben?				
9.1	Richtiger Auftragnehmer (UAN)?			
9.2	Einsatzmittelbedarf geklärt?			
9.3	Wer erhält Aufträge?			
9.4	Sind Verträge geklärt?			
10. Wie sieht die Überwachung des Projektes aus?				
10.1	Wer erhält wann Berichte?			
10.2	Wie, mit welchem Inhalt?			
10.3	Wer fällt Änderungsentscheidungen?			
10.4	Welche Daten haben Priorität?			

Abbildung 4.6-3: Checkliste 0 - Voraussetzungen für einen guten Projektstart

4.6.3 Die Inhalte des Prozesses Projektstart

Die folgenden Abschnitte behandeln die im Startprozeß zu klärenden Themen. Mit Hilfe einer Checkliste je Thema kann jeweils im Projekt überprüft werden, welche Punkte zu diesem Thema noch unklar sind. Die unklaren Punkte stehen natürlich im Projektstart-Prozeß im Vordergrund.

4.6.3.1 Die Projektziele und der Projektauftrag

Die Präzision der Ziele ist eine der wesentlichen Voraussetzungen, um gute Projektergebnisse zu erhalten. Projektziele sind aber meist zu Beginn des Projektes relativ ungenau und müssen im Laufe des Projektes erst präzisiert werden. *Ziele richtig formulieren*

Projektziele werden zu Beginn des Projektes normalerweise vom Auftraggeber grob vorgegeben und dann vom Projektleiter und dem Projektteam präzisiert und zu einem vorher definierten Meilenstein vom Auftraggeber endgültig verabschiedet.

Die Ziele werden ausgehend von den Grobzielen des Auftraggebers zusammen mit allen Betroffenen und Beteiligten ergänzt. Mit der Frage „warum" zu jedem Einzelziel wird hinterfragt, ob es sich tatsächlich um ein Ziel oder um eine Aufgabe handelt und ob dieses Ziel wirklich wichtig ist.

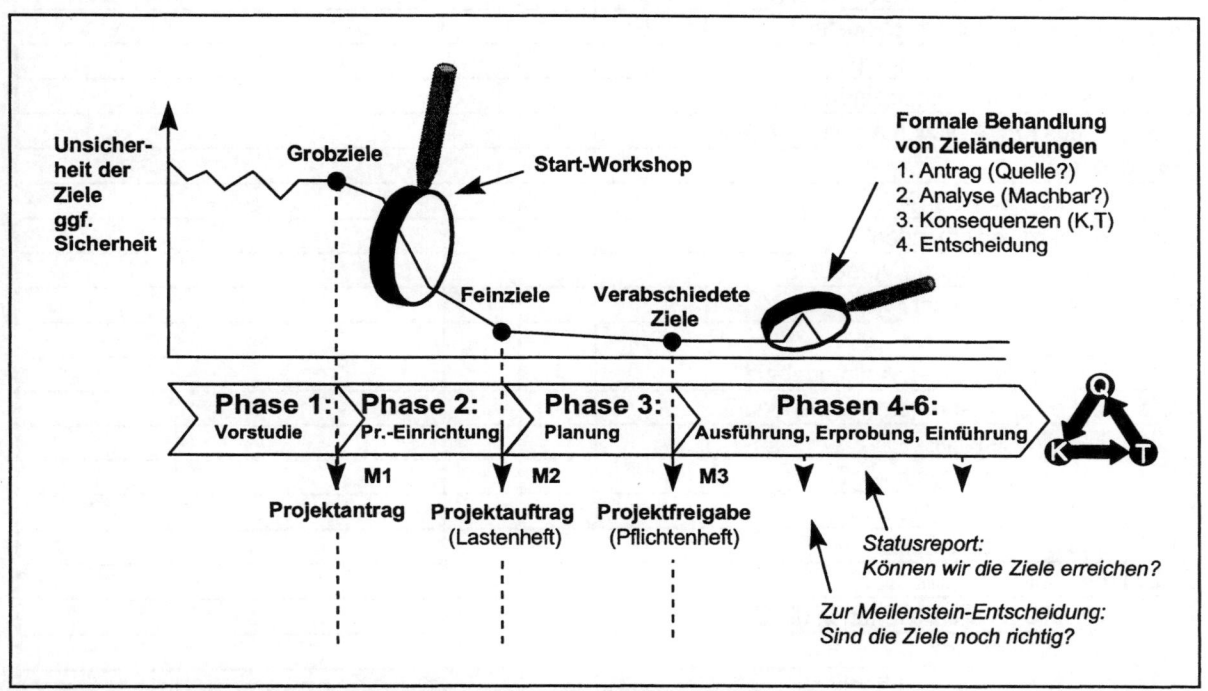

Abbildung 4.6-4: Unsicherheit der Ziele über den Projektablauf

Wie Ziele definiert und festgehalten werden, ist in Kapitel 1.6 beschrieben. Folgendes schrittweise Vorgehen vom Grobziel zum Feinziel hat sich dabei bewährt. Bei dieser Vorgehensweise kann es nötig sein, die Schritte iterativ, d.h. mehrmals zu durchlaufen. *Erarbeiten der Ziele*

1. Aufnahme und Hinterfragen der Grobziele des Auftraggebers. Insbesondere die übergeordneten Ziele (Leitziele) müssen klar werden.

2. Klares Abgrenzen der Aufgabe. Was gehört dazu, was nicht.

3. Sachliches und funktionales Strukturieren der Aufgabe.

4. Klare Definition der einzelnen zu erstellenden Aufgaben.

5. Fachliche Rahmenbedingung feststellen.

6. Ziele aller Betroffenen und Beteiligten ermitteln und diskutieren.

7. Ziele priorisieren nach den Regeln der Zielformulierung und Abhängigkeiten feststellen.

8. Die Machbarkeit der Ziele überprüfen.

Neben dem was erreicht werden soll, sollte auch festgehalten werden, was nicht eintreten darf.

Änderungen an der Zielvereinbarung können nach dem Projektstart nur noch über das Änderungsmanagement in Abstimmung zwischen Auftraggeber und Projektleiter erfolgen.

Nr.	Prüfpunkt	Ja	Nein	Bemerkung
Randbedingungen?				
1.1	Projekt in Strategie enthalten?			
1.2	Projekt in Budget enthalten?			
1.3	Anlaß des Projektes?			
1.4	Welche Priorität hat das Projekt?			
1.5	Wer ist Initiator des Projektes?			
1.6	Gibt es Management-Ziele?			
1.7	Welche Hintergründe sind wichtig?			
1.8	Ist das Projekt schon allgemein bekannt?			
Projektziele?				
1.9	Leitziel vorhanden?			
1.10	Projektziele vorhanden?			
1.11	Gibt es strategische Vorgaben?			
1.12	Was wird beschafft?			
1.13	Was ist fixiert?			
1.14	Was will der Nutzer, Auftraggeber?			
1.15	Gibt es übergeordnete interne Ziele?			
1.16	Sind die Ziele klar?			
1.17	Sind die Ziele vollständig?			
1.18	Sind die Ziele realistisch?			
1.19	Muß- und Kann-Ziele			
1.20	Prioritäten der Ziele klar?			
1.21	Akzeptieren alle Betroffenen die Ziele?			
1.22	Gibt es Verträge?			
1.23	Abnahmekriterien vorhanden?			
1.24	Welche Ziele kann das Projektteam gestalten?			
1.25	Referenz-Unterlagen vergleichbarer Projekte			

Abbildung 4.6-5: Checkliste 1 - Projektziele

4.6.3.2 Die Wirtschaftlichkeit des Projektes

Gute Projekte haben hohe Wirtschaftlichkeit

Projekte werden meist durchgeführt, um kurz oder langfristig einen Gewinn zu erzielen oder abzusichern. Die Auswahl der Projekte muß also an diesem Gewinn orientiert werden. Die dafür benötigten Daten betreffen die Kosten nach Zeitperioden (Geschäftsjahre) und die Erlöse aus dem Projekt ebenfalls nach Zeitperioden. Häufig sind Erlöse nicht direkt ermittelbar, weil immaterielle Vorteile erarbeitet werden, z.B. Image-Nutzen der Unternehmung, sicherer Logistikprozeß,

4.6 Projektstart

Reduzierung von Durchlaufzeiten. Soweit möglich muß versucht werden, diese Größen auf quantifizierbare Erlösgrößen abzubilden und ggf. zu monetarisieren.

Oft ist der Erlös auch nicht nur einem Projekt, sondern mehreren Projekten zuzuordnen, z.B. wenn zur Umsatzsteigerung eines Produktes sowohl das Marketing verstärkt als auch eine neue Produktversion entwickelt wurde. Dann ist eine Trennung der Erlöse vorzunehmen, auch wenn sie auf unsicheren Annahmen beruht.

Zur Ermittlung und Verfolgung der Wirtschaftlichkeit haben sich 4 Methoden für Projekte bewährt, die in Abbildung 4.6-6 visualisiert sind:

- **Return-on-Investment (ROI):** Verhältnis des erzielten Gesamtgewinns zur Gesamtinvestition.
- **Rentabilität-24**: Rentabilität 24 Monate nach Ertragsbeginn.
- **Break-even-Point:** Zeitpunkt, zu dem die Gesamtinvestition verdient.
- **Payoff-Periode (PoP):** Dauer, in der die Zahlungsmittel in Höhe der Gesamtinvestition wieder zurückgeflossen sind (Amortisionsdauer, siehe Kapitel 3.5).

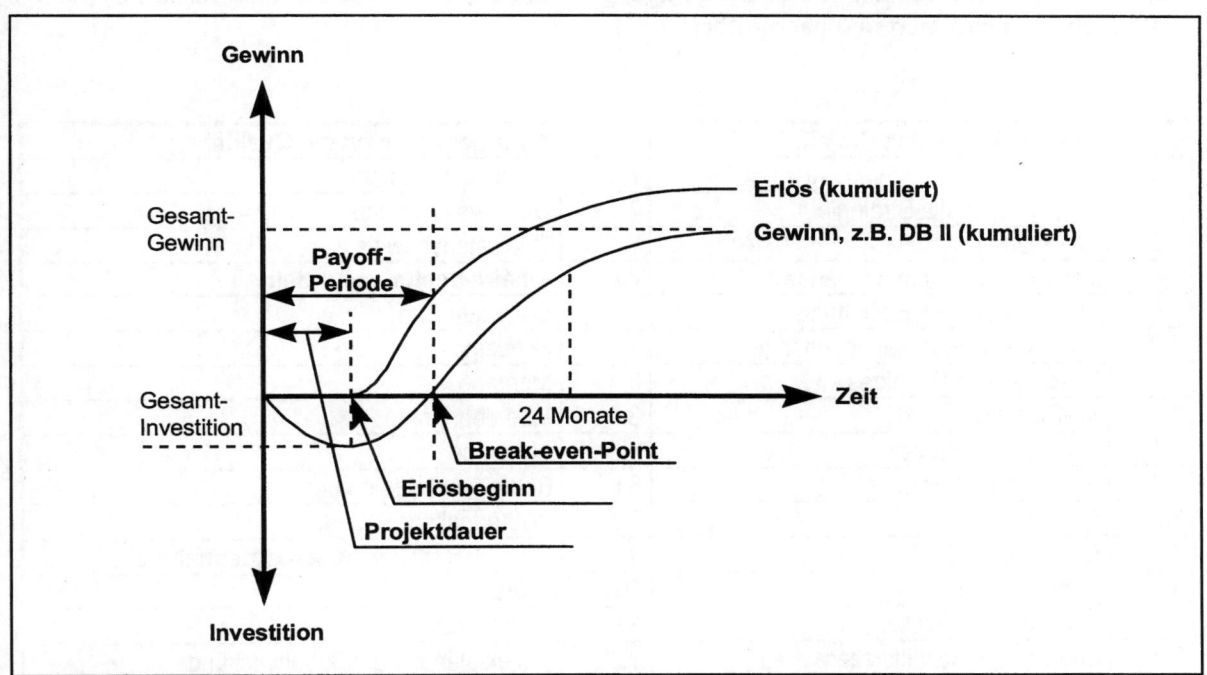

Abbildung 4.6-6: Maßzahlen zur Wirtschaftlichkeit von Projekten

Nr.	Prüfpunkt	Ja	Nein	Bemerkung
Wirtschaftlichkeit?				
2.1	Grenzkosten oder Vollkosten?			
2.2	Sind alle Kostenfaktoren bekannt?			
2.3	Sind die Folgekosten berücksichtigt?			
2.4	Gibt es eine worst-case Betrachtung?			
2.5	Ist der Erlös errechnet?			
2.6	Welche Unsicherheiten?			
2.7	Welche Methoden der Wirtschaftlichkeitsberechnung?			
2.8	Spielt die Break-even-Zeit eine Rolle?			
2.9	Gibt es eine Mindestwirtschaftlichkeit (Abbruch)?			

Abbildung 4.6-7: Checkliste 2 - Wirtschaftlichkeit

4.6.3.3 Die inhaltliche Klärung des Projektes

Ziele und Anforderungen prägen das Ergebnis

Jedes Projekt erarbeitet ein neues oder geändertes Ergebnis. Der Inhalt ist also der wichtigste Teil des Projektes. Der Inhalt wird aus den Zielen des Projektes abgeleitet und entsprechend des Phasenschemas (Projektablauf) schrittweise erarbeitet. Im Prozeß des Projektstarts steht die konzeptionelle Gestaltung des Ergebnisses im Vordergrund. Welche fachlichen Lösungen gibt es, welche Kriterien der Auswahl sind anzuwenden, welche Lösung wird ausgewählt? Diese Ergebnisse, die Ziele und Anforderungen und die dazugehörenden Randbedingungen werden im Lastenheft festgehalten. Frage des Projektstarts ist also, was alles sach-inhaltlich getan werden muß, um das Lastenheft zu erstellen.

Meist bereits über den Projektstart-Prozeß hinausgehend aber integriert zum Lastenheft gehörend ist das Pflichtenheft zu sehen, in dem die technische Umsetzung beschrieben wird.

4.6.3.3.1 Das Lastenheft

Das Lastenheft ist die Zusammenstellung aller Anforderungen des Auftraggebers und des oder der Nutzer an das Projekt hinsichtlich der Ziele, des Liefer- und Leistungsumfangs und der Randbedingungen. Die Anforderungen und Randbedingungen sind aus Anwendersicht beschrieben und soweit möglich quantifiziert und überprüfbar.

1	**Überblick über das Projekt**	7	**Anforderungen an die Qualität**
1.1	Veranlassung	7.1	Qualitätsmerkmale
1.2	Einbettung in die Strategie	7.2	Qualitätssicherung
1.3	Zielsetzung	7.3	Qualitätsnachweis
1.4	Technische Zusammenhänge	**8**	**Inbetriebnahme und Betrieb**
1.5	Organisatorische Einbettung	8.1	Dokumentation
1.6	Wirtschaftliche Zusammenhänge	8.2	Schulung
1.7	Eckdaten des Projektes	8.3	Montage
2	**Ist-Situation**	8.4	Inbetriebnahme
2.1	Technischer Prozeß	8.5	Abnahme
2.2	Vorhandene Systeme	8.6	Betrieb und Bedienung
2.3	Organisation	8.7	Instandhaltung
2.4	Mengengerüst	**9**	**Umweltschutz + Außerbetriebnahme**
3	**Schnittstellen**	**10**	**Projektabwicklung**
3.1	Äußere Schnittstellen	10.1	Projektorganisation
3.2	Bedienungs-Schnittstellen	10.2	Projektplanung und -überwachung
3.3	Innere Schnittstellen	10.3	Personal
4	**Soll-Zustand**	10.4	Lieferanten und Verträge
4.1	Übersicht Aufgabenstellung	10.5	Änderungen
4.2	Projektziele	**A**	**Anhang**
4.3	Detaillierte Aufgabenstellung	A1.	Begriffe und Definitionen
4.4	Abläufe	A2.	Gesetze, Normen, Richtlinien
4.5	Mengengerüst	A3.	Konstruktionsrichtlinien
4.6	Ausbaustufen	A4.	Vertragsgrundlagen
5	**Anforderungen an die Technik**		
6	**Randbedingungen**		
6.1	Genehmigungswesen		
6.2	Gesetze und Richtlinien		

Abbildung 4.6-8: Gliederung eines Lastenhefts

4.6 Projektstart

Das Lastenheft beschreibt WAS zu erbringen ist und WOFÜR. Das Lastenheft wird vom Auftraggeber oder in dessen Auftrag erstellt. In der ersten Phase wird das Lastenheft grob entsprechend den zu diesem Zeitpunkt verfügbaren Kenntnissen erstellt und ist die Arbeitsgrundlage des Projektes in der folgenden Phase. In dieser Phase wird das Lastenheft präzisiert, detailliert, eventuell zu einem Lastenheft 2 erweitert und dann als Auftrag an das Projekt verabschiedet. Änderungen am Lastenheft müssen danach über einen formalen Weg laufen.

WAS und WOFÜR im Lastenheft

Obenstehende Gliederung (siehe Abbildung 4.6-8) wird vorgeschlagen, muß aber in jedem Projekt neu überprüft werden.

4.6.3.3.2 Das Pflichtenheft

Das Pflichtenheft beschreibt die Realisierung aller Anforderungen des Lastenheftes. Im Pflichtenheft werden die Anforderungen des Lastenheftes detailliert, auf technische und wirtschaftliche Machbarkeit und Widerspruchsfreiheit überprüft und das Grobkonzept der Realisierung festgelegt. Das Pflichtenheft definiert WIE und WOMIT die Anforderungen realisiert werden.

WIE und WOMIT im Pflichtenheft

Das Pflichtenheft ist das Ergebnis der Realisierungsklärung und die Basis für die weitere Abwicklung des Projektes. Es ist die verbindliche Vereinbarung zwischen Auftraggeber und Auftragnehmer (Projektleiter). Das Pflichtenheft ist meist die Grundlage der Projektfreigabe und der Investitionsbewilligung. Es wird vom Auftraggeber freigegeben.

Das Pflichtenheft ist eine Weiterentwicklung des Lastenheftes. Die Gliederung des Lastenheftes wird erweitert:

11	**Fachliche/Technische Lösung**	19	**Projektkalkulation**
11.1	Kurzbeschreibung	19.1	Kosten
11.2	Zusammenhang	19.2	Investitionen
11.3	Anlagenstruktur	19.3	Unteraufträge
11.4	Schnittstellendefinitionen	19.4	Betriebskosten
11.5	Dokumentenplan	19.5	Wirtschaftlichkeitsrechnung
11.6	Störfallanalyse	19.6	Mittelabflußplanung
12	**Komponentenbeschreibung**	20	**Projektplanung und -überwachung**
13	**Genehmigungsergebnisse**	20.1	Terminplan
14	**Logistik**	20.2	Meilenstein-Entscheidungen
15	**Test und Abnahme**	20.3	Kapazitäts-Einsatzplanung
15.1	Testkonzept	20.4	Berichtsplan
15.2	Testvorbereitung, Durchführung	**A**	**Anhang**
16	**Inbetriebnahme und Betrieb**	A1.	Begriffe und Definitionen
16.1	Personal	A2.	Gesetze, Normen, Richtlinien
16.2	Schulung	A3.	Konstruktionsrichtlinien
16.3	Organisatorische Einbindung	A4.	Vertragsgrundlagen
17	**Wartung und Störfälle**		
18	**Ausschreibung und Lieferanten**		
18.1	Ausschreibungsart/Veröffentlichung		
18.2	Lieferantenauswahl-Kriterien (Präqualifikation)		
18.2	Vorbereitung Leistungsverzeichnis		
18.3	Vorbereitung Ausschreibungen		

Abbildung 4.6-9: Gliederung eines Pflichtenhefts

Nr.	Prüfpunkt	Ja	Nein	Bemerkung
Technisches Konzept				
3.1	Welche Elemente?			
3.2	Welche Schnittstellen? Benutzerschnittstellen?			
3.3	Alternativ-Lösungen möglich?			
3.4	Ausbaustufen nötig?			
3.5	Welche gesetzlichen Anforderungen?			
3.6	Welche Ergonomie-Anforderungen?			
3.7	Welche Umwelt-Anforderungen?			
3.8	Welche technischen Referenzen?			
3.9	Welche Randbedingungen sind festgeschrieben?			
3.10	Typische Problempunkte anderer Projekte?			
3.11	Inhalt Lastenheft geklärt?			
3.12	Inhalt Pflichtenheft geklärt?			

Abbildung 4.6-10: Checkliste 3 - Technische Konzept

4.6.3.4 Die Budgetierung und Finanzierung des Projektes

Eine typische Entwicklung in Projekten ist es, daß die notwendigen Mittel erst im Laufe des Projektes klar werden. Dabei handelt es sich zum einen um die Gesamtkosten und zum anderen um die auf den betroffenen Kostenstellen anfallenden Kosten. Diese sind nach Kostenarten zu differenzieren. Personalaufwand muß entsprechend der Stundensätze (Qualifikation) in Kosten umgerechnet werden. Ein wesentlicher, jetzt zu klärender Sachverhalt ist die Trennung von Kosten und Investitionen, da diese meist unterschiedlich zu beantragen und zu genehmigen sind.

Projekt- und Geschäftsjahresbudget

Die Budgetierung muß entsprechend der jahresbezogenen Abrechnungsperioden auf die Geschäftsjahre der Firma aufgeteilt werden. Dies ist meist schwierig, da sich die Planungstermine des Projektes nicht an die Geschäftsjahresgrenzen halten können. Hat das Unternehmen (was meist der Fall ist) einen festgelegten jährlichen Planungsrhythmus, dann tritt das Problem auf, daß die Mittel für das Projekt erst zu einem definierten Zeitpunkt beantragt und bewilligt werden können. Wenn trotzdem an dem Projekt gearbeitet werden soll, dann wird ein „Vorbudget" benötigt.

Nr.	Prüfpunkt	Ja	Nein	Bemerkung
Budgetierung und Finanzierung des Projektes				
4.1	Wer ermittelt die Kosten des Projektes?			
4.2	Welche Kostenstellen sind betroffen?			
4.3	Welche Kontierungsnummern werden benötigt?			
4.4	Genehmigung von „Vorbudgets"?			
4.5	Standardsätze für Personalaufwendungen?			
4.6	Gibt es Restriktionen bei einzelnen Kostenarten (z.B. Fremdkosten)?			
4.7	Wer beantragt die Budgets?			
4.8	Welche Kostenstelle trägt die Investitionen?			
4.9	Ist die Finanzierung gesichert?			
4.10	Gibt es Unsicherheiten im Projektbudget?			

Abbildung 4.6-11: Checkliste 4 - Kosten und Budget

4.6.3.5 Die Organisation des Projektes

Ein wesentliches Problem jeder Projektabwicklung in der Matrixorganisation ist die präzise Ausgestaltung dieser Organisation. Bei dem Aufbau der spezifischen Projektorganisation für das Projekt sind meist vom Unternehmen vorgegebene Regeln einzuhalten, die aber je Projekt überprüft und gegebenenfalls angepaßt werden müssen. Zu Beginn des Projektes muß überprüft werden, ob

Präzise Rollenklärung

- alle Betroffene und Beteiligte in die Organisation eingebunden werden müssen;
- welche Rollen im Projekt definiert werden müssen;
- die Verantwortungen und Zuständigkeiten übereinstimmen;
- die Verantwortungen, Aufgaben, Rechte der einzelnen Rollen aufeinander abgestimmt sind;
- die Verantwortungen auf der jeweils sachkompetenten Ebenen liegen;
- die Personen im Projekt in ihrer Persönlichkeit berücksichtigt sind.

Diesen Klärungsfragen ist besondere Aufmerksamkeit zu widmen. Oft können sie nur vom übergeordneten Management geklärt werden. Insbesondere die Definition der Rolle des Projektleiters und die Besetzung dieser Rolle sind wichtig. Die optimierte Auswahl und Benennung des Projektleiters trägt entscheidend zum Projekterfolg bei.

Nr.	Prüfpunkt	Ja	Nein	Bemerkung
Projektorganisation				
5.1	Projektleiter benannt (offiziell?)? Verantwortung und Rechte geklärt?			
5.2	Projektleiter verfügt über nötige Sach- und Führungskompetenz?			
5.3	Auftraggeber bekannt?			
5.4	Wer fällt welche Entscheidung?			
5.5	Projektteam bekannt? (Wer ist alles beteiligt?)			
5.6	Alles Know-how im Projektteam vorhanden?			
5.7	Wer ist alles betroffen? Wie beteiligen?			
5.8	Einbettung in Linienorganisation geklärt?			
5.9	Gibt es Teilprojekte?			
5.10	Teilprojektleiter benannt?			
5.11	Arbeitspaket-Verantwortliche benannt?			
5.12	Wer braucht welche Unterschriftenberechtigung?			

Abbildung 4.6-12: Checkliste 5 - Projektorganisation

4.6.3.6 Das Projektteam

Die Zusammenstellung und Gründung sowie das „Zusammenwachsen" des Projektteams ist eine der wichtigsten Aufgaben im Rahmen des Projektstarts. Mit der Qualifikation der Projektteammitglieder (siehe Kapitel 4.11) steht und fällt der Projekterfolg. Eine Projektmanagement-Weisheit besagt: „Gute Projektleiter haben gute Projektteams." Damit ist nicht gemeint, daß viele Mitarbeiter nur bei guten Projektleitern arbeiten möchten, sondern auch, daß ein guter Projektleiter mit jedem Projektteam gut arbeiten kann.

Nr.	Prüfpunkt	Ja	Nein	Bemerkung
Projektteam				
6.1	Wer steht fest?			
6.2	Wer wird noch gebraucht? (Welche Fachabteilungen?)			
6.3	Ausreichendes Know-how im Team?			
6.4	Ist die Mitarbeit verabredet?			
6.5	Wieviel Kapazität hat jeder?			
6.6	Welche Entscheidungsfreiheit?			
6.7	Ist die Art der Mitarbeit klar?			
6.8	Aufgaben der Teammitglieder klar?			
6.9	Kommunikation sichern			
6.10	Spielregeln der Teamarbeit erarbeiten			
Psychosoziales Umfeld				
6.11	Kennt sich das Projektteam?			
6.12	Gibt es Probleme mit dem Projektleiter?			
6.13	Wer ist Promotor des Projektes?			
6.14	Gibt es Widerstände gegen das Projekt?			
6.15	Gibt es Widerstände gegen Personen?			
6.16	Ist allen der Sinn des Projektes klar?			
6.17	Gibt es widerstrebende Bereichsinteressen?			
6.18	Gibt es „Vergangenheiten"?			
6.19	Informationsfluß sicherstellen			
6.20	Persönliche Ziele der Mitglieder ermitteln			
6.21	Probleme Linie/Projekt ermitteln			
6.22	Gemeinsame Ergebnisse schaffen			

Abbildung 4.6-13: Checkliste 6 - Projektteam

Integration des Teams

Neben den sachlichen Fragestellungen, wie der Frage nach dem notwendigen Know-how, spielt die Zusammenarbeit im Team, das psychosoziale Umfeld, für die zukünftige Leistungsfähigkeit des Projektes die dominierende Rolle. Und diese Zusammenarbeit wird auch wesentlich in der Startphase des Projektes, ja vielleicht sogar in der ersten Sitzung des Projektteams und den davorliegenden Gesprächen geprägt. Hier ist die Führungserfahrung des Projektleiters und seine Moderationsfähigkeit ausschlaggebend (siehe Kapitel 2.9). Probleme, Befürchtungen, Wünsche und Notwendigkeiten der Teammitglieder, die jetzt auftauchen und nicht behandelt werden, führen später im Projektablauf zu Desinteresse, mangelnder Motivation und mangelnder Leistungsbereitschaft. Diese offenen Fragen zu erkennen, setzt viel Sensibilität des Projektleiters und viel Überlegung zum Vorgehen voraus. Die Absprache über die Mitarbeit im Projekt sollte prinzipiell zwischen dem betroffenen Mitarbeiter, dessen Vorgesetztem und dem Projektleiter erfolgen. Dabei sollte eine klare Festlegung hinsichtlich der Rolle des Mitarbeiters getroffen werden.

4.6.3.7 Die Planung des Projektes

Meist hat der Auftraggeber bereits zu Beginn des Projektes Vorstellungen über Kosten und Termine. Im Rahmen der Planung muß nun überprüft werden, ob diese Werte erreicht werden können bzw. welche Werte erreicht werden können. Damit wird das Magische Dreieck stimmig gemacht.

Nr.	Prüfpunkt	Ja	Nein	Bemerkung
Projektplanung				
7.1	Langläufer ermitteln			
7.2	Behördliche Genehmigungen notwendig?			
7.3	Welche Termine sind festgelegt?			
7.4	Welche Kosten sind festgelegt?			
7.5	Was hat Priorität: Qualität, Kosten, Termine?			
7.6	Welche Planungslogik wird verwendet?			
7.7	Wie wird der Aufwand ermittelt?			
7.8	Welche Kapazität steht zur Verfügung?			
7.9	Grobplanung Meilenstein-Termine			
7.10	Grobplanung Kapazitätsbedarf je Meilenstein und je Abteilung			
7.11	Grobplanung Budget je Meilenstein und je Abteilung			
7.12	Welche Risiken sind zu berücksichtigen?			
7.13	Einsatzmittelbedarf absprechen und absichern			
7.14	Welche Unteraufträge vergeben?			
7.15	Welche Planungshilfsmittel (Projektmanagement-Software)			
7.16	Welche Planungsgenauigkeit wird erwartet?			

Abbildung 4.6-14: Checkliste 7 - Planung

Die Projektplanung muß natürlich auf der inhaltlichen Klärung des Projektes, d.h. dem Projektstrukturplan, der Aufwands- und Dauerschätzung als auch der Logik des Projektablaufs, aufbauen. Da diese Werte zu Beginn des Projektes jedoch nicht klar sein können und erst im Laufe des Projektstarts erarbeitet werden, kann auch die Planung nicht von Anfang an realistisch sein. Der Ablauf in Abbildung 4.6-2 zeigt daher 3 Planungsstufen, die sich in ihrer Zuverlässigkeit der Aussagen, nicht in ihrem Inhalt, unterscheiden:

Planung mit zunehmender Präzisierung

- Projektplan 1: Erste Planungswerte
- Projektplan 2: Planung auf unsicherer Basis nach bestem Wissen und Gewissen als Richtwerte verwendbar.
- Projektplan 3: Bestmögliche Planung, die eingehalten werden muß.

4.6.3.8 Die Risiken des Projektes

Jedes Projekt hat erkennbare Risiken

Jedes Projekt hat mehr oder minder ausgeprägte Risiken im Projektablauf. Risiken sind Ereignisse, die mit einer gewissen Wahrscheinlichkeit eintreten und dann einen Schaden mit definierter Tragweite verursachen würden. Typische Risikozonen sind in der Technik, den Randbedingungen, an allen Schnittstellen und bei den beteiligten Personen zu suchen.

Die Risiken müssen möglichst frühzeitig erkannt und behandelt werden (siehe Kapitel 4.7). Bewährt hat sich die Einteilung nach 3 Kategorien, wie in Abbildung 4.6-15 dargestellt:

- **Ignorieren.** Nicht weiter behandeln, da Risiko vernachlässigbar ist.
- **Situativ behandeln.** Für diese Risiken wird ein Frühwarnsystem aufgebaut und bei Eintritt des Risikos situativ gehandelt.
- **Vorbeugen.** Dies betrifft die Risiken, die dem Projekt wirklichen Schaden zufügen können. Zu diesen Risiken müssen von Anfang an vorbeugende Maßnahmen in die Projektplanung aufgenommen werden.

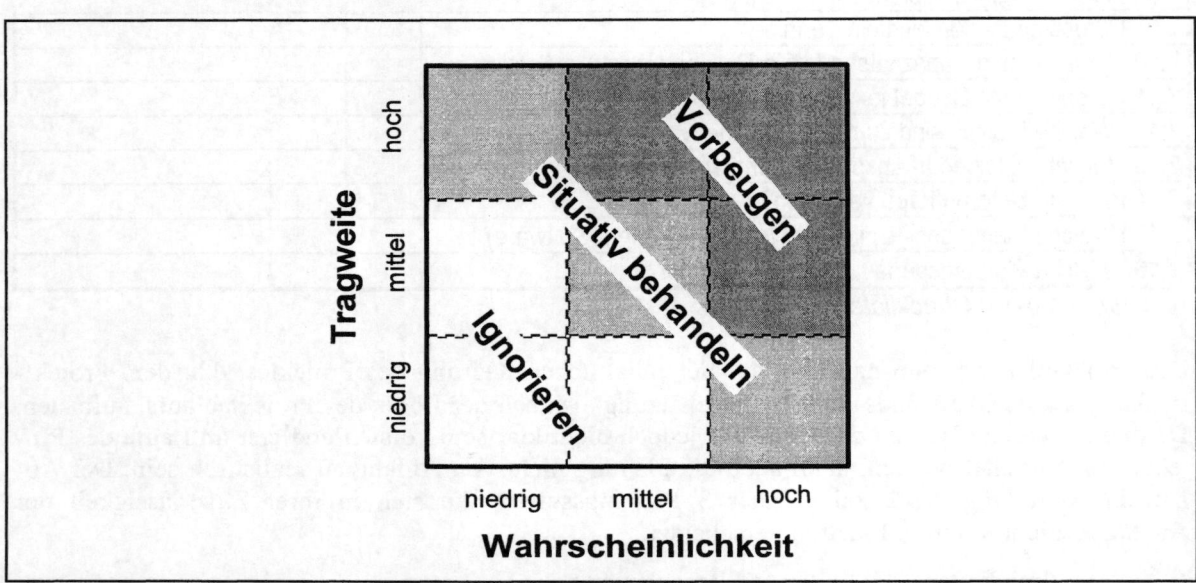

Abbildung 4.6-15: Wahrscheinlichkeit und Tragweite von Projektrisiken

Beim Projektstart ist die Abschätzung der Gesamtrisiko-Situation nötig, um die Auswahlentscheidung zu ermöglichen. Je früher die Risiken bekannt sind, um so leichter sind sie zu behandeln.

Nr.	Prüfpunkt	Ja	Nein	Bemerkung
Risiken				
8.1	Technische Risiken			
8.2	Zieländerungen			
8.3	Änderungen der Randbedingungen			
8.4	Technische Schnittstellen			
8.5	Neue Technologien			
8.6	Organisatorische Schnittstellen			
8.7	Verträge			
8.8	Zulieferungen			
8.9	Zuverlässigkeit der Partner			
8.10	Grobplanung Kapazitätsbedarf je Meilenstein und je Abteilung			

Abbildung 4.6-16: Checkliste 8 - Risiken

4.6 Projektstart

4.6.3.9 Die Abwicklung des Projektes

Jedes Projekt durchläuft in seinem Ablauf verschiedene Phasen, die durch unterschiedliche Arbeitsschwerpunkte und Ergebnisse gekennzeichnet sind. Jede Phase wird eindeutig durch ein festgelegtes Ergebnis abgeschlossen (z.B. durch einen Meilenstein). Dadurch wird erreicht, daß

- die Logik des Projektablaufs sichergestellt wird
- Zwischenziele den Gesamtprozeß strukturieren
- Planungs- und Steuerungsergebnisse meßbar werden.

Im Projektstart müssen die tatsächlich im Projekt zu erreichenden Meilensteine festgelegt werden. Viele Firmen haben Standardmeilensteine, die auf ihre Praktikabilität im konkreten Projekt überprüft werden. Der technische Prozeß bestimmt, welche Meilensteine sinnvoll sind. Es muß festgelegt werden, wie Meilenstein-Ergebnisse abgenommen werden und wer über die Meilensteine entscheidet.

Meilensteine strukturieren die Logik des Projekts

Nr.	Prüfpunkt	Ja	Nein	Bemerkung
Projektablauf				
9.1	Logische Trennung der Phasen			
9.2	Meilensteine (MS) definieren			
9.3	Parallele Prozesse nötig?			
9.4	Zu welchen Meilensteinen gibt es eine Entscheidung?			
9.5	Wer fällt Meilensteinentscheidungen?			
9.6	Wie wird das Ergebnis des Meilensteins überprüft?			
9.7	Sind große Änderungen zu erwarten?			
9.8	Welches Berichtswesen/Dokumentation nötig?			
9.9	Integration/Inbetriebnahme wie?			

Abbildung 4.6-17: Checkliste 9 - Phasen und Meilensteine

4.6.3.10 Die Methodik der Projektsteuerung

Während der Phase des Projektstarts muß die Steuerung des späteren Ablaufs des Projektes spezifiziert und gestaltet werden. Dabei ist auf die Notwendigkeiten aller Betroffenen, insbesondere der Entscheider einzugehen. Der Projektleiter wird nach der Startphase im wesentlichen sein Projekt steuern und die Personen führen. Jetzt wird das System dazu gestaltet.

Steuern ist die zeitlich aufwendigste Aufgabe des Projektleiters

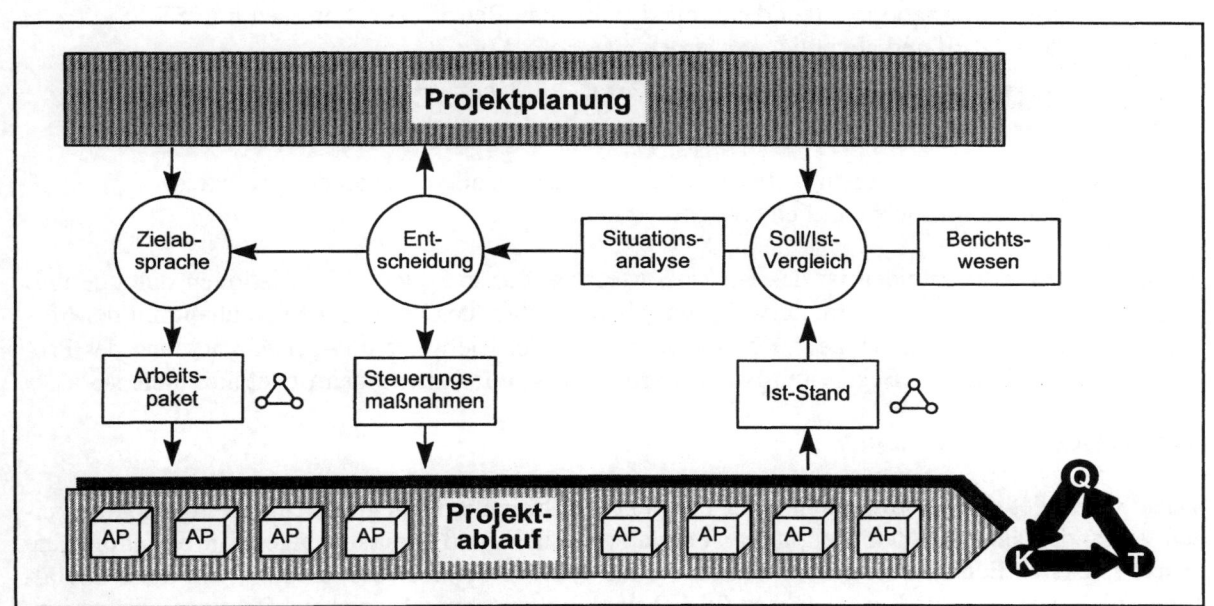

Abbildung 4.6-18: Der Steuerungskreislauf des Projektes

Die Steuerung betrifft sowohl das Gesamtprojekt als auch eigene Kreisläufe in Teilprojekten und Arbeitspaketen. Die Fragestellungen bleiben jeweils ähnlich.

Nr.	Prüfpunkt	Ja	Nein	Bemerkung
Projektsteuerung				
10.1	Wer hat welche Ansprüche an die Steuerung des Projektes?			
10.2	Wie ist die Integration des Magischen Dreiecks erreicht?			
10.3	Wie werden Aufträge erteilt? Welche Verträge müssen geschlossen werden?			
10.4	Welche Berichte müssen wann erstellt werden?			
10.5	Welchen Inhalt haben die Berichte?			
10.6	Wer erhält die Berichte?			
10.7	Wer fällt Steuerungsentscheidungen?			
10.8	Wie werden Änderungen behandelt? Wer entscheidet über Änderungen?			
10.9	Welche Maßnahmen zur Qualitätssicherung?			

Abbildung 4.6-19: Checkliste 10 - Projektsteuerung

4.6.4 Der Projektstart-Workshop (PSW)

Für große Projekte sollte der Projektstart in Form eines Projektstart-Workshops (PSW) durchgeführt werden. Damit wird der eindeutige Start des Projektes auch nach außen hin dokumentiert.

4.6.4.1 Ziele und Vorgehen

Der Start-Workshop bringt schnelle Klärung

Im Workshop werden die Ziele des Projektstarts möglichst kompakt umgesetzt. Die dabei behandelten Grundgedanken gelten ähnlich auch für kleinere Projekte und andere Vorhaben:

- Entscheidend ist, daß das Projekt von Anfang an mit voller Kraft und ohne Zeitverzug angegangen wird.

- Jede Nachlässigkeit in dieser Phase führt später zu erheblichen Projektproblemen.

- Alle Informationen über das Projekt (von allen Betroffenen!) müssen im PSW gesammelt und abgeglichen werden.

- Das Projekt muß zu Beginn in allen Teilen und deren Zusammenhängen, nicht aber in allen Details betrachtet werden.

- Die Übereinstimmung aller Projektbeteiligten zu allen Fragen des Projektes muß so früh wie möglich erreicht werden.

Vom PSW zu unterscheiden ist das Kick-off-Meeting, das in vielen Organisationen durchgeführt wird. Dieses Meeting wird normalerweise nur als Startschuß des Projektes gehandhabt mit der offiziellen Bekanntgabe - manchmal auch Genehmigung - der Zielwerte und der Abwicklung des Projektes. Eine ausführliche Bearbeitung oder Erarbeitung von Informationen findet hier nicht statt.

Wann findet der PSW statt?

PSW nicht zu spät ansetzen

Der PSW findet in einer frühen Phase des Projektes statt, in der noch große Gestaltungsmöglichkeiten vorhanden sind. Bei dem Zeitpunkt ist darauf zu achten, daß bereits genügend Informationen zu dem Projekt vorliegen, aber noch nicht zu viele Fakten festgeschrieben sind, so daß noch Gestaltungsspielraum besteht. Ein zu früher PSW bringt Enttäuschung wegen uneffektiver Diskussion,

4.6 Projektstart

ein zu später PSW bringt Frustration, weil die Betroffenen nicht mehr gestalten können. Im Phasenschema in Abbildung 4.6-2 liegt der PSW zu Beginn der Phase 2.

Was ist das Ergebnis des PSW?

Neben dem Erreichen der Ziele des Projektstarts ist das Ergebnis des PSW ein präzises Protokoll, in dem die wesentlichen faktischen Ergebnisse festgehalten werden: *Klare Ergebnisse sicherstellen*

- Sammlung aller Informationen zum Projekt
- Erarbeitete Ergebnisse (Ziele, Meilensteine, Organisation, Planung)
- Getroffene Entscheidungen und Annahmen
- Vorgehensplan für die Folgephase
- Offene Punkte
- Aufgabenverteilung
- Weiteres Vorgehen mit Festlegen der Termine.

Bei größeren Projekten oder bei schwierigen Klärungsprozessen kann es sinnvoll sein, eine Kette mehrerer Workshops zu verwenden. In dem ersten Workshop werden alle offenen Fragen zur Klärung angestoßen, in den folgenden Workshops werden diese Punkte behandelt.

4.6.4.2 Vorbereitung

Wer nimmt am PSW teil?

Am PSW nehmen möglichst alle Personen/Abteilungen teil, die an dem Projekt beteiligt sind. Auch wenn deren Mitwirkung im Moment noch nicht nötig erscheint. Der Projektleiter kann sich fragen: Wer könnte noch betroffen sein? Es hat sich bewährt, zu Beginn des Workshops den Auftraggeber bzw. das übergeordnete Management einzuladen, um deren Ziele und Wissen zu erfahren. Am Ende des Workshops sollten die Ergebnisse und Entscheidungen zusammengefaßt und dem Auftraggeber/ Management vorgelegt werden. Es ist abzuwägen, ob auch Auftragnehmer anderer Firmen eingeladen werden sollen.   *Alle Betroffenen berücksichtigen*

Wer veranstaltet den PSW?

Die Durchführung des PSW liegt in der Verantwortung des Projektleiters. Der Erfolg des Workshops hängt aber stark auch von der Moderation/Gesprächsführung und von einem aussagekräftigen Protokoll ab. Es kann für den Erfolg erforderlich sein, einen erfahrenen Moderator und Protokollanten vorzusehen. Der Moderator muß intensive Kenntnisse im Projektmanagement haben.   *Der Projektleiter ist verantwortlich*

Welche Themen werden vorbereitet?

Die Auswahl der Themen richtet sich natürlich nach der vorhandenen oder erwarteten Unsicherheit der oben behandelten Themen. Je unsicherer das Thema, um so mehr Zeit und Vorklärung ist   *Präzise Vorbereitung* vorzusehen. Bewährt hat es sich, auch generelle Themen des Projektmanagements zu behandeln (z.B. Meilensteindefinition und Planungsprozeß), um so ein gemeinsames Verständnis aller Beteiligten sicherzustellen und so spätere, viel aufwendigere Diskussionen zu vermeiden.

Wie lange dauert der PSW?

Klärung ist wichtiger als Zeit!

Das hängt von der Größe (Dauer, Zahl der Betroffenen) und vom Klärungsstand der jeweiligen Inhalte ab. Die Erfahrung zeigt, daß bei kleinen Projekten oft ein Nachmittag ausreicht, bei größeren Projekten kann eine Dauer von 5 Tagen sinnvoll sein. Der Verfasser hat die besten Erfahrungen mit Workshops von 2 Tage Dauer gemacht. Stehen Fragen der zukünftigen Zusammenarbeit im Vordergrund, ist es wichtig, einen gemeinsamen geselligem Abend vorzusehen, um so die Kommunikationsbereitschaft zu verbessern.

Wie wird der PSW vorbereitet?

Die gründliche Vorbereitung durch den Projektleiter und ggf. Moderator ist für den Erfolg des PSW wichtig. Diese Vorbereitung umfaßt:

- Informationssuche zu allen Themen bei Auftraggeber, ähnlichen Projekten, Literatur etc.
- Festhalten bereits vereinbarter Ziele und der gegebenen Randbedingungen
- Ermitteln aller Betroffenen und Beteiligten
- Einladen aller notwendigen Personen, inklusive des Managements
- Gestalten des Ablaufs
- Vorbereiten des Arbeitsraums (möglichst ungestörte Arbeitsumgebung).

Wo findet der PSW statt?

Ungestörte Arbeit

Um sicher zu gehen, daß tatsächlich alle benötigten Personen erscheinen und um die Störungshäufigkeit gering zu halten, ist es sinnvoll, in einem Hotel oder ein vom üblichen Arbeitsplatz entferntes Besprechungszimmer zu gehen. Das Hotel hat den Vorteil der automatischen Abendkommunikation, den Nachteil der Kosten (die im Verhältnis zu den potentiellen Fehlerkosten im Projekt sehr gering sind). Einige Firmen benutzen ihre Erholungsheime für solche Klausuren.

4.6.4.3 Durchführung

Der Workshop ist mit Moderationstechnik (siehe Kapitel 2.9 und 3.9) und mit offener Visualisierung aller Informationen durchzuführen. Es ist dafür zu sorgen, daß eine offene (Raumgestaltung!) und angenehme (Service!) Atmosphäre entsteht, die eine konfliktfreie Kommunikation ermöglicht. Störungen sollten weitestmöglich vermieden werden.

Die gute Vorbereitung sichert die effiziente Durchführung

Vor dem Workshop muß die Rollenverteilung geklärt sein. Wer moderiert? Das muß nicht der Projektleiter sein, denn dann ist sein Handlungsspielraum eingeengt, da der Moderator neutral sein soll. Wer dokumentiert? Eine oft als undankbar empfundene Aufgabe, die aber sehr wichtig ist. Der Protokollant sollte nicht voll von der Diskussion belastet sein, er ist kein Zensor!

4.6 Projektstart

Folgende Tagesordnung des PSW hat sich bewährt:

1.	Begrüßung, Vorstellung
2.	Programm des Workshops, Regeln für die Zusammenarbeit
3.	Erwartungen der Teilnehmer an den Workshop
4.	Informationssammlung
5.	Ein Überblick über das vorgegebene Projektmanagement
6.	Projektziele
7.	Projektstrukturplan
8.	Teilprojekte
9.	Projektphasen, Meilensteine
10.	Projektorganisation
11.	Grobplanung
12.	Offene Punkte, Alternativen und Maßnahmen
13.	Präsentation vor dem Auftraggeber (Entscheider)
14.	Weiteres Vorgehen

Abbildung 4.6-20: Gliederung einer Tagesordnung Projektstart-Workshop

Zur Abklärung des Inhalts dienen die Checklisten bei den behandelten Themen. Der Projektleiter hat in der Vorbereitung des PSW geklärt, welches die notwendigen Diskussionspunkte sind.

Zusammenfassung

Der Projektstart ist ein Prozeß in den frühen Phasen des Projektes, nicht ein Zeitpunkt. Ziel dieses Prozesses ist es, eine solide Basis für die Abwicklung des Projektes zu bekommen. Diese Basis betrifft drei Themenkreise:

- Die Ziele und Randbedingungen des Projektes
- Die sach-inhaltliche Klärung des Projektes
- Das Projektmanagement für die Abwicklung des Projektes.

Daher sollten alle Fragen des Projektmanagements am Ende dieses Prozesses weitgehend geklärt sein. Um dies tun zu können, müssen zunächst alle zu dem Projekt vorhandenen Informationen gesammelt und die Unsicherheitszonen dieser Information ermittelt werden. Die Aufgabe des Projektleiters ist es dabei, so schnell wie möglich alle notwendigen Klärungen herbeizuführen bzw. deren Bearbeitung anzustoßen. Das betrifft eine Vielzahl von Themen: die Projektziele und den Projektauftrag, die Wirtschaftlichkeitsbetrachtung und Budgetierung des Projektes, die inhaltliche Konzeption des Projektergebnisses und des Projektablaufs, die Organisation mit der Klärung und Besetzung der notwendigen Rollen, die erste Planung der Termine und Kosten mit deren Risiken und alle Prozeduren der Steuerung des Projektes.

Welche Themen wie intensiv zu bearbeiten sind, hängt von der Unsicherheit der Informationen ab und muß zu Beginn des Projektstarts erarbeitet werden. Anhand ausführlicher Checklisten dieses Beitrags kann diese Unsicherheit abgeklopft werden. Das darf aber nicht darüber hinwegtäuschen, daß Erfahrung nicht durch Checklisten ersetzt werden kann.

Für die Durchführung bzw. den Auftakt des Projektstarts wird ein Projektstart-Workshop empfohlen, dessen Inhalt, Vorbereitung und Ablauf erläutert werden.

Literaturverzeichnis

FANGEL, M. (Hrsg.): Handbook of Project Start-up. 1987

LANGE, D. (Hrsg.): Management von Projekten, Know-how aus der Beraterpraxis, Stuttgart 1995

LOMNITZ, G.: Der Projektvereinbarungsprozeß von der Projektidee zum klaren Projektauftrag. In: Schelle, H.; Reschke, H.; Schnopp, R.; Schub, A. (Hrsg.): Projekte erfolgreich managen. Köln 1994.

PLATZ, J.; Schmelzer, H.: Projektmanagement in der industriellen Forschung und Entwicklung. Berlin 1986.

RESCHKE, H.; Schelle, H.; Schnopp, R. (Hrsg.): Handbuch Projektmanagement, Band I. Köln 1989

SCHELLE, H.: Projekte zum Erfolg führen. München 1996.

SCHELLE, H.; Reschke, H.; Schnopp, R.; Schub, A. (Hrsg.): Projekte erfolgreich managen. Köln 1994

STREICH, R. K.; Marquardt, M.; Sanden, H. (Hrsg.): Projektmanagement: Prozesse und Praxisfelder, Stuttgart 1996

WOLF, M. L. J.: Mukusch, R.; Broks, H.: Projektmanagement live, Prozesse in Projekten durch Teams gestalten, 1997

Autorenportrait

Dipl.-Ing. Jochen Platz

Jahrgang 1940, Studium der Nachrichtentechnik an der TU München und der Betriebswirtschaftslehre an der LMU München.

Jochen Platz ist geschäftsführender Gesellschafter der GFM Gesellschaft für Forschungs- und Entwicklungsmanagement mbH in München. Die GFM hat sich auf die Gestaltung und Implementierung von Managementmethoden im FuE-Bereich spezialisiert.

Seit 1993 Lehrbeauftragter der TU München zum Thema Projektmanagement.

Jochen Platz ist Mitautor des Buches „Projektmanagement in der industriellen Forschung und Entwicklung" sowie zahlreicher Veröffentlichungen zum Thema FuE-Projektmanagement.

Abbildungsverzeichnis

Abbildung 4.6-1: Unsicherheit und Beeinflußbarkeit des Projektes 1061

Abbildung 4.6-2: Prozeß Projektstart: Die schrittweise Präzisierung im Projekt 1063

Abbildung 4.6-3: Checkliste 0 - Voraussetzungen für einen guten Projektstart 1066

Abbildung 4.6-4: Unsicherheit der Ziele über den Projektablauf 1067

Abbildung 4.6-5: Checkliste 1 - Projektziele 1068

Abbildung 4.6-6: Maßzahlen zur Wirtschaftlichkeit von Projekten 1069

Abbildung 4.6-7: Checkliste 2 - Wirtschaftlichkeit 1069

Abbildung 4.6-8: Gliederung eines Lastenhefts 1070

Abbildung 4.6-9: Gliederung eines Pflichtenhefts 1071

Abbildung 4.6-10: Checkliste 3 - Technische Konzept 1072

Abbildung 4.6-11: Checkliste 4 - Kosten und Budget 1072

Abbildung 4.6-12: Checkliste 5 - Projektorganisation 1073

Abbildung 4.6-13: Checkliste 6 - Projektteam 1074

Abbildung 4.6-14: Checkliste 7 - Planung 1075

Abbildung 4.6-15: Wahrscheinlichkeit und Tragweite von Projektrisiken 1076

Abbildung 4.6-16: Checkliste 8 - Risiken 1076

Abbildung 4.6-17: Checkliste 9 - Phasen und Meilensteine 1077

Abbildung 4.6-18: Der Steuerungskreislauf des Projektes 1077

Abbildung 4.6-19: Checkliste 10 - Projektsteuerung 1078

Abbildung 4.6-20: Gliederung einer Tagesordnung Projektstart-Workshop 1081

Lernzielbeschreibung

Der Leser weiß nach dem Durcharbeiten dieses Kapitels:

- Warum der Projektstart für das Projekt so wichtig ist
- Welche Faktoren den Erfolg des Projektstarts bestimmen
- Welche Themen im Projektstart behandelt werden müssen
- Worauf es bei den einzelnen Themen ankommt
- Wie ein Lastenheft, ein Pflichtenheft ein Projektauftrag aufgebaut ist
- Wie ein Projektstart-Workshop durchgeführt wird.

4.7 Risikomanagement

von

Uwe Rohrschneider

Relevanznachweis

Viele Menschen verbinden mit Projekten Gedanken zu Innovation und Neuerung, zu Chancen und Risiken. Die Praxis aber zeigt nur geringe bis nicht vorhandene Risikoanalysen. Fehlendes Risikomanagement steht in keinem Verhältnis zur Bedeutung des Themas. Dies ist um so bemerkenswerter, als auch in zahllosen Veröffentlichungen auf die Bedeutung des Risikomanagements als Teil des Projektmanagements verwiesen wird.

Insbesondere das Projektgeschäft beinhaltet für die Auftragnehmer- und Auftraggeberseite hohe Risikopotentiale. Dies resultiert aus den typischen Merkmalen des Projektgeschäfts, wobei zu nennen sind: Komplexität hinsichtlich Leistungsumfang, eingesetzter Technik und Bearbeitung; häufig neuartige Techniken oder unerprobte Vorgehensweisen; häufig langfristige Planung und Abwicklung; Preis- bzw. Kostenfestlegung ohne festen Anhalt am Markt, evtl. ohne Kenntnis der endgültigen Technik und des endgültigen Leistungsumfangs; hohe Kosten vor Geschäftsabschluß oder endgültigem Auftrag; hohe Einzelwerte in der Kalkulation; diskontinuierliche Auftragsvergabe bzw. Auftragseingänge. Darüber hinaus sind aus Auftragnehmersicht noch wichtig: Zunehmende Dienstleistungsanforderungen seitens des Kunden, besondere Finanzierungsanforderungen sowie ungünstige Verteilung der Verantwortungs- und Entscheidungsbefugnisse (z.B. Auftraggeber und zwischengeschalteter Berater) und unklare Vertragssituationen.

Die wirtschaftliche Lage für Projektabwickelnde, z.B. Komplettanbieter, Anlagenbauer ist durch starken Konkurrenz- und Preisdruck gekennzeichnet. Dies führt zu durchsetzbaren Gewinnspannen von nur sehr geringen Prozenten - bei gleichzeitig wachsenden Kundenansprüchen und steigender Komplexität. Praktische Erfahrungen aus Projekten im Maschinen- und Anlagenbau zeigen, daß kalkulierte Gewinnspannen bei ca. 2%, Risikopotentiale (monetär bewertet) aber bei 10% und mehr des gesamten Projektumsatzes liegen. Diese Werte zeigen, wie wichtig konsequentes Risikomanagement ist. Damit wird die Möglichkeit geschaffen, risikobehaftete Ereignisse oder Umstände und deren mögliche Folgen abzuwehren und das geplante Projektergebnis zu erreichen.

Inhaltsverzeichnis

4.7.1 Risiken und Chancen — **1089**

4.7.2 Risikomanagement-Systeme — **1089**

4.7.3 Begriff des Risikos — **1090**

    4.7.3.1 Definition von Projektrisiken — 1090

    4.7.3.2 Abgrenzung von der Schätzungenauigkeit — 1090

    4.7.3.3 Weitere Begriffe — 1091

    4.7.3.4 Risiken und Chancen — 1091

4.7.4 Risikomanagement im Projektverlauf — **1092**

    4.7.4.1 Vorbereitungs-Phase des Projektes (Vor-Auftragszeit) — 1094

    4.7.4.2 Entscheidungs-(Angebots-) Phase — 1094

    4.7.4.3 Phasen der Projektabwicklung — 1094

    4.7.4.4 Abschlußphase — 1095

    4.7.4.5 Weiterführende Risikobetrachtung — 1095

4.7.5 Risikoanalyse — **1096**

    4.7.5.1 Risiko-Checkliste — 1097

    4.7.5.2 Suchfelder für individuelle Projektrisiken — 1097

    4.7.5.3 Risikoanalyse, Dokumentation und Auswertung — 1101

    4.7.5.4 Risiko und Netzplantechnik — 1102

    4.7.5.5 Weitere Ansätze zur Risikoanalyse — 1103

4.7.6 Vertraglicher Risikoausschluß — **1103**

4.7.7 Risikobewertung — **1105**

    4.7.7.1 Charakteristik von Risiken — 1105

    4.7.7.2 Bewertungsmaßstäbe für Risiken — 1106

    4.7.7.3 Vorgehen bei der Risikobewertung — 1106

4.7.8 Risikovorsorge — **1111**

    4.7.8.1 Maßnahmenplanung und -bewertung — 1111

    4.7.8.2 Aufwand-Nutzen-Analyse — 1112

    4.7.8.3 ABC-Analyse in der Maßnahmenplanung — 1114

    4.7.8.4 Maßnahmenzuordnung und -überwachung — 1116

4.7.9 DV-Unterstützung für Projekt-Risikomanagement — **1116**

4.7.10 Psychologische Aspekte des Risikomanagements — **1118**

4.7.1 Risiken und Chancen

Es gibt kaum ein Aufgabengebiet im Projektmanagement bei dem Bedarf, Akzeptanz und Praxis derart stark voneinander abweichen wie beim Risikomanagement. Dieses Kapitel will angemessen umfassendes Basiswissen vermitteln und darauf aufbauend praktizierte Methoden und Vorgehenstechniken anbieten. Damit wird dem Trend und Anspruch gefolgt, der dem einfachen, transparenten und logischen Ansatz und der qualitativen Information den Vorzug vor den „hochgezüchteten" Methoden gibt, mit eventuell genaueren quantifizierten Informationen (FRANKE 1990, S.13).

Als **Risiken** werden hier mögliche Ereignisse oder Situationen bezeichnet, die für ein Projekt gegenüber der Planung nachteilige Folgen haben (siehe Kapitel 4.6.3.8). Risiken haben also negative Auswirkungen auf ein Projekt (Tragweite), es besteht die Möglichkeit, daß sie eintreten (Wahrscheinlichkeit) und sie haben Ursachen.

Risikomanagement als Teil des Projektmanagements bedeutet, dafür zu sorgen, daß Projektrisiken mit Maßnahmen begegnet wird.

Das vorliegende Kapitel soll helfen, das Eintreten von Risiken nicht tatenlos abzuwarten, sondern durch Planung, Auswahl und Vorbereitung von Maßnahmen Risiken rechtzeitig zu erkennen und sie auszumanövrieren durch:

- präventive, d.h. schadensverhindernde Maßnahmen und
- korrektive, d.h. schadensmindernde Maßnahmen.

Dabei wird in diesem Kapitel das Thema Risiken behandelt, die angebotenen Grundlagen, Methoden und Arbeitstechniken lassen sich aber ebenso auf das Management von **Chancen** anwenden. Wenn man die Eintrittsmöglichkeit für eine schädliche, negative Zustandsänderung als **Risiko** bezeichnet, so kann die Eintrittsmöglichkeit eines nützlichen, positiven Ereignisses als Chance bezeichnet werden.

Zustandsänderungen sind zu definieren als Abweichungen von geplanten oder vorausgesetzten Zuständen. Das bedeutet, daß eine Planung Vorbedingung ist. Nur dort, wo Plan- bzw. Soll-Zustände vorgegeben sind, kann man auch Abweichungen feststellen. Ferner kann die Analyse von Abweichungen nur so genau sein, wie es auch die Sollwerte sind. Als Basis für Risikobetrachtungen sind zu nennen:

- Zieldefinitionen für das Projekt (Projektergebnisse und -struktur)
- Kalkulationen bezüglich Aufwand, Kosten, Terminen, Personaleinsatz u.ä.
- Allgemeine Rahmenbedingungen.

4.7.2 Risikomanagement-Systeme

Zur Abrundung der Beschreibung der gegenwärtigen Situation des Risikomanagements soll erwähnt werden, daß in einigen, beschränkten technischen Arbeits- und Anwendungsgebieten bereits sehr konkrete Ansätze zum Risikomanagement existieren.

Zu nennen sind gesetzliche Regeln und Vorgehensweisen beim Betrieb von Kernkraftwerken oder chemischen Anlagen (z.B. Störfallverordnung, Gefahrenstoffverordnung) in Deutschland (FRANKE 1990, S. 6). Ähnliche Regeln gibt es auch im Ausland; allen gemeinsam ist aber, daß sie sich mehr auf den Betrieb als auf die Errichtung beziehen.

Die Betriebsphasen bedeuten aber langfristige Zeiträume und damit nicht „Projekte". Insofern wird die Aussage aus vorstehendem Punkt dadurch nicht relativiert.

Gleiches gilt für Systeme des Risikomanagements, wie sie bei Versicherungen und Banken (zur laufenden kundenbezogenen Abschätzung eines Kreditausfalls, zu Risiken bei der Kapitalanlage) angewendet werden.

4.7.3 Begriff des Risikos

4.7.3.1 Definition von Projektrisiken

Für den Begriff „Risiko" im Sinne des Projektmanagements soll nachfolgend eine enger gefaßte Definition gelten:

- **Projektrisiken sind mögliche Ereignisse oder Situationen** mit negativen Auswirkungen (Schäden) auf das Projektergebnis insgesamt, auf beliebige einzelne Planungsgrößen oder Ereignisse, die neue unvorhergesehene und schädliche Aspekte aufwerfen können

- **Risikomanagement** ist das Erkennen und Umgehen einer Bedrohung aus Risikopotentialen, in Form von Abwehr, Ausweichen oder Mindern negativer Auswirkungen

Ein **Risikopotential** liegt allgemein nur dann vor, wenn folgende drei Faktoren gemeinsam zutreffen:

- Es besteht eine konkrete begründbare Bedrohung und

- es besteht eine entsprechende Schwachstelle und

- der mögliche Schaden hat einen bedeutenden Wert oder andere Tragweite

Diese Bedingungen haben zur Folge, daß alle Risiken vom Projektleiter zu begründen sind. Allgemeine Lebensrisiken scheiden damit aus der Risikobetrachtung aus.

Solange Auswirkungen bzw. Tragweite und Wahrscheinlichkeit möglicher negativer Ereignisse noch nicht bekannt sind, sprechen wir von **Gefahren**. Mit Gefahren werden zunächst nur vage Möglichkeiten negativer Ereignisse ohne bereits erkennbarem Bezug auf das Projekt beschrieben. Sind mögliche Auswirkungen und die Wahrscheinlichkeit des Eintritts beim Projekt zu erkennen, wird die **Gefahr** zur Bedrohung zum **Risiko**. Dabei können sich auch mehrere Gefahren zu einem Risiko vereinen.

Projektrisiken bzw. die daraus abzuleitende Bedrohung des geplanten Projekterfolgs werden also determiniert durch die Faktoren:

- Wahrscheinlichkeit des Eintretens des Risikos und

- Tragweite (möglicher Schaden) bei Eintreten des Risikos

4.7.3.2 Abgrenzung von der Schätzungenauigkeit

Die Abweichung eines Ist-Wertes von einem Plan-Wert wird als **Schätzungenauigkeit** bezeichnet. Der Unterschied zwischen Schätzungenauigkeiten und Risiken ist wie folgt definiert:

- **Schätzungenauigkeiten** sind Abweichungen, die von der Sache her z.B. in der Planung und Kalkulation zwar prinzipiell erkannt und eingerechnet wurden, bei denen aber z.B. der Umfang der dafür nötigen Arbeiten falsch bestimmt wurde (vgl. Kapitel 3.6 und 3.7)

Beispiel: Für ein bestimmtes Arbeitspaket, z.B. das Schreiben einer Dokumentation, wurden 10 Tage Aufwand geschätzt. Der Ist-Aufwand für dieses Arbeitspaket beträgt aber 12 Tage. Hier liegt eine Schätzungenauigkeit von 2 Tagen vor.

- **Risiken** sind Abweichungen, die aufgrund bei der Planung und Kalkulation nicht berücksichtigter Umstände zusätzlich eintreten, sachlich in der Projektplanung bisher also gar nicht berücksichtigt waren (Beispiel 2)

    Beispiel: Das gleiche Arbeitspaket wurde mit 10 Tagen geschätzt und abgewickelt. Es kam aber eine zusätzlich notwendige Arbeit dazu, die bisher nicht geplant war und 2 Tage Aufwand verursachte (z.B. weil beim Schreiben der Dokumentation Daten verlorengingen, die Doppelarbeit verursachten). Dieser zusätzliche Aufwand kann die Folge eines eingetretenen Risikos sein.

Die Suche nach möglichen Risiken bewegt sich also immer in Feldern, die bei der „normalen" Projektplanung noch nicht oder nicht vollständig bearbeitet wurden.

Schätzungenauigkeiten und Risiken werden im Projektverlauf unterschiedlich behandelt. Schätzungenauigkeiten werden im Rahmen der Maßnahmen zur Projektsteuerung berücksichtigt. Risiken werden im Rahmen der Risikoanalyse und Maßnahmenplanung getrennt ermittelt, bewertet und ggf. anschließend in der Projektkalkulation berücksichtigt.

4.7.3.3 Weitere Begriffe

Hier gilt es nochmals auf den Begriff **Projektrisiken** hinzuweisen. Im täglichen Sprachgebrauch wird das Wort „Projekt" teilweise für Vorhaben benutzt, die gar keine Projekte im Sinne des Projektmanagements sind. Projektmanagement-Regeln und Risikomanagement als Teil davon sind aber auf Projekte in engerem Sinn abgestimmt. Deshalb die Vorabfrage zum Risikomanagement:

„Handelt es sich bei dem jeweiligen Vorhaben um ein Projekt - bzw. was ist zu tun, damit es zum Projekt wird ?"

Ferner soll der Begriff der **Wahrscheinlichkeit** für diese Ausarbeitung klargestellt werden; angesiedelt als „Möglichkeit" zwischen „Sicherheit und „Unmöglichkeit". Risikobetrachtungen beruhen immer auf Prognosen und erfolgen deshalb immer unter Unsicherheiten und stützen sich auf Wahrscheinlichkeiten.

Sicherheit läßt sich dagegen definieren als möglichst geringe Wahrscheinlichkeit einer Zustandsänderung. Ein sicher zu erwartender Zustand ist kein Risiko. Eine Wahrscheinlichkeit von 100% ist nicht mehr wahrscheinlich, sondern Fakt. Insofern ist die Tatsache der Unsicherheit kein Argument gegen Risikomanagement, sondern diesem immanent.

Diese etwas vereinfachten Definitionen sollen für dieses pragmatisch angelegte Kapitel genügen. Für differenziertere, z.B. auch an der Entscheidungstheorie angelehnte Betrachtungsweisen, sei auf die einschlägige Literatur verwiesen (SCHNORRENBERG 1997, .S. 4)

„Tragweite" bzw. „Schaden" zeigt sich nicht nur in tatsächlichen Schäden, sondern auch als entgangener Nutzen (EWERT 1996).

    Beispiel: Durch den Einsatz eines neuen DV-Systems sollen erhebliche Einsparungen erzielt werden. Die um mehrere Wochen verzögerte Einführung läßt diese Einsparungen erst später zu. Dieser entgangene Einsparungs-Nutzen bedeutet einen „Schaden".

4.7.3.4 Risiken und Chancen

Genau wie Risiken, als mögliche negative Abweichungen, kann es im Projekt auch Chancen als mögliche positive Abweichungen geben. Der Schwerpunkt dieses Kapitels bleibt jedoch die Risikoanalyse und das Risikomanagement. Die Chancenanalyse und das Chancenmanagement, also das

„**dafür sorgen**", daß positive Abweichungen eintreten, sind für den Projekterfolg möglicherweise von genau der gleichen Bedeutung wie das Vorbeugen und Verhindern von negativen Einflüssen.

Eine **Chance** ist:

- die Eintrittsmöglichkeit eines nützlichen, positiven Ereignisses.
- Auch sie liegt nicht im sicheren Bereich und ist bzgl. ihrer möglichen Auswirkung und Wahrscheinlichkeiten abzuschätzen.

Die richtigen Fragen eines Projektleiters sind:

- Welche Chance könnte das Projekt verbessern?
- Was kann man tun, um diese Verbesserung zu erreichen?
- Wie groß ist der Aufwand, den man dafür treiben muß?

Die meisten der nachfolgenden Ausführungen und angebotenen Arbeitstechniken lassen sich für das Chancenmanagement ebenso einsetzen wie für das Risikomanagement.

Beispiel: In einem DV-Entwicklungsprojekt besteht die Möglichkeit, daß Mitarbeiter des Kunden, aus Sorge um ihren Arbeitsplatz, die Unterstützung verweigern. (Risiko). Es kann gelingen, in einer umfassenden Informationsveranstaltung diese Sorgen nicht nur auszuräumen, sondern die Mitarbeiter im Gegenteil zu besonderem Einsatz zu motivieren (Ausnutzen einer Chance).

4.7.4 Risikomanagement im Projektverlauf

In der Praxis der Projektabwicklung ist häufig folgendes zu beobachten: Risikomanagement setzt erst ein, wenn Risiken augenfällig, d.h. in der Regel eingetreten oder absehbar sind. Risikomanagement wird in solchen Fällen nur noch als Krisenmanagement betrieben, also dann, wenn es eigentlich schon zu spät ist.

Im Gegensatz zu diesem Verhalten in der Praxis wird in praktisch allen Veröffentlichungen darauf hingewiesen, daß Risikoanalyse und -management

- frühzeitig beginnen und
- periodisch/permanent zu wiederholen sind.

Die Notwendigkeit, mit Risikoanalyse möglichst frühzeitig zu beginnen, ergibt sich schon aus der Tatsache, daß Risikopotentiale in ihren Wurzeln bereits vor oder bei Projektbeginn existieren und erkennbar sind; ihre Auswirkungen und Schäden treten aber erst in späteren Phasen zutage. Derartige Risikopotentiale können z.B. aus einer ungenügenden Projekt- und/oder Unternehmensorganisation folgen.

4.7 Risikomanagement

Als Beispiele für solche möglichen Mängel der Projektabwicklung, die sich u.U. immer bei Projekten in einem Unternehmen wiederholt beobachten lassen, seien hier genannt:

- unklare Aufgabenstellungen
- mangelnde Planung
- schleppender Start
- unzureichende Überwachung
- hohe Komplexität
- sich ändernde Prioritäten
- Ressortegoismen
- Teamstreitigkeiten
- Projektleiterwechsel
- Verzögerung von Entscheidungen

Risikoanalyse und Risikomanagement sind also vor Projektstart zu beginnen und in den gesamten Projektprozeß als permanente (Teil-) Aufgabe des Projektmanagements einzubinden. Voraussetzung für eine Risikoanalyse ist ein Informations- und Planungsstand, der dem Stadium des Projektes angemessenen ist.

Risiken wurden bereits als mögliche negative Abweichungen definiert und von Schätzungenauigkeiten abgegrenzt. Um eine Abweichung festzustellen, muß eine Zielgröße, ein Planwert vorliegen.

Diese Zielgröße kann

- dokumentiert vorliegen (z.B. die Projektkosten oder ein bestimmter Termin) oder
- unbewußt unterstellt sein (z.B. wird ein günstiges Projektumfeld als normal unterstellt).

Die notwendigen Planungen sind z.B.:

- Beschreibung des Projektergebnisses als Systemstruktur
- Projektstruktur
- Phasenstruktur
- Kalkulation
- Mitarbeitereinsatzplan
- Terminplan usw.

Die Analyse und Bewertung von Risiken sollte während der gesamten Projektabwicklung stattfinden, jeweils mit Blick auf das gesamte Projekt und auf spezielle Aspekte einzelner Projektphasen. Mögliche Risiken sollten schon in der Vor-Auftragszeit, während der Akquisition, beobachtet werden.

4.7.4.1 Vorbereitungs-Phase des Projektes (Vor-Auftragszeit)

Diese Phase reicht von der ersten Idee des Projekts bis zur Entscheidung, ein (u.U. aufwendiges) Angebot zu erarbeiten. Während der Vor-Auftragszeit (Presales) finden eine Risikoanalyse und Planung möglicher Maßnahmen z.B. als Teil der Vorbereitungen zur Angebotsbearbeitung statt.

Ziel ist es, mögliche Risiken zu kennen, die auch zu der Entscheidung führen könnten, auf eine Angebotsabgabe zu verzichten.

Die möglichen Entscheidungen, die anstehen, berühren die Fragen, ob das Projekt überhaupt, und wenn ja, so weiterverfolgt werden soll.

Der Informationsbedarf bezieht sich auf Fragen der generellen Machbarkeit, der Entwicklung von Marktchancen, der Strategien des Unternehmens, des Konkurrenzverhaltens u.ä.

4.7.4.2 Entscheidungs-(Angebots-) Phase

Diese Phase reicht vom Entschluß, ein Angebot zu erarbeiten, abzugeben und zu verhandeln bis zur Entscheidung, den Auftrag anzunehmen bzw. das Projekt zu starten.

Bis zur Angebotsabgabe soll die Risikobearbeitung klären, ob ein Angebot nach Preis, Termin und dem formulierten Werk oder der angebotenen Dienstleistung besondere Risiken birgt. Aus Auftraggebersicht besteht die Frage, ob Anbieter entsprechend beauftragt werden sollen.

Zu dieser Zeit ist bereits ein detaillierter Überblick über die Einzelrisiken und mögliche Gegenmaßnahmen erforderlich. Die Risikobewertung ist unbedingt mit in die Vertragsverhandlungen einzubeziehen.

Die Analyse von vielen Praxisfällen, in denen statt Risiko- später Krisenmanagement betrieben werden mußte, zeigt, daß gerade Mängel in dieser Phase ausgelöst wurden, z.B. durch

- unscharfe Vertragsformulierungen
- offene Punkte, undefinierte Verlagerung von Klärung in spätere Projektphasen
- „Scheinkonsens"

Mängel in dieser Phase führen dazu, daß unterlassener Klärungsaufwand in späteren Phasen den vielfachen Aufwand verursacht.

Lassen Markt- u.a. Gegebenheiten kein anderes Verhalten zu, so ist projektinternes Erfassen und Steuern möglicher Risiken der einzige Weg, doch noch zum Projekterfolg zu kommen.

4.7.4.3 Phasen der Projektabwicklung

Diese Phase reicht vom Projektstart nach Auftrag/Entscheidung bis zum Abschluß.

Das Risikomanagement in den einzelnen Abwicklungsphasen des Projekts ist durch den sachlich/inhaltlichen Projektfortschritt gekennzeichnet. Grundsätzlich geht es während des Projekts darum,

- bekannte Risiken und deren Veränderung zu beobachten,
- die Wirkung von ergriffenen Maßnahmen zu bewerten und
- zusätzliche und neue Risiken regelmäßig und ergebnisbezogen zu analysieren.

Ziel des Risikomanagements bei der Projektabwicklung ist es, durch geeignete Maßnahmen und Entscheidungen

- neue Risiken zu erkennen und zu beschreiben,
- beschriebene Risiken und Maßnahmen gemäß dem fortschreitenden Erkenntnisstand zu präzisieren,
- beschriebene Risiken zu vermeiden,
- die Wahrscheinlichkeit des Eintretens zu mindern,
- deren Tragweite zu verringern,
- nicht mehr bestehende Risiken aus der Betrachtung zu entlassen.

Insbesondere der letztgenannte Punkt kann erhebliche finanzielle Auswirkungen für das Projekt haben. So ist es z.B. üblich, in großen (Bau-) Projekten bankverbürgte Fertigstellungsgarantien abzugeben. Diese Notwendigkeit entfällt (sukzessive) mit dem Projektfortschritt und (teure) Bürgschaften können abgelöst werden.

Weiteres Risikopotential liegt in den Zulieferungen, deren Qualität und Termintreue. Hierbei wird häufig die Bedeutung immaterieller Zulieferungen, z.B. auch von Kundenseite, übersehen. Dabei handelt es sich z.B. um Genehmigungen, Bereitstellung von technischen Eingangsunterlagen, Testdaten und Entscheidungen allgemein (vgl. Abschnitt 4.7.9).

4.7.4.4 Abschlußphase

Je nachdem, wo der Projektabschluß gesetzt wird, entstehen auch spezielle Risiken. Als Projektende werden häufig definiert

- die Abnahme durch den Kunden oder
- das Ende der Gewährleistung

Bei letztgenanntem Punkt ist zu berücksichtigen, daß Gewährleistungen nach VOB zwei Jahre dauern, in der Praxis häufig auf fünf Jahre verlängert werden. Außerdem ist darauf zu achten, daß Gewährleistungsfristen von Zulieferern, deckungsgleich mit den eigenen, gegenüber dem Kunden vereinbart sein sollen.

Sind die Gewährleistungen vom Zulieferer kürzer, entsteht für die Restzeit eine Deckungslücke. Sind sie länger, ist das für das Projekt zwar unschädlich, aber auch nutzlos und muß u.U. durch höhere Preise bezahlt werden.

4.7.4.5 Weiterführende Risikobetrachtung

Im allgemeinen endet die Risikobetrachtung mit dem Ende des Projektes. Abhängig von Art und Inhalt des Projektes müssen jedoch u.U. noch viel weiterreichende Risiken in Betracht gezogen werden, in manchen Fällen bis zur Außerdienststellung eines Projektergebnisses.

Die Risikobetrachtung geht dann über den Rahmen des Projektes hinaus bis in das gesellschaftliche Umfeld und in den nachoperativen Zeitraum etwa bis zum Abbruch oder der Beseitigung von Schadensfolgen, Altlasten usw. Die Verantwortung des Projektmanagers kann damit weitaus größer werden bzw. wirkt in die Verantwortlichkeitssphäre der Unternehmensleitung hinein. Die Wirtschaftlichkeit des Projektes reicht als alleiniger Wertmaßstab dann nicht mehr aus.

Es ist die Gesamtheit der möglichen Folgerisiken und der daraus möglichen Schäden zu bedenken, die sich auf das Unternehmensimage auswirken können:

- der langfristige Kundenerfolg,
- die Sicherheit für Betreiber und Umgebung (Betriebsrisiko),
- die soziale und biologische Umweltverträglichkeit.

Letztendlich endet die projektbezogene Risikobetrachtung (theoretisch) dann, wenn der Urzustand vor Projektbeginn wieder erreicht ist.

Beispiel: Der mögliche Betrachtungszeitraum für die Risikobeurteilung einer gefährlichen technischen Anlage, die „auf die grüne Wiese" gebaut werden soll, reicht bis zu dem Zeitpunkt, zu dem die Anlage wieder außer Betrieb gesetzt, abgebaut und entsorgt ist, die „grüne Wiese" also wiederhergestellt ist.

Für die Mitbetrachtung solcher, über das Projekt im engeren Sinne zeitlich weit hinausreichender Risiken gibt es grundsätzlich zwei Möglichkeiten:

- Einmal können diese Risiken, wie vorstehend beschrieben, in den Prozeß der Risikoanalysen- und Maßnahmenplanung mit einbezogen werden.
- Ein zweiter, in den meisten Fällen empfohlener Weg besteht darin, Projektrisiken im Sinne des Projektmanagement-Prozesses nur für das Projekt im engeren Sinne zu betrachten.

Weitreichende negative (oder positive) Folgen und deren Verhinderung bzw. Herbeiführung sollten, wenn möglich, als Eigenschaften des zu erreichenden Projektziels definiert werden, also als Bestandteil des Projektergebnisses.

Beispiel: Das Projekt ist die Errichtung einer elektrischen Anlage. Es besteht das Risiko, daß diese durch unsachgemäße Bedienung beschädigt wird.

Während der Zeit der Montage und Inbetriebsetzung (also vor Projektende) muß durch Sicherungsmaßnahmen, z.B. physikalischer oder organisatorischer Natur, die Bedienung durch Unbefugte ausgeschlossen werden (= Risikomanagement im Projektmanagement).

Außerdem soll die Anlage elektrotechnisch und konstruktiv so ausgelegt werden, daß Fehlbedienungen im Betrieb möglichst ausgeschlossen sind (= Produkteigenschaft im Sinne des Projektergebnisses).

4.7.5 Risikoanalyse

Wie bereits oben erwähnt, soll hier den einfacheren Methoden zur Risikoanalyse und -bewertung, die in der Regel schneller und kostengünstiger anwendbar sind, der Vorrang vor komplizierten Methoden eingeräumt werden. Letztere haben hohen Informations- und Datenbedarf und ziehen aufwendige Bewertungsprozesse nach sich (FRANKE 1990, S. 18).

Grundsätzlich läßt sich die Risikoanalyse in die Phasen

- Risikoidentifikation (Risiken erkennen)
- Risikoklassifikation/Risikobewertung und
- Risikodokumentation (Risiken beschreiben)

einteilen. Diesem folgt die Maßnahmenplanung und -bewertung, die in Abschnitt 4.7.7 beschrieben ist.

Grundlagen der Risikoanalyse

In der Risikoidentifikation entsteht ein projektspezifischer Risikokatalog. Nicht alle der hierin aufgelisteten Risiken werden später tatsächlich bearbeitet. Diese Zusammenstellung löst aber eine bewußte Auseinandersetzung mit den Risiken aus und soll sicherstellen, daß möglichst kein Risiko übersehen wird.

Die Risikoanalyse kann auch als der Versuch gesehen werden, die Bedeutung von bestimmtem Tun oder Unterlassen in der Gegenwart und deren späteres Wirken in der Zukunft zu analysieren. Von der (Aus-) Wirkung in der Zukunft wird die Kausalkette auf die Situation in der Gegenwart zurückgeführt. In der Gegenwart angekommen, wird nach Maßnahmen gesucht, die diese zukunftsgerichtete Kausalkette anstelle des schädlichen im gewünschten Sinn ablaufen läßt.

Die Erfahrung zeigt, daß bereits die intensive Suche nach Risiken bei den Projektbeteiligten Risikobewußtsein und -aufmerksamkeit erzeugt.

4.7.5.1 Risiko-Checkliste

Ein probates und übliches Mittel der Risikoanalyse sind Risiko-Checklisten.

> *Beispiel*: *Erinnert sei hier nur an den privaten Bereich und die (hoffentlich) übliche Liste vor Beginn eines längeren Urlaubs von „Hauptwasserhahn abdrehen" bis „Zahnarzt vorher besuchen", die im Prinzip den Maßnahmenkatalog aus einer Risiko-Checkliste mit Fragen wie „Kann ein Wasserschaden entstehen?", „Kann ich Zahnschmerzen bekommen?" darstellen.*

Risiko-Checklisten entstehen auf empirischer Basis, also aus wertvollen Aufzeichnungen von zum Teil bitteren Erfahrungen. Solche Checklisten müssen im Unternehmen auf aktuellem Stand gehalten werden. Neue Erfahrungen sollen in die Checklisten einfließen. Deshalb empfiehlt es sich, einen Verantwortlichen zu benennen, der laufend interne und externe Quellen dazu auswertet.

Wichtige Quelle neuer Erfahrungen sind Projekt-Entscheidungssitzungen (PES). Nützlich sind die Abschluß-PES zusammen mit dem Projekt-Abschlußbericht, die Ergebnisse aus Expertenrunden, Krisenbeobachtungen und -analysen sowie das wachsende Unternehmens-Know-how allgemein.

Ein einfacher Weg, Risiko-Checklisten zu erstellen und fortzuschreiben, besteht darin, jeden Projektleiter zum Abschluß seines Projektes aufzufordern, mindestens zehn Risiken oder Umstände zu nennen, die fast oder tatsächlich das Projekt negativ beeinflußt haben. Diese sind zu sammeln, zu ordnen und als erste Checklisten-Fassung zu verteilen. Der Arbeitsaufwand dafür liegt im Bereich weniger Stunden, die später Tage oder gar Wochen sparen können. Der „Checklisten-Beauftragte" ergänzt regelmäßig diese Liste, so daß schnell eine unternehmens- spezifische Risiko-Checkliste entsteht.

Checklisten eignen sich bei (zumindest teilweise) wiederkehrenden Situationen. Mit Blick auf das Projektgeschäft bedeutet dies, daß dort, wo Verfahrensabläufe strukturiert und gleichartig ablaufen, auch Checklisten eingesetzt werden können.

> *Beispiel*: *Software-Entwicklung nach definiertem Phasenmodell mit festgelegten Phasenergebnissen, z.B. Inhalte und Qualität eines Pflichtenheftes.*

4.7.5.2 Suchfelder für individuelle Projektrisiken

Jedes Projekt zeigt dem Projektcharakter entsprechende spezifische Risikopotentiale. Risiko-Checklisten verallgemeinern aber; sie können so die Risikosituation im einzelnen Projekt unter Umständen nicht vollständig beschreiben. „Allgemein" kann auch bedeuten „für das Fachgebiet" oder „für das Unternehmen", in jedem Fall aber nicht „projektspezifisch".

In jedem Projekt ist deshalb zusätzlich zur Checklistenbearbeitung eine projektindividuelle Risikoanalyse mit Suchfeldern durchzuführen. Schadensereignisse können grundsätzlich ausgelöst werden durch:

- Zufall
    - Naturereignisse
    - sonstige externe Ereignisse
- Irrtum
    - Arbeitsunfälle
    - Technisches Versagen
    - Umwelteinflüsse
- Absicht
    - Sabotage
    - Diebstahl
    - Spionage

Diese Klassifizierung bietet bereits ein erstes Suchfeldschema zur Risikoanalyse. Jedes der folgenden Suchfelder kann mit Fragen aus diesen Bereichen kombiniert werden: Gibt es Zufall, Irrtum oder Absicht im Feld „Verträge" oder „Personal" oder „...", usw.

Als Suchfelder werden (definierte) Fragenbereiche, die die ganze Breite möglicher Risikoquellen abdeckt. Innerhalb eines Suchfeldes gibt es dann Einzelfragen, die ihrerseits noch durch Detailfragen präzisiert werden können. Suchfelder sollen helfen, Gedankengänge zu ordnen und gleichzeitig das ganze Spektrum der Möglichkeiten flächendeckend zu bearbeiten.

Die Fragen der Suchfelder beziehen sich auf die verschiedenen Aspekte des Projektes:

0. Allgemeines und Projekt-Übergreifendes wie
    - Sind Projektziele genau definiert?
    - Ist das Projekt sorgfältig geplant?
    - Sind die Ansätze generell realistisch?

1. Technik- und Projektergebnisse
    - Ist die Machbarkeit gewährleistet?
    - Welche Fehler können auftreten?
    - Wie alt sind die HW- und SW-Basis?
    - Ist die Kompatibilität gesichert?

2. Vorgehensweise und Hilfsmittel als Risiko
    - Werden die Vorgehensweisen und Hilfsmittel wie geplant wirken?
    - Werden sie zur fraglichen Zeit verfügbar sein?
    - Mit welcher Art von Ausfällen muß gerechnet werden?
    - Werden Testmöglichkeiten bestehen?

3. Kaufmännische Aspekte

    - Kann es Zahlungsausfälle geben?
    - Bestehen Währungsrisiken?
    - Könnten Anzahlungen verloren gehen?
    - Könnten Gelder nicht transferiert werden?
    - Können Preissteigerungen eintreten?

4. Personelle Aspekte

    - Ist das Personal zur geplanten Zeit verfügbar?
    - Hat das vorgesehene Personal das erforderliche Know-how?
    - Gibt es Motivationsprobleme?
    - Ist mit Personalausfällen zu rechnen?
    - Muß fremdes Personal eingesetzt werden?
    - Kann die Projektorganisation wirksam arbeiten?

5. Umwelt- und Umfeld-Aspekte

    - Gibt es Verbündete auf der Auftragnehmerseite oder beim Vertragspartner?
    - Gibt es Widersacher hier oder dort?
    - Gibt es gesetzliche Auflagen, die zu erfüllen sind?
    - Gibt es politische Risiken?
    - Sind besondere nationale Mentalitäten zu beachten?
    - Gibt es klimatische Besonderheiten?
    - Könnte mit Katastrophen oder Sabotage gerechnet werden?

6. Zulieferungen

    - Werden die gesetzten Termine gehalten?
    - Werden die Qualitätsanforderungen erfüllt?
    - Werden Beistellungen des Auftraggebers planmäßig erfüllt?
    - Wird qualifiziertes Personal des Auftraggebers verfügbar sein?

7. Verträge

    - Entstehen Risiken aus der Generalunternehmerschaft?
    - Sind eindeutige Werkverträge formuliert?
    - Können Schäden aus Personal-Leasing-Verträgen entstehen?
    - Sind eindeutige Unteraufträge formuliert?
    - Entstehen uns Risiken aus Consulting-Verträgen?

Diesen Suchfeldern und den Einzelfragen des Projekts kommt besondere Bedeutung zu. Die damit ermittelten Risiken betreffen das originäre Tätigkeits- und Leistungsgebiet des Projektes. Sie sind nur selten teilweise auf andere abwälzbar und kaum versicherbar (vgl. Abschnitt 4.7.8)

Die Dokumentation der Risikoanalyse sollte folgende Punkte beinhalten:

- Kurzbeschreibung des Risikos
- Ursache(n) des Risikos
- Zeitpunkte, zu denen Ursachen und Eintreten zu erwarten sind
- Wirkungszusammenhänge verschiedener Ereignisse („negative Synergien")
- mögliche Tragweite in bezug auf Kosten, Termine, Ergebnisqualität etc.
- angenommene Randbedingungen

Die Risiken lassen sich nach Wirkungszusammenhängen gruppieren und klassifizieren. Damit schließt man Mehrfachbewertungen aus und erleichtert später eine effiziente Maßnahmenplanung.

Die Dokumentation soll schriftlich, möglichst in standardisierter Form erfolgen. Abbildung 4.7-1 zeigt ein Beispielformblatt. Dieses Formblatt kann auch von Teilnehmern einer Analyse-Sitzung zur eigenen Vorbereitung genutzt werden. Es kann anhand von Suchfeldern strukturiert bearbeitet werden oder umgekehrt nach der Erstellung in der Teamsitzung gemäß der Struktur zugeordnet werden.

Risikoanalyse vom
Projekt..
ggf. Vorgang..
Projektleiter/Analyseteam...
Situationsbeschreibung / Risikobeschreibung
Mögliche Ursache(n)
Tragweite(n) - materiell und immateriell
Randbedingungen
Mögliche Wirkungszusammenhänge / Bemerkungen
Nächste Bearbeitung am:...
bei:..

Abbildung 4.7-1: Formblatt zur Risikodokumentation, Beispiel

Risiken und ihre mögliche Tragweite betrachtet man zunächst nach der „normalen" Fallsituation. Bei Risiken, die mit deutlich unterschiedlicher Tragweite auftreten können, muß jedoch differenziert werden.

4.7 Risikomanagement

So wird z.B. ein Autounfall mit einer Aufprallgeschwindigkeit von 30, 60 oder 100 km/h selbstverständlich von ganz unterschiedlicher Tragweite sein.

Solche Fälle sollten in zwei Stufen betrachtet werden:

- als durchschnittliche Tragweite (mid-case) und
- als realistisch vorstellbare höchste Tragweite (worst-case).

Dabei ist die Eintrittswahrscheinlichkeit ebenfalls zu differieren (der „mid-case" ist wahrscheinlicher als der „worst-case"). Aus einem Risiko werden also zwei gemacht, später auch differenziert bewertet und mit Maßnahmen belegt.

So kann die Entscheidung gefällt werden, lebens- oder existenzbedrohende Risiken auszuschließen bzw. zu verlagern (z.B. durch Versicherungen), Risiken mit geringerer Tragweite aber im weiteren Projektverlauf zu handhaben und zu beherrschen.

4.7.5.3 Risikoanalyse, Dokumentation und Auswertung

Risikoanalysen sollten nicht durch den Projektleiter allein, sondern unter Beteiligung projektinterner und -externer Erfahrungsträger erfolgen.

Solche Expertenrunden aus 4 bis 8 Teilnehmern werden interdisziplinär besetzt. Beispielhaft könnte sich eine solche Expertenrunde wie folgt zusammensetzen:

- 1   Projekt-Kenner (ernannter oder designierter Projektleiter)
- 1-3 Projekt-Mitarbeiter (z.B. Teilprojektleiter)
- 1-3 Projektneutrale Fachexperten (z.B. Leiter ähnlicher Projekte, zentraler Controller)
- 1   Nicht-Projekt-Experten („Querdenker")
- 1   Moderator

Entscheider, also z.B. geschäftsverantwortliche Vorgesetzte von Projektleitern, sollten im Analyseteam nicht vertreten sein, sondern später über die entscheidungsreifen Ergebnisse informiert werden.

Die Expertenrunde arbeitet im

- ersten Schritt die Risiko-Checkliste Risiko für Risiko durch, im
- zweiten Schritt werden die individuellen Suchfelder bearbeitet,
  die mit **Zufall, Irrtum, Absicht** gedanklich zu kombinieren sind.

Der Einsatz von Besprechungstechniken oder Kreativitätstechniken wie Brainstorming, Delphi-Methode, Morphologische Analyse oder ähnlicher Methoden sind sehr hilfreich und müssen professionell moderiert werden (vgl. Kapitel 2.9, 3.9 und 3.10).

Im Anschluß oder in einer weiteren Sitzung bewertet die gleiche Expertenrunde die Wahrscheinlichkeit und Tragweite und plant die Maßnahmen.

Die Diskussion der Risiken dient zunächst ihrer genauen Ermittlung, Beschreibung und Abgrenzung. Anschließend wird versucht, Ursachen, Wirkungen und Einflußparameter zu prognostizieren. Dabei ist es empfehlenswert, zunächst sachlich, technische Aspekte zu diskutieren und dann die daraus folgenden Auswirkungen auf die Kosten.

Dieses Beispiel für einen Risiko-Analyse-Beginn kann für jedes Risiko einzeln ausgefüllt werden, die Summe der Blätter zusammen mit der Checkliste gibt eine komplette Situations- und Risikobeschreibung wider.

Schlußendlich dient diese Risikodokumentation auch zur Auswertung während und nach dem Projekt, um Annahmen und spätere Realität zu vergleichen und als Erfahrungen in Folgeprojekte einzubringen.

4.7.5.4 Risiko und Netzplantechnik

Da die Netzplantechnik allgemeingültiges Gedankengut des Projektmanagement ausdrückt, soll hier noch die Verbindung zum Risikomanagement hergestellt werden. „Allgemeingültiges Gedankengut" soll heißen, daß auch in Fällen, in denen ein Netzplan nicht ausdrücklich erstellt wird, die diesbezüglichen Überlegungen (z.B. „Was wird zuerst gemacht, was erst davon abhängig später?") in der Projektplanung dennoch angestellt werden (müssen).

> *Beispiel: Ein Vorgang (Nachfolger) hat 6 Vorgänger. Bei jedem dieser Vorgänger besteht eine Wahrscheinlichkeit von 10%, daß er nicht pünktlich fertig wird. Dieser Vorgang kann nur plangemäß starten, wenn dieser Fall nicht eintritt. Diese Wahrscheinlichkeit ist je 90% und für den Nachfolger $90\%^6 = 53\%$. Die Wahrscheinlichkeit eines verspäteten Beginns ist also 47%.*

Die allgemeine Formel lautet:

$$W = 100\% - \left[(100\% - w_1)(100\% - w_2)(100\% - w_3)...(100\% - w_n)\right]$$

mit W als Wahrscheinlichkeit der Verspätung des Nachfolgers und $w_1, w_2, w_3, ... w_n$ als Einzelwahrscheinlichkeiten der Verspätungen der Vorgänger.

Unabhängig davon birgt der Vorgang (Nachfolger) in sich ein eigenes Terminrisiko, also das Risiko eines verspäteten Endes trotz pünktlichen Starts - und die Chance, die Verspätung aufzuholen.

Auf diese Weise können die einzelnen Risikosituationen mit den Vorgängen des Projekts verknüpft werden. Damit kann ein **kritischer Risikopfad** ermittelt werden. Dies wäre eine ideale Darstellungsform der erwähnten Wirkungszusammenhänge und würde Entscheidungen über Maßnahmen, deren termingerechte Steuerung und die Erfolgskontrolle wesentlich erleichtern.

In vielen Fällen ist es gerade auf dem kritischen Pfad angebracht, über einen **Auslöser** für eine vorgesehene Maßnahme nachzudenken:

Risiko	Maßnahme	Auslöser
Herr Kupfer, mit Spezialwissen, könnte wegen einer drohenden Krise in einem anderen Projekt von unserem Projekt abgezogen werden	Das Know-how bei Herrn Rosenow durch Herrn Kupfer aufbauen. Kosten aus Zeitaufwand 22.000,-€	Für den Abzug von Herrn Kupfer eine Vorwarnpflicht von 10 Tagen vereinbaren. Nur im Ernstfall wird max. 10 Tage geschult, sonst nicht.

Abbildung 4.7-2: Beispiel zur Risikoplanung

Die Einbindung der Risikoplanung in die allgemeine Termin- und Netzplanung bzw. die Erstellung eines eigenen Terminplanes dafür stellt die zeitliche Überwachung der kritischen Vorgänge sicher. Sie ist so eine wichtige Basis für die Maßnahmenplanung und -durchführung.

4.7.5.5 Weitere Ansätze zur Risikoanalyse

Neben den vorstehend beschriebenen Ansätzen und Suchfeldern zur Risikoanalyse sollen vollständigkeitshalber noch weitere genannt werden (FRANKE 1990, S. 24ff).

- Stakeholderanalysen: Fragen nach möglichen Anspruchsberechtigten, also Risikoanalyse ausgehend von möglichen Schäden aus z.B. Vertragsstrafen (siehe Kapitel 1.3 und 4.3)
- Annahmeanalysen: Fragen nach Gründen von Unsicherheiten für Annahmen und Prognosen
- Abhängigkeitsanalysen

4.7.6 Vertraglicher Risikoausschluß

Am Anfang steht der Vertrag

Verträge an sich sind keine Risiken, sondern nur die darin mehr oder weniger oder gar nicht präzisierten Vereinbarungen. Das hat häufig weitreichende und gefährliche Wirkungen auf das ganze Projekt: Zu denken ist z.B. an den häufigen Fall unvollständig oder widersprüchlich formulierter Anforderungen an das Projektergebnis.

Bei der Vertragsgestaltung ist unbedingt auf möglichst zweifelsfreie Formulierung und meßbare Größen zu achten, z.B. durch die Übernahme und Berücksichtigung von Normen und Gesetzen. Im Auslandsgeschäft ist auf abweichende Regelungen zu achten.

Die Vertragsprüfung darf der Projektleiter auch nicht dem Juristen alleine überlassen, der wahrscheinlich die technischen Feinheiten gar nicht kennen kann. Vertragsprüfung ist ein Gemeinschaftswerk des Juristen, des Projektleiters, der Projektkaufleute und Projektingenieure.

Sollte die Vertragsprüfung Unstimmigkeiten aufdecken und Diskussionen mit Kunden auslösen, so gilt auch hier der Satz: „Gutes Projektmanagement bedeutet, den unvermeidlichen Konflikt eher am Anfang zu haben und ihn konstruktiv vertraglich auszuräumen". Der Ärger am Projektanfang ist der billigste, selbst um den Preis des Projektauftrages. Es wird manchmal vergessen, daß der Verzicht auf den Auftrag gelegentlich bereits die Projektpleite verhindert hat. Das Risiko wäre dann zum k.o.-Kriterium geworden, aber damit auch ausgeschlossen.

Risikoausschluß durch Überwälzung

	Projektrisiken		
	vom Auftragnehmer übernommen		
an den Auftraggeber zurückgewiesen	an Dritte weitergegeben		beim Auftragnehmer verblieben; „Unter Kontrolle halten !"
	an Konsorten und Unterlieferanten durchgestellt	durch Versicherungen und andere Risikoträger abgesichert	

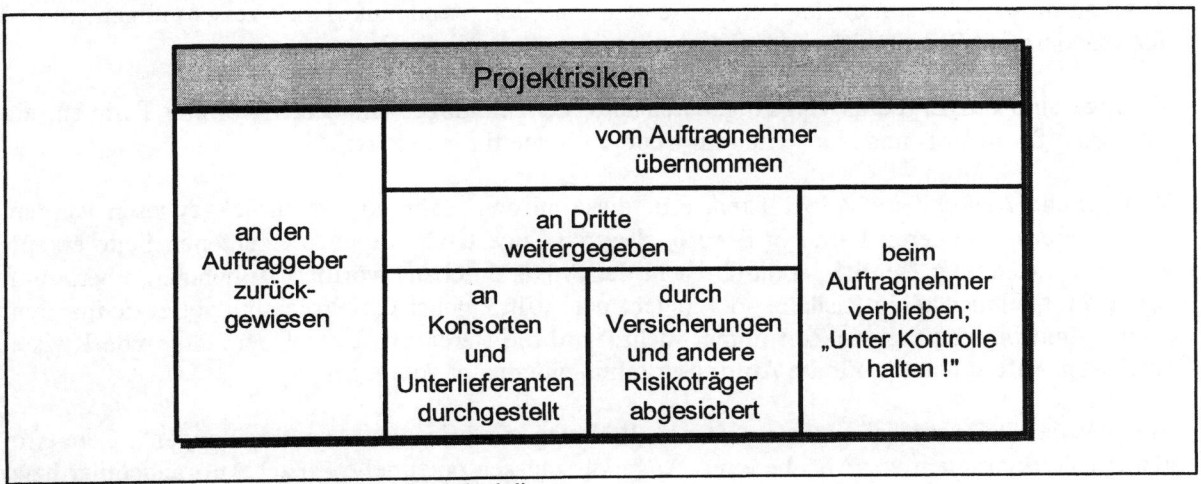

Abbildung 4.7-3: Ausschluß von Projektrisiken

Alle Verhaltensweisen aus Abbildung 4.7-3 dienen dazu, die Risiken zu minimieren (oder sogar zu eliminieren) entweder durch entsprechende Vertragsgestaltung oder durch Risikomanagement i. e. S. (akzeptierte Risiken „unter Kontrolle halten"). Bei entsprechender Vertragsgestaltung erfolgt dies durch „Abwälzen" oder „Versichern" (Sonderform des „Abwälzens").

Eine gründliche Risikoanalyse zeigt allgemein eine recht große Zahl von möglichen Projektrisiken auf. Vorsorgemaßnahmen kosten aber Zeit und/oder Geld. Deshalb gilt es, die relevanten Risiken herauszufiltern und die Maßnahmen auf diese zu konzentrieren.

Allgemein können auch folgende Grundsätze (WISOTZKI, S. 2) formuliert werden:

- Man darf nur Risiken eingehen, die man selbst beeinflussen kann
- Man darf keine Risiken eingehen, die von anderen (Kunden, Konsorten, Unterlieferanten) beeinflußt werden
- Eingegangene Risiken sollen (möglichst) weitergegeben werden.

Im ersten Schritt wird deshalb untersucht, welche der Risiken durch entsprechende vertragliche Regeln ausgeschlossen oder weitergegeben werden können. Die Prüfung kann in folgenden Schritten ablaufen:

- Welche Risiken können (je nach Standpunkt) an den Auftraggeber bzw. Auftragnehmer zurückgegeben werden?

- Welche von den dann übrigen, zu übernehmenden Risiken können an Dritte weitergegeben werden durch
    - Abschluß von Versicherungen
    - Weitergabe an Unterlieferanten
    - Mitübernahme durch Konsorten o.a. Partner

Die nach dieser Filterung übrigen Risiken verbleiben beim Projekt und sind durch Maßnahmen des Risikomanagements unter Kontrolle zu halten.

Dieses Vorgehen ist keine Risiko-Manipulation, sondern die Plazierung der Verantwortung an die richtige Stelle.

Verhandlungstaktische Gesichtspunkte

Es ist an dieser Stelle unumgänglich, auf einen konträren Standpunkt hinzuweisen; allgemein und insbesondere mit Blick auf den Vertragspartner (z.B. Auftraggeber):

Verträge sind das Ergebnis von Angeboten und Verhandlungen mindestens zweier Parteien, ein Kompromiß von Vor- und Nachteilen im weiteren Sinne für jede Partei.

Vertragliche Ausschlüsse von Risiken, z.B. diese an den Auftraggeber zurückgewiesen werden, werden von der anderen Partei in der Regel durch Zugeständnisse auf der eigenen Seite erkauft werden müssen. Der Begriff „erkauft" ist in der Praxis durchaus wörtlich zu nehmen, übernimmt der Auftragnehmer keine Risiken, so versucht der Auftraggeber das Projektbudget zu reduzieren. Häufig, und in der jüngeren Zeit immer mehr, wird die Bereitschaft zur Übernahme von Risiken durch den Auftragnehmer für die Auftragserteilung überhaupt vorausgesetzt.

Ein Beispiel dafür sind die immer weiter verbreiteten „funktionalen Ausschreibungen". Bereits in den Bietererklärungen vor Abgabe eines Angebots müssen potentielle Einzel-Auftragnehmer bzw. Konsortien erklären, daß sie die geforderten Funktionen (z.B. die Leistungsfähigkeit einer Anlage) zum abgegebenen Preis erbringen werden und technische Probleme mit daraus folgenden Mengenänderungen zu keinerlei Nachforderungen berechtigen.

Das gesamte Mengen- und Massenrisiko, das eventuell erst nach Vertrag in der Engineering-Phase zuerkennen ist, liegt hier also beim Auftragnehmer.

Eine besondere Gefahr erzeugt diese Situation für Unternehmen, die unter Umständen erst später dem Konsortium beitreten bzw. als Subunternehmer arbeiten. Sie müssen in der Regel diese Bietererklärung mit anerkennen und ihren Leistungsanteil entsprechend erbringen, haben aber auf die Auslegungen durch die Hauptkonsorten, Ingenieur-Büros oder anderen Consultants gar keinen Einfluß.

Die geschilderte Situation zeigt aber auch positive Aspekte. Sie hebt einen Anbieter mit Vertrauen in seine Leistungsfähigkeit und diese Risiken einzugehen bereit ist, entscheidend positiv von allen anderen ab. Die Bereitschaft kalkulierbarer und beherrschbarer Risiken zu übernehmen, stärkt die Position am Markt bis hin zum Monopol. Geschicktes Risikomanagement zählt bei diesen Unternehmen zu den Kernkompetenzen und ist entsprechend zu pflegen.

4.7.7 Risikobewertung

4.7.7.1 Charakteristik von Risiken

Die geschilderten Verfahren zur Risikoanalyse können eine Reihe möglicher Risiken aufdecken.

Ziel des Risikomanagements ist es, durch entsprechende Maßnahmen Risiken zu verringern und mögliche Schäden bei Eintritt zu mindern. Maßnahmen haben die unangenehme Eigenschaft, Zeit und/oder Finanzmittel zu verbrauchen.

Diese Ressourcen sind im Projekt aber nur beschränkt verfügbar. Um ihren Einsatz optimal zu steuern, bedarf es also zunächst einer Risikobewertung, damit Prioritäten für Einzelmaßnahmen gesetzt werden können.

Zunächst müssen Maßstäbe gefunden werden, anhand derer die einzelnen Risiken bewertet und miteinander verglichen werden können. Außerdem dient die Risikobewertung dazu, die Wirkung möglicher Maßnahmen zu beurteilen.

Zur Festlegung von Maßstäben können Begriffe aus der Statistik herangezogen werden. Statistiker unterscheiden:

- kardinal skalierbare Größen; das sind solche, zwischen denen meßbare Abstände bestehen (z.B. Länge in m, Kosten in €),

- ordinal skalierbare Größen; das sind solche Daten, zwischen denen lediglich Reihenfolgen festzulegen sind, ohne daß die Abstände in der Rangfolge meßbar wären (z.B. Schulnoten im Deutschaufsatz, Reihung der Lieferanten nach Zuverlässigkeit),

- nominal skalierbare Größen; das sind solche, die nur aufgezählt werden, zwischen denen aber keine Rangfolge festzulegen ist (z.B. rote, blaue und weiße Autos).

Diese Dreiteilung wird im folgenden bevorzugt und verwendet.

4.7.7.2 Bewertungsmaßstäbe für Risiken

Kardinal skalierbare Risiken sind am ehesten „rechenbar" und bieten sich dafür zum Vergleich mit einem ebenfalls rechenbaren Aufwand.

```
Entscheidung bei eindeutig
       bewertbaren Risiken

Risiko des Ausfalls einer nicht besonders
getesteten Komponente auf der Baustelle

Zusatzkosten (Tragweite)         10.000,- €/Stk.

Wahrscheinlichkeit                         5%

Risiko in Form von
zusätzlichen Testkosten
10.000 x 0,05 =                     500,- €/Stk.
```

Abbildung 4.7-4: Entscheidung bei eindeutig bestimmbaren Projektrisiken

Am einfachsten und sinnvollsten ist die Bewertung dann, wenn ein Risiko eindeutig, in der Regel mit einem €-Betrag, zu bewerten ist. Der €-Wert eines möglichen Schadens als Tragweite, multipliziert mit der Eintrittswahrscheinlichkeit, kann einen Bewertungsmaßstab für das Durchführen ebenfalls in € bewerteter Maßnahmen bieten. Diese eindimensionale Betrachtung wird dem Charakter von Risiken aber häufig nicht gerecht. Es gibt in der Regel nicht nur eine, z.B. monetär ausgedrückte, Tragweite; es existieren vielmehr verschiedene Wirkungszusammenhänge.

Ein verspäteter Termin kann sowohl Vertragsstrafen bewirken als auch das Image beim Kunden verschlechtern, die eigene Projektmannschaft verunsichern usw.

Die meisten Risiken werden in der Praxis aus diesem Grund nur durch eine ordinale Skalierung zu bewerten sein (vgl. Abschnitt 4.7.7.3).

Schließlich bleiben noch Risiken, die sich so gut wie jeder Bewertung entziehen. Solche Risiken werden aufgeschrieben und **unternehmerisch-summarisch** bewertet. Das bedeutet, daß über Maßnahmen ohne versachlichende Analysen der Tragweite entschieden werden muß. **Firmenimage, nationales Image, Marktverlust, volkswirtschaftliche Verantwortung** sind hier mögliche Wertmaßstäbe. Eine andere als die nominale Skalierung ist damit ausgeschlossen.

4.7.7.3 Vorgehen bei der Risikobewertung

Es wird empfohlen, für die Risikobewertung das gleiche Analyseteam wie für die Risikoanalyse heranzuziehen (vgl. Abschnitt 4.7.5). Dabei kann die erste Bewertung („vor Maßnahmen") unmittelbar nach der (vollständigen) Analyse durchgeführt werden, die zweite („nach Maßnahmen") später.

Bewertung nach ordinaler Skalierung

In einem ersten Schritt werden Risiken grob auf ihre Relevanz und Bedeutung für den Projekterfolg hin analysiert. Dabei bezieht sich die Analyse auf die zwei Faktoren, die das Risiko insgesamt determinieren, nämlich

- die Wahrscheinlichkeit des Eintretens und
- die Tragweite bei Eintreten.

4.7 Risikomanagement

Anmerkung: Diese Determinierung scheint dem Verfasser ausreichend; andere Autoren wählen noch Verfeinerungen, z.B. eine Differenzierung der Wahrscheinlichkeit für den Eintritt des Risikoereignisses und den Eintritt eines Schadens. Hier wird aber nachfolgend der Eintritt von Ereignis und Schaden gleichgesetzt. (SCHNORRENBERG 1997, S. 6)

Am Beispiel der Wahrscheinlichkeit wird deutlich, daß die Suche nach eindeutigen Prozentsätzen, gerade bei der Bearbeitung im Team, zu endlosen Diskussionen führen kann.

Bei einer Zahl von vielleicht 50 oder mehr Risiken wird eine solche Diskussion schnell unökonomisch. Es kann daher sinnvoll sein, zunächst die allerwichtigsten Risiken herauszufiltern. Dazu wird eine Bewertung nach den Maßstäben

- H = Hoch
- M = Mittel
- N = Niedrig (bzw. G = Gering)

durchgeführt. Beim Faktor „Wahrscheinlichkeit" kann die Frage gestellt werden, ob das Eintreten sehr wahrscheinlich (mit über 80%) oder eher unwahrscheinlich (mit unter 20%) ist. Ansonsten erfolgt die Gewichtung durch den Maßstab „Mittel".

Das gleiche Vorgehen empfiehlt sich für die Tragweite, wobei diese in absoluten Zahlen (z.B. €-Beträgen) bzw. in Relation der verschiedenen Risiken untereinander zu gewichten ist.

Art des Risikos und Auswirkung	Tragweite			Wahrscheinlichkeit		
	H	M	N	H	M	N
T: Probleme bei noch zu klärenden technischen Detailanforderungen	X				X	
T: Mangelnde Qualität und Zuverlässigkeit von Subunternehmern	X				X	
T: Technische Probleme mit neuen Baueinheiten		X		X		
V: Nochmalige Verhandlungen auf Grund unklarer Vertragsbedingungen		X				X

T = Technik M = Mittel u. Hilfsmittel K = Kommerz P = Personal
U = Umwelt Z = Zulieferung V = Vertrag

Abbildung 4.7-5: Erste, einfache Risikobewertung

Anschließend kann man einen Auswertungsmodus festlegen, etwa

- nur Risiken betrachten, die mindestens einmal mit **Hoch** oder
- zweimal mit **Mittel** bewertet wurden oder
- Risiken nicht zu betrachten, die kein Hoch, aber ein **Niedrig** erhalten.

Häufig wird eine Priorisierung nach der 6-Skala:

- HH
- HM/MH
- MM
- HN/NH
- MN/NM
- NN

gewählt.

Solche Vorgehensweise macht den Entscheidungsprozeß transparent und nachvollziehbar, hält die Diskussionszeit in Grenzen und hilft bei der Konzentration auf das Wesentliche. Eine ähnliche Blanko-Tabelle und drei Ausfüll-Beispiele sind in Abbildung 4.7-6 gegeben.

Beschreibung des Risikos	T	W	P	Maßnahme/ Kosten	T	W	Diff.	Verantw. Bemerk.
Beton brüchig, Verankerung hält nicht	H	N		Kernbohrungen ca. 5.000,- €	H	N		San. 1 Durchf. wg. Sicherung
Farbgestaltung wird nicht akzeptiert	M	M		Abstimmen mit Planungsamt	M	N		San. 1 Beratung
Mieter unzufrieden Vandalismus	M	M		Info-Veranstaltung ca. 2.000,- €	N	N		ÖA

Legende: T = Tragweite, W= Wahrscheinlichkeit, P = Priorität

Abbildung 4.7-6: Risikobewertung dreistufig, Beispiel Plattenbausanierung

Bewertung nach (kardinalen) Punkten

Die Tragweite eines Risikos läßt sich in der Regel nicht mit einer meßbaren Größe beschreiben. Nicht jeder Schaden ist ein rein monetärer.

4.7 Risikomanagement

Beispiel: Bei einer verzögerten Fertigstellung wird eine Vertragsstrafe fällig. Außerdem erhält der Kunde eine negative Vorstellung von der Zuverlässigkeit des Lieferanten. Die Vertragsstrafe ist in € auszudrücken, die negative Vorstellung aber nicht. U.U. kommt man lieferantenseitig sogar zu dem Entschluß, teure Überstunden und Ersatzbeschaffungen durchzuführen, die in € die vermiedene Vertragsstrafe übersteigen. Dazu mag man bereit sein, weil man den Imageschaden zwar nicht in € bewerten kann, aber dennoch höher als den Geldschaden einstuft.

Andererseits besteht das Bedürfnis, Risiken stärker voneinander zu differenzieren und auch die erwartete Wirksamkeit von Maßnahmen differenziert darzustellen.

Das bedeutet, daß die Klassifizierung weiter unterteilt wird, wobei sich zunächst die Vergabe von Punkten anbietet.

In gewisser Weise wird hiermit natürlich „die Quadratur des Kreises" versucht. Gerade wurden Bewertung und Abstände als nicht mit meßbaren Abständen klassifiziert bzw. definiert und jetzt werden Punkte an die Stelle der Beschreibung gesetzt.

Gegen diesen scheinbaren Widerspruch hilft die Überlegung, daß durch genaue Analyse und bei entsprechend ausreichend sicheren Erfahrungen die Bewertung doch tatsächlich genauer werden kann. Wenn nicht, werden die Punkte als „dimensionslose Größen" angesehen, d.h. „2" ist weniger als „4" und „3" liegt dazwischen, aber eben nicht exakt in der Mitte und 2 ist nicht exakt die Hälfte von 4.

Die Skalierungsmöglichkeit liegt z.B. bei der Wahrscheinlichkeit bei

- 1 Punkt   =   < 20%   = Risiko wird kaum entstehen
- 2 Punkte =   20-40% = Risiko wird eher nicht eintreten
- 3 Punkte =   40-60% = Risikoeintritt ist möglich
- 4 Punkte =   60-90% = Risiko ist wahrscheinlich
- 5 Punkte =   > 90%   = Risikoeintritt ist fast sicher.

Selbstverständlich sind auch andere Skalierungen, z.B. 1-10 Punkte, möglich.

Ob die Bewertung mit „0" nach der Wirkung der Maßnahme zulässig ist, bleibt dem Analyseteam überlassen. Ebenso sind Varianten möglich, z.B. bei einem Referenzprojekt, bei dem nichts schief gehen soll. Entschließt sich das Analyseteam hier beispielsweise für die doppelte Gewichtung des Faktors „Wahrscheinlichkeit", so ist dies akzeptabel. Das bewußte und sensible Umgehen mit Risiken ist gegenüber einem starren, regelgerechten Vorgehen stets vorzuziehen.

Die Skalierung der Tragweite erfolgt ähnlich der Bewertung nach ordinaler Skalierung. Die Punkte für die Wahrscheinlichkeit und Tragweite werden in der Regel multipliziert. Das Produkt ergibt den Maßstab für die Priorisierung.

Einsatz der Multifaktoren-Analyse (MFA)

Eine besondere Möglichkeit zur Risikoabschätzung bietet die Multifaktoren-Analyse (MFA). Diese Unterstützungsmethode für Entscheidungen in komplexen Situationen, arbeitet grundsätzlich wie folgt:

Die Zeilen einer Matrix nehmen die Entscheidungsfaktoren auf. Diese werden in der Regel untereinander zu gewichten sein. Zur Gewichtung wird jeder Faktor jedem anderen im 2er-Vergleich gegenübergestellt, jeweils mit der Frage „was ist wichtiger?". Anschließend wird die Anzahl der „Siege" jedes Faktors ermittelt. Dieser stellt die Basis für die Gewichtung der Faktoren untereinander dar.

Anschließend werden in der Horizontalen die verschiedenen Alternativen aufgelistet.

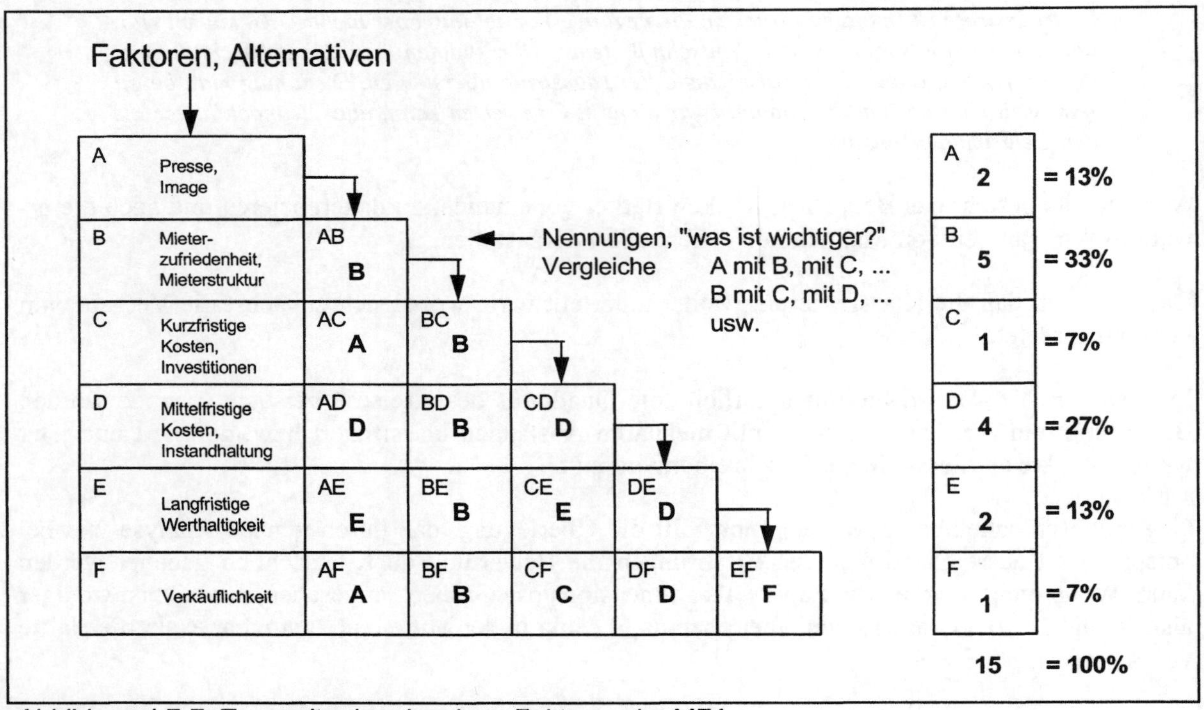

```
Faktoren, Alternativen
```

A	Presse, Image						A	2	= 13%
B	Mieter- zufriedenheit, Mieterstruktur	AB **B**		Nennungen, "was ist wichtiger?" Vergleiche A mit B, mit C, ... B mit C, mit D, ... usw.			B	5	= 33%
C	Kurzfristige Kosten, Investitionen	AC **A**	BC **B**				C	1	= 7%
D	Mittelfristige Kosten, Instandhaltung	AD **D**	BD **B**	CD **D**			D	4	= 27%
E	Langfristige Werthaltigkeit	AE **E**	BE **B**	CE **E**	DE **D**		E	2	= 13%
F	Verkäuflichkeit	AF **A**	BF **B**	CF **C**	DF **D**	EF **F**	F	1	= 7%
								15	= 100%

Abbildung 4.7-7: Tragweite der einzelnen Faktoren der MFA

Im Beispiel (siehe Abbildung 4.7-7) der Sanierung einer Plattenbau-Wohnsiedlung sind dies die Alternativen:

- gar nichts zu tun
- eine Notsanierung durchzuführen
- eine Grundsanierung durchzuführen
- die Anlage baulich umzugestalten und entsprechend aufzuwerten.

Entsch.- Faktoren	Trag- weite	nichts tun		Notsanierung		Grundsanierg.		baul. Neugest.	
		Rang	Pkt.	Rang	Pkt.	Rang	Pkt.	Rang	Pkt.
Presse, Image	2	4	8	3	6	2	4	1	2
Mieter- struktur	4	4	16	3	12	1	4	2	8
Investition	1	1	1	2	2	3	3	4	4
mittelfrist. Kosten	5	4	20	3	15	1	5	2	10
langfrist. Werthalt	2	4	8	3	6	2	4	1	2
Verkäuf- lichkeit	1	3	3	1	1	2	2	4	4
			56		42		22		30

Ergebnis z.B. aus Rang x Tragweite

beste Lösung = Rang 1 geringste Punktzahl = geringstes Risiko

Abbildung 4.7-8: Alternativenbewertung bei der Multifaktoren-Analyse

Der Bezug zum Risikomanagement besteht hier in der Möglichkeit, eine falsche Entscheidung über die Sanierungsmaßnahmen zu treffen. Eine niedrige Bepunktung zeigt somit ein hohes Risiko bezüglich des jeweiligen Faktors bei der jeweiligen Alternative.

Anschließend wird die Wirkung jeder dieser Alternativen je Faktor ermittelt. Die Alternative „Notsanierung" wird z.B. einen schlechten Wert (niedrige Punkte) bei der „langfristigen Werthaltigkeit" erfahren, eine hohe Wertung dagegen bei den „kurzfristigen Kosten".

Praktisch geht man Faktor für Faktor durch; die Bewertung kann nach „erfüllt am besten = 4 Punkte", „erfüllt am zweitbesten = 3 Punkte" usw. erfolgen. Ebenso ist dort, insbesondere wenn meßbare Abstände zwischen den Ausprägungen bestehen, eine differenzierte Bewertung, z.B. in einer Skalierung von 1-10 Punkten, denkbar.

Anschließend werden Gewicht des Faktors und Bewertung bei der Alternative multipliziert und die Ergebnisse spaltenweise addiert. Die Summen geben ein Bild von der möglicherweise bzw. nach dieser Rechnung günstigsten Alternative.

In der Praxis wird das Ergebnis manchmal aber so nicht akzeptiert, sondern angezweifelt. In diesem Fall können der Weg und das Zustandekommen aufgrund der geschaffenen Transparenz zurückverfolgt werden.

Die Multifaktorenanalyse ist also auch ein „Denkzeug" zur Analyse der bewußten oder unbewußten Einflüsse.

4.7.8 Risikovorsorge

4.7.8.1 Maßnahmenplanung und -bewertung

Nach Erkennen und Dokumentieren der Projektrisiken ist die Planung und Bewertung von Gegenmaßnahmen der nächste logische Schritt des Risikomanagements. Hilfreich ist in dieser Phase die Bewertung nach der sogenannten „BAUM"-Struktur, d.h. die differenzierte Betrachtung nach

- Beschreibung des Risikos
- Auswirkungen des Risikos
- Ursachen des Risikos und
- Maßnahmen zur Risikobekämpfung.

Die Diskussionen in der Praxis zeigen dabei häufig, daß die Zuordnung eines möglichen nachteiligen Ereignisses nicht immer eindeutig ist.

> *Beispiel: Die „verspätete Genehmigung der Planung" durch den Kunden kann als Beschreibung des Risikos herangezogen werden mit der Auswirkung: „Verschiebung des Planungsbeginns" und der Ursache: „nicht genauen Terminierung".*

> *Ebenso kann die „verspätete Genehmigung der Planung" eine Auswirkung sein mit der Beschreibung des Risikos: „Nicht-Vorhandensein eines Terminplans". Ursache mag die „mangelhafte Erfahrung des Projektleiters" sein.*

Auch hier gilt: der Prozeß, diesen Sachverhalt kritisch zu durchdenken, ist wichtig, soll das Projekt analysiert und durchdrungen werden. Bereits die intensive Auseinandersetzung der Projektbeteiligten mit dem Thema „Risiken" erzeugt ein Bewußtsein, das Risiken zu verhindern hilft.

Die Maßnahmenplanung ist zunächst einmal nach

- präventiven und
- korrektiven

Maßnahmen zu trennen. Zu verwenden sind beispielsweise Tabellen, wie sie hier beigefügt werden. Sind beide Arten von Maßnahmen denkbar, erfolgt die Planung und spätere Bewertung in zwei Zeilen. Maßnahmen-Alternativen können am ehesten verglichen werden, wenn sie monetär ausgedrückt werden.

4.7.8.2 Aufwand-Nutzen-Analyse

Dem Aufwand der Maßnahmen ist deren Nutzen gegenüberzustellen. Dazu wird erneut eine Bewertung der Risikosituation vorgenommen und zwar anhand der Frage:

„Wie ist das Risiko nach der Maßnahme zu bewerten?"

Maßnahmen können dabei Einfluß auf Wahrscheinlichkeit oder Tragweite haben (präventive in der Regel auf erstere, korrektive auf letztere) oder auf beide. Die Bewertung der Situation erfolgt nach den gleichen Kriterien und Maßstäben wie vor der Maßnahme.

Beispiele für Risikoanalyse- und Maßnahmenüberlegungen und Bewertungen:

Analysiert wird das Risiko eines Brandes im Rechenzentrum (T = Tragweite, W = Wahrscheinlichkeit, R = Risikopotential als Produkt aus T und W).

Situation:

Maßnahme 1: Sprinkleranlage

Ein Brand in einem Rechenzentrum hätte eine sehr hohe Tragweite. Die Einrichtung einer Sprinkleranlage setzt die Tragweite von Brandschäden wegen der wirksamen und schnellen Bekämpfung herunter, die von Wasserschäden aber herauf. Die Wahrscheinlichkeit eines Brandes bleibt durch diese Maßnahme unbeeinflußt.

Vorher: $T = 10$ $W = 3$ $R = 30$

Nachher: $T = 9$ $W = 3$ $R = 27$ Diff. $= 3$

Maßnahme 2: Schulung der RZ-Mitarbeiter

Die Schulung der RZ-Mitarbeiter, um deren Sensibilität gegen Gefahren zu erhöhen und im Umgang mit geeigneten Löschgeräten, würde die Wahrscheinlichkeit eines Brandes wegen erhöhter Aufmerksamkeit und dessen Tragweite wegen spontaner örtlicher Bekämpfung senken.

Vorher: $T = 10$ $W = 3$ $R = 30$

Nachher: $T = 4$ $W = 1$ $R = 4$ Diff. $= 26$

Dieses Beispiel stellt vereinfacht das Ergebnis einer u.U. intensiven und mehrstufigen Diskussion und Entscheidungsfindung im Analyseteam dar. Eventuell werden weitere Überlegungen angestellt und verworfen, z.B. der Einsatz von Halon oder CO_2. Hier wird das Ergebnis der Teamarbeit, wie sie z.B. dem Entscheider vorgelegt wird, gezeigt.

4.7 Risikomanagement

Der Vergleich des Risiko-Faktors vor und nach Maßnahmen (Differenz) läßt Rückschlüsse zu, bei welchen Maßnahmen die größten Effekte erzielt werden könnten. Der Einsatz der Mittel sollte dann zunächst dort konzentriert werden.

Ausgewählte Risiken		vor der Maßnahme			Maßnahme	nach der Maßnahme			
		T	W	R		T	W	R	Diff.
T:	Probleme bei noch zu klärenden technischen Detailanforderungen	4	6	24	Frühzeitiges schriftl. o.k. zum CR-Verfahren einholen	4	5	20	-4
T:	Mangelnde Qualität und Zuverlässigkeit von Subunternehmern	10	8	80	Sorgfältige Auswahl, vorab Infos vor Ort, Kosten 50 TDM	8	2	16	-64
T:	Technische Probleme mit neuen Baueinheiten	6	10	60	Vertrag über Vorserien-BE für Testeinsatz Kosten 20 TDM	5	5	25	-35
T = Technik M = Mittel u. Hilfsmittel K = Kommerz P = Personal U = Umwelt Z = Zulieferung V = Vertrag									

Abbildung 4.7-9: Risikobewertung nach Punkten vor und nach Maßnahmen

Zur Bewertung der Effizienz einer Maßnahme werden deren Nutzen und der monetäre Aufwand in Relation zueinander gesetzt. Dies kann verschieden erfolgen; es bietet sich an, wie in nachfolgendem Beispiel, Kosten der Maßnahmen und die Reduktion von Risikopunkten zu vergleichen.

> *Beispiel:* Hier werden die Nutzenpunkte aus der Differenz der mit Punkten bewerteten Risiken vor und nach einer Maßnahme gebildet und mit dem kalkulierten monetären Aufwand in Verbindung gebracht. Der höchste Nutzen, d.h. die absolut größte Veränderung der Risikopunkte, wird mit der Maßnahme gegen das Risiko 1 erreicht. Die Rangstufen entsprechen also dem absolut effizientesten Mitteleinsatz.

Risiko	Nutzen Punkte Differenz	Aufwand in T€	T€ pro Nutzenpunkt	Rang
1	65	30	0,46	1
2	48	50	1,05	4
3	42	35	0,83	3
4	30	45	1,50	7
5	27	15	0,55	2
6	15	17	1,13	5
7	8	10	1,25	6
8	7	15	2,14	8

Abbildung 4.7-10: Nutzenbewertung der Maßnahmen gegen Risiken

Der Maßstab für die Kosten ergibt sich aus dem kalkulierten und monetär bewerteten Aufwand für die Maßnahmen.

Der Maßstab für den Nutzen ergibt sich aus der Differenz der Risikopunkte, die für die Situation vor und nach den Maßnahmen vergeben wurden. Diese werden dann in absteigender Reihenfolge aufgelistet und grafisch dargestellt.

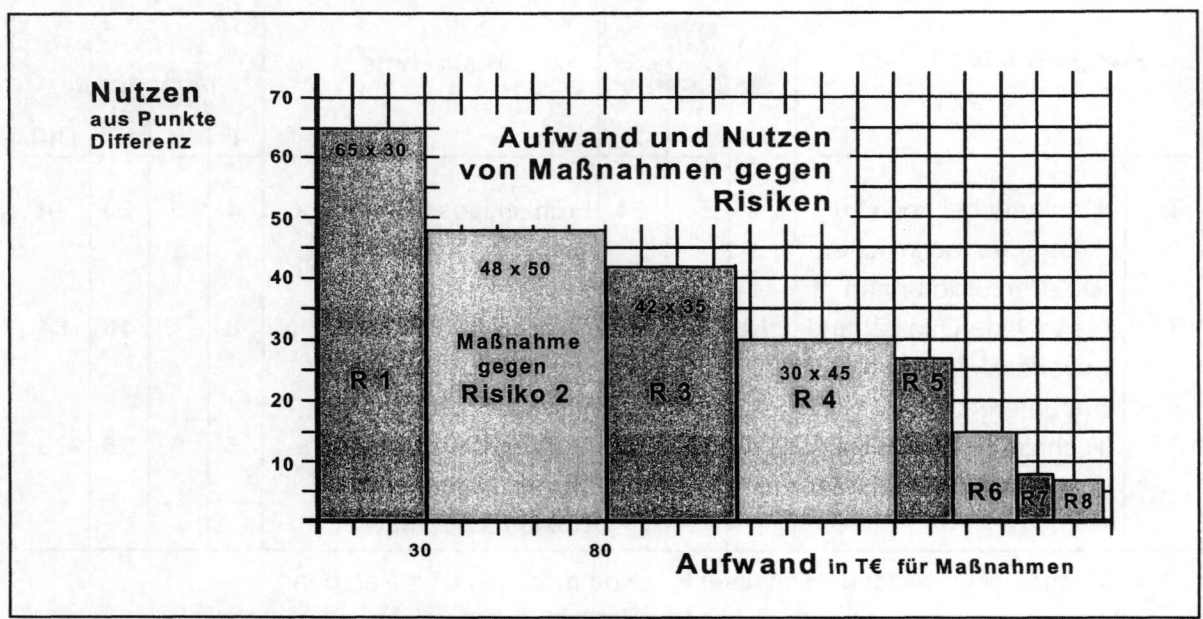

Abbildung 4.7-11: Aufwand und Nutzen von Maßnahmen gegen Risiken

Aus dieser Darstellung läßt sich schnell erkennen, mit welchem Budget zur Risikominimierung welches Risikopotential abgedeckt werden kann und welche Auswirkung z.B. ein geändertes Risikoverhalten hätte. Die Darstellung kann auch in kumulierter Form erfolgen (Abbildung 4.7-13).

4.7.8.3 ABC-Analyse in der Maßnahmenplanung

Bereits im vorstehenden Beispiel ist abzulesen, daß die dort gewählte Rangfolge nach absoluten Punkte-Differenzen ungleich der ist, die sich aus einer Sortierung nach relativen Werten (T€ pro Nutzen-Punkt) ergäbe. Letztere werden in den nachfolgenden Rechnungen zum Rangfolgen-Kriterium gemacht, um so Schlüsse auf die höchste Effizienz vom Mittel-Einsatz zu ziehen. Dafür wird eine ABC-Analyse angewendet.

ABC-Analysen sind grundsätzlich so aufgebaut, daß bei verschiedenwertigen Einflüssen auf ein Gesamtergebnis diese in absteigender Höhe kumuliert dargestellt werden.

> *Beispiel: Ein Unternehmen macht Umsatz mit 10 Produkten. Das meistverkaufte Produkt generiert 30% als gesamten Umsatz, das zweithäufig verkaufte 20%, beide zusammen also 50% usw. Mit dem am wenigsten verkauften Produkt werden vielleicht noch 1% vom gesamten Umsatz erzielt. Eine solche Analyse führt z.B. zur Aussage „20% unserer Produkte erzeugen 50% vom Umsatz („A"-Produkte); insgesamt 50% erzeugen 80% („A+B"-Produkte) und die letzten 50% nur noch 20% („C"-Produkte)".*

Auf die Risikobewertung angewandt, macht eine solche Analyse das Kosten-Nutzen-Verhältnis der Maßnahmen und des eingesetzten Aufwandes deutlich:

4.7 Risikomanagement

Rang	Risiko Nr.	Nutzen-Punkte			Aufwand			T€ pro Nutzen Punkt
		Differenz	kum	%	in T€	kum	%	
1	1	65	65	27%	30	30	14%	0,46
2	5	27	92	38%	15	45	21%	0,55
3	3	42	134	55%	35	80	37%	0,83
4	2	48	182	75%	50	130	60%	1,05
5	6	15	197	81%	17	147	68%	1,13
6	7	8	205	85%	10	157	72%	1,25
7	4	30	235	97%	45	202	93%	1,50
8	8	7	242	100%	15	217	100%	2,14

Abbildung 4.7-12: Risikobewertung

Die graphische Darstellung der ABC-Analyse stapelt die Aufwand-Nutzen-Flächen in der dargestellten Weise übereinander, in absteigender Reihenfolge der Nutzenpunkte.

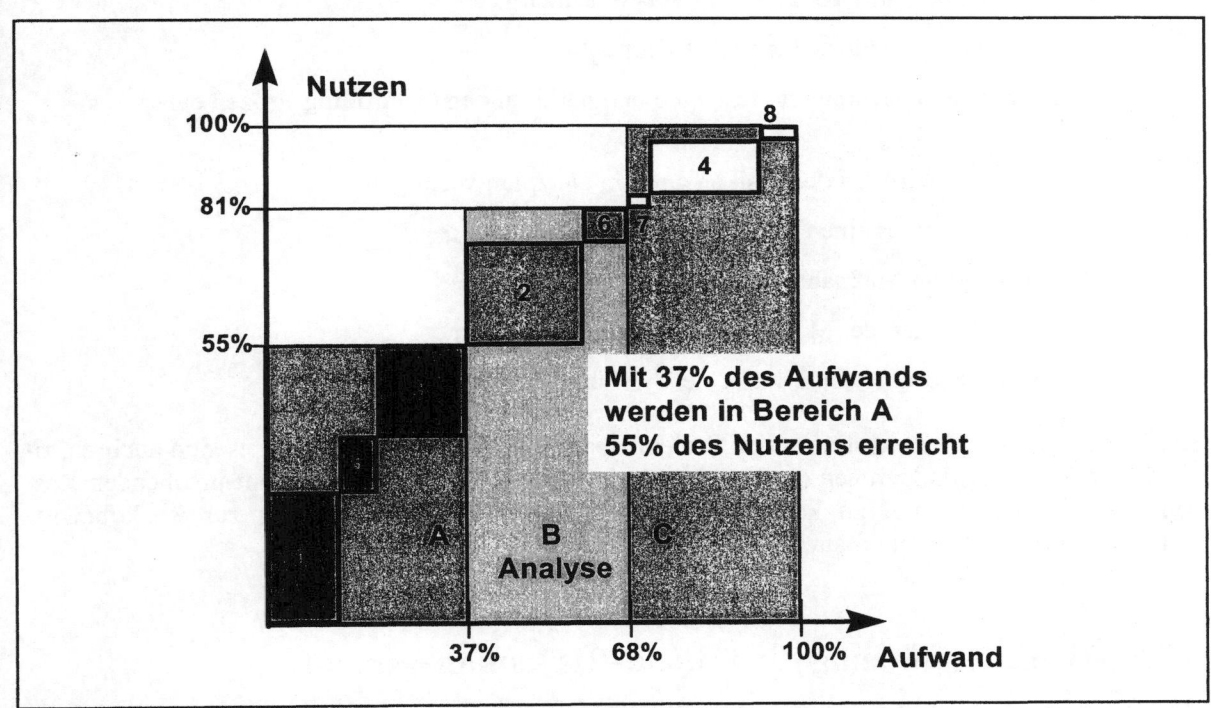

Abbildung 4.7-13: ABC-Analyse zur Risikoklassifizierung

Die Aufwand-Achse ist dazu grob gedrittelt, immer unter vollem Einschluß des in der Nähe liegenden Aufwand-Nutzen-Feldes. Im hier gezeigten Beispiel werden im Feld A mit 37% des Aufwandes 55% des Nutzens erreicht. Das ist eine klare Entscheidungshilfe, wenn nur ein begrenztes Budget zur Risikominimierung zur Verfügung steht.

4.7.8.4 Maßnahmenzuordnung und -überwachung

Maßnahmen lassen sich, wie bereits eingangs erwähnt, einteilen in

- schadensverhindernde Maßnahmen - mit dem Sinn, Risiken nicht passiv abzuwarten, sondern ihnen rechtzeitig und gezielt entgegen zu treten und

- schadensmindernde Maßnahmen - mit dem Sinn, eingetretene Risiken in ihrer Auswirkung schnellstmöglich zu begrenzen, z.B. durch **Notfallpläne in der Schublade**.

Die möglichen Maßnahmen sind festzuschreiben, zu kalkulieren, auszuwählen und Verantwortlichen zuzuordnen. Die Risiko- und Maßnahmenplanung ist auch Gegenstand des Projekt-Controllings (FRANKE 1991), anläßlich derer der Projektleiter seinen Entscheider informiert und das Handeln mit ihm gemeinsam abstimmt. Das erfordert das Erarbeiten entscheidungsreifer Alternativen. Eine häufige Erfahrung ist, daß die Möglichkeit einer schnellen Schadensminderung wirtschaftlicher ist als der Versuch, von vornherein alle Risiken ausschließen zu wollen.

Einzelrisiken und Gesamtrisiko in einem Projekt lassen sich nur wirksam begrenzen, wenn das Risikomanagement als kontinuierlicher und iterativer Prozeß verstanden, organisiert und durchgeführt wird.

- Entwicklung einer Risikosituation beobachten
- Maßnahmen an einen Terminplan koppeln
- Überwachungszeitpunkte festlegen und damit in den Controlling-Prozeß einbinden
- den kritischen Pfad der Risiken ggf. am Netzplan verfolgen
- die Auslöser für eine Maßnahme beobachten
- Wirkung von Maßnahmen verfolgen
- Veränderungen der Maßnahmen veranlassen
- Maßnahmen einstellen, wenn sie überflüssig werden.

Beim Einsatz von DV-unterstützenden Projektmanagement-Werkzeugen bietet es sich auch an, risikobeschränkende Maßnahmen als Vorgänge mit einzuplanen. Sie sind mit entsprechenden Ressourcen zu versehen und zu kennzeichnen, um dann Spezialauswertungen zur Risikobewirtschaftung automatisiert zu erhalten.

4.7.9 DV-Unterstützung für Projekt-Risikomanagement

Wie schon erwähnt, ist das Bewußtsein für die Notwendigkeit eines Risikomanagements noch viel zu wenig ausgeprägt. So ist es nicht verwunderlich, daß auch nur wenig spezielle DV-Unterstützung dafür bekannt ist (Ausnahmen: folgende Beispiele; stochastische Netzplan-Software; FRANKE 1991; SCHNORRENBERG 1990).

Dennoch kann auch vorhandene, im Projektmanagement allgemein eingesetzte Software Unterstützung im Risikomanagement leisten. So können beispielsweise einzelne Vorgänge als Checkpunkte für Risiken angelegt werden. Ebenso können entsprechende Maßnahmen und Endzeitpunkte mit angelegt und in einer extra Tabelle gekennzeichnet werden. Somit besteht die Möglichkeit, sich z.B. über entsprechende Filter die Risiko-Fälle herauszusortieren und gesondert zu betrachten.

4.7 Risikomanagement

Als ein speziell für die Risikoanalyse entwickeltes DV-Tool kann **„Project-Risk"** gelten. Dieses Tool basiert nach Anbieter-Angaben auf der Erfahrung aus ca. 200 Projekten, vorwiegend in Großbritannien.

Basis der Anwendung sind ein Fragenkatalog bzw. Risiko-Checklisten mit standardisierten Suchfeldern nach

- Erfahrungen („Hat der Projektleiter Erfahrungen in vergleichbaren Projekten?") mit den möglichen Antworten „Ja, große / Nein, keine / Weiß nicht", oder
- Strategie („Paßt das Projekt in die Unternehmensstrategie?").

Alle Antworten werden eingegeben. Das System ermittelt dann nach vorgegebenen Algorithmen Risikopotentiale verschiedener Bereiche, z.B. „verspätete Lieferung", „gar keine Lieferung". Dabei wird in den Algorithmen vorgegeben, daß verschiedene Risiken bei gleichzeitigem Eintreten nicht nur addieren, sondern sich gegenseitig verstärken.

Beispiel: „Projektleiter ist unerfahren" und „Projektziele sind nicht eindeutig definiert".

Bestünde nur eines dieser Risiken, könnte es jeweils durch das andere Element „Erfahrung" oder „eindeutige Zielsetzung" kompensiert werden. Beide Mängel zusammen aber lassen den Projektmißerfolg vorprogrammiert erscheinen.

Die Risiken in den vordefinierten Fällen werden grafisch in einer Ausprägungs-Skala dargestellt (Ballungsdiagramm). Das Tool bietet faktisch ein Hilfsmittel zur Risikoanalyse und -bewertung. Maßnahmenplanung und -verfolgung werden nicht berücksichtigt.

Ein weiterführendes Tool ist **„Risiko-Management-System (RMS)"**. Dieses Tool bildet die in diesem Kapitel beschriebene Vorgehens- und Rechenweise weitgehend ab. RMS liefert fachgebietsspezifische Suchfelder und Fragenkataloge (Checklisten), die projektindividuell ergänzt werden können. Das Leistungsspektrums umfaßt auch Maßnahmen und Auswertungsfunktionen sowie diverse grafische Auswertungen (z.B. Säulengrafiken von Risikopotentialen vor und nach Maßnahmen).

4.7.10 Psychologische Aspekte des Risikomanagements

Zwischen der Einsicht in die Notwendigkeit von Projekt-Risikomanagement und der Durchführung in der Praxis klafft eine große Lücke. Anscheinend bestehen Hemmnisse, deren Ursachen eher im psychologischen Bereich zu sehen sind. Diese Barrieren können bei den Einzelnen, aber auch in der Unternehmenskultur begründet sein.

Am Projektanfang

Ein junger Projektleiter, der soeben die Projektplanung fertiggestellt hat, kann sich vielleicht nur schwer vorstellen, sein Plan würde wegen imaginärer Risiken nicht realisierbar sein. Ein Vertriebsleiter ist vielleicht an dem damit verbundenen Umsatz interessiert, er möchte keine Kritik an seiner Vertriebsplanung aufkommen lassen und könnte leichtfertig unkontrollierten Verträgen zustimmen. Ein weiteres Problem aus Auftragnehmersicht liegt häufig darin, daß dort eventuell Mitbewerber dieses auch erkannte Risiko einzugehen bereit sind.

Projektmanagement nach dem Motto „es wird schon gut gehen" ist aber nicht akzeptabel. Entscheider müssen dafür sorgen, daß der gesamte Planungsprozeß, einschließlich der Risikobetrachtung, geregelt abläuft.

Am Projektende

Ziel eines jeden Beteiligten, Entscheiders, Projektleiters, Controllers muß es sein, das Projekt letztendlich erfolgreich abzuschließen. Am Ende zählt nur der Gesamterfolg, es interessiert nicht mehr, wieviel Kritiken, Korrekturschritte und Maßnahmen gegen Risiken dazu nötig waren.

Am Projektende ist der Projektabschlußbericht fällig. Die Diskussion darüber muß sich sowohl auf positive als auch auf negative Erfahrungen beziehen. Sie sollen für neue Projekte und andere Projektleiter abrufbar bleiben.

Die Praxis zeigt jedoch: Mißerfolgsprojekte wollen Projektleiter nicht auch noch dokumentieren. Erfolgreiche Projektleiter dagegen haben zu Projektende kaum Zeit frei, da sie meist ein neues Projekt akquirieren oder vorbereiten.

Projektmanagement-Kultur

Wie geht das Management mit Mißerfolgen um? Bezieht es sich auch selbst in die Kritik mit ein? Ermutigen Entscheider ihre Projektleiter zur Offenheit - oder auch nicht? Alle Projektbeteiligte könnten viel mehr von guten und schlechten Projekterfahrungen profitieren, wenn es einen Anreiz gäbe, die Angst vor dem persönlichen Imageverlust zu überwinden. Ein offener Führungsstil (siehe Kapitel 2.7) kann eine tolerante Projektmanagement-Kultur fördern.

Die Transparenz und Nachvollziehbarkeit der einzelnen Schritte soll zum gegenseitigen Verständnis der Projektbeteiligten beitragen. Psychische Barrieren zu erkennen und anzuerkennen, kann der erste Schritt sein, sie abzubauen.

Zusammenfassung

Risikomanagement ist unverzichtbarer Bestandteil des Projektmanagements. Risikomanagement besteht aus Risikoanalyse, Risikobewertung und Maßnahmenplanung und -verfolgung, ist unverzichtbarer Bestandteil des Projektmanagements. Dabei ist einfachen, kostengünstigen Verfahren (wie hier vorgestellt) in der Regel der Vorrang zu geben gegenüber sehr anspruchsvollen und aufwendigen.

Risikoanalyse kann durch Checklisten, ergänzt durch projektindividuelle, strukturierte Suche nach möglichen Risiken erfolgen.

Die Bewertung erfolgt anhand der Determinanten der Eintrittswahrscheinlichkeit des Risikos und dessen Tragweite bei Eintreten (Risikopotential). Dazu werden verbale oder Punkt-Werte herangezogen.

Anschließend erfolgt die Priorisierung, Klassifizierung und Maßnahmenplanung. Zur Entscheidung, welche Maßnahmen durchgeführt werden sollen, werden die Wirkung der Maßnahmen (Minderung des Risikopotentials durch die Maßnahmen) und deren Kosten verglichen. Zur Unterstützung können manuelle Listen oder DV-Verfahren herangezogen werden.

Bewußtes Risikomanagement sollte als Teil einer offenen Unternehmenskultur verstanden und gelebt werden.

Literaturverzeichnis

EWERT, W., Janßen, W., Kirschnick-Janssen, D., Papenheim-Tockhorn, H., Schwellach, G.: Handbuch Projektmanagement Öffentliche Dienste, Kellner 1996

FRANKE, A.: Risikobewußtes Projekt-Controlling, Diss., Universität Bremen 1991

FRANKE, A., Fürnrohr, M.: Risikomanagement von Projekten, TÜV Rheinland, 1990

SCHNORRENBERG, U.: Expertensystem-Werkzeug zur Risikoanalyse im Projektmanagement, Diss., Universität Bremen 1990

SCHNORRENBERG, U., Goebels, G., Rassenberg, S.: Risikomanagement in Projekten - Methoden und ihre praktische Anwendung, Vieweg, 1997

WISOTZKI, B.: Vertrags- und Änderungsmanagement zur Risikominimierung

Autorenportrait

Dipl.-Kfm. Uwe Rohrschneider

Jahrgang 1950, studierte Betriebswirtschaftslehre an der Technischen Universität Berlin. Er ist Unternehmensberater in der PMC + T Projektmanagement Consulting und Training in Berlin und Honorardozent an der Technischen Fachhochschule Berlin sowie Dozent einschlägiger Seminare.

Seit über 15 Jahren arbeitet er im Bereich des Projektmanagements sowohl in der Entwicklung und Einführung solcher Systeme, der praktischen Abwicklung von Projekten in den Bereichen „Industrieanlagen-Bau", „Software-Entwicklung" und „Bau- und Wohnungswirtschaft" als auch als Unternehmensberater. Dem allgemeinen Trend folgend, haben sich dabei Schwerpunkte bei den Themen „Risiko"- (und auch „Claim"-) Management herausgebildet, einschließlich juristischer und verhandlungstaktischer Beurteilung der jeweiligen Sachlage.

Das vorliegende Kapitel „Risiko-Management" beinhaltet die Erfahrungen aus der o.g. Praxis, auch mit Blick auf Ausgewogenheit und Angemessenheit des Vorgehens.

Abbildungsverzeichnis

Abbildung 4.7-1: Formblatt zur Risikodokumentation, Beispiel 1100

Abbildung 4.7-2: Beispiel zur Risikoplanung 1102

Abbildung 4.7-3: Ausschluß von Projektrisiken 1103

Abbildung 4.7-4: Entscheidung bei eindeutig bestimmbaren Projektrisiken 1106

Abbildung 4.7-5: Erste, einfache Risikobewertung 1107

Abbildung 4.7-6: Risikobewertung dreistufig, Beispiel Plattenbausanierung 1108

Abbildung 4.7-7: Tragweite der einzelnen Faktoren der MFA 1110

Abbildung 4.7-8: Alternativenbewertung bei der Multifaktoren-Analyse 1110

Abbildung 4.7-9: Risikobewertung nach Punkten vor und nach Maßnahmen 1113

Abbildung 4.7-10: Nutzenbewertung der Maßnahmen gegen Risiken 1113

Abbildung 4.7-11: Aufwand und Nutzen von Maßnahmen gegen Risiken 1114

Abbildung 4.7-12: Risikobewertung 1115

Abbildung 4.7-13: ABC-Analyse zur Risikoklassifizierung 1115

Lernzielbeschreibung

Der Leser soll

- hinsichtlich der Risikobetrachtung in der Projektarbeit sensibilisiert werden;
- die begriffliche Einordnung treffen können;
- Aspekte des Risikomanagements den einzelnen Phasen des Projektablaufs zuordnen können;
- eigenständig eine Risikoanalyse durchführen können;
- Maßnahmen zur vorsorgenden und schadensmindernden Riskobewältigung ermitteln und umsetzen können.

4.8 Informations- und Berichtswesen

von

Florian E. Dörrenberg

Relevanznachweis

Um ein Projekt erfolgreich koordinieren und abwickeln zu können, sind Informationen an allen Stellen im Projekt und ein möglichst reibungsarmer Informationsfluß zwischen den internen und externen Projektbeteiligten notwendig. Die Güte der Kooperation zwischen den Beteiligten und damit nicht zuletzt auch die Güte des Projektergebnisses hängen wesentlich davon ab, inwieweit die am Projekt beteiligten Stellen auf alle relevanten Informationen vollständig, geordnet sowie problemorientiert und aktuell zugreifen können bzw. mit den erforderlichen Informationen versorgt werden.

Die Qualität der Information steht in einem unmittelbaren Zusammenhang mit der Aktualität der Informationen. Der Informationsbedarf der unterschiedlichen Empfänger bestimmt unterschiedliche Informationsbereitstellung und -medien, z.B. durch unterschiedliche Berichtsarten. Neben regelmäßigen können auch situationsabhängige Berichte notwendig sein.

Das Berichtswesen ist ein wesentlicher Bestandteil des projekteigenen Informationssystems. Seine Aufgabe ist es, den tatsächlichen Stand des Projektes aussagekräftig festzuhalten und dabei die zukünftige Entwicklung des Projektes aufzuzeigen. Es dient nicht allein der Dokumentation des Projektablaufs, sondern gleichzeitig als vorausschauendes Frühwarnsystem für Projektablauf und Zielerreichung.

Aufbau und effiziente Nutzung des Informations- und Berichtswesens („Informationsmanagement") ist eine wesentliche Aufgabe der Projektleitung. Allerdings ist darauf zu achten, daß die eingesetzten Mittel und Verfahren der jeweiligen Projektgröße und -komplexität entsprechen. Das eingesetzte Informationssystem muß nicht teuer sein, entscheidend sind Klarheit und Disziplin der Projektbeteiligten; diese sind - bei gleichzeitiger Wahrung der Verhältnismäßigkeit der Mittel - anzustreben.

Das vorliegende Kapitel behandelt zunächst die Information als Grundlage der Berichterstattung im Projekt. Anschließend werden Arten von Projektberichten sowie Projektbesprechungen vorgestellt. Schließlich wird das Besprechungsprotokoll als wesentliches Element des Informationssystems eines Projektes näher betrachtet.

Inhaltsverzeichnis

4.8.1 Grundlagen des Informationswesens — **1125**

    4.8.1.1 Information und Informationsbedarf — 1125

        4.8.1.1.1 Informationsquellen und -träger — 1126

        4.8.1.1.2 Informationsbedarf und -angebot — 1126

        4.8.1.1.3 Informationsaustausch — 1128

    4.8.1.2 „Harte" und „weiche" Daten — 1130

    4.8.1.3 Verbreitung von Informationen — 1131

4.8.2 Gestaltung des Berichtswesens — **1131**

    4.8.2.1 Ziele und Merkmale — 1131

    4.8.2.2 Zielgruppenorientierte Informationsverdichtung — 1132

    4.8.2.3 Gegenstand des Berichtswesens — 1136

        4.8.2.3.1 Berichte und Protokolle — 1136

        4.8.2.3.2 Zeit- und ereignisorientierte Berichte — 1136

    4.8.2.4 Berichtsplan — 1137

        4.8.2.4.1 Häufigkeit der Berichterstattung — 1138

        4.8.2.4.2 Der Verteiler — 1139

        4.8.2.4.3 Merkmale eines guten Berichtswesens — 1139

4.8.3 Projektberichte im Überblick — **1140**

    4.8.3.1 Zeitorientierte Projektberichte — 1140

        4.8.3.1.1 Situationsbericht — 1140

        4.8.3.1.2 Statusbericht — 1141

        4.8.3.1.3 Monats-/Quartalsbericht — 1143

        4.8.3.1.4 Arbeitspaketbericht — 1144

    4.8.3.2 Ereignisorientierte Projektberichte — 1145

        4.8.3.2.1 Sofortbericht (Ausnahme-, Blitzbericht) — 1145

        4.8.3.2.2 Phasen-Abnahmebericht — 1146

        4.8.3.2.3 Projektabschlußbericht — 1147

        4.8.3.2.4 Abnahmeprotokoll — 1148

4.8.4 Projektbesprechungen und Protokollierung — **1148**

    4.8.4.1 Projektbesprechungen — 1149

    4.8.4.2 Protokollführer und Protokollierung — 1149

    4.8.4.3 Kennzeichen guter Protokollierung — 1150

    4.8.4.4 EDV-Unterstützung der Protokollverwaltung — 1152

4.8.1 Grundlagen des Informationswesens

Soll ein Projekt zielgerichtet gesteuert werden, müssen die **Entscheidungsträger** über **entsprechende Informationen** verfügen. Die Effizienz des Projektmanagements hängt ganz erheblich von der Art und Weise ab, wie die Informationen im Projekt kommuniziert werden (siehe Kapitel 2.2 und 2.9).

Gelingt es dem Projektmanagement nicht, die zur Bearbeitung der Projektaufgabe erforderlichen Informationen rechtzeitig und in angemessener Intensität regelmäßig zur Verfügung zu stellen, wird es zu Doppel-, Fehlarbeiten und Leistungsverlusten kommen. Hierdurch geht wertvolle Zeit verloren, und die Kosten werden erhöht.

4.8.1.1 Information und Informationsbedarf

Zum besseren Verständnis des Themas sind zunächst zwei Grundbegriffe - im Sinne ihrer Anwendung in Projekten - näher zu erläutern: *Information*

> Eine **Information** ist eine Kenntnis, die die Ungewißheit über das Eintreten eines bestimmten Ereignisses aus einer Menge von möglichen Ereignissen verringert oder beseitigt." (EN DIN 44301-16).

> **Daten** sind Gebilde und aus Zeichen oder kontinuierliche Funktionen, die aufgrund bekannter oder unterstellter Abmachungen Informationen darstellen, vorrangig zum Zwecke der Verarbeitung oder als deren Ergebnis." (DIN 44300-2).   *Daten*

Information bedeutet demnach **zweckorientiertes Wissen**; sie muß für den Empfänger einen Neuigkeitsgehalt haben oder umgekehrt: alle Daten, die das Nichtwissen in Wissen umwandeln, sind Informationen. Daten haben - im Sinne von Fakten - dauerhaften, Informationen oft nur temporären Charakter. Informationen können Daten beinhalten.

Informationen sind für die dispositiven Aufgaben der Projektleitung ebenso wie für die operativen Aufgaben der ausführenden Fachbereiche von größter Wichtigkeit. Die gezielte Vermittlung von Informationen kann im Projekt als eines der wichtigsten Managementinstrumentarien angesehen werden.   *„Management by Information"*

Die Sprachwissenschaft (Semiotik) zeigt, daß es sinnvoll ist, die „Information" aus dreifacher Sicht zu betrachten:

1. Darstellungsformen, Medien, Signale (Syntaktik)

2. Inhalte, Bedeutung, Aussagen (Semantik)

3. Zwecke, Empfänger, Wirkungen (Pragmatik)

Das Projektmanagement sollte demnach sein Berichtswesen (Informationsbedarf und -versorgung) auf diesen drei Ebenen wirksam gestalten.

Information ist nämlich der „Rohstoff" für die **Kommunikation**, also den Prozeß des Informationsaustausches. Im folgenden wird die Information im Vordergrund stehen, Kommunikation ist insbesondere Gegenstand der Kapitel 2.2 und 2.9.

4.8.1.1.1 Informationsquellen und -träger

Informationsaustausch im Dialog

Informationen können aus unterschiedlichen Quellen bezogen werden (vgl. Abbildung 4.8-1). Meist handelt es sich dabei nicht um „einseitige" Vorgänge, sondern um **dialogorientierten Informationsaustausch**. Es sind also zwei oder mehr Stellen beteiligt, die Informationen in irgendeiner Art bereitstellen oder nachfragen.

Verbale Quellen	Schriftliche Quellen
Gespräche	Mitteilungen (Papier, E-Mail)
Besprechungen	Protokolle
Vorträge	Berichte
Video-/Telekonferenz	Veröffentlichungen

Abbildung 4.8-1: Informationsquellen

Informationsaustausch vollzieht sich überwiegend in **verbaler Form**. Vor allem die unzähligen informellen Gespräche sind es, die den größten Beitrag zum Teamgeist, zum „Wir-Gefühl" einer Projektgruppe, erbringen. Während **schriftliche** Informationen einen gewissen verbindlichen Charakter aufweisen und auch kein Projekt auf sie verzichten kann, wird eine gute Zusammenarbeit am besten durch das tägliche Gespräch gefördert (MADAUSS 1994). Dieser Aspekt wird in den Kapiteln 4.2. und 4.9. weiter verfolgt; im vorliegenden Kapitel wird der Schwerpunkt auf die Operationalisierung der formellen Kommunikation gelegt.

4.8.1.1.2 Informationsbedarf und -angebot

Um die Informationen für die Projektbeteiligten in richtigem Umfang nutzbar machen zu können, bedarf es einer entsprechenden **Systematik als Bindeglied** zwischen den Informationsquellen und den für die Adressaten vorgesehenen unterschiedlichen Informations-Plattformen (mündlicher oder schriftlicher Art). Als Bindeglied für die Vermittlung schriftlicher Informationen bietet sich die Institutionalisierung eines **standardisierten Projektberichtswesens** an (vgl. Abschnitt 4.8.2).

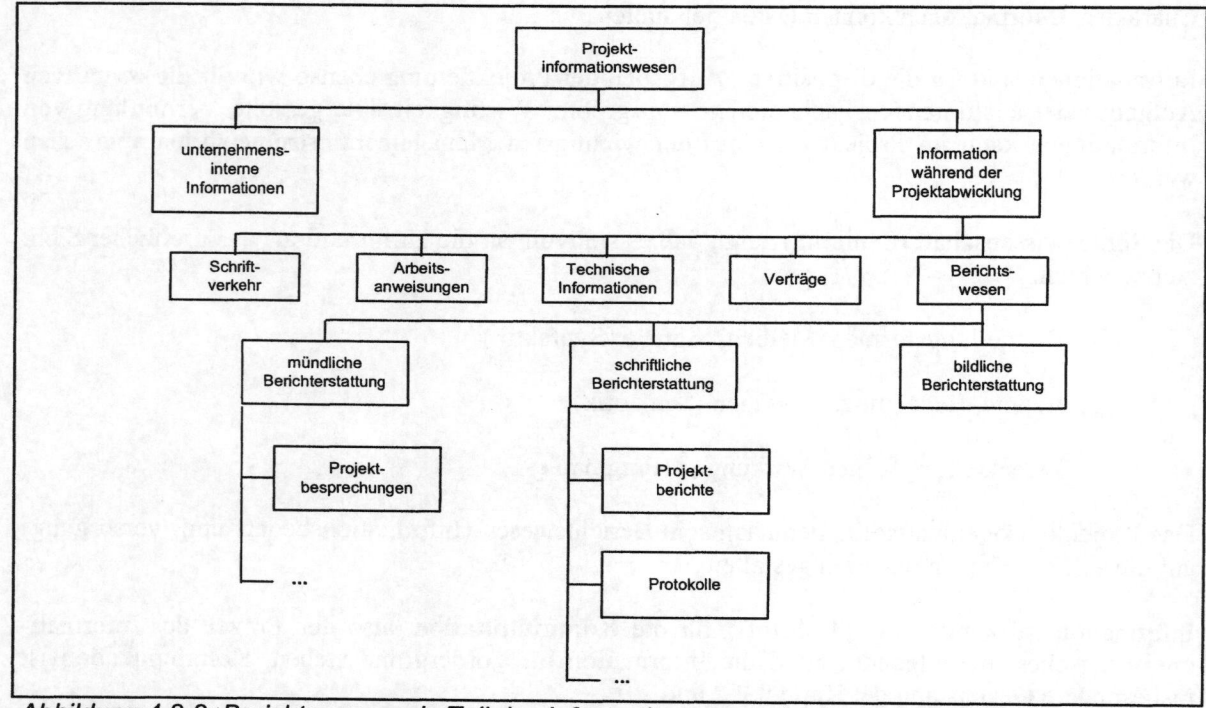

Abbildung 4.8-2: Berichtswesen als Teil des Informationswesen im Projekt (nach MOTZEL 1987)

4.8 Informations- und Berichtswesen

Das **Projektberichtswesen ist ein Teil eines umfassenderen Informations(versorgungs)systems** (vgl. Abbildung 4.8-2), da bei der Projektabwicklung neben der Berichterstattung noch weitere Informationsbereiche (z.B. Arbeitsanweisungen, technische Informationen, Verträge, Schriftverkehr usw.) vorhanden sind. Dieses Informations(versorgungs)sytem im Projekt orientiert sich an bestimmten Regeln und Richtlinien. Es soll sicherstellen, daß bei allen Projektbeteiligten zur rechten Zeit die für die Erfüllung der Projektaufgaben notwendigen Informationen in verwendbarer Form zur Verfügung stehen. Durch **Auswahl und Verdichtung** sollen jedem Empfänger nur die Informationen bereitgestellt werden, die wirklich benötigt werden (nach MOTZEL 1987).

Informations-(versorgungs)system

Der subjektive **Informationsbedarf** des Empfängers und das aktuelle **Informationsangebot** sind jedoch oft nicht deckungsgleich. Diese Diskrepanz kann ein erhebliches Problem und Risiko für das Projekt bedeuten (Abbildung 4.8-3).

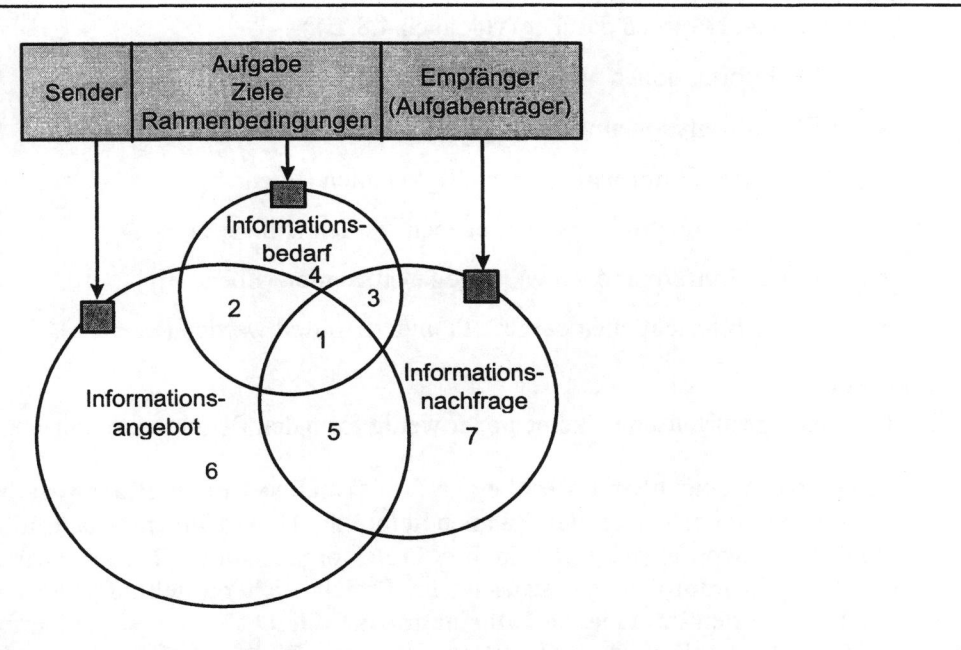

Informationsbedarf

Erläuterungen:
1 = Für diese Informationen besteht ein Bedarf. Sie werden angeboten und auch nachgefragt.
2 = Informationen, die benötigt und angeboten werden, aber nicht nachgefragt werden.
3 = Diese Informationen werden benötigt und nachgefragt. Sie werden jedoch nicht angeboten.
4 = Informationen, die benötigt werden, aber nicht angeboten und nicht nachgefragt werden.
5 = Diese Informationen werden sowohl nachgefragt als auch angeboten, sind aber nicht nötig.
6 = Diese Informationen werden angeboten. Es besteht jedoch kein Bedarf und sie werden auch nicht nachgefragt.
7 = Diese Informationen werden nachgefragt. Es existiert jedoch kein Angebot und kein Bedarf.

Abbildung 4.8-3: Diskrepanz zwischen Informationsangebot, -nachfrage, -bedarf (KIELKOPF 1994)

Der subjektive **Informationsbedarf** der Empfänger kann sich entsprechend ihrer Funktionen im Projekt auf allen drei oben genannten Ebenen erheblich voneinander unterscheiden. Mögliche Kriterien sind die

- Detaillierung,
- Vollständigkeit,
- Aktualität,
- Häufigkeit,
- Darstellungsform

der nachgefragten und benötigten Informationen (BURGHARDT 1993).

*Informations-
management*

Das **Zuleiten der benötigten Informationen** darf nicht dem Zufall oder der Willkür einzelner überlassen bleiben; die Projektmitarbeiter und -beteiligten haben im allgemeinen kaum Zeit für eine umständliche Informationssuche und geduldige Informationssammlung. Der jeweilige Informationsbedarf muß vielmehr möglichst schnell, automatisch und vollständig befriedigt werden, d.h. innerhalb der **Informationshierarchie** sind die strategische, die dispositive und die operative Ebene gleichermaßen nutzungsadäquat mit Informationen zu versorgen. Man spricht hierbei auch von **Informationsmanagement** (BURGHARDT 1993).

4.8.1.1.3 Informationsaustausch

*Austausch von
Informationen*

Der Austausch von Informationen kann auf zwei Arten erfolgen:

1. **formell:**
Es gibt Regeln und Formen darüber (vgl. auch 4.8.1.1),

- WER Informationen weitergibt (Ebene c),
- WEM Informationen weitergegeben werden (Ebene c),
- WOZU diese Informationen benötigt werden (Ebene c).
- WANN Informationen weitergegeben werden (Ebene c),
- WELCHE Informationen weitergegeben werden (Ebene b),
- WIE die Informationen dargestellt und vermittelt werden (Ebene a),

2. **informell:**
Der Informationsaustausch ist keinen oder wenig formalen Regeln unterworfen.

*Bedeutung
informeller
Information*

Es ist wichtig, daß bereits beim Projektbeginn die **formellen Informationswege** bedacht und festgelegt werden. Den infrastrukturellen Rahmen liefern die Unternehmensorganisation und die Kompetenz- und Verantwortungsbereiche in der Projektorganisation. Dadurch wird zumindest der notwendige „Pflicht-Informationsaustausch" im Projekt sichergestellt. Die formellen Informationswege sollten mit den **informellen Informationskanälen** harmonieren. Die informelle Informationsbeziehung (z.B. Freundschaft, Bekanntschaft, Kollegialität usw.) spiegelt oft ein wirklichkeitsnahes Bild der nicht zu unterschätzenden zwischenmenschlichen Beziehungen im Projekt wider (MADAUSS 1994). Deshalb sollte gerade der Projektleiter bestrebt sein, die formellen Informationsflüsse den informellen Informationskanälen weitgehend anzupassen (MOTZEL 1987).

*Machtfaktor
„Information"*

In der Praxis hängt Informationsweitergabe sehr stark von den beteiligten Persönlichkeiten und ihrer Einstellung zum Teamgedanken ab. Die Bandbreite reicht von „Informationen bunkern" (im Sinne von „Wissen ist Macht") über selektive Informationsweitergabe innerhalb von „Seilschaften" bis hin zu einer offenen und fairen Informationsweitergabe. Die Projektleitung sollte eine Kommunikationskultur fördern, die das Zurückhalten von Informationen in einem Projektteam vermeidet. Statt dessen ist der Aufbau einer Art **Informationsnetz im Sinne des Teamgedankens** anzustreben (EWERT 1996).

*Prinzipien des
Informierens*

Unabhängig davon, welcher institutionelle Weg der Informationsweitergabe eingeschlagen wird, gibt es einige Prinzipien des Informierens, die in jedem Fall beachtet werden sollten (vgl. Abbildung 4.8-4).

4.8 Informations- und Berichtswesen

> 1. Da Informieren - gleich, wo es geschieht und durch wen - mehr ist als Orientieren, muß das WARUM und WOZU der Arbeit, Maßnahme oder Handlung herausgestellt werden.
> 2. Nicht zuviel auf einmal; strukturieren, in Abschnitte unterteilen und die entscheidenden, wichtigen Punkte (Schlüsselpunkte) hervorheben.
> 3. Zeit zum Anpassen, Umstellen, Reifenlassen einräumen.
> 4. Daran denken, daß alles Neue zuerst einem natürlichen Widerstand begegnet.
> 5. Durch Rückmeldungen sicherstellen, daß die Information angekommen ist, verstanden und akzeptiert wurde.
> 6. Grundsätzlich auf möglichst kurze Informationswege achten, denn je mehr Stationen in einem Informationsprozeß eingeschaltet sind, desto größer ist die Gefahr von Verfälschungen.
> 7. Informationen müssen nach Möglichkeit konkret und unmittelbar interessenbezogen formuliert sein, denn was den Empfänger nichts angeht, wird weder beachtet noch behalten.
> 8. Bei der Information kommt es hauptsächlich auf den Adressaten an; er muß gewonnen werden, er muß verstehen können. Dies bedeutet Teilhabenlassen, Anerkennung und Bestätigung. Eigene Formulierungsvorlieben sind zu vermeiden.
> 9. Bei Informationen muß Kontinuität bewahrt werden. Auf Wiederholungen und Fortsetzung ist zu achten, will man nicht die Wirkung von vornherein beschränken.
> 10. Daran denken, daß die Information "von unten nach oben" für die Vorgesetzten wie für die ganze Organisation von entscheidendem Interesse ist.
> ABER: Zuträgerei und Klatsch bringen keine brauchbaren Informationen.

Abbildung 4.8-4: Prinzipien des Informierens (MÜLLER 1992)

Für die Projektleitung ist es besonders wichtig, daß die o.g. Prinzipien des Informierens im Projekt sinnvoll umgesetzt werden, um eine möglichst zeitechte Kenntnis des Ist-Standes für alle Beteiligten sicherzustellen. Ohne genaue Kenntnis der Ist-Situation im Projekt ist eine **gezielte und sichere Projektsteuerung** durch die Projektleitung unmöglich. Voraussetzung hierfür sind allerdings verläßliche Bezugsgrößen (durchdachte Projektstrukturierung, richtig detaillierte Ablaufplanung, effiziente Projektorganisation usw.). Erst dann sind klare Planvorgaben und Arbeitsprogramme für die Beteiligten möglich, die die Grundlage für eine kontinuierliche Projektüberwachung bieten (nach MOTZEL 1987).

Insgesamt lassen sich folgende wesentliche **Aufgaben** des Informationswesens ableiten:

- **entscheidungsrelevante** Informationen rechtzeitig bereitstellen;
- **einfachen** Projektüberblick **schnell** geben;
- **frühzeitig** Risiken und **klare** Maßnahmen aufzeigen.

Aufgaben des Informationswesens

Häufig werden „auf gut Glück" möglichst alle verfügbaren Informationen gesammelt und ungefiltert weitergegeben. Für jeden Empfänger ist es jedoch eine Zumutung, sich aus einem Berg an Informationen erst die für ihn wichtigen Passagen herauszusuchen. Deshalb gilt hier der Grundsatz: **„Weniger an Information ist oft mehr an Wirkung"** (PLATZ 1986).

Berichte nicht mit Informationen überladen

In Kurzform lassen sich die Anforderungen für einen effektiven Informationsaustausch im Projekt in folgenden vier Punkten zusammenfassen (ANDREAS 1992):

- ein Höchstmaß an **Aktualität**

    (Motto: „Schnelligkeit vor Genauigkeit")

- **Faktenanalyse** statt Schuldzuweisungen

    (Motto: „Kein Zuschieben des schwarzen Peters")

- nicht nur Status dokumentieren, sondern **geeignete Korrektur- bzw. Steuerungsmaßnahmen** aufzeigen

    (Motto: „Blick nach vorn")

- Texte und Zahlen weitgehend **visualisieren**

    (Motto: „Ein Bild sagt mehr als tausend Worte").

4.8.1.2 „Harte" und „weiche" Daten

Von erfahrenen Projektleitern ist bisweilen zu hören, daß es in ihrem Projekt wieder einmal „menschelt". Damit wird eine Projektsituation beschrieben, die auf zwischenmenschlichen Beziehungen baut und nur schwer allein durch objektive Fakten bzw. Kennzahlen charakterisiert werden kann. Ähnlich verhält es sich mit den Informationen selbst. Deshalb können in Projekten zwei Kategorien von Informationen bzw. Daten unterschieden werden, sogenannte „harte" und „weiche" Daten.

Als „**hart**" (engl.: hard facts) werden in der Regel meßbare und/oder objektiv bewertbare Daten bezeichnet wie Kosten, Termine, Mengen, die den Status des Projektes zu einem bestimmten Zeitpunkt wiedergeben. Im Gegensatz dazu beschreiben die „**weichen**" Daten (engl.: soft facts) eher das Projektumfeld, die psycho-soziale Seite des Projektes bzw. die Situation der Mitarbeiter. Hierzu gehören beispielsweise (PLATZ 1994):

- aufgetretene Probleme,
- erwartete Schwierigkeiten und Risiken,
- Verhalten einzelner Projektbeteiligter,
- Kommunikation,
- Erwartungen,
- Gerüchte,
- offene Punkte, Unklarheiten.

Diese weichen Daten sind in Berichten oft nur sehr schwer mit konkreten Zahlen und Fakten zu belegen. Sie können jedoch den künftigen Verlauf des Projektes stark beeinflussen.

Deshalb ist darauf zu achten, daß in der Berichterstattung beide Arten von Daten ausreichend berücksichtigt werden. Dies kann in Projektberichten zum Beispiel durch einen **Mix von Grafiken/Tabellen** (harte Daten) **und offenen Schriftfeldern für Kommentare** (weiche Daten) erreicht werden.

4.8.1.3 Verbreitung von Informationen

In der Praxis ist oft zu hören: **„Der Projektleiter ist die Informationsdrehscheibe des Projektes"**. Gleich einem „Herold" hat er dafür zu sorgen, daß alle potentiellen Interessenten an seinem Projekt in der angemessenen Weise mit den für sie bestimmten Informationen versorgt werden. Dies gilt insbesondere auch für die Informationsversorgung von Interessensgruppen im Projektumfeld. Hier kann es eine Herausforderung sein, dem **„schleichenden" Informationsfluß** durch Gerüchte oder Halbwahrheiten **zuvorzukommen** und gezielt Angaben über den Stand des Projektes zu verteilen und zu veröffentlichen, die im Sinne des Projektes sind (siehe Kapitel 1.3).

Interne und externe Informationen

Neben den dort genannten Möglichkeiten hat sich bei größeren Projekten ein sogenannter **Informationsmarkt** bewährt. Er ist für Projekte gut geeignet, um einem großen Teilnehmerkreis in relativ kurzer Zeit ein umfangreiches und komplexes Vorhaben nahezubringen. Im Gegensatz zu „Einweginformationen" (z.B. Stellungnahmen) findet hier ein wechselseitiger Informationsfluß mit hoher Interaktion zwischen den Anwesenden statt. Entsprechend einem Markt werden die einzelnen Themen als Informationsbausteine in unterschiedlicher Darbietungsform zusammengestellt (z.B. Referate, Vorführungen, Info-Stände, Projekt-Infoblatt usw.) und dem Teilnehmerkreis (ggf. gruppenweise) angeboten (BURGHARDT 1993).

Informationsmarkt

Zur kontinuierlich verfügbaren Ablage und zur ordnungsgemäßen Archivierung der in einem Projekt anfallenden Informationen (z.B. in Form von Zeichnungen, Berichten und Besprechungsprotokollen) ist (zumindest in größeren Projekten) ein systematisches Unterlagen- und Dokumentenmanagement erforderlich. In kleineren Projekten sind häufig bereits ein **zentraler Ordner** für die übergreifenden Verfahrensregeln der Projektarbeit (Projektmanagement-Handbuch) und ein **Ordner für die Projektergebnisse** (je Projekt ein eigenes Projekt-Handbuch) ausreichend, um die einheitliche Information aller Projektbeteiligten zu gewährleisten (GLAUBITZ 1994). Weitere Ausführungen hierzu bietet Kapitel 4.5.

Systematische Informationsdokumentation

4.8.2 Gestaltung des Berichtswesens

Neben der mündlichen Kommunikation ist das Berichtswesen im Projekt wesentlicher Teil eines geordneten Projektinformationswesens. Dazu sind **Inhalte und Form** der Berichterstattung, **Berichterstatter, Empfängerkreis, Berichtszyklus** und **Berichtsablauf** festzulegen.

Die Ausprägungen dieser Merkmale eines Berichtswesens sind **abhängig von Größe, Komplexität** und **Organisationsform des Projektes** sowie von der **Art** des eingesetzten **Projektplanungs- und -steuerungssystems (Projekt-Software)**.

„Berichtswesen" bedeutet dabei nicht nur die Erstellung und wiederholte Verteilung von schriftlichen Meldungen. Vielmehr ist es im Sinne des englischen „Reporting" zu verstehen. Übersetzt bedeutet dies „berichten" oder „berichterstatten" im Sinne einer Lageschilderung in mündlicher, schriftlicher und grafischer Form. Das Wort „Wesen" faßt hierbei alle Methoden und technischen Hilfsmittel zusammen, die bei der systematischen Berichterstattung angewandt bzw. benutzt werden. Hierbei wird die Beachtung vorhandener geordneter Richtlinien vorausgesetzt (MOTZEL 1987).

„Wesen" der Berichterstattung

4.8.2.1 Ziele und Merkmale

Das Berichtswesen ist an dem **Informationsbedarf des Empfängers** (also in Abhängigkeit von dessen Aufgabe) auszurichten. Dazu sind durch den Projektleiter

- Informationsbedarfe festzustellen,
- Berichtszeiträume zu bestimmen,
- Informationswege aufzuzeigen,
- Informationskanäle festzulegen.

Im Zusammenhang mit der projektspezifischen Umsetzung der o.g. Punkte lassen sich folgende **Ziele** identifizieren, die ein effektives Berichtswesen **mindestens** anstreben sollte (vgl. auch RINZA 1994):

- Die Erreichung der geplanten Projektergebnisse bezüglich Terminen, Kosten und Leistung wird unterstützt.
- Unterstützung der Entscheidungsfindung durch zeitgerechte Bereitstellung aller erforderlichen Kriterien.
- Regelmäßige und pünktliche Versorgung mit zweckmäßigen Informationen.
- Darstellung der auszutauschenden Informationen in einheitlich vergleichbarer, klar formulierter, übersichtlicher und verständlicher Form.
- Bereitstellung vollständiger und wahrer Informationen.
- Keine Berichtsprosa, sondern knappe und verständliche Aussagen.
- Zusammenstellung der Berichtsunterlagen muß leicht und mit geringem Personalaufwand möglich sein.

Merkmale eines funktionellen Berichtswesens

Daraus lassen sich die **Merkmale** eines funktionellen Berichtswesens im Projekt ableiten:

- hierarchische Gliederung;
- wenige standardisierte Dokumente für jeden Benutzer;
- periodische Information der richtigen Empfänger;
- aktuell über das Wesentliche informieren („Aktualität vor Genauigkeit");
- Projektstatus auf einen Blick;
- harte und weiche Daten sind in den Informationen enthalten;
- Probleme und Risiken sind klar gekennzeichnet;
- Trendanalysen sind enthalten;
- bei Planabweichungen werden Konsequenzen und mögliche Gegenmaßnahmen aufgezeigt;
- rechtzeitige Entscheidungen und Aktionen werden sichergestellt;
- Trennung des Wichtigen vom Unwichtigen.

4.8.2.2 Zielgruppenorientierte Informationsverdichtung

Wichtig ist, daß sich sowohl der **Inhalt** als aber auch die **Darstellung der Daten an der Zielgruppe orientiert**. Abbildung 4.8-5 zeigt ein Beispiel unterschiedlicher Aufbereitung von Termindaten für unterschiedliche Empfänger. Innerhalb eines verwendeten Verteilers sind alle Darstellungen und Auswertungen aus der gleichen Quelle abzuleiten, da sonst keine einheitliche Kommunikation über den „wirklichen" Projektstatus mehr sichergestellt ist.

4.8 Informations- und Berichtswesen

Berichtsempfänger	Darstellungsform
Projektplaner	Netzplan
Projektleiter	Terminliste
Auftraggeber	Meilenstein - Trendchart
Entwickler	Balkenplan

Abbildung 4.8-5: Darstellungsformen von Termindaten für unterschiedliche Berichtsebenen (Beispiel; PLATZ/SCHMELZER 1986)

Empfängerorientiertes Berichtswesen

Ein Bericht sollte gerade die Informationen enthalten, die nötig sind, um die Aufgaben zu lösen, mit denen sich der Berichtsempfänger konfrontiert sieht. Neben den primären Informationen für die Projektleitung und -steuerung liefert ein vernünftiges Berichtswesen auch Informationen und Motivationsanreize sowohl für den Auftraggeber, das Fach-(Linien)Management und alle weiteren Projektbeteiligten. Das Berichtswesen darf nicht in der Richtung verstanden werden, ein Kontrollorgan über die einzelnen Projektmitarbeiter zu stellen (PLATZ 1996). Deshalb müssen die Berichte **je nach Empfängerkreis unterschiedliche Informationen** enthalten.

Empfänger bestimmt Berichtsinhalte

Die **Empfänger von Projektberichten** können sein:

- Auftraggeber,
- Geschäftsleitung,
- Projektkomitee bzw. Projektlenkungsausschuß,
- Projektleiter,
- Teilprojektleiter,
- Linieninstanzen,
- Unterauftragnehmer,
- Mitarbeiter im Projektteam.

Je nach der Art der Zielgruppe sollte deshalb eine **angemessene Informationsverdichtung vorgenommen** werden. Abbildung 4.8-6 zeigt, wo die Interessenschwerpunkte der einzelnen Empfängergruppen liegen. Zu beachten ist dabei, daß Informationen nicht nur an die nächst höhere Stelle zu richten sind, sondern mindestens auch in horizontaler Richtung die benachbarten Projektbeteiligten direkt erreichen sollten.

Vertikaler und horizontaler Informationsfluß

Die adressierte Zielgruppe soll den Bericht auch lesen und seinen Inhalt für die weitere Projektarbeit berücksichtigen. Bereits optisch/grafisch schlecht bzw. unübersichtlich angelegte Formulare können den Leser „abschrecken". Sie dürfen nicht zur lästigen Pflicht werden (Motto: „Ungelesen, abgezeichnet, abgelegt"), sondern müssen das **Interesse des Lesers wecken und ihn bei seinen projektspezifischen Aufgaben unterstützen**. Ebenso ist es wichtig, daß Berichte verläßlich sind, d.h. möglichst - außer bei Ausnahmesituationen - zu einem festgelegten Zeitpunkt bzw. nach einem bekannten Rhythmus erscheinen.

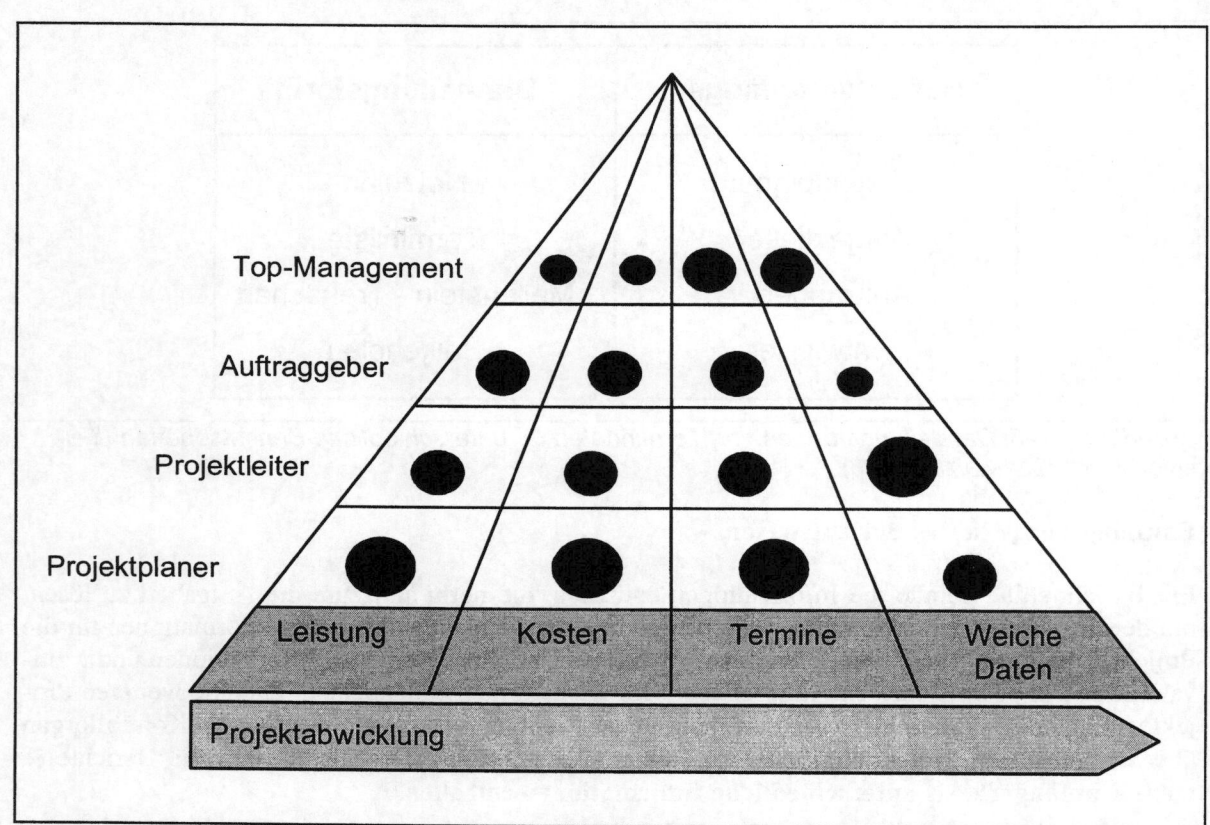

Abbildung 4.8-6: Mögliche Interessenschwerpunkte bei der Informationsverdichtung (PLATZ/SCHMELZER 1986)

Durch die Zielgruppe werden somit **Berichtsfluß**, **Berichtsinhalte** und die **Berichtshäufigkeit** bestimmt (Abbildung 4.8-7).

Berichtsfluß	• **Vertikal**, entsprechend der Organisationsstruktur oder Zielgruppenhierarchie • **Horizontal**, um auch so einen schnellen Informationsaustausch in der jeweiligen Hierarchieebene zu ermöglichen
Berichtsinhalte	• empfängerorientierte Datendarstellung und Informationsverdichtung • senderorientiertes Erzeugen, (z.B. Projekt-Controller berichtet über Termine und Kosten, Systemtechniker über Technik)
Berichtshäufigkeit	abhängig u.a. von • Projektart • Verträgen • Informationsart • Informationsbedeutung

Abbildung 4.8-7: Kriterien der Berichterstattung (KIELKOPF/MEYER 1994)

4.8 Informations- und Berichtswesen

Ein empfängerorientiertes Berichtswesen sollte nicht nach dem ex-post-Prinzip (im nachhinein), sondern nach dem ex-ante-Prinzip (im vorhinein) aufgebaut werden. Dies bedeutet, daß ausgehend von einer **Informationsbedarfsanalyse** beim **Berichtsempfänger** die **Anforderungen an die Informationsquantität und -qualität** festgelegt werden. Damit soll vermieden werden, daß Berichtsempfänger mit einer Vielzahl von Daten überflutet werden, die keinen entscheidungsrelevanten Charakter haben.

Informationsbedarf

Die Art der Datendarstellung erleichtert oder erschwert die Analyse von Zuständen und Entwicklungstendenzen im Projekt. Eine sinnvolle Art der **Visualisierung** der Daten trägt hier wesentlich zum Verständnis und zur **Benutzerfreundlichkeit des Berichtswesens** bei. Das **Motto** sollte auch hier lauten „**wenig Bericht, aber hohe Aussagekraft**". Dementsprechend kann es auch sinnvoll sein, die Darstellung der Daten unterschiedlich aufzubereiten.

Ein Beispiel für den möglichen Einsatz einfacher grafischer Symbole in einem Projektbericht zeigt Abbildung 4.8-8:

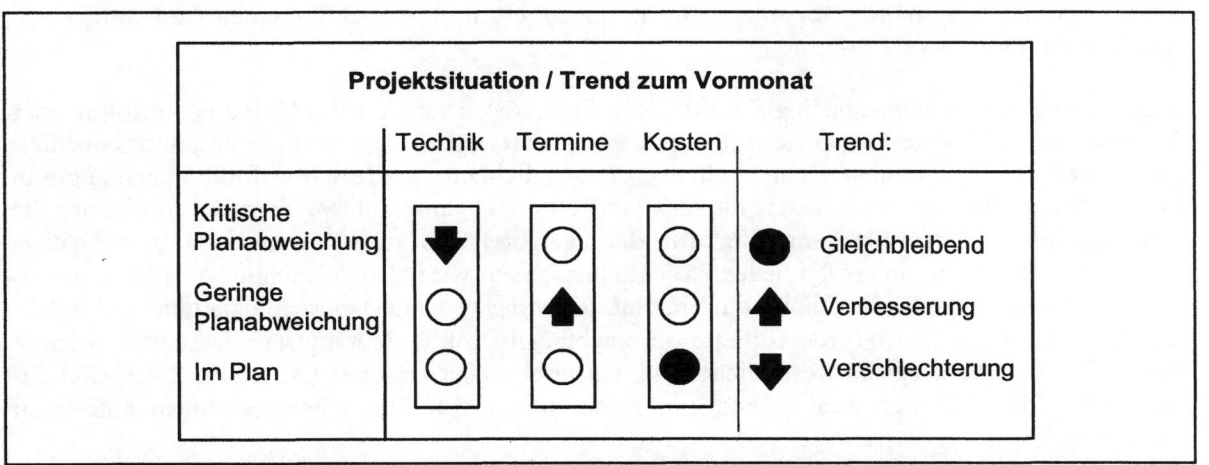

Abbildung 4.8-8: Trenddarstellung der wichtigsten Projektparameter (KIELKOPF/MEYER 1994)

Die erstellten Berichte sind gleichzeitig auch **Bestandteil der Projektdokumentation**. Deshalb müssen Berichte und (sinngemäß auch Protokolle) grundsätzlich folgende Punkte enthalten:

Mindestinhalte eines Berichts bzw. Protokolls

- Projekt (Bezeichnung, Nummer usw.)
- Berichtszweck
- Ersteller
- Datum (Erstelldatum und Projektstand)
- Verteiler
- Inhaltsübersicht

Darüber hinaus erscheint es zweckmäßig, daß zum Beginn eines Projektes Aufbau, Form und fallweise auch eine Numerierung der Berichte von der Projektleitung verbindlich festgelegt werden (MOTZEL 1987).

Vorteile systematischer Berichterstattung

Die Vorteile eines regelmäßigen und formalisierten Berichtswesens lassen sich zusammenfassend wie folgt skizzieren (SCHMITZ 1986, vgl. RINZA 1994):

Vorteile eines formalisierten Berichtswesens

- Eine kontinuierliche Information aller Projektbeteiligten über den Projektfortschritt wirkt motivierend;

- Probleme und sich abzeichnende Abweichungen werden allen zugänglich gemacht, wodurch die Fehlerrate der Projektarbeit verringert und die Wahrscheinlichkeit der rechtzeitigen und sachgerechten Problemlösung erhöht wird,
- Wissen und Erfahrung der Beteiligten werden besser nutzbar gemacht,
- die Weiterbildung in fachfremden Gebieten findet unbewußt statt.

4.8.2.3 Gegenstand des Berichtswesens

4.8.2.3.1 Berichte und Protokolle

Protokoll

Gemeinhin unterscheidet man im Berichtswesen zwischen **Bericht** und **Protokoll**. Berichte sind eigens zum Zwecke der Berichterstattung erstellte schriftliche Informations-Mitteilungen. Im Gegensatz dazu sind Protokolle das schriftliche Festhalten von durchgeführten Projektbesprechungen. **Das Ergebnis dieser Besprechungen** findet seinen Niederschlag in den entsprechenden Besprechungs-**Protokollen**, die als Dokumente der Projektarbeit in die Projektdokumentation aufgenommen werden (GLAUBITZ 1994).

Regelmäßige und situationsbedingte schriftliche Projektberichte sind die Grundlage erfolgreicher Projektarbeit. Das beste formalisierte Berichtswesen wird jedoch regelmäßige Projektbesprechungen niemals ersetzen können. Denn sie bieten die Möglichkeit, die Berichtsinformationen zügig in zweckmäßige, abgestimmte Entscheidungen und Aktionen umzusetzen. Darüber hinaus ist die **teambildende und motivierende Wirkung der „gelebten" Information** nicht zu unterschätzen (ANDREAS 1992). Für ein erfolgreiches Projektmanagement wird also der richtige Mix aus standardisierter (ausschließlich schriftlicher und in eine Richtung gehender) Berichterstattung und gelebtem Informationsaustausch (protokollierte Besprechungen) von Bedeutung sein. Deshalb werden in diesem Kapitel zunächst die wesentlichen Berichtsarten näher erläutert (Abschnitt 4.8.3) und anschließend Möglichkeiten zum effektiven Protokollieren von Projektbesprechungen aufgezeigt (Abschnitt 4.8.4).

4.8.2.3.2 Zeit- und ereignisorientierte Berichte

Berichte sollen nicht unkoordiniert und planlos erstellt werden (negativer Überraschungseffekt), sondern zu einem vom Projektmanagement vorgegebenen Schema passen. Entsprechend den in der Informationsbedarfsanalyse festgestellten Anforderungen an Berichte, deren Inhalte sowie Berichtszyklen, ist ein **Berichtsplan** zu erstellen. Dieser gibt einen Überblick über alle im Rahmen einer Projektabwicklung zu erstellenden Berichte, ihre Form, Erscheinungstermine, Umfang, Ersteller und Empfänger (siehe auch Abschnitt 4.8.2.4).

Die **Länge der Berichtszeiträume** kann stark variieren und hängt wesentlich von der Art der Projektberichte ab; manche müssen monatlich, andere dagegen, z.B. mit verdichteten Informationen für höhere Managementebenen, nur quartalsweise oder halbjährlich erstellt und verteilt werden.

Berichtsarten

Projektberichte können zunächst global in regelmäßige und unregelmäßige Berichte eingeteilt werden. Bei den **regelmäßigen** Projektberichten werden aufgrund der unterschiedlich langen Berichtszyklen (s.o.) verschiedene Berichtsarten unterschieden - unabhängig von Umfang und Tiefe der enthaltenen Informationen. **Unregelmäßige** Berichte sind nicht an einen zeitlichen Turnus gebunden, sondern werden aufgrund bestimmter Ereignisse bzw. Arbeitsergebnisse ausgelöst (z.B. Zäsuren, Planabweichungen, Phasenabschlüssen, Unglücken, aktuellen Ereignissen usw.). Grundsätzlich kann somit zwischen **zeitorientierten** und **ereignisorientierten** Berichten differenziert werden (Abbildung 4.8-9).

4.8 Informations- und Berichtswesen

Zeitorientierte Berichte	Ereignisorientierte Berichte
Situationsbericht	Sofortbericht (Ausnahme-, Blitzbericht)
Statusbericht	Phasen-Abnahmebericht
Monats-/Quartalsbericht	Projektabschlußbericht
Arbeitspaketbericht	Abnahmeprotokoll

Abbildung 4.8-9: Berichtsarten im Überblick

4.8.2.4 Berichtsplan

Es ist festzulegen WER WELCHE Information WANN an WEN weitergeben muß (MADAUSS *Berichtsplan* 1994). Hierzu bietet die Aufstellung eines Berichtsplans eine gute Hilfestellung (vgl. Schema in Abbildung 4.8-10). Ein Berichtsplan muß regelmäßig aktualisiert werden.

Berichtsarten	Ersteller	Empfänger	Form	Zyklus
Aufgabenorientiert				
Sofortberichte	AP, TPL, PL	PK/GL/AG/PL	F	bei Bedarf
Statusberichte	TPL, PL	PK/GL/AG	F	monatlich
Zwischenpräsentation	PL, TPL, AP	PK/GL/AG	V	In Abhängigkeit von wichtigen Meilensteinen
Endpräsentation	PL, TPL, AP	PK/GL/AG	V	nach Projektabschluß
Interne Berichte				
Situationsbericht	PL	GL	F	monatlich
Abschlußbericht	PL	GL/ Auftragswesen Erfahrungsdatenbank	F	nach Projektabschluß

AG = Auftraggeber
AP = Arbeitspaketverantwortlicher
F = Formblatt
GL = Geschäftsleitung
PL = Projektleiter
PK = Projektkomitee
TPL = Teilprojektleiter
V = Vortrag

Abbildung 4.8-10: Beispiel für einen Berichtsplan (KIELKOPF/MEYER 1994)

Mit der Erstellung eines Berichtsplans soll erreicht werden, daß möglichst keine Informationslücken bei der Projektberichterstattung auftreten. Es soll sichergestellt werden, daß die Projektberichte nur derjenige bekommt, der sie im Rahmen einer erfolgreichen Projektabwicklung wirklich benötigt. Dabei ist zu vermeiden, daß Personen mit unnötigen, d.h. zu vielen Informationen, belastet werden (BURGHARDT 1993).

In den meisten Fällen kann der Berichtsplan (der auch als **Informationsverteilungsplan** bezeichnet wird) nicht direkt zu Projektbeginn endgültig festgelegt werden, sondern wird erst während der Projektabwicklung seine endgültige Form erhalten. Wichtig ist jedoch, daß sich der Projektleiter bereits beim Beginn des Projektes Klarheit verschafft über die unterschiedlichen Informationsbedarfe der einzelnen Projektbeteiligten (MOTZEL 1987).

4.8.2.4.1 Häufigkeit der Berichterstattung

Die Frage der jeweiligen **Berichtshäufigkeit (Berichtszyklus)** läßt sich nicht allgemein beantworten, sondern hängt u.a. von folgenden Faktoren ab (MADAUSS 1994, MOTZEL 1987):

- Art des Projektes (Investition, F&E usw.);
- Vertragsbedingungen (bei extern finanzierten Projekten, z.B. Auftragswert, -struktur, -stabilität, Pönalen, Fremdfinanzierung usw.);
- Projektorganisation (beteiligte Institutionen);
- Abwicklungszeitraum;
- Berichtsart;
- Informationsart (Terminstatus, Meilensteinentscheidung usw.);
- Informationsbedeutung (Fehlerbericht, Personalstand usw.).

Auf Basis des Projektplanes sind im Ablauf eines Projektes unterschiedliche Berichte zu erstellen. Abbildung 4.8-11 zeigt dies exemplarisch anhand von **Monats-** (oder Quartals-)**berichten, Phasenabnahmeberichten** und des **Projektabschlußberichts**. Sie sind als Dokumente der Projektdokumentation zuzuführen (vgl. Kapitel 4.5).

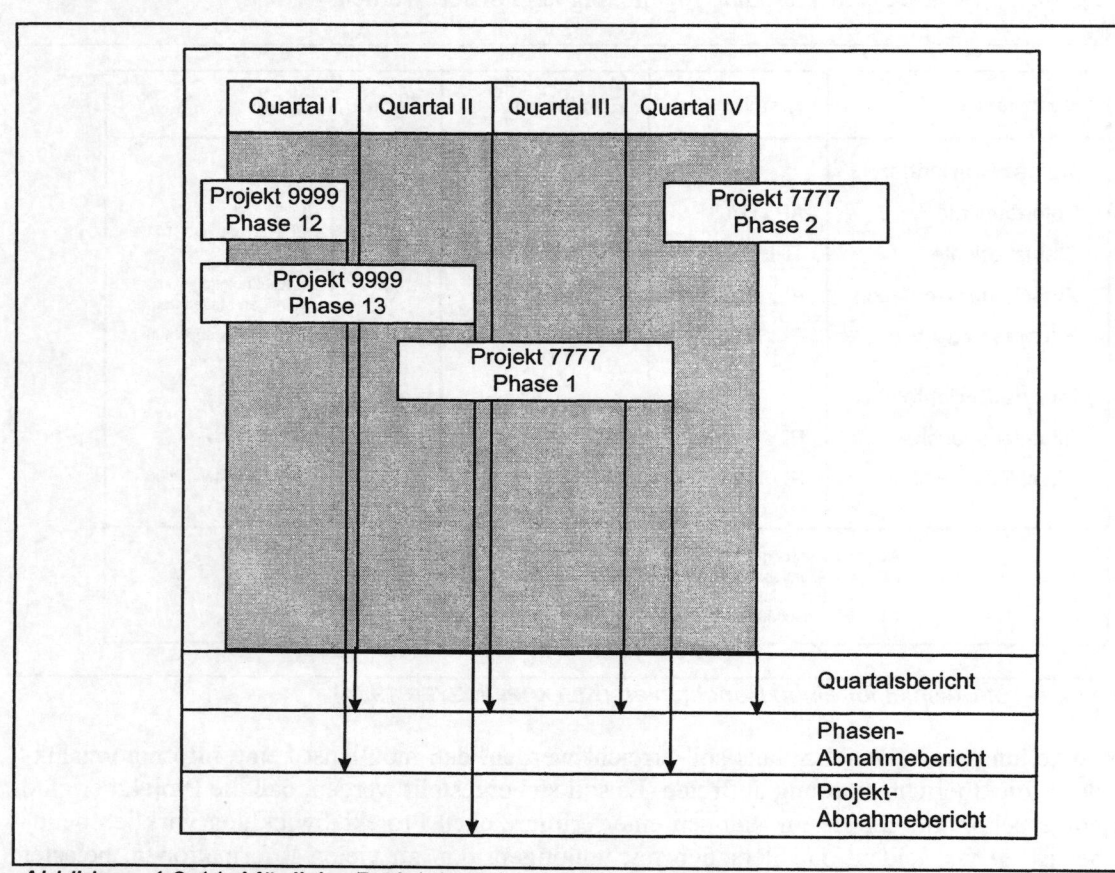

Abbildung 4.8-11: Mögliche Projektberichte im Projektablauf (GLAUBITZ 1994)

Selbstverständlich gilt der Grundsatz, daß **wichtige Abweichungen** vom Plan, die im Laufe des Berichtszeitraumes auftreten, außerhalb dieser Regelungen dem **Projektleiter angezeigt** werden müssen (ereignisorientierte Berichte). Das trifft ebenso für Behinderungen oder fehlende Vorleistungen zu, die die Leistungserbringung behindern bzw. beeinträchtigen.

4.8.2.4.2 Der Verteiler

Die meisten Dokumente, die das schriftliche Ergebnis eines Kommunikationsprozesses darstellen, werden an mehr als einen Adressaten weitergeleitet. Der Organisationsvermerk über den **Empfängerkreis** wird Verteiler genannt; er ist Bestandteil des Berichtsplans. Er stellt sicher, daß alle Beteiligten dieses Dokument erhalten und gibt gleichzeitig Auskunft über mögliche Ansprechpartner.

Allerdings ist oftmals die Tendenz festzustellen, daß von einem überschaubaren Empfängerkreis in eine wahre „Kopierorgie" übergegangen wird („Jeder will wichtig sein, hat Angst vor Informationslücken"). So ist es leider üblich, daß selbst einfache Hausmitteilungen nicht nur an die Hauptadressaten sondern auch „Zur Kenntnis" noch an unnötig viele weitere Empfänger gesandt werden. Es sollte jedoch die Aufnahmebereitschaft der unterschiedlichen Projektbeteiligten nicht überstrapaziert werden. Der Verfasser einer Information irrt sich, wenn er durch einen umfangreichen Verteiler eine Reaktion irgendeines mutmaßlichen Verantwortlichen erhofft. Die Empfänger solcher „Massensendungen" fühlen sich sehr oft nicht mehr angesprochen und reagieren auf derartige ungewünschte Informationen meistens nicht wie erhofft.

Die Ursache für derart aufgeblähte Verteiler liegt oftmals in nicht eindeutig geklärten Zuständigkeiten innerhalb des Projektes und damit verbundenen Unklarheiten bzw. Unsicherheiten (MADAUSS 1994). Genau wie der Berichtsplan sollte daher auch der Verteiler regelmäßig aktualisiert werden.

4.8.2.4.3 Merkmale eines guten Berichtswesens

Zusammenfassend können die folgenden Merkmale eines „guten" bzw. funktionalen Berichtswesens im Projekt abgeleitet werden:

- Der Sender einer Information spricht den Empfänger - wo möglich und sinnvoll - direkt an und übermittelt zielgerichtete Informationen.

- Es empfiehlt sich, Berichte nach Möglichkeit zu **standardisieren**. In der Praxis hat es sich als sinnvoll erwiesen, wenn die Mitarbeiter wiederkehrende Informationen jeweils **schematisiert** „am gleichen Platz" auf einer schriftlichen Unterlage finden können: zudem ist durch gleich aufgebaute Berichte der Vergleich mit früheren Versionen wesentlich einfacher.

- Die Informationsdarstellung soll **eindeutig und übersichtlich** sein, denn nur schnell erfaßbare Informationen werden gelesen und verstanden. Dies bedeutet, daß zur **Visualisierung** möglichst aussagekräftige Grafiken (z.B. Diagramme, Schaubilder, Tabellen, Trendkurven usw.) verwendet werden. Längere Textpassagen sind möglichst zu vermeiden.

- Auch in der Projektarbeit hat sich der Einsatz von **Formularen** bewährt. Gerade in größeren Projekten und bei der Koordination verschiedener Unterauftragnehmer - also auch verschiedener Berichterstatter - bietet sich die Festlegung eines einheitlichen Formats der Informationsübermittlung an (z.B. gleiche Bezugsgrößen, Einheiten, Abkürzungen, Codierungen usw.). Bei Aufträgen im öffentlichen Sektor wird der Auftragnehmer üblicherweise sogar vertraglich verpflichtet, mit zumeist vorgegebenen Formblättern über den Projektstand zu berichten.

- Für die in einem Bericht aufgeführten Probleme, die der Berichterstatter nicht selber lösen kann, werden - nach Möglichkeit - am Ende der Ausführungen verschiedene **Lösungsalternativen** aufgezeigt.

- Die individuelle Ausgestaltung des Berichtswesens und der Grad der Systematisierung sind an die besonderen Bedingungen des Unternehmens angepaßt.

4.8.3 Projektberichte im Überblick

Nachfolgend werden die häufigsten Berichtsarten kurz beschrieben und mit einem möglichen Formular dargestellt. Es handelt sich hierbei um allgemeine Empfehlungen, die bezogen auf den jeweiligen **Einzelfall** unternehmens- bzw. **projektspezifisch angepaßt** werden müssen.

Die **Berichtsinhalte** sollten grundsätzlich so abgefaßt sein, daß die Aussagen in Verbindung zur Planung stehen. Etwaige Abweichungen sollen klar herausgestellt und daraus entstehende oder zu erwartende Probleme angesprochen werden (MOTZEL 1987, vgl. auch MADAUSS 1994).

4.8.3.1 Zeitorientierte Projektberichte

4.8.3.1.1 Situationsbericht

Situationsbericht Der Situationsbericht (oft auch Projektstandsbericht genannt) sollte in **regelmäßigen Abständen** einen **bestimmten Adressatenkreis** in knapper und übersichtlicher Form über alle **relevanten Projektereignisse** informieren.

Ein Situationsbericht enthält meist **globale Aussagen zu Sachstand, Termin- und Kostensituationen,** die bei Bedarf mit grafischen Darstellungen ergänzt werden können. Abbildung 4.8-12 stellt ein Formblatt für einen Situationsbericht vor.

Situationsbericht			Datum:
Projekt:	Projektleiter:	Tel.:	Berichtszeitraum:

1. Technische Situation:

2. Termine:

☐ Vertragstermine können gehalten werden
☐ Vertragstermine können nicht gehalten werden
Begründung:

3. Kosten: Anfall bis Stichtag: € ....

Überschreitung der Gesamtsumme
☐ nein   ☐ ja   Höhe: ....
Begründung: ☐

4. Besondere Schwierigkeiten:

5. Vorgeschlagene Maßnahmen:

Abbildung 4.8-12: Formblatt für einen Situationsbericht (Beispiel; KIELKOPF/MEYER 1994)

4.8.3.1.2 Statusbericht

Ein Statusbericht (oft auch Zwischenbericht, Fortschrittsbericht, Tätigkeitsbericht genannt) unterscheidet sich in folgenden Punkten von dem Situationsbericht: *Statusbericht*

- In seinem Gesamtaufbau ist er ausführlicher.
- Er integriert zielgerichtet alle Projektparameter.
- Er ermöglicht es, von Berichtsebene zu Berichtsebene bis hin zum Top-Management Informationen zusammenzufassen.

Bewährt hat sich die regelmäßige (z.B. 2- oder 3-monatig) Erstellung (BOPP 1994). Dabei stellt der Statusbericht oftmals die Grundlage der sog. Statusbesprechung dar.

Ein **Statusbericht** könnte beispielsweise aus fünf Berichtsteilen aufgebaut sein (vgl. Abbildung 4.8-13). *Aufbau eines Statusberichtes*

PROJEKTSTATUSBERICHT		Datum:
Projekt:	Projektleiter: Tel.:	Berichtszeitraum:

Federführende Abteilung:	Blatt 1:
Kostenträger:	von:

Gesamtbetrag des Projektes: .... T€ In den Vorjahren verbraucht: .... T€ Für dieses Geschäftsjahr bewilligt: .... T€ Bis zum .... verbraucht: .... T€	Auftraggeber: .... Vertragslaufzeit bis: .... Die im Berichtszeitraum vorgesehenen Arbeiten wurden ❑❑ vollständig ausgeführt ❑❑ teilweise ausgeführt

Bitte den Bericht in folgender Anordnung schreiben:
1. Zusammenfassung   5. Vorgesehene Arbeiten im kommenden Berichtszeitraum   2. Projektablauf   3. Erreichter Projektstand   6. Patentlage (eigene bzw. entgegenstehende Schutzrechte)   4. Begründung von Planabweichungen   7. Sonstiges

1. Zusammenfassung:

Aussteller:	Verteiler:
Datum:	

Abbildung 4.8-13: Statusbericht (Beispiel; SCHMITZ/WINDHAUSEN 1986)

Berichtsteil 1: Schlagzeilen

Wichtige gegenwärtige und erwartete Ereignisse, Probleme und Trends. Die Trends sollten am besten grafisch oder symbolhaft dargestellt werden (vgl. Abbildung 4.8-5).

Berichtsteil 2: Sachstand

Der Sachstandsteil enthält

- die wesentlichen Ereignisse, Ergebnisse, technischen Problemzonen, Lösungsmöglichkeiten, Maßnahmen und Risikoeinschätzung **im gegenwärtigen Berichtszeitraum;**
- für den **folgenden Berichtszeitraum** die vorgesehenen Ziele, Ereignisse und Tätigkeiten.

Berichtsteil 3: Terminsituation

Balkenplan mit Plan-/Soll-Ist-Vergleich und zugehörigen Kommentaren und/oder Meilenstein-Trendanalyse mit entsprechenden Erläuterungen zu den dargestellten Situationen, Problemen, Verschiebungen.

Berichtsteil 4: Kostensituation

Plan-/Soll-Ist-Vergleich mit Freigabe-Budget, Obligo, Vertragswert etc. sowie entsprechenden Bemerkungen zu Abweichungen, Veränderungen. Bei der Kostensituation ist der Fertigstellungswert (siehe Kapitel 3.6 und 3.7) entsprechend zu berücksichtigen. Hier kann außerdem die Kosten-Trendanalyse sinnvoll eingesetzt werden.

Berichtsteil 5: Unterauftragnehmer, Vertragssituation, Sonstiges

Hier wird zu folgenden Punkten Stellung genommen, wobei dieser Berichtsabschnitt jeweils an das spezielle Projekt anzupassen ist:

- Situation bei den Unterauftragnehmern;
- Stand der Vertragsverhandlungen, Angebote;
- nicht erfüllbare Garantieleistungen, Gewährleistungen;
- Markt- oder Wettbewerbssituation;
- beschlossene zusätzliche Aufgaben und Sondermaßnahmen zur Korrektur von Planabweichungen;
- Nachforderungen / Claims.

4.8.3.1.3 Monats-/Quartalsbericht

Der **Monats-/Quartalsbericht** informiert die **Entscheidungsinstanz** (oft: den **Auftraggeber**) über den **aktuellen Stand** des **Projektfortschrittes,** die **Veränderungen** gegenüber dem Projektplan sowie über **Besonderheiten,** die den Projektablauf wesentlich beeinflussen. Im Einvernehmen mit dem Empfänger kann anstelle des Quartals auch der Monat als Berichtszeitraum festgelegt werden.

Monats-/Quartalsbericht

Aufgrund seines Umfangs ist es schwierig, eine volle Standardisierung zu erreichen. Es ist jedoch ratsam, die enthaltenen Darstellungen sinnvoll zu strukturieren und beispielsweise zumindest über ein Deckblatt (Abbildung 4.8-14) zu einem einheitlichen Erscheinungsbild zu verbinden.

```
                         Projektbericht
                     für Quartal/Monat .................

Projektbezeichnung: ..............................................................
                    ..............................................................
Projekt-Nummer:     ................. Projektauftrag vom: .................
Erstellungsdatum:   ................. Revision: .................
Unterschriften:     ..............................................................

Empfänger:    ........................  Eingang am: .................
              ........................
              ........................
              ........................  Anzahl Seiten: .................

Inhaltsverzeichnis                                           Seite

1.  Terminlage aktuelle Projektphase                        ..............
2.  Übersicht Termine-Aufwand-Kosten                        ..............
    (Plan-Ist-Vergleich, voraussichtliches Endergebnis)
3.  Aktivitäten seit letztem Projektbericht                 ..............
4.  Abweichungsanalyse                                      ..............
    (Hinweise, wodurch Abweichungen ausgelöst wurden,
    Maßnahmen zur Gegensteuerung)
5.  Meilensteintrendanalyse                                 ..............
6.  Trendanalyse                                            ..............
    (Beurteilung des weiteren Projektverlaufes, erkennbare Einflüsse,
    erforderliche Maßnahmen, Auswirkungen auf Personal- und
    andere Kosten etc.)
7.  Sonstiges                                               ..............
```

Abbildung 4.8-14: Muster eines Formulars „Deckblatt: Projektbericht für Quartal/Monat" (GLAUBITZ 1994)

4.8.3.1.4 Arbeitspaketbericht

Vor allem bei umfangreichen Projekten **kann** es angeraten sein, daß die beauftragten Arbeitspaketverantwortlichen zu vereinbarten Zeitpunkten schriftlich an die Projektleitung Bericht erstatten (DÖRFEL 1995). Prinzipiell wird über ein Arbeitspaket wie über ein „Projekt im Kleinen" informiert. Ein Beispiel für den Aufbau eines kurzgefaßten Arbeitspaketberichts zeigt Abbildung 4.8-15.

ARBEITSPAKET-Bericht zum: ______

Projekt: ______ Auftrag Nr.: ______

Auftraggeber: ______

Arbeitspaket: ______ PSP-Code: ______

Verantwortlich: ______

Plan-Start: ______ Auftragswert: ______

Plan-Ende: ______ Ist-Kosten: ______

Bestellobligo: ______

Status der einzelnen Vorgänge des AP:

Vorgang	IST-Start	IST-Ende	Fertig-stellungsgrad	vorauss. Ende

Bemerkungen:

Datum: ______ Unterschrift: ______

Abbildung 4.8-15: Formular Arbeitspaketbericht (nach DÖRFEL 1995)

4.8.3.2 Ereignisorientierte Projektberichte

4.8.3.2.1 Sofortbericht (Ausnahme-, Blitzbericht)

Treten **markante Abweichungen im Projektablauf** auf, so sind **ohne Aufforderung** der **Projektleiter**, die **Geschäftsführung** und/oder der **Auftraggeber telegrammartig** zu informieren (meist innerhalb von 24 oder 48 Stunden). Der Sofortbericht kann formlos sein, sollte aber unbedingt als solcher gekennzeichnet werden und verläßlich nur in Ausnahmefällen verwendet werden. Es sind die aufgetretenen Abweichungen mit ihren Auswirkungen darzustellen und entsprechende Gegenmaßnahmen vorzuschlagen (vgl. Abbildung 4.8-16).

Sofortbericht

Projekt	Sofortbericht	Firma ....

1. Aufgetretene Probleme

2. Auswirkungen
- ❑ Technik ....
- ❑ Leistung ....
- ❑ Qualität ....
- ❑ Termine ....
- ❑ Kosten ....
- ❑ Kapazitäten ....

3. Vorgeschlagene Maßnahmen

AP: (Nr. + Bezeichnung) ....

AP-Verantwortlicher: ....

Aussteller: .... Datum: ....

Verteiler:
- ❑ TPL
- ❑ PL
- ❑ GL
- ❑ AG

AG = Auftraggeber
AP = Arbeitspaket
GL = Geschäftsleitung
PL = Projektleiter
TPL = Teilprojektleiter

Abbildung 4.8-16: Formblatt für einen Sofortbericht (Beispiel; KIELKOPF/MEYER 1994)

Bereits während des Prozesses „**Projektstart**" (vgl. Kapitel 4.6) sollten die Arten bzw. Spannen der **Abweichungen festgelegt** werden, die einen Sofortbericht auslösen, z.B. (SCHMITZ 1986):

- technische/sachliche Abweichungen, die eine Leistungsabnahme verhindern können;
- terminliche Abweichungen, die zur Überschreitung von vertraglich vereinbarten Terminen führen;
- Abweichungen, die zu einer Überschreitung des Budgets führen.

4.8.3.2.2 Phasen-Abnahmebericht

Phasen-Abnahmebericht

Der **Phasen-Abnahmebericht** ist quasi das Ergebnisprotokoll der Phasenabnahmebesprechung. Er dokumentiert

- die Überprüfung der abgewickelten Phase (Übersicht über Phasenergebnisse, Aussagen zur Einhaltung der Phasenziele) und
- die Genehmigung der Folgephase.

Der Phasen-Abnahmebericht wird von der **Entscheidungsinstanz / dem Auftraggeber unterschrieben.** Zu verwenden ist das gemeinsam festgelegte Berichtsformular (Abbildung 4.8-17).

Phasen-Abnahmebericht

Projektbezeichnung: ....

Projekt-Nummer: .... Projektauftrag vom:....................
Erstellungsdatum: .... Revision:....................
Unterschriften:

Empfänger: .... Eingang am: ....

.... Anzahl Seiten: ....

*ja, teilweise, nein	Phasenziel eingehalten*	Projektziele eingehalten*	Erläuterungen siehe Seite
Inhaltlich			
Terminlich			
Personalaufwand			
Kosten			

Phase abgenommen ☐   Begründung/Auflagen

Folgephase genehmigt
☐ ja
☐ ja, mit Einschränkung
☐ nein

Unterschrift Auftraggeber ....

Zurück an Verfasser .... Eingang am ....

Abbildung 4.8-17: Muster eines Formulars „Phasen-Abnahmebericht" (GLAUBITZ 1994)

4.8.3.2.3 Projektabschlußbericht

Der **Projektabschlußbericht** beschreibt das **Ergebnis des Gesamtprojektes** aus organisatorischer und fachlicher Sicht und die daraus gewonnenen **Erkenntnisse für zukünftige Projekte.** Er unterstützt das bewußte Analysieren von Stärken und Schwächen der Organisation mit dem langfristigen Ziel, die Leistungsfähigkeit des Unternehmens zu verbessern (SCHMITZ 1986).

Projektabschlußbericht

Sein Inhalt bezieht sich einerseits auf die Projektabwicklung, andererseits auf den Projektinhalt (Formularbeispiel für das Deckblatt siehe Abbildung 4.8-18):

```
┌─────────────────────────────────────────────────────────────┐
│                   Projekt- Abschlußbericht                  │
├─────────────────────────────────────────────────────────────┤
│  Projektbezeichnung:     ..................................  │
│                          ..................................  │
│  Projekt-Nummer:         ........... Projektauftrag vom:...  │
│  Erstellungsdatum:       ...................  Revision:....  │
│  Unterschriften:                                            │
├─────────────────────────────────────────────────────────────┤
│  Empfänger:     ....................  Eingang am: ........  │
│                 ....................                         │
│                 ....................                         │
│                 ....................  Anzahl Seiten: .....  │
├─────────────────────────────────────────────────────────────┤
│  Inhaltsverzeichnis                                  Seite  │
│                                                             │
│  1. Projektabwicklung                                       │
│       Ausgangssituation                             .......  │
│       Wesentliche Ereignisse                        .......  │
│       Übersicht Termine-Aufwand-Kosten              .......  │
│       Abweichungsanalyse                            .......  │
│       Konsequenzen und Erfahrungen                  .......  │
│                                                             │
│  2. Projektinhalt                                           │
│       Ziele                                         .......  │
│       Vorgehensweise                                .......  │
│       Ergebnisse                                    .......  │
│       Empfehlungen                                  .......  │
└─────────────────────────────────────────────────────────────┘
```

Abbildung 4.8-18: Muster eines Formulars „Deckblatt Projektabschlußbericht" (GLAUBITZ 1994)

Zur **Projektabwicklung** sind u.a. folgende Punkte darzulegen:

- die Ausgangssituation, z. B. die Organisation des Projektes, seine personelle Struktur etc.;
- wesentliche Ereignisse, die den Projektablauf beeinflußt haben;
- eine Übersicht zur Termin-Aufwand-Kosten-Situation, z.B. analog Quartalsbericht;
- die Analyse der Abweichungen und
- die Konsequenzen und Erfahrungen aus der Projektabwicklung.

Zum **Projektinhalt** sind auszuführen:

- die Ziele und Anforderungen lt. Projektauftrag und wesentliche Änderungen im Projektverlauf;
- die Vorgehensweise zur Realisierung, ggf. fachliche Besonderheiten;
- die erzielten Ergebnisse und
- Empfehlungen für die künftige Facharbeit.

3-stufige Gliederung

Es empfiehlt sich zur stringenten Darlegung der Informationen, alle Abschnitte in die drei Stufen **Planung**, **Erkenntnisse** bei der Durchführung, **Empfehlungen** für künftige Projekte zu gliedern.

Der Projektabschlußbericht ist durch den Projektleiter zu veranlassen und muß mindestens allen (leitenden) Projektbeteiligten zukommen. Dies können beispielsweise sein:

- Auftraggeber,
- Auftragnehmer,
- Projektkaufmann / Controlling,
- Lenkungsausschuß,
- Geschäftsleitung.

Weitere Einzelheiten zum Projektabschluß werden in Kapitel 4.10 behandelt.

4.8.3.2.4 Abnahmeprotokoll

Eine besondere Stellung innerhalb des Berichtswesens nimmt das Abnahmeprotokoll ein. Es stellt eine Sonderform eines Berichts dar und hat zusätzlich aus juristischer Sicht herausragende Bedeutung für den Beginn von Fristen. Nähere Erläuterungen hierzu bietet Kapitel 4.3.

4.8.4 Projektbesprechungen und Protokollierung

Besprechungen dienen vor allem dem **direkten Austausch von Informationen**. Die Ergebnisse dieser Zusammenkünfte werden in der Regel in Form von Protokollen festgehalten. Prinzipiell gibt es zwei Formen der Protokollierung von Projektbesprechungen:

- **Verlaufsprotokoll (Wortprotokoll):** Es spiegelt den genauen Verlauf einer Besprechung, Verhandlung usw. wider (z.B. Gerichtsverhandlung) und ist naturgemäß sehr umfangreich und somit nicht übersichtlich auswertbar. Es bietet den Vorteil, daß bei konsequenter Anwendung auch der Weg bis zu einer Entscheidung im nachhinein exakt verfolgt werden kann.

- **Ergebnisprotokoll:** Es faßt die Besprechungsergebnisse zusammen und stellt die einzuleitenden Maßnahmen und Aktionen in übersichtlicher Form dar.

Zweck von Protokollen

Wie das Protokoll im einzelnen auszusehen hat, kann nicht allgemein verbindlich gesagt werden. Zumindest aber sollte ein gutes Protokoll folgenden Ansprüchen genügen (BERGFELD 1994):

- Dokumentation der Besprechungsergebnisse mittels Handlungsanweisungen;
- Verpflichtung der für die Umsetzung der Ergebnisse zuständigen Besprechungsteilnehmer;
- Information von Dritten über die Ergebnisse der Besprechung;
- Checkliste für die Kontrolle der Ergebnisse.

Besprechungsprotokolle halten als **Dokumente der Projektarbeit** wesentliche Fortschritte im Projektprozeß fest und sind somit in die Projektdokumentation zu übernehmen (GLAUBITZ 1994). Weiterführende Aussagen zur Dokumentationsverwaltung bietet Kapitel 4.5.

4.8.4.1 Projektbesprechungen

In jedem Projekt stellen die gemeinsamen Besprechungen den Kern der direkten Kommunikation unter den Projektbeteiligten dar. Dabei können **formelle** (z.B. Sitzungen, Meetings, Verhandlungen usw.) und **informelle** (z.B. Vier-Augen-Gespräch, Telefonate usw.) Besprechungen unterschieden werden (vgl. die Arten des Informationsaustausches in Abschnitt 4.8.1.1.3). Die folgenden Ausführungen beziehen sich ausschließlich auf die formellen Besprechungen.

Arten der Besprechung

Das wesentliche Kennzeichen der formellen Besprechung besteht darin, daß jemand zu einem vorab festgelegten Thema oder zu einem festen Zeitpunkt eine „offizielle" **Einladung** ausspricht, die meist bereits mit einer **Tagesordnung** (Agenda) ergänzt ist.

Im Rahmen der Projektabwicklung können prinzipiell folgende Besprechungsarten unterschieden werden (nach GLAUBITZ 1994 und MOTZEL 1987):

- regelmäßige Statusbesprechung;
- Phasenentscheidungsbesprechung;
- Planungsbesprechung;
- Fachbesprechung;
- Ausnahmebesprechung (Krisen-Sitzung);
- Claim-Gespräch.

Grundsätzliche Erläuterungen zur Vorbereitung, Durchführung und Nachbereitung von Besprechungen bietet Kapitel 2.9. Allen aufgeführten Besprechungsarten ist jedoch gemeinsam, daß sie in der Regel **protokolliert** werden. Deshalb wird im folgenden der Aspekt der Protokollierung als Bestandteil des Informations- und Berichtswesens eines Projektes noch näher betrachtet.

4.8.4.2 Protokollführer und Protokollierung

Der Protokollführer einer Besprechung sollte vom Veranstalter bzw. dem Einladenden - möglichst im voraus - benannt werden und nicht mit dem Besprechungsleiter identisch sein. Nur so können sich beide Personen (Besprechungsleiter und Protokollführer) auf ihre jeweilige Aufgabe konzentrieren - meist sind beide ja auch gleichzeitig noch „normale" Besprechungsteilnehmer.

Der Protokollführer hat insbesondere folgende **Aufgaben**:

Aufgaben des Protokollführers

- Festhalten der Besprechungsergebnisse und Beschlüsse sowie ggf. Gegenmeinungen (i.a. stichwortartig);
- Sammlung und Zuordnung aller notwendigen Anlagen/Beilagen;
- Aufbau bzw. Aktualisierung der „To-Do-Liste" mit dem Vermerk „Erledigung durch / bis";
- Formulierung der beschlossenen Aktionen („action items"), so daß eine nachfolgende Ergebniskontrolle möglich ist;
- Verteilung des Protokolls sicherstellen.

Statt im nachhinein das Geschehene quasi als Gedächtnisübung zu rekapitulieren, ist es dringend angeraten, bereits während der Besprechung einen handschriftlichen und stichwortartigen Protokoll-Rohentwurf (**Simultanprotokoll**) zu erstellen. Der Protokollführer hält Zwischenergebnisse fest, verliest sie soweit erforderlich, bittet um Formulierungsvorschläge, holt sich Zustimmung der Teilnehmer und kann so zu einem ergebnisorientierten Verlauf der Zusammenkunft beitragen (BERGFELD 1994).

Protokollierung Ein Protokoll, das wie dargestellt noch während der Sitzung verfaßt und zum Schluß in den wesentlichen Punkten verlesen wird, bietet folgende Vorteile (BERGFELD 1994):

- Die Qualität des Protokolls ist nicht von der reinen Gedächtnisleistung des Protokollführers abhängig;
- Es wird keine zusätzliche Zeit für nachträgliche Korrekturen und Interpretationen benötigt;
- Eine Manipulation des Textes wird verhindert;
- Mißverständnisse werden vermieden;
- Alle wichtigen Fragen (Wann Was Wer Wie Warum Womit usw.), die einen wirksamen Transfer ermöglichen, werden frühzeitig geklärt.

Die **Verteilung des Protokolls** sollte möglichst schnell erfolgen (Faustregel: spätestens drei Werktage später). Einwände gegen beschlossene Maßnahmen sollen möglichst umgehend dem verantwortlichen Besprechungsleiter mitgeteilt werden, alle übrigen Unklarheiten und Änderungswünsche werden in der nächsten Sitzung möglichst als erster Tagesordnungspunkt (TOP) geklärt.

4.8.4.3 Kennzeichen guter Protokollierung

Ein Besprechungsprotokoll sollte - mindestens - folgende Inhalte umfassen bzw. Angaben enthalten (vgl. Abbildung 4.8-19):

- Besprechungstermin
- Beginn und Ende
- Besprechungsort
- Anlaß und Thema
- Teilnehmerkreis
- Besprechungsleiter
- Protokollführer
- Tagesordnung
- Ergebniszusammenfassung
- Verzeichnis der Anlagen/Anhänge
- Verteiler
- Unterschriften

Abbildung 4.8-19: Mindestinhalte eines Besprechungsprotokolls (BURGHARDT 1993)

Genau wie die Einladung zur Besprechung - im Sinne eines geregelten Informationsflusses - standardisiert sein sollte, so ist in vielen Fällen auch eine Standardisierung bzw. **Formalisierung des Protokolls** zweckmäßig. Abbildung 4.8-20 zeigt das Muster für ein Formular „Ergebnisprotokoll".

4.8 Informations- und Berichtswesen

	Niederschrift zur Besprechung	
Thema:		
Datum: Zeit:	Veranstalter: Besprechungsleitung: Protokollführung:	
Teilnehmer Name: Abteilung 1. 2. 3. 4. 5. 6. 7. 8. 9. 10.	Zur Information: Name Abteilung	
Ergebnisse: - - - - - -	**Verantwortlich:**	**Termin:**

Abbildung 4.8-20: Formular „Ergebnisprotokoll" (BERGFELD 1994)

Eine weitere Möglichkeit zur systematischen und standardisierten Darstellung der Ergebnisse von Besprechungen sind sogenannte **To-Do-Listen** (vgl. Abbildung 4.8-21). Hier werden die vereinbarten zu erledigenden Aufgaben (auch „offene Punkte" genannt) personenbezogen dokumentiert und erlauben im Rahmen der Tätigkeitsverfolgung in der folgenden Besprechung eine schnelle Kontrolle der Aufgabenerledigung. Diese Aufzeichnungen werden häufig auch als **LOP-Liste** (Liste offener Punkte) bezeichnet.

Projekt:..
Besprechung vom:..
Seite: .... von: ....

To-Do-Liste

WER	macht WAS	bis WANN

Abbildung 4.8-21: Formular „To-Do-Liste" (Anhalt)

4.8.4.4 EDV-Unterstützung der Protokollverwaltung

Auf dem Softwaremarkt sind DV-gestützte Programme zur automatisierten Verwaltung und Verfolgung von Protokollen verfügbar. In enger Anlehnung an Management-Informationssysteme wird hierbei unter Verwendung von z.B. Formular- und Maskengeneratoren sowie einer relationalen Datenbank die systematische Handhabung umfangreicher Datenmengen in Protokollen unterstützt (vgl. Kapitel 4.9).

Der große Vorteil dieser Systeme liegt darin, daß ein einmal eingegebener Datenbestand nach den verschiedensten Kriterien gefiltert, selektiert und ausgewertet werden kann. So sind beispielsweise sehr schnell firmen-, abteilungs- oder personenbezogene To-Do-Listen erstellbar; eine automatisierte Wiedervorlage sowie stichwortbezogene Recherchen (z.B. für eine Nachforderungshistorie) stellen i.d.R. kein Problem dar. Zusätzlich ist meist über definierte Schnittstellen eine Anbindung an Dokumentations- und Archivierungssysteme möglich.

Diesen großen Vorteilen steht der Nachteil eines gewissen Aufwands für die Übertragung der überwiegend handschriftlichen Notizen des Protokollführers in eine DV-verträgliche Form gegenüber.

4.8 Informations- und Berichtswesen

Zusammenfassung

Dieses Kapitel behandelt die grundlegenden Anforderungen an das Informations- und Berichtswesen in Projekten.

Zunächst werden im **ersten Abschnitt** die Grundlagen des Informationswesens dargestellt. In Abgrenzung zum Kapitel 2.2 stehen hier die Bedeutung und Ausprägungen der Information im Vordergrund. Informationsquellen und -träger werden erläutert, Informationsbedarf und -verfügbarkeit sowie die Formen des Informationsaustausches im Projekt werden synoptisch gegenübergestellt.

Als wichtiger Bestandteil eines Informationssystems im Projekt wird die Berichterstattung identifiziert. Zu deren funktionaler Gestaltung werden im **zweiten Abschnitt** praktische Hinweise gegeben. Basierend auf der prinzipiellen Forderung nach einer empfängerorientierten Berichterstattung werden die unterschiedlichen Zielgruppen und Berichtsebenen im Projekt aufgezeigt. Als Bestandteile der schriftlichen Berichterstattung werden Bericht und Besprechungsprotokoll voneinander abgegrenzt sowie die Unterschiede zwischen zeit- und ereignisorientierten Projektberichten erläutert. Anschließend wird die wichtige Funktion des Berichtsplanes behandelt.

Der **dritte Abschnitt** beschreibt die einzelnen Projektberichte in ihren wesentlichen Inhalten und bietet eine Reihe von konkreten Beispielen bzw. Formularen zur Verwendung für die eigene Projektarbeit.

Im **vierten Abschnitt** werden die Grundlagen für effektive Projektbesprechungen z.B. mit standardisierter Einladung und effizienter Protokollerstellung erläutert. Abschließend werden Möglichkeiten der EDV-Unterstützung bei der Protokollverwaltung und bei der Verfolgung der aus Besprechungen resultierenden Projektaufgaben aufgezeigt.

Literaturverzeichnis

ANDREAS, D.; Sauter, B.; Rademacher, G.: Projekt-Controlling und Projekt-Management im Anlagen- und Systemgeschäft, fünfte Auflage, Frankfurt a.M. 1992

BERGFELD, H.: Effektive Projektarbeit, in: Projektmanagement-Fachmann (Bd. II), zweite überarbeitete Auflage, Eschborn 1994

BOPP, H.: Auftragskostenplanung und -kontrolle im Anlagenbau, in: Schelle, H.; Reschke, H.; Schub, A.; Schnopp, R.: Projekte erfolgreich managen, Loseblattwerk, Stand 11/96, Köln 1994

BURGHARDT, M.: Projektmanagement. Leitfaden für die Planung, Überwachung und Steuerung von Entwicklungsprojekten, 2. überarbeitete Auflage, München 1993

DÖRFEL, H.-J.: Projektmanagement. Aufträge effizient und erfolgreich abwickeln, Renningen-Mannheim 1995

EWERT, W.; Janßen, W.; Kirschnik-Janssen, D.; Papenheim-Trockhorn, H.; Schwellach, G.: et.al., Handbuch Projektmanagement öffentliche Dienste, Bremen 1996

GLAUBITZ, W.G.: Formen der Aufbauorganisation, in: Projektmanagement-Fachmann (Bd. I), zweite überarbeitete Auflage, Eschborn 1994

HANSEN, H.R.: Wirtschaftsinformatik I, 7. völlig neubearbeitete und stark erweiterte Auflage, Stuttgart 1996

KIELKOPF, H.: Meyer, H.: Integrierte Projektsteuerung, in: Projektmanagement-Fachmann (Bd. II), zweite überarbeitete Auflage, Eschborn 1994

MADAUSS, B.J.: Handbuch Projektmanagement, 5. überarb. und erw. Auflage, Stuttgart 1994

MOTZEL, E.: Berichtswesen in Projekten, in: 1. cdg/GPM-Langzeitmaßnahme Projektmanagement 1986-88, Seminarmaterialien, Darmstadt 1987

MÜLLER, J.: Der Weg zur Moderation, Zürich 1992

PLATZ, J.: Aufgaben der Projektsteuerung - Ein Überblick, in: Schelle, H.; Reschke, H.; Schub, A.; Schnopp, R.: Projekte erfolgreich managen, Loseblattwerk, Stand 11/96, Köln 1994

PLATZ, J.; Schmelzer, H.J.: Projektmanagement in der industriellen Forschung und Entwicklung, Berlin u. Heidelberg 1986

RINZA, P.: Projektmanagement. Planung, Überwachung und Steuerung von technischen und nichttechnischen Vorhaben, 3. neubearb. Aufl., Düsseldorf 1994

SCHMITZ, H.; Windhausen, M.P.: Projektplanung und Projektcontrolling, 3. neubearb. u. erw. Aufl., Düsseldorf 1986

WAHL, M.P.: Grundlagen eines Management-Informationsystems, Luchterhand, 1969

Autorenportrait

Dipl.-Wirtsch.Ing.(FH) Florian E. Dörrenberg

Jahrgang 1965, Studium des Wirtschaftsingenieurwesens in München.

1992-94 Vorstandsassistent der GPM Deutsche Gesellschaft für Projektmanagement e.V.; Deutscher Vertreter im Council der IPMA International Project Management Association; Gründungsmitglied der Fachgruppe Aus- und Weiterbildung der GPM; Zertifizierter und lizenzierter Referent für den Lehrgang zum „Projektmanagement-Fachmann (RKW/GPM)".

Seit 1993 berufsbegleitend tätig als Dozent und Moderator für projektorientierte Aufgabenstellungen. Autor mehrerer nationaler und internationaler Publikationen zum Projektmanagement.

Seit 1994 Wissenschaftlicher Mitarbeiter am IPMI Institut für Projektmanagement und Wirtschaftsinformatik der Universität Bremen; Forschungsschwerpunkt: „Vertragsmanagement in nationalen und internationalen Projekten".

Abbildungsverzeichnis

Abbildung 4.8-1: Informationsquellen 1126

Abbildung 4.8-2: Berichtswesen als Teil des Informationswesen im Projekt (nach MOTZEL 1987) 1126

Abbildung 4.8-3: Diskrepanz zwischen Informationsangebot, -nachfrage, -bedarf (KIELKOPF 1994) 1127

Abbildung 4.8-4: Prinzipien des Informierens (MÜLLER 1992) 1129

Abbildung 4.8-5: Darstellungsformen von Termindaten für unterschiedliche Berichtsebenen (Beispiel; PLATZ/SCHMELZER 1986) 1133

Abbildung 4.8-6: Mögliche Interessenschwerpunkte bei der Informationsverdichtung (PLATZ/SCHMELZER 1986) 1134

Abbildung 4.8-7: Kriterien der Berichterstattung (KIELKOPF/MEYER 1994) 1134

Abbildung 4.8-8: Trenddarstellung der wichtigsten Projektparameter (KIELKOPF/MEYER 1994) 1135

Abbildung 4.8-9: Berichtsarten im Überblick 1137

Abbildung 4.8-10: Beispiel für einen Berichtsplan (KIELKOPF/MEYER 1994) 1137

Abbildung 4.8-11: Mögliche Projektberichte im Projektablauf (GLAUBITZ 1994) 1138

Abbildung 4.8-12: Formblatt für einen Situationsbericht (Beispiel; KIELKOPF/MEYER 1994) 1140

Abbildung 4.8-13: Statusbericht (Beispiel; SCHMITZ/WINDHAUSEN 1986) 1141

Abbildung 4.8-14: Muster eines Formulars „Deckblatt: Projektbericht für Quartal/Monat" (GLAUBITZ 1994) 1143

Abbildung 4.8-15: Formular Arbeitspaketbericht (nach DÖRFEL 1995) 1144

Abbildung 4.8-16: Formblatt für einen Sofortbericht (Beispiel; KIELKOPF/MEYER 1994) 1145

Abbildung 4.8-17: Muster eines Formulars „Phasen-Abnahmebericht" (GLAUBITZ 1994) 1146

Abbildung 4.8-18: Muster eines Formulars „Deckblatt Projektabschlußbericht" (GLAUBITZ 1994) 1147

Abbildung 4.8-19: Mindestinhalte eines Besprechungsprotokolls (BURGHARDT 1993) 1150

Abbildung 4.8-20: Formular „Ergebnisprotokoll" (BERGFELD 1994) 1151

Abbildung 4.8-21: Formular „To-Do-Liste" (Anhalt) 1151

4.8 Informations- und Berichtswesen

Lernzielbeschreibung

Der Leser soll Kenntnisse über die Bedeutung aktueller Informationen erhalten sowie die Grundüberlegungen zu einem einfachen Informationsversorgungssystems nachvollziehen können.

Weiterhin soll er das Berichtswesen in einem Projekt selbständig planen und abwickeln können. Hierzu muß er folgende Gesichtspunkte kennen:

- wie und zu welchem Zeitpunkt ein Bericht abzufassen ist;
- welche Mitarbeiter bzw. welche Gruppen für die Berichterstattung verantwortlich sind;
- nach welchen Kriterien ein Berichtsplan aufgestellt und verwendet werden soll;
- wie ein Bericht empfängergerecht aufzubauen ist.

4.9 EDV-Unterstützung im Projekt

von

Peter Felske

Axel Neuwinger

Relevanznachweis

Der Mensch sucht seine Arbeitsleistungen effizient zu erbringen, dabei finden möglichst alle verfügbaren Hilfsmittel und neuen Technologien (z.B. Rechnertechnik) Anwendung. Auch für die Bewältigung von Managementaufgaben ist die Unterstützung durch geeignete Software mittlerweile allgemein akzeptierter und praktizierter Leistungsstandard. Speziell für den Einsatz im Projektmanagement hat sich dabei eine breite Palette von Tools entwickelt, die sich von einfachen „Zeichenprogrammen" über „Standard-SW" bis hin zu kompletten „Management-Informationssystemen" erstreckt.

Entsprechend schwierig ist für den Projektmanager oftmals die Entscheidung darüber, welche DV-Unterstützung für eigene Projekte genutzt werden sollte und kann. Es gilt auch die Frage zu klären, für welche Aufgaben innerhalb eines Projektes eine sinnvolle Nutzung von Spezialsoftware überhaupt möglich ist, und wo eventuell die erweiterte intelligente Anwendung bereits vorhandener Standard-Software (z.B. Textverarbeitung, Tabellenkalkulation, Kalkulationsprogramme usw.) ausreicht.

Ausgehend von der prinzipiellen Überlegung, daß im Mittelpunkt erfolgreicher Projektarbeit die effiziente Versorgung der Projektbeteiligten mit Informationen steht, ist eine Beschäftigung mit den Möglichkeiten und den Grenzen der EDV-Unterstützung im Projektmanagement unumgänglich.

Inhaltsverzeichnis

4.9.1 Einsatzmöglichkeiten und Tendenzen der EDV im Projektmanagement   **1161**

4.9.2 Softwaretypen für die Projektarbeit   **1162**
- 4.9.2.1 Teachware   1162
- 4.9.2.2 Arbeitsplatzsoftware   1163
- 4.9.2.3 Spezifische funktionale Software   1164
- 4.9.2.4 Projektmanagement-Software   1164
- 4.9.2.5 Kommunikationssoftware   1165

4.9.3 Die Bearbeitung konkreter Projektfunktionen mit EDV   **1166**
- 4.9.3.1 Projektstrukturierung   1166
- 4.9.3.2 Ablauf- und Terminplanung   1167
- 4.9.3.3 Einsatzmittelmanagement   1168
- 4.9.3.4 Kostenplanung und -kontrolle   1169
- 4.9.3.5 Projektsteuerung   1169
- 4.9.3.6 Berichte und Präsentationen   1171
- 4.9.3.7 Information und Kommunikation   1172
- 4.9.3.8 Work-flow   1173
- 4.9.3.9 Projektrechnungswesen   1174
- 4.9.3.10 Gruppenarbeit   1174

4.9.4 PM-Softwareauswahl und Nutzungsorganisation   **1176**
- 4.9.4.1 Kriterien zur Softwarebeurteilung   1178
- 4.9.4.2 Auswahlprozeß   1180
- 4.9.4.3 Hindernisse, Akzeptanz, Qualifikation   1183
- 4.9.4.4 Organisation der EDV-Unterstützung im Projektmanagement   1183

4.9.1 Einsatzmöglichkeiten und Tendenzen der EDV im Projektmanagement

Die Einsatzmöglichkeiten der EDV im Projektmanagement sind nahezu unbegrenzt. Die elektronische Be- und Verarbeitung von Projektdaten findet inzwischen überall statt. Von der einfachen Darstellung von Sachverhalten bei der Ideenfindung eines Projektes über die Planung und Steuerung eines Einzelprojektes, bis hin zum Management von komplexen Multiprojekt-Umgebungen, überall werden Projektdaten nach dem EVA-Prinzip (Eingabe, Verarbeitung, Ausgabe) bearbeitet. Durch die elektronische Unterstützung der Kommunikation werden auch Informationen zu Projektdaten, die übermittelt und bearbeitet werden können.

Informationen werden zu Projektdaten

Software/Anwendungsgebiet	Projektanforderung	Zieldefinition	Projektstrukturierung	Ablaufplanung	Terminplanung	Einsatzmittelplanung	Kostenplanung	Finanzmittelplanung	Projektsteuerung	Risikomanagement	Qualitätsmanagement	Konfigurationsmanagement	Änderungsmanagement	Berichtswesen	Projektdokumentation	Kommunikation	Schulung/Training	Projektarbeit	Projektabrechnung
Textverarbeitung	X	X								X			X	X	X			X	
Tabellenkalkulation						X	X		X					X	X			X	
Grafikprogramm															X			X	
Datenbanksystem										X	X	X	X					X	
Projektmanagementsystem			X	X	X	X	X	X	X					X	X				
Kommunikationssoftware	X															X		X	
Termin/Zeitplaner					X											X			
Groupware																X			
Teachware																	X		
Riskmanagementsoftware										X									
Konfigurationsmanagementsoftware												X							
LAN-Software																X			
Expertensystem																		X	
CAD-System																		X	
Programmiersprachen																		X	
Betriebswirtschaftliche Software																			X

Abbildung 4.9-1: Einsatzmöglichkeiten der EDV im Projektmanagement

Vernetzung der Menschen in der Informationsgesellschaft und Vernetzung der Anwendungen durch **Multimedia** - mit diesem Schlagwort läßt sich die heutige Situation der EDV-Landschaft beschreiben. Vernetzung der Hardware in Client-Server Architekturen (LAN-Netze, Intranets), explodierende Rechnerleistungen, Betriebssysteme die diese Leistungen unterstützen, neuartige vernetzende (z.B. www = world wide web) und vernetzte Programmsysteme, wie Groupware oder Data-Warehouse haben nur ein Ziel:

Informationen für jeden Beteiligten, an jedem Ort, zu jedem Zeitpunkt, in jeder Form

> *Eine einmal gegebene Information jedem berechtigten Nutzer an jedem Ort zu jedem Zeitpunkt in jeder Form zur Verfügung zu stellen.*

Diese Tendenz setzt sich mit atemberaubender Geschwindigkeit fort. Unterstützt wird diese Situation durch Verbesserung der Speichermedien wie z.B. CD-ROM auf der einen Seite, verbesserten Zugriffs- und insbesondere höhere Verarbeitungsgeschwindigkeiten auf der anderen Seite.

Im Moment hat die Geschwindigkeit der Daten- und/oder Informationsübertragung noch Aufholbedarf um Informationsangebot und -nachfrage ins Gleichgewicht zu bringen.

Integrative Konzepte

Integrative Konzepte treten in den Vordergrund und werden die noch vorhandenen Insellösungen ablösen. Unternehmensweite Informationsvernetzung im Sinne von Verdichtung und Auswertung z.B. durch Data-Warehouse-Projekte nehmen zu, um Informationen über den gesamten Lebenszyklus von Produkten und Projekten für Entscheidungsträger bereitzustellen und zu kommunizieren.

Intranets werden geschaffen, um „Global Playern" die firmeninterne Kommunikation mit gleichen Tools und Programmen zu ermöglichen, die auch im Internet verwendet werden können. Die Information an sich wird zum strategischen Kapital (Erfolgsfaktor) von morgen.

4.9.2 Softwaretypen für die Projektarbeit

Für die Projektarbeit stehen unterschiedliche Softwaretypen zur Verfügung. Das oft gewünschte Integrierte Gesamtsystem, in dem alle Anforderungen der Anwender abgebildet sind, ist bisher noch nicht verwirklicht. Daher müssen die Funktionalitäten verschiedener Anwendungsprogramme mit den Möglichkeiten von Betriebssystem und betriebssystemnaher Software koordiniert angewendet werden. In der SW-Pyramide ist ein strukturierter Aufbau und Zusammenhang dargestellt:

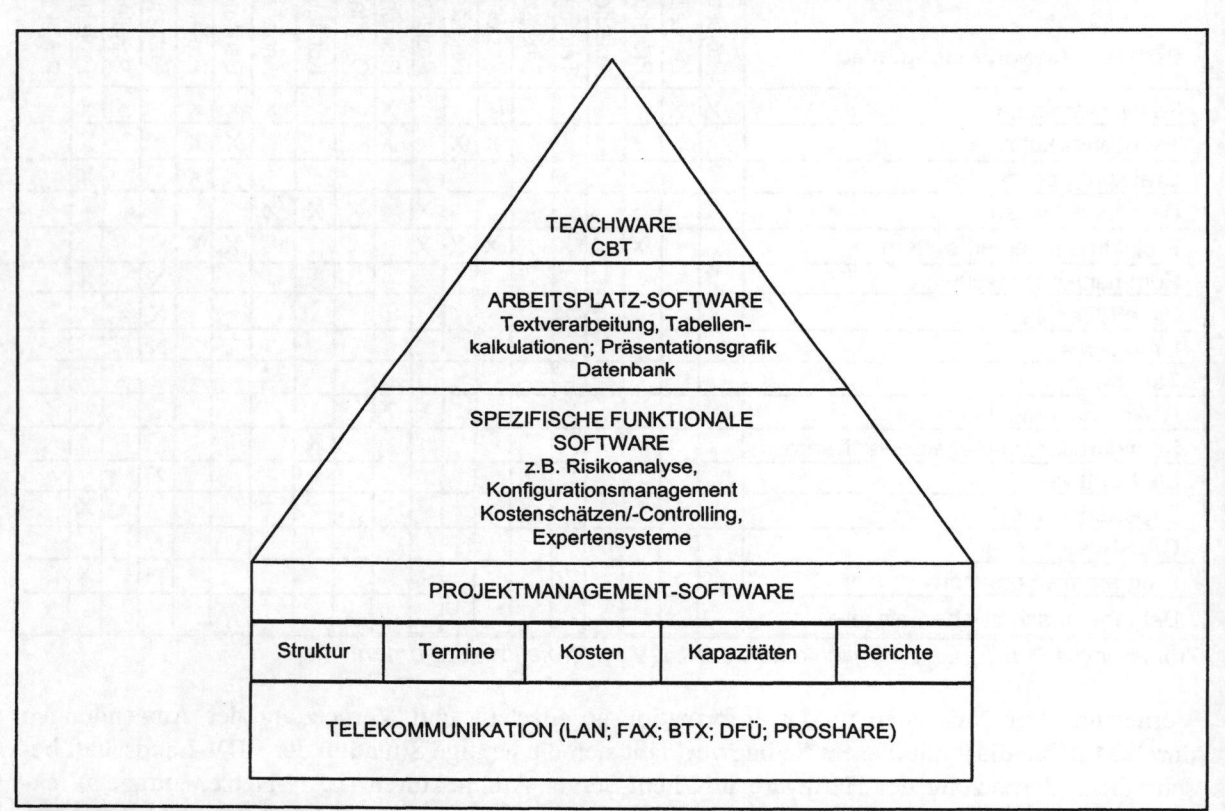

Abbildung 4.9-2: Fünf Typen von Software für die Projektarbeit (DWORATSCHEK/HAYEK 1992, S. 23).

4.9.2.1 Teachware

Moderne Teachware (CBT Computer Based Training) kann und will mehr, als nur Medium zur reinen Wissensvermittlung sein. Durch die Möglichkeit, interaktiv sowohl Thematik und Zeitpunkt als auch das Lerntempo individuell zu bestimmen, eröffnen sich neue Perspektiven der Aus- und Weiterbildung von Projektmitarbeitern.

Ausgehend von den Zielgruppen läßt sich CBT in folgende Kategorien einteilen: Produkte für das Selbststudium von

CBT für Lernende

- EDV-Anwendungen am PC
  (z.B. progammimmanente Tutorials)

- bestimmten Lehrinhalten (z.B. Hermes, das hypermediale Lehr- und Lernsystem über Betriebswirtschaftslehre der Uni Würzburg, CBT zu Projektmanagement des IPMI der Universität Bremen)

Diese CBT-Anwendungen können erstellt werden:

CBT für Entwickler

- mittels Produkten für die Entwicklung individueller Schulungen und

- durch Unterstützung für die Entwicklung von Tele-Tutoring und Training-on-Demand Lösungen für die CBT-Umgebung

4.9.2.2 Arbeitsplatzsoftware

Die verschiedenen Arten von Arbeitsplatzsoftware unterstützen die Projektmanagementaufgaben in vielfältiger Art und Weise und erhöhen so die Unabhängigkeit und Flexibilität der dezentralen Projektgruppen. In einer groben Strukturierung lassen sich die in Abbildung 4.9-3 aufgeführten Anwendungsgebiete identifizieren.

Anwendungsbereich	Arbeitsplatzsoftware
Dokumentenerstellung	Textverarbeitung, Desktop-Publishing
Grafik und Multimedia	Präsentationssoftware, Geschäftsgrafik, Freizeichnen, Illustration, Bildbearbeitung, Bild- und Tonverarbeitung (Multimedia)
Kommunikationsunterstützung	E-Mail, Fax-Software, Internet-Browser
Planung und Auswertung	Tabellenkalkulation, Projektsoftware, Statistik, Managementinformationssysteme (MIS)
Informationsverwaltung	Datenbanksysteme, Archivierung von Dokumenten und Bildern
persönliches Informationsmanagement	Zeit- und Aufgabenmanagement, Kontaktmanagement, Reisemanagement

Abbildung 4.9-3: Anwendungsbereiche von Arbeitsplatzsoftware

Die explizite Vereinbarung, welches Softwaretool welche Projekttätigkeit unterstützen soll, ist Gegenstand der Regelungen im Rahmen von Projektkommunikation bzw. der -dokumentation. Auf der Basis dieser Projektstandards lassen sich die unbestreitbaren Vorteile der spezifischen Softwarepakete optimal nutzen. Heutige Standards in der EDV gewährleisten eine hohe Leistungsfähigkeit hinsichtlich dynamischem Datenaustausch (DDE, Dynamic Data Exchange), objektorientierte Verknüpfungen (OLE, Objekt Linking and Embedding) von Grafiken aus verschiedenen Programmen zu einem Dokument oder auch Datenaustausch zwischen unabhängigen Anwendungen (ODBC, Open Data Base Connectivity).

Festlegung von Projektstandards zur Anwendung der verwendeten Softwaretools

Darüber hinaus gibt es eine Vielzahl kleiner unterstützender Software-Tools, die ganz spezielle Aufgaben erleichtern oder erst ermöglichen (z.B. Software zur Schrifterkennung von eingescannten Texten (OCR), zum Dateitransfer (FTP), Pack-Programme etc.).

4.9.2.3 Spezifische funktionale Software

Spezifische funktionale Software

Funktionale Software unterstützt spezifisch Projektmanagementfunktionen, wie z.B.

- Kostenschätzung/-control
- Konfigurations-/ Änderungsmanagement
- Risikoanalyse und Projektbeurteilung
- Dokumentation
- Life Cycle Costs
- Angebots-/ Vertragsunterstützende Software
- Projektlogistik-Software (Gütervorlaufende Information)
- Projektingenieur-Software (z.B. CAD, Finite Elementberechnungen)
- Entscheidungsunterstützende Expertensysteme (vgl. 4.9.2.2 Expertensysteme)

und unterscheidet sich dadurch von der allgemeinen Arbeitsplatzsoftware.

4.9.2.4 Projektmanagement-Software

Die auf dem Markt verfügbaren Softwareprodukte mit integrierter Netzplantechnik sind inzwischen sehr zahlreich geworden. Von Exotenprogrammen die z.T. als Eigenentwicklung entstanden und nur in einem Unternehmen eingesetzt werden (in Großfirmen durchaus von vielen Anwendern benutzt), bis hin zu Quasi-Standardprogrammen wie Microsoft-Project und CA-SuperProject, die weltweit 100.000-fach eingesetzt werden, steht ein Angebot von über 200 verschiedenen Programmen zur Verfügung. In den letzten 15 Jahren haben etliche Firmen und innerhalb der Firmen einige Projektgruppen versucht herauszufinden, welches der Programme das „Beste" oder das „am besten geeignete" oder „das kleinere Übel" ist oder unter einem anderen Arbeitstitel Anstrengungen unternommen um sich auf ein Programm festzulegen und dies als Firmenstandard vorzugeben.

Um das Marktangebot und den Nutzen transparenter zu machen, wurde eine PC-Datenbank mit über zweitausend internationalen Beiträgen aufgebaut und nach Deskriptionen des Fachgebietes ausgewertet. Mit Hilfe eines Thesenmarktes wurde eine internationale Bewertung der Situation und der Tendenzen des PM-Software-Marktes erreicht. Für den Softwaremarkt für Netzplantechnikprogramme gibt das IPMI Institut für Projektmanagement und Wirtschaftsinformatik nach Tests eine umfassende Marktstudie heraus. Informationen über den Vergleich der Anforderungen aus konkreten Betriebssituationen mit dem Leistungsprofil angebotener PC-Programme können aus Pilotanwendungen extrahiert werden. Ferner präsentieren Referenten auf PM-Konferenzen der IPMA International Project Management Association ihre Softwareerfahrungen.

Nur noch geringe Unterschiede bei den Anwendungsprogrammen des Projektmanagements

Die Anwendungsprogramme des Projektmanagements waren und sind integrative Werkzeuge, die schon früh den „Vernetzten Prozeß" Projekt abbildeten. Waren in der Vergangenheit wesentliche Unterschiede in Funktionalität und Bedienerfreundlichkeit gegeben, so zeigt sich die Situation heute ausgeglichener. Unterschiede in den aktuellen PM-Software-Tools sind im Grunde nur noch gradueller Natur oder in einzelnen Funktionalitäten erkennbar. Die Eignung für die Unterstützung der Projektarbeit haben alle Werkzeuge hinlänglich erbracht. Spürbar ist auf jeden Fall der Wille, die immanenten Funktionalitäten zu visualisieren. Die Tendenz geht eindeutig in die weitere Öffnung der PM-Tools, d.h. Daten-Import/Exportunterstützung zu den wichtigsten Funktionalen- oder Arbeitsplatz-Softwaresystemen.

Das Ziel dabei ist in aller Regel mit einem einheitlich verwendeten Programm eine Grundlage für die Konsolidierung von Projektdaten in einem Multiprojektumfeld zu schaffen. Im Laufe der Zeit haben einige Anwender dabei den Wechsel von Programm X zu Programm Y und auch wieder zurück mitgemacht. Teilweise finden sich auch mehrere verschiedene Programme („Schrankware") die nicht verwendet werden („...weil alle für die konkreten Anforderungen in der Projektarbeit ungeeignet sind..."). Bei näherem Hinsehen und vor allem bei Überprüfung der „konkreten Anforderungen", stellt sich schnell heraus, daß sehr wohl jedes der Programme geeignet wäre, die manchmal sehr einfachen Anforderungen zu erfüllen, die Nutzer sich jedoch über Ihre Anforderungen gar nicht im klaren sind bzw. die Möglichkeit, sich mit dem Programm soweit wie notwendig auseinanderzusetzen, nicht gegeben ist. Trotz aller möglichen negativen Erfahrungen gibt es auch eine ganze Reihe von erfolgreichen Anwendungen von Netzplantechnik-Software sowohl für Einzelprojekte wie auch in einer Multiprojektumgebung.

Einheitlich verwendetes Programm als Grundlage zur Konsolidierung von Projektdaten

Einen persönlichen Überblick erhält man durch etliche umfangreiche Quellen (siehe z.B. DWORATSCHEK 1992, ISIS-PC-REPORT 1996, EHRL-GRUBER 1997).

Marktübersichten

Von der Vielzahl der am Markt verfügbaren Netzplantechnik-Programme ist in **Anhang A** eine Übersicht der am häufigsten genutzten Programme aufgestellt. Etwa 90% des deutschsprachigen Marktes werden damit repräsentiert. Dabei werden die Programme in drei Kategorien eingeteilt um eine erste Orientierung zu ermöglichen. Die Kategorien entsprechen dabei den Preisklassen:

Übersicht über Projektsoftware

- niedrig   bis ca. € 2.000,- pro Arbeitsplatz/Lizenz
- mittel   bis ca. € 5.000,- pro Arbeitsplatz/Lizenz
- hoch   über € 5.000,- pro Arbeitsplatz/Lizenz

4.9.2.5 Kommunikationssoftware

Die richtige Wahl der Kommunikationssoftware wird in Zukunft eine der wichtigsten Entscheidungen sein, die ein Projektteam zu fällen haben wird. Die Kommunikation innerhalb des Projektteams ohne entsprechende Unterstützung durch z.B. Telefon, Fax oder Anrufbeantworter, um die „einfachsten" zu nennen, ist gar nicht mehr denkbar. Höhere Funktionen wie parallele Bild-, Sprach- und Datenübermittlung werden für Videokonferenzen genutzt oder auf Arbeitsplatzebene durch z.B. ProShare zur Verfügung gestellt. Die dadurch gegebenen Möglichkeiten revolutionieren die Projektkommunikation. Die „ONLINE" - Dienste ermöglichen in firmenweiten (Intra-) oder globalen (Inter-) Netzen, die Kommunikation über geographischen Grenzen hinweg und somit die Kommunikation über Projekte nach außen. Gleichzeitig ergibt sich daraus jedoch die Anforderung, Firmeninternas durch entsprechende Methoden abzusichern.

Eine der wichtigsten Entscheidungen ist zukünftig die richtige Wahl der Kommunikationssoftware

- Infrastrukturen für Kommunikation: Telefonnetz, Internet, Intranet (Nutzung Internet als Basis für lokales oder firmeninternes Netz), WAN-Netze (Wide Area Network), LAN-Netze (Local Area Network)
- Software zur Nutzung dieser Infrastukturen: z.B. MS Internet-Explorer, Netscape Communicator

Folgende Aufteilung von Kommunikationssoftware bietet sich an:

- Sprachübertragung
- Datenübertragung: Fax-Software, Email, BTX, (Terminplaner, interne Wiedervorlagesysteme), Modem
- Bildübertragung: ISDN
- Kombinationen von Übertragung, z.B. ProShare

4.9.3 Die Bearbeitung konkreter Projektfunktionen mit EDV

Aufbauend auf den methodischen Grundlagen Projektgliederung (Kapitel 3.1), Ablauf- und Terminmanagement (Kapitel 3.2), Einsatzmittelmanagement (Kapitel 3.3), Kostenmanagement (Kapitel 3.4), Leistungsbewertung und Projektfortschritt (Kapitel 3.6) und Integrierte Projektsteuerung (Kapitel 3.7), wird nun das Planen und Steuern eines Projektes mit einem PM-System in fünf Schritten vorgestellt. Für die Darstellung der Vorgehensweise und der Möglichkeiten wurde das Projektmanagement-System (PMS) CA-SuperProject von Computer Associates ausgewählt. Dieses Programm steht hier stellvertretend für die gesamte Palette von PM-Systemen. Es gehört in die niedrige Preisgruppe, hat jedoch alle für ein professionelles Projektmanagement erforderlichen Funktionen. Wie bei allen Windows-orientierten Programmen ist der Bedienungskomfort und die Fähigkeiten der Oberfläche gewährleistet. Entsprechende Schnittstellen zu und von anderen Programmen sind im Programm beinhaltet. Programmanpassungen und -erweiterungen können von versierten Programmierern mit der dazugehörigen Entwicklungsumgebung für die Anwender vorgenommen werden.

Vorarbeiten und Systemeinrichtung

Die notwendigen Vorarbeiten, um mit der Eingabe der Projektdaten beginnen zu können, sind:

- Einrichten der Systemumgebung (Druckertreiber, Datenpfade, ggf. Netzwerkanschluß)
- Installation des Programms
- Starten des Programms
- ggf. Festlegen der Standardwerte und Programmeinstellungen
- ggf. Festlegen der Standard-Layouts für die Darstellung der Projektdaten
- ggf. Eingeben der Projektdetailinformationen

4.9.3.1 Projektstrukturierung

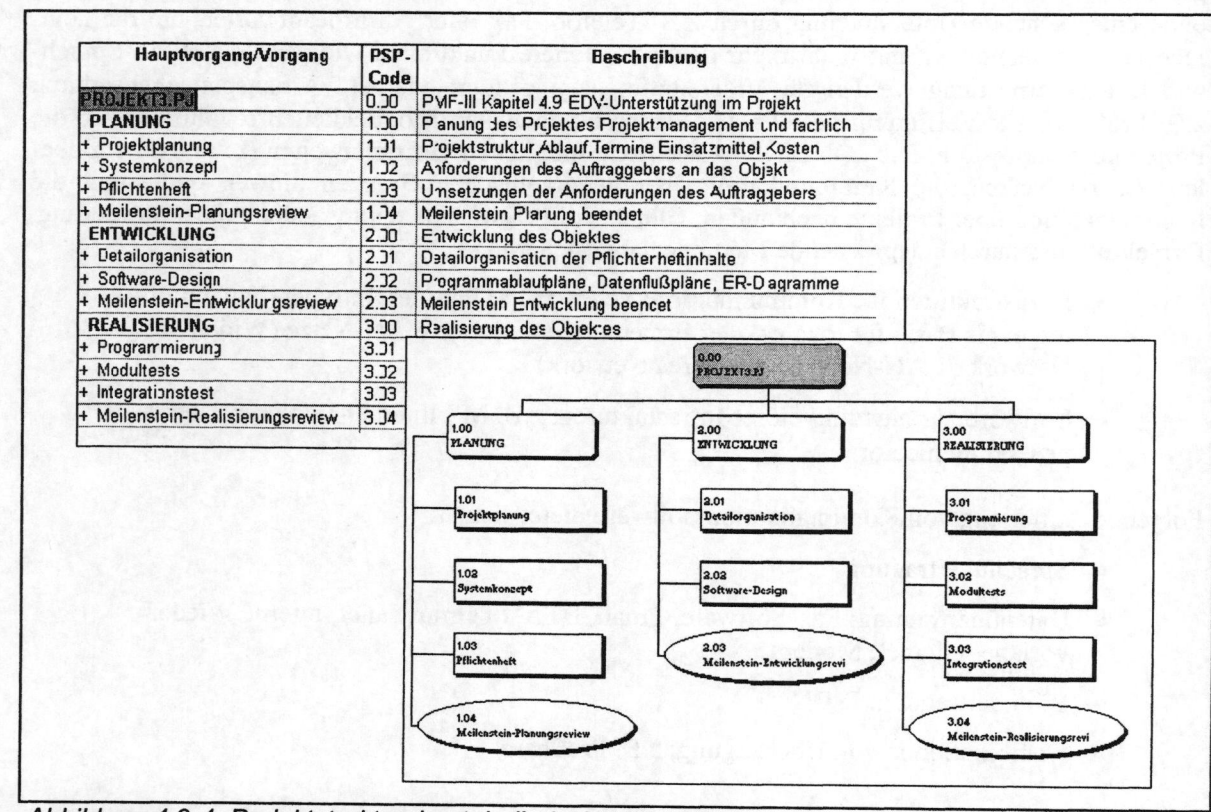

Hauptvorgang/Vorgang	PSP-Code	Beschreibung
PROJEKT3.PJ	0.00	PMF-III Kapitel 4.9 EDV-Unterstützung im Projekt
PLANUNG	1.00	Planung des Projektes Projektmanagement und fachlich
+ Projektplanung	1.01	Projektstruktur, Ablauf, Termine Einsatzmittel, Kosten
+ Systemkonzept	1.02	Anforderungen des Auftraggebers an das Objekt
+ Pflichtenheft	1.03	Umsetzungen der Anforderungen des Auftraggebers
+ Meilenstein-Planungsreview	1.04	Meilenstein Planung beendet
ENTWICKLUNG	2.00	Entwicklung des Objektes
+ Detailorganisation	2.01	Detailorganisation der Pflichtenheftinhalte
+ Software-Design	2.02	Programmablaufpläne, Datenflußpläne, ER-Diagramme
+ Meilenstein-Entwicklungsreview	2.03	Meilenstein Entwicklung beendet
REALISIERUNG	3.00	Realisierung des Objektes
+ Programmierung	3.01	
+ Modultests	3.02	
+ Integrationstest	3.03	
+ Meilenstein-Realisierungsreview	3.04	

Abbildung 4.9-4: Projektstrukturplan tabellarisch und grafisch

4.9 EDV-Unterstützung im Projekt

Die in Kapitel 3.1 beschriebene Projektgliederung wird als erster Schritt der Projektplanung im tabellarischen oder im grafischen Strukturplan vorgenommen. Vorgänge werden angelegt und durch Einrücken bzw. hierarchische Anordnung ein Projektstrukturplan gebildet. Dabei sollten Name und Beschreibung des Vorganges sorgfältig formuliert werden, da diese beiden Informationen später in den meisten Berichten erscheinen und den Projektbeteiligten über den Inhalt der Aufgabenstellung Aufschluß geben sollen. Eine Systematik beim Aufbau der Vorgangsnamen zu verwenden, zahlt sich durch weniger Mißverständnisse und Zuordnungsprobleme aus.

1. Schritt: Projektstrukturierung

Stichworte: Tabellarischer/Grafischer Strukturplan, Projekt/Teilprojekt/Teilaufgabe/ Arbeitspaket Hauptvorgänge/Sammelvorgänge/Vorgänge, Anzahl Ebenen, Projektstrukturcode, Kostenträger, In Arbeit, abgeschlossene Vorgänge, Knotengestaltung, Datenfelder.

4.9.3.2 Ablauf- und Terminplanung

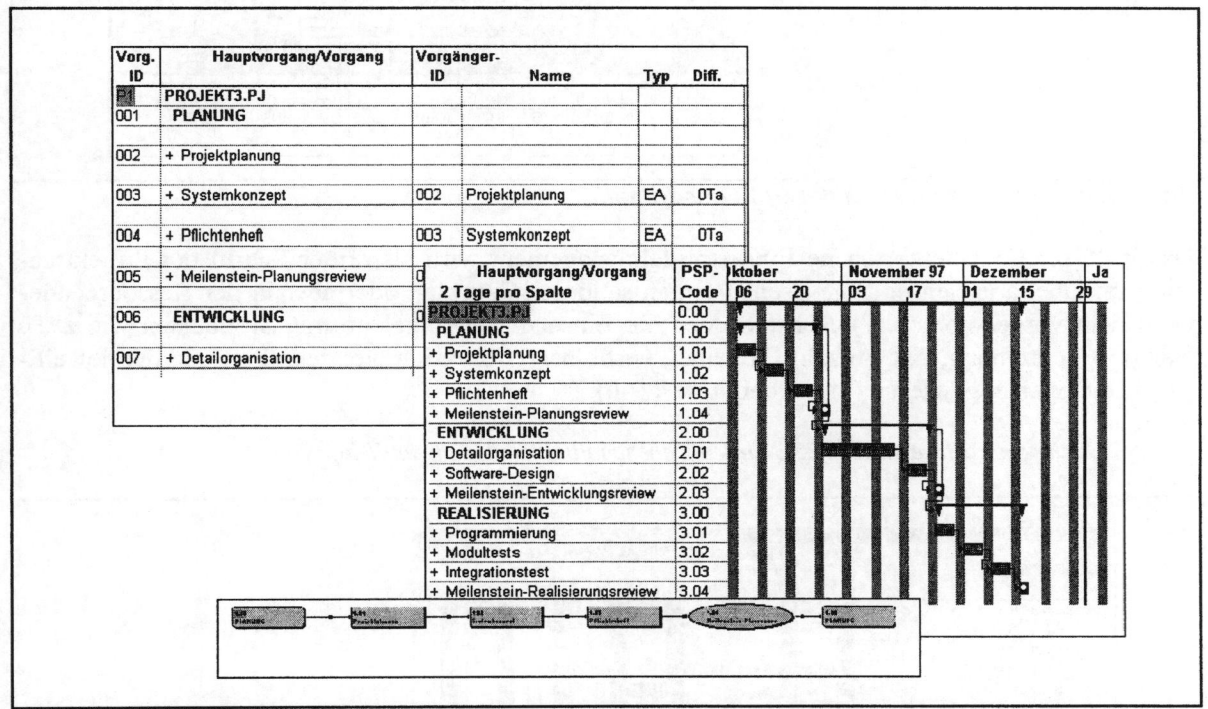

Abbildung 4.9-5: Projektablaufplanung tabellarisch und grafisch als Balken- und Netzplan

Das in Kapitel 3.2 beschriebene Ablauf- und Terminmanagement wird als zweiter Schritt der Projektplanung im tabellarischen oder im grafischen Ablaufplan (Netzplan und/oder Balkenplan) vorgenommen. Zwischen den einzelnen Vorgängen werden die Anordnungsbeziehungen festgelegt und die Dauern der Vorgänge eingetragen. Das automatische Berechnen des Ablaufes vorwärts und rückwärts bringt die Termine, Puffer und grafischen Symbole in entsprechender Lage. Einschränkungen können über Mußtermine (Terminfixierungen) vorgenommen werden, Ablaufkonflikte werden analysiert und durch verbale Hinweise erläutert.

2. Schritt: Ablauf- und Terminmanagement

Stichworte: Tabellarischer/Grafischer Vorgangs-/Ereignis-Knotennetzplan, Meilensteine, vernetzter Balkenplan, Terminliste, Anordnungsbeziehungen, positiver/negativer Zeitabstand, Dauer, Gesamt/Freier Puffer, Kritische/Unkritische Wege, Früheste/Späteste Lage.

4.9.3.3 Einsatzmittelmanagement

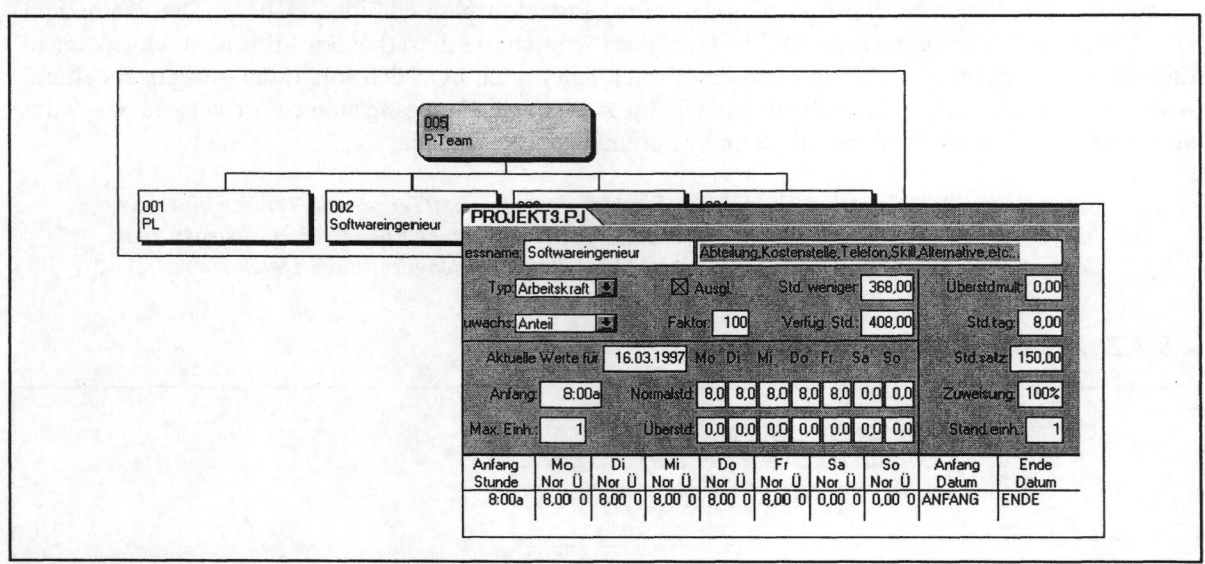

Abbildung 4.9-6: Bestimmung der EM-Grunddaten

3. Schritt:
Einsatzmittel, Aufwands-, Kapazitätsplanung

Das in Kapitel 3.3 beschriebene Einsatzmittelmanagement wird als dritter Schritt der Projektplanung im tabellarischen oder grafischen Organisationsstrukturplan oder aber in der Ressourcendetailansicht vorgenommen. Zunächst werden die Einsatzmittel angelegt, mit Grunddaten wie z. B. Name, Beschreibung, Art, Anzahl Einheiten, verfügbarer Kapazität etc. detailliert und den jeweiligen Vorgängen zugewiesen (vgl. Abbildung 4.9-6).

Stichworte: Einsatzmittel/Ressourcen, Einsatzmitteldaten, Aufwand/Kapazität

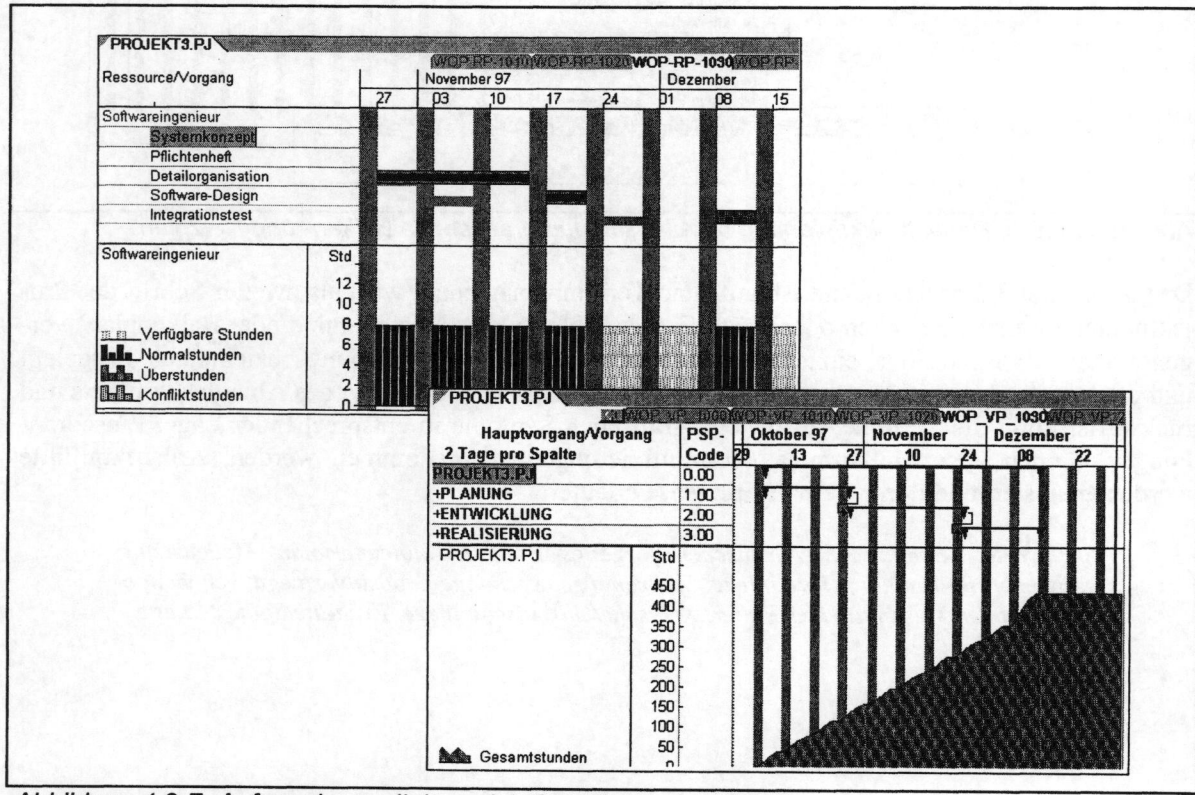

Abbildung 4.9-7: Aufwandsganglinie und Aufwandssummenlinie

4.9 EDV-Unterstützung im Projekt

Dabei werden zusätzliche Informationen wie z. B. der vorkalkulierte Stundenaufwand für das Einsatzmittel am konkreten Vorgang eingegeben, damit der Kapazitätsbedarf mit der verfügbaren Kapazität abgeglichen werden kann. Über die verschiedenen Profilansichten lassen sich die Aufwands- und Kapazitätsinformationen nach unterschiedlichen Strukturen (Projekt, Organisation, Zeit, Kostenstellen) detailliert oder verdichtet als Listen oder Aufwandssummenlinie darstellen (vgl Abbildung 4.9-7).

4.9.3.4 Kostenplanung und -kontrolle

Stichworte: Kostenarten, Kostenstellen, Kostenträger, Personalkosten, Sachmittelkosten,

Die in Kapitel 3.4 beschriebene Kostenplanung wird als vierter Schritt der Projektplanung im tabellarischen Strukturplan oder in der Ressourcendetailansicht nachvollzogen. Den Einsatzmitteln werden die Kosteninformationen wie z. B. Kostenstellen, Stundensätze und Einsatzpauschalen hinzugefügt und die Zuweisungen zu den Vorgängen um vorkalkulierte Kosteninformationen ergänzt. Über die verschiedenen Profilansichten lassen sich die Kosteninformationen nach unterschiedlichen Strukturen (Projekt, Organisation, Zeit, Kostenstellen) detailliert oder verdichtet als Liste, Kostenganglinie oder Kostensummenlinie darstellen.

4. Schritt: Kostenplanung

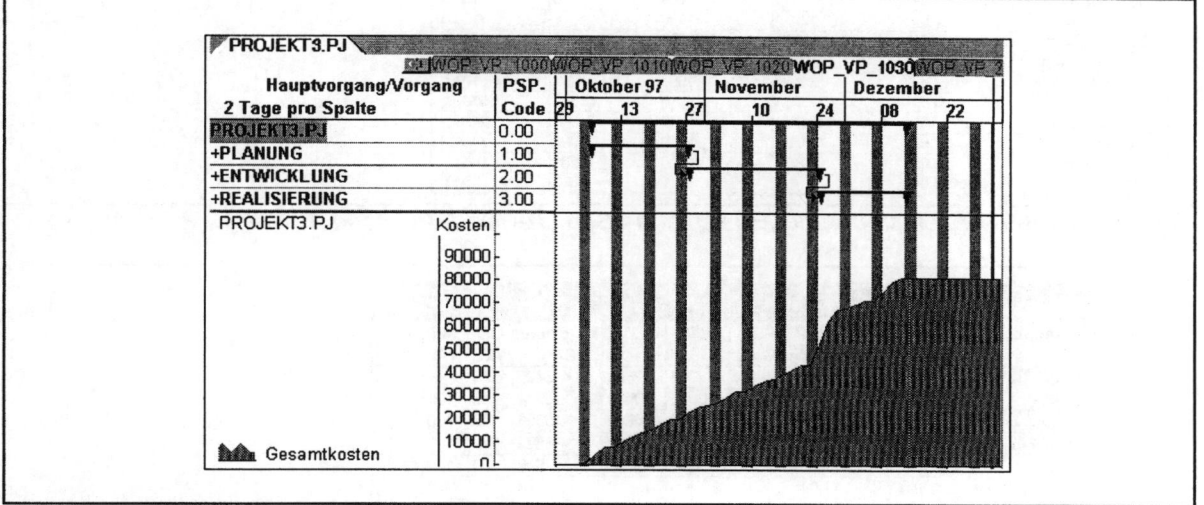

Abbildung 4.9-8: Kostensummenlinie

4.9.3.5 Projektsteuerung

Ist die Planung soweit abgeschlossen, daß ein verbindlicher Projektplan entstanden ist und der Projektstart erfolgen kann, so folgen die beschriebene Leistungsbewertung und Fortschrittsermittlung (vgl. Kapitel 3.6) sowie die Integrierte Projektsteuerung (vgl. Kapitel 3.7).

5. Schritt Projektsteuerung

Stichworte: Basis/Soll/Ist/Restdaten, Ergebnis-/Termin-/Kostendaten, Information und Rückmeldung von Ist-Daten, Basis-/Soll-/Istvergleich, Projektstatusanalyse, Prognosen

Zunächst wird ein Basisplan „eingefroren", der als Referenz für den weiteren Projektverlauf dient und die Grundlage für Basis/Soll/Ist-Vergleiche darstellt. Zu jedem Berichtszeitpunkt werden die Istdaten (Ist-Termine, Fertigstellungsgrad, Istaufwandsstunden, Istkosten) eingegeben und eine Abweichungsanalyse zwischen den „ursprünglichen" Plandaten (Basis) und den aktuellen Plandaten (Soll) durchgeführt. Bei nicht zu akzeptierenden Abweichungen sind Steuerungsmaßnahmen einzuleiten oder - wenn dies nicht (mehr) möglich ist - der aktuelle Plan (Soll) anzupassen. Die Earned-Value-Analyse steht als leistungsfähige Komponente für die integrierte Projektsteuerung zur Verfügung.

PROJEKT3.PJ

Hauptvorgang/Vorgang	Projekt Code	Basis-Anfang	Basis-Ende	Ist-Anfang	Ist-Ende
PROJEKT3.PJ	0.00	06.10.97	01.12.97	06.10.97	
PLANUNG	1.00	06.10.97	27.10.97	06.10.97	27.10.97
+ Projektplanung	1.01	06.10.97	10.10.97	06.10.97	10.10.97
+ Systemkonzept	1.02	13.10.97	17.10.97	13.10.97	17.10.97
+ Pflichtenheft	1.03	20.10.97	24.10.97	20.10.97	24.10.97
+ Meilenstein-Planungsreview	1.04	27.10.97	27.10.97	27.10.97	27.10.97

Hauptvorgang/Vorgang	Projekt Code	Basis-Ress. Gesamt-Std.	Ist-Ress. Gesamt-Std.	Rest-Ress. Gesamt-Std.	Soll-Ress. Gesamt-Std.
PROJEKT3.PJ	0.00	360	280	160	440
PLANUNG	1.00	120	120	0	120
+ Projektplanung	1.01	40	40	0	40
+ Systemkonzept	1.02	40	40	0	40
+ Pflichtenheft	1.03	40	40	0	40
+ Meilenstein-Planungsreview	1.04	0	0	0	0
ENTWICKLUNG	2.00	80	160	0	160
		120	0	120	
		40	0	40	
		0	0	0	
		0	160	160	
		0	40	40	
		0	40	40	
		0	80	80	
		0	0	0	

Hauptvorgang/Vorgang	Projekt Code	Basis-Gesamtkosten	Ist-Gesamtkosten	Rest-Gesamtkosten	Soll-Gesamtkosten
PROJEKT3.PJ	0.00	250000	57500	55500	113000
PLANUNG	1.00	20000	26000	0	26000
+ Projektplanung	1.01	8000	11000	0	11000
+ Systemkonzept	1.02	6000	6500	0	6500
+ Pflichtenheft	1.03	6000	7500	0	7500
+ Meilenstein-Planungsreview	1.04	0	1000	0	1000
ENTWICKLUNG	2.00	12000	31500	0	31500
+ Detailorganisation	2.01	6000	23000	0	23000
+ Software-Design	2.02	6000	7500	0	7500
+ Meilenstein-Entwicklungsrevi	2.03	0	1000	0	1000
REALISIERUNG	3.00	218000	0	55500	55500
+ Programmierung	3.01	204000	0	24000	24000
+ Modultests	3.02	4000	0	14000	14000
+ Integrationstest	3.03	10000	0	16500	16500
+ Meilenstein-Realisierungsrevi	3.04	0	0	1000	1000

Abbildung 4.9-9: Projektsteuerung: Basisplangrößen (Termine, Aufwand, Kosten)

PROJEKT3.PJ

Hauptvorgang/Vorgang	PSP-Code	FST-Grad	BCWP	BCWS	Berechnet EAC	CPI (%)	SPI (%)	API (%)
PROJEKT3.PJ	0.00	64	32000	72800	446429	56	44	79
PLANUNG	1.00	100	20000	20000	25974	77	100	130
+ Projektplanung	1.01	100	8000	8000	10959	73	100	138
+ Systemkonzept	1.02	100	6000	6000	6522	92	100	108
+ Pflichtenheft	1.03	100	6000	6000	7500	80	100	125
+ Meilenstein-Planungsreview	1.04	100	0	0	0	0	0	0
ENTWICKLUNG	2.00	100	12000	12000	31579	38	100	263
+ Detailorganisation	2.01	100	6000	6000	23077	26	100	383
+ Software-Design	2.02	100	6000	6000	7500	80	100	125
+ Meilenstein-Entwicklungsreview	2.03	100	0	0	0	0	0	0
REALISIERUNG	3.00	0	0	40800	218000	100	0	0
+ Programmierung	3.0							
+ Modultests	3.0							
+ Integrationstest	3.0							
+ Meilenstein-Realisierungsreview	3.0							

Legende:
- API — Actual Performance Index, Ist-Entwicklungsindex
- BCWS — Budget Cost Work Scheduled, Budgetkosten der geplanten Arbeit
- BCWP — Budget Cost Work Performed, Budgetkosten der geleisteten Arbeit (Fertigstellungswert)
- CPI — Cost Performance Index, Kostenentwicklungsindex
- EAC — Estimate at Completion, Prognose der Gesamtprojektkosten
- SPI — Scheduled Performance Index, Soll-Entwicklungsindex

Hauptvorgang/Vorgang 2 Tage pro Spalte	PSP-Code	Oktober 97 (06, 20)	November (03, 17)	Dezember (01, 15, 29)
PROJEKT3.PJ	0.00			
+PLANUNG	1.00	▼		
+ENTWICKLUNG	2.00	▼		
+REALISIERUNG	3.00		▼	

PROJEKT3.PJ — Kosten (270K, 240K, 210K, 180K, 150K, 120K, 90000, 60000, 30000)

- Basis-Kosten
- BCWS
- Gesamtkosten
- BCWP

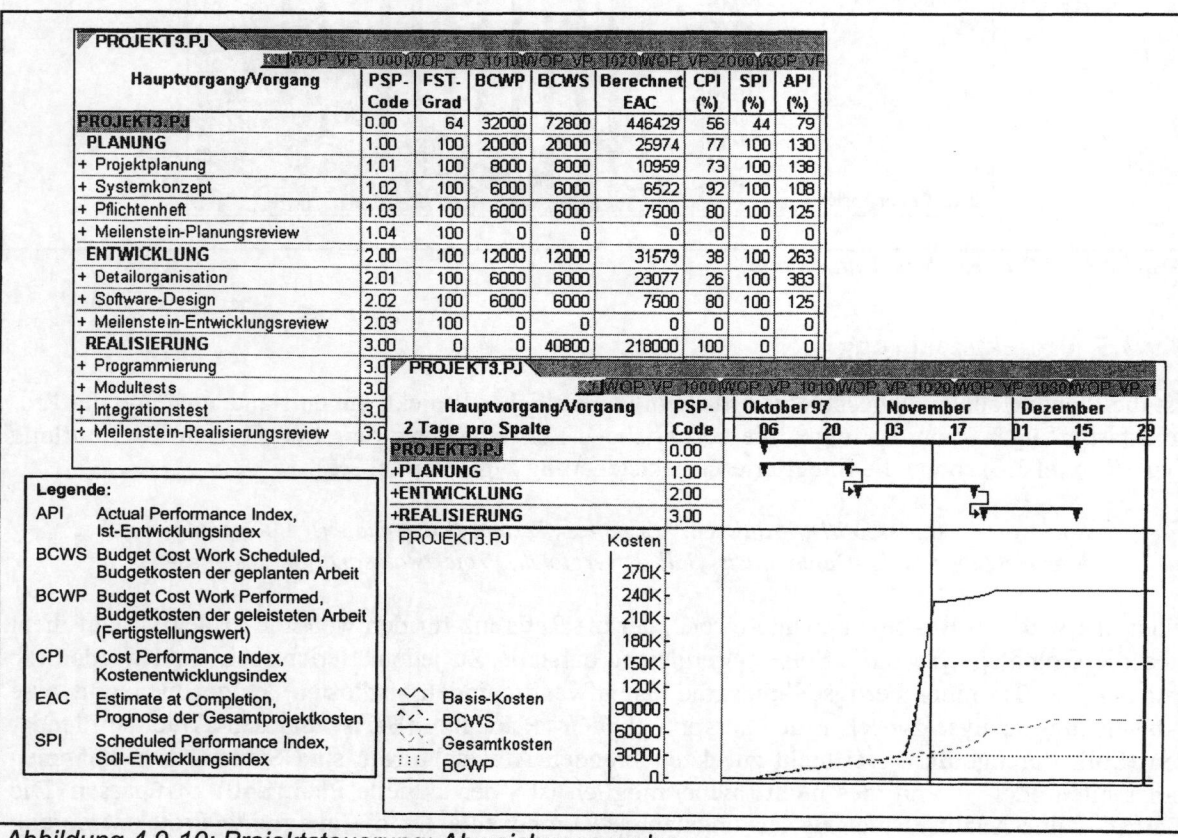

Abbildung 4.9-10: Projektsteuerung: Abweichungsanalyse

Die in den Spaltenüberschriften der Abbildung 4.9-10 verwendeten Abkürzungen der Earned-Value-Analyse sind in Kapitel 3.7 weiterführend erklärt.

4.9.3.6 Berichte und Präsentationen

Berichte und Präsentationen erfolgen im Projektverlauf

- regelmäßig (z.B. Wochenbericht, Statusbericht, Quartalsberichte etc.)
- zu definierten Zeitpunkten = Meilensteinen (z.B. Ergebnispräsentation des Prototypen)
- spontan (z.B. Sofortbericht bei gravierenden Abweichungen).

Zu jedem dieser Zeitpunkte ist es die Aufgabe des jeweiligen Verantwortlichen des Projektteams, dem jeweiligen Informationsempfänger die vereinbarte Information in der vereinbarten Art und Weise bereitzustellen und zu überbringen.

Vereinbarungen über

- Informationsgeber und Informationsempfänger
- Inhalte wie z.B. Detaillierungsgrad, Controllinginhalte Leistung/Kosten/Termine
- formale Aspekte wie z. B. Seitenlayouts, die Forderungen der DIN ISO 9000 erfüllen
- Darstellungsarten wie z.B. Tabellen, Projektstrukturplan

sollten standardisiert und in einem firmenweiten Projektberichtswesen festgelegt werden. Die Ausrichtung des Projektberichtswesens sollte dem jeweiligen Phasenmodell der Projektabwicklung folgen und die Tätigkeiten unterstützen.

Während der Bericht im allgemeinen durch formale Aspekte bestimmt ist, bietet die Präsentation die Möglichkeit, Meinungen und Empfindungen (weiche Faktoren der Projektarbeit) mit in die Informationsweitergabe zu integrieren.

Das Bild über den Projektstand und über die Situation im Projekt und insbesondere im Projektteam wird transparent, wenn nicht erst ermöglicht.

Zur Organisation von Berichtswesen und Informationspapieren der verwendeten EDV-Systeme dient eine Berichts- und Informationsbedarfsmatrix. In dieser werden der Bericht definiert (Berichtsnummer, -name, -art, -inhalt), der Ersteller und Empfänger festgelegt sowie die erforderlichen Rahmenbedingungen (Strukturierung, Selektionen, Intervall, Formate) geregelt. *Informationsbedarfsmatrix*

Bericht-nummer	Bericht-name	Bericht-art	Berichtsinhalt	Ersteller	Empfänger	Struktur-kriterien	Auswahl-kriterien	Intervall	Formate
VP1010	Projekt-struktur-plan	Tabelle	Vorgangsname, PSP-Code, Vor-gangsbeschreibung	Planer	Projektleiter, Projektteam	Alle Ebenen	keine	nach Änderung	DIN A4 hoch
VP1020	Projekt-ablauf-plan	Balken	Vorgangsname, PSP-Code Balkendiagramm	Planer	Projektleiter, Projektteam, Lenkungsaus-schuß	Gesamt je Phase nur Pha-sen	von/bis Datum	nach Änderung	DIN A4 quer
VP1030	Projekt-kosten-plan	Tabelle	Vorgangsname, PSP-Code, Basis/Ist/Rest/Sollkosten	Control-ler	Projektleiter, Lenkungsaus-schuß	Gesamt nur Pha-sen	keine	nach Änderung	DIN A4 hoch
usw.									
VP2010	Termin-status	Tabelle, Balken	Vorgangsname, PSP-Code, Basis/Ist/Solltermine	Control-ler	Projektleiter, Projektteam, Lenkungs-ausschuß	Gesamt je MA nur Pha-sen	von/bis Datum	monatl.	DIN A4 quer
VP2020	Budget-status	Tabelle	Vorgangsname, PSP-Code, Basis/Ist/Rest/Sollaufw. Basis/Ist/Rest/Sollkosten	Control-ler	Projektleiter, Projektteam, Lenkungs-ausschuß	Gesamt je MA nur Pha-sen	von/bis Datum	monatl.	DIN A4 quer
usw.									
PZ3010	Projekt-zeiter-fassung	Tabelle	PSP-Code, Datum, Ist-Aufwand, Bemer-kungen	MA	Controller			wöchentl. freitags	Tabel-lendatei
PZ3020	Projekt-anforde-rung	Formu-lar	Projektbeschreibung, Projektziele, Alterna-tiven	Alle	Lenkungs-ausschuß			bei Bedarf	Text-datei
PZ3030	Projekt-auftrag	Formu-lar	Projektbeschreibung, Projektziele, Beteilig-te, Termin, Budget	Projekt-leiter	Auftraggeber			nach Auf-forderung	Text-datei
usw.									

Abbildung 4.9-11: Berichts- und Informationsbedarfsmatrix

4.9.3.7 Information und Kommunikation

Information und Kommunikation sind die Grundlage jeder Zusammenarbeit. In der konkreten Projektarbeit nutzt man bereits Kommunikationssoftware mit einer unbewußten Selbstverständlichkeit.

Für wen ist Telefon und Fax etwas Besonderes?

Local Area Network (LAN)-Software und Elektronische Post wie z.B. E-Mail werden immer stärker genutzt und sind in einigen Bereichen (Informationstechnologie) auch zur Selbstverständlichkeit geworden. Weitere elektronische Unterstützung im Bereich der Informationserfassung, -verarbeitung, und -übermittlung bieten Informationssysteme, die auf Datenbanken aufgebaut sind.

Neben der zeitnahen Erfassung von z.B. Gesprächsinhalten von Telefonaten, projektrelevanten Tätigkeiten etc. ermöglichen **Wiedervorlagegeneratoren** die Erzeugung von Terminen für die Projektarbeit. Diese Wiedervorlagen können ganz gezielt auch auf einzelne Projektmitarbeiter ausgerichtet sein. Dadurch läßt sich der Informationsfluß aktiv steuern. Die Vernetzung der Informationsträger und der damit verbundene multiple Zugriff auf Daten erfordern Maßnahmen des Konfigurations- und Änderungsmanagements. Mit dieser Entwicklung verbunden ist die Notwendigkeit der Definition von Zugriffsrechten auf Projektdateien und -daten.

Die PM-Software selbst kann zum zentralen Informationsträger - Quelle und Speicher - auf- und ausgebaut werden. Die neuesten Versionen bieten beispielsweise die Möglichkeit, auch Funktionalitäten anderer Anwendungsprogramme direkt zu nutzen (OLE-Verbindung).

Neue Softwareprodukte ermöglichen es, über Telefonleitung, Videobild und Stimme des Gesprächspartners zu übermitteln, gleichzeitig Dateien zu bearbeiten und damit eine neue Qualität der Kommunikation über Entfernungen aufzubauen (z.B. ProShare bei der Deutschen Telekom).

Zusammenfassend kann gesagt werden, daß die Qualität der Projektarbeit mit dem Einsatz geeigneter elektronischer Unterstützung der Information und Kommunikation steigt. Die Auswahl und Nutzung des „geeigneten" Produktes wird mit zunehmender Komplexität des Projektes immer entscheidender. Trotz der unbestreitbaren Vorteile der elektronischen Informationstechnologie sei folgender Erfahrungswert an dieser Stelle angebracht: **Nichts geht über ein persönliches Gespräch!**

4.9.3.8 Work-flow

Work-flow-Systeme werden zur schnellen, einfachen Erfassung komplexer Betriebsabläufe, deren Darstellung und Analyse eingesetzt.

Der Grundgedanke ist es, den Betrieb unter Zuhilfenahme elektronischer Medien zu analysieren, die einzelnen Informationsverarbeitungsschritte in Prozesse zu zerlegen und in Computerprogramme umzusetzen. Ziel ist hierbei die übersichtliche Strukturierung der Informationsströme, deren Kontrolle und Steuerung, die Optimierung der angewendeten Bearbeitungsverfahren sowie die Verlagerung von Aufgaben auf Maschinen (üblicherweise Computer).

Dadurch soll eine Beschleunigung der Arbeitsabläufe erreicht werden, da nach Beendigung einer Vorgangsbearbeitung durch einen Sachbearbeiter der Vorgang elektronisch automatisch zum nächsten Bearbeiter weitergeleitet (aktenarme Sachbearbeitung) wird.

Voraussetzungen für den Einsatz von Work-flow-Systemen sind

- Vollständigkeit der Dokumentation der Arbeitsabläufe
- elektronische Abbildbarkeit der gesamten Komplexizität der Unternehmensstruktur
- Gewährleistung der Kontrolle und Nachvollziehbarkeit der Geschäftsprozesse
- Erkennbarkeit und Korrigierbarkeit von Ressourcenengpässen
- Wiederverwendbarkeit von erprobten Teilprozessen
- Änderbarkeit bereits bestehender Abläufe unter Berücksichtigung evtl. bestehender Standards (z.B. ISO, SPICE etc.)

Um diese Anforderungen zu erfüllen, müssen Work-flow-Systeme verschiedene Funktionalitäten unterstützen:

- Geschäftsprozesse und Einzelprozesse entwerfen, analysieren, dokumentieren und darstellen
- Simulation von Prozessen vor der Einführung
- Vollständige Automatisierung von Aktivitäten, die keine menschlichen Eingriffe erfordern
- Kontroll-, Sicherungs-, und Dokumentationsaktivitäten automatisch in die Bearbeitung zu integrieren
- Aktualisierung und Verfeinerung von Prozessen bei Änderung von Rahmenbedingungen

Beispiele für die Umsetzung können sein:

- nach Abschluß einer Tätigkeit wird automatisch die Information/das Ergebnis zum nächsten Bearbeiter weitergeleitet („Verwirklichung des Prinzips des Netzplanes")
- Controlling implizit (über Fertigstellungsbedingung)
- Ressourcenzuordnung zu jeder Tätigkeit

Anbieter sind z. B. IBM mit FlowMark, SNI mit WorkParty, SAP mit in seiner Produktpalette integrierten Modulen u.v.m.

4.9.3.9 Projektrechnungswesen

Die Rechnerunterstützung der Aufgaben des Projektrechnungswesens wird in der Praxis meist in das betriebliche Rechnungswesen integriert (vgl. Kapitel 3.5).

4.9.3.10 Gruppenarbeit

Gruppenarbeit Die elektronische Unterstützung von Gruppen in ihrer Arbeit als Team erfordert zunächst, die Faktoren

- Zielidentität
- Plankompatibilität
- Austausch der Einsatzmittel
- Regelbarkeit
- Kontrolle

aufeinander abzustimmen. Ohne diese organisatorischen und im Team abgestimmten Rahmenbedingungen ist der Einsatz von Groupware wenig sinnvoll.

Da kooperatives Arbeiten nicht nur die gemeinschaftliche Erledigung von Sachaufgaben (z.B. Schriftguterstellung, Vorgangssteuerung) bedeutet, sondern auch Koordination und Kommunikation (Interaktion) zwischen den beteiligten Aufgabenträgern einschließt, verlangt es nach einer besonderen Form der Computerunterstützung. Für diese Art der Computerunterstützung hat sich der Ausdruck „Groupware" eingebürgert.

Der Begriff beinhaltet somit Hardware und Software für die **gemeinsame Nutzung durch mehrere Aufgabenträger**. Groupware erlaubt, Informationen und sonstige Materialien auf elektronischem Wege zwischen den Mitgliedern einer Gruppe koordiniert auszutauschen oder gemeinsame Materialien in gemeinsamen Speichern koordiniert zu bearbeiten.

Da für die drei Komponenten der Kommunikation in der Regel unterschiedliche Kommunikationsmedien - technische Aspekte der Kommunikation - benutzt werden, ist davon auszugehen, daß ein Groupware-Arbeitsplatz durch das Angebot der technischen Kommunikationsmittel und die Organisation der Bedienerführung alle drei Ebenen einer arbeitsplatzbezogenen Kommunikation unterstützen muß.

4.9 EDV-Unterstützung im Projekt

```
┌─────────────────────────────────────────────────────────────┐
│              Integrierte Bedieneroberfläche                 │
│                                                             │
│   Kommunikation      Kommunikation         Soziale          │
│   über Arbeitsinhalt über Arbeitsablauf    Kommunikation    │
│   (Informationsprodukt) (Koordination)   (Soziale Beziehungen)│
│                                                             │
│              Kommunikationsinfrastruktur                    │
│   z. B. Telefon, Fax, Briefpost, Computer, Datenträger,     │
│                    Modem/Netzanschluß                       │
└─────────────────────────────────────────────────────────────┘
```

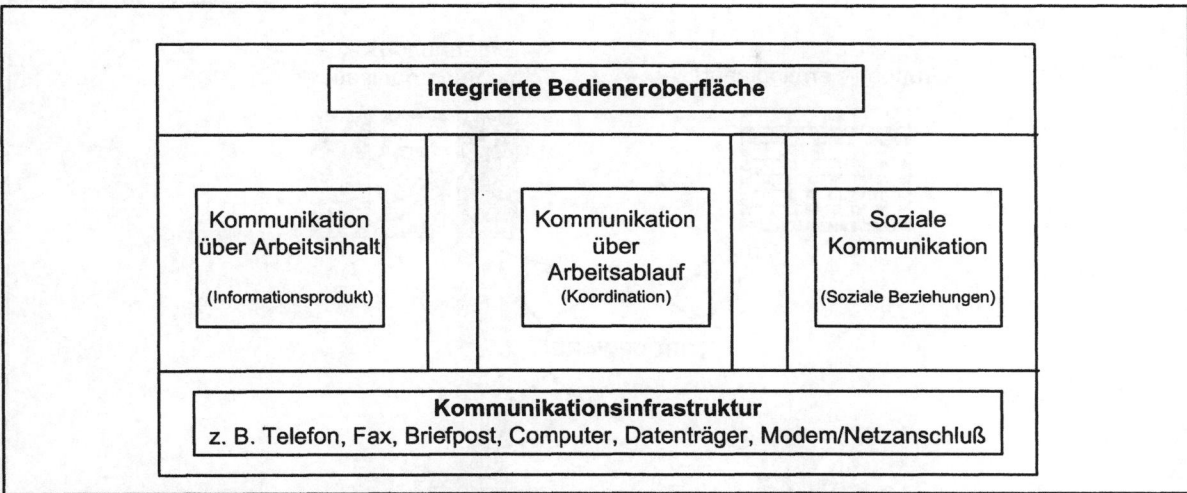

Abbildung 4.9-12: Ebenen der Kommunikation am Arbeitsplatz

Groupware ist ein computergestützter Informationsarbeitsplatz, welcher eine transparente Integration der drei Ebenen der Kommunikation mit Werkzeugen der Informationsverarbeitung möglich macht. Diese Definition läßt noch offen, ob Groupware nur zur Erledigung kooperativen Arbeitens genutzt werden kann, oder ob Groupware Ersatz oder Ergänzung für andere Formen kooperativen Arbeitens ist. Die Integration der drei Ebenen der Kommunikation am Arbeitsplatz beschränkt sich nicht nur auf den Einsatz von technischen Kommunikationsmedien, sondern muß auch Formen der persönlichen Kommunikation (z.B. verbale oder nonverbale Kommunikation in einer Face-to-Face-Situation oder Sprache via Telefon etc.) berücksichtigen und unterstützen können. Beispiel dafür ist die Integration von Telefon und elektronischem Notizblock: automatische Anwahl der Nummer des Teilnehmers durch den Computer, Möglichkeiten zum Anfertigen von Notizen während des Telefonats, und automatische Zeitrechnung durch den Computer nach Beendigung des Gespräches mit Zuordnungsmöglichkeit von Zeit und Geld zum jeweiligen Projekt/Arbeitspaket.

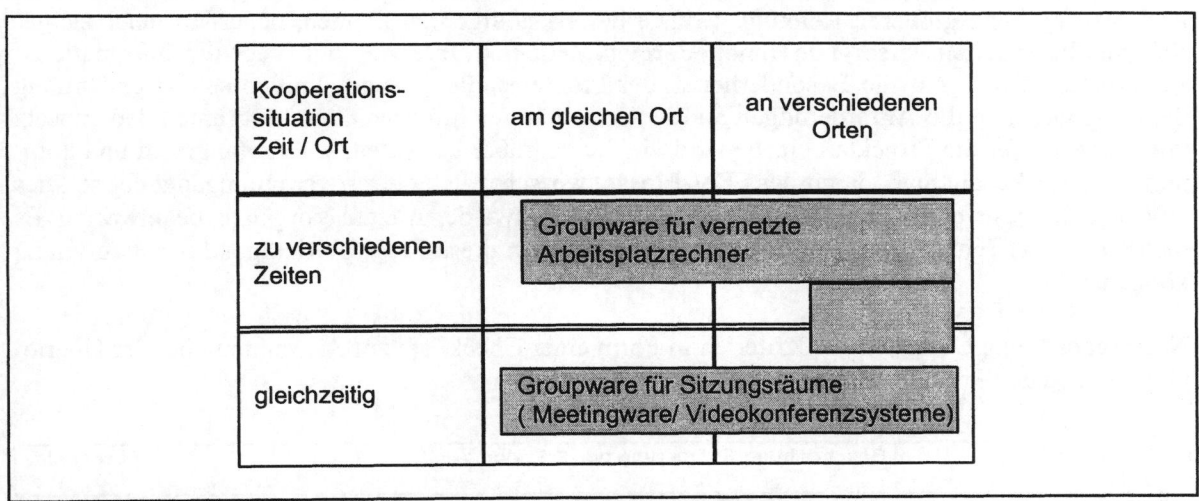

Kooperations-situation Zeit / Ort	am gleichen Ort	an verschiedenen Orten
zu verschiedenen Zeiten	Groupware für vernetzte Arbeitsplatzrechner	
gleichzeitig	Groupware für Sitzungsräume (Meetingware/ Videokonferenzsysteme)	

Abbildung 4.9-13: Arten der Arbeitsplatzunterstützung durch Groupware

Die vier kommerziell bekanntesten Groupware-Werkzeuge sind:

- GroupSystems,
- The Coordinator,
- Lotus Notes,
- Windows for Workgroups.

Einige Leistungsmerkmale, die durch Groupware abgedeckt werden sind nachfolgend verdeutlicht.

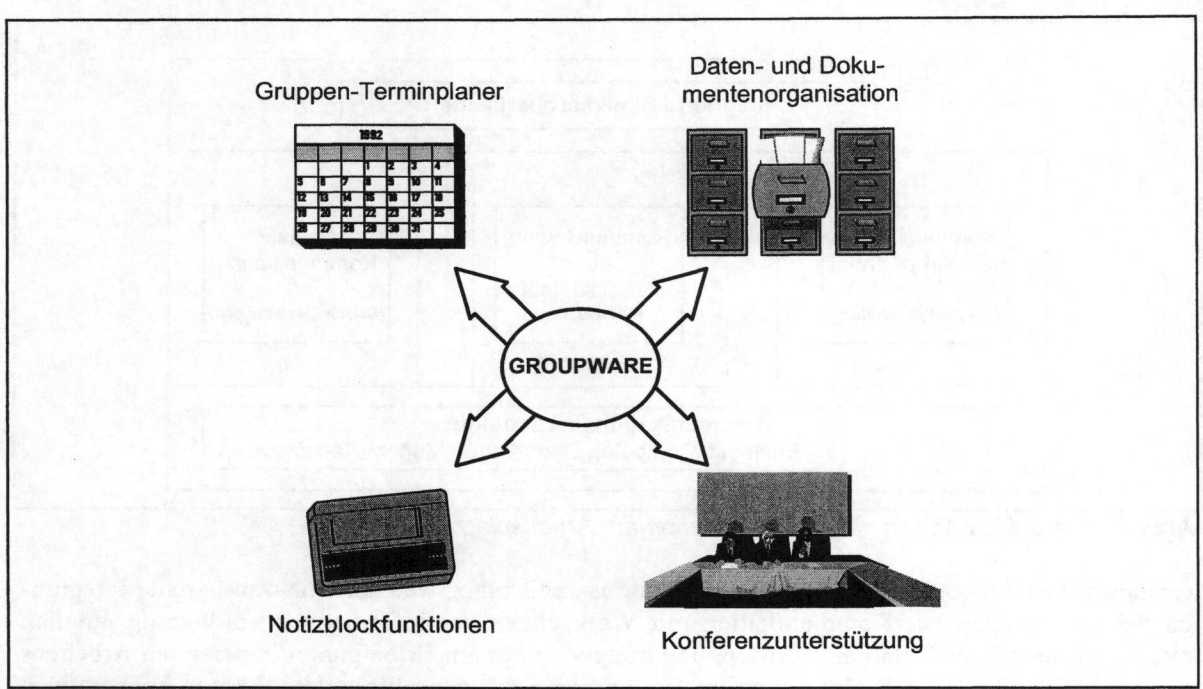

Abbildung 4.9-14: Leistungsmerkmale von Groupware

4.9.4 PM-Softwareauswahl und Nutzungsorganisation

Wann ist der EDV-Einsatz im Projektmanagement sinnvoll?

Der interdisziplinäre Charakter von Projekten erfordert die Zusammenarbeit vieler Spezialisten aus verschiedenen Fachbereichen, Abteilungen und/oder Unternehmen. Phantasie, Kreativität und Flexibilität sind in der Projektarbeit gefragt und stehen dem Bedürfnis von Auftraggeber und Beteiligten nach Transparenz in der Planung und dem Verlauf des Projektes gegenüber. Um diese Anforderung ohne größeren Reibungsverluste bewerkstelligen zu können, bedarf es einer zielgerichteten Informationsversorgung. Inhalt, Formen, Zeitpunkt, Intervall und Wege der Informationsversorgung müssen auf die Besonderheiten der Problemstellung zugeschnitten sein. Der Umfang der Aufgaben und die Anforderungen an die Aktualität der Informationen bestimmen den Einsatz von Software für die Projektarbeit. Es wird vielfach darüber gestritten, wie umfangreich und komplex ein Projekt sein muß, damit der EDV-Einsatz wirtschaftlich oder sogar unumgänglich ist. Dies läßt sich aber schwerlich anhand einer einzigen Größe, etwa der Anzahl Vorgänge, beantworten. Es müssen weitere Einflußgrößen berücksichtigt werden, um diese Frage befriedigend beantworten zu können.

Kriterien für den EDV-Einsatz

Nachfolgend eine Übersicht der Kriterien in Form einer Checkliste zur Anwendung bei der Überlegung im eigenen Projekt(-umfeld).

Lfd. Nr.	Kriterium	Beschreibung/Erläuterung des Kriteriums	Ergebnis
01	Theoretische und praktische Beherrschung des Projektmanagements und seiner Methoden	Voraussetzung für das erfolgreiche Management von Projekten ist das ganzheitliche Denken und die Fähigkeit, die Methodik des Projektmanagements gezielt und effektiv einzusetzen. PM-SW bietet geeignete Methoden zur Planung, Überwachung und Steuerung von Projekten an. Das Wissen um diese Methoden und ihre Beherrschung muß jedoch an anderer Stelle und außerhalb der PM-SW erst erworben werden. Die Beherrschung dieser Methoden ist unabdingbare Voraussetzung für den erfolgreichen Einsatz von PM-SW.	
02	Verfügbarkeit der EDV	Welche Computeranlagen sind verfügbar? Entsprechen diese den heutigen Anforderungen? Müssen neue Geräte angeschafft werden? Welche Kosten entstehen dadurch?	
03	Zahl der Projekte pro Periode im Unternehmen	Wieviele Projekte werden im Unternehmen periodisch (Jahr, Quartal, Monat) abgewickelt? Wie sieht dies in der Zukunft aus? Viele Projekte bedeutet sehr viel Aufwand für Überwachung, Steuerung, für Änderungen und die Berichterstattung. Die manuelle Bearbeitung solcher Aufgaben ist zeitaufwendig und somit kostenintensiv.	

4.9 EDV-Unterstützung im Projekt

04	Komplexität der Projekte	Die Anzahl der am Projekt beteiligten Unternehmen bzw. Fachbteilungen und Anzahl der Fach- und Wissensdisziplinen (Spezialisten, Experten) die für die Projektarbeit benötigt werden. Für weitere Kriterien (Laufzeit, Budgetgröße, Aufwand/Manpower, Wichtigkeit, Dringlichkeit, Gesetzliche Vorgaben, Strategie, Innovation etc.) können Kategorien (Klein, Mittel, Groß oder viel, normal, wenig) gebildet werden, um einen Überblick über die Projektumfänge zu bekommen. Damit die Kriterien meßbar werden, können die Kategorien quantifiziert werden (z.B. Kurz = bis 3 Monate Laufzeit, Mittel = bis 9 Monate, Lang = über 9 Monate)
05	Anforderungen bei unternehmensübergreifenden Projekten	Auftraggeberanforderungen bezüglich Berichterstattung und die Notwendigkeit einer effizienten Überwachung der Unterauftragnehmer. Anforderungen aus und bei Ausschreibungen bezüglich Gestaltung (Grafiken, Listen, Strukturpläne etc.), zur Erreichung eines besseren Eindrucks und Erhöhung der Erfolgschancen.
06	Zahl der Vorgänge pro Projekt	Die Projektgröße ist angegeben mit der Anzahl der Vorgänge pro Projekt. Dabei ist eine realistische Angabe erst nach der Auswertung von durchgeführten bzw. durchzuführenden Projekten möglich. Hier neigen viele dazu, zu übertreiben. Deswegen die Empfehlung, festzustellen, welche Projektgrößen (Klassenbildung) es im Unternehmen wirklich gibt und ebenso die Anzahl der Projekte je Klasse zu ermitteln.
07	Zahl und Art der Anordnungsbeziehungen pro Projekt	Sachliche und logische Abhängigkeiten der Vorgänge untereinander werden durch die Anordnungsbeziehungen (AOBs) beschrieben und können den Aufwand zur Berechnung von Netzplänen abhängig von der Anzahl der AOBs zwischen zwei Vorgängen erhöhen. D. h. je größer die Verflechtung ist, desto größer ist der Aufwand für die Berechnung der Termine im Projekt. Die Kritizität wird durch das Verhältnis Anzahl Vorgänge zu Anzahl AOBs im Projekt bestimmt.
08	Zahl der Zeitabstände pro Projekt und ihre Beschaffenheit	Der Zeitabstand (ZA) ist der Zeitwert einer AOB. Positive ZA sind Wartezeiten. Negative ZA sind Vorziehzeiten. Es gibt außerdem maximale bzw. minimale Zeitabstände. Zeitabstände flexibilisieren die Ablauf- und Terminplanung und erhöhen den Aufwand für die Berechnung.
09	Zahl der Teilnetzstufen bzw. Unterprojekten pro Projekt	Teilnetzpläne umfassen nur einen Teil des Projektes und stehen mit anderen Teilnetzplänen desselben Projektes strukturell in Verbindung. Teilnetzpläne, die zur wiederholten Anwendung bestimmt sind, werden Standardnetzpläne genannt. Sie können archiviert und bei Bedarf in das jeweilige Projekt integriert werden. Erfahrungswerte in Form von erprobten Standardnetzplänen können die Projektplanung erleichtern und die Projektqualität sukzessive verbessern.
10	Zahl der Berichtsarten	Welche Berichte werden für verschiedenen Organisationsebenen benötigt? Wie müssen die Berichte beschaffen sein (Strukturplan, Netzplan, Balkenplan, Kapazitätsganglinien, Kostensummenlinien, Mittelabflußpläne, Termin- und Kostenlisten, Situations- und Statusberichte, Sofortberichte etc.)?
11	Zahl der Berichtsempfänger	Anzahl der Berichtsempfänger und ihre Funktion innerhalb der Organisation und somit Beschaffenheit der Information, die für sie bestimmt ist (Beschränkungen, Ausführlichkeit, Verdichtungsgrade, Umsetzungen).
12	Häufigkeit der Auswertungen	Wie oft werden welche Berichte benötigt? Wie zeit- und kostenaufwendig ist die manuelle Erstellung und Auswertung? Wie hoch sind die Kosten für den manuellen Transport der Informationen?
13	Zahl der Änderungen in/am Projekt	Die Kosten für das Projektmanagement werden auf 5% bis 18% der gesamten Projektkosten geschätzt. Bei Projekten ohne Änderungen fallen die Kosten für das Projektmanagement geringer aus während bei Projekten mit großem Änderungsvolumen die Kosten für das Projektmanagement sehr hoch ausfallen können. Jede neue Änderung löst unweigerlich neue Berechnungen im Projekt aus, die manuell ausgeführt, einen größeren Aufwand als die automatische Berechnung durch PM-SW verursachen.
14	Berücksichtigung erweiterter Funktionen wie Kostenplanung und -kontrolle, Kapazitätsplanung und -kontrolle	Die Projektstruktur-, Ablauf- und Terminplanung sind die Schritte nach der Projektzielfindung. Danach erst sind Einsatzmittel- und Kostenplanung möglich. Der Aufwand in diesem Bereich ist größer als bei den ersten Schritten. Noch größer wird der Aufwand, wenn die Projektüberwachung, -steuerung und -dokumentation richtig durchgeführt wird. Jede Form der Automatisierung bringt dabei Erleichterung und kann dazu genutzt werden, eine optimale und durchgängige Datenverwaltung zu organisieren.
15	Multiprojektmanagement	Projekte verursachen Kosten und verbrauchen Einsatzmittel. Bei der integrierten Planung und Durchführung mehrerer Projekte im Unternehmen gleichzeitig, spricht man von Multiprojektmanagement. Eine der anspruchsvollsten und schwierigsten Aufgaben dabei ist die sachgerechte Zuweisung der verfügbaren Einsatzmittel an die verschiedenen Projekte. Hier stehen Fragen zur Einsatzmittelauslastung und zum Einsatzmittelauslastungsgrad sowie zum Einsatzmittelabgleich und zur Bedarfsbegrenzung im Mittelpunkt der Betrachtung. Effizientes Multiprojektmanagement ist mit großem Arbeitsaufwand verbunden und kann nur mit EDV-Unterstützung befriedigend durchgeführt werden.

Abbildung 4.9-15: Kriterien für den EDV-Einsatz in Projekten

4.9.4.1 Kriterien zur Softwarebeurteilung

Aus der großen Zahl der existierenden PM-SW-Pakete das Richtige herauszufiltern ist nicht leicht. Die Schwierigkeiten hängen aber nicht nur mit den Produkten zusammen. Speziell die Formulierung der eigenen Anforderungen und Ziele kann einige Anstrengungen erfordern. Natürlich kann man sich bei der Formulierung realistischer Ziele helfen lassen. Leider gibt es hierzu nur wenige allgemeingültige Regeln, da das Thema sehr unternehmensspezifisch ist. Drei Grundsätze zur Zielformulierung sollten allerdings hier beachtet werden:

1. Die formulierten Ziele müssen einen Beitrag zur Erfüllung der Unternehmensziele leisten und dürfen diesen nicht widersprechen

2. Ziele nicht maximieren, sondern optimieren (realistische Ziele definieren)

3. Ziele und Investitionsbereitschaft (Budget) in Übereinstimmung bringen

Es gilt ein hierarchisches Zielsystem mit den betriebsindividuellen Zielen und möglichst ohne Überschneidung der Zielkriterien aufzustellen. Die Qualität des Ergebnisses hängt von der Richtigkeit und Vollständigkeit der aufgestellten Ziele ab. Die Sammlung möglicher Ziele in Abbildung 4.9-16 erleichtert es dem Auswähler, eigene Ziele aus folgendem Zielkatalog zusammenzustellen oder damit zu verifizieren.

Anforderungsprofil

Zur Erfüllung der aufgestellten Ziele muß ein PM-SW-Paket bestimmte Merkmale (Eingabemöglichkeiten, Verarbeitungsprozesse, Ausgabeformen) aufweisen. Vom Anwender aufgestellte Merkmale sollen hier Anforderungen genannt werden.

Anforderungen sind Vorstellungen des Anwenders, wie eine PM-SW bezüglich ihrer Funktionen und ihrer Umwelt (Hardware- und Softwarelandschaft) aufbau- und ablaufmäßig auszusehen hat, um die vom Anwender aufgestellten Ziele zufriedenstellend zu erfüllen.

Die Anforderungen an ein PM-SW-Paket beschränken sich nicht nur auf die produktspezifischen Merkmale, sondern sie erstrecken sich auch auf die Implementierungsunterstützung, die Qualität der Anbieter und die Wirtschaftlichkeit.

Merkmale, die PM-SW hinsichtlich Funktionen, Hardware, Hersteller usw. beschreiben, sollen hier Kriterien genannt werden. In der Literatur wird eine Vielzahl von Kriterienkatalogen angeboten. Ein Kriterienkatalog, der dem Auswählenden von besonders großer Hilfe sein kann, ist der „Marktspiegel Projektmanagement-Software" mit etwa 600 operationalisierten Kriterien, die eine Bewertung der einzelnen PM-SW-Pakete erlauben (siehe Abbildung 4.9-17).

4.9 EDV-Unterstützung im Projekt

Zielkategorie	Einzelziele	Ergebnis
Allgemeine Ziele	• effizientere Strukturierung der Projektvorhaben in Teilaufgaben und Arbeitspakete mit definiertem Ziel • klare Vorgaben an die Projektbeteiligten • Abgrenzung der Aufgaben und Verantwortlichkeit der Projektbeteiligten • Bildung von Erfahrungswerten und damit realistischen Planwerten • höhere Planungsgenauigkeit • Erfassung der wichtigsten Projekteinflußgrößen • schnelle Verfügbarkeit der Projektdaten • Verbesserung der Kommunikation zwischen den Projektteilnehmern • zielgerichtete und angemessene Information aller Projektbeteiligten • bessere Projekt- und damit Leistungsverfolgung • Reduzierung des Planungs- und Steuerungsaufwandes • Möglichkeit zur Multiprojektplanung • geschäftsbereichsübergreifende Berichte • Soll-Ist-Vergleiche auf der Grundlage eindeutig definierter Arbeitsumfänge • Berichte, entsprechend Projektstrukturplan von grob nach fein definierbar • genaue und schnelle Angebotserstellung	
Ziele zur Terminplanung	• hohe Termintreue • Ermittlung realistischer Projekttermine • Verkürzung der Projektdurchlaufzeit • bessere Terminabsprachen zwischen den verschiedenen Projektbeteiligten	
Ziele zur Kapazitätsplanung	• Erkennung von Engpässen • realistische Einsatzmittelplanung und damit verbunden bessere Auslastung • rationellerer Betriebsmitteleinsatz (Überstunden, Fremdvergabe) • Optimierung des Einsatzes der vorhandenen Betriebsmittel (Abgleich) • Planung und Steuerung der Einsatzmittel über alle Projekte bei Multi-PM	
Ziele zur Kostenplanung	• Ermittlung der tatsächlich je Projekt angefallenen Kosten • verursachungsgerechte Kostenzuteilung • realistischere Vorkalkulation bzw. Budgeterstellung • Einhaltung des Projektbudgets • Ermittlung des Fertigstellungswertes zur Gewährleistung einer besseren Projektverfolgung und zur Förderung des Lernprozesses (Erfahrungswerte)	
Ziele zur Projektüberwachung und Projektsteuerung	• Erkennen der ablaufzeitbestimmenden Vorgänge • höhere Transparenz beim Projektablauf • aktuelle Projektüberwachung • schnellere Reaktion auf Veränderungen im Projektablauf • vorgabegerechte Projektsteuerung • verbesserter Überblick über den Projektfortschritt	
Ziele zur Projektkostenverfolgung	• lückenlose Projektkostenerfassung mit jederzeit rekonstruierbarer, transparenter Darstellung der im Projektverlauf angefallenen Kostenänderungen • Abgrenzung, Kontrolle und Steuerung aller geplanten und ausgeführten Eigen- und Fremdleistungen • Feststellung des Abwicklungsstandes (Fertigstellungsgrades) nach technisch-wissenschaftlichen Kriterien entsprechend dem Leistungsfortschritt • eindeutige Zuordnung von Kosten- und Ergebnisverantwortlichkeit der planenden, abwickelnden, überwachenden und steuernden Planungskreise	
Ziele zur Softwareergonomie/ Bedienerfreundlichkeit	• wirtschaftlich im Einsatz • leicht verständliche Arbeitsweise • kurze Einarbeitungsdauer • leicht anpaßbar • problemlos in die Unternehmensorganisation integrierbar • gute SW-Dokumentation, gute Schulungsunterlagen und Schulungsprogramme (Tutorial, Teachware, Beispielprojekte)	

Abbildung 4.9-16: Gliederung eines Zielsystems/Zielkatalog

Auf der Grundlage der definierten Anforderungen ist eine Klassifizierung der Anforderungen vorzunehmen. Es werden drei Gruppen von Anforderungen gebildet, mit deren Hilfe die Auswahl vereinfacht und trotzdem ein Höchstmaß an Genauigkeit erzielt werden soll:

- Kategorie A: unabdingbare, notwendige oder K.o.-Anforderungen
- Kategorie B: gewünschte Anforderungen (weiche K.o.-Anforderungen)
- Kategorie C: gewünschte Anforderungen (nice to have)

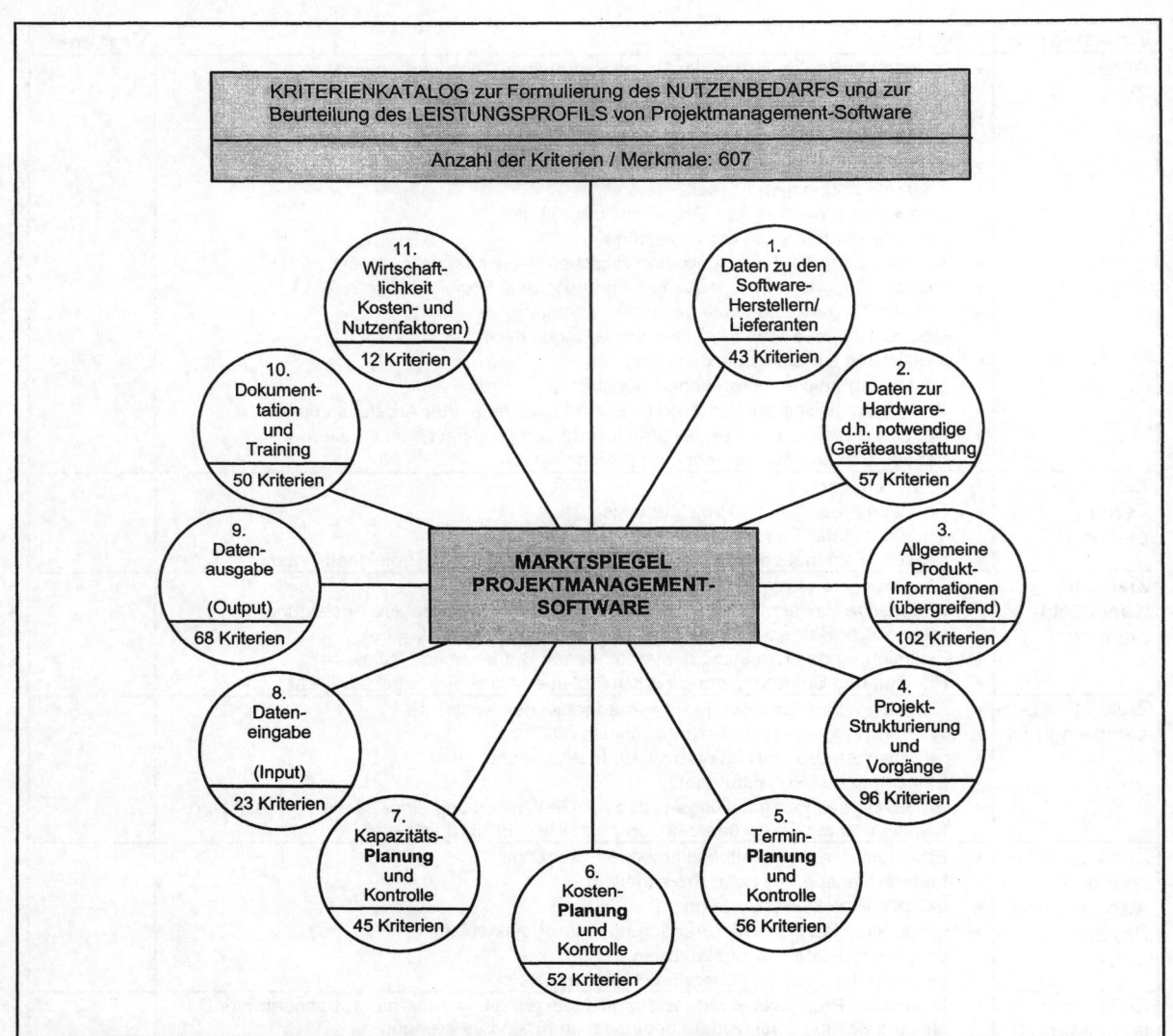

Abbildung 4.9-17: Struktur des Kriterienkataloges zur Auswahl von PM-Software (DWORATSCHEK 1992)

4.9.4.2 Auswahlprozeß

Ist-Analyse/ Situationsanalyse

Die Situationsanalyse gibt Auskunft über Schwachstellen und darüber, wo Verbesserungen eingeleitet werden müssen, damit eine optimale Lösung gefunden wird. Hierdurch können Nutzwerte ausgearbeitet werden.

Wirtschaftlichkeitsberechnung/ Nutzwerte

Der nächste Schritt ist der Entwurf einer Sollkonzeption und die Feststellung der Kosten- und Nutzenwerte des neuen Systems. Dies kann in dieser Phase nur anhand von Grobschätzungen geschehen. Die Feststellung der Wirtschaftlichkeit des neuen Systems vollzieht sich in der Gegenüberstellung der Kosten- und Nutzenwerte beider Bearbeitungsmethoden, nämlich der konventionellen und der EDV-unterstützten Methode.

Die Kosten- und Nutzenwerte des neuen Systems setzen sich u. a. aus den Positionen in Abbildung 4.9-18 zusammen.

Sind die Kosten- bzw. Nutzenwerte für den EDV-Einsatz im Projektmanagement günstiger als die der konventionellen Vorgehensweise oder gleich gut, dann sollte die Entscheidung zugunsten des EDV-Einsatzes fallen.

4.9 EDV-Unterstützung im Projekt

Kosten-/Nutzenart	Einzelpositionen	Wert (€)
Einmalige Kosten	• Anschaffung von Hard- und Software • Installation • Schulung/Unterweisung • Erstellung von Handbüchern • Erstellung von Schulungsunterlagen • Erstausstattung mit Büromobiliar u. Verbrauchsmaterial	
Laufende Kosten	• Abschreibung, Leasing, Miete • Personal • Versicherungen • Energie • Verbrauchsmaterial • Wartung, Pflege, Update	
Meßbarer Nutzen	• verbesserte Personalauslastung • Verringerung der Kommunikationskosten • geringere Informationstransportkosten	
Nicht meßbarer Nutzen	• bessere Qualität der Arbeitsergebnisse • aktuellere Informationen • schnellere Aufgabenerledigung • höhere Übersichtlichkeit im Arbeitsablauf • Vereinheitlichung der Ein- und Ausgaben • Projekttransparenz • Bessere Verständlichkeit der Arbeitsergebnisse • geringere Belastung der Mitarbeiter • größere Arbeitszufriedenheit	./.

Abbildung 4.9-18: Kosten- und Nutzenwerte der EDV-Unterstützung im PM

Die Auswahl, die Einführung und der Einsatz von PM-SW muß als Projekt geplant und durchgeführt werden. Der erfolgreiche Einsatz von PM-SW setzt eine systematische und durchdachte Situationsanalyse voraus. Nur auf dieser Grundlage kann die Suche, die Auswahl und der Einsatz von EDV und Software im Projektmanagement erfolgversprechend geschehen. Verschiedene Ausgangsbedingungen erfordern unterschiedliche Ausprägung der Vorgehensweisen. In jedem Fall erfordert der Einsatz von PM-Software eine adäquate Projektmanagementumgebung im Unternehmen.

Vorarbeiten für den erfolgreichen Einsatz von PM-Software

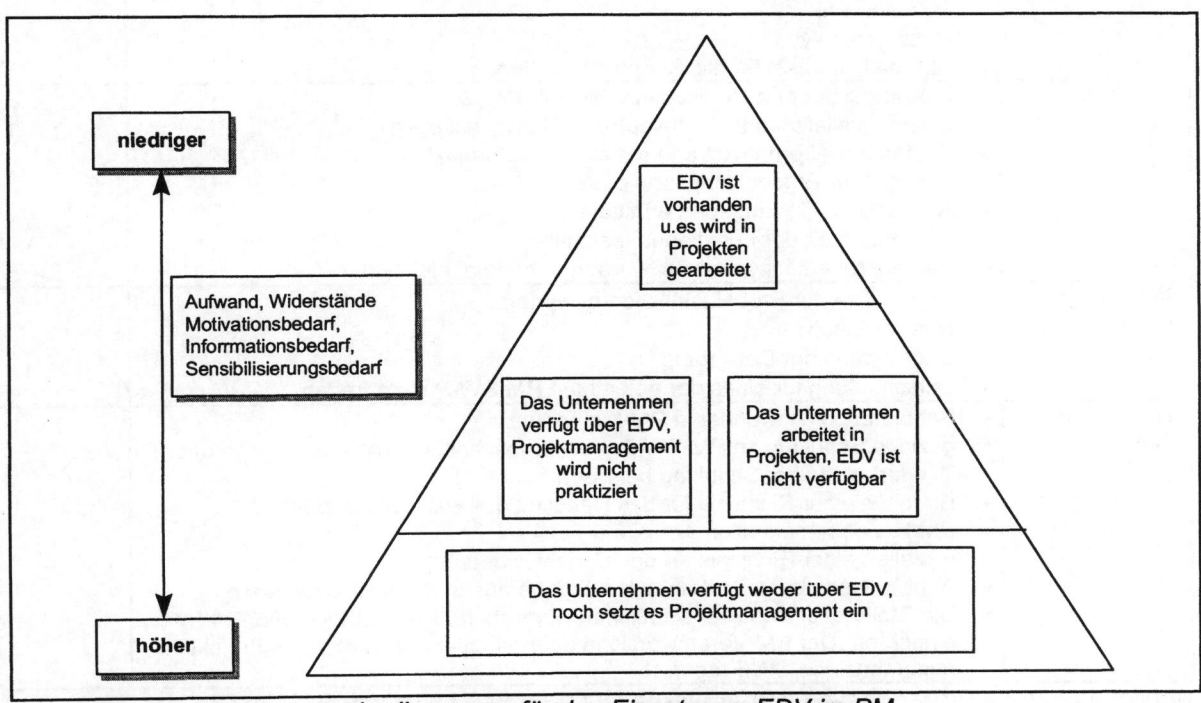

Abbildung 4.9-19: Ausgangsbedingungen für den Einsatz von EDV im PM

Projektphasen	Arbeitspakete, Vorgänge und Meilensteine	Beteiligte
Vorstudie	• Istanalyse/Situationsanalyse • Wirtschaftlichkeitsberechnung • Ziele für die Einführung und den Einsatz beschreiben	
Vorarbeiten	• Festlegen, welche Abteilung mit dem Projekt „Einführung von PM-Software" beauftragt wird („Bekanntlich haben Fachabteilungen keine Zeit und Stabsabteilungen keine Ahnung") • Projektleiter benennen und mit ausreichenden Kompetenzen ausstatten (Projekt und Projektleiter intern bekanntgeben) • Zeitrahmen und Budget festlegen • Vorhaben konsequent angehen, aber keine überzogenen Erwartungen an den Anfang stellen • Anwender frühzeitig informieren und beteiligen • Betriebsrat frühzeitig einbeziehen • Organisatorische Maßnahmen planen und ergreifen • Einsatz externer Unterstützung (Beratung/Schulung) regeln • Projekt in Phasen unterteilen • Meilensteine am Ende jeder Phase definieren	

Definitionsphase	• betroffene Organisationseinheiten ermitteln
	• Anwender-/Zielgruppenprofile (Qualifikation, Alter, EDV-Kenntnisse usw. klären)
	• Informationsbedarfsanalyse durchführen (Berichte, Verteiler, Berichtsformen, Intervalle, Verdichtungsgrade etc.)
	• Hardwareausstattung in den betroffenen Abteilungen ermitteln
	• Softwarelandschaft im Unternehmen klären
	• Betriebsrat informieren und betriebspolitische Fragen berücksichtigen
	• Arbeitsgruppen bilden (max. acht Teilnehmer) für:
	  • Projektstrukturierung und -vorgänge
	  • Termin- und Ablaufplanung/-kontrolle
	  • Kostenplanung und -kontrolle
	  • Kapazitätsplanung und -kontrolle
	• Akzeptanzbarrieren ausmachen und Gegenmaßnahmen festlegen
	• Ergebnisdarstellung der vier Arbeitsgruppen
	• Erörterung der Ergebnisse und Festlegung der zukünftigen Marschroute
	• Zielsystem/Zielkatalog aufstellen
	• Anforderungsprofil erstellen
	• Pflichtenheft aus Anforderungsprofil ableiten
	• Klassifizierung der Anforderungen	

Auswahlphase	• Grobauswahl • Feinauswahl • Nutzwertanalyse • Alternativen (2-3) für die Testphase festlegen	
Testphase	• Präsentation der ausgewählten PM-SW-Pakete • Probeinstallation und Probelaufmodalitäten festlegen • Testen der Alternativen anhand eines Pilotprojektes • Qualität der Ergebnisausgabe prüfen • Aufwand für die Eingaben ermitteln • Brauchbarkeit der Funktionen feststellen • Bedieneroberfläche und Softwareergonomie abgleichen	
Beurteilungsphase	• Ergebnisse der Probeinstallation bewerten • Nutzwertanalyse • Begründung der Bewertung • Entscheidung für eines der getesteten PM-SW-Pakete treffen	
Einführungsphase	• Schulung der Anwender in PM-Methoden • gezielte Schulung im PM-SW-Paket (zugeschnitten auf Anwendergruppen) • Wiederholung der Schulung bei Bedarf • Erstellen einer Richtlinie für das Handling des PM-SW-Paketes • PM-Handbuch erstellen • Erstellen einer Richtlinie für das Berichtswesen • Applikationen vordefinieren und Ausgabemuster im PMH hinterlegen • Die Stelle des PM-Verantwortlichen (Experte für PM-Methode und PM-SW einrichten (Der PM-Verantwortliche unterstützt die Anwender bei Projektmanagement- PM-SW-Fragen	

Abbildung 4.9-20: Projektphasen und Arbeitspakete für den Einsatz von EDV im PM

PM-SW kann gutes Projektmanagement nicht ersetzen, aber effizienter machen. PM-SW ist nur Werkzeug und ist abhängig vom Nutzer und seiner Umwelt, wie gut und wie effizient dieses Werkzeug eingesetzt werden kann. Ist die Istanalyse und die Wirtschaftlichkeitsberechnung wie beschrieben durchgeführt und die Entscheidung für den Einsatz von PM-SW positiv, dann können die Vorarbeiten zur Auswahl und zur Einführung von PM-SW aufgenommen werden. Dabei sind die Schritte der Abbildung 4.9-20 zu beachten.

Werkzeug PM-Software

4.9.4.3 Hindernisse, Akzeptanz, Qualifikation

Eindringlich wird an dieser Stelle vor dem Versuch gewarnt, Projektmanagement im Unternehmen nur durch die Einführung einer PM-SW zu realisieren. Dies wird unweigerlich zu Mißerfolg und Akzeptanzverlust bei den Mitarbeitern führen, so beispielsweise die Ausrüstung von Arbeitsplätzen mit Rechenmaschinen, an denen niemand die Grundrechenarten beherrscht.

Die Qualifikation der Anwender zur Anwendung der PM-SW und der Anwendung und Einhaltung der unternehmensintern (projektintern) festgelegten Standards und Spielregeln muß in angemessener Form vorgenommen werden. Die Erwartung, mit einer einmaligen Schulungsveranstaltung genug dafür getan zu haben, wird sich in aller Regel nicht erfüllen. Im Sinne eines kontinuierlichen Verbesserungsprozesses ist die Anwendung der PM-SW von Zeit zu Zeit zu überprüfen und systematisch nach Optimierungsmöglichkeiten zu suchen. Dabei ist eine Unterstützung der Anwender durch Fachpromotoren mit dem Ziel der Minimierung von Reibungsverlusten sicherzustellen.

Diese und andere Restriktionen müssen im Unternehmen vor der Entscheidung für den Einsatz der EDV im Projektmanagement diskutiert und hinreichend geklärt werden.

4.9.4.4 Organisation der EDV-Unterstützung im Projektmanagement

Für die Organisation der EDV-Unterstützung in Projekten gibt es eine Reihe von Konzepten und Philosophien. Die Frage nach zentraler oder dezentraler Anwendung, PC oder Host-basierter Systeme, Client/Server-Konzepte und LAN (local area network), WAN (world area network) oder WWW (world wide web) stellt sich. Um eine pragmatische Überlegung unter PM-Gesichtspunkten anstellen zu können, ist nachfolgend eine Sammlung von Empfehlungen zusammengestellt, die bei der Organisation der EDV-Unterstützung Berücksichtigung finden sollte.

Thema	Empfehlung
Verantwortung	• Ein Machtpromotor sollte zur grundsätzliche Unterstützung und gewollten Weiterentwicklung von PM und PMS bestimmt werden. • Ein Fachpromotor zur Pflege und Weiterentwicklung der PM-Standards sowie für die Unterstützung der Anwender bei PM-fachlichen Fragen und Problemen sollte benannt werden. • Ein Systemadministrator zur Pflege und Weiterentwicklung des PMS sowie für die Unterstützung der Anwender muß benannt werden. • Die Festlegung der PM-Politik und PM-Rollen muß erfolgen.
Dokumentation	• PM-Prozesse, die anzuwendende Verfahren, Checklisten und Formulare sind in pragmatischer Form als Standards zu realisieren und müssen beschrieben (dokumentiert) werden
Schulung	• Auf Bedarfe abgestimmte Ausbildung in PM und PMS aller Mitarbeiter und Weiterbildung aller Mitarbeiter entsprechend der Weiterentwicklung des PM und PMS.
Information	• Regelmäßige Information über Erfolge, Mißerfolge und Fortschritte die in Projekten durch die Anwendung von PM und PMS erzielt werden.
Motivation	• Anreiz für die Projektteams aktiv an der Gestaltung und Weiterentwicklung von PM und PMS mitzuwirken (Integration in Vorschlagswesen).
Werkzeuge	• Bereitstellung und Aktualisierung der verwendeten HW und SW
Kultur	• Vorleben der vereinbarten Spielregeln über alle Ebenen hinweg. • Konsequentes Einfordern der verabredeten PMS-Ergebnisse auch in turbulenten Zeiten, ggf. in geringerer Qualität oder verzögert.

Abbildung 4.9-21: Empfehlungen zur Organisation der EDV-Unterstützung im PM

Zusammenfassung

Grundgedanke für den EDV-Einsatz im Projektmanagement ist die Überlegung, daß im Mittelpunkt erfolgreicher Projektarbeit die effiziente Versorgung der Projektbeteiligten mit Informationen steht. Vor diesem Hintergrund muß sich der Projektmanager auch mit den Möglichkeiten und den Grenzen der EDV-Unterstützung im Projektmanagement beschäftigen, um daraus für die eigenen Projekte einen möglichst hohen Nutzen ziehen zu können.

Zum Einstieg in die Thematik beschäftigt sich das Kapitel mit den prinzipiellen Einsatzmöglichkeiten der EDV im PM. Hierzu werden allgemein die Tendenzen im Bereich EDV aufgezeigt und anschließend als Schwerpunkt die Situation auf dem Markt für Projekt- und spezielle Projektmanagement-Software dargestellt.

Der Oberbegriff „Projekt-Software" beinhaltet neben der reinen PM-Software (netzplanbasierte Programme) auch weitere Softwaretypen wie beispielsweise Arbeitsplatzsoftware, Teachware, Kommunikationsprogramme usw. Hier werden die unterschiedlichen Anwendungsmöglichkeiten für (vernetzte) Projektarbeit aufgezeigt und die spezifischen Leistungsmerkmale umrissen.

Daran schließt sich die Überlegung an, für welche konkreten Projektfunktionen ein typisches PM-SW-Paket verwendet werden kann. Die Anwendung der im Bereich Methodenkompetenz vermittelten Grundlagen (Projektgliederung, Ablauf- und Terminmanagement, Einsatzmittelmanagement, Kostenmanagement, Leistungsbewertung und Projektfortschritt sowie Integrierte Projektsteuerung) wird exemplarisch anhand eines PM-SW-Paketes in fünf Schritten dargestellt.
Dies führt zu weiteren Überlegungen, wie aus dem überreichen Angebot des Marktes die passende PM-Software ausgewählt und wirksam im eigenen Unternehmen eingeführt werden kann.

Abschließend wird eine Einführung in die mögliche Nutzungsorganisation von EDV im Projekt gegeben. Für die Organisation der EDV-Unterstützung in Projekten gibt es eine Reihe von Konzepten und Philosophien, aus denen Fragestellungen entstehen, die jeder Anwender für sich selbst und innerhalb seines Unternehmens- und Projektumfelds beantworten muß.

Literaturverzeichnis

BOPP, H.: Auftragskostenplanung und -Kontrolle im Anlagenbau. In: Schelle, H.; Reschke, H.; Schnoop, A.; Schub, A. (Hrsg.): Projekte erfolgreich managen, TÜV-Rheinland 1994, Loseblatt-Ausgabe inkl. 5. Ergänzungslieferung 1996

CA-SuperProject 4.0 Benutzerhandbuch und Referenzhandbuch

Das aktuelle Handbuch für PC-Anwender, Loseblattwerk inkl. Ergänzung 1996

DWORATSCHEK, S.; Gutsch, R.: Wandel der Themenschwerpunkte der internationalen Konferenzen von INTERNET und PMI (USA), In: GPM-Nachrichten Nr. 13, 9/1987, S. 23-33

DWORATSCHEK, S.; Hayek, A.: Marktspiegel Projektmanagement Software - Kriterienkatalog und Leistungsprofile, 3.Auflage, Köln 1992

EHRL-GRUBER, Süß: Praxishandbuch Projektmanagement, WEKA-Fachverlag für technische Führungskräfte, Loseblattsammlung 1997

Grundlegende Konzepte und Fallstudien, Tectum-Verlag, Marburg 1996

HAYEK, A.: EDV im Projektmanagement. In: Projektmanagement-Fachmann (RKW/GPM), 2. Auflage, 1994

ISIS-PC-Report, ISIS-Software-Report, ISIS-UNIX-Report, Nomina, München 2-1996

MADAUSS, B.: Handbuch Projektmanagement, 5. Auflage 1994

MEYER, P.E.: Kostendatenbanken und Kostenplanung im Bauwesen. In: Schelle, H.; Reschke, H.; Schnoop, A.; Schub, A. (Hrsg.): Projekte erfolgreich managen, TÜV-Rheinland 1994, Loseblatt-Ausgabe inkl. 5. Ergänzungslieferung 1996

MÜHMEL, J.: Künstliche Intelligenz. In: Erfolgreiche Computer Praxis, WRS Verlag Wirtschaft, Recht und Steuern, Planegg in Forum Lexikon

MÜLLER, D.: Methoden der Ablauf- und Terminplanung von Projekten. In: Schelle, H.; Reschke, H.; Schnoop, A.; Schub, A. (Hrsg.): Projekte erfolgreich managen, TÜV-Rheinland 1994, Loseblatt-Ausgabe inkl. 5. Ergänzungslieferung 1996

MÜLLER-ETTRICH, R.: Stand und Probleme der projektbezogenen Einsatzmittelplanung. In: Schelle, H.; Reschke, H.; Schnoop, A.; Schub, A. (Hrsg.): Projekte erfolgreich managen, TÜV-Rheinland 1994, Loseblatt-Ausgabe inkl. 5. Ergänzungslieferung 1996

PLATZ, J.: Projekt- und Produktstrukturpläne als Basis der Projektplanung. In: Schelle, H.; Reschke, H.; Schnoop, A.; Schub, A. (Hrsg.): Projekte erfolgreich managen, TÜV-Rheinland 1994, Loseblatt-Ausgabe inkl. 5. Ergänzungslieferung 1996

PLATZ, J.: Projektmanagement richtig implementieren. In: Schelle, H.; Reschke, H.; Schnoop, A.; Schub, A. (Hrsg.): Projekte erfolgreich managen, TÜV-Rheinland 1994, Loseblatt-Ausgabe inkl. 5. Ergänzungslieferung 1996

Praxislexikon, PC im Betrieb von A-Z, Haufe-Verlag, Loseblatt 1996

RESCHKE, H.; Schelle, H.; Schnoop: Handbuch Projektmanagement, 1989

SCHELLE, H.: Die Lehre vom Projektmanagement: Entwicklung und Stand. In: Schelle, H.; Reschke, H.; Schnoop, A.; Schub, A. (Hrsg.): Projekte erfolgreich managen, TÜV-Rheinland 1994, Loseblatt-Ausgabe inkl. 5. Ergänzungslieferung 1996

SCHIESTL, J.; Schelle, H. (Hrsg.): Groupware-Software für die Teamarbeit der Zukunft

SCHMIDHÄUSLER, F. J.: Computer-Based-Training. In: Erfolgreiche Computer Praxis, WRS Verlag Wirtschaft, Recht und Steuern, Planegg in Forum Lexikon

SCHUB, A.: Projektkostenkontrolle in der Bauwirtschaft. In: Schelle, H.; Reschke, H.; Schnoop, A.; Schub, A. (Hrsg.): Projekte erfolgreich managen, TÜV-Rheinland 1994, Loseblatt-Ausgabe inkl. 5. Ergänzungslieferung 1996

STUTZKE, H.: Workflow Computing. In: Erfolgreiche Computer Praxis, WRS Verlag Wirtschaft, Recht und Steuern, Planegg in Forum Lexikon

TIEMEYER, E.: Software-Auswahl für den PC-Arbeitsplatz. In: Erfolgreiche Computer Praxis, WRS Verlag Wirtschaft, Recht und Steuern, Planegg in Forum Auswahl & Einkauf, S. 9 ff.

TIEMEYER, E.: Software-Auswahl für Netzwerke. In: Erfolgreiche Computer Praxis, WRS Verlag Wirtschaft, Recht und Steuern, Planegg in Forum Auswahl & Einkauf, S. 41 ff.

Autorenportrait

Peter Felske

Geboren 1958 in Oberuhldingen/Bodensee, Mittlere Reife 1973 in Köln, Technische Ausbildung zum Kfz.-Mechaniker und Hubschrauber-Mechaniker 1979, Kaufmännische Ausbildung zum Programmierer 1980 CDI-Frankfurt, Anwendungsprogrammierer, Organisationsprogrammierer, Systemprogrammierer MDT 1987, Lehrgang „Interner Management Berater" bei Prof. Dr. Dr. Nagel, Herrenberg 1995.

Aktive Beteiligung am Aufbau des Unternehmens WOLFRAM OTT & PARTNER GmbH als Systemberater PM-Systeme Beratung, Konzeption, Aufbau, Einführung und Betreuung von PM-Lösungen mit PM-System-Unterstützung, seit 1989 Korporatives Mitglied in der GPM; als PM-Berater/PM-Coach Planungs- und Realisierungsunterstützung von Auftraggeber, Projektleiter und Projektteam in Investitions-, F&E- und Organisationsprojekten in unterschiedlichen Branchen, Unternehmensgrößen und -bereichen; als Projekt-Controller verantwortliche Unterstützung von Auftraggeber, Projektleiter und Projektteam von der Projektidee bis zur Markteinführung von Produktentwicklungen; als Projektleiter verantwortlich für die erfolgreiche Konzeption und Einführung von Projektmanagement in verschiedenen Unternehmen; als zertifizierter Referent PM-Fachmann (RKW/GPM) 1993; Lehrgangsleiter in eigenen PMF-Lehrgängen und Referent in Kooperationslehrgängen.

Dipl.-Ing. Axel Neuwinger

Geboren 1964 in Karlsruhe, Abitur 1982 in Rheinstetten, Offizierausbildung und Studium der Luft- und Raumfahrttechnik 1983-87, Neubiberg, Feuerleit- und Kampfführungsoffizier des Waffensystems Patriot 1987-94, Beteiligung bei der Abnahme des Waffensystems während der Einführungsphase in die Bundeswehr, Führung von Organisationseinheiten, Ausbildung und Schulung militärischer Themen, Konzeption und Optimierung von Einsatzprozessen, Verantwortung und Tätigkeiten in den Bereichen Kryptosicherheit, Strahlenschutz, Öffentlichkeitsarbeit.

Ausbildung zum European Quality Systems Manager 1994, Seminare Projektmanagement - Planung - Controlling - Dokumentation 1995, bei WOP Hemmingen, Lehrgang „Projektmanagement-Fachmann RKW/GPM" 1995/96. Seit 1994 Projektleiter von Qualitätsmanagement-Projekten in unterschiedlichen Branchen, Konzeption und Aufbau von kundenspezifischen QM-Systemen, Dozent an der VHS Leonberg im Themenbereich Qualitätsmanagement, Aktive Beteiligung an Organisationsprojekten zum Aufbau von PM-Kultur, Projektplanung und -controlling für Auftraggeber im F&E-Bereich, Erarbeitung von Projektmanagement-Handbüchern, Trainer und Seminarleiter für Standard- und kundenindividuelle PM-Seminare, Coaching beim Aufbau von PM-Kompetenz.

Anhang: Übersicht Netzplantechnik-Software (Auswahl)

Programm	Preisklasse	Hersteller/Vertreiber
ACOS Plus.Eins	hoch	TAMPIER Software GmbH, Petritorwall 28, D-38118 Braunschweig
ARTEMIS	mittel/hoch	Artemis International GmbH, Hammfelddamm, D-41460 Neuss
AutoPlan II	hoch	FCA GmbH, Brüsseler Ring 51, D-52074 Aachen
CA-SuperProject	niedrig	CA Computer Associates, Postfach 130361, D-64243 Darmstadt
GRANEDA	niedrig	NETRONIC Software GmbH, Pascalstraße 15, D-52076 Aachen
MS-Project	niedrig	Microsoft GmbH, Edisonstraße 1, D-85713 Unterschleißheim
PowerProject	niedrig	Management & Software im Bauwesen, Seiterichstraße 5, D-76133 Karlsruhe
PMW Project Manager Workbench	mittel	Applied Business Technology GmbH, Flughafenstraße 54, D-22335 Hamburg
PPMS	hoch	PLANTA Projektmanagement-Systeme GmbH, Eisenlohrstraße 24, D-76135 Karlsruhe
PRIMAVERA Project Planner	hoch	INTEC GmbH, Konradweg 5, D-84034 Landshut
Project Scheduler	niedrig	Scitor GmbH, Platter Straße 79, D-65232 Taunusstein
Project/2 Series X	hoch	PSDI Deutschland GmbH, Bayerwaldstraße 9, D-81737 München
SAP R/3-PS	mittel	SAP AG, Neurottstraße 16, D-69190 Walldorf
Project Expert (PEX)	mittel	DATEMA Dr.Hackenschuh+Partner GmbH, Hohes Gestade 14, D-72622 Nürtingen
TimeLine	niedrig	Progrevo GmbH, Kaiserallee 21, D-76185 Karlsruhe

Abbildung 4.9-22: Anbieter von Netzplantechnik-Software

Abbildungsverzeichnis

Abbildung 4.9-1: Einsatzmöglichkeiten der EDV im Projektmanagement 1161

Abbildung 4.9-2: Fünf Typen von Software für die Projektarbeit (DWORATSCHEK/HAYEK 1992, S. 23) 1162

Abbildung 4.9-3: Anwendungsbereiche von Arbeitsplatzsoftware 1163

Abbildung 4.9-4: Projektstrukturplan tabellarisch und grafisch 1166

Abbildung 4.9-5: Projektablaufplanung tabellarisch und grafisch als Balken- und Netzplan 1167

Abbildung 4.9-6: Bestimmung der EM-Grunddaten 1168

Abbildung 4.9-7: Aufwandsganglinie und Aufwandssummenlinie 1168

Abbildung 4.9-8: Kostensummenlinie 1169

Abbildung 4.9-9: Projektsteuerung: Basisplangrößen (Termine, Aufwand, Kosten) 1170

Abbildung 4.9-10: Projektsteuerung: Abweichungsanalyse 1170

Abbildung 4.9-11: Berichts- und Informationsbedarfsmatrix 1172

Abbildung 4.9-12: Ebenen der Kommunikation am Arbeitsplatz 1175

Abbildung 4.9-13: Arten der Arbeitsplatzunterstützung durch Groupware 1175

Abbildung 4.9-14: Leistungsmerkmale von Groupware 1176

Abbildung 4.9-15: Kriterien für den EDV-Einsatz in Projekten 1177

Abbildung 4.9-16: Gliederung eines Zielsystems/Zielkatalog 1179

Abbildung 4.9-17: Struktur des Kriterienkataloges zur Auswahl von PM-Software (DWORATSCHEK 1992) 1180

Abbildung 4.9-18: Kosten- und Nutzenwerte der EDV-Unterstützung im PM 1181

Abbildung 4.9-19: Ausgangsbedingungen für den Einsatz von EDV im PM 1181

Abbildung 4.9-20: Projektphasen und Arbeitspakete für den Einsatz von EDV im PM 1182

Abbildung 4.9-21: Empfehlungen zur Organisation der EDV-Unterstützung im PM 1183

Abbildung 4.9-22: Anbieter von Netzplantechnik-Software 1188

Lernzielbeschreibung

Der Leser soll

- einen Einblick in Unterstützungsmöglichkeiten der EDV im Projektmanagement erhalten
- einen Überblick über Situation und Tendenzen in der EDV und des PM-Software-Marktes bekommen
- die Zuordnung der unterschiedlichen Softwaretypen für die verschiedenen Bereiche der Projektarbeit vornehmen können
- eine Vorstellung über die Durchführung von konkreten Projektfunktionen mit EDV-Unterstützung bekommen
- das Bewußtsein schaffen über Kriterien zur Auswahl von PM-Software und die Erfordernisse zur erfolgreichen Einführung von EDV-Unterstützung im Projekt
- ein Gefühl für Hindernisse, Akzeptanz und Qualifikation bei der Einführung von EDV-Unterstützung im Projektmanagement erhalten
- Empfehlungen zur Organisation der EDV-Unterstützung im Projektmanagement kennenlernen

4.10 Projektabschluß und -auswertung

von

Heinz Schelle

Relevanznachweis

„Die Kunst zu enden - wer das kann, kann alles."

Hugo von Hoffmannsthal

Ein systematischer Projektabschluß ist für den Projekterfolg von erheblicher Bedeutung. Oder anders formuliert: Ein in „der Hauptsache" erfolgreiches Projekt kann aus der Sicht des internen oder externen Auftraggebers noch zum Mißerfolg werden, wenn noch ausstehende Restarbeiten wie die Erstellung einer Produktdokumentation und die Ausbildung von Bedienungspersonal nicht ordnungsgemäß erledigt werden.

Für die Motivation des Projektpersonals ist es wichtig, daß rechtzeitig neue, attraktive Verwendungen in der Organisation vorgesehen sind.

Aus abgeschlossenen Projekten kann, unabhängig davon, ob sie erfolgreich oder nicht erfolgreich waren, gelernt werden. Nachkalkulationen, Abweichungsanalysen und die Bildung von Kennzahlen sind Beispiele für Lernen aus Projekten. Die gewonnenen Erfahrungen lassen sich dann bei der Planung neuer Vorhaben nutzen.

Inhaltsverzeichnis

4.10.1 Einleitung   **1193**

4.10.2 Warum sind ein systematischer Projektabschluß und eine Auswertung der Projekterfahrungen erforderlich?   **1194**

4.10.3 Welche Aufgaben ergeben sich am Ende eines Projekts, welche Probleme können auftreten und was läßt sich dagegen tun?   **1195**

    4.10.3.1 Aufgaben und Probleme auf der Sachebene   1195

    4.10.3.2 Aufgaben und Probleme auf der Beziehungsebene   1197

4.10.4 Projektauswertung: „Projekte lernen schlecht"   **1198**

    4.10.4.1 Sachebene   1198

    4.10.4.2 Beziehungsebene   1204

4.10.5 Die Projektabschlußsitzung als organisatorisches Instrument des Projektabschlusses   **1207**

4.10.1 Einleitung

Der systematische Abschluß eines Projekts, der sein sichtbares Zeichen in einer Projektabschlußsitzung und in einem Projektabschlußbericht hat, findet in der Praxis sehr selten statt. Noch seltener ist, daß ein beendetes Vorhaben gründlich analysiert und die Erfahrungen in welcher Weise auch immer dokumentiert werden. Dafür gibt es eine Reihe von Gründen: Mit dem Projekt betraute Mitarbeiter haben schon neue Aufgaben übernommen, Ressourcen für eine sorgfältige Auswertung der gemachten Erfahrungen stehen nicht zur Verfügung. Bei weniger erfolgreichen Vorhaben gerät man auch leicht in den Verdacht, „Leichenfledderei" zu betreiben. Auch in der Projektmanagementliteratur wird der Projektabschluß zumeist nicht behandelt. Selbst in sehr umfangreichen Handbüchern findet sich das Kapitel oft gar nicht. Die am Ende des Beitrags zitierten Werke sind eher eine Ausnahme.

Im folgenden wird zunächst die Notwendigkeit eines systematischen Projektabschlusses und einer Projektauswertung ausführlich begründet. Dabei wird auf die wichtigsten Probleme, die sich am Ende eines Vorhabens ergeben können, hingewiesen. Daran anschließend werden einige Möglichkeiten zur Lösung dieser Probleme dargestellt.

Die Notwendigkeit eines systematischen Projektabschlusses besteht sowohl bei **internen Projekten** als auch bei **Projekten für Kunden**, wenngleich zuzugeben ist, daß bei externen Projekten der Auftraggeber im allgemeinen mehr Sanktionsmöglichkeiten hat, um z.B. noch ausstehende Verpflichtungen des Auftragnehmers einzufordern. Dennoch sind die Unterschiede zwischen beiden Projektarten nicht so gravierend, als daß auf sie jeweils gesondert eingegangen werden müßte. Es wird auch nicht nach dem Sachergebnis des Projekts unterschieden. Das bedeutet, daß z.B. auf spezielle Probleme wie sie sich bei Bauprojekten, Anlagenbauprojekten oder Softwarevorhaben ergeben können, nicht eingegangen wird. Dieser Beitrag beschränkt sich schließlich auch auf die Behandlung eines „normalen" Projektendes. Nicht erörtert werden die Probleme eines zunächst nicht vorgesehenen Projektabbruchs.

Viele der hier erörterten Abschlußarbeiten sind auch beim bewußten Projektabbruch zu erledigen. Die noch anzusprechenden Probleme, die sich auf der Beziehungsebene ergeben, dürften in aller Regel aber noch erheblich gravierender sein, weil sich Mitarbeiter möglicherweise für das Fehlschlagen verantwortlich fühlen, weil ihnen von anderen die Verantwortung zugewiesen wird oder weil sie Karrierenachteile befürchten.

In Anlehnung an Hamburger und Spirer, zwei Autoren, die sich wohl am ausführlichsten in der Literatur mit der Thematik des Projektabschlusses befaßt haben, werden zwei Arten von Aufgaben und Problemen unterschieden, nämlich

- solche, die sich auf der Sachebene ergeben und
- solche, die sich auf der Beziehungsebene ergeben (HAMBURGER 1989).

Zur ersten Kategorie gehört z.B. die rechtzeitige Bereitstellung einer Mannschaft für die Betreuung der ersten Monate des Systembetriebs oder Trainingsmaßnahmen beim Kunden.

Zur zweiten Kategorie gehören etwa Maßnahmen, die geeignet sind, dem häufig gegen Projektende zu beobachtenden Motivationsverlust beim Projektteam entgegenzuwirken. Dabei sei nicht geleugnet, daß in der Praxis beide Arten von Problemen nicht klar zu trennen sind und eng miteinander zusammenhängen können. Ein Beispiel: Die verringerte Motivation der Projektmannschaft und des Projektleiters kann dazu führen, daß vom Kunden angemahnte Restarbeiten nicht oder nur zögernd und schlampig ausgeführt werden.

Wann ist ein Projekt beendet?

Die Frage, wann ein Projekt wirklich beendet werden kann, ist - ähnlich dem Projektstart (siehe Kapitel 4.6) - nicht immer ganz einfach zu beurteilen. Auch dazu ein Beispiel: In einem Unternehmen soll systematisches Projektmanagement eingeführt werden, mit dem Ziel, die bisher zu registrierenden Terminverzögerungen und Kostenüberschreitungen deutlich zu reduzieren. Wann ist dieses Projekt beendet? Mit der Übergabe des Projektmanagement-Handbuchs, der Schulung der wichtigsten Mitarbeiter und dem Beginn der Planung von einigen Pilotprojekten oder dann, wenn frühestens überprüft werden kann, ob die Ziele „Verbesserung der Termintreue und der Kostentreue" erreicht wurden? Dieses Problem, das sich natürlich nicht nur bei Organisationsprojekten stellt, wird von nahezu allen Autoren ignoriert. Eine Ausnahme machen Patzak und Rattay (PATZAK 1996, S. 396): Sie unterscheiden die beiden möglichen Projektendereignisse „Projektübergabe" und „Projektevaluierung (bei internationalen Anlagebauprojekten „Provisional Acceptance Certificate" und „Final Acceptance Certificate") und machen folgenden Vorschlag: Wenn die Projektübergabe erfolgt ist, wird ein vorläufiger, aber dennoch formaler Projektabschluß durchgeführt. Das impliziert u.a. eine Projektabschlußsitzung, die Erstellung eines vorläufigen Projektabschlußberichts und die Auflösung des Projektteams. In der Projektabschlußsitzung werden Projektleiter und Projektteam entlastet. Der Projektleiter oder ein anderer Mitarbeiter wird mit den restlichen Aufgaben betraut. Außerdem muß er die endgültige Projektbewertung durchführen.

4.10.2 Warum sind ein systematischer Projektabschluß und eine Auswertung der Projekterfahrungen erforderlich?

Ein ganz handfester Grund ist zunächst darin zu sehen, daß der Kunde einen Teil der vereinbarten Vertragssumme solange zurückbehalten kann oder einfach zurückbehält, bis der Auftragnehmer allen Verpflichtungen nachgekommen ist. Ein verzögerter Eingang von Zahlungen kann zu Liquiditätsproblemen führen, ein endgültig vom Kunden einbehaltener Restbetrag zu einem Verlust aus dem Projekt.

Ähnliche Konsequenzen für den Projekterfolg kann ein nicht rechtzeitiger Abbau des Projektteams haben. Dies ist häufig bei internen Projekten zu beobachten. Da den Mitgliedern des Projektteams noch keine neuen Aufgaben zugewiesen wurden, arbeiten sie noch weiter am alten Projekt und führen Arbeiten aus, die für einen erfolgreichen Projektabschluß nicht mehr erforderlich wären. Werden die Arbeitspakete des Vorhabens nicht rechtzeitig geschlossen, wird das Projekt u.U. noch weiter mit Kosten belastet. Außerdem fehlen die Mitarbeiter möglicherweise in wichtigen neuen Projekten. Schließlich kann die Motivation des Teams erheblich absinken.

Ausstehende Leistungen des Auftragnehmers (unvollständige Dokumentation, einige Mängel müssen noch behoben werden, erforderliche Nachbesserungen wurden noch nicht ausgeführt, ein Ansprechpartner für den Systembetrieb steht nicht zur Verfügung, Trainingspläne sind noch nicht ausgearbeitet, Zeichnungen müssen noch auf den neuesten Stand gebracht werden, Stücklisten fehlen noch, die Bedienungsmannschaft ist noch nicht genügend ausgebildet usw.) können beim Kunden selbst zu Verlusten und verzögerten Zahlungseingängen führen, etwa weil behördliche Auflagen nicht rechtzeitig erfüllt werden können oder weil es beim Systembetrieb Anlaufschwierigkeiten gibt. Solche Konsequenzen sind besonders dann sehr ärgerlich, wenn das gelieferte System durchaus den Spezifikationen entspricht und auch termingerecht und zu den ursprünglich geplanten Kosten geliefert wurde. Ein „in der Hauptsache" erfolgreiches Projekt kann durch die Nichterledigung von im Grunde marginalen Restarbeiten dann noch zum Mißerfolg werden. Die Unzufriedenheit des Kunden muß sich dabei gar nicht unbedingt in der schon erwähnten Zurückhaltung von Teilbeträgen äußern. Viel gravierender kann es auf lange Sicht sein, wenn Nachfolgeaufträge ausbleiben. Oder mit den Worten von Hansel und Lomnitz (HANSEL 1987, S. 194): „Der letzte Eindruck ist...häufig maßgebend für die Erinnerung, für das `Image` des Projekts. So kann ein negativer Eindruck, den ein Projekt hinterläßt, noch Jahre anhalten und plötzlich (...) den Beginn eines neuen Projekts sehr beeinträchtigen".

Langfristig verheerende Folgen kann auch das Fehlen einer systematischen Auswertung des Projekts und einer geeigneten Dokumentation der Projektergebnisse haben. Dazu ein Beispiel aus der Beratungspraxis des Autors: In einem Unternehmen der Elektronikbranche wurden immer wieder individuell für Kunden große Systeme entwickelt. Viele Komponenten, im wesentlichen Leiterplatten, unterschieden sich in ihrer Funktion und in ihrem Aufbau von System zu System nur wenig. Zum Teil hätten die Pläne bei der Entwicklung eines neuen Systems von einem Vorgängersystem nur übernommen werden brauchen, zum Teil wären nur geringfügige Anpassungsentwicklungen notwendig gewesen. Da man in der Hektik der Entwicklungsarbeit versäumt hatte, ein entsprechendes Klassifikationsschema für die bereits gebauten und ausgetesteten Baugruppen auszuarbeiten und die Informationen in einer Datenbank abzuspeichern, wurde in jedem Projekt das „Rad neu erfunden".

4.10.3 Welche Aufgaben ergeben sich am Ende eines Projekts, welche Probleme können auftreten und was läßt sich dagegen tun?

Hamburger und Spirer sind der Ansicht, daß der Abschluß eines Projekts selbst als Projekt betrachtet werden muß (HAMBURGER 1989, S. 590). Sie entwerfen dafür eine Art Standardprojektstrukturplan, der allerdings nicht nur Aufgaben, sondern auch Probleme enthält, die entstehen können, wenn sich ein Vorhaben dem Ende zuneigt. Auch wenn man die Meinung der beiden Autoren nicht oder nur für sehr große Vorhaben teilt, so ist doch der von ihnen entworfene Strukturplan als Checkliste sehr wertvoll.

4.10.3.1 Aufgaben und Probleme auf der Sachebene

Die Aufgaben, die auf der Sachebene entstehen, stellen im allgemeinen keine Probleme dar, müssen aber erledigt werden, wenn das Projekt nicht noch am Schluß ein Mißerfolg werden soll. Im einzelnen können u.a. folgende abschließende Tätigkeiten zu erledigen bzw. Fragen zu beantworten sein (vgl. dazu im Detail HAMBURGER 1989):

- Welche Leistungen sind im Projekt noch zu erbringen? Dabei kann es sich um Hardware, Software, Dokumentation, Training, Unterstützung beim Betrieb des Systems, Lieferung von Zubehör, Testberichte, Stücklisten usw. handeln. Bei jeder Leistung muß geprüft werden, ob sie überhaupt noch erforderlich ist und wenn ja, wieviel Zeit und Kosten sie voraussichtlich noch verursacht. Möglicherweise ist die Leistung inzwischen auch gar nicht mehr erforderlich oder es ist möglich, sich mit dem Kunden darüber zu einigen, daß sie vom Auftragnehmer nicht mehr erbracht wird, der Kunde aber dafür einen Preisnachlaß erhält. Bei der Analyse der noch ausstehenden Leistungen können Checklisten, die aus der Erfahrung mit abgeschlossenen Projekten gewonnen wurden, sehr hilfreich sein. Ursprünglich im Projektstrukturplan vorgesehene Arbeitspakete, deren Ausführung nicht mehr erforderlich, weil sich z.B. im Verlauf des Projekts die Vertragsgrundlage geändert hat, müssen gestrichen werden. Zu prüfen ist auch, welche Änderungswünsche, die vom Kunden während des Vorhabens geäußert wurden, die aber zunächst zurückgestellt wurden, noch zu erfüllen sind.

Ein Aufgabenbereich, der nur bei Patzak und Rattay erwähnt wird (PATZAK 1996, S. 399 ff.), ist die Auflösung der wesentlichen Umfeldbeziehungen, die sich konsequent aus der zu Beginn eines Projekts durchgeführten Projektumfeldanalyse (siehe im Detail PATZAK 1996 und Kapitel 1.3) ergibt.

Hier stellen sich z.B. folgende Fragen:

- Welche Aufgaben muß das Projektteam noch in bezug auf bestimmte Umfeldgruppen erledigen?
- Welche Aufgaben sind von dieser Umfeldgruppe in bezug auf das Projekt noch zu erledigen?
- Wie wird die jeweilige Umfeldgruppe über den Projektabschluß informiert?

- Welche Verpflichtungen haben Zulieferer und Unterauftragnehmer noch?

Hamburger und Spirer geben dabei die Empfehlung, nach den Kategorien „unbedingt erforderlich", „wünschenswert" und „entbehrlich" zu klassifizieren und bieten eine Checkliste für die Überprüfung an (HAMBURGER 1989, S. 596).

- Wie ist die abschließende Kosten- und Finanzsituation?

Eine abschließende Überprüfung der Kosten- und Finanzsituation des Projekts muß vorgenommen werden. Diese Aufgabe umfaßt sowohl die Überprüfung der noch ausstehenden Zahlungen des Kunden als auch der Ausgaben, die selbst noch an Zulieferer und Unterauftragnehmer zu leisten sind. Auf der Kostenseite muß abschließend nochmals überprüft werden, ob die Kostenbelastungen des Projekts korrekt sind, ob die „richtigen" Arbeitspakete belastet wurden und ob es Doppelbelastungen gibt. Natürlich müssen derartige Fragen von Projektstart an gestellt werden, am Projektende ist sozusagen nur noch ein letzter Check erforderlich. Arbeits-pakete, die abgeschlossen sind, müssen wirklich auch geschlossen werden. Dabei muß vom Kostenerfassungssystem sichergestellt werden, daß für solche geschlossenen Arbeitspakete keine Kostenbelastungen mehr akzeptiert werden. Damit kann der häufig gegen Ende eines Vorhabens auftretenden Tendenz die Arbeit am Projekt zu strecken, entgegengewirkt werden. Arbeitspakete, die vom Projektleiter freigegeben wurden und die gegen Ende des Vorhabens noch offen sind, sind geradezu eine Herausforderung für eine Zuordnung von Projektkosten nach einer Art „Belastungsprinzip". Kontiert wird auf Arbeitspakete, bei denen der vorgegebene Kostenplanwert noch nicht voll ausgeschöpft ist.

- Sind alle erforderlichen Abnahmen, Prüfungen und Reviews vorgenommen worden? Dabei kann es sich um Abnahmen durch externe Stellen, also z.B. durch einen Technischen Überwachungsverein handeln, aber auch um die Ergebnisse interner Tests und Prüfungen. Für den Auftraggeber kann von der positiven Beantwortung dieser Frage z.B. die Genehmigung des Systembetriebs abhängen.

- Wurden die nach dem Projekt noch erforderlichen Arbeiten (z.B. Betreuung des laufenden Systembetriebs für eine gewisse Zeit oder Übergabe der Verantwortung vom Projektverantwortlichen an den Produktmanager) an die dafür Verantwortlichen ordnungsgemäß übertragen? Sind die zuständigen Mitarbeiter dafür ausreichend vorbereitet worden? Haben Sie alle notwendigen Informationen wie z.B. Manuale, Zeichnungen und Stücklisten bekommen? Ist der Kunde über den Übergang der Verantwortung informiert worden?

- Ist über die für das Projekt nicht mehr benötigten Betriebsmittel und Roh-, Hilfs- und Betriebsstoffe bereits disponiert worden?

- Sind alle notwendigen technischen Daten zusammengestellt worden?

Für die Überwachung der termingerechten und vollständigen Abwicklung der ausstehenden Arbeiten empfiehlt sich die Anlage und die laufende Aktualisierung einer **Liste offener Punkte**, wie sie auch in der laufenden Steuerung von Projekten benutzt wird.

4.10.3.2 Aufgaben und Probleme auf der Beziehungsebene

Mit der Auflösung von Gruppen (siehe Kapitel 2.4) hat sich die Sozialpsychologie ausführlich beschäftigt. Geissler hat die Auswirkungen der „Extremsituation 'Gruppenende' besonders deutlich herausgearbeitet. Er schreibt dazu: „ Die Trennungsarbeit ist besonders belastend und anstrengend, wo langfristig gruppendynamisch intensiv und sehr subjektorientiert gearbeitet wurde" (GEISSLER 1992). Der Autor bezieht sich dabei allerdings explizit auf Gruppen in der Erwachsenenbildung. Dem entspricht auch die Typologie von Abwehrmechanismen, die herausgearbeitet wird.

Die Auflösung von Projektgruppen dürfte aber häufig noch mit sehr viel stärkeren Affekten belastet sein, da mit Projektende u.U. starke Ängste über die weitere Verwendung im Unternehmen erzeugt werden. In Projektgruppen gibt es auch einen Abwehrtypus, der von Geissler nicht erwähnt wird, da er normalerweise Lerngruppen nicht zur Verfügung steht: das Strecken der Projektarbeit. Unter den Ritualen und Zeremonien der Trennung, die er empfiehlt, ist auch das abschließende Fest („Saure Wochen, frohe Feste") und die Verleihung von Auszeichnungen, mögliche Schlußsteine eines Projekts, die auch von Organisationspsychologen beim Projektschluß empfohlen werden (vgl. SACKMANN 1994). Der Projektleiter muß jedenfalls für die Probleme auf der Beziehungsebene, die bei der Auflösung des Projektteams entstehen, Verständnis haben oder entwickeln.

Die gravierendsten sollen nochmals kurz aufgeführt werden:

- Das „Wir-Gefühl" der Gruppe schwächt sich nach und nach ab. Das Team verliert zunehmend an Identität. Teammitglieder scheiden gegen Ende des Vorhabens aus, weil ihr Beitrag nicht mehr benötigt wird, neue Mitarbeiter, die Abschlußarbeiten übernehmen oder zur künftigen Systembetreuung einarbeitet werden müssen, kommen dazu.

- Projekte werden künstlich in die Länge gezogen, weil die Teammitglieder im Unternehmen keine Perspektive sehen. Sie wissen nicht genau, was sie danach erwartet. Weitere Gründe für das Strecken von Projektaufgaben könnten sein, daß die neuen Aufgaben nicht so attraktiv sind oder daß man Angst vor ihnen hat.

- Teammitglieder verlassen kurz vor dem Abschluß das Projekt. Ein Grund für dieses Verhalten kann sein, daß man den rechtzeitigen Absprung in neue Verwendungen nicht versäumen will, andere Gründe, daß man mit einem nicht sehr erfolgreichen Projekt nicht identifiziert werden will oder daß man fürchtet, gegen Ende des Vorhabens mit nicht sehr anspruchsvollen und langweiligen Aufgaben (z.B. Vervollständigen der Dokumentation) betraut zu werden. Für den Auftraggeber kann das Problem entstehen, daß wichtige Ansprechpartner gar nicht mehr oder nicht mehr im erforderlichen Umfang zur Verfügung stehen. Ein ähnliches Problem kann sich auch für den Auftragnehmer ergeben. Mitarbeiter, die bisher dem Projektteam beratend und unterstützend zur Seite standen, werden für neue Aufgaben abgezogen oder gehen zurück in ihre Fachabteilungen. Auch das Interesse des Kunden läßt gegen Projektende oft nach.

Als wichtigste Gegenmittel werden allgemein empfohlen

- das Projekt mit einer Veranstaltung bewußt zu beenden und

- für die betroffenen Mitarbeiter einen klaren Neubeginn zu setzen und sie darüber auch rechtzeitig zu informieren. Eine sorgfältige Planung der notwendigen Personalumsetzungen (vgl. DOUJAK 1991), die mit den betroffenen Mitarbeitern zusammen erarbeitet wird, hilft viele Probleme vermeiden.

Weitere Empfehlungen geben Hamburger und Spirer (HAMBURGER 1989, S. 614), darunter auch den Rat, häufige kurze Teamsitzungen einzuberufen, um das Team zusammenzuhalten. Generell sind die Einflußmöglichkeiten des Projektleiters in seiner eigenen Organisation größer als beim Kunden.

4.10.4 Projektauswertung: „Projekte lernen schlecht"

Eine systematische Projektauswertung, die, wie schon anfangs betont, in den wenigsten Unternehmen vorgenommen wird, kann sehr unterschiedliche Formen annehmen.

4.10.4.1 Sachebene

Nachkalkulation und Projektkostendatenbanken

Am häufigsten ist sicher noch die Bewertung des Projekts hinsichtlich des Parameters „Kosten", also eine Nachkalkulation des abgeschlossenen Vorhabens. Patzak und Rattay (PATZAK 1996, S. 406) haben dafür ein einfaches Schema entworfen. Sind die ursprünglich geplanten Kosten erheblich überschritten worden, ist es unumgänglich, in einer Kostenabweichungsanalyse die wichtigsten „Kostentreiber" zu identifizieren. (Gleiches gilt natürlich auch für den Planungsparameter „Zeit".)

Weitaus seltener ist aber schon der Aufbau von Kostendatenbanken. Eine Ausnahme macht hier lediglich die Baubranche (vgl. MAYER 1994). Der Grund, warum gerade in diesem Bereich relativ häufig die Kosten abgeschlossener Vorhaben systematisch ausgewertet und damit bei der Planung neuer Vorhaben bis zu einem gewissen Grad nutzbar gemacht werden können, ist: Hier gibt es ausgearbeitete Strukturierungsschemata, dazu zählt insbesondere die DIN 276 neu, die eine intersubjektiv nachvollziehbare „Ablage" von Kostendaten ermöglichen und die auch das einfache Wiederauffinden von historischen Kostenwerten ermöglichen. Auch im Schiffbau (BURMEISTER 1985) ist es teilweise gelungen, solche Strukturierungshilfen aufzubauen. Weit schwieriger ist, wie Erfahrungsberichte zeigen, schon die Einrichtung von Projektkostendatenbanken im Anlagenbau (BOPP 1994). Auf geradezu unüberwindliche Schwierigkeiten stößt schließlich die systematische Auswertung von Kostendaten bei Organisationsprojekten, bei Softwarevorhaben und in der Produktentwicklung. Eine Erfolgsmeldung (STRECKER 1991) aus der Produktentwicklung bezieht sich ganz offensichtlich nur auf Konstruktionstätigkeiten mit Routinecharakter.

Umfassende Kennzahlensysteme

Sehr selten sind in der Praxis auch umfassende Kennzahlensysteme, die nicht nur Kostendaten enthalten. Frühe, originelle Ansätze (v. WASIELEWSKI 1979) haben in der Praxis kaum Beachtung gefunden. Eine Ausnahme macht allerdings der Softwarebereich. Für Softwarevorhaben hat sich in den letzten Jahren eine eigene Disziplin entwickelt, die sich zur Aufgabe gestellt hat, Kennzahlensysteme (Software-Metriken) zu entwickeln. Die Metriken beziehen sich sowohl auf das im Projekt entwickelte Produkt als auch auf das Projekt selbst (Siehe dazu z.B. ein relativ einfaches Kennzahlensystem (MÖLLER 1993)). Einen aktuellen Überblick über den neuesten Stand gibt der Sammelband von Ebert und Dumke (EBERT 1996) und der Aufsatz von Schwald (SCHWALD 1997).

Projektkennzahlen lassen sich zunächst für die Analyse abgeschlossener Projekte verwenden. So geht v. Wasielewski bei der Konstruktion seines Kennzahlensystems vom Analysezweck aus (v. WASIELEWSKI 1979). Die Analyse impliziert den Vergleich mit anderen Projekten.

Verglichen werden können sowohl

- Projekte bzw. Teile des Projekts, die in unterschiedlichen Betrieben realisiert wurden, als auch
- Projekte bzw. Teile des Projekts, die im gleichen Betrieb realisiert wurden.

Daneben sind Vergleiche mit wissenschaftlich meist nicht begründeten Normkennzahlen oder mit Branchendurchschnitten möglich.

Die Projektanalyse ist mit dem zweiten Zweck, der Planung, Steuerung und Kontrolle von Projekten eng verknüpft. Aus der Analyse können Ergebnisse in die Planung eingehen. So könnte z.B. die bekannte „40-20-40-Regel", die eine Aussage über die prozentuale Verteilung von Personalkosten einzelner Projektphasen macht und die aus der Analyse von Softwareprojekten stammt, für die Planung der Personalkosten neuer Projekte benutzt werden. (SCHELLE 1982)

Neben einzelnen Projektkennzahlen können ganze Kennzahlensysteme konstruiert werden. Allerdings sind sie in der Praxis bislang kaum verbreitet. Zwei Arten lassen sich unterscheiden:

- Rechensysteme und
- Ordnungssysteme.

Bei Rechensystemen werden die einzelnen Elemente des Systems, nämlich die Kennzahlen und die zwischen ihnen bestehenden Beziehungen, durch einen rechnerischen Zusammenhang bestimmt. Das schon zitierte Kennzahlensystem von v. Wasielewski ist ein solches Beispiel.

Ein weniger stringenter Zusammenhang besteht zwischen den Kennzahlen in einem Ordnungssystem. Ein Beispiel dafür ist das schon angeführte System von Möller und Paulish (MÖLLER 1993). Es besteht aus Kennzahlen, die unter einem bestimmten Blickwinkel oder von einer bestimmten Problemstellung aus zusammengehören, ohne daß zwischen ihnen Beziehungen durch Rechenoperationen hergestellt werden können. Hier besteht freilich die Gefahr, daß ein mehr oder weniger unsystematisches Konglomerat von Kennzahlen entsteht, da ein strenges Auswahlprinzip, wie es bei Rechensystem existiert, fehlt.

Projekterfahrungsdatenbanken

Noch ambitionierter als die Konstruktion von Projektkennzahlensystemen ist die Absicht, Projekterfahrungsdatenbanken aufzubauen. Mit derartigen Systemen, die natürlich prinzipiell auch für die Projektanalyse auf der Beziehungsebene angewendet werden können, sollen die Erfahrungen aus ähnlichen Projekten, die im Unternehmen bereits durchgeführt wurden, jederzeit zur Nutzung bereitstehen.

Nach Wissen des Verfassers sind sie in der Praxis noch weniger verbreitet als Kennzahlensysteme. Eine Beispiel ist das Konzept von Lauer und Techt (LAUER 1995). Die beiden Autoren wollen die Projekterfahrungen mit Hilfe sogenannter „Aktionenpakete" strukturieren. Ein Aktionenpaket enthält die Kennzeichnung des betreffenden Projekts, die Nummer der Aktion im Projekt, Datum und Ort der Aktion, Titel und Bezeichnung der Aktion, die behandelten Themen/Objekte, die Ziele der Aktion, die durchgeführten Schritte, die beteiligten und betroffenen Personen und u.U. ein Verzeichnis der Inhalte. Alle chronologisch geordneten „Aktionenpakete" eines Projekts bilden das Projekt-Logbuch. In der Projekt-Datenbank sind die Log-Bücher aller Projekte gespeichert. Für die behandelten Themen (z.B. Budget und Controlling) gibt es eine Themenstrukturierung. Die der Themengruppe „Controlling" zugeordneten Informationen werden weiter strukturiert.

Soweit zu sehen, liegen umfangreichere Erfahrungen mit derartigen Projekterfahrungsdatenbanken bisher noch nicht vor. Eine ganze Reihe von Problemen, die sich bei der Sammlung von Projekterfahrungen ergeben, sind bislang, zumindest nicht in der Disziplin „Projektmanagement", im Detail diskutiert worden. So ist nach Meinung des Verfassers völlig ungeklärt, wie sich „weiche Informationen", also z.B. der Bericht über die Beilegung eines Konflikts zwischen Projektleitung und einer Fachabteilung, dokumentieren lassen, und ob aus einer solchen Dokumentation, wie immer sie aussehen mag, zukünftige Projektbeteiligte Nutzen ziehen können.

Befragungsaktionen

Weit weniger ehrgeizig als Projektkostendatenbanken, Projekterfahrungsdatenbanken und umfassende Kennzahlensysteme sind Befragungsaktionen. Die Analyse kann sich hier sowohl auf die Sachebene als auch auf die Beziehungsebene (siehe Beispiel in Abschnitt 4.10.4.2) erstrecken. Häufig werden bei einer Befragung beide Ebenen angesprochen.

Die Befragung kann sich dabei einmal auf die

- Mitglieder des Projektteams und die beteiligten Linienabteilungen beziehen oder auf
- Vertreter des Auftraggebers bzw. die potentiellen Benutzer oder andere Stakeholder.

Sie kann lediglich in einem

- informellen Gespräch oder in einem Workshop durchgeführt werden oder
- mit Hilfe eines standardisierten Fragebogens gemacht werden.

Ein standardisierter Fragebogen hat den Vorteil, daß Projekte miteinander verglichen werden können. Im informellen Gespräch können hingegen auch Aspekte erkundet werden, die sich einer schriftlichen Befragung weitgehend entziehen.

Den wohl umfangreichsten und gründlichsten Fragebogen zur Bewertung abgeschlossener Vorhaben haben Baker et al. (BAKER 1979) schon sehr früh vorgestellt. Er basiert auf der Analyse der Erfolgs- und Mißerfolgsfaktoren von 650 Projekten und enthält 190 Fragen. Eine verkürzte Fassung, die nur noch 97 Fragen umfaßt, wurde 1979 auf dem 6. Internet-Weltkongreß in Garmisch-Partenkirchen vorgestellt. Zielgruppe der Befragung sind Kunden, Führungskräfte in der Linienorganisation des Auftragnehmers, die Projektleiter selbst, Projektteammitglieder oder auch andere Personen, die mit dem zu beurteilenden Projekt selbst sehr gut vertraut sind. Baker et al. zeigen, daß mit dem von ihnen entwickelten Instrument eine ganze Reihe von Analysezwecken verfolgt werden können.

Im Vordergrund stehen

- eine erste globale Bewertung des Projekterfolgs aus der Sicht verschiedener Gruppen,
- Fragen nach der Zufriedenheit der Auftragnehmer-Organisation, der Organisation des Auftraggebers, der Nutzer des Projektergebnisses und des Projektteams und
- eine Beurteilung des Projektleiters hinsichtlich seiner technischen, administrativen und sozialen Kompetenz.

Weitere Fragen betreffen den Führungsstil im Vorhaben und die Handhabung von Konflikten, die Beziehungen zu den wichtigsten Stakeholdern und Probleme bei der Erreichung der Projektziele und die Gewichtung der Ziele.

Der folgende Fragebogen wurde zur Erkundung der Kundenzufriedenheit erarbeitet (PATZAK 1996). Die Fragen beziehen sich wohl im wesentlichen auf die Sachebene:

4.10 Projektabschluß und -auswertung

Erhebung der Kundenzufriedenheit mit dem Projekt

1. In welcher Form waren Sie am Projekt beteiligt?

2. Wie zufrieden waren Sie mit dem Projektstart, der Zielformulierung und den Projektplänen?

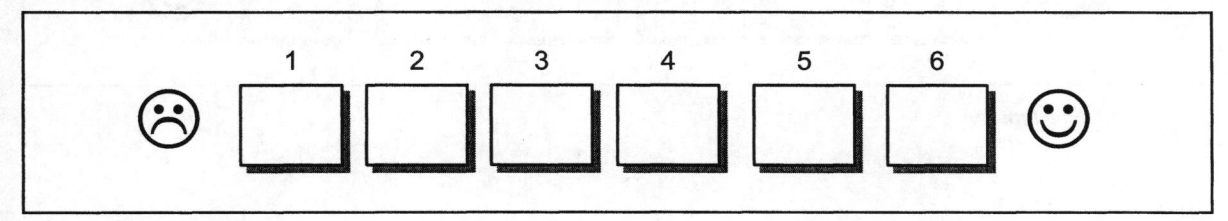

☹ 1 ☐ 2 ☐ 3 ☐ 4 ☐ 5 ☐ 6 ☐ ☺

Anmerkungen:

3. Wie zufrieden waren Sie mit der Aufgaben- und Kompetenzverteilung sowie dem Informationsfluß?

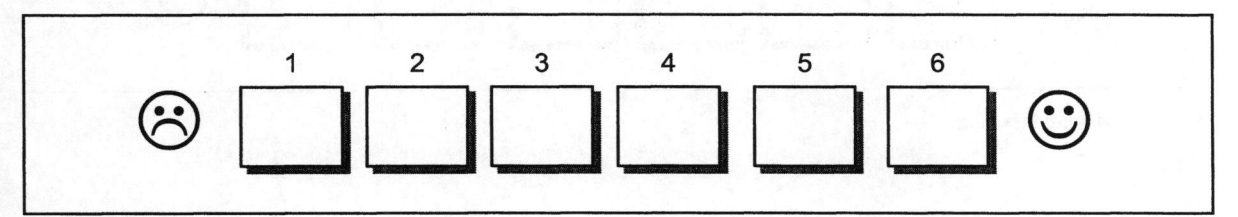

☹ 1 ☐ 2 ☐ 3 ☐ 4 ☐ 5 ☐ 6 ☐ ☺

Anmerkungen:

4. Wie zufrieden waren Sie mit dem Einsatz und der Arbeitsweise des Teams?

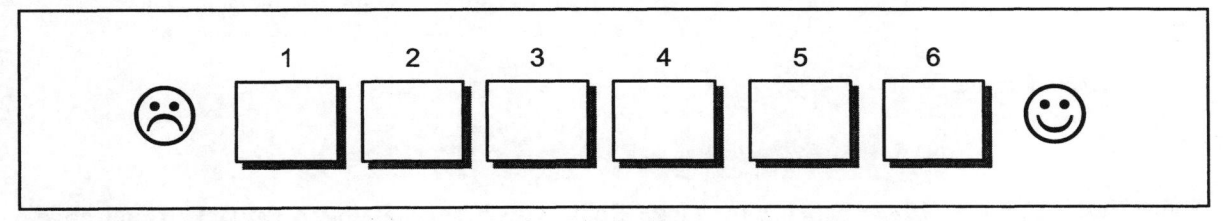

☹ 1 ☐ 2 ☐ 3 ☐ 4 ☐ 5 ☐ 6 ☐ ☺

Anmerkungen:

5. Wie zufrieden waren Sie mit der Betreuung durch die Projektleitung?

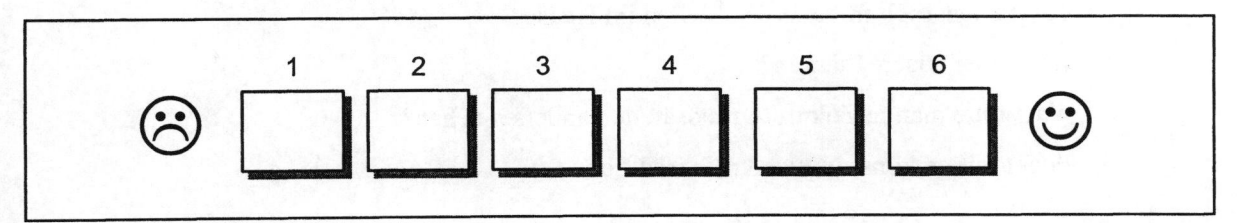

☹ 1 ☐ 2 ☐ 3 ☐ 4 ☐ 5 ☐ 6 ☐ ☺

Anmerkungen:

6. Wie gut wurden die Teil-/Projektziele erreicht?

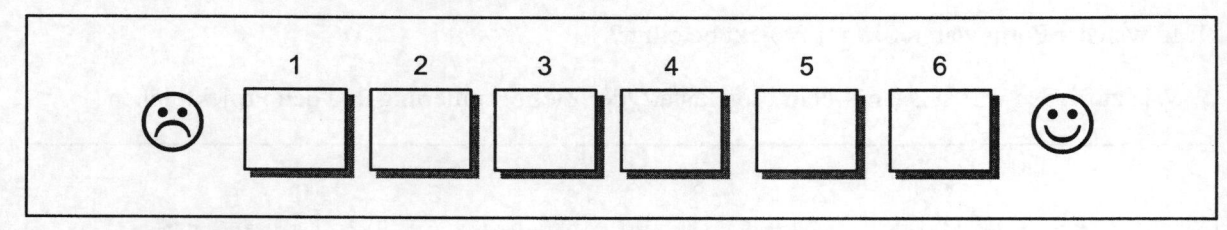

☹ 1 2 3 4 5 6 ☺

Anmerkungen:

7. Wie schätzen Sie das Projekt bezüglich des erbrachten Zeit- und Kostenaufwands sowie des erreichten bzw. zu erwartenden Ergebnisses ein?

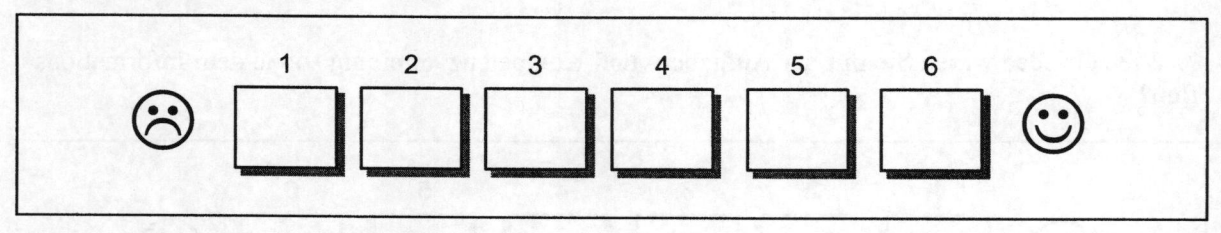

☹ 1 2 3 4 5 6 ☺

Anmerkungen:

8. Welche Verbesserungen sollten bei der Realisierung weiterer Projekte berücksichtigt werden?

Verbesserungen: ....

Anmerkungen:

Hansel und Lomnitz (1987) haben eine ganze Reihe von Fragenkatalogen entwickelt, um abgeschlossene Projekte zu analysieren. Die Fragen betreffen dabei sowohl die Beziehungsebene (vgl. Abschnitt 4.10.4.2) als auch die Sachebene.

Für die Projektrückschau formulieren die beiden Autoren folgende Fragen bzw. Aufgabe:

- Haben wir unsere Ziele erreicht?
- Welche Probleme allgemeiner Art gab es hinsichtlich der Vorgehensweise oder Zusammenarbeit mit anderen Stellen im Hause?
- Wo waren unsere Stärken?
- Was sollte man in Zukunft grundsätzlich anders machen?
- Gegenseitige konstruktive Kritik und Lob

Für die Diagnose kritischer Projekte haben Hansel und Lomnitz sogar eine eigene Checkliste erarbeitet (HANSEL 1987).

Diese Fragenkataloge sind sicher wertvoll und können wichtige Anregungen geben, der Verfasser ist allerdings der Meinung, daß sich jedes Unternehmen für jede Projektart eigene Analysebögen erarbeiten muß.

Neueste Entwicklungen

In jüngster Zeit gibt es einen regelrechten Boom bei der Entwicklung von Instrumenten zur nachträglichen Bewertung von Projekten. Eine eindeutige Zuordnung zur Analyse auf Sachebene oder auf der Beziehungsebene ist nicht möglich, da in der Regel beide Ebenen analysiert werden. Die Behandlung unter der Überschrift „Auswertung auf der Sachebene" ist deshalb mehr oder weniger willkürlich. Dies gilt auch für den schon dargestellten Ansatz von Baker und Mitautoren.

Da die einzelnen Bewertungsmodelle noch sehr stark in der Entwicklung sind und - soweit zu sehen - größere praktische Erfahrungen noch ausstehen, sollen drei hier nur kurz skizziert werden. Eine kritische Darstellung und ein Vergleich kann deshalb erst später erfolgen. Ein rechnergestütztes Bewertungssystem stammt von KYSTEL (KYSTEL 1997). Die Software erzeugt einen Katalog von Fragen, die auf den jeweiligen Projekttyp (Sonderprojekte, F&E-Projekte, Softwareprojekte, Bauprojekte, Organisationsprojekte und zusätzliche Unterscheidung in kleine oder große Vorhaben) abgestimmt sind. Die vom Rechner zusammengestellten Fragen werden in einer Beurteilungssitzung mit Noten bewertet und in ihrer Bedeutung gewichtet. Hinweise auf Verbesserungspotentiale ergeben sich häufig bereits aus der Formulierung der Frage selbst. Ein Beispiel für eine solches Item ist: „Karriereinteressen der Teammitglieder werden explizit berücksichtigt."

Der Anwender erhält eine Auswertung in mehreren Verdichtungsstufen. Die Fragen werden dabei nach der Höhe des Verbesserungspotentials sortiert.

Der methodische Ansatz von Gareis und Fiedler beschränkt sich zunächst auf die Projektstartphase. Der Fragebogen beinhaltet

- Fragen zum betrachteten Unternehmen bzw. Unternehmensbereich und zur Unternehmenskultur,

- Fragen zu Projektergebnissen (Kundenzufriedenheit, Überschreitung von Kosten und Dauern etc.)

- Fragen zu Ergebnissen des Projektstartprozesses (Projektplanung, Projektorganisation, Projektmarketing, Projektkulturentwicklung etc.) und

- Fragen zur Gestaltung des Projektstartprozesses (Dauer, Kommunikationsformen, Einbeziehung relevanter Projektumwelten).

Selbstverständlich liegen dem Fragenkatalog, wie bei den beiden anderen Modellen auch, eine Fülle von Hypothesen zugrunde, die zum größten Teil noch nicht empirisch bestätigt wurden. Im Modell von Gareis und Fiedler wird jeweils mit einer explizit unterlegten „Best Theory" verglichen.

Ein drittes Modell wurde in der Deutschen Gesellschaft für Projektmanagement e.V. (TECHT 1997; GPM 1998) entwickelt. Es hat seinen Ursprung im Total Quality Management und basiert auf dem Gedanken der Selbstbewertung. Unterschieden wird zwischen den Bereichen „Projektmanagement" („Wie wurde etwas getan?") und „Projektergebnissen" („Was kam dabei heraus?"). Punktbewertungen werden bei den neun Kategorien vorgenommen, die in Abbildung 4.10-1 dargestellt sind (vgl. Kapitel 4.2).

```
┌─────────────────────────────────────────────┐ ┌─────────────────────────────────────────┐
│      Projektmanagement (500 Punkte)         │ │     Projektergebnisse (500 Punkte)      │
│                                             │ │                                         │
│              ┌─ Führung (80) ─┐             │ │    ┌─ Kundenzufriedenheit (180) ─┐      │
│  Ziel-       ├─ Mitarbeiter ──┤ Prozesse    │ │    ├─ Mitarbeiter- ──────────────┤ Ziel-│
│  orien-      │   (70)         │  (140)      │ │    │  zufriedenheit (80)         │ erre-│
│  tierung     └─ Ressourcen ───┘             │ │    └─ Zufriedenheit sonstiger ───┘ ichung│
│  (140)          (70)                        │ │       Interessengruppen (60)       (180)│
└─────────────────────────────────────────────┘ └─────────────────────────────────────────┘
```

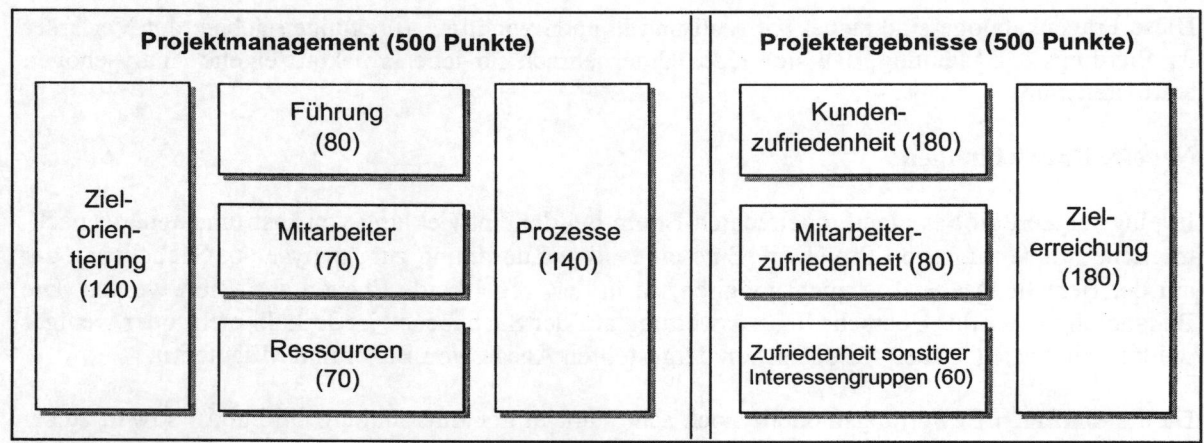

Abbildung 4.10-1: Modell für Project Excellence

Die in Klammern angeführten Punkte geben die maximal erreichbaren Werte wieder. Bewertungstabellen mit kommentierendem Text (5 Stufen: 0%, 25%, 50%, 75%, 100% der maximal erreichbaren Punktzahl; Interpolation möglich) erleichtern die Einstufung.

Regelmäßiger Erfahrungsaustausch zwischen Projektleitern und Projektteams

In jüngster Zeit organisieren verschiedene Firmen auch einen regelmäßigen Erfahrungsaustausch zwischen den Projektleitern.

4.10.4.2 Beziehungsebene

Wie schon mehrfach betont, werden mit den meisten Fragebögen sowohl die Sach- als auch die Beziehungsebene von Projekten analysiert. Der folgende Fragebogen (STREICH 1996, S. 42 f.) ist ausschließlich für die Beziehungsebene bestimmt. Selbstverständlich kann er nicht nur am Ende eines Vorhabens, sondern auch während des Projekts, um die Gruppe anzuregen, über die Art der Zusammenarbeit im Team nachzudenken. Deshalb sind die Fragen auch im Präsens formuliert.

(Ein ähnlicher, noch detaillierter ausgearbeiteter Fragebogen findet sich bei Hansel und Lomnitz (HANSEL 1987, S. 86 ff.))

Fragebogen zum Klima im Projektteam

Instruktionen   Bitte bewerten Sie die Eigenschaften Ihrer Gruppe auf der angegebenen Sieben-Punkte-Skala und geben Sie dabei Ihre ehrliche Meinung wieder. Machen Sie einen Kreis um die Ziffer, die ihrer Ansicht nach am nächsten kommt.

Offenheit   Verhalten Sie die Mitglieder offen zueinander? Gibt es geheime Absprachen? Gibt es Themen, die in der Gruppe tabu sind? Können die Mitglieder Ihre Meinung über andere offen ausdrücken, ohne zu verletzen?

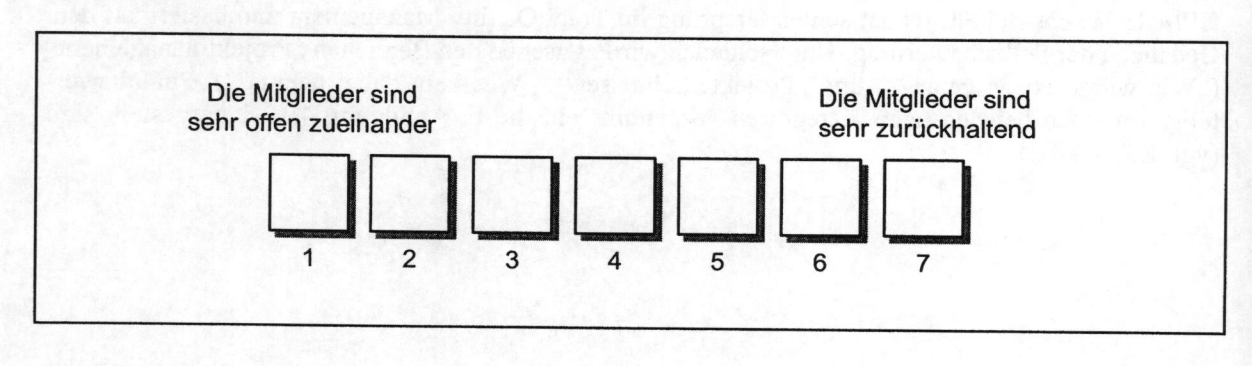

Die Mitglieder sind sehr offen zueinander						Die Mitglieder sind sehr zurückhaltend
1	2	3	4	5	6	7

4.10 Projektabschluß und -auswertung

Hat die Gruppe Methoden, Rituale, Dogmen und Traditionen, die eine effektive Arbeit behindern. ***Konformität***
Werden die Meinungen der älteren Mitglieder als Gesetz betrachtet? Können die Mitglieder abweichende oder unpopuläre Ansichten frei äußern?

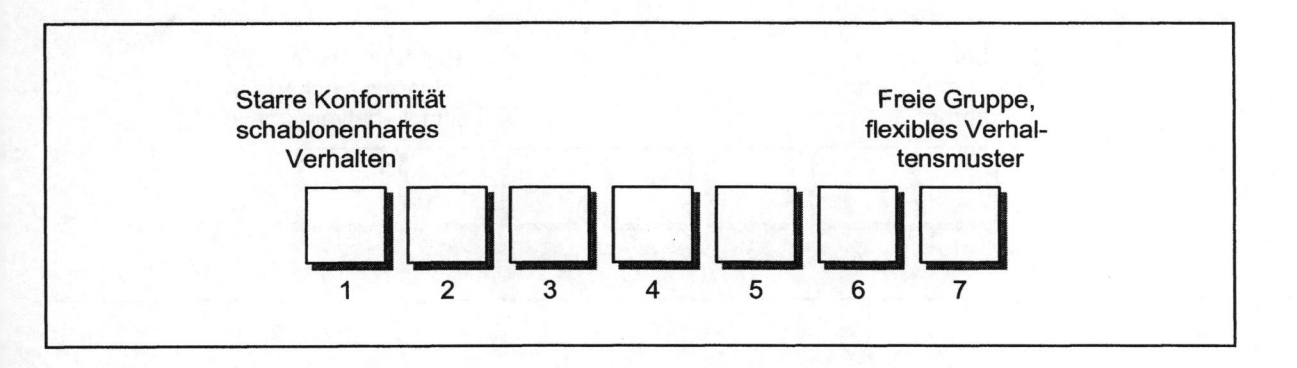

Starre Konformität schablonenhaftes Verhalten						Freie Gruppe, flexibles Verhaltensmuster
1	2	3	4	5	6	7

Ziehen die Mitglieder alle an einem Strang? Was geschieht, wenn ein Mitglied einen Fehler macht? ***Loyalität***
Kümmern sich die stärkeren Mitglieder um die anderen, die weniger erfahren oder leistungsfähig sind?

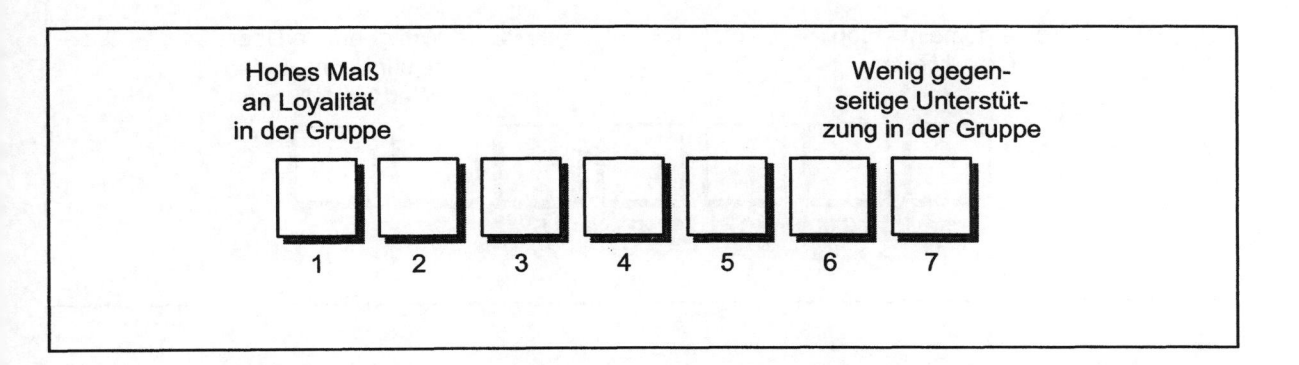

Hohes Maß an Loyalität in der Gruppe						Wenig gegenseitige Unterstützung in der Gruppe
1	2	3	4	5	6	7

Werden schwierige oder unbequeme Fragen erörtert? Werden Konflikte offen ausgetragen oder unter den Teppich gekehrt? Können sich die Mitglieder Meinungsverschiedenheiten mit den Vorgesetzten leisten? Setzt sich die Gruppe dafür ein, ihre Schwierigkeiten vollständig auszuräumen? ***Konfrontation mit Schwierigkeiten***

Schwierige Fragen werden vermieden						Probleme werden offen und ohne Umschweife angepackt
1	2	3	4	5	6	7

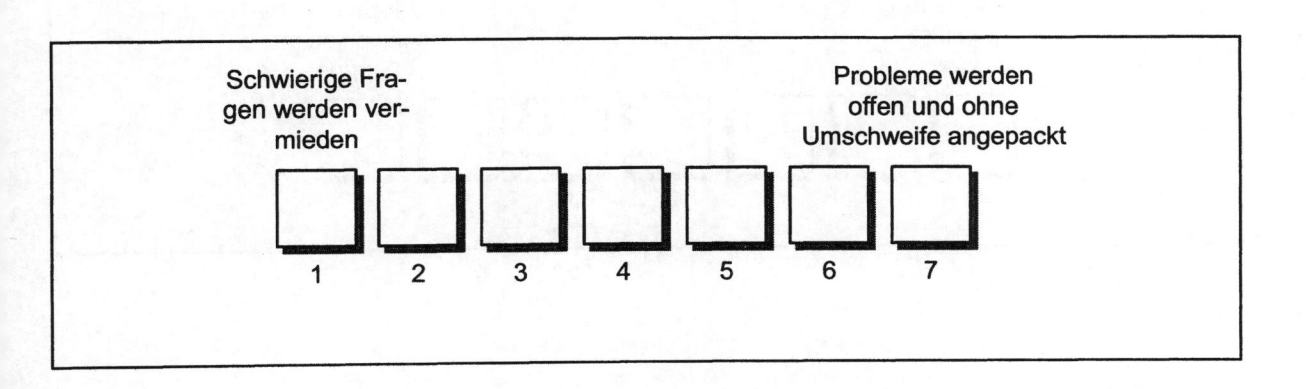

Risiko-
bereitschaft

Merken die Mitglieder, daß sie Neues ausprobieren und Fehlschläge riskieren können und trotzdem noch Loyalität genießen? Werden die einzelnen von der Gruppe ermuntert, ihre Fähigkeiten voll auszuschöpfen?

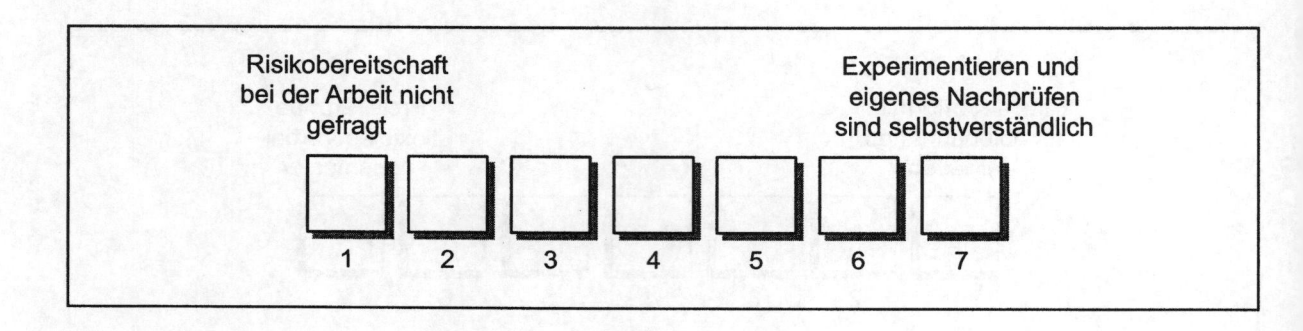

Risikobereitschaft bei der Arbeit nicht gefragt						Experimentieren und eigenes Nachprüfen sind selbstverständlich
1	2	3	4	5	6	7

Gemeinsame
Wertvor-
stellungen

Haben die Mitglieder ihre persönlichen Wertvorstellungen einander nahegebracht? Sind ihnen sowohl die Ursachen (Warum?) als auch die Wirkungen (Was?) bewußt? Besitzt die Gruppe gemeinsame Grundwerte, denen sich alle Mitglieder verpflichtet fühlen?

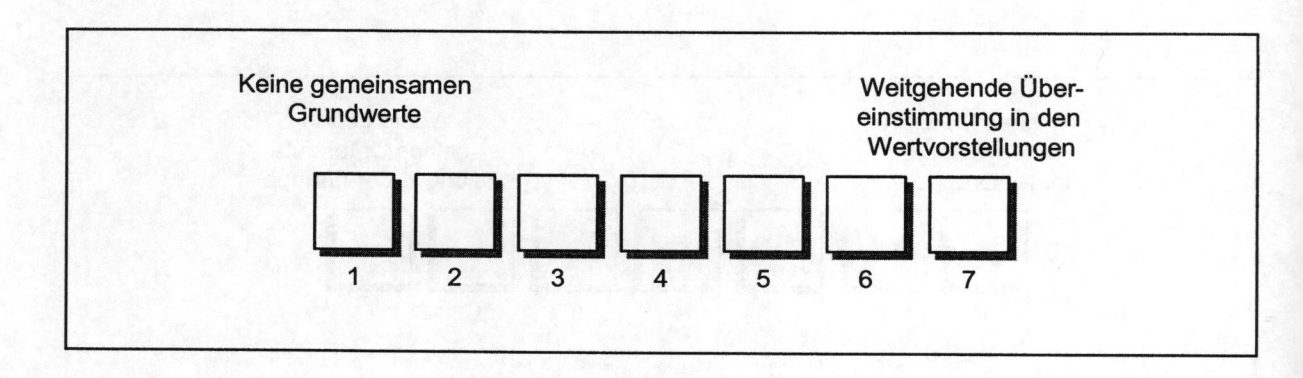

Keine gemeinsamen Grundwerte						Weitgehende Übereinstimmung in den Wertvorstellungen
1	2	3	4	5	6	7

Motivation

Kümmern sich die Mitglieder genügend um die Vertiefung ihrer gegenseitigen Beziehungen? Wirkt die Zugehörigkeit zu dieser Gruppe stimulierend und motivierend auf die einzelnen?

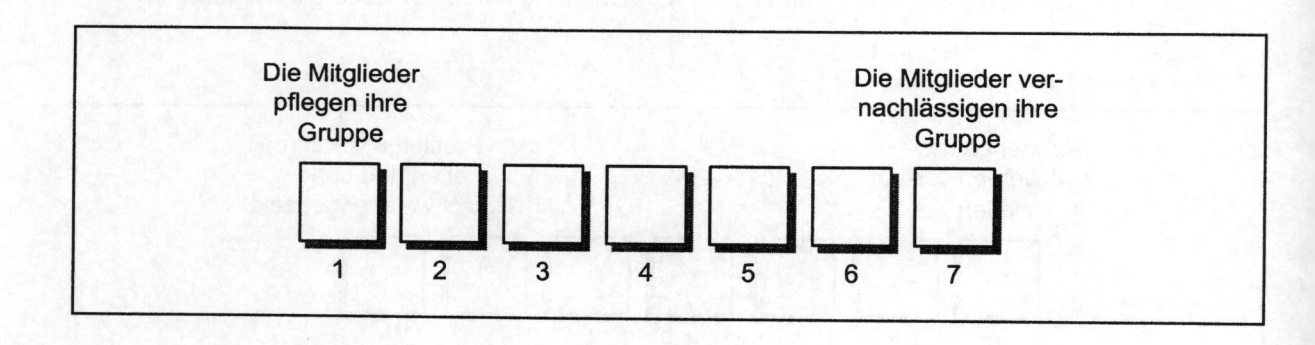

Die Mitglieder pflegen ihre Gruppe						Die Mitglieder vernachlässigen ihre Gruppe
1	2	3	4	5	6	7

4.10.5 Die Projektabschlußsitzung als organisatorisches Instrument des Projektabschlusses

Die Projektabschlußsitzung, deren Ergebnis in einem Projektabschlußbericht festgehalten wird, ist sozusagen das Pendant zur Projektstartsitzung. Als Teilaufgaben, die in dieser Sitzung zu erledigen sind, nennen Patzak und Rattay (PATZAK 1996, S. 411):

- die auf das Projektergebnis bezogene Analyse und Bewertung,
- die Prozeßanalyse und Bewertung,
- die Analyse der Konsequenzen auf die Nachprojektphase,
- die Sicherstellung der erworbenen Erfahrungen und
- die Verteilung der noch offenen Aufgaben.

Zumindest bei größeren Vorhaben ist dieses Programm sicher nicht in einer Abschlußsitzung zu bewältigen, vielmehr sind umfangreiche Arbeiten vorher zu erledigen. In der Abschlußsitzung, die in der Regel nicht mit dem empfohlenen „emotionalen Projektabschluß", der „Projektabschlußfeier" identisch ist, können im wesentlichen nur die Endresultate präsentiert werden.

Entsprechend der oben genannten Aufgaben, die in einer Projektabschlußsitzung zu erfüllen sind, sollten folgende Punkte in einer derartigen Veranstaltung angesprochen werden:

- Haben wir die gesetzten Ziele (Termine, Kosten, Sachergebnis) erreicht? Wenn nein, was waren die wichtigsten Gründe dafür, daß wir sie verfehlt haben?

- Ist der Kunde bzw. der interne Auftraggeber mit dem Projektergebnis zufrieden? Wenn nein, was sind die wichtigsten Gründe für seine Unzufriedenheit?

- Was ist im Projekt gut, was ist schlecht gelaufen? Wie war das Klima im Team? Wie war die Zusammenarbeit mit den Fachabteilungen und Externen?

- Welche Konsequenzen werden aus den Erfahrungen für künftige Projekte gezogen. Sind diese Erfahrungen dokumentiert? Wie werden sie allgemein zugänglich gemacht? Welche wesentlichen Inhalte hat der Projektabschlußbericht? Wer wirkt an der Erstellung mit?

- Welche Arbeiten sind bis wann zu erledigen? Wer ist dafür verantwortlich? Welche Kosten fallen dafür noch an? Wer trägt sie?

- Entlastung des Projektteams und des Projektleiters

Zusammenfassung

Das Thema „Projektabschluß und Projektauswertung" wird in der Literatur kaum behandelt. Noch seltener sind in der Praxis ein systematischer Projektabschluß und eine gründliche Auswertung der im Vorhaben gemachten Erfahrungen. Dabei kann die Endphase eines Projekts noch in erheblichem Umfang über Projekterfolg oder -mißerfolg entscheiden. Aus diesem Grund werden Aufgaben und Probleme, die sich auf der Sachebene und auf der Beziehungsebene am Projektende ergeben können, ausführlich behandelt. In vielen Projekten werden notwendige Restarbeiten nicht mehr oder nicht mehr sorgfältig genug ausgeführt. Das führt beim internen oder externen Auftraggeber oft zu Unzufriedenheit. Ein „in der Hauptsache" erfolgreiches Projekt kann noch zum Mißerfolg werden.

Beim Projektteam und bei den Ansprechpartnern auf der Auftraggeberseite sinkt gegen Projektende die Motivation oft ab. Aus Angst, keine oder keine genügend interessanten und karrierefördernden neuen Aufgaben im Unternehmen zu bekommen, werden die restlichen Projektarbeiten „zeitlich gestreckt". Andererseits versuchen sich Teammitglieder rechtzeitig aus dem Projekt abzusetzen, um nicht mit einem Projektfehlschlag identifiziert zu werden oder um bei der Konkurrenz um neue Verwendungen einen Vorteil zu haben. Aus all den genannten Gründen ist es dringend erforderlich, Vorkehrungen zu treffen und das Projekt systematisch zu beenden.

Die in Projekten gemachten Erfahrungen werden nur selten gründlich ausgewertet und für neue Vorhaben nutzbar gemacht. Verschiedene Formen der Auswertung werden dargestellt. Zwei Fragebögen zur Ermittlung der Kundenzufriedenheit und des Klimas im Projektteam werden im Detail geschildert. Schließlich wird die Projektabschlußsitzung als organisatorisches Mittel für einen systematischen Projektabschluß behandelt.

Literaturverzeichnis

BAKER, B.N.; Murphy, D.C.; Fisher, D.: An Effective Evaluation Instrument for Completed Projects. In: Gutsch, R.; Reschke, H.; Schelle, H. (Hrsg.) (Eds.): Proceedings of the 6th Internet Congress 1979, Vol. 4, VDI-Verlag GmbH, Düsseldorf 1979, pp. 199-216

BOPP, H.: Auftragskostenplanung und -kontrolle im Anlagenbau. In: Schelle, H.; Reschke, H.; Schnopp, R.; Schub, A. (Hrsg.): Loseblattsammlung „Projekte erfolgreich managen". Verlag TÜV Rheinland, Köln 1994 ff., Kap. 4.6.4, S. 1- 42.

BURMEISTER, H.: Kostenplanung von Waffensystemen unter spezieller Berücksichtigung von Rechnerprogrammen für den Marine-Schiffbau, in: Hofmann, H.W.; Schelle, H. (Hrsg.): Kosten der Verteidigungsplanung. Verlag Wehr und Wissen, München 1985

DOUJAK, A.; Rattay, G.: Phasenbezogenes Personalmanagement in Projekten. In: Gareis, R. (Hrsg.): Projekte und Personal. Projektmanagementtag 1990. Service-Verlag, Wien 1991, S. 109 - 116

EBERT, Ch. ; Dumke, R.: Software-Metriken in der Praxis. Einführung und Anwendung von Software-Metriken in der industriellen Praxis. Springer-Verlag, Berlin-Heidelberg-New York 1996

GEIßLER, Kh.: Schlußsituationen. Die Suche nach dem guten Ende. Beltz-Verlag, Weinheim-Basel 1992

GPM (Hrsg.): Der Deutsche Projektmanagement-Award 1998. Bewerbungsbroschüre

HAMBURGER, D.A.; Spirer, H.F.: Project Completing. In: Kimmons, R. L.; Loweree, J.H. (Eds.): Project Management: A reference for professionals. Marcel Dekker, New York 1989, pp. 587 – 616

HANSEL, J.; Lomnitz, G.: Projektleiter-Praxis. Erfolgreiche Projektabwicklung durch verbesserte Kommunikation und Kooperation. Springer-Verlag, New York - Berlin - Heidelberg 1987

KŸSTEL, W.: Bewertung der Projektarbeit mit Kennzahlen. In: Projektmanagement, 3/97

LAUER, Ch.; Techt, U.: Erfahrungen und Wissen sichern und nutzen. In: Landge, D. (Hrsg.): Management von Projekten. Know-how aus der Beraterpraxis. Schaeffer-Poeschel-Verlag, Stuttgart 1995, S. 195 -211.

MAYER, P.E.: Kostendatenbanken und Kostenplanung im Bauwesen. In: Schelle, H.; Reschke, H.; Schnopp, R.; Schub, A. (Hrsg.): Loseblattsammlung „Projekte erfolgreich managen". Verlag TÜV Rheinland, Köln 1994 ff., Kap. 462, S. 1- 33.

MÖLLER, K.H.; Paulish, D.J.: Software Metrics. -A Practitioners Guide to Improved Product Development. Chapman & Hall, London 1993

PATZAK, G.; Rattay, G.: Projektmanagement. Leitfaden zum Management von Projekten, Projektportfolios und projektorientierten Unternehmen. Linde-Verlag, Wien 1996

PATZAK, G.; Rattay, G.: Projektumfeldanalyse. In: Schelle, H.; Reschke, H.; Schnopp, R.; Schub, A. (Hrsg.): Loseblattsammlung „Projekte erfolgreich managen". Verlag TÜV Rheinland, Köln 1994 ff

SACKMANN, S.: Teambildung in Projekten. In: Schelle, H.; Reschke, H.; Schnopp, R.; Schub, A. (Hrsg.): Loseblattsammlung „Projekte erfolgreich managen". Verlag TÜV Rheinland, Köln 1994 ff., Kapitel

SCHWALD, Softwaremetriken. In: Projektmanagement, 1/97

SCHELLE, H.: Projekte zum Erfolg führen. Deutscher Taschenbuch-Verlag, München 1997

SCHELLE, H.: Projektkennzahlen und Projektkennzahlensysteme. In: Angewandte Systemanalyse, Band 3 (1982), Heft 3, S. 118 - 130

SPIRER, H.F.; Hamburger, D.H.: Phasing out the Project. In: Cleland, D. I.; King, W.R. (Eds.): Project Management Handbook, sec. ed.. Van Nostrand Reinhold, New York 1988, pp. 231 - 250.

STRECKER, A.: Prozeßkostenrechnung in Forschung und Entwicklung. Verlag Franz Vahlen, München 1991

STREICH, R.K.; Marquardt, M.: Projektteamverfahren. In: Streich, R.K.; Marquardt, M. und Sanden H. (Hrsg.): Projektmanagement. Prozesse und Praxisfelder. Schaeffer-Poeschel Verlag, Stuttgart 1996, S. 32 - 58.

TECHT, U.: Selbstbewertung nach Project Excellence. In: Projektmanagement, 4/97, S. 47-52

v. WASIELEWSKI, E.: Projektkennzahlen, Teil 1 u. Teil 2. In: Projektmanagement, 2/93, S. 27 - 30 u. 3/93, S. 29 - 37

v. WASIELEWSKI, E.: Grundzüge einer Projektvergleichstechnik. In: Saynisch, M.; Schelle, H.; Schub, A. (Hrsg.): Projektmanagement. Konzepte, Verfahren, Anwendungen. Oldenbourg-Verlag, München 1979, S. 371- 397.

Autorenportrait

Professor Dr. oec. publ. Heinz Schelle

Jahrgang 1938; Diplom in Nationalökonomie; wissenschaftlicher Assistent am Institut für Finanzwissenschaft der Universität München; 1969 Promotion; von 1969 bis 1975 in der Zentralen Forschung und Entwicklung der Siemens AG, München mit dem Hauptarbeitsgebiet „Projektmanagement". Seit 1975 Inhaber einer Professur für Betriebswirtschaftslehre mit besonderer Berücksichtigung des Projektmanagements an der Fakultät für Informatik der Universität der Bundeswehr München. Gründungsmitglied der Deutschen Gesellschaft für Projektmanagement e.V. und seit Gründung im Vorstand für das Ressort „Wissenschaftliche Betreuung, Publikationen" verantwortlich.

Autor zahlreicher Beiträge zum Projektmanagement, u.a. Mitherausgeber des zweibändigen „Handbuch Projektmanagement", Herausgeber der „Schriftenreihe der Deutschen Gesellschaft für Projektmanagement e.V.", Mitherausgeber der Loseblattsammlung „Projekte erfolgreich managen" und federführender Schriftleiter der Zeitschrift „Projektmanagement". Verantwortlich für das Programm „Master of Science in Projektmanagement" (Henley) an der Universität der Bundeswehr München; Mitglied der Jury des „Deutschen PM-Award 1997". Seit vielen Jahren schulend und beratend tätig.

Abbildungsverzeichnis

Abbildung 4.10-1: Modell für Project Excellence 1204

Lernzielbeschreibung

Der Leser

- weiß, warum ein systematischer Projektabschluß von ausschlaggebender Bedeutung für die Beurteilung des Projekterfolgs durch den internen oder externen Auftraggeber ist,
- er kennt die wichtigsten Aufgaben und Probleme, die sich gegen das Projektende zu auf der Sachebene und auf der Beziehungsebene ergeben und weiß, wie ihnen zu begegnen ist.

Er hat weiterhin Kenntnisse über

- die verschiedenen Formen der Projektauswertung und
- kann schließlich eine Tagesordnung für eine konkrete Projektabschlußsitzung erstellen.

4.11 Personalwirtschaft und Projektmanagement

von

Helga Meyer

Relevanznachweis

Personalwirtschaft und Projektmanagement ist ein Thema, welches in der Praxis des Projektmanagements und in der existierenden Literatur einen hohen Stellenwert einnimmt. Methodisches Instrumentarium, gesicherte empirische Erkenntnisse und die Praxis der projektmanagementorientierten Personalarbeit in Unternehmen entsprechen trotzdem nicht dem hochentwickelten Standard des methodenorientierten Instrumentariums, welches in sehr differenzierten Ausarbeitungen z.B. für die Unterstützung der Terminplanung und ähnlichen Themen zur Verfügung steht.

Personalarbeit im Projektmanagement bildet ähnlich wie das Thema Organisation eine wichtige Schnittstelle zur Unternehmensorganisation. Bestimmte Aspekte müssen in die betriebliche Personalarbeit integriert werden, um sicherzustellen, daß dem Unternehmen und damit auch den einzelnen Projekten entsprechend qualifiziertes Projektpersonal zur Verfügung steht. Personalentwicklung ist eine wichtige personalwirtschaftliche Funktion, die auf Unternehmensebene den Bedingungen des Projektmanagements entsprechend (um)gestaltet werden muß. Daneben existieren Themen, die in erster Linie für die konkrete Gestaltung im Projekt relevant sind. Hierzu zählen die Gestaltung der Arbeitsaufgaben im Projekt, Personalbeschaffung oder auch grundlegende Kenntnisse zum rechtlichen Handlungsrahmen für die Personalarbeit im Projekt. Das vorliegende Kapitel beinhaltet außerdem wichtige Schnittstellen zu dem Themenbereich Soziale Kompetenz, sowie zu den Themen Organisation, Management, Einsatzmittelplanung.

Sowohl in der Praxis als auch in der Projektmanagementliteratur besteht Konsens darüber, daß der sogenannte „Human Factor" für den Projekterfolg eine herausragende Rolle spielt. Das Kapitel bietet eine Unterstützung für verschiedene Aufgabenträger in der Unternehmensorganisation. Hierzu zählen in erster Linie die Projektleiter aber auch Verantwortliche für die betriebliche Personalarbeit und projektbezogene Entscheidungsträger. Letztere auch deshalb, weil sie oft aufgrund ihrer hierarchischen Stellung im Unternehmen über die Möglichkeit verfügen, Innovationen in der betrieblichen Personalarbeit zu veranlassen, die erfolgreiches Projektmanagement für das Unternehmen begünstigen.

Inhaltsverzeichnis

4.11.1 Besondere Rahmenbedingungen für die Arbeit im Projekt — **1215**

    4.11.1.1 Zeitliche Befristung — 1215

    4.11.1.2 Hoher Ergebnisdruck — 1216

    4.11.1.3 Vielfältige Erwartungshaltungen — 1216

4.11.2 Personalauswahl und Personalbeurteilung im Projekt — **1216**

    4.11.2.1 Projektmitglieder — 1217

    4.11.2.2 Personalbedarfsplanung und Personalbeschaffung für die Projektarbeit — 1220

    4.11.2.3 Anforderungen an Projektmitglieder — 1223

    4.11.2.4 Personalbeurteilung und Projektarbeit — 1226

4.11.3 Personalentwicklung für Projektmitglieder — **1231**

    4.11.3.1 Ziele und Funktionen betrieblicher und projektorientierter Personalentwicklung — 1231

    4.11.3.2 Aufgabenträger der Personalentwicklung — 1233

    4.11.3.3 Laufbahnmodelle und Zertifizierung für Projektpersonal — 1233

    4.11.3.4 Zusammenspiel betrieblicher Personalentwicklung und Projektarbeit — 1239

4.11.4 Möglichkeiten zur Sicherung des Leistungspotentials von Projektmitgliedern — **1240**

4.11.5 Rechtlicher Handlungsrahmen für die Personalarbeit im Projekt — **1242**

4.11.1 Besondere Rahmenbedingungen für die Arbeit im Projekt

Die besonderen Rahmenbedingungen für die Arbeit im Projekt ergeben sich zunächst aus den Merkmalen eines Projektes selbst. Hierzu zählen

Arbeitsbedingungen

- das „magische Zieldreieck": Sachziel (Ergebniserwartung), Termine und Kosten,
- der relative Neuheitsgrad und
- das Kriterium fachbereichsübergreifende Zusammenarbeit.

Für die Arbeit im Projekt führt dies zu drei wesentlichen Aspekten, welche die Rahmenbedingungen auch der Projekt-Personalwirtschaft mit bestimmen:

- zeitliche Befristung;
- hoher Ergebnisdruck;
- viele verschiedene Interessen und Erwartungen.

4.11.1.1 Zeitliche Befristung

Jedes Projekt ist innerhalb eines **vorgegebenen Terminrahmens** zu realisieren. Das bedeutet, die Aufgabe ist per Definition zeitlich befristet. Schon bei Aufnahme der Projekttätigkeit können sich die betroffenen Mitarbeiter ausrechnen, wann ihre Arbeitsaufgabe und damit auch die von ihnen besetzte Projektstelle nicht mehr existieren wird. Eine Ausnahme bilden lediglich sehr große Forschungs- und Entwicklungsprojekte z.B. aus der Grundlagenforschung oder der Luft- und Raumfahrt. Hier kann der Zeitraum der Befristung so weit in der Zukunft liegen, daß der Mensch sich in seinem persönlichen Planungshorizont davon nicht so stark betroffen fühlt. Etwa wenn das Projekt zehn Jahre und länger dauern wird. In der Regel werden sich aber die Mitarbeiter schon bei Aufnahme ihrer Projekttätigkeit sehr wohl darüber bewußt sein, daß sie eigentlich auf das „überflüssig werden" der eigenen Arbeitskraft hinarbeiten.

Einmaligkeit vs. Daueraufgabe

> *Ist die Software vom Auftraggeber abgenommen, so wird kein Programmierer mehr benötigt, ist das Haus fertig, gibt es keine Arbeit mehr für die Bauarbeiter.*

Diese zeitliche Befristung der Projekttätigkeit steht im Gegensatz zu den **repetitiven Aufgaben** eines Unternehmens, die ständig anfallen. Zu nennen sind hier beispielsweise betriebliche Unterstützungsfunktionen, wie Personalverwaltung oder auch Buchhaltung. Auch originäre betriebliche Funktionen wie Logistik und die Produktion fallen regelmäßig an.

Mit der zunehmenden Verbreitung des Projektmanagements, den neuen Organisationsansätzen wie Management by Projects oder auch Lean Management hat jedoch die Zahl der projektorientierten Aufgaben in Unternehmen deutlich zugenommen. Dies erfolgte zu Lasten der vormals durch rein repetetive Handhabung gekennzeichneten Aufgaben. Viele Betriebe haben übersehen, daß eine ganze Reihe ihrer Aufgaben eigentlich Projektcharakter aufweist und sich damit für eine neue an den Prinzipien des Projektmanagements orientierten Arbeitsweise anbietet. So kann es auch dazu kommen, daß durch die **neue Organisationsform Projektmanagement** Mitarbeitern die zeitliche Befristung ihrer Tätigkeit nur klarer bewußt wird.

Die Ausführungen zeigen, Arbeit in Projekten bedeutet für die Mitarbeiter auch Sorge um ihre **zukünftige Beschäftigung**. In der derzeitigen konjunkturellen Lage stehen sie damit allerdings nicht allein, so daß aufgrund der Entwicklung der Beschäftigung insbesondere in der Bundesrepublik innerhalb der letzten drei Jahre die Rahmenbedingung zeitliche Befristung der Projektarbeit vielleicht nicht mehr ganz so schwer wiegt wie noch vor längerer Zeit.

4.11.1.2 Hoher Ergebnisdruck

Ziele und Ergebnisse

In anderem Maße als bei wiederkehrenden Aufgaben sind bei Projekten vorgegebene **Ziele** zu **realisieren**. Diese Ziele **konkurrieren** oftmals miteinander. Innerhalb eines gegebenen Zeitraumes muß ein greifbares Ergebnis erreicht werden. Für den Projektleiter und sein Team entsteht hieraus ein sehr hoher **Erwartungsdruck**. Für Abteilungen existieren zwar ebenfalls Vorgaben in der Regel bezogen auf das jeweilige Geschäftsjahr. Trotzdem handelt es sich um eine andere Art der Ergebniserwartung, die, sollte sie nicht erfüllt werden, einfacher nach außen zu vertreten ist. Vielleicht gibt es andere positive Teilergebnisse der Abteilung oder auch andere Entwicklungen, die von dem „Mißerfolg" ablenken. In Projekten ist dies nicht möglich. Am Ende steht z.B. ein Produkt oder eine Anlage die funktioniert, eine neue, wirksamere Organisationsform oder eine kundenfreundlichere Dienstleistung - oder bei Mißerfolg eben nicht. Einsatz und Anwendung der im Projekt zu erbringenden Leistung werden unmittelbar zeigen, was geleistet wurde. Da die Aufgabe im Projekt stets einen gewissen Neuheitscharakter aufweist, können Projektmitglieder auch nicht so intensiv auf Erfahrungswerte zurückgreifen, wie dies bei Routineaufgaben der Fall wäre. Jedes Projektmitglied muß demnach mit einem hohen Grad an Unsicherheit umgehen können.

4.11.1.3 Vielfältige Erwartungshaltungen

Erwartungen

Projektmitglieder werden über die vielen Ergebniserwartungen hinaus mit verschiedenen **Verhaltenserwartungen** konfrontiert (siehe Kapitel 1.1 und 1.3), die ganz unterschiedliche **Rollenpartner** an sie stellen. Gleichzeitig ist die Zahl der **konfliktären Rollenerwartungen** sehr hoch. Zu den Rollenpartnern zählen **organisationsexterne** Rollenpartner wie der Endverbraucher/Nutzer, Unterauftragnehmer, Genehmigungsstellen, von Auswirkungen Betroffene und der Auftraggeber. **Organisationsinterne** Rollenpartner sind projektbezogene Entscheidungsträger (z.B. Lenkungsausschuß, Vorgesetzte der Projektmitglieder, Mitglieder des Projekteams). Gleichzeitig ist die Analyse der Erwartungen sehr komplex und schwer, da Erwartungshaltungen oft nicht klar ausgesprochen werden (vgl. Abschnitt 4.11.2.3).

4.11.2 Personalauswahl und Personalbeurteilung im Projekt

Eine der wichtigsten Problemstellungen, die in einem Projekt gelöst werden müssen, ist die **Auswahl** der geeigneten Projektmitarbeiter. Nicht immer besteht für jede der zu vergebenen Arbeitsaufträge die Möglichkeit der Wahl. Dies enthebt das Management und den Projektleiter nicht der Aufgabe, die jeweilige **Eignung** zu beurteilen und die Mitarbeiter für Projektarbeiten ggf. zu qualifizieren. In der Projektpraxis entstehen folgende Fragestellungen zur Beurteilung und Auswahl von Projektpersonal:

- Welcher Personalbedarf ergibt sich aus den zu erledigenden Aufgaben hinsichtlich **Umfang** der benötigten Mitarbeiterstunden, d.h. wie hoch ist der **quantitative** Personalbedarf?

- Welche **Anforderungen** stellt Projektarbeit an die beteiligten Mitarbeiter? Existieren grundlegende Erkenntnisse zu den Anforderungen an Projektmitglieder? **Wie** können Anforderungen analysiert werden?

- Welche **Qualifikationen** und **Fähigkeiten** benötigen die Mitarbeiter, um die gestellten Aufgaben zu erledigen, d.h., wie sieht der **qualitative** Personalbedarf im Projekt aus?

- Wie können die Leistungen der Mitarbeiter im Projekt **beurteilt** werden und damit gleichzeitig in die betriebliche und projektorientierte **Personalentwicklung** integriert werden?

Die weiteren Abschnitte beschäftigen sich mit diesen Fragestellungen.

4.11.2.1 Projektmitglieder

Bevor Überlegungen zur Personalbeurteilung und Auswahl von Projektpersonal angestellt werden können, muß reflektiert werden, wer überhaupt zum Projektpersonal zählt. Wer sind die **Projektmitglieder** und für **welche Gruppen** speziell gelten die Überlegungen in den nachfolgenden Kapiteln?

Projektmitglieder

Für das Projektpersonal sind verschiedene Bezeichnungen geläufig - für zum Teil unterschiedliche Funktionen im Projekt:

- Projektleiter, Projektmanager, Projektkoordinator
- Teilprojektleiter, Fachprojektleiter,
- Projektingenieur, Projektsteuerer,
- Projektcontroller, Projekt-Controller,
- Projektkosteningenieur, Projekt-Termincontroller,
- Projektmitarbeiter, -systemtechniker
- Projektkaufmann, Projektadministrator,
- Projektassistent, -organisator.

Sie alle sind Funktionsträger und damit Mitglieder des Projektmanagements. Am geläufigsten und am häufigsten genannt wird der **Projektleiter**. Laut DIN 69901 handelt es sich dabei um die „für die Projektleitung verantwortliche Person". Die **Projektleitung** ist dementsprechend eine „für die Dauer eines Projekts geschaffene Organisationseinheit, welche für Planung, Steuerung und Überwachung dieses Projekts verantwortlich ist. Sie kann den Bedürfnissen der Projektphasen angepaßt werden." Das bedeutet, daß entlang des Projektlebensweges bei Phasenwechsel durchaus auch personelle Wechsel im Projektteam vorkommen - insbesondere bei mehrjährigen Projekten. *Definitionen nach DIN*

Welche Personengruppen sind an der Realisierung eines Projektes beteiligt? Auf der Seite des Auftragnehmers spielen die mit der Bearbeitung des Projekts beauftragten Personen und Entscheidungsgremien, beispielsweise mit Vertretern aus dem Topmanagement eine Rolle. Hinzu kommen Auftraggeber und weitere Gremien, z.B. ein Expertenbeirat. *Merkmale*

Die am Projekt beteiligten Gruppen grenzen sich durch verschiedene Merkmale voneinander ab:

- Art der **Präsenz**: Sind die Betroffenen gelegentlich, zeitweise oder regelmäßig im Projekt präsent?
- Die Einbindung bezogen auf den **Projektlebensweg**: Sind sie in allen Phasen, nur in frühen Projektphasen oder während der Projektdurchführungsphase integriert?
- Die Art der zu vertretenden **Interessen**, z.B. der Fachbereiche, des Kunden, der Lieferanten oder des Projektmanagements.
- Der **Stellenwert** der Projektarbeit für das Projektmitglied selbst: Übernimmt der Betroffene Projektfunktionen hauptamtlich / nebenamtlich?

Für die folgenden Ausführung zur Personalarbeit im Projekt gelten die nachstehenden Differenzierungen der einzelnen Gruppen von Projektbeteiligten (vgl. Abbildung 4.11-1).

Projektbeteiligte		
Mitglieder des Projektmanagements (Projektpersonal)		**andere Projektmitglieder**
Projektleitung	Projektteammitglied	
• PL	• PC	• Fachbereiche
• TPL	• Pad	• Kunden
• FPL	• Pass	• Lieferanten
• PK	• Ping	• Gremien
	• PKa	

LEGENDE:
PL : Projektleiter   PC : Projektcontroller/ -steuerer
TPL : Teilprojektleiter   Pad : Projektadministrator
FPL : Fachprojektleiter   Pass: Projektassistent
PK : Projektkoordinator   Ping: Projektingenieur
                                Pka : Projektkaufmann

Abbildung 4.11-1: Projektbeteiligte (MEYER 1992, S. 24)

Projektbeteiligte

Die **Projektbeteiligten** bilden die Gesamtheit der in das Projekt involvierten Personen auf Auftragnehmer- und Auftraggeberseite sowie in Entscheidungs- oder anderen projektbezogenen Gremien. Hierzu zählen alle dargestellten Gruppen, die Mitglieder des Projektmanagements, auch Projektpersonal genannt und die anderen Projektmitglieder (MEYER 1992, S. 24ff).

Mitglieder des Projektmanagements (Projektpersonal)

Dies sind die Mitglieder der Projektleitung, auch **Projektführungspersonal** genannt, und die Projektteammitglieder.

Projektleitung (Projektführungspersonal)

Projektleitung

Hierzu zählen Mitarbeiter, die bezogen auf das Projekt eine **Leitungsinstanz** innehaben, da sie projektbezogen in bezug auf andere Mitarbeiter Führungsfunktion übernehmen. Von Projektleitenden soll daher auch dann gesprochen werden, wenn es sich um zentrale Ansprechpartner bzw. Koordinatoren für das Projekt handelt. Je nach Projektorganisation und unternehmensspezifischem Sprachgebrauch kann die Stellenbezeichnung Projektleiter, Fachprojektleiter, Teilprojektleiter oder Projektkoordinator lauten.

Projektführungspersonal arbeitet in der Regel auf Auftragnehmerseite. Für eine erfolgreiche Projektbearbeitung wird von einigen Experten die Einrichtung einer parallelen **Projektorganisation auf Auftraggeberseite** empfohlen. Dies hat durchaus große Vorteile, da für den Projektleiter des Auftragnehmers die Verantwortlichkeiten und Ansprechpartner beim Auftraggeber transparenter sind. Ferner läuft dann die Kommunikation nicht über die beiden Hierarchiespitzen, sondern horizontal auf unterer Ebene. Dennoch wird das Volumen der Projektorganisation, gemessen in der Anzahl der beteiligten Projektmitglieder, in der Regel sicher kleiner sein als beim Auftragnehmer.

Projektteammitglieder

Projektteammitglieder

Sie erbringen eine Leistung für das Projekt und nehmen gleichzeitig regelmäßig an Projektbesprechungen teil, in denen ein Mitglied der Projektleitung zugegen ist. Für diesen Sachverhalt wird häufig auch der Begriff Kernteam verwendet.

Andere Projektmitglieder

Dies sind Projektbeteiligte, die einen Beitrag zum Projektergebnis leisten, jedoch nur gelegentlich bei Bedarf zu einer Projektbesprechung eingeladen werden. Abhängig von dem konkreten Projekt können dies z.B. Vertreter aus den Fachbereichen, Vertreter des Kunden oder der Lieferanten sein.

Abgrenzung Team-Leitung

Die Abgrenzung zwischen Projektführungspersonal und Projektteammitgliedern ist nicht ganz unproblematisch, weil sich der **Leitungszusammenhang** aus einer sehr viel **differenzierteren Legitimation** heraus ergibt, als dies bei Linieninstanzen in einem Unternehmen der Fall ist. Innerhalb der Linienorganisation eines Unternehmens bezeichnet man Leitung als einen Steuerungsvorgang durch den ein Subordinationsverhältnis, eben eine Weisungs- und Leitungsbeziehung entsteht. In einer idealtypischen Differenzierung der Aufgaben fallen dem Vorgesetzten die Leitungsaufgaben Willensbildung und Willensdurchsetzung, dem Unterstellten die Ausführungsaufgaben zu. Unter realen Bedingungen wird diese einfache Aufgabenteilung durch ein sehr viel differenziertes Beziehungsgeflecht ersetzt. Leitung stellt sich in den seltensten Fällen als Zweierbeziehung dar. Zudem setzt sie sich über mehrere hierarchische Ebenen fort, was zur Unterscheidung von oberen, mittleren und unteren Management geführt hat. (RÜHLI 1980, Sp.1206)

Abgrenzung Leitung in Projekten

Bei Projekten kommen weitere Erschwernisse für die Abgrenzung hinzu: Leitungsbefugnisse im Projekt sind vor allem in Organisationen, in denen Projekte die Ausnahme bilden, selten in Form einer **Stellenbeschreibung** dokumentiert. Projektorganisationen sind zudem zeitlich befristet und agieren neben oder sogar (als **Störfaktor**) in der dauerhaft angelegten Struktur der Über- und Unterordnung der eigentlichen Betriebsorganisation.

Das Beispiel des **Projektkoordinators** weist auf dieses Problem deutlich hin. Projektkoordinator ist in der Regel die Bezeichnung für einen Projektleiter in einer Stabsstelle im sogenannten Einfluß-Projektmanagement. Der Projektkoordinator hat keine Weisungsbefugnisse, er koordiniert jedoch alle im Projekt anfallenden Aufgaben und fungiert als zentraler Ansprechpartner für die Projektmitglieder, Entscheider und Auftraggeber.

In kleinen und mittleren Projekten nehmen Mitglieder des Projektmanagements leitende und ausführende Aufgaben in **Personalunion** wahr. Werden z.B. in einem Projekt Unterauftragnehmer eingeschaltet, so kann es durchaus sein, daß Projektteammitglieder die Unterauftragnehmer kontrollieren und steuern, ohne daß sie projektbezogen eine Leitungsinstanz innehaben.

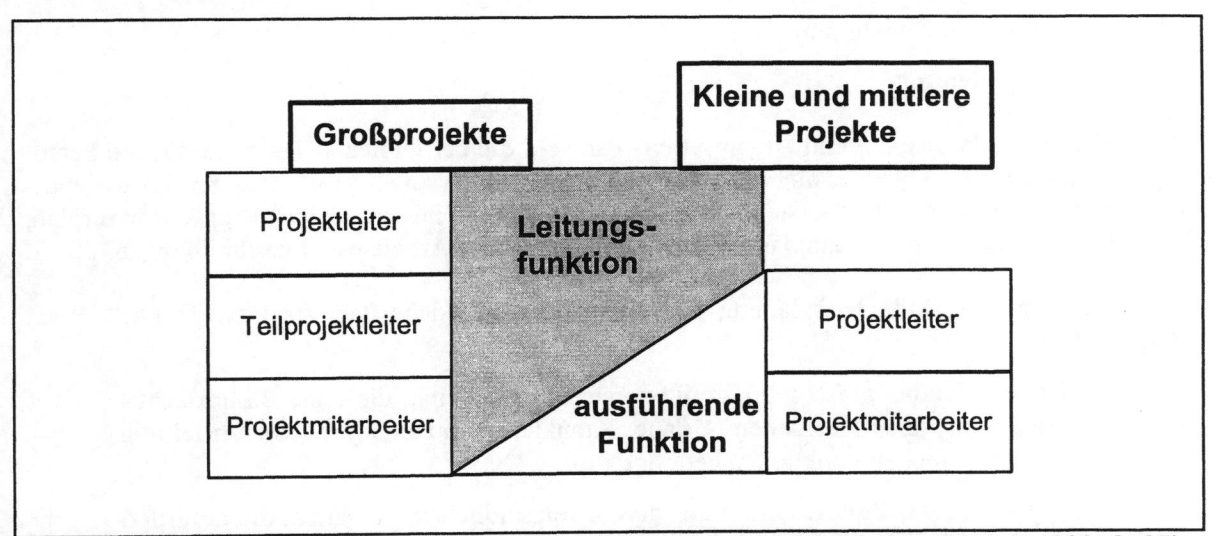

Abbildung 4.11-2: Projektpersonal in kleinen, mittleren und großen Projekten (MEYER 1992, S. 25)

4.11.2.2 Personalbedarfsplanung und Personalbeschaffung für die Projektarbeit

Die Personalbedarfsplanung hat eine hohe **wirtschaftliche Bedeutung** für das Projekt, denn durch die Quantität und die Qualität des Personaleinsatzes im Projekt werden die Projektkosten und das Projektergebnis bestimmt.

Für die Personalbedarfsplanung auf betrieblicher Ebene gilt folgendes (HENTZE 1991, S. 174):

> „Das Sachziel der Personalbedarfsermittlung besteht in der Bestimmung der personellen Kapazitäten, die zur Sicherstellung der Erfüllung der betrieblichen Funktionen erforderlich sind".

Entsprechend geht es projektbezogen um die Sicherstellung der im Projektauftrag definierten Leistung.

Im Rahmen der **Personalbedarfsanalyse** spielen folgende Fragestellungen eine Rolle:

- Welches Personal steht zur Verfügung?
- Welche zukünftigen Veränderungen sind absehbar aufgrund feststehender Einzelmaßnahmen und Ereignisse, z.B. Weiterbildungen einzelner Mitarbeiter?
- Existieren weitere Restriktionen?
- Welche Maßnahmen sind geeignet, den Personalbedarf im Projekt sicherzustellen?

Instrumente

Hilfsmittel für die betriebliche Personalbedarfsplanung ist der **Stellenbesetzungsplan**, der je nach Umfang über folgende Daten zum Stelleninhaber informiert:

- Alter
- Einstellungstermin bzw. Versetzung auf die Stelle
- Ausscheiden wegen Altersgrenze
- beabsichtigte Versetzung oder Beförderung
- Kurzbeurteilungen
- Kündigung
- Lohn- und Gehaltsstufe
- Kompetenzen

Personalplanung im Projekt

Absatzplan, Produktionsplan und Organisationsplan sind die betrieblichen Teilpläne für die Personalbedarfsplanung im Unternehmen. Die Personalplanung im Projekt greift dagegen im wesentlichen auf im Projekt selbst erstellte Planungen zurück. Hierzu zählen Projektstrukturplan, Projektorganisationsplan, Terminpläne, Einsatzmittelpläne und Arbeitspaketbeschreibungen.

Die betriebliche Personalbedarfsplanung unterscheidet verschiedene **Bedarfsarten** (HENTZE 1991, BISANI 1995):

- Der **Einsatzbedarf** beschreibt die personelle Kapazität, die ohne Berücksichtigung personeller Leerzeiten (Urlaub, Krankheit, Fehlzeiten) zur Sicherstellung der betrieblichen Funktionen benötigt wird.
- Der **Reservebedarf** resultiert aus den unvermeidlichen Ausfällen, die aufgrund durchschnittlicher Fehlzeitenquote errechnet werden können und berücksichtigt z.B. Urlaub, entschuldigtes und unentschuldigtes Fehlen, Ausbildungszeiten.

4.11 Personalwirtschaft und Projektmanagement

- Der **Ersatzbedarf** resultiert aus zu erwartenden Zu-/ Abgängen.

- **Neubedarf** entsteht z.B. durch Erweiterungsinvestitionen oder organisatorische Änderungen; im Projekt kann Neubedarf durch Änderungen im Projekt erforderlich werden.

- **Freistellungsbedarf** resultiert aus personeller Überdeckung, im Projekt auch durch Änderungen vorstellbar.

Quantitativer und Qualitativer Personalbedarf

Der Personalbedarf kann nach **Menge** (quantitativ) und **Art** (qualitativ: Ausbildung, Qualifikation, Erfahrung) beschrieben werden (vgl. Abbildung 4.11-3). Menge und Art des Personalbedarfs bilden dabei eine wichtige zusammengehörende **Einheit**. Denn eine quantitative Aussage allein ist wenig sinnvoll. Stets sind auch Angaben dazu erforderlich, über welche Ausbildung und Qualifikation die benötigten Mitarbeiter verfügen sollten. Quantitative und qualitative Personalbedarfsplanung sind deshalb in der Praxis nicht voneinander zu trennen. Lediglich gedanklich kann zwischen quantitativem und qualitativem Personalbestand differenziert werden.

	quantitativer Personalbedarf	qualitativer Personalbedarf
Aufgaben	Ermittlung von Anzahl, Zeitpunkt, Dauer, Einsatzort	Erfassung der Arbeitsanforderungen für bestimmte Tätigkeiten, Bestimmung der Ist-Qualifikationen der Mitarbeiter
Bestimmungsfaktoren	Volumen der Arbeitspakete im Projekt, Technisierungsgrad, Fertigungstiefe	Generalisierung, Spezialisierung, eingesetzte Arbeitsmethoden, technische Hilfsmittel
Instrumente	Projektstrukturplan, Organisationsplan, Terminplan, Einsatzmittelplanung	Arbeitspaketbeschreibung, Organisationsplan, Stellenbeschreibung, Anforderungsprofile, Laufbahn- und Nachfolgeplanung

Abbildung 4.11-3: Aufgaben, Bestimmungsfaktoren und Instrumente für die quantitative und qualitative Personalbedarfsplanung im Projekt

In der Praxis treten die o.g. Einflußfaktoren in ihrer reinen Form kaum auf, weil sie meist voneinander abhängig sind.

Der quantitative Personalbedarf weist die Zahl der Personen nach Alter und Geschlecht aus, die für die Erfüllung der Aufgaben zu einem bestimmten Zeitpunkt für eine bestimmte Dauer benötigt werden. Es handelt sich also gleichzeitig um eine **Terminplanung**. Der Planungszeitraum richtet sich nach der **Projektdauer** und den spezifischen terminlichen Erfordernissen der jeweiligen Projektaufgaben. Die **Einsatzdauer** kann deutlich geringer sein als die gesamte Projektlaufzeit.

Quantitativer Personalbedarf

In Projekten wird häufig von **Personenstunden, Personentagen** oder **Personenmonaten** gesprochen. Thematisch existiert eine enge Verknüpfung zur Einsatzmittelplanung und Aufwandsschätzung von Projekten (siehe Kapitel 3.3).

Im Rahmen der übergeordneten betrieblichen Personalplanung existieren verschiedene Verfahren der Personalbedarfsrechnung. Für die betrieblichen Teilbereiche sind unterschiedliche Verfahren geeignet. Gerade im Produktionssektor existieren die Voraussetzungen für die Anwendung **arbeitswissenschaftlicher Methoden** wie der REFA-Methode oder MTM-Analyse (Methods-Time-Measurement). Dagegen erschweren spezifische strukturbestimmende Elemente der Projektarbeit die exakte Bestimmung des quantitativen Personalbedarfs. Das Wesen von Projekten läßt es häufig nicht zu, daß das Arbeitsergebnis in einer Meßzahl ausgedrückt wird, wie dies häufig bei direkter Produktionstätigkeit der Fall ist. Der Personalbedarf ist um so exakter erfaßbar, je mehr die Art der Arbeitsausführung bestimmbar ist. Dies ist häufig bei standardisierten Arbeitsabläufen der Fall; ein Kriterium, das wiederum bei Projekten eingeschränkt ist. Ein hoher Technisierungsgrad, z.B. bei vollautomatischen Fertigungsanlagen, erleichtert die Ermittlung eines exakten Personalbedarfs. Dies ist in Projekten selten.(HENTZE 1991, BISANI 1995)

Qualitativer Personalbedarf

Der qualitative Personalbedarf ist eine Frage, die Projektverantwortliche in der Praxis sehr intensiv beschäftigt. Für die betriebliche Personalarbeit gilt die Definition:

„Die Aufgaben der qualitativen Bedarfsermittlung bestehen zum einen in der Erfassung der Arbeitsanforderungen, die die Leistungsvoraussetzung einer bestimmten Person für eine bestimmte Tätigkeit (Stelle) zur Bewältigung der betrieblichen Funktionen darstellen, und zum anderen in der Bestimmung der Ist-Qualifikation der Mitarbeiter" (HENTZE 1991, S. 204). Arbeitgeber bestehen gelegentlich darauf, einen bestimmten Mitarbeiter des Auftragnehmers mit definiertem Qualifikationsprofil als Projektleiter zum Partner zu haben; zunehmend werden dabei PM-Zertifikate erwartet (siehe Abschnitt 4.11.3.3).

Für die Ermittlung des Personalbedarfs in Projekten spielen Schätzverfahren eine große Rolle. Die genaue Vorgehensweise hierzu sowie die verschiedenen Aspekte, die berücksichtigt werden müssen, werden in Kapitel 3.3 Einsatzmittelmanagement dargestellt.

Personalbeschaffung

Quellen

Es bleibt die Frage zu klären, woher das benötigte Projektpersonal beschafft werden kann. Generell besteht die Möglichkeit der **internen** und **externen** Beschaffung. Personalbeschaffung bedeutet, Personal anwerben, beurteilen, auswählen und einstellen. Wird eine Stelle im Projekt intern besetzt, so wird ein Mitarbeiter aus dem Kreis der Organisationsmitglieder für die neue Aufgabe gewonnen. Handelt es sich um eine externe Stellenbesetzung, wird die Aufgabe von jemandem übernommen, der bisher noch nicht Mitglied der Organisation ist.

Die Übernahme einer Projektaufgabe kann ein wichtiger Schritt innerhalb einer gezielten **Laufbahnplanung** für Mitarbeiter sein. Die Laufbahnplanung ist ein wichtiges Element der Personalentwicklung und wird an anderer Stelle näher betrachtet. Wichtig ist jedoch die Erkenntnis, daß die interne Personalbeschaffung eine tragende Rolle auch im Sinne der **Personalentwicklung** und **Personalerhaltung** spielt. Gerade entwicklungsfähige Mitarbeiter sind motiviert, wenn sie sehen, daß in ihrem Unternehmen ein berufliches Fortkommen möglich ist. Aber auch Arbeitnehmer, deren Aufgaben durch Rationalisierungsmaßnahmen wegfallen oder solche, die ihrer gegenwärtigen Aufgabe nicht gewachsen sind, kommen als potentielle Aufgabenträger für die interne Besetzung einer Projektfunktion in Frage. Für die Beschaffung externer Bewerber können verschiedene Quellen berücksichtigt werden. Häufig werden Stellen z.B. in Tageszeitungen ausgeschrieben.

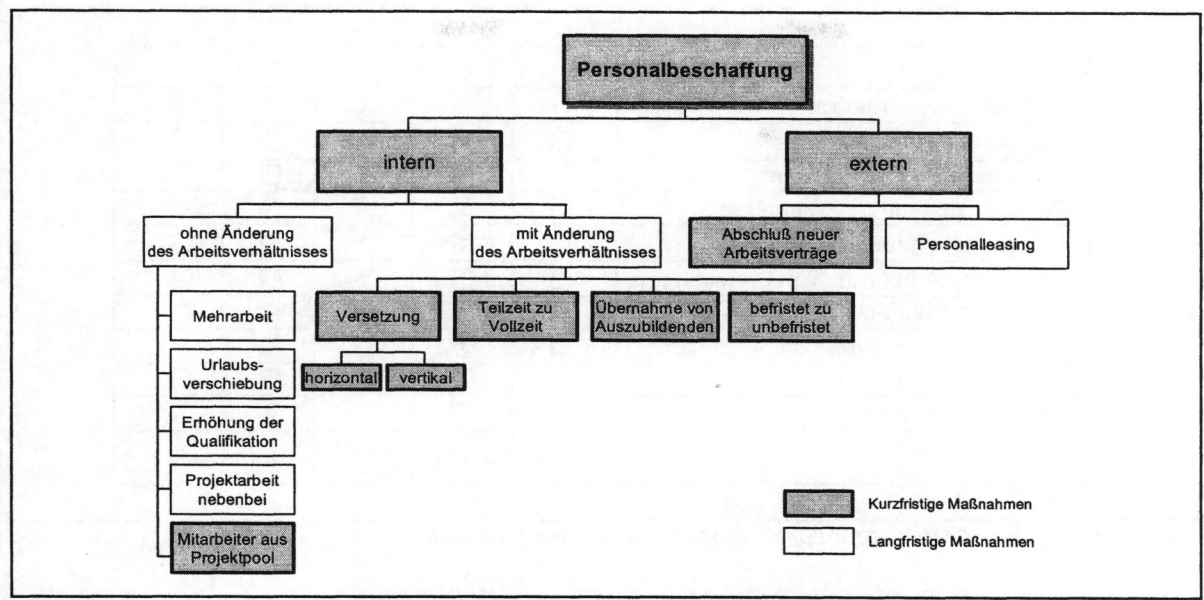

4.11 Personalwirtschaft und Projektmanagement

Abbildung 4.11-4: Generelle Möglichkeiten der Personalbeschaffung (in Anlehnung an HENTZE 1991, S. 245)

4.11.2.3 Anforderungen an Projektmitglieder

Stellenbeschreibungen und Anforderungsprofile sind die wichtigsten Informationsquellen für die Ermittlung des qualitativen Personalbedarfs. Zur Erfüllung der Projektaufgaben benötigen die Mitarbeiter entsprechende Qualifikationen, Ausbildungen und Erfahrungen, die auf die Anforderungen der Projekttätigkeiten abgestimmt sein müssen. *Qualitativer Personalbedarf*

Für die Anforderungshöhe eines Arbeitsplatzes ist die Anforderung, die die höchste Qualifikation verlangt, entscheidend. Deshalb wird oft versucht, an einem Arbeitsplatz Aufgaben mit gleich hohen oder gleichartigen Anforderungen zusammenzulegen.

Determinanten der **Anforderungshöhe** sind:

- Anzahl der Funktionen
- Breite der Aufgaben (Generalist)
- Tiefe der Aufgaben (Spezialist)

Anforderungsprofile bauen auf Stellenbeschreibungen auf. Bevor ein Anforderungsprofil erstellt werden kann, müssen zunächst die **Aufgaben** beschrieben werden. Abgeleitet von den Aufgaben oder Tätigkeiten werden verschiedene Anforderungsarten definiert. Ein Anforderungsprofil beschreibt zwei Achsen, auf der einen Achse stehen die **Anforderungsarten**, auf der zweiten Achse ist die **Anforderungshöhe** bzw. der Ausprägungsgrad abzulesen. Üblich ist die grafische Darstellung eines Anforderungsprofiles wie in dem gezeigten Beispiel zum Anforderungsprofil eines Projektleiters.

Anforderungskriterien	Punktbewertung				
	1	2	3	4	5
Sachliche Kompetenz	☐	☐	●	☐	☐
Kenntnis des Unternehmens	☐	☐	●	☐	☐
Projektmanagement Kompetenz	☐	☐	☐	☐	●
Fähigkeit Aufgaben zu delegieren	☐	●	☐	☐	☐
Fähigkeit zur Führung von Projektteams	☐	☐	☐	☐	☐
Denken in Prioritäten	☐	☐	☐	●	☐
übergeordnet im Projektsinne denken	☐	●	☐	☐	☐
Verhandlungsgeschick	☐	☐	●	☐	☐
Organisationstalent	☐	☐	☐	●	☐
	schwach	mäßig	durch-schnittl.	gut	sehr gut

Abbildung 4.11-5: Anforderungsprofil eines Projektleiters (Beispiel)

Über-/Unter-qualifikation

Anforderungsprofile sind stets stellenbezogen und beschreiben die zur erfolgreichen Ausübung eines bestimmten Aufgabenkomplexes notwendigen Fähigkeiten des **potentiellen Stelleninhabers**. Sie können dem Fähigkeitsprofil eines Bewerbers oder auch eines Stelleninhabers gegenübergestellt werden. Je nachdem inwiefern es zu einer Unter- oder Überdeckung kommt, können entsprechende Maßnahmen eingeleitet werden. Wird eine Überdeckung bei einem oder mehreren Anforderungsarten festgestellt, so ist die betreffende Person **überqualifiziert**. Falls es sich um einen Bewerber handelt, so wird man ihn für die Stelle als nicht geeignet ansehen. Handelt es sich bereits um den Stelleninhaber, sollte überlegt werden, ob er nicht an einen anderen Arbeitsplatz versetzt werden kann oder Maßnahmen des Job Enrichment durchgeführt werden können. Handelt es sich dagegen um eine **Unterdeckung**, so muß geprüft werden, inwieweit durch gezielte Maßnahmen zur Personalentwicklung, z.B. Seminare, die fehlenden Fähigkeiten vermittelt werden können.

Die Problematik von Anforderungsprofilen liegt in der ursächlichen Zuordnung von Anforderungsarten und Anforderungshöhen zu Tätigkeiten. Es gibt verschiedene Möglichkeiten, eine nähere Einsicht in die Anforderungen an Projektmitglieder zu erschließen. Der vorliegende Beitrag konzentriert sich hinsichtlich der Anforderungen primär auf den **Projektleiter**.

Meinungen in der Literatur

Die Liste der in Literatur und Praxis genannten **Eigenschaften** ist lang: Integrität, Konfliktlösungsfähigkeit, Kommunikationsfähigkeit, Aufgabenorientierung, Flexibilität, Erfahrung, Begeisterungsfähigkeit, Überzeugungskraft, Kreativität, Geduld, Organisationsfähigkeit usw. Eine Aussage zu wissenschaftlich begründet ermittelten Fähigkeiten oder Anforderungen ist jedoch nur schwer möglich. Es existieren zwar auch empirische Untersuchungen, sie sind jedoch selten repräsentativ. Zudem sind der Erkenntnisgegenstand, die Anforderungen und Tätigkeiten methodisch schwer zugänglich. Zu dieser Aussage kommen auch schon Wissenschaftler, die sich eingehend mit den Tätigkeiten und Anforderungen an managerielle Arbeit befassen (POSNER 1987, EBERWEIN 1990).

Aus der Literatur können zusammenfassend drei Trends in der Diskussion um Anforderungen an Projektleiter festgehalten werden:

- **Dominanz der Technik:**
  Eine Vielzahl von konkreten Einzelfähigkeiten hinsichtlich der Technik kann identifiziert werden. Dieser Trend nimmt jedoch schon seit einigen Jahren deutlich ab.

- **Hinwendung zu persönlichkeitsbezogenen Eigenschaften im Sinne einer Autorität der Persönlichkeit aufgrund nicht nachprüfbarer Eigenschaften:**

Persönlichkeitsbezogene Kompetenzen, z.B. Charisma, haben sich vor einiger Zeit in den Vordergrund geschoben. Die Beschreibungen vermitteln den Eindruck, es handele sich um eine **Autorität der Person**, deren Besonderheit und damit Beitrag zur Problemlösung sich der nüchternen Überprüfung entzieht. Vertreter dieser Auffassung existieren noch hinreichend.
Sie vernachlässigen neue Erkenntnisse, die belegen, daß auch **soziale Kompetenz** in Grenzen erlernbar ist.

- **Dominanz des Human Ressource Management bei gleichzeitig rationalem Votum für erlernbare Fähigkeiten und damit Sachautorität der Person:**
Der Umgang mit Menschen (Human Ressource Management) bleibt im Vordergrund. Seit ein paar Jahren setzt sich die Erkenntnis durch, diese Fähigkeit sei erlernbar. Damit entsteht ein rationales Votum für nachprüfbare Leistungen. Trainingskonzepte, die z.B. den Aspekt **soziale Kompetenz** integrieren, tragen dieser Sichtweise Rechnung.

Letztere Auffassung scheint sich aus heutiger Sicht zu stabilisieren. Ähnlichkeiten spiegeln sich wider in den Erkenntnissen über managerielle Tätigkeiten wie auch im Aufbau von Trainingsprogrammen.

Die häufig unausgesprochenen Erwartungen an Projektleiter sind sehr hoch und vielfältig. Dies ist bedingt durch die verschiedenen Anspruchsgruppen (Rollenpartner), die Erwartungen an den Projektleiter richten. Hierzu zählen z.B.:

- externe Rollenpartner
    - die Endverbraucher,
    - vom Projektergebnis Betroffene,
    - Unterauftragnehmer,
    - Genehmigungsstellen,
    - Auftraggeber, falls es sich um ein Auftragsprojekt handelt.

- organisationsinterne Rollenpartner
    - projektbezogene Entscheidungsträger im Unternehmen,
    - Vorgesetzte des Projektleiters,
    - ständige Mitglieder des Projektteams,
    - situative Mitglieder des Projektteams,
    - Vorgesetzte von Projektteamitgliedern.

Wie übermächtig bzw. schwer zu erfüllen die einzelnen Ansprüche sind, verdeutlicht die folgende ironische Aufzählung von Anforderungen an einen Projektleiter. Demnach sollte er über folgende Fähigkeiten verfügen:

- die Intelligenz eines Nobelpreisträgers, mit der Fähigkeit, das geschickt zu verbergen,
- die Diplomatie eines Henry Kissinger,
- die strategischen Fähigkeiten eines Graf Moltke,
- das Durchsetzungsvermögen eines James Bond,
- das ewig optimistische Lächeln eines in Ehren ergrauten Asiaten.

Die einfache Angabe von Eigenschaften reicht nicht aus, weil die einzelnen Kriterien häufig nicht **operational**, d.h. **überprüfbar**, beschrieben sind. Werden Anforderungsprofile in einer Organisation verwendet, so ist es ratsam, die einzelnen Kriterien meßbar zu beschreiben. So ist beispielsweise der Begriff Kommunikationsfähigkeit alleine wenig aussagefähig. Vielmehr bedarf er einer Operationalisierung wie:

Kommunikationsfähigkeit bedeutet:

- andere Meinungen akzeptieren können,
- Einfühlungsvermögen besitzen,
- aktiv zuhören können und
- sich verständlich ausdrücken können.(HANSEL 1993, S. 213)

In der Praxis hat es sich als hilfreich erwiesen, Anforderungsprofile mit Hilfe der Metaplan-Technik oder des Brainstormings zu ermitteln. Beispielsweise kann eine Gruppe von Führungskräften mittels Brainstormings die wichtigsten Anforderungen an Projektleiter sammeln. Die Zahl der Anforderungen sollte acht bis höchstens zehn verschiedene Kriterien nicht übersteigen, da eine größere Vielfalt an Kriterien nur noch schwer differenziert zu gewichten ist. Dabei ist es zweckmäßig, sich in der Gruppe über den Bedeutungsinhalt der einzelnen Kriterien zu verständigen. In einem zweiten Schritt kann dann die Gewichtung der einzelnen Anforderungskriterien durchgeführt werden. Diese Vorgehensweise hat den Vorteil, daß sich die Führungskräfte über ihre Erwartungshaltung an Projektleiter klar werden und darauf abgestimmt gezielt Weiterbildungsmaßnahmen für Projektleiter angeboten werden können.

	Anforderungskriterium	sehr wichtig	wichtig	weniger wichtig
1	Systemkenntnisse		x	
2	Projekterfahrung		x	
3	Kreativität			x
4	Wirtschaftlichkeitsdenken	x		
5	Kooperationsbereitschaft		x	
6	Belastungsfähigkeit			x
7	Verhandlungsgeschick	x		
8	Durchsetzungsvermögen	x		
9	Abstraktes Denkvermögen			x
10	Organisationsgeschick	x		

Abbildung 4.11-6: Beispiel eines mit der Metaplan-Technik entwickelten Anforderungsprofils

Die Entwicklung von Anforderungsprofilen auf der Ebene des Projektteams mit Hilfe der Metaplan-Methode hat sich in der Praxis der Projektarbeit ebenfalls als sehr wirkungsvoll erwiesen. Werden die Profile für einzelne Stellen im Projekt in der Gruppe selbst ermittelt, so entsteht eine hohe Akzeptanz bei den Betroffenen für erforderliche Weiterbildungsmaßnahmen, Veränderungen von Verhaltensweisen bzw. die Aufgabenwahrnehmung innerhalb des Projektes. Diese verbesserte Akzeptanz liegt darin begründet, daß die Mitglieder des Teams selbst Potentiale und Defizite erkennen. Auf diese Art kann die konkrete projektbezogene Personalentwicklung hilfreiche Unterstützung erfahren.

4.11.2.4 Personalbeurteilung und Projektarbeit

Personalbeurteilungen in Projekten müssen denselben Erfordernissen standhalten wie andere betriebliche Personalbeurteilungen auch. **Gegenstand** von Personalbeurteilungen sind Persönlichkeitsmerkmale und/oder das Leistungsergebnis sowie das Leistungs-, Führungs- und soziale

4.11 Personalwirtschaft und Projektmanagement

Verhalten der Betroffenen, wobei es vorrangig um qualitative Maßstäbe geht. Dies wird vor allem deutlich, wenn das Führungsverhalten und soziale Verhalten der Mitarbeiter bewertet werden sollen.

Es existiert eine ganze Reihe von verschiedenen Beurteilungssystemen, die in der angestrebten Kürze dieses Beitrages nicht berücksichtigt werden können. Zur Einführung in das Thema werden daher einige grundsätzliche Aspekte dargestellt. Im Anschluß daran folgen Hinweise auf Beurteilungskriterien und -maßstäbe, die im anerkannten Zertifizierungssystem der IPMA und der GPM Deutschen Gesellschaft für Projektmanagement e.V. angewandt werden.

Zweck und Ziel von Personalbeurteilungen

Die Verwendungszwecke von Personalbeurteilungen sind unterschiedlich. Sie dienen der Gehalts- und Lohndifferenzierung oder der Beratung und Förderung der Mitarbeiter. Sie bilden die Grundlage für die Konzeption betrieblicher Bildungsmaßnahmen, sie fördern die Kommunikationsbeziehungen zwischen Mitarbeiter und Vorgesetzten und befriedigen die Informationsbedürfnisse der Mitarbeiter nach Einschätzung ihrer Arbeitsleistung. Vor allem jedoch bilden Personalbeurteilungen die Grundlage für **Auswahlentscheidungen** zur Beförderung, Versetzung, Entlassung, ebenso für die Entscheidung, dem Mitarbeiter Projektaufgaben zu übertragen. Die Personalbeurteilung soll den Vorgesetzten in die Lage versetzen, aufgrund der durch die Beurteilung regelmäßig überprüften Fähigkeiten, Motive und Einstellungen des Mitarbeiters, einen Plan für dessen individuelle Laufbahn zu entwerfen. Diese **Entwicklungsbeurteilung** erfüllt hauptsächlich Zwecke der Personalentwicklung. Allgemein wird angenommen, daß der Mensch ein Bedürfnis hat, zu erfahren, welche Wertschätzung ihm der Vorgesetzte entgegenbringt. Dieses Informationsbedürfnis kann ebenfalls durch die Personalbeurteilung befriedigt werden.(BISANI 1995, HENTZE 1991)

Ziele

Wenn **Verhalten** und **Eignung** eines Mitarbeiters beurteilt werden sollen, so ist dies weitaus schwieriger, als eine Leistungsbewertung, die mittels quantitativer Meßgrößen erfolgt. Daher ist es wichtig, mögliche Fehlerquellen zu kennen. Beurteilungen, die darauf zielen, Verhalten und Eignung von Mitarbeitern zu bestimmen, müssen verschiedenen **Kriterien** standhalten. Dazu zählen:

Anforderungen

- **Standardisierung:** Identische Bedingungen für alle zu Beurteilenden.

- **Objektivität und Reliabilität:** Verschiedene Beurteilungen müssen zuverlässig zum gleichen Ergebnis führen. Voneinander abweichende Beurteilungsergebnisse dürfen nur in Veränderungen des Beurteilten begründet sein, keinesfalls jedoch dürfen Mängel in der Beurteilung die Ursache sein.

- **Validität:** Personalbeurteilungen sind aus der Sicht der Mitarbeiter nur dann glaubwürdig, wenn zwischen dem Abschneiden des Beurteilten und seinem weiteren Werdegang ein meßbarer Zusammenhang besteht.

Methodische Ansätze zur Personalbeurteilung

Die Personalbeurteilung differenziert zwischen summarischen und analytischen Methoden. Bei der **summarischen** Mitarbeiterbeurteilung wird der zu Beurteilende global betrachtet. Bei der **analytischen** Mitarbeiterbeurteilung wird der Beurteilungsgegenstand, also das Leistungs-, Führungs- und Sozialverhalten des Mitarbeiters, in eine Reihe von Merkmalen gegliedert. Das Gesamturteil entsteht aus der Bewertung der einzelnen Merkmale. Die analytische Vorgehensweise ist insofern vorteilhafter, als hierbei die einzelnen Kriterien auf Vollständigkeit und Relevanz überprüft werden können. Beurteilungsergebnisse werden leichter nachvollziehbar. Objektivität und Reliabilität können erhöht werden.

Methoden

Im Anschluß an jede Beurteilung sollte ein Beurteilungsgespräch als abschließende Maßnahme durchgeführt werden. Dies ergibt sich bereits aus dem **Recht** des Mitarbeiters, die Beurteilung seiner Leistungen mit dem Vorgesetzten zu erörtern (§ 82 Abs. 2 BetrVG). Der Mitarbeiter selbst kann eine schriftliche Stellungnahme zu der Beurteilung abgeben, die auf Verlangen zu der Personalakte zu legen ist. **Grundannahme** für das Beurteilungsgespräch ist, daß sich das Verhalten und

Beurteilungsgespräch

die Einstellungen des Mitarbeiters in Richtung auf eine bestmögliche Erreichung der Betriebsziele hin verändern lassen. Untersuchungen haben jedoch ergeben, daß die Chancen auf Veränderung durch ein Beurteilungsgespräch relativ gering sind. Auch verfügen oft nur wenige Vorgesetzte über die erforderlichen Kenntnisse und Fähigkeiten ein Beurteilungsgespräch durchzuführen (HENTZE 1991).

Die Beurteilung des Mitarbeiters kann auch gemeinsam vom Vorgesetzten und dem betroffenen Mitarbeiter durchgeführt werden. Dieses Vorgehen unterstützt moderne Ansätze im Personalmanagement, die dem Mitarbeiter eine aktive Rolle in der Selbstentwicklung übertragen.

Ziel und Zweck der Personalbeurteilung in Projekten

Projekte

Existieren projektbezogene Personalbeurteilungen, so kann dies die Auswahl des Projektpersonals wesentlich unterstützen. Die Anzahl der bekannten und geeigneten Projektmitarbeiter kann durch projektbezogene Personalbeurteilungen zunehmen. Denn existieren keine projektbezogenen Personalbeurteilungen sind Entscheider und Projektverantwortliche geneigt, nur solche Mitarbeiter in die Auswahl miteinzubeziehen, deren Leistung sie aus eigener Erfahrung evtl. noch auf Anraten von glaubwürdigen Fürsprechern glauben einschätzen zu können.

Stellenbewertung

Lohn- und **Gehaltsfindung** ist auch in Projekten kein unbedeutender Aspekt. So ist denkbar, daß durch die Übernahme einer Projektaufgabe ein Mitarbeiter plötzlich einen wesentlich höheren Verantwortungsbereich übernimmt, da die Projektaufgabe inhaltliche Entscheidungen von ihm verlangt, die einen beachtlichen Einfluß auf das Projektergebnis haben werden. Eine Beurteilung kann diesen Tatbestand verdeutlichen.

Projektleistungen sind **Teamleistungen**, Kommunikations- und Informationsbedürfnissen der Mitarbeiter müssen daher in besonderem Maße Rechnung getragen werden. Für Personalbeurteilungen im Projekt kann dies bedeuten:

Probleme

- Personalbeurteilungen sind erst recht wichtig, um die hohen Kommunikations- und Informationsbedürfnisse zu befriedigen

- Aufgrund der engen Zusammenarbeit im Projekt bedarf es keiner zusätzlichen Maßnahmen, die die Kommunikations- und Informationsbedürfnisse der Mitarbeiter befriedigen; Beurteilungen sind zudem ein heikles Thema, ihre Durchführung könnte das Vertrauensverhältnis im Projekt sogar stören.

Beide Aussagen führen zu der Schlußfolgerung, Personalbeurteilung in Projekten kann für das Projekt selbst positiv sein, aber nur dann, wenn die **Handhabung** entsprechend **qualifiziert** erfolgt. Die Durchführung von Beurteilungen und erst recht ein Beurteilungsgespräch stellen jedoch hohe Anforderungen an den oder die Beurteiler. In der Einführung wurde bereits angedeutet, daß dieser Aspekt in der Praxis von den Betroffenen häufig nur unzureichend beherrscht wird.

Nutzen

Entwicklungs- und **Potentialbeurteilungen** sind auch für Projektmitglieder wichtig. Diese Dimension gewinnt aber vor allem auf Unternehmensebene an Bedeutung oder aber bei sehr großen Projekten, die mehrere Jahre dauern. Bei solchen Großprojekten kann die Personalentwicklung im Projekt sogar eine wichtige Projektaufgabe werden. Kleine und mittlere Projekte ziehen dagegen keinen unmittelbaren Nutzen daraus, wenn für die Mitglieder des Projektmanagements eine Potentialbeurteilung vorgenommen wird.

Personalbeurteilung in Projekten

Die zuvor kurz angerissenen Kernelemente betrieblicher Personalbeurteilungen gelten ebenso für die Beurteilung von Projektmitgliedern, wobei hier die Zielgruppe Projektteammitglieder und Projektführungspersonal maßgeblich interessant ist. Projektmanagementspezifische Besonderheiten für die Beurteilung dieser Zielgruppe konzentrieren sich auf die Fragestellung:

4.11 Personalwirtschaft und Projektmanagement

Wer nimmt die Personalbeurteilung vor, bzw. welche Rollenpartner der Projektteamitglieder und des Projektführungspersonals sind überhaupt in der Lage, eine begründete projektbezogene Beurteilung vorzunehmen?

Wer führt die Personalbeurteilung für Projektteammitglieder und Projektführungspersonal durch?

Beurteilungen können erfolgen durch Mitglieder der **Projektorganisation** und durch Mitglieder der **Unternehmensorganisation**. Sind Personalbeurteilungen in einem Unternehmen üblich (z.B. aufgrund einer Betriebsvereinbarung), so ist davon auszugehen, daß die periodische Beurteilung durch die disziplinarischen Vorgesetzten erfolgt. In der Personalakte sollten aber zusätzlich die aperiodischen Beurteilungen aus der Projektbeteiligung des Betreffenden aufgenommen werden.

Wer beurteilt?

Grundsätzlich kommen folgende **Rollenpartner** in Frage, für die Mitglieder des Projektmanagements eine projektbezogene Beurteilung vorzunehmen:

- die jeweiligen disziplinarischen Vorgesetzten
- die projektbezogenen Leitungsstellen (Projektleiter, Teilprojektleiter etc.)
- die Projektteammitglieder
- der Auftraggeber
- organisationsinterne Mitglieder des Lenkungsausschusses

Beurteilung des Projektleiters

Die Frage, wer den Projektleiter beurteilt, ist häufig situativ zu entscheiden. Dennoch können einige generelle Überlegungen für die Praxis hilfreich sein. So ist zu hinterfragen, ob der **disziplinarische Vorgesetzte** überhaupt ausreichend Einblick in das Projektgeschehen hat, um eine Beurteilung vorzunehmen. Über näherer Kenntnisse verfügen eher die Projektteammitglieder und **projektbezogene Entscheider** der Unternehmensorganisation, also Mitglieder des Lenkungsausschusses. Die Bewertung in der Hierarchie von **unten nach oben**, hier Projektteammitglieder bewerten Projektleiter, ist nichts neues. Dieses Vorgehen wird vorsichtig auch gelegentlich in der Praxis normaler betrieblicher Personalbeurteilungen eingesetzt. Beurteilungen durch hierarchisch Gleichgestellte oder Untergeordnete werden jedoch in dem Maße erschwert, wie sich ein **teamorientiertes** Arbeitsverständnis und **partizipative** Führungsstile in der Organisationskultur noch nicht durchgesetzt haben. Beurteilungen können dann leicht als Instrument zur Durchsetzung eigener konkurrenzorientierter Interessen mißbraucht werden.

Unternehmenskultur

Beurteilung der Projektteammitglieder ist vorstellbar durch gegenseitige Beurteilung der Projektteammitglieder untereinander und durch den Projektleiter. Die Beurteilung durch den disziplinarischen Vorgesetzten sollte wiederum ergänzend wirken, da er sicher nicht über den ausreichenden Einblick in das Projektgeschehen verfügt.

Projektteammitglieder

Die Zertifizierungsstelle PM-ZERT der GPM Deutsche Gesellschaft für Projektmanagement e.V. prüft und bescheinigt Projektmanagern mit mehrjähriger Berufserfahrung ihre Kompetenz im Projektmanagement. Drei Zertifizierungsverfahren werden angeboten, die sowohl unabhängig voneinander als auch nacheinander durchlaufen werden können. Das Zertifizierungsverfahren im Überblick zeigt Abbildung 4.11-7.

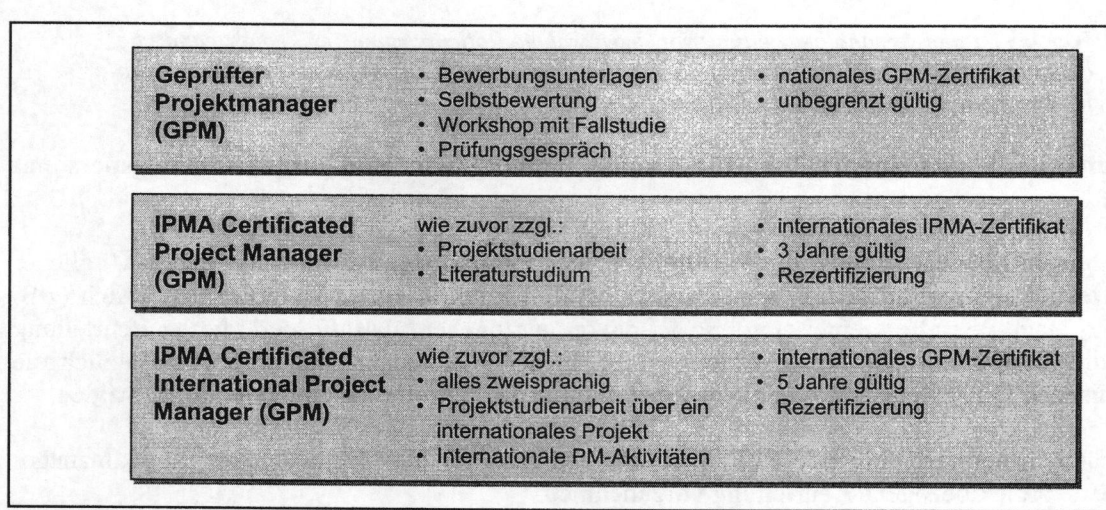

Geprüfter Projektmanager (GPM)	• Bewerbungsunterlagen • Selbstbewertung • Workshop mit Fallstudie • Prüfungsgespräch	• nationales GPM-Zertifikat • unbegrenzt gültig
IPMA Certificated Project Manager (GPM)	wie zuvor zzgl.: • Projektstudienarbeit • Literaturstudium	• internationales IPMA-Zertifikat • 3 Jahre gültig • Rezertifizierung
IPMA Certificated International Project Manager (GPM)	wie zuvor zzgl.: • alles zweisprachig • Projektstudienarbeit über ein internationales Projekt • Internationale PM-Aktivitäten	• internationales GPM-Zertifikat • 5 Jahre gültig • Rezertifizierung

Abbildung 4.11-7: Zertifizierungsverfahren von PM-ZERT

Bestandteil der Zertifizierung ist eine Selbstbewertung anhand eines Projektmanagement-Themenkataloges. Indem die Kandidaten mittels einer Skala ihre Fähigkeiten und Kenntnisse differenziert für jedes genannte Themengebiet bewerten, nehmen sie eine Reflexion der eigenen Qualifikation vor. Der Themenkatalog zur Selbstbewertung könnte auch für die Personalbeurteilung im Projekt eingesetzt werden. Der Beurteilte (Projektleiter oder Projektmitarbeiter) sowie der Beurteilende könnten eine Einschätzung anhand des Themenkataloges vornehmen. Sie würden damit auf ein von erfahrenen Projektmanagern entwickeltes Instrument zurückgreifen. Für eine Anpassung auf die spezifische Projektsituation können sich die Beteiligten überlegen, ob eine Gewichtung der einzelnen Kriterien in bezug auf das konkrete Projekt erforderlich ist.

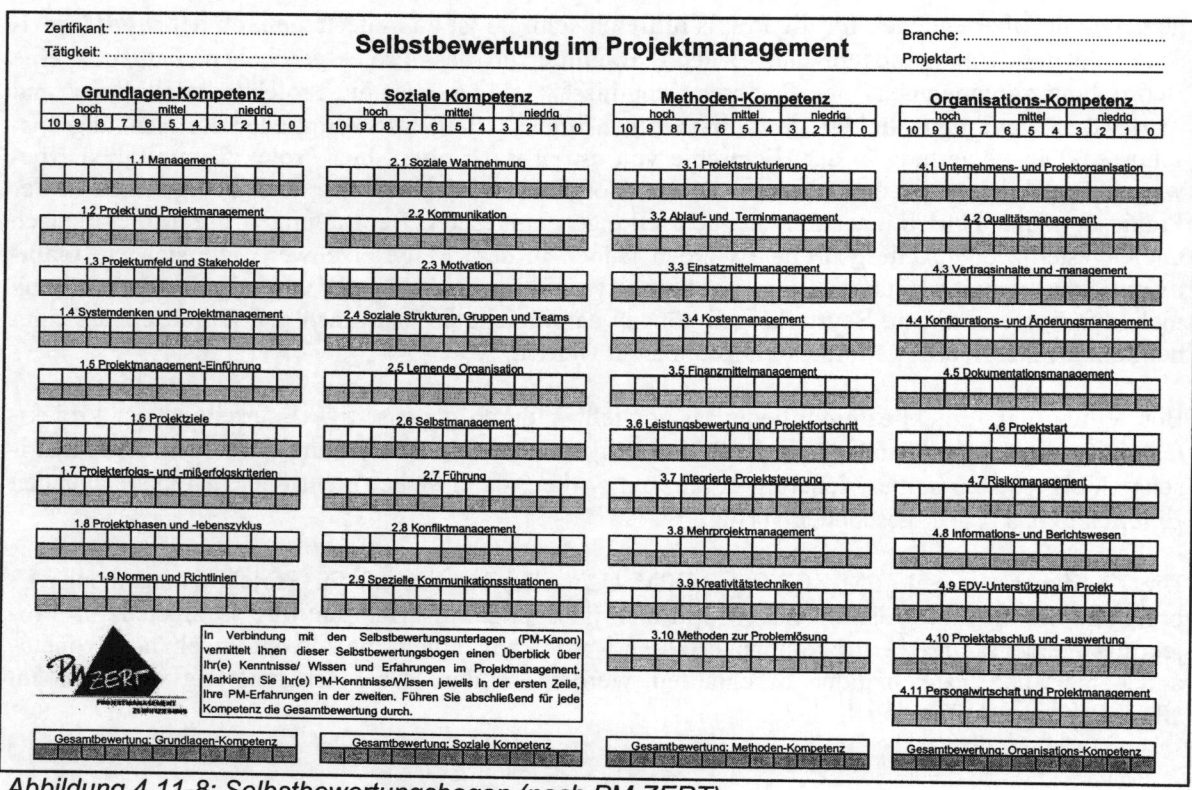

Abbildung 4.11-8: Selbstbewertungsbogen (nach PM-ZERT)

4.11.3 Personalentwicklung für Projektmitglieder

Bereits vor Jahren stimmten projekterfahrene Praktiker der These zu: Zur Motivation des Personals, sich bei Inlands- und vor allem Auslandsprojekten zu engagieren, bedarf es einer betrieblichen Personalentwicklungsplanung. Personalentwicklung für Projektmitglieder kommt daher nicht nur **übergeordnet** dem **Unternehmen** zu Gute, sondern auch **Projekte profitieren** von motivierten leistungsfähigen Mitarbeitern. Personalentwicklung trägt dazu bei, daß ein Potential an motivierten und leistungsfähigen Mitarbeitern zur Verfügung steht.

4.11.3.1 Ziele und Funktionen betrieblicher und projektorientierter Personalentwicklung

Personalentwicklung ist der „Inbegriff aller Maßnahmen, die der individuellen beruflichen Entwicklung der Mitarbeiter dienen und ihnen unter Beachtung ihrer persönlichen Interessen die zur optimalen Wahrnehmung ihrer jetzigen und zukünftigen Aufgaben erforderlichen Qualifikationen vermitteln." (MENTZEL 1989, S. 15). Hierzu muß ergänzt werden (DWORATSCHEK 1988, HINTERHUBER 1980):

- Die betriebliche Personalentwicklung sollte in ihrer Absicht über rein individuelle Ziele hinausgehen und Gruppen- bzw. **organisationsorientierte Ziele** integrieren, z.B. das Überleben und Wachstum einer Organisation.

- Personalentwicklungsmaßnahmen sollten nicht nur die Vermittlung fachlicher Qualifikationen einbeziehen, sondern auch **Einstellungen beeinflussen**.

Die Personalentwicklung ist eine wichtige Teilaufgabe der betrieblichen Personalarbeit. Nur die Organisationen, die sich rechtzeitig und gezielt um die Erhaltung und Förderung des vorhandenen Mitarbeiterpotentials kümmern, werden auf Dauer über den erforderlichen Stamm an **qualifizierten Fach- und Führungskräften** verfügen.

Allgemein kann die These vertreten werden, daß die Bedeutung der betrieblichen Personalentwicklung **ansteigt**. Einstellungen und Erwartungen der Mitarbeiter gegenüber ihrer beruflichen Tätigkeit verändern sich. Anstelle des Strebens nach Befriedigung materieller Bedürfnisse tritt das Streben nach mehr Verantwortung und Selbstverwirklichung in der Arbeit und anspruchsvolleren Tätigkeiten in den Vordergrund. Die strukturelle Entwicklung am Arbeitsmarkt zwingt die Unternehmen in zunehmenden Maße, Personalbedarf selbst zu decken, indem sie Mitarbeitern die benötigten Qualifikationen selbst vermitteln. Zunehmende Demokratisierung und erweiterte Mitspracherechte in allen Gesellschaftsbereichen führen zu kritischeren und selbstbewußteren Mitarbeitern. Das Geschehen im betrieblichen Personalsektor wird mehr als früher von einer kritischen Öffentlichkeit verfolgt. Steigende Personalkosten bei verringerter Arbeitszeit zwingen Unternehmen dazu, den Faktor Arbeitskraft möglichst optimal einzusetzen. Zuletzt noch eine der wohl wichtigsten Entwicklungen: Der rasche wirtschaftliche und technologische Wandel führt zu sich ständig verändernden Tätigkeitsinhalten und Arbeitsanforderungen. Lebenslanges Lernen, die Vermittlung neuer Qualifikationen und schließlich die Fähigkeit zur Selbstentwicklung sind gefordert.

Zukünftige Bedeutung

Ausgehend von den zwei zentralen **Interessengruppen**, die Erwartungen an die Personalentwicklung stellen, nämlich die Mitarbeiter und die Unternehmung, können auch zwei Gruppen von **Zielen** identifiziert werden (vgl. Abbildung 4.11-9). Einige der genannten Ziele sind nicht ausschließlich durch betriebliche Personalentwicklung realisierbar. Das Aufdecken von Fehlbesetzungen etwa ist auch möglich durch regelmäßige Personalbeurteilungen. Eine Erhöhung der individuellen Mobilität am Arbeitsmarkt ist auf den ersten Blick nicht von Vorteil für das Unternehmen. Jedoch kann die Teilnahmemotivation der Mitarbeiter, also der Wille zum Verbleib in dem bisherigen Unternehmen, durch eine gute betriebliche Bildungsarbeit deutlich gestärkt werden. Die Rekrutierung der qualifizierten Fach- und Führungskräfte aus eigenen Reihen ist nicht nur

Ziele

für das Unternehmen selbst von Interesse, sondern auch für die Mitarbeiter. Aussichten auf einen weiteren Karriereweg in der eigenen Firma können Mitarbeiter **motivieren**.

Ziele des Unternehmens	Ziele der Mitarbeiter
1. Steigerung der innerbetrieblichen Kooperation und Kommunikation 2. Verbesserung der Einsicht in betriebliche Probleme 3. weitgehende Rekrutierung der Fach- und Führungskräfte aus eigenen Reihen 4. Erhöhung der Bereitschaft, Änderungen zu verstehen und herbeizuführen 5. Verbesserung des Leistungsverhaltens der Mitarbeiter 6. Aufdecken von Fehlbesetzungen 7. Größere Flexibilität beim Personaleinsatz	8. Grundlage für beruflichen Aufstieg 9. Erhöhung der individuellen Mobilität am Arbeitsmarkt 10. Größere Chance der Selbstverwirklichung am Arbeitsplatz 11. Sicherung des Einkommens 12. Übernahme größerer Verantwortung 13. Sicherung der erreichten Stellung in Beruf und Gesellschaft 14. Minderung der Risiken aus technischem und wirtschaftlichem Wandel

Abbildung 4.11-9: Übersicht über die Ziele der Personalentwicklung

Gerade die Ziele

- Steigerung der innerbetrieblichen Kooperation und Kommunikation
- Erhöhung der Bereitschaft, Änderungen zu verstehen und herbeizuführen
- Größere Flexibilität beim Personaleinsatz
- Minderung der Risiken aus technischem und wirtschaftlichem Wandel

sind besonders bei Unternehmen relevant, die Projekte durchführen. Eine gute innerbetriebliche Kommunikation erleichtert die **quer** zur formalen Organisationsstruktur verlaufenden Beziehungen erheblich. Projekte beinhalten immer **innovative** Aspekte. Da der Mensch naturgemäß Änderungen eher skeptisch gegenüber steht, können Mitarbeiter, die sich fit fühlen für technischen und wirtschaftlichen Wandel, ein für Neuerungen aufgeschlosseneres Arbeitsklima schaffen.

Welche Aufgaben bzw. Teilfunktionen ergeben sich aus den bisherigen Ausführungen?

Allgemein

Übergeordnet gilt: Die Personalentwicklung muß für eine bestmögliche Übereinstimmung zwischen den vorhandenen Anlagen und Fähigkeiten der Mitarbeiter und den Anforderungen der Unternehmung Sorge tragen. Darauf aufbauend muß unter Berücksichtigung der individuellen Erwartungen geprüft werden, welche Mitarbeiter im Hinblick auf aktuelle und künftige Veränderungen der Arbeitsplätze und Tätigkeitsinhalte der Unternehmung zu fördern sind. In Abstimmung mit den Betroffenen muß festgelegt werden, welche Förderungs- und Bildungsmaßnahmen in Frage kommen. Sodann ist die Personalentwicklung zuständig für die Planung, Durchführung und Kontrolle der beschlossenen Förderungs- und Bildungsmaßnahmen.

PM-bezogen

Soll **Projektmanagement** eine tragende Rolle in der Arbeitsweise des Unternehmens spielen, so ist dies in der betrieblichen Personalentwicklung entsprechend zu untermauern, indem

- die notwendigen Qualifikationen vermittelt werden,
- das Beurteilungssystem so angepaßt wird, daß auch Projektleistungen in die Personalbeurteilung einfließen und
- adäquate Laufbahnmuster im Unternehmen geschaffen werden.

4.11.3.2 Aufgabenträger der Personalentwicklung

Wer sind die Aufgabenträger der betrieblichen Personalentwicklung? Mehrere Stellen im Unternehmen sind an ihr beteiligt. Die **Unternehmensleitung** setzt Leitlinien, indem sie die für die zukünftige Entwicklung des Unternehmens wichtigen Qualifikationen benennt. *Allgemein*

Die Umsetzung der soeben aufgezählten Komponenten obliegt der **Personalabteilung**. Je nach Größe des Unternehmens nimmt diese Aufgaben auch ein Personalentwicklungsbeauftragter wahr. Die **Bildungsabteilung** übernimmt Planung, Durchführung und Kontrolle der notwendigen Qualifizierungsmaßnahmen. Auch der **Betriebsrat** ist angemessen an den Aufgaben der Personalentwicklung zu beteiligen. Die entscheidende Rolle bei der betrieblichen Personalentwicklung spielt der **Vorgesetzte**. Er ist derjenige, der dem Mitarbeiter am nächsten ist und damit dessen Fähigkeiten, Interessen und vor allem Entwicklungspotential am besten einschätzen kann. Schließlich ist der **Mitarbeiter selbst** noch Aufgabenträger der Personalentwicklung. Was spricht dagegen, sich über die eigenen Interessen und Motive Klarheit zu verschaffen und darauf basierend mögliche Weiterbildungsmaßnahmen für die eigene Person zu planen und vor dem Vorgesetzten zu vertreten? Gar nichts; aufgeschlossene und zukunftsorientierte Unternehmen werden es sogar zu schätzen wissen, wenn die Mitarbeiter aus eigenem Antrieb heraus Lernbereitschaft zeigen. Jeder Mitarbeiter sollte sich darüber im klaren sein, daß er selbst ein wichtiger Aufgabenträger der eigenen Personalentwicklung ist.

Bei projektorientierter Personalentwicklung gibt es einen weiteren wichtigen Aufgabenträger für die Personalentwicklung. Das **Projektführungspersonal**, insbesondere der **Projektleiter**, sind wichtige Promotoren für die Förderung und Entwicklung der Mitarbeiter im Projekt. Da Projektleiter oftmals nicht Linienvorgesetzte der Projektmitarbeiter sind, können Aktivitäten zur Förderung und Entwicklung des Mitarbeiterpotentiales vom Projektleiter auch als Motivationsinstrument eingesetzt werden. So kann z.B. in einem Projekt ein Etat für Qualifizierungsmaßnahmen eingeplant werden, oder aber der Projektleiter schlägt einen Projektmitarbeiter für zukünftige Fortbildungsmaßnahmen vor. *Zusätzlich in Projekten*

4.11.3.3 Laufbahnmodelle und Zertifizierung für Projektpersonal

Sowohl die Laufbahnplanung (vgl. Abbildung 4.11-10) als auch die Nachfolgeplanung sind Instrumente der betrieblichen Aufstiegsplanung. Aufstiegsmöglichkeiten, die planmäßig und nach allgemeingültigen Kriterien gestaltet werden, sind ein wichtiger Aspekt, Mitarbeiter zu motivieren. Mitarbeiter müssen für sich realistische Möglichkeiten des **beruflichen Fortkommens** erkennen. Dies wird ihre Identifikation mit betrieblichen Zielen fördern. Aufstiegschancen stellen einen **Anreiz** dar, der primär Bedürfnisse nach Wertschätzung und Selbstverwirklichung befriedigt. *Ziel*

Die Laufbahnplanung, auch individuelle Entwicklungsplanung genannt, geht aus von den individuellen beruflichen **Wünschen** und **Fähigkeiten** der **Mitarbeiter**. Auf dieser Basis wird eine planerische Ausrichtung auf die **unternehmerischen Vorstellungen** mit dem Ziel vorgenommen, die individuelle Karriere mit den Inhalten der betrieblichen Laufbahnplanung in Einklang zu bringen (MENTZEL 1989, S. 27, 141). Die Planung und Durchführung qualifizierender Maßnahmen ist integraler Bestandteil der Laufbahnplanung. *Inhalt*

Eine wirksame betriebliche Aufstiegsplanung verwendet häufig **Laufbahnmodelle**. Im Rahmen der betrieblichen Personalentwicklungsarbeit wird ein Laufbahnmuster entwickelt, wie beispielsweise ein gerade diplomierter Wirtschaftsingenieur innerhalb von mehreren Jahren durch gezielten innerbetrieblichen **Stellenwechsel** und Teilnahme an **Qualifizierungsmaßnahmen** zum qualifizierten **Projektleiter** in dem betreffenden Unternehmen wird. Laufbahnmodelle schlagen durchaus alternative Wege vor. Die antizipative Festlegung des weiteren beruflichen Werdegangs von Mitarbeitern einschließlich begleitender Qualifizierungsmaßnahmen steht im Mittelpunkt.

Führungskräfte-entwicklung

In Folge der sich verändernden Organisationsstrukturen in Unternehmen verändern sich auch die Anforderungen an die Mitarbeiter. Die Laufbahnplanung muß den neuen Strukturen angepaßt werden. In Organisationen, die durch **flache** Hierarchien geprägt sind, werden zunehmend weniger traditionelle Führungspositionen zu besetzen sein. Der Karriereweg, der primär durch den Aufstieg innerhalb der Hierarchieebenen gekennzeichnet ist, wird so nicht mehr möglich sein. Die Führungskräfteentwicklung muß demzufolge auf **horizontale Organisationsstrukturen** ausgerichtet werden, in denen weniger Status und Macht im Unternehmen zählen, sondern der „General Manager" als Leitbild dient. In der Unternehmenspraxis entstehen viele Systeme der Nachwuchskräfteentwicklung. Gemeinsam haben sie jedoch den gezielten **Einsatz von Projekten** zur Führungskräfteentwicklung.

> *In der Laufbahnplanung der Fa. Bosch wurden die alten Strukturen zerschlagen, indem der einseitige Wechsel von der Fachlaufbahn in die Führungslaufbahn abgeschafft und zusätzlich Projektarbeit als vollwertige Führungsaufgabe aufgenommen wurde. Heute gehören planmäßige Wechsel zwischen Fach-, Führungs- und Projektaufgaben zum Programm. Der Vorteil dieser Laufbahnpläne liegt in der zunehmenden Flexibilität der Mitarbeiter, auf Veränderungen, die in Zukunft immer schneller eintreten werden, reagieren zu können. Die Mitarbeiter werden dahingehend trainiert, in relativ kurzer Zeit verschiedene Aufgaben in unterschiedlichen Positionen zu bearbeiten, wobei Aufgaben und Positionen entsprechend der Qualifikation des Mitarbeiters ausgewählt werden. In einigen Unternehmen wird sogar angestrebt, ähnlich wie in der Projektorganisation, Stellen ab Abteilungsleiterebene von vornherein auf Zeit zu besetzen, um auch im Bereich der Führungskräfte die Flexibilität und Kreativität zu erhöhen. Es findet damit ein **Übergang von klassischen Linienpositionen zu projektorientierten** Stellen statt.*

So ist die Schlußfolgerung berechtigt, daß Projektarbeit zu einer obligatorischen und karriererelevanten **Station in der Laufbahnplanung** wird. In einigen Unternehmen wird sie jedoch auf die Fördermaßnahme beschränkt, die Nachwuchskräfte auf Positionen in Führungs- und Fachlaufbahnen vorbereiten soll. Dies ist im Sinne eines erfolgreichen Projektmanagements wohl die weniger attraktive Lösung. Im Gegensatz hierzu stehen Unternehmen, die gleichzeitig eine Projektlaufbahn neben der Fach- und Führungslaufbahn etabliert haben, denn hier kann die Projektarbeit eine Zwischenstation in der Karriereentwicklung bedeuten. Die Nachwuchskräfte können sich jedoch auch für eine Karriere in der Projektlaufbahn entscheiden, bei der die Positionen in der Fach- und Führungslaufbahn eine Zwischenstation bedeuten.

Unternehmens-organisation

Dementsprechend unterschiedlich werden auch die Stellen innerhalb eines Projektes besetzt. In Projekten, in denen der Einsatz als **Nachwuchskraft** in erster Linie der Förderung dient, werden die Stellen oftmals ausschließlich mit Nachwuchskräften besetzt. Sie sollen anhand realer Probleme und Aufgaben ihre Kompetenzen entwickeln. Sind **Projekte** bereits **fester Bestandteil** der Unternehmensorganisation, werden die Stellen unterschiedlich besetzt, so daß sich die Nachwuchskraft innerhalb der Organisation entwickeln kann. Wie Projektarbeit innerhalb einer speziellen Karriereentwicklung eingeschätzt werden kann, hängt somit auch von der Eingliederung der Projekte in die Unternehmensorganisation ab. In vielen Unternehmen dient die Projektarbeit dem Training individueller **sozialer Kompetenzen**. Denn soziale Kompetenzen haben in gruppenorientiert arbeitenden Unternehmen stark an Bedeutung gewonnen.

Führungskräfte in Gruppen benötigen in wesentlich höherem Maße soziale Kompetenzen, die sich aus kommunikativen und kooperativen Verhaltensweisen zusammensetzen, als Führungskräfte in der Linie. Anstatt als Einzelkämpfer Aufgaben bearbeiten zu lassen und allein Entscheidungen zu treffen, wird heute von Führungskräften verlangt, Aufgaben an eine Gruppe zu delegieren, diese bei einer zielorientierten Bearbeitung zu unterstützen und innerhalb der Gruppe Entscheidungen zu fördern. Diese Arbeitsbedingungen treffen typischerweise auf **Projektsituationen** zu. Deshalb werden immer häufiger Projekte in Weiterbildungsprogramme des Führungskräftenachwuchses integriert, um diese sozialen Kompetenzen gezielt zu entwickeln.

Im Zuge der prozeßorientierten Umgestaltung von Organisationen werden verstärkt **funktionsübergreifende** Kompetenzen erforderlich. Fach- und Führungskräfte werden eingesetzt, um in in-

4.11 Personalwirtschaft und Projektmanagement

terdisziplinär und bereichsübergreifenden arbeitenden Projekten die Aufgaben zu bewältigen. Die Projektarbeit bietet somit die Möglichkeit, die durch die **Prozeßorientierung** entstandenen komplexen Aufgabenstellungen zu bearbeiten und gleichzeitig für angehende Führungskräfte sich zu beweisen, indem ihnen je nach persönlichen Voraussetzungen Projektfunktionen bzw. Projekte zugewiesen werden. Durch die zunehmende Komplexität der Aufgabenstellungen in den Unternehmen, die oftmals nur noch in bereichsübergreifender Zusammenarbeit gelöst werden können, werden auch verstärkt soziale Kompetenzen von **Fachkräften** gefordert.

Welche **Laufbahnmuster** bietet die Praxis konkret im Hinblick auf wechselnde Aufgabenfelder mit ansteigendem Qualifikationsniveau innerhalb von Projekten an? Wie sehen die wechselnden Projektstellen aus? Auf diese Frage findet man seltener Antwort. Erleichtert wird diese Fragestellung auf jeden Fall dann, wenn das **Projektgeschäft** im Unternehmen **überwiegt** und z.B. eine eigene Abteilung Projektmanagement existiert. Projektleiter, Projektabteilungsleiter und Hauptprojektleiter wären denkbare Karrierestufen. Ein Beispiel für eine konkrete Laufbahnplanung aus dem Anlagenbau veranschaulicht, wie ein Laufbahnmuster im Projektmanagement aussehen kann (vgl. Abbildung 4.11-10). Typischerweise handelt es sich bei dem Unternehmen um eine Organisation, in der Projekte die Regel sind. Das bedeutet die **Überlebensfähigkeit** der Organisation ist in starken Maße davon abhängig, über ein qualifiziertes Potential an Projektmitarbeitern und Projektleitern zu verfügen.

Beispiel

Alter	Aktivität		
18/20	Sponsoring von Ingenieurstudenten, Unternehmensmitglieder übernehmen Tutorenfunktion, Vergabe von Praktikantenstellen		
21	Einstellung von Absolventen der Ingenieurwissenschaften		
22/23	Trainneeprogramm für Berufsanfänger: 6 Monate PM Training in der Zentrale und 6 Monate Trainingsprogramm auf Baustellen		
	Ingenieur-Laufbahn	**Projektmanagement-Laufbahn**	
24/26	Verfahrens-/Produktentwicklung	24	weiteres Training in der Zentrale und auf Baustellen
27/30	Projektentwicklung	25/26	Projektleiterassistent in einem Projekt mittlerer Größe
	Identifikation von potentiellen Projektmanagern	27	Vollzeit Präsenzstudium des Master of Science in Project Management
31	Trainingsprogramm in der Zentrale und auf Baustellen	28/29	Projektleiter eines kleinen bis mittleren Projektes
32/34	Projektleiterassistent in einem Projekt mittlerer Größe, parallel Master of Science in Project Management im Fernstudium	30/32	Projektleiter eines mittleren Projektes mit Baustellenaktivität
35/37	Projektleiter eines mittleren Projektes	33 fortlaufend	Personalbeurteilung und Qualifizierung für Projektleitertätigkeit bei großen Projekte, unterstützende Qualifizierung durch Kurzseminare in spezifischen Qualifikationsfeldern
38 fortlaufend	Personalbeurteilung und Qualifizierung für Projektleitertätigkeit bei großen Projekte, unterstützende Qualifizierung durch Kurzseminare in spezifischen Qualifikationsfeldern		

Abbildung 4.11-10: Laufbahnmuster für einen Projektleiter im industriellen Großanlagenbau (ORR 1990, S. 302)

Das vorgestellte Laufbahnmuster beginnt bereits früh, nämlich bei der Kontaktaufnahme zu Studenten der Ingenieurwissenschaften. Nach ihrer Einstellung erfolgt eine sechsmonatige Ausbildung im Unternehmen und eine Praxisphase auf einer Baustelle. Nach diesem einen Traineejahr kann für **geeignete Mitarbeiter** der direkte Weg in die Projektlaufbahn beginnen. Über die Stelle des Projektassistenten, den Abschluß des Master of Science in Project Management und die Leitung eines kleinen Projektes wird der Nachwuchs schließlich befähigt, ein mittleres Projekt mit Auslandsbaustelle zu leiten.

Die zweite **Laufbahnalternative** führt zunächst in die fachliche Tätigkeit als Ingenieur. Als **Projektingenieur** übernimmt der Stelleninhaber bereits Verantwortung als Teilprojektleiter. Dies ist der Zeitpunkt, um erneut geeigneten Projektleiternachwuchs zu identifizieren und über gesondertes Training, Assistententätigkeit und Fernstudium des Master of Science in Project Management für die Leitung eines mittleren Projektes zu trainieren. Das **Einstiegsalter** in die Projektleitertätigkeit ist dann entsprechend höher als beim ersten Laufbahnmodell. Beide Laufbahnmodelle werden durch eine jährliche **Personalbeurteilung flankiert**, in der Trainingsdefizite identifiziert, geeignete Maßnahmen besprochen oder auch eine Rückführung aus der Projektleitertätigkeit entschieden werden.

Das vorgestellte Modell läßt sich sicher nicht eins zu eins auf ein Unternehmen übertragen, in dem Projekte nicht die Regel sind. Trotzdem wäre es auch für diese Unternehmen wichtig, eine Laufbahnplanung im Sinne wechselnder Projektstellen mit unterschiedlichen und aufeinander aufbauenden Anforderungen zu etablieren. Denn nur so kann auch in diesen Unternehmen langfristig das benötigte Potential an qualifizierten Projektpersonal bereitgestellt werden.

Qualifizierungsmaßnahmen im Projektmanagement

Seit etwa fünfzehn Jahren entstehen neben den traditionellen Programmen zum Erlangen des Master of Science in Business Administration zunehmend **postgraduale Lehrgänge** mit dem Titel Projektmanagement. Daneben werden in einer Reihe von anderen Seminarformen dem Interessierten ebenfalls Inhalte des Projektmanagements vermittelt.

Einzelne Qualifikationen

Zu der Gruppe der Anbieter von **Einzelseminaren** zählen inzwischen viele verschiedene Institutionen und Unternehmen. Der Markt gestaltet sich zunehmend **unübersichtlich**. Ein offensichtlich hoher Trainingsbedarf läßt sich vermuten bei der Vielzahl der Anbieter, zu denen auch einige renommierte Ausbildungsinstitutionen zählen. Als **spezialisierter Anbieter** von Seminaren zum Projektmanagement ist in der Bundesrepublik Deutschland vor allem die GPM Deutsche Gesellschaft für Projektmanagement e.V. interessant. Sie bietet ein umfangreiches Seminarprogramm an, welches von praxiserfahrenen Projektmanagement-Experten durchgeführt wird.

Qualifizierungsprozesse

Eine nächste große Gruppe bilden die **Ausbildungsprogramme** mit **Abschlußzertifikat**, wobei die zertifizierenden Stellen nur zum Teil staatliche Ausbildungsinstitutionen sind. Letzteres ist dann möglich, wenn es sich um postgraduale Lehrgänge von Hochschulen oder Universitäten handelt. Die ersten Master's Degrees im Projektmanagement wurden in den Vereinigten Staaten und England entwickelt. Stellvertretend sei hier der Master of Science of Project Management der School of Business der Western Carolina University, USA genannt. Diese Ausbildung ist in Zusammenarbeit mit dem amerikanischen Project Management Institute (PMI) entstanden. In England ist der Erwerb des Master of Science ebenfalls an verschiedenen Institutionen möglich. Cranfield betont in der Ausbildung das Projektmanagement im industriellen Großanlagenbau, das Henley Management College erlaubt ein Fernstudium. Der Master of Science des Henley Management College kann sogar von Deutschland aus erworben werden und zwar über die Universität der Bundeswehr in München. In vielen anderen Ländern existieren ebenso postgraduale Lehrgänge, z.B. in Österreich, Kanada, Australien.

4.11 Personalwirtschaft und Projektmanagement

	Gruppe	Beispiele
Einzelne Qualifikationen	**Anbieter von Einzelseminaren** unterschiedlicher Professionalität, die auch PM Seminare anbieten	REFA, RKW, diverse Unternehmensberater, Ashridge Management College/England, etc.
	Spezialisierte Anbieter von PM Seminaren	• GPM Deutsche Gesellschaft für Projektmanagement e.V., • weitere IPMA Mitglieder
Qualifizierungsprozesse	**Lehrgänge** mit Abschlußzertifikat	• PM-Fachmann (RKW/GPM) • Projekt-Kaufmann, IWT der FH München
	Postgraduale Lehrgänge/ Universitätslehrgänge Einzelmaßnahmen	• Post Graduate Project Management für graduierte Manager aus Ägypten und der Türkei der GPM/IPMA und Universität Bremen
	Institutionalisiert	• European Project Manager (EPM) - Post Graduate Course, Universität Bremen, IPMI • MSC in PM, Henley Management College / England (Außenstelle Universität der Bundeswehr München) • MSC in PM, Cranfield Postgraduate University / England • Master of PM School of Business, Western Carolina University / USA • PM im Export, Universitätslehrgang der Wirtschaftsuniversität Wien
Zertifizierung	**Zertifizierungsprogramm** von PM Organisationen	• PM-ZERT der GPM (3 Zertifizierungsstufen) • Project Management Professional, PMI/USA

Abbildung 4.11-11: Aus- und Fortbildung im Projektmanagement (Beispiele)

Im Hinblick auf die Interessen der **europäischen** Gemeinschaft und auch der internationalen wirtschaftlichen Rolle der Bundesrepublik bildet das IPMI Institut für Wirtschaftsinformatik und Projektmanagement an der Universität Bremen regelmäßig seit 1993 Teilnehmer aus Industrie und Verwaltung verschiedener Länder zum European Project Manager (EPM) aus. Die Teilnehmer schließen mit einem internationalen **Zertifikat** ab, welches von allen beteiligten internationalen Kooperationspartnern gezeichnet wird. Der gesamte Lehrgang wird als **Fernstudium** (mit interaktiven Lernprogrammen) angeboten, was vor allen potentiellem Projektpersonal aus der Praxis entgegenkommt, da sie die Ausbildung parallel zu ihrer beruflichen Tätigkeit durchführen können.

„Projektmanagement - eine Profession" dies ist seit vielen Jahren ein erklärtes Ziel und Handlungsgrundlage sowohl der amerikanischen Projektmanagement Gesellschaft PMI als auch der anderen nationalen Gesellschaften, wie GPM Deutsche Gesellschaft für Projektmanagement e.V., oder APM Association of Project Managers (England), um nur einige zu nennen. Aus diesen Bemühungen resultieren der **US-PMBOK (Project Management Body of Knowledge)**, der APM BOK und auch der deutschsprachige PM-Kanon (Abbildung 4.11-8) Der PM-Kanon ist Grundlage für diverse Zertifizierungen mit **aufsteigenden Qualifikationsgraden**. Dieses Zertifizierungssystem, das von der Zertifizierungsstelle der GPM (PM-ZERT) durchgeführt wird, ist inzwischen etabliert. Die Integration in das internationale Zertifizierungssystem der europäischen Projektmanagement Gesellschaft IPMA International Project Management Association ist sichergestellt.

Zertifizierung

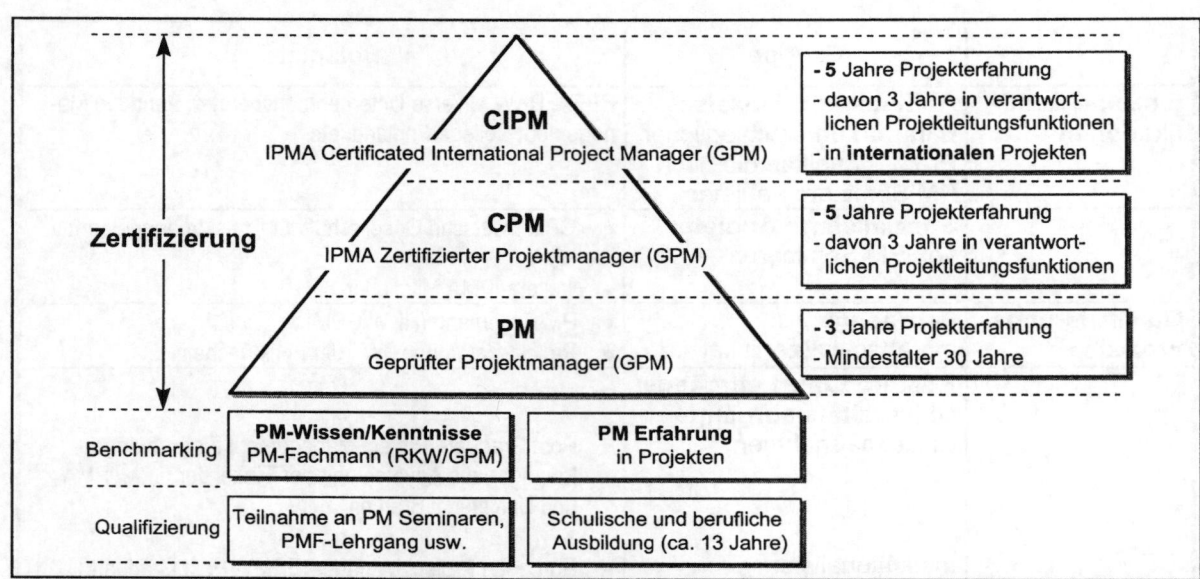

Abbildung 4.11-12: Voraussetzungen zum Erwerb eines Projektmanager-Zertifikats nach GPM (Motzel 1998)

Die Teilnahme und der erfolgreiche Abschluß des Lehrgangs „PM-Fachmann" bieten potentiellen Kandidaten für die Zertifizierung einen entscheidenden Vorteil: Sie haben an einer Qualifizierungsmaßnahme teilgenommen, die Projektmanagement anhand einer Themenlandkarte (siehe Abbildung 4.11-8) vermittelt, die identisch ist mit dem Bewertungsbogen für die Selbstbewertung nach PM-ZERT. Diese Themenlandkarte und die Ergebnisse der Selbstbewertung sind zugleich die Grundlage für das Prüfungsgespräch, das auf jeder Zertifizierungsstufe Bestandteil der Prüfung ist. Somit hat der Erwerber des Abschlusses PM-Fachmann einen entscheidenden Schritt getan, um das Zertifizierungsverfahren erfolgreich zu durchlaufen. Weitere Bausteine für eine erfolgreiche Zertifizierung müssen durch Projektpraxis national und ggf. international erworben werden.

Inhouse-Training

Aus Unternehmenssicht sind neben den geschilderten Qualifikationsmöglichkeiten vor allem auch **Inhouse Maßnahmen** von großem Interesse. Eine intern durchgeführte Maßnahme kann enger auf die betrieblichen Aufgaben eingehen als ein von externer Seite angebotenes Seminar, welches von Mitarbeitern verschiedener Unternehmen besucht wird. Die Auswahl der Referenten und die Teilnehmerzahl können zum Erfolg oder Mißerfolg der Bildungsmaßnahme beitragen.

Große Unternehmen unterhalten in der Regel eigene Bildungsabteilungen. Aufgrund der Anzahl der Mitarbeiter entsteht ein vertretbares Verhältnis zwischen Kosten und Nutzen. Für kleinere Unternehmen ist es kaum möglich, eine eigene Bildungsabteilung zu unterhalten. Kleine Unternehmen werden ihre Mitarbeiter daher in der Regel auf externe Seminare entsenden. Entsteht jedoch ein Qualifikationsbedarf zu einem bestimmten Thema bei **mehreren Mitarbeitern zu etwa gleicher Zeit**, so kann es sinnvoll sein, einen externen Referenten zu verpflichten, der dann orientiert am Qualifikationsbedarf des Unternehmens und abgestimmt auf die spezifische Arbeitssituation ein „**Inhouse** Seminar" durchführt. Die **Einführung von Projektmanagement** wäre eine solche Situation.

Hochschulen

Projektmanagement ist auch Gegenstand der Lehre an **Hochschulen** und **Universitäten** und zwar inzwischen in den verschiedensten Studiengängen. Beispiele sind die Ausbildung zum Diplom-Ökonom und Wirtschaftsingenieur an der Universität Bremen (DWORATSCHEK 1992), die Ausbildung zum Bauingenieur an der Bauhaus Universität in Weimar oder die Ausbildung zum **Wirtschaftsingenieur** an der Technischen Fachhochschule Wildau bei Berlin, die sogar einen **Studienschwerpunkt** Projektmanagement anbietet. Generell ist festzuhalten, daß in den letzten Jahren Projektmanagementinhalte zunehmend in betriebswirtschaftlichen aber auch **technischen** Studiengängen angeboten werden. In Umfang und Intensität existieren dabei jedoch gravierende Unterschiede.

4.11.3.4 Zusammenspiel betrieblicher Personalentwicklung und Projektarbeit

Die Ausführungen zu Laufbahnmodellen für Projektpersonal haben deutlich gemacht, daß Projektarbeit auf verschiedene Art und Weise in die Personalentwicklung integriert werden kann.

- Projektarbeit als **Ergänzung** zur betrieblichen Laufbahn, um den Mitarbeitern wichtige Qualifikationen wie soziale Kompetenz zu vermitteln oder

- wechselnde Positionen im Projekt mit dem Ziel, ein Potential an **qualifiziertem Projektpersonal** zu schaffen.

Anforderungen

Für Unternehmen, in denen Projekte die Regel sind, ist das letztgenannte Ziel langfristig überlebenswichtig. Hauptaugenmerk soll aber auch den Unternehmen gelten, in denen Projekte nicht das Hauptgeschäft sind, aber doch zunehmend eine Rolle spielen. In diesen Fällen wird es notwendig sein, daß nicht etwa einseitig die erste Zielvariante, Projektarbeit als Ergänzung, verfolgt wird. Sondern es muß zwingend notwendig zu einer **Verzahnung** beider Strategien kommen. Erst dann wird das Unternehmen optimal von einer Personalentwicklung profitieren, die Projektmanagement integriert. Das Ziel flacher teamorientierter Unternehmensorganisationen kann erst dann verwirklicht werden, wenn **Fach- und Projektfunktionen** gleichwertig neben **Führungsfunktionen** stehen. Es ist die Aufgabe der betrieblichen Personalentwicklung, hierzu ihren Beitrag zu leisten. Das Problem ist nicht zu unterschätzen, wenn selbst in projektorientierten Unternehmen, wie dem industriellen Großanlagenbau, Unternehmensmitglieder immer noch berichten, daß Führungsfunktionen in der Linie über ein höheres Ansehen verfügen als Projektleiterfunktionen. Es wird einsichtig, daß Personalentwicklung mit dem Ziel, ein Potential an qualifiziertem Projektpersonal zu schaffen, eine Voraussetzung ist, wenn das **Ansehen von Projektfunktionen** im Unternehmen gestärkt werden soll. Eine Hürde sind dabei sicher die über Jahre erworbenen Einstellungen der Unternehmensmitglieder. Aber auch die können verändert werden. Führungskräfte aus der Linie können gezielt mit Projektfunktionen betraut werden, in denen sie wichtige Erfahrungen für Bedingungen und Probleme erfolgreicher Projektarbeit sammeln können.

4.11.4 Möglichkeiten zur Sicherung des Leistungspotentials von Projektmitgliedern

Personalwirtschaft als übergeordneter Begriff kennzeichnet zunächst alle Aufgaben in wirtschaftlichen Organisationen, die sich mit Fragen des Personals befassen (vgl. Abbildung 4.11-13).

Abbildung 4.11-13: Personalwirtschaft - Überblick zu wichtigen Gestaltungsparametern (MEYER 1995, S. 10)

Der Zusatz „Wirtschaft" weist auf zwei Aspekte hin:

- Das Gebot, nach dem ökonomischen Prinzip zu handeln.
- Die Unterstützungsfunktion innerhalb einer nach dem Wirtschaftlichkeitsprinzip handelnden Organisation.

Personalwirtschaft unterstützt die betrieblichen Funktionsbereiche durch die Wahrnehmung verschiedenster Aufgabenstellungen:

- Anzahl und Qualifikation des benötigten Personals ermitteln,
- Personal anwerben, auswählen, beurteilen, einstellen,
- attraktive Arbeitsplätze für Mitarbeiter schaffen, benötigte Qualifikationen vermitteln,
- Personal entlohnen und motivieren,
- Entlassungen aus verschiedensten Gründen vornehmen.

Sicherung des Leistungspotentials von Projektmitgliedern umfaßt die Aufgabe, die dem Projekt bereitgestellte Personalkapazität mindestens für die Dauer des Projektes zu sichern. Personalerhaltung und Sicherung des Leistungspotentials in der betrieblichen Personalarbeit bedeutet, **Personalkapazität langfristig für das Unternehmen** zu sichern.

4.11 Personalwirtschaft und Projektmanagement

Welche Möglichkeiten kann der Projektleiter nutzen, das Leistungspotential des Projektpersonals für die Dauer des Projektes zu sichern und zu steigern? Inwiefern liegen die möglichen Handlungsalternative innerhalb seines direkten Einflußbereichs und welche anderen Organisationsmitglieder können ihn möglicherweise unterstützten?

Personalerhaltung

Gestaltungs-parameter	Beispiel	Grenzen	mögliche Partner
Aufbauorganisation	Kompetenzen und Verantwortung innerhalb des Projektes zuweisen	keine Übertragung von Personalverantwortung bei Stabs- u. Matrix PM	
Ablauforganisation	Arbeitszeitregelung im Projekt	im Rahmen geltender Tarif- oder Betriebsvereinbarungen	Personalabteilung, Betriebsrat
Aufgabe Stelle	Gestaltung der Arbeitspakete, Job Enrichment: Zusammenfassung von Aufgaben verschiedener Tätigkeitskategorien mit Hilfe des Regelkreises, bzw. PM-Funktionsmatrix		
Stellenbeschreibung, Funktionendiagramm	Dokumentation der Aufgaben und Kompetenzen in angemessener Weise: Rollenklarheit, Handlungsspielräume		
Motivation	Anreize schaffen: Vergabe von autonomen Budgets, Aufgabengestaltung		
Führungsgrundsätze Verhalten Leitungstechn	Wahl des eigenen Führungsstils	praktizierter Führungsstil in der Gesamtorganisation, Unternehmenskultur	
Personalentwicklung	projektbezogene Personalbeurteilung initiieren, Potentiale identifizieren und fördern	betriebliches Personalbeurteilungssystem und Personalentwicklung	Personalabteilung, Fachvorgesetzte des Projektmitarbeiters
Entlohnung	Vorschlag für andere Eingruppierung oder Sondergratifikation, Beteiligung am Projekterfolg	betriebliches Entlohnungssystem	Personalabteilung, Betriebsrat, Fachvorgesetzte des Projektmitarbeiters
Arbeitsbewertung	Überprüfung der Gehaltsgruppe u. Abgleich mit den Anforderungen aus der Projektarbeit; "gerechte" Entlohnung	betriebliches Entlohnungssystem	Personalabteilung Betriebsrat
Anforderung	Qualifizierungsmaßnahmen durchführen, vorschlagen	Projektbudget	Fachvorgesetzte des Projektmitarbeiters
Belastung	Gestaltung der Arbeitsbedingungen, Arbeitsplatzausstattung, Technikunterstützung	Projektbudget	Fachvorgesetzte des Projektmitarbeiters, projektbezogene Entscheider im Untern.

Abbildung 4.11-14: Gestaltungsparameter für Personalarbeit im Projekt und ausgewählte Maßnahmen

Abbildung 4.11-14 zeigt Beispiele, wo für den Projektleiter Ansätze zur Gestaltung der verschiedenen Parameter liegen können. Abhängig von der jeweiligen Projektorganisationsform existieren Grenzen für die Handlungsalternativen. Möglicherweise kann der Projektleiter diese jedoch mit Hilfe der aufgeführten Organisationseinheiten überwinden. Eine enge Zusammenarbeit zwischen Projektleiter und dem jeweiligen Fachvorgesetzten des Projektmitarbeiters kann hier große Vorteile bieten.

Bei Betrachtung der aufgeführten Gestaltungsvorschläge wird deutlich, wie eng zum Teil einzelne Aspekte miteinander verzahnt sind oder sich gegenseitig beeinflussen. Soll beispielsweise durch Vergabe einer anspruchsvollen Aufgabe ein entsprechendes Arbeitspaket definiert werden für einen bestimmten Mitarbeiter, so müssen die Anforderungen der durchzuführenden Tätigkeit antizipiert werden ebenso wie Qualifikation und Entwicklungspotential. Dieser Aspekt berührt demnach gleich mehrere Gestaltungsparameter: Aufgabe, Stelle, Personalentwicklung sowie den Aspekt der Anforderungen.

Die Darstellungen können an dieser Stelle nur Anstöße für weitere Ideen und Gestaltungsalternativen im konkreten Projekt bieten, um den Umfang im Rahmen des vorliegenden Buches nicht zu sprengen. Personalarbeit im Projekt verlangt vom Projektleiter auch Kreativität und Mut zu neuen Wegen im Umgang mit dem Projektpersonal, da die gegebenen Möglichkeiten der auf Dauer angelegten Unternehmensorganisation projektspezifische Erfordernisse oft gar nicht oder aber zu restriktiv unterstützten. **Die eigene organisationsbezogene Handlungskompetenz ist immer auch ein Gestaltungsobjekt des Stelleninhabers selbst.** Dies gilt demnach auch für die personalwirtschaftliche Handlungskompetenz des Projektleiters. Schließlich ist zu berücksichtigen, daß der Projektleiter ein wichtiger Promotor für Veränderungen der betrieblichen Personalarbeit sein kann, denn welches Organisationsmitglied könnte besser auf Restriktionen und Handlungsalternativen hinweisen?

4.11.5 Rechtlicher Handlungsrahmen für die Personalarbeit im Projekt

Das gegenwärtige **Arbeitsrecht** setzt sich zusammen aus den Vorschriften des individuellen Arbeitsvertragsrechts, den staatlichen Schutzbestimmungen und den kollektiven Vereinbarungen der Sozialpartner. Es existiert kein einheitliches Arbeitsgesetzbuch. Vielmehr leitet sich der rechtliche Gestaltungsrahmen für die betriebliche Personalarbeit aus einer Fülle von Einzelvorschriften ab, die noch dazu größtenteils historisch gewachsen sind. Seit 1945 steht in der Bundesrepublik Deutschland der Sozialstaatsgedanke mit dem **Grundsatz weitgehender Selbstbestimmung der Sozialpartner** im Vordergrund. Die Tarifvertragsparteien treffen Vereinbarungen. Der Staat schließt mit einer Reihe von Einzelgesetzen die entstandenen Lücken. Dieser Umstand hat die Herausbildung eines einheitlichen Rechtsgefüges bis heute verhindert.

Abbildung 4.11-15 gibt einen Überblick zu den einzelnen Gebieten des Arbeitsrechts mit Hinweisen zur Relevanz für die Personalarbeit im Projekt.

Die Übersicht zeigt, daß Personalarbeit im Projekt durchaus von einigen der vielen Einzelgesetze, Schutzgesetze oder kollektiven Vereinbarungen betroffen sein kann. Zur Unterstützung des Projektleiters im Hinblick auf die Relevanz von rechtlichen oder anderen vertraglichen Regelungen in seiner Projektarbeit sei auf die Personalabteilung verwiesen. Kleine Unternehmen unterhalten in der Regel keine eigene Personalabteilung, es wird daher etwas schwieriger für den Projektleiter, sich die entsprechende rechtliche Information zu besorgen. Eventuell können hier Verbände auf überbetrieblicher Ebene weiterhelfen.

Äußerst bedeutsam für die Projektarbeit ist sicher in erster Linie der Punkt **Mitbestimmung auf Betriebsebene**. Zwei Situationen sind in der Projektpraxis häufig relevant: Der Gestaltungsgegenstand bei Organisationsprojekten und die Aufwandserfassung als ein Teilgebiet des Einsatzmittelmanagements und der Projektsteuerung unabhängig von der Projektart.

4.11 Personalwirtschaft und Projektmanagement

Teilgebiete des Arbeitsrechts		
Rechtsquelle	**Gegenstand**	**Relevanz für die Projektarbeit**
Individuelles Arbeitsrecht	Recht des Arbeitsverhältnisses	Der Arbeitgeber hat den Arbeitnehmern entsprechend der **vereinbarten Tätigkeit** zu beschäftigen. Relevant: wenn eine **Stellenbeschreibung** Grundlage des Arbeitsvertrages ist. Projektarbeit kann von den darin definierten Tätigkeiten stark abweichen. In der Regel sind Stellenbeschreibungen heute nicht mehr Gegenstand von Arbeitsverträgen
	Öffentlich-rechtliche Schutzrechte, Träger sind die Berufsgenossenschaften sowie Staat und EU	**Risikofaktorenkonzept**: werden z.B. gesundheitsschädliche Werkstoffe im Projekt eingesetzt **Risikopersonenkonzept**: Schutzrechte für besondere Personengruppen, z.B. Schutzgesetze für Schwerbehinderte, Mutterschutz **Arbeitszeitrecht**: Einhaltung von Mindesterholzeiten, Wochenendarbeit, Einhalten der zulässigen Dauer eines Arbeitstages
Kollektives Arbeitsrecht	Tarifvertragsrecht	Bedingungen für Arbeitszeit, Entlohnung, Urlaubsregelungen
	Arbeitskampfrecht	
	Mitbestimmung auf Betriebsebene	Arbeitszeit, Arbeitsplatzgestaltung, innerbetriebliche Stellenausschreibung, Fragebögen zur Personalbeurteilung, Personalauswahl bei Einstellung, Umgruppierung, Kündigung, Versetzung, Personalplanung, personelle Einzelmaßnahmen (nur Information)
	Mitbestimmung auf Unternehmensebene	
Verfahrensrecht	Durchführung von Streitigkeiten aus Arbeitsverhältnissen	
Arbeitsorganisationsrecht	Bestimmungen zur Regelung der Tätigkeiten mit dem Arbeitsleben befaßter Behörden und Ämter	

Abbildung 4.11-15: Übersicht zu den Gebieten des Arbeitsrechts und Relevanz für die Personalarbeit im Projekt (nach BISANI 1995, S. 127)

Organisationsprojekte haben die Veränderung von Arbeitsabläufen, Aufgabeninhalten, Stellenplänen und den Einsatz von neuer Technik durch Mitarbeiter zum Gegenstand. Im Rahmen der Mitbestimmung auf Betriebsebene besteht nach §91 BetrVG ein gewisses Mitbestimmungsrecht des Betriebsrats, sobald Arbeitnehmer durch Änderungen der Arbeitsplätze, des Arbeitsablaufs oder der Arbeitsumgebung, die den gesicherten arbeitswissenschaftlichen Erkenntnissen über die menschengerechte Gestaltung der Arbeit offensichtlich widersprechen, in besonderer Weise belastet werden. §90 BetrVG verpflichtet den Arbeitgeber, den Betriebsrat über die Planung einzelner Vorhaben zu unterrichten und die vorgesehenen Maßnahmen mit ihm im Hinblick auf die Auswirkungen auf die Art der Arbeit und die Anforderungen an die Arbeitnehmer zu beraten. Geht es bei einem Organisationsprojekt z.B. um die Einführung einer neuen softwaregestützten Auftragsbearbeitung, so ist die Zusammenarbeit mit dem Betriebsrat eine wichtige Voraussetzung für den Projekterfolg.

Die **Aufwandserfassung** im Projekt ist ein wichtiges Instrument für das Einsatzmittel- und Kostenmanagement und die Projektsteuerung. Ohne Aufwandserfassung ist z.B. kein Überblick über die aufgelaufenen Kosten möglich. Bei der Aufwandserfassung werden in der Regel ganz genau die geleisteten Stunden der einzelnen Mitarbeiter für das jeweilige Projekt erfaßt. Die Abrechnung erfolgt häufig direkt auf Ebene der Arbeitspakete. Erfassung, Speicherung und Verarbeitung dieser

Daten erfolgt mit Hilfe elektronischer Datenverarbeitung. Auf diese Art und Weise werden personenbezogene Daten erfaßt, die der Kontrolle von Arbeitnehmern dienen können. Diese Daten können auch für peronenbezogene Auswertungen genutzt werden. Dieser Sachverhalt ist ebenso mitbestimmungspflichtig. Um Ärger zu vermeiden, ist daher das Vorgehen zur Aufwandserfassung mit dem Betriebsrat abzustimmen, ggf. längerfristig in Form einer Betriebsvereinbarung bzw. Dienstvereinbarung (in der öffentlichen Verwaltung).

Zunehmend findet Projektmanagement auch Anwendung in der öffentlichen Verwaltung. Hier hat der Personalrat bedingt durch das Personalvertretungsgesetz eine stärkere Position als in der Privatwirtschaft. Für ein erfolgreiches Projektmanagement ist es daher wichtig, sich frühzeitig mit diesem Problembereich auseinanderzusetzen.

Zusammenfassung

Ausgangspunkt für die Betrachtung personalwirtschaftlicher Belange im Hinblick auf ein erfolgreiches Projektmanagement ist die Klärung der besonderen Rahmenbedingungen für die Arbeit im Projekt. Abschnitt 4.11.1 beschreibt daher die kritischen Rahmenbedingungen, die besonderen Einfluß auf die Aufgabenerfüllung der Projektmitarbeiter ausüben.

Personalauswahl und Personalbeurteilung sind wichtige Voraussetzungen für erfolgreiche Projekte. Anforderungen an die Arbeit im Projekt, hier an Projektleiter, werden erörtert. Der Abschnitt 4.11.2 wird vervollständigt durch die wichtigsten Aspekte von Personalbeurteilungen und den Vorschlag für einen Kriterienkatalog zur Beurteilung von Projektarbeit.

Abschnitt 4.11.3 beinhaltet Aussagen zu dem wichtigen Kernthema Personalentwicklung. Hier kommt zum Ausdruck, wie wichtig personalpolitische Voraussetzungen auf Unternehmensebene für eine erfolgreiche Projektarbeit sind. Entsprechende Personalentwicklungsmaßnahmen wie Laufbahnplanungen und PM-Zertifizierungen sind zu realisieren. Abschnitt 4.11.4 bietet schließlich einen Überblick zu personalwirtschaftlichen Handlungsalternativen für Projektarbeit. Die Gesamtheit der möglichen Gestaltungsparameter verdeutlicht den integrativen Charakter personalwirtschaftlicher Maßnahmen und zeigt die wichtigen Schnittstellen zu den angrenzenden Themen der sozialen Kompetenz und dem Kapitel Organisation. Die Übersicht bietet ferner einen zusammenfassenden Eindruck darüber, wo für Personalverantwortliche im Projekt, dies ist in der Regel der Projektleiter, Handlungsspielräume existieren. Grenzen der personalbezogenen Gestaltungsaufgabe des Projektleiters werden ebenfalls angedeutet und mögliche Handlungspartner im Unternehmen benannt.

Der abschließende Abschnitt 4.11.5 geht auf den rechtlichen Handlungsrahmen für die Personalarbeit im Projekt ein. Im konkreten Fall werden sich Projektverantwortliche weitere Informationen verschaffen müssen. Jedoch können sie diesem Text entnehmen, welche Aspekte der Projektarbeit durch rechtliche Regelungen berührt werden könnten, um zu identifizieren, wo Informationsbedarf zu arbeitsrechtlichen Fragestellungen existiert.

Literaturverzeichnis

BISANI, F.. Personalwesen und Personalführung, 4. Vollst. überarb. und rew. Aufl., Wiesbaden 1995

BRINER, W./Geddes, M./Hastings, C. Project Leadership, Worcester (UK) 1990

DWORATSCHEK, S., Hayek, A.: Projektstudium an der Universität Bremen. In: Projektmanagement 4/92, S. 25-36

DWORATSCHEK, S.: Personalentwicklung im Projektmanagement - Methodik und Fallstudien (unveröffentlichtes Arbeitspapier), Institut für Projektmanagement und Wirtschaftsinformatik (IPMI), Fachbereich 7, Universität Bremen 1988

DWORATSCHEK, S.; Meyer, H.: Qualifikationsbedarf von Projektmitgliedern, Analyse von Stellenausschreibungen. In: Fechtner, H. u.a.: Erfolgsfaktor Mensch, Luchterland, Neuwied 1996, S. 193-210

EBERWEIN, W.; Tholen, J.: Managermentalität, Frankfurt am Main 1990

GAREIS, R./Titscher, S. Projektarbeit und Personalwesen, in: Gaugler, E./Weber, W.: Handwörterbuch der Organisation, 2. Auflage, Stuttgart 1992

GROTH, U./Kammel, A. Lean Management, Wiesbaden 1994

HANSEL, J./Lomnitz, G. Projektleiter Praxis - Erfolgreiche Projektabwicklung durch verbesserte Kommunikation und Kooperation, Berlin, Heidelberg 1993

HENTZE: Personalwirtschaftslehre Band 1 und 2, 5. Aufl. Stuttgart 1991

HINTERHUBER: Organisatorische Aspekte der Personalentwicklung, in. Grochla, E. (Hrsg.) Handwörterbuch der Organisation, Band 2, 2. Aufl. Stuttgart 1980, Sp. 1864-1872

MENTZEL, W.: Unternehmenssicherung durch Personalentwicklung 1989

MEYER, H.: Tätigkeitsanalyse zum Projektmanagement: Aufgaben und Qualifikation von Mitgliedern der Projektleitung, Diss., Universität Bremen 1992

MEYER, H.: Die Rolle des Projektleiters, in: Schleiken u.a.: Unternehmenswandel durch Projektmanagement 1997 (i. D.)

MINTZBERG, H., The nature of managerial work, Englewood 1992

MOTZEL, E.; Pannenbäcker, O.; Wolff, U.: Qualifizierung und Zertifizierung von Projektpersonal, Verlag TÜV-Rheinland 1998

ORR, B.: Recent Initiatives in Davy Corporation in the Recruitment, Training nd Development of Project Managers, in: GPM Gesellschaft für projektmanagement INTERNET Deutschland e.V. (Hrsg.), Beiträge zum Projektmanagement Forum 90, München 1990, S. 291-314

POSNER, B. Z., What it takes to be a good project manager, in: Project Management Journal, März 1987

RÜHLI, E. Leitungssysteme, in: Grochla, E. (Hrsg.9 Handwörterbuch der Organisation, Band 2, 2. Auflage, Stuttgart 1980, Sp. 1205-1216

Autorenportrait

Prof. Dr. rer. pol., Dipl.-Ök. Helga Meyer

Professur an der Hochschule Bremen, Fachbereich Wirtschaft II.

Studium der Wirtschaftswissenschaft an der Universität Bremen, Assistentin des Werkzeugbauleiters und später der Geschäftsführung in einem mittelständischen Industrieunternehmen, wissenschaftliche Mitarbeiterin am IPMI Institut für Projektmanagement und Wirtschaftsinformatik der Universität Bremen, Akquisition und Koordination von Fortbildungsprogrammen im Rahmen von Förderprogrammen der Europäischen Union. Promotion über Projektpersonal. Lehrstuhl für Organisation, Personalwirtschaft und Projektmanagement an der Technischen Fachhochschule Wildau.

Derzeitige Arbeitsgebiete: Einsatz von Projektmanagement, Ausbildung und Qualifikation von Projektführungspersonal, Personalentwicklung für Projektmitglieder, Organisationsentwicklung, Teamarbeit, Lean Management, neue Lehrmethoden mit Integration von neuen Medien und Berücksichtigung sozialer Kompetenzen, Aufbau internationaler Studiengänge.

Abbildungsverzeichnis

Abbildung 4.11-1: Projektbeteiligte (MEYER 1992, S. 24) 1218

Abbildung 4.11-2: Projektpersonal in kleinen, mittleren und großen Projekten (MEYER 1992, S. 25) 1219

Abbildung 4.11-3: Aufgaben, Bestimmungsfaktoren und Instrumente für die quantitative und qualitative Personalbedarfsplanung im Projekt 1221

Abbildung 4.11-4: Generelle Möglichkeiten der Personalbeschaffung (in Anlehnung an HENTZE 1991, S. 245) 1223

Abbildung 4.11-5: Anforderungsprofil eines Projektleiters (Beispiel) 1224

Abbildung 4.11-6: Beispiel eines mit der Metaplan-Technik entwickelten Anforderungsprofils 1226

Abbildung 4.11-7: Zertifizierungsverfahren von PM-ZERT 1230

Abbildung 4.11-8: Selbstbewertungsbogen (nach PM-ZERT) 1230

Abbildung 4.11-9: Übersicht über die Ziele der Personalentwicklung 1232

Abbildung 4.11-10: Laufbahnmuster für einen Projektleiter im industriellen Großanlagenbau (ORR 1990, S. 302) 1235

Abbildung 4.11-11: Aus- und Fortbildung im Projektmanagement (Beispiele) 1237

Abbildung 4.11-12: Voraussetzungen zum Erwerb eines Projektmanager-Zertifikats nach GPM (Motzel 1998) 1238

Abbildung 4.11-13: Personalwirtschaft - Überblick zu wichtigen Gestaltungsparametern (MEYER 1995, S. 10) 1240

Abbildung 4.11-14: Gestaltungsparameter für Personalarbeit im Projekt und ausgewählte Maßnahmen 1241

Abbildung 4.11-15: Übersicht zu den Gebieten des Arbeitsrechts und Relevanz für die Personalarbeit im Projekt (nach BISANI 1995, S. 127) 1243

Lernzielbeschreibung

Der Beitrag Personalwirtschaft und Projektmanagement soll dem Leser einen Überblick über die betrieblichen Personalaufgaben verschaffen, die auch für die Projektarbeit relevant sind. Hierzu zählen die zentralen Funktionen Personalbedarfsplanung und Personalbeschaffung, Personalbeurteilung, Anforderungsanalyse und Personalentwicklung. In die allgemeinen betrieblichen Aspekte wird jeweils nur ein kurzer Einblick gewährt, um im Anschluß daran jeweils auf projektspezifische Besonderheiten hinzuweisen. Damit sich der Leser auf die Besonderheiten der Personalarbeit im Projekt konzentrieren kann, werden zu Beginn die Rahmenbedingungen für das Arbeiten in Projekten verdeutlicht sowie die verschiedenen Beteiligten in Projekten voneinander abgegrenzt. Der Leser entwickelt so ein Verständnis, an wen sich die Ausführungen zur Personalarbeit im Projekt konzentrieren.

Die Lernziele können demnach in folgenden Punkten zusammengefaßt werden:

- Bedingungen für das Arbeiten in Projektteams kennenlernen.
- Die Gruppe des Projektpersonals eingrenzen und differenzieren können.
- Wesentliche Personalaufgaben kennenlernen, die für erfolgreiches Projektmanagement im Unternehmen von Bedeutung sind.
- Mögliche Aufgabenträger für projektmanagementbezogene Personalaufgaben kennenlernen und einen Eindruck gewinnen zu Möglichkeiten und Grenzen der Personalaufgaben des Projektleiters.

Gesamtstichwortverzeichnis

A

ABC-Analyse	856
Ablaufelemente	527
Ablaufkonflikte	1167
Ablaufoptimierung	522
Ablauforganisation	610, 885
Ablaufplan	522, 1167
Abnahme	257, 976
Abrechnung	1041
Abweichungsanalyse	735, 754, 756
Abweichungsursachen	755
Aggression (Lernende Organisation)	384
Akkommodation	280
Aktueller Ist-Zustand	563
Akzeptanzbedingung, Gruppendynamik	351
algorithmische Methoden	579
ALPEN-Methode	402
Analyse technischer Störungen	847
analytische Techniken	860
Änderungen	1007, 1020
Änderungsantrag	1019
Änderungsklausel	990
Änderungskonferenz	1021
Änderungsmanagement	1012, 1017, 1018, 1038
Änderungsprotokolle	990
Änderungsprozeß	1020
Änderungsstelle	1019
Änderungsverfahren	1018
Anfang-Anfang-Beziehung	536
Anfang-Ende-Beziehung	536
Anfangsfolge	536
Angebotskalkulation	699
Angebotskonzept	985
Angebotsphase	985
Angst (Konfliktmanagement)	452
Anordnungsbeziehung	527, 1167
Anpassung (Konfliktmanagement)	449
Anreiz	1233
Anschlußmotivation	327
Ansehen	1239
Antipathiewiderstand	435
Appell (Kommunikation)	300
Arbeitsanreicherung (Motivation)	329
Arbeitsaufwand	695
Arbeitsbedingungen	1215
Arbeitsergebnisse	698
Arbeitsfortschritt	745
Arbeitsinhalte (Motivation)	333
Arbeitsmenge	695
Arbeitspaket	495, 508, 524
Arbeitspaketbeschreibung	558
Arbeitspaketverantwortlicher	738
Arbeitsplatzsoftware	1163, 1164
Arbeitsplatzwechsel (Motivation)	329
Arbeitsrecht	1242
Arbeitssystematik	994
Arbeitsteilung	7, 8, 9, 19
Arbeitsumgebung (Motivation)	333
Arbeitswert	696, 764
Arbeitszeitrecht	1243
Archiv	1047
ARGE	800
Attribute Listing	827
Audit	257
Auditablauf	942
Auditierung	932
Aufbau eines Statusberichtes	1141
Aufbauorganisation	610, 885
Aufforderung zur Angebotsabgabe	967
Aufgaben der integrierten Projektsteuerung	735
Aufgabenorientierung (Motivation)	326, 328
Aufgabenstrukturierung	579
Aufgabensynthese	889
Auflösung von Projektgruppen	1197
Auftraggeber	728, 749, 757, 754
Aufwand-Nutzen-Analyse	1112
Aufwandsganglinie	1168
Aufwandskontrolle	593
Aufwandsreduzierung	770
Aufwandsschätzmethoden	579
Aufwandssummenlinie	1168
Aufwandstrendanalyse	596
Ausgaben	654, 663
Auslastungsdiagramm	597
Außenkonsortium	980
Außerdienststellung	226
Austausch von Informationen	1128
Auswahlkriterien	1172
autonome Projektgruppen	899
Autoritärer Führungsstil	422
Axiome zur Kommunikation (WATZLAWICK)	299

B

Balkendiagramm	541, 547
Balkenplan	749, 1167
Basisplan	1169
BAUM-Struktur	1111
Baupreisindex	620
Baustellen-Tagesbericht	989
Bauverträge	978
Bearbeitungsaufwand	575
Bedarfsbegrenzung	600
Bedarfsglättung	600
Bedeutung des Projektmanagements im Unternehmen	37
Bedürfnispyramide	331
Befragungstechniken	853
Belohnungssysteme (Konfliktmanagement)	446
Benchmarking	947
Berichte	729
Berichtsarten	1136
Berichtsperioden	706
Berichtsplan	1136

Berichtswesen	790
Berichtszeitpunkt	1169
Betriebssystem	1162
Betroffenheitsanalyse	68
Beurteilung des Projektleiters	1229
Beweismittel	985
Bewertung	609, 612, 613
Bewertung von Projekten	1203
Bewertungsgrundlagen	995
Beziehung	90
Beziehungsaspekt (Kommunikation)	300
Beziehungsebenen	92
Beziehungsproblem	461
Bezugskonfiguration	1012, 1013, 1016, 1027
Bezugspunkte für Änderungsprozesse	1009
Blackbox-Methode	858
Blitzlicht	470
Body of Knowledge	259, 1237
Bottom-Up-Generierung	626
bottom-up-Verfahren	160
Brainstorming	166, 814
Brainstorming-Regeln	484
Brainwriting	167, 819
Break-even-Point	1069
Briefe (Kommunikation)	306
Briefing	833
Bringschuld	1051
Budget	612
Budgetierung	1072

C

CBT Computer Based Training	1162
Certificated Project Manager	943, 1230
Change Agents	367, 381
Change Agents (Führung)	418
Checklisten zum Projektstart	1065
Claim Management	1026
Claim Management	984, 991
Coaching	138
COCOMO	621
Contract Management	1002
control	12
Controlling	205, 883
Critical Path Method	530

D

Darstellungsform "Balkendiagramm	565
Darstellungsform "Netzplan	565
Darstellungsform "Zeit-Wege-Diagramm"	566
Darstellungstechniken	865
Data-Warehouse	1161, 1162
Daten	1037, 1125, 1130
Datenaustausch	1163
Datenbanksystem	737
Dauer	541
Deckungsbeitragsrechnung	618
Delegieren	421
Delphi-Methode	825, 854
Demotivationsgespräche	334
Denotation	299
Desorganisation (Konfliktmanagement)	452
Deutsches Institut für Normung e. V. - DIN	251
Diagnose kritischer Projekte	1202
Dienstvertrag	967
DIN 69900	153
DIN 69901	153
DIN 69905	153, 1055
DIN ISO 9000 ff	910
Diskriminierungen	284
Dissidenz	375
Distanz (Kommunikation)	302
divisionale Organisation	892
Dokumentation	1037
Dokumentationsmanagement	1022, 1026, 1037
Dokumentationsmittel	985
Dokumentationsstelle	1053
Dokumente	1037
Drohungen (Konfliktmanagement)	452

E

Earned Value	696
Earned-Value-Analyse	763, 1169
economic man	321
EDV-Einsatz im Projektmanagement	1176
Eigen- und Fremdclaims	992
Eigenschaften, persönlichkeitsbezogene	1225
Einflußprojektorganisation	900
Einfühlungsvermögen	270
Einführungskonzept	137
Einliniensystem	891
Einnahmen	669
Einsatzbedarf	1220
Einsatzmittel	256, 576, 695, 783, 789
Einsatzmittelart	696
Einsatzmittelmanagement	575
Einsatzmittelpläne	1221
Einsatzmittelplanung	599
Eintrittswahrscheinlichkeit	1101
Eintrittszeitpunkt	527
Einzelkostennachweise	744
Email	306
emotionale Tönungen (Kommunikation)	299
Emotionalisierung (Konfliktmanagement)	451
Ende-Anfang-Beziehung	536
Ende-Ende-Beziehung	536
Endfolge	536
Entlohnungssysteme	324
Entscheidung	419, 909, 1019
Entscheidungsknoten	532
Entscheidungsnetzplantechnik	532
Entscheidungsspielraum	419
Entscheidungstabelle	868
Entscheidungsvorgänge	532
Enttäuschungen als Demotivatoren	334
Entwicklungsprojekte	221, 223

Ereignis	527, 554
Ereignisknoten-Netzplan	529
Ereignisorientierter Ablaufplan	529
Erfahrungsdatenbank	581
Erfahrungsgewinn (Lernende Organisation)	371
Erfolgsfaktoren	188
Ergebnis	693
Ergebnisziele	157, 158
Ermittlung der Ist-Daten	752
Erwartungsdruck	1210
Erwartungshaltung	283
EU-Öko-Audit-Verordnung	910
EVA-Prinzip	1161
Expertenbefragung	582
exponentielle Glättung	859

F

Fachausschuß	898
Fachpromotor	381
Fähigkeiten	1216, 1233
Faktorenanalyse	174
Feedback	12, 124, 308
Feinnetzplan	562
Fertigmeldung	636, 707
Fertigstellungsgrad	610, 638, 639, 735, 745, 746, 747, 757, 763, 1169
Fertigstellungsgrad-Ermittlung	745
Fertigstellungswert	694, 695, 746, 761, 763
Fertigstellungswertanalyse	746, 764
Fester Anfangstermin	555
Fester Endtermin	555
FGR-Meßtechniken	703
Finanzierung	671
fixe Kosten	618
Foliengestaltung	484
Formularverträge/AGBG	968
Fortschrittsgrad	694
Fortschrittsgrad-Hochrechnung	712
Fortschrittskontrolle	728
Fortschrittsmessung	703
Fragebogen	472, 851
Freie Pufferzeit	547
Freigabe	730
Frühwarnindikator	762
Frühwarnsystem	201, 206
Frustration	460
Führung	7, 30, 31, 417
Führung durch die Gruppe selbst	423
Führungsfehler	427
Führungsfunktionen	7, 9, 11, 12, 13, 21, 883
Führungskräfte, Anforderungen an	418
Führungskräfteentwicklung	1234
Führungspraxis	423
Führungsstile	422, 1229
Führungstechniken	419
Function Point	621

Function Point-Verfahren	797
funktionale Organisation	893
Funktionale Software	1164
Funktionendiagramm	895
Funktionsanalyse	813

G

Galeriemethode	815
Garantien	673
Gebärden (Kommunikation)	302
Gedächtnistraining	407
Gehaltsfindung	1228
Gemischtorientierter Ablaufplan	531
Generalunternehmer	978
Generalunternehmerschaft	800
Gesamte Pufferzeit	546
Gesamt-Fertigstellungswert	714
Gesamt-Fortschrittsgraden	712
Gesamtkosten	753, 714
Gesamtnetzplan	560, 739
Gesamtprojekt	775, 795
Geschäftsprozeßorganisation	889
gesetzliche Vertreter	966
Gesten (Kommunikation)	302
Gewährleistung	979
Gliederungsprinzipien	501, 560
Graphentheorie	527
Grenznutzen	172
Groupthink	353
Groupware	161, 1174
Gruppe, Charakteristik / Merkmale	341
Gruppenbildung	341
Gruppendynamik	345
Gruppenverhalten	350
Gruppenziele	157, 177
Gruppenzusammensetzung	342

H

Haftungsausschlüsse	978
Handbuch	910, 1019, 1041
Handlungsspielraum	507
Handlungsspielraum (Konfliktmanagement)	447
Harzburger Modell	18
Hierarchie	10, 891
historische Entwicklung von Projektmanagement	35
HOAI	228, 261
Holschuld	1051
House of Quality	949
Human Relations	321
Hygienefaktoren (Motivation)	333

I

Ideensammlungen	484
Identifikation von Stakeholdern	67
Individuelles Lernen	371

informale Organisation	885
Information und Kommunikation	298
Informationen	1037, 1048
Informationgewinnung	853
Informationsbedarf	1125, 1127, 1131, 1135
Informationsbedarfsmatrix	1171
Informationsempfänger	1171
Informationsfluß	1131
Informationsträger	1037, 1172
Informationsversorgung	1176
Informelle Rollen	356
Inhalt der Unterlage	1042
Inhaltskennzeichen	1043
Innenkonsortium	980
Innere Kündigung	334
Innovation	121, 809
Innovationsfähigkeit	122
Integration	33
Integration, soziale	109
Integrierte Projektsteuerung	725, 1169
Interaktions-Kultur	448
Interessen (Konfliktmanagement)	448
Interindividuell	353
internes Projekt	135, 613
Interpretationsbedürftigkeit von Information	298
Interpretationsleistungen (Kommunikation)	300
Interview	854
Intraindividuell	353
Intranet	1161, 1162, 1165
Intuitive Techniken	814, 860
intuitives Schlußfolgern	281
Investition	653
Investitionsprojekte	220, 222
Invitation to Tender	967
ISO 9000-Landschaft	929
Ist-Aufnahme	693, 735
Istaufwandsstunden	1169
Ist-Daten	634, 735
Ist-Fortschrittsgrad	694
Ist-Kosten	635, 743
Ist-Kosten und Projektfortschritt	638
Ist-Termine	1169
Ist-Zustandes	739

J

Job Enlargement	329
Job Enrichment	329, 1224
Job Rotation	329
Johari - Fenster	343
Juristische Stellungnahme	995

K

Kalendrierung	552
Kalkulationsschema	582
Kann-Ziele	162
Kapazitätsabgleich	591
Kapazitätsengpässe	576
Kapazitätsoptimierung	576
Kapazitätsvergrößerung	769
Kapitalwert	663
Karriereweg	1232
Kartenabfrage	821
Kartentechnik	472, 559
Kennzahlenmethode	581
Kennzahlensysteme	1198
Kennzeichnung	1015, 1043
Kick-off-Meeting	783, 1078
Killerphrasen	810
klassifizierende Unterlagenkennzeichnung	1043
Klima im Projektteam	1204
Koaktionseffekt, Gruppendynamik	348
Koalitionen	383
kognitive Dissonanz	285
Kollegialer Führungsstil	423
kollektiver Denkstil	350
Kommunikation	8, 13, 14, 17, 20, 297
Kommunikationsfähigkeit	1226
Kommunikationsmittel	757
Kommunikationsprobleme	308
Kompetenz	18, 20, 269
Komplexität	495
Kompromiß (Lernende Organisation)	384
Konfiguration	
Begriff	1010
Konfigurationsauditierung	1011, 1023
Konfigurationsdokumente	1010, 1022
Konfigurationsmanagement	258, 999
	1010, 1013
Begriff	1010
Konfigurationsüberwachung	1011, 1017
Konflikt	443
Konfliktarten	444
Konfliktdiagnose	445, 455
Konfliktlösung	448
Konfliktmanagement	443
Konfliktpotential	446
Konformität und soziale Beeinflussung	286
Konformitätsdruck	271, 281, 349
Konformitätserklärung	257
Kongruenzprinzip	889, 890
Konsensfindung, Fähigkeit zur	271
Konsortialführer	980
Konsortialvertrag	980
Konsortium	800, 978
Kontinuierlicher Verbesserungsprozeß	933
Konvergenz, Gruppendynamik	349
Konzeptanalyse	909
Konzeptfindung	225
Kooperationseffekt	349
Kooperationsfähigkeit	
(Lernende Organisation)	369
Kooperativer Führungsstil	423
Koordination	42
Körperhaltungen (Kommunikation)	302, 303
Körpersprache	302
Korrekturmaßnahmen	757

Kosten	256, 575, 609, 610, 611 614, 618, 657, 660, 693
Kosten des Projektmanagements	49
Kostenarten	611, 744, 753
Kostenentwicklungsindex	761
Kostenerfassungsbeleg	737
Kostenfortschrittsermittlung	743
Kostenganglinie	627, 629, 1169
Kostenkontrolle	635, 705
Kostenmanagement	609, 627
Kosten-Nutzen-Vergleich - Daten	613
Kosten-Nutzen-Vergleich - Projektergebnis	616
Kostenplan	610
Kostenrahmen	705
Kostenschätzung	619
Kostenstellen	744, 753
Kostensteuerung	705
Kostensummenlinie	492, 629, 1169
Kostenträger	743
Kosten-Trendanalyse	761
Kostenüberschreitung	716, 766
Kreativität, Definition	809
Kreativitätstechniken	405, 809
Kreativitätstraining	809
Krise	459
Krisenbewältigung	461
Kritik (Kommunikation)	308
Kybernetik	12, 89

L

Laissez-faire-Stil	423
Lastenheft	985, 1070
Laufbahnmuster	1235
Laufbahnplanung	1222, 1233
Lebenszyklus	257, 656
Lebenszyklus-Kosten	617
Leistung	256, 693
Leistungsbegriff	693
Leistungsbeschreibungen	697
Leistungsbewertung	693, 728, 1166
Leistungseinheit	695
Leistungserbringung	710
Leistungsfortschritt	745
Leistungspositionen	699
Leistungsstörungen	965
Leistungsverzeichnis	168, 698
Leitung	894
Leitungssystem	881
Lenkungsausschuß	738, 784, 898
Lernen	370, 1231
Lernende Organisation	369, 380
Lernergebnisse	371
Lernfähigkeit einer Organisation	369
Lerntypen	374
Lernziel	380
lesen, schnelles effizientes	407
Life Cycle Costs	617
Liniensystem	891
Liste offener Punkte	1196
Lorenzkurve	856

M

Macht	328
Macht (Konfliktmanagement)	460
Machteinsatz (Konfliktmanagement)	449
Machtpromotor	381
Machtverteilung (Konfliktmanagement)	446
Magisches Dreieck	153, 693, 726, 741, 1075
Management als Funktion	7, 8
Management als Institution	8
Management by-Ansätze	420
Managementhandbuch	910
Manager	5, 8, 9, 10, 19
Manager, Anforderungen an	19
Mängel der Projektabwicklung	1093
Markt- und Produktanalysen	658
Marktstudie	1164
Matrix-Projektorganisation	894, 900
Maximale Zeitabstände	536
Mehrdeutigkeit der Information	298
mehrdimensionale Projektstrukturierung	504
Mehrliniensystem	892
Mehrprojektmanagement	632, 781
Mehrprojektplanung	575, 591
Meilensteinberichte	757
Meilensteine	236, 527, 781, 1077
Meilenstein-Netzpläne	564
Meilensteinplan	633, 750
Meilenstein-Technik	703
Meilenstein-Trendanalyse	237, 564, 737, 757
Mengengerüste	697
Mengenmehrung	710
Mengenminderungen	711
Mengen-Proportionalität	704
Menschenbilder	321
Merkmale des Organisationsbegriffs	883
Merktechniken	408
Metaplan-Kartentechnik	471
Methode 635	167, 819
Metra-Potential-Methode (MPM)	531
Mind Mapping	406, 830
Mißtrauen (Konfliktmanagement)	452
Mitarbeitergespräche	428
Mitlaufende Kalkulation	628
Mitteilungsebenen, TALK	305
Mobbing	362, 384
Modellbildung	89
Moderation	469, 1079
Moderation einer Projektgruppensitzung	470
Moderationsregeln	471
Moderator (Konfliktmanagement)	453
Morphologischer Kasten	828
Motivation	319, 1231
Motivationsförderung	328
Motivationsstrategien	320
Multidimensionale Skalierung - MDS	173

Multifaktoren-Analyse	1109
Muß-Ziele	162

N

Nachforderungsmanagement	991, 994
Nachkalkulation	1198
Nachricht	297
Nachtrag	991
Nachwuchskräfteentwicklung	1234
Netzplan	527, 1167
Netzplantechnik	251, 252, 254, 255, 527
Netzplantechnik-Software	1165, 1188
Netzplanverdichtung	562
Netzplanverfahren	527, 528
Netzplanverfeinerung	562
Nonverbale Kommunikation	301
Normalfolge	536
Normenausschuß	251, 252
Notfallplan	1116
Nutzen	612, 613, 659
Nutzen des Projektmanagements	46
Nutzen durch PM	137
Nutzungsdauern	660
Nutzwertanalyse	169, 618, 869, 905

O

Obligo	637, 744
Offenheit (Kommunikation)	301
operational	9, 15, 16
operationale Ziele	155
Optimierungstechnik	866
ordnend-bewahrender Typ	425
Organisationales Lernen	371, 798, 886
Organisationsanalyse	907
Organisationsbegriff	883
Organisationsentwicklung	886
Organisationshandbuch	916
Organisationsmodelle	10, 892
Organisationsprozeß	903
Organisationsziele	908
Organisieren	11, 13, 15, 18
Orientierung zum Partner (Kommunikation)	302
Orientierungswandel (Lernende Organisation)	371
Osborn-Checkliste	834

P

Panelbefragung	854
Pareto-Prinzip	856
Partizipation	419
Pay for Knowledge	324
Personal	578
Personalarbeit im Projekt	1242
Personalauswahl	1216
Personalbeschaffung, interne, externe	1220

Personalbeurteilung	1216, 1227
Personalentwicklung	1216, 1231
Personalkosten	626, 744, 753
Personalwirtschaft	1240
Persönlicher Arbeitskalender	552
Persönlichkeitsentwicklung	329
Perspektivenwechsel	288
Pflichtenheft	986, 1071
Phasen-Abnahmebericht	1146
Phasenabschluß	242
Phasenmodell für	
Forschungs- und Entwicklungsprojekte	223
Investitionsprojekte	222
Organisationsprojekte	227
Phasenmodelle	42, 221
Plandaten	1169
Plan-Do-Check-Act-Zyklus	933
Plan-Fortschrittsgrad	694
Plangut	1037
Plan-Ist-Vergleich	595, 747, 748, 749
Plankosten	637, 710
Planungsaufwand	620
Planungstechniken	610
PM-Audit	941
PMBOK	259, 1237
PM-Funktionen	736
PM-Handbuch	798
PM-Regelkreis	729
Pönalen	977
Portfolio von Projekten	610, 622, 789, 794
Präsentationen	479, 1171
Präsentations-Regeln	481
Preisgleitung	756
Preisschwankungen	641
Preisveränderungen	639
Presales	1094
Primärdaten	1048
Pro- und Contra-Analyse	822
Problemanalyse	225, 813, 823
Problemarten	841
Problemkategorien	811
Problemlösen	841
Problemlösungbaum	830
Problemtypen	842
Produktdokumentation	1014
Produktinnovation	124
Produktivitätserhöhung	771
Prognosen	726, 825, 860
Prognosetechnik	859
Program Evaluation and Review Technique (PERT)	529
Projekt (DIN 69 901)	27
Projekt und Unternehmen	80
Projektabbruch	769, 791
Projektabschluß	729
Projektabschlußbericht	729, 736, 1147, 1193
Projektabwicklung	81, 257, 727, 1065
Projektakte	938, 944
Projektantrag	789

Projektauftrag	134
Projektausschuß	898
Projektauswahl	664, 788, 1062
Projektberichte	1140
Projektberichtswesen	1127, 1171
Projektbesprechungen	737
Projektbeteiligte	134, 193, 898, 1218
Projektbewertung	658
Projektcontrolling	188, 633, 734, 1052
Projektdatenbank	735
Projektdokumentationsstelle	1053
Projektendereignisse	1194
Projekt-Entscheidungssitzungen	1097
Projekterfahrung	82, 785, 797
Projekterfolgskriterien	192
Projektergebnisse	109, 728, 745
Projektevaluierung	1194
Projektfehlschläge	1009
Projektfortschritt	176, 694, 726, 790
Projektfortschrittskontrolle	693, 697
Projektfreigabe	782
Projektführungspersonal	1218
Projektgliederung	255, 697, 1166
Projektgliederungselemente	699
Projektgruppe	13, 367, 894
Projekt-Handbuch	939, 1045
Projekt-Hotline	77
Projekt-Identität	75
Projektingenieur	1236
Projektkalender	552
Projektkategorie	697
Projektkoordinator	1219, 1227
Projektkostenabrechnungssystem	621
Projektkostendatenbanken	1198
Projektkostenträger - Definition	611
Projektkrisen	206
Projektlaufbahn	1234
Projektlebenszyklus	221, 656
Projektleiter	898, 1216
Projektleiternachwuchs	1236
Projektmanagement	5, 18, 19, 20, 30, 252, 255
Projektmanagementeinführung	135
Projektmanagement-Handbuch	141, 910
Projektmanagement-Vertrag	968
Projektmanager-Ausbildung	787
Projektmanager-Auswahl	782
Projektmarketing	75, 789
Projektmatrix	525
Projektmerkmale	27
Projekt-Nutzen	613
Projektordner	939
Projektorganisation	10, 901, 1073
projektorientiertes Unternehmen	37
Projektorientierung	127
Projektpersonal, Auswahl	1216, 1222
Projektphase	734
Projektphasen	219, 985
Projektplanung	610, 624, 728, 802, 1075
Projekt-Portfolio	795
Projekt-Prioritäten	783
Projekt-Programme	796
Projektqualität	928, 938, 945
Projektrechnungswesen	638, 1174
Projektreview	732, 738, 945
Projektrisiken	1090
Projektsituationsbericht	736
Projektstandards	1163
Projektstart	1061, 1067
Projektstart-Workshop	1078
Projektstatus	693, 738
Projektstatusbericht	580, 695, 1141
Projektstatusberichterstattung	695
Projektsteuerer	707
Projektsteuerung	230, 261, 492, 725, 729 732, 757, 768, 1050, 1169
Projekt-Steuerungs- und Informations-Standardverfahrens (PROSIS)	262
Projektstrukturplan	255, 495, 496, 497 501, 524, 1166, 1220
Projektteam	103, 106, 898, 1074
Projektteam-Bildung	783
Projektübergabe	1194
Projektüberwachung	735
Projektüberwachungs-Zyklus	731
Projektumfeld	65
Projektumfeldanalyse	43, 66, 1195
Projektverfolgung	697
Projektwirtschaft	259
Projektziel	153
Projektzielsystem, Akzeptanz des	109
Promotor	381, 782, 1242
Protokoll	1135
Prozeßanalyse	894
Prozeßorientierung	125
Prüfvorschriften	1010
Psychische Rationalisierung	431
psychologische Aspekte	1118

Q

QM-Elemente	924
QM-Handbuch	935
QM-Methoden	947
Qualifizierungsmaßnahmen	1233
Qualität im Projekt	944
Qualitätsmanagement	923, 1027
Qualitätsmanagementsystem	910

R

Rahmenterminplan	562
Rationalitätsprinzip (Konfliktmanagement)	446
Realisierungsphase	226
Rechtsbeziehungen	966, 979
Rechtsfolgen	970
Referenz	1055
Regelkreis	12, 94, 95
Regelkreismodell	12, 14, 18

Registratur	1047
Regressionsanalyse	862
Reine Projektorganisation	894, 902
Ressourcen	783
Ressourcen, eigene Umgang mit (Führung)	428
Ressourcen, immaterielle (Selbstmanagement)	393
Ressourcen, natürliche (Selbstmanagement)	393
Ressourcendetailansicht	1169
Restriktion (Lernende Organisation)	384
Retrograde Rechnung	544
Return on Investment	665
Review	925, 944, 1196
Reviewbericht	738
revolvierende Planung	221
Risiko	1089
Risikoanalyse	43, 1096
Risikoausschluß	1103
Risikobewertung	1105, 1113
Risiko-Checkliste	1097
Risikodokumentation	1096
Risikoidentifikation	1097
Risikokatalog	1097
Risikoklassifizierung	1115
Risikomanagement	729, 1000
Risikomanagement-Systeme	1089
Risikopfad	
Risikopotential	1090
Risikovorsorge	1111
Rollen in Gruppen	354
Rollenbildung	418
Routineprojekte	41
Rückkopplung	94
Rückmeldeliste	736
Rückmeldungen	697
Rückwärtsrechnung	542, 544, 550
Rückzahldauer	671

S

Sachmittel	577
Sättigungsmethode	862
Scenario-Writing	860
Schadensersatz	971
Schätzklausur	582, 619
Schätzmethoden	610
Schätzung	201, 710
Schätzwert der Gesamtkosten	761
Schema (Wahrnehmung)	277, 281, 283
Schichtkalender	552
Schnittstellen	728, 1166
Schriftgut	1037
Schriftgutkennzeichen	1044
Schriftverkehr	1038, 1044
Schutzrechte	1243
Schwächen- und Stärkenanalyse	908
Sekundärdaten	1048

Sekundär-Proportionalität	703, 710
Selbstbestimmtheit	395
Selbstdisziplin	428
Selbstmanagement	395
Selbstmotivierung	404
Selbstorganisationsprozess	507
Selbstqualifizierung	404
Selbstregulation (Lernende Organisation)	369
selbsterfüllende Prophezeiung	282
Sicherung des Leitungspotentials	1240
Signale (Kommunikation)	302
Sinnesleistungen	275
Situationsanalyse	847, 888, 1180
Situationsbericht	1140
social man	321
Sofortbericht	1145
Software Engineering	38
Software-Konfigurationsmanagement	1028
Softwaremarkt	1164
Soll-Ist-Vergleich	564, 714
Sollvorgabe für Termine	563
soziale Kompetenz	269, 281, 1225, 1234
Sozialinnovation	124
Sozialpartner	1242
Sozialpromotor	381
Spartenorganisation	892
Spezifikationen	1014
Sprungfolge	536
Stab	892
Stab-Linien-System	892
Stabs-Projektorganisation	900
Stabsstelle	1219
Stakeholder	64, 103, 189
Stakeholderanalyse	43
Stammorganisation	891, 897, 899, 914
Standardnetzpläne	561
Standardphasen	228
Standardphasenmodelle	241
Standardstrukturen	620
Stärken und Schwächen (Selbstmanagement)	396
Startereignis	534
Startvorgang	534
Status in Gruppen	357
Statusbericht	736
Statusberichterstattung	1022
Statusermittlung	741
Stellenbeschreibung	1213, 1223
Stellenbesetzungsplan	1220
Stellenbildung	889, 890, 894
Stellentypen	886
Stereotype	283, 358
Steuerung	12, 610
Steuerungsmaßnahmen	727, 728, 731, 735, 754, 756, 766, 1169
Steuerungsprozess	729, 768
Stichtagsauswertung	717
Stichtagssituation	716
Streiten, konstruktives (Regeln)	462
Struktur	497

strukturierte Bewertung	867	Überqualifikation	1224
Stundenaufschreibung	736, 742	Überwachung	693, 730
Subsystem	103	Überwachungszyklus	731
Sündenbock	424, 433, 452	Umfeldanalysen	97
Superteams	168	Umfrage	860
Synektik	822	Umweltschutzmanagementsystem	910
Synergie	809	Unterauftragnehmer	728, 978
System	89	Unterlagen	1037, 1042, 1050
Systemdefinition	225	Unterlagenartenschlüssel	1044
Systemdenken	98	Unterlagenbedarfs-Matrix	1051
Systemeinführung	905	Unterlagenverzeichnis	1045
Systementwicklung	225	Unternehmensphilosophie	126
Systems Engineering	851	Unternehmensziele	156
Systemsichtweisen, unterschiedliche	98	Unterqualifikation	1224
Szenario-Writing	832	Ursachen-Wirkungsdiagramm	952, 947

T

V

Tarifvertragsparteien	1242	variable Kosten	618, 753
Tarifvertragsrecht	1243	Veränderungsbedarfs, Analyse	376
Tätigkeiten	1223	Verantwortung (Lernende Organisation)	369
Tätigkeits- und Zeitanalyse	400	Verbale Kommunikation	304
Tätigkeitsverfolgung	990	Verbesserung, kontinuierliche	786
Taylorismus	321	Verbesserungsprozeß	1183
Teachware	1162	Verbesserungsvorschläge	379
Team	894	Vergleich Ist-Kosten Plan-Kosten	637
Teamdiagnose-Workshop	476	Vergleichsmethoden	580
Teamgeist (Lernende Organisation)	369	Verhandlungsführung	478
Teamorientierte Datengewinnung	736	Verhandlungsregeln	478
Technische Überprüfung	1017, 1023	Verhandlungstaktik	1104
Teilaufgabe	497, 501	vernetzte Programmsysteme	1161
Teilkostenrechnung	618	vernetztes Denken	884
Teilmengen	702	Verteilungskonflikt	434
Teilnetze	560	Vertragsabschluß	966, 985
Teilnetztechnik	560	Vertragsanalyse	986
Teilprojekt	497, 898	Vertragsänderungen	990
Teilprojektleiter	735, 1236	Vertragsbeziehung	978
Teilvorgang	700	Vertragsdatei	988
Teilzahlungen	1035	Vertragserfüllung	985
Terminberechnung	541	Vertragsfreiheit	967
Termincontrolling	523	Vertragsmanagement	984, 1026
Terminfortschrittsermittlung	740, 757	Vertragsparteien	966
Terminsteuerung	769	Vertragsstrafen	977
Themenzentrierte Interaktion, Regeln der	457	Vertragsverhandlungen	986
Thesenmarkt Tendenzen PM-Software	1164	Vertrauen (Lernende Organisation)	369
Top-Down-Generierung	626	Videokonferenzen	1165
top-down-Verfahren	159	vier Ohren der Kommunikation	305
Total Quality Management	43, 1203	Vision, (Lernende Organisation)	369
TQM-Philosophie	931	Visualisierung	474
Trade-Off-Vergleiche	174	VOB/B	978
Trainingskonzepte	1225	Vollkostenrechnung	618
Transparenz (Kommunikation)	301	Vorgang	527
Trendanalyse	757, 761	Vorgänger	534
Trend-Extrapolation	860	Vorgangsbezeichnung	534
Typen (menschliche Persönlichkeit)	424	Vorgangsdauer	534
		Vorgangsknoten-Netzplan	531
		Vorgangskosten je Periode	629
		Vorgangsliste	559

U

Übereinstimmung (Gruppen)	349	Vorgangsnummer	534

vorgangsorientierter Ablaufplan 530, 531
Vorgangspfeil-Netzplan 530
Vorgehensmodell 262, 902
Vorgehensziele 157, 158, 166
Vorleistungen 707
Vorschlagswesen, betriebliches 788
Vorwärtsrechnung 542, 548

W

Wachstumsmotive 332
Wahrnehmung und Problemlösen 280
Wahrnehmung, soziale 275
Wahrnehmungsfähigkeit 286
Wahrscheinlichkeit 1091
Weisungsbeziehungen 891
Weiterbildung 1162
Werkvertrag 968
Wettbewerbsorientierung
   (Konfliktmanagement) 447
Wir-Gefühl 1197
Wirklichkeitstreue 89
Wirkung nonverbalen Verhaltens 301
Wirkungsnetz 862
Wirtschaftlichkeit 653, 662, 1068, 1178
Wirtschaftlichkeitsberechnung 1180
Wirtschaftsingenieur 1238
Wissensbasis 369
Wissensmanagement 206, 798
Wissensvermittlung 1162
Workflow 1173
Wunsch-Ziele 162

Z

Zahlungen 673
Zehn Gebote für Führungskräfte 426
Zeitabstand 536
Zeitlicher Kostenverlauf 628
Zeitmanagement (Selbstmanagement) 399
Zeit-Proportionalität 711
Zertifizierung 1230, 1231
   von Personen 943
   von Projekten 944
   von Unternehmen 942
Ziele, eigene (Selbstmanagement) 395
Zielerreichung 187, 694
Zielformulierung 862
Zielhierarchie 159, 160, 169, 171, 173
Zielidentität 161
Zielkatalog 1179
Zielkonflikt 191
Zielkonkurrenz 163
Zielkriterien 1178
Zielsystem 1178
Zielvereinbarung 175, 177, 420
Zielvorgang 534
Zugriffsrechte 1172
Zulieferer 103
Zuruf-Frage 475
Zusammenarbeit (Konfliktlösungsstrategie) 450
Zusammengehörigkeitsgefühl 346
Zwei-Faktoren-Theorie der Motivation 333